मातृसत्ता, पितृसत्ता और जारसत्ता

खण्ड : तीन-ख

प्रेमचंद की नीली आँखें

'मातृसत्ता, पितृसत्ता और जारसत्ता'
पर
डॉ. धर्मवीर की पुस्तक-शृंखला

खण्ड-एक	:	कामसूत्र की सन्तानें
खण्ड-दो	:	तीन द्विज हिन्दू स्त्रीलिंगों का चिंतन
खण्ड-तीन-क	:	प्रेमचन्द : सामन्त का मुंशी
खण्ड-तीन-ख	:	प्रेमचंद की नीली आँखें
खण्ड-चार-क	:	थेरीगाथा की स्त्रियाँ और डॉ. अम्बेडकर
खण्ड-चार-ख	:	थेरगाथा के अधूरे पुरुष
खण्ड-पाँच	:	दलित सिविल कानून
खण्ड-छह	:	दूसरों की जूतियाँ
खण्ड-सात	:	चमार की बेटी रूपा
खण्ड-आठ	:	जैन ग्रन्थों के बेघरबारी लोग
सम्पादन	:	सीमन्तनी उपदेश

In English

Bijak Paternity

or

Back to the Ajivak Morals

मातृसत्ता, पितृसत्ता और जारसत्ता

खण्ड : तीन-ख

प्रेमचंद की नीली आँखें

डॉ. धर्मवीर

वाणी प्रकाशन

वाणी प्रकाशन

ज्ञान के विविध आयामों के प्रकाशक

वाणी प्रकाशन का 'लोगो' विख्यात चित्रकार मक़बूल फ़िदा हुसेन की कूची से

वाणी प्रकाशन, 4695, 21-ए, दरियागंज, नयी दिल्ली-110002

वाणी प्रकाशन, अशोक राजपथ (पटना कॉलेज के सामने), पटना (बिहार)

MATRASATTA, PITRASATTA AUR JARSATTA

KHAND TEEN–KHA

PREMCHAND KI NEELEE AANKHEN

by Dr. Dharam Veer

Criticism

ISBN : 978-93-5000-220-9

प्रथम संस्करण

मूल्य : 995/-

वाणी प्रकाशन

फोन : 0091#11#23273167, 23275710

फैक्स : 0091#11#23275710

वेबसाइट : www.vaniprakashan.in

ई-मेल : vaniprakashan@gmail.com

vani_prakashan@yahoo.com

आर.टेक ऑफसेट प्रिंटर्स द्वारा दिल्ली-110095 में मुद्रित

महान आजीवक

सदगुरु रैदास को

उन के इस विनीत बालक की तरफ से

—धर्मवीर

भूमिका

प्रेमचंद पर मुझे कुछ भी नहीं कहना था। प्रेमचंद और प्रेमचंद का साहित्य मेरे चिन्तन के विषय नहीं थे। वे पुस्तकों की मेरी स्कीम से बाहर थे। लेकिन भ्रम यह फैलाया गया कि प्रेमचंद प्रो-दलित और प्रो-वूमेन थे। यह बर्दाश्त से बाहर की बात थी। मुझे खण्डन में सुख नहीं मिलता है। यह फालतू और बेकार का काम है। मैं हँसमुख आदमी हूँ। मेरे होंठों पर मुस्कान आज भी ताजी है। जी हाँ, यह मेरी चाहत का काम नहीं था लेकिन करना पड़ा है। मैं मजबूरी से भी घबराता नहीं हूँ। पाठक देखेंगे कि मेरे इस काम में भी हुनर और मेहनत में कोई कमी नहीं है।

यह कहा जाता है कि मीठा-मीठा बोलो। सलाह एकदम सही है, पर साहित्य समाज का सर्वांग होता है। यह उस के किसी भी पक्ष को छोड़ नहीं सकता। जहाँ प्रेम बरसाने की जरूरत है, वहाँ प्रेम की बौछारें की जाएँ, पर जिन अपराधों पर घन मारने की जरूरत है, वहाँ घन ही पीटे जाएँ।

मेरी बदकिस्मती है कि अपने युग के कुछ जार-दार्शनिकों से मेरा संवाद हो गया है। खुशी इस बात की है कि यह संवाद टकराहट में बदल गया है। मतलब, जार-दार्शनिक अब किसी को धोखा नहीं दे सकते, चाहे वे किसी भी सामाजिक वर्ग में जन्मे हों। कहना यह है कि दलित जातियों के पास पर्सनल कानून की इतनी बड़ी मोरल शक्ति थी लेकिन उन्होंने अपने वैचारिक युद्ध में इस का हथियार के रूप में इस्तेमाल नहीं किया। वे ब्राह्मणों के खोदे गए अखाड़ों में भिड़ कर अपनी ऊर्जा नष्ट करते रहे। पर मुझे दलित के शुद्ध और मूल चिंतन को भारत की जनता के सामने रखना है। दुर्भाग्य से, रैदास, कबीर, और मक्खलि गोसाल के सिवा ऐसा कभी हुआ नहीं है। बाबा साहेब डा. अम्बेडकर का चिन्तन, उन के बौद्ध धर्म में जाने की वजह से, स्वतंत्र दलित चिन्तन नहीं रह सका। वैसे, मोरल के मामले में वे भी हमारे बेजोड़ हैं।

हमारे भारत के संविधान में कुछ जातियों को सामाजिक और शैक्षिक रूप से पिछड़े वर्ग में शामिल किया गया है[1] और उन के उत्थान के लिए दिशा-निर्देश और

---

1. Bakshi's The Constituion of India, Revised under the Guidance of P. N. Bakshi and C.S. Lal, Law Publisher (India) Pvt. Ltd., 18-A, Sardar Patel Marg, Post Box No. 1077, Allahabad–211 001, 7th Edition, 2005, p.-24

कार्यक्रम तय किए गए हैं। लेकिन जरूरत इस बात की भी है कि संविधान के द्वारा नैतिक रूप से पिछड़े वर्ग की भी पहचान की जाए और उन के नैतिक उत्थान के लिए ठोस उपाय किए जाएँ। वे 'सोसिएली एण्ड एजुकेशनली बैकवर्ड' के मुकाबले में 'मोरली बैकवर्ड' हैं। इन में हिन्दुओं के द्विज लोग आते हैं। वे सामाजिक और शैक्षिक रूप से अगड़े हैं लेकिन नैतिक रूप से बहुत पिछड़े हुए लोग हैं।

मैं स्वयं विश्लेषण करके बता रहा हूँ कि मैंने इस समीक्षा की पुस्तक में मुख्य रूप से तीन काम किए हैं :

1. प्रेमचंद के उपन्यास 'रंगभूमि' का असली सामाजिक संदर्भ ढूंढ़ निकाला है। यह स्वामी अछूतानंद के रूप में चमारों के आदि हिन्दू आन्दोलन का है।
2. प्रेमचंद की रखैल ढूंढ़ ली है कि वह कानपुर की और कानुपर में होनी चाहिए। यह भी अन्दाजा लगाया है कि वह चमारी होनी चाहिए।
3. कायस्थों के इतिहास की एक व्याख्या दी है कि 'कायस्थ' शब्द 'क्राइस्ट' से बना हो सकता है।

ये तीनों काम नए हैं और उम्मीद है कि हिन्दी के विद्वानों के और इन्डोलोजी के देशी-विदेशी विद्वानों के बड़े लाभ के हो सकते हैं।

मुद्‌दा यह है कि दलितों का प्रतिनिधित्व कौन करे। आजादी की लड़ाई में गाँधी जी कहते थे कि मैं अछूतों का प्रतिनिधि हूँ, डा. अम्बेडकर का दावा था कि मैं उन का प्रतिनिधि हूँ। हिन्दी साहित्य में यह लड़ाई उतर कर प्रेमचंद और स्वामी अछूतानंद के बीच लड़ी गई। इन दोनों में से दलितों का प्रतिनिधि कौन है? कौन सच्चा दलित साहित्य लिख रहा है? यदि प्रेमचंद के साहित्य को देखें तो 'रंगभूमि' में उन्होंने सूरे चमार को नायक बनाया है तथा 'गोदान' में सिलिया चमारी को उपनायिका बनाया है। पर चमारों के कानून में ये दोनों ही अपराधी व्यक्ति हैं। सूरे चमार को भीख माँगने के जाति-विरुद्ध काम करने की वजह से चमारों की तत्कालीन जातीय पंचायतें जाति बहिष्कृत कर रही थीं तो सिलिया चमारी को विवाह-बाह्य मैथुन का जीवन जीने के लिए दोषी करार दे रही थी। जब चमारों के पर्सनल कानून में स्त्री के लिए विवाह और पुनर्विवाह की अनुमति है तो जारकर्म, वेश्यावृत्ति, रखैल और देवदासी के लिए कोई स्थान नहीं रह जाता। इसी वजह से प्रेमचंद दलितों के साहित्यकार नहीं हो सकते। वे दलित साहित्य रचेंगे तो दलित जातियों के अपराधी लोगों को नायक और नायिका बनाएँगे। यूँ, वे दलित साहित्य को प्रक्षिप्त करेंगे। उन के हाथ में कलम इसीलिए आएगी कि सच्चाई को रलाया और झुठलाया जाए।

भाषा को ले कर इतना भर लिख रहा हूँ कि इस पुस्तक को पढ़ते समय इतना ध्यान रखा जाए कि मैंने प्रेमचंद द्वारा फारसी से लाई हुई और अक्षरों के नीचे लगने

वाली सारी बिन्दियों को वनोवास दे दिया है। मुझे हिन्दी में फारसी की बिन्दियों और संस्कृत के हलन्तों के बहुल प्रयोग करने से परहेज है। किसी भी हालत में मैंने हिन्दी को अजायबघर नहीं बनने दिया। मैंने अंग्रेजी भाषा का अर्ध चन्द्र का चिह्न भी ऊपर से ऊपर उड़ा दिया है। मुझ से अपेक्षा न रखी जाए कि मैं प्रेमचंद की कहानी की वर्तनी को हिन्दी में 'कफ़न' के रूप में रखूँगा। मैंने इसे केवल 'कफन' लिखा है। जो लोग ज्यादा उर्दूदां या तरमीन छाँटने वाले हैं, और जिन के गले विदेशी रेत की वजह से खड़खड़ करते हैं, वे प्रेमचंद के साहित्य से उद्धृत अंशों में उन बिन्दियों को अपने लिए लगी हुई समझें, पर मैंने अपनी हिन्दी को इस लदने और बिगड़ने से बचा लिया है। संस्कृत के हलन्त, फारसी की बिन्दियाँ और अंग्रेजी की वजह से लगने वाला अर्ध चंद्र का चिह्न–ये तीनों मुझे हिन्दी में खलते हैं और बुरे लगते हैं।

5 जनवरी, 2010

–धर्मवीर

विषय सूची

भाग-2. प्रेमचंद के 'चमारीनामे'

भाग-3. स्त्री-विरोधी प्रेमचंद

भाग-4. पुश्तैनी हिसाब

भाग-5. कलाकार या जार?

तालिकाएँ

भाग-1. चमार-विरोधी प्रेमचंद

अध्याय-1

'रंगभूमि' का सूरे चमार

क. 'रंगभूमि' का नायक कौन है?
ख. मूलचंद सोनकर की समस्या
ग. ईश गंगानिया चूक गए

क. 'रंगभूमि' का नायक कौन है?

यह एक सवाल बना हआ है कि 'रंगभूमि' का नायक कौन है। यह बात प्रेमचन्द के समय में ही उठ गई थी जिस में दो तरह के विचार थे। 'रंगभूमि' के छपने के तत्काल बाद देहरादून के अमरनाथ झा ने प्रेमचन्द को एक खत में लिखा था–"'...मैंने उस का एक-एक शब्द पढ़ा है और आप की विलक्षण रचनात्मक प्रतिभा का अब पहले से भी ज्यादा प्रशंसक हो गया हूँ। सूरदास को अपना नायक बनाना अत्यन्त साहस का काम था, लेकिन उस का चरित्र भी आपने कैसा सुन्दर खींचा है।...रंगभूमि आधुनिक हिन्दी का एक गौरव-ग्रन्थ बनेगी।...' "[1] लेकिन उस समय के एक दूसरे व्यक्ति अवध उपाध्याय थे जिन्होंने यह 'मानने से इनकार कर दिया था कि रंगभूमि का नायक सूरदास है।'[2] अवध उपाध्याय ने लिखा था–"इस में सन्देह नहीं कि प्रेमचंद जी ने सूरदास को ही रंगभूमि का नायक स्वीकार किया है। पर बाबू शिवप्रसाद गुप्त ने विनय को इस का नायक स्वीकार किया है...।"[3] उन्होंने जोर दे कर लिखा था–"रंगभूमि का नायक चाहे जो हो, इस में कुछ भी सन्देह नहीं है कि विनय और सोफिया ही रंगभूमि की जान हैं। मुझे इस बात का पूर्ण विश्वास है कि रंगभूमि के ऐसे भी कुछ पढ़ने वाले मिलेंगे जो इस के केवल विनय तथा सोफिया के ही अंश पढ़ेंगे और शेष भाग छोड़ देंगे।"[4]

शायद, अवध उपाध्याय कुछ कम अक्ल के व्यक्ति थे। उन्हें यही गँवारा नहीं था कि किसी चमार को उपन्यास का नायक बनाया जाए जबकि प्रेमचन्द समझ रहे थे कि पानी सिर से उतरा जा रहा है। चमारों के महानायक के रूप में स्वामी अछूतानंद देहली पर आ धमके थे, इसलिए, प्रेमचन्द ने ज्यादा चतुराई का रास्ता अपनाया। यूँ, एक उदारवादी हिन्दू दूसरे सनातनी हिन्दू की सबसे ज्यादा मदद करता है। वह संकट की आसन्न घड़ी पर छद्म रच कर कट्टरपंथ को अपने ढंग से बचा ले जाता है। वह मूल मुद्दों को रला कर एक नाम को उभार देता है—अर्थात सूरदास चमार।

अमृत राय ने अवध उपाध्याय की आपत्ति को दरकिनार करते हुए अपने मूल्यांकन में बहुत साफ शब्दों में लिख दिया है—"यह बात भी आकस्मिक नहीं है कि मुख्य कथा सूरदास को ले कर है और वह अंधा चमार ही उस का नायक है। दूसरे सब उस का अनुगमन करने वाले हैं।"[5] इसी बात की ताईद आज के राजेन्द्र यादव ने अपने इन शब्दों में की है—"एक चमार को, अस्सी साल पहले, अपने उपन्यास का महानायक बनाना लेखकीय सम्मान का प्रमाण है।"[6] और, जो लोग प्रेमचन्द के चिन्तन में बदलाव ढूँढ़ते फिर रहे हैं, उन के लिए यह बात कम चुनौतीपूर्ण नहीं है कि 26 दिसम्बर, 1934 को इन्द्रनाथ मदान को लिखे अपने पत्र में प्रेमचन्द के दो टूक शब्द हैं—"मेरी राय में 'रंगभूमि' मेरी कृतियों में सब से अच्छी है।"[7] ध्यान रहे, 'चौगाने हस्ती' के नाम से इस उपन्यास की मूल उर्दू पाण्डुलिपि का लेखन काल 1 अक्तूबर, 1922 से ले कर 1 अप्रैल, 1924 तक का है। अमृत राय ने लिखा है कि हिन्दी में पुस्तक जनवरी, 1925 के शुरू में ही निकल गई थी।[8] ध्यान यह भी रहे कि भले ही 'गोदान' का प्रकाशन जून 1936 में हुआ हो, लेकिन उस का लिखना 1932 में ही शुरू हो गया था।[9] अमृत राय ने यह सूचना भी दी है कि छपने के 'अगले ही साल हिन्दुस्तानी एकेडमी ने रंगभूमि को वर्ष की सर्वश्रेष्ठ कृति का पुरस्कार दिया था।'[10] इसी उपन्यास की वजह से प्रेमचंद 'उपन्यास सम्राट'[11] कहे जाने लगे थे।

ख. मूलचंद सोनकर की समस्या

उधर, यह 31 जुलाई, 2004 का शनिवार का दिन था। प्रेमचंद की जयन्ती मनाई जा रही थी। इस दिन प्रेमचंद के साहित्य को ले कर एक असाधारण घटना घटी। घटना यह थी कि नई दिल्ली में जंतर-मंतर पर 'भारतीय दलित साहित्य अकादमी' के राष्ट्रीय अध्यक्ष डा. सोहन पाल सुमनाक्षर और 'गुरु रविदास जन्मोत्सव कमेटी' के अध्यक्ष मनोज कुमार के सामूहिक नेतृत्व में इन दोनों संगठनों के कार्यकर्ताओं ने अपनी पूर्व घोषणा के आधार पर प्रेमचंद के चर्चित उपन्यास 'रंगभूमि' की प्रतियां जलाईं।[12] डा. सोहन पाल सुमनाक्षर का अपने लेख ''रंगभूमि' को 'जंगभूमि' बनाने के लिए जिम्मेदार कौन' में प्रेमचंद के इस उपन्यास पर आरोप है कि 'इस में शुरू से ही

'चमार' जाति को अपमानित करने का षड्यन्त्र शुरू हो गया है और इस...में चालिसों बार 'चमार' को गाली रूप में इस्तेमाल किया गया है जो आज आपत्तिजनक ही नहीं, 'अनुसूचित जाति/जनजाति अत्याचार निरोधक अधिनियम, 1989' के अनुसार दंडनीय अपराध है।'[13]

'रंगभूमि' के इस दहन पर बहुत प्रतिक्रियाएँ हुईं। प्रतिक्रियाएँ क्या, पूरे साल शोर मचा रहा। पक्ष-विपक्ष में लेखों पर लेख लिखे गए। अनेक दलित और गैर-दलित साहित्यकार इस बहस में शामिल हुए। इन में एक लेख मूल चंद सोनकर का 'रंगभूमि वाया भारतीय दलित साहित्य अकादमी' का भी आया। इस में उन्होंने 'रंगभूमि' का तार्किक विश्लेषण किया है। लेकिन जिस बात के लिए मैं उन के इस लेख को यहाँ चुन रहा हूँ, वह बिलकुल नई है। वे दलित जाति की खटीक जाति से हैं और खटीक जाति से होने के कारण उन्होंने एक विशेष आरोप लगाया है जो इस प्रकार है—"भारतीय दलित साहित्य अकादमी द्वारा केवल चमार जाति के लोगों के प्रति की गयी तथाकथित टिप्पणियों, तथाकथित इसलिये कि इस देश में कोई बिना जाति के अपनी पहचान को सुरक्षित ही नहीं रख सकता, का ही संज्ञान क्यों लिया गया? क्या दलित शब्द का अर्थ केवल चमार रह गया है? यदि ऐसा है तो अन्य सभी दलित जातियों को सावधान हो जाना चाहिये और इस पर गम्भीर चर्चा-परिचर्चा का आयोजन करना चाहिये। जहाँ तक मेरा प्रश्न है मेरे पास यह मानने के पर्याप्त आधार हैं कि दलित और चमार एक ही शब्द है और इसके लिए प्रेमचंद समेत वे सभी साहित्यकार दोषी हैं जिन्होंने अपनी रचनाओं में दलित के नाम पर केवल चमार पात्रों का ही चित्रण किया है। आज चमार शब्द के प्रयोग पर इतना बवाल मचा हुआ है लेकिन क्या कोई इस बात से इंकार कर सकता है कि दलित जातियों में सबसे ज्यादा विकसित यदि चमार जाति के लोग हैं तो इसका श्रेय इन साहित्यकारों को ही जाता है जिन्हें दलितों की अन्य जातियां दिखाई ही नहीं दीं और दलित समस्या के नाम पर थोक के भाव से इन्हीं जाति के चरित्रों का सृजन होता रहा। और ये न केवल 'लाइम लाइट' में आगी अपितु दलित के लिये आरक्षित अवसर से उपलब्ध साधनों-संसाधनों पर अधिक से अधिक कब्जा कर लिया।"[14]

साहित्य के क्षेत्र में चमार जाति को विशेषता और वरीयता प्रदान करने के लिए मूलचंद सोनकर ने प्रेमचंद और प्रेमचंद के अनुयायी साहित्यकारों को दोषी माना है। उन्होंने लिखा है—"सच बात तो यह है कि मुंशी प्रेमचंद ने 'चमार' शब्द को 'हीरोशिप' प्रदान किया। अपनी रचनाओं में अन्य दलित जातियों की भी प्रसंगवश कहीं चर्चा कर ली तो कर ली अन्यथा सारे दलित पात्र जिन्होंने उनकी कलम से विस्तार पाया है, चमार जाति से ही आते हैं। ऐसी कृपा करने वालों में मात्र प्रेमचंद ही हों, ऐसा नहीं है। मुंशी प्रेमचंद भारतीय साहित्यकारों के मानक आदर्श हैं अतः उनकी साहित्यिक परम्परा का निर्वाह तो पवित्र धर्म है।"[15] मूल चंद सोनकर यही

कहने तक नहीं रुके बल्कि उन्होंने इस में एक बड़े भारी खतरे की सूंघ की है। उसे व्यक्त करते हुए वे लिखते हैं—"अब मैं जिस खतरनाक परिदृश्य की कल्पना करता हूँ, वह यह है कि जिस प्रकार परम्परागत साहित्य ब्राह्मण-वर्चस्व का साहित्य है उसी प्रकार दलित साहित्य कहीं चमार-वर्चस्व का साहित्य न हो जाय और ब्राह्मणों के परिप्रेक्ष्य में सवर्ण जातियों ने जो गलतियां की हैं कहीं वही गलतियां चमारों के परिप्रेक्ष्य में अन्य दलित जातियां न कर बैठें? ऐसी स्थिति में एक नये ब्राह्मणवाद के युग की संभावना से इंकार नहीं किया जा सकता। यदि ऐसा होता है तो प्रेमचंद को इसके बीजारोपण का दोषी और इस बीजारोपण से उत्पन्न वृक्ष का फल खाने वालों को सामाजिक विभेद का अपराधी मानना पड़ेगा और भविष्य की पीढ़ी एक नये प्रकार के साहित्यकारों को जन्म दे तो क्या आश्चर्य? इसलिये एक समन्वयकारी विकसित दलित समाज की संरचना और विकास के लिये दलित साहित्यकारों को मिल-बैठकर सोचना चाहिये।"[16]

यदि मैं द्रौपदी काल की बहुपति प्रथा की औरत होता तो कहता कि दलित और गैर-दलित की किस्म के ये मेरे सारे खसम झूठे हैं। वे भी झूठे जो प्रेमचंद की यह कह कर प्रशंसा कर रहे हैं कि उन्होंने सन 1924-25 में अपने उपन्यास में एक चमार पात्र को नायक बनाया और वे भी झूठे जो प्रेमचंद की निंदा कर रहे हैं कि उन्होंने भंगी या खटीक के बजाय चमार को नायक बनाया। सच्चाई यह है कि प्रेमचंद ने चमारों को धोखा देने के लिए ही 'रंगभूमि' में सूरे चमार नाम का पात्र सृजित किया है।

यहाँ तक मूल चंद सोनकर की बात समझी जा सकती थी कि प्रेमचंद ने और प्रेमचंद के अनुयायियों ने 'रंगभूमि' में एक चमार को प्रमुख पात्र क्यों बनाया या मनवाया, किसी खटीक, भंगी या अन्य दलित जाति के व्यक्ति को क्यों नहीं। उन के इस वाजिब सवाल का जवाब जरूर दिया जाएगा। लेकिन सोनकर इस सवाल से भी आगे बढ़ते हैं जो उन के लिए, मेरे हिसाब से, उचित प्रतीत नहीं होता। उन्होंने कहा है कि प्रेमचंद ने अहीर, पासी और शूद्रों के लिए और भी ज्यादा कठोर टिप्पणियाँ की हैं। तब वे पूछते हैं—"अब समान मानक के आधार पर विचार करें, टिप्पणियाँ किस के प्रति अधिक कठोर हैं? दलितों की एक ही जाति-विशेष का नाम ले कर इस प्रकार का अवांछित, अतिवादी, निर्णय के पीछे किस प्रकार की मानसिकता है?"[17] अब यह भी कोई बात हुई? कई आदमी बेइज्जती सह लेते हैं और कई आदमी नहीं सहते। जो बेइज्जती को सह रहा है उस का यह दावा तो नहीं बनता कि वह दूसरे आदमी से कहे कि आप भी बेइज्जती सह लिया करो? यदि किसी कौम में स्वतन्त्रता की चेतना उभर आई है तो इस में बुराई क्या है? यह तर्क गलत है कि कोई बात कल तक बुरी नहीं लग रही थी तो आज क्यों बुरी लगने लगी है। कोई एक कौम अपनी आजादी और अपने सम्मान की लड़ाई न लड़े तो वह दूसरी कौमों को अपनी-अपनी लड़ाइयाँ लड़ने से कैसे रोक सकती है? पासी को बुरा नहीं लग रहा है तो चमार को

बुरा क्यों लगा और भंगी ने जमीदार की बड़ी से बड़ी गाली सह ली है तो चमार छोटी से छोटी गाली भी सहने को तैयार क्यों नहीं है? भला, ये कोई सवाल हैं?—एकदम गलत।

मूल चंद सोनकर को ले कर एक बात बिलकुल सच है कि उन्होंने 'रंगभूमि' का एक अच्छा अध्ययन किया है। 'रंगभूमि वाया भारतीय दलित साहित्य अकादमी' के अलावा उन का एक लेख ' 'रंगभूमि' के आईने में सूरदास के नायकत्व की पड़ताल' शीर्षक से आया है। इन लेखों में वे दो बातें एक साथ कह देते हैं :

1. चमार को 'रंगभूमि' का नायक क्यों बनाया, किसी खटीक या भंगी को क्यों नहीं बनाया?'
2. असली चमार 'रंगभूमि' का नायक नहीं है।

इस में अच्छा रहेगा कि दूसरे तथ्य की जाँच-पड़ताल पहले कर ली जाए और उस के बाद पहले प्रश्न का उत्तर ढूंढ़ा जाए। आकलन यह कहता है कि मूल चंद सोनकर यह कहने में सोलह आने सही हैं कि असली चमार 'रंगभूमि' का नायक नहीं है। कैसे?

मूल चंद सोनकर ने सूरदास को ले कर अपना सही आश्चर्य जताया है—"आश्चर्य तो यह है कि सूरदास के चारित्रिक-विकास यात्रा में एक भी चमार सहयात्री नहीं है।"[18] सहयात्री की बात कहाँ?—सूरदास और चमारों में उलटा ही रिश्ता है—"सूरदास और चमार एक दूसरे के साथ अजनबीपन की हद तक निर्लिप्त हैं।"[19] सोनकर इस तथ्य को भी अच्छी तरह से समझते हैं कि '...एक बार मात्र संयोगवश ताहिर अली के दरवाजे पर कुछ चमारों की उपस्थिति में उन के चौधरी से उस (सूरदास) की मुलाकात होती है।'[20] मूल चंद सोनकर ने यह भी सही लिखा है कि—'...उस (सूरदास) की अपरिचित आत्म-श्लाघा...उस को अपने भूमिहीन स्वजातियों के सम्पर्क-सूत्रों से काटती है।'[21] इसी वजह से, '...इस जमीन के परती पड़ते रहने का एक और कारण मस्तिष्क में कौंध उठता है और वह है सूरदास की अपने स्वजातियों से विरक्ति।'[22] वे सही निष्कर्ष निकालते हैं—" 'रंगभूमि' की समस्त कथा-रचना की प्रक्रिया में सूरदास के चरित्र का विकास उसे दलितों से काट कर रख देता है बल्कि यह कहना ज्यादा उपयुक्त होगा कि भारतीय सामाजिक संरचना जिस की नींव में दलित शोषण की पवित्र मानसिकता है, सूरदास उस पवित्रता का कुलीन वाहक, संवाहक और पोषक है।"[23] उन्होंने इस बात का भी अच्छा नोटिस लिया है कि सूरदास की मृत्यु के समय भी कोई चमार उस के आसपास नहीं है—"यहाँ तक कि सूरदास की मृत्यु पर शोक संवेदना हेतु जब जन-सैलाब उमड़ रहा था उस समय भी एक भी चमार की उपस्थिति दर्ज नहीं है। इसे क्या कहें? लेखकीय भूल? या जान-बूझ कर की गई दलितों की उपेक्षा?"[24]

असली बातों की बात यह है कि 'रंगभूमि' में दलितों की समस्या का कोई जिक्र तक नहीं है। इसे मूल चंद सोनकर ने बखूबी पकड़ा है और लिखा है—"सदानन्द शाही द्वारा संपादित पुस्तक 'दलित साहित्य की अवधारणा और प्रेमचंद' में प्रकाशित नामवर सिंह के लेख में सूरदास को गांधी और उसकी जमीन को भारत भूमि की प्रतीक मानते हुए यह निष्कर्ष निकाला गया है "इसलिये रंगभूमिं का नायक एक दलित जरूर है लेकिन रंगभूमि की मुख्य समस्या दलितोद्धार या दलित-मुक्ति नहीं है।" "[25] क्या उस समय दलितों की अपनी समस्याएँ नहीं थीं? उन्हें गिनाते हुए सोनकर लिखते हैं—"'रंगभूमि' दलित-समस्या पर आधारित उपन्यास नहीं है। इस में एक ऐसे गाँव की कल्पना की गई है जहाँ न जमींदार का खौफ है न साहूकार के सूदखोरी का फंदा, न बंधुवा मजदूरी की अंतहीन त्रासदी, न अस्पृश्यता की मानसिकता प्रताड़ना।"[26] वे पूछते भी हैं—"जब सभी अंधों का गुण और स्वभाव एक जैसा होता है तो किसी गैर दलित पात्र का चयन क्यों नहीं किया गया? यह सवाल इसलिए चुभता है कि सूरदास चमार होते हुए भी किसी भी प्रकार के जातिगत शोषण का शिकार नहीं है। वह न तो किसी दलित समस्या का ही प्रतिनिधित्व करता है और न ही उपन्यास किसी दलित समस्या पर केन्द्रित है।"[27] इसलिए, मूल चंद सोनकर ने अपनी सीधी खरी बात दो टूक शब्दों में कह दी है—"'रंगभूमि' में सूरदास का नायकत्व दलित-अपेक्षाओं पर खरा नहीं उतरता।"[28]

पर, आखिर, 'रंगभूमि' का नायक कौन है? मूल चंद सोनकर ने यह जानने में और बताने में देर नहीं की। उन्होंने उत्तर दिया है—"...सूरदास नहीं बल्कि उस की जमीन वास्तविक नायक है।"[29] उन्होंने अपने इन शब्दों को पहले भी कहा था—"इसलिए वास्तविक नायक सूरदास नहीं, अपितु उस की जमीन है।"[30]

यह मात्र जमीन भर का मामला नहीं है बल्कि मूल चंद सोनकर की भाषा में सूरदास जमीदार है। वे लिखते हैं—"सूरदास का जमींदार होना ही संभवतः वह 'फैक्टर' है जो उसे नायक की कुर्सी तक पहुँचाता है...।"[31] जमीन थोड़ी-बहुत नहीं है। बनारस से सटे गाँव में होने के कारण इस जमीन का बहुत महत्व है। सोनकर लिखते हैं—"सूरदास अन्धा जरूर है लेकिन उस के पास दस बीघा जमीन है जो बिना प्रयोग के परती पड़ी है।"[32] सूरदास जमीदार है, इस बात को खुद प्रेमचंद ने राजा महेन्द्र सिंह के नाम से कहलवाया है। सोनकर उन्हें उद्धृत करते हुए लिखते हैं—"राजा महेन्द्र सिंह अपनी फिटन पर बैठ कर सूरदास की जमीन देखने जाते हैं, उस को साथ चलने के लिए अपनी फिटन पर बैठने को कहते हैं। वह इंकार कर देता है तो राजा साहब कहते हैं "नहीं-नहीं, तुम्हारे बैठने में कोई हरज नहीं है तुम इस समय भिखारी सूरदास नहीं जमींदार सूरदास हो।" "[33] यूँ, सूरदास और जमीन तथा जमीन और सूरदास—दोनों एक हैं। सोनकर का मूल्यांकन एकदम सही है जब उन्होंने लिखा है—"....सूरदास अपनी जमीन के कारण ही प्रमुख पात्र की भूमिका में है और इस को बचाने की जद्दोजहद तक ही उस का नायकत्व सीमित है।"[34] यूँ, समस्या ज्यों की

त्यों बनी हुई है। जिन चमारों के पास जमीन नहीं है वे नायक कैसे बनेंगे?—और सच यह भी है कि चमारों के पास जमीन नहीं है।

मूल चंद सोनकर ने 'रंगभूमि' में सूरदास की कथा को एकदम असंगत भी माना है। वे पूछ रहे हैं कि यह प्रेमचंद ने किया क्या है। वे लिखते हैं—"इतनी जमीन होते हुए भी ढंग का घर, हल, बैल-जानवर जो किसी भी किसान की जीवन-रेखा होती है, का कोई जिक्र नहीं है।"[35] उन के अनुसार, "...उस (सूरदास) की धर्म-भीरू बुद्धि इतनी कुंठित है कि वह भतीजे मिठुआ को भी नहीं प्रेरित करता कि वह उस जमीन का इस्तेमाल करे यद्यपि वह बारह-तेरह साल का हो चुका है।"[36] मूल चंद सोनकर ने लिखा है—"सूरदास के पास जमीन है मगर किसानी नहीं करता इसलिए उसे अव्वल तो किसान कहना ही भ्रमपूर्ण संदेश का प्रचार करना है। लेकिन यह जिद है कि वह किसान ही है तो फिर यह भी सत्य है कि वह निठल्ला किसान है।"[37] लेकिन इस में आश्चर्य भी क्या है? अपनी आखरी कहानी 'कफन' में भी प्रेमचंद ने चमारों के घीसू-माधव के पात्रों को निठल्ले के बजाय कामचोर तक बनाया है। यही प्रेमचंद की कलाकार के रूप में भगवान से अलग सृष्टि है। आखिर, 'रंगभूमि' और 'रगभूमि' में सूरदास—दोनों प्रेमचंद की बुद्धि की रचनाएँ हैं। तभी मूल चंद सोनकर पूछते हैं—"जमींदार होते हुए भी सूरदास को बिना परिवार के क्यों निरूपित किया गया और यदि ऐसा किया गया तो फिर उसे अंधों की चारित्रिक भूमिका से क्यों बाँधा गया?"[38] बताइए, 'नायक राम पंडा सहित अन्य सभी अपने जातिगत पेशों से ही जीविकोपार्जन करते हैं जिस में सूरदास अपवाद है जो दस बीघे ज़मीन का स्वामी होते हुए भी न तो खेती करता है और न ही स्व-जातियों की भाँति खाल का ही धंधा। वह भीख माँगने का काम करता है।'[39]

खोजते-खोजते मूल चंद सोनकर ने सूरदास की कथा में कई आश्चर्य खोज डाले हैं। वे उन्हें एक-एक गिनाते हैं—"पहला आश्चर्य तो यही है कि उसके पास जमीन है और वह भी इतनी अधिक, दूसरा उसका चमारों की बस्ती में न रहना, तीसरा जमीन का उपयोग न करना और चौथा सबसे बड़ा आश्चर्य तो यह होता है कि बाप-दादों की निशानी बताकर अपनी जमीन को बचाने के लिये प्राणपण से जुटा सूरदास एक बार भी नहीं कहता कि इस जमीन में उसके स्वर्गीय भाई के पुत्र मिठुआ का भी कोई हिस्सा है।"[40] तो, कुल मिला कर हुआ क्या है? मेरे ख्याल से मूल चंद सोनकर ने प्रेमचंद की रचना-प्रक्रिया की नब्ज पकड़ ली है जब लिखा है—"...पूरे उपन्यास में उन्होंने (प्रेमचंद ने) बड़े सचेतन मन से सूरदास को उस की निर्धारित भूमिका से टस से मस नहीं होने दिया और वह किसी कठपुतली की भाँति उन की उंगलियों की डोर पर नाचता रहा।"[41]

मूल चंद सोनकर की दलित दृष्टि में कोई कमी नहीं है। प्रेमचंद ने सूरदास को जैसा अंधविश्वासी दिखाया है, उस की सोनकर ने आलोचना की है। सोनकर ने सही

लिखा है—"मिठुआ को तालीम दिलाई जा सकती थी और सूरदास को इतनी भिक्षा मिल जाती थी कि वह पढ़ाई का खर्च वहन कर सकता था लेकिन उस ने धर्म-कारज के लिए धन-संग्रह को पढ़ाई पर प्राथमिकता दी।"[42] यह धर्म-कर्म भी कैसा है? गो-भक्ति का है। ऐसी धार्मिक टाइप की गो-भक्ति चमार के चिन्तन से बिलकुल मेल नहीं खाती। सोनकर के चिन्तन से तो कतई मेल नहीं खाती। सोनकर ने प्रेमचंद की आलोचना की है जब लिखा है—"और चौधरी के यह कहने पर 'सूरे, इस बखत अच्छे दाम मिलेंगे। हमारी सलाह तो यही है कि दे दो, तुम्हारा कोई उपकार तो उस से होता नहीं।' वह कहता है, "मुहल्ले भर की गउएँ चरती हैं, क्या इससे पुन्न नहीं होता? गऊ की सेवा से बढ़कर और कौन पुन्न का काम है?""[43]

गो-भक्त के साथ-साथ प्रेमचंद ने सूरदास को परले सिरे का हिन्दू भी बनाया है। सोनकर लिखते हैं—"...वह (सूरदास) फिर कर्म-फल का जाल बुनता हुआ उलटा सोचने लगता है न ज़ाने उस जनम में ऐसे कौन से अपराध किए थे जिस की यह सजा मिल रही है।...नहीं, इस जनम में तो अंधा हूँ ही, उस जनम में इस से भी बड़ी दुर्दशा होगी।"[44] पूरी बात ही खुल कर रह जाती है जब सोनकर सूरदास के इन शब्दों को उद्धृत करते हैं—"वह (सूरदास) कहता है, "भगवान अन्यायी नहीं है, मेरे पूर्व जन्म की कमाई ही ऐसी थी। जैसे कर्म किए हैं, वैसे फल भोग रहा हूँ।" "[45] यूँ, उनके अनुसार, "....सूरदास का चरित्र धर्म, कर्म, भाग्य, भगवान, पुनर्जन्म, कर्मफल की स्थापना और महिमा-मंडन के रूप में उभरता है।"[46] सोनकर लिखते हैं—"... सूरदास की यह सोच उसके चरित्र के किसी उदात्त पक्ष का संकेत न देकर उसे एक हठी, कुतर्की, निठल्ले और निकम्मे के रूप को प्रस्तुत करती है और वह अपने अनाम, मेहनती और स्वाभिमानी, स्व-जातियों के सामने कहीं नहीं ठहरता।"[47] इसलिए, उन्होंने सही निष्कर्ष निकाला है—"...सूरदास के चरित्र का दैवीयकरण दलितों की प्रबुद्धता, पुरुषार्थ और नेतृत्व क्षमता की संभावनाओं को खारिज करने का बौद्धिक कौशल्य एवं ईश्वरीय षडयंत्र ही अधिक दिखता है जो दलितों के शोषण के धर्म-आधारित मान्यता पर एक दलित द्वारा ही स्वीकृति की मोहर लगवाता है।"[48]

मूल चंद सोनकर 'रंगभूमि' को पढ़ कर हतप्रभ हैं कि प्रेमचंद ने यह उपन्यास क्यों लिखा। उन्हें कारण बिलकुल समझ में नहीं आ रहा है। उन्होंने कारण समझने के लिए प्रेमचंद के ही शब्दों का सहारा लेते हुए लिखा है—"प्रेमचंद ने अपने उपन्यास 'कर्मभूमि' के 'निवेदन' में कहा है, "संसार में कुछ लोग ऐसे भी हैं, जो उपन्यास को इतिहास की दृष्टि से पढ़ते हैं। उन से हमारा यह निवेदन है कि जिस तरह पुस्तक के पात्र कल्पित हैं, उसी तरह इस के स्थान भी कल्पित हैं।...कल्पित और यथार्थ व्यक्तियों में यह अन्तर अवश्य होगा, जो ईश्वर और ईश्वर के बनाए हुए मनुष्य की सृष्टि में होना चाहिए।"[49] लेकिन कारण जानने के लिए प्रेमचंद के इन शब्दों से भी उन्हें कोई मदद नहीं मिलती। तब वे अपना रास्ता अपनाते हैं। वे हताश हो कर

लिखते हैं—"सूरदास के नायक के रूप में चयन का कारण पूरे उपन्यास में कहीं नहीं मिलता। इसलिए परिस्थिति-जन्य साक्ष्य के आधार पर इस के कारण का पता लगाना पड़ेगा। इस के लिए हमारे पास 'हाइपोथेटिकल प्रक्रिया' अपनाने के अतिरिक्त अन्य विकल्प नहीं है।"[50] लेकिन सब से अच्छी बात यह है कि मूल चन्द सोनकर इस उपन्यास का परिणाम जानते हैं। इस मामले में उन्होंने अपनी बात बहुत सशक्त शब्दों में रख दी है जब 'रंगभूमि' के बारे में लिखा है—"...एक ऐसा उपन्यास जो संभवतः सदी का सबसे बेहतरीन क्रान्तिकारी उपन्यास होता, जन्म लेने से पूर्व ही मृत्यु को प्राप्त हो गया।"[51]

मैं समझता हूँ, यहीं से आगे वे मुझे गेंद थमा देते हैं। जहाँ वे हार-थक कर बैठ गए हैं, वहीं से मेरा चलना शुरू होगा। इस चलने में मैं अपने पूरे विश्वास के साथ कह रहा हूँ कि मैं इस शोध कार्य में आगे जो पृष्ठ लिखने जा रहा हूँ, वे हिन्दी साहित्य के लिए बहुत महत्व के सिद्ध होने चाहिए। मैं अपने पाठकों को उस जगह ले जाऊँगा, जिन बाहरी परिस्थितियों के दबाव में, प्रेमचंद ने 'रंगभूमि' में सूरदास चमार नाम का पात्र खड़ा किया था। और, मूल चंद सोनकर ने बिलकुल मेरे मन की बात कही है जब लिखा है—"...उपन्यास का इतना वृहद आकार भी खटकता है। विशेषकर सोफिया और विनय सिंह का पूरा का पूरा प्रसंग जिसे यदि इस में से निकाल दिया जाय तो भी उपन्यास की कथा-वस्तु पर कोई अन्तर नहीं पड़ेगा। यह पूरा का पूरा प्रसंग ही प्रक्षिप्त जैसा लगता है।"[52] तो, यह बिलकुल ठीक बात रही कि मूलचंद सोनकर सोफिया और विनय के प्रसंग को प्रक्षिप्त कह रहे हैं और मैंने आगे सूरदास की कथा को ही प्रक्षिप्त सिद्ध किया है। तब उपन्यास में मूल में क्या बचता है? जो बचता है उसे 'बिग जीरो' कहा जा सकता है।

ग. ईश गंगानिया चूक गए

यह काम ईश गंगानिया का था कि वे बताते कि प्रेमचंद ने 'रंगभूमि' में सूरदास को चमार क्यों बनाया है, क्योंकि उन्होंने अपना एक लेख ''रंगभूमि', गांधी और अम्बेडकरवादी-विमर्श' लिखा है। लेकिन, लेख पढ़ने पर पता चलता है कि दलित की दृष्टि से सही डगर पर होने पर भी वे चूक गए हैं। फिर भी, नुकसान इतना नहीं हुआ है कि उस की भरपाई न हो सके। उन्होंने अपने काम में पूरी मेहनत की है पर सही खोज नहीं हो पाई। वाद के हिसाब से ठीक हैं, पर निशाना सही नहीं लगा। मैं उन के काम की इस रूप में दाद दूँगा कि वे गैर-दलित समीक्षकों के बहकावे में एक पल को भी नहीं आए।

ईश गंगानिया इस बहस में पूरी तरह शामिल हुए हैं। पहले ही बताया जा चुका है कि इस के लिए उन्होंने अपने लेख का शीर्षक ''रंगभूमि', गांधी और अम्बेडकरवादी-विमर्श' रखा है। उन की धारा की दिशा एकदम ठीक है लेकिन वे

अपने लेख का शीर्षक रखने में चूक कर गए। उन का शीर्षक पूर्ण, सही और सटीक हो जाता यदि वे इसे यह नाम दे देते–' 'रंगभूमि', प्रेमचंद और स्वामी अछूतानंद।' उन के पास तर्कों के धनुष-बाण नोकदार और पैने थे लेकिन तथ्यों की परती भूमि मौजूद नहीं थी। उन के इस लेख को स्वामी अछूतानन्द के सन्दर्भ से लिखा जाना था लेकिन वे डा. अम्बेडकर को संदर्भित कर गए। दलित सन्दर्भ सही है लेकिन ऐतिहासिक तथ्य गड़बड़ा गया। वे 'अम्बेडकर' के बजाय 'अम्बेडकरवाद' पर उतर आए हैं,–और यही उन से भारी चूक हुई है। 'रंगभूमि' की आलोचना 'अछूतानन्द' और 'अछूतानन्दवाद' की कसौटी पर की जानी चाहिए थी पर अपने पूरे लेख में वे उन के निशान भी नहीं दे पाए।

जो उन्होंने किया है, उन्हीं के लेख से उद्धृत करते हुए वह इस प्रकार व्यवस्थित किया जा सकता है :

1. "किसी भी व्यक्ति, उसकी विचारधारा व उसके द्वारा रचित साहित्य को समझने के लिए उसके काल व उस काल से जुड़े सामाजिक, आर्थिक व राजनीतिक परिवेश को भी समझा जाना चाहिए क्योंकि समाज में मौजूद परिस्थितियां ही रचनाकार को अपना पक्ष कहानी, उपन्यास, कविता व निबन्ध के माध्यम से रखने के लिए मजबूर करती हैं। यही शर्त 'रंगभूमि' व प्रेमचन्द पर भी लागू होती है।"[53]
2. "इसलिए 'रंगभूमि' पर विचार करने के लिए फरवरी 1925 तक के सामाजिक व राजनीतिक घटनाक्रम को आधार बनाया जाना ज्यादा तर्कसंगत होगा।"[54]
3. "चूंकि 'रंगभूमि' का विश्लेषण अम्बेडकरवादी दृष्टिकोण से किया जाना है तो इसके लिए फरवरी 1925 तक के काल से जुड़े दलितोत्थान सम्बन्धी विभिन्न प्रकार के घटनाक्रमों के विकास को भी समझा जाना चाहिए। गौरतलब है कि अछूतोद्धार का आरम्भ काफी पहले ज्योतिबा फुले के नेतृत्व में हो चुका था और 1906 में 'डिप्रेस्ड क्लास सोसायटी ऑफ इंडिया' की स्थापना भी सर नारायण राव चंदावरकर की अध्यक्षता में हो चुकी थी और अपने तरीके से कार्य भी कर रही थी। लेकिन सन् 1917 का वर्ष दलितों के लिए महत्वपूर्ण रहा क्योंकि महायुद्ध के कारण इस वर्ष दलितों को सेवा में भर्ती का अवसर मिला, भले ही बाद में यह बन्द कर दिया गया। इसी वर्ष बाबू जी बागड़े की अध्यक्षता में 'कांग्रेस लीग योजना' (लखनऊ पैक्ट) द्वारा सवर्णों को राजनीतिक अधिकार देने का विरोध इस आधार पर किया गया, "जब तक सवर्ण हिन्दू अछूतों को समान अधिकार नहीं देते, उन्हें होम रूल मांगने का अधिकार नहीं है।" "[55]

4. "फिर साहूजी महाराज और अम्बेडकर के सहयोग से 31 जनवरी 1920 को 'मूकनायक' मराठी पाक्षिक अखबार निकला और इसके प्रारंभिक तेरह लेख स्वयं डा. अम्बेडकर ने लिखे जिनमें जाति-उन्मूलन, समता और बंधुता को तवज्जो दी गयी जिसके कारण समाज में कुछ हलचल पैदा हुई।"[56]
5. "कहना जरूरी है कि 'रंगभूमि' को प्रभावित करने वाला यह वही काल है जिसमें महाराष्ट्र के समाज सुधारक 'श्रीयुत बोले' द्वारा मुम्बई कौन्सिल में प्रस्तावित प्रस्ताव 4 अगस्त 1923 को पास हुआ जिसके अनुसार, 'सरकार द्वारा या सार्वजनिक पैसों से संचालित संस्थाएं कोर्ट, विद्यालय, अस्पताल, कार्यालय, धर्मशाला, कुएं, जलाशय, पनघट—इन स्थानों में प्रवेश करने व उनको उपयोग करने का अधिकार सरकार ने अछूतों को दिया।' "[57]
6. "डॉ. अम्बेडकर ने अपने आन्दोलन को गति प्रदान करने के लिए 20 जुलाई 1024 को मुम्बई में 'बहिष्कृत हितकारिणी सभा' की स्थापना की और वे दलितों के चर्चित नेता के रूप में सामने आये।"[58]
7. "...राष्ट्रीय आन्दोलन के साथ अछूतोद्धार आन्दोलन विभिन्न प्रकार के मतभेदों और वाद-विवाद के साथ चलता रहा और फरवरी 1925 में इन्हीं घटनाक्रमों की गोद में फलती-फूलती 'रंगभूमि' अस्तित्व में आई जिसका नायक सूरदास एक अंधा चमार है।"[59]

इन उद्धरणों से क्या पता चलता है? इन से पता चलता है कि ईश गंगानिया को महाराष्ट्र में होने वाली दलित गतिविधियों की जानकारी है। लेकिन इन उद्धरणों से कुछ इस से भी ज्यादा पता चलता है। पता यह चलता है कि उन्हें उस समय की उत्तर प्रदेश और दिल्ली में होने वाली दलित गतिविधियों की तनिक भी जानकारी नहीं है। जब उन्हें उत्तर प्रदेश और दिल्ली के बारे में जानकारी नहीं है तो यह सोचना ही बेकार है कि उन्हें उस समय के पंजाब में होने वाली दलित गतिविधियों की जानकारी होगी।

जब ईश गंगानिया ने अपने इस लेख में स्वामी श्रद्धानंद का जिक्र किया था तो मुझे पूरी उम्मीद बनी थी कि अब आगे स्वामी अछूतानंद का जिक्र होने ही वाला है। मैं सोच रहा था कि उन के हाथ में सही सूत्र आ गए हैं और अगली पंक्तियां स्वामी अछूतानंद के बारे में होंगी। स्वामी श्रद्धानंद का जिक्र उन्होंने अपने इन शब्दों में किया है :

1. ''इस विवाद को अधिक समझने के लिए स्वामी श्रद्धानन्द के सम्बन्ध में लंबे-लंबे पत्र व्यवहार से साफ हो जाता है कि हिन्दू अस्पृश्यता को बनाए रखने, कुएं के पानी व साझा पाठशाला के सवाल पर स्वराज प्राप्ति के अवसर को बार-बार गंवाते रहे हैं क्योंकि उन्हें राष्ट्रीय मुक्ति व स्वराज से अधिक दलित-पिछड़ों व मुस्लिमों पर अपना वर्चस्व अधिक प्यारा था।''[60]
2. ''इसलिए प्रेमचन्द की 'रंगभूमि' के पीछे के हिडन ऐजेंडे को समझने के लिए स्वामी श्रद्धानंद द्वारा विभिन्न गणमान्य व्यक्तियों को लिखे पत्र व विवरणों को समझना अनिवार्य है और 'रंगभूमि' को मात्र साहित्यिक कृति...(की) संज्ञा देना 'रंगभूमि' को सूरदास की नजरों से देखना होगा।''[61]

दुर्भाग्य की बात है कि ईश गंगानिया के लेख में कहीं भी स्वामी अछूतानंद का अता-पता नहीं है। तब वे प्रेमचंद के 'हिडन एजेंडे' को कैसे समझ सकेंगे? सही तो यह है कि प्रेमचंद 'रंगभूमि' लिख कर सब का घनचक्कर बना कर चले गए हैं। घनचक्कर इसलिए क्योंकि खुद ईश गंगानिया को भी अपने विचारों की कमजोरी दीखी है। अपनी कमजोरी को जाहिर करते हुए वे लिखते हैं–'' 'रंगभूमि' एक ओर गांधीवाद का सीधे-सीधे पोषण करती हुई नजर आती है तो दूसरी ओर अम्बेडकरवाद (जो भले ही उस समय विस्तृत आकार न ग्रहण कर पाया हो) और दलित हितों पर कुठाराघात की साजिश को पुख्ता करती नजर आती है।''[62] इस में उन के ब्रेकेट में दिए गए इन शब्दों का क्या अर्थ है?–''जो भले ही उस समय विस्तृत आकार न ग्रहण कर पाया हो।'' विस्तृत तो विस्तृत, उन का अम्बेडकरवाद उस समय तक जन्म भी नहीं ले सका था, जबकि स्वामी अछूतानंद का परचम तब तक सरसब्ज हो कर कानपुर को केन्द्र बना कर समस्त उत्तर भारत में लहरा रहा था। लेकिन ईश गंगानिया ने तत्कालीन उत्तर भारत के दलित इतिहास की जानकारी न होने की वजह से अम्बेडकरवाद के पक्ष में आग्रह पाल लिया है। यहाँ मैं अम्बेडकरवाद को खत्म नहीं कर रहा हूँ, न ही उसे पीछे हटा रहा हूँ, लेकिन यह तो नहीं होना चाहिए कि अम्बेडकरवाद के चक्कर में स्वामी अछूतानंद अज्ञात रह जाएँ, वह भी दलितों के लिए, और दलितों के द्वारा। उन की दलित दृष्टि की बात ठीक है पर जिस खोज में वे चले थे उस में पूरी गड़बड़ हो गई। खोजने थे स्वामी अछूतानंद और उन के द्वारा खड़ी की गईं प्रेमचंद के सामने परिस्थितियाँ, खोज गए उन डाक्टर अम्बेडकर को जो उन दिनों विदेश में पढ़ रहे थे। अपने काम को खुद बिगाड़ बैठे।

बात बौद्ध धर्म की चल पड़ी तो ईश गंगानिया ने अपने लेख में लिखना नहीं छोड़ा–''यह बिलकुल अलग बात है कि गांधी जी की साहित्यिक परछाई प्रेमचन्द

इसको रोकने में कामयाब नहीं हो पाये और डॉ. अम्बेडकर ने मुंशी प्रेमचन्द के जीते-जी 13 अक्तूबर 1935 को येवला कांफ्रेंस में इसकी विधिवत घोषणा कर दी और जो 1956 में साकार हुई तब से अब तक निरन्तर जारी है।"[63] ध्यान रहे, डा. अम्बेडकर ने उस समय हिन्दू धर्म को छोड़ने की बात कही थी, लेकिन स्वामी अछूतानन्द हिन्दू धर्म को 1922 में छोड़ चुके थे। उसी वर्ष उन्होंने अपने नए धर्म का प्रवर्तन भी कर डाला था। दोनों चिन्तनों में और दोनों घोषणाओं में फर्क यह है कि स्वामी अछूतानंद ने माना ही नहीं था कि वे हिन्दू जनमे हैं, जबकि डा. अम्बेडकर ने खुद को हिन्दू जनमा हुआ माना था। डा. अम्बेडकर ने बौद्ध धर्म में धर्मान्तरण किया था जबकि स्वामी अछूतानंद अपने मूल धर्म पर गए थे। फिर, ईश गंगानिया की यह बात खुद बौद्ध धर्म के खिलाफ जाती है जो उन्होंने डा. अम्बेडकर को ले कर लिखी है—"कहना जरूरी भी है और प्रासंगिक भी, डॉ. अम्बेडकर ने एक सच्चे देशभक्त की तरह बौद्ध-धम्म अपनाया, ताकि भारत की संप्रभुता व अस्मिता को किसी तरह का खतरा उत्पन्न न हो।"[64] तब यह धर्म को न समझना ही हुआ। धर्म राष्ट्रों की सीमाओं से पार जाता है। खुद बौद्ध धर्म भारत से बाहर गया है। यदि ऊपर वाली देशभक्ति की परिभाषा स्वीकार कर ली जाए तो जापान या श्री लंका में बौद्ध धर्म की क्या स्थिति रह जाएगी? जिन भारतीयों ने इस्लाम या ईसाई धर्म अपनाया, वे देशद्रोही कैसे कहे जा सकते हैं? देशद्रोहियों की ही खोज करनी हो तो वे हिन्दुओं में भतेरे मिल जाएंगे।

मुझे हर पैरा पढ़ते हुए लग रहा था कि इस में वे स्वामी अछूतानंद पर जरूर बोलेंगे। पहले बताया जा चुका है कि जब श्रद्धानंद का नाम आया तो मेरे मन ने उछाल लिया कि अगला नाम वे स्वामी अछूतानंद का ही लेंगे। जब 1922 की फरवरी की बात आई तो मेरा हृदय उछल पड़ा कि उन का अगला वाक्य निश्चित रूप से अपने स्वामी अछूतानंद पर आने वाला है। जब महाराष्ट्र असेम्बली की 1923 की बात आई तो फिर विश्वास जगा कि अब पंजाब के 'आद धर्म' का जिक्र होने ही जा रहा है। लेकिन पूरा लेख पढ़ने के बाद पता चला कि ईश गंगानिया अपने अध्ययन में अपने मूल से बिलकुल कटे हुए हैं। पूरे लेख में, स्वामी अछूतानंद का जिक्र न होना, अखरता ही है। तब यही कहना पड़ता है :

> वो बात जिस का सारे फसाने में जिक्र न था,
> वो बात उन को बहुत नागवार गुजरी है।

खैर, स्वामी अछूतानंद के बारे में तनिक भी ज्ञान न होने की वजह से ईश गंगानिया से चूक होनी ही थी। इसे मैं अब तक उन की चूक ही कह रहा था। बाद में पता चला कि उन की इस चूक ने एक बड़ी भारी गलती को जन्म दे दिया है। गलती करते हुए वे लिखते हैं कि प्रेमचन्द का '...अम्बेडकरवाद से कोई लेना-देना नहीं

था। लेकिन इसे स्वीकारने में किसी को भी आपत्ति नहीं होनी चाहिए कि साहित्य सम्राट प्रेमचन्द ने जिस सिद्दत से दलित व कमजोर वर्ग से जुड़े मुद्दों को साहित्य में जगह दी इसके लिए दलित समाज भी उनका ऋणी रहेगा।"[65] मुझे लगता है, मेरे इस अध्याय को पढ़ने के बाद वे अपनी चूक और गलती दोनों को सुधार लेंगे और खुद को दण्ड भी दे लेंगे।

अच्छी बात यह है कि दलित दृष्टि के कारण ईश गंगानिया से 'रंगभूमि' के मूल्यांकन में कोई चूक या गलती नहीं हुई है। उन्हें स्वामी अछूतानन्द के बारे में कुछ भी पता नहीं है, पर मेरा कहना है कि यदि उन्हें बाबा साहेब डा. अम्बेडकर के बारे में भी पता न होता, तब भी वे इसी दलित दृष्टि से मूल्यांकन कर सकते थे। वे दलित जीवन को जानते हैं—और 'रंगभूमि' के मूल्यांकन के लिए उन के लिए इतना ही पर्याप्त था। पिछली बात मैंने केवल इसलिए कही है कि जब वे इतिहास की खोज करने ही चले थे तो सच्ची खोज करते। पर दलित इतिहास के ऐसे कई महापुरुष और अध्याय हैं जिन्हें आज हम रिकार्ड के रूप में नहीं जानते। इस न जानने की वजह से ही दलितों द्वारा किए गए साहित्यिक मूल्यांकन में कोई कमी नहीं रह जानी चाहिए। दलित समीक्षक केवल यह समझें कि जब भी गैर-दलित साहित्यकारों को अपने साहित्य में दलित पात्रों को नायक बनाने की जरूरत पड़ी है तो जरूर कोई असली दलित महानायक वहाँ काम कर रहा है। ईश गंगानिया की खोज में स्वामी अछूतानंद न आ सके, कोई बात नहीं, उन्हें 'क' ही मान लो। उसी दृष्टि को सामने रख कर ईश गंगानिया ने 'रंगभूमि' की समीक्षा में बिलकुल सही लिखा है :

1. "'रंगभूमि' का नायक 'चमार' लेकिन दलित समस्या से उसका कुछ लेना-देना नहीं क्यूं?"[66]
2. "प्रेमचन्द की 'रंगभूमि' को...दलित व कमजोर वर्गों के सामाजिक, आर्थिक, राजनीतिक व धार्मिक हितों की पूर्ति की पराजय का उत्सव भी कहना ही पड़ेगा, विजय का नहीं। क्योंकि दलितोत्थान जैसा कोई कार्य 'रंगभूमि' में हुआ ही नहीं।"[67]
3. "प्रेमचन्द ने भी अपनी 'रंगभूमि' में दलित सूरदास को यदा-कदा जहां उसकी जरूरत हुई अपनी कलम के जादू से उपस्थित कर इस्तेमाल कर लिया और पाठकों को पता भी नहीं चला कि 'दलित सूरदास' का दुखद अंत कब और कैसे हो गया लेकिन 'नेत्रहीन सूरदास' वर्णवाद और गांधीवाद की छत्रछाया में अंत तक मौजूद रहता है क्योंकि उसी हीरो के नेतृत्व में राष्ट्रमुक्ति की विजय का उत्सव मनाया जाना था।"[68]

इस बात को ईश गंगानिया ने भी एक दलित समीक्षक के नाते बिलकुल सही पकड़ा है कि प्रेमचंद ने सूरदास के मुख से पुनर्जन्म और कर्मफल के सिद्धान्त को क्यों मनवाया। वे लिखते हैं–"वास्तव में प्रेमचन्द सूरदास को वर्णवाद (धार्मिक व कट्टरता) की स्थापना के लिए एक इन्स्ट्रूमेन्ट की तरह इस्तेमाल करते हैं और 'दाता भगवान तुम्हारा कल्याण करें।' को सूरदास का तकिया कलाम निर्धारित करके उसकी वर्तमान दशा के लिए वर्णवाद का पाठ यूं दोहरवाते हैं–"भगवान ने जन्म दिया है भगवान की चाकरी करता हूँ। किसी दूसरे की ताबेदारी नहीं हो सकती और भगवान अन्यायी नहीं है। मेरे पूर्वजन्म की कमाई ही ऐसी थी। जैसे कर्म किये वैसे फल भोग रहा हूँ।"... ऐसी स्वीकारोक्ति व स्थापनाएँ व्यक्ति के लिए अत्यंत घातक होती हैं, क्योंकि इनके रहते न तो व्यक्ति में आत्मविश्वास आता है, न स्वाभिमान की भावना और न कुछ कर गुजरने का जज्बा ही पैदा हो पाता है। परिणामस्वरूप व्यक्ति अपनी निर्योग्यताओं को पूर्वजन्म के पाप या दुष्कर्म समझ कर जीवन भर कुढ़ता रहता है और ऐसी प्रवृत्तियों के चलते व्यक्ति का वर्तमान जीवन तबाह होकर रह जाता है। कहने की जरूरत नहीं ये पूर्वजन्म के दुष्कर्म व तथाकथित पाप दलितों के ही हिस्से आते हैं और इन्हें ढोते-ढोते उनके बहुमूल्य जीवन का अर्थहीन सा अंत हो जाता है।"[69]

गंगानिया यह भी अच्छी तरह समझ सके हैं कि प्रेमचंद दलितों के धर्मान्तरण करने के विरोध में खड़े हैं। उन्होंने बिलकुल सही लिखा है–"प्रेमचन्द भी गांधी जी के पदचिन्हों पर चलते हुए दलितों-पिछड़ों के धर्मान्तरण के विरोधी थे भले ही दलित हिन्दूधर्म में रहकर कितनी ही यातनाएँ, कितना ही अपमान झेलें, कितने ही अस्पृश्य ही क्यूं न बने रहें लेकिन धर्मान्तरण कतई नहीं करना चाहिए।"[70] उन्होंने अपने इस कथन के लिए प्रमाण खुद 'रंगभूमि' से जुटाया है। प्रेमचंद ने सूरदास के मुख से ही ईसाई धर्म में धर्मान्तरण का विरोध करवाया है। गंगानिया लिखते हैं–"प्रेमचन्द एक तरह से औद्योगीकरण के विरुद्ध राई का पहाड़ बनाने वाली जंग की शुरूआत जानबूझ कर सूरदास की जमीन का चुनाव करके करते हैं। सूरदास अपनी जमीन देने से मना करता है और दान दक्षिण न मिलने पर टिप्पणी करता है, "ईसाइयों को तनिक भी दया धर्म का विचार नहीं होता। बस, सबको ईसाई बनाते फिरते हैं।" "[71]

जहाँ तक मूल चंद सोनकर के इस प्रश्न की बात है कि प्रेमचंद ने चमार जाति के व्यक्ति को नायक क्यों बनाया और खटीक या भंगी जाति के व्यक्ति को नायक क्यों नहीं बनाया, तो इस में प्रेमचंद की कोई गलती नहीं है, वे एकदम सही हैं। प्रेमचंद के सामने समस्या चमारों ने पैदा की थी, उस समय के खटीकों या भंगियों ने नहीं। इस बात को राम नारायन एस. रावत ने अपने लेख 'द प्रोब्लम' में अच्छी तरह दर्शाया है कि उस समय महत्व चमारों का ही था। वे लिखते हैं–"चमार पहली दलित जाति थी जिसने अनेक संगठनों और जातीय महा सभाओं के द्वारा उत्तर प्रदेश में 1910 और 1920 के दशकों में अपनी पहचान को पुनर्परिभाषित करने के लिए संघर्ष का बीड़ा

उठाया।''[72] उन्होंने बताया है कि 'यद्यपि चमारों का यह आन्दोलन सभी जगह चल रहा था लेकिन पश्चिमी उत्तर प्रदेश में यह बहुत तीव्र और सघन था। सब से पहले 1922 में यह मेरठ, मुरादाबाद, बुलन्द शहर, बदायूँ, बिजनौर, बरेली, पीलीभीत, आगरा और अलीगढ़ के जिलों में शुरू हुआ था। 1923-24 तक चमारों का यह आन्दोलन सहारनपुर, एटा, इटावा, मैनपुरी, मथुरा, देहरादून, लखनऊ, उन्नाव, खीरी, सुलतानपुर और प्रतापनगर के जिलों में तथा पूर्वी उत्तर प्रदेश के बनारस, जौनपुर, बस्ती और गोरखपुर जैसे जिलों तक में फैल चुका था।'[73] इस बात को रामनारायन एस. रावत ने उत्तर प्रदेश की तत्कालीन सी. आई. डी. पुलिस की 1922-1926 की साप्ताहिक रिपोर्टों के आधार पर पुख्ता किया है।[74] रावत ने यह भी बताया है कि इस आन्दोलन का नाम 'आदि हिन्दू आन्दोलन' था और इस के निर्विवाद नेता स्वामी अछूतानंद थे।[75]

राम नारायण एस. रावत दलित नहीं हैं। उन्होंने दिल्ली विश्वविद्यालय से अपनी शिक्षा प्राप्त की है। उन्होंने एक बहुत बड़ी बात यह लिखी है कि दलितों को ले कर उन्हें जो दिल्ली विश्वविद्यालय में पढ़ाया गया था, वह उस से भिन्न है जो उन्होंने उत्तर भारत के दलितों और दलित रचनाओं से जाना है। उन्होंने माना है कि दलितों के बारे में उन्होंने दलितों से सीखा है। वे कई अन्य गैर-दलित विद्वानों की तरह दलितों के गुरु बनना नहीं चाह रहे हैं। वे कहते हैं कि हिन्दू धर्म, हिन्दू समाज, भारतीय इतिहास, राष्ट्रवाद, उपनिवेशवाद तथा पूरे संसार पर दलितों के दृष्टिकोण मुख्य धारा के दृष्टिकोणों से एकदम भिन्न हैं। यही बात अपने लेख द्वारा वे तथाकथित मुख्यधारा के विद्वानों को समझाना चाह रहे हैं।[76]

वे सही समझ गए हैं कि दलितों का दृष्टिकोण हर बात पर बाकी लोगों से अलग होता है।

अब, अन्त में कहूँ कि मूल चंद सोनकर को चमारों के मामले को ले कर होड़ नहीं रखनी चाहिए। यहाँ दलित जातियों के आपसी सहयोग की जरूरत है। जहाँ तक प्रेमचंद की पुस्तकों में चमार जाति को महत्व देने का प्रश्न है, उस के कारण ऊपर बता दिए गए हैं, जिन में जोड़ के लिए एक कारण चमारों की जनसंख्या को ले कर भी बनता है। इस बारे में ए. बी. मुखर्जी ने एक पुस्तक 'द चमार्स आफ उत्तर प्रदेश : ए स्टडी इन सोशियल ज्योग्राफी' के शीर्षक से लिखी है। इस में उन्होंने सन् 1961 की जनगणना के आँकड़े देते हुए लिखा है—"चमार भारत की अनुसूचित जातियों में संख्या की दृष्टि से पहले रैंक में हैं। वे बिहार, मध्य प्रदेश, उत्तर प्रदेश, पंजाब, राजस्थान और दिल्ली में भी पहले रैंक में हैं।''[77] भारत के इन सारे चमारों में भी उत्तर प्रदेश के चमारों की संख्या विशेष है। मुखर्जी लिखते हैं—"भारत की अनुसूचित जातियों की जनसंख्या में चमारों की संख्या 26.56 प्रतिशत है। इन में उत्तर प्रदेश के चमारों की जनसंख्या 86,93,327 है जो भारत के कुल चमारों की संख्या की 46 प्रतिशत ठहरती है।''[78] अकेले उत्तर प्रदेश की बात ली जाए तो यहाँ के 86,93,327

चमार अनुसूचित जातियों की जनसंख्या का 56.5 प्रतिशत है।''[79] यहाँ जाना जा सकता है कि उत्तर प्रदेश में अनुसूचित जातियों की संख्या 66 है। जनसंख्या के हिसाब से, इन में चमार और पासी क्रमशः पहले और दूसरे रैंकों पर आते हैं। चमार 56.5 प्रतिशत हैं और पासी 14.8 प्रतिशत हैं।[80] तब, मूल चंद सोनकर की खटीक जाति की स्थिति क्या है? संयोग से, डा. माता प्रसाद की पुस्तक 'उत्तरांचल सहित उत्तर प्रदेश की दलित जातियों का दस्तावेज' के माध्यम से 1961 के आँकड़ें दिए जा सकते हैं। उन के अनुसार, उत्तर प्रदेश में खटीकों की कुल जनसंख्या 3,05,326 रही है[81], जो प्रतिशत में 1.48 है।[82] अच्छा रहेगा, यहाँ 1931 की जनसंख्या के आँकड़ें ही पेश कर दिए जाएँ जो 'रंगभूमि' के दौरान के हैं। उस में चमारों की जनसंख्या 58,42,818 रही थी जो कुल हिन्दू आबादी की 14.79 प्रतिशत थी,[83] तथा खटीकों की जनसंख्या 1,77,264 रही थी जो कुल हिन्दू आबादी की 0.44 प्रतिशत थी।

संदर्भ

1. प्रेमचन्द : कलम का सिपाही, अमृत राय, हंस प्रकाशन, इलाहाबाद, संस्करण, अप्रैल 1992, पृ.-350
2. वही, पृ.-381
3. वही, पृ.-381
4. वही, पृ.-381
5. वही, पृ.-343-44
6. रखैल और जार का दलित-पाठ, सम्पादकीय, राजेन्द्र यादव, हंस, 2/36, अन्सारी रोड, दरियागंज, नई दिल्ली-110 002, नवम्बर, 2005, पृ.-9
7. प्रेमचन्द : चिट्ठी-पत्री—2, संकलन-लिप्यंतर-शब्दार्थ, मदन गोपाल और अमृत राय, हंस प्रकाशन, इलाहाबाद, प्रथम संस्करण, प्रेमचंद स्मृति दिवस, 1962, पृ.-236
8. प्रेमचन्द : कलम का सिपाही, अमृत राय, हंस प्रकाशन, इलाहाबाद, संस्करण, अप्रैल, 1992, पृ.-655
9. वही, पृ.-656
10. वही, पृ.-387
11. वही, पृ.-385
12. बीसवीं सदी का कथा-नायक दलित 'रंगभूमि' का सूरदास, तेज सिंह, अपेक्षा, 27, घौंडली, कृष्णा नगर, दिल्ली-110 051, जनवरी-मार्च, 2005, पृ.-4
13. 'रंगभूमि' को 'जंगभूमि' बनाने के लिए जिम्मेदार कौन?, डा. सोहन पाल सुमनाक्षर, वही, पृ.-17
14. रंगभूमि पाया भारतीय दलित साहित्य अकादमी, मूल चंद सोनकर, तीसरा पक्ष, 3734/23ए, त्रिमूर्ति नगर, दमोह नाका, जबलपुर, मध्य प्रदेश-482 002, अप्रैल-सितम्बर, 2004, पृ.-44
15. वही, पृ.-44
16. वही, पृ.-44
17. वही, पृ.-37
18. रंगभूमि के आईने में सूरदास के नायकत्व की पड़ताल, मूलचंद सोनकर, वाङ्मय, दलित विशेषांक अंक, सम्पादक, डॉ. एम. फीरोज अहमद, ई-3, अब्दुल्लाह क्वाटर्स, लाल बहादुर शास्त्री मार्ग, अमीर निशाँ, अलीगढ़-202 002, जनवरी-मार्च, 2006, पृ.-57
19. वही, पृ.-57
20. वही, पृ.-47
21. वही, पृ.-52
22. वही, पृ.-47

23. वही, पृ.-57 24. वही, पृ.-57

25. रंगभूमि वाया भारतीय दलित साहित्य अकादमी, मूलचंद सोनकर, तीसरा पक्ष, 3734/23ए, त्रिमूर्ति नगर, दमोह नाका, जबलपुर, मध्य प्रदेश-482 002, अप्रैल-सितम्बर, 2004, पृ.-39

26. वही, पृ.-37

27. रंगभूमि के आईने में सूरदास के नायकत्व की पड़ताल, मूलचंद सोनकर, वाङ्मय, दलित विशेषांक अंक, सम्पादक, डॉ. एम. फीरोज अहमद, ई-3, अब्दुल्लाह क्वाटर्स, लाल बहादुर शास्त्री मार्ग, अमीर निशाँ, अलीगढ़-202 002, जनवरी-मार्च 2006, पृ.-45

28. वही, पृ.-57 29. वही, पृ.-46

30. रंगभूमि वाया भारतीय दलित साहित्य अकादमी, मूल चंद सोनकर, तीसरा पक्ष, 3734/23ए, त्रिमूर्ति नगर, दमोह नाका, जबलपुर, मध्य प्रदेश-482 002, अप्रैल-सितम्बर, 2004, पृ.-42

31. रंगभूमि के आईने में सूरदास के नायकत्व की पड़ताल, मूल चंद सोनकर, वाङ्मय, दलित विशेषांक अंक, सम्पादक, डॉ. एम. फीरोज अहमद, ई-3, अब्दुलाह क्वाटर्स, लाल बहादुर शास्त्री मार्ग, अमीर निशाँ, अलीगढ़-202 002, जनवरी-मार्च, 2006, पृ.-52

32. वही, पृ.-46

33. रंगभूमि वाया भारतीय दलित साहित्य अकादमी, मूल चंद सोनकर, तीसरा पक्ष, 3734/23ए, त्रिमूर्ति नगर, दमोह नाका, जबलपुर, मध्य प्रदेश-482 002, अप्रैल-सितम्बर, 2004, पृ.-42

34. रंगभूमि के आईने में सूरदास के नायकत्व की पड़ताल, मूल चंद सोनकर, वाङ्मय, दलित विशेषांक अंक, सम्पादक, डॉ. एम. फीरोज अहमद, ई-3, अब्दुल्लाह क्वाटर्स, लाल बहादुर शास्त्री मार्ग, अमीर निशाँ, अलीगढ़-202 002, जनवरी-मार्च, 2006, पृ.-55

35. रंगभूमि वाया भारतीय दलित साहित्य अकादमी, मूल चंद सोनकर, तीसरा पक्ष, 3734/23ए, त्रिमूर्ति नगर, दमोह नाका, जबलपुर, मध्य प्रदेश-482 002, अप्रैल-सितम्बर, 2004, पृ.-39

36. रंगभूमि के आईने में सूरदास के नायकत्व की पड़ताल, मूल चंद सोनकर, वाङ्मय, दलित विशेषांक अंक, सम्पादक, डॉ. एम. फीरोज अहमद, ई-3, अब्दुल्लाह क्वाटर्स, लाल बहादुर शास्त्री मार्ग, अमीर निशाँ, अलीगढ़-202 002, जनवरी-मार्च, 2006, पृ.-46

37. रंगभूमि वाया भारतीय दलित साहित्य अकादमी, मूलचंद सोनकर, तीसरा पक्ष, 3734/23ए, त्रिमूर्ति नगर, दमोह नाका, जबलपुर, मध्य प्रदेश-482 002, अप्रैल-सितम्बर, 2004, पृ.-42

38. वही, पृ.-46 39. वही, पृ.-37

40. वही, पृ.-39

41. रंगभूमि के आईने में सूरदास के नायकत्व की पड़ताल, मूल चंद सोनकर, वाङ्मय, दलित विशेषांक अंक, सम्पादक, डॉ. एम. फीरोज अहमद, ई-3, अब्दुल्लाह क्वाटर्स, लाल बहादुर शास्त्री मार्ग, अमीर निशाँ, अलीगढ़-202 002, जनवरी-मार्च, 2006, पृ.-45

42. वही, पृ.-46

43. रंगभूमि वाया भारतीय दलित साहित्य अकादमी, मूल चंद सोनकर, तीसरा पक्ष, 3734/23ए, त्रिमूर्ति नगर, दमोह नाका, जबलपुर, मध्य प्रदेश-482 002, अप्रैल-सितम्बर, 2004, पृ.-40

44. रंगभूमि के आईने में सूरदास के नायकत्व की पड़ताल, मूलचंद सोनकर, वाङ्मय, दलित विशेषांक अंक, सम्पादक, डॉ. एम. फीरोज अहमद, ई-3, अब्दुल्लाह क्वाटर्स, लाल बहादुर शास्त्री मार्ग, अमीर निशाँ, अलीगढ़-202 002, जनवरी-मार्च, 2006, पृ.-49

45. वही, पृ.-48 46. वही, पृ.-48

47. रंगभूमि वाया भारतीय दलित साहित्य अकादमी, मूल चंद सोनकर, तीसरा पक्ष, 3734/23ए, त्रिमूर्ति नगर, दमोह नाका, जबलपुर, मध्य प्रदेश-482 002, अप्रैल-सितम्बर, 2004, पृ.-40

48. रंगभूमि के आईने में सूरदास के नायकत्व की पड़ताल, मूलचंद सोनकर, वाङ्मय, दलित विशेषांक अंक, सम्पादक, डॉ. एम. फीरोज अहमद, ई-3, अब्दुल्लाह क्वाटर्स, लाल बहादुर शास्त्री मार्ग, अमीर निशाँ, अलीगढ़-202 002, जनवरी-मार्च, 2006, पृ.-57
49. रंगभूमि वाया भारतीय दलित साहित्य अकादमी, मूल चंद सोनकर, तीसरा पक्ष, 3734/23ए, त्रिमूर्ति नगर, दमोह नाका, जबलपुर, मध्य प्रदेश-482 002, अप्रैल-सितम्बर, 2004, पृ.-34
50. रंगभूमि के आईने में सूरदास के नायकत्व की पड़ताल, मूल चंद सोनकर, वाङ्मय, दलित विशेषांक अंक, सम्पादक, डॉ. एम. फीरोज अहमद, ई-3, अब्दुल्लाह क्वाटर्स, लाल बहादुर शास्त्री मार्ग, अमीर निशाँ, अलीगढ़-202 002, जनवरी-मार्च, 2006, पृ.-46
51. रंगभूमि वाया भारतीय दलित साहित्य अकादमी, मूलचंद सोनकर, तीसरा पक्ष, 3734/23ए, त्रिमूर्ति नगर, दमोह नाका, जबलपुर, मध्य प्रदेश-482 002, अप्रैल-सितम्बर, 2004, पृ.-43
52. वही, पृ.-43
53. 'रंगभूमि', गांधी और अम्बेडकरवादी-विमर्श, ईश गंगानिया, अपेक्षा, 27-घौंडली, कृष्णा नगर, दिल्ली-110 051, जनवरी-मार्च, 2005, पृ.-25
54. वही, पृ.-26
55. वही, पृ.-26
56. वही, पृ.-26
57. वही, पृ.-32
58. वही, पृ.-26
59. वही, पृ.-27
60. वही, पृ.-30
61. वही, पृ.-36
62. वही, पृ.-28
63. वही, पृ.-34
64. वही, पृ.-35
65. वही, पृ.-37
66. वही, पृ.-39
67. वही, पृ.-36
68. वही, पृ.-36
69. वही, पृ.-36
70. वही, पृ.-33
71. वही, पृ.-30
72. "Through a range of organizations and caste mahasabhas, Chamars were the first Dalit community to launch a struggle to redefine their identities in UP in the 1910s and 1920s."
http://www.india-seminar.com/2006/558/558%20 the % 20 problem.htm.o.p-3 of 8
73. Although Chamar protests were evident in many part of the State, there is evidence to assert that the most organized and sustained agitation took place in western Uttar Pradesh. These protests were first noticed in 1922 in the districts of Meerut, Moradabad, Bulandshahar, Badaun, Bijnor, Bareilly, Pilibhit, Agra and Aligarh. By 1923-24, evidence of Chamar protests came from other districts like Saharanpur, Etah, Etawah, Mainpuri, Mathura, Dehradun, Lucknow, Unnao, Kheri, Sultanpur, and Pratapgarh, as well as from districts in eastern UP like Benares, Jaunpur, Basti and Gorakhpur."
ibid., p.-4 of 8
74. "Officially known as Police Abstracts of Weekly Intelligence, Criminal Investigation Department (CID), U.P. the weekly CID reports provide detailed accounts of Chamar protests in UP. See various CID reports between 1922-1926."
ibid., pp.-7-8 of 8
75. "The Adi-Hindu Mahasabha was described as a movement of all untouchables and Swami Achhutanand was declared their true leader."
ibid., p.-4 of 8

76. "As I began to pursue this, I found that I had a great deal to learn from my many interactions with Dalits in different parts of North India, and from Dalit writings in the Hindi language, both past and present. These writers and intellectuals had points of view on everything that were markedly different from the rest of Hindu/Indian society. Their views of Hindu religion and society, Indian history, nationalism, colonialism, and the larger world, stood in sharp contrast to what I had learned during my formal education at Delhi University. In my own research I have attempted to bring Dalit perspectives into conversation with the agendas of mainstream Indian historiography."
ibid., p.-1 of 8

77. "The Chamars form the first ranking scheduled caste in India as well as in Bihar, Madhya Pradesh, Uttar Pradesh, Punjab, Rajasthan and Delhi."
The Chamars of Uttar Pradesh : A Study in Social Geography, A.B. Mukerji, Inter-India Publications, 105, Anand Nagar, Delhi-110 035, Ist Edition, 1980, p.-26

78. "Of the 1,71,09,378 Chamars of India forming 26.56 percent of its scheduled caste population..., the Uttar Pradesh accounts for 86,93,327 Chamars. Thus the Chamars of Uttar Pradesh form almost 46 per cent of India's Chamar population".
ibid., p.-29

79. "The state of Uttar Pradesh contains a total Chamar population of 86,93,327 persons forming 56.6 percent of the total scheduld caste population."
ibid., p.-26

80. "The state of Uttar Pradesh has 66 scheduled castes. The Chamars and the Pasis constitute the first and second ranking scheduled castes respectively. They form 56.5 and 14.8 percent of the scheduled caste population respectively."
ibid., p.-45

81. उत्तरांचल सहित उत्तर प्रदेश की दलित जातियों का दस्तावेज, लेखक, डा. माता प्रसाद, सम्यक प्रकाशन, 32/3, पश्चिम पुरी, नई दिल्ली-110 063, द्वितीय संस्करण, 2007, पृ.-44

82. वही, पृ.-138

83. वही, पृ.-137

84. वही, पृ.-138

अध्याय-2

पांडेपुर का गाँव

क. प्रेमचंद के गाँव में कोई चमार नहीं था
ख. चमार और चमारों का चौधरी
ग. झोपड़ी और जमीन

क. प्रेमचंद के गाँव में कोई चमार नहीं था

पांडेपुर गाँव का भूगोल कितना बड़ा है? 'रंगभूमि' में लिखा मिलता है–"पाँड़ेपुर छोटी-सी बस्ती तो थी ही...।"[1] और इस बस्ती के आस-पास क्या है? 'रंगभूमि' में इस का विवरण भी मिलता है–"बस्ती के बाहर किसी तरफ काफी जमीन नहीं है। एक तरफ सरकारी पागलखाना है, दूसरी तरफ रायसाहब का बाग, तीसरी तरफ... मिल। ...और, बस्ती है ही कौन-सी बड़ी। मुश्किल से 15-20 या अधिक-से-अधिक 30 घर होंगे।"[2]

पांडेपुर का भूगोल पूरा करने के लिए दो बातें जाननी और जरूरी हैं। पहली, 'रंगभूमि' में लिखा गया है–"शहर के आस-पास गरीबों की बस्तियाँ होती हैं। बनारस में पाँड़ेपुर ऐसी ही बस्ती है।"[3] दूसरी बात यह लिखी गई है–"सड़क के किनारे छोटे-छोटे बनियों और हलवाइयों की दुकानें हैं और उन के पीछे कई इक्केवाले, गाड़ीवान, ग्वाले और मजदूर रहते हैं। दो-चार घर बिगड़े सफेदपोशों के भी हैं, जिन्हें उन की हीनावस्था ने शहर से निर्वासित कर दिया है। इन्हीं में एक गरीब और अंधा चमार रहता है, जिसे लोग सूरदास कहते हैं...।"[4] यूँ, यह कुल 20-30 घरों की छोटी-सी बस्ती है। इसे गाँव कहने में भी झूठ में शामिल होना होगा। यह उठाऊ चूल्हों की सी बस्ती है। आज बस गई, कल उजड़ गई। बाबर ने अपनी आत्मकथा 'बाबरनामा' में हिन्दुस्तान में ऐसे बसते और उजड़ते गाँवों की बात कही है। लेकिन प्रेमचंद हैं कि बाबर की आँखों देखी रिपोर्टिंग को झुठलाते हुए सूरदास के द्वारा इस

पांड़ेपुर के बारे में कहलवाते हैं—"...भला सोचो, कितना अंधेरा है कि हम, जो सत्तर पीढ़ियों से यहाँ आबाद हैं, निकाल दिए जाएँ और दूसरे यहाँ आ कर बस जाएँ।"[5]

यहाँ सत्तर पीढ़ियों का मतलब, कम से कम, एक हजार साल के इतिहास की बात है। एकदम अविश्वसनीय बात है कि किसी चमार को यह पता हो कि वह अपने गाँव में अपनी सत्तर पीढ़ियों की याददाश्त के साथ रह रहा है। हाँ, यह 20-30 घरों का गाँव इतना पुराना नहीं हो सकता जितना बताया गया है। फिर, 'चमार का नाम और गाँव नहीं होता'—का मतलब यही है कि चमार के लिए यह दावा करना मुश्किल है कि उस का घर 70 पीढ़ियों से बसा हुआ है।

सूरदास को ले कर यह बात जाननी भी हमारे काम की है कि झोपड़ी से गोदाम की दूरी कितनी है। दूसरी जानकारियों को मिलाते हुए पूरा चित्र इस प्रकार बनता है:

1. "सूरदास...नित्यप्रति लाठी टेकता हुआ पक्की सड़क पर आ बैठता और राहगीरों की खैर मनाता।"[6]
2. "सूरदास अपनी जगह पर मूर्तिवत बैठा हुआ...था।"[7]
3. "सहसा एक फिटन आती हुई सुनाई दी।...फिटन ज्यों ही सामने आई, सूरदास उस के पीछे...दौड़ा।"[8]
4. "सूरदास फिटन के पीछे दौड़ता चला आता था।"[9]
5. "...बेचारा आधे मील से दौड़ा आ रहा है... ।"[10]
6. "...पूरे एक मील तक दौड़ता चला गया। यहाँ तक कि गोदाम आ गया और फिटन रुकी।"[11]
7. "मि. जॉन सेवक ने यहाँ चमड़े की आढ़त खोल रखी थी। ताहिर अली नाम का एक व्यक्ति उस का गुमाश्ता था। बरामदे में बैठा हुआ था।"[12]
8. "गोदाम के पीछे की ओर एक विस्तृत मैदान था। यहाँ आस-पास के जानवर चरने आया करते थे। जॉन सेवक यह जमीन ले कर यहाँ सिगरेट बनाने का एक कारखाना खोलना चाहते थे।"[13]
9. "...मिस्टर जॉन सेवक ने ताहिर अली से पूछा—यह किसकी जमीन है?"[14]
10. "ताहिर—हुजूर, यह तो ठीक नहीं मालूम, अभी चल कर यहाँ किसी से पूछ लूँगा, शायद नायक राम पंडा की हो।"[15]
11. "ये बातें करते हुए तीनों आदमी (जान सेवक, मिसेज सेवक और उन का बेटा प्रभु सेवक) फिटन के पास गए।"[16]
12. "गाड़ी चली। सूरदास निराशा की मूर्ति बना हुआ अंधी आँखों से गाड़ी की तरफ ताकता रहा... ।"[17]

13. ''गाड़ी अभी धीरे-धीरे चल रही थी। इतने में ताहिर अली ने पुकारा—हुजूर, यह जमीन पण्डा की नहीं, सूरदास की है। यह कह रहे हैं।''[18]

जाने लोगों ने इस बात पर ध्यान क्यों नहीं दिया कि 'रंगभूमि' का पांडेपुर भले ही कल्पित हो पर प्रेमचंद पांडेपुर में रहते थे? जी हाँ, उन्होंने 20 मार्च, 1915 को मुंशी दया नारायण निगम को जो चिट्ठी लिखी है, वह 'पांडेपुर, बनारस'[19] से ही लिखी है। अनुमानतः, जून, 1915 की लिखी चिट्ठी भी[20] तथा 17 जून, 1915 की चिट्ठी भी[21] 'पाँडेपुर, बनारस' से ही लिखी गई हैं। 26 जून, 1915 की चिट्ठी तो मात्र 'पाँडेपुर' से लिखी गई है जिसमें 'बनारस' शब्द भी गायब हो गया है।[22]

इस में प्रेमचंद ने तनिक भी झूठ नहीं लिखा कि 1915 में वे अपनी चिट्ठियाँ 'पांडेपुर' से लिख रहे हैं। गवाही में अमृत राय ने प्रेमचन्द के अपने एक दोस्त को लिखे खुद के हालात के शब्द उद्धृत किए हैं—''तारीख पैदाइश संवत् 1937। बाप का नाम मुंशी अजायब लाल। सुकूनत मौजा मढवाँ, लमही, मुत्तसिल पांडेपुर, बनारस।''[23]

लेकिन प्रेमचन्द के इस गाँव की आबादी कैसी है? मरदम शुम्मारी क्या है?

उस से भी पहले जाना यह जाए कि खुद प्रेमचन्द ने 'रंगभूमि' के बारे में लिखा है—'' 'रंगभूमि' का बीजांकुर हमें एक अंधे भिखारी से मिला जो हमारे गाँव में रहता था। एक जरा-सा इशारा, एक जरा-सा बीज, लेखक के मस्तिष्क में पहुँचकर इतना विशाल वृक्ष बन जाता है कि ये लोग उस पर आश्चर्य करने लगते हैं।''[24] इस में साफ कहा जा रहा है कि गाँव का अंधा भिखारी मात्र एक इशारा है, जरा-सा बीज है। उस बीज को वृक्ष के रूप में प्रेमचन्द ने तैयार किया है। लेकिन हम जाने कि उन के गाँव में कौन जाति के लोग रहते थे। यह अच्छी बात है कि अमृत राय ने अपनी पुस्तक 'प्रेमचंद : कलम का सिपाही' में वह ब्यौरा दे दिया है। वह इस प्रकार है—''बनारस से आजमगढ़ जाने वाली सड़क पर, शहर से करीब चार मील दूर, एक छोटा-सा गाँव है, लमही, मौजा मढ़वाँ। पन्द्रह-बीस घर कुर्मियों के, दो-एक कुम्हार, एकाध ठाकुर, तीन-चार मुसलमान (जिन में पुरुषों में मथुरा और स्त्रियों में रमदेई, सुनरी और कौसिलिया—जैसे नाम हैं) और नौ-दस घर कायस्थों के—यही इस गाँव की कुल आबादी है।''[25] यही अमृत राय की पुस्तक का आरम्भ और उस का पहला पैरा है। पर, इस ब्यौरे में चमार कहाँ हैं? यदि यह ब्यौरा पूरा है तो 'रंगभूमि' का सूरदास पात्र चमार जाति का नहीं होना चाहिए और यदि 'रंगभूमि' का सूरदास चमार जाति का है तो प्रेमचन्द के उक्त कथन को मिलाने से अमृत राय की पुस्तक में अपूर्ण ब्यौरा देने का दोष ठहरता है। तीसरी बात, यदि गाँव में चमार जाति के लोग नहीं हैं तो 'रंगभूमि' के सूरदास का चमार जाति से कोई सम्बन्ध नहीं है और यह प्रेमचन्द की कल्पना के आधार पर तिकड़म भर है।

मैंने अपने एक मित्र द्वारा आज के लमही गाँव की जानकारी करवाई। उन्होंने बताया कि लमही गाँव में दलित बस्ती नहीं है। फोन पर बताया हुआ उन का शब्द 'दलित' था जिसे मैं बड़ी आसानी से अपनी सुविधा के लिए 'चमार' के शब्द में ले रहा हूँ। तब इस विवरण में क्या खासियत है? खासियत यह है कि गाँव में एक भी चमार नहीं है। यह चमारों का गाँव ही नहीं है। इस का मतलब है कि इस उपन्यास को लिखने में प्रेमचन्द के पास चमारों के बारे में 'फर्स्ट हैन्ड नोलिज' बिलकुल नहीं है। तब प्रेमचंद ने 'रंगभूमि' में सूरदास के चमार होने का क्या राग अलापा है? उन के गाँव का अन्धा और उन के गाँव में चमार नहीं है तो यह सूरदास क्या बला है जो चमारों के लिए खड़ी की गई है?

अमृत राय 'रंगभूमि' की पृष्ठभूमि के लिए बताते हैं—"इधर कुछ दिनों से एक अंधा अक्सर दिखाई पड़ता है। उस के चेहरे-मोहरे, बोल-चाल में कुछ खास बात है, उसे देख कर, एक उपन्यास की रूपरेखा मन में बन रही है। बड़ा उपन्यास होगा।"[26] इस से ज्यादा तफसील से मदन गोपाल ने अपनी पुस्तक 'कलम का मजदूर : प्रेमचंद' में लिखा है—" 'रंगभूमि' के नायक सूरदास के चरित्र का बीजांकुर प्रेमचन्द को एक अन्धे भिखारी से मिला था, जो लमही में रहता था और गाँव के बाहर एक पुलिया पर बैठा करता था और उधर से गुजरते हुए लोगों का पीछा करता और 'एक पैसा, एक पैसा' कहता हुआ उनके पीछे दौड़ता। (श्री महताबराय ने लेखक को यह पुलिया दिखलायी भी थी।) 'एक जरा-सा इशारा, एक जरा-सा बीज, लेखक के मस्तिष्क में पहुँचंकर इतना विशाल वृक्ष' बन गया कि उस पर लोग आश्चर्य करते हैं।...यहाँ इस बात का जिक्र करना भी अप्रासंगिक न होगा कि जिस समय प्रेमचन्द गोरखपुर में थे, वह एक अन्धे भिखारी के पास जाया करते थे और कुछ उसी पर व्यंग्य भी करते थे, उसी को लक्ष्य करके रचनाएँ भी किया करते थे। इससे प्रतीत होता है कि लमही के अन्धे भिखारी का चित्र प्रेमचन्द के मस्तिष्क में अमिट था, परन्तु गोरखपुर में यह बीज फूटा, इसे खाद मिली और पानी मिला।"[27] व्यंग्य करने और रचनाएँ करने के बारे में मदन गोपाल ने स्रोत दिया है—"लेखक को यह तथ्य श्री बुद्धिसागर मिश्र पंचानन से मिला। उनके पत्र की तारीख 10-9-54 है।"[28] तो, यह भानमती का कुनबा जोड़ा गया है जो 'रंगभूमि' में है। इस में कहीं की ईंट है और कहीं का रोड़ा है। इस से क्या फायदा है और किसे है? यह परीकथाओं और पौराणिक आख्यानों से किस रूप में भिन्न है?

तब प्रेमचन्द को कितना सही माना जाए? सही इतना माना जाए कि उन्होंने लिखा है कि उन के गाँव में एक अन्धा भिखारी रहता था। उन्होंने यह नहीं लिखा कि वह चमार था। उस के चमार होने को उन्होंने 'रंगभूमि' में अपनी कल्पना से जोड़ा है। पूछा जाए, 'रंगभूमि' का यह चमार 'सूरदास' समाका क्यों नहीं है? वह अन्धा क्यों बनाया गया है? इस से सारा नायकत्व ही अन्धा हो गया है। यह विकलांग की प्रशंसा नहीं है बल्कि चमार कौम के नेतृत्व को चक्षुहीन बनाना है।

ख. चमार और चमारों का चौधरी

'रंगभूमि' में चमारों का जिक्र कई बार आया है। मैंने हिसाब नहीं जोड़ा कि इस उपन्यास में कुल कितनी बार 'चमार' शब्द का प्रयोग किया गया है। संयोग से, यह हिसाब मूल चन्द सोनकर ने अपने लेख 'रंगभूमि के आइने में सूरदास के नायकत्व की पड़ताल' में लगाया है। उन्होंने क्रोस चेक करके दो बार गिनती की जिसके बाद उन्होंने लिखा है—"...पूरे उपन्यास में कुल बयालिस बार इस का प्रयोग हुआ है।"[29] मैं यह कह रहा हूँ कि यदि किसी ने इस संख्या को 41 या 43 बार भी सिद्ध कर दिया तो भी मेरी मूल स्थापनाओं पर कोई फर्क नहीं पड़ने वाला है।

बात मैदान की है जहाँ घीसू और अन्य लोगों की गाय-भैंसें चरती हैं। यह वही जगह होनी चाहिए जो सूरदास की है। यहीं घीसू ने ताहिर अली के लड़कों की खबर ली थी। झगड़ा बहुत बढ़ गया था। उधर से ताहिर अली आ गया था। इधर से घीसू का बाप बजरंगी अहीर भी आ गया था। निचोड़ यह है कि 'बजरंगी आपे से बाहर हो गया। झपट कर ऐसी लाठी मारी कि ताहिर अली तिरमिरा कर गिर पड़े।'[30] प्रेमचन्द लिखते हैं—"कई चमार, जो अब तक इसे लड़कों का झगड़ा समझ कर चुपचाप बैठे थे, ताहिर अली को गिरते देख कर दौड़े और बजरंगी को पकड़ लिया। समर में सन्नाटा छा गया।"[31] तब ताहिर अली की सौतेली माताएँ जैनब और रकिया शब्द-बाण चला रही थीं—"अरे-अरे चमारो, बैठे मुँह क्या ताकते हो, जाकर साहब को खबर क्यों नहीं देते, कहना—अभी चलिए। साथ लाना, कहना पुलिस लेते चलिए यहाँ जान देने नहीं आए हैं।"[32] आगे प्रेमचन्द लिखते हैं—"दो चमार जॉन सेवक के बँगले की तरफ गए। ताहिर अली को लोगों ने उठाया और चारपाई पर लाद कर कमरे में लाए। कंधे पर लाठी पड़ी थी, शायद हड्डी टूट गई थी। अभी तक बेहोश थे। चमारों ने तुरन्त हल्दी पीसी और उसे गुड़-चने में मिला कर उन के कंधे में लगाया। एक आदमी लपक कर पेड़ के पत्ते लाया, दो आदमी बैठकर सेंकने लगे।"[33] प्रेमचन्द ने लिखा है —"ताहिर अली को दिन-भर सेंक-बाँध हुई, चमारों ने इस तरह दौड़-धूप की, मानो उन का कोई इष्ट मित्र है।....रात को भी चमार उन के पास बैठे सेंकते-बांधते रहे।...चमारों ने ज्यों ही होश में देखा, समझ गए कि अब हमारी जरूरत नहीं रही, अब घरवाली की सेवा सुश्रूषा का अवसर आ गया। एक-एक करके विदा हो गए।"[34]

चमार पात्र दूसरे लोगों का बड़प्पन उभारने के लिए प्रयोग किए जाते हैं, 'रंगभूमि' में इस का एक उदाहरण इस प्रकार है :

> "एक चमार ने कहा—हुजूर, बड़े आदमियों का खर्च भी बड़ा होता है। आप ही लोगों की बदौलत तो गरीबों की गुजर होती है। घोड़े की लात घोड़ा ही सह सकता है।

ताहिर—अजी, सिर्फ पान में ही इतना खर्च हो जाता है कि उतने में दो आदमियों का अच्छी तरह गुजर हो सकता है।

चमार— हुजूर, देखते नहीं हैं, बड़े आदमियों की बड़ी बात होती है।''[35]

'रंगभूमि' में एक जगह चमारों का चित्रण इस प्रकार है—''प्रातःकाल था। चमड़े की खरीद हो रही थी। सैकड़ों चमार बैठे चिलम पी रहे थे। यही एक समय था, जब ताहिर अली को अपने गौरव का कुछ आनन्द मिलता था। इस वक्त उन्हें अपने महत्व का हल्का-सा नशा हो जाता था। एक चमार द्वार पर झाड़ू लगाता, एक उन का तख्त साफ करता, एक पानी भरता, किसी को साग-भाजी लाने के लिए बाजार भेज देते और किसी से लकड़ी चिराते। इतने आदमियों को अपनी सेवा में तत्पर देख कर उन्हें मालूम होता था कि मैं भी कुछ हूँ।''[36] तो, यहाँ चमारों का व्यक्तित्व और महत्व नहीं दिखाया जा रहा है। चमारों की उपस्थिति इस रूप में पेश की गई है ताकि ताहिर अली का चरित्र आगे आ सके। चमार बेनाम के हो गए हैं, बस, जाति ही उन की पहचान है। आश्चर्य की बात है, वे फिलर के रूप में प्रयोग किए गए हैं!

पूरे उपन्यास में 'सूरदास' नाम का एक चमार पात्र है, दूसरे नाम का चमार पात्र सूरदास का भतीजा 'मिठवा' है। इन दो के सिवा एक तीसरे चमार का नाम 'चुनक'[37] मिलता है। इन तीन के सिवा किसी अन्य चमार का नाम नहीं है। चमारों के चौधरी तक का नाम गायब है जबकि वह मौजूद है। बाकी सब जगह बहुवचन में 'चमार', 'चमारों' या एक वचन में 'एक चमार' का प्रयोग हुआ है। फिर, सूरदास का नाम भी कोई नाम नहीं है बल्कि अंधे व्यक्ति की अभिधा है।

सच बात तो यह है कि बहुत बुरा लगता है जब प्रेमचन्द इस 'रंगभूमि' में बिना नाम के मात्र 'चमार' को अपना पात्र बनाते हैं और उस से बुलवाते हैं। इस में वे उसी बात को तरजीह दे रहे हैं कि चमार का कोई नाम और गाम नहीं होता। चमार के इस अनाम होने की बात भी पैतृकता से जुड़ी हुई है। जब जमीदार किसी चमार से पूछता है कि तेरे कितने बच्चे हैं तो इस परम्परा में उस का जवाब होता है—''हुजूर, आप के तीन बच्चे हैं।'' जमीदार के सामने वह बच्चों को अपने कह ही नहीं सकता। गाँव उस का इसलिए नहीं होता क्योंकि इस परम्परा में वह गाँव से जब चाहे भगा दिया जाता है।

'एक आदमी था'—का प्रयोग समझ में आता है, लेकिन जब प्रेमचन्द अपने साहित्य में 'एक चमार ने कहा'[38]—के शब्दों का प्रयोग करते हैं, तो चमारों की वैयक्तिकता को जड़ से भून देते हैं। चमारों की असली कोई पहचान मिटा दी जाती है, बस, 'चमार' ही उन की पहचान रह जाती है। साहित्यकार का काम लोगों को पहचान देना होता है, उन की पहचान को रलाना नहीं और मिटाना नहीं। पर, फिर वही बात कि 'एक चमार का लड़का था—' प्रेमचन्द की लिखने की यह आदत

'गोदान' तक में नहीं छूटी। प्रेमचंद लिखते हैं–"गोबर बालक को गोद में लिए आगे-आगे था। झुनिया बिस्तर बगल में दबाए पीछे। एक चमार का लड़का सन्दूक लिए था। गाँव के कई स्त्री-पुरुष गोबर को पहुँचाने गाँव के बाहर तक आए।"[39]

'रंगभूमि' में जॉन सेवक ताहिर अली से कहते हैं–"मेरा इरादा है कि...यहाँ एक शराब और ताड़ी की दुकान खुलवा दूँ। तब आसपास के चमार यहाँ रोज आएँगे...।"[40] पर प्रेमचंद के ऐसे साहित्य से चमारों को कौन-सी प्रेरणा मिल रही है? इतिहास में शराब के लिए मशहूर या बदनाम कायस्थ कौम है, चमार की पहचान नशा करने की नहीं है। वे कैसे मान रहे हैं कि सारे चमार रोज शराब और ताड़ी का नशा करते हैं? पूरी गलत बात है।

एक चमारों का चौधरी है जो इस गाँव का नहीं है। वह चौधरी है तो सैंकड़ों चमारों का चौधरी है। उस चौधरी का बाकी चमारों से सम्बन्ध रहता है लेकिन सूरदास का बाकी चमारों से कोई सम्बन्ध नहीं है। बाकी चमार गोदाम के बरामदे में मिलते हैं।

सूरदास की झोपड़ी और गोदाम में क्या रिश्ता है? प्रेमचन्द बताते हुए लिखते हैं–"मन में यह विचार स्थिर करके सूरदास अपनी झोंपड़ी से निकला और लाठी टेकता हुआ गोदाम की ओर चला। गोदाम के सामने पहुँचा तो दयागिरी से भेंट हो गई। उन्होंने पूछा–इधर कहाँ चले सूरदास? तुम्हारी जगह तो पीछे छूट गई।"[41] सूरदास जवाब देता है–"जरा इन्हीं मियाँ साहब (सैयद ताहिर अली) से कुछ बातचीत करनी है।" "[42]

दयागिरी ने सूरदास को जमीन के बाबत समझाना चाहा। सूरदास समझने को तैयार नहीं था। तब दयागिरी अपनी राह चले गए। वे नित्य गंगा-स्नान को जाया करते थे। प्रेमचन्द लिखते हैं–"सूरदास समझाने से और भी जिद पकड़ गया। सीधे गोदाम के बरामदे में जा कर रुका। इस समय यहाँ बहुत से चमार जमा थे। खालों की खरीद हो रही थी। चौधरी ने कहा–आओ सूरदास, कैसे चले?"[43] प्रेमचन्द आगे लिखते हैं–"सूरदास इतने आदमियों के सामने अपनी इच्छा न प्रकट कर सका। संकोच ने उस की जबान बंद कर दी। बोला–"कुछ नहीं, ऐसे ही चला आया।" "[44] यहाँ पर चमारों के इस चौधरी ने सूरदास को जो सलाह दी थी वह इस प्रकार थी–"सूरे, इस बखत अच्छे दाम मिलेंगे। हमारी सलाह तो यही है कि दे दो, तुम्हारा कोई उपकार तो उस से होता नहीं।"[45] लेकिन, सूरदास ने चौधरी की एक नहीं मानी। तब चौधरी ने सूरदास से यही कहा था–"तुम्हारी जायदाद है, बय करो, चाहे पट्टा लिखो, किसी दूसरे को दखल देने का क्या मजाल है।"[46]

ताहिर अली ने भी सूरदास को खूब समझाया कि जमीन बेच दे लेकिन सूरदास ने उसे गर्व से उत्तर दिया था–"खाँ साहब, अगर जमीन जाएगी, तो इस के साथ मेरी जान भी जाएगी।"[47] इस के बाद प्रेमचन्द लिखते हैं–"यह कह कर उस ने लकड़ी

सँभाली और अपने अड्डे पर आ बैठा।"[48] तो, झोंपड़ी और गोदाम के बीच इतनी ही दूरी है और सूरदास और चमारों के चौधरी के बीच इतना ही रिश्ता है।

एक बार जगधर हलवाई ताहिर अली से अपने रुपये का तगादा करता है। ताहिर अली रुपये दे नहीं पा रहा है। वहाँ चमारों का चौधरी भी था। प्रेमचन्द लिखते हैं—"चमारों के चौधरी को जगधर पर दया आ गई। ताहिर अली से बोला—"मुंशी जी, मेरा पावना इन्हीं को दे दीजिए, मुझे दो-चार दिन में दे दीजिएगा।" "[49]

ताहिर अली के पिता की तीसरी औरत रकिया थी। जब ताहिर ने रकिया से पूछा तो रकिया ने बताया था—"हाँ, ये सब चमार आपस में बातें करते जा रहे थे कि साहब ने जमीन ली, तो खून की नदी बह जाएगी।"[50] लेकिन खून की नदी बहने के बजाय कुछ होता-हवाता तभी जब सूरदास का चमारों से आत्मीय रिश्ता होता। बिना रिश्ते के कुछ भी नहीं होना था। यही 'रंगभूमि' का बनावटी-उपन्यास है।

ग. झोपड़ी और जमीन

'रंगभूमि' की कथा में सूरदास के पास दो चीजें हैं—एक झोपड़ी और दूसरी जमीन। झोपड़ी के बारे में लिखा मिलता है—"बहुत ही सामान्य झोपड़ी थी। द्वार पर एक नीम का वृक्ष था। किवाड़ों की जगह बांस की टहनियों की एक पट्टी लगी हुई थी।"[51]

जमीन और झोपड़ी दोनों ही सूरदास से छीन ली गई हैं। सूरदास के ही शब्द हैं—"...बाप-दादों की निशानी दस बीघे जमीन थी, वह पहले ही निकल गई, अब यह झोपड़ी भी छीनी जा रही है।"[52]

सूरदास की जमीन की कहानी कुछ लम्बी है—"सूरदास के पास अपने बाप-दादों के वक्त की कुछ जमीन है जिसे उस ने अपने गाँव के मवेशियों के चरने के लिए छोड़ रखा है।"[53] फिर भी, इस की नापजोख कितनी है? इस बारे में एक संवाद इस प्रकार मिलता है :

> "काशी रेलवे-यूनियन के मंत्री मिनिस्टर नीलमणि ने कहा—क्यों अंधे, तेरी जमीन कुल कितनी है?
>
> सूरदास—हुजूर, दस बीघे से कुछ ज्यादा ही होगी।"[54]

दस बीघे से कुछ ऊपर के बजाय यह जाना जाए कि इस जमीन की रुपयों में कीमत कितनी है। महेन्द्र कुमार इस की कीमत आँकते हुए जॉन सेवक से कहते हैं—"इतनी जमीन आप को दस हजार से कम में न मिलती।"[55] तभी पूछा जा रहा है कि यह प्रेमचंद का फूहड़पन है, या उन का खड़ा किया गया पात्र सूरदास बुद्धू है, कि इतनी जायदाद के बावजूद भीख मांगता फिर रहा है। 'गोदान' की कथा में होरी के साथ ऐसा नहीं हुआ, क्यों? वहाँ होरी कुल पाँच बीघे का किसान है। प्रेमचंद के

शब्द हैं—"पाँच बीघे के किसान की बिसात ही क्या? यह कम आदर नहीं है कि तीन-तीन, चार-चार हलवाहे महतो भी उस के सामने सिर झुकाते हैं।"[56] एक अन्य स्थल पर गोबर से भी यही कहलवाया गया है—"गोबर ने बताया, उस के मौरूसी पाँच बीघे खेत हैं और एक हल की खेती होती है।"[57] तो, 'गोदान' का होरी पाँच बिघे की खेती करने वाला किसान है लेकिन सूरदास दस बिघे की जमीन वाला हो कर भी भिखमंगा है! शायद, प्रेमचंद कलाकार होने के घमंड में हाथी की सूंड काट कर घोड़े के लगा रहे थे और घोड़े की थूथड़ी हाथी के जोड़ रहे थे। कलाकार हैं, धरती पर दूसरे भगवान हैं, इन्हें कौन रोक देगा! स्वयंभू हैं, त्रिकालदर्शी हैं!! ये ही रचनाएँ पाठ्य पुस्तकों में रखी गई हैं और इन्हीं पर विश्वविद्यालयों में फर्जी बहसें करवाई जा रही हैं। कसम खा ली है कि जीवन के सच को छूने नहीं देंगे। ऐसी बकवास के लिए प्रेमचंद को चमार ही मिले थे!

संदर्भ

1. रंगभूमि, प्रेमचंद, शिवानी बुक्स, 4855/24, हरबंस स्ट्रीट, दरियागंज, नई दिल्ली-110 002, संस्करण, 2004, पृ.-426
2. वही, पृ.-435
3. वही, पृ.-5
4. वही, पृ.-5
5. वही, पृ.-541
6. वही, पृ.-6
7. वही, पृ.-6
8. वही, पृ.-6-7
9. वही, पृ.-7
10. वही, पृ.-8
11. वही, पृ.-8
12. वही, पृ.-8
13. वही, पृ.-9
14. वही, पृ.-10
15. वही, पृ. 10
16. वही, पृ.-10
17. वही, पृ.-12
18. वही, पृ.-13
19. प्रेमचंद : चिट्ठी-पत्री-1, संकलन-लिप्यन्तर-शब्दार्थ, अमृत राय और मदन गोपाल, हंस प्रकाशन, इलाहाबाद, प्रथम संस्करण, प्रेमचंद स्मृति दिवस, 1962, पृ.-39
20. वही, पृ.-40
21. वही, पृ.-41
22. वही, पृ.-42
23. प्रेमचंद : कलम का सिपाही, अमृतराय, हंस प्रकाशन, इलाहाबाद, संस्करण, अप्रैल, 1992, पृ. 3
24. साहित्य का उद्देश्य, मुंशी प्रेमचन्द, साहित्यागार, एस. एम. एस. हाइवे, जयपुर-3, संस्करण, 1992, पृ.-50
25. प्रेमचन्द : कलम का सिपाही, अमृत राय, हंस प्रकाशन, इलाहाबाद, संस्करण, अप्रैल, 1992, पृ. -5
26. वही, पृ.-320
27. कलम का मजदूर : प्रेमचंद, मदन गोपाल, राजकमल प्रकाशन प्राइवेट लिमिटेड, 8, नेताजी सुभाष मार्ग, नई दिल्ली-110 002, द्वितीय संस्करण, 1984, पृ.-156-57

28. वही, पृ.-157, पाद टिप्पणी
29. रंगभूमि के आईने में सूरदास के नायकत्व की पड़ताल, मूल चंद सोनकर, वाङ्मय, दलित विशेषांक अंक, सम्पादक, डॉ. फीरोज अहमद, ई-3, अब्दुल्लाह क्वाटर्स, लाल बहादुर शास्त्री मार्ग, अमीर निशाँ, अलीगढ़-202 002, जनवरी-मार्च, 2006, पृ.-44
30. रंगभूमि, प्रेमचंद, शिवानी बुक्स, 4855/24, हरबंस स्ट्रीट, दरियागंज, नई दिल्ली-110 002, संस्करण, 2004, पृ.-120
31. वही, पृ.-120
32. वही, पृ.-120
33. वही, पृ.-121
34. वही, पृ.-121
35. वही, पृ.-274
36. वही, पृ.-270-71
37. वही, पृ.-476
38. वही, पृ.-274
39. गोदान, प्रेमचन्द, लोक भारती प्रकाशन, 15-ए, महात्मा गांधी मार्ग, इलाहाबाद-1, संस्करण, 1999, पृ.-196
40. रंगभूमि, प्रेमचंद, शिवानी बुक्स, 4855/24, हरबंस स्ट्रीट, दरियागंज, नई दिल्ली-110 002, संस्करण, 2004, पृ.-8
41. वही, पृ.-69
42. वही, पृ.-69
43. वही, पृ.-71
44. वही, पृ.-71
45. वही, पृ.-71
46. वही, पृ.-72
47. वही, पृ.-72
48. वही, पृ.-72
49. वही, पृ.-271
50. वही, पृ.-78
51. वही, पृ.-15
52. वही, पृ.-553
53. प्रेमचंद : कलम का सिपाही, अमृत राय, हंस प्रकाशन, इलाहाबाद, संस्करण, अप्रैल, 1992, पृ.-331
54. रंगभूमि, प्रेमचंद, शिवानी बुक्स, 4855/24, हरबंस स्ट्रीट, दरियागंज, नई दिल्ली-110 002, संस्करण, 2004, पृ.-239
55. वही, पृ.-240
56. गोदान, प्रेमचंद, लोक भारती प्रकाशन, 15-ए, महात्मा गांधी मार्ग, इलाहाबाद-1, संस्करण, 1999, पृ.-7
57. वही, पृ.-118

अध्याय-3

सच्चाई पाठ के बाहर खड़ी रो रही है

क. बिचौलिया प्रेमचंद
ख. पाठ के मकड़जाल से बाहर
ग. पाठ का बनावटीपन
घ. 'रंगभूमि' लिखने के दौरान क्या घटित हो रहा था?

क. बिचौलिया प्रेमचंद

जो बीच के लोग होते हैं, उन की स्थिति विचित्र होती है। उन के कई अच्छे-बुरे नाम हैं, जैसे बिचौलिए, दलाल, दुभाषिए और मुखबिर। यह व्यक्तियों के बीच की बात हो गई। जो वर्णों के बीच में पड़ते हैं उन के बारे में क्या कहा जाए? यूरोप के समाजों में उसे मध्य वर्ग कहा जाता है। वहाँ की विशेषता यह है कि उच्च वर्ग, मध्य वर्ग और निम्न वर्ग के लोग आपस में अदलते-बदलते रहते हैं। किसी भी एक वर्ग का व्यक्ति एक वर्ग में टिकाऊ नहीं रहता। कारण यह होता है कि वे एक ही समाज के लोग होते हैं। भारत में स्थिति दूसरी है। यहाँ एक जाति अपने आप में एक समाज होती है। यदि हिन्दुओं के नाम से जाने जाने वाले सारे लोगों की बात की जाए तो जातियों के रूप में वे अलग-अलग अनेक समाज हैं। ब्राह्मणों ने जैसे-तैसे बड़ी मुश्किल से उन अनेक या पारम्परिक रूप के शब्द 'छत्तीस जात' को अपने चार वर्णों में समाहित और विभक्त किया है। उन्होंने भी जातियों को एक करने की कोशिश नहीं की बल्कि अपनी शब्दावली के सुभीते के लिए उन्हें चार वर्णों में विभक्त और वर्गीकृत ही किया है।

हम प्रेमचंद का ही उदाहरण लें जो सब से ज्यादा पेचीदा है। वे कायस्थ जाति के व्यक्ति हैं। न वे खुद मानते हैं और न किसी दूसरे को मानने देते हैं कि वे कायस्थ जाति के नहीं हैं। तब कायस्थ जाति का ब्राह्मणों की व्यवस्था में वर्ण क्या है? केवल इसी बात पर झगड़ा है कि वे किस वर्ण के हैं लेकिन इस बात पर कोई झगड़ा नहीं है कि प्रेमचन्द की जाति कायस्थ है। यह बात सौ प्रतिशत सत्य और निर्विवाद है कि कायस्थ अपने आप में एक पूरी जाति–अर्थात् एक पूरा समाज है।

यदि यूरोप के हिसाब से जाना जाए तो कायस्थों में उच्च वर्ग, मध्य वर्ग और निम्न वर्ग—तीनों वर्गों के लोग मिलते हैं। अपनी जाति के भीतर एक निम्न वर्ग का व्यक्ति मध्य वर्ग और उच्च वर्ग में तब्दील हो सकता है, लेकिन उस का वर्ण नहीं बदल सकता। वह अच्छा या बुरा कुछ भी कर ले, पर उस का वर्ण जन्मना ही रहेगा। फिर, बदलेगा तो पूरी जाति का वर्ण बदलेगा, कायस्थ जाति के किसी एक व्यक्ति प्रेमचन्द का नहीं। तो, जब एक जाति के भीतर मध्य वर्ग की बात होती है तो उस का अर्थ उस बात से भिन्न होता है जब ब्राह्मणों या बौद्धों या जैनियों की चतुर्वर्ण व्यवस्था में मध्य वर्ग की बात होती है। जातियों के भीतर यूरोप की परिभाषा का मध्य वर्ग होता है लेकिन वर्णों के भीतर ब्राह्मणी ढंग के क्रमिक वर्ण होते हैं। प्रेमचन्द के तथा अन्य हिन्दू लेखकों के साहित्य को इसी तरीके से समझा जाना चाहिए कि उन के मन में जाति, वर्ग और वर्ण के आपसी और अलग-अलग हिसाब-किताब क्या-क्या हैं।

प्रेमचन्द के समय में देश की आजादी की लड़ाई का मसला इतना बड़ा और पेचीदा था कि उस में वर्णों की एकता, जातियों की एकता और धर्मों की एकता की जरूरत पड़ गई थी। तब प्रेमचन्द कायस्थ जाति के हो कर ब्राह्मणों और चमारों तथा हिन्दुओं और मुसलमानों के बीच कहाँ ठहरते हैं? उन्हें दलाल, बिचौलिया और मुखबिर नहीं कहा जा सकता पर साहित्यकार के नाते कमजोर रचनाकार कहा ही जाएगा जब वे चमारों की तरफ से बोलते हैं या ब्राह्मणों की तरफ से बोलते हैं। धर्मों के मामले में वे हिन्दुओं का प्रतिनिधित्व कर जाएँगे लेकिन मुसलमानों और ईसाइयों का प्रतिनिधित्व कैसे कर जाएँगे? करेंगे तो वह विश्वसनीय कैसे होगा? यहीं प्रेमचंद बीच में खड़े हैं। उन की इसी स्थिति का जायजा अमृत राय ने अपनी पुस्तक में लिया है—"बदनामी से भी न डरो। वह तो मिलेगी और भरपूर मिलेगी और दोनों तरफ से मिलेगी। दो झगड़ने वालों के बीच में आने वाले आदमी को अक्सर दोनों ही के तमाचे खाने पड़ते हैं। वही तो उस का पुरस्कार है।"[1]

यदि प्रेमचन्द को ले कर बात केवल कला जगत की चलाई जाए तो वे कायस्थ जाति के पात्रों का, चाहे तो अच्छा खाका खींच सकते हैं। वर्ग के रूप में वे कायस्थ जाति के तीनों प्रकार के वर्गों का चित्रण करने में भी सफल हो सकते हैं। कायस्थों के जमीदार वर्गों से उन की खुद की रिश्तेदारियाँ भी थीं। लेकिन जब वे ठाकुर जाति के जमीदारों, रायों और राजाओं का वर्णन करते हैं तो उस में उन से चूक हो सकती है। हो सकता है, तब वे उन का मनमाना और कल्पित चित्र खींच रहे हों। यह बात इसलिए कही जा रही है क्योंकि उन पर आरोप जाता है कि उन्होंने शहरी जीवन के मध्य और उच्च वर्ग के पात्रों का सही चित्रण नहीं किया। 'गोदान' का अंग्रेजी भाषा में अनुवाद करने वाले गोर्डन सी. रोडारमेल ने इस बात को उठाया है। वे उस की

भूमिका में लिखते हैं–"यद्यपि आज भी उस समय के बहुत से वैचारिक झगड़े बरकरार हैं, लेकिन जब प्रेमचन्द शहरी जीवन के मध्य और उच्च वर्ग की तरफ आते हैं तो उन का चित्रण कम विश्वसनीय लगता है। फिर, वे झगड़े कितने भी सच्चे हों, पर इस बात में भी पूरी सच्चाई है कि लेखक के विचार और सिद्धान्त उन के आख्यानों से पूरी तरह मेल नहीं खाते। हुआ यह है कि शहरी पात्र आपस में स्वाभाविक बातचीत करने वाले होने के बजाय भाषण देने वाले हो गए हैं। ऐसी जिरहें जरूर गांवों के बजाय शहरों में ज्यादा होती हैं, लेकिन प्रेमचन्द के यहाँ उन की जगह कई बार असम्भव दिखने लगती है। तब सन्देह होने लगता है कि जो पात्र बोल रहे हैं, वे खुद की तरफ से बोलने के बजाय लेखक की तरफ से ज्यादा बोल रहे हैं।"[2] गोर्डन ने इस बात को भी उठाया है कि आलोचकों ने प्रेमचन्द पर आरोप लगाया है कि उन्होंने जितने ठीक ढंग से किसानों को समझा था उस तरह से वे मध्य और उच्च वर्गों को नहीं समझ पाए थे।[3] गोर्डन ने इस आरोप को समझने की कोशिश की है। उन्होंने मानना चाहा है कि ऐसा इसलिए हुआ हो कि तब तक खुद प्रेमचन्द ही अपने भीतर के परम्परा और आधुनिकता के विरोधी विचारों का पूरी तरह सुलझाव नहीं कर पाए थे।[4] लेकिन मेरे हिसाब से बात यह नहीं है। मेरा आरोप दूसरा है कि 'रंगभूमि' में सूरदास को चमार बनाने में वे चमार जाति का सही चित्रण नहीं कर रहे हैं। यह आरोप दूसरे लोग लगाएँ कि प्रेमचन्द ने राजे-महाराजों का सही चित्रण नहीं किया लेकिन मेरा आरोप यह है कि प्रेमचद ने चमार जाति की सही प्रस्तुति नहीं की। तब प्रेमचन्द किधर के भी नहीं रहते। सही बात भी यही है कि न वे ब्राह्मणों की तरफ से ठीक बचाव कर सकते थे और न वे चमारों की तरफ से लड़ाई लड़ सकते थे। दोनों के बीच में रह कर उन का फजीता ही होना था जो हो कर रहा। तब यह सच सिद्ध होता है कि वे अपनी कायस्थ जाति का ही प्रतिनिधित्व कर रहे थे जिस में कुछ बुरा भी नहीं था।

ख. पाठ के मकड़जाल से बाहर

समीक्षकों और लेखकों ने मेरे खिलाफ एक रट लगा दी है कि जो प्रेमचंद की कहानी 'कफन' में नहीं है, मैंने उस का आरोपण कहानी में क्यों कर दिया? वे एक-एक कर के उद्धृत किए जा सकते हैं :

1. "डा. धर्मवीर का यह अनुमान है कि 'कफन' कहानी की बुधिया के पेट में जमींदार के लड़के का बच्चा है। इस समाजशास्त्रीय अनुमान को इसी स्थिति में मान्यता दी जा सकती थी, जबकि पूरे 'टेक्स्ट' में इस का कहीं जिक्र होता। शायद यह अनुमान आलोचना की नई

पद्धति है जिस में 'बियांड टेक्स्ट' भी जाना जा सकता है। इसे 'साहित्यिक फासिज्म' क्यों नहीं समझा जाना चाहिए?"[5]

2. "कहानी में ऐसा कोई संकेत नहीं है कि बुधिया के गर्भ में जमींदार के बेटे का बच्चा था। अपनी कल्पना से यह बात गढ़ कर एक दलित स्त्री के चरित्र पर आरोपित कर देना धर्मवीर की स्त्री विरोधी मानसिकता का परिचायक है।"[6]
3. "प्रेमचन्द को लेकर खड़े किए जा रहे विवाद अतार्किक हैं। कफ़न के बारे में धर्मवीर जी की पूरी स्थापना एक बात पर टिकी हुई है कि बुधिया, जिसकी प्रसव काल में मृत्यु हो जाती है, के गर्भ में जो बच्चा था, वह जमींदार के बेटे का था। प्रेमचंद ने कहानी में ऐसा कहीं नहीं लिखा है। कोई परोक्ष संकेत भी नहीं है। यह धर्मवीर जी की विशुद्ध कल्पना है और कल्पना के आधार पर किसी रचना का मूल्यांकन नहीं किया जा सकता ...। उन्होंने पता नहीं कहाँ से यह जान लिया कि बुधिया के पेट में जो बच्चा है, वह उसके पति का नहीं है। धर्मवीर ने पूरी कहानी की व्याख्या जिस आधार पर की है, वह आधार कहानी के अंदर नहीं है। यह आरोपित है और इस आरोपण की वजह व्याख्याकार की कोई मानसिक ग्रंथि हो सकती है।"[7]
4. " 'कफ़न' को लेकर बेवजह का शोर मचाया गया है। प्रेमचंद ने उस कहानी में कहीं भी कोई संकेत नहीं दिया है कि बुधिया के पेट में जो बच्चा है, वह जमींदार के बेटे का है। फिर धर्मवीर जी को कहां से पता चल गया कि वह बच्चा ठाकुर का था। दरअसल 'जार' धर्मवीर का आब्सेशन है। वे हर चीज़ में जार सत्ता ढूँढ़ लेते हैं।...घीसू माधव ने जैसा आचरण किया, उसकी वजह उनकी सामाजिक आर्थिक स्थिति और तत्कालीन सामंती व्यवस्था में ढूँढ़ने के बजाय बुधिया के पेट में पल रहे बच्चे के जारज होने का दोष मढ़ देना स्त्री विरोधी मानसिकता का ही परिचायक है। धर्मवीर पता नहीं कहाँ से बच्चे की डी. एन. ए. रिपोर्ट ले आए हैं।"[8]
5. "बुधिया के पेट में जमींदार के बेटे का बच्चा पल रहा था, यह धर्मवीर की अपनी व्याख्या है, ऐसी बातें करके धर्मवीर अपने को तो चर्चा में रख सकते हैं, लेकिन इससे दलित-चिंतन के विकास में कोई मदद नहीं मिलेगी।"[9]
6. "धर्मवीर ने बुधिया के बारे में जो लिखा है, वह बिल्कुल गलत है। निश्चित ही यह स्त्री विरोधी टिप्पणी है। वे पहले भी स्त्री विरोधी टिप्पणियाँ करते रहे हैं।"[10]

7. "...डा. धर्मवीर ने 'कफन' कहानी के बारे में कुछ वे तथ्य कल्पित किए हैं, जो प्रेमचंद की कहानी में नहीं हैं।...औरों ने तो प्रेमचंद का पुनर्पाठ, कुपाठ या मिथ्यापाठ ही किया था डा. धर्मवीर प्रेमचंद का पुनर्सृजन ही कर डालते हैं।"[11]
8. "...कहीं उस (बुधिया) के किसी ठाकुर के बिस्तर को गर्म करने का संकेत तक नहीं आता। फिर भी अपने मन की डगर पर सरपट दौड़ लगाते धर्मवीर उसे किसी ठाकुर के जार कर्म का शिकार बता जाते हैं।"[12]
9. "प्रेमचंद दिखा रहे हैं कि बुधिया के पेट में एक दलित का बच्चा है लेकिन धर्मवीर अपने दैवीय-ज्ञान से बता रहे हैं कि वह जमींदार के बेटे द्वारा किए गए बलात्कार की वजह से गर्भवती थी।...प्रेमचंद बुधिया को व्यभिचारिणी और जार औरत होने से बचा रहे हैं पर धर्मवीर उसे जार और व्यभिचारिणी औरत बनाने पर तुले हुए हैं।"[13]
10. "रचना का सच रचना के भीतर ही निवास करता है, तो कफन में बाहर से आरोप की जरूरत क्या है क्योंकि जो बाहर से आरोपित किया है वह रचना का सच नहीं है—पाठक का सच नहीं है, लेकिन आरोपण कर्ता का सच है। दिक्कत यह है कि आरोपण कर्ता यह समझना नहीं चाहते कि आरोपण रचना पर अन्याय है। समीक्षक या दलित समीक्षक को यह अधिकार नहीं है कि रचना की व्याख्या में अधिनायकवाद की वृत्तियों का परिचय दे। वह रचना के भीतरी पाठ का संदर्भ टटोलकर आगे बढ़े ताकि रचना की अंधियारी सुरंगों में छिपा अर्थ आलोकित हो सके।"[14]
11. "कहने की जरूरत नहीं कि यह 'कफन' जैसी सफल और कालजयी कहानी का पाठ नहीं कुपाठ है, अतिरिक्त पाठ है। अगर बात ऐसी होती तो कहानी की संरचना दूसरी होती। डा. धर्मवीर 'कहानी से बाहर जाने' के प्रयत्न में कहानी और कहानी के मूल अर्थ को ही बाहर कर देते हैं। कहानी में जो नहीं है, वे उसे भी देख लेते हैं। उन की मनमानी, अथवा मनोवादी व्याख्या... ।"[15]
12. "वाह? क्या खोजी पत्रकारिता वाला 'स्कूप' मारा है...बुधिया बलात्कार की शिकार थी, उस के पेट में सामन्त का बच्चा पल रहा था... । जरूर बुधिया ने सपने में दर्शन दे कर बताई होगी, या जेम्स बांड की ऐसी-तैसी मारते हुए आपने ही बुधिया के कमरे में मूवी कैमरे फिट कर दिए होंगे।"[16]

13. "बुधिया के विषय में कोई ऐसा संकेत मेरी समझ में प्रेमचंद ने नहीं दिया था जिस से वह व्यभिचारिणी या बलात्कृत साबित हो। शायद धर्मवीर जी को कोई संकेत मिला हो, बिना किताब पढ़े मैं बता नहीं पाऊँगी।"[17]

इन सब के जवाब में मैं कह रहा हूँ कि मैं बिना साहित्य की आलोचना की कसौटी के नहीं हूँ। एक साहित्य की आलोचना होती है, लेकिन मैंने आलोचना की भी कसौटी खड़ी की है। कसौटी यह है कि रचना की आलोचना 'इन्टर-डिसिप्लेनरी' अध्ययन के आधार पर होनी चाहिए और किसी साहित्यकार के समूचे लेखन और चिन्तन का मूल्यांकन उस के व्यक्तित्व और चरित्र से मिलान करके किया जाना चाहिए। आलोचना की यही कसौटी दलित साहित्य के लिए मौजूं बैठती है। यह कसौटी साहित्य को समाज के 'ओर्गेनिक होल' का एक हिस्सा मान कर चलती है। साहित्य कोई स्वतन्त्र राज्य नहीं है बल्कि समाज के बड़े साम्राज्य की एक म्यूनिसिपलिटी है। आँख के विशेषज्ञ होते हैं, कुछ डाक्टर हार्ट स्पेशलिस्ट होते हैं, कुछ ओर्थोपेडिक सर्जन होते हैं, लेकिन शरीर के किसी भी अंग का इलाज या आपरेशन करने के लिए डाक्टरों की एक टीम होनी चाहिए। यदि मरीज डायबटीज की बीमारी से ग्रस्त है और किडनी फेल्योर का मामला भी है तो हार्ट के आपरेशन की तैयारी में मैडिकल जाँचों का महत्व बढ़ जाता है।

किसी साहित्यिक रचना का मूल पाठ शून्य में तैयार नहीं होता। यह सृजन है पर शून्य से शुरू हो कर नहीं। साहित्य का श्रृंगार रस पर्सनल कानून के अन्तर्गत अपराध माने गए जारकर्म से नहीं निचोड़ा जा सकता। ऐसे ही, रति के घड़े को बलात्कार के हलाहल से नहीं भरा जा सकता। इस में कला की पुरानी कसौटी दुम उठा कर भाग गई है कि पाठ के बाहर कुछ नहीं है। कहीं बाहर के वायरसों ने पाठ के भीतर के बैक्ट्रियों को मार रखा तो नहीं है?—इस की जाँच जरूर की जानी चाहिए। सामन्त की नजर दलित जातियों की बहू-बेटियों पर बुरी होती है—इस में सौन्दर्य और श्रृंगार कैसे ढूँढ़ा जा सकता है?

यदि पाठ से बाहर नहीं जाया जाएगा तो प्रेमचन्द की 'रंगभूमि' को समझा ही नहीं जा सकता। बिना पाठ से बाहर गए सन्दर्भ-सूत्र हाथ लगने वाले नहीं हैं। आखिर, प्रेमचंद ने यह कसम नहीं खाई थी कि वे अपने साहित्य में यथार्थ से जुड़े रहेंगे। प्रेमचंद ने मूल को प्रक्षिप्त करने की ठानी थी। हम इस बात को मान सकते हैं कि 'बियोंड द टेक्स्ट' न जा कर 'रंगभूमि' के प्रक्षिप्त टेक्स्ट तक सीमित रहा जाए, पर पूछना यह है कि जो प्रक्षिप्त का अध्ययन कर रहे हैं, क्या उन्हें मूल का ज्ञान है? यदि मूल और प्रक्षिप्त दोनों की जानकारी है तो समीक्षक को पाठ से बाहर न जाने का सिद्धान्त पसन्द आ सकता है। हो यह रहा है कि बिना मूल को जाने विश्वविद्यालयों में केवल प्रक्षिप्त की ही पढ़ाई हो रही है। हिन्दी साहित्य में मूल कबीर को छोड़ कर प्रक्षिप्त

कबीर का ऐसा अध्ययन किया ही जा रहा था कि 'रंगभूमि' उस की भी माँ निकली। वहाँ कबीर का नाम बचा रह गया था, यहाँ स्वामी अछूतानंद का नाम तक गायब हो गया है। इसी उद्देश्य से साहित्यिक विधा उपन्यास की अपनाई गई है। अब कौन कहने वाला है, कौन पूछने वाला है? हदबंदी कर रखी है कि पाठ से बाहर न जाया जाए जबकि चमारों के तत्कालीन इतिहास को ले कर यह पूरा पाठ प्रक्षिप्त है। इसीलिए कहा जा रहा है कि प्रेमचंद की 'रंगभूमि' और स्वामी अछूतानन्द का जीवन और साहित्य साथ-साथ नहीं पढ़े जाएँगे तो समझ लो प्रेमचंद चमारों को बहकाने में सफल हो गए हैं। दोनों को आमने-सामने लाओ और तुलना करो, तभी समझ में आएगा कि प्रेमचंद ने सच्चाई के मुकाबले में कितना झूठ बोला है या प्रक्षिप्त पाठ रचा है।

यदि आलोचना केवल पाठ के अन्दर तक सीमित रह गई तो 'रंगभूमि' के पढ़ने से स्वामी अछूतानंद के बारे में जानकारी कैसे मिलेगी, जबकि 'रंगभूमि' का नायक सूरदास चमार उन्हीं की वजह से खड़ा किया गया है? पाठ के भीतर से दलित लोग सवर्णों की साहित्यिक रणनीति को कैसे समझ सकेंगे? प्रेमचन्द ने 'रंगभूमि' का पाठ तैयार ही इसलिए किया था कि अपने समय के अछूतों के नेतृत्व से लड़ा जा सके। यदि आप पाठ से बाहर नहीं देख रहे हैं तो समझ लो, आप मकड़ी के जाल में फँस गए हैं। तब इस जाल को कौन तोड़ेगा? पहले इन्द्रजाल का हथियार विरोधियों को फाँसने के लिए ही चलता था, साहित्य के क्षेत्र में इसे नाम बदल कर 'कला जाल' कह दो—है यह मकड़जाल ही। कला मात्र मनोरंजन नहीं है बल्कि रणनीति के तहत एक दिशा भी है। अध्यात्म और उदात्त तत्वों की बातें बहुत दूर की हैं, कभी-कभी लेखकगण हँसते, रुलाते और भुलाते अपने पाठकों को बियाबान में छोड़ देते हैं, जबकि प्रेमचंद ने 'रंगभूमि' रच कर चमार-पाठकों को कुएँ में ढकेला है। उन्होंने हम से हमारा इतिहास छीना है और हम से हमारा नायक भी छीना है। तो, क्या हम प्रेमचन्द जैसे कलावादियों के चक्कर में आ कर अपना इतिहास और अपने नायक को भूल जाएँ? मैं पाठ के बाहर का भी पाठक हूँ, मेरे साथ ऐसा धोखा कैसे खेला जा सकेगा? मैंने 'रंगभूमि' को चारों ओर से घेरते खड़े अपने महान आजीवक स्वामी अछूतानंद पहचान लिए हैं, मुझे प्रेमचंद के किसी ऋषि सूरदास, औलिये सूरदास, फरिश्ते सूरदास, साधु सूरदास, दार्शनिक सूरदास, इल्म गैब वाले सूरदास और असाधारण पुरुष सूरदास[14] को जानने और मानने की जरूरत नहीं है। सीधा आरोप लगाया जा सकता है कि 'रंगभूमि' रच कर प्रेमचंद ने चमार पाठकों को बेवकूफ बनाने की रणनीति तैयार की थी। अब कोई नहीं बना तो आज उन के अनुयायी इसी बात पर गुस्से हो रहे हैं।

मकड़ी अपना शिकार करने के लिए जाल बुना करती है। शिकार ऐसा फँसता है कि बाहर नहीं निकल पाता। लेकिन जो जाल से बाहर होते हैं वे देख पाते हैं कि यह मौत का फन्दा है। इस सादृश्यता से कहना यह है कि कलाकार भी ऐसा जाल

बुना करता है। प्रेमचन्द के सन्दर्भ में विशेष रूप से यह कहा जा सकता है कि यदि 'नथिंग बियोण्ड द टेक्स्ट' का सिद्धान्त स्वीकार कर लिया तो समझ लो समीक्षक प्रेमचंद के जाल में बुरी तरह फँस चुका है। पर दूसरी बात भी सच है। कहा जाता है कि जादूगर तमाशबीनों की नजर बांध लेता है। लेकिन कुछ लोग ऐसे होते हैं जो जादूगर की जादूगरी में नहीं आते। उन के सामने बंगाले का काला जादू भी फेल हो जाता है। 'नथिंग बियोण्ड द टेक्स्ट' में हाथ की सफाई को कमाल हासिल हो सकता है, लेकिन जो समीक्षक 'टेक्स्ट' को टेक्स्ट से बाहर खड़े हो कर देखता है, उस के सामने जादूगर की जादूगरी धरी की धरी रह जाती है। लेकिन कुछ लोग लकीर के फकीर बन कर रह जाते हैं, इसलिए उन्हें मकड़ी के जाल का और जादूगर की जादूगरी का पता नहीं चलता। डा. नामवर सिंह ने मेरी पुस्तक 'प्रेमचंद : सामन्त का मुंशी' के बारे में मेरे खिलाफ कहा है—"...प्रेमचंद की 'कफन' कहानी में जो नहीं कहा गया है, वह अपनी ओर से कहना, आलोचना का यह तरीका गलत है।"[19] वे सीधे चाह रहे हैं कि उन की तरह मैं भी प्रेमचंद की जादूगरी और उन के मकड़जाल में फँस जाऊँ।

जैनेन्द्र कुमार ने भी प्रेमचंद को इस रूप में माना है 'कि वही प्रेमचंद जो पूरी रंगभूमि को अपने भीतर से प्रकट कर सकते हैं'[20] —अर्थात इस का यथार्थ से कम सम्बन्ध ठहरता है। किन्हीं दूसरे पात्रों के बारे में कुछ भी कहा जाए लेकिन मेरी दृष्टि में सूरदास चमार को ले कर जैनेन्द्र की बात एकदम सही है। उन्होंने बाहर से कोई वास्तविक सूरदास नहीं लिया। सूरदास को चमार बता-बता कर वे झूठ पर झूठ बोलते गए हैं। लगता है, सूरदास का पात्र खड़ा करने में जैसे प्रेमचन्द ने सच न लिखने का ठेका ले लिया था। तब वे एक सृजनकार के नाते मकड़ी हैं, मधुमक्खी नहीं। वे अपने भीतर से अपनी मनमर्जी का जाला पूरते हैं, मधुमक्खी की तरह कुछ बाहर से टुग कर या चूस कर नहीं लाते।

सवाल यह है कि कलाकार को झूठ बोलने का कितना अधिकार है। यदि सच का सहारा नहीं लिया गया है तो कला का परीकथाओं और पौराणिक आख्यानों से क्या भेद बनता है? यदि झूठ ही लिखना है तो गर्व किस बात का है कि प्रेमचन्द ने हिन्दी के उपन्यास और कथा साहित्य को पुराने कवियों की विलासिता से अलग कर दिया था? यह बात पूरी तरह से सिद्ध होती है कि कम से कम प्रेमचन्द के उपन्यास 'रंगभूमि' को 'बियोण्ड द टेक्सट' जा कर ही पढ़ा जाना चाहिए।

'रंगभूमि' का पात्र सूरदास चमारों के किसी भी मर्ज की दवा नहीं है, तब प्रेमचन्द को ऐसी दन्तकथा खड़ी करने की क्या जरूरत थी? यह चमारों के नाम पर क्या हुआ है? क्या वे उपन्यास की विधा में परीकथा और पुराणकथा से आगे बढ़ सके? चारों तरफ से देखने पर इस का किसी स्वप्न-कथा से भी मेल नहीं खाता। यदि यह स्वप्न भी है तो एक दुःस्वप्न ही होगा। वे रामायण की वानर कथा और रीछ कथा से जरूर छूट गए हैं, पर नर कथा तक नहीं आए। ऐसा पात्र खड़ा करके उन्होंने

मजाक ही नहीं फोड़ी, चमारों को गुमराह भी किया है। 'रंगभूमि' में जो चमारों के चौधरी हैं, उन्हीं के नाम से कथा आगे बढ़ा देते, लेकिन सच्चाई का वह सब छोड़ कर उन्हें तो कुछ और ही करना था, सो कर दिया।

अपने गाँव में एक लोकोक्ति सुना करता था—''मकड़ी म्हारी मावसी, करकैट्टा म्हारा बैरी।'' मकड़ी जाल बुन लेती है और उस में कुछ छुपा लेती है। कुएँ के बारे में कहा जाता था कि उस में कुछ लोग छिपे पड़े थे। विरोधियों को दीख न सकें, इसलिए मकड़ी ने पूरे कुएँ को जाल रच कर ढक दिया। करकैट्टे ने पेड़ से ऊपर छलांग लगा दी कि मकड़ी का जाला टूट गया। यूँ, छिपे हुए लोग पकड़े गए। इसलिए, टेक्स्ट से बाहर जाने में यह लाभ होता है कि कलाकार का झूठ पकड़ा जाता है। जो लोग कहते हैं,—'नथिंग बियोण्ड द टेक्स्ट'—ये वे ही लोग हैं जो कथनी और करनी में भेद बना कर चलते हैं। बस, इन की 'कथनी' पर बहस करो, और इन की करनी पर चुप रहो, यही इन का पुराना नाम है जिन से कबीर जूझ कर लड़े थे। आज हमें उन्हीं से लड़ना पड़ रहा है। इन का नया नाम 'नथिंग बियोण्ड द टेक्स्ट' के सिद्धान्तकारों का है।

मैं 'कफन' और 'रंगभूमि' की समीक्षाओं में टेक्स्ट से बाहर इसलिए जा रहा हूँ क्योंकि प्रेमचन्द इन की कथाओं में सच से बाहर जा रहे हैं। मुझे सच पकड़ना है। मेरे पास सर्चलाइट है। प्रेमचन्द इन कथाओं के पाठ तैयार करके मुझे गलत दिशा में ले जा रहे हैं। जो चमारों का सच नहीं है, वे उसे चमारों का सच बता रहे हैं। वे अपने पाठकों को भ्रमित कर रहे हैं। उन्हें सच से बाहर जाने का अधिकार किस ने दिया है? यदि वे कला के नाम पर झूठ बोलेंगे तो मैं उन के झूठ को वहाँ भी पकडूँगा। कला सच को निखारने और तरासने के लिए है, सच को नकारने और झुठलाने के लिए नहीं। झूठ की सृष्टि करके कला को बदनाम क्यों किया जा रहा है? कला कब बुरी चीज है? यह सच के साथ बहुत अच्छी लगती है क्योंकि यह उसे और चमका देती है। लेकिन प्रेमचंद का गुनाह यह है कि उन्होंने झूठ बोलने को फन मान लिया है।[21] इसे कैसे सहन किया जाएगा? जिन्होंने यह नारा लगाया था कि 'नथिंग बियोण्ड द टेक्स्ट', उन्हें एक नारा यह भी लगाना चाहिए था कि 'टेक्स्ट नोट बियोन्ड द ट्रुथ'। साहित्य के नाम पर झूठ बोलने का अधिकार ले रहे हैं—क्या कर रहे हैं? वही देखो जो प्रेमचंद दिखाना चाह रहे हैं, वह मत देखो जो प्रेमचंद छिपा रहे हैं—फिर आलोचना आलोचना कहाँ रह जाती है? वह पाठ की गुलाम बन जाती है। तब जैसे कोई लेखक उसे बहका दे, वैसे समीक्षक बहक जाएगा।

कला की सार्थकता इस बात में है कि वह सच को माँजती है। बर्तन गंदा हुआ पड़ा है, उसे पोडर से साफ कर दिया जाता है। कोई विम पोडर को ही खाने लगे, उस का क्या किया जाए? वह बीमार पड़ेगा ही। कला का अभ्यास होता है लेकिन सच से जुड़ कर ही। अलंकारों और रसों की जरूरत है, पर तभी जब वे शब्द की शक्तियों

को बढ़ाएँ। रियाज एक अच्छी चीज है पर सच से छूट कर वह मनोहारी नहीं रह जाता। नाच-गाना हो, पर खेतों से और कारखानों से जुड़ कर। सांग-तमाशे खेले जाएँ, पर सच्चाइयों से असम्बन्धित हो कर नहीं। जीवन में उछल-कूद की जरूरत पड़ती है, पर उस के लिए टूर्नामेंट के नियम बनाए गए हैं। काम कला से भी परिवार और बच्चे साधे जाते हैं। यदि कोई सेक्स की कला के नाम पर परिवार को विघटित करने लगे और बच्चों को बिगाड़ने लगे तो उस पर पाबंदी लगानी जरूरी है। जीवन और समाज से बाहर कला की अपनी स्वायत्तता नहीं होती। आखिर, हम जंगल से निकल कर सभ्यता की ओर आए हैं। हमें संन्यासी बन कर न ही जीवन में आग लगानी है और न ही हरियाली के नाम पर जंगली रहना है। हमें अपने चारों ओर हरियाली एक करीने और सलीके से विकसित करनी और फैलानी है—यही सुघड़ कला है। इस के विपरीत, बताइए, प्रेमचंद झूठ बोलने को फन कह रहे हैं। इस का मतलब है कि प्रेमचंद के भीतर कोई गलत भेड़िया पला बैठा है। वह केवल खाल बदल रहा है। वह विष्णु शर्मा के 'पंचतंत्र' की चालाकी भरी कहानियों को रूप दे रहा है।

विधि-दर्शन में तथ्य ही जजमेन्ट बन जाएँ, ऐसा नहीं हो सकता। सबूत अधूरे हो सकते हैं, गवाह झूठे भी हो सकते हैं। प्रेमचंद 'रंगभूमि' में चमारों के गवाह बने हैं। गवाहों से ज्यादा वे उन के वकील भी बने हैं। लेकिन वे कैसे वकील हैं कि चमारों के विरोधी पक्ष से मिले हुए हैं? चमारों का मुकदमा जमीदारों और सामन्तों से चल रहा है और प्रेमचंद जमीदारों में अपनी बेटी को ब्याह रहे हैं—यह कैसी वकालत है? समीक्षकों ने प्रेमचंद को मजदूरों और किसानों का हितैशी तथा जमीदारों और सामन्तों का विरोधी बताने में अपनी कलम तोड़ दी, पर किसी ने ध्यान नहीं दिया कि उन्होंने अपने सारे वैवाहिक रिश्ते जमीदारों से जोड़े थे। इसलिए, खास कर, प्रेमचंद के साहित्य का अध्ययन करने के लिए 'बियोण्ड द टेक्स्ट' जाना ही पड़ता है। बात का असर एक तथ्य पर ही नहीं बल्कि पूरे वातावरण पर पड़ता है। यदि टेक्स्ट के घेरे में घिर कर रह गया तो समीक्षक निर्णय कैसे दे सकता है? इन्टर-डिसिप्लनरी शोध का मतलब ही यह है कि तथ्य को उस की सम्पूर्णता में देखा जाए। जो समीक्षक ऐसा नहीं करते, वे एकांगी के साथ-साथ पक्षपाती भी हैं।

परीकथाओं के बारे में यह नहीं कहा जाता कि वे झूठी हैं। 'एक परी थी'—के वाक्य से शुरू होने वाली कहानी के मामले में मान लिया जाता है कि सब कुछ काल्पनिक और जादुई घटित होना है। पौराणिक कथाओं के बारे में भी मान लिया जाता है कि घटनाएँ दैवी और चमत्कार के द्वारा होनी हैं। पुराण का एक वातावरण होता है और श्रोता या पाठक अपनी मनःस्थिति में उन्हें सुनने को तैयार रहता है। लेकिन जब कहा जाता है कि—'एक चमार था—' तो ईमानदारी की मांग हो जाती है कि चमारों के जीवन के सुख-दुख, स्वप्न और कल्पनाएँ, और उन की आकांक्षाएँ उस में आनी चाहिए। जब कहा जाता है कि 'एक शेर था'—तो शेर के हावभाव, भाग-दौड़,

हमला और दहाड़ना, उस में व्यक्त होने चाहिए। शेर की कहानी शुरू कर के उस में गीदड़ की कायरता भर दी जाए तो वह कहानी-कला कैसी लगेगी?

सूरदास के समय चमारों का वास्तविक नेता कैसा था? उस ने चमारों की समस्या को हल करने के लिए कौन-सा आन्दोलन चलाया था? धर्म के बारे में उस के क्या विचार थे? अंग्रेजों से उस का कैसा रिश्ता था? उस की कद-काठी, रोजी-रोटी क्या थी? वह बालबच्चेदार था या नहीं? उस ने कितनी दुनिया का भ्रमण किया था? अपने समकालीन वातावरण का आँखों देखा यह सब व्यक्त होना चाहिए था। लेकिन प्रेमचंद ने अपने उपन्यास 'रंगभूमि' में जो किया और बताया है वह सब उस समय के चमारों के वास्तविक नायक के एकदम विपरीत है। तिस पर धौंस यह कि कला के मूल्यांकन में समीक्षा पाठ से बाहर नहीं जाएगी। यह अच्छी रही—बलात्कार और जारकर्म किया जा रहा है और समीक्षा में डी. एन. ए. टेस्ट की मनाही है। बढ़-चढ़ कर घोषणा की जा रही है कि हम दुनिया के सब से शरीफ और नैतिक लोग हैं। कहने का मतलब है कि सब कुछ झूठों की चलेगी। जो हम ने कह दिया है, वह सुनो, बस। झूठ बोलेंगे और बहस को झूठ से बाहर नहीं जाने देंगे—क्या धींगामस्ती है? तो फिर, यह पाठकों पर छोड़ दिया जाए कि ऐसी झूठी किताब को वे पढ़ें या न पढ़ें। फिर, उसे विश्वविद्यालयों के पाठ्यक्रमों में जबरन क्यों लगाया जाता है? 'एक सूरदास चमार था'—में चमारों के विद्यार्थियों को अपने तत्कालीन वास्तविक नेता स्वामी अछूतानंद के जीवन, सिद्धान्त और आन्दोलन की गंध क्यों नहीं मिलती? 'रंगभूमि' के 'सूरदास चमार' को काल्पनिक 'महात्मा गांधी' क्यों बनाया गया जबकि वहाँ जीते-जागते 'स्वामी अछूतानंद' विराजमान थे? यह चमारों के असली मुद्दों को झुठलाना और चमारों के असली नेतृत्व को हथियाना था। मैं बडी विनयपूर्वक कह रहा हूँ कि प्रेमचंद को ऐसा बुरा काम नहीं करना चाहिए था। यह कबीर का कबीरीकरण नहीं बल्कि कबीर का प्रक्षिप्तीकरण है। हर अन्य क्षेत्र की तरह साहित्य में भी कुछ अपराध होते होंगे, वे बताए जाने चाहिए। कुछ लोग इसे अपराध न कहें, पर तब भी, प्रेमचंद के साहित्य का यह दोष तो माना ही जाएगा कि उन्होंने सूरदास चमार के चरित्र-चित्रण में वास्तविकता को धोखा दिया है। जब कबीर को पढ़ाया जाना है तो कबीर के सबद ही सामने रहने चाहिए, उन के नाम से लिखे गए प्रक्षिप्त पद नहीं। ऐसे ही, जब सूरदास को एक बार चमार कह दिया था तो जीवन-दर्शन के रूप में चमारों के आजीवक सन्त स्वामी अछूतानंद का 'आत्मवाद' ही व्याख्यायित होना चाहिए था, कायस्थ प्रेमचंद के जीवन-दर्शन का 'खेलवाद' नहीं।

'रंगभूमि' पूर्ण रूप से विद्वेष की कहानी है। इसे तार्किक ढंग से ऐसे रखा जा सकता है :

1. सत्य होता है।
2. सत्य को छुपाने के तरीके होते हैं।
3. सत्य को छुपाने का एक तरीका आवरण का होता है। बस, उसे ढक दो।
4. सत्य को छुपाने का दूसरा तरीका है, उसे ढक कर, उस के ऊपर कुछ और रख दो। बताओ कि यह सत्य है। यही विक्षेप है।
5. पर सत्य को जानने के उतने ही तरीके हैं जितने उसे छुपाने के।
6. सब से पहले विक्षेप को हटाओ।
7. विक्षेप को हटाने के बाद आवरण को हटाओ।
8. विक्षेप और आवरण को हटाने के बाद आप को सत्य मिलेगा।
9. प्रेमचंद ने 'रंगभूमि' में विक्षेप का काम किया था।
10. प्रेमचंद के समकालीन हिन्दू लेखकों ने आवरण का काम किया था।
11. प्रेमचन्द के उपन्यास 'रंगभूमि' से यह पता चलता है कि चमारों का नेता सूरदास है, जो वह सच में नहीं है। यह विक्षेप है।
12. यदि प्रेमचंद की बात न मानी जाए, जो नहीं ही मानी चाहिए कि चमारों का नेता 'रंगभूमि' के सूरदास जैसा है, तो बाकी तत्कालीन हिन्दू लेखकों के लेखन में चमारों का कोई नेता ही नहीं है। वे बिना नेता के हैं। यह आवरण है—अर्थात घुप्प अंधेरा।
13. प्रेमचंद धोखा देते हैं कि चमारों का नेता 'रंगभूमि' के सूरदास चमार जैसा है, लेकिन बाकी हिन्दू लेखक इस विषय पर बात ही नहीं कर रहे हैं।
14. चमारों के लिए इन दो तरह के हिन्दू लेखकों में से कौन ज्यादा खतरनाक है—प्रेमचंद या प्रेमचंद के समकालीन हिन्दू लेखक?
15. प्रेमचंद चमारों को नेतृत्व दे रहे हैं लेकिन बाकी हिन्दू लेखक इस विषय पर अपनी ऐतिहासिक परम्परा में बिलकुल मौन हैं।
16. इस से पहले, कबीर के साथ क्या हुआ था?
17. कबीर पर आवरण का तरीका नहीं आजमाया जा सका था।
18. कबीर के नाम से प्रक्षिप्त रचनाएँ रची जा सकती थीं। यही किया गया।
19. कबीर के नाम से प्रक्षिप्त रचनाएँ रच कर, कबीर का नाम रहने दे कर, कबीर को मिटा दिया गया था।
20. 'रंगभूमि' में स्वामी अछूतानंद का नाम भी मिटा दिया गया है। प्रक्षिप्त तो रचा ही रचा, स्वामी अछूतानंद का नाम भी 'सूरदास' कर दिया गया ।

21. कबीर के साथ ज्यादा बड़ा धोखा हुआ था या स्वामी अछूतानंद के साथ ज्यादा बड़ा धोखा हुआ है?

प्लेटो ने कला को असल की नकल मान कर उसे हेय दृष्टि से देखा था लेकिन प्रेमचंद ने कला को असल की नकल भी न रहने दे कर कला को और नीचे गिराया है। प्रेमचंद के पास कला असल की नकल नहीं बल्कि असल को झूठ से प्रतिस्थापन्न करना है।

ग. पाठ का बनावटीपन

डा. शैलेश जैदी ने अपनी पुस्तक 'प्रेमचंद की उपन्यास-यात्रा : नव मूल्यांकन' में 'रंगभूमि' का मूल्यांकन करते हुए लिखा है—"**रंगभूमि** एक 'यथार्थ' और 'युग-प्रामाणिक' उपन्यास है। यह और बात है कि इसकी युग-प्रामाणिकता में कहीं-कहीं कुछ छोटी-मोटी त्रुटियाँ रह गई हैं। लेखक में अर्थ-दृष्टि का अभाव जहाँ-तहाँ खटकता है। सूरदास की दस बीघा जमीन का मूल्य लेखक कहीं पाँच हजार और कहीं दस हजार ठहराता है और अंत में सरकार से उस जमीन का मुआवजा एक हजार रुपये दिलवाता है। 1923-24 ई. में बनारस के आस-पास की बस्तियों में जमीन का मूल्य पक्के बीघे से साठ रुपये से लेकर सौ रुपया बीघा तक था। फिर जान सेवक जैसा व्यावसायिक व्यक्ति उसके लिए पाँच हजार रुपया देने पर कैसे तैयार हो गया? नायकराम के इस कथन की यथार्थता में भी सन्देह है कि वह जमीन यदि चरावर के लिए उठा देता, तो उसे 200 रु. से कम का नफा न होता। किन्तु यहाँ उपन्यासकार ने इस नफे के मासिक अथवा वार्षिक होने का संकेत नहीं दिया है, इसलिए इस पर विशेष आपत्ति नहीं हो सकती। भैरों सड़ी हुई ताड़ी के सिरके का मूल्य एक रुपया बोतल बताता है और ताहिर मियाँ को, कारखाने के पास बैठकर ताड़ी बेचने के लिए 15 रु. रिश्वत के रूप में देता है। जमुनी भूसे का मूल्य रुपये का तीन पसेरी बताती है और लड़ाई के मामले को दबाने के लिए जैनब और रकिया को 25 रु. घूस देती है। बजरंगी सूरदास की जमीन के सिलसिले में ताहिर की विमाताओं को पचास रुपया घूस देता है। नायकराम को मकान का मुआवजा पाँच हजार रु. मिलता है। जगधर शहर के एक छोटे से मकान का किराया चालीस-पचास रुपये बताता है और बड़ा मकान उसकी दृष्टि में सौ से नीचे नहीं मिलेगा। बजरंगी की दृष्टि में देहात में एक-एक बिस्वा जमीन की कीमत दो-दो सौ रुपये है। प्रेमचन्द युग को दृष्टि में रखते हुए यह सभी बातें देशकाल के अनुकूल प्रतीत नहीं होतीं।"[22] लेकिन मैं क्या करूँ?—मुझे उन्हीं बातों से मतलब है जिन में यहाँ युग-प्रामाणिकता के मामले में छोटी-मोटी त्रुटियाँ रही बताई गई हैं। मेरे लिए प्रेमचंद के इस उपन्यास की युग-प्रामाणिकता का खंडन इसी

बात में हो जाता है कि सूरदास मेरे स्वामी अछूतानंद नहीं हैं। वैसे, डा. शैलेश जैदी ने भी अछूत समाज के दर्द को पकड़ा है जब लिखा है—"**रंगभूमि** की मूल कथा एक अन्धे भिखारी की कथा है जो बनारस के निकट पाँड़ेपुर नामक गाँव में एक फूस के झोंपड़े में रहता है। वह किसी संपन्न परिवार का व्यक्ति नहीं है। कुल की दृष्टि से भी वह क्षत्रिय या ब्राह्मण न होकर चमार है यानी अछूत है। यद्यपि पाँड़ेपुर निवासियों का बरताव उसके साथ अछूतों जैसा नहीं है। वह **प्रेमाश्रम** के रंगी चमार की भाँति **रंगभूमि** के किसी पात्र के साथ बैठकर भोजन तो नहीं करता, पर ठाकुर जी के मन्दिर में मोहल्ले के अन्य व्यक्तियों के साथ बैठकर भजन गाता है और किसी को इस पर आपत्ति नहीं होती। जैसे इस बस्ती के निवासियों में पासियों और चमारों के प्रति कोई घृणा भावना ही न हो।"[23]

साहित्य में आदर्श और यथार्थ, तथा आदर्शोन्मुख यथार्थ और यथार्थोन्मुख आदर्श की बहस चला करती है, लेकिन प्रेमचंद के 'रंगभूमि' नाम के इस उपन्यास में इस बहस से कोई सम्बन्ध नहीं है। यहाँ जो उपयुक्त शब्द इसे सही तरह से दर्शा सकता है, वह 'अनुपस्थित' या 'अपदस्थ' है। अजी, सीधे अपने गाँव की भाषा में बोलूँ, इसे साहित्य में भुस पर लीपना कहा जा सकता है। जो चमारों के समाज की मुख्य समस्या है, वह यहाँ सिरे से गायब है। यही पूछा जा सकता है, यह प्रेमचंद ने कुछ करा भी है? ऐसी-ऐसी बातों की गिनती कर के डा. शैलेश जैदी ने अपना निष्कर्ष निकाला है—"यह सूरदास या महात्मा गाँधी का नहीं, प्रेमचंद का अपना दृष्टिकोण है।"[24]

डा. शैलेश जैदी की दृष्टि में भी सूरदास एक बनावटी पात्र है। वे लिखते हैं—"वास्तव में सूरदास ने बहुत अतिशय से काम लिया है। वह अंधा होकर बस्ती में जिन बातों के घटित होने की चर्चा करता है, आँखों वाले लोग उनकी चर्चा करते नहीं दीखते। बस्ती में मिल खुलने से पहले होने वाली चोरियों का संकेत तो मिलता है, मिल खुलने के बाद ऐसा कोई संकेत नहीं मिलता। भैरों की ताड़ी की दुकान थी ही। नशा करने वालों की पहले ही कौन कमी थी, हू-हल्लड़ होता ही था, फिर मिल से क्या शिकायत। बस्ती में ऐसा कोई पनघट नहीं है, जहाँ मिल खुलने से पहले स्त्रियाँ आती रही हों और मिल खुलने के बाद उन्होंने आना बन्द कर दिया हो।"[25] उन्होंने सीधे उपन्यास के मर्म पर चोट करते हुए लिखा है—"फिर गाँव हो या शहर, दोनों ही नैतिक दृष्टि से जब गिरे हुए हैं, तो शहर की रौनक ही यदि गाँव में आ जाय तो क्या हो जायेगा?"[26]

सो, पाठ से बाहर न जाने का तर्क तब सही लगता जब प्रेमचंद 'रंगभूमि' के सूरदास के बारे में यह लिख कर चलते—'एक आदमी था।' तब वह बिना सामाजिक सन्दर्भों की एक कथा होती और उसी रूप में उस का वाचन तथा रसास्वादन किया

जाता। लेकिन इतना लिखते ही कि 'सूरदास एक चमार है'—प्रेमचन्द के हाथ से बहुत कुछ छूट जाता है। सूरदास को चमार मानते ही पाठक के मन में अपने आप एक चित्र खड़ा हो जाता है। फिर प्रेमचंद सूरदास के चरित्र-चित्रण में ज्यादा देर तक अपनी मनमानी नहीं कर सकते। तब उन्हें अपने समय के और अपने शहर के स्वामी अछूतानंद से बंधना ही पड़ेगा। इसे यूँ समझा जाए कि कोई कवि अपने नाम से अपनी कविता लिख सकता है। लेकिन कविता खुद लिखे और उस में छाप कबीर के नाम की लगा दे तो यह साहित्यिक गुनाह है। 'रंगभूमि' में प्रेमचंद ने उपन्यास की विधा पकड़ कर चमार जाति के साथ यही गुनाह किया है जब सूरदास को चमार बनाया है। जब उस समय चमारों के महानायक खुद स्वामी अछूतानंद के रूप में मौजूद थे तो यह गाँधी पैटर्न का सूरदास चमार खड़ा करके प्रेमचन्द द्वारा चमार जाति के चिन्तन को प्रक्षिप्त करना ही हुआ है।

घ. 'रंगभूमि' लिखने के दौरान क्या हो रहा था?

अमृत राय ने लिखा है कि 'प्रेमाश्रम' की 1200 जिल्दें निकलने से प्रेमचंद की तबीयत में ऐसा उभार आया कि 'मुंशी जी ने उसी रोज, बिल्कुल उसी रोज, 1 अक्तूबर 1922 को 'चौगाने हस्ती' (रंगभूमि) पर काम शुरू कर दिया।'[27] यह उपन्यास कब पूरा हुआ और इस में कितना समय लगा? इस बारे में भी अमृत राय लिखते हैं—"1 अक्तूबर सन 22 को लिखना शुरू हुआ और 1 अप्रैल सन 24 को 'रंगभूमि' का उर्दू मसौदा 'चौगाने हस्ती' के नाम से खत्म हुआ।"[28] यूँ, इस के लिखने में उन का पूरा डेढ़ बरस का समय लगा था।[29]

यह समय की सामान्य पहचान हो गई पर यहाँ इस से ज्यादा जानने की जरूरत है। अमृत राय ने उस बारे में लिखा है—"मुंशी जी शान्तिपूर्वक लमही में बैठे अपने सूरदास की कहानी लिख रहे थे, पर देश में आग लगी हुई थी।"[30]

क्या किसी ने कभी यह जानने की कोशिश की है कि चमार का नायक बनाने का मतलब है कि चमारों के हिसाब से भी देश में जरूर कुछ हो रहा होगा? जो महान समीक्षक बने फिरते हैं, हिन्दी और अंग्रेजी के उन लेखकों में से किसी ने इस दृष्टि से एक हरफ भी नहीं लिखा,—क्यों? 'रंगभूमि' के बाहर-बाहर घूमते रहे, उन में से कोई असली मंच पर नहीं आया—क्या यह उन की अपने काम के प्रति लापरवाही है, अज्ञानता है, या कुछ और?

समय का बिलकुल ध्यान रखा जाए कि प्रेमचन्द ने किस समय क्या लिखा था। खास बात जो जाननी है वह 'प्रेमाश्रम' और 'रंगभूमि' के लिखे जाने के बीच के समय की है। 'प्रेमाश्रम' की मूल उर्दू पाण्डुलिपि का लेखन-काल 2 मई, 1918 से 25

फरवरी, 1920 तक का है।[31] 'रंगभूमि' की मूल उर्दू पाण्डुलिपि का लेखन-काल 1 अक्तूबर, 1922 से 1 अप्रैल, 1924 तक का है।[32] तब 26 फरवरी, 1920 से 30 सितम्बर, 1922 तक प्रेमचन्द क्या कर रहे थे? समय कम लम्बा नहीं था। यह 947 दिनों का समय है—2 वर्ष और 7 महीने कम नहीं होते।

इस दौरान उन की कुछ कहानियाँ प्रकाशित हुई मिलती हैं[33] जिन के नाम इस प्रकार हैं :

1. अधिकार चिन्ता
2. आदर्श विरोध
3. इज्जत का खून
4. त्यागी का प्रेम
5. पुत्र प्रेम
6. प्रारब्ध
7. बूढ़ी काकी
8. ब्रह्म का स्वाँग
9. मनुष्य का परम धर्म
10. मूठ
11. मृत्यु के पीछे
12. लाग-डाट
13. लाल फीता
14. स्वदेश
15. विमाता
16. शान्ति
17. स्वत्व-रक्षा
18. हार की जीत

अब यह जाना जाए कि राजीव रंजन गिरि की प्रेमचन्द पर संकलित और सम्पादित पुस्तक 'घासवाली : प्रेमचंद की दलित-जीवन से जुड़ी कहानियाँ' में जो कहानियाँ संकलित हैं, वे इस प्रकार हैं :

1. दोनों तरफ से
2. सिर्फ एक आवाज
3. सौभाग्य के कोड़े
4. मंत्र
5. कजाकी
6. मन्दिर
7. आगा-पीछा
8. घासवाली
9. सद्गति
10. राष्ट्र का सेवक
11. लांछन
12. ठाकुर का कुआँ
13. गुल्ली-डंडा
14. दूध का दाम
15. कफन
16. जुरमाना[34]

यहाँ यह न पूछा जाए कि राजीव रंजन गिरि द्वारा सम्पादित प्रेमचंद की दलित-जीवन से जुड़ी कहानियों में एक भी कहानी उस दौर की कहानी क्यों नहीं है जिस दौर की यहाँ चर्चा हो रही है। लेकिन यह दलितों के इतिहास की दृष्टि से बहुत महत्वपूर्ण है। उस समय चारों तरफ इसी की चर्चा हो रही थी। खुद भारत की राजधानी दिल्ली में इस की सब से गर्म चर्चा थी। यहाँ इस के कुछ साक्ष्य दर्ज किए जा सकते हैं।

स्वामी श्रद्धानन्द ने 17 अगस्त, 1921 को दिल्ली में चमारों के चौधरियों से मिलने की बात लिखी है। उन्होंने लिखा है—"दिल्ली कांग्रेस कमेटी के मन्त्री ने चमारों के चौधरियों को बुलाया और उन से अनुरोध किया कि वे अधिक से अधिक चार आना शुल्क देने वाले सदस्य उन्हें दें। उन के बुजुर्गों का उत्तर था कि जब तक सार्वजनिक कुओं से जल भरने की उन की शिकायत दूर नहीं कर दी जाती, तब तक वे अपने भाइयों को कांग्रेस में सम्मिलित होने की प्रेरणा नहीं कर सकते। कांग्रेस का मन्त्री रुग्ण मस्तिष्क तथा तेज मिजाज आदमी था। उस ने कहा कि हमें स्वराज्य तो तुरन्त चाहिए, किन्तु चमारों की शिकायतें धीरे-धीरे दूर की जाएँगी। उन्हें इस के लिए रुकना पड़ेगा। उन में से एक नौजवान उठा और बोला—"सदियों से हम पीड़ा भोग रहे हैं, उस के समाधान के लिए तो हमें ठहरने को कहते हैं और चाहते हो कि स्वराज्य का लड्डू तुरन्त तुम्हारे मुँह में आ जाए। हम देखते हैं कि तुम स्वराज्य कैसे प्राप्त करते हो? तब मैंने दिल्ली के हिन्दुओं को प्रेरणा दी कि वे अछूत जातियों को अपने कुएँ से पानी लेने की आज्ञा दें।"[35] स्वामी श्रद्धानन्द ने 9 सितम्बर, 1921 को गांधी जी को लिखे अपने पत्र में लिखा था—"दिल्ली तथा आगरा के चमार केवल इतना ही चाहते हैं कि हिन्दू और मुसलमान दोनों द्वारा प्रयुक्त कुओं से उन्हें भी पानी भरने दिया जाए, तथा हिन्दुओं की प्याउओं पर उन्हें बाँस की नली या पत्तों से पानी न पिलाया जाए। केवल इतना करना ही कांग्रेस के लिए कठिन प्रतीत हो रहा है। इतना ही नहीं, दिल्ली सदर के एक मुसलमान व्यापारी ने तो यहाँ तक कहा कि चाहे हिन्दू इन लोगों को अपने कुएँ से पानी भरने दें, मुसलमान उन्हें ऐसा करने से जबर्दस्ती रोकेंगे क्योंकि चमार तो मुर्दा मांस खाते हैं।"[36] स्वामी श्रद्धानन्द ने 22 मई, 1922 को कांग्रेस के तत्कालीन महामन्त्री श्री विट्ठल भाई पटेल को भेजे गए अपने पत्र में लिखा था—"मेरी तो राय है कि नौकरशाही ने जब कि 6 करोड़ अछूतों में से अधिकांश को हमारे खिलाफ कर दिया है तो इस स्थिति में खादी की योजना भी पूर्णतया सफल नहीं हो सकती। शायद कार्यकारिणी के सदस्य भी नहीं जानते कि इस कारण हमारे दलित भाई भी खादी को छोड़ रहे हैं और सस्ते विदेशी कपड़े खरीद रहे हैं।"[37] स्वामी श्रद्धानन्द ने 3 जून, 1922 को भी विट्ठल भाई पटेल को पत्र द्वारा लिखा था—"वारदोली कार्यक्रम की टिप्पणी में आइटम संख्या 4 पर कहा गया है कि जहाँ सवर्ण जातियों के पूर्वाग्रह प्रबल हैं, वहाँ कांग्रेस के धन से पृथक स्कूलें स्थापित की जानी चाहिए। यह उन कांग्रेस-जनों के लिए छिद्र छोड़ देता है जो अछूत जातियों के खिलाफ हैं अथवा मन से दुर्बल हैं। इसलिए सामान्य कुएँ से पानी भरने के लिए अन्त्यजों को इजाजत देने के लिए भी ऐसे आदमियों को प्रेरित करना कठिन हो जाता है।"[38] स्वामी श्रद्धानन्द ने वारदोली प्रस्ताव की धारा 4 के साथ वाली टिप्पणी के स्थान पर निम्न नोट रखते हुए लिखा था कि दलित जातियों की निम्न मांगों को अविलम्ब स्वीकार करना चाहिए :

"1. उन्हें अन्य जातियों के नागरिकों के साथ एक ही दरी पर बैठने की आज्ञा मिलनी चाहिए।
2. सामान्य कुएँ से जल भरने का भी उन्हें अधिकार होना चाहिए।
3. उन के बच्चों को राष्ट्रीय स्कूलों और कालिजों में प्रवेश मिले तथा उन्हें तथाकथित उच्च जातियों के विद्यार्थियों से निर्बाध रूप से मिलने-जुलने का अवसर प्राप्त हो।"[39]

आज कुछ लोगों को आरक्षण को राष्ट्र विरोधी कदम बताने में कोई झिझक नहीं है लेकिन स्वतन्त्रता आन्दोलन के जमाने में इस परम्परा के द्विजों द्वारा दलितों के इस अधिकार को स्वराज्य विरोधी घोषित किया जाता था। लेकिन उस समय भी कुछ लोग ऐसे मौजूद थे जो अपनी पुस्तकों में दलितों के हक को पूर्णतया जायज मानते थे। सन् 1925 में सम्पादित ऐसी एक पुस्तक 'वैदिक सिद्धान्त अर्थात कतिपय वैदिक सिद्धान्तों पर निबन्ध संग्रह' शीर्षक की है। इस में डॉ. बाल कृष्ण का ऐक लेख 'शुद्धि' नाम से छपा है। इस लेख में लिखा गया है–"छः करोड़ अछूत हिन्दू स्वराज्य के मार्ग में कण्टक हैं। जब तुम ने इन को सैकड़ों वर्षों से सामाजिक, व्यावहारिक तथा धार्मिक ही नहीं किन्तु सर्व मानुषिक अधिकारों से वंचित कर रक्खा है और स्वराज्य का आन्दोलन करते हुए भी उन्हें यह अधिकार देने को तैयार नहीं तो क्या विश्वास है कि तुम उन को स्वराज्य प्राप्त होने पर राष्ट्रीय अधिकार दे दोगे? जो सामाजिक रूप से अस्पृश्य है, जो शिक्षा, व्यवहार, धर्म के विषय में रसातल तक पहुँचा हुआ है, उस को तुम राष्ट्रीय अधिकार दो ही क्योंकर?"[40] इस लेख में आगे लिखा गया है–"स्पष्ट है कि स्वराज्य में इन छः करोड़ जनों की उन्नति नहीं हो सकती। इस बात का क्या प्रमाण है कि स्वराज्य में प्राप्त शक्तियाँ इन दलितों को अधिकाधिक दलित करने में नहीं लगाई जावेंगी? अभी जब स्वराज्य प्राप्ति के प्रयत्न में इन नीच जातियों को ऊपर लाना नितान्त आवश्यक है, तुम उन्हें ऊपर नहीं उठने देते तो स्वराज्य मिल जाने पर तो कुछ भी न करोगे।"[41] लेखक ने आगे दो विकल्पों वाला मार्ग सुझाया था जो इस प्रकार था–"प्रत्येक अछूत तुम्हारे स्वराज्य के मार्ग में कण्टक है। छः करोड़ काँटे और गढ़े स्वराज्य प्राप्ति के सामने उपस्थित हैं। क्या तुम इन को साफ कर सकते हो, भर सकते हो। दो प्रकार हैं–या तो उन को हटा कर मुसलमान और ईसाई बना दो, या उन को उठा कर उन के कण्टकपन को दूर कर दो। किस विधि को स्वीकार करोगे? हिन्दुओ! अपने बुरे-भले की पहिचान करो। तुम्हें स्वराज्य कभी नहीं मिल सकता और उस स्वराज्य में तुम्हें कभी आनन्द और सुख प्राप्त न होगा जिस में इतने कोटि नर-नारी अमानुष जीवन व्यतीत करते हों। वे स्वराज्य को दुःखों की खान बना देंगे।"[42]

तब प्रेमचन्द चुप क्यों थे? वे चुप नहीं थे बल्कि रणनीति तैयार कर रहे थे। उन्होंने समझ लिया था कि समस्या विकराल बन कर खड़ी है। यदि विकरालता को न समझा होता तो 'रंगभूमि' का नायक सूरदास चमार जाति से न होता। चमारों का तत्कालीन आन्दोलन उन के मन में बहुत भीतर तक उतरी हुई बात है। वे मन ही मन में उसे तोल और घोल रहे हैं। जो विचार करने पर सूझा, वह स्वामी अछूतानन्द को उखाड़ कर सूरदास का पौधा लगाना था। चमार का नाम रह गया और चमारों के मुद्दे खत्म। मुद्दे ऐसे खत्म हुए हैं जैसे गधे के सिर से सींग। यह सवर्णों की पुरानी नीति रही है कि मजबूर होने पर दलितों में से उभरे हुए नायक को वैष्णव घोषित कर दो, और प्रेमचन्द ने 'रंगभूमि' लिख कर इसी नीति में इजाफा किया था।

जिस समय प्रेमचंद 'रंगभूमि' नाम का उपन्यास लिख रहे थे और जो प्रेमचंद का बाद का साहित्य है, उस समय संयुक्त प्रान्त में स्वामी अछूतानन्द दलित जातियों के सबसे महत्वपूर्ण नेता थे। क्रिस्टोफ जैफरेलोट स्वामी अछूतानन्द के बारे में यही लिखते हैं[43] जबकि वे प्रेमचंद के बारे में कुछ नहीं लिख रहे हैं। उन्होंने यह बात भी खोल कर और ध्यान से लिखी है कि स्वामी अछूतानन्द भी चमार थे।[44] और, स्वामी अछूतानन्द प्रेमचन्द के बिलकुल समकालीन हैं। स्वामी अछूतानन्द का जन्म 1879 में और मृत्यु 1933 में हुई थी तथा प्रेमचन्द का जन्म 1880 में और मृत्यु सन् 1936 में हुई थी। स्वामी अछूतानंद प्रेमचन्द से एक वर्ष बड़े थे तथा प्रेमचन्द से 3 वर्ष पहले मृत्यु को प्राप्त हो गए थे।

इस के ऐतिहासिक कारण खोजे जा सकते हैं कि प्रेमचंद ने 'रंगभूमि' का लिखना सन् 1922 में शुरू क्यों किया और उस का नायक सूरदास को चमार जाति का क्यों बनाया। क्रिस्टोफ जैफरेलोट लिखते हैं—"आदि हिन्दू आन्दोलन ने अपनी तेज गति उस समय पाई जब सन् 1922 में स्वामी अछूतानन्द ने गांधी के असहयोग आन्दोलन का, तथा विशेषकर, गांधी के प्रिंस आफ वेल्स के आगमन के बायकाट का विरोध किया।"[45] जैफरेलोट उस समय की ऐतिहासिक भिन्नता को दर्ज करते हैं—"उन्हों (स्वामी अछूतानन्द) ने कहा कि वे प्रिन्स आफ वेल्स के आगमन के पक्ष में हैं जिस बात की अंग्रेजों ने प्रशंसा की।"[46] 1924 तक स्वामी अछूतानन्द ने उत्तर प्रदेश के पाँच शहरों—कानपुर, आगरा, लखनऊ, बनारस और इलाहाबाद में स्थानीय आदि हिन्दू सभाएँ गठित कर ली थीं।[47] इस का मतलब था कि वे प्रेमचंद के दोनों शहरों—कानपुर और बनारस—में उन के सामने पूरे मौजूद थे।

स्वामी अछूतानंद का कानुपर से गहरा सम्बन्ध रहा था। इस बारे में श्री चन्द्रिका प्रसाद जिज्ञासु की पुस्तक 'आदि हिन्दू आन्दोलन के प्रवर्तक श्री 108 स्वामी अछूतानन्द जी 'हरिहर' : जीवनी, सिद्धान्त और भाषण' से प्रमाण मिलते हैं जो इस प्रकार हैं :

1. ''स्वामी जी ने सन् 22-23 में दो साल दिल्ली से 'प्राचीन हिन्दू' और सन् 24 से 32 तक कानपुर से 'आदिहिन्दू' पत्र निकाला था।''[48]
2. ''जिस समय स्वामी जी ने कानपुर को 'आदि-हिन्दू महासभा' का केन्द्र बनाया तो वहाँ से आपने 'आदि हिन्दू'—सिद्धान्त के पोषण (के लिए) एक 'आदिवंश-अष्टक' छपा कर वितरित किया था।''[49]
3. ''स्वामी जी ने कानपुर को अपने आन्दोलन का केन्द्र बनाया था। वही अखिल भारतीय आदि हिन्दू महासभा का कार्यालय था जिस के स्वयं स्वामी जी प्रेसिडेंट थे, कानपुर से ही वह... 'आदि हिन्दू' पत्र चलाते रहे और कानपुर में ही उन्होंने अपना कर्मठ और नश्वर शरीर त्याग किया... ।''[50]
4. ''अन्ततः 20 जुलाई 1933 को सवेरे 9½ बजे कानपुर के बैना झाबर ईदगाह में उन का देहावसान हो गया।''[51]

स्वामी अछूतानंद का कानपुर से सब से ज्यादा गहरा रिश्ता था। उन के दामाद बाबू मंगल सिंह जाटव ने अपनी पुस्तक 'स्वर्गीय श्री श्री 108 स्वामी अछूतानंद जी का जीवन परिचय' में लिखा है—''सन् 1925 ई. में बैनाझावर ईदगाह कानपुर को स्वामी जी ने स्थाई निवास बनाया, गिरधारी भगत जी ने यह स्थान, स्वामी जी को प्रदान किया था और यहाँ से ही आदि हिन्दू समाचार पत्र अपनी खुद की प्रेस ने प्रकाशित किया था (।) इससे अछूत जनता में पर्याप्त जाग्रति उत्पन्न हुई... ।''[52] उन के इस पत्र का नाम 'आदि हिन्दू' था।[53]

कानपुर के लक्ष्मण प्रसाद जैस्वार ने स्वामी अछूतानंद के साथ का अपना संस्मरण दिया है जो हमारे इस अध्ययन के लिए बहुत महत्वपूर्ण है। उस के कुछ अंश इस प्रकार हैं :

> ''तिरबा कानफ्रेंस में कानपुर के कुछ आर्य समाजी अछूत भी गये थे (।) स्वामी अछूतानन्द जी का कार्य तथा भाषण देख सुनकर कानपुर के अछूत उत्साहित हुए और मन में संकल्प किया कि स्वामी जी को कानपुर ले चलेंगे। स्वामी जी कानपुर आये। श्री प्रयागदत्त कोरी ने उन्हें अपने घर गड़रिया मोहल्ला में ले जाकर रखा और 15 दिन तक उनकी सेवा करते रहे। कानपुर में सोनार जाति के एक चन्द्रिकाप्रसाद नाम के संन्यासी थे उन्होंने स्वामी जी से शास्त्रार्थ किया। प्रश्न था—'तुम हिंदू नहीं हो यदि, तो बताओ कि वेदों के अनुकूल हो या प्रतिकूल?'
>
> ''स्वामी जी ने स्पष्ट शब्दों में यह कह दिया—''मैं वेदों से अनुकूल नहीं हूं। क्योंकि वेद द्विजातियों के हैं। वेदों की दुहाई देकर द्विजों को श्रेष्ठ तथा हमें शूद्र और नीच कहकर हमारा अपमान किया गया है।''

"किंतु यह खरा जवाब सुनकर आर्य-समाजी अछूतों ने स्वामी जी का बहिष्कार किया।

"स्वामी जी वहाँ से उठकर कुली बाजार में भगत दयालदास जी के यहां आये। वहां भी आर्य-समाजी अछूतों ने घेरकर हिंदू-धर्म तथा हिन्दू-ग्रंथों पर उनसे वाद-विवाद किया।

"स्वामी जी ने कहा कि 'हिन्दू-ग्रन्थों पर मेरा विश्वास नहीं है, और न मैं उन्हें मानता हूं।'

"ये वाद-विवाद रात के चार बजे तक होते रहे। एक दिन भगत दयालदास और आर्य समाजी अछूतों ने चार बजे रात्रि के समय कहा कि "आपके ऊपर हमारा विश्वास नहीं है। आप जहां चाहो वहाँ चले जाओ, हम लोग आपको यहाँ नहीं रहने देंगे।"

"स्वामी जी साढ़े चार बजे रात को मेरे (लक्ष्मणप्रसाद के) घर पर आये। उस समय घर में खाने के लिये कुछ नहीं था, केवल बेझरा की आधी रोटी थी। सवेरा हो चला था। स्वामी जी ने आधी रोटी खाकर पानी पिया और प्रात काल ही जूही के अन्तर्गत कवीर बाडी के पास जाटव पुरवा चले गये।

"स्वामी जी के चलते समय मैंने कह दिया था कि 'आप घबराये नहीं, दिन भर कहीं रहें, सायंकाल मेरे घर पर आयें।'

"मेरे कहने के अनुसार स्वामी सायंकाल मेरे घर पर आये।""[54]

इस प्रकार, उस समय चमारों के नेतृत्व की बागडोर उत्तर प्रदेश और दिल्ली में स्वामी अछूतानंद के हाथों में थी। 'रंगभूमि' के लिखे जाने से पहले भारत में इंग्लैंड के युवराज प्रिन्स आफ वेल्स पधारे थे। प्रेमचन्द के हिन्दू लीडरों ने उन के आगमन का विरोध किया था। मूल शब्द 'बायकाट' का था। श्री चन्द्रिका प्रसाद जिज्ञासु ने अपनी पुस्तक 'आदि हिन्दू-आन्दोलन के प्रवर्तक श्री 108 स्वामी अछूतानंद जी 'हरिहर' : जीवनी, सिद्धान्त और भाषण' में लिखा है—"स्वामी (अछूतानन्द जी) उस समय दिल्ली में थे। उन्हें यह (युवराज प्रिन्स आफ वेल्स का बायकाट) अच्छा नहीं लगा। उन्होंने इस अवसर पर दिल्ली में अछूतों का एक बहुत बड़ा जल्सा कर के उस में घोषित किया—"भाइयो! हम लोग भारत के प्राचीन निवासी 'आदि हिन्दू' हैं। आर्य-द्विजातीय सब विदेशी हैं। इन लोगों ने हमें नीच, अछूत और गुलाम बना रखा है। हमें इन लोगों के फलाए हुए भ्रमजाल से निकल कर अपने पैरों पर खड़े हो कर अपने सारे मुल्की हकों को हासिल करना चाहिए। हमें ब्रिटिश-सरकार के साथ विद्रोह नहीं करना चाहिए। हमें युवराज का स्वागत करना चाहिए और इंग्लैंड की सरकार से अपने राजनीतिक अधिकारों की मांग करना चाहिए।""[55]

यह छोटी-मोटी बात और छोटा-मोटा अन्तर नहीं था। श्री चन्द्रिका प्रसाद जिज्ञासु आगे लिखते हैं—"कहना न होगा कि स्वामी जी की इस घोषणा का अछूत-जनता पर जादू का-सा प्रभाव पड़ा। लाखों अछूतों ने युवराज का शानदार स्वागत किया, और 'आदि हिन्दू' शब्द लोगों के कानों में गूंज उठा। सरकारी हाकिमों पर स्वामी जी का बड़ा प्रभाव पड़ा। श्रीमान् वाइसराय महोदय ने उन्हें सनद प्रदान की। स्वामी जी ने हर जिले के हाकिमों के नाम एक सरकारी आज्ञा-पत्र लिखवा लिया कि जहाँ कहीं भी वह अछूत भाइयों की सभा करना चाहें, कर सकें और यदि उच्चताभिमानी हिन्दू सभा को भंग करना चाहें, तो वहाँ के हाकिम और पुलिस उन की सहायता करें। इस प्रकार राज-सहानुभूति पा कर स्वामी जी ने दौरा कर के समस्त उत्तर भारत में आदि हिन्दू-आन्दोलन का डंका बजा दिया, जगह-जगह आदिहिन्दू-सभाएँ कायम कर दीं, जिन के द्वारा अछूत-जनता ने अपने मुल्की हकों की मांग बड़े जोरों से शुरू कर दी।"[56] लेकिन हिन्दुओं ने स्वामी अछूतानन्द की मुखालफत जारी रखी। श्री चन्द्रिकाप्रसाद जिज्ञासु लिखते हैं—"इस प्रकार एक आन्दोलन खड़ा कर देने से उच्चताभिमानी हिन्दू स्वामी जी की बड़ी निन्दा करने लगे। वे तरह-तरह के झूठे इल्जाम लगा कर उन्हें बदनाम करने की कोशिश करते थे। कोई कहता, यह ईसाई है, ईसाइयों से तनख्वाह पाता है, सब को ईसाई बनाएगा। कोई कहता, यह मुसलमानों का आदमी है। कोई कहता, यह अंग्रेजों का पिट्ठू है। कोई कहता, यह दुश्चरित्रता के कारण आर्य समाज से निकाल दिया गया है, तब से आर्य समाज की निन्दा करता है। कोई कहता है, यह धर्मभ्रष्ट मूर्ख है। इत्यादि।"[57]

मेरे हिसाब से, इस 'इत्यादि' में ही प्रेमचन्द.की बारी आती है। चूँकि, वे रचनाकार थे, इसलिए उन्होंने स्वामी अछूतानन्द की निन्दा करने का बिलकुल नायाब तरीका निकाला। जबकि उस समय स्वामी जी के आदि हिन्दू आन्दोलन को मिटाने वाली कई दूसरी हिन्दू संस्थाएँ मौजूद थीं और काम कर रही थीं, प्रेमचंद ने अपना उपन्यास 'रंगभूमि' लिख कर एक बिलकुल नई संस्था खोल दी। पूरे उपन्यास में स्वामी अछूतानन्द या उन के विचारों का कोई प्रतिनिधित्व तो दूर, एक मामूली संकेत भर तक नहीं है। कलाकारी की क्या शिफ्त है कि पूरे आन्दोलन को खा गए! इतिहास में से सच्चे इतिहास को बिलकुल गायब कर दिया। झूठे उपन्यास को सच्चा इतिहास बता कर पढ़ा रहे हैं। मैं प्रेमचन्द को ईमानदार साहित्यकार मान लेता यदि वे स्वामी अछूतानन्द के चरित्र का एक दूसरा पात्र खड़ा कर के उस का अपने इस सूरदास से विरोध करवा देते। उस में वास्तविकता बची रहती पर अब तो यह सूरदास बिलकुल बनावटी और चमारों पर बाहर से थोंपा हुआ कहर है। चमारों में से इसे कौन मानेगा?

एक सूचना और है जो यहाँ दी जानी अपेक्षित है। इस का पता डा. शैलेश जैदी की पुस्तक 'प्रेमचंद की उपन्यास-यात्रा : नव मूल्यांकन' से चलता है। वे लिखते हैं—"**रंगभूमि** के रचनाकाल में प्रेमचन्द की दो महत्त्वपूर्ण पुस्तकें प्रकाश में आयीं। एक

कर्बला नाटक और दूसरा जार्ज इलियटकृत **साइलस मार्नर** उपन्यास का हिन्दी अनुवाद–**सुखदास**।"[58] ऐसे समय उपयुक्त समझते हुए डा. शैलेश जैदी ने 'रंगभूमि' की तुलना जार्ज इलियट के 'साइलस मार्नर' से की है। इस तुलना में वे लिखते हैं–"**रंगभूमि** के नायक से सांसारिक आँखें छीन ली गई हैं और उसके ज्ञान चक्षुओं को खोल दिया गया है जिससे वह संसार में रहते हुए भी सांसारिकता में लिप्त एक कमजोर व्यक्ति सिद्ध न हो सके। साइलस मार्नर यद्यपि सूरदास की भाँति एक अन्धा व्यक्ति नहीं है पर उसे भी बहुत कम सुझाई देता है। वह भी सूरदास की भाँति रैविलों में एक झोंपड़े में रहता है। वह भीख माँगने के बजाय कपड़े बुनकर अपनी जीविका चलाता है। सूरदास के मन में भी यह विचार एक बार आया था कि वह भीख माँगने का धन्धा छोड़कर कुरसी आदि बुनना शुरू कर दे। सूरदास की भाँति साइलस मार्नर ने भी अपनी कमाई से ढेर सारे सिक्के जुटा लिये हैं उसके झोंपड़े में भी मिट्टी का एक वैसा ही घड़ा है जैसा सूरदास के झोपड़े में है। उसके कमाये हुए सिक्के भी चुरा लिये जाते हैं और वह उन्हें चिन्तित होकर उसी प्रकार खोजता है जिस प्रकार सूरदास खोजता है। सूरदास के झोंपड़े में उसके साथ उसका भतीजा मिठुआ रहता है जिसे वह अपने बेटे के समान प्रिय रखता है और स्वयं कष्ट उठाकर भी उसे सुखी देखना चाहता है। साइलस माइनर पहले तो अकेला ही रहता है किन्तु उपन्यास के बारहवें अध्याय में एक अनाथ बालिका एप्पी उसके झोंपड़े में प्रवेश करती है। वह उसे अपनी बेटी बनाकर उसका पालन पोषण करता है और सदैव उसके सुख-दुख का ध्यान रखता है।"[59] इस में उन्होंने आगे लिखा है–"प्रेमचन्द ने सूरदास के चरित्रांकन की प्रेरणा प्रत्यक्ष रूप से साइलस मार्नर के व्यक्तित्व से नहीं ली। पर उन्होंने भी जार्ज इलियट की भांति अपने गांव के एक अन्धे भिखारी को, जो गांव से बाहर एक पुलिया पर बैठा रहता था,... पुलिया से उठाकर **रंगभूमि** का नायक बना दिया और उसे साइलस मार्नर की भाँति ही एक झोंपड़े में रखा। साइलस को अपनी पड़ोसिन डॉली विनथ्राप के सम्पर्क में आने पर गार्हस्थ्य-जीवन का अनुभव हुआ। सूरदास को सुभागी के सम्पर्क में आने पर गृहस्थी का सुख देखने को मिला। अन्तर यह है कि साइलस ने डॉली के सम्पर्क से कटुताओं का अनुभव नहीं किया, जबकि सूरदास को सुभागी के माध्यम से कटुताओं की झलक भी मिली। कारण यह है कि डॉली साइलस के यहाँ केवल एक पड़ोसिन की हैसियत से आया-जाया करती थी। वह कभी उसके यहाँ शरण लेने नहीं आयी, जबकि सुभागी सूरे के झोंपड़े में शरण लेने ही आयी थी। इस प्रकार **रंगभूमि** के लेखन में **साइलस मार्नर** का आंशिक प्रभाव देखा जा सकता है। किन्तु यह प्रभाव उस समय क्षीण-सा हो जाता है जब दोनों उपन्यासों के मूल उद्देश्य पर दृष्टि पड़ती है। **साइलस मार्नर** निश्चय ही **रंगभूमि** की भाँति एक राजनीतिक उपन्यास नहीं है।"[60]

संदर्भ

1. प्रेमचंद : कलम का सिपाही, अमृत राय, हंस प्रकाशन, इलाहाबाद, संस्करण, अप्रैल, 1992, पृ. -278
2. "When Premchand turns to middle and upper class urban life, his portrait seems less convincing, although many of the ideological clashes continue to be live issues today. The reality of those clashes, however, does not negate the fact that the author's ideas and theories are not fully integrated into the narration, and that the city characters often seem to be delivering speeches rather than conversing. Such discussions would cerainly be more likely in the city than in the village, but the settings for them are at times improbable, and one suspects that the characters are speaking more for the author than for themselves."
   The Gift of a Cow : A Translation of the Classic Hindi Novel Godaan by Premchand, Translated by Gordon C. Roadermel with a new introduction by Vasudha Dalmia, Published by Permanent Black, D-28, Oxford Apartments, 11, I.P. Extension, Delhi-110 092, Edition, 2002, Introduction by Gordon C. Roadermal, p.-xxi
3. "Critics have charged that Premchand did not understand the middle and upper classes as he did the peasants... ."
   ibid., p.-xxi
4. "It is perhaps fortunate that Premchand did not fully resolve his own conflicting views about traditional and modern forces."
   ibid., p.-xxi
5. विरोध सही, तरीका गलत, जनसत्ता, दिल्ली संस्करण, 25 सितम्बर, 2005
6. सामन्त का मुंशी या कलम का सिपाही, अरूण आदित्य, पंकज बिस्ट का संवाद, पल-प्रतिपल, एल. सी. एफ. 267, सेक्टर-16, पंच कूला-134 113, हरियाणा, जून-सितम्बर, 2005, पृ.-72-3
7. वही, नामवर सिंह, पृ.-73
8. वही, राजेन्द्र यादव, पृ.-73
9. वही, सूरज पाल चौहान, पृ.-74
10. वही, ओम प्रकाश वाल्मीकि, पृ.-75
11. प्रेमचंद के निन्दक, वीरेन्द्र यादव, तदभव, 18/201, इन्दिरा नगर, लखनऊ-226 016, उत्तर प्रदेश, अक्टूबर, 2005, पृ.-75
12. मनमाने की बात, श्री भगवान सिंह, जनसत्ता, दिल्ली संस्करण, 25 दिसम्बर, 2005
13. ब्राह्मणवाद का दलित सामंत, सम्पादकीय, तेजसिंह, अपेक्षा, 27-घौंडली, कृष्णा नगर, दिल्ली-110 051, अक्तूबर-दिसम्बर, 2005, पृ.-12
14. दलित साहित्य समीक्षा के नए प्रतिमान : सन्दर्भ प्रेमचन्द : सामन्त का मुंशी', कृष्ण दत्त पालीवाल, वही, पृ.-61
15. अपनी मुक्ति के रास्ते अकेले में नहीं मिलते, सम्पादकीय, द्वारिका प्रसाद चारुमित्र, अनभै सांचा, 148, कादम्बरी, सेक्टर-9, रोहिणी, दिल्ली-110 085, प्रवेशांक, जनवरी-मार्च, 2006, पृ.-3
16. कोई मंत्र दो गुरु!, योगेन्द्र शर्मा, हंस, 2/36, अन्सारी रोड, दरियागंज, नई दिल्ली-110 002, जनवरी, 2006, पृ.-11
17. पत्र-प्रतिक्रिया, डॉ. वन्दना मिश्रा, युद्धरत आम आदमी, रमणिका फाउन्डेशन, ए-2-21, डिफेंस कालोनी, ग्रा. फ्लोर, नई दिल्ली-110 024, अप्रैल-जून, 2006, पृ.-103

18. रंगभूमि के आईने में सूरदास के नायकत्व की पड़ताल, मूलचंद सोनकर, वाङ्मय (त्रैमासिक हिन्दी पत्रिका), सम्पादक, डॉ. फीरोज अहमद, ई-3, अब्दुल्लाह क्वाटर्स, लाल बहादुर शास्त्री मार्ग, अमीर निशाँ, अलीगढ़-202 002, दलित विशेषांक, जनवरी-मार्च, 2006, पृ.-53
19. लोकार्पण के दौरान लेखन का विरोध!, जनसत्ता ब्यूरो, जनसत्ता, दिल्ली, 13 सितम्बर, 2005, पृ.-7
20. प्रेमचंद : कलम का सिपाही, अमृत राय, हंस प्रकाशन, इलाहाबाद, संस्करण, अप्रैल, 1992, पृ.-449
21. प्रेमचंद : घर में, शिवरानी देवी प्रेमचंद, आत्माराम एण्ड संस, 1376, कश्मीरी गेट, दिल्ली-110 006, संस्करण, 2005, पृ.-23
22. प्रेमचंद की उपन्यास-यात्रा : नव मूल्यांकन, डा. शैलेश जैदी, यूनिवर्सिटी पब्लिशिंग हाउस, कोठी नायाब, सर सैयद रोड, सिविल लाइन्स, अलीगढ़, उत्तर प्रदेश, प्रथम संस्करण, जुलाई, 1978, पृ.-233-34
23. वही, पृ.-209
24. वही, पृ.-218
25. वही, पृ.-230
26. वही, पृ.-231
27. प्रेमचंद : कलम का सिपाही, अमृत राय, हंस प्रकाशन, इलाहाबाद, संस्करण, अप्रैल, 1992, पृ.-321
28. वही, पृ.-322
29. वही, पृ.-346
30. वही, पृ.-272
31. वही, पृ.-654
32. वही, पृ.-655
33. वही, पृ.-657-64
34. घासवाली : प्रेमचंद की दलित-जीवन से जुड़ी कहानियाँ, संकलन व सम्पादन, राजीव रंजन गिरि, बुक्स फार चेंज, सी-75, साउथ एक्सटेंशन-II, नई दिल्ली-110 049, पहला संस्करण, 2005, पृ.-3
35. स्वामी श्रद्धानन्द ग्रन्थावली, खण्ड पाँच, अनुवादक तथा सम्पादक, डॉ. भवानी लाल भारतीय, गोविन्दराय हासानन्द, 4408, नई सड़क, दिल्ली-6, संस्करण, 1987, पृ.-107-08
36. वही, पृ.-108
37. वही, पृ.-142
38. वही, पृ.-144
39. वही, पृ.-144
40. वैदिक सिद्धान्त अर्थात कतिपय वैदिक सिद्धान्तों पर निबन्ध संग्रह, लेख 'शुद्धि', लेखक, डॉ. बालकृष्ण, एम. ए., पी-एच. डी., प्रिंसिपल राजाराम कालिज, कोल्हापुर, प्रकाशक, श्री नारायण स्वामी श्री मद्दयानन्द जन्मशताब्दी सभा, मथुरा, सन् 1925, पृ.-164
41. वही, पृ.-164-65
42. वही, पृ.-165
43. "...Swami Achhutanand (1879-1933) who was to become the most important Scheduled Caste leader of the United Provinces in the 1920s and 1930s." India's Silent Revolution : The Rise of The Low Castes in North Indian Politics, Christophe Jaffrelot, Permanent Black, D-28, Oxford Apartments, 11, I.P. Extension, Delhi-110 092, Ist Edition, 2003, p.-200
44. "Swami Achhutanand was also a Chamar."
ibid., p.-200
45. "The Adi-Hindu movement gained momentum in 1922 when Swami Achhutanand protested about Gandhi's Non Cooperation Movement and especially his boycott of the Prince of Wales's visit."
ibid., p.-202

46. "He said he was in favour of the visit of The Prince of Wales, a stand the British appreciated."
ibid., p.-202

47. "By 1924 local Adi Hindu Sabhas had been set up in five cities in U.P. (Kanpur, Agra, Lucknow, Banares and Allahabad)."
ibid., p.-205

48. आदि हिन्दू आन्दोलन के प्रवर्तक श्री 108 स्वामी अछूतानन्द जी 'हरिहर' : जीवनी, सिद्धान्त और भाषण, लेखक, श्री चन्द्रिका प्रसाद जिज्ञासु, हिन्दू समाज सुधार कार्यालय, सआदत गंज, लखनऊ, पहली बार, 1960, पृ.-108

49. वही, पृ.-17

50. वही, पृ.-109

51. वही, पृ.-107

52. स्वर्गीय श्री श्री 108 स्वामी अछूतानंद जी का जीवन परिचय, लेखक, स्व. बाबू मंगल सिंह जाटव, प्रकाशक, मोहन सिंह बंसल, 'मंगल भवन', तिकोनिया मुरार, ग्वालियर, मध्य प्रदेश, द्वितीय बार, 6 मई, 1997, पृ.-15-6

53. स्वामी अछूतानन्द हरिहर, लेखक, डा. राज पाल सिंह 'राज', राजलक्ष्मी प्रकाशन, A-17/18, भगवत गली नं. 1, ब्रह्मपुरी, दिल्ली-110 053, प्रथम संस्करण, पृ.-29

54. स्वर्गीय श्री श्री 108 स्वामी अछूतानंद जी का जीवन परिचय, लेखक, स्व. बाबू मंगल सिंह जाटव, प्रकाशक, मोहन सिंह बंसल, मंगल भवन, तिकोनिया मुरार, ग्वालियर, मध्य प्रदेश, द्वितीय बार, 6 मई, 1997, पृ.-38-9

55. आदि हिन्दू-आन्दोलन के प्रवर्तक श्री 108 स्वामी अछूतानंद जी 'हरिहर' : जीवनी, सिद्धान्त और भाषण, लेखक, श्री चन्द्रिका प्रसाद जिज्ञासु, प्रकाशक, हिन्दू समाज सुधार कार्यालय, सआदत गंज, लखनऊ, पहली बार, 1960, पृ.-9

56. वही, पृ.-9

57. वही, पृ.-10

58. प्रेमचंद की उपन्यास-यात्रा : नव मूल्यांकन, डा. शैलेश जैदी, यूनिवर्सिटी पब्लिशिंग हाउस, कोठी नायाब, सर सैयद रोड, सिविल लाइन्स, अलीगढ़, उत्तर प्रदेश, प्रथम संस्करण, जुलाई, 1978, पृ.-223

59. वही, पृ.-223-24

60. वही, पृ.-224-25

अध्याय-4

स्वामी अछूतानंद पूर्णिमा के चांद हैं

क. 'प्रिन्स आफ वेल्स' का स्वागत
ख. 'आल इण्डिया' का सपना।
ग. पंजाब से रिश्ता
घ. स्वामी अछूतानंद का भय सताया

क. 'प्रिन्स आफ वेल्स' का स्वागत

यह 14 फरवरी, 1922 की बात है। उस दिन 'प्रिन्स आफ वेल्स' का दिल्ली में आगमन था। एल. एफ. रशब्रुक विलियम्स ने अपनी पुस्तक 'दि हिस्ट्री आफ दि इण्डियन टूर आफ एच. आर. एच. दि प्रिन्स आफ वेल्स, 1921-22' में स्वामी अछूतानन्द के उस प्रयास को दर्ज किया है। वे लिखते हैं—''ऐतिहासिक रिज पर, जिस के पास से अनेक स्थानों से युवराज का रास्ता गुजरता था, भारत के सभी हिस्सों से आ कर 'दलित' वर्गों के सदस्यों की एक बड़ी भीड़ एकत्रित थी। वे लोग दो कारणों से वहाँ जुड़े थे। एक, उन्हें दिल्ली में युवराज का स्वागत करना था, दो, उन्हें अपनी तीसरी वार्षिक कान्फ्रेंस करनी थी जो उन की वर्ग-चेतना की पहचान बनी है। इन लोगों ने दिल खोल कर अपनी भावनाओं का इजहार किया कि वे राजघराने के प्रतिनिधि के प्रति कितने वफादार और उत्साही हैं जिन की छत्र-छाया में उन्होंने दमन की अनकही शताब्दियों के बाद अपने नागरिक अधिकारों की प्राप्ति की है।''[1] रशब्रुक विलियम्स ने 17 फरवरी, 1927 के दिन के बारे में लिखा है—''लोगों में दलित वर्ग कान्फ्रेंस के कई हजार सदस्य थे। उन के 'युवराज महाराज की जय' और 'राजा के बेटे की जय' के जयकारों के बीच युवराज की कार रुकी जहाँ उन के लिए एक स्वागत भाषण हुआ। यह स्वागत भाषण मध्य प्रान्तों की लेजिस्लेटिव कौन्सिल के एक सदस्य श्री जी. एल. गवई द्वारा पढ़ा गया। इस में युवराज से मांग की गई कि वे

सम्राट तक उन का यह सन्देश पहुँचाएँ कि इस भारत में छह करोड़ अछूत वर्ग के लोग रहते हैं जिन का उत्थान, यदि देश को 'स्वराज' के योग्य होना है, जरूर किया जाना चाहिए। युवराज ने एक संक्षिप्त और सहानुभूतिपूर्ण जवाब दिया। उस के बाद वे अपने रास्ते पर आगे बढ़ गए। उन की कार के आँखों से ओझल होने के बाद भी लोग देर तक उत्साह में उन के नाम के जयकारे लगाते रहे।''[2]

इस घटना की सूचना अंग्रेजी के दैनिक पत्र 'द स्टेट्समैन' में 18 फरवरी, 1922 को छपी थी। अच्छा रहेगा, उसे यहाँ ज्यों का त्यों उतार दिया जाए। उस का हिन्दी में अनुवाद इस प्रकार किया जा सकता है :

''दलित वर्गों का जोश''
''युवराज की जय!''

> ''वाइस रीगल लोज में वापिस लौटते समय युवराज से मथुरा रोड पर लगभग पन्द्रह हजार की संख्या में चमार (दलित वर्ग के लोग) मिले। वे 'अखिल भारतीय दलित वर्ग कान्फ्रेन्स' में नुमाइन्दे बन कर और उस में भाग लेने के लिए आए हुए थे। इस कान्फ्रेन्स की श्री जी. ए. गवई के सभापतित्व में कल से बेठकें चल रही थीं। जब राजकुमार की कार भीड़ के नजदीक पहुँची, उन्होंने जोरों से ''युवराज की जय'' के नारे लगाए।

''कान्फ्रेन्स के चेरयमैन ने निम्न स्वागत-भाषण पढ़ा :

> ''मुझे राजकुमार को इस बात के लिए धन्यवाद देने की अनुमति मिले कि आपने भारत के दलित वर्गों को ऊपर उठाने में रुचि ली है, तथा इस बात के लिए भी कि कान्फ्रेन्स ने कल आप का सहानुभूतिपरक सन्देश प्राप्त किया है। मैं राजकुमार से यह प्रार्थना करता हूँ कि आप सम्राट को हमारा यह सन्देश पहुँचाने का कष्ट करें कि भारत में छह करोड़ मनुष्य हैं, जो अछूत हैं, और यदि भारत को सही मायनों में स्वराज के योग्य बनाना है तो इन्हें उठाया जाना चाहिए।''

> ''राजकुमार ने मुसकराते हुए इस स्वागत-भाषण को स्वीकार किया तथा ''युवराज की जय!'' के नारों के बीच अपनी कार में 'वाइस रीगल लोज' की तरफ बढ़ गए।

''स्वागत-भाषण में जिस सन्देश का जिक्र किया गया था वह इस प्रकार था :

> ''राजकुमार के मुख्य सचिव से दिल्ली के चीफ कमिश्नर को। मुझे राज कुमार 'प्रिन्स आफ वेल्स' का यह आदेश हुआ है कि मैं आप से यह

कहूँ कि आप 'अखिल भारतीय दलित वर्ग कान्फ्रेन्स' के सदस्यों को, जिन की बैठकें अब दिल्ली में चल रही हैं, राजकुमार का यह सन्देश पहुँचाएँ कि उन के वफादारी से भरे प्रस्ताव की, जिस में स्वागत की सहृदयता व्यक्त थी, वे बहुत-बहुत प्रशंसा करते हैं। राजकुमार उन की शुभ कामनाओं को अत्यधिक महत्व देते हैं और कल भारत की राजधानी दिल्ली में उन के आगमन पर कान्फ्रेन्स के सदस्यों ने जो उन का जोशीला स्वागत किया है, उसे विशेषकर माना है। वे कान्फ्रेन्स में सम्मिलित हुईं सभी बिरादरियों की सुख-समृद्धि की पूरी कामना करते हैं।"[3]

यहाँ इतना और जोड़ा जा सकता है कि कैथरिन मेयो ने अपनी पुस्तक 'मदर इण्डिया' में 'प्रिन्स आफ वेल्स' का स्वागत करने वाले इन लोगों की संख्या 25000 लिखी है।[4]

डा. गया प्रसाद प्रशान्त ने अपनी पुस्तक 'आम्बेडकर इन्क्लाब' में इस बारे में और ज्यादा सूचना दी है। यह सूचना बहुत महत्वपूर्ण है। वे लिखते हैं–"अनुसूचित जातियों के आरक्षण का सवाल बाबा साहब से भी पूर्व सन् 1922 ई. में स्वामी अछूतानन्द ने उठाया था। ब्रिटिश बादशाह जार्ज पंचम के पुत्र प्रिंस आफ वेल्स दिल्ली में पधारे हुए थे। उन दिनों जिला के अंग्रेज कलेक्टर से भी मिलना मुश्किल था (।) 'विश्व विजयी' श्री 108 स्वामी अछूतानन्द ने एक योजना बनाई कि वे दिल्ली में प्रिंस आफ वेल्स का स्वागत कर उनके माध्यम से अछूतों का मांग पत्र लन्दन की पार्लियामेंट में विचारार्थ प्रस्तुत करायेंगे। उन्होंने दिल्ली पहुंचकर प्रिन्स आफ वेल्स के स्वागतार्थ एक दलित कान्फ्रेंस का आयोजन कराया। कान्फ्रेंस के प्रमुख आयोजक थे सर्व श्री वीर रतन देवी दास जटिया (जाटव)। इस कान्फ्रेंस में सत्रह सूत्री प्रस्तुत माँग पत्र का ज्ञापन इस प्रकार था।

ज्ञापन :

1. आदि हिन्दुओं (अछूतों) का पृथक से चुनाव हो तथा पृथक से प्रतिनिधित्व प्रदान किया जाय।
2. अछूतों की प्रगति हेतु स्कूल-विद्यालय खोले जाएं।
3. अस्पृश्यता निवारण हेतु कड़े कानून बनाए जायें।
4. शिक्षित अछूतों को शासकीय सेवाओं में लिया जाय।
5. स्थानीय संस्थाओं, जैसे–नगरपालिका, डिस्ट्रिक्ट बोर्ड, ग्राम पंचायत, टाउनएरिया, नोटीफाइड एरिया आदि में भी अछूत सदस्य मनोनीत किए जायें।
6. अछूतों को व्यापार एवं दुकानदारी के कार्य करने की स्वतंत्रता दी जाय।
7. बेगार प्रथा को समूल नष्ट किया जाय।

8. सवर्ण हिन्दुओं के समान ही अछूतों को सामाजिक अधिकार प्राप्त हों।
9. प्रत्येक शासकीय, अर्धशासकीय कमेटियों में संख्या के अनुपात से प्रतिनिधित्व दिया जाय।
10. अछूत छात्रों को छात्रवृत्ति प्रदान की जाये।
11. अछूत बाहुल्य ग्रामों में अछूत विद्यालय स्थापित किये जाएं।
12. पुलिस तथा फौज में अछूतों को भी प्रवेश दिया जाये।
13. मजदूरी में वृद्धि की जाये।
14. ग्रामीण चौकीदार पद पर अछूत रखे जाएं।
15. अछूत कृषकों को परती भूमि प्रदान की जाय।
16. प्रान्तीय विधानसभाओं में अछूत भी लिये जायें।
17. उपरोक्त 16 मांगों को देशी राज्यों में भी लागू किया जाए।''[5]

डा. गया प्रसाद प्रशान्त ने इस में आगे लिखा है—''प्रिन्स आफ वेल्स ने इस ज्ञापन को इंग्लैण्ड पहुंच कर अपने पिता सम्राट जार्ज पंचम के सामने प्रस्तुत किया। अछूत सभा में (दिल्ली में) जो भी सुना, जाकर बताया। इस पर लन्दन के सेक्रेट्री आफ स्टेट फार इण्डिया का भारत के वायसराय के लिये एक सख्त आदेश हुआ कि अछूतों का प्रत्येक नगरपालिका में एक-एक सदस्य रखा जाए। इसी प्रकार टाउनएरिया, नोटीफाइड एरिया, डिस्ट्रिक्ट बोर्ड, लेजिसलेटिव काउन्सिल आदि शासकीय संस्थाओं में एक-एक मैम्बर अछूतों का मनोनीत किया जाय व इस आदेश का कड़ाई से पालन किया जाय।

संयुक्त प्रान्त आगरा अवध (उत्तर प्रदेश) में इसका परिपालन इस प्रकार हुआ—

1. कम से कम 20 वजीफे 20 रु. प्रतिमाह विश्वविद्यालय के अछूत छात्रों के लिये।
3. 300 वजीफे 10 रु. प्रतिमाह सेकेण्डरी स्कूल के अछूत छात्रों के लिये।
3. 600 वजीफे दर्जा 1 से 6 तक प्राइमरी वर्नाक्यूलर स्कूल के अछूत छात्रों के लिए।
4. इन सबकी देख-भाल के लिये एक सब डिप्टी इन्सपेक्टर व 2 सुपरवाइजरों की नियुक्ति हुई, जो कि घूम-घूम कर प्रत्येक जिले में शिक्षा के इस कार्यक्रम की प्रगति का अवलोकन कर उसे लागू करायें। बाद में एक (विशेष) स्पेशल आफिसर की नियुक्ति हुई।
5. ऐसा कार्यक्रम निश्चित किया गया कि छात्रों की शिक्षा विधिवत् ठीक ढंग से चले व उसमें कोई व्यवधान उत्पन्न न हो।

6. वर्नाक्यूलर व सेकेण्डरी अंग्रेजी निःशुल्क शिक्षा की व्यवस्था।
7. सभी सरकारी सहायता प्राप्त स्कूलों में बिना रोक टोक अछूत छात्रों की भर्ती।''[6]

डा. सोहन पाल सुमनाक्षर ने इस ऐतिहासिक घटना का महत्व बताते हुए 'स्वामी अछूतानंद बाबा साहब डा. अम्बेडकर के प्रेरणा स्रोत थे' के शीर्षक के अन्तर्गत लिखा है–''सन् 1922 में दिल्ली के पुराने किले में वीररत्न देवीदास जाटव के सहयोग से प्रथम विराट अछूत जाटव सम्मेलन आयोजित किया गया। स्वामी अछूतानंद ने इस सम्मेलन की अध्यक्षता की। इस सम्मेलन में इंग्लैंड के प्रिंस आफ वैल्स का भारत आने पर स्वागत किया गया, और उन्हें भारत के अछूतों की ओर से मांगपत्र दिया गया। इस 17 सूत्रीय मांगपत्र में अंग्रेजी-हकूमत से मांग की गई थी कि अछूतों को शिक्षा के लिए विद्यालय खोले जाएं; उन्हें सरकारी नौकरियों पर रखा जाए, उन की पुलिस व सेना में भरती की जाए, अछूत छात्रों को छात्रवृत्ति दी जाए। अछूतों को पृथक चुनाव का अधिकार दिया जाए, उन की आबादी के अनुपात में सरकारी स्थानीय संस्थाओं में उन के प्रतिनिधि मनोनीत किए जाएं। देशी राज्यों में भी उन को ये सहूलियतें दी जाएँ।''[7] उन्होंने आगे लिखा है–''...यही अछूतों का मांगपत्र भारत के अछूतों की समस्याओं की जाँच करने 1928 में इंग्लैंड से दिल्ली आए साईमन कमीशन के समक्ष रखा। उस समय स्वामी अछूतानंद के साथ बाबा साहब डा. अम्बेडकर भी थे। इन्हीं मांगों पर विचार करने के लिए ब्रिटिश हकूमत ने इंग्लैंड में राउंड टेबुल कान्फ्रेंन्स आयोजित की जिस में बाबा साहब डा. अम्बेडकर को अछूतों के प्रतिनिधि के रूप में आमन्त्रित किया गया।''[8]

ख. 'आल इण्डिया' का सपना

अब स्वामी अछूतानन्द से सम्बन्धित कुछ बातें तय की जा सकती हैं। पहली बात यही है कि एल. एफ. रशब्रुक विलियम्स ने प्रिन्स आफ वेल्स के स्वागत में भाषण पढ़ने वाले का नाम 'मिस्टर जी. एल. गवई' दिया है जबकि 'स्टेट्समैन' में छपी खबर के अनुसार यह नाम 'मिस्टर जी. ए. गवई' है। इन दो में से कौन-सा नाम सही है? लेखक श्री चन्द्रिका प्रसाद जिज्ञासु ने अपनी पुस्तक 'आदि-हिन्दू आन्दोलन के प्रवर्तक श्री 108 स्वामी अछूतानन्द जी 'हरिहर' : जीवनी, सिद्धान्त और भाषण' में यह नाम इस प्रकार दिया है–''गणेश राम अक्का जी गवई एम. एल. सी. बरार.... ।''[9] इस से इस नाम का पूरा पता चल जाता है। दूसरी बात, 'स्टेट्समैन' की खबर ने जी. ए. गवई को 'आल इण्डिया डेप्रेस्ड क्लासेस कान्फ्रेन्स' का 'प्रेजिडेन्ट' और 'चेयरमैन' लिखा है। इस का क्या मतलब है? मतलब यही है कि वे इस कान्फ्रेन्स के सभापति थे। तब स्वामी अछूतानन्द क्या थे? उत्तर यह है कि वे इस की जड़ थे। कैसे?

एल. एफ. रशब्रुक विलियम्स ने अपनी पुस्तक में लिखा है कि डिप्रेस्ड क्लासेस की यह तीसरी वार्षिक कान्फ्रेन्स थी। इस का मतलब है कि इस से पहले दो वार्षिक कान्फ्रेन्स 1921 और 1920 में हो चुकी थीं। इस संस्था का पूरा नाम 'स्टेट्समैन' ने 'आल इण्डिया डेप्रेस्ड क्लासेस कान्फ्रेन्स' दिया है। तब स्वामी अछूतानन्द ने क्या किया था? उन्होंने 1922 में अपनी घोषणा के द्वारा इस का नाम बदल दिया था। श्री चन्द्रिका प्रसाद जिज्ञासु लिखते हैं–"...आदि-हिन्दू नाम की घोषणा स्वामी जी ने सन 22 में दिल्ली की विराट अछूत सभा में की थी।"[10] उन्होंने लिखा है–"संयोग से सन् 1922 में, असहयोग-आंदोलन के बाद, भारत में इंगलैंड के युवराज प्रिन्स आफ वेल्स पधारे...। स्वामी जी इस समय दिल्ली में थे।"[11] तो, अनुमान लगाया जा सकता है कि इसी 'आल इण्डिया डिप्रेस्ड क्लासेज कान्फ्रेन्स' के तीसरे वार्षिक अधिवेशन में उन्होंने 'आदि-हिन्दू' नाम की घोषणा की होगी। अनुमान यूँ भी पुख्ता बनता है क्योंकि यह अधिवेशन कई दिनों तक चला था। 'स्टेट्समैन' की खबर में यह भी लिखा हुआ है कि लगभग 15 हजार लोगों की यह भीड़ चमारों की थी जिसे उन्होंने अंग्रेजी में 'चमार्स' के बदले 'चेम्बर्स' लिख दिया है।

तब क्या हुआ? आगे के लिए स्वामी अछूतानन्द ने अपने आन्दोलन की संस्था का नाम 'आल इण्डिया आदि हिन्दू कान्फ्रेन्स' रख दिया था। अगले साल 1923 में उन्होंने 'आल इण्डिया आदि हिन्दू कान्फ्रेन्स' का पहला अधिवेशन दिल्ली में ही किया था। प्रमाण पुनः श्री चन्द्रिका प्रसाद जिज्ञासु की पुस्तक है। वे अपनी पुस्तक में लिखते हैं–"नवम्बर सन् 30 में, इलाहाबाद में, आल इण्डिया आदिहिन्दू कानफ्रेन्स का जो आठवाँ अधिवेशन हुआ, उस की रिपोर्ट में उस समय तक हुई आदि हिन्दू-सभाओं का थोड़ा सा ब्यौरा दिया हुआ है।"[12] वे लिखते हैं–"उस में लिखा है–अब तक कुल आठ आल इण्डिया आदि हिन्दू कानफ्रेन्सें हो चुकी हैं। इन के स्थानों के नाम इस प्रकार हैं–(1) दिल्ली, (2) बम्बई, (3) हैदराबाद, (4) नागपुर, (5) इलाहाबाद, (6) मद्रास, (7) अमरावती सी. पी. और (8) इलाहाबाद। इन के अतिरिक्त तीन आल इण्डिया स्पेशल आदि हिन्दू कान्फ्रेंसें हुईं–(1) दिल्ली में, (2) मेरठ में और (3) इलाहाबाद में। इस तरह आठ वर्षों में ग्यारह अखिल भारतीय आदि हिन्दू कानफ्रेंसें हुईं।"[13] जिज्ञासु आगे उद्धृत करते हैं–"इसी प्रकार अब तक 15 प्रान्तीय आदि हिन्दू कानफ्रेंसें हुईं...जिन में 9 वार्षिक प्रान्तीय कानफ्रेंसें हैं और छः स्पेशल प्रान्तीय कानफ्रेंसें, जो कि कानपुर, लखनऊ, इलाहाबाद, मेरठ, मैनपुरी, मथुरा, इटावा, गोरखपुर, फर्रुखाबाद, आगरा इत्यादि स्थानों में हुईं।"[14] इस के बाद जिज्ञासु ने उद्धृत किया है–" "जिला आदि हिन्दू सभाओं" की ठीक गणना नहीं बताई जा सकती। फिर भी जहाँ तक पता मिला है, अब तक 208 छोटी-बड़ी जिला आदि हिन्दू सभाएँ इस प्रान्त के भिन्न-भिन्न स्थानों में हुईं।"[15]

श्री चन्द्रिका प्रसाद जिज्ञासु ने इलाहाबाद में सम्पन्न हुई उस आठवीं 'आल इंडिया आदि हिन्दू-कानफ्रेंस' में सम्मिलित होने वाले प्रतिनिधियों के कुछ नाम उस की रिपोर्ट से उद्धृत किए हैं जो इस प्रकार हैं—"श्री 108 स्वामी अछूतानन्दजी (प्रवर्तक) तथा सर्वश्री गणेशराम अक्काजी गवई एम. एल. सी. बरार (सभापति); नानक चन्दजी धुसिया, कलकत्ता (स्वागताध्यक्ष); एस. यू. कोटागले एम. एल. सी., नागपुर; वीररत्न देवीदास जाटव, दिल्ली; महंत कबीरदास जेठादास डाकोर, बंबई; रामसहाय पासी, लखनऊ, बाबा बापूजी बाल्मीकि, खंडवा; रामप्रसाद कोरी, दिल्ली; चौ. श्याम लाल धोबी, इलाहाबाद; झामलाल अहेरवार, कानपुर; गोपीराम धुसिया, दानापुर; हंसराज आदिधर्मी, होशियारपुर पंजाब; मेहतरराम धुसिया, कलकत्ता; के. एस. क्षमानन्द स्वामी, इटावा; एस. एम. बी. भाग्यारेड्डी, हैदराबाद; हीरालाल कुरील, लखनऊ; बाबूलाल धुसिया, मऊ (सी. आई.); दीनदयाल धुसिया, रावलपिंडी; चौ. शंभूदयाल वरेठा, बंबई; जवाहरलाल धुसिया, मेरठ; बसंतलाल आदिधर्मी, लाहौर; अशर्फीलाल धानुक, लखनऊ; बाबूलाल रैदास, रायबरेली; सुमेरदास जाटव, जौनपुर; देवीदयाल आदिधर्मी, फीरोजपुर; बाबू नन्दलाल जैसवार, प्रयाग; बाबू रामभरोसे लोना, प्रयाग; चौ. मिठाईलाल हेला, मेहतर, प्रयाग; चौधरी घासीराम कंजर, प्रयाग; चौ. कल्लूराम खटिक, प्रयाग; चौ. बाबूलाल कोरी, प्रयाग; चौ. रामदास कन्जर, प्रयाग; चौ. जुम्मन डोम, प्रयाग; बा. मैकूलाल कोरी, प्रयाग; चौ. लशकरी राम कंजर, प्रयाग। इत्यादि।"[16]

यूँ, देखा जा सकता है कि इन कान्फ्रेन्सों में 'हर प्रान्त और हर दलित जाति के प्रतिनिधि और दर्शक सम्मिलित होते थे।'[17] हाँ, पंजाब के आदि धर्मी भी इसी में शामिल थे। रिपोर्ट में स्पष्ट रूप से लिखा गया है कि स्वामी अछूतानन्द इस के प्रवर्तक थे। सभापति प्रत्येक कानफ्रेंस में हर बार चुने जाते थे। स्वयं स्वामी अछूतानन्द कई बार सभापति चुने गए थे।

असल बात अछूतों के नेतृत्व की थी। स्वामी अछूतानन्द अछूतों का नेतृत्व किसी गैर-अछूत को नहीं दे सकते थे। इस बाबत श्री चन्द्रिका प्रसाद जिज्ञासु ने बड़ी महत्वपूर्ण सूचना दी है। वे लिखते हैं—"आदि हिन्दू-सिद्धान्त का प्रचार करते हुए जिस समय वह भारत की प्राचीन राजधानी कन्नौज में आए, तो यह ठहरी कि यहाँ अछूतों की एक विराट सभा की जाय। इस सभा का शामियाना और प्लेटफार्म आदि के बनाने में तिरवा-नरेश ने बड़ी सहायता की।...सभा स्थल खूब सज गया, तो कुछ अछूत भाइयों के मन में यह बात आई कि इस सभा का सभापति तिरवा के राजा साहब को बनाया जाय। यहाँ तक कि कई मनचले, डरपोक और खुशामदी अछूत भाई तिरवा-महाराज को सभापति का आसन ग्रहण करने का निमंत्रण भी दे आए। किन्तु यह बात जब स्वामी जी को मालूम हुई, तो उन्होंने निर्भीक-भाव से इस का विरोध किया। उन्होंने साफ कह दिया कि अछूतों की सभा का सभापति कोई राजा-महाराजा नहीं हो सकता। उस सभा का सभापति कोई सुयोग्य अछूत ही होना चाहिए। फलतः

राजा साहब सभापति नहीं बनाए गए और सभापति पद के लिए एक अछूत-नेता महात्मा राम चरण कुरील को चुना गया। यह स्वामी जी के वंशगौरव और निर्भीकता का एक उज्ज्वल उदाहरण है।"[18]

डा. राज पाल सिंह 'राज' ने अपनी पुस्तक 'स्वामी अछूतानंद हरिहर' में बताया है कि आदि हिन्दू आन्दोलन की दो धाराएँ थीं। वे लिखते हैं :

> "**दो धाराएं** : (1) अखिल भारतीय आदि हिन्दू आन्दोलन सामाजिक संस्था थी और (दूसरी) (2) अखिल भारतीय आदि हिन्दू महासभा राजनैतिक संस्था थी(।) स्वामी जी दोनों संस्थाओं में बड़े उत्साह और उमंग के साथ हिस्सा लेते थे।
>
> 1. पहले दिन अखिल भारतीय आदि हिन्दू महासभा का राजनैतिक सम्मेलन होता, जिसकी अध्यक्षता कोई अछूत प्रमुख नेता करता
> 2. दूसरे दिन अखिल भारतीय हिन्दू आन्दोलन का सम्मेलन होता...जिसके अध्यक्ष विशेष रूप से स्वामी अछूतानन्द हरिहर ही रहते थे।"[19]

यहाँ, यूँ, डा. राज पाल सिंह 'राज' ने इस विषय से सम्बन्धित सारी शंकाओं और ऊहापोहों का निराकरण एक साथ कर दिया है।

जॉन सी. बी. वेब्स्टर ने अपनी पुस्तक 'मसीही दलित समाज का इतिहास' में इस 'आदि' शब्द पर गौर की है। वे उस दौर के बारे में लिखते हैं–"इस सम्बन्ध में अत्यन्त व्यापक परिवर्तन था एक 'आदि' नाम (आदि-द्रविड, आदि-आन्ध्र, आदि-कर्नाटक, उत्तर प्रदेश में आदि-हिन्दू तथा पंजाब में आदि-धर्मी) जो यह सूचित करता था कि वे अपने-अपने क्षेत्र के मूल निवासी थे जिन्हें आनेवाले हमलावरों ने विस्थापित कर दिया था। जनवरी 1922 में मद्रास विधान परिषद ने एक प्रस्ताव पारित करके जातीय नाम को बदल कर परइया और पंचम से आदि-द्रविड़ और आदि-आन्ध्र कर दिया।"[20]

ऊपर देखा जा सकता है कि 'आदि हिन्दू' शब्द को उत्तर प्रदेश से जोड़ा गया है। 'आदि धर्मी' पंजाब से आगे बढ़ना ही नहीं चाहते थे। उन्होंने खुद को स्थानीय बना लिया था। 'आदि आंध्र' आन्ध्र से बाहर अपना अर्थ ही खो देता था, और ऐसे ही, 'आदि कर्नाटक' कर्नाटक से बाहर। 'आदि द्रविड़' शब्द भी उत्तर भारत में नहीं चल सकता था। यूँ, आदि धर्म, आदि आन्ध्र, आदि कर्नाटक और आदि द्रविड़—में से कोई भी आन्दोलन अखिल भारतीय स्तर का नहीं था। केवल स्वामी अछूतानंद का 'आदि हिंदू आन्दोलन' ही अखिल भारतीय स्तर पर खड़ा किया गया था।

शब्द 'आदि हिन्दू' के पक्ष में कई बातें जाती हैं। सर्वतोप्रमुख बात यही है कि 'हिन्दू' शब्द खुद हिन्दुओं का नहीं है। यह विदेशियों ने यहाँ के लोगों को भौगोलिक क्षेत्र के स्तर पर दिया था जिसे यहाँ के लोगों ने धर्म के रूप में अपना लिया है। स्पष्ट

है, यहाँ के सारे लोग एक ही धर्म के लोग नहीं थे। जब ब्राह्मण चमार को छूने से बचता है तो ब्राह्मण और चमार का धर्म एक कैसे हो जाएगा? सच्चाई यही थी कि ब्राह्मण का भी धर्म हिन्दू नहीं था और चमार का भी धर्म हिन्दू नहीं था क्योंकि 'हिन्दू' उन में से किसी का शब्द नहीं था। फिर भी एक पहचान बन गई कि ब्राह्मण खुद को हिन्दू कहने से इतराज नहीं करता था। जब ऐसी बात थी तो ब्राह्मण से अलग पहचान रखने के लिए, जो सच में थी, स्वामी अछूतानंद ने खुद को 'आदि हिंदू' कहलवाना पसन्द किया। चूँकि, 'हिन्दू' पूरे भारत में थे, इसलिए 'आदि हिन्दू' भी समानान्तर रूप में पूरे भारत में अपने आप मिल रहे थे।

'आदि हिन्दू' शब्द के पक्ष में स्वामी अछूतानंद किसी भूल में नहीं थे। शीलप्रिय बौद्ध ने अपनी पुस्तक 'स्वामी अछूतानंद : सचित्र जीवनी' में स्वामी अछूतानंद के इस विषय पर एक सभा में बोले गए शब्द उद्धृत किए हैं, जो इस प्रकार हैं—"यदि वैदिक और सनातनी आज अपने को आर्य न कह कर हिन्दू कहते हैं और देश को भारत न कह कर हिन्दुस्तान कहते हैं तो आप लोग यह भी जान लीजिए कि आप अछूत-दलित उन से पहले के मूल निवासी होने के कारण 'आदि हिन्दू' हैं। आप वैदिक चेहरे वाले धूर्त हिन्दू नहीं हैं, जो अवसर पा कर रंग बदल लेता है। आप अहिन्दू हैं। किन्तु ब्राह्मणवादियों ने स्वयं विदेशी शब्द 'हिन्दू' को स्वीकार कर लिया है। हमारे ऊपर भी लाद दिया। हम उस को नहीं मानते। आदि हिन्दू भाइयो! गोलवल्कर कहते हैं कि आप वनवासी हैं अर्थात जंगली, जो हमारा अपमान है। साथियो, आप अपने को आदि हिंदू कहिए—"भुइयाँ माता की जय बोलिए। यही तुम्हारा आदि हिन्दू धर्म है, आस्था है, आन्दोलन है।"[21] दूसरी बात, 'आदि हिन्दू' अन्य शब्दों—आदि धर्म, आदि आन्ध्र, आदि कर्नाटक, आदि द्रविड का विरोधी नहीं था, बल्कि उन का वृहत्तर और पूरा नाम था। 'आदि हिन्दू' उन में से किसी को छोड़ नहीं रहा था, बल्कि उन सब को समेट कर अपना रहा था।

तब पूरे भारत में 'आदि हिन्दू' शब्द ही चल निकला था। डा. स्वप्ना एच. समेल की पुस्तक 'दलित मूवमेन्ट इन साउथ इण्डिया' से सूचना मिलती है कि 'आदि-आंध्र महाजन सभा' का जन्म नवम्बर 1917 में हुआ था। यह संस्था भी भाग्य रेड्डी के नेतृत्व में 'आदि हिन्दू' को श्रेय देय गई थी।[22] भाग्य रेड्डी ने 1911 में जो अपनी संस्था 'मान्य संगम' के नाम से खड़ी की थी, उसे उन्होंने 1921 में 'आदि-हिन्दू सोशल सर्विस लीग' के नाम में तब्दील कर दिया था।[23] स्वामी सहजानंद ने भी, जिन का जन्म सन् 1881 में मद्रास में हुआ था, 'आदि हिन्दू' शब्द को ही पसन्द किया था।[24] आन्ध्र प्रदेश में भाग्य रेड्डी के साथी अरिगे रामास्वामी ने 'आदि हिन्दू जात्योन्नति सभा' का गठन किया था। अरिगे रामास्वामी ने 1927 में अपनी उस संस्था का नाम 'आदि हिन्दू महा सभा' कर दिया था।[25] यह हमें पता चल ही चुका है कि स्वामी अछूतानंद का

हैदराबाद के इन भाग्य रेड्डी से सम्बन्ध था। स्वामी अछूतानंद ने इलाहाबाद में जो आठवीं 'आल इन्डिया आदि हिन्दू कान्फ्रेंस' की थी, उस में भाग्य रेड्डी मौजूद थे।[26]

ग. पंजाब से रिश्ता

'गौतम बुक सेन्टर, दिल्ली' ने मार्च, 2006 में एक पुरानी पुस्तक पुनर्प्रकाशित की है जिस का नाम 'श्री बाल्मीकि प्रकाश' है। इस के लेखक अमीचन्द शर्मा हैं। इस कृति का रचना काल 1928 से 1932 के बीच का बताया गया है। इस में साधू योधाराम की 'श्री बाल्मीकि भजन माला' भी संकलित है। वह भी उसी समय की मानी गई है।

'श्री बाल्मीकि प्रकाश' का रचना काल कुछ और सही निश्चित किया जा सकता है। ऐसा पुस्तक के एक अन्तः साक्ष्य के आधार पर किया जा सकता है। पुस्तक के पात्र राम सेवक एक दूसरे पात्र बाल्मीकिए के प्रश्न का उत्तर देता है–"आप लोग हिन्दू हैं (।) पिछली जन-गणना में काशी के एक पण्डित ने यह व्यवस्था दी थी कि यह सब लोग हिन्दू हैं। जन-गणना में आप सब हिन्दू लिखे गए हैं।"[27]

यहाँ पिछली जनगणना का मतलब सन् 1921 की जनगणना से होना चाहिए। 1931 की जनगणना में पंजाब में दलित समाज के व्यक्तियों ने खुद को 'आदधर्मी' लिखवाया था। इस का मतलब है कि इस पुस्तक के लिखने के समय तक सन् 1931 की जनगणना नहीं हुई है लेकिन अमीचंद शर्मा को डर इसी बात का है कि उस समय के अछूत नेताओं की मांग यह है कि उन्हें हिन्दू न कहा जा कर 'आद धर्म' का अनुयायी कहा जाना चाहिए।

अमीचंद शर्मा के सामने ये अछूत नेता कौन हैं? इस का पता पुस्तक की 'भूमिका' से मिलता है। भूमिका कुल सवा तीन पेजों की है जिस में एक पेज इस प्रकार है :

> "भाइयो! अब तक कुछ गड़बड़ी मेरे सहधर्मी ही कर रहे थे, उनके इन कार्यों से मुझे कोई दुःख नहीं है, क्योंकि वे भी धर्म और जाति की सेवा का ही दम भरते हैं। किन्तु खेद की बात तो यह है कि एक और अछूतानन्दजी पैदा हो गये हैं। यह अछूतानन्द मालूम होता है कि या तो वास्तव में कोई मुसलमान है या ईसाई है। यह चाहता है कि हिन्दुओं की छोटी जातियाँ मुसलमानों की तरह हिन्दुओं से अलग हो जायें। इस लिए वह सब हिन्दू अछूतों को यह उपदेश देते हैं कि तुम आदि हिन्दू हो, इसलिए तुम हिन्दुओं से जुदा हो। अछूतानंद और शूद्रानन्द का यह उपदेश बिल्कुल सचाई से खाली है।
>
> "पहले तो आदि हिन्दू कोई जाति नहीं है, अगर मान भी लें तो वह भील, गोंड आदि जातियाँ हैं। पर अब तो वह भी अपने को हिन्दू

धर्मी कहते हैं। अछूतानंद से हम पूछते हैं कि यदि तुम आदि हिन्दू हो तो तुम्हारा माननीय धर्मग्रन्थ कौन सा है? प्रश्नों का जवाब अछूतानंद जी के पास कुछ नहीं है, हाँ कभी-कभी वह कहा करते हैं कि हमारे गुरु कबीर और रविदास जी हैं(।) तब हम कहते हैं कि जब तुम्हारे गुरु कबीर जी और रैदास जी हैं तो हम पूछते हैं कि कबीर जी प्रसिद्ध वैरागी श्री रामानन्द जी के शिष्य और राम के उपासक थे। रैदास जी कृष्ण जी के उपासक थे, इन्हीं दो अवतारों का नाम हिन्दूमात्र जपता है(।) फिर हिन्दुओं से जुदा तुम्हारा आदि हिन्दू होना कैसे साबित हुआ? अगर तुम कहो कि हमारा कोई धर्मग्रन्थ नहीं, कोई गुरु नहीं तो तुम धर्महीन नास्तिक हो। जब तक धर्मग्रन्थ, धर्मगुरु और झंडा तुम्हारा कोई नहीं है तब तक तुम्हारी इन कपोल कल्पित बातों को कैसे माना जाय?

"मैं बलपूर्वक कहता हूँ कि जो अछूत भाई इस अछूतानंद और शूद्रानंद के पीछे लगकर बहुत बड़े हिन्दू धर्म और हिन्दू जाति से जुदा होंगे वह कभी तरक्की नहीं कर सकेंगे। क्योंकि अछूत भाइयों के पास धन-बल और बुद्धि-बल का अभी तक अभाव है। अछूत जाति के धनबल और बुद्धिबल के बढ़ाने में हिन्दू जाति की सेवा की दरकार है(।) इसलिए क्या बाल्मीकिए और क्या रविदासिए सब अछूतों को इस अछूतानंद और शूद्रानंद का त्याग कर देना चाहिए। याद रक्खो, ये लोग हमारे घर में फूट डालकर हमारा नाश करने पर तुले हुए हैं, इसलिए इनकी बात मत सुनो। सदैव हिन्दू धर्म और हिन्दू जाति की ही जय मनाओ।"[28]

यहाँ देखा जा सकता है कि इस ब्राह्मण लेखक अमीचन्द शर्मा को सारा खतरा अछूतानन्द जी का व्याप रहा है।

जाना यह जाए कि ये पण्डित अमीचंद शर्मा लाहौर के रहने वाले थे। मुझे 'गौतम बुक्स सेन्टर' के मालिक श्री सुलतान सिंह जी ने बताया है कि यह पुस्तक वहीं से छापी गई थी। तो, लाहौर के पण्डित अमीचन्द शर्मा के सामने स्वामी अछूतानन्द के 'आदि हिन्दू धर्म' का डर बना हुआ है। खास बात यह है कि अमीचंद शर्मा ने अछूतानन्द के साथ 'शूद्रानन्द' का नाम भी लिया है। अछूतानन्द के अलावा ये शूद्रानन्द कौन थे? मार्क जोर जेन्स मेयर अपनी पुस्तक 'रिलिजन एज सोशियल विजन : द मूवमेन्ट अगेन्स्ट अनटचेबिलिटी इन 20थ-सेन्चुरी पंजाब' में हमें बताते हैं कि स्वामी शूद्रानन्द का मूल नाम शिव चरन था।[29] उन के पिता ने नजदीक के कस्बे फगवाड़ा से आ कर जालन्धर में जूते बनाने का बड़ा कारखाना खड़ा किया था।[30] स्वामी शूद्रानन्द ने जालन्धर के एक 'आर्य समाज हाई स्कूल' में सन् 1914 तक शिक्षा

पाई थी।[31] 10 जून, 1971 को स्वामी शूद्रानन्द का एक साक्षात्कार भी लिया गया था।[32] उन का एक अन्य साक्षात्कार 15 मई, 1971 को भी लिया गया था।[33] खैर, इधर श्री चन्द्रिका प्रसाद जिज्ञासु की पुस्तक 'आदि-हिन्दू आन्दोलन के प्रवर्तक श्री 108 स्वामी अछूतानन्द जी 'हरिहर' : जीवनी, सिद्धान्त और भाषण' से यह पता चलता है कि स्वामी अछूतानन्द का तारीख 6-7, अक्तूबर, 1928 को मोनाडिपो, गुजरात की पंजाब प्रांतीय आदि-हिन्दू कानफ्रेंस में भाषण हुआ था।[34]

कहना यह है कि उन दिनों स्वामी अछूतानन्द का पंजाब के अछूत नेताओं से गहरा और लगातार सम्पर्क था। इस बात के प्रमाण मार्क जोर जेन्स मेयर ने अपनी पूर्वोक्त पुस्तक में जुटाए हैं। वे लिखते हैं–"लेकिन जो बात बिलकुल जानकारी में है, वह यह है कि उत्तर प्रदेश के आदि हिन्दू पंजाब के आद धर्म के सम्पर्क में थे। आदि हिन्दू आन्दोलन के नेता स्वामी अछूतानन्द ने सन् 1926 के शुरू में ही दिल्ली में एक मीटिंग की थी जिस में पंजाब के कुछ लोग शामिल हुए थे।...अछूतानन्द कानपुर से आए थे जहाँ उन्होंने अनेक दूसरे अनुसूचित जातियों के नेताओं के साथ हिन्दी में एक छोटा पत्र 'आदि हिन्दू' के नाम से निकाला था।...जाहिर है, मीटिंग बुलाने का उद्देश्य उत्तर प्रदेश, दिल्ली और पंजाब के अनुसूचित जातियों के कार्यकर्ताओं के बीच एकता बैठाना था।"[35] बहस का मुख्य मुद्दा धर्म के नाम को ले कर था। स्वामी अछूतानन्द एक ही नाम के तहत भारत के तमाम अछूतों को लाना चाहते थे। उन्होंने 'आदि हिन्दू' शब्द प्रस्तावित कर रखा था जबकि पंजाब के नेता 'हिन्दू' शब्द को पसन्द नहीं कर रहे थे। 'आद' शब्द पर उन का भी जोर था जिसे वे पहले पंजाब के स्थानीय स्तर पर शक्तिशाली करना चाहते थे। लेकिन यहाँ, हमारे लिए जो बात ज्यादा महत्वपूर्ण है, वह इतनी है कि 1927 में कानपुर की और 1929 की लखनऊ की मीटिंगों के द्वारा आन्दोलन के ये नेता आपस में मिलते रहे थे।[36]

'आद धर्म' की घोषणा जलन्धर में सन् 1927 की पहली कान्फ्रेन्स के साथ हो चुकी थी।[37] लेकिन इस का मतलब और असर क्या था? मार्क जोर जेन्स मेयर ने अपनी उक्त पुस्तक में सही लिखा है कि 'असर यह था कि 'आद धर्म' का पूरा आन्दोलन 1931 की जनगणना की तरफ बढ़ रहा था। यदि जनगणना में धर्म के स्थान में 'आद धर्म' के अनुयायियों की संख्या बढ़ती है तो इस से 'आद धर्म' की वैधता और शक्ति का पता चलेगा–यही मुख्य मुद्दा बन चला था। 1931 की जनगणना एक महान घटना बनने वाली थी। इस से अछूतों के सारे विचार और सारे आन्दोलन इकट्ठे होने वाले थे।'[38] अब मेरा कहना यह है कि जब कानपुर के स्वामी अछूतानन्द का पंजाब में पण्डित अमीचंद शर्मा जैसे ब्राह्मण लेखक को इतना बड़ा खतरा दीख रहा है तो क्या सीधे कानपुर से सम्बन्ध रखने वाले प्रेमचन्द को स्वामी अछूतानन्द द्वारा खड़ा किया हिन्दू धर्म को इतना बड़ा खतरा सन् 1922-24 में ही नहीं दीख गया था। प्रेमचन्द द्वारा 'रंगभूमि' में सूरदास का चमार पात्र खड़ा करने की वजह से इस प्रश्न का उत्तर हमें निश्चित रूप से 'हाँ' में मिलता है।

जहाँ तक 'श्री बाल्मीकि प्रकाश' के प्रकाशन काल की बात है तो उस की पक्की जानकारी डा. सुशीला टाकभौरे के 'दलित साहित्य (वार्षिकी) 2005' में छपे समीक्षा लेख 'इक्कीसवीं सदी में 'बाल्मीकि प्रकाश'' से मिल जाती है। डा. टाकभौरे लिखती हैं—"श्री अमीचंद शर्मा द्वारा लिखित 'श्री बालमीकि प्रकाश' पुस्तक डमी साइज की, 104 पृष्ठों की है। यह पुस्तक बहुत ही पुरानी है। पुस्तक प्रकाशन की तारीख मई 1928 है। मूल्य 1|) (एक रुपया चार आने) है। लेखक व प्रकाशक अमीचंद शर्मा हैं।"[39]

डा. सुशीला टाकभौरे ने इस पुस्तक के पहले संस्करण और तीसरे संस्करण की बात भी कही है। 'गौतम बुक सेन्टर, दिल्ली' ने जो इस की प्रति छापी है, वह इस के तीसरे संस्करण की है। उस में लेखक अमीचंद शर्मा ने लिखा भी है—" 'बाल्मीकि प्रकाश' तीसरी बार छापा जाता है (।) अब की बार इस में बहुत सी नई बातें छापी गई हैं। विवाह विधि और भजनमाला नई छाप दी गई है।"[40]

इस में डा. सुशीला टाकभौरे के लेख से यह पता नहीं चलता है कि 'मई 1928' पहले संस्करण का प्रकाशन समय है या तीसरे संस्करण का। लेकिन सही अन्दाज लगाने में कुछ भी परेशानी नहीं है। जब पंजाब के एक ब्राह्मण स्वामी अछूतानन्द का भारी नोटिस ले रहे हैं और स्वामी अछूतानंद के आन्दोलन को रोकने के लिए एक पुस्तक लिख रहे हैं तो क्या कानपुर में अपनी रखैल रखने वाले प्रेमचंद, जो इस पुस्तक में आगे सिद्ध किया जाएगा, उस आन्दोलन से बेखबर रहेंगे या उस का नोटिस नहीं लेंगे? प्रेमचंद पंजाब के उस लेखक से ज्यादा जागरूक और होशियार हिन्दू थे। यदि पंजाब के उस लेखक की पुस्तक की भूमिका को न पढ़ा जाए तो बाकी पुस्तक से भी स्वामी अछूतानंद की कोई सूचना नहीं मिलती। प्रेमचंद ने उपन्यास की विधा अपनाई है, इसलिए उसकी कोई भूमिका नहीं लिखी। यदि प्रेमचंद को 'रंगभूमि' की भूमिका लिखने की मजबूरी बनती तो उस में स्वामी अछूतानंद का नाम जरूरत आता।

कहना यह भी है कि पंजाब के ब्राह्मण लेखक ने भंगियों को स्वामी अछूतानंद के आन्दोलन से दूर रहने की सलाह दी है, लेकिन कायस्थ प्रेमचंद ने खुद चमारों के आन्दोलन को ही गड़बड़ा दिया है। यह ज्यादा बड़ी चतुराई है। पंजाब के लेखक मान रहे थे कि वे चमारों को स्वामी अछूतानंद के आन्दोलन से नहीं तोड़ सकेंगे, लेकिन भ्रमित करके यह काम प्रेमचंद ने उत्तर प्रदेश में करना चाहा था।

घ. स्वामी अछूतानंद का भय सताया

यदि सूरदास 'ग्राउन्ड' है तो उस की 'बैकग्राउन्ड' क्या है? 'रंगभूमि' के हर पात्र की समकालीन नेताओं से समानता ढूंढ़ी गई है। अमृत राय ने लिखा है—"...सन् 24 में जब देशबंधु चितरंजनदास और विट्ठल भाई पटेल क्रमशः कलकत्ता और बम्बई के

कार्पोरेशन के मेयर थे, नवयुवक जवाहर लाल इलाहाबाद की म्यूनिसिपैलिटी के चेयरमैन थे। यह सब उन्हीं दिनों की बात है जब कि रंगभूमि लिखी जा रही थी और यह ताज्जुब की बात न होगी अगर विनय के चरित्र में जवाहर लाल नेहरू की छाया हो, वैसी ही जैसी कि मुंशी जी ने खुद अपने एक पत्र में स्वीकार किया है, सोफिया के चरित्र में ऐनी बेसेण्ट की छाया है। उन्होंने तो ऐनी बेसेण्ट को सोफिया का असल बतलाया है लेकिन वह शायद ज्यादती है क्योंकि पूरा चरित्र किसी का भी नहीं है, केवल छायाएँ उतर आई हैं—जो कि स्वाभाविक भी था क्योंकि यही राजनीतिक आकाश के नक्षत्र थे और मुंशी जी स्पष्ट मन से राजनीतिक उपन्यास लिख रहे थे। सूरदास के रूप में गांधी जी की उद्‌भावना सिद्‌ध है। बाप-बेटे, कुँअर भरत सिंह और विनय, के रूप में मोती लाल और जवाहर लाल नेहरू का संकेत बराबर मिलता है। ऐसा ही एक संकेत और भी है। विनय सेवा दल के एक जत्थे के साथ राजस्थान जाता है।....नतीजा होता है कि विनय पकड़ कर जेल में डाल दिया जाता है। यही चीज जवाहर लाल के साथ इन्हीं दिनों हुई—जब कि वह पंजाब की एक रियासत नाभा में गए और वहाँ पकड़ लिए गए।...उसी तरह संभव है कुँअर भरत सिंह के मित्र डाक्टर गांगुली में देशबंधु चित्त रंजन दास की आत्मा हो।''[41]

मेरा पूछना है, यह सब कुछ है, पर इस उपन्यास को चारों तरफ से स्वामी अछूतानंद का डर घेरे हुए है। हिन्दी के समीक्षकों ने 'रंगभूमि' के पात्रों के मिलान की बहुत कोशिश और खोज की लेकिन सब फेल हो गए क्योंकि वास्तविक महापुरुष स्वामी अछूतानंद की खोज कोई नहीं कर पाया। पर चलो, यह काम अब हो गया, देर आयद दुरुस्त आयद।

हिन्दी के समीक्षकों ने यह तय मान रखा है कि प्रेमचंद की 'रंगभूमि' में सूरदास चमार का चित्रण गांधी के रूप में हुआ है। लेकिन स्वामी अछूतानंद की गांधी के बारे में क्या राय है? बाबू मंगल सिंह जाटव ने अपनी पुस्तक 'स्वर्गीय श्री श्री 108 स्वामी अछूतानन्द जी का जीवन परिचय' में लिखा है—''...डा. अम्बेडकर ने पृथक चुनाव का प्रस्ताव रखा तो सबको पसन्द नहीं आया और गाँधी जी ने बैठक में डा. अम्बेडकर साहब का इस प्रकार विरोध किया था कि डा. अम्बेडकर अछूतों के प्रतिनिधि नहीं हैं। इस पर स्वामी अछूतानन्द जी ने पाँच सौ तार डाक्टर साहब के समर्थन में लन्दन भिजवाये थे। इसमें बाबा साहब का साहस अधिक बढ़ गया... ।''[42] इस विषय पर डा. राज पाल सिंह 'राज' ने अपनी पुस्तक में 'स्वामी अछूतानंद का डा. अम्बेडकर के लिए स्मरणीय सहयोग' के शीर्षक के अन्तर्गत लिखा है—''डा. अम्बेडकर जी स्वामी अछूतानन्द जी के द्वारा साइमन कमीशन के समक्ष अछूतों की दयनीय दशा को प्रदर्शित करने के कार्य से अत्यधिक प्रभावित हुए। 1931 में डा. अम्बेडकर जी ने द्वितीय गोल मेज सभा में लन्दन जाने के समय स्वामी जी को अपने उद्देश्य से परिचित कराया कि वह भारत के अन्य नेताओं से अलग अछूतों के प्रतिनिधि के रूप में उनके

हितों के लिए लन्दन जा रहे हैं। इस समय स्वामी अछूतानन्द हरिहर ने डा. अम्बेडकर जी के समर्थन में अनेक पत्र और कई तार भारत के विभिन्न स्थानों से लन्दन भिजवाये। एक तार डिप्रैस्ड क्लासेस यूनियन, कुमायूं अलमोड़ा के सभापति श्री हरीराम टामटा की ओर से लन्दन में गोल मेज सभा के समय पहुँचाया था, जिसे डा. अम्बेडकर जी ने गाँधी जी को दिखाया था। गाँधी जी द्वितीय गोल मेज सभा में अपने उद्देश्य की पूर्ति में असफल हो गये तो उन्होंने आरोप लगाया कि इस सभा में विभिन्न दलों के जो प्रतिनिधि यहाँ आये हैं, वे उन दलों के चुने हुए प्रतिनिधि नहीं हैं। सरकार के नामजद किये हुए हैं। इस समझौते के लिए जिनकी आवश्यकता थी वह भी यहाँ नहीं हैं। गाँधी जी का यह आरोप सीधा डा. अम्बेडकर जी पर था। इस पर डा. अम्बेडकर जी ने कहा कि, "गाँधी जी स्वयं अपने आपको...अछूतों का प्रतिनिधि होने का दावा करते हैं, मैं इस दावे का यही उत्तर देना चाहता हूँ कि गाँधी जी भारत के किसी भी क्षेत्र से मेरे मुकाबले में खड़े होकर अपनी स्थिति की परीक्षा करलें, तो वे सत्य पर आ जायेंगे। मुझे अभी एक तार मिला है जो ऐसे स्थान से आया है जहाँ मैं कभी नहीं गया और न तार देने वाले को कभी देखा है। यह तार कुमायू अलमोड़ा डिप्रैस्ड क्लासेस यूनियन के सभापति श्री हरीराम टामटा की ओर से लिखकर भेजा है... ।" "[43] डा. 'राज' ने आगे लिखा है—"यह समस्त कार्य स्वामी अछूतानन्द हरिहर जी ने सम्पूर्ण उत्तरी भारत में घूम-घूम कर अछूत समाज की विभिन्न संस्थाओं के द्वारा कराया था।"[44]

गोल मेज की कान्फ्रेंसों के बाद गांधी के आमरण अनशन का दौर आया। स्वामी अछूतानन्द उन के अनशन के विरोध में उठ खड़े हुए थे। डा. राज पाल सिंह 'राज' ने लिखा है—"गाँधी जी के आमरण अनशन के विरोध में स्वामी अछूतानन्द हरिहर ने प्रयाग में अछूतों की एक विशाल सभा का आयोजन चौ. श्यामलाल बरेठा, श्री बलदेव प्रसाद जैसवार और प्रभूति आदि अछूत नेताओं के सहयोग से किया। स्वामी जी ने अपने अध्यक्षीय सन्देश में कहा, "गाँधी जी का यह आमरण-अनशन अछूतों के राजनैतिक अधिकारों के पनपते पौधे को जड़ से उखाड़ फेंकने का नीचतम प्रयत्न और अछूतों पर अमानवीय अत्याचार है। हम किसी दशा में संयुक्त निर्वाचन-प्रणाली को स्वीकार नहीं कर सकते। हिन्दू लोग नासिक-सत्याग्रह के समय कहाँ थे, जो अब अपने देव-मन्दिरों को अछूतों के लिए खोलने का ढोंग रच रहे हैं? यदि हिन्दू वास्तव में अछूतों को अपना समझते हैं, तो वे विधान सभाओं और लोकल बोर्डों में उन्हें कुछ सीटें क्यों नहीं देते? हिन्दुओं के साथ संयुक्त-निर्वाचन अछूतों के लिए खतरा है। हम खतरे को मोल नहीं ले सकते।" "[45] डा. 'राज' बताते हैं कि 'पूना पैक्ट से पूर्व गाँध ी जी के आमरण अनशन के विरोध में सितम्बर 1932 के तीसरे सप्ताह के समय लखनऊ उ. प्र. में स्वामी अछूतानन्द हरिहर की अध्यक्षता में एक और सम्मेलन हुआ...जिसमें सर्व सम्मति से आमरण अनशन को अमानसिक, अमानवीय अत्याचार की संज्ञा दी गई।'[46]

इस के बाद पूना पैक्ट का समय आता है। उस बारे में डा. 'राज' लिखते हैं—"पूना पैक्ट के समय स्वामी अछूतानन्द हरिहर जी बीमार थे इसलिए पूना पैक्ट में उपस्थित नहीं हो सके। इस विषय में जब स्वामी जी से उनके विचारों को ज्ञात करने के लिए कुछ व्यक्ति उनके पास गये तो स्वामी जी ने अपने विचार व्यक्त करते हुए कहा, "जो हो गया, वह अच्छा ही है। अब उसे स्वीकार कर लेने में ही बुद्धिमानी है। एक तो इससे महात्मा गाँधी के प्राणों की रक्षा हुई और हम कलंक से बच गए। दूसरे बड़े भैयों (हिन्दुओं) से मेल-जोल बना रहा। फिर महात्मा गाँधी और तमाम बड़े-बड़े हिन्दू नेताओं ने जो बड़े-बड़े वायदे किये हैं, उनकी पूर्ति के लिए उन्हें समय भी देना चाहिए। देखना यह है कि अब हिन्दू किस तरह अपना प्रायश्चित और अपनी आत्मा शुद्ध करते हैं। किन्तु इसका अर्थ यह नहीं है कि इस समझौते से हमारा सामाजिक और धार्मिक आन्दोलन बन्द हो जाएगा, उसे तो अब और जोरों से चलाना चाहिए। हमें हिन्दुओं के मन्दिरों में जाने की जरूरत नहीं। हमारे आत्मदेव का मन्दिर तो समस्त विश्व में है और प्रत्येक घट मन्दिर है। ये जो कुछ हुआ है वह सब हमारे आदि हिन्दू आन्दोलन का ही फल है। याद रहे, हमारी लड़ाई विचारों की है। हमारा विरोध पाखण्डवाद और अन्याय से है और हमारा आन्दोलन अहिंसामय है। हमें कोई भय नहीं है सारी दुनिया के ईमानदार हमारे समर्थक हैं।""[47] यहाँ यह सच है कि गोल मेज सभा, गाँधी का आमरण अनशन, और पूना पैक्ट की घटनाएँ, 'रंगभूमि' के बाद की हैं, लेकिन इसी में यह भी सच है कि प्रेमचंद सूरदास के रूप में स्वामी अछूतानंद को नहीं समझ पाए या नहीं रख पाए।

प्रेमचंद की 'रंगभूमि' के सूरदास और चमारों के असली स्वामी अछूतानंद में एक और बड़े मार्के का फर्क है। जहाँ सूरदास की भूमि खरीदी जा रही थी, वहाँ स्वामी अछूतानंद को ही खरीदने की कोशिश की गई थी। प्रेमचंद के सूरदास की दस बीघे की कहानी के बारे में हिन्दी साहित्य के विद्यार्थी जानते हैं कि उसे जान सेवक ईसाई खरीदना चाह रहा था, लेकिन स्वामी अछूतानंद को गाँधी और नेहरू खरीदना चाह रहे थे। हाँ, स्वामी अछूतानन्द को खरीदने की बात गांधी से शुरू होती है और गांधी की बात गांधी के बेटे से शुरू होती है। डा. राज पाल सिंह 'राज' ने अपनी पुस्तक 'स्वामी अछूतानंद हरिहर' में उस घटना का वर्णन इन शब्दों में किया है—"स्वामी जी के महान व्यक्तित्व, साहस एवं धैर्य का प्रमाण उनके साथ घटी एक ऐतिहासिक घटना से उजागर होता है कि स्वामी जी में लेशमात्र भी लोभ-लालच एवं स्वार्थ नहीं था। एक समय कानपुर में महात्मा गाँधी जी के सुपुत्र श्री देवदास गाँधी जी ने एक प्रतिष्ठित कांग्रेसी कार्यकर्ता डा. जवाहर लाल रोहतगी के निवास पर स्वामी अछूतानन्द जी को आमन्त्रित किया। श्री देवदास गाँधी ने स्वामी जी से आग्रह किया आप अपना आदि हिन्दू आन्दोलन समाप्त कर दें, आप बिना वजह हिन्दुओं को गाली देते हो। कांग्रेस का विरोध करते हो। श्री देवदास गाँधी ने स्वामी जी को विलास प्रिय वस्तुओं का

लालच देते हुए कहा, "यह अच्छा नहीं है, आपको रहने को बंगला तथा सफर को गाड़ी और दो सौ रुपया मासिक खर्च को दिया जायेगा। आराम से जीवन यापन कीजिएगा।" स्वामी जी ने बड़े धैर्य और विश्वास के साथ अपनी जेब से रोटी का टुकड़ा दिखाते हुए कहा कि, "अछूतों के आटे का यह टुकड़ा हमारे लिए षटरस भोजन है।" श्री देवदास गाँधी अवाक रह गये। उदण्ड असामाजिक तत्वों ने स्वामी जी के नाम अछूतानन्द का अपमान करते हुए 'जूतानन्द' नामक पुस्तक छपवाकर विरोध स्वरूप समाज में बांटी किन्तु स्वामी जी ने 'पाखण्ड खण्डनी मीमांशा' और 'अछूत पुकार' (भजनावली) की रचना कर उनको मुंहतोड़ उत्तर दिया, जिससे विरोधियों ने स्वामी जी का अपमान करने का पुनः साहस नहीं किया।"[48]

दूसरी घटना नेहरू ने घटित की थी। डा. राज पाल सिंह 'राज' ने लिखा है–"स्वामी अछूतानन्द और बाबा साहेब डा. भीमराव अम्बेडकर जी के बढ़ते हुए प्रभाव से पण्डित जवाहर लाल नेहरू को बड़ा दुख हुआ क्योंकि ये दोनों विभूतियाँ श्री नेहरू के समक्ष झुकना नहीं चाहती थीं। इसका मुख्य कारण था कि गाँधी जी की प्रतिभा बाबा साहेब डा. अम्बेडकर जी से और नेहरू जी की प्रतिभा स्वामी अछूतानन्द से उत्तरी भारत में धूमिल हो रही थी। जिस प्रकार हिन्दू महासभा के अध्यक्ष डा. मून्जे ने एम. सी. राजा को लोभ-लालच देकर बाबा साहेब डा. अम्बेडकर जी से अलग कर लिया था उसी प्रकार स्वामी अछूतानन्द जी को भी पण्डित नेहरू जी ने बाबा साहेब डा. अम्बेडकर से अलग करने का प्रयास किया। एक बार सन् 1931 में स्वामी अछूतानन्द दिल्ली आये और मलकागंज में रुके। उस समय प्रसिद्ध समाज सुधारक श्री देवीदास और श्री जानकीदास से अनेक विषयों पर विचार विमर्श हुआ।"[49] पर, इस के बाद क्या हुआ? डा. 'राज' लिखते हैं–"स्वामी अछूतानंद जी के दिल्ली आगमन की सूचना पण्डित जवाहरलाल नेहरू जी को प्राप्त हुई। श्री नेहरू जी ने आदर सहित स्वामी जी को बिड़ला भवन जहाँ गाँधी जी रहते थे, बुलाया। इस निमन्त्रण के विषय में गम्भीर मन्त्रणा हुई और प्रतिफल निकला कि...स्वामी जी को न भेजकर उनके अभिन्न साथी, सुलझे हुए कार्यकर्ता श्री बद्रीप्रसाद जी को अन्य दो साथियों के साथ बिड़ला भवन श्री नेहरू जी के पास भेजा। श्री नेहरू ने स्वामी अछूतानन्द की अनुपस्थिति में भी बद्री प्रसाद जी को अपना यह प्रस्ताव स्वामी अछूतानंद जी के लिए बताया कि स्वामी जी को एक हजार रुपया माह व्यय के लिए, आने जाने के लिए एक कार, रहने के लिए गाँधी जी के पास दो कमरों का निवास और दो सेवक सेवा के लिए दिये जायेंगे। स्वामी जी को कांग्रेस के विरुद्ध दलितों में प्रचार करना बन्द करना होगा और डा. भीमराव अम्बेडकर का साथ छोड़ना पड़ेगा। स्वामी अछूतानन्द जी ने श्री नेहरू के इस प्रस्ताव को बड़ी निर्भीकता से ठुकरा दिया।"[50] तभी मोहनदास नैमिशराय ने अपनी पुस्तक 'समता की ओर' में 'स्वामी अछूतानंद' के शीर्षक से स्वामी अछूतानंद के बारे में यही गवाही दी है–"...स्वामी

अछूतानंद को अनेक प्रलोभन दिए गए।...लेकिन वे अपने कर्तव्य से जरा भी भटके नहीं। उन्होंने देश के करोड़ों दीन-हीन लोगों की सेवा करने का व्रत लिया था। कुछ लालच के लिए उन करोड़ों लोगों से अपने आप को वे कैसे अलग करते। यही तो उन के व्यक्तित्व की विशेषता थी।''[51]

संदर्भ

1. "On the historic Ridge, near which the Prince's route ran at several points, were gathered a large crowd of members of the "Depressed" classes from all parts of India, who were present in Delhi partly with the idea of welcoming the Prince, and partly for the purpose of holding for the third time, the annual conference which marks their awakening class-consciousness. These people showed plainly by their demeanour the loyal enthusiasm they bore to the representative of a Royal House beneath whose sway they had been enabled, after untold centuries of repression, to acquire the elements of civic rights."
   The History of the Indian Tour of H.R.H. the Prince of Wales, 1921-22, by L.F. Rushbrook Williams, Superintendent Government Printing, India, Calcutta, Edition, 1922, pp.-165-66
2. "Among them were many thousand members of the Depressed Classes Conference. Amidst loud shouts of "Yuvaraj Maharaja Ki Jai" : "Raja ki Beta ki jai" the Prince's car stopped, and he received an address of welcome. Read by Mr. G.L. Gavai, a member of the Legislative Council of the Central Provinces, tnis document asked His Royal Highness to convey to the King-Emperor the message that there were in India sixty millions of people belonging to the "Untouchable" classes who must be raised if the country is to be fit for *swaraj*. The Prince gave a brief and sympathetice reply, and finally proceeded on his way amidst outbursts of enthusiasm which continued long after his car had passed out of sight."
   ibid., pp.-173-74
3. "Depressed Classes' Enthusiasm"
   "Yuvaraj Ki Jai!"

   "His Royal Highness on his return to the Viceregal Lodge, was met on the Muttra Road by about fifteen thousands of chambers (depressed classes) who had come as delegates and visitors to the All-India Depressed Classes Conference, which has been holding sittings here since yesterday under the presidency of Mr. G.A. Gawai. When the Prince's car neared the crowd, they continously shouted "*Yuvaraj Ki Jai.*"
   The Chairman of the Conference read the following address :

   > "Permit me to thank Your Royal Highness for the interest you are taking in the uplift of the depressed classes in India, and for the sympathetic message received yesterday by the Conference. May I request Your Royal Highness to convey to His Imperial Majesty our message that there are in India sixty millions of human beings

who are untouchables and that they should be raised if India is to be made really fit for *Swaraj*."

The Prince smilingly acknowledged his thanks for the address and proceeded in his car to the Viceregal Lodge amid a hurricane of shouts of "*Yuvaraj ki Jai!*"

The message referred to in the address was as follows :

> "From the Chief Secretary to His Royal Highness to the Chief Commissioner of Delhi. I am commanded by His Royal Highness the Prince of Wales to ask you to convey to the members of the All-India Depressed Classes Conference, now being held in Delhi, his appreciation of their loyal resolution and of the kind expression of welcome which it contained. His Royal Highness much values their good wishes and noticed particularly the warm demonstrations of welcome which members of the Conference made on the occasion of his public arrival in the Capital of India yesterday. He wishes the communities who are represented at the Conference all prosperity".

The Statesmen, Saturday, February 18, 1922

4. "And such was their exaltation that many of them somehow worked through to Delhi to add themselves to the twenty-five thousand of their kind who there awaited the Princes' Coming."
   Mother India, Katherine Mayo, Low Price Publications, B-2, Vardhaman Palace, Nimri Commercial Centre, Ashok Vihar, Phase-IV, Delhi-110 052, First Published, 1927, Reprinted in Low Price Publications, 1997, p.-170
5. आम्बेडकर इन्कलाब, डा. जी. पी. प्रशान्त, प्रकाशक, ह्यूमन सर्विस चेरिटेबिल ट्रस्ट आफ इण्डिया, सिद्धार्थ हाउस, एल. डी. ए. कालोनी, कानपुर रोड, लखनऊ, प्रथम संस्करण, 1997, पृ.-6-7
6. वही, पृ.-7-8
7. स्वामी अछूतानंद बाबा साहब डा. अम्बेडकर के प्रेरणास्रोत थे, डा. सोहन पाल सुमनाक्षर, हिमायती, 233, टैगोर पार्क, माडल टाउन, दिल्ली-110 009, मई, 2007 (द्वितीय), पृ.-1
8. वही, पृ.-1
9. आदि हिन्दू-आन्दोलन के प्रवर्तक श्री 108 स्वामी अछूतानंद जी 'हरिहर' : जीवनी, सिद्धान्त और भाषण, लेखक, श्री चन्द्रिका प्रसाद जिज्ञासु, प्रकाशक, हिन्दू समाज सुधार कार्यालय, सआदत गंज, लखनऊ, पहली बार, 1960, पृ.-27
10. वही, पृ.-20
11. वही, पृ.-9
12. वही, पृ.-20
13. वही, पृ.-20-21
14. वही, पृ.-21
15. वही, पृ.-21
16. वही, पृ.-27-8
17. वही, पृ.-27
18. वही, पृ.-11-2
19. स्वामी अछूतानंद हरिहर, लेखक, डा. राज पाल सिंह 'राज', राजलक्ष्मी प्रकाशन, ए-17/18, भगवत गली नं. 1, ब्रह्मपुरी, दिल्ली-110 053, प्रथम संस्करण, पृ.-25

20. मसीही दलित समाज का इतिहास, लेखक, जॉन सी. बी. वेबस्टर, सम्पादक, डॉ. जे. एच. आनंद, अनुवादिका, श्रीमती सुभद्रा मालवी, हिन्दी थियोलाजिकल लिटरेचर कमिटि, 1801/2, नेपियर टाउन, सिलवर ओक कम्पाउण्ड, रसेल चौक, जबलपुर-482 001, मध्य प्रदेश, पृ.-72

21. स्वामी अछूतानंद : सचित्र जीवनी, रचनाकार–शील प्रिय बौद्ध, चित्रांकन–शान्ति स्वरूप बौद्ध, सम्यक प्रकाशन, 32/3, क्लब रोड, पश्चिमपुरी चौक, नई दिल्ली-110 063, प्रथम संस्करण, 2003, पृ.-100

22. "The first Dalit conference 'Adi-Andhra Mahajan Sabha' was organized in November 1917, ...at Vijayawada by Sri Guduru Ramchandra Rao. Dalits all over the south, influenced by the non-Aryan themes of the Dravidian movement, were identifying themseleves as Adi-Dravidians, Adi-Andhras and Adi-Karnatakas, original sons of the soil, probably the term 'Adi-Andhra' arose in post 1917 as an influence of neighbourers. Initially conference was labelled as 'First Provincial Panchama Mahajan Sabha.'... But on the first day, in the evening the conference was retitled as 'First Adi-Andhra Mahajan Sabha'. The title was renamed under the leadership of Bhagya Reddy. He argued in his presidential speech that the term 'Panchama' is not found anywhere in Hindu scriptures. Except the four varnas no other caste is found in puranas or other Hindu religious books. Panchamas were the original sons of the soil and they were the rulers of the country, hence they justly and historically deserved to be called as Adi-Andhra, Adi-Dravidians and the like according to the linguistic areas and all deserved to be known as Adi-Hindus."

    Dalit Movement in South India (1857-1950), Dr. Swapna H. Samel, Serial Publications, 4, B.S.S. Hall, Khyber Pass Market, Civil Lines, Delhi-110 054, Ist Edition, 2004, p.-83

23. "In the year 1921 when Dalit movement in Andhra Pradesh was bringing awaking among Dalit masses, the Manya Sangham of Bhagya Reddy... started in 1911 was renamed as Adi-Hindu Social Service League... In Hyderabad State there had been continuously four Adi-Hindu conferences. The first presided by Rao Sahib T.J. Papanna of Belagaum in 1921 when the 'Manya Sangham' was renamed as 'Adi-Hindu Social Service League' ."

    ibid., pp.-96-7

24. "Swami Sahajananda was born in 1881 in Madras, since he was a great scholar in Sanskrit and Tamil. Swamiji also was of the opinion that education is the best means of Dalit upliftment. For the dalit education he started in 1910, an educational institution 'Nandanar Kalvi Kazagam' which is also known as Nandanar High School. Swami Sahajanand was of the opinion that if Dalit wants social justice, they should forget their differences and unite. Swamiji worked for the unity of the Dalit and wanted the Dalit to be called 'Adi-Hindus'."

    ibid., p.-192

25.. "Adi-Hindu Jatiyonnati Sabha grew into mighty organization, embracing social, economic, educational and political aspect of Dalit community. In the year 1927 Arigay Ramaswamy decided to change to replace the word Jatiyonnati by Mahasabha. The reason behind it must be to give the organization more global look and attract many more people towards it. Accordingly new members from Adi-Dravida organization–M.V. Palayan Pillay and C.S. Ethirajan of Youngmen's Dravidian Association...also joined so called newly titled Adi-Hindu Mahasabha. Organization this time was expanded with many more new members on working committee and M.V. Pillay got elected as first president of the Adi-Hindu Mahasabha."
ibid., p.-98

26. आदि हिन्दू आन्दोलन के प्रवर्तक श्री 108 स्वामी अछूतानंद जी 'हरिहर' : जीवनी, सिद्धान्त और भाषण, लेखक, श्री चन्द्रिका प्रसाद जिज्ञासु, प्रकाशक, हिन्दू समाज सुधार कार्यालय, सआदत गंज, लखनऊ, पहली बार, 1960, पृ.-28

27. श्री वाल्मीकि प्रकाश, लेखक, अमीचंद शर्मा और साधु योधाराम, गौतम बुक सेन्टर, सी-263 ए, चन्दन सदन, गली नं.-9, हरदेव पुरी, शाहदरा, दिल्ली-110 093, प्रथम (नया) संस्करण, मार्च, 2006, पृ.-23

28. वही, पृ.-9

29. "Swami Shudranand's original name was Shiv Charan, according to Principal Ram Das..."
Religion as Social Vision : The Movement against Untouchability in 20th-Century Punjab, Mark Juergensmeyer, University of California Press, Berkely, Edition, 1982, p.-35, footnote-1

30. "Swami Shudranand's father had come from the nearby town of Phagwara to set up a large boot-making operation in Jallandhar..."
ibid., p.-36

31. "Swami Shudranand, after attending an Arya Samaj high school in Jallandhar, in 1914, became a missionary..."
ibid., p.-37

32. "Swami Shudranand denies that he was an Arya Samaj preacher (Swami Shudranad, June 10, 1971, interview)."
ibid., p.-37, footnote-7

33. ibid. p.-39, footnote-9

34. आदि हिन्दू-आन्दोलन के प्रवर्तक श्री 108 स्वामी अछूतानन्द जी 'हरिहर' : जीवनी, सिद्धान्त और भाषण, लेखक, श्री चन्द्रिका प्रसाद जिज्ञासु, प्रकाशक, हिन्दू समाज सुधार कार्यालय, सआदत गंज, लखनऊ, पहली बार, 1960, पृ.-57

35. "What is clear, however, is that the Adi Hindus of U.P. were in contact with the Ad Dharam of Punjab. The leader of the Adi Hindu movement, Swami Achutanand, called a meeting in Delhi in early 1926, which some of the Punjab people attended.... Achutanand came from Kanpur, where with several other Scheduled Caste leaders he had published a small newspaper in Hindi entitled *Adi Hindu*.... Apparently the purpose of the meeting was to bring some unity among Scheduled Caste activists in Uttar Pradesh, Delhi, and the Punjab."
Religion as Social Vision : The Movement against Untouchability in 20th-Century Punjab, Mark Juergensmeyer, University of California Press, Berkely, California, Edition, 1982, p.-25

36. "Thus the names remained separate, as did their organizations, atlhough the movement continued to maintain contact through meetings in Kanpur and Lucknow in 1927 and 1929."
ibid., p.-26
37. "Huge Public Meeting, a poster announcing the first Ad Dharm conference..., Jullundhar : Kishan Steam Press, 1927 (in Punjabi)."
ibid., p.-46
38. "The momentum of the Ad Dharam movement was building toward the census of 1931, the first one to be held since the Ad Dharam was formed. A good showing in the census would establish the Ad Dharam's legitimacy and publicly proclaim the strength of its following. But the census was more than that. It was an event for the movement, a seminal event, in Erik Erikson's construction of the term. Like Gandhi's first major *satyagraha*, census of 1931 would be remembered by the Ad Dharm as the time when everything came together : all the actions and ideas of that moment were rich with meaning."
ibid., p.-72
39. इक्कीसवीं सदी में 'बाल्मीकि प्रकाश', डा. सुशीला टाकभौरे, दलित साहित्य (वार्षिकी) 2005, बी-634, डी. डी. ए. फ्लैट्स, ईस्ट आफ लोनी रोड, दिल्ली-110 093, पृ.-381
40. श्री बाल्मीकि प्रकाश, लेखक, अमीचंद शर्मा और साधु योधा राम, गौतम बुक सेन्टर, सी-263 ए, चन्दन सदन, गली नं.-9, हरदेव पुरी, शाहदरा, दिल्ली-110 093, प्रथम (वर्तमान) संस्करण, मार्च, 2006, पृ.-10
41. प्रेमचंद : कलम का सिपाही, अमृत राय, हंस प्रकाशन, इलाहाबाद, संस्करण, अप्रैल, 1992, पृ. -342-43
42. स्वर्गीय श्री श्री 108 स्वामी अछूतानंद जी का जीवन परिचय, लेखक, स्वर्गीय बाबू मंगल सिंह जाटव, प्रकाशक, मोहन सिंह बंसल, मंगल भवन, तिकोनिया मुरार, ग्वालियर, मध्य प्रदेश, द्वितीय बार, 6 मई, 1997, पृ.-20
43. स्वामी अछूतानंद हरिहर, लेखक, डा. राजपाल सिंह 'राज', राजलक्ष्मी प्रकाशन, ए-17/81, भगवत गली नं.1, ब्रह्मपुरी, दिल्ली-110 053, प्रथम संस्करण, पृ.-33
44. वही, पृ.-34
45. वही, पृ.-35
46. वही, पृ.-48
47. वही, पृ.-35-6
48. वही, पृ.-38
49. वही, पृ.-38-9
50. वही, पृ.-39
51. समता की ओर, मोहन दास नैमिशराय, प्रकाशन विभाग, सूचना और प्रसारण मन्त्रालय, भारत सरकार, पटियाला हाउस, नई दिल्ली-110 001, संस्करण, सितम्बर, 1993, पृ.-30

अध्याय-5

स्वामी अछूतानन्द और 'सूरदास' की तुलनाएँ

क. भीख?—और चमार?
ख. गाँवों के बारे में गलतबयानी

क. भीख?—और चमार?

प्रेमचंद की 'रंगभूमि' के सूरदास का पेशा क्या है?

सूरज बड़त्या ने इस समस्या को सही ढंग से उठाया है। वे अपने लेख 'प्रेमचंद को मसीहा न बनाएँ' में लिखते हैं—"...'रंगभूमि' की विषयवस्तु अछूत समस्या नहीं है लेकिन अछूत की जमीन तो केन्द्र में है। फिर एक दलित के पास 10 बीघे धनाढ्य पूर्वजों की जमीन दिखाने का क्या औचित्य हो सकता है? 'रंगभूमि' उपन्यास 1924 में लिखा गया और 1925 में प्रकाशित हो कर सामने आया। यदि यह माना जाए कि दलित वर्ग के साथ भलमनसी और प्रतिबद्धता दिखाने के तहत सूरदास (दलित) के पास 10 बीघे जमीन का 'यूटोपिया' गढ़ा है तो फिर सूरदास को भिखारी दिखाने का क्या औचित्य? यानी कि एक दलित के पास इतनी जमीन है लेकिन वह करता क्या है, उस का पेशा क्या है—भीख मांगना। क्या यह एक दलित को श्रम से 'जी चुराऊँ व्यक्तित्व' के रूप में दिखाना चाहते थे प्रेमचन्द।"[1]

ऐसा हो सकता है कि कोई चमार भीख मांगता हो। यह ऐसे ही है कि जार किसी भी कौम में पैदा हो सकता है। ब्राह्मणों में 'जार' पैदा हो सकता है और चमारों में भी 'जार' पैदा हो सकता है। फिर, दोनों में फर्क क्या है? फर्क बहुत भारी है। फर्क दोनों के पर्सनल कानूनों का है। ब्राह्मणों के पर्सनल कानून में जारकर्म को रोकने के लिए कोई कानूनी उपाय नहीं है। यदि कोई ब्राह्मण जार है तो ता-जिन्दगी वह जार बना रह सकता है क्योंकि उस आधार पर उस की पत्नी उस से तलाक या छुटकारा नहीं पा सकती। ब्राह्मण पुरुष भी अपनी जार पत्नी से तलाक या मोक्ष नहीं ले सकता।

लेकिन चमारों के कानून में स्त्री और पुरुष दोनों के लिए तलाक की व्यवस्था है। ऐसा ही भीख के मामले में अन्तर है। ब्राह्मणों का भीख मांगना पेशा है जबकि चमारों में भीख मांगने को मनुष्यत्व की तौहीन माना गया है। यही प्रेमचन्द से गलती हुई है कि उन्होंने 'रंगभूमि' में भीख मांगने वाले एक चमार को नायक बनाया है। चमारों में जार की तरह भीख मांगने वाला कोई व्यक्ति हो सकता है, लेकिन वह नायक नहीं हो सकता। चमारों में नायक उसी को माना जाता है जो स्वयं कमा कर खाता है। प्रेमचंद के द्वारा यह चमारों की संस्कृति और परम्परा को न समझना ही हुआ कि एक भिखारी को नायक बनाया गया। फर्क यह है कि जबकि ब्राह्मणों में समाके भी भीख मांगने में गौरव महसूस कहते हैं, चमारों में अन्धे भी भीख नहीं मांगते। उदाहरण मेरे पास है जो यहाँ बदस्तूर पेश किया जा सकता है।

मेरे मित्र डा. श्यौराज सिंह बेचैन हमारी चमार जाति से हैं। उन्होंने अपना एक अप्रकाशित लेख 'मेरे पुरखे' शीर्षक से मेरे पास भेजा है। उसे मैं यहाँ रख रहा हूँ। वह इस प्रकार है :

"मेरे पुरखे

मेरे बब्बा (Grand Father) तीन भाई थे। सबसे बड़े थे—

1. **भागीरथ**—इन्हें मैंने बहुत दिन नहीं देखा। वृद्धावस्था में जब कम दीखने लगा था तब भी ये खालें पकाने (शोधन करने) के लिए हाथ गड़ाँसे से कस्सा काट लेते थे। खालों को मूंज से सील कर उस में कस्सा भर कर पानी से लबालब कर दिया करते थे। कुट्टी काटने की मशीन पर जुत जाते थे और खेत से बोझा ले आते थे। अंदाजे से चलते थे और संकल का पलिका (पलंग) बुन लिया करते थे। कुल मिला कर कमा कर ही खाते थे। बड़ी दादी उन्हें मायके ले जाना चाहती थीं। तब वे यह कह कर कि अंधा आदमी वहां का करंगो, घर ही रुक जाते थे। इनके कोई बच्चा नहीं था।
2. **विद्रयाराम**—दूसरे बब्बा मेरे पिता के पिता थे। इनके फिरक (लहडू) पांव पर उतर जाने से एक टांग टूट गई थी। ये मेरे पिता की मृत्यु के एक दो साल बाद ही मृत्यु को प्राप्त हो गए थे। जब तक जिए, एक टांग पर चल कर लबादे उठाते, खाल निकालते, कंधे पर डाल कर लाठी के सहारे चल कर तीन कोस दूर गुन्नौर में 'ऊधौ' को बेच कर आते थे। तब उनके खेत बंजर नहीं थे, कस्सी से खोदते, ढेंकली से पानी देते और खुद काटते-बोते थे।

3. **गंगाराम (गंगी)**—तीसरे बब्बा थे। इन्हें मैंने होश संभाला तब अंधे ही देखा। इन के दो बेटे और दादी जवानी में ही मर गए थे। हमारे रंगाई का काम बन्द हो गया था। तब ये डोरीलाल के भाइयों के साथ मवेशी उठाने में अपना कंधा देते थे। उन के लिए बबूल का कस्सा काट देते। संकलदार पलिका (पलंग) बुनते तो आंखों वाले देख कर चकित होते थे। इसके अलावा ये गांव के रामसिंह (यादव) प्रधान की मां माया की अम्मा के घर नियमित चाकी पीसा करते थे। उन के छोटे बेटे स्वामी की बहू भी देखादेखी अन्न पिसवाने लगी थी। मेहनत के रूप में दो रोटी का आटा और एक लोटा मठा मिला करता था। कुट्टी काटने वाली मशीनें जब लगीं तो बब्बा मशीन पर जुत जाते थे। मैं उनके साथ लगता, तब हत्था ऊपर जाता तो मेरे हाथ छोटे पड़ जाते थे।

कई बार जब वे चाकी पीस रहे होते तो एरियां (अहीरिनें) चुपके-चुपके उन के कठउआ में अन्न बढ़ाया करती थीं। बब्बा को आभास हो जाता और वे झपट कर कलाई पकड़ लेते, 'लम्बरदारनि जो का करि रई यौ, सेर रह के दुए सेर पिसवाओगी का?'

सर्दियों के दिनों में बब्बा रात को कोल्हू की भट्टी झोंका करते थे। मैं उनके साथ जाता था लाठी पकड़ कर। कोल्हू पर थोड़ा रस मिल जाए, राब खाने को मिले नहीं तो लदोई ही सही, औटी (गुड़ बनाने के लिए जलाया गया रस का धोवन—पूरा रस सूत लेने के बाद कड़ाही धोने पर जो बचता) वही मिल जाए। इसी आशा में हम झुकायी करते।
बब्बा झोंकते तो मैं कोल्हू हांकता। उसी तरह गांव में वे चाकी पीसते तो मैं 'रहटें' और दायें हांका करता।

बब्बा के अलावा घर में बचे ताऊ—क्योंकि मेरे पिता की मृत्यु तो मेरी 5-6 साल की उम्र में हो ही गई थी।

बाबूराम (बाबू) भी अंधे थे। अन्धे हो गए तो इन्हें ताई भी छोड़ गई थी। ताऊ ने गांव के यादवों की चाकी पीसना, कुट्टी काटना आदि अधिक शक्ति वाले कामों में खुद को असमर्थ पाया था। तब उन्होंने एक अतिरिक्त काम सीखा जो हमारे गाँवों में और हमारी कौम में दूसरा कोई नहीं करता था। यह काम उन्होंने रघुबीर फूफा से सीखा। वे अंदाजे से पालिश करते, चोवा/कीले ठोंकते, साइकिलों के टायर सीलते, खुद डिबाई जाकर सामान खरीदते और कसेर (फाटक पर) बैठ कर काम किया करते। इसी काम के सहारे उन्होंने अपनी पूरी उम्र काटी। करीब 30-35 साल में फुटपाथ पर मोची बन कर काम करते रहे।

ताऊ के पास 2-3 साल मैं खुद भी बैठा, मैंने भी वहां बूट पालिश की। इसलिए 'वहां एक मोची रहता था' शीर्षक से मैंने एक लम्बा संस्मरण लिखा है। संक्षेप में, मैं यह प्रमाणों/साक्ष्यों के साथ कह सकता हूं कि शारीरिक अपंगता, आर्थिक विपन्नता और प्राकृतिक आपदाओं के बावजूद मेरे घर का हर सदस्य काम किया करता था। भीख मांग कर खाने से बेहतर मर जाना बेहतर समझते थे।''

इतना ही नहीं, 'रंगभूमि' में सूरदास चमार का भीख मांगने का काम चमारों के श्रमजीवी आजीवक धर्म के खिलाफ एक दण्डनीय अपराध भी है। जी. डब्लू. ब्रिग्स ने अपनी पुस्तक 'दि चमार्स' 31 जनवरी, 1920 को लिखी थी। यह वही 'रंगभूमि' की पृष्ठभूमि का काल है। ब्रिग्स ने संयुक्त प्रान्त की 1911 की जनगणना रिपोर्ट के हवाले से चमारों की एक पंचायत के निर्णय के बारे में बताया है—''कुछ मामलों में भारी दंड भी लिया जाता है...। एक अन्य 'चमार' जिस ने भीख मांग कर अपनी जाति का अपमान किया था, उसे...बिरादरी से बाहर निकाल दिया गया।''[2]

पुनः कहा जाए कि चमार अंधा हो सकता है, लेकिन भिखमंगा नहीं। चमारों के विकलांग लोग भी कमा कर खाते हैं। अंधे चमार से प्रेमचंद द्वारा भीख मंगवानी चमारों की संस्कृति को न समझना है। किसी भी स्थिति में भीख मांगनी चमारों का आदर्श और यथार्थ नहीं है। इस के विपरीत, समाके हो कर भी भीख मांगनी—यह ब्राह्मणों की संस्कृति है। 'बाम्हण को धन केवल भिच्छा'—यह काव्य रचना ब्राह्मण सुदामा पर चरितार्थ होती है, चमार पर तो रैदास की यही पंक्ति प्रमाण है—'हत्थन सों कर कार।'[3] पर क्या इस बात को प्रेमचंद नहीं जानते थे? ऐसा नहीं है कि वे इसे न जानते हों।

प्रेमचन्द के 'गोदान' में दर्शनशास्त्र के प्रोफेसर मेहता ने कहा है—''...संन्यास केवल भीख माँगने का संस्कृत रूप है।''[4] तब 'रंगभूमि' के सूरदास चमार को प्रेमचंद ने भिखमंगे के रूप में पेश क्यों किया था? गलती तो है। और, अन्त में हम अपने केन्द्रबिन्दु स्वामी अछूतानन्द पर ही आएँ। उन्होंने भी स्वयं को 'श्रमजीवी साधु' कहा है। प्रमाण डा. राज पाल सिंह 'राज' ने दिया है। डा. 'राज' अपनी पुस्तक 'स्वामी अछूतानंद हरिहर' में लिखते हैं—''28 अप्रैल 1930 को अखिल भारतीय आदि हिन्दू सामाजिक परिषद, अमरावती बरार में एक विशाल सम्मेलन स्वामी अछूतानन्द हरिहर की अध्यक्षता में आयोजित किया गया। अध्यक्षीय भाषण देते हुए स्वामी जी ने कहा, ''प्रिय, आदि हिन्दू सज्जनो एवं देवियो! आप महानुभावों ने इस अखिल भारतीय सम्मेलन के सभापित का पद जो मुझे प्रदान किया है, तदर्थ कृतज्ञता पूर्वक निवेदन है कि मैं न ग्रेजुएट हूँ और न धन आदि से वैभवशाली। केवल आपका सजातीय, श्रमजीवी साधु हूँ।''[5]

न कमाने का संसार को एक बड़ा भारी नुकसान दूसरी दृष्टि से भी हुआ है। भिखमंगापन बलिदान की भावना के विपरीत है। हाँ, जब सूरदास को भीख ही मांगनी है, जमीन जाए या बचे, इसे उस से क्या? वह किस बात या आदर्श के लिए लड़ रहा है—गाय के लिए, धर्म के लिए, या पुरखों के लिए? उस की सारी लड़ाई दिशाविहीन और निरुद्देश्य है। कोई आदमी अपनी जान खोए तो किस महान लक्ष्य के लिए? यह बेकार की शहादत है। यह शहादत के महान दर्शन को बदनाम करना है। पीछे कोई प्रेरणा नहीं छोड़ी गई।

डा. शैलेश जैदी ने भी अपनी पुस्तक 'प्रेमचंद की उपन्यास यात्रा : नव मूल्यांकन' में सूरदास के बारे में इस बात को विशेष रूप से दर्ज किया है जब लिखा है—''बस्ती से एक मील के फासले पर उस की दस बीघा जमीन है। किन्तु वह उस पर खेती नहीं करता। यह भी नहीं है कि वह जमीन खेती करने के योग्य नहीं है। उस पर मुहल्ले के ढोर चरते हैं। खेती करने की स्थिति में उन के लिए कोई स्थान न रहेगा। इसलिए वह स्वार्थ पर परोपकार को तरजीह देता है।''[6] पर यह सूरदास का सारा पागलपन है। वह खालिस मूर्ख है जब भीख मांग कर रोटी खाता है। एक चमार होने के नाते उसे शर्म आनी चाहिए थी। उसे डूबने के लिए भी कहीं पानी नहीं मिलेगा। यह क्या तर्क है कि उस के चरागाह में मौहल्ले के ढोर चरते हैं? यदि वह खेती नहीं करवाता है तो उसे ढोर चरवाने को कौन मना करता है? वह ढोर चरवाए पर उन ढोर वालों से इस चराई के पैसे ले। यह उस का हक है—वह क्यों नहीं लेता? वह परले सिरे का पक्का बेवकूफ है। उस के चरागाह में अपने ढोर चरा कर लोग अपनी गाय-भैंस-बकरियों का दूध बेच रहे हैं। उस दूध में उस का हिस्सा बनता है। लोग उस के चरागाह में अपने ढोर तब भी चराएँगे जब वह उन से चरागाही का ठीक पैसा मांगेगा। क्या उन ढोरों के कोई मालिक नहीं हैं? क्या उस चराई से लोगों को आर्थिक फायदा नहीं हो रहा है? उसे गाँव में कौन बुरा कह देगा जब वह ईमानदारी से चरागाही के पैसे मांगेगा? इस में बुराई क्या है? उलटे, इसे उस की बेअक्ली कहा जाएगा कि अपनी चीज की कीमत न मांग कर दूसरों से भीख मांग रहा है। पता नहीं, प्रेमचंद ने यह क्या पात्र सृजित किया है? सूरदास को क्या कहें, लगता है, ऐसा पात्र खड़ा करने में प्रेमचंद की अक्ल सूरदास के इस कल्पित चरागाह में घास चरने चली गई थी। खेती नहीं करनी, घास चरवानी है, घास चरवा ले, पर चराई के पैसे तो ले। यहाँ तुलना यह की जाए कि प्रेमचन्द ने इस भिखारी सूरदास को दिल्ली के सुलतान अलाउद्दीन खिलजी से ज्यादा बड़ा धनी बना दिया है। डा. ऊषा रानी बंसल ने अपनी पुस्तक 'सल्तनतकालीन सरकार तथा प्रशासनिक व्यवस्था' में लेखक फरिश्ता के माध्यम से सूचना दी है—''सुलतान ने चरागाह कर कम करने के स्थान पर पशुओं पर लगने वाला कर जकात हटा दिया।...सुल्तान ने चरागाह कर क्यों नहीं हटाया यह एक प्रश्न है? इतिहासकारों का मत है कि खुत और मुकद्दम खेती योग्य भूमि को चरागाह

बता कर लगान नहीं देते थे। इस परम्परा को समाप्त कर अधिक से अधिक भूमि से कर प्राप्त करने के लिये सुल्तान ने चरागाह कर समाप्त करने के स्थान पर मवेशी कर समाप्त करना उचित समझा।"[7] भला, जब हिन्दुस्तान का इतना शक्तिशाली सुल्तान अलाउद्दीन खिलजी चरागाह कर ले रहा हो, इस अन्धे भिखारी का अपना चरागाह मुफ्त में देना क्या कहा जाएगा?

ख. गाँवों के बारे में गलतबयानी

गाँव को और औद्योगीकरण को ले कर भी प्रेमचंद ने चमारों के चिन्तन को 'मिस रिप्रेजेन्ट' किया है। इन विषयों के बारे में सूरदास के नाम से सारी गलतबयानी की गई है। गाँव के पक्ष में और औद्योगीकरण के विरोध में यह सारा मिथ्या विवरण है। चमार जाति के चिन्तकों ने कभी ऐसा नहीं सोचा कि गाँव अच्छे हैं और शहर बुरे हैं। उन के नेता और प्रतिनिधि कभी औद्योगीकरण के विरुद्ध खड़े नहीं हुए।

डा. कमल किशोर गोयनका ने अपने एक लेख का शीर्षक ही ' 'रंगभूमि' में सूरदास का भूमि-रक्षा का संघर्ष' रखा है। इस लेख में अन्तिम से पहले पृष्ठ में वे लिखते हैं—"निष्कर्ष रूप में, सूरदास का दस बीघा भूमि की रक्षा का संघर्ष ग्रामीण संस्कृति और जीवन-पद्धति की रक्षा का संघर्ष बन कर सामने आता है।"[8] लेकिन यही बात जो प्रेमचंद ने सूरदास के माध्यम से कही है, सारी गलत है।

यहाँ बताया जा सकता है कि दलितों के नेताओं ने कभी भी भारत की गाँव-व्यवस्था की प्रशंसा नहीं की। डा. अम्बेडकर ने बा-तरीके गाँव-व्यवस्था के विरुद्ध बहस की थी। यह 4 नवम्बर, 1948 का दिन था जब डा. अम्बेडकर ने संविधान सभा की बहस में भाग लेते हुए अपना भाषण दिया था। उन्होंने कहा था कि 'हश्र यह है कि, ग्राम्य गणराज्य भारत की तबाही सिद्ध हुए हैं।'[9]

कितना फर्क है?—डा. अम्बेडकर दलितों को गाँवों को छोड़ने की सलाह दे रहे हैं, प्रेमचंद उन्हें 70 पीढ़ियों के इतिहास का मोह दिखा रहे हैं। चमारों के लिए गाँवों में बेगार प्रथा लागू थी। स्वामी अछूतानन्द के अनुसार, यदि बेगारी आदमी मजदूर या कारीगर बनता है तो यह परिवर्तन और प्रगति है। इसलिए, प्रेमचंद द्वारा शहरीकरण या औद्योगीकरण कह कर इस ऐतिहासिक प्रक्रिया को बदनाम करना उचित नहीं है। आज जब मैंने अपने एक मित्र से, जो चमार जाति से हैं, इस विषय का जिक्र कर दिया तो उन के भुक्तभोगी होने का अन्दाज लगा जब उन्होंने कहा कि दलितों के लिए गाँव यातना के शिविर हैं। बाबा साहेब डा. अम्बेडकर ने गाँवों की इस स्थिति के बारे में एक पूरा दर्शन ही खड़ा कर दिया था। वे लिखते हैं :

"हिन्दू समाज-व्यवस्था में अस्पृश्यों की सामाजिक स्थिति क्या है? उनकी स्थिति की सही जानकारी देना ही इस अध्याय का मुख्य उद्देश्य है। लेकिन हिंदू समाज-व्यवस्था में अस्पृश्य किस प्रकार रहते हैं या उन्हें किस प्रकार रहने के लिए मजबूर किया जाता है, इसका यथार्थ और प्रत्यक्ष चित्र उनके सम्मुख प्रस्तुत करने के लिए सबसे अच्छा माध्यम ढूंढ़ निकालना कोई आसान काम नहीं है। एक उपाय यह है कि हम हिंदू समाज-व्यवस्था का एक माडल बना लें और तब उसमें उनकी उस स्थिति को प्रदर्शित करें, जो उन्हें यहां दी गई है। इसके लिए हिंदुओं के किसी गांव जाना आवश्यक है। हमारे उद्देश्य की पूर्ति के लिए इससे अच्छा उपाय और कोई नहीं है। हिन्दुओं का गाँव हिन्दुओं की समाज-व्यवस्था की मानो प्रयोगशाला है। गांव में हिंदू समाज-व्यवस्था का पूरा-पूरा पालन होता है। जब कभी कोई हिंदू भारतीय गांवों का जिक्र करता है, तो वह उल्लास से भर उठता है। वह उन्हें समाज-व्यवस्था का आदर्श रूप मानता है। उसकी यह पक्की धारणा है कि संसार में इसकी कोई तुलना नहीं। कहा जाता है कि सामाजिक संगठन के सिद्धांत में भारतीय गांवों का एक विशेष योगदान है, जिसके लिए भारत गर्व कर सकता है।

"हिंदू अपनी इस धारणा के बारे में कितने कट्टर होते हैं कि भारतीय गांव सामाजिक संगठन के आदर्श रूप हैं, इसका अनुमान भारतीय संविधान सभा के हिंदू सदस्यों के धुआँधार भाषणों से लगाया जा सकता है, जो उन्होंने अपने इस मत के समर्थन में दिए थे कि भारतीय संविधान में भारतीय गांवों को स्वायत्त प्रशासनिक इकाइयों के संवैधानिक पिरामिड के आदर्श के रूप में स्वीकार किया जाना चाहिए, जहां उनकी अपनी-अपनी विधायिका, अपनी कार्यपालिका, अपनी न्यायपालिका होती है। अस्पृश्यों के दृष्टिकोण में इससे बढ़कर कोई दुखद बात नहीं है। भगवान का शुक्र है कि संविधान सभा ने इसे स्वीकार नहीं किया। इसके बावजूद हिंदू अपनी इस बात पर हमेशा जोर देते हैं कि भारतीय गांव समाज-व्यवस्था के आदर्श रूप हैं। यह धारणा हिंदुओं की कोई पुश्तैनी धारणा नहीं है, और न इस धारणा की जड़ें उनके अतीत में छिपी हुई हैं। यह उन्होंने चार्ल्स मैटकाफ से ली है, जो ईस्ट इंडिया कंपनी में एक कर्मचारी था और राजस्व अधिकारी के पद पर काम करता था। उसने अपने राजस्व के दस्तावेजों में भारतीय गांवों का इस प्रकार वर्णन किया.... :

"प्रत्येक गांव छोटे-छोटे गणराज्य हैं, जिनमें अपनी-अपनी आवश्यकता की लगभग हर वस्तु मौजूद है, और वे दूसरों से पूर्णतः स्वतंत्र हैं। ऐसा

लगता है कि जब कुछ भी नहीं बचेगा, तब भी वे बने रहेंगे। सल्तनतें एक के बाद एक गिरती जाती हैं, एक के बाद दूसरी क्रांति होती है। हिंदू, पठान, मुगल, मराठा, सिख, अंग्रेज बारी-बारी से शासक बनते जाते हैं, लेकिन गांव वैसे के वैसे ही रहते हैं। संकट के दिनों में वे अपनी रक्षा स्वयं कर लेते हैं। जब आक्रामक सेनाएं देश को एक कोने से दूसरे कोने तक रौंदने लगती हैं, तब गांव के लोग अपने-अपने जानवरों को अपने-अपने बाड़े के अंदर बंद कर लेते हैं और आक्रामकों को चुपचाप रास्ता दे देते हैं। अगर वे स्वयं लूटमार का निशाना बनते हैं और फौजों के आक्रमण को नहीं झेल पाते हैं, तो वे भागकर दूर के किसी गांव में चले जाते हैं। लेकिन जब फौजें निकल जाती हैं, तब वे लौट आते हैं और अपना धंधा फिर शुरू कर देते हैं। अगर किसी भू-भाग में बार-बार लूटमार और नर-संहार होता है, और गांव फिर से आबाद न हो सकें, तब लोग बिखर जाते हैं। लेकिन ज्यों ही अमन-चैन हो जाता है, त्यों ही ये लोग अपने-अपने गांव फिर वापस आ जाते हैं। एक पीढ़ी गुजर जाती है, लेकिन उसके बाद आने वाली पीढ़ी लौट आती है। बेटा, बाप की जगह ले लेता है और अपने बाप-दादा के गांव आ जाता है, उसी जगह घर बनाता है जहां उसके बाप-दादा का घर था, यह पीढ़ी भी वहीं पर फिर बस जाती है जहां उसके पूर्वज गांव में फिर से आबाद होने पर दुबारा इसमें आए थे। इस बार किसी छोटे-मोटे हमले से डरकर नहीं भागेगी, क्योंकि जब ये लोग मुसीबतों का मुकाबला करने के लिए अपना दल गठित कर लेंगे और लूटमार करने वालों का सफलतापूर्वक मुकाबला कर लेंगे। मैं सोचता हूं कि गांव के लोगों का इस प्रकार संगठित होना और अपने लिए एक छोटी-मोटी शासकीय इकाई बनाना सभी प्रकार की उथल-पुथल और उलट-फेर के बावजूद भारत की जनता के संरक्षण में जितना सहायक हुआ, उतना कोई और तत्व नहीं हुआ और इसी के कारण यहां की जनता खुशहाल रही, उसने आजादी का सुख भोगा।''

''हिंदुओं ने भारतीय गांवों के बारे में जब अंग्रेज सरकार के एक अधिकारी का यह वर्णन पढ़ा, तब वे फूलकर कुप्पा हो गए, उन्होंने इसे अपना वास्तविक गुण समझा। भारतीय गांवों के बारे में इस दृष्टिकोण को अपना कर हिंदुओं ने अपनी बुद्धि या ज्ञान के प्रति न्याय नहीं किया, बल्कि उन्होंने अपनी कमजोरी ही प्रकट कर दी। चूंकि बहुत से विदेशी भारतीय गांवों के बारे में इसी आदर्शपरक दृष्टिकोण को सही मान लेते हैं, इसलिए समाज की असली तस्वीर पेश करना उचित होगा, जैसी कि हर किसी को भारतीय गांवों में मिलती है।''[10]

इस के बाद बाबा साहेब डा. अम्बेडकर ने गाँवों में दलितों की स्थिति का पाइन्टवार विश्लेषणात्मक ब्यौरा दिया है। तब वे लिखते हैं :

"एक कृषि-प्रधान देश में जीविका का प्रमुख साधन कृषि हो सकती है, परंतु रोजी-रोटी का यह साधन आमतौर से अस्पृश्यों के लिए उपलब्ध नहीं है। इसके कई कारण हैं। पहली बात तो यह है कि जमीन खरीदना उनके वश की बात नहीं, और दूसरी यह कि यदि अस्पृश्य जमीन खरीदने की स्थिति में है, तो भी वह ऐसा नहीं कर सकता। देश के अधिकांश भागों में हिंदू इस बात को बर्दाश्त नहीं कर सकते कि अस्पृश्य जाति का कोई व्यक्ति जमीन खरीदकर स्पृश्य जाति की बराबरी का प्रयत्न करे। किसी अस्पृश्य के ऐसे दुस्साहस का विरोध ही नहीं किया जाता, बल्कि उसको सजा भी भुगतनी पड़ सकती है। कुछ भागों में तो उनके जमीन खरीदने पर कानूनी प्रतिबंध है। उदारहरणार्थ, पंजाब प्रांत में एक कानून है जिसका नाम है, भूमि स्वामित्व अधिनियम। इस कानून में उन जातियों का उल्लेख किया गया है, जो जमीन खरीद सकती हैं और अस्पृश्यों को इस सूची में शामिल नहीं किया गया है। इसके परिणामस्वरूप अधिकांश भागों में अस्पृश्य भूमिहीन मजदूर रहने के लिए विवश हैं और मजदूर के रूप में वे वाजिब मजदूरी की मांग नहीं कर सकते। वे हिंदू किसानों के लिए उसी मजदूरी पर काम करने को मजबूर हैं, जो उन्हें मालिक देना चाहे। इस प्रश्न पर हिंदू किसान मजदूरी कम से कम रखने के लिए आपस में एकमत हो जाते हैं, क्योंकि यह उनके हित में होता है। दूसरी ओर अस्पृश्यों के पास कोई चारा नहीं रहता। वे या तो उसी मजदूरी पर काम करें अथवा भूखों मरें। न ही उन में मोल-तौल करने की क्षमता होती है। वे या तो निश्चित की हुई दरों पर काम करें या फिर पिटाई के लिए तैयार रहें।

"अस्पृश्यों को उनकी मजदूरी नकद या अनाज के रूप में दी जाती थी। उत्तर प्रदेश के कुछ भागों में मजदूरी के रूप में दिए जाने वाले अनाज को 'गोबरहा' कहा जाता है। इसका अर्थ है, जानवरों के गोबर से निकलने वाला अनाज। मार्च या अप्रैल के महीने में जब फसल पूरी तरह पक जाती है तो उसे काटकर खलिहान में फैला दिया जाता है। उस पर बैलों की दांय चलती है, ताकि उनके चलने से भूसा अनाज से अलग हो जाए। दांय पर चलते हुए बैल बहुत-सा अनाज और लांक खा जाते हैं। जब वे जरूरत से ज्यादा खा लेते हैं, तो अनाज को पचाना मुश्किल होता है। अगले दिन वही अनाज गोबर के साथ निकल जाता है। गोबर को इकट्ठा कर लिया जाता है और उस में से अनाज निकाल लिया जाता है। यही अनाज मजदूरी के

रूप में अस्पृश्य मजदूरों को दे दिया जाता है, जिसे पीसकर वे रोटी बना लेते हैं।

"जब फसल का समय गुजर जाता है और अस्पृश्यों के पास रोजी-रोटी का कोई साधन नहीं होता, तो वे घास काटते हैं और जंगलों से ईंधन इकट्ठा कर आस-पास के शहरों में बेच आते हैं। परंतु यह भी वन-रक्षकों के ऊपर निर्भर करता है। जब उसकी मुट्ठी गरम की जाएगी, तभी वह उन्हें सरकारी जंगलों में घास और लकड़ी काटने देता है। जब वे शहर में आते हैं तो उनका मुकाबला खरीदारों से होता है। ये खरीदार भी हिंदू ही होते हैं, जो हमेशा मजदूरी कम रखने की कोशिश में रहते हैं। चूंकि उनमें अपने माल को रोके रखने की सामर्थ्य नहीं होती, इसलिए उन्हें अपना माल उसी कीमत पर बेचना पड़ जाता है, जो भी उन्हें बताई जाती है। कभी-कभी तो उन्हें अपने गांव से शहरों तक दस-दस मील तक बोझ लेकर जाना पड़ता है।

"ऐसा कोई व्यवसाय नहीं है, जिससे वे अपनी रोजी-रोटी कमा सकें। उनके पास इसके लिए न तो पूंजी होती है, और यदि हो भी तो, कोई भी उनसे सामान नहीं खरीदता।

. . . .

"यही हैं हमारे ग्रामीण गणराज्य, जिन पर हिंदुओं को इतना नाज है। इन गणराज्यों में अस्पृश्यों की क्या स्थिति है? वे दुमछल्ला तो क्या, पैर की जूती भी नहीं हैं। उनको दीन-हीन बना दिया गया है। उन्हें हर तरह से इतना दीन-हीन बना दिया गया है कि बहुसंख्यक उन पर राज कर सकें। यह विपन्नता किसी एक व्यक्ति या परिवार की नहीं, बल्कि उनके पूरे समुदाय की नियति है। अस्पृश्य हर स्पृश्य से तुच्छ है, चाहे उसकी आयु कुछ भी क्यों न हो, वह कितना भी योग्य क्यों न हो। एक स्पृश्य हिंदू युवक किसी भी वृद्ध अस्पृश्य से उच्च है। पढ़ा-लिखा अस्पृश्य भी उस स्पृश्य से हीन है, जिसके लिए काला अक्षर भैंस बराबर है।

. . . .

"यही है भारतीय गांवों के भीतरी जीवन की तस्वीर। इस गणतंत्र में लोकतंत्र के लिए कोई स्थान नहीं। इसमें समता के लिए कोई स्थान नहीं। इसमें स्वतंत्रता के लिए कोई स्थान नहीं। इसमें भ्रातृत्व के लिए कोई स्थान नहीं। भारतीय गांव गणतंत्र का ठीक उलटा रूप है। अगर यह गणतंत्र है तो यह स्पृश्यों का गणतंत्र है, स्पृश्यों के द्वारा है और उन्हीं के लिए है। यह गणतंत्र अस्पृश्यों पर स्थापित हिंदुओं का एक विशाल साम्राज्य है। यह हिंदुओं का एक प्रकार का उपनिवेशवाद है, जो अस्पृश्यों का शोषण करने

के लिए है। अस्पृश्यों के कोई अधिकार नहीं हैं। उन्हें तो सिर्फ मुंह जोहना है, सेवा करनी है और अपने को अर्पित कर देना है। उन्हें यह कार्य सिर्फ़ करते रहना या मर जाना है। उनके कोई अधिकार नहीं हैं, क्योंकि वे इस तथाकथित गणतंत्र के बाहर हैं। वे हिंदुओं के समाज से बहिष्कृत हैं। यह एक दुश्चक्र है। लेकिन यह एक यथार्थ है, जिसे अस्वीकार नहीं किया जा सकता।''[11]

यहाँ बाबा साहेब डा. अम्बेडकर की बात बिलकुल सही है। प्रेमचंद ने 'रंगभूमि' में जिस गाँव का और जिस दृष्टिकोण से वर्णन किया है, वह कायस्थ प्रेमचंद का गाँव है और कायस्थ प्रेमचंद के दृष्टिकोण का गाँव है। यदि उसी गाँव का कोई चमार उस गाँव का वर्णन करेगा तो वह कायस्थ प्रेमचंद के वर्णन से भिन्न हो जाएगा। यहाँ प्रेमचंद के दृष्टिकोण को नकारा नहीं जा रहा है बल्कि उस की सीमा बताई जा रही है।

यही नहीं है कि डा. अम्बेडकर ग्राम-व्यवस्था के विरोधी थे बल्कि वे औद्योगीकरण के पक्ष में भी थे। यह ठीक प्रेमचंद के उपन्यास 'रंगभूमि' में उठाए गए विचारों के विरुद्‌ध बात है जो डाक्टर अम्बेडकर ने चकबंदी और औद्योगीकरण के बारे में अपने लेख 'स्माल-होल्डिंग्स इन इण्डिया एण्ड देयर रेमिडीज' में लिखी थी। उन्होंने लिखा था–''यह बात बेहिचक कही जा सकती है कि औद्योगीकरण चकबन्दी की मदद कर सकता है लेकिन यह खुद चकबन्दी नहीं कर सकता। यह पक्की बात है कि जब तक भूमि पर प्रीमियम है, चकबन्दी का काम आसान नहीं है। इसलिए चकबन्दी से पहले औद्योगीकरण किया जाना चाहिए।''[12]

यह बात निर्विवाद है कि औद्योगीकरण से चमारों को लाभ पहुँचा है। खुद प्रेमचंद के जमाने में उत्तर प्रदेश के दो शहरों–आगरे और कानपुर–में यह लाभ फलीभूत दीखता है। तब तीसरा ऐसा शहर पंजाब के जालन्धर का था। इन शहरों में चमड़े के काम का औद्योगीकरण हो चुका था। इन स्थानों में अंग्रेज सेना के लिए बूट बनाने का काम होता था। चमड़े के उद्योग की वजह से इन शहरों में चमारों का चिन्तन भी आगे बढ़ा था। आगरे से डा. मानक चंद जाटव, कानपुर से स्वामी अछूतानन्द और जालन्धर से स्वामी शूद्रानन्द–ये उस समय के चमारों के बड़े नेता उभरे थे। इसलिए, प्रेमचंद द्वारा 'रंगभूमि' में सूरदास चमार के माध्यम से दिखाया गया औद्योगीकरण का विरोध चमारों के चिन्तन से और हित से मेल नहीं खाता। कहा यही जाए कि यह भी प्रेमचंद की एक गलतबयानी है।

मेरी जानकारी में औद्योगीकरण के मामले को ले कर किसी दलित चिन्तक के मन में कोई गलतफहमी नहीं है। ईश गंगानिया ने भी अपने लेख ' 'रंगभूमि', गांधी और अम्बेडकरवादी-विमर्श' में लिखा है–''नहीं भूलना चाहिए कि जहां औद्योगीकरण कुछ बुराइयां लाता है वहां कुछ अच्छाइयां भी लाता है। कहने की आवश्यकता नहीं

औद्योगीकरण से दलितों व पिछड़ों के रोजगार के अवसर बेहतर हो सकते थे और उनको ही ज्यादा रोजगारों की आवश्यकता भी थी क्योंकि ब्राह्मणों, ठाकुरों और वैश्यों के अपने जातिगत व्यवसाय पहले ही तुलनात्मक दृष्टि से देखें तो काफी बेहतर स्थिति में थे और इनकी स्थिति औद्योगीकरण से और भी बेहतर हो सकती थी लेकिन दलित-पिछड़ों के हित की जो बात होती, वह थी—जातिगत पेशों से मुक्ति। सभी जातियों और वर्गों का एक जैसी परिस्थितियों में काम करना, जिसके कारण जातिगत दूरी घटने की संभावना बढ़ती। सबसे बड़ी बात होती—बेगारी प्रथा से मुक्ति।"[13]

चमारों की समस्या बेगार प्रथा का बोझ ढोने की थी। वे प्रेमचंद के किसान या जमीदार में से कोई नहीं थे। महाजन जमीदारों को मार रहे थे, महाजन और जमीदार मिल कर किसानों को मार रहे थे, लेकिन महाजन, जमीदार और किसान तीनों मिल कर बेगारी चमारों को मार रहे थे। इस प्रकार, ऊपर से शुरू हुई सारी मार और सब की मार चमारों पर पड़ रही थी। प्रेमचंद के साहित्य से इस तीसरे स्तर के शोषण का कितना पता चलता है? लेकिन स्वामी अछूतानंद के साहित्य से इस बेगारप्रथा का पूरा-पूरा पता चलता है। श्री चन्द्रिका प्रसाद जिज्ञासु ने अपनी पुस्तक में लिखा है—"स्वामी अछूतानंद सन् 33 में जब रियासत ग्वालियर गये थे, तो इन पंक्तियों के लेखक को भी साथ ले गये थे। वहाँ जो विराट आदिहिंदू सभा हुई थी, उसमें लगभग 25 हजार अछूत-भाई गाँवों से आये थे। इनमें अधिकांश चर्मकार थे। स्वामीजी ने मुझसे भाषण करने को कहा, तो मैंने कहा—"कल करूँगा। आज यह ऐलान कर दीजिए कि सबेरे हर गाँव के मुखिया डेरे पर आकर अपनी-अपनी तकलीफें सुनावें।" सबेरे डेरे पर मुखियों और चौधरियों का ठट्ठ लगा था। स्वामीजी ने मुझे बयान लिखने का काम दिया। एक-एक गाँव के मुखिया आते और अपने यहाँ की दर्दनाक कहानियाँ सुनाते थे। मैं उन्हें लिखता था, और नीचे उन लोगों के अँगूठे लगवा लेता था। कोई 30 फुलिस्केप कागजों पर ये दर्दनाक दास्तानें लिखी गईं जो अब भी मेरे पास फाइल में हैं।"[14]

प्रेमचंद के साहित्य में वे फुलस्केप के 30 पेज कहाँ हैं? उन के पास तो उन की आखरी कहानी 'कफन' तक में यह लिखा मिलता है कि 'जमीदार साहब दयालु थे।' फिर, एक-दो बार कूँची सही दिशा में लग भी गई हो तो चमारों के मुल्की हकों की मांग का प्रेमचंद के साहित्य में क्या दर्ज है? आखिर, 'रंगभूमि' के रचना काल 1922-24 में खड़े किए गए चमार पात्र सूरदास का विकास प्रेमचन्द के यहाँ सन् 1932 में किस रूप में हुआ? उत्तर यह है कि प्रेमचंद डा. अम्बेडकर की मांगों का विरोध कर रहे थे। लेकिन उस समय चमारों के असली महा नायक स्वामी अछूतानन्द क्या कर रहे थे? उत्तर श्री चन्द्रिका प्रसाद जिज्ञासु ने दिया है जो इस प्रकार है—"...स्वामी अछूतानंद ने मुल्की हकों की मांग में जब चुनाव की बात आई तो उन्होंने पृथक चुनाव की मांग की।"[15]

चमारों की गाँवों में प्रेमचंद के समय में जो समस्या थी, प्रेमचंद ने उसे 'रंगभूमि' में जड़मूल से ही काट दिया है। समस्या रोजगार न मिलने की और बेगार प्रथा की थी। लेकिन प्रेमचंद ने नायक को ही अंधा और भिखारी बना दिया—अर्थात ना रहेगा बांस और ना बजेगी बाँसुरी। रोजगार न मिलने की और बेगार प्रथा रोकने की बात ही खत्म। 'रंगभूमि' के बाद यदि सूरदास का विकास हुआ है तो वह उन की 'कफन' कहानी के घीसू-माधव के रूप में हुआ है। वे काम ही नहीं करते, बेशर्मी की हद तक परले सिरे के निठल्ले दिखाए गए हैं। तो, गाँवों में प्रेमचन्द के नायक या तो सूरदास हैं या घीसू-माधव। पर ये नायक चमारों के किसी काम के नहीं हैं। एक भिखारी है और दूसरे निठल्ले। यह प्रेमचंद ने चमारों को क्या दिया है? स्वामी अछूतानन्द ने 'प्रिंस आफ वेल्स' को दिए गए मांगपत्र में ब्रिटिश सरकार से जो मांगें रखी थीं उन में 15वें नम्बर की मांग इस प्रकार थी—''अछूत कृषकों को परती भूमि प्रदान की जाय।''[16] पर, यहाँ 'रंगभूमि' में मिली-मिलाई 10 बिघे की परती भूमि का प्रेमचंद का सूरदास चमार क्या कर रहा है? गाँव की गायों के लिए उसे चरागाह के रूप में छोड़ कर गोभक्त हिन्दू होने का पुण्य कमा रहा है! पर, क्या हमें पता नहीं है कि चमारों का चिन्तन ऐसे ढकोसले भरे धार्मिक पुण्य कमाने के चक्कर में कभी नहीं रहा? चमार होने की वजह से जब सूरदास गोमांस खाता रहा होगा तो ऐसे हिन्दू धर्म के पुण्य कमाने वाले लबादे उस पर क्यों ओढाए गए हैं? यह भी प्रेमचंद की पूरी तरह से गलतबयानी है। क्या वे जानते नहीं थे कि चमड़े के काम से जुड़े चमारों ने गाय को हिन्दुओं की धार्मिक दृष्टि से कभी नहीं देखा? चमार गाय पालते हैं, खूब पालते हैं, प्यार से पालते हैं, पर ऐसे ही जैसे भैंस को पालते हैं। लेकिन प्रेमचंद ने 'गोदान' में भी होरी के साथ हिन्दुओं के धार्मिक रूप की गाय ही जोड़ी है। यह सब प्रेमचंद द्वारा दलित-पिछड़े वर्गों के चिन्तन का 'मिस रिप्रेजेंटेशन' है। आज उत्तर भारत में गोहत्या पर पाबन्दी लगी है, ठीक है, कानून की बात है, चमार उस का पालन कर रहे हैं। यदि कानूनी पाबन्दी हट जाए तो अगले दिन चमार गोमांस खाने लगेंगे—उन्हें हिन्दुओं की कोई धार्मिक हिचक नहीं होनी है। किसी को बकरे का गोश्त अच्छा लगता है, किसी को मुर्गा बनाना अच्छा लगता है, तो कई लोग सूअर का मांस खाते हैं। भैंस और गाय भी उन के लिए इसी क्रम में हैं। यदि प्रेमचंद को चमारों के जीवन का सच दिखाना था तो उन्हें अपने उपन्यास 'रंगभूमि' में दिखाना चाहिए था कि उन के समय के चमार गाय का मीट खाते थे। पर यह सच्चाई न बता कर उन्होंने चमारों की सच्चाई पर आवरण चढ़ाया है और उस के ऊपर विक्षेप की रचना यह भी की है कि सूरदास 'गोभक्त' था। यूँ, यहाँ यह गलतबयानी की हद पार हो गई है।

श्री चन्द्रिका प्रसाद जिज्ञासु ने स्वामी पर लिखी अपनी पुस्तक में बताया है कि स्वामी अछूतानन्द के सामने दलितों की क्या समस्याएँ थीं। वे लिखते हैं—''...कड़ी मेहनत के गंदे कामों के करने को विवश, मिहनत की मजदूरी नाम-मात्र बहुत ही कम,

बेगार और मार की भरमार से नथुनों में दम... ।"[17] उन्होंने आगे लिखा है–"इन में चर्मकार, पासी और कंजड़ आदि प्रायः ब्राह्मण ठाकुरों की जिमींदारी में, गाँवों में 'भूदास' बना दिए गए थे। उन्हें गाँव के छोर पर रहने को थोड़ी-सी जगह तथा गुजारे के लिए कुछ बिस्वा जमीन दे दी जाती थीं, जिस के बदले में उन्हें जमीदारों की सारी बेगार करनी पड़ती थी। मर्द बाहरी बेगार करते थे, औरतें घरेलू बेगार, जैसे कि लीपना, पोतना, धान कूटना, चक्की पीसना, इत्यादि ।"[18] तब क्यों प्रेमचंद ने 'रंगभूमि' में चमारों की इस बेगार प्रथा को मिटाने को मुख्य मुद्दा नहीं बनाया? उलटे, उन्होंने सूरदास के माध्यम से जो मुद्दा बनाया, डा. कमल किशोर गोयनका के शब्दों में वह इस प्रकार है–"...सूरदास की भूमि-रक्षा का संघर्ष विदेशी सभ्यता एवं साम्राज्य से मुक्ति का संघर्ष बन जाता है। पाण्डेपुर बस्ती सम्पूर्ण भारतवर्ष का प्रतीक बन जाती है और सूरदास महात्मा गांधी का रूप धारण करके विदेशी साम्राज्यवाद और सभ्यता के विरुद्ध जन-जन को जाग्रत करता हुआ रंगभूमि से अदृश्य हो जाता है। वास्तव में पाण्डेपुर भारत भूमि है, सूरदास महात्मा गांधी, जॉन सेवक यूरोपीय पूँजीवाद और औद्योगिक सभ्यता का प्रतिरूप और क्लार्क अंग्रेजी साम्राज्यवाद की जीती-जागती मूर्ति।"[19] निश्चित रूप से, यह प्रेमचंद की चमारों की बयान-बाहर समस्याओं पर गलतबयानी है।

जाने प्रेमचंद 'रंगभूमि' में सूरदास चमार को ले कर परियों की किस दुनिया की बात ले कर बैठ गए हैं? 'राष्ट्रीय अनुसूचित जाति तथा अनुसूचित जनजाति आयोग' की 'पाँचवीं रिपोर्ट 1998-99 खंड I' के अनुसार उत्तर प्रदेश के 10 प्रतिशत जिलों में किए गए इन जातियों के प्रति अत्याचार के 1311 पंजीकृत किए गए मामलों का विश्लेषण करने से निष्कर्ष निकला है :

> "v. 7 (0.53 प्रतिशत) मामलों का संबंध अनुसूचित जातियों और अनुसूचित जनजातियों के सदस्यों की जमीन पर अवैध कब्जा करने अथवा उस पर खेती करने से है।
>
> ....
>
> "x. अत्याचार के 3(0.23 प्रतिशत) मामलों का संबंध अनुसूचित जाति या अनुसूचित जनजाति के किसी सदस्य को उसकी भूमि या परिसर से अनुचित रूप से बेदखल करने से है।
>
> "xi. 3(0.23 प्रतिशत) मामलों का संबंध अनुसूचित जाति या अनुसूचित जनजाति के किसी सदस्य को अपना घर, गांव या रिहायश का कोई अन्य स्थान छोड़ने के लिए विवश करने से है।"[20]

यहाँ इतनी सूचनापरक टिप्पणी और लिखी जा सकती है कि यह सब स्वतन्त्र भारत की कथा है। अब कोई अंग्रेज कलक्टर मि. क्लार्क नहीं है। प्रेमचंद ने 'रंगभूमि' में बता दिया कि उन के सूरे चमार की जमीन को कौन हड़प रहा था पर इन आधुनिक सूरे चमारों की जमीन और उन के रिहायशी घरों को कौन हड़प रहा है? ये सब गैर-अनुसूचित जातियों और गैर-अनुसूचित जनजातियों के प्रेमचंद के भारतीय लोग हैं।

अत्याचार के इन मामलों के विश्लेषण से यह नतीजा भी निकला है :

> "ix. 4 (0.31 प्रतिशत) मामलों का संबंध अनुसूचित जातियों या अनुसूचित जनजातियों को बेगार करने या इसी प्रकार की विवशतापूर्ण या बंधुआ मजदूरी करने के लिए बाध्य करने से है।"[21]

आयोग ने अपनी इस पाँचवीं रिपोर्ट में उत्तर प्रदेश के बगल वाले प्रान्त बिहार के जहानाबाद हत्याकाण्ड का स्थल पर जा कर मुआयना किया था। इस हत्याकाण्ड का कारण उच्च जातियों के जमींदारों और अनुसूचित जातियों के भूमिहीन लोगों के बीच हुआ जातिगत हमला था। इस क्रूर कातिलाने हमले के दौरान अनुसूचित जाति के 11 व्यक्तियों की निर्दयतापूर्वक हत्या की गई थी, जिन में 6 पुरुष और 5 महिलाएँ थीं। सात व्यक्ति जख्मी हुए थे। मौके पर मुआयना करने और राज्य सरकार के उच्च प्राधिकारियों से मुलाकात करने के बाद आयोग ने इस क्षेत्र के अनुसूचित जातियों के लोगों के विकास के लिए कुछ उपायों का सुझाव दिया ताकि भविष्य में ऐसी घटनाओं की पुनरावृत्ति न हो सके। जमीन सम्बन्धी सुझाव इस प्रकार हैं :

> "8.99 प्रभावित परिवारों से बातचीत के दौरान यह देखा गया कि उन के पास इतनी पर्याप्त जमीन नहीं है जिससे वे अपना भरण-पोषण कर सकें और इसलिए वे जमींदारों के पास मजदूरों के रूप में काम करते हैं और इसके बदले उन्हें मजदूरी के रूप में 2 किलोग्राम चावल मिलते हैं या कुछ जमींदार मजदूरी के लिए 5-10 कटठा भूमि दे देते हैं। राज्य सरकार को कृषि क्षेत्र के लिए न्यूनतम मजदूरी सुनिश्चित करनी चाहिए।
>
> 8.100 राज्य वित्त और विकास निगम के माध्यम से उन जमीदारों से भूमि खरीद कर, जो स्वेच्छा से भूमि बेचना चाहते हों, अनुसूचित जाति तथा अनुसूचित जनजाति के गरीब भूमिहीन व्यक्तियों को जमीन मुहैया की जानी चाहिए। कम से कम 2 बीघा जमीन दी जानी चाहिए और पट्टे और मिलकियत के अधिकार दिए जाने चाहिए।
>
> 8.101 बटाईदार प्रणाली के अन्तर्गत खेती करने वालों, विशेष रूप से अनुसूचित जातियों और अनुसूचित जनजातियों के लोगों को बिहार भू-हति

अधिनियम के अन्तर्गत स्वामित्व के अधिकार प्रदान किए जाने चाहिए। यह सुनिश्चित किया जाना चाहिए कि उन्हें भविष्य में तंग न किया जाए।''[22]

कहना यही है कि प्रेमचंद की पुस्तक 'रंगभूमि' में ऐसी घटनाओं और ऐसे सुझावों का कहाँ अता-पता है।

डा. कमल किशोर गोयनका ने 'रंगभूमि' को ले कर प्रेमचंद की प्रशंसा में अति उत्साही हो कर लिखा है—''उपन्यास में स्पष्ट रूप से दो संस्कृति एवं जीवन-पद्धतियाँ हैं जो एक-दूसरे से टकराती हैं।''[23] पर, प्रेमचंद को ये दो भिन्न संस्कृतियाँ और दो भिन्न जीवन-पद्धतियाँ अछूतों और हिन्दुओं के बीच क्यों नहीं दीखीं? अंग्रेज तो बाहर के थे, लेकिन अछूतों और हिन्दुओं के बीच की अलग-अलग संस्कृतियाँ और जीवन-पद्धतियाँ तो हिन्दुस्तान के गाँव-गाँव में थीं—प्रेमचंद की नजर से वे कैसे उतर गईं? बल्कि कहा तो यह जाए कि चमारों और अंग्रेजों की संस्कृतियाँ और जीवन-पद्धतियाँ आपस में ज्यादा मेल रखती थीं क्योंकि दोनों कौमें गोमांस खाती थीं, और पर्सनल कानून में तलाक के मामले में भी दोनों कौमें एक हो रही थीं। इन बातों को ले कर चमारों की भिन्नता अंग्रेजों से न हो कर हिन्दुओं से थी। तब प्रेमचन्द चमारों से अपने हिन्दुओं का काम क्यों ले रहे हैं?

प्रेमचंद को हो क्या गया है जब वे चमारों के सूरदास भिखारी तक के पास पाँच सौ रुपये जुड़े हुए बता रहे हैं? तब, इस से यही अन्दाजा लग सकता है कि जब चमारों के भिखारी तक के पास पाँच सौ रुपये जुड़े हुए हैं तो बाकी चमारों के पास कितना धन जुड़ा होता होगा। इस दृष्टि से भी प्रेमचंद की यह पूरी गलतबयानी है कि चमारों के सूरे भिखारी के पास पाँच सौ रुपये पोटली में जुड़े हुए थे।

प्रेमचंद सारी बातों को उल्टी तरह से रख रहे हैं। 'रंगभूमि' में एक घसियारी को कारखाना खुलने की वजह से तम्बाखू फैक्ट्री के मजदूर छेड़ते हैं। डॉ. कमल किशोर गोयनका ने इस बारे में लिखा है—''उपन्यास में...भूमि-रक्षा के संघर्ष से जुड़ी दो प्रधान घटनाएँ घटित होती हैं—एक, कारखाना खुलने से अनैतिक वातावरण बनना और घीसू, मिठुआ आदि का सुभागी से बलात्कार करने की चेष्टा तथा सूरदास का मजदूरों को घसियारन को छेड़ने से रोकने पर चोट खाना... ।''[24]

'रंगभूमि' में घसियारी वाली घटना इस प्रकार वर्णित है—''फागुन का महीना था, संध्या का समय। एक स्त्री घास बेच कर जा रही थी। मजदूरों ने अभी-अभी काम से छुट्टी पाई थी। दिन-भर चुपचाप चरखियों के सामने खड़े-खड़े उकता गए थे, विनोद के लिए उत्सुक हो रहे थे। घसियारिन को देखते ही उस पर अश्लील कबीरों की बौछार शुरू कर दी। सूरदास को यह बुरा मालूम हुआ।''[25] प्रेमचन्द ने इसी बात के डर की बात सूरदास के मुख से 'रंगभूमि' में शुरू में कहलवा दी थी। सूरदास राजा साहब से कहता है—''सरकार बहुत ठीक कहते हैं, मुहल्ले की रौनक जरूर बढ़ जायगी, रोजगारी

लोगों को फ़ायदा भी खूब होगा। लेकिन जहाँ यह रौनक बढ़ेगी, वहाँ ताड़ी शराब का भी तो परचार बढ़ जाएगा, कसबियाँ भी तो आकर बस जायेंगी, परदेशी आदमी हमारी बहू-बेटियों को घूरेंगे, कितना अधरम होगा। दिहात के किसान अपना काम छोड़कर मजूरी के लालच में दौड़ेंगे, यहाँ बुरी-बुरी बातें सीखेंगे, और अपने बुरे आचरण, अपने गाँव में फैलायेंगे। दिहातों की लड़कियाँ, बहुएँ मजूरी करने आयेंगी, और यहाँ पैसे के लोभ में अपना धरम बिगाड़ेंगी। यही रौनक शहरों में है। वही रौनक यहाँ हो जायेगी। भगवान न करें, यहाँ वह रौनक हो। सरकार, मुझे इस कुकरम और अधरम से बचायें। यह सारा पाप मेरे सिर पड़ेगा।''[26] इसी पर डा. कमल किशोर गोयनका निष्कर्ष के रूप में लिखते हैं—''सूरदास आरम्भ में कारखाना खुलने से ग्रामीण समाज के भ्रष्ट हो जाने की जो कल्पना करता है, वह उपन्यास में साक्षात् घटित होती है। ग्रामीण जन-जीवन को औद्योगिक एवं शहरी सभ्यता के कुप्रभाव से बचाने के निमित्त ही अपनी भूमि की रक्षा करने के लिए कटिबद्ध होता है। सूरदास की असफलता उसके भय एवं आशंका को सत्य में बदल देती है। मिल लगभग तैयार हो चुकी है और गवर्नर द्वारा उसके उद्घाटन की प्रतीक्षा है।''[27] वे अपने बजाय प्रेमचंद के ही शब्द उद्धृत कर देते हैं—''मिल के परदेसी मजदूर, जिन्हें न बिरादरी का भय था, न सम्बन्धियों का लिहाज, दिन-भर तो मिल में काम करते, रात को ताड़ी-शराब पीते। जुआ नित्य होता था। ऐसे स्थानों पर कुलटाएँ भी आ पहुँचती हैं। यहाँ भी एक छोटा-मोटा चकला आबाद हो गया था। पाण्डेपुर का पुराना बाजार सर्द होता जाता था। मिठुआ, घीसू, विद्याधर तीनों अक्सर इधर से सैर करने आते और जुआ खेलते। घीसू तो दूध बेचने के बहाने आता, विद्याधर नौकरी खोजने के बहाने और मिठुआ केवल उन दोनों का साथ देने आया करता था। दस-ग्यारह बजे रात तक वहाँ बड़ी बहार रहती थी। कोई चाट खा रहा है, कोई तम्बोली की दूकान के सामने खड़ा है, कोई वेश्याओं से विनोद कर रहा है। अश्लील हास-परिहास, लज्जास्पद नेत्र-कटाक्ष और कुवासना-पूर्ण हाव-भाव का अविरल प्रवाह होता रहता था। पाण्डेपुर में ये दिलचस्पियाँ कहाँ? लड़कों को हिम्मत न पड़ती थी कि ताड़ी की दूकान के सामने खड़े हों, कहीं घर का कोई आदमी देख न ले। युवकों की मजाल न थी कि किसी स्त्री को छेड़ें, कहीं मेरे घर जाकर कह न दे। सभी एक-दूसरे से सम्बन्ध रखते थे। यहाँ वे रुकावटें कहां?''[28]

यह, प्रेमचंद ने गाँव का चित्रण न किया, अपने बट के का स्वर्ग ही धरती पर उतार दिया है। खुश डा. गोयनका भी हो रहे हैं जब वे प्रेमचंद की रौ में बह कर इस औद्योगीकरण के विरोध में लिख रहे हैं—''इस प्रकार ग्रामीण जीवन में आने वाला यह परिवर्तन औद्योगिक सभ्यता की ही देन है। गांव वालों के पास दो पैसे ज्यादा आने लगे हैं, जगधर के अब तीन-तीन खोंचे बिक जाते हैं, किन्तु वह कहता है कि ऐसा सोना किस काम का, जिससे कान फटे। वह मान लेता है कि कारखाना खुलने से उनकी तबाही आ गयी है। मिठुआ, घीसू और विद्याधर का पतन इस स्तर तक हो

जाता है कि गाँव में रहने वाली सुभागी से ही बलात्कार करने पर तुल जाते हैं। प्रेमचन्द इस घटना से दिखाते हैं कि औद्योगिक एवं पूँजीवादी सभ्यता ने सभी नैतिक मूल्यों और सामाजिक मर्यादाओं को ध्वस्त कर दिया है और मजदूरों एवं ग्रामीण युवकों की पीढ़ी पतन के गर्त की ओर चल पड़ी है।"[29] लेकिन पूछना यह है कि प्रेमचंद ने गाँव के जीवन का वह सच क्यों नहीं दिखाया जिस में दलित लेखक सूरज पाल चौहान की माँ के साथ गाँव का ठाकुर जयसिंह बलात्कार कर रहा है। सूरज पाल चौहान के अपनी आत्मकथा के दूसरे भाग 'संतप्त' में वे वर्णित शब्द इस प्रकार हैं :

> "मैं ठाकुर से पहले ही डरा हुआ था। उसकी झिड़की खाकर और सहम गया। माँ मना करती रही, फिर भी मैं घेर के पीछे कूड़ा उठाने चला गया। थोड़ी ही देर बाद मुझे माँ की चीख सुनाई पड़ी। चीख सुनकर मैं उस ओर दौड़ा। ठाकुर जयसिंह अपने दोनों हाथों से माँ को दबोचे हुए था। माँ भेड़िये के पंजों में फँसी हाथ-पाँव पटक रही थी। माँ की हालत देखकर मैं दहल गया था। माँ का आँचल ठाकुर ने खींचकर दूर फेंक दिया था। वह अपनी पकड़ और मजबूत करते हुए माँ के मुँह से अपना मुँह अड़ाने की कोशिश कर रहा था। मैं था तो बालक ही, लेकिन उस समय मेरा खून खौल उठा। मुझे आस-पास कुछ दिखाई नहीं दिया। माँ के हाथ से दूर जा गिरी झाडू अब मेरे हाथों में थी। बिना देर किए मैंने पूरी ताकत से ठाकुर की पीठ और कमर पर झाडू बरसानी शुरू कर दी। झाडू की लगातार मार से ठाकुर तिलमिलाकर रह गया और उसकी पकड़ ढीली पड़ गई। माँ उस के चंगुल से छूटकर दूर हो गई थी। ठाकुर बुरी तरह से खिसिया गया था। वह मुझे मारने लपका। लेकिन तब तक माँ सँभल चुकी थी। माँ ने ठाकुर के गुप्तांग पर लात का पूरी ताकत के साथ प्रहार किया। माँ के एक ही वार से ठाकुर रूई के बोरे की तरह एक ओर को गिर पड़ा और उसकी आँखें बधिया होते भैंसे की तरह अंटे-सी बाहर को निकल आई थीं।"[30]

जिन्होंने प्रेमचंद का पूरा साहित्य पढ़ने का दावा कायम कर रखा है, वे बताएँ कि प्रेमचंद के साहित्य में 'संतप्त' में व्यक्त की गई इस सच्चाई का जोड़ कहाँ है। तब, प्रेमचंद गाँव की सभ्यता के हामीदार कैसे बन गए? ऐसे गाँव छोड़ने ही लायक हैं जहाँ दलित जातियों की स्त्रियों के साथ बलात्कार हो रहे हैं। यदि यह बलात्कार औद्योगीकरण के द्वारा छूट सके तो घसियारियों के लिए इस से अच्छी बात दूसरी क्या होगी? चमारी के साथ हर जगह बलात्कार हो रहा है। जब वह खेतों में घास खोदने जाती है तो जमीदार वहाँ उस से बलात्कार करता है क्योंकि चमारी अपने खेतों में घास

खोदने नहीं जा रही है। उधर, जब वह घोसियों के यहाँ घास बेचने जा रही है तो वहाँ उन की गिद्ध दृष्टि का शिकार हो रही है। क्या प्रेमचन्द को मालूम नहीं कि अपनी इज्जत बचाने के लिए चमारियाँ टोलियों में मिल कर जंगल में घास खोदने जाती हैं कि कोई जमीदार अकेली को न पकड़ ले? लेकिन, बेचारी मेहतरानियों को यह रणनीति अपनानी भी सुलभ नहीं है क्योंकि वे जमीदारों के घरों में अकेली कमाने जाती हैं। उस बेचारी धूलनी का क्या होता है जो 'चिमटा लो, फूंकनी लो, सिंडासी लो' की आवाज करती हुई जमीदार द्वारा घेर में अकेली घेर ली जाती है? गरीब कौमों की मुसीबत हो रही है और प्रेमचंद औद्योगीकरण के खिलाफ ऐसी ग्राम्य व्यवस्था की वकालत कर रहे हैं! कबीर ने बहुत पहले ऐसे गाँव को छोड़ दिया था। प्रेमचंद की 'रंगभूमि' के पांडेपुर गाँव के बजाय कबीर ने जो गाँव देखा था, वह बिलकुल अलग है। प्रेमचंद और कबीर दोनों बनारस के रहने वाले थे। कबीर के समय में देश में तुर्क आए थे और प्रेमचंद के समय में अंग्रेज आए थे। कबीर का वर्णन देखिए कि वे ऐसे गाँव में बसना नहीं चाह रहे हैं। वे इस गाँव में दुबारा आना भी नहीं चाहते। शब्द इस प्रकार हैं :

अब न बसूं इहि गांइ गुसाई। तेरे नेवगी खरे सयांने हो रामा।।
नगर इक तहाँ जीव धरम हता। बसे जु पंच किसाना।।
नैनू निकट श्रवनूं रसनूं। इंद्री कहा न मानै हो रामां।।
गाइं कु ठाकुर खेत कु नेपै। काइथ खरच न पारै।।
जोरि जेवरी खेति पसारै। सब मिलि मोकौ मारै हो रांम।।
खोटौ महतौ बिकट बलाही। सिर कसदम का पारै।।
बुरो दिवान दादि नहिं लागै। इक बांधे इक मारे हो राम।।
धरम राइ जब लेखा मांग्या। बाकी निकसी भारी।।
पांच किरसानां भाजि गये हैं। जीपधर बांध्यो पारी हो राम।।
कहैं कबीर सुनुहु रे संतौ। हरि भजि बांधो भेरा।।
अबकी बेर बकसि बंदे कौ। सब खेत करौं नबेरा।।[31]

यहाँ मैं यह कह रहा हूँ कि जब 'गाइं कु ठाकुर खेत कु नेपै' है, या 'काइथ खरच न पारै' है, तो वहाँ गरीबों की स्त्रियों की इज्जत तनिक भी सुरक्षित नहीं है। इसलिए, आज के दलित कवि श्याम लाल 'शमी' ने अपनी पुस्तक 'जो सहा, सो कहा' में नवगीत की विधा में लिखा है :

''दम्भ से
परिपूर्ण जो था गाँव
वह हम छोड़ आए।

....

थी जहाँ

इंसानियत की मौत

नाता तोड़ आए।"[32]

गाँव के बारे में हर दलित साहित्यकार की यही जानकारी है कि गाँव उन के लिए छुआछूत, शोषण और अन्याय का पर्यायवाची नाम है। डा. काली चरण 'स्नेही' की कविताओं में भी गाँव के इन तजुर्बों के बारे में काफी लिखा मिलता है। कुछ बानगियाँ इस प्रकार हैं :

1. "चलो हमारे साथ गाँव में
दलितों की अब भी ऐसी की तैसी है।
नहीं जानते अब भी वे बेचारे आजादी कैसी है?"[33]
2. "21वीं सदी में प्रवेश करते गाँव
अभी हमारा अपनी ही खटिया पर बैठना बर्दाश्त नहीं कर पाते।"[34]
3. "गोया गाँव में जहाँ तक नजर फैलाइए
काबिज पटेल ही पटेल है
लोकतन्त्र पूरी तरह फेल है
आजादी आज भी उस की रखैल है।"[35]

यहाँ डा. शैलेश जैदी की आपत्ति भी सुनी जाए कि उन्होंने पांडेपुर को गाँव ही नहीं माना। गाँव न कहने में उन का विश्लेषण इस प्रकार है –"**रंगभूमि** का मूल संघर्ष कृषक व्यवस्था बनाम औद्योगिक व्यवस्था नहीं है। उपन्यास में सूरदास और कुँवर भरतसिंह द्वारा की गई एकाध टिप्पिणियों के अतिरिक्त कृषक व्यवस्था की कोई झलक नहीं मिलती। पाँड़ेपुर में एक भी किसान दिखायी नहीं देता। खेत-खलिहान आदि होने का भी यहाँ कोई संकेत नहीं मिलता। लेखक ने एक स्थल पर लिखा है–'भैरों ने संक्षिप्त रूप से सारी कथा सुना दी और 'गाँव' वालों की कायरता और असज्जनता का दुखड़ा रोने लगा।'...इस वाक्य से यह संकेत अवश्य मिलता है कि पाँडेपुर एक 'गाँव' है। तखमीने के अफ़सर तथा सोफ़िया ने भी पाँडेपुर के लिए 'गाँव' शब्द का ही प्रयोग किया है।...किन्तु पाँड़ेपुर निवासी बजरंगी जब भैरों से कहता है–'भाग को सराहो कि 'सहर' में हो; किसी गाँव में होते, तो मुँह में मक्खियाँ आतीं-जातीं...'–तो ऐसा प्रतीत होता है कि पाँड़ेपुर शहर का ही एक भाग है। स्वयं लेखक ने भी एक स्थल पर इस तथ्य की पुष्टि की है–'इधर घीसू ने भी गालियाँ देनी

शुरू कीं। शहर के लौंडे गाली देने की कला में सिद्धहस्त होते हैं। घीसू नयी-नयी अछूती गालियाँ दे रहा था।'...पाँड़ेपुर के मकानों, दुकानों, व्यापारियों आदि को दृष्टि में रखकर यह स्पष्ट रूप से कहा जा सकता है कि पाँड़ेपुर 'गाँव' न होकर शहर की चौहद्दियों में ही स्थित छोटे-मोटे रोज़गारियों का एक मुहल्ला है। लेखक ने स्वयं पाँड़ेपुर के लिए 'मुहल्ला' शब्द का प्रयोग कई स्थलों पर किया है। यहाँ कोई दूध का रोज़गार करता है, कोई ताड़ी का, कोई चमड़े का। भीख माँगना भी एक प्रकार का रोज़गार ही है। सूरदास ने इसी रोज़गार में पाँच सौ रुपये से कुछ अधिक जुटा लिये थे।''[36]

'रंगभूमि' के अलावा डा. शैलेश जैदी प्रेमचंद के दूसरे बड़े उपन्यास 'गोदान' के बारे में भी लिखते हैं कि प्रेमचंद 'गाँव के जीवन को बहुत भीतर घुस कर देखने की आवश्यकता नहीं समझते।'[37]

संदर्भ

1. प्रेमचंद को मसीहा न बनाएं, सूरज बड़त्या, अपेक्षा, 27-घौंडली, कृष्णा नगर, दिल्ली-110 051, जनवरी-मार्च, 2005, पृ.-70
2. चमार, मूल लेखक, जी. डब्लू. ब्रिग्स, अनुवादक—जय प्रकाश कर्दम, समता प्रकाशन, 30/64, गली नं. 8, विश्वास नगर, शाहदरा, दिल्ली-110 032, संस्करण, 1997, पृ.-44
3. सतिगुरु रविदास जी, आदि गुरुवाणी, प्रकाशक, श्री गुरु रविदास मन्दिर प्रबंधक कमेटी, 1 & 2 , राम पुरी, कालकाजी, नई दिल्ली-110 019, प्रथम संस्करण, 1998, पृ.-123
4. गोदान, प्रेमचन्द, लोक भारती प्रकाशन, 15-ए, महात्मा गांधी मार्ग, इलाहाबाद-1, संस्करण, 1999, पृ.-141
5. स्वामी अछूतानंद हरिहर, लेखक, डा. राजपाल सिंह 'राज', राजलक्ष्मी प्रकाशन, ए-17/18, भगवत गली नं. 1, ब्रह्मपुरी, दिल्ली-110 053, प्रथम संस्करण, पृ.-47
6. प्रेमचंद की उपन्यास यात्रा : नव मूल्यांकन, डा. शैलेश जैदी, यूनिवर्सिटी पब्लिशिंग हाउस, कोठी नायाब, सर सैयद रोड, सिविल लाइन्स, अलीगढ़, उत्तर प्रदेश, प्रथम संस्करण, 1978, पृ.-209
7. सल्तनतकालीन सरकार तथा प्रशासनिक व्यवस्था, डा. ऊषा रानी बंसल, विश्व विद्यालय प्रकाशन, चौक, वाराणसी-221 001, प्रथम संस्करण, 2003, पृ.-43
8. प्रेमचंद : अध्ययन की नयी दिशाएँ, डा. कमल किशोर गोयनका, साहित्य निधि, सी-38, ईस्ट कृष्ण नगर, दिल्ली-110 051, प्रथम संस्करण, 1981, पृ.-108
9. हिन्दी की दलित पत्रकारिता पर पत्रकार अम्बेडकर का प्रभाव, डा. श्यौराज सिंह 'बेचैन', समता प्रकाशन, 30/64, गली नं. 8, विश्वास नगर, शाहदरा, दिल्ली-110 032, संस्करण, 1997, पृ.-217-28
10. बाबा साहेब डा. अम्बेडकर : सम्पूर्ण वाङ्मय, खंड 9, सम्पादक, कैलाश चन्द्र सेठ और मोहनदास नैमिशराय, प्रकाशक, डा. अम्बेडकर प्रतिष्ठान, कल्याण मंत्रालय, भारत सरकार, 25, अशोक रोड, नई दिल्ली-110 001, संस्करण, 1995, पृ.-39-41
11. वही, पृ.-15-9

12. "It can be laid down without fear of challenge that industriliazation will foster and facilitate the enlargement of holdings, though it may not bring about consolidation. It is an incontrovertible fact that so long as there is premium on land, consolidation will not be easy. Industrialisation must precede consolidation."
Dr. Ambedkar : Life and Mission, Dhananjay Keer, Popular Prakashan Private Limited, 35-C, Pandit Madan Mohan Malaviya Marg, Popular Press Bldg., Tardeo, Bombay-400 034, p.-38
13. 'रंगभूमि', गांधी और अम्बेडकरवादी-विमर्श, ईश गंगानिया, अपेक्षा, 27-घौंडली, कृष्णा नगर, दिल्ली-110 051, जनवरी-मार्च 2005, पृ.-31
14. आदि हिन्दू आन्दोलन के प्रवर्तक श्री 108 स्वामी अछूतानन्द जी 'हरिहर' : जीवनी, सिद्धान्त और भाषण, लेखक, श्री चन्द्रिका प्रसाद जिज्ञासु, प्रकाशक, हिन्दू समाज सुधार कार्यालय, सआदत गंज, लखनऊ, पहली बार, 1960, पृ.-41
15. वही, पृ.-42
16. आम्बेडकर इन्कलाब, डा. जी. पी. प्रशान्त, प्रकाशक, ह्यूमन सर्विस चेरीटेबिल ट्रस्ट आफ इण्डिया, सिद्धार्थ हाउस, एल. डी. ए. कालोनी, कानपुर रोड, लखनऊ, प्रथम संस्करण, 1997, पृ.-6-7
17. आदि हिन्दू-आन्दोलन के प्रवर्तक श्री 108 स्वामी अछूतानन्द जी 'हरिहर' : जीवनी, सिद्धान्त और भाषण, लेखक, श्री चन्द्रिका प्रसाद जिज्ञासु, प्रकाशक, हिन्दू समाज सुधार कार्यालय, सआदत गंज, लखनऊ, पहली बार, 1960, पृ.-40
18. वही, पृ.-40
19. प्रेमचंद : अध्ययन की नयी दिशाएँ, डा. कमल किशोर गोयनका, साहित्यनिधि, सी-38, ईस्ट कृष्ण नगर, दिल्ली-110 051, प्रथम संस्करण, 1981, पृ.-109
20. राष्ट्रीय अनुसूचित जाति तथा अनुसूचित जनजाति आयोग, पाँचवी रिपोर्ट 1998-99 खंड I, पृ. -203
21. वही, पृ.-203
22. वही, पृ.-197-98
23. प्रेमचंद : अध्ययन की नयी दिशाएँ, डा. कमल किशोर गोयनका, साहित्य निधि, सी-38, ईस्ट कृष्ण नगर, दिल्ली-110 051, प्रथम संस्करण, 1981, पृ.-109
24. वही, पृ.-104
25. रंगभूमि, प्रेमचंद, शिवानी बुक्स, 4855/24, हरबंस स्ट्रीट, दरियागंज, नई दिल्ली-110 002, संस्करण, 2004, पृ.-535-36
26. प्रेमचंद : अध्ययन की नयी दिशाएँ, डा. कमल किशोर गोयनका, साहित्य निधि, सी-38, ईस्ट कृष्ण नगर, दिल्ली-110 051, प्रथम संस्करण, 1981, पृ.-100 पर 'रंगभूमि' से उद्धृत
27. वही, पृ.-104
28. वही, पृ.-104-05
29. वही, पृ.-105
30. संतप्त, सूरज पाल चौहान, वाणी प्रकाशन, 21-ए, दरियागंज, नई दिल्ली-110 002, प्रथम संस्करण, 2006, पृ.-24-5
31. महाबीजक [कबीर साहब की सम्पूर्ण वाणियों का संग्रह], सम्पादक, गंगा शरण शास्त्री, कबीर वाणी प्रकाशन केन्द्र, सी. 23/5, कबीर चौरा मठ, वाराणसी-221 001, प्रथम संस्करण, 10 जून, 1998, पृ.-446

32. जो सहा, सो कहा, श्याम लाल शमी, अप्रकाशित
33. आरक्षण अपना अपना, डा. काली चरण 'स्नेही', नवभारत प्रकाशन, डी-626, गली नं. 1, अशोक नगर (निकट ललिता मन्दिर), शाहदरा, दिल्ली-110 093, संस्करण, 2007, पृ.-83
34. वही, पृ.-88
35. वही, पृ.-40
36. प्रेमचंद की उपन्यास यात्रा : नव मूल्यांकन, डा. शैलेश जैदी, यूनिवर्सिटी पब्लिशिंग हाउस, कोठी नायाब, सर सैयद रोड, सिविल लाइन्स, अलीगढ़, उत्तर प्रदेश, प्रथम संस्करण, जुलाई, 1978, पृ.-219
37. वही, पृ.-453-54

अध्याय-6

स्वराज?–किस का स्वराज?

क. तत्कालीन साम्प्रदायिकता पर भिन्न विचार
ख. स्वराज : कब ले कर कब तक?
ग. 1857 से पहले के दलित
घ. 1857 से 1947 तक : दो आजादियों की लड़ाइयाँ
ङ. स्वराजवादी : पुराने और नए

क. तत्कालीन साम्प्रदायिकता पर भिन्न विचार

खुद प्रेमचंद ने दर्ज किया है–"...वर्ना हिन्दू संगठन के बनारस में आयोजित जलसे में जमींदारों और राजाओं की इतनी बड़ी संख्या न दिखाई देती। जिधर देखिए राजे-महाराजे और सेठ-महाजन ही नजर आते थे। उन के पीछे चलने वालों में अधिकांशतः वे लोग थे जिन का पुश्तैनी पेशा गुलामी है, जिन्हें शुरू से यह शिकायत है कि मुसलमान सरकारी नौकरियाँ हड़प कर जाते हैं और हमारा हाल पूछने वाला कोई नहीं है, जिन के लिए मुसलमान सब-इंसपेक्टर या कुर्क या अमीन की नियुक्ति चीन के इन्क्लाब या तुर्की की फतेह से ज्यादा बड़ी घटना थी।"[1] इसी प्रतिनिधित्व की लड़ाई को डाक्टर अम्बेडकर दलितों के हित में लड़ रहे थे। तब प्रेमचन्द ने गोल मेज सभाओं के समय डा. अम्बेडकर का साथ क्यों नहीं दिया? उन्होंने डा. अम्बेडकर का विरोध तक क्यों किया? प्रतिनिधित्व के मामले में वे दलितों की पहचान मिटाने में क्यों लगे हुए थे? इस में पक्षधरता के सिवा उन की समझदारी की कोई बात नहीं थी। जब हिन्दुओं द्वारा एक-एक सब-इंसपेक्टर और कुर्क अमीन की नियुक्ति पर चीन की और तुर्की की क्रांतियाँ और विजय हो रही थीं, उस समय दलितों का तो सब कुछ लुटा हुआ था।

प्रेमचन्द का एक उपन्यास 'सेवासदन' (उर्दू में 'बाजारे हुस्न') है। अमृत राय ने इस का लेखन काल जनवरी 1917 से जनवरी 1918 तक ठहराया है। इस में प्रेमचंद का एक मुसलमान पात्र खुद मुसलमानों की जेहनियत के बारे में कहता है– "...आजकल पोलिटिकल मफ़ाद का जोर है, हक़ और इन्साफ़ का नाम न लीजिए। अगर आप मुदर्रिस हैं तो हिन्दू लड़कों को फ़ेल कीजिए। तहसीलदार हैं तो हिन्दुओं पर टैक्स लगाइए। मजिस्ट्रेट हैं तो हिन्दुओं को सज़ा दीजिए। सब-इंसपेक्टर पुलिस हैं तो हिन्दुओं पर झूठे मुक़दमे दायर कीजिए, तहक़ीक़ात करने जाइए तो हिन्दुओं के बयान गलत लिखिए। अगर आप चोर हैं तो किसी हिन्दू के घर डाका डालिए, अगर आपको हुस्न या इश्क का ख़ब्त है तो किसी हिन्दू नाज़नीन को उड़ाइए, तब आप क़ौम के ख़ादिम... (सेवक), क़ौम के मुहसिन (उपकारक),... क़ौमी किश्ती के नाखुदा... (मल्लाह) सब कुछ हैं।"[2]

ऐसा ज्ञान रखने पर प्रेमचन्द डा. अम्बेडकर द्वारा हिन्दुओं के बारे में यही कहने पर उन का विरोध कैसे कर सकते हैं? आखिर, डा. अम्बेडकर ने दलितों के प्रति हिन्दुओं की जेहनियत के बारे में यही लिखा है, जिस का दूसरे सन्दर्भ में प्रेमचन्द जिक्र कर रहे हैं।

प्रेमचंद ने अपने समय की साम्प्रदायिकता के बारे में माना था कि वे साम्प्रदायिक भारत में रह रहे हैं। वे कहते हैं :

> "...इस समय हमें बड़ी दूरदर्शिता और बुद्धिमत्ता से काम लेना पड़ेगा। दुनिया की निगाहें हमारी तरफ़ लगी हुई हैं। यदि हमने मताधिकारों के लिए आपस में लड़ाई ठान ली तो मानों हम प्रत्यक्ष रूप से सरकार की इस दलील का समर्थन करेंगे कि भारत में राष्ट्रीयता का भाव नहीं है।... जब मुसलमानों को कुछ अधिकार मिल जाते हैं तो हमें क्यों तुरन्त यह विचार होता है कि हमारे साथ अन्याय हुआ। कारण यही है कि हम मुँह से चाहे राष्ट्रीयता की दुहाई दें, दिल में हम सभी सम्प्रदायवादी हैं और हर एक बात को सम्प्रदाय की आँखों से देखते हैं। क्या यह सत्य नहीं है कि जब कोई साम्प्रदायिक दंगा हो जाता है तो हम तुरन्त यह जानने के लिए उत्सुक हो जाते हैं कि उस दंगे में कितने हिन्दू हताहत हुए और कितने मुसलमान। अगर हिन्दुओं की संख्या अधिक होती है तो हम कितने उत्तेजित हो जाते हैं। इसके विपरीत अगर मुसलमानों की संख्या अधिक होती है तो हम आराम की साँस लेते हैं!
>
> "यह हम नहीं कहते, सरकार की घोषणा निर्दोष है। उसका साम्पद्रायिक आधार ही आपत्तिजनक है। उसमें कतर-ब्योंत करके हम उसका रूप नहीं बदल सकते। हिन्दुओं और सिक्खों को दस-पाँच जगह और मिल जाने से

वह कम आपत्तिजनक न रहेगा। उसका संप्रदायत्व कैसे मिटेगा? क्या हिन्दू अथवा सिक्ख आन्दोलन से? इससे तो परस्पर द्वेष की आग और भी भड़केगी और राष्ट्रघातक भावनाएँ और भी प्रबल होंगी। इसका केवल एक ही उपाय है—साम्प्रदायिक मनोवृत्ति का शमन।...अब आनेवाले बरसों में हमें इसी साम्प्रदायिकता से संग्राम करना है...।''[3]

लेकिन, इसी जगह डा. अम्बेडकर का प्रेमचन्द के विचारों से फर्क था। अच्छा होता कि प्रेमचंद गांधी के बजाय डा. अम्बेडकर की बात मानते। लेकिन ऐसा प्रेमचंद समेत किसी भी तत्कालीन हिन्दू के द्वारा नहीं हुआ। तब जाना जाए कि डा. अम्बेडकर इस विषय पर क्या कह रहे थे।

डा. अम्बेडकर ने भारत की साम्प्रदायिक समस्या को एक सच्चाई माना था। वे इससे बच कर नहीं चले बल्कि एक ईमानदार दार्शनिक की तरह उन्होंने इसकी शक्तियों को समझा और स्वीकारा। लेकिन, ऐसा नहीं है कि वे इसके जन्मदाता थे। केवल यह कहा जा सकता है कि इस बारे में उन्हें झूठ नापसन्द था। उन्होंने इसके बारे में गोल मेज परिषद में कहा था—''मैं यह नहीं भूल सकता कि भारतीय लोग साम्प्रदायिक दिमाग के लोग हैं। हम यह आशा जरूर कर सकते हैं कि एक ऐसा समय आएगा जब भारत के लोग अपने प्रशासनिक मामलों के हल में साम्प्रदायिक दृष्टिकोण से देखना छोड़ देंगे, लेकिन वह एक आशा ही होगी, और सच्चाई नहीं। इसके विपरीत, सच्चाई यह है कि यदि भारतीय लोगों को कानून के प्रशासन में स्वविवेक का अधिकार दिया जाता है तो वे वर्ग और वर्ग में, समुदाय और समुदाय में भेद जरूर करेंगे।''[4] भारतीय समाज के बारे में अपनी इस खोज को उन्होंने अपनी पुस्तक 'पाकिस्तान और दि पार्टिशन ऑफ इंडिया' में भी सच पाया है। वे गरीबी और अमीरी में मार्क्सवाद के सामाजिक विभाजन को झुठलाते हुए लिखते हैं—''गरीब मुसलमान धनवानों से न्याय पाने के लिए गरीब हिन्दू से नहीं जुड़ेगा। भूस्वामियों की ज्यादती को रोकने के लिए मुसलमान काश्तकार हिन्दू काश्तकार से नहीं मिलेगा। पूँजीपतियों से मजदूरों की लड़ाई में मुसलमान मजदूर हिन्दू मजदूरों के साथ नहीं रहेगा।''[5] उन्होंने इसका कारण बताया कि एक गरीब मुसलमान यह जानता है कि अमीरों से लड़ाई में वह एक अमीर मुसलमान से लड़ बैठता है, मुसलमान काश्तकार यह मानता है कि भूस्वामियों से संघर्ष में उसे मुसलमान भूस्वामी के विरोध में खड़ा होना पड़ सकता है, और एक मुसलमान मजदूर यह सोचता है कि पूँजीपतियों से मजदूरों की लड़ाई में उसे एक मुसलमान मिल-मालिक के विरोध में जाना पड़ जाएगा। वह इस बात का अच्छा जानकार है कि एक अमीर मुसलमान, एक मुसलमान भूस्वामी और एक मुसलमान मिल मालिक को कोई नुकसान अंत में मुसलमान समाज का नुकसान होगा। डा. अम्बेडकर ने अपनी इसी पुस्तक में यह भी बताया है कि 'भारत में हमेशा

राजनैतिक उपद्रव साम्प्रदायिक रंग ले लेते हैं।'[6] अपनी शताब्दी की महत्त्वपूर्ण घटना बंग-भंग पर बोलते हुए उन्होंने बताया था कि बंग-भंग की नीति में पूर्वी बंगाल की लोक सेवाओं में बंगाली हिन्दुओं के प्रभुत्व को समाप्त करने का तरीका था।[7]

साम्प्रदायिक भारत की सच्चाई को डा. अम्बेडकर ने अपनी हर पुस्तक में स्वीकारा है। इसके समाधान में वे केवल यह चाहते हैं कि जबकि साम्प्रदायिकता की मानसिकता भारत के लोगों की एक वास्तविकता है, और यह किसी भी तरीके से समाप्त नहीं की जा सकती, तो यह किया जा सकता है कि यह किसी एक वर्ग में सीमित हो कर न रह जाए। यदि यह शक्ति है और प्रभुत्व है तो सब में बाँट दिया जाए। अपनी पुस्तक 'स्टेट्स एण्ड माइनारिटीज' में उन्होंने लिखा है–"यह सोचना मुश्किल है कि भारत जैसे देश में जहाँ ज्यादातर लोग साम्प्रदायिक दृष्टि के हैं, सत्ता प्राप्त करके अधिकारी लोग उन समुदायों के साथ समानता का व्यवहार करेंगे जो उनके समुदायों के नहीं हैं।"[8] इसकी आगे व्याख्या करते हुए उन्होंने निष्कर्ष निकाला है कि इसी कारण भारत के प्रशासन में अछूतों के साथ अधिकारियों द्वारा असमान व्यवहार उनका भाग्य है। विशेषकर, साम्प्रदायिक दंगों के समय अधिकारियों का यह साम्प्रदायिक चरित्र और भी प्रकट हो जाता है। इस बारे में उन्होंने गोल मेज सभा में ही कहा था–"मुझे ऐसा लगता है कि जब किसी शहर में साम्प्रदायिक दंगे भड़कते हैं तो अल्पसंख्यक समुदाय के लिए यह जानना एक बड़ा रक्षा कवच सिद्ध होता है कि किस समुदाय का कौन सा अफसर उनकी बस्ती में कानून और व्यवस्था को चला रहा है। हम सभी जानते हैं कि विभिन्न समुदायों के लोगों द्वारा पुलिस अधिकारियों पर पक्षपातपूर्ण रवैया अपनाने का आरोप लगाया जाता है कि वे इस या उस समुदाय का पक्ष लेते हैं। यह हो सकता है कि ऐसे आरोपों के लिए पर्याप्त कारण न हों लेकिन ऐसे अनेक मामले होते हैं जिनमें कानून और व्यवस्था को लागू करने वाले अधिकारियों की पक्षधरता साफ सिद्ध होती है।"[9] इसी में आगे उन्होंने अल्पसंख्यक समुदाय के हितों की रक्षा की दृष्टि से सुझाया था कि कम से कम ऐसी आपातकालीन परिस्थितियों में मंत्रियों के हाथों में पुलिस अधिकारियों की तैनातियाँ और उनके तबादले नहीं रहने चाहिए। उन्हें डर था कि मंत्री द्वारा एक ऐसे पुलिस अधिकारी को, जो उस मंत्री के विशेष समुदाय का पक्ष न लेता हो, वहाँ से हटाया जा सकता है।

डॉ. अम्बेडकर के अनुसार, जब इस देश के लोगों के दिलों में साम्प्रदायिकता इतनी गहरी उतरी हुई है, तो इसे समाप्त न कर सकने की स्थिति में, इसे समाज दार्शनिकों द्वारा ईमानदारी से स्वीकार कर लिया जाना चाहिए। फिर, इस भावना को बहुसंख्यक समुदाय में और अल्पसंख्यक समुदाय में बाँट कर अलग-अलग नाम देना उपयुक्त नहीं है। यह बात ठीक नहीं है कि यदि बहुसंख्यक समुदाय अपनी मर्जी से अल्पसंख्यक समुदाय पर अपने दिव्य अधिकार का प्रयोग करता है तो इसे राष्ट्रवाद कहा जाए और यदि अल्पसंख्यक समुदाय शासन और सत्ता में अपनी थोड़ी भागीदारी

चाहे तो उसे साम्प्रदायिकता का बुरा नाम दिया जाए। उनके अनुसार, बहुसंख्यक समुदाय द्वारा सत्ता पर एकाधिकार रखने की साम्प्रदायिक चेष्टा को राष्ट्रवाद के अच्छे शब्द से सुशोभित नहीं किया जा सकता।[10]

अपनी इस बात को डा. अम्बेडकर ने बम्बई विधान सभा में भी कहा था कि भारत के लोग जन्मतः साम्प्रदायिक हैं। उन्होंने कहा था—"मैं इस सदन के सम्मुख यह कहना चाहता हूँ कि हिन्दू और मुसलमान, ऐसे होते हुए जैसे कि वे हैं, क्या यह बात ईमानदारी से कह सकते हैं कि वे एक दूसरे के प्रति साम्प्रदायिक नहीं हैं? इस सदन का एक भी सदस्य यह कहने का साहस नहीं जुटा पाएगा कि वह अपने दृष्टिकोण में गैर-साम्प्रदायिक भावना का है।"[11] बाद में उन्होंने सभा के किसी भी माननीय सदस्य को उन के इस कथन को झूठा सिद्ध करने का न्यौता दिया था। जब सदन के कई सदस्यों ने उन के इस कथन पर आपत्ति प्रकट की तो उन्होंने उनका जवाब देते हुए कहा था—"मेरे कथन का विरोध करने से कोई लाभ नहीं है। सच यह है कि हर हिन्दू और हर मुसलमान एक जाति या समुदाय में जन्म लेता है। हम सब एक साम्प्रदायिक माहौल में पलते और बड़े होते हैं। हम अपने-अपने समुदायों की इच्छाओं और चाहतों के भागीदार होते हैं। हम उन समुदायों की मुश्किलों और कमजोरियों को समझते और महसूस करते हैं। इसलिए, मेरे मस्तिष्क में इस बात के लिए कोई सन्देह नहीं है कि इस सदन का हर सदस्य, भीतर भी और बाहर भी, हर सवाल को, जाने में या अनजाने में, साम्प्रदायिक रंग से देखता और सोचता है।"[12]

इन सब बातों को सोच कर डा. अम्बेडकर इस नतीजे पर आए थे कि भारत में साम्प्रदायिकता से सीधे लड़ना बेकार है। राष्ट्रवाद के नाम पर बहुसंख्यक समुदाय साम्प्रदायिक रहता ही है। इसलिए समाधान में यह अच्छा रहेगा कि किसी एक समुदाय की साम्प्रदायिकता के मुकाबले में अन्य समुदायों की साम्प्रदायिकताओं को भी मान्यता दी जाए। वे राजनीति के क्षेत्र में किसी धार्मिक प्रवचन के धोखे में रहना नहीं चाहते थे। धार्मिक प्रवचन अपने क्षेत्र में अपना काम करते रहें लेकिन राजनीति के क्षेत्र में इससे कुछ भी बुरा नहीं हो जाएगा यदि सभी समुदायों की हिस्सेदारी स्वीकार कर ली जाए। ऐसा क्यों माना जाए कि कोई एक समुदाय साम्प्रदायिक नहीं रहेगा? राजनीति और प्रशासन में प्रवचन नहीं चलते बल्कि हित सधते हैं। यदि सामुदायिक हितों का टकराव होता है तो यह राजनीति में कोई अनहोनी बात नहीं है। वे टकराव अपने आपको खुद-ब-खुद संतुलन और समीकरण में ले आएँगे। इसके लिए यह जरूरी नहीं कि अल्पसंख्यक समुदाय के लोग अपने न्यायोचित हितों और दावों को छोड़ दें। ऐसा करना उस अल्पसंख्यक समुदाय के लिए आत्मघाती हो जाएगा। इन्हीं बातों को ध्यान में रखते हुए डा. अम्बेडकर ने कहा था—"साम्प्रदायिक प्रतिनिधित्व कोई बुरी चीज नहीं है, यह कोई जहर नहीं है, बल्कि देश के विभिन्न वर्गों की सुरक्षा और महफूजी के लिए सर्वोत्तम व्यवस्था है।"[13] इसी बम्बई विधान सभा में

ग्राम पंचायत बिल पर बोलते हुए उन्होंने अपने बारे में कहा था—"मैं पूरी तरह विश्वस्त हूँ कि सम्प्रदायवाद मेरी नीति होनी चाहिए। मैं इसके लिए तनिक भी शर्मिन्दा नहीं हूँ।"[14] एक सदस्य के यह पूछने पर कि क्या यह नीति राष्ट्रवाद के विरोध की नहीं है, डा. अम्बेडकर ने उत्तर दिया था—"मैं यह कहना चाहूँगा कि मेरे मत में भारत देश बिना सम्प्रदायवाद के अपना राजनैतिक विकास नहीं कर सकेगा। भारत के लिए बिना सम्प्रदायवाद के कोई स्वशासन नहीं हो सकता।"[15]

प्रेमचन्द ने स्वामी अछूतानन्द की वजह से अपना उपन्यास 'रंगभूमि' लिखा, लेकिन स्वामी अछूतानन्द की पृष्ठभूमि क्या थी? वह पृष्ठभूमि तत्कालीन ब्रिटिश भारत की नीतियों और कानूनों की थी। इन में सब से पहला कदम 'भारत सरकार अधिनियम, 1909' का था। जॉन सी. बी. वेब्स्टर ने अपनी पुस्तक 'मसीही दलित समाज का इतिहास' में त्रिलोक नाथ की पुस्तक 'पोलिटिक्स आफ द डिप्रेस्ड क्लासेस' के हवाले से लिखा है—"भारत सरकार अधिनियम, 1909 प्रतिस्पर्धात्मक राजनीति के अत्यावश्यक विषय के रूप में दलितों की नियति के लिए एक सुधारक और राष्ट्रवादी कन्सर्न साबित हुआ। इस संविधान ने भारत को न केवल 'हितों' के एक समूह के रूप में देखा, जिनका विधान सभा में प्रतिनिधित्व होना था, बल्कि आगा खान के नेतृत्व में मुस्लिम प्रतिनिधि मण्डल के अनुरोध पर, मुसलमानों को भी अपने स्वयं के प्रतिनिधि चुनने का अधिकार देकर एक अलग हित माना। उनके कितने प्रतिनिधि होंगे, इसका निर्धारण जनसंख्या के आंकड़ों के आधार पर किया जायेगा। इसके अलावा आगा खान प्रतिनिधि मंडल ने वाइसराय को यह सुझाव भी दिया कि दलितों ('वे वर्ग जिनका साधारणतया हिन्दुओं के रूप में वर्गीकरण किया जाता है, लेकिन यथार्थ में वे हिन्दू हैं ही नहीं') को कुल हिन्दू संख्या में शामिल न किया जाये। यह एक ऐसा उपाय था जो हिन्दू प्रतिनिधित्व की अपेक्षा मुस्लिम प्रतिनिधित्व को बढ़ा देगा।"[16]

इसे उठाव बिन्दु कहा जाए। यह भारत के इतिहास में बिलकुल एक नई चीज थी। इस के दूरगामी परिणाम पड़ने थे जिस का लाभ स्वामी अछूतानन्द के आन्दोलन को मिला। जान वेब्स्टर ने आगे एन. जेराल्ड बेरियर की पुस्तक 'द सेन्सस इन ब्रिटिश इण्डिया' के हवाले से लिखा है—"यह अनुरोध स्वीकार नहीं किया गया, लेकिन इसने हिन्दुओं को आशंकित कर दिया। नवंबर 1910 में जनगणना आयुक्त इ. ए. गेट ने जब आगामी जनगणना के प्रांतीय निरीक्षकों को भेजे एक परिपत्र में प्रतिनिधिमंडल के एक वाक्यांश का प्रयोग किया और यह सुझाव दिया कि ऐसे लोगों को 'विवादास्पद हिन्दुओं' की एक अलग तालिका में सूचीबद्ध किया जाये, किन्तु आम जनगणना तालिकाओं में उन्हें हिन्दुओं में ही रखा जाये, तब ऐसी आशंकाएं और भी बढ़ गईं।"[17] आगे उन्होंने जे. एन. फर्कुहर की पुस्तक 'मोडर्न रिलिजियस मूवमेन्ट्स इन इण्डिया' का हवाला दे कर लिखा है—"जो सामने था, उसे सब स्पष्ट रूप से देख पा रहे थे;

दलितों के धार्मिक विकल्पों की गंभीर प्रतिक्रियाएं हुई थीं। हिन्दुओं को छोटे-से और राजनीतिक रूप से नगण्य मसीही समाज की वृद्धि का उतना डर नहीं था जितना कि अपने स्वयं के समुदाय के आकार और संभावित शक्ति के घटते जाने का डर सता रहा था। सन् 1909 से 1912 के बीच दलित वर्गों पर *इंडियन रिव्यू* में एक लेख माला प्रकाशित हुई जिसमें कन्वर्जन की लहर को रोकने के लिए दलित उत्थान के प्रयासों की अत्यावश्यकता के विषय को बार-बार दुहराया गया था। इसके अतिरिक्त 1909 के सम्प्रदायों की जनसंख्या पर आधारित अधिनिर्णय ने उन को जो अवसर प्रदान किये थे, वे शिक्षित दलितों ने खोये नहीं, बल्कि उन्होंने संघटित होना शुरू कर दिया और मांग की कि उनके विचार सुने जायें और उन्हें माना भी जाये।''[18]

यही वह असली कारण था कि दलित नेतृत्व को इतना बल मिल गया था।

1909 के बाद अगले दशक में एक और महत्वपूर्ण घटना घटित हुई थी। यह 20 अगस्त, 1917 का दिन था जिस दिन भारत मन्त्री ई. एस. मांटेगू ने एक घोषणा की जिस ने संविधान बनाने की प्रक्रिया को गति दी। उस घोषणा को जॉन सी. बी. वेब्स्टर ने अपनी उक्त पुस्तक में दिया है जो इस प्रकार है–''महामहिम सरकार की नीति, जिससे भारत सरकार पूर्णतया सहमत है, वह है प्रशासन की प्रत्येक शाखा में भारतीयों की भागीदारी बढ़ाना तथा ब्रिटिश साम्राज्य के अभिन्न अंग के रूप में भारत में उत्तरदायित्वपूर्ण सरकार की क्रमिक प्राप्ति को दृष्टिगत रखते हुए स्वायत्तशासी संस्थाओं का धीरे-धीरे विकास करना।''[19] डा. वेब्स्टर आगे लिखते हैं–''1919 में संविधान निर्माण की प्रक्रिया पूरी हो जाने के बाद दलितों एवं प्रमुख राजनीतिक दलों के बीच एक-दूसरे से सम्बन्ध कायम रखने लायक कुछ भी नहीं रह गया था। दलितों ने 1919 में न तो रौलट सत्याग्रह में भाग लिया और न ही 1920-1922 के असहयोग आन्दोलन में। वस्तुतः प्रिंस ऑफ वेल्स के भारत आगमन पर कांग्रेस के बायकाट के दौरान वे ब्रिटिश सरकार (अंग्रेजों) के लिए काफी सहयोगी सिद्ध हुए।''[20]

यह एक ऐसा समय था जब दलितों का धार्मिक और राजनैतिक दृष्टि से महत्व बहुत बढ़ गया था। तब वे सब के लिए अपने मतलब के हो गए थे। इस समय के बारे में एडवोकेट भगवान दास ने अपनी पुस्तक 'बाल्मीकि जयन्ती और भंगी जाति' में सही प्रकाश डाला है। वे लिखते हैं–''उस समय इस बात पर जोर दिया जा रहा था कि अपने-अपने धर्म के अनुयाइयों की संख्या बढ़ाई जाए। मुसलमान अपनी ताकत तथा जनसंख्या बढ़ाने की फिक्र में थे। तब लीग का काम जोरों पर था। हिन्दू शुद्धि का प्रचार कर रहे थे। सिख पहले तो शुद्धि में आर्य समाजियों का साथ देते रहे परन्तु फिर यह देख कर कि आर्य समाजी स्वयं सिखों को हिन्दू बना रहे हैं, उन्होंने अपना हाथ खींच लिया। पंजाब के भंगी जाति के लोगों को अपने अपने धर्म में खींचने के लिए रस्साकशी शुरू हो गई। ईसाई मिशनरी पहले से ही धर्म प्रचार कर रहे थे और धर्म के भूखे अछूत धड़ाधड़ ईसाई बन रहे थे और अंग्रेजी सरकार कहीं कहीं उनकी

सहायता कर रही थी।"[21] एडवोकेट भगवान दास ने अपनी भाषा में बात पूरी लिख दी है जब लिखा है—"सबकी नजर अछूतों पर थी। वहीं एक खाली जमीन थी जिस पर कब्जा किया जा सकता था और सब ही छीना झपटी, लालच, फरेब, धोखा करके उन्हें अपने में शामिल करके अपनी संख्या बढ़ाने की कोशिश कर रहे थे। अछूतों के अपनाने में हिन्दुओं की छुआछूत और जातपात रुकावट बनती थी परन्तु उन्होंने हमेशा की तरह मक्कारी, फरेब, धोखा और लालच से काम लिया।"[22]

एडवोकेट भगवान दास के इन शब्दों को पढ़ कर लगता है, मानो बिना प्रेमचंद के उपन्यास 'रंगभूमि' को पढ़े, उन्होंने 'रंगभूमि' का थोड़े में पूरा मूल्यांकन कर दिया है। लेकिन सुखद बात यह रही कि स्वामी अछूतानंद हिन्दुओं की इसी कूटनीति की काट थे—और वे बिना अनुभव के नहीं थे। रूपचंद गौतम ने अपनी पुस्तक 'दलित पत्रकारिता के सामाजिक सरोकार' में इस काट को निम्न शब्द दिए हैं—"एक बार स्वयं उन्हों (स्वामी अछूतानंद) ने देखा कि गरीब, पीड़ित, एवं भोले दलितों से जो धन राशि एकत्रित कर आर्य समाज के अंतर्गत सिरसागंज में स्कूल बनाया गया उसके उद्घाटन में दलितों के बच्चों को जमीन पर तथा सवर्णों (के) बच्चों को फर्श पर बैठाया गया है। यह कैसी समानता है? स्वामी जी... (को) अपने कार्य पर पछताना पड़ा। अंत में आर्य समाज से हट गए।"[23] इतना ही नहीं, अपने अछूतोद्धार के मिशन के मामले में वे किसी की भी चाल में नहीं आए थे। रूपचंद गौतम ने लिखा है—"स्वामी जी ने साइमन कमीशन के सामने गवाही देते हुए कहा था—हमें अंग्रेजों से हमदर्दी नहीं, सम्मानपूर्वक अधिकार चाहिए। स्वामी जी उन संतों तथा महापुरुषों में से थे जिन्होंने ब्रिटिश भारत में जहाँ एक तरफ अंग्रेजों की गलत नीतियों का विरोध किया वहीं दूसरी ओर भारतीय जमींदारों के अत्याचारों के खिलाफ भी आवाज उठाई।"[24]

ख. स्वराज : कब से ले कर कब तक?

'स्वराज' की बात की जाए तो वह मध्य काल में हमारे रैदास से शुरू होती है। डा. सोहन पाल सुमनाक्षर ने 'दलित चिन्तन शिविर, बल्लां' का शुभारम्भ करते हुए अपने भाषण में रैदास के ये शब्द उद्धृत किए थे :

1. रविदास मानुस वसन कूं, दोऊ हि हैं ठांव।
   एक है स्वराज्य महाँ, दुजा मरघट गांव।।[25]

रैदास ने 'स्वराज्य' शब्द को बिना व्याख्या के नहीं छोड़ा। यहाँ उन की निम्न तीन साखियाँ उद्धृत की जा सकती हैं जो स्वराज की व्याख्याएँ हैं :

2. पराधीनता पाप है जान लेऊ मेरे मीत।
रविदास दास पराधीन का करे न कोई यकीन।।[26]

3. पराधीन को दीन क्या पराधीन बेदीन।
'रविदास' दास पराधीन को सब ही समझै हीन।।[27]

4. ऐसा चाहुं राज मैं, जहाँ मिले सबन को अन्न।
छोट बड़े सब सम बसैं रविदास रहे प्रसन्न।।[28]

प्रेमचंद ने अपनी कहानी 'बौड़म' में लिखा है—''गांधी जी ने आज्ञा दी है कि हिन्दुओं में छूतछात का भेद न रहे, नहीं तो देश को और भी अदिन देखने पड़ेंगे।''[29] देखा जा सकता है, इन शब्दों में अछूतों की भलाई के लिए काम करने की बू तक नहीं है। उद्देश्य देश प्राप्त करने का है, अछूतों की भलाई का नहीं। यदि अछूतों की भलाई किए बिना देश हाथ में आ जाए तो प्रेमचन्द को कोई परेशानी और गुरेज नहीं है। परेशानी यह बन गई है कि छूतछात के रहते देश हाथ में नहीं आ पाएगा। यह मानवता और समानता का पाठ नहीं है बल्कि स्वार्थसिद्धि और मजबूरी का काम बन गया है। उन्हें अपनी रणनीति बदलनी पड़ रही है।

प्रेमचन्द समेत तब के भारतीयों ने 'स्वराज' शब्द के जितने भी गीत गाए हों लेकिन सम्राट ने इस के प्रयोग में सब को फेल कर दिया था। 'हिज इम्पीरियल मैजेस्टी दि किंग-एम्परर' ने 9 फरवरी, 1921 को भारतीय विधायिका को अपने सन्देश में लिखा था—''वर्षों से, बल्कि पीढ़ियों से, देशभक्त और वफादार भारतीयों ने अपनी मातृभूमि के लिए 'स्वराज' का सपना संजोया है। आज आपने मेरे साम्राज्य में 'स्वराज' का शुरूआती दौर देखा है, जिस में आपके लिए स्वतन्त्रता के क्षेत्र में प्रगति के लिए पूरी गुंजाइश तथा भरपूर अवसर हैं, जो मेरे अन्य शासित राज्यों को मिले हुए हैं।''[30]

डा. अम्बेडकर स्वराज्यवादियों का विश्वास नहीं करते थे। इस शब्द को गांधी बोलें, या नेहरू बोलें, या कोई और—डा. अम्बेडकर किसी के बहकाने में आने वाले नहीं थे। प्रेमचन्द शुरू से ही गांधी के पक्ष के हो गए थे और गोल मेज सभा के दिनों तक ऐसे ही रहे। पर अमृत राय ने सही लिखा है :

> ''जवाहरलाल नेहरू उन दिनों के बारे में अपनी आत्मकथा में लिखते हैं—''इस तरह हम चल रहे थे, अनिश्चित-से, पर अपने भीतर गहरा आवेग लिये हुए। कर्म का उल्लास हमें मज़बूती से पकड़े था पर अपने लक्ष्य के बारे में स्पष्ट चिन्तन का नितान्त अभाव था। आज बड़ा अजीब मालूम होता है कि हमने कैसे अपने आन्दोलन के सिद्धान्तपक्ष की ओर से, उसके दर्शन और स्पष्ट लक्ष्य की ओर से इस तरह आँख मूँद रखी थी। यह ठीक

है कि स्वराज्य का नाम लेते ही हम सब की सरस्वती जाग उठती थी मगर हममें से शायद हर एक के पास इस शब्द का अपना अलग अर्थ था। ज्यादातर नौजवान इसका मतलब राजनीतिक स्वाधीनता या ऐसा ही कुछ समझते थे, और जनतांत्रिक ढंग की शासनप्रणाली, और यही हम अपने भाषणों में कहा करते थे। हममें से बहुत से यह भी सोचते थे कि इसका एक लाज़िमी नतीजा यह होगा कि वह बोझ कुछ कम हो जायगा जिसके नीचे आज मजदूर और किसान पिस रहे हैं। लेकिन यह स्पष्ट था कि हमारे अधिकांश नेताओं के लिए स्वराज्य का मतलब आज़ादी से कम कोई चीज़ था। गांधी जी इस चीज के बारे में ऐसे अस्पष्ट थे कि क्या कहना और मजा यह कि पसन्द भी न करते थे कि कोई इसके बारे में सफाई से सोचे।

"जो बात सामने आयी दिसम्बर सन् 20 में, नागपुर के कांग्रेस अधिवेशन में, जबकि असहयोग के प्रस्ताव के सिलसिले में स्वराज्य पर बात हो रही थी। हसरत मोहानी ने जब स्वराज्य को पूर्ण स्वाधीनता के अर्थ में ग्रहण करने के लिए जोर दिया तो गांधीजी ने उन्हें चिड़चिड़े स्कूलमास्टर की तरह झिड़ककर चुप कर दिया।"[31]

अब यहाँ प्रेमचंद की अलग हस्ती क्या है जब स्वराज्य के आन्दोलन को चलाने वाले गांधी और नेहरू ही इस बारे में ऐसा सोचते थे जिनके पीछे वे चल रहे थे? कहना चाहिए, प्रेमचंद गांधी और नेहरू के सामने क्या बेचते थे? प्रेमचंद मात्र साहित्यकार थे जबकि कर्मक्षेत्र में गांधी और नेहरू उतरे हुए थे। यदि डा. अम्बेडकर स्वराज्य की परिभाषा स्पष्ट करवाना चाह रहे थे तो क्या बुरा चाह रहे थे? जिस बात पर गांधी एक चिड़चिड़े स्कूल मास्टर की तरह हसरत मोहानी को झिड़क रहे थे, प्रेमचन्द उस का अपनी ओर से ठेका कैसे ले सकते थे?

हमेशा यह पता नहीं चलता कि आदमी के मन में क्या भरा है। डा. कृष्णदत्त पालीवाल ने अपनी पुस्तक 'उत्तर आधुनिकता और दलित साहित्य' में लिखा है कि डा. अम्बेडकर के हिसाब से गाँधी जी 'महान व्यक्ति' नहीं बल्कि 'प्रसिद्ध व्यक्ति' थे।[32] वे गाँधी जी को न 'महात्मा' मानते थे, न 'संत', न 'राष्ट्रपिता' और न 'लोकमंगलकारी चिन्तक'।[33] उल्टे, उन्होंने 'गाँधी-युग' को 'अन्धकार युग' की संज्ञा दी थी। लेकिन मुसीबत यह हो जाती है कि ऐसी बातों के प्रमाण नहीं मिला करते। ऐसी स्थिति में, जितना प्रमाणों के आधार पर सिद्ध किया जा सके, उस के लिए प्रमाण जुटा लिए जाते हैं, लेकिन बाकी बातें भाँप ली जाती हैं। इसे दूर से ताड़ लेना कहते हैं। डा. अम्बेडकर गाँधी जी को भाँप भी गए थे और दूर से ताड़ भी गए थे। इसलिए, कुछ प्रमाण बाद में भी खोजे जा सकते हैं। संयोग से, अब दलित लेखकों ने गाँधी जी के मन की बातें खोज निकाली हैं। डा. हेमलता महिश्वर ने इस के लिए एस. आर. दारापुरी की पुस्तक 'पूना पैक्ट—दलित गुलामी का दस्तावेज' का सहारा लिया

है। डा. हेमलता महिश्वर ने 'अन्यथा' में छपे अपने लेख 'राष्ट्रीय अस्मिता : एक भारतीय दृष्टिकोण' में इसे उतारा है। ये गाँधी जी के वे शब्द हैं जो उन्होंने एक अवसर पर सरदार पटेल से कहे थे। बोल इस प्रकार दर्ज हैं–"अछूतों के अलग मताधिकार से मैं भयभीत हो उठता हूँ। दूसरे वर्गों के लिए पृथक निर्वाचन के बावजूद भी मेरे पास उन से सौदा करने की गुंजाइश रहेगी परन्तु मेरे पास अछूतों से सौदा करने का कोई साधन नहीं रहेगा। वे नहीं जानते कि पृथक निर्वाचन हिन्दुओं को इतना बाँट देंगे कि उस का अंजाम खून खराबा होगा। अछूत गुंडे मुसलमान गुंडों से मिल जाएंगे और हिन्दुओं को मारेंगे। क्यों अंग्रेजी सरकार को इस का अंदाजा नहीं है? मैं ऐसा नहीं सोचता।"[34] डा. हेमलता महिश्वर ने एक दलित लेखिका होने के नाते गाँधी जी के इन शब्दों पर सही सवाल उठाया है जब लिखा है–"सामाजिक आन्दोलन से उन का वास्ता होता तो उन की भाषा इतनी अशिष्ट होती?"[35] मेरा तर्क यह है कि यदि ये शब्द दर्ज न भी मिलते, तो भी डा. अम्बेडकर ने अपने युग में गाँधी जी पर जो अपनी राय बनाई थी, उसे सदोष नहीं कहा जा सकता। लेकिन, प्रेमचंद अम्बेडकर और गाँधी के बीच किस जगह खड़े थे? इस के बारे में कृष्णदत्त पालीवाल ने लिखा है–"...प्रेमचंद ने बाबा साहब (डा. अम्बेडकर) के कार्य पर चुप्पी साध ली। उन की महानता पर कोई सम्पादकीय नहीं लिखा...इधर प्रेमचंद ने गाँधी जी की तारीफ के पुल बाँध दिए... ।"[36] तब दलितों का प्रेमचंद से क्या सम्बन्ध ठहरता है?

प्रेमचंद को किस तरह से समझा जाए? सबसे अच्छा तरीका है, उन्हें गांधी जी की तुलना से ही समझा जाए। गांधी जी के बारे में दलित चिन्तकों की क्या राय है? सब से स्पष्ट और तीखी राय एडवोकेट भगवदास की है जो भंगी समाज से आए हुए दलित चिन्तक और साहित्यकार हैं। उन से डा. सुधीर सागर की बातचीत हुई है जो 'युद्धरत आम आदमी' के विशेषांक 'विचार की कसौटी पर : मल-मूत्र ढोता भारत, खण्ड-1' में 'भंगी समाज के सब से बड़े दुश्मन गांधी' के शीर्षक से छपी है। उस में डा. सुधीर सागर के प्रश्नों के उत्तर में एडवोकेट भगवानदास ने कहा है :

1. "बुरा न समझें तो इस कम्युनिटी के सब से बड़े दुश्मन गांधी थे।"[37]
2. "मैं समझता हूँ, अछूतों और खासतौर पर भंगी का इतिहास में सही मायने में कोई सब से बड़ा दुश्मन हुआ है, तो वह गाँधी है।"[38]

बिना शब्दों की मितव्यता के ये ही शब्द साहित्य के क्षेत्र में चमारों के सम्बन्ध से प्रेमचंद के बारे में कहे जा सकते हैं कि प्रेमचंद चमारों के सब से बड़े दुश्मन थे।

यह प्रेमचंद से गलती ही हुई कि वे हिन्दुओं का ठेका ले कर बोलना चाह रहे थे। उधर, हिन्दू का विस्तार इतना बड़ा है कि ऐसे प्रेमचंद को बक-बक करने वाला मान लिया जाता है। अमृत राय ने अपनी पुस्तक 'प्रेमचंद : कलम का सिपाही' में प्रेमचंद के साथ मिल कर जो बात लिखी है, उस से यही साबित होता है। बाप-बेटे

की उस रली-मिली बात को कुछ दूर तक अविकल रूप में रखा जा सकता है जो इस प्रकार है :

"छूत-अछूत का अभिशाप भी उसी से जुड़ा हुआ है। और उसी ने सरकार को मौक़ा दिया है कि वह दूसरी गोलमेज सभा में अछूतों को हिन्दुओं से अलग करने की योजना सामने लाये। गांधीजी ने उस समय घोषणा की थी कि अगर यह चीज की गयी तो मैं अपने प्राणों की बाजी लगाकर उसका मुकाबला करूँगा।

"आज 19 सितम्बर 1932 है और कल से गांधीजी यरवदा जेल में अपना आमरण अनशन शुरू कर रहे हैं। सारा देश थर्रा गया है। मुंशी जी की सम्पूर्ण संज्ञा भी अब वहीं केन्द्रित है। 'महान तप' शीर्षक से उन्होंने लिखा–

'कल यरवदा जेल में वह महान तप आरम्भ होगा जिसकी कल्पना से ही रोमांच हो जाता है। भारत की तपोभूमि में इससे पहले भी बड़ी-बड़ी तपस्याएँ की गयी हैं...पर राष्ट्र के लिए प्राणों की आहुति देने का संकल्प महात्मा गांधी ही की कीर्ति है।...एक समय दधीचि ने भी राष्ट्र की रक्षा के लिए प्राणों का बलिदान किया था। हम अपनी अश्रद्धा के कारण उसे पौराणिक कथा समझे बैठे थे, पर आज तुमने उस प्राचीन मर्यादा को, उस प्राचीन आदर्श को, उस प्राचीन आत्मोत्सर्ग को पुनर्जीवित कर दिया।...

"फिर अगले सप्ताह लिखा–

" ...उस महान आत्मा के अनशन व्रत ने, उसकी तपस्या ने केवल सात दिनों में यह दिखला दिया कि वास्तव में तपस्या कितनी बलवती होती है। उस महान आत्मा की तपस्या ने ब्रिटेन के महान राजनीतिज्ञों के द्वारा तैयार की हुई उस सुदृढ़ दीवार को, जो हिन्दू और अछूतों को अलग करने के लिए बड़े गहन कौटिल्य के सीमेण्ट से तैयार की गयी थी, विध्वस्त कर दिया।...

"लेकिन सामाजिक रूढ़ियों की दीवार उससे कहीं ज्यादा मजबूत थी। अछूतों को मन्दिर-प्रवेश का अधिकार देने के लिए हिन्दू समाज तैयार न था। ऐसे लोगों को चेतावनी देते हुए मुंशीजी ने लिखा था–

" 'यह युग प्रकाश का युग है। इसमें अब अंधकार नहीं रह सकता।...अब विवश होकर युग-धर्म के अनुसार ही चलना पड़ेगा।...क्या कोई भी वर्णाश्रम अपने हृदय पर हाथ रखकर कह सकता है कि वास्तव में यह छुआछूत उन्हें धर्म की दृष्टि से उचित प्रतीत होती है? नहीं, कोई भी यह नहीं कह सकता। एक स्वार्थ ही इसका कारण है। पर याद रहे, यह

फेंकेगा। वे स्वार्थ के जिस सुन्दर खिलौने से बच्चों की तरह खिलवाड़ कर रहे हैं, वह असल में डायनामाइट है जो उनकी सात पुश्तों को ध्वस्त कर डालेगा।....'

"वह सब हो लेकिन दीवार अपनी जगह पर अटल थी।

"दो महीने बाद जब गांधी जी ने इसी मन्दिर-प्रवेश को लेकर दुबारा अपना आमरण अनशन ठाना तो मुंशी जी ने लिखा–

'...पढ़े-लिखे समाज में चाहे धर्म केवल ढोंग रह गया हो और मन्दिर-प्रवेश को चाहे वे एक व्यर्थ-सी बात समझते हों लेकिन जनता अभी तक अपने धर्म को और अपने देवताओं को प्राणों से चिपटाये हुए है। उत्तर भारत में तो कुछ देवता ऐसे भी हैं जिनके पुरोहित हमारे हरिजन भाई ही हैं। जिस गाँव में चले जाइए, चमारों या भरों के पुरवे में आपको किसी नीम के वृक्ष के नीचे दस-बीस मिट्टी के बड़े-बड़े हाथी, लाल रँगे हुए एक जगह रखे हुए मिलेंगे। वहीं एक त्रिशूल भी गड़ा होगा, एक लाल पताका भी पेड़ से बँधी होगी। यह देवी का स्थान है। इस चबूतरे का पुजारी कोई चमार, पासी या भर होगा। वर्णवाले हिन्दू स्त्री-पुरुष बड़ी श्रद्धा से देवी के चबूतरे पर जाते हैं, वहाँ बताशे, धूप-दीप, फूल-माला चढ़ाते हैं। जब वर्णवाले हिन्दुओं को हरिजनों के इन देवताओं की उपासना करने और हरिजनों को अपना पुरोहित बनाने में शर्म नहीं आती...तो हम नहीं समझते कि हरिजनों के हिन्दू मन्दिरों में आ जाने से कौन-सा अधर्म हो जायगा।'

"कैसी बात करते हैं मुंशी जी, सब आप जैसे विधर्मी नहीं हैं! और सो भी काशी में! वर्णाश्रम स्वराज्य संघ की ओर से बाकायदा इसके खिलाफ़ आंदोलन चल रहा है, वाइसराय की सेवा में डेपुटेशन जा रहा है और मुंशीजी खड़े उनको ललकार रहे हैं–

"मंगल के दिन संध्या समय काशी की गर्दभरी सड़कों पर वह दृश्य देखने में आया जो हिन्दू जाति के लिए लज्जाजनक ही नहीं हास्यास्पद भी था। दो-ढाई सौ, संस्कृत पाठशालाओं के छात्र हाथों में लाल झण्डे लिये, एक जूलूस के रूप में यह हाँक लगाते चले आ रहे थे–अछूतों को मन्दिरों में जाने देना, पाप है।

"हाँक का पहला अंश एक आदमी के मुख से निकलता है, और दूसरा अंश सैकड़ों कण्ठों से कोरस के रूप में निकल रहा था, लेकिन उन आवाजों में उत्साह न था, भक्ति न थी, अनुराग न था। ऐसा जान पड़ता

लदे, विद्या के निर्जीव भार से दबे, गर्वोन्नत भाव से बैठे हुए थे। विद्या का अभिमान उन्हें धरती पर पाँव न रखने देता था, जैसे कोई सेनापति अपने सैनिकों को पहली पंक्ति में खड़ा करके आप सबके पीछे निश्चिन्त बैठा हुआ हो। या यों कहिए कि ये महानुभाव उस बरात के दूल्हे थे, जिन्हें अपने पद की गरिमा जमीन पर पाँव न रखने देती थी। इस नाजुक मौक़े पर भी जब उनके विचार में हिन्दू धर्म पर चारों ओर से आक्रमण हो रहे हैं, वे अपनी महानता को नहीं भूल सकते। इधर महात्मा गांधी को देखिए। साबरमती से डाँडी की तरफ़ प्रस्थान कर रहे हैं। आगे आप हैं, पीछे उनके सिपाही हैं। अपने उत्सर्ग से अपने सैनिकों में उत्सर्ग की शक्ति का संचार करते हुए चले जा रहे हैं। इन फिटन-आरोही मार्तण्डों में एक पुरी के श्री 108 शंकराचार्य भी थे। इस निवृत्ति की उस प्रवृत्ति से तुलना कीजिए। वह संसार की सबसे महान शक्ति के सामने, न्याय के बल और आत्मा के विश्वास के साथ, एक जाति के उद्धार के लिए अग्रसर हो रही है, और यह न्याय को पैरों से कुचलती, आत्मा की आँखों पर पर्दा डाले हुए, जाति के दलित और पीड़ित अंग को ठोकरें मार रही है। फिर क्यों न धर्म का संसार में ह्रास हो, क्यों न रूसवाले धर्म को अफ़ीम का नशा समझें, क्यों न गिरजे ढाये जायँ और धर्म को कलंकित करने वाले इन स्तम्भों का समाज से बहिष्कार कर दिया जाय...

"हमारे पास अंग्रेजी में छपा हुआ, वाइसराय के नाम एक मेमोरियल, वर्णाश्रम संघ का, आया है। उस पर बड़े-बड़े तर्कचूड़ामणियों और विद्यावाचस्पतियों के हस्ताक्षर हैं। वाइसराय से फ़रियाद की गयी है कि वह हिन्दू मन्दिरों की अछूतों से रक्षा करें। वाह रे मार्तण्डो, क्यों न हो, कितनी दूर की सूझी है! अब भी अगर वाइसराय की खुशनूदी का परवाना न मिले तो यह आप लोगों का दुर्भाग्य है! आपकी सेवा में दूसरे व्यवस्था लेने आया करते थे! आपका फ़तवा बड़े-बड़े मसलों को हल कर दिया करता था और आज आप एक धर्म के विषय को लिये वाइसराय के पास, कुत्तों की तरह दुम हिलाते दौड़े हुए चले जा रहे हैं! वह आपकी विद्या कहाँ गयी?...आपने आठ करोड़ हिन्दुओं को मुसलमान बना दिया। यह छः करोड़ अछूत भी आप ही के विद्या-बाण के बेधे हुए हैं, क्या आप हिन्दू धर्म को संसार से मिटाकर ही दम लेंगे?...

"क्या मन्दिरों के पुजारियों और मठों के महंतों से हिन्दू जाति बनी हुई है? पूजा करनेवाले भी रहेंगे, या पूजा करानेवाले ही मंदिरों को स्थायी रखेंगे?

"एक वह जातियाँ हैं—जो दूसरों को अपने में मिलाकर फूली नहीं समातीं। आज एक चमार मुसलमान हो जाय, सारा मुसलिम समाज उसका स्वागत करेगा, लेकिन यह मेमोरियलबाज लोग, जो हिन्दू जाति के रक्षक होने का दावा करते हैं, यह भी नहीं सह सकते कि कोई बाहर का आदमी उनके देवताओं के दर्शन कर सके। अछूत के पैसे तो आप बेधड़क ले लेते हैं, अछूत कोई मन्दिर बनावे, आप दल-बल के साथ जायँगे, मन्दिर में देवता की स्थापना करेंगे, तर माल खायँगे—हाँ, अछूत ने उसे छुआ न हो—दक्षिणा लेंगे, इसमें कोई पाप नहीं, न होना चाहिए, लेकिन अछूत मन्दिर में नहीं जा सकता, इससे देवता अपवित्र हो जायंगे! अगर आपके देवता ऐसे निर्बल हैं कि दूसरों के स्पर्श से ही अपवित्र हो जाते हैं तो उन्हें....हमारा दूर ही से नमस्कार है।

"कहा जाता है कि अछूतों की आदतें गन्दी हैं, वे रोज स्नान नहीं करते, निषिद्ध कर्म करते हैं...क्या जितने सछूत हैं वे रोज स्नान करते हैं, क्या काश्मीर और अल्मोड़ा के ब्राह्मण रोज नहाते हैं? हमने इसी काशी में ऐसे ब्राह्मणों को देखा है जो जाड़ों में महीने में एक बार स्नान करते हैं। फिर भी वे पवित्र हैं!

"...फिर शराब क्या ब्राह्मण नहीं पीते? इसी काशी में हजारों मदसेवी ब्राह्मण—और वह भी तिलकधारी—निकल आवेंगे, फिर भी वे ब्राह्मण हैं! ब्राह्मणों के घरों में चमारियाँ हैं, फिर भी उनके ब्राह्मणत्व में बाधा नहीं आती! किन्तु अछूत नित्य स्नान करता हो, कितना ही आचारवान हो, वह मन्दिरों में नहीं जा सकता।"[39]

'रंगभूमि' के प्रकाशित होने पर उस समय के आलोचक अवध उपाध्याय ने आरोप लगाया था कि प्रेमचन्द का यह उपन्यास थैकरे के 'वैनिटी फेयर' की नकल है। अमृत राय बताते हैं कि प्रेमचंद ने उन के इस आरोप का खंडन करते हुए लिखा था कि 'रंगभूमि' मुख्यतः राजनीतिक उपन्यास है जब कि 'वैनिटी फेयर' एक सामाजिक उपन्यास है।[40] लेकिन यह एक पक्की और मानी हुई बात है कि चमारों की पहली समस्या सामाजिक थी। इसलिए, चमारों की दृष्टि से 'रंगभूमि' एक अप्रस्तुति है। 'रंगभूमि' एक असफलता है या विक्षेप है—दोनों बातों में से कुछ भी कहा जा सकता है क्योंकि यह बात अमृत राय ने भी मानी है कि 'रंगभूमि' के रूप में 'मुंशी जी स्पष्ट मन से राजनीतिक उपन्यास लिख रहे थे।'[41] तब चमार जाति के लोग यही

मान सकते हैं कि जब 'रंगभूमि' मुख्यतः राजनीतिक उपन्यास है तो इस में स्वामी अछूतानंद को गायब करके चमारों के साथ ही सब से बड़ी तत्कालीन राजनीति खेली गई है जो आज इतिहास का भाग हो गई है।

सच्चाइयों की सच्चाई यह है कि स्वामी अछूतानंद खुद राजनीति में थे। बाबू मंगल सिंह जाटव ने उन के बारे में लिखा भी है–"बाद में राजनीति में आने पर उनका विवाह श्रीमती दुर्गावतीबाई जी के साथ हुआ था।"[42] इसलिए पूछा जा रहा है–प्रेमचंद को 'रंगभूमि' में अवसर मिलने पर जब 'चमार' पात्र के द्वारा भी चमारों की समस्या सामने नहीं लाई जा सकी तो प्रेमचंद के गैर-चमार पात्रों से क्या अपेक्षा रखी जा सकती है कि वे देश की इस हजारों साल की मूल समस्या को उभार कर संसार के सामने रख सकेंगे? आखिर, सूरदास को पढ़ कर देशियों और विदेशियों ने चमारों के बारे में क्या पढ़ा है? उन्हें क्या सच्ची जानकारी मिली है? क्या वे इस साहित्य के द्वारा चमारों की मुश्किलों से रू-ब-रू हो सके?

मेरी खोज और पूरी चमार जाति की खोज 'रंगभूमि' में 'सूरदास चमार' की है, 'प्रेमचंद कायस्थ' की नहीं। प्रेमचन्द अपनी कला में सफल हुए हों, हम तो अपने यथार्थ में ज्यों के त्यों पिटे के पिटे रह गए, क्योंकि 'रंगभूमि' में 'सूरदास चमार' को महानायक बनाने से चमारों की स्थिति जौ भर भी आगे नहीं बढ़ी। उन का मुँह उल्टा बन्द कर दिया गया है कि चमारों को प्रेमचन्द से और क्या चाहिए, अपने उपन्यास का महानायक तो बना दिया? लेकिन दासता और अस्पृश्यता ऐसे नहीं मिटतीं। ऐसा साहित्य फर्जी साहित्य है जो बाद में विचार को 26 जनवरी, 1950 में बने भारत के संविधान के अनुच्छेद-17 तक भी नहीं ले जाता जिसमें अस्पृश्यता को दण्डनीय अपराध घोषित किया गया है। बात बहुत सीधी थी, अस्पृश्यता को मिटाने के लिए चमारों को अंग्रेजों से नहीं लड़ना था बल्कि यह उन की हिन्दुओं से लड़ाई थी। लेकिन प्रेमचंद ने 'रंगभूमि' में जो दिखाया, वह यही दिखाया, कि सूरदास को एक अंग्रेज की गोली लगी जिस से वह मर गया। चमारों को जो गोलियाँ छुआछूत और बलात्कार के रूप में हिन्दुओं की रोज लग रही थीं, प्रेमचंद के लिए वे घटनाएँ अहम मुद्दे नहीं बन सकीं।

खुलासे के लिए यहाँ बताया जा सकता है कि 'रंगभूमि' में सूरदास के गोली इस प्रकार लगी है–"मि. क्लार्क ने उसे (सूरदास को) खड़े हो कर कुछ बोलते सुना, तो समझे अंधा जनता को उपद्रव मचाने के लिए प्रेरित कर रहा है।...उन्होंने जेब से पिस्तौल निकाला और सूरदास पर चला दिया। निशाना, अचूक पड़ा। बाण ने लक्ष्य को बेध दिया। गोली सूरदास के कंधे में लगी, सिर लटक गया, रक्त-प्रवाह होने लगा। भैरों उसे संभाल न सका, वह भूमि पर गिर पड़ा।"[43] तो, दिखाना यही था कि चमारों के दुश्मन अंग्रेज हैं। यहाँ प्रशासनिक दृष्टि से यह भी एक विचारणीय प्रश्न है कि क्या खुद कलक्टर मि. क्लार्क सूरदास के गोली मारेगा?

प्रेमचन्द क्या चाहते थे? देश को राजनैतिक आजादी कैसे मिल सकती थी? क्या यह चमारों का काम था कि वे इस देश के राजाओं और महाराजाओं, ठाकुरों और ब्राह्मणों के लिए अंग्रेजों से लड़ाई लड़ते? राजा और महाराजा, ठाकुर और ब्राह्मण, जमीदार और महाजन—अंग्रेजों के शासन में दबे-कुचले थे—और चमारों से यह अपेक्षा कि वे अंग्रेजों को इस देश से बाहर खदेड़ देंगे—उस समय के साहित्यकारों की यह कितनी व्यावहारिक और समझदारी की सोच थी? प्रेमचन्द के 'कायाकल्प' में चमारों को हन्टरों से कौन पीट रहा है?—आखिर ठाकुर हरि सेवक ही।[44]

इस बात पर बहस हुई है कि 'रंगभूमि' मूलतः किस मुद्दे का उपन्यास है। डा. शैलेन्द्र जैदी ने इस बहस को अपनी पुस्तक 'प्रेमचंद की उपन्यास यात्रा : नव मूल्यांकन' में निम्न शब्द दिए हैं—''प्रेमचन्द के उपन्यास **रंगभूमि** को लेकर श्री अवध उपाध्याय ने **सरस्वती** में एक बखेड़ा उठाया और इसे थेकरेकृत **वैनिटी फेयर** की नकल सिद्ध करने का प्रयास किया।...प्रेमचन्द ने उनके इस आरोप का खण्डन करते हुए अन्य बातों के साथ-साथ दोनों ग्रन्थों के मूल अन्तर को स्पष्ट करते हुए सशक्त शब्दों में बताया कि **रंगभूमि** मुख्यतः राजनीतिक उपन्यास है, जबकि **वेनिटी फेयर** एक सामाजिक उपन्यास है।''[45] इस का साफ मतलब है कि प्रेमचंद दलितों की समस्या को नहीं जानते। वे भारतीय आजादी के इतिहास में दलितों के विरोधी खेमे में जा बैठते हैं। 'रंगभूमि' राजनीतिक उपन्यास है, पर दलितों की समस्या सामाजिक है। यह बड़ा पन्ना है जिस पर इतिहास में 'गोखले बनाम तिलक' और 'अम्बेडकर बनाम गाँधी' के नाम से काफी कुछ लिखा जा चुका है। हिन्दी में, डा. मस्तराम कपूर ने अपनी कई पुस्तकों और लेखों के माध्यम से इस विषय पर काफी प्रकाश डाला है। वे अपनी एक पुस्तक 'मंडल रिपोर्ट : वर्णव्यवस्था से समाजवादी व्यवस्था की ओर' में अपनी बात 19वीं शताब्दी से शुरू करते हुए लिखते हैं—''सन् 1885 में कांग्रेस की स्थापना और 1887 में सोशल कान्फ्रेन्स की स्थापना से स्वतन्त्रता और समता के लिए दो अलग मंच बने। कुछ समय तक इन दोनों मंचों के बीच अच्छा ताल-मेल बना रहा। कांग्रेस के अधिकांश नेता सोशल कान्फ्रेंस के भी नेता होते थे। कुछ समय बाद कांग्रेस में ऐसा गुट प्रबल होने लगा, जो समता के आन्दोलन के प्रति असहिष्णु था। इस गुट के नेता बाल गंगाधर तिलक थे। यह गुट न केवल सोशल कान्फ्रेन्स को कांग्रेस से अलग रखने के पक्ष में था, बल्कि कांग्रेस के पूना अधिवेशन के समय उस ने पंडाल को जला देने की धमकी भी दी ताकि सोशल कान्फ्रेन्स वहाँ अपना अधिवेशन न कर सके। इस गुट ने रानडे और गोखले जैसे नेताओं के खिलाफ, जो स्वतन्त्रता के साथ-साथ समता को भी ले कर चलना चाहते थे, एक तरह का जेहाद छेड़ दिया। स्वतन्त्रता आन्दोलन के इतिहास में इस गुट को 'गरम दल' का और रानडे-गोखले गुट को 'नरम दल' का

लेकिन समता के आन्दोलन का कई स्तरों पर विरोध भी किया। उस ने भारत के बहुसंख्यक दलित वर्गों की आकांक्षाओं को नजरअंदाज किया और स्त्री-शिक्षा, विधवा-विवाह, बाल-अविवाह आदि सुधारों का भी विरोध किया।"[46]

इस में प्रेमचंद ने अपना क्या योगदान किया? उन्होंने दलित वर्गों के सामाजिक समता के सारे मुद्दे मिटा कर, 'रंगभूमि' में एक चमार को अपनी राजनैतिक आजादी के मुद्दों का नायक बना दिया। इसे समता आन्दोलन के हिसाब से बुझी हुई लालटैन का टांगना कहा जा सकता है—इस से क्या प्रकाश फैलेगा? प्रेमचंद, 'रंगभूमि' में चमार की असमता की एक भी दुखती रग को न मिटा कर, अपनी आजादी के लिए चमार से सारे काम ले रहे हैं। वे चमार से एक तरह से बेगार करवा रहे हैं कि उन की राजनैतिक स्वतन्त्रता की लड़ाई चमार लड़ें। 'रंगभूमि' में सूरदास हिन्दुओं का बेगारी ही है। बेगारी की मुसीबत यह होती है कि वह अपने लिए काम नहीं कर सकता बल्कि दूसरे उस से नियाम में अपना काम करवाते हैं। सूरदास अपनी छुआछूत मिटाने के लिए न लड़े और प्रेमचंद की आजादी के लिए लड़े—कितनी पुरानी बंधुआ मजदूरी है, जो कराई गई है!

स्वामी अछूतानंद हिन्दुओं के इस बहकावे में आने वाले नहीं थे। उन्होंने 'स्वराज' शब्द के बारे में विचार किया था। उन्होंने 28 अप्रैल, 1930 को 'अखिल भारतीय आदि हिन्दू सामाजिक परिषद, अमरावती, बरार' में सभापति के आसन से अपना व्याख्यान देते हुए कहा था—"अब ये लोग हमें साझे में रख कर और अपनी तादाद 25 करोड़ बता कर अंग्रेजी सरकार से 'स्वराज्य' मांग रहे हैं। मतलब यह कि ये लोग हमारे नेता और प्रभू बने रह कर हमेशा के लिए हमें अपनी गुलामी में रखना चाहते हैं।"[47]

ग. 1857 से पहले के दलित

इतिहास को एक रंग में पढ़ना उचित नहीं है। पिछले समय के इतिहास को कम से कम निम्न चार दृष्टियों से पढ़ा जा सकता है :

1. हिन्दू दृष्टि
2. मुस्लिम दृष्टि
3. अंग्रेज दृष्टि
4. दलित दृष्टि

दुख की बात है कि दलित दृष्टि से इतिहास का मूल्यांकन नहीं किया गया। बाकी तीन दृष्टियों के लोग अपनी-अपनी गाते-बजाते हैं, किसी को यह जानने की फुर्सत नहीं है कि दलित दृष्टि से क्या सोचा जा रहा है। दलित दृष्टि को प्रायः भुलाया

गया है या उसे हिन्दू दृष्टि में शामिल मान लिया गया है। लेकिन इतिहास के प्रति यह सही नजरिया नहीं है बल्कि कभी-कभी अपराध भी बन जाता है।

सब जानते हैं कि पेशवाओं का राज दलित-विरोधी था। पेशवाओं ने अपने राज में दलितों पर दारुण जुल्म ढाए थे। उन का राज मनुस्मृति का राज था और वे ब्राह्मण होते थे। वे शूद्र-किसानों के भी विरोधी थे। विरोधी नहीं, बल्कि एक तरह से कहा जाए कि दुश्मन थे। जोतिबा फुले ने लिखा भी है–"...पेशवाई...में अनपढ़ किसानों पर कितनी जुल्म-ज्यादतियाँ हुई होंगी, इस की कल्पना भी करना सम्भव नहीं है।"[48]

डा. एल. जी. मेश्राम 'विमलकीर्ति' ने जोतिबा फुले के इस 'कोड़े' पर अपनी टिप्पणी देते हुए 'पेशवाई' के बारे में लिखा है–"मराठों के प्रधानमन्त्री की उपाधि। मराठों के प्रधानमन्त्री पेशवा ब्राह्मण थे। शिवाजी महाराज ने अपने राज्यतिलक के बदले में ब्राह्मणों को पेशवा अर्थात प्रधानमन्त्री-पद जाति और वंश के आधार पर दिया था। पेशवा ब्राह्मण ही हो सकते थे।"[49]

जोतिबा फुले ने इस विषय पर ब्रिटेन की तत्कालीन रानी साहिबा से एक काल्पनिक संवाद द्वारा 'अछूतों की कैफियत' के शीर्षक से महारों और मातंगों का दृष्टिकोण रखा है। महार और मातंग रानी साहिबा को बता रहे हैं :

> "–मराठे राज्य में जब कि शूद्र वर्ण के लोगों को अपने अधिकारों और स्थिति का पूरा ज्ञान नहीं था तब भी कई मराठे अपने शौर्य से और अपनी चतुराई से जागीरदार, संस्थानिक और स्वतंत्र राजा हुए हैं। शूद्रों को राज्य के क्षेत्र में हिस्सा लेने का अधिकार नहीं था, लेकिन स्वयं मराठों के राज्यकर्ता होने की वजह से कुछ अच्छे काम हम लोगों के हाथ में आए। उस समय हम लोगों ने अपनी स्थिति कुछ मात्रा में सुधारने का काम कर लिया होता, लेकिन हमारी बदनसीबी कि पेशवाओं का वर्चस्व बढ़ गया।
>
> –पेशवाओं के काल में हम लोग अपना धर्माभिमान नहीं छोड़ सके। हमने उनके पुरखों से इस देश पर अधिकार के लिए संघर्ष किया था, इसलिए उस बात का बदला लेने के लिए या अपने दीन और बेसहारा भाइयों की परेशानी से हमारा ध्यान हटाने के उद्देश्य से या अपने अधिकार के मद में या अपने ज्ञान का (?), होशियारी और अक्ल का मौज में आकर इस्तेमाल करने के इरादे से उन्होंने हम लोगों को सताना शुरू कर दिया। वे मराठे लोगों से टेढ़ा व्यवहार नहीं कर सकते थे, क्योंकि मराठे सरदार कई जगह पर बलशाली थे। उनके लोगों को सताया गया तो वे हम लोगों को बरबाद कर देंगे–इस डर से इस बार ब्राह्मणों ने धर्म की आड़ में हम लोगों को परेशान किया और पीड़ा भी दी।"[50]

इस कैफियत में रानी साहिबा से बताया गया है कि पेशवाओं के राज में उन पर क्या-क्या और कितनी बुरी बीती है। उन के शब्द इस प्रकार हैं :

"—मराठा लोगों के राज्य में जब जासूसी का काम हम लोगों की तरफ था, उस समय हमारी स्थिति कुछ अच्छी थी। लेकिन ऐसे परेशानी के काम के लिए भी हम लोग पेशवाओं के सामने नालायक साबित हुए। फिर जासूसी के काम की बजाय नगर द्वार (गाँव) के रक्षण करने का काम हम लोगों को दिया गया। गाँव के बाहर झोंपड़ी बनाकर रहना और सरकारी बोझ-बेगार ले जाने का काम भी हमारे जिम्मे था। अहाहा, क्या थी हमारी हालत! एक तरह से हम लोग पशु ही थे। हम लोगों को गाँव के अंदर रहने की इजाजत नहीं थी। इसका मतलब, अपने राज्य-कर्ताओं की दृष्टि में हम नीच और जानवरों के समान थे, क्या यह सिद्ध नहीं होता? क्या काम करने के बाद जानवरों को पेट-भर खाना नहीं मिलता? तब क्या हमारा स्थान पशु से भी नीचे स्तर का था? मर-मरकर काम करना और अंत में रूखी-सूखी रोटी पर पेट भरने लायक पैसे या अनाज मिलना और चिथड़ा पहनकर अपना निर्वाह करना—क्या है हालत! जानवर हम लोगों से अच्छे! हमको तो इतना नीच समझा जाता है कि—हमारी छाँव भी ब्राह्मणों को छू जाए तो वे अपने-आपको अपवित्र मानते हैं। उन्होंने हम लोगों से बचने के लिए हम लोगों को काला धागा बाँधने का नियम बनाया। ब्राह्मणों पर हमारी छाँव न पड़े, इसलिए हम लोगों को रास्ते से चलते समय उनको देखकर उनके वहाँ से गुजर जाने तक नीचे बैठ जाना पड़ता था। इससे सिद्ध होता है कि हमारा स्थान जानवरों से भी गया-गुजरा था। इतना ही नहीं, हम मानव-जानवरों को नदी पर यदि कपड़े धोने होते तो ऐसी जगह पर जाकर धोने पड़ते जहाँ कपड़े धोने से ब्राह्मणों को हमारी हवा भी न छू सके। नदी के प्रवाह के ऊपरी भाग में महार या मातंग या उनकी गरीब औरतें कपड़े धो रही हों और पानी का प्रवाह जिस ओर बहता है उधर (उनकी) बदकिस्मती से ब्राह्मण नहाने के लिए या कपड़े धोने के लिए आ गया तो हम लोगों को मार खाने के लिए अपनी पीठ तैयार रखनी पड़ती थी। इसलिए हमको अपनी जान की रक्षा के लिए नदी पर नहाने-धोने का काम बीच में ही छोड़कर वहाँ से भाग जाना पड़ता था। यदि ऐसा करना हम भूल गए तो ब्राह्मण महाराज हाथ में जो भी चीज मिल जाए उसको फेंक करके मारते थे। यदि इस प्रहार में वे चूक गए तो सशरीर आकर हाथों से मारते थे और हमारे छूने से जो पाप हुआ हो (यदि वैसा उनको लगे) तो उसकी शुद्धि नदी में स्नान करके कर लेते थे।"[51]

पेशवाओं की इस मनुस्मृति वाली धार्मिक दृष्टि का महारों और मातंगों के जीवन के हर क्षेत्र में बुरा प्रभाव पड़ा था। जोतिबा फुले ने लिखा है—"धूर्त आर्य ब्राह्मण षण्ढ बाजीराव पेशवा ने अपने नापाक पेशवाई के काल में रात और दिन खेतों में काम करके बर्बाद हुए अन्य जातियों के शूद्रादि-अतिशूद्र अपाहिज बूढ़ों की एक छदाम की भी मदद नहीं की, लेकिन... अपने स्वजाति के पाखंडी भिक्षुकों को उसने लाखों रुपयों की मदद कैसे की और हर साल पानी की तरह पैसा बहाकर एक जाति के लिए ही मौज-मस्ती करने के सभी अवसर उपलब्ध करवाए... ।"[52]

अब जरा महाराष्ट्र के महारों के बारे में जाना जाए कि आई. ए. इजेकील ने अपने लेख ' "ओवर माई डेड बोडी!" सेड द महार' में लिखा है कि 'एक समय ईस्ट इण्डिया कम्पनी की बम्बई सेना में लगभग 75000 महार सैनिक थे।'[53] इस लेख में अगली महत्वपूर्ण सूचना इस प्रकार दी गई है—"पूना के पास कोरेगाँव में एक विजय स्तम्भ खड़ा है। यहाँ 1 जनवरी, 1818 को एक युद्ध लड़ा गया था जिस ने पेशवा राज्य का वस्तुतः अन्त कर दिया था।"[54] इस स्मारक की जो विशेषता है उस के बारे में लेखक ने लिखा है—"इस स्मारक में 21 सैनिकों और एक अफसर के नाम लिखे मिलते हैं जो युद्ध में शहीद हुए थे। अफसर अंग्रेज था, बाकी सारे 21 सैनिक महार थे।"[55]

यह ऐतिहासिक सत्य है कि सन् 1818 का साल अंग्रेजों की भारत में सफलता का सबसे बड़ा साल था। इतिहासकार एस. एन. कानूनगो ने स्पीयर पर्सिवल की पुस्तक से उद्धृत करते हुए अपने लेख 'डिक्लाइन एण्ड फाल आफ द मराठा पावर (1799-1818)' में लिखा है—"इस में कोई सन्देह नहीं है कि 'सन् 1818 का साल ब्रिटिश भारत के इतिहास में एक मोड़ का साल था। उस साल में 'भारत में ब्रिटिश शासन' 'भारत का ब्रिटिश शासन' बन गया था।"[56]

यह छोटी बात नहीं है। महार सैनिक केवल अंग्रेजों के सैनिक होने के नाते नहीं लड़े होंगे बल्कि पेशवाओं के राज का खात्मा करने के लिए भी लड़े होंगे।

घ. 1857 से 1947 तक : दो आजादियों की लड़ाइयाँ

अंग्रेजों ने सन् 1857 की घटना को 'सिपाई म्यूटनी' कहा है। इसे 'म्यूटनी' भले न कहा जाए लेकिन एक बात सही है कि यह राजाओं और महाराजाओं तथा नवाबों और बादशाह का स्वतन्त्रता संग्राम नहीं था। सच बात यह है कि तब के उन राजाओं, महाराजाओं, नवाबों और बादशाह में कोई ताकत नहीं थी। वे लड़ ही नहीं सकते थे। वे एक भी नहीं हो सकते थे। वे अंग्रेजों से पिटे-पिटाए लोग थे। उन की लड़ाई राष्ट्र की स्वतन्त्रता के लिए नहीं थी, वे केवल अपनी पेंशनों और पेंशनों के उत्तराधिकारों की कानूनी लड़ाई लड़ रहे थे। वे अंग्रेजों से असन्तुष्ट थे पर इस का मतलब यह नहीं

था कि वे भारतीय स्वतन्त्रता का प्रथम संग्राम लड़ रहे थे। हर राज्य के साथ ऐसी आम बातें चलती रहती हैं कि कई लोग उस से असन्तुष्ट रहते हैं। इसलिए, निश्चित रूप से, सन् 1857 की घटना को सिपाहियों की दृष्टियों से ही देखा जाना चाहिए।

जानना यह है कि सिपाहियों ने वह महान घटना घटित क्यों की। सही या गलत, कारण धार्मिक माना गया है। यह कारतूस वाली बात थी कि उस में गाय और सूअर की चर्बी लगी होती थी और उसे मुँह से तोड़ना या हटाना पड़ता था। हिन्दू के लिए गाय पवित्र है और वह उस की धार्मिकता से जुड़ी हुई चीज है; मुसलमान के लिए सूअर हराम है और वह उस की धार्मिकता से जुड़ी हुई चीज है। हिन्दू गाय नहीं खा सकता था और मुसलमान सूअर को नहीं छू सकता था। तब इन दोनों को अपने-अपने धर्म के अनुसार लड़ाई लड़नी ही चाहिए थी।

सवाल यह है कि तब के दलित को क्या करना चाहिए था। पहली बात, दलितों के अपने राजा, महाराजा, नवाब या बादशाह नहीं थे। दूसरी बात, वे अंग्रेजों की सेना में तरह-तरह के कामों में भर्ती जरूर थे, पर उन की धार्मिकता क्या थी?

सीधा सवाल गाय और सूअर से जुड़ी धार्मिकता का है। दलित गाय का मांस खाता था, इसलिए वह हिन्दू नहीं था, और दलित सूअर का मांस खाता था, इसलिए वह मुसलमान नहीं था। इसलिए, यदि सन् 1857 की घटना को दलित चिन्तन से जोड़ा जाए तो कोई कारण नहीं था कि दलित सिपाही उस में हिस्सा लेते। धार्मिकता को छोड़ कर हिन्दू और मुसलमान सिपाही अंग्रेजों के हक में थे ही, तब दलित सिपाही को अलग से क्या कहा जा सकता है? आखिर, धार्मिक स्तर के विद्रोह का कारण उस के लिए गायब ही था। ऐसी स्थिति में, न उस से अपेक्षा रखी जानी चाहिए और न उस पर आरोप लगाए जाने चाहिए कि उस की भूमिका क्या थी।

आदर्श स्थिति यह थी कि तत्कालीन अछूत समुदाय के लोग इस क्षमता और मानसिकता में होते कि वे अपनी हिन्दुओं से सामाजिक गुलामी की और अंग्रेजों से राजनैतिक गुलामी की दोहरी लड़ाई एक साथ लड़ते। उन्हें दोनों लड़ाइयाँ लड़नी चाहिए थीं। लेकिन वे इस ताकत में भी नहीं थे कि इन में से एक भी लड़ाई लड़ लेते। तब वे क्या करते? तब उन का नेतृत्व क्या करता?

सन् 1857 की अंग्रेजों से लड़ाई में वे नेतृत्वविहीन थे। वे दोनों लड़ाइयाँ लड़ रहे थे और कुर्बानियाँ दे रहे थे, परन्तु विचार और रणनीति के स्तर पर पूर्णतया भ्रम में थे। हश्र यह हुआ कि उन की कुर्बानियाँ ज्यादा फलीभूत नहीं हुईं। यह नहीं कहा जा सकता कि उन की कुर्बानियाँ अकारथ गईं, लेकिन इतना जरूर है कि वे विचार की शृंखला नहीं बन पाईं। ज्यादातर वे एक मालिक के खिलाफ और दूसरे मालिक के पक्ष में लड़ रहे थे। ऐसा नहीं था कि वे दोनों मालिकों के दिए हुए गुलामी के जुयों को एक साथ उतार फेंकते। हिन्दुओं की सामाजिक गुलामी से लड़ाई में अंग्रेजों से मदद लेने की दरकार थी तो अंग्रेजों की राजनैतिक गुलामी से लड़ने में हिन्दुओं की गुलामी को

अब दलित साहित्यकारों ने शोध करके इस बात के ठोस ऐतिहासिक प्रमाण जुटाए हैं कि सन् 1857 में अनेक दलितों ने अंग्रेजों से लड़ाई की थी। अंग्रेजों से उस लड़ाई में वे शहीद हुए हैं। उन्होंने गोलियाँ खाई हैं, वे तोपों से उड़ाए गए हैं, और फाँसी के तख्तों पर झूले हैं। इन में पहला नाम मातादीन का आता है। इस के लिए सूरज पाल चौहान ने एक पुस्तक लिखी है जिस का शीर्षक 'महान दलित क्रान्तिकारी योद्धा मातादीन' है। मातादीन मेरठ के थे और उन के पूर्वज कलकत्ते में बस गए थे। सूरज पाल चौहान ने लिखा है–"पूर्व राज्यपाल महामहिम डा. माता प्रसाद ने अपनी पुस्तक 'भारत में सामाजिक परिवर्तन के प्रेरणास्रोत' में माना है कि मातादीन मेरठ के रहने वाले थे। मगर मातादीन के पूर्वज नौकरी के सिलसिले में अंग्रेजों की तत्कालीन राजधानी कलकत्ता में जा कर बस गए थे।"[57]

मातादीन का महत्व इतना बढ़ गया है कि अब वे ही 1857 की क्रान्ति के मूल पुरुष सिद्ध हुए हैं। सूरज पाल चौहान ने राजेन्द्र कुमार जैन की पुस्तक 'सन् 1857 ईसवी का विप्लव और बादशाह जफर' के पृष्ठ-73 से उद्धरण दिया है जो इस प्रकार है :

> "न. 70 बंगाली पल्टन के कैप्टन राइट ने एक पत्र मेजर बोन्टीन दमदम कलकत्ता के नाम 22 जनवरी, 1857 ईसवी को लिखा था, पत्र में लिखा था कि न. 2 की पल्टन के एक ब्राह्मण सिपाही ने मातादीन खलासी को अपना पानी का लोटा छूने नहीं दिया, उल्टा उसे जाति का ओछापन याद दिला कर फटकार दिया। इस पर मातादीन खलासी ने उस ब्राह्मण सिपाही को चिढ़ाते हुए कहा–
>
> ...'तुम सबकी पंडिताई बहुत जल्द निकल जाएगी, जब तुम सब सूअर और गाय की चर्बी से बने कारतूस को दांत से काट कर बंदूकों में भर कर चलाओगे।' यह मातादीन खलासी दमदम के उस कारखाने में नौकर था जहाँ ये कारतूस बनाए जाते थे। कैप्टन राईट की बात प्रामाणिक मानी जाती है। इसी एक घटना के कारण सेना में विद्रोह फैला और यह विप्लव सन् 1857 का गदर बना।"[58]

सूरज पाल चौहान ने आगे लिखा है–"1 मार्च, 1857 को मंगल पाण्डे परेड मैदान में लाइन से निकल कर बाहर आ गया और सैनिक अधिकारी को गोली मार दी और इस तरह विद्रोह बढ़ गया। मातादीन की यह चिंगारी काम कर गई। 8 अप्रैल, 1857 को मंगल पाण्डे को फांसी पर लटकाया गया। जो लोग गिरफ्तार हुए, उनमें मातादीन प्रमुख थे।"[59]

सन् 1857 के इतिहास पर के. नाथ ने भी एक पुस्तक 'बिठूर के नाना साहब पेशवा के अमर सैनानी गंगू मेहतर, आभा धानुक एवं मैना दासी की शौर्यगाथा :

1857—दलित्स सेक्रिफाइस—इन-गदर' के शीर्षक से लिखी है। के. नाथ ने जानकी प्रसाद कुरील की गवाही से लिखा है कि 'मैनावती चमार जाति की थीं।'[60] उन्होंने लिखा है—"दिल्ली के 16 किलोमीटर दूर अलीपुर में 36 क्रान्तिकारियों को 7 जून 1857 को फांसी नीम के पेड़ में दी गई थी(।)वे प्रायः दलित जाति के जाटव थे।"[61] गंगू मेहतर को नीम के पेड़ से लटका कर फांसी 5 जून, 1858 के दिन दी गई थी।[62] के. नाथ ने लिखा है, 'अंग्रेजों ने आभा और मैनावती को जिन्दा जला दिया था।'[63]

मोहनदास नैमिशराय ने एक शोधपूर्ण उपन्यास 'वीरांगना झलकारी बाई' के नाम से लिखा है। उस में उन्होंने बताया है कि झलकारी बाई '...एक साधारण कोरी परिवार में पैदा हुई थी...।'[64] रूपचंद गौतम ने एक लेख '1857 की दलित कुर्बानी को खारिज करने की कोशिश' के शीर्षक से लिखा है, जो 'बयान' पत्रिका में छपा है। यह लेख ज्यादा सूचनाएँ देता है—एक तरह से इस विषय पर एक संक्षिप्त सर्वे हो गया है। इस में ऊदा देवी के बारे में लिखा गया है कि '...लखनऊ सिकन्दर बाग में शहीद हुई वीरांगना ऊदा देवी पासी समाज से थीं।'[65]

ऊपर दिए गए कुछ तथ्यों से यह अच्छी तरह पता चल जाता है कि सन् 1857 के प्रथम स्वतन्त्रता संग्राम में दलितों ने अंग्रेजों के विरुद्ध लड़ कर अनेक शहादतें दी थीं लेकिन उस समय का उन का दलित नेतृत्व सजग नहीं था। दलित अंग्रेजों से युद्ध कर रहे थे पर उन की अपनी मुकम्मिल दिशा नहीं थी। वे बहादुर शाह 'जफर' के नाम से जारी 25 अगस्त, 1857 के घोषणापत्र की इस घोषणा को नहीं समझ पाए जिस में अंग्रेजों के खिलाफ इस प्रकार लिखा गया था—"मामूली रैय्यत, नौकरानी या गुलाम द्वारा दाखिल मुकदमे में इज्जतदार जमींदारों को अदालत में लाया जाता है।...बादशाही सरकार में...जमींदारी के सारे मसले शराह व शास्त्रों के अनुसार हल किए जाएंगे।...व्यापारियों को गैर हैसियतदार लोगों की शिकायत पर सजा दी जाती है, बादशाही हुकूमत इसे दुरुस्त करेगी।"[66]

इन में रैयत, नौकरानी और गुलाम कौन थे? ये चमार, भंगी और अन्य दलित-पिछड़ी जातियों के लोग थे। इन मामूली आदमियों की शिकायत पर मुगल बादशाह बहादुर शाह 'जफर' को अंग्रेजों द्वारा जमीदारों के खिलाफ मुकदमे दायर करना बहुत अखरा था। तब रैयत के रूप में पहचाने जाने वाले चमारों और भंगियों को किन के विरोध में लड़ना चाहिए था? मुद्दे को बेगम हजरज महल द्वारा शहजादे बिरजिस कद्र के नाम से 5 जुलाई, 1857 को लखनऊ में जारी घोषणापत्र के कुछ शब्दों से पूरी तरह से समझा जा सकता है। वे शब्द इस प्रकार हैं—"हर हिन्दू और मुसलमान जानता है कि इन्सान को चार चीजें प्यारी होती हैं(—) 1. मजहब और यकीदा 2. इज्जत और आत्मसम्मान 3. खुद और अपनों की जिन्दगी 4. जायदाद। हिन्दुस्तानियों की हुकूमत के दौरान ये चारों चीजें सुरक्षित थीं, कोई मजहब में दखलंदाजी नहीं करता था। हर आदमी अपने धर्म को मानता था और हर एक की

अपनी हैसियत के अनुसार इज्जत और ओहदा दिया जाता था। कोई नीच पाजी, चूहड़, चमार, धानुक या पासी उन से बराबरी का दावा नहीं कर सकता था।...लेकिन अंग्रेज इन चारों बातों के दुश्मन हैं।...वे ऊँचे दर्जे के लोगों की इज्जत नीचे दर्जे के मेहतर व चमारों के बराबर ले आए हैं। असलियत में अंग्रेज नीची जातियों के लोगों को ऊँची जातियों पर तरजीह देते हैं। एक मेहतर व चमार की शिकायत पर वे नवाब और राजा को पकड़ कर उस की बेहुर्मती करते हैं।''[67]

तब कुल निष्कर्ष क्या निकलता है? निष्कर्ष यही है कि सन् 1857 की लड़ाई में दलित जाति के वीर अंग्रेजों से लड़ रहे थे पर उन का कोई दलित नेता नहीं था। मुसलमानों के नेता थे, हिन्दुओं के नेता थे, पर दलितों का कोई नेता नहीं था। नेता के बगैर उन की वह कुर्बानी बेकार जा रही थी। कहा यूँ जाए कि उन का गैर-दलितों द्वारा इस्तेमाल हो रहा था।

1857 के स्वतन्त्रता संग्राम के बाद वाले स्वतन्त्रता संग्राम में भी दलितों ने शहादतें दी हैं। उन में उन के नाम गिनाए जा सकते हैं। ऐसे एक शहीद पर डा. राजपाल सिंह 'राज' ने एक शोधपूर्ण पुस्तक 'स्वतन्त्रता संग्राम के महाबलिदानी ऊधम सिंह (व्यक्तित्व एवं कृतित्व)' के शीर्षक से लिखी है। इस में कई प्रमाणों से बताया गया है कि वे दलित वर्ग की चमार जाति से थे।[68] लेकिन इस बार एक खास बात रही। खास बात यह रही कि इस दूसरे स्वतन्त्रता के संग्राम में दलित लोग बिना अपने नेतृत्व के नहीं थे। कहना यह भी चाहिए कि उन्होंने इस नेतृत्व को बहुत अच्छी तरह निभाया और एक बड़ी हद तक सफलता पाई। बाबा साहेब डा. अम्बेडकर के नेतृत्व के बारे में अब हर कोई जानता है। इस पुस्तक में स्वामी अछूतानंद के नेतृत्व पर भी लगभग पूरा प्रकाश पड़ गया है। जरूरत इस बात की है कि थोड़ी चर्चा बाबू मंगूराम के नेतृत्व पर भी कर ली जाए। लेकिन उस से भी पहले यह भी जान लिया जाए कि उत्तर भारत में ही नहीं, दक्षिण भारत में भी उस समय के दलित नेतृत्व ने यही स्टैण्ड लिया था। वायसराय और 'सेक्रेटरी आफ स्टेट फार इण्डिया' को दिए गए निवेदनों में, जो 1918 में छपे थे, मद्रास प्रेसीडेन्सी में अछूतों की एक संस्था 'पंचम कल्वी अभिवृधि—अभिमान संघ' ने लिखा था—''हम इस राजनैतिक परिवर्तन के प्रति अपना विरोध दर्ज करते हैं और ब्राह्मणों से अपना बचाव चाहते हैं, जिन का उद्देश्य, सरकार में ज्यादा हिस्सेदारी प्राप्त करके नाग द्वारा छोटे-छोटे मेंढ़कों को खाने की इच्छा का है।''[69] मद्रास प्रेजीडेन्सी की ही साठ लाख आदि द्रविड़ों का प्रतिनिधित्व करने वाली एक दूसरी संस्था 'मद्रास आदि द्रविड़ जन सभा' ने भी निवेदित किया था—''कहने की जरूरत नहीं है कि हम 'होम रूल' का पुरजोर विरोध करते हैं। हम,

में हमारे साथ बुरा बर्ताव किया है और जो ब्रिटिश कानूनों के संरक्षण के अभाव में दुबारा वही बुरा बर्ताव करेंगे, अपने खून की अन्तिम बूँद तक लड़ेंगे। हिन्दू लोग हमारे दावों को ही नहीं बल्कि हमारे अस्तित्व को ही नकारते हैं। तब वे प्रशासन का नियन्त्रण अपने हाथों में आ जाने पर हमारे हितों को बढ़ावा कैसे देंगे?''[70]

यह जानने के बाद अब बाबू मंगूराम के बारे में बात की जा सकती है। इस में जाना जा सकता है कि पंजाब के चमार जाति के आदि धर्म के संस्थापक बाबू मंगूराम मुग्गोवालिया की पुस्तक 'आदि धर्म मंडल रिपोर्ट 1931' में मुग्गोवाल में पास किए गए प्रस्तावों में से 18वाँ प्रस्ताव इस प्रकार है—''भारत को तब तक स्वराज न दिया जाए, आर्य हिन्दू जब तक अछूतों को आजाद और बराबर नहीं होने देते। नहीं तो यह अंग्रेजी राज के लिए कलंक होगा।''[71] पर, क्या इस का मतलब यह है कि बाबू मंगू राम स्वराज के विरोधी हैं? यदि कोई ऐसा सोचता है कि बाबू मंगू राम स्वराज के विरोधी हैं तो वह एकदम गलत सोचता है। बाबू मंगू राम की मांग का मतलब केवल यह है कि स्वराज को वास्तविक और सब का बनाया जाए। सच्चाई यह है कि बाबू मंगू राम स्वराज की मांग को ज्यादा गहराई और व्यापक स्तर पर उठा रहे हैं। स्वराज की उन की शर्त बड़ी वाजिब और न्याय्य थी। उसे पूरी करना हिन्दुओं के हाथ में था कि वे अछूतों को आजाद और बराबर होने दें। अपने स्तर के काम को करके स्वराज़ ले लो।

फिर, यह भी जाना जाए कि स्वामी अछूतानन्द और बाबा साहेब डा. अम्बेडकर की दृष्टियों की तरह बाबू मंगूराम के पास भी दलितों की मांगों का एक पूरा पैकेज था। हाँ, उन दिनों परती भूमि को ले कर पंजाब में भी मांग उठी थी। यह मांग बाबू मंगू राम मुग्गोवाल ने उठाई थी। उऩ की पुस्तक में 'आदि धर्म मंडल को मौजूदा मांगें' के अन्तर्गत 8वीं मांग में यह मांग सम्मिलित थी—''पुराने समय से आदि धर्मी बेरोजगारी का शिकार रहे हैं। पूँजी के बिना वो अमीर नहीं बन सकते। इसलिए आदि धर्मी गरीब रह गए...। हमारे पास कोई जमीन नहीं इस लिए हमारी विनती है कि पंजाब में पड़ी 'पंद्रह मिलियन एकड़' खेती योग्य भूमि, जिस का इस्तेमाल नहीं किया जा रहा और पंजाब सरकार के कब्जे में है...वो उन्हीं शर्तों के नीचे ही आदि धर्मियों को दे जिन शर्तों के नीचे दूसरे को दी गई है।''[72] इधर, प्रेमचंद की पुस्तक 'रंगभूमि' का सूरे चमार औद्योगीकरण के खिलाफ लड़ रहा है, जो लड़ाई, चमारों के आर्थिक दर्शन से कतई मेल नहीं खाती। बाबू मंगू राम मुग्गोवाल ने अपनी पुस्तक में 14वीं मांग इस प्रकार रखी थी—''हम पंजाब सरकार की मजदूरी के बारे में बोर्ड को सूचित करते हैं कि आदि धर्मी मेहनत मजदूरी करने वाले लोग हैं और स्वराज सम्बन्धी पूरी तरह बेइंसाफी भरे आन्दोलन के कारण हम और बेरोजगार हुए हैं। हम सरकार से

विनती करते हैं कि वो हमें मेहनती जाति समझते हुए हमारे लिए काम का प्रबन्ध करे।"[73]

चाहे 'आदि हिन्दू धर्म' कहा जाए, या 'आदि धर्म' कहा जाए, इस मामले में दोनों विचारधाराओं के चिन्तक एकमत थे कि वे हिन्दू नहीं हैं। बाबू मंगू राम मुग्गोवालिया ने अपनी पुस्तक में 15वाँ सिद्धान्त इस प्रकार रखा है–"हम हिन्दू नहीं हैं। हम सरकार को पूरे जोर से प्रार्थना करते हैं कि वह हमें ऐसा न लिखे। हमारा ध र्म हिन्दू नहीं बल्कि आदि धर्म है। हम हिन्दू धर्म का भाग नहीं हैं और न ही हिन्दू हमारा भाग है।"[74]

इस बात को डा. रोंकी राय ने भी सही तरह से समझा है कि डा. अम्बेडकर के लिए और दलितों के लिए 'स्वराज' का क्या मतलब था। उन्होंने अपने लेख 'बाबा साहेब डा. अम्बेडकर एण्ड नेशनैलिज्म' में इस प्रश्न को उभारा है। इस मुद्दे पर उन्होंने डा. अम्बेडकर को उन की पुस्तक 'एन्निहिलेशन आफ कास्ट' से उद्धृत किया है। उस में डा. अम्बेडकर ने हिन्दुओं को सलाह देते हुए समझाया था–"यदि आप स्वराज की रक्षा नहीं कर सकते तो इसे हासिल करने का कोई अर्थ नहीं है। स्वराज की रक्षा करने से भी अधिक महत्वपूर्ण स्वराज में हिन्दुओं की रक्षा का है। मेरी राय में, हिन्दू खुद की रक्षा करने की आशा तभी कर सकते हैं जब हिन्दू समाज जाति विहीन समाज बनेगा। इस अन्दरूनी ताकत के बिना हिन्दुओं के लिए स्वराज गुलामी में तब्दील हो सकता है।"[75] बात दूसरे ढंग से भी सही है कि बाकी हिन्दुओं की बात छोड़ कर, यदि स्वराज आकाश से गिरता और खजूर पर टंग जाता, तब वह दलितों के लिए कैसा स्वराज होता? दलित लोग कभी भी स्वराज के विरोधी नहीं थे, बस, वे उसे अपनी झोपड़ी तक लाना चाहते थे। इस बात को 19वीं सदी के जोतिबा फुले भी जानते थे कि इस देश से अंग्रेजों का जाना तय था। कारण यही था कि अंग्रेज हिन्दुस्तानी समाज के कभी अंग नहीं बने थे। उन की यहाँ पर बस्तियाँ नहीं थीं। वे किराये के या सरकारी बंगलों में या बैरकों तक में सीमित थे। यहाँ बसने की उन की कोई योजना नहीं थी।

यूँ, 1857 के युद्ध में दलित थे, दलितों की वीरता थी, पर उन के पास अपना नेतृत्व नहीं था। लेकिन 1932 में दलितों के पास अपना नेतृत्व था। 1857 में वे दूसरों के लिए मर रहे थे। झलकारी बाई झाँसी की रानी लक्ष्मीबाई के लिए शहीद हुईं तो आभा धानुक नाना फड़नवीस को नेपाल भेजने में अपना बलिदान कर गए। मातादीन मंगल पाण्डे के पीछे रह गए। लेकिन 1932 में स्वामी अछूतानन्द, बाबू मंगूराम और बाबा साहेब डा. अम्बेडकर एकजुट रहे और वे गाँधी और नेहरू के चक्कर में नहीं आए।

ङ. स्वराजवादी : पुराने और नए

पूछा यह जाना है कि दलित साहित्य में प्रेमचन्द के विचारों का क्या अचार डाला जाएगा जब अच्छी तरह पता चल गया है कि प्रेमचन्द ने डाक्टर अम्बेडकर का विरोध किया था। जब डाक्टर अम्बेडकर गाँधी से लड़ रहे थे तो इस का मतलब है कि वे गांधी के प्रेमचन्द जैसे समर्थकों से भी लड़ रहे थे। जी हाँ, गांधी के समर्थकों ने ही डा. अम्बेडकर की मुश्किल ज्यादा बढ़ाई थी।

अब ध्यान दें कि सन् 1922-24 में प्रेमचन्द ने 'रंगभूमि' की रचना में सूरदास नाम का चमार पात्र खड़ा किया था। तब सन् 1930-32 की गोल मेज सभा की बहसों में प्रेमचन्द खुद सूरदास बन कर डा. अम्बेडकर का विरोध कर रहे हैं और गांधी का पक्ष ले रहे हैं। लेकिन तब चमारों के असली नेता स्वामी अछूतानन्द क्या कर रहे थे? डा. गया प्रसाद प्रशान्त ने अपनी पुस्तक 'आम्बेडकर इन्कलाब' में इस बारे में बताया है—"इस प्रकार उत्तर प्रदेश में "विश्व विजयी" स्वामी अछूतानन्द के नेतृत्व में सन् 1930-31 के राउण्ड टेबुल कान्फ्रेंस लन्दन में अछूतों के प्रतिनिधि के रूप में बाबा साहेब डा. अम्बेडकर के लिये उनके अधिकारों के संघर्ष की पृष्ठभूमि पहले से ही तैयार हो गयी थी। जब गांधी जी ने इस कान्फ्रेंस में बाबा साहेब को भारत के अछूतों का प्रतिनिधि होने से इनकार कर दिया, तो स्वामी अछूतानन्द जी ने पूरे उत्तर भारत का दौरा कर बाबा साहेब के नेतृत्व के पक्ष में इतने अधिक प्रस्ताव लन्दन की गोलमेज परिषद में प्रस्तुत करा दिये कि परिषद को स्वीकार कर लेना पड़ा कि बाबा साहेब ही भारत के अछूतों के वास्तविक प्रतिनिधि हैं, गांधी जी नहीं।"[76]

बात 'रंगभूमि' तक सीमित नहीं है। ईश गंगानिया ने प्रेमचंद के इस दलित-विरोधी नजरिये को प्रेमचन्द की अन्तिम कहानी 'कफन' में भी ढूंढ़ लिया है। वे अपने लेख ''रंगभूमि', गांधी और अम्बेडकरवादी-विमर्श' में लिखते हैं—"जहां तक 'कफ़न' कहानी को प्रेमचन्द की अंतिम कहानी के रूप में देखे जाने का प्रश्न है, यह भी अम्बेडकरवाद के विरोध की कहानी है। इसे यूं भी कहा जा सकता है कि यह कहानी प्रेमचन्द ने आरक्षण के विरोध व पूना पैक्ट के फ्रस्टेशन के विरोध में लिखी थी। यहां भी प्रेमचन्द खुलकर गांधी जी के साथ खड़े हैं। पूना पैक्ट के विरोध के संबंध में गांधी जी का आमरण अनशन विशुद्ध रूप से धार्मिक व जातीय भावना से प्रेरित था लेकिन प्रेमचन्द इसे राष्ट्र का प्रश्न बनाकर डॉ. अम्बेडकर के विरुद्ध गांधी जी को ऐसे महिमामंडित करते हैं, 'धन्य हो महात्मा! राष्ट्र (?) की सेवा में तुम पहले ही अपना सर्वस्व अर्पण कर चुके हो। एक प्राण रह गया था, उसे भी राष्ट्र भेंट करने जा रहे हो (संदर्भ-आमरण अनशन)। प्रेमचन्द जी की इस टिप्पणी से पहली बात तो यह साफ हो जाती है कि प्रेमचन्द जी जीवन के अंतिम वर्षों में भी गांधी से प्रेरित होकर लिख रहे थे न (कि) डॉ. अम्बेडकर से। दूसरे, प्रेमचन्द जी भी आरक्षण विरोधी थे। प्रेमचन्द

का घीसू और माधव में जितनी निर्योग्यताएं हो सकती हैं, लादने के पीछे सीधा-सा संकेत यह देना है दलित फिट फार नथिंग होते हैं।''[77]

तब आज के प्रेमचंदवादियों के लिए 'स्वराज' शब्द से क्या मतलब है? राजेन्द्र यादव ने अपने लेख 'रखैल और जार का दलित-पाठ' में मेरे खिलाफ लिखा है–''अभी डॉ. धर्मवीर की तीन किताबें आई हैं,...तीनों पुस्तकों के हर पन्ने पर धर्मवीर जी ऐसा जार-जार रोए हैं कि दिल के हजार टुकड़े हो जाते हैं...हम हर बार क्यों गुलाम बनाए गए? क्योंकि जार थे। अशिक्षित और गरीब क्यों रहे? क्योंकि जार थे। राजा-नवाबों ने इतनी ऐयाशियां या 'हरम' जदगियाँ क्यों की? लाखों लोग बाढ़, अकाल, सुनामी या भूकंप में क्यों मरते हैं? जाहिर है; जार थे।...कहने को मन करता है, वाह धर्मवीर जी, ये लाखों जार, आप की ही तो सृष्टियाँ हैं... ।''[78] वे मेरे विचारों की पूरी मजाक फोड़ते हुए लिखते हैं–''धर्मवीर जी के लिए हर मर्ज की दवा जार-कर्म से मुक्ति है... ।''[79]

यह उन का तरीका है। जो मैंने नहीं कहा, वह उस में वे जोड़ देते हैं। मैं समाज से जारकर्म मिटाने की सही सलाह देता हूँ तो इसे वे किसी वैद्य के त्रिफले के चूर्ण से तुलना करके फेंक देते हैं। समाज की हर बुराई की काट न हो, पर जारकर्म को मिटाने से मनुष्य को कई मामलों में आराम मिलेगा। यदि यह एक रोग की ही दवा है तो भी इस उपचार को इस रोग से पीड़ित व्यक्ति को दिया जाए। शरीर का एक अंग रुग्ण होने पर, पर दवा न मिलने के कारण, सारे शरीर को ले बैठता है।

पूछना यह है कि राजेन्द्र यादव ने जारकर्म को एक भी बुराई माना है या नहीं। उत्तर यह है कि उन्होंने इसे बुराई नहीं माना। बुराई मानते तो तब वे मेरे पक्ष में सम्पादकीय लिखते–उलटे वे तो हाथ धो कर मेरे पीछे पड़ गए कि मैंने जारकर्म को देश की गुलामी के कारणों में क्यों जोड़ दिया। लेकिन हिन्दुओं को अपनी गुलामी के कारण तो ढूंढ़ने ही पड़ेंगे। कमियाँ तो उन में हैं ही। राजेन्द्र यादव मेरी न मानते, प्रेमचंद की मान लेते। उन के प्रेमचंद ने ही कहा है–''मुट्ठी-भर अंग्रेज पैंतीस करोड़ आदमियों पर राज्य करें, इस के माने क्या हैं? हम में चरित्र-बल, आत्म-बल कुछ भी नहीं है। उसी का तावान हम भोग रहे हैं और रो रहे हैं।''[80] अब क्या यह बताया जाना जरूरी है कि आत्मबल चरित्रबल से बनता है और कोई चरित्रवान व्यक्ति जार नहीं हो सकता। उलटे, चरित्रहीन व्यक्ति विलासी होता है। यह जारकर्म की सीधी परिभाषा चल रही है और यह भी राजेन्द्र यादव के प्रेमचंद ने ही कहा है–''विलासिता आजादी की दुश्मन है।''[81] बस, यूँ कहा जा सकता है कि प्रेमचंद जानते सब कुछ थे पर रखैल रखने की विलासिता से बाज नहीं आए–''जानै है मानै नहीं, यही अचम्भा मोय।'' पर, किसकी कही जाए, राजेन्द्र यादव तो जानने को भी तैयार नहीं हैं।

संदर्भ

1. प्रेमचंद : कलम का सिपाही, अमृत राय, हंस प्रकाशन, इलाहाबाद, संस्करण, अप्रैल, 1992, पृ.-277
2. वही, पृ.-188
3. वही, पृ.-505-06
4. Dr. Babasaheb Ambedkar : Writings and Speeches, Volume 2, Education Department, Government of Maharashtra, Bombay-400 032, First Edition, 1982, pp.-515-16
5. Dr. Babasaheb Ambedkar : Writings and Speeches, Volume 8, Education Department, Government of Maharashtra, Bombay-400 032, First Edition, 1990, p.-236
6. ibid., p.-174
7. ibid., p.-124
8. States and Minorities, B.R. Ambedkar, Anand Sahitya Sadan, Siddhartha Marg, Cantt.-20, Aligarh-202 001, U.P., 1989, p.-66
9. Dr. Babasaheb Ambedkar : Writings and Speeches, Volume 2, Education Department, Government of Maharashtra, Bombay-400 032, First Edition, 1982, p.-592
10. States and Minorities, B.R. Ambedkar, Anand Sahitya Sadan, Siddhartha Marg, Cantt.-20, Aligarh-202 001, U.P., 1989, p.-66
11. Dr. Babasaheb Ambedkar : Writings and Speeches, Volume 2, Education Department, Government of Maharashtra, Bombay-400 032, First Edition, 1982, p.-49
12. ibid., p.-49
13. ibid., p.-115
14. ibid., p.-107
15. ibid., p.107
16. मसीही दलित समाज का इतिहास, लेखक, जॉन सी. बी. वेब्स्टर, सम्पादक, डा. जे. एच. आनन्द, अनुवादिका, श्रीमती सुभद्रा मालवी, हिन्दी थियोलाजिकल लिटरेचर कमिटी, 1801/2, नेपियर टाउन, रिल्बर ओक कम्पाउण्ड, रसेल चौक, जबलपुर-482 001, मध्य प्रदेश, पृ.-65
17. वही, पृ.-65-6
18. वही, पृ.-66
19. वही, पृ.-69
20. वही, पृ.-70-71
21. बाल्मीकि जयन्ती और भंगी जाति (केवल भंगी ही क्यों बाल्मीकि जयन्ती मनाते हैं?), भगवान दास, दलित वर्ल्ड लाइब्रेरी, बी. सी./1 एच., डी. डी. ए. फ्लैट, मुनीरका, नई दिल्ली-110 067, दूसरा संशोधित व विस्तृत संस्करण, 2002, पृ.-29
22. वही, पृ.-29
23. दलित पत्रकारिता के सामाजिक सरोकार, रूपचंद गौतम, श्री नटराज प्रकाशन, ए-507/12, साउथ गाँवड़ी एक्सटेंशन, दिल्ली-110 053, प्रथम संस्करण, 2007, पृ.-147
24. वही, पृ.-147
25. दलित चिन्तन शिविर–बल्लां का निष्कर्ष : सभी दलित महापुरुषों का सन्देश सामाजिक समता के लिए था, हिमायती, 233, टैगोर पार्क, माडल टाउन, दिल्ली-110 009, जून (द्वितीय) 2006, पृ.-1
26. वही, पृ.-1
27. साम्यवाद के अग्रदूत, 'मतवाला' शहजादपुरी, अपेक्षा, 27-घौंडली, कृष्णा नगर, दिल्ली-110 051, अप्रैल-जून, 2008, पृ.-21

28. दलित चिन्तन शिविर–बल्लां का निष्कर्ष : सभी दलित महापुरुषों का सन्देश सामाजिक समता के लिए था, हिमायती, 233, टैगोर पार्क, माडल टाउन, दिल्ली-110 009, जून (द्वितीय) 2006, पृ.-1
29. प्रेमचंद : कलम का सिपाही, अमृत राय, हंस प्रकाशन, इलाहाबाद, संस्करण, अप्रैल, 1992, पृ.-297
30. "For years, it may be for generations, patriotic and loyal Indians have dreamed of Swaraj for their motherland. To-day you have beginnings of Swaraj within my Empire, and widest scope and ample opportunity for progress to the liberty which my other dominions enjoy."

    His Imperial Majesty the King-Emperor's
    message to the Indian Legistatures.
    9th February 1921

    The History of the Indian Tour of H.R.H. the Prince of Wales, 1921-22, by L.F. Rushbrook Williams, Superintendent Government Printing, India, Calcutta, Edition, 1922, p.-before Introduction
31. प्रेमचंद : कलम का सिपाही, अमृत राय, हंस प्रकाशन, इलाहाबाद, संस्करण, अप्रैल, 1992, पृ.-226-27
32. उत्तर आधुनिकता और दलित साहित्य, कृष्णदत्त पालीवाल, वाणी प्रकाशन, 21ए, दरियागंज, नई दिल्ली-110 002, प्रथम संस्करण, 2008, पृ.-257
33. वही, पृ.-256
34. राष्ट्रीय अस्मिता : एक भारतीय दृष्टिकोण, हेमलता महिश्वर, anyatha.com, जून, 2008, पृ.-206
35. वही, पृ.-206
36. उत्तर आधुनिकतावाद और दलित साहित्य, कृष्णदत्त पालीवाल, वाणी प्रकाशन, 21-ए, दरियागंज, नई दिल्ली-110 002, प्रथम संस्करण, 2008, पृ.-259
37. भंगी समाज के सब से बड़े दुश्मन गांधी : भगवान दास से डा. सुधीर सागर की बातचीत, युद्धरत आम आदमी, पूर्णांक-97, 2009, विचार की कसौटी पर : मल-मूत्र ढोता भारत, खण्ड-1, अतिथि सम्पादक, सुशीला टाकभौरे, रमणिका फाउन्डेशन, ए-2-21, डिफेंस कालोनी, ग्रा. फ्लोर, नई दिल्ली-110 024, पृ.-125
38. वही, पृ.-125
39. प्रेमचंद : कलम का सिपाही, अमृतराय, हंस प्रकाशन, इलाहाबाद, संस्करण, अप्रैल, 1992, पृ.-506-9
40. वही, पृ.-338
41. वही, पृ.-342
42. स्वर्गीय श्री श्री 108 स्वामी अछूतानंद जी का जीवन परिचय, लेखक, स्वर्गीय बाबू मंगल सिंह जाटव, प्रकाशक, मोहन सिंह बंसल, मंगल भवन, तिकोनिया मुरार, ग्वालियर, मध्य प्रदेश, द्वितीय बार, 6 मई, 1997, पृ.-10
43. रंगभूमि, मुंशी प्रेमचंद, गंगा–ग्रंथागार, 36, गौतम बुद्ध मार्ग, लखनऊ, तेरहवीं बार, 1958, पृ.-709
44. प्रेमचन्द साहित्य में दलित चेतना, डा. बलवन्त साधू जाधव, अलका प्रकाशन, 128/106 जी ब्लाक, किदवई नगर, कानपुर-11, संस्करण, 1992, पृ.-192

45. प्रेमचंद की उपन्यास यात्रा : डा. शैलेश जैदी, यूनिवर्सिटी पब्लिशिंग हाउस, कोठी नायाब, सर सैयद रोड, सिविल लाइन्स, अलीगढ़, उत्तर प्रदेश, प्रथम संस्करण, जुलाई, 1978, पृ.-27

46. मंडल रिपोर्ट : वर्ण-व्यवस्था से समाजवादी व्यवस्था की ओर, मस्तराम कपूर, सारांश प्रकाशन प्रा. लि., 13, दरियागंज, नई दिल्ली-110 002, दूसरा संशोधित-परिवर्धित संस्करण, 1996, पृ.-10

47. आदि हिन्दू आन्दोलन के प्रवर्तक श्री 108 स्वामी अछूतानन्द जी 'हरिहर' : जीवनी, सिद्धान्त और भाषण, लेखक, श्री चन्द्रिका प्रसाद जिज्ञासु, प्रकाशक, हिन्दू समाज सुधार कार्यालय, सआदत गंज, लखनऊ, पहली बार, 1960, पृ.-85

48. महात्मा जोतिबा फुले रचनावली-2, अनुवाद एवं सम्पादन, डॉ. एल. जी. मेश्राम 'विमलकीर्ति', राधाकृष्ण प्रकाशन प्राइवेट लिमिटेड, जी-17, जगतपुरी, दिल्ली-110 051, पहली आवृत्ति, 2002, पृ.-379

49. वही, पृ.-379

50. महात्मा जोतिबा फुले रचनावली-2, अनुवाद एवं सम्पादन, डॉ. एल. जी. मेश्राम 'विमलकीर्ति', राधाकृष्ण प्रकाशन प्राइवेट लिमिटेड, जी-17, जगतपुरी, दिल्ली-110 051, पहली आवृत्ति, 2002, पृ.-299

51. वही, पृ.-297-98

52. वही, पृ.-155

53. "At one stage, there were nearly 75,000 Mahar troops in the Bombay Army of the East India Co."
"Over My Dead Body!" Said the Mahar, I. A. Ezekiel, The Illustrated Weekly of India, April 2, 1972, p.-16

54. "At Koregaon, near Poona, stands a pillar of victory. Here, On January 1, 1818, was fought a batlle that practically ended the Peshwa rule."
ibid., p.-16

55. "The monument commemorates the names of 21 men and one officer killed in action. The officer was British, all the 21 others were Mahars."
ibid., p.-16

56. "There is no doubt that "the year 1818 marks a water-shed in the history of British India. In that year the British dominion in India became the British dominion of India."
History and Culture of the Indian People : Volume VIII : The Maratha Supremacy, General Editor, R.C. Majumdar, Bharatiya Vidya Bhavan, Kulpati K.M. Munshi Marg, Mumbai-400 007, Third Edition, 2001, p.-507

57. महान दलित क्रान्तिकारी योद्धा मातादीन, लेखक, सूरज पाल चौहान, सम्यक प्रकाशन, 32/3, क्लब रोड, पश्चिमपुरी, नई दिल्ली-110 063, प्रथम संस्करण, 2007, पृ.-43

58. वही, पृ.-79-80

59. वही, पृ.-80

60. बिठूर के नाना साहब पेशवा के अमर सैनानी गंगू मेहतर, आभा धानुक एवं मैना दासी की शौर्यगाथा : 1857—दलितृस सेक्रिफाइस-इन-गदर—प्रथम खण्ड, लेखक, के. नाथ, प्रकाशक, बौद्ध उपासक संघ साहित्य प्रकाशन एवं डा. अम्बेडकर दलित साहित्य अकादमी, 112/123, कैलाश भवन, बेनाझाबर, आर्य नगर, कानपुर, उत्तर प्रदेश-208 002, प्रथम संस्करण, 2007, गवाह (4)

61. वही, पृ.-31

62. वही, पृ.-58

63. वही, गवाह (11)

64. वीरांगना झलकारी बाई, लेखक, मोहनदास नैमिशराय, राधाकृष्ण प्रकाशन प्राइवेट लिमिटेड, जी-17, जगतपुरी, दिल्ली-110 092, पहला संस्करण, 2007, पृ.-5
65. 1857 की दलित कुर्बानी को खारिज करने की कोशिश, रूपचंद गौतम, बयान, बी. जी. 5ए/30-बी, पश्चिम विहार, नई दिल्ली-110 063, अगस्त-सितम्बर, 2007, पृ.-45
66. 1857 का मिथक और विरासत : एक पुनर्पाठ, वीरेन्द्र यादव, तद्भव, 18/201, इंदिरा नगर, लखनऊ-16, उत्तर प्रदेश, जनवरी, 2007, पृ.-147
67. वही, पृ.-147
68. स्वतन्त्रता संग्राम के महाबलिदानी ऊधम सिंह (व्यक्तित्व एवं कृतित्व), डा. राजपाल सिंह 'राज', राजलक्ष्मी प्रकाशन, ए-17/18, भगवत गली, ब्रह्मपुरी, दिल्ली-110 053, प्रथम संस्करण, 15 अगस्त, 1997, पृ.-17
69. "The Panchama Kalvi Abivirthi–Abimana Sanga, a Madras Presidency Outcastes' association,..."deprecates political change and desires only to be saved from the Brahmin, whose motive in seeking a greater share in the Government is...that of the cobra seeking the charge of a young frog." Mother India, Katherine Mayo, Low Price Publications, B-2, Vardhaman Palace, Nimri Commercial Centre, Ashok Vihar Phase-IV, Delhi-110 052, First Published 1927, Reprinted in Low Price Publications, 1997, p.-170
70. "We need not say that we are strongly opposed to Home Rule. We shall fight to the last drop of our blood any attempt to transfer the seat of authority in this country from British hands to so-called high caste Hindus who have ill-treated us in the past and would do so again but for the protection of British laws. Even as it is our claims, nay, our very existence, is ignored by the Hindus; and how will they promote our interests if the control of the administration passes into their hands?"

    ibid., p.-171
71. आदि धर्म मंडल रिपोर्ट 1931, मूल लेखक, बाबू मंगू राम मुग्गोवालिया, अनुवादक और प्रकाशक, सी. एल. चुम्बर, 47 ए, दादा नगर, माडल टाउन, जलन्धर शहर, दूसरा संस्करण, अप्रैल, 1999, पृ.-20
72. वही, पृ.-46
73. वही, पृ.-47
74. वही, पृ.-19
75. "There is no use having swaraj, if you cannot defend it. More important than the question of defending swaraj is the question of defending Hindus under the swaraj. In my opinion, only when the Hindu society becomes a casteless society that it can hope to have strength enough to defend itself. Without such internal strength, swaraj for Hindus may turn out to be only a step towards slavery."

    Baba Saheb Dr. Ambedkar and Nationlism

    http://www.ambedkartimes.com/ronkiram.htm
76. आम्बेडकर इन्कलाब, लेखक, डा. जी. पी. प्रशान्त, प्रकाशक, ह्यूमन सर्विस चेरिटेबिल ट्रस्ट आफ इण्डिया, सिद्धार्थ हाउस, एल. डी. ए. कालोनी, कानपुर रोड, लखनऊ, प्रथम संस्करण, 1997, पृ.-8
77. 'रंगभूमि', गांधी और अम्बेडकरवादी-विमर्श, ईश गंगानिया, अपेक्षा, 27 घौंडली, कृष्णा नगर, दिल्ली-110 051, जनवरी-मार्च, 2005, पृ.-37

78. रखैल और जार का दलित-पाठ, सम्पादकीय, राजेन्द्र यादव, हंस, 2/36, अन्सारी रोड, दरिया गंज, नई दिल्ली-110 002, नवम्बर, 2005, पृ.-5

79. वही, पृ.-5

80. प्रेमचंद : घर में, शिवरानी देवी प्रेमचंद, आत्माराम एण्ड संस, 1376, कश्मीरी गेट, दिल्ली-110 006, संस्करण, 2005, पृ.-140

81. वही, पृ.-190

अध्याय-7

आग पर आवरण

क. 'दलित' शब्द का बिखराव
ख. जातियों का बखान

क. 'दलित' शब्द का बिखराव

प्रेमचन्द ने नवम्बर-दिसम्बर, 1905 के 'जमाना' पत्र में लिखे अपने लेख में गोखले के एक भाषण का उद्धरण दिया था। उस का एक वाक्य इस प्रकार है–"पग-पग पर हमको इस बात की याद दिलाई जाती है हम एक दलित जाति के जन हैं।"[1] कहा नहीं जा सकता कि मूल शब्द 'दलित' है या कुछ और। बहरहाल, अमृत राय ने अपनी पुस्तक 'प्रेमचन्द : कलम का सिपाही' में इसे ऐसे ही दिया है। लेकिन, इस प्रयोग के अलावा भी प्रेमचंद के पास 'दलित' शब्द है। गोखले के भाषण में पूरी हिन्दू जाति को दलित के रूप में माना गया है लेकिन प्रेमचंद के पास इस शब्द के अन्य सामान्य अर्थ भी हैं। अच्छा होगा कि प्रमाण 'रंगभूमि' से ही दिए जाएँ जो इस प्रकार हैं :

1. "आत्म-गौरव कभी इतना पद-दलित न हुआ होगा।"[2]
2. "क्या वस्तुतः हमारे ग्रह में कोई मौलिक विरोध है, जो पग-पग पर मेरी आकांक्षाओं को दलित करता है?"[3]
3. "किन्तु उस का आत्मसम्मान कितना ही दलित हो गया हो, बाह्य सम्मान अपने पूर्ण ओज पर था।"[4]
4. "अगर आज तुम रियासत के हाथों पीड़ित, दलित, अपमानित और दंडित हो कर मेरे सम्मुख आते, तो मैं तुम्हारी बलाएँ लेतीं, तुम्हारे चरणों की रज मस्तक पर लगाती और अपना धन्य भाग्य समझती।"[5]

'गोदान' में भी 'दलित' शब्द का प्रयोग हुआ है, लेकिन वहाँ भी इस की विशिष्ट पहचान नहीं बनी। प्रयोग इस प्रकार है—"खन्ना...अक्सर क्रोध में गोविन्दी (खन्ना की पत्नी) को अपशब्द कह बैठता।...लेकिन यह सब कुछ होने पर भी खन्ना उस के सर्वस्व थे। वह दलित और अपमानित हो कर भी खन्ना की लौंडी थी।"[6]

'रंगभूमि' में एक जगह इस शब्द का प्रयोग किसानों के विशेषण के रूप में हुआ है। प्रयोग इस प्रकार है—"विनय ने दलित किसानों की सेवा करनी चाही थी।"[7] 'रंगभूमि' में एक दूसरे स्थल पर सूरदास की जाति के लिए ही इस शब्द का प्रयोग हुआ है। प्रयोग इस प्रकार है—"...यह उत्सव मनाने का अवसर है कि अब भी हमारी पतित, दलित, पीड़ित जाति में इतना विलक्षण आत्मबल है कि एक निस्सहाय, अपंग, नेत्रहीन, भिखारी शक्ति-सम्पन्न अधिकारियों का इतनी वीरता से सामना कर सकता है।"[8] यदि यहाँ 'दलित' के साथ 'पतित' शब्द का प्रयोग न होता तो मान लिया जाता कि प्रेमचंद अपने चिन्तन में सही जगह आ गए हैं। यही बात समझने की है कि दलित जातियाँ पतित जातियाँ नहीं हैं। यदि पतित ही कहा जाना है, तो जारकर्मियों को पतित क्यों न कहा जाए जिन की दलितों के पर्सनल कानून में तनिक भी संभावना नहीं है? इस अर्थ में ना-तलाक का द्विजों का कानून ही पतित कानून हो कर रह जाता है। लेकिन प्रेमचंद ने 'रंगभूमि' में एक जगह 'दलित' शब्द की सारी ताकत ही खो दी है जब लिखा है—"जो प्राणी शक्ति का संचार होते ही उन्मत्त हो जाए, उस का अशक्त, दलित रहना ही अच्छा है।"[9] यहाँ दलित जातियों के लिए 'दलित' शब्द का अर्थ एकदम उलटा हो जाता है।

प्रेमचन्द के पास दलित समाज की कोई पहचान नहीं है। उन्होंने दलित को सारे समाज में रला रखा है। उन के पास 'दलित' शब्द है, लेकिन 'पृथक दलित समाज' नहीं। जो दलित पर मार पड़ रही थी, वह उस की अलग और विशिष्ट पहचान की वजह से थी, लेकिन प्रेमचन्द स्वराज के अपने एजेन्डे में उस समाज की मदद उस की पहचान खो कर लेना चाह रहे थे। प्रेमचन्द के निम्न शब्दों का यही अर्थ है—"यों कहिए कि यह उन लोगों का आन्दोलन है जो अपने सारे संकटों का मोचन एकमात्र स्वराज्य ही को समझते हैं, जो गरीब हैं, भूखे हैं, दलित हैं, या जो ग़ैरत से भरा हुआ, देशाभिमान से चमकता हुआ हृदय रखते हैं और यह देखकर जिनका खून खौलने लगता है कि कोई दूसरा हमारे ऊपर शासन करे।"[10]

यहाँ उन्होंने दलित को अपनी माला में गूंथ दिया है, अपने फायदे के लिए। माला अच्छी है, पर दलित को कुछ देने के मामले में कंजूस क्यों हो जाते हैं? जब अच्छी तरह मालूम है कि देश हिन्दुओं और मुसलमानों और अछूतों के बहुविध वर्गों से मिल कर बना है तो प्राप्ति में बंदर बाँट कैसी? जिस सहयोग से स्वराज मिल रहा है उसी हिसाब से स्वराज को सब में नीचे तक बराबर बाँट दो। स्वराज सब को अपना लगना चाहिए। स्वराज मिलने पर चमार अपने घर के सामने के नीम पर तिरंगा झंडा

क्यों नहीं फहराएगा? उसे गाँव का ठाकुर यह कह कर कैसे रोक सकता है—"झंडा उतार, तुझे आजादी नहीं मिली है, यह हमें मिली है।"

इस का थोड़ा खुलासा किया जा सकता है कि दलितों के लिए समता ही स्वतंत्रता है। इस की व्याख्या में न्यायमूर्ति कृष्ण अय्यर ने माना है कि 'समानता एक प्रगतिशील सिद्धान्त है जिस का लचीला अर्थ है।'[11] उन्होंने **थामस वाले मामले में** संविधान सभा में डॉ. अम्बेडकर द्वारा दी गई राष्ट्र को चेतावनी और पूर्व सूचना के निम्न शब्द उद्धृत किए हैं—"हमें पहले यह स्वीकार कर लेना चाहिए कि भारतीय समाज में दो बातों का पूर्ण रूप से ही अभाव है। इन में से एक समानता है, सामाजिक स्तर पर भारत में ऐसा समाज है जो असमानता के आधार पर दी गई सुविधाओं पर आधारित है जिस का तात्पर्य है कुछ का उत्थान और अन्य व्यक्तियों का पतन। आर्थिक क्षेत्र में हमारा समाज ऐसा है, जिस में कुछ व्यक्ति ऐसे हैं, जिन के पास बहुत अधिक धन है। इन के विपरीत बहुत से ऐसे व्यक्ति हैं, जो बहुत गरीबी का जीवन गुजार रहे हैं। 26 जनवरी, 1950 को हम परस्पर विरोधों से भरे जीवन में प्रवेश करने वाले हैं। राजनीति में हमारे देश में समानता आ जाएगी और सामाजिक और आर्थिक क्षेत्र में हमारे देश में असमानता रह जाएगी। हमें इस परस्पर विरोध को जितना शीघ्र हो सके, समाप्त करना चाहिए।"[12]

यही सन्दर्भ है जो इस देश में दलितों को ले कर चल रहा है। न्यायमूर्ति कृष्ण अय्यर ने इसी सन्दर्भ को ले कर भारत के न्यायालयों पर टिप्पणी की है। उन्होंने लिखा है—"यदि न्यायालय के पास खासतौर पर भारतीय भूमि पर सुनने वाली चौकियाँ वास्तविक रूप में होतीं तो अवसर समता के आधार पर उन का निर्धारण विधिपरायण या वैयक्तिक नहीं बना रह सकता किन्तु पीढ़ियों से चली आ रही असमानता को सुधारने के लिए जो वास्तव में असली समता का माध्यम है, हमारे संविधान की आदेशात्मक आज्ञा को वे अनुभव करते। स्टरलिंग टकर ने अपनी पुस्तक 'फार ब्लैक्स ओनली' में निम्नलिखित भयानक शब्दों का प्रयोग किया है जिस से हरिजनों की स्थिति के प्रति न्यायिक दृष्टि जागृत होगी और इसलिए मैं उन शब्दों को उद्धृत करता हूँ।"[13] और यह भयानक शब्दों का उद्धरण इस प्रकार है—"यदि श्वेत अमरीकियों ने हमें मानवों के रूप में देखना सीख लिया है, जो उन के समान हैं और जिन की आशा पर कोई वैयक्तिक बंधन नहीं है या जो डरे हुए नहीं हैं, तो उन्होंने हमारी आक्रोश और अवज्ञा की भावना को समझ लिया होगा। वे हमारी भावना के अनुरूप सुविधा देना चाह सकते थे और वे उसे समझ भी सकते थे। वे हमारे गौरव की आवश्यकता को समझ सकते थे और इस बात को भांप सकते थे कि हमारे लिए अश्वेत शक्ति का क्या अर्थ है। किन्तु जैसा राल्फ एलिसन ने प्रभावशाली रूप से मत व्यक्त किया है कि उन्होंने वास्तव में कभी भी हमें देखा नहीं। मैं एक अदृश्य मनुष्य हूँ। मैं हाड़-मांस से युक्त मनुष्य हूँ जिस में तन्तु और तरल रक्त है और मेरे बारे में

यह भी कहा जा सकता है कि मेरे पास दिमाग भी है। मैं अदृश्य हूँ, इसे समझिए। इस का कारण केवल यह है कि जनता मुझे...के तौर पर देखने से इंकार करती है। जब वे मेरे पास आते हैं तो वे केवल मेरे परिपार्श्व को ही देखते हैं। वे या तो स्वयं को देखते हैं या अपनी काल्पनिक वस्तु देखते हैं। वास्तव में हर वस्तु में हर जगह मेरे सिवाए और बातें देखते हैं। मैं जिस अदृश्यता के प्रति निर्देश कर रहा हूँ, वह उन व्यक्तियों की आँखों की विचित्र वृत्ति के कारण है जिन के मैं सम्पर्क में आता हूँ। (ऐसा) उन की अन्तर्दृष्टि की बनावट के कारण होता है। वे आँखें जिन से वे वास्तविकता को अपनी भौतिक आँखों के माध्यम से देखते हैं ....आप को आश्चर्य होगा कि क्या वे दूसरे व्यक्तियों के मस्तिष्क में केवल वहम (भूत) ही नहीं हैं...तुम अपने को यह विश्वास दिलाने के कष्ट से दुखी हो कि तुम वास्तविक दुनिया में रहते हो और तुम सभी ध्वनि और दर्द के एक भाग हो और तुम घूंसे से प्रहार करते हो। तुम धिक्कारते हो और यह कि तुम शपथ लेते हो कि तुम उन्हें ऐसा बना दोगे जिस से वे तुम्हें मान्यता देंगे और हाय, ऐसा यदाकदा ही होता है।''[14]

ऊपर ये 'भयानक शब्द' उद्धृत किए गए हैं, लेकिन न्यायमूर्ति के. रामास्वामी ने **अप्पा बालू इंगले वाले मामले में** और भी अधिक विद्रोही शब्द उद्धृत किए हैं। न्यायमूर्ति के. रामास्वामी के शब्दों में वे शब्द '1852 में एक प्रमुख अश्वेत दासता उन्मूलनवादी श्री फ्रेडरिक डगलस के स्वतंत्रता दिवस की पूर्व सन्ध्या पर अपनी घोर व्यथा की'[15] अभिव्यक्ति है। वे शब्द इस प्रकार हैं—''यह चार जुलाई का दिन आप का है, न कि मेरा। तुम लोग खुशी मना सकते हो किन्तु मैं शोक मनाऊँगा। बेड़ियों में जकड़े व्यक्ति को स्वाधीनता के भव्य प्रदीप्त मन्दिर में घसीट कर ले जाना और उस से आनन्दपूर्ण भजनों में तुम्हारे साथ शामिल होने के लिए कहना अमानवीय मजाक और धर्म-विरोधी व्यंग्य थे...। यह बात मैं हमारे बीच विभेद के दुखी भाव के साथ कह रहा हूँ। मैं इस शानदार जयन्ती में सम्मिलित नहीं हूँ...। वे शुभकामनाएँ जिन का तुम आज आनन्द ले रहे हो, साधारण जनता को प्राप्त नहीं हैं। तुम्हारे पूर्वजों द्वारा वसीयत में दी गई न्याय्य स्वाधीनता, समृद्धि और स्वतंत्रता की महान विरासत में तुम्हारा हिस्सा है, न कि मेरा। वह सूर्य का प्रकाश जो तुम्हारे लिए रोशनी और स्वास्थ्य लाया है, मेरे लिए कोड़े की मार और मौत ले कर आया है।''[16] और, अन्त में, छिपाने के लिए या किसी बहाने के लिए कुछ भी नहीं बचा है जब न्यायमूर्ति के. रामास्वामी ने सादृश्य दिखाते हुए लिखा है—''यही भारत के स्वतंत्रता दिवस अर्थात् 15 अगस्त, 1947 के अवसर पर भारतीय अनुसूचित जातियों, अछूतों, संक्षेप में दलितों की हृदय विदारक कथा थी।''[17]

भारतीय समाज की इन्हीं वस्तुस्थितियों का ध्यान न रख कर प्रेमचन्द अपना साहित्य लिख रहे थे। यदि उन्हें इस बात का तनिक ध्यान होता तो वे डा. अम्बेडकर का विरोध न करते। वे उलटे अपने लेखों से गांधी को समझाते कि डा. अम्बेडकर की

मांग से राष्ट्र बिलकुल खतरे में नहीं है। गांधी ने भी डा. अम्बेडकर का विरोध राष्ट्रवादी होने के नाते नहीं बल्कि एक हिन्दूवादी होने के नाते किया था। उन के हिसाब से हिन्दू धर्म खतरे में था जबकि हिन्दू धर्म की कोई परिभाषा तक तय नहीं है। सच बात यह थी कि हिन्दू धर्म खतरे में बिलकुल नहीं था। लोगों के सोचने का ढंग गलत था। जिसे हिन्दू कहा जाता है, दलित-पिछड़े समाज को कुछ हासिल होने से, उसे कभी खतरा नहीं है। खतरा तब हो जब हिन्दू धर्म की कोई परिभाषा हो। इस में सम्मिलित लोगों को कुछ बराबरी के स्तर पर बँटवारे से खुद इस को खतरा पैदा कैसे हो सकता है? कल्पना ही गलत है, चाहे गांधी करें या उन के पिछलग्गूपन में प्रेमचंद। डा. अम्बेडकर हिन्दू धर्म की शुरूआत अछूत से करना चाहते थे, बस, उन का इतना बल था। हिन्दू का मतलब अछूत है और अछूत को सारे हिन्दू समाज को बदलने का अधिकार दो—यही उन का आशय था। डा. अम्बेडकर हिन्दू धर्म को अछूत के हिसाब से ठीक करना चाहते थे पर गांधी अछूत को अपरिभाषित हिन्दू धर्म में एडजस्ट करने के काम में जुट गए थे, वह भी बताने पर, मजबूरी में। अछूत की बात मानी जाए तो हिन्दू धर्म एक दिन में सुधर जाए। अछूत का पैकेज कमाल का है। रैदास और कबीर की जोड़ी ने इस पैकेज को संभाल कर रख रखा है। रखैलबाजी से रुकने का मतलब है कि दलित पैकेज की शुरूआत हो गई है—प्रेमचंद अपने जीवन में इतना ही कर देते। वह असल काम न करके डा. अम्बेडकर के विरोध में खड़े हो गए। आखिर, डा. अम्बेडकर ने बाद में प्रेमचन्द जैसे हिन्दुओं को दो-दो पत्नी रखने और साथ में रखैल रखने से हिन्दू कोड बिल के द्वारा रुकवाया ही। कोई मूल्यांकन नहीं करता, कोई ध्यान नहीं देता, जबकि डाक्टर अम्बेडकर हिन्दू कोड बिल के द्वारा हिन्दुओं का ही—और केवल हिन्दुओं का ही भला करने में लगे हुए थे। वे हिन्दू पत्नी को सौत के दुख से बचा रहे थे। कलह मिटा कर हिन्दू परिवारों में सुख-शान्ति ला रहे थे। ठीक से रहने की हिन्दुओं को अकल दे रहे थे। बताइए, प्रेमचन्द की एक पत्नी, दूसरी पत्नी, एक रखैल और फिर दूसरे अनेक ऐसे मामले—ये कोई जीने के ढंग हैं? वे क्या जीवन जी कर गए हैं?—एकदम अनैतिक और समाज के लिए घोर नुकसानदायक!

प्रेमचन्द ने समस्या की आधी जड़ को समझ लिया था, बाकी आधी पर उन का ध्यान नहीं गया। जिस आधी जड़ को उन्होंने पकड़ा था, उस में भी वे ऐतिहासिक रूप से गलत थे। यथार्थ के एकदम विरुद्ध वे कपोल-कल्पना के गल्प लिख रहे थे। उन्होंने लन्दन की दूसरी गोल मेज सभा के बारे में लिखा था—"सरकारी नौकरियों के लिए अभी तक शिक्षित समाज के मन में मोह है। वही मोह, वही लोभ इस वैमनस्य का कारण है। लेकिन अगर अभी वह समय नहीं आया तो अब उसके आने में देर नहीं है जब वास्तविक राष्ट्र शिक्षित समाज की संकीर्णता स्वार्थपरता के विरोध में विद्रोह करेगा। मुट्‌ठी भर पढ़े-लिखे आदमियों को कोई अधिकार नहीं कि वह अपने हलवे-माँड़े के लिए सम्पूर्ण राष्ट्र का जीवन संकटमय बनावें...।"[18] कितना गलत

आकलन है? डाक्टर अम्बेडकर अछूतों को शिक्षित करने में लगे थे, पर प्रेमचन्द अशिक्षितों की पैरवी कर रहे हैं। प्रेमचन्द हाथी की सूंड आगे से काट कर पीछे लगा रहे हैं। डॉ. अम्बेडकर दलितों को शिक्षित करके सरकारी नौकरियों में हिस्से की मांग रख रहे हैं, और प्रेमचन्द लोगों को आदिम काल के अनपढ़ रखना चाहते हैं। वे किसे भुलावा दे रहे हैं? बिना आरक्षण की व्यवस्था के उन की अपनी कायस्थ जाति सरकारी नौकरियों पर काबिज थी। अमृत राय ने इतिहास के मामले में प्रेमचंद की इस गलत पढ़ाई को अच्छी तरह समझ लिया था। उन्होंने प्रेमचंद के इन विचारों पर अपनी बड़ी सटीक टिप्पणी यह लिख कर दी है—"मुंशीजी का गुस्सा अपनी जगह पर कितना ही ठीक हो, उस दिन के आने में अभी काफ़ी देर है।"[19]

हुआ यह था कि लंदन की गोल मेज परिषद में, भारतीय अछूतों के साथ किए जाने वाले अमानुषिक दुर्व्यवहारों के विरुद्ध होने वाली बहस से लज्जित, निरुत्तर और दुखित हो कर महात्मा गांधी जब भारत आए, तो उन्होंने हिन्दुओं से अपील की कि अछूतपन भारत के भाल का कलंक है, इसे मिटाए बिना स्वराज्य मांगना गलत है। अछूत 'हरिजन' हैं। इन के साथ मनुष्यों जैसा व्यवहार किया जाना चाहिए। महात्मा जी ने अपने 'नवजीवन' अखबार का नाम 'हरिजन-सेवक' कर दिया और उन की इच्छानुसार एक 'हरिजन सेवक संघ' भी बन गया।[20] इधर, हक करी न बक, प्रेमचन्द ने अछूतों को गांधी का दिया हुआ यह शब्द 'हरिजन' बड़ी खुशी से अपना लिया। उन्हें इस में कोई ना-नुकर या संकोच करने की जरूरत नहीं पड़ी। गांधी ने एक शब्द दिया और उन्होंने भेड़ाचाल में अपना लिया। नहीं सोचा कि अछूतों को यह शब्द कितना गलत लग रहा था। प्रेमचंद ने लिख दिया—"उत्तर भारत में तो कुछ देवता ऐसे भी हैं जिन के पुरोहित हमारे हरिजन भाई ही हैं।...जब वर्ण वाले हिन्दुओं को हरिजनों के इन देवताओं की उपासना करने और हरिजनों को अपना पुरोहित बनाने में शर्म नहीं आती...तो हम नहीं समझते कि हरिजनों के हिन्दू मन्दिरों में आ जाने से कौन-सा अधर्म हो जायगा।"[21] किन्तु, उधर चमारों के स्वामी अछूतानंद थे। उन्हें यह 'हरिजन' शब्द बहुत बुरा लगा। उन्होंने इस के विरोध में 'हरिजन' पद के शीर्षक से एक भजन ही रच डाला जो इस प्रकार है :

> कियौ 'हरिजन' पद हमै प्रदान। टेक
> अन्त्यज, पतित, बहिष्कृत, पादज, पंचम शूद्र महान।
> संकर बरन और वर्णाधम पद अछूत-उपमान।।
> थे पद रचे बहुत ऋषियन ने, हमरे हित धरि ध्यान।
> फिर 'हरिजन' पद दियौ हमैं क्यों, हे गांधी भगवान।। कियौ.
> हम तो कहत हम आदि-निवासी, आदि-बंस संतान।
> भारत भुइयाँ-माता हमरी, जिनकौ लाल निशान।। कियौ.
> आर्य-वंश वारे-सारे तुम, लिये वेद कौ ज्ञान।

पता नहीं कित तें इत आये, बाँधत ऊँच मचान।। कियौ.
'हरि' को अर्थ खुदा, 'जन' बंदा जानत सकल जहान।
"बंदे खुदा" न बाप-माय का जिनके पता-ठिकान।। कियौ.
हरिजन हरिदासी, देवदासी रामजनी-सम मान।
वेश्या-सुत सम जानत सब जन, बैसोई है सनमान।। कियौ.
हम हरिजन तौं तुम हूँ हरिजन कस न, कहौ श्रीमान?
की तुम हौ उनके जन, जिनको जगत कहत शैतान।। कियौ.
हम निसर्ग सों भारत-स्वामी, यह हमरो उद्यान।
'हरिजन' कहि 'हरिहर' हमरौ तुम, काहे करत अपमान। कियौ.[22]

तो, स्वामी अछूतानन्द के लिए 'हरिजन' शब्द अपमानजनक है। उन्होंने इसे हरिदासी, देवदासी, रामजनी, वेश्यासुत के रूप में लिया है।

तब जीत किस की हुई? सही कौन था? इस शब्द को ले कर गांधी और प्रेमचन्द दोनों गलत सिद्‌ध हुए। भारत सरकार ने सरकारी कामकाज में इस शब्द के प्रयोग पर पाबन्दी लगा दी है।

ख. जातियों का बखान

प्रेमचंद के राजपूत पात्रों में रजपूती का पूरा दम्भ भरा हुआ है। 'रंगभूमि' में रानी जाह्नवी कहती हैं—"मैं अपने बेटे को राजपूत बनाना चाहती हूँ।...मैं राजपूतनी हूँ, मरना भी जानती हूँ और मारना भी जानती हूँ।"[23] प्रेमचंद के पात्रों में रजपूती का दम्भ 'गोदान' तक चला आता है। वे राय साहब के बारे में लिखते हैं—"राय साहब विचारशील थे, चतुर थे, अपना नफा-नुकसान समझते थे; मगर राजपूत थे। और पोतड़ों के रईस थे। वह चुनौती पाकर मैदान से कैसे हट जायँ?"[24] यह तब की बात है जब सारा देश—अर्थात राजपूतों समेत—अंग्रेजों का गुलाम था। उधर, 'रंगभूमि' में ही ब्राह्मण का गरूर अपनी जगह पूरा बचा हुआ है। प्रेमचंद के एक ब्राह्मण पात्र नायक राम बोलते हैं—"मैं मूरख हूँ, गँवार हूँ, पर बाम्हन हूँ।"[25] लेकिन यह गरूर नायक राम पंडे तक सीमित नहीं है। प्रेमचंद ने हमेशा ब्राह्मण को सर्वोपरि माना है। वे खुद ब्राह्मण के बारे में लिखते हैं—"लेखक की (मेरी) दृष्टि में ब्राह्मण कोई समुदाय नहीं, एक महान पद है जिस पर आदमी बहुत त्याग, सेवा और सदाचरण से पहुँचता है। हरेक टकेपंथी पुजारी को ब्राह्मण कह कर मैं इस पद का अपमान नहीं कर सकता।"[26] वे लिखते हैं—"ब्राह्मण का मेरा आदर्श सेवा और त्याग है, वह कोई भी हो।"[27] तो, वे किस से लड़ रहे थे? जो लोग तर्क देते हैं कि प्रेमचंद ब्राह्मणों से लड़ रहे थे, ऊपर के उद्‌धृत वाक्यों द्वारा वे झूठे साबित हो कर रह जाते हैं।

यह ऊपर ब्राह्मणों और राजपूतों के हिन्दुओं के दो वर्णों की बात हो गई। मेहतरों के बारे में प्रेमचंद के क्या विचार हैं? हाँ, जाना जाए कि उन्होंने मेहतरों की किस रूप में प्रस्तुति की है। उन्होंने 'रंगभूमि' में लिखा है—"वह अपने को इस समय इतनी नीच समझ रही थी कि घर का मेहतर भी उसे गालियाँ देता, तो शायद सिर न उठाती।"[28] जब मेहतरों का जिक्र हो गया तो उन की कलम से डोम कैसे बच कर जा सकते थे? 'डोम' शब्द को उन्होंने और भी बिगाड़ कर 'डोमड़ा' लिखा है। उदाहरण इस प्रकार है, जो 'रंगभूमि' में ही भैरों पासी का कहना है—"दरोगा जी की गालियाँ खाते हैं, तो क्या डोमड़ों की गालियाँ भी खाएँ?"[29] इस से आगे यह प्रेमचंद की कलम से निकली 'रंगभूमि' में सामन्त की भाषा है जब वे जातियों का बखान इस रूप में भी करते हैं—"विदेश में हमें अपने मुहल्ले का नाई या कहार भी मिल जाए, तो हम उस के गले मिल जाते हैं, चाहे देश में उस से कभी सीधे मुँह बात भी न की हो।"[30]

ध्यान रहे, ऊपर जितने भी जाति सम्बन्धी सम्बोधन या कथन किए गए हैं, वे दलित कौमों के लिए अपमानजनक, अशोभनीय और असाहित्यिक प्रयोग हैं। इन में प्रेमचंद का कोई बचाव संभव नहीं है। हिन्दू तो हिन्दू, प्रेमचन्द ने मुसलमान पात्र सैयद ताहिर अली की सौतेली माँ से कहलवाया है--"हम कोई धुनिए-जुलाहे हैं? यों सब से दबते फिरे, तो इज्जत कैसे रहे?"[31] इस से आगे उन्होंने मुसलमानों के अलावा ईसाई अंग्रेजों को भी नहीं छोड़ा है। हिन्दू इन्दु, ईसायन सोफिया के बहाने से कलक्टर क्लार्क के बारे में सोच रही है—"इस अभागे क्लार्क को कोई योरोपियन लेडी न मिलती थी कि सोफिया पर गिर पड़ा। कुल का नीचा होगा, कोई अंग्रेज उस से अपनी लड़की का विवाह करने पर राजी न होता होगा।"[32] यही कहा जा सकता है कि रस्सी जल गई थी पर बल नहीं गया था। आखिर, ये एक गुलाम हिन्दू स्त्री के शब्द थे जो प्रेमचंद की कलम से उभरे हैं।

खैर, कुछ भी हो, प्रेमचंद की लेखनी तब धन्य होती है जब वे अपने प्रिय विषय चमार जाति के लोगों पर कुछ लिखते हैं। 'रंगभूमि' में उन का पात्र नायकराम पंडा कहता है—"कैसी पागलों की-सी बातें करते हो! मैं कोई धुनियाँ-चमार हूँ कि इतनी बेइज्जती कराके चुप हो जाऊँ।"[33] प्रेमचंद का एक दूसरा पात्र भैरों पासी जगधर से कहता है—"इस अंधे (सूरदास) को मैं कपटी न समझता था, नहीं तो अब तक कभी का मजा चखा चुका होता। अब उस चुडैल को घर में न रखूंगा। चमार के हाथों यह बेआबरूई।"[34] भैरों पासी का अगला कहना है—"मुझे सब से बड़ा मलाल तो यह है कि अभागिन गई भी, तो चमार के साथ गई। अगर किसी ऐसे आदमी के साथ जाती, जो जात-पात में, देखने-सुनने में, धन-दौलत में मुझ से बढ़कर होता, तो मुझे इतना रंज न होता।"[35]

चमारों के बारे में प्रेमचंद की यह मखौलबाजी 'गोदान' की कहानी तक में चली आई है। जातियों तक सीमित रहा जाता तो भी गनीमत थी, प्रेमचंद गेहूँ को चमार कहने पर उतर आए हैं। बात बड़ों की नहीं, बच्चों के साथ हो रही है। कोई बताए, 'गोदान' जैसे उपन्यास में इस कथोपकथन की चमारों की बेइज्जती करने के सिवा प्रेमचंद की और क्या मर्जी रही होगी? संवाद होरी का, गोबर का, सोना का और रूपा का है। वह इस प्रकार है :

> "पिता पर अपना क्रोध उतारकर गोबर कुछ शान्त हो गया और चुपचाप चलने लगा। सोना ने देखा, रूपा बाप की गोद में चढ़ी बैठी है तो ईर्ष्या हुई। उसे डाँटकर बोली—अब गोद से उतरकर पाँव-पाँव क्यों नहीं चलती, क्या पाँव टूट गए हैं?
>
> रूपा ने बाप की गर्दन में हाथ डालकर ढिठाई से कहा—न उतरेंगे जाओ। काका, बहन हमको रोज चिढ़ाती है कि तू रूपा है, मैं सोना हूँ। मेरा नाम कुछ और रख दो।
>
> होरी ने सोना को बनावटी रोष से देखकर कहा—"तू इसे क्यों चिढ़ाती है सोनिया? सोना तो देखने को है। निबाह तो रूपा से होता है। रूपा न हो, तो रुपए कहाँ से बनें, बता?
>
> सोना ने अपने पक्ष का समर्थन किया—सोना न हो तो मोहर कैसे बने, नथुनियाँ कहाँ से आएँ, कण्ठा कैसे बने?
>
> गोबर भी इस विनोद मय विवाद में शरीक हो गया। रूपा से बोला—तू कह दे कि सोना तो सूखी पत्ती की तरह पीला होता है, रूपा तो उजला होता है, जैसे सूरज।
>
> सोना बोली—शादी-ब्याह में पीली साड़ी पहनी जाती है, उजली साड़ी कोई नहीं पहनता।
>
> रूपा इस दलील से परास्त हो गई। गोबर और होरी की कोई दलील इसके सामने न ठहर सकी। उसने क्षुब्ध आँखों से होरी को देखा।
>
> होरी को एक नई युक्ति सूझ गई। बोला—सोना बड़े आदमियों के लिए है। हम गरीबों के लिए रूपा ही है। जैसे जौ को राजा कहते हैं, गेहूँ को चमार; इसलिए न कि गेहूँ बड़े आदमी खाते हैं, जौ हम लोग खाते हैं।
>
> सोना के पास इस सबल युक्ति का कोई जवाब न था। परास्त होकर बोली—तुम सब जने एक ओर हो गए, नहीं रुपिया को रुलाकर छोड़ती।
>
> रूपा ने उँगली मटकाकर कहा—ए राम, सोना चमार—ए राम, सोना चमार।

इस विजय का उसे इतना आनन्द हुआ कि बाप की गोद में रह न सकी। जमी पर कूद पड़ी और उछल-उछलकर यही रट लगाने लगी—रूपा राजा, सोना चमार—रूपा राजा, सोना चमार।''[36]

जब जातियों के उल्लेख हो रहे हैं तो प्रेमचंद की रचनाओं में छुआछूत का जिक्र होना बच नहीं सकता था। लेकिन सच्चाई यह है कि छुआछूत को मिटाने के लिए 'रंगभूमि' में कोई अभियान नहीं छेड़ा गया। इस विषय पर 'रंगभूमि' में एक वार्तालाप इस प्रकार है :

''ठाकुरदीन—मालूम नहीं, हाथ-पैर भी धोए हैं या वहाँ से सीधे ठाकुर जी के मंदिर में चले आए। अब सफाई तो कहीं रह ही नहीं गई।

भैरों—क्या मेरी देह में ताड़ी पुती हुई है?

ठाकुरदीन—भगवान के दरबार में इस तरह न आना चाहिए। जात चाहे ऊँची हो या नीची, पर सफाई चाहिए जरूर।

भैरों—तुम यहाँ नित्य नहाकर आते हो?

ठाकुरदीन—पान बेचना कोई नीच काम नहीं है।

भैरों—जैसे पान, वैसे ताड़ी। पान बेचना कोई ऊँचा काम नहीं है।

ठाकुरदीन—पान भगवान के भोग के साथ रखा जाता है। बड़े-बड़े जनेऊधारी मेरे हाथ का पान खाते हैं। तुम्हारे हाथ का तो कोई पानी नहीं पीता।

नायकराम—ठाकुरदीन, यह बात तो तुमने बड़ी खरी कही। सच तो है, पासी से कोई घड़ा तक नहीं छुआता।''[37]

प्रेमचंद का यह विषय भी उन के 'गोदान' तक बढ़ा चला आया है। नोहरी होरी से कहती है—''जब घर में रुपए हैं, तो बाहर वालों के सामने हाथ क्यों फैलाओ?...हाँ, मेरे रुपए में छूत लगी हो, तो दूसरी बात है।''[38] तो, यहाँ रुपये तक की ना-जानदार चीजों में छूत लगने की बात उठी है।

छुआछूत को मिटाने का प्रेमचंद के पास जो उपाय है, वह कपोल कल्पित है। पांडेपुर में सूरदास की प्रतिमा लगाने का समारोह चल रहा है। प्रेमचंद लिखते हैं—''पांडेपुर में बड़ा समारोह था।...संध्या समय प्रीतिभोज हुआ, छूत और अछूत साथ बैठकर एक ही पंक्ति में खा रहे थे। यह सूरदास की सबसे बड़ी विजय थी।''[39] लेकिन ऐसे अवसर पर 'गोदान' में क्या होता है? प्रेमचंद ने 'गोदान' में धनुष-यज्ञ के अभिनय से पहले के भोजनालय का वर्णन किया है—''सभी भोजनालय में जमा हो गए। यहाँ छूत-छात का कोई भेद न था। सभी जातियों और वर्णों के लोग साथ भोजन करने बैठे। केवल सम्पादक ओंकार नाथ (ब्राह्मण) सब से अलग अपने कमरे में फलाहार

करने गए।''[40] तो, छुआछूत ज्यों की त्यों बच गई है। बचती क्यों नहीं, छुआछूत की छड़ी प्रेमचंद के घर में मौजूद थी। अमृत राय ने अपनी माँ के व्यवहार के बारे में लिखा है–''सरिया की माँ जहाँ सरिया और सिराजू को खाने के लिए रोटी-गुड़ देती वहाँ बेटी को भी पकड़ा देती। एक रोज़ बेटी वही रोटी लिये-लिये घर पहुँच गयी। अम्माँ ने देखा तो आगबबूला हो गयीं और बेटी को चार-छः झापड़ रसीद किये।''[41] और तो और, प्रेमचंद के बेटे अमृत राय ने अपनी पुस्तक 'प्रेमचन्द : कलम का सिपाही' में छुआछूत को दर्शाने वाली परम्परा की दुहाई दी है। उन्होंने उस की भूमिका में जीवनी की साहित्यिक विधा के बारे में लिख मारा है–''हमारे यहाँ तो अभी बेचारी जीवनी अछूत की तरह ड्योढ़ी के उस पार खड़ी है–अन्दर आने की मनाही है।''[42]

अमृत राय की यह पुस्तक सब से पहले सन् 1962 में आई थी। उन्हें अपनी बात समझाने के लिए अछूत का उदाहरण देना पड़ा। इस का मतलब है कि उन के दिमाग से अछूतपन गया नहीं चाहे संविधान ने सन् 1950 में अस्पृश्यता के खिलाफ कुछ भी लिख दिया था। यही हिन्दू मानसिकता का टेढ़ापन है। छुआछूत और अछूत उन के संस्कारों में गहरे तक धँसे हैं।

जातियों के इसी प्रश्न को ले कर इधर स्वामी अछूतानंद क्या कर रहे थे? वे हिन्दुओं की इसी मानसिकता की कलई खोल रहे थे। उन के सामने ऐसे एक हिन्दू पुरुषोत्तम दास टंडन थे। इस के प्रमाण में डा. महेन्द्र प्रताप राना ने त्रैमासिक 'बहुरि नहीं आवना' में 'उत्तर भारत की एक बड़ी शख्सियत स्वामी अछूतानंद' के शीर्षक से एक लेख लिखा है जिस में उन्होंने 22 से 31 जनवरी, 1931 तक प्रयाग (इलाहाबाद) के कुंभ मेले में चले 'आदि हिन्दू सम्मेलन' का जिक्र किया है। इस के अध्यक्ष स्वामी अछूतानंद थे। पास में ही आर्य समाज के पंडाल में पुरुषोत्तम दास टंडन की अध्यक्षता में 'अखिल भारतीय दलितोद्धार सम्मेलन' चल रहा था। पुरुषोत्तम दास टंडन के अध्यक्षीय भाषण के बाद दलितोद्धार के सम्बन्ध में प्रस्ताव पास किए जाने थे। म्युनिसिपल कमिश्नर श्याम लाल बरेठा, श्री प्रसाद जैसवार, राम सहाय पासी और स्वामी अछूतानंद ने तीन प्रस्ताव पेश किए थे। इन में तीसरा प्रस्ताव इस प्रकार था–''कपड़े धोने और चमड़े के कार्य में जो हिन्दू लगे हैं उन्हें अपने को धोबी या चमार समझना चाहिए और धोबी-चमारों के साथ रोटी-बेटी का सम्बन्ध स्थापित करने में उन्हें आपत्ति नहीं होनी चाहिए।''[43] डा. महेन्द्र प्रताप राना ने लिखा है–''उपरोक्त प्रस्तावों को पढ़ कर टंडन जी सभा से उठ कर चलने को तैयार हो गए। स्वामी अछूतानंद ने आग्रह भी किया कि टंडन जी इन प्रस्तावों को पास करवा लें तभी जाएँ, किन्तु वे नहीं माने और चले गए। इस के बाद सभा विसर्जित कर दी गई।''[43]

संदर्भ

1. प्रेमचंद : कलम का सिपाही, अमृत राय, हंस प्रकाशन, इलाहाबाद, संस्करण, अप्रैल, 1992, पृ.-95
2. रंगभूमि, प्रेमचंद, शिवानी बुक्स, 4855/24, हरबंस स्ट्रीट, दरियागंज, नई दिल्ली-110 002, संस्करण, 2004, पृ.-185
3. वही, पृ.-200
4. वही, पृ.-233
5. वही, पृ.-376
6. गोदान, प्रेमचंद, लोक भारती प्रकाशन, 15-ए, महात्मा गांधी मार्ग, इलाहाबाद-1, संस्करण 1999, पृ.-163
7. रंगभूमि, प्रेमचंद, शिवानी बुक्स, 4855/24, हरबंस स्ट्रीट, दरिया गंज, नई दिल्ली-110 002, संस्करण, 2004, पृ.-303
8. वही, पृ.-580
9. वही, पृ.-362
10. प्रेमचंद : कलम का सिपाही, अमृत राय, हंस प्रकाशन, इलाहाबाद, संस्करण, अप्रैल, 1992, पृ. -458
11. अखिल भारतीय शोषित कर्मचारी संघ(रेल) बनाम भारतीय संघ और अन्य : (1981) 4 उम. नि. प. 700, उच्चतम न्यायालय निर्णय पत्रिका, विधि साहित्य प्रकाशन, विधायी विभाग, विधि, न्याय और कम्पनी कार्यालय मन्त्रालय, भारत सरकार, नई दिल्ली-110 001
12. केरल राज्य और अन्य बनाम एन. एम. थामस : (1976)2 उम. नि. प. 936 (1049), उच्चतम न्यायालय निर्णय पत्रिका, विधि साहित्य प्रकाशन, विधायी विभाग, विधि, न्याय और कम्पनी कार्यालय मन्त्रालय, भारत सरकार, नई दिल्ली-110 001
13. वही, पृ.-1072-73
14. वही, पृ.-1073
15. कर्नाटक राज्य ब. अप्पा बालू इंगले : (1993) 1 : उम. नि. प., पृ.-500, उच्चतम न्यायालय निर्णय पत्रिका, विधि साहित्य प्रकाशन, विधायी विभाग, विधि, न्याय और कम्पनी कार्यालय मन्त्रालय, भारत सरकार, नई दिल्ली-110 001
16. वही, पृ.-500-501
17. वही, पृ.-501
18. प्रेमचंद : कलम का सिपाही, अमृत राय, हंस प्रकाशन, इलाहाबाद, संस्करण, अप्रैल, 1992, पृ.-481
19. वही, पृ.-481
20. आदि हिन्दू आन्दोलन के प्रवर्तक श्री 108 स्वामी अछूतानंद जी 'हरिहर' : जीवनी, सिद्धान्त और भाषण, लेखक, श्री चन्द्रिका प्रसाद जिज्ञासु, प्रकाशक, हिन्दू समाज सुधार कार्यालय, सआदत गंज, लखनऊ, पहली बार, 1960, पृ.-96
21. प्रेमचंद : कलम का सिपाही, अमृत राय, हंस प्रकाशन, इलाहाबाद, संस्करण, अप्रैल, 1992, पृ.-507
22. आदि-वंश का डंका, रचयिता, आदि हिन्दू आन्दोलन के प्रवर्तक श्री 108 स्वामी अछूतानंद जी 'हरिहर', बहुजन कल्याण प्रकाशन, सआदत गंज, लखनऊ-3, तेरहवीं बार, 1996, पृ.-4
23. रंगभूमि, प्रेमचंद, शिवानी बुक्स, 4855/24, हरबंस स्ट्रीट, दरियागंज, नई दिल्ली-110 002, संस्करण, 2004, पृ.-175
24. गोदान, प्रेमचंद, लोक भारती प्रकाशन, 15-ए, महात्मा गांधी मार्ग, इलाहाबाद-1, संस्करण, 1999, पृ.-197

25. रंगभूमि, प्रेमचंद, शिवानी बुक्स, 4855/24, हरबंस स्ट्रीट, दरियागंज, नई दिल्ली-110 002, संस्करण, 2004, पृ.-366
26. प्रेमचंद : कलम का सिपाही, अमृत राय, हंस प्रकाशन, इलाहाबाद, संस्करण, अप्रैल, 1992, पृ.-530
27. वही, पृ.-532
28. रंगभूमि, प्रेमचंद, शिवानी बुक्स, 4855/24, हरबंस स्ट्रीट, दरियागंज, नई दिल्ली-110 002, संस्करण, 2004, पृ.-186
29. वही, पृ.-67
30. वही, पृ.-39
31. वही, पृ.-123
32. वही, पृ.-209
33. वही, पृ.-159
34. वही, पृ.-140
35. वही, पृ.-140
36. गोदान, प्रेमचंद, लोक भारती प्रकाशन, 15-ए, महात्मा गांधी मार्ग, इलाहाबाद-1, संस्करण, 1999, पृ.-15-6
37. रंगभूमि, प्रेमचंद, शिवानी बुक्स, 4855/24, हरबंस स्ट्रीट, दरियागंज, नई दिल्ली-110 002, संस्करण, 2004, पृ.-20
38. गोदान, प्रेमचंद, लोक भारती प्रकाशन, 15-ए, महात्मा गांधी मार्ग, इलाहाबाद-1, संस्करण, 1999, पृ.-233
39. रंगभूमि, प्रेमचंद, शिवानी बुक्स, 4855/24, हरबंस स्ट्रीट, दरियागंज, नई दिल्ली-110 002, संस्करण, 2004, पृ.-622
40. गोदान, प्रेमचंद, लोक भारती प्रकाशन, 15-ए, महात्मा गांधी मार्ग, इलाहाबाद-1, संस्करण, 1999, पृ.-53
41. प्रेमचंद : कलम का सिपाही, अमृत राय, हंस प्रकाशन, इलाहाबाद, संस्करण, अप्रैल, 1992, पृ. -172
42. वही, भूमिका, पृ.-दस
43. उत्तर भारत की एक बड़ी शख्सियत स्वामी अछूतानंद, डा. महेन्द्र प्रताप राना, बहुरि नहिं आवना, सम्पादक, डा. दिनेश राम, सितम्बर-नवम्बर, 2008, एफ-345, बैंक वाली गली, लाडो सराय, नई दिल्ली-110 030, पृ.-17
44. वही, पृ.-17

अध्याय-8

दलितशास्त्र से डर

क. सूरे चमार और कबीर
ख. धर्मान्तरण पर खासी बहस
ग. मनु?—और भगवान?
घ. खेलवाद या आत्मवाद?
ङ दलित के लिए जीवन 'रंगभूमि' है या 'संग्राम'?

क. सूरे चमार और कबीर

प्रेमचन्द को इस बात की चिन्ता जरूर थी कि सूरदास की चमार के रूप में प्रामाणिकता कैसे बनाई जाए। इस काम को उन्होंने इस प्रकार किया कि सूरदास को कबीर से जोड़ दिया। उन का दिमाग इसी तरफ चला और इस उद्देश्य की पूर्ति के लिए उन्होंने सूरदास के मुख से कबीर का एक शब्द गवाया है जो इस प्रकार है :

झीनी-झीनी बीनी चदरिया।
काहे कै ताना, काहे कै भरनी, कौन तार से बीनी चदरिया?
इँगला-पिंगला ताना-भरनी, सुखमन तार से बीनी चदरिया।
आठ कँवल-दल-चरखा डोले, पाँच तत्त, गुन तीनी चदरिया;
सो चादर सुर-नर-मुनि ओढ़ें, ओढ़िकै मैली कीनी चदरिया;
दास कबीर जतन से ओढ़ी, ज्यों - की - त्यों धर दीनी चदरिया।[1]

जाहिर है, कबीर का यह गीत सूरदास के चमार होने की प्रामाणिकता है। चमारों में कबीर के शब्द गाए ही जाते हैं। कबीर के इस शब्द में आई हुई पंक्ति 'सो चादर सुर-नर-मुनि ओढ़ें, ओढ़ि कै मैली कीनी चदरिया' से काफी हिन्दू तिलमिला जाते हैं। लेकिन सोचा जा सकता है कि प्रेमचन्द ने सूरदास के मुख से कबीर के कई दूसरे शब्दों

में से एक भी नहीं गवाया जो सूरदास को चमार की और भी पक्की पहचान का बना सकते थे। वे पद इस प्रकार शुरू होते हैं :

1. पंडित बाद बदै सो झूठा।[2]
2. पांडे कौन कुमति तोहि लागी।[3]

आश्चर्य यह भी है कि आकार में इतने बड़े उपन्यास 'रंगभूमि' में सूरदास को एक बार भी कबीर के इन शब्दों को कहने की जरूरत नहीं पड़ी :

1. ब्राह्मण ही सब कीन्हा चोरी।[4]
2. जो तू बाभन बभनीं जाया,
   तो आन बाट हवै काहे ना आया।[5]

फर्क यही है कि प्रेमचंद ने ब्राह्मणों का कितना भी विरोध किया हो पर वह अन्ततः पुरोहितों का विरोध ही ठहरता है। वे हिन्दू हो कर पंडे-पुजारियों का विरोध करते थे। लेकिन उन का सूरदास पात्र तो इतना भी नहीं कर पाया। उधर, इस मामले में स्वामी अछूतानन्द के क्या विचार थे? उत्तर में बताया जा सकता है कि उन्होंने 9 नवम्बर, 1927 को छावनी फतेहगढ़ की 'आदि हिन्दू सभा' में सभापति के आसन से बोलते हुए अपने भाषण में कहा था–"हम लोग ब्राह्मणी धर्म से बाहर हैं.... ।...ब्राह्मणी धर्म हमारा धर्म नहीं। हमारा धर्म सन्त-मत है।...यह आदिकाल से हमारे भीतर चला आ रहा है।"[6]

क्या प्रेमचंद समेत प्रेमचंद का सूरदास 'रंगभूमि' में स्वामी अछूतानन्द की इस भाषा को एक बार भी बोल सका है? तभी पूछा जा रहा है कि तब वह उस समय का कैसा चमार है। सच बात यही है कि वह चमार नहीं है। वह उस समय के गैर-दलित लेखक प्रेमचंद द्वारा चमारों का नेतृत्व हथियाने का जरिया है जो बाद में गोल मेज सभा की बहसों में गांधी जी ने डा. अम्बेडकर के सामने करना चाहा था। सूरदास स्वामी अछूतानंद के सामने उसी की रिहर्सल था।

'रंगभूमि' का सूरदास मरते समय जान सेवक से हँस कर कहता है–"अब जीकर क्या करूँगा। इस समय मरूँगा तो बैकुंठ जाऊँगा, फिर न जाने क्या हो।"[7] इस का मतलब है, प्रेमचन्द ने सूरदास को कबीर से बहुत दूर कर दिया है। हाँ, बैकुंठ को ले कर कबीर का कुछ और ही कहना है जिस में 'कबीर ग्रन्थावली' में संकलित 24वाँ पद इस प्रकार है :

नाँ जाँनौ बैकुंठ कहाँ है।
जोजन एक प्रमिति नहीं जानै, बातन ही बैकुंठ बखानै।
जब लग है बैकुंठ की आसा, तब लग नहीं हरि चरन निवासा।

कहे सुनें कैसें पतिअइये, जब लग तहाँ आप नहि जाये।
कहै कबीर बहु कहिये काहि, साध संगति बैकुंठहि आहि।[8]

सूरदास को एक चमार के नाते निर्गुण सन्तों की वाणी का हो कर रहना था लेकिन एक जगह प्रेमचन्द पूरा हिसाब भूल गए। वे सूरदास के मुँह से तुलसी दास के दोहे की एक पंक्ति बुलवा बैठे। अमृत राय ने लिखा है–"...अनपढ़ सूरदास गोसाईं तुलसीदास की बानी में उन (राजा साहब) की मिजाजपुर्सी करता है–इस की चिन्ता न कीजिए। हानि-लाभ, जीवन-मरण, जस-अपजस विधि के हाथ है, हम तो खाली मैदान में खेलने के लिए बनाए गए हैं।"[9]

'रंगभूमि' में रैदास का नाम आया है लेकिन वह भी तब जब महेन्द्र अपनी पत्नी इन्दु से जल कर कहता है–"आखिर रैदास भगत के चेले ऊँची जातों में भी तो हैं?"[10]

ख. धर्मान्तरण पर खासी बहस

ईश गंगानिया ने अपने लेख ' 'रंगभूमि', गांधी और अम्बेडकरवादी-विमर्श' में जो सब से नई बात रखी है वह यह है कि वे जान सेवक के ईसाई परिवार को दलित समुदाय से सम्बन्धित मानते हैं। यह उन की एकदम नई खोज है। यह उन्हीं की खोज है, और जो उन से सहमत नहीं होना चाहते, वे उन की काट कर के दिखाएँ। ईश गंगानिया ने लिख दिया है–" 'रंगभूमि' में ईसाई धर्म का संवाहक और ईसाई धर्म से जुड़ी प्रवृत्तियों के केन्द्र में जो परिवार है वह है–जॉन सेवक का परिवार, जिसमें मिसेज सेवक पत्नी, प्रभु सेवक पुत्र, सोफिया पुत्री और ईश्वर सेवक पिता हैं। यह तथ्य गौर करने लायक है कि सोफिया और प्रभुसेवक इस धर्मान्तरित परिवार की चौथी पीढ़ी हैं क्योंकि धर्मान्तरण का कदम जॉन सेवक के दादा ने उठाया था। 'रंगभूमि' में प्रेमचन्द नायकराम पंडा की पिटाई के उपरांत ईसाइयों के धर्म में धर्मान्तरण संबंधी टिप्पणी जगधर से इस प्रकार कराते हैं, "वही तो किरस्तान हैं जो गली-गली ईसा-मसीह के गीत गाते फिरते हैं। डोमड़ा, चमार जो गिरजा में जाकर खाना खा ले वही किरस्तान हो जाता है। वही बाद में कोट पतलून पहन कर साहब बन जाते हैं।"....जगधर की इस टिप्पणी से स्पष्ट हो जाता है कि जॉन सेवक का परिवार चमार या डोम यानी दलित परिवार से संबंधित थे। यह नहीं, जॉन सेवक का चमड़े की आढ़त खोलना भी इसी ओर संकेत करता है कि उसका परिवार दलित समुदाय से ईसाई धर्म में धर्मान्तरित हुआ था।"[11]

मेरे खयाल से, हिन्दी के समीक्षकों की ईश गंगानिया की इस स्थापना से मुसीबत बढ़ ही जाएगी। इधर, ईश गंगानिया यहीं तक रुकने वाले नहीं हैं। वे अगला सवाल दागते हैं–"जॉन सेवक धर्मांतरित परिवार की तीसरी पीढ़ी से संबंध रखते हैं और परिणाम कुछ ऐसे नज़र आता है, "उनके गोरे रंग और आकृति से यह सहज ही

अनुमान लगाया जा सकता था कि वे उच्चवंशीय थे।''...इस संदर्भ में गौर करने लायक मुद्दा यह है कि दलित जिन्हें समाज में अछूत समझा जाता, ठेठ ढोर, और गंवार समझा जाता है, 'गुड फार नथिंग' समझा जाता है, वे साहब और उच्च कुलीन कैसे लगने लगते हैं?''[12] मैं ईश गंगानिया के पक्ष में ही एक गवाही दे सकता हूँ कि मेरे बापू ने मुझे बताया था कि पड़ोस के गाँव का उन का, हमारी जाति चमार का, एक दोस्त ईसाई बन गया था। वह नहरवाई का बड़ा साहब भी बन गया था और उस ने अपना दायमपुर गाँव छोड़ दिया था। बापू ने मुझे बताया था कि एक बार उन्होंने उसे कहीं देखा था और उस ने हैट लगा रखा था।

कुछ बातें ईश गंगानिया ने कह दी हैं लेकिन अच्छा रहेगा कि बात को तफसील से जाना जाए। तब सोफिया के पिता कौन हैं? उन का नाम जान सेवक है और मिसेज सेवक अपनी बेटी सोफिया से कहती हैं कि तुम्हारे बचपन के समय 'तुम्हारे पापा एक दफ्तर में क्लर्क थे।'[13] तब जान सेवक के पिता के बारे में 'रंगभूमि' में क्या जानकारी दी गई है? उपलब्ध जानकारी इस प्रकार है–''मि. जॉन सेवक का बँगला सिगरा में था। उस के पिता मि. ईश्वर सेवक ने सेना-विभाग में पेंशन पाने के बाद वहीं मकान बनवा लिया था और अब तक उस के स्वामी थे। इस के आगे उन के पुरखों का पता नहीं चलता और न हमें उस की खोज करने की विशेष जरूरत है, हाँ इतनी बात अवश्य निश्चित है कि प्रभु ईसा की शरण में जाने का गौरव ईश्वर सेवक को नहीं, उन के पिता को था। ईश्वर सेवक को अब भी अपना बाल्य-जीवन कुछ-कुछ याद आता था, जब वह अपनी माता के साथ गंगा स्नान को जाया करते थे। माता की दाह-क्रिया की स्मृति भी अभी न भूली थी। माता के देहान्त के बाद उन्हें याद आता था कि मेरे घर में कई सैनिक घुस आए थे और मेरे पिता को पकड़ कर ले गए थे। इस के बाद स्मृति विशृंखल हो जाती थी। हाँ, उन के गोरे रंग और आकृति से यह सहज ही अनुमान किया जा सकता था कि वह उच्चवंशीय थे कदाचित इसी सूबे में उन का पूर्व-निवास भी था।''[14]

प्रेमचंद से 'रंगभूमि' में जो चूक हुई है, वह उन का वर्णवादी और नस्लवादी होना है। उन्होंने गलती से यह मान लिया है कि रंग का गोरा होना और उच्चवंशीय होना दोनों एक ही बात हैं। उन की यह मनोग्रन्थि खुद अपना शरीर देख कर बनी होगी। वे अपने विश्लेषण में इस ओर जाते हैं कि जान सेवक का परिवार हिन्दुओं के द्विजों में से आया है। लेकिन एक तथ्य यह भी रहा है कि ईसाई बनने के बाद भी हिन्दुओं में जातिगत भावना ज्यों की त्यों बनी रहती है। द्विजों के ऐसे धर्मान्तरण में धर्म बदलता है, जबकि अपनी जाति को वे वहाँ भी ढो कर ले जाते हैं। असली बात जान सेवक के पेशे की है। पेशे के बारे में प्रेमचंद ने साफ लिख रखा है–''मि. जॉन सेवक ने यहाँ चमड़े की आढ़त खोल रखी थी। ताहिर अली नाम का एक व्यक्ति उस का गुमाश्ता था।''[15]

कहना यह है कि कोई द्विज व्यक्ति ईसाई बन कर भी शायद चमड़े के इस धंधे को अपना नहीं सकता था। इसलिए, ईश गंगानिया की प्रस्थापना की काट संभव नहीं लगती। फिर भी, कोई चाहे तो कोशिश कर सकता है, उस का स्वागत है।

अब जाना जाए कि श्री चन्द्रिका प्रसाद जिज्ञासु ने अपनी पुस्तक 'आदि हिन्दू आन्दोलन के प्रवर्तक श्री 108 स्वामी अछूतानन्द जी 'हरिहर : जीवनी, सिद्धान्त और भाषण' में आर्य समाजियों और ईसाई मिशनरियों का तुलनात्मक अध्ययन किया है। वे लिखते हैं—"आर्य समाजी लीडर पहले यह समझे थे कि पढ़े-लिखे आदि-हिन्दुओं को हम इस तरह बहकाकर अपना अनुयायी बना लेंगे और अछूतों की शुद्धि करके उन्हें जनेऊ पहनाकर 'महाशय' बना देंगे। अछूतों को आर्य समाजी बनाने की सूझ उन्हें ईसाई मिशनरियों से मिली थी। अगर ईमानदारी से देखा जाय तो वस्तुतः ईसाई मिशनरियों ने ही सबसे पहले अछूत बनाये गये मानवों को पढ़ाने-लिखाने और उन्हें नौकरी-चाकरी दिलाने का काम किया। यही नहीं, उन्होंने कोढ़ियों के लिए कुष्ठाश्रम खोले, अनाथों के लिए अनाथालय खोले, रोगियों के लिए अस्पताल खोले और इन अनाथ दलितों में शिक्षा-प्रचार के लिए हजारों स्कूल खोले। अछूतों की लड़कियों को पढ़ा-लिखा कर नर्सों और दाइयों के कामों पर लगाया। उनका यह उपकार देखकर लाखों-लाखों अछूत ईसाई भी बन गये। यह सब देखकर महा अहंकारी हिन्दुओं की आँखें खुलने लगीं कि "अरे! ये सब तो हमारी गुलामी से निकले जा रहे हैं। यदि ये सब ईसाई-धर्म ग्रहण करके सरकारी कर्मचारी बन गये, तो हमारे समाज के तमाम सेवा-टहल के नीच, अधम और कठोर काम कौन करेगा? इन्हें किसी तरह समझा-फुसलाकर अपनी ही दासता में रखना चाहिए। बेहतर हो, इन्हें शुद्ध करके आर्यसमाजी बना लिया जाय और फिर इन्हीं को ईसाइयों और मुसलमानों से भी भिड़ा दिया जाय।"[16] फिर, 1935 में डा. अम्बेडकर द्वारा की गई हिन्दू धर्म को छोड़ने की घोषणा का अर्थ यह नहीं लगाया जा सकता कि वे ईसाई धर्म ग्रहण नहीं करेंगे। उस समय उन के सामने सभी धर्मों के विकल्प खुले थे। लेकिन प्रेमचन्द सन् 1924-25 में सिरजी 'रंगभूमि' में सूरदास नाम के चमार पात्र के माध्यम से ईसाइयत के विरोध में बोल रहे हैं।

पहले बताया जा चुका है कि स्वामी अछूतानंद का समय बिलकुल 'रंगभूमि' के लिखने का समय है। प्रेमचन्द उस समय आर्य समाज से सन्तुष्ट नहीं थे। वे 22 अप्रैल, 1923 को अपने मित्र दया नरायन निगम को अपने खत में लिखते हैं—"मलकाना शुद्धि पर एक मुख्तसर मजमून लिख रहा हूँ। मुझे इस तहरीक से सख्त इख्तिलाफ ...है।...आर्य समाज वाले भिन्नाएंगे, लेकिन मुझे उम्मीद है आप 'जमाना' में इस मजमून को जगह देंगे।"[17] मुंशी दया नरायन निगम ने उस के छापने में नौ महीने का टाइम लिया और वह लेख 'कहतुर्रिजाल' (मनुष्यता का अकाल) शीर्षक से छापा। उस में प्रेमचंद ने लिखा था—"दस-पाँच हजार मलकानों को शुद्ध करके लोग फूले नहीं समाते मानो अपने लक्ष्य पर पहुँच गए, अब स्वराज्य हासिल हो गया।"[18] तो, प्रेमचन्द

का उद्‌देश्य उस में भी स्वराज्य को हासिल करने का था। उन्होंने उस में लिखा ही था—"आज कौन हिन्दू है जो हिन्दू-मुसलिम एकता के लिए जी-जान से काम कर रहा हो, जो उसे हिन्दोस्तान की सब से महत्वपूर्ण समस्या समझता हो, जो स्वराज्य के लिए एकता को बुनियादी शर्त समझता हो।"[19] इस के बावजूद उन्होंने अपने इस लेख में लिखा था—"हमको यह मानने में कोई संकोच नहीं है कि इन दोनों समुदायों के कशमकश और सन्देह और घृणा की जड़ें इतिहास में हैं। मुसलमान विजेता थे, हिन्दू विजित। मुसलमानों की तरफ से हिन्दुओं पर बहुत ज्यादतियाँ हुईं और यद्यपि हिन्दुओं ने मौका हाथ आ जाने पर उन का जवाब देने में आगा-पीछा नहीं किया लेकिन कुल मिला कर यह कहना ही होगा कि मुसलमान बादशाहों ने सख्त से सख्त जुल्म किए।"[20]

देखना यह है कि स्वामी अछूतानंद ने भी उस दौरान आर्य समाज का विरोध किया था। श्री चन्द्रिका प्रसाद जिज्ञासु ने इस प्रसंग पर उन के बारे में लिखा है—"आपको ज्ञात हुआ कि आर्य-समाज एक बकवासी और प्लेटफार्मी धर्म का ढोंग है जो ईसाइयों और मुसलमानों की नकल करके उनसे मोर्चा लेने के लिए गढ़ा गया है।"[21] श्री चन्द्रिका प्रसाद जिज्ञासु ने आर्य समाज के बारे में मेरठ में दिए गए स्वामी अछूतानन्द के भाषण के कुछ शब्द उद्‌धृत किए हैं। वे इस प्रकार हैं—"यह ईसाई और मुसलमानों के प्रहारों से ब्राह्मणी धर्म को बचाने के लिए गढ़ा गया वैदिक धर्म का एक ढोंग है। इसकी बातें कोरी डींग और सिद्धान्त ऊटपटांग हैं। इसकी शुद्धि महज धोखा और गुण-कर्म की वर्ण-व्यवस्था एक झूठा शब्द-जाल है। यह इतिहास का शत्रु, सत्य का हंता और झूठी गप्पें मारने में पूरा लपोड़संख है। इसकी दृष्टि दोषग्राही, वाणी कुतर्की, स्थापना थोथी और वेदार्थ निरा मनगढ़ंत है। यह जो कहता है, उस पर इसका अमल नहीं। इसका उद्देश्य ईसाई-मुसलमानों से शत्रुता करा कर हिंदुओं को वेदों और ब्राह्मणों का दास बना देना है।"[22] जहाँ तक इतिहास की बात है, तो स्वामी अछूतानन्द ने फतेहगढ़ (फर्रूखाबाद) की 'आदि हिन्दू सभा' में सभापति के आसन से बोलते हुए कहा था—"ईसाई और मुसलमानों के प्रति भी घृणा का प्रचार ब्राह्मणी धर्म ने ही किया है। हमारे भाई तो करोड़ों की तादाद में ईसाई और मुसलमान बने हैं, यह सभी कोई जानते हैं।"[23]

स्वराज्य की बात रह जाती है। तो, दलित चिन्तकों के पास उस के बारे में कोई सन्देह नहीं था। जो बात स्वामी अछूतानन्द अपने अन्तिम काल सन् 1933 तक कह रहे थे, वही बात डा. अम्बेडकर सन् 1946 तक कह रहे थे। हाँ, डा. अम्बेडकर ने अपनी पुस्तक 'हू वर दि शूद्रास? हाउ दे केम टु बी द फोर्थ वर्णा इन दि इन्डो-आर्यन सोसाइटी' की भूमिका 10 अक्टूबर, 1946 के दिन लिखी थी। यह पुस्तक उन्होंने महात्मा ज्योतिबा फुले (1827-1890) की स्मृति को समर्पित की है। लेकिन समर्पण के शब्द क्या हैं? वे इस प्रकार हैं—"आधुनिक भारत के महानतम शूद्र जिन्होंने

हिन्दुओं के निचले वर्गों को इस बात का जानकार बनाया कि वे ऊँचे वर्गों की गुलामी में हैं तथा जिन्होंने इस सन्देश का प्रचार किया कि भारत में सामाजिक जनतन्त्र विदेशी शासन से स्वतन्त्रता प्राप्त करने से ज्यादा महत्वपूर्ण है।''[24]

ग. मनु?–और भगवान?

विजय मोहन सिंह ने 'इण्डिया टुडे' में छपे अपने लेख 'अनर्गल प्रलाप व असंगतियाँ' में मेरे खिलाफ लिखा है–''कुल मिला कर इस प्रकार लाठी भांजना पानी पीटना ही सिद्ध हुआ है क्योंकि हिन्दी साहित्य के इतिहास में प्रेमचंद जहां थे, वहीं बने रहेंगे।''[25] लेकिन मुझे भी ऐसी गलतफहमी कहाँ है कि मैं प्रेमचन्द को नीचे गिरा रहा हूँ? मैंने कब कहा है कि हिन्दुओं के लिए प्रेमचंद महान नहीं हैं? मैं केवल यह कह रहा हूँ कि वे दलितों के लिए और दलित साहित्य की दृष्टि से अच्छे साहित्यकार नहीं हैं। उन से हम हिन्दी में दलित साहित्य के लिखे जाने की शुरूआत नहीं मान सकते। उन के समय में दलित लेखक स्वामी अछूतानन्द थे, हम उन की पुस्तक 'राम-राज्य-न्याय नाटक (शंबूक मुनि बलिदान)' को दलित साहित्य मानते हैं। जारों के महान जार ही होंगे और जार भक्तों के भगवान भी जार ही होंगे–इस में हमें कहीं मुगालता नहीं है। आखिर, प्रेमचन्द अपने भगवान कृष्ण से तो छोटे ही हैं। सवाल यह है कि जब दलित लोग कृष्ण को अपना भगवान नहीं मानते तो वे प्रेमचन्दवादी कैसे हो सकते हैं? तो, प्रेमचन्द को वहीं बनाए रखो जिस ऊंचाई पर उन्हें चढ़ा रखा है, बस, विश्वविद्यालय के पाठ्यक्रमों में दलित छात्रों को यह विकल्प दे दो कि वे उस समय के साहित्यकारों का अध्ययन करने के लिए प्रेमचन्द के बजाय स्वामी अछूतानन्द का चुनाव कर सकें। हिन्दी के नाम पर प्रेमचन्द की सोच दलितों पर क्यों थोंपी जा रही है? सब के अपने-अपने महान हैं, अपने-अपने महानों का अध्ययन करने की छूट मिल जाए, बस। इस लेख में विजय मोहन सिंह ने ही लिखा है–''वास्तविकता यह है कि भारत के इतिहास में हर जाति के सम्राट तथा सामन्त हुए हैं।''[26] इस का मतलब है कि हर जाति के सन्त और साहित्यकार भी हुए हैं। प्रेमचन्द के समय में दलितों के साहित्यकार स्वामी अछूतानन्द थे।

फर्क यह है कि अपनी रचना 'राम-राज्य-न्याय नाटक (शम्बूक मुनि बलिदान)' में शम्बूक मनुस्मृति के बारे में इस प्रकार कहते हैं :

निशदिन मनुस्मृति ये, हमको जला रही है।
ऊपर न उठने देती, नीचे गिरा रही है।।
ब्राह्मण व क्षत्रियों को सबका बनाया अफसर।
हमको 'पुराने उतरन पहनो' बता रही है।।

दौलत कभी न जोड़ें, गर हो तो छीन लें वह।
फिर 'नीच' कह हमारा दिल भी दुखा रही है।।
कुत्ते व बिल्ली मक्खी, से भी बना के नीचा।
हा शोक! ग्राम बाहर हमको बसा रही है।।
हमको बिना मजूरी, बैलों के संग जोतें।
गाली व मार उस पर, हमको दिला रही है।।
लेते बेगार, खाना तक पेट भर न देते।
बच्चे तड़पते भूखों, क्या जुल्म ढा रही है।।
ऐ हिन्दू कौम! सुन ले, तेरा भला न होगा।
हम बेकसों को 'हरिहर' गर तू रुला रही है।।[27]

तभी, डा. राज पाल सिंह 'राज' ने अपनी पुस्तक 'स्वामी अछूतानन्द 'हरिहर' ' में सही लिखा है–"स्वामी जी ने मनुस्मृति की कड़ी आलोचना सन् 1925 में 'मनुस्मृति से जलन' नामक कविता में की है जब (कि) बाबा साहेब डा. अम्बेडकर ने मनुस्मृति 25 दिसम्बर, 1927 को जलाई थी। बाबा साहेब ने शायद स्वामी जी से प्रभावित होकर ही मनुस्मृति जलाई हो।"[28]

उधर, प्रेमचन्द मनुस्मृति के बारे में क्या सोचते हैं? शिवरानी बता रही हैं कि यह 1929 की बात है। प्रेमचन्द ने उन से कहा था :

1. "जो जितना ही बड़ा होता है, वह उतना ही गम्भीर होता है। उसी के ऊपर दुनिया टिकती है। इसी से मनु भगवान ने कहा है–गुरु बाप से एक हजार गुना भी अधिक पूज्य है।"[29]

शिवरानी और प्रेमचन्द के बीच एक संवाद 'शारदा बिल' पर होता है। यह संवाद मनुस्मृति के पक्ष में इस प्रकार है :

2. "मैं बोली–मनुस्मृतिकार ने तो पहले ही लिख दिया है।
आप बोले–'वह बहुत दिन की बात हो गई। उसे धर्म-ग्रंथ मानेंगे, पर उस की बात पर अमल नहीं करेंगे।"[30]

यहाँ एक और प्रमाण दिया जा सकता है। यह सन् 1935 का है–अर्थात उन के मृत्यु-वर्ष से ऐन एक साल पहले। प्रेमचन्द शिवरानी से कहते हैं :

3. "अब भी कुछ लोग अपने घर में स्त्रियों की पूजा करते हैं, और मेरा तो ख्याल यह है कि शायद मनुस्मृति जो पहले बनी थी वह इस आधार पर बनी थी कि स्त्रियों को पुरुष अपने से बहुत ऊंचा समझते थे। मनुस्मृति में मां का हक पिता से दूना रखा गया है। स्त्री के बिना

कोई काम पुरुष अकेला नहीं कर सकता था। भाई-भाई चाहे लड़ कर मर जाएं, मगर बहन सब भाइयों के लिए बराबर रहती थी। इस के माने हैं कि वे स्त्रियों को सब से श्रेष्ठ मानते हैं।"[31]

अब क्या बताया जाना शेष रह जाता है? यही बताया जा सकता है कि प्रेमचन्द जिस 'मनु' को 'मनु भगवान' कहते हैं तथा जिस 'मनुस्मृति' की इतनी प्रशंसा करते हैं, उसी 'मनुस्मृति' को डा. अम्बेडकर ने महाड के तालाब आन्दोलन में दिसम्बर, 1927 में फूँका था।[32] फिर दो के बीच कैसे तालमेल बैठ सकता है?—और प्रेमचन्द की कलम से दलित साहित्य कैसे लिखा जा सकता था?

जाना यह भी जाए कि प्रेमचन्द ने 'शुद्धि समाचार' नाम के आर्य समाजी पत्र के 'श्रद्धानंद बलिदान' अंक के लिए अपनी श्रद्धांजलि अर्पित की थी। उस श्रद्धांजलि के कुछ शब्द इस प्रकार हैं—"बौद्ध काल तक गुरुकुल प्रथा जीवित रही। मुस्लिम युग में यह प्रथा नष्ट हो गई और उस के नष्ट होते ही राष्ट्र-नौका का लंगर उखड़ गया। वर्ण और आश्रम जो आर्य-संस्कृति के स्तम्भ थे, अपना असली रूप खो कर जात-पाँत के रूप में आ गए, और गेरुए वस्त्रधारी, अकर्मण्य पेट के बन्दों ने संन्यास और वानप्रस्थ का स्थान छीन लिया।"[33]

ध्यान रहे, यह प्रेमचंद का सन् 1926 का चिन्तन है।

दलित के हिसाब से इस में कितनी गलतियाँ हैं?

प्रेमचन्द बता रहे हैं कि भारत में मुस्लिम काल से पहले सब अच्छा था। उन के अनुसार, वर्ण और आश्रम आर्य-संस्कृति के स्तम्भ हैं। मुस्लिम काल से पहले वर्ण और आश्रम अपने असली रूप में थे। उन के कहे अनुसार, जात-पाँत मुस्लिम काल में आई है। दूसरी बात वे यह कह रहे हैं कि संन्यास और वानप्रस्थ अच्छी चीजें हैं तथा इन्हें गेरुए वस्त्रधारियों और अकर्मण्य पेटधारियों से बचाया जाना चाहिए।

स्वामी अछूतानन्द के इस विषय पर क्या विचार हैं? उन्होंने 9 फरवरी, 1932 को ग्वालियर राज्य की विराट 'आदि हिन्दू महासभा' में भाषण देते हुए कहा था—"एक ओर कहा जाता है कि तुम हमारे भाई हो तो क्या बड़े भाई को अपनी बहन-बेटियों और बहुओं के साथ ऐसा निर्लज्ज व्यवहार करना चाहिए? इन्हीं अत्याचारों से ऊब कर हमारे बहुत से भाई ईसाई मुसलमान बन गए, और वहाँ उन्नति करके ऊँचे-ऊँचे पदों पर पहुँच गए।"[34] तो, स्वामी अछूतानन्द के विचार प्रेमचन्द के विचारों की पूरी काट हैं। चमार जाति का चिन्तन यह है कि वर्ण-व्यवस्था जन्मानुसार या कर्मानुसार दोनों तरह से गलत है। इस की इस के किसी भी रूप में प्रशंसा नहीं की जा सकती। यह अपने हर रूप में हेय और त्याज्य है। यहाँ इतना ही कहना उचित होगा कि मनुस्मृति की रचना मुसलमानों या ईसाइयों ने नहीं की थी तथा जातपाँत भारत में मुसलमानों के आने से पहले की वास्तविकताएँ हैं।

यहाँ यह जोड़ा जाए कि कँवल भारती ने अपने लेख 'दलित साहित्य की अवधारणा' में एक बहुत ही महत्वपूर्ण और लोकप्रिय दलित कविता उद्धृत की है। यह स्वामी अछूतानंद की परम्परा की कविता है। इसे उन्होंने शंकरानंद की भजनावली में पाया है। उन्होंने इसे शंकरानंद की कविता ही माना था लेकिन अब उन की नई खोज के अनुसार यह शंकरानंद के शिष्य केवलानंद की कविता है जो 'शंकरानंद भजनावली' में संकलित है।[35] उद्धृत अंश इस प्रकार है :

मनु जी तुमने वर्ण बना दिये चार।
जा दिन तुमने वर्ण बनाये, न्यारे रंग बनाये क्यों ना?
गोर ब्राह्मण लाल क्षत्री बनिया पीले बनाये क्यों ना?
शूद्र बनाते काले वर्ण के, पीछे को पैर लगाये क्यों ना?
कैसे हो पहिचान पोप जी दो अक्षर डलवाये क्यों ना?
पांच तत्व तो सबमें दीखें ज्यादा तत्त्व लगायें क्यों ना?
वह सर्वज्ञ सर्व में व्यापक उससे भी जुदे बनाये क्यों ना?
एक चूक बड़ी भारी पड़ गयी, न्यारे मुल्क बसाये क्यों ना?
लोहे के बर्तन पर पानी कंचन को दयौ डार।[36]

फिर, संन्यास और वानप्रस्थ के बारे में क्या कहा जाए? दलित सन्त आश्रम व्यवस्था को सिरे से नकारते हैं। वे प्रेमचन्द की तरह यह नहीं कहते कि संन्यास और वानप्रस्थ के आश्रमों में बुराइयाँ आ गई हैं, बल्कि यह मानते हैं कि 'संन्यास' खुद अपने आप में बुराई है। न रैदास ने संन्यास लिया, न कबीर ने संन्यास लिया और न स्वामी अछूतानन्द ही संन्यासी थे। स्वामी अछूतानन्द की गृहस्थी के बारे में श्री चन्द्रिका प्रसाद जिज्ञासु ने लिखा है—"स्वामी जी के कोई पुत्र न था। केवल तीन कन्याएँ थीं—विद्या बाई, शान्ति बाई और सुशीला बाई।"[37] तो, दलित दृष्टि से किस का संन्यास, कैसा संन्यास?—सारी चर्चा ही गलत है।

घ. आत्मवाद या खेलवाद?

सवर्णों को सब से बड़ा डर दलितों के चिन्तन से लगता है। कुमार मुकुल ने मेरे खिलाफ लिखते हुए अपने इस डर को बेहतरीन शब्द दे दिए हैं। वे अपने लेख 'हिन्दू शास्त्र बतर्ज दलित शास्त्र' में लिखते हैं—"खुद दलित बौद्धिकों के संघर्षों का परिणाम है कि आज दुनिया में उन के लिए स्पेस है—और ज्यादा स्पेस के लिए संघर्ष की जरूरत है न कि दलित शास्त्र रच कर उसे रूढ़ करने की।"[38] अब यहाँ इन शब्दों के अगले किसी खुलासे की जरूरत नहीं रह जाती। ये सब कुछ कह रहे हैं।

सच्चाई यह है कि दलितशास्त्र हमेशा से होता आया है। स्वामी अछूतानन्द ने 19 अक्तूबर, 1926 को मैनपुरी की यू. पी. 'आदि हिन्दू कानफ्रेंस' में सभापति के आसन से भाषण देते हुए इस दलितशास्त्र के बारे में जानकारी इन शब्दों में दी थी—"हमारे आदि-वंश का दार्शनिक तत्वज्ञान जो उपनिषदों आदि में विकृत रूप में पाया जाता है, वह आत्म-दर्शन या ब्रह्मज्ञान आर्यों के वेदों में नहीं पाया जाता। इन वेद-वादियों ने हमारे पूर्वजों के उस मूल ज्ञान को अपना रंग देकर अपने ग्रन्थों में जहाँ-तहाँ घुसेड़ लिया है, जैसे कि अब आर्य-समाज षट्शास्त्रों को खींच-तानकर वैदिक-धर्म सिद्ध करने के प्रयत्न में है। परंतु सत्य तो यह है कि वह अनुभव-सिद्ध आत्मज्ञान वेदों से परे की बात है, जो सदा 'संत-मत' के रूप में प्रचलित रहा और प्रचलित है।"[39] स्वामी अछूतानन्द ने 9 नवम्बर, 1927 को फतेहगढ़ की 'आदि हिन्दू सभा' में सभापति के आसन से भाषण देते हुए इस का और खुलासा किया था—"हमारा धर्म सन्त-मत है... जिसे सूफी-मत भी कहते हैं। यह आदिकाल से हमारे भीतर चला आ रहा है। षठकोप (कन्जड़), कबीर (जुलाहा), रैदास (चमार), दादू (धुनिया), नामदेव (छीपी), मत्स्येंद्रनाथ (मछुआ) इत्यादि सैकड़ों-हजारों सन्त हमारे भीतर हुए हैं। उनका उपदेश किया धर्म ही हमारा धर्म है। हमारी माताएँ और बहनें भूमि में लाल झंडी गाड़कर अनादि काल से भुइयाँ-माता (मातृभूमि) की पूजा करती हैं, जिस लाल झंडी (Red Flag) को रूस के मुल्क ने भी मातृभूमि का निशान मानकर अपनाया है। हमें किसी बाहरी धर्म की जरूरत नहीं है। हमारा धर्म हमारे पास मौजूद है।"[40]

बाबू मंगल सिंह जाटव ने दलितों के इस सन्तमत के आत्मवाद को काफी स्पष्टता से सामने रख दिया है, जब लिखा है—"भारत में आत्मवाद की प्रबलता देखकर, सूर्य और अग्नि के उपासक वैदिक आर्यों को भी झख मारकर 'आत्मवाद' के आगे सिर झुकाना पड़ा और उपनिषदों में, जिसे वेदांत कहा जाता है, आत्मवाद की ही चर्चा है। किन्तु ब्राह्मण धर्म में उसे 'ज्ञान-कांड' कहा जाता है, उसका व्यवहार कांड वर्ण व्यवस्था है... जिसके विधान मनु आदि धर्मशास्त्रों में हैं और कथाएँ रामायण आदि पुराणों में। प्रश्न होता है कि जो चीज आपके व्यवहार में नहीं है, उसे आप अपनी चीज कैसे कह सकते हैं? यही इस बात का जबरदस्त सबूत है कि जिस गीता-ज्ञान की ये लोग डींगें मारा करते हैं, वह इनकी निजी संपत्ति नहीं चोरी की चीज है—कहीं की ईंट कहीं का रोड़ा भानमती ने कुनबा जोड़ा। तभी वह इनके अमल में नहीं है। जो चीज आपके अमल में है, वही आपकी है। हिन्दू सभाई नेताओं से हिंदू-संगठन के बारे में जब बाबा साहेब अम्बेडकर से बातचीत हुई तो उन्होंने यही शर्त पेश की थी कि यदि आप उपनिषदों वाले आत्मवाद के आधार पर संगठन करना चाहे तो संगठन संभव हो सकता है। किन्तु हिन्दू-नेता इसके लिये तैयार नहीं हुए। स्वामी रामतीर्थ भी 'व्यावहारिक वेदान्त—व्यावहारिक वेदान्त' नाम से अमरीका में बहुत

चीखे, बहुत चिचियाये, लेकिन भारतीय हिंदू टस से मस नहीं हुए। श्री शंकराचार्य अपने पांडित्य से अद्वैतवाद को हिंदू शास्त्रों से सिद्ध कर देने के कारण 'जगदगुरु' तो बना दिये गये किन्तु ये उसे व्यावहारिक न बना सके वह ज्ञानकांड ही रहा। इसीलिये कहा जाता है कि ब्राह्मणी साहित्य की प्रस्थानत्रयी-अर्थात ब्रह्म-सूत्र उपनिषद और गीता का आत्मवाद भारतीय संतों की बटोरी हुई झूठन है उनकी मौलिक वस्तु नहीं, इसीलिये, वह उनके व्यवहार में नहीं है। उनके व्यवहार में तो भोग और ऐश्वर्य की प्राप्ति एवं दीन दुर्बलों का शोषण पाया जाता है। और इसी की सिद्धि के लिये आर्य ऋषियों को रंग-भेदी वर्ण व्यवस्था गढ़नी पड़ी, आर्य-राजाओं ने तलवार की ताकत से उसका प्रचार किया।''[41]

स्वामी अछूतानन्द के पास पूरा दलितशास्त्र था। जो उन के समय में उस में जुड़ सकता था, वह सब उन्होंने उस में जोड़ दिया था। उसे अपने समय में अद्यतन करते हुए उन्होंने 9 नवम्बर, 1927 को छावनी फतेहगढ़ की 'आदि हिन्दू सभा' में सभापति के आसन से भाषण देते हुए कहा था–''उपस्थित सज्जनो! हम लोगों की आज जो दशा है यानी मनुष्य होते हुए भी हम मक्खी-मच्छड़ और कुत्ते-बिल्ली से भी अधम अछूत बना दिये गये हैं, यह सब कैसे हो गया? स्वयं ईश्वर ने हमें इस दुर्दशा में डाला, या मनुष्य ने? हमारा उत्तर है, ईश्वर ने नहीं, मनुष्य ने। आप पूछ सकते हैं, वह कौन मनुष्य है जिसने हमें अछूत बनाया?''[42] उन्होंने उन मनुष्यों की नस्लगत पहचान इन शब्दों में बताई थी–''इनका कद लम्बा, रंग गोरा, नाक लम्बी और मस्तक ऊँचा था।''[43]

स्वामी अछूतानन्द ने आर्य और स्त्रियों को ले कर भी विचार किया था। वे फतेहगढ़ वाले अपने भाषण में कहते हैं–''भारत में पहली टोली में जो आर्य आये उनके साथ उनकी स्त्रियाँ न थीं। बाद में जो आये, वे स्त्रियों को भी लाये। स्त्रियों की कमी होने के कारण ये लोग बड़े स्त्री-लोलुप थे और एगलाम तक करते थे और जहाँ कहीं कोई स्त्री पाते उसे फुसला-बहकाकर या जबर्दस्ती पकड़ अपने घरों में डाल लेते थे, चुरा भी लाते थे। इसीलिए वे स्त्रियों को घूँघट और कड़े परदे में रखते थे। परदे के कई कारण थे : इनकी निजी स्त्रियाँ गोरी, चटोरी और चंचल होती थीं, उन पर इन्हें विश्वास नहीं था; बहकाई, भगाई, चुराई स्त्रियों से ये टहल-सेवा बहुत कराते थे और दासी व लौंड़ी बनाकर रखते थे, इन्हें भय था कि कहीं भाग न जाय; तीसरे उन्हें यह भी भय लगा रहता था कि मुँह खुला रहने से यदि ये पहचान ली गईं तो आदि-निवासियों से लड़ाई और मारपीट की नौबत आ जायगी। यही कारण था कि आर्य-कवियों ने स्त्रियों की तारीफ में 'असूर्य पश्या' (सूर्य भी न देख सका) शब्द लिखा। परदे की प्रथा इन्हीं आर्य लोगों की डाली हुई है।''[44]

प्रेमचन्द के सूरदास को इन में से कौन-सी बात का पता है?

लगता है, हिन्दी के छोटे-बड़े सभी आलोचक अब प्रेमचन्द को ले कर बिखर गए हैं। जिसे जो अन्धेरा कोना अच्छा लगता है, वह वहाँ छिपना चाहता है। कुमार मुकुल

अपने सम्पादकीय लेख 'हिन्दू शास्त्र बतर्ज दलित शास्त्र' में मेरे विरोध में लिखते हैं–"वे (धर्मवीर) कारण गिनाते हैं कि प्रेमचंद के पात्र 'मेहता' के विचार 'एंगेल्स' की तरह नहीं हैं। पहली बात यह है कि एंगेल्स के विचार उनके हैं...उन के किसी उपन्यास या नायक के पात्र के नहीं। किसी पात्र के संवाद को हम लेखक के विचार के रूप में नहीं ले सकते बल्कि उसे उपन्यास के परिवेश के संदर्भ में देखना होगा।"[45] यहाँ कुछ बताने की जरूरत नहीं रह जाती कि 'रंगभूमि' के पात्र सूरदास को ले कर कुमार मुकुल के ये शब्द कितने झूठे हैं। सूरदास में केवल प्रेमचन्द बोल रहे हैं, और स्वामी अछूतानन्द का कहीं पता नहीं है। सूरदास चमार न हो कर कायस्थ बना हुआ है।

जब 'रंगभूमि' में सूरदास को चमार जाति का बनाया था तो सूरदास के सरोकार भी वे ही रहने चाहिए थे जो चमार जाति के लोग सह और भुगत रहे थे। उन्हीं से सूरदास का चिन्तन निकलना चाहिए था। लेकिन नहीं, प्रेमचन्द ने सूरदास को चमार जरूर बनाया है, लेकिन चमारों की समस्याओं से उस का तनिक भी वास्ता नहीं रखा–उलटे, प्रेमचन्द सूरदास में प्रवेश कर गए। भला, कहाँ प्रेमचन्द कायस्थ का चिन्तन और कहाँ सूरदास चमार का यथार्थ? इसीलिए, ऐसे अनमेल चरित्र में जो नुकसान हुआ, वह यथार्थ का हुआ। सूरदास में चमार गायब और कायस्थ ने स्थानान्तरण कर लिया। अच्छा होता, वे सूरदास को कायस्थ जाति का पात्र बनाते या ईमानदारी इस बात में मानी जाती कि सूरदास को चमार जाति के यथार्थ से जोड़ा जाता।

इसे कैसे समझा जाए? आसान तरीका यह है कि 'रंगभूमि' के सूरदास पात्र के कथन देखे जाएं कि उस का जीवन-दर्शन क्या है। यह खेल और खिलाड़ी का है। उपन्यास का शीर्षक 'रंगभूमि' ही यह दर्शाता है कि सब कुछ रंगमंच पर घटित हो रहा है। इसे सिद्ध करने के लिए प्रेमचन्द ने 'रंगभूमि' में एक कविता ही लिख डाली है जिस की एक पंक्ति इस प्रकार है–"तू रंगभूमि में आया, दिखलाने अपनी माया।"[46] इस गीत को 'रंगभूमि' में प्रेमचन्द ने हाथ में खंजरी बजाते सूरदास के मुंह से गवाया है।

अन्त समय में भी सूरदास के मुँह से यही शब्द निकलते हैं–"बस-बस, अब मुझे क्यों मारते हो। तुम जीते, मैं हारा। यह बाजी तुम्हारे हाथ रही, मुझ से खेलते नहीं बना। तुम मँजे हुए खिलाड़ी हो, दम नहीं उखड़ता, खिलाड़ियों को मिला कर खेलते हो और तुम्हारा उत्साह भी खूब है। हमारा दम उखड़ जाता है। हाँफने लगते और खिलाड़ियों को मिला कर नहीं खेलते, आपस में झगड़ते हैं, गाली-गलौच, मार-पीट करते हैं, कोई किसी की नहीं मानता। तुम खेलने में निपुण हो, हम अनाड़ी हैं। बस, इतना ही फरक है। तालियाँ क्यों बजाते हो, यह तो जीतने वालों का धरम नहीं, तुम्हारा धरम तो है हमारी पीठ ठोकना। हम हारे, तो क्या, मैदान से भागे तो नहीं, रोए

तो नहीं, धांधली तो नहीं की। फिर खेलेंगे, जरा दम ले लेने दो, हार-हार कर तुम्हीं से खेलना सीखेंगे और एक-न-एक दिन हमारी जीत होगी, जरूर होगी।''[47] बिलकुल अन्तिम स्थिति इस प्रकार है—''सूरदास मुँह से कुछ न बोला, दोनों हाथ जोड़े, आँसू की दो बूँदें गालों पर बह आईं, और खिलाड़ी मैदान से चला गया।''[48] सूरदास के मरने पर प्रेमचन्द ने अपनी ओर से रंगाचार के शब्द लिखे हैं—''सारा शहर उमड़ा चला आता था। सब-के-सब इस खिलाड़ी को एक आँख देखना चाहते थे, जिस की हार में भी ज़ीत का गौरव था। कोई कहता था, सिद्ध था, कोई कहता था, वली था; पर वह यथार्थ में खिलाड़ी था—वह खिलाड़ी जिस के माथे पर कभी मैल नहीं आया, जिस ने कभी हिम्मत नहीं हारी, जिस ने कभी कदम नहीं पीछे हटाए। जीता, तो प्रसन्नचित्त रहा; हारा, तो प्रसन्नचित्त रहा; हारा तो जीतने वाले से कीना नहीं रखा; जीता तो हारने वाले पर तालियाँ नहीं बजाईं। जिस ने खेल में सदैव नीति का पालन किया, कभी धाँधली नहीं की, कभी द्वन्द्वी पर छिप कर चोट नहीं की।''[49]

ये 'रंगभूमि' के सूरदास के विचार हैं।

अब जाना यह जाए कि अमृत राय ने लिखा है कि 'रंगभूमि' की 'चौगाने हस्ती' के नाम से मूल उर्दू पाण्डुलिपि का लेखन काल—1 अक्तूबर 1922 से 1 अप्रैल 1924—तक है जो कि पाण्डुलिपि पर ही अंकित है।[50] इसे अलग से भी प्रमाणित किया जा सकता है कि प्रेमचंद ने 17 फरवरी, 1924 को मुंशी दया नरायन निगम को अपने पत्र में लिखा था—''मैंने इधर पाँच महीने में अपने नाविल रंगभूमि के साथ एक ड्रामा लिखा है जिस का नाम है कर्बला।''[51] उधर, 22 अप्रैल, 1923 की शाम की डाक से प्रेमचन्द को निगम साहब का एक छोटा-सा कार्ड मिलता है कि उन का एक बच्चा जाता रहा है।[52] तब प्रेमचन्द ने उस घटना पर निगम साहब को जो पत्र लिखा है उस के कुछ अंश इस प्रकार हैं :

> ''...कल सुबह एक खत लिखा। शाम को आपका कार्ड मिला जिसे पढ़ कर निहायत सदमा हुआ। बीमारियाँ और परेशानियाँ तो जिन्दगी का खास्सा हैं लेकिन बच्चे की हसरतनाक मौत एक दिलशिकन... (हृदय विदारक) 'हादसा'... है और बर्दाश्त करने का अगर कोई तरीक़ा है तो यही कि दुनिया को एक तमाशागाह या खेल का मैदान समझ लिया जाय। खेल के मैदान में वही शख्स तारीफ़ का मुस्तहक़... होता है, जो जीत से फूलता नहीं और हार में रोता नहीं। जीते तब भी खेलता है और हारे तब भी खेलता है।...हम सबके सब खिलाड़ी हैं मगर खेलना नहीं जानते। एक बाज़ी जीती, एक गोल जीता, हिप हिप हुर्रे के नारों से आसमान गूँज उठा, टोपियाँ आसमान में उछलने लगीं, भूल गये कि यह जीत दायमी फ़तह की गारंटी नहीं है, मुमकिन है कि दूसरी बाज़ी में हार हो। अलाहाज़ा...(उसी तरह) हारे तो पस्तहिम्मती पर कमर बाँध ली, रोये, किसी को धक्के दिये,

फ़ाउल खेला और ऐसे पस्त हो गये गोया फिर जीत की सूरत देखना नसीब न होगी। ऐसे ओछे, तंगनज़र आदमी को मैदान में खड़े होने का भी मजाज़ नहीं। उसके लिए गोशए तारीक... (अंधेरा कोना) है और फ़िक्रे शिकम ...(पेट की चिन्ता)। बस यही उसकी ज़िन्दगी की कायनात... (कुल पूंजी) है। हम क्यों खयाल करें कि हमसे ज़िंदगी ने बेवफ़ाई की? खुदा का शिकवा क्यों करें? क्यों इस खयाल से मलूल... (दुःखी) हों कि दुनिया हमारी नेमतों से भरी थाली को हमारे सामने से खींचे लेती है? क्यों इस फिक्र से मुतवहिश... (परीशान) हों कि कज़्ज़ाक़ हमारे ऊपर छापा मारने की ताक में है? जिन्दगी को इस नुक्तए निगाह से देखना अपने इत्मीनाने-क़ल्ब ... (हृदय की शान्ति) से हाथ धोना है। बात दोनों तरह एक ही है। क़ज़्ज़ाक़ ने छापा मारा तो क्या, हार में सारे घर की दौलत खो बैठे तो क्या? फ़र्क़ सिर्फ़ यह है कि एक जब्र है और दूसरा अख्तियार। क़ज्ज़ाक़ ज़बर्दस्ती माल पर हाथ बढ़ाता है लेकिन हार जबर्दस्ती नहीं आती। खेल में शरीक होकर हम खुद हार और जीत को बुलाते हैं। क़ज़्ज़ाक़ के हाथों लूटे जाना ज़िन्दगी का मामूली हादसा नहीं है, लेकिन खेल में हारना और जीतना मामूली बात है। जो खेल में शरीक होगा वह बखूबी जानता है कि हार और जीत दोनों ही सामने आयेंगी। इसलिए उसे हार से मायूसी नहीं होती, जीत से फूला नहीं समाता। हमारा काम तो सिर्फ खेलना है, खूब दिल लगा कर खेलना, खूब जी तोड़कर खेलना, अपने को हार से इस तरह बचाना गोया हम कौनैन...(तीनों लोक) की दौलत खो बैठेंगे, लेकिन हारने के बाद, पटखनी खाने के बाद गर्द झाड़कर खड़े हो जाना चाहिए और फिर ख़म ठोंककर हरीफ़ से कहना चाहिए कि एक बार और!

"खिलाड़ी बनकर आपको वाक़ई इत्मीनान होगा। मैं खुद इस मेयार ... (कसौटी) पर पूरा उतरूँगा या नहीं, मगर कम से कम अबके पीछे किसी नुक़सान पर इतना रंज न होगा जितना आज से चंद साल क़ब्ल हो सकता था। मैं अब शायद न कहूँगा कि हाय ज़िन्दगी अकारत गयी, कुछ न किया, ज़िन्दगी खेलने के लिए मिली थी, खेलने में कोताही की। आप मुझसे ज़्यादा खेले हैं। हार और जीत दोनों देखी हैं। आप जैसे खिलाड़ी के लिए शिकवए-तक़दीर... (तकदीर की शिकायत) की जरूरत नहीं। कोई गोल्फ़ और पोलो खेलता है, कोई कबड्डी खेलता है। बात एक ही है। हार और जीत दोनों ही मैदानों में हैं। कबड्डी खेलनेवाले को जीत की खुशी कुछ कम नहीं होती। इस हार का ग़म न कीजिए। आपने खुद ही न किया होगा। आप मुझसे मश्शाक़... (अनुभवी) हैं। मैं 5 या 6 तक कानपुर आनेवाला हूँ...।"[53]

इस पर अमृत राय अपनी प्रतिक्रिया देते हुए सही लिखते हैं—"'चौगाने हस्ती' लिखी जा रही है। दुनिया खेल का मैदान है। रंगभूमि। समरभूमि। दोनों एक ही बात है। और चिट्ठी में सूरदास की आत्मा ही नहीं बोल रही है, शब्द भी वही हैं। जो हो, ये सच्चे शब्द हैं, दिल से निकले हुए शब्द हैं, और दिल को दिल से राह होती है।"[54]

यहीं मेरा कहना है कि 'रंगभूमि' में प्रेमचन्द ने अपने पात्र सूरदास के साथ न्याय नहीं किया। उन का काम था कि एक वास्तविक रचनाकार होने के लिए उन्हें सूरदास के चरित्र को खुद में आत्मसात करना चाहिए था जबकि वे इस के बिल्कुल उलटा कर गए। उन्होंने सूरदास पर खुद का आरोपण कर दिया। यह अच्छा नहीं हुआ, कहना चाहिए कि प्रेमचन्द ने यह अच्छा नहीं किया कि सूरदास को उस रूप में पेश किया जिस रूप में चमार जाति के लोग नहीं हैं। यह उन से अलग मनोभूमि है। यहाँ आवरण और विक्षेप दोनों मौजूद हैं। जो चमार जाति के लोग हैं, उन के उस पक्ष पर आवरण चढ़ा दिया गया है। इसलिए, चमार जाति के लोगों की सच्ची समस्या को ढक दिया गया है। पर इतने से ही प्रेमचन्द सन्तुष्ट नहीं हुए। जो चमार जाति की मनोभूमि नहीं है, सूरदास के रूप में होती दिखाई है। पहला अपराध वास्तविकता को ढकना है, दूसरा अपराध उसे कुछ और करके दिखाना है—प्रेमचन्द ने हिन्दुओं के दार्शनिक जगत के ये दोनों अपराध साहित्यिक जगत में एक साथ करके दिखाए हैं। उन्हें कितना बड़ा रचनाकार माना जाए? सूरदास को खुद में उतारना था, खुद सूरदास में उतर गए—यह कौन-सी कला है? धोखा देने को कला कहा जाने लगे तो क्या किया जाए? यहाँ कला के नाम पर धोखा ही दिया जा रहा है। सच बात यह है कि चमार से जुड़ी हुई छुआछूत की समस्या कोई खेल नहीं है बल्कि भारत में मनुष्य के साथ षड्यंत्र है। यह घृणा है, कोई खिलाड़ीपन नहीं। देश पर पुते हुए अस्पृश्यता के अभिशाप को यदि प्रेमचन्द खेल मानते हैं तो यह उन की समझ है, पर भारत के संविधान ने इसे दण्डनीय अपराध घोषित किया है।

अमृत राय ने जो सूरदास और प्रेमचंद के बारे में लिखा है, वह बिलकुल सही है। वे लिखते हैं—"भले प्रेमचंद ने सूरदास को बनारस की गलियों में घूमते देखा हो लेकिन उस के भी पहले वह खुद उन के मन की गलियों में घूम रहा था, इसीलिए तो बाहर जब देखा तो पहचानते देर न लगी...। अपने मानसपुत्र की वाणी से यह उन्हीं की जीवन-पीड़ा बोल रही है, उन्हीं का जीवन-बोध। स्रष्टा और सृष्टि के बीच दीवार ढह गई है। अक्षर और ब्रह्म एक हो गया है। अपने हृदय के रक्त से प्रेमचंद ने सूरदास की रचना की है, जिस अर्थ में अब तक किसी की रचना नहीं की। सूरदास की उस अस्थिपिंजर, चीमड़ देह में स्पंदित हृदय प्रेमचंद का है। न्याय-अन्याय, सत्य-असत्य, सुन्दर-असुन्दर—जीवन की सारी मीमांसा जो सूरदास के माध्यम से प्रस्तुत है, प्रेमचंद की अपनी है। रंगभूमि प्रेमचंद की आज तक की जीवन-उपलब्धि का महाकाव्य है और उस में सूरदास ही प्रेमचंद है।"[55]

फिर, बात केवल चमार जाति के दलित चिन्तन तक सीमित नहीं है, बल्कि स्त्री-चिन्तन तक जाती है। क्या उन की पहली पत्नी दुनिया को खेल और खुद को उस में खिलाड़न मान सकती हैं? उन के लिए इस व्यवस्था का तैयार रंगमंच क्या था? प्रेमचंद अपनी दूसरी शादी करके, और एक रखैल भी रख कर, अपना खेल खेल गए। उन्होंने उस में वैवाहिक जगत का सब से बड़ा झूठ बोला तो भी उन्हें महान खिलाड़ी घोषित किया जा रहा है। कौन कहता है कि उन्होंने उस खेल में धांधली नहीं की? उन्होंने रोटबानी भी की, धांधली भी और परले सिरे का झूठ भी बोला, तो भी वे अपना वंश चलाने वाले पिता और एक घर-गृहस्थीदार व्यक्ति बन गए। पर, उन की पहली पत्नी का क्या हुआ? उन का कौन-सा वंश चला? उन के बच्चे कहाँ हैं? प्रेमचंद ने शिवरानी से विवाह करके विधवा से विवाह करने का खिताब जीत लिया, पर उन की परित्यक्ता पहली पत्नी से कौन विवाह कर सकता था? परित्यक्ताओं की हालत तो विधवाओं से भी ज्यादा खराब थी। विधवा का उद्धार कर रहे हैं और पत्नी को गर्त में डाल रहे हैं—यह कैसा खेल हुआ?

ङ. दलित के लिए जीवन 'रंगभूमि' है या 'संग्राम' है?

प्रेमचंद किसी भी तरह से दलितों के लिए काम नहीं कर रहे थे। यह उन के साहित्यिक एजेन्डे में जुड़ा हुआ काम नहीं था। जो भी जुड़ा, वह उन के मुख्य काम में प्रासंगिक बन कर जुड़ा। लेकिन यह किसी भी पक्ष से अच्छी तरह से नहीं जुड़ सकता था। अपने चिन्तन की गहराई में दलितों की समस्या को उन्होंने छोड़ रखा था। वे यह भी मानते थे कि ऐसे काम उन के वश में नहीं हैं। लेकिन यह समस्या से चपरना ही सिद्ध होता है। वे आसानी से चपर सकते थे, क्योंकि उन्हें कोई चमार या भंगी कह कर अपमानित नहीं करता था। उन्होंने अपने लेख 'दुखी जीवन' में अपनी बात रखी है—"रूढ़ियों से तो हम इस समय बहस नहीं करना चाहते, क्योंकि उन का सुधार हमारे बस की बात नहीं, वह समष्टि की जागृति पर निर्भर है, लेकिन मनोवृत्तियों का संस्कार हमारे बस की बात है और हम अपना विचार यहीं तक परिमित रक्खेंगे।"[56] परिमित रख लो, पर भारत के दलित की समस्या व्यक्तिगत नहीं है। 'दलित' का मतलब ही यह है कि यह समस्या सामाजिक और समष्टि की है। इस समस्या का किसी एक व्यक्ति से क्या लेना-देना? अब वे किसी एक 'व्यक्ति चमार' या 'व्यक्ति भंगी' की व्यक्तिगत मनोवृत्तियों के सौ संस्कार करें, इस से छुआछूत मिटने वाली नहीं है। 'चमार' को नायक बना कर उपन्यास का शीर्षक 'रंगभूमि' देना भी हास-परिहास की बात बन कर रह गया है। वे इस लेख में खुल कर दलितों के विरोध में लिख रहे हैं—'आजकल दुख की एक नयी टकसाल खुल गई है और वह है—जीवन-संग्राम। जीवन संग्राम। जिधर देखिए, यही आवाज सुनाई देती है।"[57] वे यहाँ तक गलत बात

लिख गए हैं—"यह संग्राम की मनोवृत्ति पश्चिम से आई है, और बड़े वेग से भारत में फैल रही है।"[58] इस संग्राम को उन्होंने उन्माद तक कह दिया है—"जीवन को संग्राम समझना—यह समझना कि यह केवल पहलवानों का अखाड़ा है और हम केवल अपने प्रतिद्वंद्वियों को पछाड़ने के लिए ही संसार में आए हैं, उन्माद है।"[59]

यह साहित्य नहीं बल्कि गाली है जो प्रेमचंद लिख रहे हैं। उन्हें मालूम नहीं कि दलितों के लिए 'जल रहा, भूतल तवा सा जल रहा' है। काया-प्रवेश सम्भव नहीं है पर एक दिन तो दलित बन कर देखते।

मैं अपनी दूसरी पुस्तकों के माध्यम से बताने में लगा हूँ कि दलितों का अपना धर्म आजीवक धर्म है। उस में उस धर्म के संस्थापक मक्खलि गोसाल ने 8 'चरम' गिनाए हैं। उन का 7वाँ चरम इस प्रकार है—"चरिमे महासिलाखण्डे संगामे।"[60] ये हमारे ढाई हजार साल पुराने पुरखे हैं। ये पेशे से कुम्हार थे। इन्होंने 'महा शिला खण्डों' के संग्राम को महत्व दिया है। तब ये प्रेमचन्द कैसे कह रहे हैं कि यह संग्राम की मनोवृत्ति पश्चिम से आई है? यह हमारे भारत देश में ही जन्मी है। यह हमारी जरूरत है, और दलितों की खास जरूरत है। बाबा साहेब डा. अम्बेडकर ने मक्खलि गोसाल के बताए हुए इस संग्राम को सीधे पकड़ा है। डा. अम्बेडकर का अन्तिम सन्देश क्या था? के. एम. सन्त ने 'डा. अम्बेडकर का अन्तिम संदेश' शीर्षक से एक लेख लिखा है। इस में उन्होंने बाबा साहेब डा. अम्बेडकर की अन्तिम इच्छाएँ गिनाते हुए पहली इच्छा के बारे में इस प्रकार लिखा है—"1. शोषित वर्ग के लोग जागृत हो कर 'शिक्षित हों, संगठित हों एवं संघर्ष करें' का नारा अपने स्वव्यावहारिक जीवन में अपनाएँ।"[61] जिस पत्रिका में यह लेख छपा है, उस के मुख पृष्ठ पर ही लिखा मिलता है—"शिक्षित बनो! संघर्ष करो!! संगठित रहो!!!"[62] यूँ समझ लीजिए कि बाबा साहेब का दिया हुआ यह नारा हर दलित की जबान पर चढ़ा हुआ है। जाना यह भी जाए कि मक्खलि गोसाल के 'चरम' उन के अन्तिम समय के बोले गए वचन हैं। बीच में कबीर भी यही कह कर गए हैं। उन की साखी है :

1. सूरा सो पहचानिए जु लरै दीन के हेत।
   पुरजा पुरजा कटि मरै, कबहु न छाड़ै खेत।।[63]

उन के पथ में 'संग्राम' की धूम मची हुई है, जब लिखा मिलता है :

2. सूर संग्राम को देखि भागै नहीं।
   देखि भागै सोई सूर नाहिं।।[64]
3. साध संग्राम है रैन दिन जूझना।
   देह पर्यन्त का काम भाई।।[65]
4. पकरि समसेर संग्राम में पैसिये।
   देह परजंत कर युद्ध भाई।।[66]

तब सूरदास को नायक बना कर उपन्यास का शीर्षक 'रंगभूमि' कितना गैर-मौजूं लगता है? दलित के हिसाब से एक धेल्ले की अक्ल नहीं है। प्रेमचंद अपनी इस अक्ल को अपने साथ रखें। फिर, 'रंगभूमि' का प्रकाशन 1925 में हुआ था, और अपनी उसी जिद को प्रेमचंद 1933 तक ला रहे हैं। ठीक है, इस चिन्तन को खुद तक सीमित रखें, दलितों पर तो न लादें।

और, कौन कह रहे हैं कि प्रेमचंद धर्म, अध्यात्म और ईश्वर के विरोधी थे? प्रेमचन्द अपने लेख 'श्रीकृष्ण और भावी जगत' में लिखते हैं–"भारत की संस्कृति धर्म की भित्ति पर खड़ी की गई थी। हमारे समाज और राज्य की सम्पूर्ण व्यवस्था धर्म पर अवलम्बित थी। लेकिन पाश्चात्य देशों में धर्म को जीवन से पृथक रखा गया, जिस का फल यह हुआ कि आज संसार में जीवन-संग्राम ने प्रचण्ड रूप धारण कर रखा है। और यह ईश्वरहीन सभ्यता किसी संक्रामक रोग की भाँति फैलती जा रही है।"[67] इन शब्दों को पढ़ कर दलित की तरफ से ऐसा ही लगेगा कि प्रेमचंद यह क्या बे-सिर पैर की फेंक रहे हैं। यह उन की झक-झक ही है। वे यूरोप का विरोध करते हैं–"समष्टिवाद और बोल्शेविज्म उस (यूरोप) के वह नये अविष्कार हैं जिस से वह संसार में युगान्तर कर देना चाहता है। उन के समाज का आदर्श इस के आगे और जा ही न सकता था। किन्तु अध्यात्मवादी भारत इस से सन्तुष्ट होने वाला नहीं। वह अपने परलोक को ऐहिक-स्वार्थ पर बलिदान नहीं कर सकता।"[68] वे बड़बोलेपन की इस रमक में आगे लिखते हैं–"वह (भारत) अध्यात्मवाद से भटक कर दूर जा पड़ा था जिस के फलस्वरूप उसे एक हजार वर्ष तक गुलामी करनी पड़ी।"[69]

यहाँ एक हजार वर्ष की गिनती करने का मतलब है कि वे अपनी बात इस्लाम के आगमन से शुरू कर रहे हैं। डा. हजारी प्रसाद द्विवेदी की तरह इस्लाम प्रेमचंद के भी जी का जंजाल बन गया है। यह हर द्विज हिन्दू के गले में फाँस लगी है। प्रेमचंद समझ नहीं रहे थे कि वे जिस भारत के धर्म, ईश्वर, निष्काम कर्म और अध्यात्म की डींग हाक रहे थे, उन के उसी भारत में उन के समय में छह करोड़ अछूत लोग पशुओं से बदतर जीवन काट रहे थे। इन्हीं को ध्यान में रख कर दलितों के आजीवक धर्म में 'मोक्ष' की नहीं बल्कि 'मंडल मोक्ष' की अवधारणा प्रस्तुत की गई है। इस के लिए संग्राम की आवश्यकता थी। द्विज हिन्दू इसी संग्राम से डरते और बचते आए हैं। आखिर, डा. महेन्द्र नाथ सिंह के इस वाक्य का अर्थ क्या है जो वे अपनी पुस्तक 'बौद्ध तथा जैन धर्म : धम्मपद और उतराध्ययन सूत्र के परिप्रेक्ष्य में तुलनात्मक अध्ययन' में लिखते हैं कि उन दिनों 'प्रजा धनसम्पन्न थी, शूद्रों की स्थिति चिन्तनीय थी...?'[70] शूद्रों और अछूतों को ऐसे बौद्ध धर्म और ऐसे जैन धर्म से क्या लेना जो उन की स्थिति को चिन्तनीय बनाए हुए हैं? माना तब जाता जब प्रेमचंद अपने समय के अछूतों की व्यक्तिगत मनोवृत्तियों के संस्कार के आधार पर मुक्ति का रास्ता बताते जिन की संख्या 6 करोड़ थी। दलितों के सामूहिक कठिन जीवन संग्राम में मनोवृत्तियों

के सुधार का छूमन्तर यहाँ चलने वाला नहीं है। ये योग के टोटके कहीं और चलते हैं, बैलों के पीछे चलने वाले हाली के खेत में नहीं।

संदर्भ

1. रंगभूमि, प्रेमचन्द, शिवानी बुक्स, 4855/24, हरबंस स्ट्रीट, दरियागंज, नई दिल्ली-110 002, संस्करण, 2004, पृ.-27
2. कबीर वाङ्मय : खण्ड 2 : सबद, सम्पादक, डा. जयदेव सिंह और डा. वासुदेव सिंह, विश्व विद्यालय प्रकाशन, चौक, वाराणसी-221 001, संस्करण, 1998, पृ.-211
3. कबीर समग्र : प्रथम खंड, सम्पादक, प्रो. युगेश्वर, हिन्दी प्रचारक संस्थान, पो. बा. 1106, पिशाचमोचन, वाराणसी-221 010, द्वितीय संस्करण, 1995, पृ.-541
4. कबीर बीजक, प्रस्तुतकर्ता, डा. शुकदेव सिंह, नीलाभ प्रकाशन, 5 खुसरो बाग रोड, इलाहाबाद, प्रथम संस्करण, 1972, पृ.-85
5. कबीर साहब, सम्पादक, विवेकदास, डा. विजेन्द्र नारायण सिंह का लेख 'कबीर : ब्राह्मण-व्यवस्था के विरुद्ध विद्रोह' संकलित, कबीरवाणी प्रकाशन केन्द्र, सद्गुरु कबीर मन्दिर, कबीरचौरा मठ, वाराणसी, प्रथम संस्करण, 1978, पृ.-103
6. आदि हिन्दू आन्दोलन के प्रवर्तक श्री 108 स्वामी अछूतानन्द जी 'हरिहर' : जीवनी, सिद्धान्त और भाषण, लेखक, श्री चंद्रिका प्रसाद जिज्ञासु, प्रकाशक, हिन्दू समाज सुधार कार्यालय, सआदत गंज, लखनऊ, पहली बार, 1960, पृ.-54
7. प्रेमचन्द : कलम का सिपाही, अमृत राय, हंस प्रकाशन, इलाहाबाद, संस्करण, अप्रैल, 1992, पृ.-330
8. कबीर ग्रन्थावली, सम्पादक, डा. श्याम सुन्दर दास, नागरी प्रचारिणी सभा, वाराणसी, 21वाँ संस्करण, सम्वत 2057 वि., पृ.-75
9. प्रेमचंद : कलम का सिपाही, अमृत राय, हंस प्रकाशन, इलाहाबाद, संस्करण, अप्रैल 1992, पृ.-329
10. रंगभूमि, प्रेमचंद, शिवानी बुक्स, 4855/24, हरबंस स्ट्रीट, दरियागंज, नई दिल्ली-110 002, संस्करण, 2004, पृ.-418
11. 'रंगभूमि', गांधी और अम्बेडकरवादी-विमर्श, ईश गंगानिया, अपेक्षा, 27-घौंडली, कृष्णा नगर, दिल्ली-110 051, जनवरी-मार्च, 2005, पृ.-30
12. वही, पृ.-34
13. रंगभूमि, प्रेमचंद, शिवानी बुक्स, 4855/24, हरबंस स्ट्रीट, दरियागंज, नई दिल्ली-110 002, संस्करण, 2004, पृ.-53
14. वही, पृ.-27-8
15. वही, पृ.-6
16. आदि हिन्दू आन्दोलन के प्रवर्तक श्री 108 स्वामी अछूतानन्द जी 'हरिहर' : जीवनी, सिद्धान्त और भाषण, लेखक, श्री चन्द्रिका प्रसाद जिज्ञासु, प्रकाशक, हिन्दू समाज सुधार कार्यालय, सआदत गंज, लखनऊ, पहली बार, 1960, पृ.-36-7
17. प्रेमचंद : कलम का सिपाही, अमृत राय, हंस प्रकाशन, इलाहाबाद, संस्करण, अप्रैल, 1992, पृ.-273
18. वही, पृ.-275
19. वही, पृ.-275
20. वही, पृ.-276

21. आदि हिन्दू आन्दोलन के प्रवर्तक श्री 108 स्वामी अछूतानन्द जी 'हरिहर' : जीवनी, सिद्धान्त और भाषण, लेखक, श्री चन्द्रिका प्रसाद जिज्ञासु, प्रकाशक, हिन्दू समाज सुधार कार्यालय, सआदत गंज, लखनऊ, पहली बार, 1960, पृ.-7

22. वही, पृ.-7

23. वही, पृ.-55

24. "The Greatest Shudra of Modern India who made the lower classes of Hindus conscious of their slavery to the higher classes and who preached the gospel that for India social democracy was more vital than independence from foreign rule."
Dr. Babasaheb Ambedkar : Writings and Speeches, Vol. 7 : Reprint of Who were the Shudras? How they came to be the Fourth Varna in the Indo-Aryan Society, and the Untouchables : who were they and why they became Untouchables?, Edited by Vasant Moon, The Education Department, Government of Maharashtra, Bombay-400 032, Ist Edition, 26 January, 1990, p.-4

25. अनर्गल प्रलाप व असंगतियाँ, विजय मोहन सिंह, इण्डिया टुडे, लिविंग मीडिया इण्डिया लि., एफ-14/15, कनाट प्लेस, नई दिल्ली-110 001, 1 मार्च, 2006, पृ.-56

26. वही, पृ.-55

27. राम राज्य न्याय नाटक : शम्बूक-मुनि-बलिदान, लेखक, आदि हिन्दू आन्दोलन के प्रवर्तक श्री 108 स्वामी अछूतानन्द जी हरिहर, बहुजन कल्याण प्रकाशन, 360/103, मातादीन रोड, सआदत गंज, लखनऊ-226 003, 11वीं बार, 1995, पृ.-19-20

28. स्वामी अछूतानंद हरिहर, लेखक, डा. राजपाल सिंह 'राज', राजलक्ष्मी प्रकाशन, ए-17/18, भगवत गली नं. 1, ब्रह्मपुरी, दिल्ली-110 053, प्रथम संस्करण, पृ.-60

29. प्रेमचन्द : घर में, शिवरानी देवी प्रेमचन्द, आत्मा राम एण्ड संस, 1376, कश्मीरी गेट, दिल्ली-110 006, संस्करण, 2005, पृ.-145

30. वही, पृ.-187

31. वही, पृ.-218

32. Ambedkar : Towards an Enlightened India, Gail Omvedt, Penguin Books India (P) Ltd., 11 Community Centre, Panchsheel Park, New Delhi-110 017, India, Ist Edition, 2004, p.-32

33. प्रेमचन्द : कलम का सिपाही, अमृतराय, हंस प्रकाशन, इलाहाबाद, संस्करण, अप्रैल, 1992, पृ.-361

34. आदि हिन्दू आन्दोलन के प्रवर्तक श्री 108 स्वामी अछूतानंद जी हरिहर : जीवनी, सिद्धान्त और भाषण, लेखक, श्री चन्द्रिका प्रसाद जिज्ञासु, प्रकाशक, हिन्दू समाज सुधार कार्यालय, सआदत गंज, लखनऊ, पहली बार, 1960, पृ.-98

35. दलित विमर्श की भूमिका, कँवल भारती, इतिहास बोध प्रकाशन, बी-239, चन्द्रशेखर आजाद नगर, इलाहाबाद-211 004, तृतीय परिवर्द्धित संस्करण, जनवरी, 2004, पृ.-113

36. दलित साहित्य की अवधारणा, कंवल भारती, दलित-जन-उभार (सभी आयामों का विश्लेषण), अतिथि सम्पादक, कँवल भारती, प्रकाशक, बी. एम. एन. प्रकाशन, लखनऊ, पृ.-174

37. आदि हिन्दू आन्दोलन के प्रवर्तक श्री 108 स्वामी अछूतानन्द जी हरिहर : जीवनी, सिद्धान्त और भाषण, लेखक, श्री चन्द्रिका प्रसाद जिज्ञासु, प्रकाशक, हिन्दू समाज सुधार कार्यालय, सआदत गंज, लखनऊ, पहली बार, 1960, पृ.-107

38. हिन्दू शास्त्र बतर्ज दलित शास्त्र, कुमार मुकुल, सम्पादकीय, सम्प्रति पथ, 3/102ए, प्रथम तल, ललिता पार्क, लक्ष्मी नगर, दिल्ली-110 092, नवम्बर-दिसम्बर, 2005, पृ.-5

39. आदि हिन्दू आन्दोलन के प्रवर्तक श्री 108 स्वामी अछूतानंद जी हरिहर : जीवनी, सिद्धान्त और भाषण, लेखक, श्री चन्द्रिका प्रसाद जिज्ञासु, प्रकाशक, हिन्दू समाज सुधार कार्यालय, पहली बार, 1960, पृ.-48
40. वही, पृ.-54-5
41. स्वर्गीय श्री श्री 108 स्वामी अछूतानंद जी का जीवन परिचय, लेखक, स्व. बाबू मंगल सिंह जाटव, प्रकाशक, मंगल भवन, तिकोनिया मुरार, ग्वालियर, मध्य प्रदेश, द्वितीय बार, 6 मई, 1997, पृ.-36
42. आदि हिन्दू आन्दोलन के प्रवर्तक श्री 108 स्वामी अछूतानन्द जी हरिहर : जीवनी, सिद्धान्त और भाषण, श्री चन्द्रिका प्रसाद जिज्ञासु, प्रकाशक, हिन्दू समाज सुधार कार्यालय, सआदत गंज, लखनऊ, पहली बार, 1960, पृ.-50
43. वही, पृ.-51
44. वही, पृ.-51-2
45. हिंदू शास्त्र बतर्ज दलित शास्त्र, कुमार मुकुल, सम्पादकीय, संप्रति पथ, 3/102ए, प्रथम तल, ललिता पार्क, लक्ष्मी नगर, दिल्ली-110 092, नवम्बर-दिसम्बर, 2005, पृ.-5
46. रंगभूमि, प्रेमचंद, शिवानी बुक्स, 4855/24, हरबंस स्ट्रीट, दरियागंज, नई दिल्ली-110 002, संस्करण, 2004, पृ.-236
47. वही, पृ.-605-06
48. वही, पृ.-606-07
49. वही, पृ.-607
50. प्रेमचंद : कलम का सिपाही, अमृत राय, हंस प्रकाशन, इलाहाबाद, संस्करण, अप्रैल, 1992, पृ.-655
51. वही, पृ.-280
52. वही, पृ.-299
53. वही, पृ.-300-01
54. वही, पृ.-301
55. वही, पृ.-327
56. प्रेमचंद : विविध प्रसंग-3, संकलन और रूपान्तर, अमृत राय, हंस प्रकाशन, इलाहाबाद, प्रथम संस्करण, प्रेमचंद स्मृति दिवस, 1962, पृ.-84
57. वही, पृ.-87
58. वही, पृ.-87
59. वही, पृ.-88
60. History and Doctrines of the Ājīvikas : A Vanished Indian Religion, A. L. Basham, Motilal Banarsidass, 41 U.A., Bungalow Road, Jawahar Nagar, Delhi-110 007, Reprint, 2002, p.-68
61. बाबा साहेब डा. भीमराव अम्बेडकर जयन्ती समारोह : अम्बेडकर बिरसा संदेश विशेषांक : स्मारिका–अप्रैल, 1997, प्रकाशक, अनुसूचित जाति/जनजाति कर्मचारी संघ, बिहार, पटना, पृ.-32
62. वही, मुख पृष्ठ
63. कबीर समग्र : प्रथम खण्ड, सम्पादक-लेखक, प्रो. युगेश्वर, हिन्दी प्रचारक संस्थान, पो. बा. 1106, पिशाचमोचन, वाराणसी-221 010, द्वितीय संस्करण, 1995, पृ.-522
64. महाबीजक [कबीर साहब की सम्पूर्ण वाणियों का संग्रह], सम्पादक, आचार्य महन्त गंगाशरण शास्त्री, कबीर वाणी प्रकाशन केन्द्र, सी-23/5, कबीर चौरा मठ, वाराणसी-221 001, प्रथम संस्करण, 10 जून, 1998, पृ.-796
65. वही, पृ.-797
66. वही, पृ.-796

67. प्रेमचंद : विविध प्रसंग-3, संकलन और रूपान्तर, अमृत राय, हंस प्रकाशन, इलाहाबाद, प्रथम संस्करण, प्रेमचंद स्मृति दिवस, 1962, पृ.-142

68. वही, पृ.-143

69. वही, पृ.-143

70. बौद्ध तथा जैनधर्म [धम्मपद और उत्तराध्यन सूत्र के परिप्रेक्ष्य में तुलनात्मक अध्ययन], डा. महेन्द्र नाथ सिंह, विश्वविद्यालय प्रकाशन, चौक, वाराणसी-221 001, द्वितीय आवृत्ति, 2004, पृ.-249

अध्याय-9

स्वामी अछूतानंद : महान दलित साहित्यकार

क. जन्म, व्यक्तित्व और मृत्यु
ख. राजा ढाले का सवाल
ग. दलित साहित्यकारों के पूर्वज
घ. 'रंगभूमि' में सूरदास एक विदूषक है

क. जन्म, व्यक्तित्व और मृत्यु

बाबू मंगल सिंह जाटव ने स्वामी अछूतानन्द के जन्म और उन के माता-पिता के बारे में सूचना दी है। वे लिखते हैं—"स्व. स्वामी अछूतानन्द जी महाराज जाटव (अनुसूचित जाति) का जन्म ग्राम सौरिख तहसील छिबरामऊ जिला फर्रूखाबाद यू. पी. में 6 मई गुरुवार सन् 1879 ई. में (बैसाख की पूर्णमांसी गुरुवार सम्वत 1935 विक्रमी को) हुआ था। आपके पिता जी का नाम श्री मोतीराम जी एवं माता जी का नाम श्रीमती रामप्यारी देवी था। स्वामी जी के बड़े भाई विजयसिंह एवं तीन बहिने थीं। पिता तीन भाई थे, चाचा के लड़के कालूराम थे जो फौज में नौकर थे। उनके वंशज आज गंज सीहौर (म. प्र.) में मौजूद हैं।"[1] इस विवरण में डा. राज पाल सिंह 'राज' ने इतना और जोड़ा है—"आपके पिता और चाचा कुछ समय पश्चात फौज में नौकरी करने के लिए देवली छावनी चले गये। यहाँ पर आपके चाचा मथुरा प्रसाद को उनकी बहादुरी के कारण...सूबेदार बना दिया और सरकार की ओर से उन्हें सनद् प्रदान की गई।"[2]

डा. 'राज' ने अपनी पुस्तक में यह बात भी उठाई है कि 'हिन्दी के दलित साहित्यकार राजमल सिंह 'राज' ने अपनी पुस्तक 'हमारे दलित गौरव' में स्वामी जी की जन्मतिथि 20 जनवरी, सन् 1879 दी है।'[3]

जन्मतिथि के इस विवाद को उन्होंने इस प्रकार हल किया है—"आपकी जन्म तिथि के विषय में आपके छोटे दामाद मंगल सिंह जाटव ने अपनी पुस्तक 'दलितों के

मसीहा—स्वामी अछूतानन्द जी' में स्वामी जी की जन्म-तिथि 6 मई, 1879 ई. दी हुई है। श्री एन. एस. सुमन ने अपनी पुस्तक 'प्रणाम मेरे उद्धारक' में स्वामी जी की जन्मतिथि के विषय में मात्र सन् 1879 ई. ही दी हुई है। विद्वानों में तिथियों की भिन्नता होते हुए हुए भी दो बातों बैशाख पूर्णिमा और सन् 1879 ई. के विषय में समानता है। लेकिन विचार-विमर्श के पश्चात् परिणाम यह है कि बैशाख पूर्णिमा 6 मई माह के प्रथम सप्ताह सन् 1879 ई. को पड़ी थी। इसीलिए स्वामी जी की 6 मई, 1879 ई. बैशाख पूर्णिमा गुरुवार की जन्म-तिथि सर्वमान्य है।"[4] लेकिन एक फर्क उन के जन्म के साल को लेकर भी है। श्री चन्द्रिका प्रसाद जिज्ञासु ने स्वामी अछूतानन्द का जन्म 1879 में माना है[5] लेकिन डा. श्यौराज सिंह 'बेचैन' ने इसे 6 मार्च, 1876 तय किया है।[6] उन्होंने इसे स्वामी अछूतानन्द के धेवते से कन्फर्म भी किया है। पी. एल. आदर्श ने भी 'स्पन्दन' पत्रिका में 'बहुजन समाज के पर्व एवं त्यौहार 2006' के शीर्षक की प्रस्तुति में इसे 6 मार्च, 1876 ही रखा है।[7]

श्री चन्द्रिका प्रसाद जिज्ञासु ने स्वामी अछूतानन्द की जाति के बारे में गर्व से लिखा है—"भारत में जो आदि हिन्दू आन्दोलन जारी हुआ, उस के जन्मदाता श्री 108 स्वामी अछूतानन्द जी 'हरिहर' एक प्रतिष्ठित जटिया चर्मकार-कुल के भूषण थे।"[8] उन्होंने आगे लिखा है कि स्वामी अछूतानन्द के जन्म के बाद ही स्वामी जी के पूज्य पिता और चाचा देवली छावनी चले गए और फौज में नौकरी कर ली और सपरिवार वहीं रहने लगे।[9] वे आगे लिखते हैं—"थोड़े ही दिनों बाद सरकार ने स्वामी जी के चाचा मथुरा प्रसाद को उन की बहादुरी देख कर सूबेदार बना दिया और सरकार की ओर से कई सनदें भी उन्हें प्राप्त हुईं।"[10] स्वामी अछूतानन्द के जन्म के बारे में श्री चन्द्रिका प्रसाद जिज्ञासु ने यह भी लिखा है—"स्वामी अछूतानन्द का जन्म वहीं (जिला मैनपुरी के अन्तर्गत तहसील सिरसागंज के मौजा उमरी में) अपने ननिहाल में सं. 1935 विक्रमी (सन् 1879 ई.) में, वैशाख शुक्ल पूर्णिमा गुरुवार को, सायंकाल 5 बजे हुआ। बचपन में उन का नाम हीरा लाल रखा गया।"[11]

प्रेमचंद ने 'रंगभूमि' में सूरदास का एक व्यक्तित्व खड़ा किया है। वे उस के बारे में लिखते हैं—"इन्हीं में एक गरीब और अंधा चमार रहता है, जिसे लोग सूरदास कहते हैं।"[12] और वह जन्म का अन्धा है।[13] प्रेमचंद के रचना-संसार में सूरदास एक बहुत ही क्षीणकाय, दुर्बल और सरल व्यक्ति था। उसे दैव ने कदाचित भीख माँगने ही के लिए बनाया था।[14] भला, प्रेमचंद सूरदास के शरीर का रंग बताना कैसे भूल सकते थे? उन के एक पात्र कुँवर साहब दूसरे पात्र जान सेवक से सूरदास का हुलिया बयान करते हैं—"...वही अंधा है न, काला-काला, दुबला-दुबला...?"[15] सूरदास की उम्र के बारे में एक अन्य पात्र बजरंगी कहता है—"पंडा जी, सूरे को तुम आज 30 बरसों से देख रहे हो। ऐसी बात न कहो।"[16]

स्वामी अछूतानंद का व्यक्तित्व कैसा था? डा. राज पाल सिंह 'राज' ने अपनी पुस्तक 'स्वामी अछूतानंद हरिहर' में लिखा है–"स्वामी अछूतानन्द हरिहर के व्यक्तित्व के विषय में उनके समकालीन स्वामी अछूतानन्द स्मारक समिति, कानपुर के अध्यक्ष श्री राजेन्द्रनाथ अहिरवार ने स्वामी अछूतानन्द पुस्तक हेतु दिये अपने सन्देश में बताया है कि, "स्वामी जी का चमकदार रौबीला, ऊँचा कद, स्वस्थ शरीर, दोनों ओर शेर समान तनी हुई मूंछें, लम्बी व्यवस्थित दाढ़ी, चौड़ा माथा, सिर पर पगड़ी, आँखों में अद्वितीय चमक, नाक उठी हुई, भौहें तनी हुईं। अरुण अधरों पर मुस्कान, शरीर में कुर्ता, गले में चद्दर परिधान के रूप में धोती सभी वस्त्र गेरुआ रंग के पहनते थे। पैरों में खड़ाऊ पहनते थे। सभा-सम्मेलनों में आप सिंह की भाँति दहाड़ते थे।""[17] उनके कद और काठी के बारे में शील प्रिय बौद्ध ने अपनी पुस्तक 'स्वामी अछूतानंद : सचित्र जीवनी' में लिखा है–"उन का कद ऊँचा था, शरीर स्वस्थ, बाघ के समान मूंछें व दाढ़ी रखते थे। मस्तक भी चौड़ा चमकदार था। नाक लम्बी और भौंहे तीर-कमान की भाँति अर्ध गोलाकार...दोनों कंधे वृषभ की भांति समानान्तर उठे हुए और हाथों की उंगलियाँ लम्बी व हथेली चौड़ी चक्र धारे हुए थी।"[18]

'दलित अस्मिता' के प्रधान सम्पादक डा. रामकृष्ण राजपूत ने स्वामी जी के व्यक्तित्व के विषय में अपने लेख 'स्वामी अछूतानन्द' में स्पष्ट कहा है कि 'स्वामी अछूतानन्द जी का गुरुतम व्यक्तित्व अद्वितीय था। उनमें कवि, दार्शनिक, भक्ति, संगीत, धार्मिक सुधारक परमोपयोगी गुण एक साथ विद्यमान थे। इसके अतिरिक्त निर्भीक, जुझारू तथा दृढ़ प्रतिज्ञ भी थे।'[19] डा. 'राज' लिखते हैं–"...स्वामी अछूतानन्द का व्यक्तित्व अनेक गुणों का भण्डार था। उनके समक्ष बड़े से बड़े नेता, समाज सुधारक, कवि, लेखक उनका लोहा माने बिना नहीं रह पाते थे।"[20]

'रंगभूमि' से पता चलता है कि न सूरदास खुद पढ़ा-लिखा है और न ही उसे अपने भतीजे को लिखाने-पढ़ाने की सूझी है। उसे हिन्दुओं के कर्मकांड में फाँसा गया है, चाहे वह गोभक्ति की बात हो या श्राद्ध आदि की। पूरे उपन्यास में सूरदास के दिमाग में यह बात नहीं आई कि उस की परती जमीन में स्कूल या कालेज खोला जा सकता है। उधर, श्री चन्द्रिका प्रसाद जिज्ञासु ने स्वामी अछूतानन्द की शिक्षा के बारे में लिखा है–"स्वामी जी की शिक्षा वहीं पल्टन में हुई।"[21] वे आगे लिखते हैं–"14 साल की आयु तक आपने उर्दू और अंग्रेजी में अच्छा अभ्यास कर लिया था, और गुरुमुखी व हिन्दी को भी सीख लिया था।"[22] उन्होंने लिखा है कि 24 साल की उम्र तक स्वामी जी ने 'संस्कृत, बँगला, गुजराती और मराठी का भी अभ्यास किया।'[23] 'इस तरह सात भाषाओं का आपको ज्ञान हो गया।'[24] शील प्रिय बौद्ध ने अपनी पुस्तक 'स्वामी अछूतानन्द : सचित्र जीवनी' में लिखा है–"स्वामी जी ने *आदि हिन्दू स्कूलों* की स्थापना जगह-जगह करवाई थी। अपने भाषणों में स्वामी अछूतानंद जी अनपढ़ आदमी को अंधा कहा करते थे। आँखों का अंधा अर्थात आंख होते हुए भी चिट्ठी-पत्री नहीं पढ़ सकता था और लेख द्वारा जो संदेश उपदेश की सूचना मिलनी

चाहिए थी, वह अनपढ़ होने के कारण नहीं मिल पाती थी। अतः स्वामी अछूतानंद जी ने पढ़े-लिखे दलित लोगों को प्रोत्साहित किया कि...दलित स्वयं अपने खर्च से *सांध्यकालीन आदि हिन्दू पाठशालाएं* चलाएं और स्त्री बच्चों-बूढ़ों को शिक्षा प्रदान किया करें।"[25]

स्वामी अछूतानंद द्वारा शुरू किया गया आदि-हिन्दू आन्दोलन कोई छोटी-मोटी चीज नहीं थी। इस की स्थापना और व्यापकता का इतिहास श्री चन्द्रिका प्रसाद जिज्ञासु ने दिया है जो प्रेमचन्द द्वारा 'रंगभूमि' लिखने के समय से पूरा-पूरा मेल खाता है। जिज्ञासु लिखते हैं :

> "...आदि हिन्दू नाम की घोषणा स्वामीजी ने सन् 22 में दिल्ली की विराट अछूत सभा में की थी। यह घोषणा कुछ ऐसी शुभ घड़ी में हुई कि थोड़े ही समय में 'आदिहिन्दू' शब्द समस्त भारत में गूँज उठा, यहाँ तक कि लंदन की पार्लमिंट में भी फैल गया। न मालूम कितनी कानफ्रेंस, कितनी सभाएँ और कितने जलसे कहाँ-कहाँ इस नाम से हुए।
>
> . . . .
>
> आदि हिन्दू-आंदोलन केवल ब्रिटिश भारत में ही सीमित नहीं रहा, पीछे देशी रियासतों में भी यह आंदोलन व्याप्त हो गया। ग्वालियर, भोपाल, जैपुर, अलवर, हैदराबाद, भरतपुर, टिहरी गढ़वाल आदि अगणित रियासतों में आदिहिन्दू-आंदोलन व्याप्त हुआ और असंख्य सभाएँ व जलसे हुए।"[26]

सच बात यह है कि स्वामी अछूतानंद मिशनरी और विजनरी के साथ-साथ एक कुशल और सफल संगठन-कर्ता भी थे।

क्या चमारों के इस इतने बड़े आन्दोलन का 'रंगभूमि' से और उस के चमार नायक सूरदास से तनिक भी पता चलता है? कोई सूंघ तक नहीं है। क्यों हो? प्रेमचन्द ने इसे ही ओझल करने के लिए 'रंगभूमि' में सूरे चमार नाम का पात्र खड़ा किया था। यह मात्र पात्र नहीं है बल्कि नायक और महानायक तक माना जाता है। इस से पता चलता है कि स्वामी अछूतानन्द के रूप में इतनी बड़ी शक्ति उभर गई थी कि उसे रलाने के लिए प्रेमचन्द को चमार को ही अपना नायक बनाना पड़ा। मेरा आकलन है, और मेरा निष्कर्ष है, कि यदि स्वामी अछूतानन्द का उदय न हुआ होता हो 'रंगभूमि' में एक पात्र के रूप में किसी सूरदास चमार का पदार्पण न होता। मुझे नहीं लगता कि किसी के पास मेरे इस कथन की काट सम्भव है कि 'रंगभूमि' में चमार जाति का अन्धा और अदना सा सूरदास उस समय के चमार जाति के वास्तविक और समाके महानायक स्वामी अछूतानन्द को मिटाने के लिए खड़ा किया गया था।

स्वामी अछूतानंद के कार्यकलापों में क्या-क्या सम्मिलित था? उन का सन्देश क्या था? वे किन्हें सम्बोधित और उद्‌बोधित कर रहे थे? गुलामी से मुक्त करने के उन के तरीके क्या थे? उन के महान कार्यों की शुरूआत कैसे हुई? बाबू मंगल सिंह

जाटव बताते हैं—“अतएव स्वामी जी सन् 1917 में दिल्ली चले गये और वहाँ के अछूत नेता श्री वीररतन देवीदास जटिया, श्री जगतराम जटिया के सहयोग से अखिल भारतीय ‘अछूत महा सभा’ की स्थापना की तथा एक अछूत पत्रिका का भी सम्पादन किया। इससे स्वामी जी को दिल्ली में अछूत वर्ग का पूर्ण सहयोग मिलने लगा।”[27]

डा. ‘राज’ ने बताया है कि सन् 1922 में दिल्ली के पुराने किले में हुए ‘विराट अछूत जाटव सम्मेलन’ में स्वामी अछूतानन्द ने अपनी निम्नलिखित कविता पढ़ी थी :

सभ्य सबसे हिन्द के प्राचीन हैं हकदार हम।
था बनाया शूद्र हमको, थे कभी सरदार हम।।
अब नहीं है वह जमाना, जुल्म हरिहर मत सहो।
तोड़ दो जंजीर जकड़े, क्यों गुलामी में रहो।।[28]

स्वामी अछूतानंद की पूरी दृष्टि प्रेमचंद की दृष्टि के एकदम विरोधी थी। डा. राज पाल सिंह ‘राज’ ने लिखा है—“6, 7 अक्टूबर 1928 को मोन डिपो, गुजरात में पंजाब प्रान्तीय आदि-हिन्दू आन्दोलन की ओर से एक विशाल सम्मेलन का आयोजन स्वामी अछूतानन्द हरिहर की अध्यक्षता में हुआ। स्वामी जी ने अपने अध्यक्षीय भाषण में ये कविता पढ़कर सन्देश दिया :

शूद्रो गुलाम रहते, सदियां गुजर गई हैं।
जुल्मों सितम को सहते, सदियां गुजर गई हैं।।
अब तो जरा विचारो, सदियां गुजर गई हैं।
अपनी दशा सुधारो, सदियां गुजर गई हैं।।[29]

मेरठ की जाटव कान्फ्रेन्स की कहानी और भी निराली है। मैं वहीं का हूँ। हमारे गुरु बख्शीदास वहीं के थे। उन्होंने रैदास पर महाकाव्य लिखा था। डा. राज पाल सिंह ‘राज’ ने खोज करके उस जाटव कानफ्रेन्स पर और उस में स्वामी अछूतानन्द के योगदान के बारे में लिखा है—“20 अगस्त सन् 1996 को तोफापुर, मेरठ उ. प्र. के निवासी, स्वामी अछूतानन्द हरिहर जी के समकालीन लगभग अस्सी वर्ष की आयु के प्रसिद्ध समाज सुधारक श्री मानसिंह तोफापुरिया जी ने प्रसिद्ध साहित्यकार जनकवि श्री बिहारीलाल हरित के निवास 4/449, हरित कुटी, तेलीवाड़ा, शाहदरा, दिल्ली पर भेंट होने पर बतलाया कि अप्रैल सन 1924 में तोफापुर जिला मेरठ, उ. प्र. में जाटव कान्फ्रेंस का आयोजन ‘रविदास रामायण’ के रचनाकार पण्डित बख्शीदास कविरत्न की अध्यक्षता में बागों के छायादार वृक्षों की छाया में पाँच दिन तक किया। मुख्य अतिथि के रूप में स्वामी अछूतानन्द हरिहर कानपुर से आये, इटावा से स्वामी अक्ष्मानन्द, पण्डित छेदेलाल, पाण्डे यदु भास्कर के लेखक दिल्ली से आये थे। प्रसिद्ध

आर्य समाजी पण्डित श्री हृदय प्रकाश आर्य और मुसलमानों की ओर से बगदाद का प्रसिद्ध मोलवी सम्मेलन में आये थे। इस सम्मेलन की चर्चा का मुख्य विषय था कि दलित मुसलमान बनें या नहीं। आर्य समाजी उन्हें मुसलमान नहीं बनने देना चाहते थे। इस विषय में स्वामी जी ने आर्य समाज और मुसलमान दोनों समाजों को स्वार्थी बताया। दोनों अछूत उद्धार करना नहीं चाहते। अपने पीछे रखना चाहते हैं। अतः हमारा कल्याण इन दोनों मतों में नहीं है। हमें अपना स्वतंत्र अस्तित्व बनाना है।''[30]

स्वामी अछूतानंद ने दलित नारियों को सामन्तों और जमीदारों की प्रथा बनी गन्दी हरकतों से मुक्त किया था। यह ग्वालियर की कहानी है। इस बारे में डा. 'राज' ने लिखा है—''स्वामी अछूतानन्द हरिहर जी सन् 1933 के प्रारम्भ में रियासत ग्वालियर गये। यहाँ पर अछूतों की नई बहुओं और जमीदारों के मध्य एक डगा का खेल होता था....जिसमें अछूतों की नई बहुओं को जबरन बुलाकर खड़ी किया जाता था। अरहर की लकड़ियाँ डाल दी जाती थीं। जवान मुस्टन्डे उन बहुओं को गन्दे गीत रसिया सुनाते, घृणित मुद्राएँ बनाते और बहुएं अरहर की छड़ियों से उन्हें मारने दौड़ती थीं(।) यदि कोई बहू सीमा से बाहर निकल जाती तो उसको पकड़ कर दुर्गति की जाती, जो वर्णन नहीं की जा सकती थी। इस प्रथा को समाप्त करने को स्वामी जी ने यह सम्मेलन किया। इसमें 25 हजार अछूत लोग गाँवों से आए(।) अधिकांश चर्मकार जाति के थे। स्वामी जी ने इस सम्मेलन में सभी को एक रहने का सन्देश दिया। सिंधिया राजघराने की ओर से इस प्रथा को समाप्त कराया।''[31] तभी कहा जा रहा है कि जब स्वामी अछूतानंद के रूप में चमार जाति का महानायक काम कर रहा हो, उस समय प्रेमचंद के उपन्यास 'रंगभूमि' में सूरदास के रूप में फिसड्डी नायक की क्या जरूरत है? उस की बिसात क्या है?

शीलप्रिय बौद्ध ने अपनी पुस्तक 'स्वामी अछूतानंद : सचित्र जीवनी' में कानपुर और स्वामी अछूतानंद के रिश्ते के बारे में लिखा है—''सन् 1924-25 में स्वामी अछूतानंद ने अपने आन्दोलन का (मुख्यालय) भारत का 'मैनचेस्टर' कहलाने वाले तथा अछूतों के उद्धार एवं अधिकारों की लड़ाई को जीवन्त रखने वाले नगर कानपुर को बनाया था। उस समय कानपुर नगर उत्तर भारत के दलित सम्बन्धी कार्यकलापों का गढ़ था। दलितों की आबादी अधिक थी। चारों दिशाओं से आने वाले श्रमिकों के लिए कानपुर रोजी-रोटी का साधन था।''[32] चमारों के सन्दर्भ से कानपुर के महत्व को जॉन सी. बी. वेबस्टर ने भी अपनी पुस्तक 'मसीही दलित समाज का इतिहास' में पूरा-पूरा समझा है। उन्होंने लिखा है—''उन्नीसवीं शताब्दी के अन्तिम और बीसवीं शताब्दी के आरम्भिक काल में चमारों के जीवन में परिवर्तन के आसार नजर आने लगे थे। उनमें से कुछ लोग अपने पारम्परिक चमड़े के काम के व्यवसाय का कानपुर जैसे नये औद्योगिक क्षेत्रों में अच्छा उपयोग कर समृद्ध बनते जा रहे थे। सन् 1920 में ब्रिग्स ने देखा कि चमारों के रेल विभाग में नौकरी करने या उद्योगों में काम करने के

लिए शहरों में चले जाने से मजदूरों की कमी हो गई थी जिसके कारण जो लोग गाँवों में रह गये थे, उनके वेतन में बढ़ोत्तरी हो गई थी। जो चमार गरीबी से छुटकारा पा रहे थे या समृद्ध होते जा रहे थे, वे सामाजिक रूप से अपमानजनक समझी जानेवाली प्रथाओं का त्याग और उच्च जातियों की जीवन-शैली की नकल कर रहे थे। यद्यपि कुछ ऐसे भी संकेत मिले हैं कि समाज में ऊंचा स्थान प्राप्त करने के लिए चमार धर्म परिवर्तन का रास्ता अपना रहे थे।''[33] खुद जी. डब्लू. ब्रिग्स ने अपनी पुस्तक 'द चमार्स' में लिखा है कि 'वर्ष 1911 में...कानपुर में तीन चर्मशोधन-शालाएँ और दस चमड़ा कारखाने थे।'[34] उन्होंने आगे लिखा है–''वर्ष 1911 में, संयुक्त प्रांतों में बूटों और जूतों के चार कारखाने थे, जिनमें से एक इलाहाबाद, दो कानपुर और एक फरुखाबाद में था।''[35]

प्रेमचंद के सूरदास की मृत्यु के बारे में पाठक जानते हैं कि वह अंग्रेज कलक्टर मिस्टर क्लार्क की गोली से मरा था।[36] लेकिन स्वामी अछूतानंद की मृत्यु कैसे हुई? इस मामले में भी सूरदास की कल्पित मृत्यु और स्वामी अछूतानंद की वास्तविक मृत्यु में अन्तर है। स्वामी अछूतानंद की मृत्यु के बारे में डा. राज पाल सिंह 'राज' लिखते हैं–''स्वामी जी का स्वास्थ्य ग्वालियर की विराट सभा सन 1933 के बाद शिथिल हो गया। धीरे-धीरे स्वामी जी बहुत कमजोर हो गए। स्वामी जी के कोई लड़का नहीं था इसलिए इटावा निवासी मंगल सिंह जाटव कक्षा आठ के विद्यार्थी को औषधि आदि लाने के लिए अपने पास बुला लिया था। मंगल सिंह ही डाक्टर के यहाँ से मुफ्त में दवाई लाते थे। स्वामी जी के पास धनाभाव के कारण कानपुर नया बाजार के निवासी डा. जवाहरलाल रस्तोगी के यहाँ से मुफ्त में मंगल सिंह दवाई लाते थे। डा. जवाहरलाल रस्तोगी कांग्रेस कार्यकर्ता थे जो बाद में जिला कांग्रेस के अध्यक्ष बने और स्वतन्त्रता प्राप्ति के बाद लोकसभा के सदस्य भी बने। डा. जवाहरलाल रस्तोगी ने स्वामी जी की अस्वस्थ अवस्था के समय सहायता के बहाने मुफ्त में दवा भेजकर स्वामी जी को लगातार 23 दिन एक ऐसी दवा दी जिससे स्वामी जी का शरीर शक्तिहीन हो गया। एक दिन ऐसी दवा दे दी कि दवा ने गलत असर किया और एक महापुरुष की जीवन लीला हमारे अन्य पुरुषों की भाँति दिनांक 22 जुलाई, 1933 को प्रातः 9:30 बजे महापरिनिर्वाण को प्राप्त हुई।''[37]

स्वामी अछूतानन्द की मृत्यु पर हिन्दुओं को कितनी खुशी हुई थी, उस का प्रमाण देते हुए डा. 'राज' आगे लिखते हैं–''स्वामी अछूतानन्द हरिहर के परम भक्त ठेकेदार कन्नौजी लाल, हाथी खाना, फतेहगढ़, फर्रुखाबाद, उ. प्र. निवासी ने कन्हैयालाल मिश्र की पुस्तक 'स्वतन्त्रता संग्राम की एक झाँकी' के विषय में बतलाया कि इस पुस्तक में श्री मिश्र ने स्वामी जी की मृत्यु के विषय में वर्णन किया है कि, ''अछूतानन्द की वाणी में धूरतता थी, छल था। कोई सात माह में स्वामी अछूतानन्द के पैर उखड़ गए। एक दिन उनकी कफनी पेड़ पर टंगी (लटकी हुई) मिली और वे लापता हो गए।

बाद में सुना कि वो कोई पेन्शन प्राप्त सरकारी आफीसर था और गवर्नर के इसारे पर स्वामी अछूतानन्द बना हुआ था। उसका हटना स्वतन्त्रता संग्राम के पथ से एक बड़े पत्थर का हटना था।"[38]

बताया जा सकता है कि अंग्रेज कलक्टरों का स्वामी अछूतानंद के साथ सम्बन्ध सहयोग का था। इटावे की बात है। बाबू मंगल सिंह अपने साक्ष्य से लिख रहे हैं–"सन 1923 ई. दिसम्बर में बड़े डाकखाने के मैदान में एक विशाल आदि हिन्दू सम्मेलन ठेकेदार राम दयाल जाटव की अध्यक्षता में किया गया। स्वामी जी ने उद्घाटन किया था तथा तत्कालीन अंग्रेज कलेक्टर 'मैग लोर्ड' भी सम्मेलन में शामिल हुये थे। 20 हजार दुखी, शोषित, दलित, अछूत जनता ने भाग लिया था (।) इस प्रकार बिधूसा भर्थना, जसवन्त नगर आदि नगरों में अनेकों जल्से स्वामी जी ने कराये थे। इन सभी सम्मेलनों (में) बाबू मंगलसिंह ने वालिंटियर के रूप में भाग लिया था।"[39] इस के बिलकुल विपरीत, प्रेमचंद इसी समय लिखी जा रही अपनी पुस्तक 'रंगभूमि' में अपने नायक सूरदास चमार के कंधे में अंग्रेज कलक्टर मि. क्लार्क की पिस्तौल की गोली लगवा रहे हैं।[40] यह सच्ची घट रही घटनाओं से पूरा छत्तीस का नाता है। हिन्दुओं के इस कलाकार में यह झूठ लिखने की कितनी बड़ी शिफ्त है–इतिहास को पूरी तरह गुमराह किया जा रहा है। इसे कलाकारी के बजाय शातिररगिरी क्यों न कहा जाए? सीधी आँखों में धूल झोंकी जा रही है। ऐसी स्थिति में सच जानना कितना मुश्किल है। वही आवरण और विक्षेप का दोहरा रास्ता अपनाना पड़ेगा। विक्षेप दूर करके यह समझना है कि अंग्रेज कलक्टर मि. क्लार्क ने सूरदास के रूप में स्वामी अछूतानंद के गोली नहीं मारी और आवरण हटा कर यह समझना है कि मि. क्लार्क ने सूरदास के रूप में स्वामी अछूतानंद के आन्दोलन करने में मदद की थी। प्रमाण के रूप में और भी बताया जा सकता है कि सन् 1926 में आदि हिन्दू आन्दोलन का सम्मेलन स्वामी अछूतानन्द 'हरिहर' की अध्यक्षता में हुआ। इस सम्मेलन के मुख्य अतिथि डिप्टी कमिश्नर मिस्टर हाबर्ड साहब थे।[41]

डा. 'राज' के अनुसार, 19 अक्टूबर, 1926 को 'आदि हिन्दू' आन्दोलन के नाम से मैनपुरी में विशाल सम्मेलन स्वामी जी की अध्यक्षता में हुआ। इसका यू. पी. के तत्कालीन गवर्नर लार्ड एम. एस. मैरिस द्वारा उद्घाटन होना था। किन्तु वे नहीं आए, उनका सन्देश आ गया था कि स्वामी अछूतानन्द जो चाहते हैं अपनी उन मांगों को तत्कालीन यू. पी. के होम मेम्बर नवाब छतारी के सामने प्रस्तुत करें।[42] तब उन्होंने होम मेम्बर नवाब छतारी के सामने अपनी यह कविता प्रस्तुत की थी :

ऐ होम मेम्बर! नवाब साहब, हम आपको क्या अर्ज सुनायें।
हों आदि हिन्दू सभा के रहबर! हकूक मुल्की हमें दिलायें।।
हम आदिवासी हैं इस जमी के, कहीं न बाहर से आये हैं।
हमारे हक हैं सभी से ज्यादा, हकूक मुल्की हमें दिलायें।।

हमारे पुरखों के थे हजारों किले यहाँ, वेदों से है जाहिर।
गुलाम हमको किया द्विजों ने, हकूक मुल्की हमें दिलायें।
द्विजों ने हमको 'अछूत' कहकर, दिये सभी नीच काम हमको।
हराम आराम सब हुआ है, हकूक मुल्की हमें दिलाये।।[43]

डा. राज पाल सिंह 'राज' ने बताया है कि 9 नवम्बर, 1927 को छावनी फतेहगढ़ (फर्रूखाबाद), उत्तर प्रदेश, में आदि हिन्दू आन्दोलन का विशाल सम्मेलन स्वामी अछूतानंद की अध्यक्षता में हुआ था। वे लिखते हैं—"इस सम्मेलन में फर्रूखाबाद के तत्कालीन कलैक्टर मिस्टर सेल, डिप्टी कलेक्टर कुँवर सरदार सिंह तथा मौलाना सैयद मकसूद अली साहब शमसावादी भी पधारे। कलेक्टर मिस्टर सेल की ओर से डिप्टी कलेक्टर कुँवर सरदार सिंह ने कहा, "देहातों में लाइल्म लोग जरूर अछूतों को तंग करते हैं, मगर शहरों में तालीमयाफ्ता लोग ऐसा नहीं करते।" इसके उत्तर में सभापति स्वामी अछूतानन्द हरिहर ने कहा, "जाहिलों से तालीमयाफ्ता लोग ज्यादा बरबादी करते हैं। वे लोग चालाकी से हमारे लीडर बनकर हमारे मुल्की हकों को छीने हुए हैं। अखबार हमेशा उन्हीं की रिपोर्ट छापते हैं, हमारी खबरें नहीं छापते।" अन्त में मौलाना सैयद मकसूद अली साहब शमसावादी ने निहायत हमदर्दी के साथ अधिकारों के बँटवारे की ताईद की और अछूतों की मांगों को हक-वजानिव तसलीम किया।"[44]

यहाँ ध्यान दिया जा सकता है कि तत्कालीन अखबारों पर स्वामी अछूतानंद ने आरोप लगाया था कि वे उन की खबरें नहीं छापते हैं। पर क्या यह इस से भी बड़ा आरोप खुद प्रेमचंद पर नहीं जाता है कि 'रंगभूमि' में वे चमारों की खबर छापने पर उतरे तो सूरदास के रूप में बिलकुल उलटी और झूठी खबर छाप दी कि उसे अंग्रेज कलक्टर मि. क्लार्क ने मारा जबकि सच्चाई यह है कि तत्कालीन अंग्रेज कलक्टर और कमिश्नर मुल्की हक की मांग के जल्से करवाने में खुद शिरकत करके स्वामी अछूतानंद की भरपूर मदद कर रहे थे?

ख. राजा ढाले का सवाल

राजा ढाले का अंग्रेजी में एक लेख 'प्रेमचंद, दलितूस, एण्ड दलित लिटरेचर' के नाम से शिव कुमार मिश्र द्वारा सम्पादित पुस्तक 'प्रेमचंद : आवर कनटेम्पोरेरी' में संकलित है। इस लेख में राजा ढाले ने प्रेमचंद के दलित सम्बन्धी साहित्य का एक संक्षिप्त सर्वे किया है।

सर्वे में कोई बुराई नहीं है, वह बड़ा भी हो सकता है, और छोटा भी। फर्क इस बात से पड़ता है कि वे अपने सर्वे के आधार पर कुछ निष्कर्षों पर पहुँचे हैं जो नहीं

निकाले जाने चाहिए थे। उन्होंने माना है कि प्रेमचन्द को डा. अम्बेडकर के बारे में और उन के आन्दोलन के बारे में शुरू से ही पूरा पता था। उन्होंने बहुत खुश हो कर लिखा है कि प्रेमचंद ने अपनी पत्रिका 'हंस' में 1933 में डा. अम्बेडकर का एक फोटो छापा था। उस फोटो के नीचे प्रेमचंद ने डा. अम्बेडकर की बहुत प्रशंसा की थी।[45] इस के बाद राजा ढाले ने लिखा है कि डा. अम्बेडकर ने अपना आन्दोलन 1927 में 'मनुस्मृति' को जला कर तथा 'चावदार तालाब' का पानी पीकर शुरू किया था। वे लिखते हैं कि यही समस्या प्रेमचंद ने 1932 में लिखी अपनी कहानी 'ठाकुर का कुआं' में दर्शाई है। राजा ढाले के अनुसार, डा. अम्बेडकर के अलावा किसी ने इस समस्या को छुआ नहीं था। यही बात मन्दिर प्रवेश के आन्दोलन के साथ जुड़ी हुई है। डा. अम्बेडकर ने 1930 में इस आन्दोलन को शुरू किया था और प्रेमचंद ने इसी बात को 1932 में लिखे अपने उपन्यास 'कर्मभूमि' में उठाया था।[46]

अपने इस सर्वे और मूल्यांकन के आधार पर राजा ढाले यह मान कर चले हैं कि प्रेमचंद के समय में डा. अम्बेडकर के साथ में या उन के सामने उत्तर भारत में कोई दलित नेता नहीं था। प्रमाण उन्होंने जुटा ही दिया है कि प्रेमचंद ने भी अपनी 'हंस' पत्रिका में 1933 में डा. अम्बेडकर का फोटो छापा था, उस से पहले या बाद में किसी अन्य दलित नेता का नहीं। तो, राजा ढाले के अनुसार, तब के समय के दलितों के एकमात्र और एकछत्र नेता डा. अम्बेडकर थे। इसी वजह से वे हिन्दी क्षेत्र में दलित साहित्य के न होने का प्रश्न उठा गए हैं। वे पूछ रहे हैं कि क्या उत्तर प्रदेश में छुआछूत नहीं थी या मिट गई है जो वहाँ दलित साहित्य नहीं लिखा जा सका।[47] लेकिन वे खुद ही यह जान कर चौंकते हैं कि उत्तर प्रदेश में छुआछूत को मानने की अनेक घटनाएँ घटित हो रही हैं। उन्होंने बेलची और आगरे के काण्डों की याद दिलाई है। वे पूछ रहे हैं कि एक बेलची को छोड़ कर क्या आगरा, अलमोढ़ा, जगदीशपुर, मुजफ्फर नगर, पारस विघा, मुरादाबाद आदि स्थान उत्तर प्रदेश में नहीं आते जहाँ काण्ड हुए हैं।[48] वे पूछ रहे हैं कि उत्तर प्रदेश में दलित साहित्य का जन्म क्यों नहीं हो रहा है। इसका कारण उन्होंने यही माना है कि डा. अम्बेडकर उस समय के एकमात्र दलित नेता थे, और चूँकि उन्होंने यह लड़ाई महाराष्ट्र की भूमि पर लड़ी, इसलिए मराठी में दलित साहित्य की तरह हिन्दी में दलित साहित्य जन्म नहीं ले सका।[49]

राजा ढाले की ये सारी बातें सुनी जा सकती थीं जो उन्होंने डा. अम्बेडकर को ले कर कही हैं, लेकिन जो उन की बात गलत है, और स्वीकार नहीं की जानी चाहिए, वह प्रेमचंद की प्रशंसा की है। इस लेख में उन का तीन लाइनों का अन्तिम पैरा है कि हिन्दी में एक दिन आएगा जब दलित साहित्य का जन्म होगा और वह दिन प्रेमचंद को, सदी के महान लेखक को, बड़ी श्रद्धांजलि का दिन होगा।[50] इसका मतलब है कि वे प्रेमचंद को पूरा गलत पढ़ गए हैं। वे डा. अम्बेडकर की प्रशंसा के चक्कर में समझ ही नहीं पाए कि प्रेमचंद ने दलितों के साथ क्या द्रोह क्या है। इससे लगता है, डा.

अम्बेडकर के नाम की प्रशंसा करके कोई भी गैर-दलित व्यक्ति महाराष्ट्र के प्रबुद्ध से प्रबुद्ध दलितों को बहका और बना सकता है।

ऐसा नहीं है कि राजा ढाले को प्रेमचंद के दिमाग की बुनावट का बिलकुल पता न हो। 'कफन' कहानी के मूल्यांकन में उन का प्रेमचंद की मानसिक जटिलताओं से सामना हुआ है। आखिर, वे पूछ ही बैठे हैं कि ऐसा कैसे हो सकता है कि पड़ोस की औरतों ने बुधिया का ध्यान नहीं रखा। क्या पड़ोसनें बहरी थीं जो उस की चीख-पुकारें नहीं सुनीं या उन्हें मालूम ही न था कि बुधिया का गर्भ पूरे दिन का हो रहा है? एक मेहनती औरत के बारे में ऐसा कैसे हो सकता है जो घसियारी भी है? औरतें बुधिया के मरने के बाद इकट्ठी होती हैं, वे उस के पास उस के मरने से पहले इकट्ठी क्यों नहीं हुईं?[51] आगे भी, राजा ढाले पूछते ही रह गए हैं कि घीसू और माधव जैसे धूर्त पात्र प्रेमचंद की कल्पना से पैदा हुए हैं।[52]

राजा ढाले से अपने पूरे लेख में चूक यह हुई है कि पहले तो, 'रंगभूमि' को न पढ़ने की वजह से उन का सर्वे अधूरा रह गया है, और दूसरे, स्वामी अछूतानन्द और उन के आन्दोलन के बारे में वे एक शब्द भी नहीं जानते। वे हमें डा. अम्बेडकर के महाड सत्याग्रह और कालाराम मन्दिर में प्रवेश के लिए किए गए उन के आन्दोलनों से वाकिफ करा रहे हैं लेकिन वे खुद पंजाब के बाबू मंगू राम और उत्तर प्रदेश के स्वामी अछूतानन्द के आन्दोलनों से तनिक भी वाकिफ नहीं हैं। वे डा. अम्बेडकर द्वारा बौद्ध धर्म को अपनाने को महाराष्ट्र के दलितों की जीवन-शैली में बदलाव की बात को महत्व दे रहे हैं लेकिन उन्हें पता नहीं है कि बाबू मंगू राम और स्वामी अछूतानंद ने दलितों का अपना अलग और मूल धर्म खड़ा करने की ठानी थी। यह धर्मान्तरण के मुकाबले में ज्यादा क्रान्तिकारी काम था।

यहाँ बाबा साहेब डा. अम्बेडकर का कद कम करने की कोशिश नहीं है लेकिन राजा ढाले की इतिहास के ज्ञान की न्यूनता को दर्शाया जा सकता है। उन के लिए बताया जा सकता है कि बाबा साहेब डा. अम्बेडकर ने बौद्ध धर्म का ग्रहण 14 अक्टूबर, 1956 को किया था लेकिन उन से 54 साल पहले दलित जाति के हमारे एक दूसरे धार्मिक नेता इयोधी दास ने बौद्ध धर्म को 1902 में ग्रहण किया था। डा. स्वप्ना एच. समेल ने अपनी पुस्तक 'दलित मूवमेन्ट इन साउथ इण्डिया (1857-1950)' में लिखा है—"वे (इयोधी दास) 1902 में कर्नल अलकाट के साथ श्रीलंका गए और उन्होंने वहाँ बौद्ध धर्म ग्रहण कर लिया।"[53] उन्होंने बुद्ध के उपदेशों की सैद्धान्तिक व्याख्या करते हुए बौद्ध धर्म पर एक पुस्तक 'बुद्धरतु वेदम' भी लिखी थी।[54] इस विषय पर उन्होंने 11 और पुस्तकें लिखी थीं।[55] उन्होंने सन 1900 में बौद्ध धर्म के प्रचार के लिए मद्रास में 'साउथ इण्डियन शाक्य बुद्धिस्ट एसोसिएशन' की नींव डाली थी[56], जिस की उन्होंने 1907 में मरीकुप्पम में तथा 1914 में कोलार गोल्ड क्षेत्र के 'चैम्पियन रीफ माइन' में शाखाएँ खोली थीं।[57]

इयोथी दास का जन्म एक आदि-द्रविड़ के रूप में सन् 1845 में तमिलनाडु के नील गिरि में चन्द्रास्वामी के बेटे के रूप में हुआ था। वे मेडिकल प्रैक्टीशनर थे, लेकिन साथ में तमिल और पाली के विद्वान भी थे। उन्होंने मद्रास के रोयापेट्टा में अपनी डिस्पेन्सरी का नाम 'बुद्धिस्ट मेडिकल हाल' रख रखा था।[58] उन का निधन 5 मई, 1914 को 69 वर्ष की उम्र में हो गया था।[59] डा. स्वप्ना एच. समेल ने सही लिखा है कि उन्होंने 'नव-बौद्ध आन्दोलन' को जन्म दिया और वे डा. बी. आर. अम्बेडकर के पूर्वगामी थे।[60] फिर, इयोथी दास का बौद्ध आन्दोलन दूर-दूर तक फैलता गया था। कर्नाटक के दलित नेता माउन्ट मुरुगेशन उन से प्रभावित हुए थे। वे कोलरा गोल्ड फील्ड में 'असिस्टेन्ट पे रोल आफिसर' के पद पर कार्यरत थे। सन् 1900 में वे 'साउथ इन्डियन शाक्य बुद्धिस्ट ऐसाशिएशन' के सदस्य बन गए थे। उन्होंने सन् 1902 में 1000 मजदूरों और उन के परिवारों को बौद्ध धर्म में दीक्षित करवाया था।[61] उन्होंने मरीकुप्पन में एक 'साउथ इण्डियन बुद्धिस्ट स्कूल' भी खोला था।[62]

यह राजा ढाले की बात हुई। मान लिया कि उन्हें स्वामी अछूतानन्द और उन के आन्दोलन के बारे में कुछ पता नहीं है। लेकिन यही बात डा. अम्बेडकर के साथ सही नहीं है। ऐसा बिलकुल नहीं है कि डा. अम्बेडकर को 'आदि हिन्दू आन्दोलन' के बारे में पता नहीं था। डा. अम्बेडकर का स्वामी अछूतानन्द से सम्बन्ध रहा है। जी. ए. गवई इन दोनों के सीधे सम्पर्क में थे। जी. ए. गवई ने दोनों की मदद की थी। उन्होंने स्वामी अछूतानन्द के निर्देशन में 1922 में प्रिन्स आफ वेल्स के दिल्ली आगमन पर स्वागत-भाषण पढ़ा था।[63] 1927 में अमरावती में मन्दिर प्रवेश के मामले में जी. ए. गवई ने डा. अम्बेडकर को कानफ्रेन्स के सभापति के रूप में बुलाया था जहाँ डा. अम्बेडकर ने अपना महत्वपूर्ण भाषण दिया था।[64]

1933 में डा. अम्बेडकर ने जी. ए. गवई से धर्म-परिवर्तन के बारे में गहन चर्चा की थी। उस चर्चा के अनुसार, जी. ए. गवई ने लोगों को सूचना दी थी कि डा. अम्बेडकर इस्लाम को ग्रहण करने की सोच रहे हैं, जबकि डा. अम्बेडकर ने खुलासा किया था कि मैंने हिन्दू धर्म को छोड़ कर किसी अन्य धर्म को ग्रहण करने के बारे में कहा था।[65] उधर, नवम्बर 1930 में जी. ए. गवई स्वामी अछूतानन्द की 'अखिल भारतीय आदि हिन्दू कानफ्रेन्स' के इलाहाबाद में आठवें अधिवेशन में सभापति का पद ग्रहण करते हैं।[66] तब यह कहा ही नहीं जा सकता कि डा. अम्बेडकर को स्वामी अछूतानन्द के 'आदि हिन्दू आन्दोलन' की व्यक्तिगत और गहरी जानकारी नहीं थी।

प्रमाण इस बात के भी मौजूद हैं कि सन् 1928 में डा. अम्बेडकर लखनऊ के 'आदि हिन्दू सभा' के एक आम जलसे में पधारे थे। श्री चन्द्रिका प्रसाद जिज्ञासु ने उस घटना के बारे में लिखा है—''बाबा साहेब ने अपने भाषण के बीच में उत्तर भारत में स्वामी जी की महान सेवाओं से विमुग्ध हो कर उन्हें ''विश्वविजयी श्री 108 स्वामी

अछूतानन्द" कह कर उन की संवर्द्धता की। इन शब्दों को सुनते ही सभामंडप तालियों की तुमुल-ध्वनि से गूंज उठा था और देर तक वह ध्वनि होती रही। उस समय स्वामी जी की गम्भीर मुद्रा का जिन्होंने परिदर्शन किया था, बहुत काल तक वह चित्र उन की आँखों में बसा रहा।"[67]

इस के अलावा, बताया जा सकता है कि बाबा साहेब डा. अम्बेडकर ने स्वामी अछूतानन्द को एक पत्र भी लिखा था जिस की प्रतियाँ स्वामी अछूतानन्द के दामाद ने 'भारतीय दलित साहित्य अकादमी' के समारोहों में दिल्ली में कई बार बाँटी थीं। तब यदि प्रेमचंद ने स्वामी अछूतानंद का फोटो अपनी 'हंस' पत्रिका में छापा हो तो बताया जाए। सच्चाई यह है कि स्वामी अछूतानन्द हिन्दू मन्दिरों में प्रवेश के लिए नहीं लड़ रहे थे। वे हिन्दुओं के साथ प्रयोग नहीं कर रहे थे। उन के प्रयोग पूरे और अन्तिम थे। वे अपनी परम्परा में सीधे रैदास और कबीर से जुड़े हुए थे। यही स्वामी अछूतानन्द के आदि हिन्दू होने में और डा. अम्बेडकर के बौद्ध धर्म में धर्मान्तरण करने में मूल और भारी फर्क है। स्वामी अछूतानन्द ने धर्म के मामले में अपनी जिम्मेदारी अपने ऊपर ली थी, किसी बुद्ध के कन्धों पर नहीं डाली थी। भारत के प्राचीन इतिहास की व्याख्या में भी यही अन्तर बरकरार रहा। यही उत्तर प्रदेश के और महाराष्ट्र के दलित साहित्य में अन्तर आज तक मौजूद है। बताया यह भी जा सकता है कि डा. अम्बेडकर अपनी अगली पढ़ाई के लिए सितम्बर, 1920 में लंदन पहुँच गए थे।[68] वहाँ से वे बम्बई में अप्रैल, 1923 में ही लौटे थे।[69] इधर, इस दौरान स्वामी अछूतानन्द दिल्ली में अपने आन्दोलन की सब से बड़ी घटनाएँ कर चुके थे। उन में सब से बड़ी घटना यह थी कि वे दिल्ली में आदि हिन्दू आन्दोलन की घोषणा कर चुके थे। फर्क यह भी रहा कि स्वामी अछूतानन्द को उम्र कम मिली। 20 जुलाई, 1933 के सवेरे साढ़े नौ बजे कानपुर के बैना झाबर ईदगाह में उन का देहावसान हो गया था।[70] तब वे कुल 54 वर्ष के थे। वे कुछ और साल जी जाते तो डा. अम्बेडकर को धर्म के मामले में यूँ अकेले, बुद्ध के दर पर, भटकना न पड़ता।

बाबू मंगल सिंह जाटव ने स्वामी अछूतानन्द पर लिखी अपनी पुस्तक में लिखा है कि 'बाबा साहब स्वामी जी को गुरु तुल्य मानते थे, और दोनों ही मिल कर काम करते थे...।'[71] इधर बाबू जगजीवन राम भी स्वामी अछूतानन्द से बहुत शुरू में ही प्रभावित हो गए थे। इस बारे में बाबू मंगल सिंह जाटव का लिखना है–"भारतीय दलित वर्ग संघ की ओर से प्रकाशित बा. जगजीवन राम का जीवन और व्यक्तित्व पेज नं. 74 व 75 से उद्धरित किया गया जिसमें लिखा है कि बाबूजी की आकांक्षाओं को काशी में ही स्पष्ट रूप दिया, क्योंकि छात्र जीवन में उन्होंने काशी में ही कानपुर से स्वामी अछूतानन्द जी का नाम सुना था।"[72] यूँ, 'श्री श्री 108 स्वामी अछूतानंद जी महाराज डॉ. बाबा साहब अम्बेडकर तथा बाबू जग जीवन राम जी के प्रेरणा श्रोत थे।'[73]

डा. राज पाल सिंह 'राज' अपनी पुस्तक 'स्वामी अछूतानंद हरिहर' में सूचना देते हैं कि 'अनार्य भारत' के सम्पादक एस. एल. सागर ने 6 जुलाई, 1997 को अपने लेख 'कृतज्ञ राष्ट्र ने बाबू जगजीवन राम को याद किया' में लिखा है–"दो महान् पुरुषों ने एक साथ इस दलित समाज में ही जन्म लिया दक्षिण-पश्चिम में बाबा साहेब डा. भीमराव अम्बेडकर और उत्तर भारत में स्वामी अछूतानन्द हरिहर।"[74]

अब इस बारे में भी सूचना उपलब्ध है कि स्वामी अछूतानंद और बाबा साहेब डा. अम्बेडकर की पहली मुलाकात कब और कहाँ हुई थी। बाबू मंगल सिंह जाटव ने इस घटना के बारे में लिखा है–"सन् 1928 ई. में बाबा साहब डा. अम्बेडकर जी से स्वामी जी की सर्वप्रथम भेंट बम्बई में आयोजित आदि हिन्दू सम्मेलन में हुई थी। तभी से दोनों मिल कर आदि हिन्दू सभा का कार्य निष्ठा पूर्वक करने लगे। यह संस्था धार्मिक न होकर पूर्ण रूप से राजनैतिक थी। सन् 1923 में आल इण्डिया आदि हिन्दू महासभा की स्थापना कर इसी के माध्यम से उत्तर भारत में अछूतों में चेतना जाग्रत की गई, उनके उत्थान हेतु अवश्यम्भावी कदम उठाये गये।"[75] इस मुलाकात के बारे में डा. राज पाल सिंह 'राज' ने कुछ ज्यादा विस्तार से इन शब्दों में वर्णन किया है–"स्वामी अछूतानन्द हरिहर जी ने सन् 1928 ई. में 'आदि हिन्दू सम्मेलन' का आयोजन बम्बई महाराष्ट्र में किया। इस सम्मेलन का बड़ा महत्वपूर्ण उद्देश्य रहा। इस सम्मेलन से पूर्व स्वामी जी डा. भीमराव अम्बेडकर के व्यक्तित्व एवं कृतित्व से प्रभावित हो चुके थे और डा. भीमराव अम्बेडकर स्वामी अछूतानन्द हरिहर जी के आदि हिन्दू आन्दोलन के द्वारा उत्तरी भारत में हुई जागृति से अत्यधिक प्रभावित हुए थे। किन्तु दोनों विभूतियों में व्यक्तिगत रूप से अब तक भेंट नहीं हुई थी। दोनों ही महापुरुष एक दूसरे से मिलने के लिए बड़े उत्सुक थे। इस सम्मेलन में दोनों की भेंट हुई दोनों परस्पर मिलकर अपार प्रसन्न हुए। इसी समय से दोनों महापुरुषों ने अछूत समाज के उद्धार के लिए अपार कार्य किये। इस सम्मेलन की पृष्ठभूमि पूर्णरूप से राजनीतिक थी। डा. अम्बेडकर जी ने स्वामी अछूतानन्द हरिहर (से) लन्दन से भेजी गई साइमन कमीशन के विषय में वार्तालाप किया।"[76] डा. 'राज' ने यह भी सूचना दी है कि बाद में स्वामी अछूतानन्द ने 'आदि हिन्दू सभा' का नाम बदल कर 'शैड्यूल्ड कास्ट फेडरेशन' रख लिया था। वे लिखते हैं–"स्वामी जी ने 1932 के अन्त में द्वितीय अखिल भारतीय अछूत सम्मेलन किया। इस समय स्वामी जी का स्वास्थ्य बहुत शिथिल हो गया था। इसी समय आपने आदि हिन्दू सभा का नाम बदलकर 'शैड्यूल्ड कास्ट फेडरेशन' कर लिया। फेडरेशन में कानपुर निवासी रामलाल सोनकर ने बड़ा कार्य किया। स्वामी जी ने अपने आदि हिन्दू आन्दोलन का केन्द्र कानपुर को बनाया। यहीं पर कार्यालय बनाया, जिसके अध्यक्ष स्वयं स्वामी अछूतानन्द हरिहर थे। कानपुर से ही आपने अपना 'आदि हिन्दू' समाचार पत्र निकाला।"[77]

स्वामी अछूतानंद और बाबा साहेब डा. अम्बेडकर के बीच के गहरे सम्बन्धों के लिए प्रमाणों का प्रमाण स्वामी अछूतानन्द को बाबा साहेब डा. अम्बेडकर का दिनांक

3 फरवरी, 1932 का लिखा हस्तलिखित पत्र है। बाबू मंगल सिंह जाटव ने इसे अपनी पुस्तक 'स्वर्गीय श्री श्री 108 स्वामी अछूतानंद जी का जीवन परिचय' में ज्यों का त्यों दिया है। डा. राज पाल सिंह 'राज' ने इस पर अपनी महत्वपूर्ण टिप्पणी देते हुए लिखा है कि 'बाबा साहेब डा. भीमराव अम्बेडकर जी ने यह पत्र स्वामी अछूतानंद को उन 'के दलित समाज के प्रति किये गए सुधारों, साइमन कमीशन के समक्ष उत्तर प्रदेश के दलितों की सामाजिक, आर्थिक और धार्मिक दशा का यथार्थ चित्र प्रस्तुत करने, राउण्ड टेबिल कान्फ्रेंस के समय भारत के विभिन्न क्षेत्रों से लिखाये पत्रों के महत्वपूर्ण कार्यों से प्रभावित होकर'[78] लिखा था। यहाँ इसे बाबू मंगल सिंह जाटव की पुस्तक से पुनः रखा जा रहा है, जो इस प्रकार है :

"मद्रास
3.2.32

स्वामी जी को अधिक प्रणाम

आपका ता. 26.2.32 का पत्र मुझको कल यहां पर मिला उस के पहिले आप की तार भी मिल चूकी थी। आप लोक देहल्ली जा कर जो कार्य किये हैं उस पर मुझ को बहोत हि आनन्द है। हमारे नेताओं की नीति इस वक्त बिगड़ी हुई हय। इस वास्ते हम लोकों को हमारी नीति को अचल रखना चाहिये। अगर दो महीने के अर्स में हम लोक हमारा मत अचल न रख सखते हँय तों हमारे शब्दों पर कोई इतबार न करेगा। राजा गवई का समाचार हम लोक ले सकते हय। इस वासते हम लोकों को एक बड़ी भारी अदालत बुलाना चाहीये ए मैं मानता हूँ। ठिकांना और मुकर करनी हय। आप इटावा कहेगें मगर मद्रास भाईयों को बहोत लंबा होता हय। इस वास्तें कोई मध्यम जगा धूंड निकाला चाहीये। उस के कोशीस में मय हूँ।

आपका कृपाभिलाषि
भिमराव आंबेडकर"[79]

कहना जरूरी है कि यहाँ तारीख लिखने में कुछ भूल हो गई दीख रही है। इस का पक्की तरह से निर्धारण किया जा सकता है कि बाबा साहेब डा. अम्बेडकर किन तारीखों में मद्रास में रहे थे। तब तक यही माना जा सकता है कि या तो स्वामी अछूतानंद का लिखा पत्र 26.1.32 का रहा होगा या बाबा साहेब ने अपना यह पत्र 2.3.32 को लिखा होगा। लेकिन बाबा साहेब डा. अम्बेडकर के इस पत्र से पता चलता है कि अपने समय में ये हमारे दोनों महापुरुष बहुत सक्रिय हो कर और मिल कर काम कर रहे थे।

ग. दलित साहित्यकारों के पूर्वज

स्वामी अछूतानंद ने दलित समाज पर दोनों रूप में प्रभाव डाला था—लिखित साहित्य के रूप में भी और मौखिक भाषणों के रूप में भी। एडवोकेट एस. एल. सागर ने सही लिखा है—"स्वामी अछूतानंद दलित समाज के 20वीं सदी के प्रथम प्रेरणा स्रोत थे... ।...स्वामी अछूतानंद इन (दलितों) के मुक्तिदाता के रूप में भारत भूमि पर अवतरित हुए।"[80] वे आगे लिखते हैं कि 'उत्तर भारत का दलित समाज उसी श्रद्धा और सम्मान से उन्हें याद करता है जिस प्रकार बाबा साहब डा. अम्बेडकर को।'[81]

यदि लिखित साहित्य की बात ली जाए तो बाबू मंगलसिंह जाटव ने स्वामी अछूतानंद पर अपनी पुस्तक में लिखा है कि 'जिस समय स्वामी जी ने कानपुर को 'आदिहिंदू-महासभा' का केन्द्र बनाया तो वहां से आपने आदि-हिंदू-सिद्धान्त के पोषण के लिए एक 'आदिवंश-अष्टक' छपाकर वितरित किया था।'[82] डा. राज पाल सिंह 'राज' ने इस विषय में कुछ अधिक जानकारी दी है, जो इस प्रकार है—"स्वामी अछूतानन्द हरिहर रचित साहित्य अधिकांश रूप से अप्रकाशित है। अपने जीवन काल में जो कुछ प्रकाशित हो सका उसमें 'शम्बूक-मुनि राम राज्य न्याय नाटक', मायानन्द-बलिदान, पारख-पद और बलिछलन नाटक अपूर्ण और अमुद्रित स्थिति में रह गया, भजनों की छोटी-छोटी कई पुस्तकें हरिहर भजनमाला, विज्ञान भजनमाला और आदि हिन्दू भजनमाला नाम से मुद्रित एवं प्रकाशित हुईं। किन्तु इन भजनमालाओं में कोई उपलब्ध नहीं है। केवल 'आदि-वंश का डंका' उपलब्ध है। इनके अतिरिक्त स्वामी जी ने सन् 1922-1923 में दो साल दिल्ली से 'प्राचीन हिन्दू' और सन् 1924-1932 तक कानपुर से 'आदि-हिन्दू' पत्र का प्रकाशन किया।"[83] डा. 'राज' ने इस बारे में कुछ और ज्यादा विश्लेषण और मूल्यांकन किया है—"स्वामी अछूतानन्द हरिहर द्वारा रचित 'आदिवंश का डंका' नामक लघु काव्य संग्रह गीत, गज़ल, कव्वाली, भजन, रसिया और जयमंगल गान आदि लोक छंदों की एक अनूठी कृति है। लोकप्रियता के कारण यह पुस्तक सन् 1983 तक ग्यारह बार प्रकाशित हो चुकी है। फिर भी पुस्तक विक्रेताओं के पास उपलब्ध नहीं है। इस पुस्तक में इक्कीस कविताएं हैं। वर्तमान दलित साहित्यकारों में साहस, बल और पराक्रम पैदा करने वाले स्वामी अछूतानन्द हरिहर वह दलित साहित्य जनक हैं जो उत्तरी भारत में हीराडोम से भी पहले दलित साहित्यकार की अद्वितीय भूमिका निभा चुके हैं, जिसे स्वीकार करने में बाबा साहेब डा. भीमराव अम्बेडकर जी ने भी संकोच नहीं किया। स्वयं बाबा साहेब डा. अम्बेडकर जी ने स्वामी अछूतानन्द हरिहर के व्यक्तित्व और कृतित्व से प्रभावित होकर स्वामी जी के लिए एक पत्र लिखा था। दलित साहित्यकारों को इससे बड़ा और क्या प्रमाण मिलना चाहिए।"[84]

ऊपर देखा गया है कि स्वामी अछूतानंद ने साहित्यिक कृतियाँ रचने के सिवा पत्रिकाएँ भी निकाली थीं। उन्होंने भाषा पर भी अपने विचार दिए हैं। डा. 'राज' ने

लिखा है—"स्वामी जी ने दलितों की भाषा के विषय में अपने विचार व्यक्त करते हुए कहा, "हमारी भाषाएं हिन्दी, मराठी, गुजराती, राजस्थानी, तमिल, तेलगू आदि हैं जिनकी जननी पाली है और प्राकृत है। संस्कृत नहीं। प्राकृत अनेक हैं। प्राकृत उस स्थान की प्रकृति से स्वभावतः बनी भाषा को कहते हैं। आर्यों की भाषा वैदिक है जिसका संस्कार करके संस्कृत बनाई गई। इसी संस्कृत में ब्राह्मणों ने अपना धर्म और साहित्य लिखा। संस्कृत आम जनता की भाषा नहीं है। न कभी रही है।"[85] वे अनेक भाषाओं के ज्ञाता भी थे। उन के छोटे दामाद बाबू मंगल सिंह जाटव के अनुसार, 'स्वामी जी ने...गुजराती, मराठी, संस्कृत, गुरुमुखी कुल 7 भाषाओं का ज्ञान प्राप्त कर लिया था।'[86] इन सभी क्षेत्रों में उन के इस भारी योगदान की सोच कर तभी स्वामी शंकरानन्द ने अपनी पुस्तक 'शंकरानन्द भजनावली' में स्वामी अछूतानन्द हरिहर के कार्यों की सराहना अपने एक भजन में इस प्रकार की है :

धन्य-धन्य अछूतानन्द ऋषि, तुमने अछूत उद्धार किया।
बहती नय्या का बिन मल्हा, तुमने बल्ली से पार किया।।
थे कष्ट महान अछूतों पर, वे रोज सताए जाते थे।
बेगार गुलामी को तुमने छुड़वाकर, दुखों को टार दिया।।[87]

इस बारे में डा. राज पाल सिंह 'राज' ने बिलकुल सही लिखा है—"यथार्थ में दलित साहित्य की उत्पत्ति स्वामी अछूतानन्द हरिहर के समय से मानने में दो राय नहीं होगी, जैसा कि वर्तमान दलित लेखकों में अहम भूमिका निभाने वाले सफल युवा लेखक श्री जय प्रकाश कर्दम ने एक गोष्ठी 'दलित कहानी—दशा और दिशा में' में कहा था कि, "वास्तव में दलित साहित्य का प्रारम्भ हमें स्वामी अछूतानन्द हरिहर के समय से ही मानना होगा। उन का साहित्य इस कथन का स्पष्ट उदाहरण है।"[88] डा. जय प्रकाश कर्दम ने 'अभिमूकनायक' में प्रकाशित अपने लेख 'बीसवीं शताब्दी का दलित साहित्य' में लिखा है—"अछूतानन्द जी की पहली पुस्तक 'हरिहर भजनमाला' 1917 में आगरा से प्रकाशित हुई थी। इसके अलावा 1905 से 1912 तक आर्य समाज का उपेक्षापूर्ण व्यवहार देखकर उन्होंने आर्य समाज से नाता तोड़ आगरा में अखिल भारतीय अछूत महासभा की स्थापना की और 'अछूत' मासिक पत्रिका का संपादन-प्रकाशन शुरू किया। इससे इस बात का स्पष्ट संकेत मिलता है कि वह अपनी पत्रिका 'अछूत' में लिखते थे। इसके अलावा भले ही उनके भजनों की पुस्तक 1917 में प्रकाशित हुई किन्तु उनके भजनों की रचना उससे पूर्व अर्थात 1905 से 1917 के बीच हुई होगी... जबकि 'अछूत शिकायत' के अलावा हीरा डोम की कोई अन्य रचना अभी तक प्रकाश में नहीं आयी है। इससे यह मानने में कोई दिक्कत नहीं होनी चाहिए कि स्वामी अछूतानंद हीरा डोम से भी पहले से काव्य-रचना कर रहे थे। इस आधार पर उनको हिन्दी का प्रारम्भिक दलित कवि स्वीकार किया जा सकता है।"[89]

इसके आगे उन्होंने यह भी लिखा है–"उसके अलावा विचार का एक अन्य बिन्दू यह भी है कि हीरा डोम की कविता भोजपुरी में है जो कि भाषा नहीं बोली है... जबकि स्वामी अछूतानन्द की रचनाएं खड़ी बोली हिन्दी में हैं, जो कि साहित्य की मान्य भाषा है। इस दृष्टि से भी अछूतानंद हीरा डोम से पुराने कवि सिद्ध होते हैं।"[90] जय प्रकाश कर्दम ने शब्दों की कंजूसी नहीं बरती जब अपने इस लेख में आगे यह भी लिखा है–"इसमें दो राय नहीं होनी चाहिए कि भविष्य में जब भी हिन्दी दलित साहित्य का इतिहास लिखा जाएगा उसके प्रारम्भिक काल को 'अछूतानंद युग' के नाम से उल्लेखित किया जाएगा।"[91] यहाँ यह भी बताया जा सकता है कि कँवल भारती ने भी स्वामी अछूतानंद को पहला दलित कवि माना है। उन्होंने अपनी पुस्तक 'दलित विमर्श की भूमिका' में लिखा है–"स्वामी जी की एक कविता 1912 ई. की छपी हुई मिलती है, जिससे पता चलता है कि वे हीरा डोम से पहले के कवि थे।"[92]

स्वामी अछूतानंद को ले कर बात केवल इस काल के पहले दलित कवि होने तक सीमित नहीं है। कँवल भारती ने उन के काव्य को ठीक ही मध्य काल के दलित सन्तों–रैदास और कबीर–की निर्गुण धारा से भी जोड़ा है। उन्होंने अपने लेख 'दलित चेतना का प्रथम कवि : हीरा डोम या अछूतानंद' में, जो डा. श्यौराज सिंह बेचैन और डा. देवेन्द्र चौबे की संयुक्त रूप से सम्पादित पुस्तक 'चिन्तन की परम्परा और दलित साहित्य' में संकलित है, लिखा है–"स्वामी अछूतानंद 'हरिहर' के योगदान को भुला कर हम हिन्दी दलित साहित्य के इतिहास की परिकल्पना को मूर्त्तरूप नहीं दे सकते। यह हिन्दी क्षेत्र में सिर्फ दलित आन्दोलन और दलित पत्रकारिता के ही जनक नहीं थे, अपितु पन्द्रहवीं शती की दलित चेतना की काव्यधारा को भी हम उन के द्वारा विकसित करते हुए देखते हैं। यदि मध्यकालीन निर्गुणवादी सन्तों की दलित चेतना हिन्दी दलित कविता का आदि काल है, तो उस के दूसरे काल का चरण स्वामी अछूतानंद की दलित चेतना से ही आरम्भ होता है।"[93]

डा. जय प्रकाश कर्दम और कँवल भारती क्यों सही बात कह रहे हैं? उस का कारण स्पष्ट है। चमारों का यथार्थ वह है जो स्वामी अछूतानंद ने देखा था और अपनी शक्तिशाली भाषा में व्यक्त किया था। चमारों का चिन्तन अपने इतिहास पर आधारित है। स्वामी अछूतानन्द का चिन्तन चमारों के समाज में फैला हुआ है। जबकि चमार ज्यादातर अनपढ़ रहे हैं, तो इस का मतलब यह नहीं है कि संसार में सुनने की कोई परम्परा नहीं है। बहुत से लोग अपनी बात कहते हैं, लिखते नहीं हैं। लिखना एक कला है, नया तरीका है, दस्तावेज है, पर यदि कोई बात मौखिक रूप से चली आ रही है तो उसे कैसे झुठलाया जा सकता है? ब्राह्मणों के वेद श्रुति ही कहे गए हैं। उन का लिखा जाना बहुत बाद में हुआ है। ऐसे ही, पढ़े-लिखे चमारों के बीच स्वामी अछूतानंद का चिन्तन पढ़ाई-लिखाई के तरीके से अनवरत चला आ रहा है। उन के लिए स्वामी अछूतानन्द का लिखित साहित्य उपलब्ध है। लेकिन स्वामी अछूतानन्द ने अनेक

अध्यक्षीय भाषण दिए थे। उन में 15-15 और 20-20 हजार चमारों की भीड़ जुड़ती थी। उस भीड़ में अनपढ़ जागरूक भी रहते थे। उन के कानों में स्वामी अछूतानंद के शब्द पड़ते थे। भाषण का मतलब ही यह है कि उस का असर पड़ता है। यूँ, वह मौखिक परम्परा भी चमारों में लगातार और अपने आप चली आ रही है। अब इस का अक्षर ज्ञान से क्या मतलब है कि चमार इस पंक्ति को मनु के विरोध में कितने दिनों से गाते आ रहे हैं?—'मनु जी, तुमने वर्ण बना दिए चार।' एक बार मेरठ में डा. अम्बेडकर का भाषण हुआ था। उसे सुनने के लिए 20-20 और 25-25 कोसों से चमार गांवों और कस्बों से खिंच-खिंच कर भैंसाली मैदान में आए थे। कुछ लोग रात को ही लाठियाँ ले कर पैदल चल पड़े थे। मेरे एक मामा ने मुझे बताया है कि उन्हें बालक समझ कर गाँव में छोड़ा जा रहा था, लेकिन उन का भाषण सुनने के लिए वे चोरी-छुपके से बड़ों के साथ हो गए थे। कितने कोसों की दूरी थी! मेरे बापू ने वह भाषण सुना था। यदि मैं पढ़ा-लिखा न भी होता तो बापू की बताई बातें मेरे कानों में तब भी हैं। यही स्वामी अछूतानन्द के भाषणों की बात है। यही हमारी मौखिक परम्परा है।

तब, इस दृष्टि से, प्रेमचंद की 'रंगभूमि' का सूरदास चमार कहाँ ठहरता है? यह पात्र चमारों के बच्चों को स्कूल-कालेजों में पाठ्यक्रम के रूप में जबर्दस्ती पढ़ाया जा रहा है। निश्चित रूप से, उन पर यह आयातित चिन्तन है। वे इसे नहीं जानते। यह उन के लिए कोई पराया आदमी है। यह थोपी गई चीज है। अपने गाँव से या शहर से वे जिस चमार के रूप में विद्यालयों-विश्वविद्यालयों में आते हैं, सूरदास का उन बातों से कोई मेल नहीं बैठता। जो दलित विद्यार्थी साहित्यकार बन जाते हैं, उन के साथ यही दुर्घटना घटती है कि वे असमंजस में खड़े हो कर रह जाते हैं। जो दलित साहित्यकार पक्के या हिम्मत वाले नहीं हैं, वे प्रेमचंद को दलित साहित्यकार कहने की भूल कर बैठते हैं क्योंकि शिक्षा पद्धति ने उन का स्वामी अछूतानंद के साहित्य से परिचय ही नहीं कराया और खुद उन्होंने जानने की कोशिश या मेहनत नहीं की। वे आरामतलब हैं या दस-दस हजार या एक-एक लाख रुपये के पुरस्कार पाने के मोहताज बने लाइन लगाए जी-हजूरी करते खड़े हैं। वे अपनी छोटी-मोटी रचनाओं को पाठ्यक्रमों में लगवाने की दौड़ में शामिल हैं या यहाँ-वहाँ भाषण देने के निमंत्रण पाने के लोभी-लालची हैं। यही प्रेमचंद चाहते भी थे। साहित्य के सत्ता पक्ष में रहने के कारण इतने वे सफल भी हुए हैं। लेकिन ज्यादातर वे असफल ही हुए हैं। भले ही स्वामी अछूतानंद के बारे में एक हरफ भी न पढ़ा हो, पर चमारों में से कौन डा. तुलसी राम और कौन डा. तेज सिंह खुद को सूरदास से या अपने चमारों की बेटियों को सिलिया से जोड़ देंगे?—क़भी नहीं। दलित साहित्य के नाम पर चाहे कैसा भी 'जिजमानी साहित्य' लिखें, पर भंगी जाति के कौन सूरज पाल चौहान या कौन ओम प्रकाश वाल्मीकि?—कोई नहीं।

डा. श्यौराज सिंह बेचैन ने 26 जनवरी, 1999 के 'हिन्दुस्तान' में छपे अपने लेख 'हिन्दी दलित साहित्य के आधार स्तम्भ स्वामी अछूतानंद' में हिन्दू साहित्य समीक्षा की नाभि में तीर मारा है, जब लिखा है—"बेशक साहित्य में भारतेन्दु युग को नवजागरण युग माना गया है किंतु इस युग में भी दलित सुधारकों, विचारकों और रचनाकारों की सेवाओं की जाने-अनजाने उपेक्षा हुई है।"[94] उन्होंने अग्निबाण चला कर सीधे प्राण ही हर लिए हैं जब सीधे प्रेमचंद के सन्दर्भ से लिखा है—"दलितों पर लिखने वाले गांधी जी के समर्थक प्रेमचंद को हिन्दी साहित्य ने मान दिया किंतु स्वयं अछूत होने के कारण स्वामी जी को समकालीन होने पर भी उन्हें विस्मृतियों के अंधेरे में डाल दिया।"[95] उनकी बात भी सही है। कम से कम, हिन्दी साहित्य के समीक्षक इस विषय को इसी दृष्टि से ले लेते कि समकालीन होने की वजह से स्वामी अछूतानंद का अध्ययन उन के प्रेमचंद को समझने में मदद करता है। लेकिन कैसे करते, क्योंकि उन के प्रेमचंद ही अपने समय में स्वामी अछूतानंद को 'रंगभूमि' के सूरदास के रूप में प्रक्षिप्त करने में लगे हुए थे?

डा. श्यौराज सिंह बेचैन ने कारण खोजना चाहा है कि आखिर क्यों हिन्दी साहित्य के इतिहास में स्वामी अछूतानन्द के साथ ऐसा गलत बर्ताव हुआ। इस खोज में उन्होंने लिखा है—"स्वामी अछूतानंद की सोच में और साहित्य सृजन में जो बुनियादी परिवर्तन आया वह 1928 में बम्बई की एक सभा में डा. अम्बेडकर से भेंट होने के बाद आया। वे साइमन कमीशन के समक्ष साक्ष्य देने पूना पैक्ट के समय सहयोग देने में डा. अम्बेडकर के साथ रहे। इस कारण अम्बेडकर विरोधी सवर्णों ने स्वामीजी के साहित्य पक्ष को भी नकार दिया। आज स्थिति यह हो गई कि गैर दलित साहित्यिक मंडली में स्वामी अछूतानंद अज्ञेय व्यक्ति बन गए हैं।"[96] लेकिन मेरी अब इस नई खोज से हिन्दुओं की इस अज्ञेयता का कारण कुछ और भी पहले पहुँच गया है। डा. अम्बेडकर की बात बाद में, खुद स्वामी अछूतानंद का आदि हिन्दू आन्दोलन ही विरोध-रूपी इस अज्ञेयता का कारण है।

दलित साहित्यकार अपनी परम्परा में स्वामी अछूतानंद को सर्वतोप्रमुख स्थान देते हैं। डा. श्यौराज सिंह बेचैन ने अपनी परम्परा की खोज करते हुए लिखा है—"...इनमें सबसे प्रमुख नाम है स्वामी अछूतानंद, जो संत थे, समाज सुधारक थे, प्रभावशाली कवि और मिशनरी पत्रकार थे।"[97] उन्होंने उन के योगदान को इन शब्दों में आँका है—"स्वतंत्रतापूर्व नवजागरण में हम हिन्दी क्षेत्र में स्वामी अछूतानंद को दलितों का वैचारिक नेतृत्व करने में सफल, सक्षम और समर्पित जीवन के रूप में पाते हैं।"[98] उन्होंने इस का खुलासा किया है—"दलित साहित्य आंदोलन में स्वामी अछूतानंद एक अविस्मरणीय इतिहास पुरुष हैं। वे वैचारिक क्रांति के साधन उपलब्ध करना आवश्यक मानते थे। पत्रकारिता को भी वे समाज जाग्रति का अस्त्र समझते थे, स्वयं के प्रेस के बगैर अपना विचार छपकर नहीं आ पाता। ऐसा सोचने के लिए उस

समय माहौल था। अतः अपने 'आदि हिन्दू' समाचार पत्र के प्रकाशनार्थ उन्होंने चंदा मांग कर प्रेस लगाया और 1925 में अखबार निकाला। अखबार में कविताएं, गीत, भजन आदि साहित्यिक सामग्री अधिक छपती थी।"[99]

सही बात यह भी है कि स्वामी अछूतानंद खड़ी बोली हिन्दी के व्यवस्थित दलित साहित्यकार हैं। उन्होंने अखिल भारतीय स्तर की हिन्दी को अपने साहित्य का माध्यम बनाया था। उस समय के दूसरे दलित साहित्यकारों को ढूंढ़ा जा सकता है पर स्वामी अछूतानंद दलित दृष्टि के समग्र थे।

घ. 'रंगभूमि' में सूरदास एक विदूषक है

'रंगभूमि' में सूरदास अपने हाथ में खंजरी लिए एक गीत गाता है। उस की इन दो पंक्तियों की पुनरावृत्ति की गई है :

तू रंगभूमि में आया, दिखलाने अपनी माया,
क्यों धर्म-नीति को तोड़े? भई, क्यों इन से मुँह मोड़े?[100]

लेकिन सूरदास जिस रण को 'रंगभूमि' में लड़ रहा है, वह चमारों का कुरुक्षेत्र नहीं है। पूरे उपन्यास में चमारों के दुःखों का कोई वर्णन नहीं है। चमार को नायक बना कर चमारों की समस्याओं का जिक्र नहीं है।

'रंगभूमि' में सूरदास को चमार जाति का होने की वजह से स्वामी अछूतानंद के यथार्थ और डा. अम्बेडकर की संभावनाओं को व्यक्त करना चाहिए था। लेकिन सूरदास में स्वामी अछूतानन्द और डा. अम्बेडकर यथार्थ और संभावनाओं में पूरी तरह नदारद हैं। फिर, सूरदास में कौन दो लोग पिट्ठू बन कर बैठ गए हैं? ये दो पराए व्यक्ति हैं–प्रेमचन्द और गांधी। किसी को विश्वास न हो तो अमृत राय के इन शब्दों को पढ़ाया जा सकता है–"अपनी सहज मानवी दुर्बलताओं समेत सूरदास का सीधा-सादा सरल निस्पृह निर्भीक सत्यनिष्ठ दैनंदिन रूप प्रेमचन्द का अपना है और उदात्त स्वरूप गांधी जी का–अपनी समस्त सद्वृत्तियों की सब से उदात्त अभिव्यक्ति के रूप में ही उन्होंने सदा से गांधी जी को अपने हृदय के आसन पर बिठाला है और कुछ अजब नहीं कि सूरदास का चित्रण करते समय उन के मन की आँखों के सामने गांधी जी बराबर रहे हों।"[101]

'रंगभूमि' का सूरदास पात्र गांधी इसलिए है क्योंकि अपने एक दोस्त सेहर हथगामी को प्रेमचन्द ने सोफिया के बारे में लिखा था–"...हालाँकि सोफिया का असल मिसेज एनी बेसेन्ट हैं।"[102] फर्क केवल यह है कि सूरदास में गांधी को आरोपित करके प्रेमचंद ने असल स्वामी अछूतानन्द को ढका और छुपाया है। यह पक्का और पूरा प्रक्षेप है। कहा जाता है कि प्रेमचन्द ने उपन्यास साहित्य को परीकथाओं से और

पौराणिक चमत्कारों से मुक्त कर दिया पर फायदा क्या रहा जब 'रंगभूमि' को झूठ से भर दिया? परीकथाओं, चमत्कारों और झूठ में कौन-सी बात मनुष्य के ज्यादा नुकसान में है? उत्तर में झूठ का पक्ष लिया ही नहीं जा सकता।

एक शेर का चित्र बनाया जाए और उस के सिर पर गेंडे का सींग लगा दिया जाए, तो शायद कलाकार के हिसाब से इसे सृजन कहा जा सकता है। ऐसे ही, एक हाथी का चित्र बनाया जाए और उसकी पूंछ की जगह सूंड और सूंड की जगह पूंछ लगा दी जाए, तो शायद कला के हिसाब से इसे भी अद्भुत कहा जा सकता है। प्रेमचंद ने 'रंगभूमि' में सूरदास को चमार कह कर कुछ ऐसा ही किया है। उन की पूरी कलाकारी में गनीमत यह रही कि सूरदास को आदमी ही रहने दिया, उन की मौज थी, वे उसे जानवर भी बना सकते थे। वे पुरानी किस्सागोई के उस्ताद थे और उसी में से निकल कर आए थे। यूरोप के उपन्यास पढ़ लेने के बाद भी उन का कई मामलों में परीकथाओं से पीछा नहीं छूट रहा था।

सूरदास के चरित्र में चमारों की समस्याओं का जिक्र तक नहीं है। सूरदास के चमार होने की इस उपन्यास में केवल एक चिप्पी लगाई गई है। सूरदास का चमारों से और चमारों की समस्याओं से कुछ लेना-देना नहीं है। यदि भावी इतिहासकार 'रंगभूमि' के सूरदास को सन् 1924-25 का वास्तविक चमार मान बैठें तो वे कितनी बड़ी गलती करेंगे—इस नुकसान का अन्दाजा लगाना आसान नहीं है। यूँ समझ लीजिए कि प्रेमचन्द अपने उपन्यास को खुद प्रक्षिप्त कर रहे हैं। साहित्यकार को कलाकार होने के नाते कहानी घड़ने के कुछ अधिकार दिए जा सकते हैं बशर्ते कि वह दुनिया को गुमराह करने के लिए उन का दुरुपयोग न करने लग जाए। प्रेमचन्द ने 'रंगभूमि' में सूरदास को चमार कह कर अपने अधिकारों का दुरुपयोग ही किया है। सृजन करने का मतलब यह थोड़े ही होता है कि कोई बिजार के खुर पर घोड़े की टाप लगा दे। कलात्मक सृजन के भी कुछ नियम-धर्म होते हैं। जब चमार की बात चली थी तो यही देखना चाहिए था कि उन के समय में और उन के प्रान्त में स्वामी अछूतानन्द अपना जातीय आन्दोलन चला रहे थे। पूछा यही जाना है कि प्रेमचन्द ने सूरदास को गांधी क्यों बना दिया, स्वामी अछूतानन्द क्यों नहीं? वे क्यों नहीं भाँप सके कि चमारों का आन्दोलन कैसे चल रहा है और आगे भविष्य में कैसे चलेगा? कहीं ऐसा तो नहीं है कि सूरदास जैसा पात्र खड़ा करके वे चमारों के नेतृत्व को गुमराह करने चले थे? खैर, यदि उन्होंने ऐसा चाहा था तो वे अपने मन्तव्य में बेहद फेल भी सिद्ध हुए हैं। मेरे क्षेत्र में मेरे बचपन के समय में हमारे एक अन्धे चमार नेता थे। उन का नाम मनफूल सिंह था। उन के हाथ में मोटा सोटा रहा करता था। तब वे बूढ़े थे। उन के भाषण मैंने सुने थे। वे तो बाबा भीम की जय बोला करते थे और उन्हीं के राजनैतिक संगठन 'रिपब्लिकन पार्टी आफ इण्डिया' से सम्बन्धित थे।

जगन्नाथ जोशी ने अपने लेख 'सूरदास' में इस बात को माना है कि सूरदास के चित्रण में कृत्रिमता है। वे लिखते हैं–"...जब प्रेमचंद, मनुष्यता की सीमा को पार करवा कर उसे देवत्व के आसन पर खींच लाने की चेष्टा करते हैं तब बेचारे सूरदास की अवस्था बड़ी ही शोचनीय हो जाती है। न वह मनुष्य ही रह पाता है–और न देवता की झूठी विवेकहीन कल्पना ही उसे कुछ वैसा आकार दे पाती है। तब वह मिठुआ के चाचा का स्वतन्त्र रूप खोकर, प्रेमचंद के हाथ की कठपुतली मात्र रह जाता है। उस के मुँह की भाषा किसी नायक की अपनी जिह्वा से उच्चारित न हो कर जैसा प्रेमचंद जी चाहते हैं उसी के अनुरूप 'हिज मास्टर्स वॉयस' के रिकार्ड की आवाज मात्र रह जाती है।"[103] उन्होंने एक सन्दर्भ दे कर आश्चर्य व्यक्त किया है–"कहाँ तो अपनी स्वतन्त्र स्थिति में सूरदास एक औरत की आबरू तक को 'हँसी खेल' मनाने के लिए तैयार नहीं होता, और कहाँ प्रेमचंद के हाथ की कठपुतली बनने के बाद वह जीवन की महान से महान गम्भीर समस्याओं तक को एक मामूली से खेल की उपमा दे कर उन्हें नगण्य बना देता है। व्यर्थ ही में अन्धे के कन्धों पर एक अलौकिक सूझ का बोझा डाल कर उसे बार-बार 'खेल' के दार्शनिक सिद्धान्त से वे भाराक्रान्त कर देते हैं।"[104]

जगन्नाथ जोशी ने 'रंगभूमि' के उद्देश्य को भी सदोष ठहराया है, जिस वजह से सूरदास भी एक गलत पात्र बन कर रह जाता है। उन्होंने लिखा है–"कल-कारखानों के जिस पहलू को ले कर प्रेमचंद ने जन आन्दोलन को बढ़ावा दिया–वह अपने आप ही में दोषयुक्त और निराधार था। उन्होंने साँप के बिल पर ही वार किया–साँप को मारने के लिए सूरदास द्वारा किए गए इस आन्दोलन में उन के द्वारा कहीं भी कोई संकेत नहीं है। कल-कारखानों की मशीनों में कोई दोष नहीं–अगर कहीं दोष है तो नियोजित व्यवस्था में। वार कहाँ करना चाहिए था–कहाँ कर दिया? इसलिए 'रंगभूमि' में सूरदास के द्वारा इस तरह की जितनी भी गलतियाँ हुईं वे उस की अपनी नहीं–बल्कि प्रेमचंद के द्वारा उस पर थोपी हुई हैं।"[105] मैं इस में केवल यह जोड़ना और दोहराना चाहता हूँ कि भारत का चमार कभी भी औद्योगीकरण और शहरीकरण के खिलाफ नहीं रहा। पूरी जाति को औद्योगीकरण और शहरीकरण से फायदा ही हुआ है। पता नहीं, प्रेमचंद ने इस अन्धे सूरदास चमार के साथ कहाँ से 10 बीघे की जमीन जोड़ दी? चमारों के पास ऐसी जमीनें कहाँ थीं? सच में यह चमारों की समस्या नहीं थी जो 'रंगभूमि' में सूरदास के माध्यम से बताई गई है। इस में प्रेमचंद ने पूरी चमार कौम को गुमराह किया है। उन का नायक उस जमीन के लिए लड़ता दिखाया गया है जो उन में से किसी के पास नहीं है। इस मामले में डा. कमल किशोर गोयनका से भी अपने लेख "रंगभूमि' में सूरदास का भूमि-रक्षा का संघर्ष' में प्रेमचंद की प्रशंसा करने में चूक हुई है। वे लिखते हैं–"इस प्रकार सूरदास का पक्ष स्वभूमि, स्वराज्य तथा स्वसंस्कृति की रक्षा के संघर्ष के रूप में बदल जाता है... ।"[106] वे और भी लिखते

हैं—"....सूरदास की भूमि-रक्षा का संघर्ष विदेशी सभ्यता एवं साम्राज्य से मुक्ति का संघर्ष बन जाता है।"[107] लेकिन बात यही है कि जब 'भूमि' पास नहीं है तो 'भूमि की रक्षा' कैसी? किसी चमार को या 'चमार नायक' को उस विदेशी सभ्यता से क्या परेशानी थी जिस में उस से छुआछूत नहीं बरती जाती थी? गाय का मीट खाने वाले अंग्रेजों का वह रसोइया बन रहा था, फिर सूरदास चमार द्वारा किस स्वसंस्कृति का राग गवाया जा रहा है? इस मामले में चमारों की संस्कृति वही थी जो अंग्रेजों की थी। अंग्रेजों के घरों में उसे नौकरी मिल रही थी जबकि हिन्दुओं के घरों में उसे प्रवेश करने की मनाही थी। मुहावरा यह था कि 'चमार का कोई नाम और गाम नहीं होता।' भला, जब गाँव ही नहीं है तो जमीन कैसी? वह गाँव से जब चाहे, जमीदार द्वारा भगा दिया जाता था। उस की भाजड़ इस गाँव से उस गाँव में टंगी और उठी फिरती रहती थी। तब प्रेमचंद ने 'रंगभूमि' में कितना बड़ा झूठ बोला है जब सूरदास द्वारा भैरों से कहलवाया है—"भला सोचो कितना अन्धेर है कि हम, जो सत्तर पीढ़ियों से यहाँ आबाद हैं, निकाल दिए जाएँ और दूसरे यहाँ आ कर बस जाएँ।"[108] फिर पूछने को जी चाहता है कि भारत के किस चमार को अपनी सत्तर पीढ़ियों का इतिहास मालूम रहा है। पता नहीं, सूरदास चमार के नाम पर प्रेमचन्द ने यह किस कोको की कहानी लिख मारी, जो चिड़िया किसी ने कभी देखी नहीं है? सत्तर पीढ़ियों का मतलब है, एक हजार सालों से ऊपर का इतिहास—बेचारा पांडेपुर का चमार क्या जाने? और यदि यहाँ बाबर की बात उद्धृत कर दूँ तो दूसरों के इतिहास भी गायब हो जाएंगे। वह काम रोक रहा हूँ।

तब कैसे-कैसे समझा जाए?

दर्शनशास्त्र में ईश्वर की खोज के बारे में एक मजाकिया व्यंग्य चलता है कि दार्शनिक क्या करता है। उस में माना जाता है कि दार्शनिक द्वारा ईश्वर की खोज अन्धेरे कमरे में उस काली बिल्ली की खोज है जो वहाँ सच में मौजूद नहीं है। आश्चर्य देखिए कि प्रेमचंद दुनिया के पहले ऐसे व्यक्ति हैं जो दावा कर रहे हैं कि उन्होंने उस बिल्ली को पकड़ लिया है, और वह उन के हाथों में है, जो 'रंगभूमि' का अन्धा सूरे चमार है, जिस के पास दस बिघे की परती जमीन है। महाराज, चमारों के तत्कालीन आन्दोलनों की मांग यह थी कि उन्हें सरकार की तरफ से परती जमीन मिले क्योंकि यह उन के पास नहीं है—यहाँ अन्धे सूरे चमार को यह पुरखों से मिली बताई गई है जिस को वह मुफ्त में लुटा रहा है। यह उस का विदूषक होना नहीं तो और क्या है?

जगन्नाथ जोशी ने सूरदास के चित्रण में कृत्रिमता मानी है पर वे यह सच लिखने से चूक गए कि कथा बेतुकी है। कथा का बेतुकापन ही सूरदास को विदूषक बना कर छोड़ देता है। एक जगह कथा में आता है कि जब सूरदास के झोपड़े में भैरों ने आग लगाई तो वह उस में से चांदी के रुपयों की एक पोटली भी चुरा कर ले गया था जिस में सूरदास ने वे जमा कर रखे थे। इस पर सूरदास का कहना है—"हाय! पूरे पाँच सौ

रुपये थे, कुछ पैसे ऊपर हो गये थे।...गया जा कर पितरों को पिंडा देने का इरादा किया था।''[109]

यहाँ पाँच सौ रुपये की बात लिख कर प्रेमचंद ने अपनी कल्पना के घोड़े कुछ ज्यादा ही दौड़ा लिए हैं। सूरदास भिखारी है। यह उपन्यास 1924 में तैयार हुआ था। तब पाँच सौ रुपये की बात लिखनी कहानी के लिए लेखक की कमजोरी का परिचायक है। तब के मेरे चमार पुरखे 30-35 रुपये में बेटी का ब्याह कर देते थे। 50 रुपयों के खर्च तक जाना बहुत मुश्किल था। इधर, प्रेमचन्द की कलम बग रही थी कि अंधे भिखारी ने अपने झोपड़े में पाँच सौ रुपये जमा कर रखे थे। पाँच सौ रुपये बचाए हुए दिखाने थे तो सूरदास को चमार, अंधा और भिखारी क्यों बनाया था? यह भी एक अजीब बात है कि भीख मांग कर खाने वाले सूरदास मुआवजे के मिले एक हजार रुपये इन्द्रदत्त की संगत को भेंट कर रहा है।[110] कहानी लिखी जा रही है कि मजाक फोड़ी जा रही है, वह भी चमारों की? उस समय कितने चमारों के पास चांदी के पाँच सौ रुपये होने थे? किसी के पास हो भी जाते पर उसे भिखारी तो नही बनाना चाहिए था।

संदर्भ

1. स्वर्गीय श्री श्री 108 स्वामी अछूतानंद जी का जीवन परिचय, लेखक, स्व. बाबू मंगल सिंह जाटव, मंगल भवन, तिकोनिया मुरार, ग्वालियर, मध्य प्रदेश, द्वितीय बार, 6 मई, 1997, पृ.-10
2. स्वामी अछूतानंद हरिहर, लेखक, डा. राज पाल सिंह 'राज', राजलक्ष्मी प्रकाशन, ए-17/18, भगवत गली नं. 1, ब्रह्मपुरी, दिल्ली-110 053, प्रथम संस्करण, पृ.-13
3. वही, पृ.-13
4. वही, पृ.-13
5. आदि हिन्दू आन्दोलन के प्रवर्तक श्री 108 स्वामी अछूतानन्द जी 'हरिहर' : जीवनी, सिद्धान्त और भाषण, लेखक, श्री चन्द्रिकाप्रसाद जिज्ञासु, प्रकाशक, हिन्दू समाज सुधार कार्यालय, सआदत गंज, लखनऊ, पहली बार, 1960, पृ.-5
6. चिन्तन की परम्परा और दलित साहित्य, सम्पादक, डा. श्यौराज सिंह बेचैन और डा. देवेन्द्र चौबे, नव लेखन प्रकाशन, मेन रोड, हजारी बाग, बिहार, प्रथम संस्करण, 2000-2001, पृ.-173
7. बहुजन समाज के पर्व एवं त्यौहार 2006, प्रस्तुति, पी. एल. आदर्श, स्पन्दन : नारी अस्मिता अंक, डा. अम्बेडकर जन साहित्य संस्थान, एल-381, इन्दिरा नगर, राय बरेली, उत्तर प्रदेश, सन् 2006, पृ.-49
8. आदि हिन्दू आन्दोलन के प्रवर्तक श्री 108 स्वामी अछूतानन्द जी 'हरिहर' : जीवनी, सिद्धान्त और भाषण, लेखक, श्री चन्द्रिका प्रसाद जिज्ञासु, प्रकाशक, हिन्दू समाज सुधार कार्यालय, सआदत गंज, लखनऊ, पहली बार, 1960, पृ.-5
9. वही, पृ.-5-6
10. वही, पृ.-6
11. वही, पृ.-5
12. रंगभूमि, प्रेमचंद, शिवानी बुक्स, 4855/24, हरबंस स्ट्रीट, दरिया गंज, नई दिल्ली-110 002, संस्करण, 2004, पृ.-5

13. **वही,** पृ.-72
14. वही, पृ.-5
15. वही, पृ.-61
16. वही, पृ.-161
17. स्वामी अछूतानंद हरिहर, लेखक, डा. राजपाल सिंह 'राज', राजलक्ष्मी प्रकाशन, ए-17/18, भगवत गली नं. 1, ब्रह्मपुरी, दिल्ली-110 053, प्रथम संस्करण, पृ.-37
18. स्वामी अछूतानंद : सचित्र जीवनी, रचनाकार–शील प्रिय बौद्ध, चित्रांकन–शान्ति स्वरूप बौद्ध, सम्यक प्रकाशन, 32/3, क्लब रोड, पश्चिमपुरी चौक, नई दिल्ली-110 063, प्रथम संस्करण, 2003, पृ.-90
19. स्वामी अछूतानंद हरिहर, लेखक डा. राज पाल सिंह 'राज', राजलक्ष्मी प्रकाशन, ए-17/18, भगवत गली नं. 1, ब्रह्मपुरी, दिल्ली-110 053, प्रथम संस्करण, पृ.-38
20. वही, पृ.-39
21. आदि हिन्दू आन्दोलन के प्रवर्तक श्री 108 स्वामी अछूतानन्द जी 'हरिहर' : जीवनी, सिद्धान्त और भाषण, लेखक, श्री चन्द्रिका प्रसाद जिज्ञासु, प्रकाशक, हिन्दू समाज सुधार कार्यालय, सआदत गंज, लखनऊ, पहली बार, 1960, पृ.-6
22. वही, पृ.-6
23. वही, पृ.-6
24. वही, पृ.-6
25. स्वामी अछूतानंद : सचित्र जीवनी, रचनाकार–शील प्रिय बौद्ध, चित्रांकन–शान्ति स्वरूप बौद्ध, सम्यक प्रकाशन, 32/3, क्लब रोड, पश्चिमपुरी चौक, नई दिल्ली-110 063, प्रथम संस्करण, 2003, पृ.-44
26. आदि हिन्दू आन्दोलन के प्रवर्तक श्री 108 स्वामी अछूतानन्द जी 'हरिहर' : जीवनी, सिद्धान्त और भाषण, लेखक, श्री चन्द्रिका प्रसाद जिज्ञासु, प्रकाशक, हिन्दू समाज सुधार कार्यालय, सआदत गंज, लखनऊ, पहली बार, 1960, पृ.-20-21
27. स्वर्गीय श्री श्री 108 स्वामी अछूतानंद जी का जीवन परिचय, लेखक, स्व. बाबू मंगल सिंह जाटव, मंगल भवन, तिकोनिया मुरार, ग्वालियर, मध्य प्रदेश, द्वितीय बार, 6 मई, 1997, पृ.-12
28. स्वामी अछूतानंद हरिहर, लेखक, डा. राज पाल सिंह 'राज', राजलक्ष्मी प्रकाशन, ए-17/18, भगवत गली नं. 1, ब्रह्मपुरी, दिल्ली-110 053, प्रथम संस्करण, पृ.-41
29. वही, पृ.-44-5
30. वही, पृ.-28
31. वही, पृ.-50
32. स्वामी अछूतानन्द : सचित्र जीवनी, रचनाकार–शीलप्रिय बौद्ध, चित्रांकन–शान्ति स्वरूप बौद्ध, सम्यक प्रकाशन, 32/3, क्लब रोड, पश्चिम पुरी चौक, नई दिल्ली-110 063, प्रथम संस्करण, 2003, पृ.-60
33. मसीही दलित समाज का इतिहास, लेखक–जॉन सी. बी. वेब्स्टर, सम्पादक–डॉ. जे. एच. आनंद, अनुवादिका–श्रीमती सुभद्रा मालवी, हिन्दी थियोलाजिकल लिटरेचर कमिटी, 1801/2, नेपियर टाउन, सिल्वर ओक कम्पाउन्ड, रसेल चौक, जबलपुर-482 001, मध्य प्रदेश, प्रथम संस्करण, पृ.-20
34. चमार, मूल लेखक–जी. डब्लू. ब्रिग्स, अनुवादक–जय प्रकाश कर्दम, समता प्रकाशन, 30/64, गली नं. 8, विश्वास नगर, शाहदरा, दिल्ली-110 032, संस्करण, 1997, पृ.-191
35. वही, पृ.-192
36. रंगभूमि, प्रेमचंद, शिवानी बुक्स, 4855/24, हरबंस स्ट्रीट, दरियागंज, नई दिल्ली-110 002, संस्करण, 2004, पृ.-579

37. स्वामी अछूतानंद हरिहर, लेखक, डा. राज पाल सिंह 'राज', राजलक्ष्मी प्रकाशन, ए-17/18, भगवत गली नं. 1, ब्रह्मपुरी, दिल्ली-110 053, प्रथम संस्करण, पृ.-50

38. वही, पृ.-50-5

39. स्वर्गीय श्री श्री 108 स्वामी अछूतानंद जी का जीवन परिचय, लेखक, स्व. बाबू मंगल सिंह जाटव, मंगल भवन, तिकोनिया मुरार, ग्वालियर, मध्य प्रदेश, द्वितीय बार, 6 मई, 1997, पृ.-14

40. रंगभूमि, मुंशी प्रेमचंद, गंगा-ग्रंथागार, 36, गौतम बुद्ध मार्ग, लखनऊ, तेरहवीं बार, 1958, पृ. -709

41. स्वामी अछूतानंद हरिहर, लेखक, डा. राज पाल सिंह 'राज', राजलक्ष्मी प्रकाशन, ए-17/18, भगवत गली नं. 1, ब्रह्मपुरी, दिल्ली-110 053, प्रथम संस्करण, पृ.-43

42. वही, पृ.-42 43. वही, पृ.-42

44. वही, पृ.-43-4

45. "Here we must not forget the truth that Premchand was well acquainted with Dr. Ambedkar and his movements since its beginning. On the cover page of his magazine *Hans* he had published in 1933, a photograph of Dr. Ambedkar. And under it he had marked gracefully, that "With incessant, painstaking efforts you have undergone many a trial and attained scholarship, proving that the so called untouchables are not created with ordinary resources by God. You have been enlisted among the world famous personalities!"
Premchand : Our Contemporary, Edited by Shiv Kumar Misra, National Publishing House, 23, Darya Ganj, New Delhi-110 002, Ist Edition, 1986, p.-215

46. "In 1927, Dr. Ambedkar started his movement, breaking the law of Manu Smiriti, and drinking the water of "Chowdar Tank" which was denied to the untouchables. This problem is reflected in Premchand's story called "Thakur Ka Kuwan", published in 1932. Except Dr. Ambedkar, nobody had touched this problem at the time. Same is the story with Temple Entry Movement. Dr Ambedkar started this movement in March 1930, and Premchand picked it up in *Karmabhumi*, published in 1932."
ibid., pp.-215-16

47. "Isn't the time yet mature for such a movement in Hindi? Has the blot of untouchability entirely vanished from the map of Uttar Pradesh? Or, does the map of untouchability not contain the area of U.P. at all under its pretexts? Is anything wrong either with the untouchability or with the State of UP? Is there no untouchable remaining in Hindi-speaking area? Have all their grievances ended up?"
ibid., p.-218

48. "There seems to be nothing wrong either with any map or with the man—the age-long sufferer of untouchability. On the contrary, the map of U.P. does contain the blot of untouchability with maximum numbers of untouchables living particularly in this area compared to any other part of India, and the number of atrocities committed towards these people is highest in this part of the country. What happened at Belchi and Agra and elsewhere in recent times? Are places like Agra, Almora, Jagdishpur,

Muzzafarnagar, Paras Bigha, Moradabad and Vilaspur out of U.P., except Belchi?"
ibid., p.-218

49. "The life-long struggle for emancipation of untouchables from the slavery of touchable castes were mainly fought on the battle ground of Maharashtra by Dr. B.R. Ambedkar, the only leader of battle throughout the ages."
ibid., p.-219

50. "The day will come in Hindi literature when such type of literature will take birth in Hindi, and that will be a great tribute to Premchand, the great writer of the century."
ibid., p.-220

51. "In the opening of "Kafan" Budhiya is tossing, screaming and shrieking with the gigantic pain of child-birth! It was a winter night when the air must be cool and the atmosphere must be calm and clear to cling any sound from a distance. Then, why the neighbouring ladies could n't hear her or took no notice of her? Either they were deaf or completely in dark about her pregnancy and maturity? But, how can it be possible in the case of Budhiya, the industrious woman? The women gather round her only after her death.... But why can't they, prior to the death of Budhiya?"
ibid., pp.-216-17

52. "To these questions there is no answer other than that without the loss of Budhiya's life the story cannot proceed further to a tragedy, according to the plot of Premchand, in which rascals like Ghisu and Madhav take birth out of his imaginations. Because, in this story Premchand wants to centre our attention towards utter poverty and helplessness rather than humanity, to succeed his pre-plans, by which he commits the cold-blooded murder of Budhiya, and leads us to the tragedy of Ghisu and Madhav, who spend money collected for shroud on driniking. And the body of Budhiya lay undisposed or unclaimed at home."
ibid., p.-217

53. "In the year 1902 he went to Ceylon along with, Col. Olcott and embraced Buddhism."
Dalit Movement in South India (1857-1950), By Dr. Swapna H. Samel, SERIALS PUBLICATIONS, 4, B.S.S. Hall, Khyber Pass Market, Civil Lines, Delhi-110 054, Ist Edition, 2004, pp.-182-83

54. "He wrote a treatise on Buddhism entitled 'Buddharathu Vedam explaining the principle of teaching of Buddha."
ibid., p.-183

55. ibid., p.-183

56. "...Iyodhi Das began his missionary work under the auspicious of South Indian Sakya Buddhist Association established by him in 1900 at Madras."

57. ibid., p.-183

58. "Iyodhi Das was born as Adi-Dravida to his father Candaswamy in the year 1845 at Nilgiri in Tamilnadu. He made his career as medical practitioner, but at the same time he was a scholar in Tamil and Pali also. Iyodhi Das owned a dispensary named Buddhist Medical Hall at Royapethah, Madras."
ibid., p.-182

59. "He died on at the age of 69 on 5th May 1914."
ibid., p.-184

60. "He began the Neo-Buddhist Movement and became the forerunner of Dr. B. R. Ambedkar."
ibid., pp.-183, 266

61. ibid., p.-268 62. ibid., p.-268

63. The Statesman, Calcutta Edition, 18 February, 1922

64. "Simultaneously with the preparation for the Mahad struggle was coming to a head the issue of temple entry at Amraoti. For the previous three months this struggle was boiling, and the trustees of the Ambadevi temple were served with a notice by the promoters of the temple entry movement. Their reply came on August 21 that it was not possible for them to break off traditional customs and to allow the Depressed Classes to enter the temple. Thereupon leaders like Dr. Panjabrao Deshmukh, other promoters of the temple entry movement in Berar, and G.A. Gavai, a leader of the Untouchables, held a meeting at Amraoti to discuss the issue. A compromise was suggested, but ultimately it broke down. The vanguard of the movement, therefore, decided to hold a conference to take a final decision as to the struggle. Accordingly, on November 13, 1927, a conference of the promoters of temple entry movement was held at Indra Bhuvan Theatre, in Amraoti, over which Ambedkar was invited to preside. A vast crowd surged up at noon to receive the leader of the Untouchables at the station. The proceedings of the Conference commenced in great excitement. Among those present were Tikade, Bar-at-Law; Chaubal, pleader; K.B. Deshmukh, Deorao Naik, D.V. Pradhan and R.D. Kowly. Dr. Panjabrao Deshmukh made an introductory speech, traced the developments leading up to the Conference, and proposed the name of Ambedkar to the presidential Chair. Nanasahib Amritkar seconded the proposal."
Dr. Ambedkar\: Life and Mission, Dhananjay Keer, Popular Prakashan Private Limited, 35-C, Pandit Madan Mohan Malaviya Marg, Popular Press Bldg., Tardeo, Bombay-400 034, Reprint, 1992, p.-95

65. "About this time news spread in some circles through Gavai that Ambedkar was to go over to Islam. Subhedar Savadkar wrote to Ambedkar that it was the general opinion of his people that their "Raja" Ambedkar would not take such a hasty step until he had solved their problem. In reply Ambedkar wrote to Savadkar from London that he had a talk with Gavai regarding the issue of conversion and told him among other things that he was determined to leave the fold of Hinduism and embrace some other religion. He had also told him that he would never embrace Islam and that he was at that juncture inclined to Buddhism. He was so much involved, he concluded, in the destiny of his people that he had lost his personal identity and independence, and would not be free until he had solved their problem."
ibid., p.-240

66. आदि हिन्दू-आन्दोलन के प्रवर्तक श्री 108 स्वामी **अछूतानन्द जी 'हरिहर'** : जीवनी, सिद्धान्त और भाषण, लेखक, श्री चन्द्रिका प्रसाद जिज्ञासु, **प्रकाशक, हिन्दू** समाज सुधार कार्यालय, सआदत गंज, लखनऊ, पहली बार, 1960, पृ.-27

67. वही, पृ.-12-3

68. "On his arival in London, Ambedkar resumed his studies in Economics from September 1920 at the London School of Economics and Political Science..."
Dr. Ambedkar : Life and Mission, Dhananjay Keer, Popular Prakashan Private Limited, 35-C, Pandit Madan Mohan Malaviya Marg, Popular Press Bldg., Tardeo, Bombay-400 034, Reprint, 1992, p.-44

69. "So with his thoughts centred on his thesis he had to return to Bombay in April 1923."
ibid., p.-49

70. आदि हिन्दू आन्दोलन के प्रवर्तक श्री 108 स्वामी अछूतानन्द जी 'हरिहर' : जीवनी, सिद्धान्त और भाषण, लेखक, श्री चन्द्रिका प्रसाद जिज्ञासु, प्रकाशक, हिन्दू समाज सुधार कार्यालय, सआदत गंज, लखनऊ, पहली बार, 1960, पृ.-107

71. स्वर्गीय श्री श्री 108 स्वामी अछूतानंद जी का जीवन परिचय, लेखक, स्व. बाबू मंगल सिंह जाटव, मंगल भवन, तिकोनिया मुरार, ग्वालियर, मध्य प्रदेश, द्वितीय बार, 6 मई, 1997, पृ.-4

72. वही, पृ.-2 73. वही, पृ.-2

74. स्वामी अछूतानंद हरिहर, लेखक, डा. राज पाल सिंह 'राज', राजलक्ष्मी प्रकाशन, ए-17/18, भगवत गली नं. 1, ब्रह्मपुरी, दिल्ली-110 053, प्रथम संस्करण, पृ.-37

75. स्वर्गीय श्री श्री 108 स्वामी अछूतानंद जी का जीवन परिचय, लेखक, स्व. बाबू मंगल सिंह जाटव, मंगल भवन, तिकोनिया मुरार, ग्वालियर, मध्य प्रदेश, द्वितीय बार, 6 मई, 1997, पृ.-20

76. स्वामी अछूतानंद 'हरिहर', लेखक, डा. राज पाल सिंह 'राज', राजलक्ष्मी प्रकाशन, ए-17/18, भगवत गली नं. 1, ब्रह्मपुरी, दिल्ली-110 053, पृ.-29

77. वही, पृ.-49 78. वही, पृ.-62

79. स्वर्गीय श्री श्री 108 स्वामी अछूतानंद जी का जीवन परिचय, लेखक, स्व. बाबू मंगल सिंह जाटव, मंगल भवन, तिकोनिया मुरार, ग्वालियर, मध्य प्रदेश, द्वितीय बार, 6 मई, 1997, पृ.-19

80. वही, पृ.-1 81. वही, पृ.-1-2

82. वही, पृ.-25

83. स्वामी अछूतानंद 'हरिहर', लेखक डा. राज पाल सिंह 'राज', राजलक्ष्मी प्रकाशन, ए-17/18, भगवत गली नं. 1, ब्रह्मपुरी, दिल्ली-110 053, प्रथम संस्करण, पृ.-52

84. वही, पृ.-57 85. वही, पृ.-46

86. स्वर्गीय श्री श्री 108 स्वामी अछूतानंद जी का जीवन परिचय, लेखक, स्व. बाबू मंगल सिंह जाटव, मंगल भवन, तिकोनिया मुरार, ग्वालियर, मध्य प्रदेश, द्वितीय बार, 6 मई, 1997, पृ.-10

87. स्वामी अछूतानंद 'हरिहर', लेखक, डा. राज पाल सिंह 'राज', राजलक्ष्मी प्रकाशन, ए-17/18, भगवत गली नं 1, ब्रह्मपुरी, दिल्ली-110 053, प्रथम संस्करण, पृ.-11

88. वही, पृ.-59-60

89. बीसवीं सदी का दलित साहित्य, जय प्रकाश कर्दम, अभिमूकनायक (मासिक), 192, पाकेट डी, मयूर विहार, फेज-2, दिल्ली-110 092, जनवरी, 2001

90. वही, जनवरी, 2001 91. वही, जनवरी, 2001

92. दलित विमर्श की भूमिका, कँवल भारती, इतिहास बोध प्रकाशन, बी-239, चन्द्रशेखर आजाद नगर, इलाहाबाद-211 004, तृतीय परिवर्द्धित संस्करण, जनवरी, 2004, पृ.-112

93. चिन्तन की परम्परा और दलित साहित्य, सम्पादक, डा. श्यौरोज सिंह बेचैन और डा. देवेन्द्र चौबे, नवलेखन प्रकाशन, मेन रोड, हजारी बाग-825 301, संस्करण, 2000-2001, पृ.-152

94. हिन्दी दलित साहित्य के आधार स्तम्भ स्वामी अछूतानन्द, डा. श्यौराज सिंह बेचैन, हिन्दुस्तान, नई दिल्ली संस्करण, 26 जनवरी, 1999

95. वही, 26 जनवरी, 1999

96. वही, 26 जनवरी, 1999

97. वही, 26 जनवरी, 1999

98. वही, 26 जनवरी, 1999

99. वही, 26 जनवरी, 1999

100. रंगभूमि, प्रेमचंद, शिवानी बुक्स, 4855/24, हरबंस स्ट्रीट, दरियागंज, नई दिल्ली-110 002, संस्करण, 2004, पृ.-236

101. प्रेमचंद : कलम का सिपाही, अमृत राय, हंस प्रकाशन, इलाहाबाद, संस्करण, अप्रैल, 1992, पृ.-334

102. वही, पृ.-387

103. प्रेमचंद के पात्र : प्रेमचंद के विशिष्ट कथा-पात्रों का महत्वपूर्ण विश्लेषण, सम्पादक, कोमल कोठारी और विजयदान देथा, अक्षर प्रकाशन प्रा. लि., 2/36, अन्सारी रोड, दरिया गंज, दिल्ली-110 006, प्रथम संस्करण, 1970, पृ.-107

104. वही, पृ.-109

105. वही, पृ.-110

106. प्रेमचंद : अध्ययन की नई दिशाएँ, डा. कमल किशोर गोयनका, साहित्य निधि, सी-38, ईस्ट कृष्णा नगर, दिल्ली-110 051, प्रथम संस्करण, 1981, पृ.-108

107. वही, पृ.-109

108. वही, पृ.-105

109. रंगभूमि, प्रेमचंद, शिवानी बुक्स, 4855/24, हरबंस स्ट्रीट, दरियागंज, नई दिल्ली-110 002, संस्करण, 2004, पृ.-142

110. वही, पृ.-429-30

भाग-2. प्रेमचंद के 'चमारीनामे'

अध्याय-10

'गोदान' की सिलिया चमारी

'गोदान' में शुरू में सिलिया की कोई पहचान नहीं है। यहाँ तक कि उस का नाम भी नहीं मिलता। वह सिर्फ एक 'चमारी' है। सबूत इस प्रकार है—"मातादीन ने चमारिन बैठा ली, तो किसी ने क्या कर लिया। दातादीन दाँत कटकटाकर रह गए। मातादीन ने इतना जरूर किया कि अपना धरम बचा लिया अब भी बिना असनान-पूजा किए मुँह में पानी नहीं डालते। दोनों जून अपना भोजन आप पकाते हैं और अब तो अलग भोजन नहीं पकाते। दातादीन और वह साथ बैठकर खाते हैं।"[1] यह 'गोदान' के 40वें पृष्ठ की बात हुई, पर उस के 107वें पृष्ठ पर भी वह बिना नाम की चमारी ही है। प्रेमचन्द ने लिखा है—"दातादीन का लड़का मातादीन एक चमारिन से फँसा हुआ था। इसे सारा गाँव जानता था; पर वह तिलक लगाता था, पोथी-पन्ने बाँचता था, कथा भागवत कहता था, धर्म-संस्कार कराता था। उस की प्रतिष्ठा में जरा भी कमी न थी। वह नित्य स्नान-पूजा करके अपने पापों का प्रायश्चित कर लेता था।"[2]

सिलिया शब्द की व्युत्पत्ति क्या है? 'सिल्ला' चुगने वाली को 'सिलिया' नाम दिया जा सकता है। यह 'सिल्ला' क्या है? यह 'हिल्ला' की तर्ज का शब्द है। 'आल्ला-गिल्ला' भी इसी भाषा-वर्ग के शब्द हैं। दीवारों पर 'सील' चढ़ जाती है, 'सिल्लन' और 'सीलन' चीजों को ठंडा बना देती है। तो, कोई 'हिल्ला' करना, कंगाली में आट्टा 'गिल्ला' हो जाना और 'सिल्ला' चुगना—इस रास्ते हमें 'गोदान' की सिलिया मिलती है। जाना यह भी जा सकता है कि 'बुध स्मृति' में 'शिल' शब्द आया है। उस में 'शिल' का अर्थ इस प्रकार दिया गया है—"लावनी के पश्चात खेत में पड़ी बल्लरियों को बटोरना।"[3] मेरे मेरठ में इसे 'सिल्ला चुगना' कहते हैं। लगता है, बनारस के क्षेत्र में इसी 'शिल' शब्द से 'सिलिया' शब्द बना है। विक्रम संवत 1145 में जन्मे हेमचन्द्र की पुस्तक 'अभिधान चिन्तामणि' में भी 'कणिशाद्यर्जनं शिल्म्'[4] पद आया है। इस का हिन्दी में अर्थ इस प्रकार दिया गया है—"खेत काटकर किसान के अन्न ले जाने के उपरान्त उस खेत में से 1-1 दाना चुँगने' का 1 नाम है—शिलम्।"[5]

मैं यह बात इसलिए कह रहा हूँ क्योंकि अपने गाँव के खेतों में पलिया ले कर मैंने खुद सिल्ला चुगा है। मैं दावे के साथ कह रहा हूँ कि प्रेमचंद ने ऐसा कोई सिल्ला नहीं चुगा होगा। इस बारे में मुझ से अच्छी बात शिवनाथ चौधरी 'आलम' ने अपने लेख 'प्रेमचंद—दलित अस्मिता के आइने में—II' में लिखी है। वे लिखते हैं—"प्रेमचन्द ने अपने कथा साहित्य की जरूरत के लिए दलितों, पिछड़ों, गरीबों की समस्याएँ ले कर लेखन किया उन का यह जुड़ाव सिर्फ लेखन तक ही सीमित था। उन्होंने इन पात्रों की असल त्रासदी, संताप दुःख और कठिनाइयों (को) नहीं झेला था। वे कलम के मजदूर थे सचमुच के मजदूर नहीं थे। उन्होंने हाड़-तोड़ कड़कती 'पूस की रात' की ठण्ड फटे-कम्बल में नहीं गुजारी थी। उन्हें 'कफन' के लिए नहीं तरसना पड़ा था।"[6]

'गोदान' में सिलिया चमारी ने अपने लिए मातादीन ब्राह्मण चुना या करा है। इस मातादीन ब्राह्मण में क्या खासियत है? खासियत यह है कि वह भंग पी कर पड़ा रहता है। मातादीन का बाप दातादीन, होरी के बेटे गोबर से, अपने बेटे मातादीन का चरित्र इन शब्दों में बखान करता है—"मातादीन को किसी हीले से लगा दो न? भंग पी कर पड़े रहने के सिवा यहाँ और कौन काम है?"[7] भांग-बूटी उस की पहचान है। उस के बारे में 'गोदान' में एक अन्य स्थल पर लिखा मिलता है—"दूसरे दिन से बोआई शुरू हुई! होरी का सारा परिवार इस तरह काम में जुटा हुआ था, मानो सब कुछ अपना ही है। कई दिन के बाद सिंचाई भी इसी तरह हुई। दातादीन को सेंत-मेत के मजूर मिल गए। अब कभी-कभी उनका लड़का मातादीन भी घर में आने लगा। जवान आदमी था, बड़ा रसिक और बातचीत का मीठा। दातादीन जो कुछ छीन-झपटकर लाते थे, वह उसे भाँग बूटी में उड़ाता था। एक चमारिन से उसकी आशनाई हो गई थी, इसलिए अभी तक ब्याह न हुआ था। वह रहती थी; पर सारा गाँव यह रहस्य जानते हुए भी कुछ न बोल सकता था। हमारा धर्म है हमारा भोजन। भोजन पवित्र रहे, फिर हमारे धर्म पर कोई आँच नहीं आ सकती। रोटियाँ ढाल बन कर अधर्म से हमारी रक्षा करती हैं।"[8]

मतलब यह है कि सिलिया चमारी से उस की आशनाई हुई है, कोई विवाह नहीं। वह बिना विवाह के इस चमारी को रख रहा है। यह उस की चरित्रहीनता नहीं तो और क्या है? कम से कम, होरी की बड़ी बेटी सोना ने इस वजह से उसे चरित्रहीन ही माना है। इस बारे में सोना का झुनिया से एक संवाद इस प्रकार है :

> "सोना ने झुनिया से पूछा—मातादीन क्या करने आये थे?
>
> झुनिया ने माथा सिकोड़कर कहा—पगहिया माँग रहे थे। मैंने कह दिया, यहाँ पगहिया नहीं है।
>
> 'यह सब बहाना है। बड़ा खराब आदमी है।'
>
> 'मुझे तो बड़ा भला आदमी लगता है। क्या खराबी है उसमें?'

'तुम नहीं जानतीं? सिलिया चमारिन को रखे हुए है।'

'तो इसी से खराब आदमी हो गया?'

'और काहे से आदमी खराब कहा जाता है?''[9]

फिर, क्या मातादीन अपनी इस चरित्रहीनता में सिलिया तक सम्बन्धित और सीमित है? नहीं, वह पूरा लम्पट है। वह झुनिया पर भी ऐसे ही डोरे डाल रहा है। विवरण और संवाद इस प्रकार हैं :

> ''अब साझे की खेती होने से मातादीन को झुनिया से बातचीत करने का अवसर मिलने लगा। वह ऐसे दाँव से आता, जब घर में झुनिया के सिवा और कोई न होता; कभी किसी बहाने से, कभी किसी बहाने से। झुनिया रूपवती न थी; लेकिन जवान थी और उसकी चमारिन प्रेमिका से अच्छी थी। कुछ दिन शहर में रह चुकी थी, पहनना-ओढ़ना, बोलना-चालना जानती थी और लज्जाशील भी थी, जो स्त्री का सबसे बड़ा आकर्षण है। मातादीन कभी-कभी उसके बच्चे को गोद में उठा लेता और प्यार करता। झुनिया निहाल हो जाती थी।
>
> एक दिन उसने झुनिया से कहा—तुम क्या देखकर गोबर के साथ आयीं झूना?
>
> झुनिया ने लजाते हुए कहा—भाग खींच लाया महाराज, और क्या कहूँ।
>
> मातादीन दुखी मन से बोला—बड़ा बेवफा आदमी है। तुम जैसी लच्छमी को छोड़कर न जाने कहाँ मारा-मारा फिर रहा है। चंचल सुभाव का आदमी है, इसी से मुझे शंका होती है कि कहीं और न फँस गया हो। ऐसे आदमियों को गोली मार देना चाहिए। आदमी का धरम है, जिसकी बाँह पकड़े, उसे निभाए। यह क्या कि एक आदमी की जिन्दगी खराब कर दी और दूसरा घर ताकने लगे।
>
> युवती रोने लगी। मातादीन ने इधर-उधर ताककर उसका हाथ पकड़ लिया और समझाने लगा—तुम उसकी क्यों परवा करती हो, झूना, चला गया, चला जाने दो। तुम्हारे लिए किस बात की कमी है? रुपये-पैसे, गहना-कपड़ा, जो चाहो मुझसे लो।
>
> झुनिया ने धीरे से हाथ छुड़ा लिया और पीछे हटकर बोली—सब तुम्हारी दया है महाराज! मैं तो कहीं की न रही। घर से भी गयी, यहाँ से भी गयी। न माया मिली, न राम ही हाथ आये। दुनिया का रंग-ढंग न जानती थी। इसकी मीठी-मीठी बातें सुनकर जाल में फँस गई।

> मातादीन ने गोबर की बुराई करनी शुरू की—वह तो निरा लफंगा है, घर का न घाट का। जब देखो, माँ-बाप से लड़ाई। कहीं पैसा पा जाय, चट जुआ खेल डालेगा, चरस और गाँजे में उसकी जान बसती थी, सोहदों के साथ घूमना, बहू-बेटियों को छेड़ना, यही उसका काम था। थानेदार साहब बदमाशी में उसका चालान करने वाले थे, हम लोगों ने बहुत खुशामद की, तब जाकर छोड़ा। दूसरों के खेत-खलिहान से अनाज उड़ा लिया करता। कई बार तो खुद उसी ने पकड़ा था, पर गाँव-घर समझकर छोड़ दिया।''[10]

कुल मिला कर, 'मातादीन का व्यवहार सभी को नापसन्द था। वह गाँव की बहू-बेटियों को घूरा करता था... ।'[11]

यह मातादीन की बात हो गई, पर मातादीन का बाप दातादीन कैसा आदमी है? यह सत्तर साल का बूढ़ा पण्डित लठिया टेकता हुआ चलता है। उस का मुंह पोपला हो चुका है।[12] यह उम्र की बात हुई पर वह भी सुरती फाँकता है। उद्धरण इस प्रकार है—''दातादीन ने सुरती फाँकते हुए कहा—काम कैसे नहीं करेंगे?''[13] फिर, करना-धरना कुछ नहीं, घमंड केवल ब्राह्मण होने का है। 'गोदान' में लिखा मिलता है—''दातादीन ने होरी को बीच में डाल कर कहा—...मगर यह समझ लो, मैं ब्राह्मण हूँ, मेरे रुपए हजम करके तुम चैन न पाओगे।''[14]

यूँ, चमारों की श्रम संस्कृति के सामने दातादीन और मातादीन दोनों बाप-बेटे धेल्ले के आदमी नहीं हैं। तब सिलिया ने इन में क्या देखा? वह चमारों की बिलकुल बेवकूफ लड़की है।

पहले ही बताया जा चुका है कि होरी की बड़ी बेटी सोना अच्छी तरह जानती है कि मातादीन कैसे चरित्र का आदमी है। वह सिलिया को समझाती भी है। दोनों के बीच का वह संवाद इस प्रकार है :

> ''हाँ, यह तो बता, इधर मतई से तेरी भेंट नहीं हुई? सुना, ब्राह्मण लोग उन्हें बिरादरी में नहीं ले रहे हैं।
>
> सिलिया ने हिराकत के साथ कहा—बिरादरी में क्यों न लेंगे; हाँ, बूढ़ा रुपए नहीं खरच करना चाहता। इसको पैसा मिल जाय, तो झूठी गंगा उठा ले। लड़का आजकल बाहर ओसारे में टिक्कड़ लगाता है।
>
> 'तू इसे छोड़ क्यों नहीं देती? अपनी बिरादरी में किसी के साथ बैठ जा और आराम से रह। वह तेरा अपमान तो न करेगा।'
>
> 'हाँ रे, क्यों नहीं, मेरे पीछे उस बेचारे की इतनी दुरदशा हुई, अब मैं उसे छोड़ दूँ? अब वह चाहे पण्डित बन जाय, चाहे देवता बन जाय, मेरे लिए तो वही मतई है, जो मेरे पैरों पर सिर रगड़ा करता था; और ब्राह्मण

भी हो जाय और ब्राह्मनी से ब्याह भी कर ले, फिर भी जितनी उसकी सेवा मैंने की है, वह कोई ब्राह्मनी क्या करेगी! अभी मान-मरजाद के मोह में वह चाहे मुझे छोड़ दे; लेकिन देख लेना, फिर दौड़ा आएगा।'

'आ चुका अब। तुझे पा जाय तो कच्चा ही खा जाय।'

'तो उसे बुलाने ही कौन जाता है? अपना-अपना धरम अपने-अपने साथ है। वह अपना धरम तोड़ रहा है, तो मैं अपना धरम तोड़ूँ?' ''[15]

इस बात को होरी भी समझे हुए है कि मातादीन एक बुरा आदमी है। लेकिन मत सिलिया की मारी गई है। होरी ठीक सोच रहा है—''एक यह नोहरी है और एक यह चमारिन है सिलिया! देखने-सुनने में उससे लाख दरजे अच्छी। चाहे दो को खिलाकर खाए और राधिका बनी घूमे; लेकिन मजूरी करती है, भूखों मरती है और मतई के नाम पर बैठी है, और वह निर्दयी बात भी नहीं पूछता।''[16] तभी होरी ने 'मातादीन को अपनी ओर आते देखा। कसाई कहीं का, कैसा तिलक लगाए हुए है, मानो भगवान का असली भगत है। रँगा हुआ सियार। ऐसे ब्राह्मण को पालागन कौन करे।'[17]

विजयदान देथा ने अपने लेख 'झुनिया, सिलिया और सोना' में 'गोदान' की इन तीन लगभग हम-उमर की जवान युवतियों की तुलना की है। झुनिया अहीर के घर की है, सोना चौधरी जाति की है, और सिलिया चमार जाति की बेटी है। देथा लिखते हैं—''सिलिया चमारों के घर की है।''[18] आगे के शब्द उन्होंने 'गोदान' से ही उद्धृत किए हैं—''साँवली, सलोनी, छरहरी बालिका थी, जो रूपवती न हो कर भी आकर्षक थी। उस के हास में, चितवन में अंगों के विकास में हर्ष का उन्माद था, जिस से उस की बोटी-बोटी नाचती रहती थी।''[19] इस से आगे विजयदान देथा ने सिलिया के बारे में अपना मूल्यांकन किया है जो इस प्रकार है—''उच्छृंखल, आजाद, मनमौजी। अपने मन की स्वयं महारानी है। माता-पिता, समाज, मान, प्रतिष्ठा, मरजाद आदि किसी की परवाह न करने वाली। इस संसार में वह केवल तीन बातों ही से परिचित है। एक तो वह स्वय को जानती है। अपने प्रेम को जानती है। और तीसरे वह अपने प्रेमी मातादीन (ऊँचे कुल का ब्राह्मण, पंडित दातादीन का सपूत) को जानती है। चौथी बात से उसे कोई वास्ता नहीं।''[20] इस का मतलब ही यह है कि सिलिया अपनी चमार कौम के लिए एक गलत पात्रा है। वह अपने माँ-बाप और अपनी कौम की इज्जत लुटाती फिर रही है। ऐसी सिलियाओं से चमार कौम का भला कैसे होगा? उपन्यास में जगह-जगह वह चमारों की नाक ही कटवा रही है। पर प्रेमचन्द को कथाकार के नाते यही भाया है। उन्होंने सिलिया का चरित्र खड़ा करके चमारों की जात खूब उछाली है।

'गोदान' की सिलिया बहकती फिरती है। एक बार सिलिया का मुँह सोना के पति मथुरा के मुँह के पास आ गया था, और दोनों की साँस और आवाज और देह

में कम्पन हो रहा था। सहसा सोना को भनक पड़ गई। सिल्लो पीछे हट गई।[21] इस पर सोना ने सिलिया को जो सुनाई है, उस से ज्यादा चमार कौम की बेइज्जती क्या होगी? सोना ने कहा है–"अब तो तुम मेरी आँखों में हरजाई हो, निरी बेसवा अगर यही करना था, मातादीन का नाम क्यों कलंकित कर रही है; क्यों किसी को लेकर बैठ नहीं जाती; क्यों अपने घर नहीं चली गई? यही तो तेरे घरवाले चाहते थे। तू उपले और घास लेकर बाजार जाती, वहाँ से रुपए लाती और तेरा बाप बैठा, उसी रुपए की ताड़ी पीता, फिर क्यों उस ब्राह्मन का अपमान कराया, क्यों उसकी आबरू में बट्टा लगाया? क्यों सतवन्ती बनी बैठी हो? जब अकेले नहीं रहा जाता, तो किसी से सगाई क्यों नहीं कर लेती; क्यों नदी-तालाब में डूब नहीं मरती? क्यों दूसरों के जीवन में विष घोलती है? आज मैं तुझसे कह देती हूँ कि अगर इस तरह की बात फिर हुई और मुझे पता लगा, तो हम तीनों में एक भी जीते न रहेंगे। बस, अब मुँह में कालिख लगाकर जाओ। आज से मेरे और तुम्हारे बीच में कोई नाता नहीं रहा।"[22]

ये सब चमार जाति के फजीते हुए हैं जो प्रेमचंद ने 'गोदान' में सिलिया का चरित्र खड़ा करके किए हैं।

चमारों की तरफ से सिलिया एक बदतमीज लड़की है। उस ने मातादीन से सम्बन्ध क्यों बनाए? उस का मातादीन से विवाह नहीं हुआ था, उस ने अपनी किस अक्ल के आधार पर अपने उदर में मातादीन का गर्भ धारण किया? जब उसे खूब पता था कि मातादीन से उस का विवाह नहीं होने वाला है तो वह उस गलत डगर पर क्यों चली? क्या उसे समाज की वास्तविकताओं का तनिक भी भान नहीं है? क्या वह उस गाँव में नहीं रह रही थी? क्या उसे जात-बिरादरियों के बारे में पता नहीं था? क्या वह हिन्दुस्तान के उस गाँव में विदेश से आई थी? जिस लड़की को इतना भी नहीं पता कि चमारों से ब्राह्मण घृणा करते हैं, मातादीन ब्राह्मण से सैक्स-सम्बन्ध बना कर वह लड़की अपनी बिरादरी की इज्जत ही उतार रही थी। अपने माँ-बाप की इज्जत उन लड़कियों ने सँभाली हैं जो उन की मदद से अपनी शादी करती हैं। चमार सिलिया से खुश कैसे हो जाएंगे? उस की माँ उसे मारने पर ही उतारू थी। सीधा सवाल है, सिलिया चमारों में इज्जत कैसे पा जाएगी? उस ने चमारों की इज्जत उछाली और उछलवाई है। प्रेमचंद ने इस पात्रा के द्वारा चमारों के घरों का फजीता करके रख दिया है।

प्रेमचंद द्वारा सृजित चमारों की इस लड़की ने चमारों की पूरी बेइज्जती की है और करवाई है, वह भी एक धोखेबाज ब्राह्मण के लिए। यह संभव भी नहीं था कि कोई ब्राह्मण किसी चमारी से शादी करेगा। इसलिए, कोई चमार नहीं चाहेगा कि उन के घर में सिलिया जैसी लड़की दुबारा पैदा हो। उस ने कौम की कोई इज्जत नहीं बढ़ाई, सारा काम नामोशी का किया है। वह प्रेमचन्द के 'गोदान' की हीरोइन हो,

लेकिन किसी दलित लेखक या दलित लेखिका की कलम से उस की अपनी रचना में ऐसी पात्रा का सृजन नहीं हो सकता।

सवाल है, सिलिया उसी गाँव में अपनी ससुराल वाले ब्राह्मण के घर में क्यों नहीं गई? वह होरी के घर क्यों पड़ी रही? यह प्रेम नहीं, उस की मूर्खता है कि पीहर और ससुराल के दोनों घरों से बेदखल है। उस का बच्चा उस की ससुराल में होना चाहिए था—ऐसा क्यों नहीं हुआ? प्रेमचन्द ने यह चमारों की कैसी लड़की ढूंढ़ी है? क्या उन्हें पता नहीं था कि चमारों में दूसरी तरह के केस होते हैं? एक लड़की अपनी गलत बात चलाने से बाज नहीं आ रही थी। माँ-बाप ने उसे जान से मार दिया। रात को बुग्गी में भर कर गोस्से ढो दिए। शमशानों में जा कर फूँक दी। क्या चमारों को ले कर प्रेमचंद ऐसी कहानी नहीं लिख सकते थे कि बाप ऐसी सिलिया को हरिद्वार गंगास्नान करवाने के बहाने से ले गया, और वहाँ नदी में धक्का दे दिया। प्रेमचंद ने चमारों को बदनाम करवाने वाली सिलिया की कहानी क्यों चुनी? चमारों की अनेक बेटियाँ हैं जो अपने माँ-बाप की इज्जत रखती हैं।

कहानियों की बात अलग, मैं अपनी आँखों-देखी सच्ची घटना बता सकता हूँ। मेरे सामने क्या, पूरे गाँव के सामने वह घटना घटित हुई थी। एक तरफ बेटी का बाप, कुटुम्ब और बिरादरी खड़ी थी। दूसरी तरफ, उस का पति और उस की ससुराल के लोग खड़े थे। विवाह कई साल पहले हो गया था। अपने पति के साथ पीहर आई थी। एक दूसरी शादी थी। उसी की ससुराल की बारात थी। बारात ने हुड़दंग तार दिया। शराब वगैरह पी कर हुक्के तोड़ दिए। चमारों ने ऐसी बारात पहली बार देखी थी। गुस्सा आ गया। ऐसे धरों में दूसरी बेटी को क्या भेजेंगे, पहली ब्याही बेटी को भी रोकने की सोच ली। पाला खिंच गया। बीच में बेटी थी। बाप ने बेटी से कहा—"बेटी, तू बीच में खड़ी है। तेरे ऊपर फैसला है। जो तू बाप की बात मानती है तो मेरी तरफ आ जा, और जो तू मेरी इज्जत नहीं रखती है तो अपने पति की तरफ चली जा। तेरा पति और तेरी ससुराल के लोग उधर खड़े हैं।" बेटी ने तत्काल निर्णय लिया था—वह अपने पति की तरफ चली गई थी। बाप दुखी हो गया था, मेरी बेटी ने मेरी इज्जत नहीं रखी। पूरी बिरादरी और कुटुम्ब के लोग उस बाप से कह रहे थे—"दुखी मत होओ। तुम्हारी बेटी ने तुम्हारी ही इज्जत रखी है। वह अपने पति के साथ गई है। तुम्हें खुश होना चाहिए कि वह तुम्हें धन्य कर गई है। तुम्हें इस बात का फक्र होना चाहिए कि तुमने ऐसी बेटी जनी है।" तब प्रेमचंद किस सिलिया की बात कर रहे हैं? चमारों की इज्जत उतारने के लिए किस कहानी को ले कर बैठ गए? वे सिलिया के बाप की ताड़ी पीने की बात कहते हैं, पर यहाँ बारात में भी शराब पीनी संभव नहीं और बर्दाश्त नहीं है।

मेरे गाँव की एक कहावत है। यह मैंने पूरे मेरठ जिले में और दिल्ली में सुनी है। कहावत यह है कि जब चमारी किसी से इश्क करती है तो उस पर अपना घर लुटा देती है, खुद को बर्बाद कर लेती है, लेकिन जब किसी दूसरी बिरादरी की औरत इश्क करती है तो वह उस पुरुष का घर लूट लेती है और खुद को आबाद कर लेती है, अपना घर पाल लेती है। चमार बिरादरी के लोगों का कहना है कि इस मामले में चमारी पूरी बेवकूफ होती है। सारे मामलों की बात अलग है, कहावत हर बार सही न हो, लेकिन 'गोदान' की सिलिया चमारी पर यह कहावत सौ प्रतिशत सही उतरती है। 'गोदान' में किसी भी दूसरी बिरादरी की लड़की इतनी पगली नहीं निकली जितनी चमारों की यह लड़की निकली है।

सिलिया को इतनी अक्ल नहीं है कि जाने कि मातादीन उसे कुछ भी नहीं समझता है। वह अपनी इज्जत लुटाती हुई उस के पीछे पड़ी हुई है। उस का मातादीन पर या मातादीन की किसी भी चीज पर कोई अधिकार नहीं है। इस बात को सिद्ध करता हुआ 'गोदान' में एक वाकया इस प्रकार दर्ज है :

> "दुलारी सहुआइन आज अपना लेहना वसूल करती फिरती थी। सिलिया उसकी दूकान से होली के दिन दो पैसे का गुलाबी रंग लायी थी। अभी तक पैसे न दिए थे। सिलिया के पास आकर बोली—क्यों री सिलिया, महीना भर रंग लाए हो गया, अभी तक पैसे नहीं दिए? माँगती हूँ तो मटककर चली जाती है। आज मैं बिना पैसे लिए न जाऊँगी।
>
> मातादीन चुपके-से सरक गया था। सिलिया का तन और मन दोनों लेकर भी बदले में कुछ न देना चाहता था। सिलिया अब उसकी निगाह में केवल काम करने की मशीन थी, और कुछ नहीं। उसकी ममता को वह बड़े कौशल से नचाता रहता था। सिलिया ने आँखें उठाकर देखा तो मातादीन वहाँ न था। बोली—चिल्लाओ मत सहुआइन, यह ले लो, दो की जगह चार पैसे का अनाज। अब क्या जान लेगी? मैं मरी थोड़े ही जाती थी।
>
> उसने अन्दाज से कोई सेर-भर अनाज ढेर में से निकालकर सहुआइन के फैले हुए अंचल में डाल दिया। उसी वक्त मातादीन पेड़ की आड़ से झल्लाया हुआ निकला और सहुआइन का अंचल पकड़कर बोला—अनाज सीधे से रख दो सहुआइन, लूट नहीं है।
>
> फिर उसने लाल लाल आँखों से सिलिया को देखकर डाँटा—तूने अनाज क्यों दे दिया? किससे पूछकर दिया? तू कौन होती है मेरा अनाज देनेवाली?

सहुआइन ने अनाज ढेर में डाल दिया और सिलिया हक्का-बक्का होकर मातादीन का मुँह देखने लगी। ऐसा जान पड़ा, जिस डाल पर वह निश्चिन्त बैठी हुई थी, वह टूट गयी और अब वह निराधार नीचे गिरी जा रही है! खिसियाए हुए मुँह से, आँखों में आँसू भरकर सहुआइन से बोली—तुम्हारे पैसे मैं फिर दे दूँगी सहुआइन! आज मुझ पर दया करो।

सहुआइन ने उसे दयार्द्र नेत्रों से देखा और मातादीन को धिक्कार-भरी आँखों से देखती हुई चली गई।

तब सिलिया ने अनाज ओसाते हुए आहत गर्व से पूछा—तुम्हारी चीज में मेरा कुछ अख्तियार नहीं है?

मातादीन आँखें निकालकर बोला—नहीं, तुझे कोई अख्तियार नहीं है। काम करती है, खाती है। जो तू चाहे कि खा भी, लुटा भी, तो यह यहाँ न होगा। अगर तुझे यहाँ न परता पड़ता हो, कहीं और जाकर काम कर। मजूरों की कमी नहीं है। सेंत में नहीं लेते, खाना-कपड़ा देते हैं।"[23]

अब यह अमृत राय ही प्रेमचंद के बारे में लिख रहे हैं—"वह गली उन के लिए अनजानी है, न प्रेम के प्रसंग जीवन में आए और न मुंशी जी अपने किस्से-कहानियों में कभी ढंग से उन्हें निभा ही पाए।"[24] बात भी सच है, 'गोदान' में मातादीन ब्राह्मण ने सिलिया चमारी से प्रेम नहीं किया है।

यहाँ जाना जाए कि पुस्तक 'द सिल्कन स्विंग : द कलचरल यूनिवर्स आफ दलित वीमेन' में गुजरात की कुछ दलित जातियों की स्त्रियों का अध्ययन किया गया है। इस में दलित वंकर जाति की एक लड़की हर्शिदा नाम की है। वह पटेल के लड़के श्याम से अपने सम्बन्धों के बारे में बताती है। वंकर जाति गाँव से बाहर रहती है। पटेल जाति गाँव में रहती है। वह धनवान और मध्यवर्गीय जाति है। उस के लोग किसानगती का काम करते हैं। हर्शिदा सर्वेकारों को बताती है कि वह उस से सम्बन्ध रखती है। वह कहती है—"मैं जानती हूँ कि वह पटेल जाति का है और मुझ से कभी शादी नहीं कर सकता।"[25] फिर, यह कैसा सम्बन्ध है? वह प्रेमचन्द की सिलिया चमारी से कितनी भिन्न है? लेकिन इस सर्वे में हर्शिदा की सहेली एक दूसरी लड़की लक्ष्मी है। उसे हर्शिदा और श्याम का यह सम्बन्ध अच्छा नहीं लगता। हर्शिदा लक्ष्मी से कहती है—"लक्ष्मी, मैं क्या कर सकती हूँ? जब भी मैं उस के खेतों में जाती हूँ, वह मुझे पकड़ लेता है, और नीचे धकेल देता है। मैं धरती पर गिर पड़ती हूँ और फिर वह मुझ पर चढ़ जाता है।" लक्ष्मी हर्शिदा को समझाती है कि तू ऐसा मत कर। लक्ष्मी सर्वेकारों से कहती है कि यदि वह गर्भ से ठहर गई तो उस के लिए गोलियाँ कौन लाएगा। लेकिन वह उस की एक नहीं सुनती। कहती है, में उसे देखे बिना नहीं रह सकती।"[26]

लक्ष्मी की गैर-जात के लड़कों के बारे में दूसरी राय है। वह उन्हें घास नहीं डालती। वह राजेश नाम के दरबार जाति के एक लड़के के बारे में बताती है जो राजपूत होते हैं। वह उस के पीछे पड़ा रहता है। लेकिन लक्ष्मी का जो उसे जवाब होता है, वह बहुत सख्त होता है। उस से ज्यादा सख्त है जो प्रेमचन्द की एक कहानी में मुलिया देती है। उस का अनुवाद करने के बजाय अंग्रेजी में ही रख रहा हूँ जो सन्दर्भ भाग में है। वह बताती है कि यदि हमारी बिरादरी के वास के लड़के हमें पटेलों के या गधवियों के लड़कों से बात करती देखते हैं तो वो ताने मारते हैं—"क्या तुम्हारे लिए हम नहीं हैं जो तुम दूसरों के पास जाती हो?"[27]

फर्क कितना है?—प्रेमचन्द ने 'गोदान' सन् 1936 में लिखा था, तथा 'द सिल्कन स्विंग : द कल्चरल यूनिवर्स आफ दलित वीमेन' के सम्पादकों ने अपनी पुस्तक सन् 2000 में प्रकाशित कराई है। दूसरा अन्तर यह है कि प्रेमचन्द का 'गोदान' बनारस के पास के गाँव की कहानी है तथा हर्शिदा और लक्ष्मी की कहानी गुजरात के ताल्लुकों की कहानी है। तीसरा फर्क यह है कि प्रेमचन्द की पात्रा सिलिया और मुलिया चमार जाति की औरतें हैं तथा हर्शिदा और लक्ष्मी वंकर जाति की औरतें हैं। दोनों दलित जातियाँ हैं।

'गोदान' में एक कमी यह है कि गाँव के गाँव में शादी नहीं हुआ करती। इसे कोई नहीं मान सकता कि एक गाँव की लड़की उसी गाँव के लड़के से ब्याही जाएगी। जाने प्रेमचन्द ने सिलिया के मामले में गाँव के इस प्राथमिक यथार्थ की तरफ ध्यान क्यों नहीं दिया? इस दृष्टि से, इसे आदर्शवादी कथा भी नहीं कहा जा सकता, या, क्या अपने आदर्श में प्रेमचन्द इस यथार्थ के खिलाफ भी जाना चाहते हैं? किसी आदर्श की यथार्थ से जोड़ कर कोई सीमा रखनी ही पड़ेगी। क्या हर वास्तविकता को छोड़ना या तोड़ना ही आदर्श में शुम्मार होने वाली चीज बनती है? तब गाँव के बच्चों को संभालना कितना मुश्किल काम हो जाएगा? छोटे-छोटे गाँवों के बच्चे आपस में ऐसे अफेयरों में पड़ेंगे तो क्या उन्हें शादियों का नाम दिया जा सकता है? चमार की बेटी के रूप में सिलिया की बात अलग, क्या एक ब्राह्मण को भी उसी गाँव के दूसरे ब्राह्मण की लड़की से विवाह करने की इजाजत मिलनी चाहिए? तब यह राधावाद और गोपीवाद होगा, विवाहवाद नहीं। प्रेमचन्द को पता होना चाहिए कि गाँव इस प्रकार बने और विकसित हुए हैं कि सारी बिरादरियों के सारे बच्चे आपस में भाई-बहन हैं। इस में बुराई भी क्या है?

प्रेमचन्द ने 'गोदान' में चमारों को ले कर वही काम किया है जो सवर्ण लोग सदा से करते आए हैं। सैक्स के मामले में सिलिया चमारी को नायिका बनाया है। 'गोदान' में चमारों की तरफ से सिर्फ सिलिया की ही कहानी क्यों है? कोई पुरुष पात्र खड़ा क्यों नहीं किया गया? इस में लेखक की मनोवृत्ति क्या दर्शाती है? बाकी पुरुषों

वाले सारे चमार पात्र कहाँ चले गए? निश्चित रूप से, सिलिया की कथा, मूल कथा की अनुषंगी कथा है, पर किसी अनुषंगी कथा में पुरुष पात्रों को लेने की मनाही नहीं है। फिर यह अघोषित मनाही किस मानसिकता की द्योतक है? इस से भी आगे, प्रेमचन्द सिलिया और मातादीन के नाम के पात्र सृजित करके ब्राह्मण जाति की परम्परा की एक चूल भी नहीं हिला सके हैं, उल्टे, उन्होंने इस उपन्यास में उन की जातियों के तम्बुओं की कीलें और मजबूती से ठोंक दी हैं। मातादीन अपनी जाति के व्यवहार में एक भी फेर-बदल नहीं कर सका।

ईश गंगानिया ने दलित दृष्टि से प्रेमचंद की मानसिक बुनावट और साहित्य की रचना-प्रक्रिया को अपने लेख '‘रंगभूमि', गांधी और अम्बेडकरवादी-विमर्श' में समझने की कोशिश की है। वे लिखते हैं—“अब प्रश्न यह उठ सकता है कि प्रेमचन्द के कौन से हित थे जो प्रेमचन्द को ब्राह्मण विरोधी व दलित हितैषी दिखने को विवश कर रहे थे? यह प्रश्न अत्यन्त गंभीर है और इसको समझने के लिए यह समझना भी जरूरी हो जाता है कि किस प्रकार व्यक्ति विभिन्न परिस्थितियों को देखकर गिरगिट की तरह रंग बदलता है। यह भी जानना जरूरी है कि किस प्रकार व्यक्ति अपने शिकार के लिए किसका कंधा कैसे-कैसे प्रयोग करता है और क्यूं प्रेमचन्द 'रंगभूमि' के माध्यम से किसका कंधा कैसे-कैसे प्रयोग करते हैं, क्यू करते हैं और कोई कंधा प्रयोग करने के पीछे प्रेमचन्द की मंशा क्या है? 'रंगभूमि' के माध्यम से प्रेमचन्द एक तीर से कितने शिकार करते हैं, इसको समझने के लिए पहले कुछ घटनाक्रमों से गुजरना जरूरी है क्योंकि ये घटनाक्रम प्रेमचन्द के एक तीर से कई शिकार करने वाली कुशाग्र कायस्थ बुद्धि को समझने में ही मदद नहीं करेंगे बल्कि उपयुक्त निष्कर्षों तक पहुचने के लिए एक ठोस प्लेटफार्म भी तैयार करेंगे।”[28]

'रंगभूमि' में इतनी बात समझ कर वे सीधे 'गोदान' और उस की सिलिया चमारी पर ही आते हैं। 'गोदान' की सिलिया चमारी और मातादीन ब्राह्मण की घटना को प्रेमचंद ने एक चमारी को ले कर अपने मामू के साथ हुई घटना से जोड़ा है जिस में उन के मामू कायस्थ जाति से थे। गंगानिया लिखते हैं—“...प्रेमचन्द व्यक्तिगत रूप से ब्राह्मणों से प्रतिशोध लेने और अपमानित करने का कोई अवसर गंवाना नहीं चाहते थे इसलिए अपराध अपने मामू का और थोंप दिया ब्राह्मणों के मत्थे। ऐसी दुश्मनी प्रेमचन्द की दलितों के संबंध में भी दिखती है यानि एक तीर से दो शिकार के स्पष्ट संकेत मिलते हैं कि प्रेमचन्द वर्णवादी व्यवस्था में संशोधन का एक अलग प्रकार का वर्णाश्रम धर्म स्थापित करना चाहते हैं जहाँ ब्राह्मणों की जगह कायस्थों का वर्चस्व हो और दलित इस संघर्ष में जितने भी बचें वह डॉ. अम्बेडकर जैसे क्रान्ति के अग्रदूत नहीं बल्कि सूरदास जैसे अपाहिज हों, सिर्फ कठपुतली संस्कृति के पोषक।”[29]

ईश गंगानिया ने प्रेमचंद के प्रशंसकों द्वारा मचाए गए उस बहुचर्चित शोर की भी अच्छी खबर ली है कि चमारों ने मातादीन ब्राह्मण के मुँह में हड्डी डाल दी थी। उस बारे में उन्होंने लिखा है—" 'गोदान' के विषय में कहा जाता है कि प्रेमचन्द ने दलितों द्वारा मातादीन के मुंह में हड्डी डालने के ऐपीसोड में क्रांतिकारी कारनामा किया है। इतना साहसिक कार्य दलित कहानियों व उपन्यासों में देखने को नहीं मिलता। लेकिन ये विचार भ्रामक हैं। वास्तव में 'गोदान' की समस्या दलित समस्या न होकर पिछड़ा वर्ग व किसान समस्या है जिसका प्रतिनिधित्व किसी सीमा तक प्रेमचन्द का अपना समाज करता है और इसके केन्द्र में होरी का परिवार है। यहां प्रेमचन्द स्पष्ट रूप से ब्राह्मण, क्षत्रिय और वैश्य की तिगड़ी के शोषण तंत्र का खुलासा करते हैं। यहां गांधी जी की विचारधारा के पोषण के लिए सूरदास की जगह होरी मौजूद है। 'गोदान' में प्रेमचन्द पुनः दलितों का कंधा प्रयोग कर इस शोषण की तिगड़ी के सिरमोर 'ब्राह्मण' से बदला लेने के लिए...एक सोची-समझी रणनीति को अंजाम देते हैं। 'गोदान' में जिस अपराध के लिए प्रेमचन्द मातादीन ब्राह्मण के मुंह में दलितों से हड्डी डलवाते हैं वह अपराध प्रो. नामवर के अनुसार प्रेमचन्द के मामू का अपराध है न कि मातादीन ब्राह्मण का, यानि प्रेमचन्द अपनी जाति के अपराधों को भी ब्राह्मणों के बताकर एक ओर ब्राह्मणों से अपनी निजी दुश्मनी का-सा बदला लेते हैं और दूसरी ओर दलितों को मोहरा बनाते हैं।"[30] उन्होंने दलितों को प्रेमचंद की इस चालाकी से सावधान रहने की सलाह दी है। वे बड़ी स्पष्ट भाषा में लिखते हैं—"यहाँ मातादीन और सिलिया के ऐपीसोड के माध्यम से प्रेमचन्द पुनः दलितों और ब्राह्मणों को आमने-सामने खड़ा कर तमाशबीन की मुद्रा में खड़े नजर आते हैं। दलितों को इस तमाशबीन संस्कृति जिनसे वह कदम-कदम पर घिरा खड़ा है को समझने की आवश्यकता है।"[31]

मुझे नहीं लगता, ईश गंगानिया के ऊपर किए गए विश्लेषण और अनुमान की किसी के पास काट है। खुद प्रेमचंद के बेटे अमृत राय प्रेमचंद के मामू की कथा को आगे बढ़ाते हुए लिखते हैं—"यह नवाब (प्रेमचंद) के साहित्यिक जीवन का वह पहला पाठ था, जिसे वह कभी नहीं भूला। और न शायद एक बार मामू साहब की छीछालेदार करने से उस का जी भरा क्योंकि चालीस बरस बाद 'गोदान' की सिलिया और मातादीन के रूप में, चम्पा और मामू साहब फिर जी उठे।"[32]

अब जरा उस वर्णन को कुछ विस्तार से देख लिया जाए जो 'गोदान' में सब से बड़ा क्रान्तिकारी कदम माना जाता है। बहुत बढ़-चढ़ कर कहा जाता है कि प्रेमचंद ने चमारों के हाथ से मातादीन ब्राह्मण के मुँह में हड्डी डलवा दी। प्रेमचंद के वे शब्द इस प्रकार हैं जिन्होंने हिन्दी समीक्षकों को प्रेमचंद की प्रशंसा में बावले कर रखा है :

''उसी वक्त उसकी माँ, बाप दोनों भाई और कई अन्य चमारों ने न जाने किधर से आकर मातादीन को घेर लिया। सिलिया की माँ ने आते ही उसके हाथ से अनाज की टोकरी छीनकर फेंक दी और गाली देकर बोली—राँड़, जब तुझे मजदूरी ही करनी थी, तो घर की मजूरी छोड़कर यहाँ क्या करने आयी! जब ब्राह्मन के साथ रही है, तो ब्राह्मन की तरह रह। सारी बिरादरी की नाक कटवाकर भी चमारिन ही बनना था, तो यहाँ क्या घी का लोंदा लेने आयी थी! चुल्लू भर पानी में डूब नहीं मरती!

झिंगुरीसिंह और दातादीन दोनों दौड़े और चमारों के बदले हुए तेवर देखकर उन्हें शान्त करने की चेष्टा करने लगे। झिंगुरीसिंह ने सिलिया के बाप से पूछा—क्या बात है चौधरी, किस बात का झगड़ा है?

सिलिया का बाप हरखू साठ साल का बूढ़ा था; काला, दुबला सूखी मिर्च की तरह पिचका हुआ; पर उतना ही तीक्ष्ण। बोला—झगड़ा कुछ नहीं है ठाकुर, हम आज या तो मातादीन को चमार बनाके छोड़ेंगे, या उनका और अपना रकत एक कर देंगे। सिलिया कन्या जात है, किसी न किसी के घर जायगी ही। इस पर हमें कुछ नहीं कहना है; मगर उसे जो कोई भी रखे, हमारा होकर रहे। तुम हमें ब्राह्मन नहीं बना सकते, मुदा हम तुम्हें चमार बना सकते हैं। हमें ब्राह्मन बना दो, हमारी सारी बिरादरी बनने को तैयार है। जब यह समरथ नहीं है, तो फिर तुम भी चमार बनो। हमारे साथ खाओ-पिओ, हमारे साथ उठो-बैठो। हमारी इज्जत लेते हो, तो अपना धरम हमें दो।

दातादीन ने लाठी फटकारकर कहा—मुँह सँभालकर बातें कर हरखुआ। तेरी बिटिया वह खड़ी है, ले जा जहाँ चाहे। हमने उसे बाँध नहीं रखा है। काम करती थी, मजूरी लेती थी। यहाँ मजूरों की कमी नहीं है।

सिलिया की माँ उँगली चमकाकर बोली—वाह-वाह पण्डित! खूब नियाव करते हो। तुम्हारी लड़की किसी चमार के साथ निकल गई होती और तुम इसी तरह की बातें करते, तो देखती। हम चमार हैं, इसलिए हमारी कोई इज्जत ही नहीं! हम सिलिया को अकेले न ले जायँगे, उसके साथ मातादीन को भी ले जायँगे, जिसने उसकी इज्जत बिगाड़ी है। तुम बड़े नेमी-धरमी हो। उसके साथ सोओगे; लेकिन उसके हाथ का पानी न पियोगे! यही चुड़ैल है कि यह सब सहती है। मैं तो ऐसे आदमी को माहुर दे देती।

हरखू ने अपने साथियों को ललकारा—सुन ली इन लोगों की बात कि नहीं! अब क्या खड़े मुँह ताकते हो?

> इतना सुनना था कि दो चमारों ने लपककर मातादीन के हाथ पकड़ लिए, तीसरे ने झपटकर उसका जनेऊ तोड़ डाला और इसके पहले कि दातादीन और झिंगुरीसिंह अपनी-अपनी लाठी सँभाल सकें, दो चमारों ने मातादीन के मुँह में एक बड़ी-सी हड्डी का टुकड़ा डाल दिया। मातादीन ने दाँत जकड़ लिए, फिर भी वह घिनौनी वस्तु उसके ओठों में तो लग ही गई। उन्हें मतली हुई और मुँह आप-से-आप खुल गया और हड्डी कंठ तक जा पहुँची।''[33]

इस वर्णन में किसी ने ध्यान नहीं दिया कि प्रेमचंद ने चमारों की बेइज्जती खुद चमारों की बेटी सिलिया से करवा रखी है। उस की माँ उस से ठीक पूछ रही है—''सारी बिरादरी की नाक कटवा कर भी चमारिन ही बनना था, तो यहाँ क्या घी का लोंदा लेने आई थी! चुल्लू भर पानी में डूब नहीं मरती!'' आश्चर्य की बात है कि इस घटना के बाद उलटे सिलिया को अपने माँ-बाप पर क्रोध आता है। अगला वर्णन इस प्रकार है :

> ''सिलिया मूर्तिवत खड़ी रही। माता-पिता और भाइयों पर उसे क्रोध आ रहा था। यह लोग क्यों उसके बीच में बोलते हैं? वह जैसे चाहती है, रहती है, दूसरों से क्या मतलब? कहते हैं, यहाँ तेरा अपमान होता है, तब क्या कोई ब्राह्मन उसका पकाया खा लेगा? उसके हाथ का पानी पी लेगा? अभी जरा देर पहले उसका मन मातादीन के निठुर व्यवहार से खिन्न हो रहा था, पर अपने घरवालों और बिरादरी के इस अत्याचार ने उस विराग को प्रचण्ड अनुराग का रूप दे दिया।
>
> विद्रोह-भरे मन से बोली—मैं कहीं न जाऊँगी। तू क्या यहाँ भी मुझे जीने न देगी?
>
> बुढ़िया कर्कश स्वर से बोली—तू न चलेगी?
>
> 'नहीं।'
>
> 'चल सीधे से।'
>
> 'नहीं जाती।'
>
> तुरन्त दोनों भाइयों ने उसके हाथ पकड़ लिए और उसे घसीटते हुए ले चले। सिलिया जमीन पर बैठ गई। भाइयों ने इस पर भी न छोड़ा। घसीटते ही रहे। उसकी साड़ी फट गई, पीठ और कमर की खाल छिल गई; पर वह जाने पर राजी न हुई।
>
> तब हरखू ने लड़कों से कहा—अच्छा, अब इसे छोड़ दो। समझ लेंगे मर गई; मगर अब जो कभी मेरे द्वार पर आयी तो लहू पी जाऊँगा।

सिलिया जान पर खेलकर बोली—हाँ, जब तुम्हारे द्वार पर जाऊँ, तो पी लेना।

बुढ़िया ने क्रोध के उन्माद में सिलिया को कई लातें जमाईं और हरखू ने उसे हटा न दिया होता, तो शायद प्राण ही लेकर छोड़ती।''[34]

यहाँ सिलिया बिलकुल मतिभ्रम की अवस्था में है। उसे अपनी, माँ-बाप की और बिरादरी की इज्जत की कोई फिक्र नहीं है। प्रेमचंद लिखते हैं—''सिलिया बाप के पैरों से लिपटकर बोली—मार डालो दादा, सब जने मिलकर मार डालो। हाय अम्माँ, तुम इतनी निर्दयी हो; इसीलिए दूध पिलाकर पाला था? सौर में ही क्यों न गला घोंट दिया? हाय! मेरे पीछे पण्डित को भी तुमने भिरस्ट कर दिया। उसका धरम लेकर तुम्हें क्या मिला? अब तो वह भी मुझे न पूछेगा। लेकिन पूछे न पूछे, रहूँगी तो उसी के साथ। वह मुझे चाहे भूखों रखे, चाहे मार डाले, पर उसका साथ न छोड़ूँगी। उनकी साँसत कराके छोड़ दूँ? मर जाऊँगी, पर हरजाई न बनूँगी। एक बार जिसने बाँह पकड़ ली, उसी की रहूँगी।''[35] सिलिया का कितना बेवकूफी भरा वाक्य है—''हाय! मेरे पीछे पण्डित को भी तुमने भिरस्ट कर दिया।'' यहाँ पूरी कौम की इज्जत जा रही है, उसे पण्डित का धरम बचाने की पड़ी हुई है!

सारे गलत काम सिलिया खुद कर रही है और बदनामी अपनी कौम के नाम मढ़ रही है। अपने मुँह से अपनी जाति की हेठी कर रही है। फिर मातादीन का पक्ष ले रही है, सोच रही है—''वह तो चमारिन है जाति की हेठी, उसका क्या बिगड़ा। आज दस-बीस लगाकर बिरादरी की रोटी दे दे, फिर बिरादरी में ले ली जायेगी। उस बेचारे का तो सदा के लिए धरम नास हो गया। वह मरजाद अब उन्हें फिर नहीं मिल सकती। वह क्रोध में कितनी अन्धी हो गई थी, कि सबसे उनके प्रेम का ढिंढोरा पीटती फिरी। उनका तो धरम भिरष्ट हो गया था, उन्हें तो क्रोध था ही, उसके सिर पर क्यों भूत सवार हो गया? वह अपने ही घर चली जाती, तो कौन बुराई हो जाती? घर में उसे कोई बाँध तो न लेता। देश मातादीन की पूजा इसीलिए तो करता है कि वह नेम-धरम से रहते हैं। वही धरम नष्ट हो गया, तो वह क्यों न उसके खून के प्यासे हो जाते?''[36] यह उस की पागलपंथी की हद है।

सिलिया ने मातादीन में ऐसा क्या देख लिया है कि वह उस का पीछा नहीं छोड़ रही है? पहली बात, वह गाँव की बहू-बेटियों पर कुदृष्टि रखता है। इस के प्रमाण दिए जा चुके हैं। दूसरी बात, वह कोई सुन्दर व्यक्ति नहीं है। सिलिया ने ही उस से कहा है—''इसी गाँव में तुम से धनी, तुम से सुन्दर, तुमसे इज्जतदार लोग हैं।''[37] तीसरी बात, हड्डी वाली घटना के बाद भी मातादीन उस से निर्मम स्वर में कहता है—''मेरे साथ मत आ। मेरा तुझ से कोई वास्ता नहीं। इतनी साँसत करवा के भी तेरा पेट नहीं भरता।''[38] चौथी बात, मजूरी वह कर ही रही है। खूब ओले गिरते दिन में भी वह घास

ले कर बाजार गई हुई है।[39] जबकि मातादीन के पास दस बिघे की जमीन है, उसे क्या फायदा, या क्या मतलब? तब यह प्रेमचंद ने चमारों की इज्जत के साथ क्या खिलवाड़ की है? चमार लोग मातादीन ब्राह्मण के मुँह में हड्डी का टुकड़ा डाल रहे हैं पर चमारों की बेटी उसी ब्राह्मण के बड़ी हुई है! ब्राह्मण के मुँह में हड्डी के टुकड़े के डालने का तभी अर्थ निकल सकता था जब उन की बेटी उन के कहे में होती। जब बेटी भगी फिर रही है तो यह चमारों की जीत नहीं है। बेटी की इज्जत खोने की तुलना में हड्डी का डालना क्या चीज है?

फिर, प्रेमचंद ने सिलिया और मातादीन की कहानी जिस जगह रोकी है, सिलिया के लिए वह एक दूसरा धोखा शुरू हुआ है। वह सिलिया की झोपड़ी में आ गया है, उसे अपने घर नहीं ले गया। वह दुबारा सिलिया की इस झोपड़ी को छोड़ कर भागेगा। तब, प्रेमचन्द ने चमारों और ब्राह्मणों के बीच की पूरी कथा क्यों नहीं लिखी? यह एक पीढ़ी की कथा नहीं है, उस में भी एक ही पीढ़ी के दूसरे धोखे की संभावना तक की भी कथा नहीं है। यह हजारों साल की कथा है। यह नदी के दो पाटों के सम्बन्ध की कहानी है। ये कभी मिले नहीं हैं। दीवार तोड़ी तब जाए जब पहले उसे समझ लिया जाए। जो घनों से नहीं टूटी, वह सुनार की कलाकारी से क्या टूटेगी? हाँ, धोखा जरूर दिया जा सकता है। रिडल जरूर खड़ी की जा सकती है। प्रगतिशील मार्क्सवादी और जनवादी कहलवा कर प्रेमचंद समेत सारे हिन्दू कलाकार यही कर रहे हैं। बेकार की पच्चीकारी का काम है जो हर बार झाँसा सिद्ध होता है।

मातादीन सिलिया की झोपड़ी को अपनी 'देवी का मन्दिर'[41] कहता है। सिलिया कहती भी है–"मन्दिर है तो एक लोटा पानी उड़ेल कर चले जाओगे।"[42] लेकिन हम खूब जानते हैं कि मातादीन के मना करने पर भी सच में क्या होने वाला है। यह चकला और कोठा बनेगा। गाँव वाले और आसपास के लोग बाद में इसे ही माता मैया का मठ कह कर किसी महीने की पूर्णिमा को या अमावस को चढ़ावा चढ़ाने लगेंगे। यही रखैलों की कहानी है और भारत में भरी पड़ी है। साहित्य के पाठ के भीतर कैसे रहा जाए? यह दड़बा तोड़ा ही जाना है क्योंकि झूठा है, विशेषकर, प्रेमचंद की नक्कासी का यह चौखटा छोटा, आवरित और पूर्णतया विक्षेपित है।

संदर्भ

1. गोदान, प्रेमचंद, लोक भारती प्रकाशन, 15-ए, महात्मा गांधी मार्ग, इलाहाबाद-1, संस्करण, 1999, पृ.-40
2. वही, पृ.-107
3. अष्टादशस्मृति (भाषा-टीका सहित), मूल लेखक, पं. मिहरचंद, संशोधन तथा परिवर्धन, नाग शरण सिंह, नाग प्रकाशक, 11ए/यू. ए., जवाहर नगर, दिल्ली-110 007, प्रथम संस्करण, 1891, संशोधन तथा परिवर्धन, 1990, पृ.-663

4. अभिधान चिन्तामणि, लेखक, हेमचन्द्र, हिन्दी व्याख्याकार, हर गोविन्द शास्त्री, चौखम्बा, विद्या भवन चौक, वाराणसी-1 प्रथम संस्करण, वि. सं. 2020, पृ.-214
5. वही, पृ.-214
6. प्रेमचंद—दलित अस्मिता के आइने में—II, शिवनाथ चौधरी 'आलम', तीसरा पक्ष, 3734/23ए, त्रिमूर्ति नगर, दमोह नाका, जबलपुर, मध्य प्रदेश-482 002, जनवरी-मार्च, 2006, पृ.-68
7. गोदान, प्रेमचंद, लोक भारती प्रकाशन, 15-ए, महात्मा गांधी मार्ग, इलाहाबाद-1, संस्करण, 1999, पृ.-181
8. वही, पृ.-154
9. वही, पृ.-155
10. वही, पृ.-154-55
11. वही, पृ.-214
12. वही, पृ.-33
13. वही, पृ.-187
14. वही, पृ.-188
15. वही, पृ.-222-23
16. वही, पृ.-254
17. वही, पृ.-254
18. प्रेमचंद के पात्र : प्रेमचंद के विशिष्ट कथा-पात्रों का महत्वपूर्ण विश्लेषण, सम्पादक, कोमल कोठारी और विजयदान देथा, अक्षर प्रकाशन प्रा. लि., 2/36, अन्सारी रोड, दरिया गंज, दिल्ली-110 006, प्रथम संस्करण, 1970, पृ.-201
19. वही, पृ.-201 पर उद्धृत
20. वही, पृ.-201-02
21. गोदान, प्रेमचन्द, लोक भारती प्रकाशन, 15-ए, महात्मा गांधी मार्ग, इलाहाबाद-1, संस्करण, 1999, पृ.-257
22. वही, पृ.-260
23. वही, पृ.-212-13
24. प्रेमचंद : कलम का सिपाही, अमृत राय, हंस प्रकाशन, इलाहाबाद, संस्करण, अप्रैल, 1992, पृ. -292
25. "I know that he is a Patel and can therefore never marry me."
The Silken Swing : The Cultural Universe of Dalit Women, Edited by Fernando Franco, Jyotsna Macwan and Suguna Ramanathan, STREE, 16, Southern Avenue, Calcutta-700 026, Ist Edition, January, 2000, p.-58
26. 'Harshida is in love with that Patel boy. They wander about together. She must have gone to him in his field about forty times; she is not afraid at all. She is my great friend and she confides in me. She says: "Lakshmi, what can I do? Whenever I go to his field, he catches me, pushes me down, so I fall to the ground, and then he mounts me." I have repeatedly told her not to do this. Suppose she gets pregnant, who will get her pills? But she will not listen. She says she cannot live without seeing him."
ibid., p.-59
27. "He calls me to his field but I know why he calls me. I never go alone but always with a friend. He asks me to go alone to him, so I say to him : "What, is your thing standing up? It will not lie low? Then cut it off and you will have peace." When I go to fetch water, he tries to make love, sends letters and that sort of thing. We should not go alone where he is. Harshida is not afraid of these things. I am married but I am very scared. If the vas boys see us talking to a Patel or Gadhvi boy they taunt us, saying, "Are we not there for you that you have to go to others?" My Darbar friend Rajesh tells me, "We love you only for this: if you refuse to have sex with us, how can we love you." He tries to catch me. I laugh and tell him to cut off his thing...."
ibid., p.-60

28. 'रंगभूमि', गांधी और अम्बेडकरवादी-विमर्श, ईश गंगानिया, अपेक्षा, 27-घौंडली, कृष्णा नगर, दिल्ली-110 051, जनवरी-मार्च, 2005, पृ.-27

29. वही, पृ.-33

30. वही, पृ.-36

31. वही, पृ.-37

32. प्रेमचंद : कलम का सिपाही, अमृत राय, हंस प्रकाशन, इलाहाबाद, संस्करण, अप्रैल, 1992, पृ.-30

33. गोदान, प्रेमचंद, लोक भारती प्रकाशन, 15-ए, महात्मा गांधी मार्ग, इलाहाबाद-1, संस्करण, 1999, पृ.-213-14

34. वही, पृ.-215

35. वही, पृ.-216

36. वही, पृ.-255-56

37. वही, पृ.-217

38. वही, पृ.-216

39. वही, पृ.-295

40. वही, पृ.-212

41. वही, पृ.-297

42. वही, पृ.-297

अध्याय-11

'गोदान'–अर्थात एक और 'चमारीनामा'

बीसवीं शताब्दी के चौथे दशक में लिखी गई हापुड़ के मुसलमान शायर बूम की किताब 'चमारीनामा' पर प्रतिबन्ध क्यों लगा था? प्रतिबन्ध इसलिए लगा था कि उस में चमार जाति की औरतों की बेइज्जती की गई थी। इस सन्दर्भ में मुझे अपने स्वर्गीय बिहारी लाल हरित याद आ रहे हैं। वे हमारे महा जनकवि थे। उन के साथ दिल्ली में मंच पर मुझे भी अपनी कविता गाने का सौभाग्य प्राप्त हुआ था। उन्होंने मुझे बताया था कि उन्होंने बूम के 'चमारीनामा' का जवाब कविता में लिख कर छपवाया था और किस तरह वह मुकदमा अदालत में जीता था। लेकिन प्रेमचंद द्वारा 'गोदान' में प्रयोग किए गए ये शब्द–"चमारियों पर तो गिद्ध की तरह टूटते हैं।"[1]–चमारियों के चीर-हरण से क्या कम है? 'चोरी-चमारी'[2] का समास क्या है? 'चमारीनामा' पर चमारों ने ब्रिटिश भारत में मुकदमा लड़ कर प्रतिबन्ध लगवा दिया पर 'गोदान' में सिलिया के नाम से जो 'चमारीनामा' लिखा गया है, वह स्वतन्त्र भारत में विश्वविद्यालयों के पाठ्यक्रमों में आज तक पढ़ाया जा रहा है।

'गोदान' में सिलिया को प्रेमचंद ने नामान्तर से राधा के रूप में ही पेश किया है। सिलिया चमारों की एक बिगड़ी हुई लड़की है। वह न माँ की सुनती है, न बाप की। उसे अपने भाई-बहनों की इज्जत का ख्याल नहीं है। वह ब्राह्मण मातादीन के चक्कर में पागल हो गई है। मातादीन भी बिल्कुल कृष्ण की भूमिका निभा रहा है। उसे इस सिलिया चमारी की अपनी पत्नी के रूप में जरूरत नहीं है। वह सिलिया की जवानी से केवल खेल-खालना चाहता है। सिलिया से वह विवाह के बन्धन में बंधना नहीं चाहता। उस के लिए वह किसी रुक्मणी को ढूंढ़ेगा। लेकिन चमारों का ऐसे कृष्णवाद और ऐसे राधावाद से सतत विद्रोह चल रहा है। मातादीन के मुँह में हड्डी ठूँसने का मतलब यही है कि कृष्ण राधा से विवाह करे और किसी दूसरी औरत के साथ न रहे। लेकिन मातादीन को चमारों की यही बात नहीं माननी है। इसलिए,

चमारों की तरफ से सारी गलती सिलिया की है। सिलिया की गलती इसलिए मानी जा रही है क्योंकि चमारों की कौम एक कमजोर कौम है। जब चमार जाति मजबूत जाति बन जाएगी, तब उस के लोग सिलिया के बजाय मातादीन को दंड देंगे। 'गोदान' में वे न अपनी सिलिया को रोक पा रहे हैं और न मातादीन को उन की लड़की छेड़ने के अपराध में दण्ड दे पा रहे हैं।

यूँ, सिलिया को ले कर चमारों के प्रेमचन्द से कई सवाल बनते हैं। वे इस प्रकार लिपिबद्ध किए जा सकते हैं :

1. क्या सिलिया चमारों की बेटियों का प्रतिनिधित्व करती है?
2. क्या चमारों की सारी बेटियाँ ऐसी ही होती हैं जैसी प्रेमचंद ने अपने उपन्यास 'रंगभूमि' में सिलिया दिखाई है?
3. यदि चमारों की सारी बेटियाँ ऐसी ही होती हैं जैसी प्रेमचंद ने अपने उपन्यास 'रंगभूमि' में सिलिया नाम से दिखाई है तो प्रेमचंद आज की दलित नारियों को क्या जवाब देंगे?
4. यदि सिलिया चमारों की बेटी का प्रतिनिधित्व नहीं करती है तो उसे उपन्यास में इस मुकाम पर क्यों दिखाया गया है?
5. क्या सिलिया के चरित्र को चमारों की असाधारण और महान बेटी के रूप में पेश किया गया है? तब उस में महानता और असाधारणता क्या है?
6. सिलिया के पास इतनी अक्ल क्यों नहीं दिखाई गई कि समझ सकती कि चमारों के और ब्राह्मणों के बीच वैवाहिक रिश्ते नहीं हुआ करते?
7. क्या सिलिया चमारों की बेटी का एक अपवाद है? यदि यह अपवाद है तो इसे उपन्यास में इतना महत्व क्यों दिया गया? अपवाद को जिक्र करने लायक क्यों माना गया? अपवाद को नगण्य मान कर छोड़ा क्यों नहीं गया?

प्रेमचंद ने 'रंगभूमि' में ही स्त्री के लिए 'चुड़ैल', 'कुल्टा' और 'डायन' के शब्द प्रयोग किए हैं। 'चुड़ैल' शब्द के उद्धरण इस प्रकार हैं :

1. "न जाने इस चुड़ैल का पेट है या भाड़।"[3]
2. "अब उस चुड़ैल को घर न रक्खूँगा। चमार के हाथों यह बे-आबरूई!"[4]
3. "मेरे घर जो चोरी हुई थी, वह इसी चुड़ैल की करतूत थी।"[5]
4. "ये चुड़ैल आँखों में काजल लगाए फिरा करती है।"[6]

5. "...यह चुड़ैल मुझे जीने न देगी।"[7]

'रंगभूमि' में 'कुल्टा' शब्द के प्रयोग इस प्रकार हुए हैं :

1. "कुलटा है, और क्या। जाति और कुल का प्रभाव कहाँ जाएगा?"[8]
2. "...तू कुलटा है, मेरे दुसमनों के साथ हँसती है... ।"[9]

और, 'डाइन' शब्द का प्रयोग इस प्रकार है :

1. "...भैरों...माँ से बोला—"अम्माँ, इसी डाइन ने मेरे रुपये चुराए थे।"[10]

एक 'रंगभूमि' की बात नहीं, इन शब्दों के प्रयोग प्रेमचंद के उपन्यास 'गोदान' में भी भरे हुए हैं। 'गोदान' में 'चुड़ैल' शब्द के प्रयोग इस प्रकार हैं :

1. "अब यह चुड़ैल मानने वाली नहीं। जिद पर आ जाती है तो किसी की सुनती ही नहीं।"[11]
2. "पर वह चुड़ैल भला क्यों देने लगी?"[12]
3. "चुड़ैल ने लेके मेरे लड़के को चौपट कर दिया।"[13]
4. "यह नहीं समझते, जो अपने बाप के घर न रही, वह किसी के घर नहीं रहेगी। समय खराब है, नहीं बीच बाजार में इस चुड़ैल धनिया के झोंटे पकड़ कर घसीटता।"[14]
5. "इसी चुड़ैल के पीछे डाँड़ देना पड़ा, बिरादरी में बदनामी हुई, खेती टूट गई, सारी दुर्गत हो गई। और आज यह चुड़ैल जिस पत्तल में खाती है, उसी में छेद कर रही है।"[15]
6. "इसी चुड़ैल ने उसे कुछ खिला-पिला कर अपने वश में कर लिया। ऐसी मायाविन न होती, तो यह टोना ही कैसे करती?"[16]
7. "चुड़ैल कितना कस कर सूद लेती है।"[17]
8. "चुड़ैल ने पहले बता दिया होता तो किसी से दो-चार रुपए माँग लाता।...इस कुलच्छनी के आते ही जैसे लक्ष्मी रूठ गई। टके-टके को मुहताज हो गया।"[18]
9. "तुम्हीं ने इस चुड़ैल का मिजाज आसमान पर चढ़ा दिया है।"[19]
10. "यह चुड़ैल उसे वहाँ भी तो चैन से न बैठने देगी। कहीं पंचायत करेगी, कहीं रोटी-कपड़े का दावा करेगी।"[20]

'गोदान' में स्त्री के लिए 'कुल्टा' शब्द के अभिधा में और संज्ञा में भी प्रयोग हुए हैं। उदाहरण इस प्रकार हैं :

1. ''होरी को भोला पर दया आ रही थी। बेचारा इस कुलटा के फेर में पड़ कर अपनी जिन्दगी बरबाद किए डालता है। छोड़ कर जाय भी, तो कैसे?''[21]
2. ''अभी जरा देर पहले धनिया ने क्रोध के आवेश में झुनिया को कुलटा और कलंकिनी और कलमुँही, न जाने क्या-क्या कह डाला था।''[22]
3. ''वह कुल्टा घर में न रहती तो कुछ न होता।''[23]
4. ''पुआल के प्रकाश में छबीली, रँगीली, कुल्टा नोहरी उन के सामने वरदान-सी बैठी थी।''[24]

'चुड़ैल' और 'कुल्टा' के अलावा 'गोदान' में स्त्री के लिए 'डाइन' शब्द के सम्बोधन भी प्रयोग हुए मिलते हैं। वे संज्ञाएँ और सम्बोधन इस प्रकार हैं :

1. ''डाइन उस के जीवन की निधि को उस के हाथ से छीन लेना चाहती है।''[25]
2. ''डाइन ने आ कर उस का सोना-सा घर मिट्टी में मिला दिया।''[26]
3. ''हीरा कहेगा, आप तो बोलते नहीं, जा कर इस डाइन को लड़ने के लिए भेज दिया।''[27]
4. ''चली जा मेरे द्वार से, नहीं जूतों से बात करूँगा। झोंटा पकड़ कर उखाड़ लूँगा। गाली देती है डाइन? बेटे का घमण्ड हो गया है। खून... ।''[28]

तब प्रेमचंद की भाषा में चमार अपनी इस सिलिया लड़की को चुड़ैल, कुल्टा और डायन कह सकते हैं कि नहीं? चमारों के हिसाब से सिलिया किस तरह से एक अच्छी या आदर्श लड़की है? उसे किस सम्बोधन से सम्बोधित किया जाए? एक उत्तर खुद 'गोदान' में उपलब्ध है-कि सिलिया की माँ ने सिलिया को चुड़ैल कहा है। उद्धरण इस प्रकार है—''सिलिया की माँ उँगली चमका कर बोली—वाह-वाह पण्डित! खूब नियाब करते हो।...हम सिलिया को अकेले न ले जायेंगे, उस के साथ मातादीन को भी ले जायँगे, जिस ने इस की इज्जत बिगाड़ी है। तुम बड़े नेमी-धरमी हो। उस के साथ सोओगे; लेकिन उस के हाथ का पानी न पियोगे! यही चुड़ैल है कि यह सब सहती है। मैं तो ऐसे आदमी को माहुर दे देती।''[29] एक बार सोना ने भी हँसी-मजाक

में सिलिया के लिए चुड़ैल शब्द का प्रयोग किया है—"इस में अक्कल की कौन बात है चुड़ैल! क्या मेरे आँखें नहीं हैं कि मैं पागल हूँ?"[30]

मैं सिलिया के लिए इन तीन शब्दों—'चुड़ैल', 'कुल्टा' और 'डायन' को छोड़ना चाहता हूँ। मेरे हिसाब से, ऐसे मामलों में चिन्तकों को ज्यादा सख्त होने की जरूरत है। जबकि स्त्री के लिए 'डायन' एक बहुत सख्त शब्द है लेकिन कुछ खास स्त्रियों को ले कर उस में भी कुछ मुलामियत रह जाती है। मुलामियत का कारण हिन्दी की यह लोकोक्ति है—"डायन भी अपने बच्चे को नहीं खाती।"[31] पर चूँकि, 'गोदान' की कहानी में 'सिलिया' का बच्चा भी मरा है, इसलिए सिलिया 'डायन' से ज्यादा खतरनाक औरत सिद्ध होती है। वह सारी बेवकूफी की बात थी जिन परिस्थितियों में वह बच्चा मरा है। ऐसी परिस्थितियों में बच्चे मरते ही हैं। बच्चों को ले कर ऐसे विवाह-पूर्व, विवाह-बाह्य और विवाहेतर सम्बन्ध ही गलत होते हैं। ऐसे लोगों को बच्चों की फिक्र होती ही नहीं है। फिक्र होती तो वे समाज के तरीके से चलते। फिर, यह बात दर्द भरी है कि बच्चा मरा है, उस के बावजूद क्या इस पूछने को धृष्टता से बाहर रखा जा सकता है कि जातियों में से वह बच्चा किस का मरा है—चमारों का या ब्राह्मणों का? जी हाँ, यह प्यार-व्यार कुछ नहीं है बल्कि स्त्री और पुरुष दोनों के द्वारा बच्चों को खोना—अर्थात खाना है। मानवता की विजय इस मूल्य में और गाथा में निहित है कि बच्चा अपनों के सिवा दूसरों का भी बचाया जाया करता है।

संदर्भ

1. गोदान, प्रेमचंद, लोक भारती प्रकाशन, 15-ए, महात्मा गांधी मार्ग, इलाहाबाद-1, संस्करण, 1999, पृ.-228
2. प्रेमचंद : कलम का सिपाही, अमृत राय, हंस प्रकाशन, इलाहाबाद, संस्करण, अप्रैल, 1992, पृ.-221
3. रंगभूमि, प्रेमचंद, 4855/24, हरबंस स्ट्रीट, दरियागंज, नई दिल्ली-110 002, संस्करण, 2004, पृ.-132
4. रंगभूमि, मुंशी प्रेमचंद, गंगा-ग्रंथागार, 36, गौतम बुद्ध मार्ग, लखनऊ, तेरहवीं बार, 1958, पृ.-175
5. रंगभूमि, प्रेमचंद, शिवानी बुक्स, 4855/24, हरबंस स्ट्रीट, दरियागंज, नई दिल्ली-110 002, संस्करण, 2004, पृ.-289
6. वही, पृ.-390
7. वही, पृ.-395
8. वही, पृ.-209
9. वही, पृ.-284
10. वही, पृ.-288
11. गोदान, प्रेमचंद, लोक भारती प्रकाशन, 15-ए, महात्मा गांधी मार्ग, इलाहाबाद-1, संस्करण, 1999, पृ.-93
12. वही, पृ.-97
13. वही, पृ.-104

14. वही, पृ.-133
15. वही, पृ.-194
16. वही, पृ.-208
17. वही, पृ.-221
18. वही, पृ.-238
19. वही, पृ.-240
20. वही, पृ.-253
21. वही, पृ.-253
22. वही, पृ.-106
23. वही, पृ.-107
24. वही, पृ.-234
25. वही, पृ.-194
26. वही, पृ.-208
27. वही, पृ.-37
28. वही, पृ.-38
29. वही, पृ.-214
30. वही, पृ.-222
31. राजकमल लोकोक्ति कोश, हरिवंश राय शर्मा, राजपाल एण्ड सन्ज, कश्मीरी गेट, दिल्ली, संस्करण, 2003, पृ.-110

अध्याय-12

'चमारियों पर तो गिद्ध की तरह टूटते हैं...'[1]

'गोदान' की कथा में गौरी महतो और मथुरा बाप-बेटे हैं। होरी की बड़ी बेटी सोना का रिश्ता मथुरा से होना है। गौरी दहेज लेना चाहता है, मथुरा मना करता है। बाप-बेटे का वार्तालाप है जो सिलिया चमारी सोना को सुना रही है। वह इस प्रकार है—"महतो ने कहा—आदमी जूठा तभी खाता है, जब मीठा हो। कलंक चाँदी से ही धुलना है। इस पर मथुरा बोला—काका, कौन घर कलंक से बचा हुआ है? हाँ, किसी का खुल गया, किसी का छिपा हुआ है। गौरी महतो भी पहले एक चमारिन से फँसे थे। उससे दो लड़के भी हैं। मथुरा के मुँह से इतना निकलना था कि डोकरे पर जैसे भूत सवार हो गया। जितना लालची है, उतना ही क्रोधी भी है।"[2] तो, मातादीन ब्राह्मण सिलिया चमारी को रख ही रहा है, पर 'गोदान' में गौरी महतो ने भी एक चमारी रखी थी जिस से उस के दो लड़के भी हैं। चमारियाँ न हो गईं, रखैलों के रूप में गाँव भर के लिए खाजा हो गईं। प्रेमचन्द यहाँ चमारों की इज्जत कर रहे हैं या बेइज्जती कर रहे हैं? सिलिया चमारी के फजीते की सविस्तार कहानी दी ही गई है, फिर ऐसे दो-दो लाइनों के किस्से भी क्यों फेंके गए हैं? मतलब यही है कि प्रेमचन्द की नजर में चमारों की कोई इज्जत नहीं है। मातादीन ब्राह्मण से चमारों की इतनी लम्बी लड़ाई दिखा दी पर गौरी महतो के मामले को चलते में क्यों टाल दिया? उसी का कौन-सा हक बनता था कि वह चमारी को फाँस कर उससे दो लड़के पैदा करे?

'गोदान' में ही कायस्थ पटेश्वरी और ब्राह्मण नोखेराम में बहसबाजी और एक दूसरे को नीचा दिखाने की होड़ हो रही है। प्रेमचन्द के शब्द हैं—"नोखेराम को अगर यह जोम था कि हम ब्राह्मण हैं और कायस्थों को उँगली पर नचाते हैं, तो पटेश्वरी को भी घमण्ड था कि हम कायस्थ हैं, कलम के बादशाह, इस मैदान में कोई हमसे क्या बाजी ले जायगा? फिर वह जमींदार के नौकर नहीं, सरकार के नौकर हैं, जिसके राज में सूरज कभी नहीं डूबता। नोखेराम अगर एकादशी का व्रत रखते हैं और पाँच ब्राह्मणों को भोजन कराते हैं, तो पटेश्वरी हर पूर्णमासी को सत्यनाराण की कथा सुनेंगे

और दस ब्राह्मणों को भोजन कराएँगे। जब से उनका जेठा लड़का सजावल हो गया था, नोखेराम इस ताक में रहते थे कि उनका लड़का किसी तरह दसवाँ पास कर ले, तो उसे भी कहीं नकलनवीसी दिला दें। इसलिए हुक्काम के पास फसली सौगातें लेकर बराबर सलामी करते रहते थे। एक और बात में पटेश्वरी उनसे बढ़े हुए थे। लोगों का खयाल था कि वह अपनी विधवा कहारिन को रखे हुए हैं। अब नोखेराम को भी अपनी शान में यह कसर पूरी करने का अवसर मिलता हुआ जान पड़ा।''[3]

इसे कहा जाता है, भैंसों-भैंसों की लड़ाई में झुन्डों का नुकसान। कायस्थ और ब्राह्मण एक-दूसरे से लड़ रहे हैं तो अन्तिम मोर्चे इस बात पर आ कर खुले हैं कि यदि कायस्थ पटेश्वरी ने कोई कहारन रख रखी है तो उस से बराबरी करने के लिए ब्राह्मण नोखेराम भोला अहीर की बहू पर डोरे डालेगा, जिस का नाम नोहरी है। एक दिन उस से कायस्थ लाला पटेश्वरी ने कहा—''नोहरी रानी, इधर आओ, थोड़े से आम लेती जाओ, बड़े मीठे हैं।''[4] लेकिन नोहरी को ब्राह्मण नोखेराम की रखैल बनना था। प्रेमचन्द लिखते हैं—''इतने दिनों में नोहरी गाँव के गुप्त रहस्यों से परिचित हो चुकी थी। यही लाला कहारिन को रखे हुए हैं और मुझे हँसते हैं।...और जैसा बाप है, वैसा ही बेटा। इन्हीं का रमेसरी तो सिलिया के पीछे पागल बना फिरता है। चमारियों पर तो गिद्ध की तरह टूटते हैं... ।''[5] यूँ, इस अहीरनी नोहरी की गाज भी चमारियों पर आ कर गिरी। यह प्रेमचंद ने क्या किया है?

'रंगभूमि' में सवर्ण पुरुषों के द्वारा चमारों की औरतों के साथ होने वाले बलात्कारों की समस्या जरूर दिखाई जानी चाहिए थी। जब भी चमार अपने साथ होने वाले सामाजिक अत्याचार और आर्थिक शोषण का विरोध करते हैं, उन की औरतों का यौनिक शोषण दोबारा सबक सिखाने के लिए किया जाता है। तब उन की मानवीय गरिमा ही नेस्तानबूद कर दी जाती है। यदि प्रेमचंद अपने समय के प्रतिनिधि कथाकार थे तो इस समस्या का क्या हुआ? क्या माना जाए कि प्रेमचन्द के समय में दलित स्त्रियों के साथ बलात्कार नहीं होते थे? उन के साहित्य को पढ़ने से ऐसा ही लगता है मानो हम 'कामसूत्र' पढ़ रहे हैं। हाँ, बलात्कार का ऐसा जिक्र वात्स्यायन के 'कामसूत्र' में भी नहीं है।

सिलिया और मातादीन की कहानी किस दिशा में चलनी चाहिए थी? क्या प्रेमचंद उस दिशा में सोच सके जिस दिशा में स्वतन्त्र भारत की संसद गई है? हाँ, इस मामले में भारत की संसद ने 'अनुसूचित जाति और अनुसूचित जनजाति (अत्याचार प्रतिषेध) अधिनियम, 1989' पारित किया है जिस की धारण 13(1) (xii) विशेष है। उस में लिखा गया है—''जो कोई, अनुसूचित जाति या अनुसूचित जनजाति का सदस्य नहीं है—...अनुसूचित जाति या अनुसूचित जनजाति से सम्बन्धित महिलाओं की इच्छा अधिशासित करने की स्थिति में होने के कारण और उस स्थिति को मैथुन द्वारा शोषण

करने में प्रयोग करता है जिस के लिए वह अन्यथा सहमत न होती,...ऐसी अवधि के लिए दण्डनीय होगा जो छह मास से कम नहीं होगा किन्तु पाँच वर्ष तक आर्थिक दण्ड के साथ बढ़ाया जा सकेगा।"[6] पूछा जाए, मातादीन का क्या हक बनता था कि वह सिलिया से मैथुन करे जबकि उसे सिलिया से शादी नहीं करनी थी? लेकिन प्रेमचंद अपने इस उपन्यास में कुछ और ही कर गए हैं। यह बात उन के दिमाग में नहीं आई कि यह कितना बड़ा अपराध है। आती भी कैसे? जिस संस्कृति के वे प्रवचनकार हैं, वह जार संस्कृति है। उस संस्कृति में यौन-अपराध को अपराध ही नहीं माना गया। उदाहरण डा. हजारी प्रसाद द्विवेदी के चिन्तन का है जिसे डा. जय प्रकाश कर्दम ने अपने लेख 'बलात्कार का दर्शन' में दिया है। वह इस प्रकार है–"अपने एक लेख में प्रख्यात आलोचक डा. नामवर सिंह ने डा. हजारी प्रसाद द्विवेदी के बारे में लिखा है, 'जिस प्रकार कार्ल मार्क्स की बेटियों ने उन से हाँ या नहीं में उत्तर दिए जाने वाले 20 प्रश्न पूछे थे ठीक उसी अन्दाज में मैंने एक बार गुरु जी (हजारी प्रसाद द्विवेदी) से पूछा कि वह कौन-सा अपराध है जिसे आप क्षमा कर सकते हैं? गुरु देव ने झट से कहा कि 'यौन अपराध'। चूँकि मेरे प्रश्न की माँग ही थी कि छोटा उत्तर मिले लिहाजा मैं चुप हो गया। लेकिन आज भी मेरे सामने यह सवाल मौजूद है कि गुरु हजारी प्रसाद जी ने आखिर क्यों यौन अपराध को ही क्षम्य अपराध माना?"[7]

कहना यही है कि इस उत्तर पर डा. नामवर सिंह को चौंकने की जरूरत नहीं है क्योंकि हिन्दू के लिए यही सहज है और यही उस की जीवन शैली है। बस, यहाँ इतना और ध्यान रखने की जरूरत है कि यह मानना एकदम फालतू बकवास होगी कि जमीदार का बेगारी जमीदारनी को रख रहा है। सही केवल यह होता है कि जमीदार अपने बेगारी की पत्नी को रखा करता है। प्रमाण के रूप में, डा. शैलेश जैदी ने 'गोदान' की नोहरी के बारे में लिखा ही है–"नोहरी एक सेवक-वधू के रूप में उपन्यास के क्षितिज पर उभरती है जिस पर भोला से कहीं अधिक अधिकार भोला के स्वामी पंडित नोखेराम का है।"[8]

चमारी की बात छोड़ कर तनिक देर के लिए झुनिया ग्वालन की बात ली जा सकती है। 'गोदान' में वह प्रकरण इस प्रकार आया है :

> "झुनिया अविश्वास-भरी मुस्कान से बोली–इसी तरह तो सब कहते हैं गोबर! बल्कि इससे भी मीठे, चिकने शब्दो में। अगर मन में कपट हो, मुझे बता दो। सचेत हो जाऊँ। ऐसों को मन नहीं देती। उनसे तो खाली हँस-बोल लेने का नाता रखती हूँ। बरसों से दूध लेकर बाजार जाती हूँ। एक-से-एक बाबू, महाजन, ठाकुर, वकील, अमले, अफसर अपना रसियापन दिखाकर मुझे फँसा लेना चाहते हैं। कोई छाती पर हाथ रखकर कहता है,

झुनिया, तरसा मत; कोई मुझे रसीली, नशीली चितवन से घूरता है, मानो मारे प्रेम के बेहोश हो गया है, कोई रुपए दिखाता है, कोई गहने। सब मेरी गुलामी करने को तैयार रहते हैं, उमिर-भर, बल्कि उस जनम में भी; लेकिन मैं उन सबों की नस पहचानती हूँ। सब-के-सब भौरे रस लेकर उड़ जाने वाले। मैं भी उन्हें ललचाती हूँ, तिरछी नजरों से देखती हूँ, मुस्कराती हूँ। वह मुझे गधी बनाते हैं, मैं उन्हें उल्लू बनाती हूँ। मैं मर जाऊँ, तो उनकी आँखों में आँसू न आएगा। वह मर जायँ, तो मैं कहूँगी, अच्छा हुआ, निगोड़ा मर गया। मैं तो जिसकी हो जाऊँगी, उसकी जनम-भर के लिए हो जाऊँगी, सुख में, दुःख में, सम्पत में, विपत में, उसके साथ रहूँगी। हरजाई नहीं हूँ कि सबसे हँसती-बोलती फिरूँ। न रुपए की भूखी हूँ, न गहने-कपड़े की। बस भले आदमी का संग चाहती हूँ, जो मुझे अपना समझे और जिसे मैं भी अपना समझूँ। एक पण्डितजी बहुत तिलक-मुद्रा लगाते हैं। आध सेर दूध लेते हैं। एक दिन उनकी घरवाली कहीं नेवते में गयी थी। मुझे क्या मालूम! और दिनों की तरह दूध लिये भीतर चली गई। वहाँ पुकारती हूँ, बहूजी, बहूजी। कोई बोलता ही नहीं। इतने में देखती हूँ तो पण्डितजी बाहर के किवाड़ बन्द किये चले आ रहे हैं। मैं समझ गई इसकी नीयत खराब है। मैंने डाँटकर पूछा—तुमने किवाड़ क्यों बन्द कर लिये? क्या बहूजी कहीं गयी हैं? घर में सन्नाटा क्यों है?

उसने कहा—वह एक नेवते में गयी है; और मेरी ओर दो पग और बढ़ आया।

मैंने कहा—तुम्हें दूध लेना हो तो लो, नहीं मैं जाती हूँ। बोला—आज तो तुम यहाँ से न जाने पाओगी झूनी रानी! रोज-रोज कलेजे पर छुरी चलाकर भाग जाती हो, आज मेरे हाथ से न बचोगी। तुमसे सच कहती हूँ, गोबर, मेरे रोएँ खड़े हो गए।

गोबर आवेश में आकर बोला—मैं बच्चा को देख पाऊँ तो खोदकर जमीन में गाड़ दूँ। खून चूस लूँ। तुम मुझे दिखा तो देना।

'सुनो तो, ऐसों का मुँह तोड़ने के लिए मैं ही काफी हूँ। मेरी छाती धक्-धक् करने लगी। यह कुछ बदमासी कर बैठे, तो क्या करूँगी? कोई चिल्लाना भी तो न सुनेगा; लेकिन मन में यह निश्चय कर लिया था कि मेरी देह छुई, तो दूध की भरी हाँडी मुँह पर पटक दूँगी। बला से चार-पाँच सेर दूध जाएगा, बचा को याद तो हो जायगी। कलेजा मजबूत करके बोली—इस फेर में न रहना पण्डित जी! मैं अहीर की लड़की हूँ। मूँछ का एक-एक बाल नुचवा लूँगी। यही लिखा है तुम्हारे पोथी-पत्रे में कि दूसरे की

बहू-बेटी को अपने घर में बन्द करके बेइज्जत करो। इसीलिए तिलक-मुद्रा का जाल बिछाए बैठे हो? लगा हाथ जोड़ने, पैरों पड़ने—एक प्रेमी का मन रख दोगी, तो तुम्हारा क्या बिगड़ जायगा, झूना रानी! कभी-कभी गरीबों पर दया किया करो, नहीं भगवान पूछेंगे, मैंने तुम्हें इतना रूपधन दिया था, तुमने उससे एक ब्राह्मण का उपकार भी नहीं किया, तो क्या जवाब दोगी? बोले, मैं विप्र हूँ, रुपये-पैसे का दान तो रोज ही पाता हूँ, आज रूप का दान दे दो।

'मैंने यों ही उसका मन परखने को कह दिया, मैं पचास रुपये लूँगी। सच कहती हूँ गोबर, तुरन्त कोठरी में गया और दस-दस के पाँच नोट निकाल कर मेरे हाथों में देने लगा और जब मैंने नोट जमीन पर गिरा दिए और द्वार की ओर चली, तो उसने मेरा हाथ पकड़ लिया। मैं तो पहले ही से तैयार थी। हाँडी उसके मुँह पर दे मारी। सिर से पाँव तक सराबोर हो गया। चोट भी खूब लगी। सिर पकड़ कर बैठ गया और लगा हाय-हाय करने। मैंने देखा, अब यह कुछ नहीं कर सकता, तो पीठ में दो लातें जमा दीं और किवाड़ खोलकर भागी।'

गोबर ठट्ठा मारकर बोला—बहुत अच्छा किया तुमने। दूध से नहा गया होगा। तिलक-मुद्रा भी धुल गई होगी। मूँछें भी क्यों न उखाड़ लीं?

'दूसरे दिन मैं फिर उसके घर गयी। उसकी घरवाली आ गई थी। अपने बैठक में सिर पर पट्टी बाँधे पड़ा था। मैंने कहा—कहो तो कल की तुम्हारी करतूत खोल दूँ पण्डित! लगा हाथ जोड़ने। मैंने कहा—अच्छा थूककर चाटो, तो छोड़ दूँ। सिर जमीन पर रगड़कर कहने लगा—अब मेरी इज्जत तुम्हारे हाथ है झूना, यही समझ लो कि पण्डिताइन मुझे जीता न छोड़ेगी। मुझे भी उस पर दया आ गई।''[9]

ऐसा लगता है, दलित जातियाँ प्रतिकार नहीं करती थीं, और उनकी स्त्रियों के साथ केवल जारकर्म होता था। चमारों को और उन की स्त्रियों को 'एक्टिव' नहीं बल्कि 'पैस्सिव' मूड की बना कर दिखाया गया है मानो उन की कोई अस्मिता न होती हो, या उन्हें गैरत न आती हो। तभी पूछा जा रहा है कि जब प्रेमचन्द दलित जीवन की असली समस्या को ही नहीं उभार रहे हैं तो उस का समाधान भी क्या सुझाते। प्रेमचन्द ने यदि कहीं कुछ दर्शाया भी है तो वह चोरी-जारी और लुका-छिपी की आपसी बात है लेकिन पूछना दलित स्त्रियों के साथ होने वाले सामूहिक बलात्कारों की घटनाओं के विवरणों और चित्रणों से है जो वहाँ एकदम नदारद हैं।

एक जगह जिक्र हुआ है कि इलाकेदार स्त्रियों की इज्जत खराब करते हैं। इस का सबूत 'रंगभूमि' का वीरपाल देता है। वीरपाल कहता है—''मैंने कोई अपराध नहीं

किया था, मैं अपने गाँव का मुखिया था; किंतु मेरी सारी जायदाद केवल इसलिए जब्त कर ली गई कि मैंने एक असहाय युवती को इलाकेदार के हाथों से बचाया था। उसके घर में वृद्धा माता के सिवा और कोई न था। हाल में विधवा हो गई थी। इलाकेदार की कुदृष्टि उस पर पड़ गई और वह युवती को उसके घर से निकाल ले जाने का प्रयास करने लगा। मुझे टोह मिल गई। रात को ज्यों ही इलाकेदार के आदमियों ने वृद्धा के घर में घुसना चाहा, मैं अपने कई मित्रों को साथ लेकर वहाँ पहुँचा और दुष्टों को मारकर घर से निकाल दिया। बस, इलाकेदार उसी दिन से मेरा जानी दुश्मन हो गया। मुझ पर चोरी का अभियोग लगाकर कैद कर लिया। अदालत अंधी थी जैसा इलाकेदार ने कहा, वैसा न्यायाधीश ने किया।''[10] गलत, बिलकुल गलत, क्योंकि मैं उन घटनाओं की बात कर रहा हूँ जिन में गाँव का यह मुखिया ही दलित स्त्रियों के साथ बलात्कार करता है। यह मुखियाओं और इलाकेदारों के झगड़ों के बीच की बात हुई, मैं गाँव के भीतर की ही बात कर रहा हूँ। सवर्णों की बात नहीं, मुझे यहाँ चमारों की बात जाननी है, क्योंकि 'रंगभूमि' का नायक सूरदास चमार जाति से है। नायक चमार और समस्याएँ गैर-चमारों की उभारी जा रही हैं, यह प्रेमचन्द ने खुद अपनी कथा के साथ कौन-सा न्याय किया है?

बलात्कार एक अपराध है। बलात्कार सहन क्यों किया जाए? इस के खिलाफ लड़ना ही चाहिए। प्रेमचंद ने भी अपने उपन्यास 'कर्मभूमि' में इस सवाल को उठाया है। डा. शैलेश जैदी ने उस बारे में लिखा है—''**कर्मभूमि** की कथा वस्तुतः वहाँ से प्रारंभ होती है जहाँ एक भोली-भाली ग्रामीण स्त्री की इज्जत अरहर के खेत में अंग्रेज सैनिकों द्वारा लूटी जा रही थी और सड़क के किनारे 'एक वृक्ष के नीचे दस-बारह ग्रामीण स्त्री-पुरुष सशंकित भाव से दबके हुए आपस में कनफुसकियाँ कर रहे थे।' शान्ति कुमार, सलीम और अमरकान्त को जब स्थिति का बोध हुआ, तो वे अंग्रेज सैनिकों पर पिल पड़े। उनकी देखा-देखी ग्रामीणों के जमे हुए रक्त में भी हरारत दौड़ गयी और अंग्रेज सैनिकों की अच्छी-खासी मरम्मत हो गयी। किन्तु मुन्नी की जिस अमूल्य वस्तु का अपहरण किया गया था, उसे कौन दिला सकता था? बात केवल मुन्नी की नहीं थी। बात थी मुन्नी जैसी हजारों पवित्र स्त्रियों की जिनके साथ आये दिन यही कहानी दुहरायी जा रही थी...।''[11] लेकिन, इसे लिखने में प्रेमचंद इस से पहली बातों को लिखना कैसे भूल गए? क्या यह बात उन की नजरों से ओझल थी कि दलित स्त्रियों के साथ यही सब से बड़ी समस्या है कि उन के साथ हर समय गैर-दलितों द्वारा बलात्कार का भय बना रहता है? सरकार ने अच्छा किया है कि अब उस ने ऐसी घटनाओं के आँकड़े इकट्ठे करने शुरू कर दिए हैं। 'राष्ट्रीय अनुसूचित जाति तथा अनुसूचित जनजाति आयोग' की एक विशेष रिपोर्ट 'अनुसूचित जातियों तथा जनजातियों पर अत्याचार : कारण और उपाय' शीर्षक से अप्रैल, 1990 में प्रकाशित हुई है। इस

के अनुबंध-I में 1981 से ले कर 1986 तक के अपराधों के विवरण दिए गए हैं। इन विवरणों में अनुसूचित जातियों की स्त्रियों के प्रति बलात्कार के 3998 तथा अनुसूचित जनजातियों की स्त्रियों के प्रति बलात्कार के 1617 केस थे।[12] इस का मतलब है कि 3998 तथा 1617 मिला कर ये 5615 'कर्मभूमियाँ' है। इन में बलात्कार करने वाला कोई अंग्रेज नहीं है। ये सब भारत के ही गैर-दलित सांड हैं। हर साल ये केस बढ़ रहे हैं—अर्थात इतनी 'कर्मभूमियाँ' अनलिखी रही जा रही हैं।

अच्छा रहेगा, बलात्कार के इन आँकड़ों को 1989 से 2006 के वर्षों तक अद्यतन कर लिया जाए। इन्हें एक तालिका बना कर नीचे रखा जा रहा है।

तालिका-I

अनुसूचित जातियों और अनुसूचित जनजातियों की स्त्रियों के साथ किए गए बलात्कार के अपराधों का विवरण

क्रम संख्या	वर्ष	अनुसूचित जाति		अनुसूचित जनजाति	
		भारत	उत्तर प्रदेश	भारत	उत्तर प्रदेश
1	2	3	4	5	6
1.	1989	830[13]	252[14]	343[13]	—[14]
2.	1990	885[13]	254[14]	339[13]	—[14]
3.	1991	784[13]	194[14]	334[13]	—[14]
4.	1992	896[15]	264[16]	370[15]	—[16]
5.	1993	1006[15]	288[16]	416[15]	—[16]
6.	1994	1157[15]	406[16]	484[15]	—[16]
7.	1995	1142[15]	348[16]	469[15]	—[16]
8.	1996	949[17]	324[18]	314[17]	8[18]
9.	1997	1037[17]	8[18]	315[17]	1[18]
10.	1998	931[17]	238[18]	353[17]	4[18]
12.	1999	—	—	—	—
13.	2000	—	119[21]	—	—
14.	2001	1316[19]	194[21]	—	—
15.	2002	1331[19]	262[21]	—	
16.	2003	1089[19]	193[21]	—	
17.	2004	1157[19]	232[21]	—	
18.	2005	1413[20]	223[21]		
19.	2006	—	239[21]		

और भी, सूरज पाल चौहान द्वारा उन की आत्मकथा 'संतप्त' में बताया गया उन की माँ के साथ जो बलात्कार हुआ, वह किस गिनती में आएगा? वह केस सरकारी आँकड़ों से बाहर है क्योंकि उस में पुलिस में कोई रिपोर्ट दर्ज नहीं कराई गई थी। वह केस कोर्ट तक गया ही नहीं था। उसे आँकड़ों के आधार पर कैसे प्रमाण माना जाएगा? तब मैं आँकड़े जुटाने में असफल हो जाऊँगा। ऐसे कितने बेदर्ज केस हैं?

यहाँ 'राष्ट्रीय अनुसूचित जाति तथा अनुसूचित जनजाति आयोग' की 'पांचवी रिपोर्ट 1998-99 खण्ड-I' से कुछ और तथ्य और आँकड़े इकट्ठे किए जा सकते हैं। इस रिपोर्ट के पैरे 8.125 में लिखा गया है–"उत्तर प्रदेश राज्य में अपराधिक न्याय प्रशासन के प्रयोजन से 83 राजस्व जिले और 6 रेलवे अनुभाग (सेक्शन) शामिल हैं। आयोग के पास उपलब्ध संशाधनों और समय की तंगी को देखते हुए, गहराई से अध्ययन करने के प्रयोजन से कुल जिलों में से 10 प्रतिशत जिलों को चुनने का फैसला किया गया था। 10 प्रतिशत जिले चुनने के लिए स्तरित यादृच्छिक नमूना कार्य-पद्धति (स्ट्रैटिफाइड रेंडम संम्पलिंग मेथाडालोजी) अपनाई गई। सभी जिलों में पंजीयित किए गए अत्याचार के मामलों की संख्या को ध्यान में रखते हुए, सभी जिलों को पांच स्तरों में विभाजित किया गया है। आजमगढ़, रायबरेली, जालौन, एटा, अलीगढ़, उन्नाव, कानपुर नगर और ऊधम सिंह नगर को विस्तृत अध्ययन के लिए चुना गया है।"[22] इस प्रकार, इस अध्ययन में कानपुर नगर और आजमगढ़ जिले भी शामिल हो गए हैं जिन में आजमगढ़ बनारस के पास होने के कारण और कानपुर नगर प्रेमचंद की उठाव भूमि होने के कारण हमारे सन्दर्भ से पूरे जुड़े हैं।

इस अध्ययन में कुल 1311 अत्याचार के मामले थे। इन का विश्लेषण करते हुए रिपोर्ट में लिखा गया है :

> "अत्याचार के 1311 मामलों के विश्लेषण से प्रकट होता है कि अनुसूचित जातियों और अनुसूचित जनजातियों के सदस्यों पर निम्नलिखित किस्म के अत्याचार किए जाते हैं :
>
> . . . .
>
> iii. 69 (5.26 प्रतिशत) मामलों का संबंध अनुसूचित जातियों और अनुसूचित जनजातियों की महिलाओं की इज्जत उतारने अथवा उनका शीलभंग करने के इरादे से उन पर हमला करने अथवा उनसे जोर-जबरदस्ती करने से है।
>
> iv. 42 (3.20 प्रतिशत) मामलों का संबंध अनुसूचित जातियों और अनुसूचित जनजातियों की महिलाओं के यौन उत्पीड़न से है।"[23]

डा. ज्योतिर्मय मण्डल ने भी अपनी पुस्तक 'वीमेन एण्ड रिजर्वेशन इन इण्डिया' में दलित स्त्रियों के इस यौन शोषण पर गौर की है। उन्होंने बलात्कार के मामलों का विश्लेषण करते हुए लिखा है—"बलात्कार के कारणों की जाँच करने से पता चलता है कि दलित स्त्रियों के साथ बलात्कार ज्यादातर इस वजह से हुए क्योंकि दलित लोग ऊँची जातियों के धनिकों और जमींदारों पर आर्थिक रूप से आश्रित हैं। इसी प्रकार, वे दलित औरतें जो भवन निर्माण के कामों में दिहाड़ी पर काम करती हैं या खेतों में वार्षिक मजदूरी करती हैं, वे अकसर ऊँची जातियों के भूस्वामियों या ठेकेदारों के यौन शोषण का शिकार हो जाती हैं।"[24] उन्होंने हिसाब लगाया है कि मध्य प्रदेश में जनवरी 2001 से ले कर 30 जून, 2001 तक प्रति दिन के औसत से 23 दलित औरतों के साथ बलात्कार की घटनाएँ घटी थीं।[25]

गर्ज यह है कि प्रेमचंद को दलितों की इन खासमखास समस्याओं से सरोकार क्यों नहीं है? क्या ये उन की शब्दावली में गाँवों के गुप्त रहस्यों के मामले भर हैं? शहर की और औद्योगीकरण की तुलना में इन बलात्कारी गाँवों की और कृषि पर आधारित जारकर्म की प्रशंसा कैसे कर दी?—यह प्रेमचंद ने क्या कर दिया?

संदर्भ

1. गोदान, प्रेमचंद, लोक भारती प्रकाशन, 15-ए, महात्मा गांधी मार्ग, इलाहाबाद-1, संस्करण, 1999, पृ.-228
2. वही, पृ.-224
3. वही, पृ.-226
4. वही, पृ.-228
5. वही, पृ.-228
6. विविध अपराध निर्देशिका, ममता श्रीवास्तव, लॉ काटेज, 86-A, दरभंगा कालोनी, इलाहाबाद, प्रथम संस्करण, 1992, पृ.-2-3
7. बलात्कार का दर्शन, जय प्रकाश कर्दम, युद्धरत आम आदमी, रमणिका फाउन्डेशन, ए-2-21, डिफेन्स कालोनी, ग्रा. फ्लोर, नई दिल्ली-110 024, अक्टूबर-दिसम्बर 2003, पृ.-17 पर, राष्ट्रीय सहारा, हस्तक्षेप, यौन सम्बन्ध और नैतिकता-I, दिनांक 29-8-1999 से उद्धृत
8. प्रेमचंद की उपन्यास-यात्रा : नव मूल्यांकन, डा. शैलेश जैदी, यूनिवर्सिटी पब्लिशिंग हाउस, कोठी नायाब, सर सैयद रोड, सिविल लाइन्स, अलीगढ़, उत्तर प्रदेश, प्रथम संस्करण, जुलाई, 1978, पृ.-421
9. गोदान, प्रेमचंद, लोक भारती प्रकाशन, 15-ए, महात्मा गांधी मार्ग, इलाहाबाद-1, संस्करण, 1999, पृ.-41-2
10. रंगभूमि, प्रेमचंद, शिवानी बुक्स, 4855/24, हरबंस स्ट्रीट, दरियागंज, नई दिल्ली-110 002, संस्करण, 2004, पृ.-226
11. प्रेमचंद की उपन्यास-यात्रा : नव मूल्यांकन, डा. शैलेश जैदी, यूनिवर्सिटी पब्लिशिंग हाउस, कोठी नायाब, सर सैयद रोड, सिविल लाइन्स, अलीगढ़, उत्तर प्रदेश, प्रथम संस्करण, जुलाई, 1978, पृ.-327

12. अनुसूचित जातियों तथा जनजातियों पर अत्याचार : कारण और उपाय, राष्ट्रीय अनुसूचित जाति तथा अनुसूचित जनजाति आयोग की रिपोर्ट, भारत सरकार, अप्रैल, 1990, पृ.-65
13. Report Of The National Commission For Scheduled Castes and Scheduled Tribes, First Report, 12 March, 1992 to 31 March, 1993, Printed by The Manager, Govt. of India, Press (PLU), Minto Road, New Delhi-110 002, p.-101
14. ibid., pp.-121, 122, 123
15. National Commission For Scheduled Castes and Scheduled Tribes, Third Report, 1994-95 & 1995-96, Volume I, Printed by The Manager, Government of India, Press Faridabad, 1998, p.-204
16. ibid., p.-227
17. राष्ट्रीय अनुसूचित जाति तथा अनुसूचित जनजाति आयोग, पाँचवीं रिपोर्ट 1998-99 खण्ड-I, पृ.-179, 180
18. वही, पृ.-219, 221, 223, 225, 227, 229
19. www.ncrb.nic.in, Google Search:NCRB Crime in 2004, p.-297
20. National Commission for Scheduled Castes, Atrocities on Scheduled Castes : Issues & Challenges, First National Conference, 6-7 February, 2007, SCOPE Complex, New Delhi, p.-5 : इन आँकड़ों में पिछले वर्ष के लम्बित मामले जुड़े हुए हैं।
21. National Commission for Scheduled Castes, Regional Office, Lucknow, U.P.
22. राष्ट्रीय अनुसूचित जाति तथा अनुसूचित जनजाति आयोग, पाँचवी रिपोर्ट 1998-99 खण्ड-I, पृ.-179, 180
23. वही, पृ-202-03
24. "On investigation into the causes of rape it was found that mostly the dalit women's rape occured due to economic dependency of dalits on the upper castes rich men and Zamindar. Similarly dalit women who are engaged as causal in constructional work or agricultural labour in the field, they quite often became the victim of sexual exploitation of higher caste landlords or contractors."
    Women and Reservation in India, by Dr. Jyotirmay Mandal, Kalpaz Publications C-30, Satyawati Nagar, Delhi-110 052, Edition, 2003, p.-205
25. "...in Madhya Pradesh from january 2001 to 30 June, 2001, i.e., 23 women were raped daily."
    ibid., 205

अध्याय-13

चमारी के पेट में छत्तरी बंस!

प्रेमचंद की एक कहानी का शीर्षक 'मन्दिर' है। यह पहली बार 1927 में प्रकाशित हुई थी।[1] कहने का मतलब यह है कि यह उन की 'रंगभूमि' के बाद की रचना है। इस कहानी की नायिका एक चमारी है। उस का नाम सुखिया है।

सुखिया एक विधवा स्त्री है। उस का बालक बीमार है। उस के स्वास्थ्य की कामना के लिए किस देवी की शरण जाए, किस देवता की मनौती करे, इसी सोच में पड़े-पड़े उसे एक झपकी आ गई। प्रेमचंद लिखते हैं—"क्या देखती है कि उस का स्वामी आकर बालक के सिरहाने खड़ा हो जाता है और बालक के सिर पर हाथ फेर कर कहता है—रो मत, सुखिया! तेरा बालक अच्छा हो जाएगा। कल ठाकुर जी की पूजा कर दे, वही तेरे सहायक होंगे। यह कह कर वह चला गया। सुखिया की आँख खुल गई। अवश्य ही उस के पतिदेव आए थे। इस में सुखिया को जरा भी संदेह न हुआ। उन्हें अब भी मेरी सुधि है, यह सोच कर उस का हृदय आशा से परिप्लावित हो उठा। पति के प्रति श्रद्धा और प्रेम से उस की आँखें सजग हो गईं।"[2]

इस उद्धरण में सब से बड़ी बात ध्यान देने की यह है कि स्वप्न में पति ने कहा है—"तेरा बालक अच्छा हो जाएगा।" पति यह क्यों नहीं कह सके?—"मेरा बालक अच्छा हो जाएगा।" कम से कम वे इतना तो कह ही सकते थे—"हमारा बालक अच्छा हो जाएगा।"

ऊपर यह सवाल क्यों उठता है? उठता इसलिए है क्योंकि इसी कहानी में पुजारी सुखिया से कहता है—"तू यह जंतर ले जा, भगवान चाहेंगे तो रात ही भर में बच्चे का क्लेश कट जाएगा। किसी की डीठ पड़ गई है। है भी तो चोंचाल। मालूम होता है, छत्तरी बंस है।"[3] पर, यह चमार कौम की बेइज्जती नहीं है तो और क्या है जब पुजारी चमारी सुखिया के बच्चे को छत्तरी बंस का मान रहा है? यह प्रेमचंद का कहानी लिखने का कौन सा तरीका है कि हर बात में चमार कौम की बेइज्जती कर रहे हैं? उधर, प्रेमचंद के वाक्य की पुष्टि कुसुम चतुर्वेदी भी करती हैं जब वे 'नया मानदण्ड'

की प्रस्तावना में लिखती हैं–"सूरज पाल चौहान ने जिस 'ठकुराइन' को दलित के साथ खेत में यौनरत देखा उस की सन्तान को ठाकुर अनजाने में अपना कहेगा किन्तु जिन दलित स्त्रियों के साथ वह स्वयं यौन सम्बन्ध स्थापित करता है वे स्त्रियाँ जान कर और मैंने देखा है, कभी-कभी गर्व के साथ उस सन्तान को क्षत्रिय-पुत्र कहती हैं।"[4] पर इस बारे में चमार कौम की स्त्रियाँ सोचें और मैं बीच से हट जाता हूँ।

संदर्भ

1. घासवाली : प्रेमचंद की दलित-जीवन से जुड़ी कहानियाँ, संकलन व सम्पादन, राजीव रंजन गिरि, बुक्स फॉर चेंज, सी-75, साउथ एक्सटेंशन-II, नई दिल्ली-110 049, पहला संस्करण, 2005, पृ.-78
2. वही, पृ.-72
3. वही, पृ.-75
4. प्रस्तावना, कुसुम चतुर्वेदी, नया मानदंड, आचार्य रामचन्द्र शुक्ल साहित्य शोध संस्थान, दुर्गाकुण्ड, वाराणसी, उत्तर प्रदेश, अप्रैल-जून, 2003, पृ.-9

अध्याय-14

'चोरी-चमारी' का समास

प्रेमचन्द ने सबसे ज्यादा जिस आपत्तिजनक शब्द का प्रयोग अपने साहित्य में किया है, वह 'चोरी-चमारी' का है। इस का प्रयोग उन की कहानी 'पशु से मनुष्य' में हुआ है। प्रयोग इस प्रकार है–"पाँच और पाँच हजार, पचास और पचास हजार का अस्वाभाविक अन्तर ही हर पाप की जड़ है। ऐसे समाज में चोरी-चमारी के लिए आप से आप कोई जगह नहीं रह जाती जिस में कोई भी यह नहीं समझता कि मैं किसी का नौकर हूँ।"[1] कितना अभद्र प्रयोग है! –शब्द 'चोरी-जारी' का था, उसी का प्रयोग किया जाना चाहिए था। 'जारी' को 'चमारी' से किसने जोड़ा? क्या प्रेमचन्द ने? तब उन्हें ऐसा नहीं करना चाहिए था। यदि उन से पहले यह जुड़ा हुआ था तो भी उन्हें इस के प्रयोग से बचना चाहिए था। कोई चमारी इस में अपनी इज्जत कहाँ से ढूंढ़ लेगी? वे 'चोरी-जारी' कह देते तो उन के साहित्य में क्या कमी रह जाती? यह बात उन के बेटे अमृत राय को भी अखरी है। वे लिखते हैं–"जिस बेडौल ढंग से यहाँ शिल्प की मर्यादा को भूल कर कहानी की खूँटी पर विचार टांगे गए हैं उसी से यह सिद्ध होता है कि ये प्रेमशंकर (कहानी के पात्र) के नहीं प्रेमचंद के विचार हैं और ये विचार इस बुरी तरह उन के मन पर छाए हुए हैं कि दूसरी सब बातें गौण हो गई हैं। यह एक नई उपलब्धि उन को हुई है जिसे वह सब को दिखाना चाहते हैं, सब के साथ बाँटना चाहते हैं–कुछ-कुछ वैसे ही जैसे बच्चा नया झुनझुना मिलने पर उसे टोले-पड़ोस के अपने हमजोलियों को दिखाने के लिए बेताब रहता है। कोई रोक-टोक मानने के लिए वह तैयार नहीं है। शिल्प की भी बाधा कोई बाधा नहीं है। असल चीज बात है। बात बड़ी हो तो फिर सब ठीक है।"[2]

बात बड़ी होगी जिनके लिए होगी, पर चमारियों के लिए इस से खराब बात दूसरी हो नहीं सकती कि इस समास में चमारी को जारी का स्थानापन्न शब्द मान लिया गया है। प्रेमचन्द ने अपनी इस नई उपलब्धि में पूरी चमार कौम को एक शब्द में मार दिया है। शिल्प की बाधा को नहीं मानना है, मत मानो, शिल्प की मर्यादा तोड़नी है जितनी चाहे तोड़ो, किसी रोक-टोक को मानने के लिए तैयार नहीं हैं, मत

रहो—कोई कहने वाला नहीं है! अंग्रेजों का इन के सिर पर राज था, तब भी इनके दिमाग में चमारी के प्रति यह व्यवहार था! यूँ, प्रेमचंद के साहित्य में चमारियों के नाड़े सुरक्षित नहीं हैं। वे ऐसे साहित्यकार को महान रचनाकार कैसे मान लेंगी? ऐसा साहित्य बात की बात में उन की बेइज्जती करता है। यह साहित्य नहीं है, किसी कौम के साथ आल-दंगा है। यह साहित्य में समाजशास्त्र हुआ कि चमारों के लिए बेइज्जतीशास्त्र हुआ? क्या इसी बल पर प्रेमचन्द अपने लिए लिखते हैं कि 'आखिर कायस्थ का बेटा हूँ?'[3]

अमृत राय ने अपनी पुस्तक 'प्रेमचंद : कलम का सिपाही' में चिराग अली के सुपुर्द हुई प्रेमचन्द की उस पहली रचना के बारे में लिखा है जो प्रेमचन्द के मामू और एक चमारी के अवैध सम्बन्धों की कहानी है। अमृत राय ने प्रेमचन्द के सम्बन्धित शब्द इस प्रकार उद्धृत किए हैं—"जवान थी, छबीली थी, मामू साहब का तृषित हृदय मीठे जल की धारा देखते ही फिसल पड़ा।"[4] लेकिन प्रेमचन्द के मूल शब्द किस प्रकार हैं? वे इस प्रकार हैं—"जवान थी, छबीली थी और अपने वर्ग की अन्य रमणियों की भाँति प्रसन्नमुख और विनोदिनी थी। 'एक समय सखि सुअरि सुन्दरि'—वाली बात थी। मामू साहब का तृषित हृदय मीठे जल की धारा देखते ही फिसल पड़ा।"[5] तब, यहाँ अमृत राय ने प्रेमचन्द के साहित्य का प्रक्षिप्त रूप तैयार क्यों किया है? मूल में से—'अपने वर्ग की अन्य रमणियों की भाँति प्रसन्नमुख और विनोदिनी थी'—के शब्द क्यों निकाले गए? जरूर वही बात है जो मैं कह रहा हूँ कि अमृत राय को भी प्रेमचन्द के ये शब्द आपत्तिजनक लगे हैं। तब प्रो. कमला प्रसाद के मेरी पुस्तक 'प्रेमचंद : सामन्त का मुंशी' के खिलाफ लिखे गए ये शब्द कितने निरर्थक हो जाते हैं?—"धर्मवीर मानते हैं कि दलित स्त्रियों के रूप सौन्दर्य का वर्णन करने में प्रेमचंद का सामन्त सक्रिय होता है, मुझे लगता है कि आत्मबद्ध दुराग्रह है।"[6] ध्यान रहे, ये शब्द लिखते समय प्रो. कमला प्रसाद के मन में भी प्रेमचंद के मामू और उन के मामू के चमारी से अवैध सम्बन्धों की यही कहानी घूम रही है। आलोक पराड़कर ने 'हिन्दुस्तान' में छपे अपने लेख 'मुंशी प्रेमचंद फिर विवाद के घेरे में' लिखा है कि अपनी पुस्तक ''प्रेमचंद : सामन्त का मुंशी' में प्रेमचंद की आत्मकथा 'मेरी कथा' में 'मेरी पहली रचना' शीर्षक की रचना का जिक्र करते हुए धर्मवीर ने यह बताने की कोशिश की है कि प्रेमचंद ने दलित महिला का परिचय कितना चटखारा ले कर किया है।'[7]

प्रेमचंद को अपने कायस्थ रिश्तेदारों के चरित्र के बारे में उतना पता है कि चमारों को जो पता है, वह सब गलत है। प्रेमचंद चमारी के साथ रंगे हाथों पकड़े गए अपने मामू के पिता के बारे में चमारों की सोच बताते हैं। चमार सोच रहे हैं—"एक इन लाला के बाप थे कि कभी किसी मेहरिया की ओर आँख उठाकर न देखा (हालाँकि यह सरासर गलत था) और एक यह नीच जाति की बहू-बेटियों पर भी डोरें डालते हैं।"[8] तो, इन मामू के बाप के बारे में चमार राय रखते हैं कि वे बहुत सज्जन पुरुष

थे, जबकि प्रेमचन्द ने ब्रेकेट बना कर लिखा है कि चमारों की यह राय सरासर गलत थी। कहने का मतलब है कि वे भी उतने ही बिगड़े हुए थे जितना उन का वह छिछोरा बेटा जो प्रेमचन्द का मामू लगता था।

लगता है, चमारियों के बारे में उलटे-सीधे बोलना प्रेमचंद का फैशन हो गया था। जब प्रकरण न हो, तब भी वे बीच में चमारी के विषय को ले आते हैं। प्रमाण के लिए, 'गोदान' के दो पात्रों–पटेश्वरी और नोखेराम में बातें हो रही हैं। बातें इस विषय पर हैं कि होली के अवसर पर लोगों द्वारा गाँव के प्रमुख लोगों की नकल उतारी गई थी। उन में एक वार्तालाप इस प्रकार है–"सुना तुम्हारी बड़ी भद्‌दी नकल की। चमरिया के घर में बन्द करके पिटवाया।"[9]

जाना यह जाए कि समास 'चोरी-चमारी' के बजाय चोरी-जारी का है। प्रमाण में, प्रेमचन्द के समकालीन एक दूसरे लेखक अमीचन्द शर्मा हैं। उन की पुस्तक 'श्री बाल्मीकि प्रकाश' में एक 'बाल्मीकि हुक्मनामा' है। यह कविता के रूप में है। इस की एक आधी पंक्ति इस प्रकार है–"न करना चोरी जारी तुम...।"[10] 20वीं सदी में ही हरियाणे के एक कवि-सांगी लखमीचंद हुए हैं। इन्होंने भी अपनी एक फुटकर रागिनी में 'चोरी जारी' पद का प्रयोग किया है जो इस प्रकार है–"चोरी जारी जामनी झूठ बौलैं करैं ठग्गी।"[11]

प्रेमचन्द से पहले के साहित्यकारों ने इस बारे में क्या किया है? सीधे निर्गुण कवियों की ही बात ली जाए।

'कबीरपंथी शब्दावली' में चोरी और जारी के मुहावरे को एक साथ पकड़ा गया है। इन के जो अगले साथी शब्द हैं, उन्हें भी घेरते हुए कहा गया है :

1. चोरी जारी निन्दा चारों मिथ्या तज सतगुर शिर धारो।
   सतसंग का सतनाम उचारो, तब सनमुख लहो दिदारा है।[12]

नानक ने जिस बुराई को मिटाने की बात कही है, वह चोरी और जारी की है। 'नानक वाणी' से प्रमाण इस प्रकार हैं :

1. चोरा जारा तै कूड़िआरा खराबा बेकार।[13]

   –"....चोर, पर-स्त्री-गामी, झूठे, भोंड़े और विकारी भी हैं...।"[14]

2. लख चोरीआ लख जारीआ लख कूड़ीआ लख गालि।
   लख ठगीआ पहिनामीआ राति दिनसु जीअ नालि।।[15]

   –"....लाखों चोरियाँ और पर-स्त्री-गमन (करता है), (वह) लाखों झूठ (बोलता है) और लाखों गालियाँ (बकता है)। (वह) दिनरात लोगों से...लाखों ठगियाँ तथा गुप्त पाप करता है।"[16]

3. चोरा जारा रंडीआ कुटणीआ दीबाणु।
बेदीना की दोसती वेदीना का खाणु।।
सिफती सार न जाणनी सदा वसै सैतानु।[17]

—"चोरों, व्यभिचारियों, वेश्याओं, कुटनियों (इन सब की आपस में) मजलिस लगती है, (साथ साथ उठते-बैठते और सलाह करते हैं)। (इन) अधर्मियों की (आपस में) मित्रता है (और आपस में) खाने-पीने का (व्यवहार) है। (अतएव वे लोग परमात्मा की) प्रशंसा और उस का तत्व नहीं जानते। उन में सदैव शैतान ही बसता है।"[18]

4. चोर जार जुआर पीड़े धाणीऐ।[19]

—"चोर, व्यभिचार, जुआरी....घानी में पेरे जाते हैं।"[20]

सन्तों से पहले के जैन ग्रन्थों में भी 'चोरी-चमारी' के समास का प्रयोग नहीं हुआ है। हरिभद्र सूरि—विरचित वृत्ति समन्वित जैन ग्रन्थ 'सावयपन्नत्ती' में भी 'चौरः त्वं पारदारिको वा'—('तू चोर है, परदारगामी है')[21]—पद आया है, चोरी के साथ चमारी नहीं।

ऐसा कैसे हुआ कि चमारी जारी का प्रतीक बन गई है? यह किसने किया और क्यों होने दिया गया? ऐसा भंगन के साथ नहीं हुआ है, जबकि जाति-व्यवस्था में और छुआछूत के मामले में उस कौम की हालत ज्यादा मुसीबतजदा है। अंग्रेजी की पुस्तक 'द सिल्कन स्विंगः द कल्चरल यूनिवर्स आफ दलित वीमेन' में यह बताया गया है कि गुजरात के भंगियों में एक कहावत है कि 'ढेढ ने केवनुन, चमयाडि कनी जय स।' इस का मतलब है—"यदि तुम्हें वंकर जाति की किसी औरत से अपशब्द कहने हैं तो कहना चाहिए, "ओ चमारी, तेरे क्या हाल हैं?"[22] ध्यान यह रखना है कि यहाँ वंकर भी दलित जाति है।

राजेन्द्र सिंह गहलौत ने अपने लेख 'इन्हें गालियाँ तो न होना था : दलित सन्दर्भ में गालियाँ' में रवीन्द्र नाथ त्यागी के आलेख 'तीर्थयात्रा' से उद्धरण लेते हुए लिखा है—"...उच्च वर्ग की भोगवादिता ने शूद्र को नीच मानते हुए भी शूद्र स्त्रियों को भोगना तीर्थयात्रा के बराबर पुण्य का कार्य बतला डाला—

"चांडाली तु स्वयं काशी, प्रयागश्चर्मकारिणी।
अयोध्या पुक्कसी प्रोक्ता, रजकी मथुरा मता।।"

(चांडाली स्त्री काशी के समान है, चमारिन प्रयागराज के बराबर है, कंजरी अयोध्या है और धोबिन मथुरा के सदृश्य है।..)"[23]

तो, पता चलता है, 'चोरी-चमारी' के मामले में प्रेमचंद इसी संस्कृत परम्परा के व्यक्ति निकलते हैं। उन्होंने अपना ताल्लुक सन्त परम्परा से नहीं जोड़ा जिस में 'चोरी-जारी' के समास की भर्त्सना की गई है।

श्री चन्द्रिका प्रसाद जिज्ञासु ने अपनी पुस्तक 'आदि हिन्दू आन्दोलन के प्रवर्तक श्री 108 स्वामी अछूतानन्द जी 'हरिहर' : जीवनी, सिद्धान्त और भाषण' में तत्कालीन बेगार और जमीदारी प्रथा के बीच के सम्बन्ध को दलित स्त्रियों का संदर्भ देते हुए लिखा है–"...चर्मकार, पासी और कंजड़ आदि प्रायः ब्राह्मण ठाकुरों की जमीदारी में, गाँवों में "भूदास" बना दिये गये थे। उन्हें गाँव के छोर पर रहने को थोड़ी सी जगह तथा गुज़ारे के लिए कुछ बिस्वा जमीन दे दी जाती थी, जिसके बदले में उन्हें ज़मीदारों की सारी बेगार करनी पड़ती थी। मर्द बाहरी बेगार करते थे, औरतें घरेलू बेगार, जैसे कि लीपना, पोतना, धान कूटना, चक्की पीसना, इत्यादि। और फागुन के महीने में, वसंत पंचमी से लेकर होलिका-दाह तक, जमींदारों के जवान लड़के उनकी नई बहुओं के साथ रोज दोपहर बाद डगा का खेल खेलते थे। डगा के खेल में एक ओर सारे गाँव या दो-तीन गाँवों की गरीब अछूतों की नई बहुएँ लाठी की ताकत से जबर्दस्ती बुलवाकर खड़ी की जाती थीं, दूसरी ओर जमींदारों के जवान मुस्टंडे गोल बाँधकर खड़े होते थे। बीच में अरहर की हरी-हरी छड़ियाँ डाल दी जाती थीं। जमींदारों के जुवंट अत्यंत वीभत्स और महागंदे रसिया गाकर उनकी ओर बढ़ते तथा घृणित मुद्राएँ बनाकर उन्हें दिखाते थे और बेचारी औरतें उन अरहर की छड़ियों से उन्हें मारने दौड़ती थीं। यदि कोई औरत अपनी हद से आगे बढ़ने में पकड़ ली जाती थी तो उसकी बयान से बाहर 'गतमुकत' बनती थी। यह डगा का खेल एक प्रकार का निर्लज्ज कबड्डी का खेल था जिसे जमींदारों के जवान लड़के लाचार अछूतों की असहाय गरीब बहुओं के साथ खेलते थे।"[24]

इधर, प्रेमचंद की 'रंगभूमि' का सूरदास राजा साहब से कहता है–"सरकार, गरीब की घरवाली गाँव-भर की भावज होती है।"[25] फिर गरीब कौन है? मनुस्मृति के विधान ने किस को जबरन गरीब बनाया है? इसलिए, यहाँ चमारों को गरीबों की संख्या में अलग से गिनने की जरूरत नहीं है।

'चोरी-चमारी' के समास का प्रयोग इसलिए भी सही नहीं है क्योंकि चमार जाति अपने पर्सनल कानून में 'मोरलिस्ट' है। यदि चमारी पत्नी किसी से जारी करेगी तो उस का चमार पति उस से तलाक ले लेगा। इस का मतलब है कि चमारी इस मामले में जबर्दस्ती नहीं कर सकती। फिर, इस से भी आगे चमारों का इतना अच्छा कानून है कि वे अपनी विधवा बेटी का पुनर्विवाह करते हैं। व्यवस्था इतनी अच्छी है कि कोई कारण नहीं है कि चमार की बहू या बेटी बदचलनी के रास्ते पर जाए। जो जाएगी, वह उस का गलत परिणाम भुगतेगी, क्योंकि चमारों के कानून ने उस की नैसर्गिक, मौलिक, पारिवारिक और सामाजिक आवश्यताओं का पूरा ध्यान रखा है। इस के

विपरीत, उधर हिन्दुओं के कानून में क्या है? चूँकि, प्रेमचंद ने ही 'चोरी-चमारी' शब्द का प्रयोग किया है, इसलिए उन्हीं की कौम की बात ली जा सकती है। कौम की क्या, उन के घर से ही बात शुरू की जाए।

अमृत राय ने अपनी पुस्तक 'प्रेमचंद : कलम का सिपाही' में लिखा है कि प्रेमचन्द के ताऊ 'कौलेश्वर लाल जवानी में ही मर गए थे। उन की विधवा स्त्री अपने बच्चे को ले कर बहुत दिन घर पर ही रहीं। लेकिन फिर उन के साथ भी वही हुआ जो सच या झूठ हमारे समाज में हर विधवा युवती के साथ होता है। रिश्ते के एक भतीजे को ले कर उन की बदनामी हुई, महाबर लाल (प्रेमचन्द के दूसरे छोटे ताऊ) की पत्नी ने अभूतपूर्व मनोयोग से अपनी जेठानी के चारित्रिक स्खलन का अनुसंधान और प्रचार किया—यहाँ तक कि बेचारी गाँव छोड़ कर चुनार चली गईं... ।''[26]

यह प्रेमचंद की एक ताई की बात हुई। पूरी कायस्थ कौम की औरतों की इस बात को प्रेमचंद की दूसरी पत्नी के पिता पर्चे के रूप में किताबचा छाप कर लिख रहे हैं—''...हे मेरे भाइयो जाँच करने से मालूम हुआ है व देखने में आया है...कि उन कन्याओं दोनों किसिम की कि कुछ तो मुसीबत खाने-पीने से कुछ सतसंग पाकर कुछ काम के वश होकर कि कामदेव बड़ा बली शैतान है मतिभ्रम कर देता है कि बड़े बड़े मुनियों और महात्मा के हृदय में क्षोभ कर दिया है और भला इन अबलाओं की क्या गिनती है व्यभिचार करने लगती हैं याने बहुतों का कस्बी हो जाना और बहुतों का घर ही में बदचलन हो जाना व बहुतों का अन्य पुरुष विरुद्ध वर्ण याने दूसरे जात के साथ निकल जाना बहुतों के हमल-हराम रह जाना व उसका इसक़ात हमल कराना बालक का मारना वग़ैरा वग़ैरा कहाँ तक कहा जावै बड़े-बड़े घोर पाप होते हैं व हो गये कि सुनि अघ नर्कहु नाक सकोरी। संसार में रूसियाही बल्कि पुश्तों तक का एक ऐसा दाग़ धब्बा लग जाता है कि उसका मिटाना बहुत कठिन हो जाता है।''[27]

इस के बाद प्रेमचंद के बिलकुल निजी जीवन पर आया जाए। उन्होंने अपने मित्र मुंशी दया नरायन निगम को अपने एक पत्र में लिखा है—''बरादरम, अपनी बीती किससे कहूँ। ज़ब्त किये किये कोफ़्त हो रही है। ज्यों-त्यों करके एक अशरा... काटा था कि खानगी तरद्दुदात... का ताँता बँधा। औरतों ने एक-दूसरे को जली-कटी सुनायी। हमारी मखदूमा... ने जलभुनकर गले में फाँसी लगायी। माँ ने आधीरात को भाँपा, दौड़ीं, उसको रिहा किया। सुबह हुई, मैंने खबर पायी। झल्लाया, बिगड़ा, सख्त मलामत की। बीवी साहबा ने अब ज़िद पकड़ी कि यहाँ न रहूँगी, मैके जाऊँगी। मेरे पास रुपया न था। नाचार खेत का मुनाफ़ा वसूल किया। उनकी रुखसती की तैयारी की। वह रो-धोकर चली गयीं। मैंने पहुँचाना भी न पसन्द किया। आज उनको गये आठ रोज़ हुए, न खत है न पत्तर। मैं उनसे पहले ही खुश न था अब तो सूरत से बेज़ार हूँ। ग़ालिबन अबकी की जुदाई दायमी साबित हो। खुदा करे ऐसा ही हो। मैं बिला बीवी के रहूँगा। बिल्ली बख्शे मुर्ग़ा लँडूरा ही रहेगा। उधर नानिहाल से, वालिदा की

तरफ़ से ज़िद है कि ब्याह रचे और जरूर रचे। जब कहता हूँ, मैं मुफ़लिस हूँ, कंगाल हूँ, खाने को मयस्सर नहीं तो वालिदा साहबा कहती हैं तुम अपनी रज़ामन्दी ज़ाहिर करो, तुमसे एक कौड़ी न माँगी जायगी। सुनता हूँ बीवी हसीन है, बाशऊर है, जेब से खर्चने बग़ैर मिली जाती है, फिर तबीयत क्यों न भुरभुराय और गुदगुदी क्यों न पैदा हो! ईश्वर जानता है दो-तीन दिन उसका ख़्वाब भी देख चुका हूँ। बहरहाल अबकी तो गला छुड़ा ही लूँगा, आइन्दा की बात नारायन के हाथ है। जैसी आपकी सलाह होगी वैसा करूँगा। इस बारे में अभी फिर मशविरा करने की ज़रूरत बाक़ी है।''[28] उधर, प्रेमचंद से सहानुभूति में उन के अपने बेटे अमृत राय ने इस वाकये पर अपना तबसरा लिखा है–''बहुत हसरत से भरा हुआ खत है। कोई छोटी बात नहीं है यह कि आपके घर की एक स्त्री जो आपकी स्त्री है, चाहे जैसी भी, गले में फाँसी लगा ले। लेकिन किस तरह से उसको बयान किया है। किसी तरह की हमदर्दी उस औरत को देने के लिए वह तैयार नहीं है। दिल कितना फटा हुआ है जो इस तरह की बात मुमकिन हो सकी! उस रोज़ विजयबहादुर उनको ले जाकर बस्ती जो पहुँचा आये तो नवाब के लिए वह सचमुच मर गयीं–गो मरीं बहुत बाद को। खत उनके जाने के आठ रोज़ बाद लिखा जा रहा है। आठ रोज़ का वक़्त मन की उदासी या भारीपन को कम करने के लिए थोड़ा नहीं होता लेकिन तो भी खत से एक बेदर्दी का एहसास होता है जो उनकी पूरी तबीयत से मेल नहीं खाता, मगर सनद है इस बात की कि यह शादी ग़रीब के जी पर कितनी भारी हो रही थी।''[29]

यहाँ मेरा विषय यह नहीं है कि प्रेमचंद ने अपनी पत्नी को परित्यक्ता बना कर अच्छा किया या बुरा किया। मैं उन की कला को पकड़ना चाह रहा हूँ कि उन्होंने 'गोदान' में लिखा है–''...हिन्दू स्त्री पति के साथ घर की स्वामिनी है, और पति त्याग दे, तो कहीं की नहीं रहती...।''[30] पर, यह वाक्य हू-ब-हू और सब से ज्यादा प्रेमचंद की इन्हीं पहली पत्नी पर लागू होता है। तब प्रेमचंद ऐसा लिख कर कला के क्षेत्र में और स्त्रियों के पक्ष में होने की वाहवाही कैसे लूट सकते हैं? कौन समझदार स्त्री उन के इस कथन को कलात्मक मान कर सराहेगी? स्त्री के पक्ष में लड़ाई लड़ने वाली स्त्री कुछ और ही करेगी, उसे कुछ और ही करना चाहिए। यह ज्ञान किस मतलब का और प्रेमचंद की यह कला स्त्रियों के किस लाभ की है? प्रेमचन्द को रचनाकार के रूप में पेश करके बहकाया किसे जा रहा है? क्या हिन्दू स्त्रियाँ इतनी अज्ञानी हैं? कम से कम उन में से एक, उन्नीसवीं सदी की 'सीमन्तनी उपदेश' नाम की पुस्तक की विधवा कायस्थ लेखिका, अज्ञात हिन्दू औरत, ऐसी नहीं थीं।

असली बात यहाँ भी पूरी नहीं होती। पूछना यह है कि प्रेमचन्द की ये पहली परित्यक्ता पत्नी किस रूप में जिएंगी। यदि वे फाँसी लगा रही थीं तो लग ही जानी चाहिए थी। तब शरीर तो नहीं रहेगा, शरीर की आवश्यकता तो नहीं रहेगी। आखिर, शरीर रहेगा तो शरीर की आवश्यकता बनी रहेगी। अपने इसी तर्क पर हिन्दू लोग

स्त्री को विधवा रखने के बजाय सीधे सती करने की प्रथा पर चले थे। बात ही खत्म, व्यभिचार की जड़ कुल शरीर ही खत्म। न रहेगा बांस, न बजेगी बाँसुरी। तब, प्रेमचंद की पत्नी का तो विधवा से भी ज्यादा खराब हाल हो गया है। प्रेमचन्द उसे घर में नहीं रखेंगे, उस के घर वाले उस का पुनर्विवाह नहीं करेंगे—और जमीदार के घर की खाई-पीई बेटी की भरपूर पूरी जवानी! परमात्मा आगे कुछ न कहलवाए। बस, प्रार्थना इतनी है कि साहित्य में 'चोरी-चमारी' के समास का प्रयोग बन्द किया जाए। लोग प्रेमचन्द को महान कलाकार भी कहते हैं, पर चमारों पर कृपादृष्टि करके उन की इस महानता को तनिक दूर रखा जाए। किसी कौम की औरतों को नीचे गिरा कर महान कलाकार बनने का यह कोई सभ्य तरीका नहीं है। शिष्टाचार को सिखाने वाले साहित्यगुरु यहाँ पूरे अशिष्ट और अभद्र हो गए हैं।

तब मैं क्या गलत कर रहा हूँ?—प्रेमचन्द की सूरत प्रेमचन्द को दिखा रहा हूँ,—जी हाँ, 'तुम्हारी ही सूरत तुम्हीं को दिखा रहा हूँ।' क्या कला कला में से ही निकलेगी? क्या प्रेमचन्द के लिए भी इस का जीवन से कोई सम्बन्ध नहीं जुड़ेगा? प्रेमचन्द का दावा तो इसे जीवन और समाज से जोड़ कर रखने का है। वे ब्राह्मण तो नहीं हैं जो कला को जीवनी से दूर एक अलग अखाड़े की चीज बना कर रखता है। तब ब्राह्मण के साहित्य से क्या झगड़ा क्योंकि उस के साहित्य के सिद्धान्त ही दूसरे हैं? लेकिन प्रेमचन्द से संवाद इसलिए किया जा रहा है क्योंकि वे ब्राह्मण की किस्म के आदमी नहीं थे। बहुत बुरे होने पर भी वे ब्राह्मण के साहित्य से सौ गुने अच्छे थे। हम केवल यह चाहते हैं कि ब्राह्मण के मुकाबले में वे परिमाणात्मक रूप में अच्छा होने के बजाय उस से गुणात्मक रूप में भिन्न हो जाते। निराशा की बात है कि वे ऐसा नहीं कर सके। पर्सनल कानून में वे निरे ब्राह्मण बन कर जिए। उन्हें पुरोहितों से अपनी लड़ाई लड़नी थी तो पर्सनल कानून के मामले में पुरोहितों से भिन्न होते ताकि तुलना ही सम्भव न होती। चूँकि, तुलना समानों में होती है, और इस मामले में वे अपनी पूरी कौम के कानून के समेत ब्राह्मणों के पर्सनल कानून से पूर्णतया तुलनीय हैं। 'सीमन्तनी उपदेश' की अज्ञात कायस्थ लेखिका का पूरी पुस्तक में यही रोना है कि अपनी औरतों से व्यवहार में कायस्थ लोग पूरे द्विज बने हुए हैं।

प्रेमचंद ने बात-बेबात चमारों की पंचायत की भी मजाक उड़ाई है। ऐसा 'रंगभूमि' में हुआ है। भैरों साईस से कहता है—"गरीब हूँ, लेकिन भिखमंगा नहीं हूँ। इज्जत-आबरू सभी की होती है। तुम्हारी ही बिरादरी में कोई किसी की बहू-बेटी ले कर निकल जाए, तो क्या उसे पंचायत यों ही छोड़ देगी। कुछ-न-कुछ दंड देगी ही। पंचाइत न देगी, तो अदालत-कचहरी से तो कुछ होगा।।"[31] इस पर प्रेमचन्द अपनी टिप्पणी करते हैं—"साईस जात का चमार था, जहाँ ऐसी दुर्घटनाएँ, आए-दिन होती रहती हैं, और बिरादरी को उन की बदौलत नशा-पानी का सामान हाथ आता रहता है। उस के घर में नित्य यही चर्चा रहती थी। इन बातों में उसे जितनी दिलचस्पी थी,

उतनी और किसी बात से न हो सकती थी। बोला–आओ बैठो, चिलम पियो, कौन भाई हो?"[32] भैरों जवाब देता है–"पासी हूँ, यहीं पांडेपुर में रहता हूँ।"[33]

यहाँ प्रेमचन्द ने बिना बात चमारों को किसी लायक नहीं छोड़ा। यह चमारों की और चमारों की बहू-बेटियों की खुली बेइज्जती है। प्रकरण जबर्दस्ती डाला गया है जिस की कोई जरूरत नहीं थी। वे अपनी कूँची से रंग भर रहे हैं या चमारों की जात को कलंकित कर रहे हैं। ये वाक्य चमारों की शोभा हैं या उन पर धब्बे?

चमारों की पंचायत की परम्परा क्या है? यह गण-व्यवस्था है और उस की कहानियाँ बड़ी मिसालों से भरी हुई हैं। एक मिसाल अकबर के समय की है। डा. सोहन पाल सुमनाक्षर द्वारा सम्पादित पुस्तक 'आदिम जाति चमार : इतिहास, धर्म व संस्कृति' में एक लेख 'चमार–लोकतान्त्रिक शासक कौम' के शीर्षक से प्रोफेसर डा. राम नाथ का संकलित है। इस में लिखा गया है–"दिल्ली की चमार पंचायत बीरबल को अपना नामी दुश्मन मानती थी इसलिए अकबर ने किसी बात से खफा हो कर बीरबल से ही पूछा कि तुम्हें सजा देने के लिए न्यायाधीश किसे नियुक्त किया जाए? इस पर बीरबल ने चमारों की पंचायत का नाम सुझाया। चमारों की पंचायत ने बीरबल पर पांच सौ रुपया जुर्माना बोल दिया, परन्तु तीन दिन तक चली बहस के बाद सिर्फ एक पैसा जुर्माना किया गया। दलील यह दी गई कि एक रुपये के जुर्माने से तो बेचारे के बाल बच्चे भूखों मर जाएंगे।"[34] इस उद्धरण से प्रोफेसर रामनाथ ने निष्कर्ष निकाला है कि 'चमार बदला नहीं लेता...'[35] है।

चमारों की पंचायत कुछ नहीं है बल्कि हमारे बाबा साहेब डा. अम्बेडकर का हिन्दू कोड बिल है। यदि डा. अम्बेडकर की चलती तो भारत में पैतृकता की जाँच के लिए डी. एन. एन. के टैस्ट करने पर कानूनी पाबन्दी नहीं लग सकती थी। ऐसे केस झैड़-पैड़ में तय हो सकते थे। तलाक का कोई मुकदमा दस और पन्द्रह साल तक नहीं चल सकता था। यदि चमारों की पंचायत प्रणाली से मदद ली जाए तो संसद और न्यायालय को काफी लाभ पहुँच सकता है। चमारों की पंचायत में भूल कर भी घरों को 'एडल्ट्री होम' नहीं बनने दिया जा सकता। वहाँ भरण-पोषण की परम्परा नहीं है बल्कि पुनर्विवाह की परम्परा है। जारकर्म को दण्डित करने के मामले में चमारों की पंचायत ब्राह्मणों के कानून की तरह लाचार नहीं है। जब तलाक का कानून है तो चमारों की पंचायत है, जब तलाक का कानून ही नहीं है तो ब्राह्मणों की ऐसी कोई पंचायत सिरे से गायब है। वहाँ जारकर्म की खुली छूट और लूट है। असल में, तलाक की व्यवस्था न करके ब्राह्म-विवाह को बचाने का क्या मतलब रह जाता है क्योंकि उस में 'मोरलिटी' पूरी चकनाचूर हो जाती है? विवाह की व्यवस्था मोरलिटी के भीतर एक कानून है जबकि ब्राह्म-विवाह में मोरलिटी को तोड़ कर विवाह को बचाने का झूठ बोला जाता है।

प्रेमचंद ने 'नशे-पानी' की बात कही है। उन की तर्ज पर कुछ महिलाओं ने इसे 'शराब की बोतल' कहा है। लेकिन चमारों की पंचायत में इसे दुर्गुण ही माना गया है। आज की कोर्ट भी अपने ऐसे रिश्वतबाजों और घूसखोरों को दण्ड देती है। केरल में त्रिचूर जिले की विजिलेन्स स्पेशल कोर्ट ने 31 जुलाई, 2006 को एक सरकारी डाक्टर को 12 वर्ष का कठोर कारावास और 75 हजार रुपये का जुर्माना किया है। वैवाहिक मामले उस के पास भेजे गए थे। शिकायत मिली थी कि वह पति और पत्नी दोनों से रिश्वत लेता था। वह कई जोड़ों से पैसे ऐंठ चुका था।[36] कहना यह है कि यह पैसा ऐंठना चमारों के कुछ लोगों द्वारा शराब की बोतल ले कर गलत फैसले देने से कम घातक नहीं है।

संदर्भ

1. प्रेमचन्द : कलम का सिपाही, अमृत राय, हंस प्रकाशन, इलाहाबाद, संस्करण, अप्रैल, 1992, पृ.-221
2. वही, पृ.-221
3. वही, पृ.-618
4. वही, पृ.-28
5. मेरी बात (आत्म-कथा), प्रेमचन्द, जीवन प्रभात प्रकाशन, 221, गुरु गोविन्द सिंह इंडस्ट्रियल इस्टेट, गोरेगाँव—पूर्व, मुम्बई-400 063, संस्करण, 2000, पृ.-14
6. तर्क को कुतर्क से मत काटो, सम्पादकीय, प्रो. कमला प्रसाद, प्रगतिशील वसुधा, एम-31, निराला नगर, दुष्यंत मार्ग, भदभदा रोड, भोपाल-462 003, जुलाई-सितम्बर, 2005, पृ.-28
7. मुंशी प्रेमचंद फिर विवाद के घेरे में, आलोक पराड़कर, हिन्दुस्तान, लखनऊ संस्करण, 28 सितम्बर, 2005
8. मेरी बात (आत्म-कथा), प्रेमचंद, जीवन प्रभात प्रकाशन, 221, गुरु गोविन्द सिंह, इन्डस्ट्रियल इस्टेट, गोरेगाँव—पूर्व, मुम्बई-400 063, संस्करण, 2000, पृ.-14
9. गोदान, प्रेमचंद, लोक भारती प्रकाशन, 15-ए, महात्मा गांधी मार्ग, इलाहाबाद-1, संस्करण, 1999, पृ.-190
10. श्री बाल्मीकि प्रकाश, लेखक, अमीचंद शर्मा और साधु योधा राम, गौतम बुक सेन्टर, सी-263ए, चन्दन सदन, गली नं.-9, हरदेव पुरी, शाहदरा, दिल्ली-110 093, रचना काल 1928 से 1932, वर्तमान प्रथम संस्करण, मार्च, 2006, पृ.-5
11. पण्डित लखमीचंद ग्रन्थावली, सम्पादक, डा. पूर्ण चन्द्र शर्मा, हरियाणा साहित्य अकादमी, अकादमी भवन, पी-16, सेक्टर-14, पंचकूला, हरियाणा, 8वाँ संस्करण, 2008, पृ.-776
12. कबीरपंथी शब्दावली, स्वामी श्री युगलानन्द विहारी, गंगाविष्णु श्री कृष्ण दास, लक्ष्मी वेंकटेश्वर स्टीम प्रेस, कल्याण मुम्बई, संस्करण 1982, पृ.-935
13. नानक वाणी, डॉ. जय राम मिश्र, लोक भारती प्रकाशन, 15-ए, महात्मा गांधी मार्ग, इलाहाबाद-1, द्वितीय संस्करण, 1988, पृ.-322
14. वही, पृ.-333
15. वही, पृ.-346
16. वही, पृ.-347
17. वही, पृ.-468

18. वही, पृ.-468 19. वही, पृ.-766

20. वही, पृ.-767

21. सावयपन्नत्ती (श्रावक प्रज्ञप्ति), हरिभद्र सूरि-विरचित वृत्तिसमन्वित, सम्पादक और अनुवादक, बालचंद्र शास्त्री, भारतीय ज्ञानपीठ, 18, इन्स्टीट्यूशनल एरिया, लोदी रोड, नई दिल्ली-110 003, तृतीय संस्करण, 2006, पृ.-156

22. "The Bhangis, who are at the bottom of the heap and have nowhere to go, note this with some amusement in their proverb *Dhed ne Kevanum, Chamayadi kany jay sa,* that is, if you want to say something (rude) to a Vankar woman, just say, "O Chamar woman, how are things?"
The Silken Swing : The Cultural Universe of Dalit Women, Edited by Fernando Franco, Jyotsna Makwan and Suguna Ramanathan, STREE, 16 Southern Avenue, Calcutta-700 026, Ist Edition, January, 2000, p.-188

23. इन्हें गालियाँ तो न होना था : दलित सन्दर्भ में गालियाँ, राजेन्द्र सिंह गहलौत, अक्षरा, मध्य प्रदेश राष्ट्रभाषा प्रचार समिति, हिन्दी भवन, श्यामल हिल्स, भोपाल-462 002, जनवरी-फरवरी, 2006, पृ.-87

24. आदि हिन्दू आन्दोलन के प्रवर्तक श्री 108 स्वामी अछूतानन्द जी 'हरिहर' : जीवनी, सिद्धान्त और भाषण, लेखक, श्री चन्द्रिका प्रसाद जिज्ञासु, प्रकाशक, हिन्दू समाज सुधार कार्यालय, सआदत गंज, लखनऊ, पहली बार, 1960, पृ.-40-41

25. रंगभूमि, प्रेमचंद, शिवानी बुक्स, 4855/24, हरबंस स्ट्रीट, दरियागंज, नई दिल्ली-110 002, संस्करण, 2004, पृ.-93

26. प्रेमचंद : कलम का सिपाही, अमृत राय, हंस प्रकाशन, इलाहाबाद, संस्करण, अप्रैल, 1992, पृ. -9

27. वही, पृ.-78 28. वही, पृ.-69-70

29. वही, पृ.-70-71

30. गोदान, प्रेमचंद, लोक भारती प्रकाशन, 15-ए, महात्मा गांधी मार्ग, इलाहाबाद-1, संस्करण, 1999, पृ.-146

31. रंगभूमि, प्रेमचंद, शिवानी बुक्स, 4855/24, हरबंस स्ट्रीट, दरियागज, नई दिल्ली-110 002, संस्करण, 2004, पृ.-391

32. वही, पृ.-391 33. वही, पृ.-391

34. आदिम जाति चमार : इतिहास, धर्म व संस्कृति, सम्पादक, डा. सोहन पाल सुमनाक्षर, भारतीय दलित साहित्य अकादमी, 233, टैगोर पार्क, माडल टाउन, दिल्ली-110 009, प्रथम संस्करण, 2002, पृ.-80

35. वही, पृ.-80

36. "Bribe : 12 years' RI for doctor
Thrissur, July 31 : The Vigilance Special Court on Monday sentenced a governemt doctor to 12 years' rigorous imprisonment and slapped a fine of Rs. 75,000 on him for taking bribe.
Dr. M.R. Gopalkrishnan, former psychiatrist at the Ernakulam Government Hospital was convicted of taking bribe from the couples who had been referred to him by the Family Court for counselling.
The complaint, filed in 2001 by three couples alleged that Dr. Gopalkrishnan had taken a bribe of Rs. 250 from each couple referred to

him for counselling. Kumari and Venu from Chengara, Santhakumari and Dinesh from Kochi and Mary and Thadevoos from Kochi were the complainants. The Vigilance investigation team filed the chargesheet in 2004.

The judgment said that the doctor was doing the heinous job of asking for bribes for a duty which was his responsibility. ENS.

Indian Express, Thiruvananthapuram, 1 August, 2006, page-5, column-2-4

अध्याय-15

घसियारी और पीसनहारी बुधिया

सब से बड़ा सवाल यही उठाया गया है कि प्रेमचंद की 'कफन' कहानी में मुझ धर्मवीर को कैसे पता चल गया कि बुधिया के पेट में जमीदारों का बच्चा है। लेकिन यह पता करने का अधिकार हर पाठक का होता है। प्रेमचन्द ने स्वयं स्वीकार किया है कि पाठक के इस अधिकार को छीना नहीं जा सकता। वे लिखते हैं—"पाठक कल्पनाशील होता है, इसलिए वह ऐसी बातें पढ़ना पसन्द नहीं करता जिन की वह आसानी से कल्पना कर सकता है। वह यह नहीं चाहता कि लेखक सब कुछ खुद कह डाले और पाठक की कल्पना के लिए कुछ भी बाकी न छोड़े। वह कहानी का खाका मात्र चाहता है, रंग वह अपनी अभिरुचि के अनुसार भर लेता है। कुशल लेखक वही है जो यह अनुमान कर ले कि कौन सी बात पाठक स्वयं सोच लेगा और कौन सी बात उसे लिख कर स्पष्ट कर देनी चाहिए। कहानी या उपन्यास में पाठक की कल्पना के लिए जितनी अधिक सामग्री हो उतनी ही वह कहानी रोचक होगी। यदि लेखक आवश्यकता से कम बतलाता है तो कहानी आशयहीन हो जाती है, ज्यादा बतलाता है तो कहानी में मजा नहीं आता।"[1] तब मुझ पर 'कफन' कहानी को ले कर टेक्स्ट से बाहर जाने का आरोप क्यों लग रहा है? तब तो यह भी मानना पड़ेगा कि सन् 1936 से ले कर आज तक 'कफन' कहानी का असली पाठक मैं ही हूँ।

सवाल यही है, बुधिया ऐसे कैसे मर गई? घीसू-माधव लापरवाह हो गए, गाँव तो लापरवाह नहीं हो सकता था। क्या घीसू-माधव ने बिरादरी वालों को ताकीद दे रखी थी कि इस मामले में हमारे घर की ओर कोई कदम न रखे? क्या पड़ोसी पहले से जानते थे कि यह मामला जटिल है, इस में मदद का हाथ न लगाओ? क्या उत्तर भारत के गाँवों में कोई स्त्री ऐसे अकेले मर सकती है जहाँ छान से छान और मुंडेर से मुंडेर मिली रहती हैं?

क्या ऐसा है कि प्रेमचन्द सन्तान-प्रेम के बारे में कुछ न जानते हों? क्या सन्तान-प्रेम उन के जीवन और साहित्य का विषय नहीं है? उत्तर यह है कि उन्हें

सन्तान-प्रेम के बारे में पूरा पता है। उन्होंने लिखा है—"सन्तान-प्रेम मानव-चरित्र का एक व्यापक गुण है। ऐसा कौन प्राणी होगा, जिसे अपनी सन्तान प्यारी न हो? लेकिन इस सन्तान-प्रेम की मात्राएँ हैं, उसके भेद हैं। कोई तो सन्तान के लिए मर मिटता है, उसके लिए कुछ छोड़ जाने के लिए आप नाना प्रकार के कष्ट झेलता है, लेकिन धर्म-भीरूता के कारण अनुचित रीति से धन संचय नहीं करता है। उसे शंका होती है कि कहीं इसका परिणाम हमारी सन्तान के लिए बुरा न हो। कोई ऐसा होता है कि औचित्य का लेश मात्र भी विचार नहीं करता—जिस तरह भी हो कुछ धन संचय कर जाना अपना ध्येय समझता है, चाहे इसके लिए उसे दूसरों का गला ही क्यों न काटना पड़े। वह सन्तान-प्रेम पर अपनी आत्मा को भी बलिदान कर देता है। एक तीसरा सन्तान-प्रेम वह है, जहाँ सन्तान का चरित्र प्रधान कारण होता है, जब कि पिता सन्तान का कुचरित्र देखकर उससे उदासीन हो जाता है—उसके लिए कुछ छोड़ जाना व्यर्थ समझता है। अगर आप विचार करेंगे तो इसी सन्तान-प्रेम के अगणित भेद आपको मिलेंगे। इसी भाँति अन्य मानव गुणों की भी मात्राएँ और भेद हैं। हमारा चरित्राध्ययन जितना ही सूक्ष्म, जितना ही विस्तृत होगा, उतनी ही सफलता से हम चरित्रों का चित्रण कर सकेंगे। सन्तान-प्रेम की एक दशा यह भी है, जब पुत्र को कुमार्ग पर चलते देखकर पिता उसका घातक शत्रु हो जाता है। वह भी सन्तान-प्रेम ही है, जब पिता के लिए पुत्र घी का लड्डू होता है जिसका टेढ़ापन उसके स्वाद में बाधक नहीं होता। वह सन्तान-प्रेम भी देखने में आता है जहाँ शराबी, जुआरी पिता पुत्र-प्रेम के वशीभूत होकर ये सारी बुरी आदतें छोड़ देता है।"[2]

तब, क्या घीसू-माधव को अपनी सन्तान से प्रेम नहीं था? यदि बुधिया के पेट में माधव का बच्चा होता तो क्या तब घीसू और माधव का व्यवहार प्रेमचन्द के सन्तान-प्रेम के अपने सिद्धान्त के विपरीत होता? प्रेमचन्द की दो बातों में से कौन-सी सही है—मनुष्य में सन्तान-प्रेम रहता है या मनुष्य में सन्तान-प्रेम नहीं रहता? एक बार को माधव लापरवाह हो सकता था लेकिन माधव का बाप घीसू अपने ब्याज से प्रेम करना कैसे छोड़ सकता था? इसलिए, यदि घीसू-माधव के रूप में मानव-स्वभाव से किनारा नहीं करना है तो यही मानना पड़ेगा कि बुधिया के पेट में माधव का बच्चा नहीं था। 'कफन' कहानी में यही मान कर प्रेमचंद द्वारा बताए गए मानव-चरित्र के चित्रण की ओर बढ़ा जा सकता है कि बुधिया के पेट में किसी और का बच्चा था।

यदि यह कहानी प्रेमचन्द की व्याख्या के बजाय तथ्यों के रूप में तनिक भी सच्चाई पर आधारित है तो घीसू संवेदनहीन व्यक्ति नहीं था। घीसू ने इसी कहानी में कहा है—"मेरी औरत जब मरी थी, तो मैं तीन दिन तक उस के पास से हिला तक नहीं"[3]...। घीसू की वह गृहस्थी कम दिन भी नहीं चली थी। घीसू के ही शब्द हैं—"मेरे नौ लड़के हुए...।"[4] घीसू की उम्र इस समय साठ साल की है। घीसू ने कहा भी

है–"साठ साल क्या दुनिया में घास खोदता रहा हूँ?"[5] तो, जो अजीब हुआ है, वह अभागिनी बुधिया के साथ हुआ है। यह बुधिया का पहला ही प्रसव था। कहानी के अनुसार, 'माधव का ब्याह पिछले साल हुआ था।'[6]

प्रेमचंद ने 'कफन' कहानी में घीसू, माधव और बुधिया को चमार जाति के बता कर एक बड़ा प्रक्षिप्तीकरण किया है। जब बुधिया चमारी भी है और 'पिसाई करके या घास छील कर वह सेर भर आटे का इन्तजाम कर लेती थी'[7], तो हमारी समझ में बहुत कुछ अपने आप आ जाता है। फिर हमें बीच में किसी प्रेमचंद की जरूरत नहीं है। बुधिया के पेशे में चमारों की मुख्य समस्या हमारे हाथ में आ जाती है।

पीसनहारियों और घसियारियों के साथ गाँव में क्या-क्या होता है–क्या प्रेमचंद को उस का पता नहीं है? चमार की जवान बहू बुधिया जमीदार की हवेली में हाथ की चक्की पर अनाज पीसने जाती है तो क्या हमें मालूम नहीं है कि वहाँ खड़ा जमीदार का लड़का उस के अध ढके स्तनों को किस रूप में देखता है? बुधिया को उस की कुदृष्टि से अपनी इज्जत बचानी मुश्किल हो जाती है। प्रेमचंद किसे गुमराह कर रहे हैं? चाची, ताई, भाभी, बहन, माँ–को मिल कर जंगल में घास खोदने जाना होता है। कोई अकेली चमारी गाँव के जंगल में घास खोदने नहीं जाती। दूसरी स्त्री न मिली तो बेटा या पति साथ में जाता है। जब भी चमारों और जमीदारों की लड़ाई होती है तो जमीदारों की तरफ से यही धमकी दी जाती है कि खेत की डोल पर पैर रखते ही चमारियों की घाघरियों के नाड़े तोड़ दिए जाएँगे। प्रेमचंद दुनिया को बहका लें, पर चमारों को कैसे बहका लेंगे? वे चमार पर लिख रहे हैं तो क्या चमारों को मालूम नहीं है कि वे कितना झूठ लिख रहे हैं? क्या दबा रहे हैं और कितना छोड़ रहे हैं? इस बारे में वात्स्यायन ने अपने 'कामसूत्र' में पक्की गवाही दी ही है। उन्होंने लिखा है–"जब...स्त्रियाँ पीसने,...अथवा खेत में काम करने, जायें...ऐसे ही काम करते समय इन से छोटे अधिकारी सहवास कर सकते हैं।"[8] यह इबारत किस के बारे में है? क्या यह सीधे बुधिया की बात नहीं हो रही है?

यहाँ मुझे एक दूसरा आरोप भी लगाना है। यह 'पल प्रतिपल' नाम की हिन्दी त्रैमासिक और दूसरी सम्पादित पुस्तक 'घासवाली : प्रेमचंद की दलित-जीवन से जुड़ी कहानियाँ' के सन्दर्भों से है। 'पल-प्रतिपल' के सम्पादक देश निर्मोही हैं और सम्पादकीय पता, 'पल प्रतिपल, आधार प्रकाशन प्रा. लि., एस. सी. एफ. 267, सेक्टर-16, पंचकूला-134 133 (हरियाणा)' है। अंक जून-सितम्बर, 2005 का है। पुस्तक 'घासवाली : प्रेमचंद की दलित-जीवन से जुड़ी कहानियाँ' के संकलन कर्ता और सम्पादक राजीव रंजन गिरि हैं। इस का पहला प्रकाशन 2005 में 'बुक्स फॉर चेंज, सी-75, साउथ एक्सटेंशन-II, नई दिल्ली-110 049' द्वारा हुआ है।

कहना यह है कि इन दोनों में 'कफन' कहानी संकलित की गई है। 'पल प्रतिपल' में विशेष रूप से लिखा गया है—'प्रेमचन्द की कालजयी कहानी 'कफन'।' पर इन दोनों संकलनों में एक भारी गलती है। गलती के लिए बताया जाए कि मेरे पास 'कफन' कहानी का पाठ निम्न पुस्तक से है—''कफ़न और शेष रचनाएँ, प्रेमचंद, सरस्वती प्रेस, बनारस, षष्ठ संस्करण, नवम्बर 1952।'' इसे मैंने 1999 में ओक्सफोर्ड यूनिवर्सिटी की लाइब्रेरी से लिया था जिस का रेफेरेन्स 'Oxford : I.I.L. Hindi Premch. 10' है। उस में सम्बन्धित शब्द इस प्रकार हैं :

> ''जब से यह औरत आई थी उस ने इस खानदान में व्यवस्था की नींव डाली थी। पिसाई करके या घास छील कर वह सेर भर आटे का इन्तजाम कर लेती थी और इन दोनों बे-गैरतों का दोजख भरती रहती थी।''[9]

बताया यह जाना है कि 'पल प्रतिपल' में संकलित 'कफन' में सम्बन्धित पाठ इस प्रकार है :

> ''जब से यह औरत आयी थी, उस ने इस खानदान में व्यवस्था की नींव डाली थी और इन दोनों बे-ग़ैरतों का दोख़ज (दोजख) भरती रहती थी।''[10]

राजीव रंजन गिरि द्वारा संकलित और सम्पादित पुस्तक 'घासवाली : प्रेमचंद की दलित-जीवन से जुड़ी कहानियाँ' में यह सम्बन्धित पाठ इस प्रकार मिलता है :

> ''जब से यह औरत आई थी, उस ने इस खानदान में व्यवस्था की नींव डाली थी और इन दोनों बे-गैरतों का दोजख भरती रहती थी।''[11]

मिलान करके देखा जा सकता है कि 1952 की प्रकाशित पुस्तक 'कफ़न और शेष रचनाएँ' में आए हुए शब्द—'पिसाई करके या घास छीलकर वह सेर भर आटे का इन्तजाम कर लेती थी'—'पल प्रतिपल' में और राजीव रंजन गिरी की सम्पादित पुस्तक 'घास वाली : प्रेमचंद की दलित-जीवन से जुड़ी कहानियाँ' में गायब हैं। अब यहाँ कहना यह है कि जैसे त्रैमासिक पत्रिका—'पल प्रतिपल' के सम्पादक देश निर्मोही और पुस्तक 'घासवाली : प्रेमचंद की दलित-जीवन से जुड़ी कहानियाँ' के सम्पादक राजीव रंजन गिरि ने प्रेमचंद की कहानी 'कफन' को प्रक्षिप्त किया है, वैसे ही खुद प्रेमचंद ने भी 'रंगभूमि' और 'कफन' में चमार जीवन की व्यथा-कथा को प्रक्षिप्त किया है।

बात फिर दोहराई जाए कि बुधिया जमीदार के घर पीसने पीस रही है। वात्स्यायन और उन के 'कामसूत्र' की बात ऊपर आ गई है कि वे ऐसी स्त्री के बारे में कैसे गन्दे ख्याल रखते हैं। यहाँ रहीम की गवाही भी देखी जा सकती है कि वे ऐसी पीसनहारी के बारे में क्या लिखते हैं। उन की कविता है :

1. “मन दल मलै दलालनी, रूप अंग के भाई।
नैन मटकि मुख की चटकि, गांहक रूप दिखाई।।

—कवि रहीम दाल दलने वाली रूपवती दलालनी के रूप-सौन्दर्य का चित्रण करते हुए कहता है कि दाल दलने के समान वह अपने हृदय के भावों को भी दिल ही दिल में दलती रहती है।
ऐसी युवती दिखावटी रूप में नैनों को मटकाकर, मुँह को चटकाकर बाजार में बैठी हुई ग्राहकों को अपने रूपजाल से आकर्षित करती रहती है।”[12]

घसियारी के बारे में रहीम के विचार क्या हैं? इस बारे में उन के दो दोहे इस प्रकार हैं :

2. “और बनज व्यौपार को, भाव बिचारै कौन।
लोइन लोने होते है, देखत वाको लौन।।

कवि रहीम वन से घास काटकर लाने वाली घसियारिन के रूप-लावण्य का वर्णन करते हुए कहता है कि ग्राहक घास बेचने वाली नवयौवना से घास खरीदने के भाव का विचार नहीं करता। वह इस बात का भी ख्याल नहीं करता कि घास का बहुत ज्यादा मूल्य चुका रहा है। वह उसके रूप-लावण्य में इस प्रकार से डूबा होता है, मानो घास के बदले उसके लावण्य का मूल्य चुका रहा हो।”[13]

3. “घासिनी थोड़े दिनन की, बैठी जोबन त्यागि।
थोरे ही बुझ जात है, घास जराई आग।।

—कवि रहीम घसियारिन के रूप-सौन्दर्य तथा यौवन का चित्रण करते हुए कहता है कि इसकी जवानी की सुन्दरता थोड़े ही दिनों की है। जिस तरह घास में लगी आग बस थोड़े ही क्षण में बुझ जाती है (अर्थात् घास बहुत जल्दी आग पकड़कर जलकर खाक हो जाती है), वैसे ही गति घसियारिन की भी होती है। उसके रूप तथा यौवन की चमक-दमक बहुत ही जल्दी ढल जाती है।”[14]

रहीम ने ‘नगर शोभा’ के अलावा भी इस सम्बन्ध में एक दोहा और लिखा है। वह घास बेच कर खाने वाले लोगों के बारे में है। वह इस प्रकार है :

4. "कहि रहीम धन बढ़ि घटे, जात धनिन की बात।
घटै बढ़ै उनको कहा, घास बेचि जे खात।।[15]

—अमीर का संसार में ही धन-दौलत का बढ़ना-घटना एवं घटना-बढ़ना होता रहता है। अगर धन-दौलत बढ़ने के बाद एकदम घटती है तो उस का धनी लोगों पर गम्भीर प्रभाव पड़ता है। लेकिन जो मनुष्य घास काट कर बेचते हैं...उन पर दौलत के बढ़ने-घटने का कोई असर नहीं होता।"[16]

इस प्रकार, सन् 1556 ई. में जन्मे और सन् 1628 ई. में मृत्यु को प्राप्त रहीम के इस साहित्य में भी चमारियों की खुली बेइज्जती हो रही है।

पहले ही बताया जा चुका है कि इस समस्या को हर चमार चिन्तक जानता है कि घसियारियों के साथ जंगल में क्या होता है। वहाँ खेतों में सब तरह की बेइज्जती की संभावना है। बलबीर माधोपुरी ने पंजाबी में लिखी आत्मकथा 'छांग्या रुक्ख' में इस समस्या को ज्वलन्त रूप से उठाया है। गाँव में एक जमीदार के द्वारा झगड़ा करने पर दसवीं कक्षा में पढ़ने वाला इन के ताऊ का बेटा फुम्मण गुस्से में फुफकारता हुआ ऊँची आवाज में बोले जा रहा है—"जो ऐरा-गैरा उठता है, चमारली पर बरस पड़ता है। कभी वे हमारी माँ-बहनों के हाथों से खुरपे-दराँतियाँ छीन लेते हैं, कभी सिर से दुपट्टे उतार लेते हैं। कैसी आदत पकड़ ली है इन लोगों ने!"[17] इस समस्या के समाधान में पंजाब के बाबू मंगूराम मुग्गोवालिया ने अपनी पुस्तक 'आदि-धर्म मंडल रिपोर्ट 1931' में 'आदि धर्मियों को उपदेश' के अन्तर्गत 28वाँ उपदेश इस प्रकार दिया है—"जवान युवा और युवतियों को घास काटने तथा लकड़ी चुनने के लिए नहीं भेजना चाहिए।"[18]

लेकिन प्रेमचंद ने बात बदली है। घसियारियों को कोई छेड़ते हैं तो उन की 'रंगभूमि' में मजदूर छेड़ते हैं। वाकया इस प्रकार चित्रित किया गया है :

"फागुन का महीना था, संध्या का समय था। एक स्त्री घास बेच कर जा रही थी। मजदूरों ने अभी-अभी काम से छुट्टी पाई थी। दिन-भर चुपचाप चरखियों के सामने खड़े-खड़े उकता गए थे, विनोद के लिए उत्सुक हो रहे थे। घसियारिन को देखते ही उस पर अश्लील कबीरों की बौछार शुरू कर दी। सूरदास को यह बुरा मालूम हुआ।

....

सूरदास—उस औरत को छेड़ते क्यों हो?

मजदूर—तो तुम्हें क्यों बुरा लगता है? तुम्हारी बहन है कि बेटी?

सूरदास—बेटी भी है, बहन भी है, हमारी हुई तो, किसी दूसरे भाई की हुई तो?"

> उस के मुँह से वाक्य का अन्तिम शब्द निकलने भी न पाया था कि एक मजदूर ने चुपके से जा कर उस की टाँग पकड़ कर खींच ली। बेचारा बेखबर खड़ा था। कंकड़ पर इतनी जोर से मुँह के बल गिरा कि सामने के दो दाँत टूट गए, छाती में बड़ी चोट आई, ओठ कट गए, मूर्च्छा-सी आ गई।''[19]

प्रेमचंद ने इसे औद्योगीकरण की बुराई के रूप में दिखाया है। यदि प्रेमचंद के इस तर्क को थोड़ी देर के लिए मान भी लिया जाए तो सूरदास के रूप में नायक इतना कमजोर खड़ा किया है कि इस छेड़खानी को रोकने में वह एकदम असमर्थ है। ऐसी हाथापाई की लड़ाइयाँ अन्धा सूरदास कैसे कर सकता था? क्या गाँव में दूसरे पात्र नहीं थे जो इस छेड़खानी का मुँहतोड़ जवाब दे सकते थे?

फिर कहूँ, कि चारों ओर काँय-काँय शोर मचा रखा है कि मुझे यह कैसे पता चल गया कि बुधिया के पेट में जमीदार के लड़के का बच्चा था। इस के लिए मैं अपनी पुस्तक 'प्रेमचंद : सामन्त का मुंशी' में 'इन्टर डिसिप्लनरी' अध्ययन के आधार पर 'कामसूत्र' से ले कर सारे प्रमाण प्रस्तुत कर चुका था। लेकिन माने और समझे कौन? उस की तो इन समीक्षकों ने कसम खा रखी है। तब मैं सीधा आज के साहित्य से ही प्रमाण दे रहा हूँ। यह प्रमाण डा. काली चरण 'स्नेही' की कविता 'आजादी आज भी उस की रखैल है' का है, जो उन की पुस्तक 'आरक्षण अपना अपना' में संकलित है। दलित जाति के इन कवि के इस कविता में सम्बन्धित शब्द इस प्रकार हैं :

> ''अपनी केवल एक औरत
> औरत के तन पर लिपटी साड़ी पटेल की
> चोली पटेल की, बिंदिया पटेल की
> कजरा पटेल का, गजरा पटेल का, पायल पटेल की
> बिछिया पटेल के।
> रातें पटेल कीं,
> पेट में पलता गर्भ पटेल का।''[20]

ठीक ही, कवि ने अपनी इस कविता का शीर्षक 'आजादी आज भी उस की रखैल है', रखा है। बिना 'रखैल' के शब्द के प्रेमचंद को और प्रेमचंद के साहित्य को समझा ही नहीं जा सकता। 'रखैल' प्रेमचंद की कलाकारिता को समझने की कुंजी है। फिर, 'आजादी' शब्द यहाँ लाक्षणिक शब्द-शक्ति को भी पार करके अभिव्यंजना बन जाता है क्योंकि यह हमारी औरत है जो हमारी आजादी है और हम से दूसरों की रखैल बनी के रूप में छिनी हुई है।

यहाँ यह भी बताया जा सकता है कि इस से पहले डा. काली चरण 'स्नेही' की यह कविता डा. रणजीत और डा. सुधा रणजीत के सम्पादन में 1998 में प्रकाशित पुस्तक 'समकालीन कविता के बदलते सरोकार' में 'लोकतन्त्र पूरी तरह फेल है' के शीर्षक से छपी थी।[21] और, यह केवल चमार जाति की स्त्रियों के यौन-शोषण की बात नहीं है, भंगी जाति की स्त्रियों के साथ भी यही अन्याय हो रहा है। पारस नाथ ने डा. सुशीला टाकभौरे के अतिथि सम्पादन में 'युद्धरत आम आदमी' में छपे अपने लेख 'अस्पृश्य जातियाँ और सफाई पेशे का उदय, इतिहास एवं वर्तमान दशा' में लिखा है—''मेहतर समाज में सब से ज्यादा नुकसान या तबाही इस समाज की महिलाओं के साथ हुई। मेहतर जाति की सुन्दर-जवान बेटी-बहू जब अपने काम पर अकेली निकलती है, तो वह दुनिया के मुँह का निवाला बन जाती है।''[22]

इस का समाज पर क्या असर पड़ता है? कानून इस में क्या कर सकता है? मेरी मांग क्या है? मांग यह है कि सुप्रीम कोर्ट ने यह अच्छा किया कि **विशाखा वाले मामले** में सरकारी दफ्तरों में महिला कर्मचारियों का यौन-शोषण न हो सके, इस के पुख्ते इन्तजाम करवाए।[23] लेकिन दलित महिलाओं का, चूहड़ियों द्वारा घर कमाने जाने में और चमारियों द्वारा दूसरों के खेतों में और हवेलियों में काम करने जाने में जो यौन-शोषण होता है, उस पर किसी संस्था का ध्यान नहीं गया। इस की रोकथाम बहुत जरूरी है। यह खुद सफाई कर्मचारियों को भी सोचना चाहिए कि वे अपनी बहू-बेटियों को अब औरों के घरों में कमाने न भेजें। जरूरत पड़े तो चमार भी अपना टुकड़ा कुछ कम कर लें। सुन कर कान बजते हैं कि कई बार उन औरतों के साथ वहाँ क्या-क्या होता है। शोभा सक्सेना ने अपनी पुस्तक 'क्राइम्स अगेन्स्ट वूमेन एण्ड प्रोटेक्टिव लाज' में सही लिखा है कि स्थापित परम्पराओं की वजह से कामगार भारतीय महिलाओं की उन के काम के स्थलों पर तवालात सच्ची और सर्वव्यापी है।[24] इसलिए, इस कानून की उस से भी ज्यादा जरूरत है कि सफाई कर्मचारी से सिर पर मैला नहीं ढुवाया जा सकता।

संदर्भ

1. साहित्य का उद्देश्य, मुंशी प्रेमचंद, साहित्यागार, एस. एम. एस. हाइवे, जयपुर-3, संस्करण, 1992, पृ.-54-5
2. वही, पृ.-45-6
3. कफ़न और शेष रचनाएँ, प्रेमचंद, सरस्वती प्रेस, बनारस, षष्ठ संस्करण, नवम्बर, 1952, पृ.-6
4. वही, पृ.-7
5. वही, पृ.-12
6. वही, पृ.-6
7. वही, पृ.-6
8. कामसूत्रम्, लेखक, वात्स्यायन, हिन्दी व्याख्याकार, देवदत्त शास्त्री, चौखम्भा संस्कृत संस्थान, पो. बा. नं. 1139, के. 37/116, गोपाल मन्दिर लेन, वाराणसी-221 001, सप्तम संस्करण, वि. सं. 2060, पृ.-575

9. कफन और शेष रचनाएँ, प्रेमचंद, सरस्वती प्रेस, बनारस, षष्ठ संस्करण, नवम्बर, 1952, पृ.-6
10. कफन, प्रेमचंद, पल प्रतिपल, सम्पादक, देश निर्मोही, एस. सी. एफ. 267, सेक्टर-16, पंचकूला-134 113, हरियाणा, जून-सितम्बर, 2005, पृ.-61
11. घासवाली : प्रेमचंद की दलित-जीवन से जुड़ी कहानियाँ, संकलन व सम्पादन, राजीव रंजन गिरि, बुक्स फार चेंज, सी-75, साउथ एक्सटेंशन-II, नई दिल्ली-110 049, पहला संस्करण, 2005, पृ. -162
12. रहीम के दोहे, कवि, अब्दुर्र रहीम खानखाना, सम्पादक, आबिद रिजवी, रजत प्रकाशन, केदार काम्प्लैक्स, देहली गेट, मेरठ- 250 002, पृ.-147
13. वही, पृ.-145
14. वही, पृ.-155-56
15. वही, पृ.-27
16. वही, पृ.-27
17. छांग्या रुख, लेखक, बलबीर माधोपुरी, अनुवादक, सुभाष नीरव, वाणी प्रकाशन, 21-ए, दरियागंज, नई दिल्ली-110 002, प्रथम संस्करण, 2007, पृ.-47
18. आदि धर्म मंडल रिपोर्ट 1931, मूल लेखक, बाबू मंगू राम मुग्गोवालिया, अनुवादक, सी. एल. चुम्बर, प्रकाशक, सी. एल. चुम्बर, 47ए, दादा नगर, माडल टाउन, जालन्धर शहर, दूसरा संस्करण, अप्रैल, 1999, पृ.-35
19. रंगभूमि, प्रेमचंद, शिवानी बुक्स, 4855/24, हरबंस स्ट्रीट, दरियागंज, नई दिल्ली-110 002, संस्करण, 2004, पृ.-93
20. आरक्षण अपना अपना, डा. कालीचरण 'स्नेही', नवभारत प्रकाशन, डी-626, गली नम्बर 1, अशोक नगर, निकट ललिता मन्दिर, शाहदरा, दिल्ली-110 093, संस्करण, 2007, पृ.-39
21. समकालीन कविता के बदलते सरोकार, सम्पादक, डा. रणजीत और डा. सुधा रणजीत, अमन प्रकाशन, 104-ए/118, कानपुर, उत्तर प्रदेश-208 012, संस्करण, 1998, पृ.-140-41
22. अस्पृश्य जातियाँ और सफाई पेशे का उदय, इतिहास एवं वर्तमान दशा, पारसनाथ, युद्धरत आम आदमी, पूर्णांक-97, 2009 : विचार की कसौटी पर : मल-मूत्र ढोता भारत (खण्ड-1), अतिथि सम्पादक, सुशीला टाकभौरे, रमणिका फाउन्डेशन, ए-2-21, डिफेंस कालोनी, ग्रा. फ्लोर, नई दिल्ली-110 024, पृ.-73
23. विशाका और अन्य बनाम राजस्थान राज्य और अन्य : (1997) 4 उम. नि. प. 71, उच्चतम न्यायालय निर्णय पत्रिका, विधि साहित्य प्रकाशन, विधायी विभाग, विधि, न्याय और कम्पनी कार्य मंत्रालय, भारत सरकार, नई दिल्ली-110 001
24. "It is amazing truth that years after an established tradition of Indian working women their harassment at place of work is so common."
Crimes Against Women and Protective Laws, Shobha Saxena, Deep & Deep Publications, F-159, Rajauri Garden, New Delhi-110 027, Edition, 1995, p.-230

अध्याय-16

बुधिया के बारे में कुछ और

बेचारी बुधिया के बारे में एक बात और कही जा सकती है। इसे जोतिबा फुले की पुस्तक 'गुलामगिरी' से समझा जा सकता है जो सन् 1873 में प्रकाशित हुई थी। इस के चौदहवें परिच्छेद में खोत प्रथा का उल्लेख है। यह खोत प्रथा क्या थी? 'महात्मा जोतिबा फुले रचनावली–1' के अनुवादक और सम्पादक डा. एल. जी. मेश्राम 'विमलकीर्ति' ने इस के बारे में टिप्पणी दे कर लिखा है–"महाराष्ट्र में मराठा शासन काल में और खास तौर पर पेशवाई के काल में खोती-पद्धति का उदय हुआ है। इस में खोत ब्राह्मण होता था जो एक गाँव या इस तरह कई गाँवों की भूमि का स्वामी होता था। इस खोत का काम यही था कि शूद्रों को जमीन जोतने-बोने के लिए देना और फसल के समय किसानों से तीन-चौथाई अनाज जबरन लेना। शूद्र किसानों पर इस का अपना वर्चस्व चलता था।"[1] पर क्या यह बात यहीं तक सीमित थी? नहीं, इस का विस्तार आगे तक था। डा. विमलकीर्ति बताते हैं–"इतना ही नहीं, बल्कि यह भी कहा जाता है कि शूद्र किसानों की बहुओं को शादी के बाद की पहली रात इसी खोत (जमीदार) के बंगले पर गुजारनी पड़ती थी। इसलिए इस अमानवीय खोती-प्रथा के विरुद्ध म. जोतीराव फुले से ले कर शाहू महाराज तक सभी ने आवाज बुलंद की थी और डा. बाबा साहब अम्बेडकर ने बम्बई असम्बली में इस खोती-प्रथा के विरुद्ध कानून बनवाया था।"[2] अब यहाँ केवल यह कहा जाना है कि उत्तर प्रदेश के गाँवों में सन् 1936 में जब प्रेमचंद ने यह 'कफन' कहानी लिखी थी, यह प्रथा मौजूद थी कि पहली रात गरीबों की बहू जमीदार की हवेली पर रुकती थी। यह जमीदार की मर्जी होती थी कि वह उसे एक रात से ज्यादा भी रोक ले। क्यों न माना जाए कि घीसू-माधव ने बाबा साहेब डा. अम्बेडकर की तरह अपने गाँव में इस प्रथा से विद्रोह किया था लेकिन जमीदार नहीं माना था? बाबा साहेब डा. अम्बेडकर ने बम्बई असम्बली में ऐसी घिनौनी प्रथा के विरुद्ध कानून बनवा दिया था लेकिन क्या उत्तर

प्रदेश में ऐसा कानून बन गया था? यदि घीसू-माधव इस प्रथा को नहीं तोड़ पाए थे तो उन का कोई भी गुस्सा जायज ही जायज है।

ऐसी व्यवस्था में घीसू-माधव को यह मानने से कौन से प्रेमचंद रोक सकते हैं कि जमीदारों ने पहली रात में ही अपनी हवेली में बुधिया को गर्भवती कर दिया था? काँय-काँय लगा कर हिन्दी के समीक्षक चमारों की असली समस्या को सामने नहीं लाने दे रहे हैं। जब बुधिया का पति जमीदारों की व्यवस्था का गुलाम है तो प्रेमचंद अलग से बुधिया की कौन सी आजादी की बात कर रहे हैं? घीसू-माधव की जमीदारों से मुक्ति में बुधिया की मुक्ति शामिल है। घीसू-माधव को जमीदारों के गुलाम रहने देती हुई बुधिया अपनी कौन सी आजादी हासिल कर लेगी?

किसी आदमी को उस के कहने से जानोगे या उस के करने से? जो आदमी कहता है, उस का विश्वास करोगे, या जो वह करता है, उस से सावधान रहोगे? ठग की क्या विशेषता होती है? उस की सबसे बड़ी विशेषता यह होती है कि वह कलाकार होता है।

प्रेमचंद अपने खानदान की तरफ से जमीदार नहीं थे, उन्हें बाबूगिरी के खानदान का माना जा सकता है। आश्चर्य यह है कि प्रेमचंद के अपने सारे रिश्ते जमीदारों से जुड़ने में हुए। ऐसा क्यों हुआ? तब क्या प्रेमचंद को इस बात से जाना जाए कि वे जमीदारों के खिलाफ लिखते हैं या इस बात से जाना जाए कि जमीदार खानदान का न होते हुए भी वे अपनी सारी रिश्तेदारियाँ जमीदारों से जोड़ते हैं? अमृत राय ने बड़े अभिमान से लिखा है कि प्रेमचंद ने रायबहादुरी के खिताब की पेशकश ठुकरा दी थी। उन्होंने लिखा है—"और मजाक तो देखिए कि इन्हीं दिनों खुद मुंशी जी को राय बहादुरी का खिताब देने का एक शुक्का गवर्नर मैल्कम हेली की तरफ से छोड़ा गया। किसी दोस्त के मार्फत गवर्नर साहब की यह ख्वाहिश सर सीता राम ने मुंशी जी तक पहुँचायी लेकिन मुंशीजी ने बड़ी नर्मी से यह कह कर इनकार कर दिया कि मैं तो जनता की रायबहादुरी का भूखा हूँ।"[3] मैं यही कह रहा हूँ कि अमृत राय के उक्त रहस्योद्घाटन में ज्यादा बल आ जाता यदि वे यह भी लिखने की क्षमता में होते कि प्रेमचंद ने अपनी बेटी का रिश्ता इसलिए ठुकरा दिया था क्योंकि वह रिश्ता जमीदारों की तरफ से आया था या जमीदारों से था। जब राय बहादुरी ठुकराई थी तो जमीदारी का रिश्ता भी ठुकरा देते। लेकिन नहीं, उस के लिए तो वे घुटने खोल कर भागे-भागे फिरे हैं।

जाना यह जाए कि प्रेमचंद ने बुधिया की तरफदारी की है। किसी को भी हक है कि किसी की तरफदारी करे। समीक्षक का काम यह है कि उस तरफदारी में लेखक की मंशा जानी जानी चाहिए। फिलहाल मेरे पास ऐसे तीन प्रमाण मौजूद हैं जिन में इतिहास के विभिन्न चरणों में पराई औरतों की तरफदारी की गई है। ये इस प्रकार गिनाए जा सकते हैं :

1. 'नवभारत टाइम्स' में एक खबर **पुराने जमाने में प्यार के लिए खूनी खेल** से छपी है। इस में लिखा गया है–"प्रागैतिहासिक काल में कबीलों के बीच औरतों को हासिल करने के लिए लड़ाई हुआ करती थी। प्यार के इस खूनी खेल का पता एक रिसर्च में चला है। तब एक कबीले के लोग दूसरे कबीले की औरतों को हासिल करने के लिए उसके पुरुषों को मौत के घाट उतार दिया करते थे।...प्रागैतिहासिक काल के कंकालों के अध्ययन के बाद रिसर्चरों ने यह बात कही। ऐसे बहुत से कंकालों की खोपड़ी पर कुल्हाड़ी से वार के निशान पाए गए।"[4] खबर में आगे लिखा गया है–"डरम यूनिवर्सिटी के वैज्ञानिकों ने 7,000 साल पुराने कंकालों की स्टडी की। उन्होंने पाया कि एक कब्र से बरामद कंकाल सिर्फ पुरुषों और बच्चों के थे। इससे संकेत मिला कि इस ग्रुप पर औरतों को अगवा करने के लिए ही हमला किया गया होगा। जर्मनी के टालहीम में ये प्रागैतिहासिक कंकाल पाए गए। इस स्टडी की रिपोर्ट जर्नल ऐंटिक्विटी में प्रकाशित हुई है। ऐसे 34 कंकाल 1980 में मिले थे। अब इन कंकालों के दांतों की जांच के बाद पता चला है कि ये तीन ग्रुप के लोगों के हैं। इनमें हर कंकाल की खोपड़ी की बाईं ओर गड्ढे जैसा निशान है। इससे पता चलता है कि उनके सिर पर कुल्हाड़ी वार किया गया होगा। संभवतः उन्हें बंधक बनाकर मौत के घाट उतार दिया गया होगा।"[5] अखबार ने आगे लिखा है–"डरम यूनिवर्सिटी के डॉक्टर ऐलेक्स बेंटली ने कहा–ऐसा जान पड़ता है कि इस ग्रुप के लोगों को जानबूझकर निशाना बनाया गया होगा। ऐसा दो ग्रुपों के बीच प्रतिस्पर्धा की वजह से हुआ होगा। तब बेशक मध्य यूरोप में संसाधनों पर कब्जे के लिए ऐसा हो सकता था, लेकिन हमले की तत्कालीन वजह औरतों के लिए लड़ाई ही जान पड़ती है। विश्लेषण से पता चलता है कि लोकल औरतों को किसी खास वजह से जिंदा रहने दिया गया होगा। बेंटली ने कहा कि यह छोटे पैमाने पर कबीलों की लड़ाई रही होगी।"[6]

2. बाबर ने अपनी पुस्तक **बाबरनामा** में एक जगह लिखा है–"सरखस ले कर उबैदुल्ला तूस और मशहद पर चढ़ा। मशहरदी बेसहारे थे, उसे घुसा लिया। पर तूसी डटे। वह आठ महीने तक तूस को घेरे रहा और फिर सुलह ले लिया। भीतर जाने पर उस ने सुलह तोड़ कर सभी नामी तूसियों को मार डाला और उन की औरतें ले लीं।"[7] इस उद्धरण में औरतें क्या सिद्ध हुईं? वे क्यों नहीं मारी गईं? मातृसत्ता की ताकत कहाँ गई?

3. अथर्ववेद में एक प्रार्थना की गई है। इस की सूचना राम चन्द्र जैन की पुस्तक **एथनोलोजी आफ एन्शिएट भारत** से मिलती है। उस में लिखा गया है—"महावृष, मूजवन्त और बाल्हीक लोगों के बीच तकमान बुखार चला जाए।... मूजवन्त, महावृष और बाल्हीक लोगों की औरतें दासी और शूद्रा कही गई हैं। तकमान नाम के बुखार से कहा गया है कि वह वहाँ जाए पर दासियों और शूद्राओं को न मारे।"[8] यूँ, तकमान नाम के बुखार से कहा जा रहा है कि हमारे विरोधियों में फैल कर उन की स्त्रियों को छोड़ कर उन के पुरुषों को मार दे। वैदिक पुरुषों की क्या प्रार्थना है!

इस सन्दर्भ में प्रेमचंद की कहानी के बारे में क्या कहा जाए? फर्क केवल इतना है कि जिस बात को जर्मनी का उत्खनन, बाबरनामा और अथर्ववेद युद्धभूमि में कह रहे हैं, उसी बात को प्रेमचंद कलाकार बन कर कह रहे हैं। कलाकार के कहने में एक योद्धा के कहने से फर्क तो होता ही है जबकि दोनों का लक्ष्य एक ही होता है। कलाकार की चालाकी को हर समीक्षक कहाँ समझ सकता है? समझ भी रहे हों तो वे चमारों की तुलना में उसी सत्ता वर्ग के सदस्य होंगे जिस के सदस्य खुद प्रेमचंद थे। तब वे अपने समीक्षा कर्म में प्रेमचंद से भी ज्यादा चालाक हो सकते हैं। 'कफन' कहानी की उन की व्याख्या में यही हुआ लगता है।

श्रीभगवान सिंह ने 'जनसत्ता' में छपे अपने लेख 'मनमाने की बात' में मेरे खिलाफ होते हुए घीसू-माधव के बारे में लिखा है—"घीसू-माधव...वर्तमान जहालत से छुटकारे की कोई उम्मीद नहीं देखते, इसीलिए उन के जीवन का एक-एक क्षण किसी तरह क्षुधा की आग शांत हो जाए जैसे कृत्य तक सीमित है। ऐसे आदमी के अन्दर न वर्तमान का आकर्षण होता है, न भविष्य का। जब आदमी खुद दो रोटी के लिए मोहताज हो, तो ऐसे में वह बच्चे के जन्म को ले कर कैसे प्रमुदित हो सकता। जब अपना जीवन ही भार स्वरूप हो जाए, तो वह आने वाले बच्चे का भार कैसे संभाल पाएगा।"[9] वे लिखते हैं—"घीसू-माधव के समक्ष यही समस्या है जो माधव की इस चिंता में मूर्त हो उठती है, मैं सोचता हूँ कोई बाल-बच्चा हुआ, तो क्या होगा? सोंठ, गुड़, तेल, कुछ भी तो नहीं है घर में।"[10]

गलत, बिलकुल गलत, श्री भगवान सिंह की बात एकदम गलत है। इस का मतलब है कि वे मनुष्य को नहीं जानते। मनुष्य के स्वभाव से उन का तनिक भी परिचय नहीं है और इतिहास में मानव के विकास का उन्होंने अध्ययन नहीं किया। वे क्या कहने बैठ गए हैं कि घीसू-माधव अपने भविष्य को मिटाने में लग गए हैं? इस तरह से चमारों के कुनबे कभी नहीं मिटे। यह सोच घीसू-माधव के चरित्र पर कोई प्रकाश नहीं डालती—उन्हें आत्महन्ता कहा जा रहा है!

बचपन में एक कहानी पढ़ी थी। यह हवा में और धूप में होड़ की थी कि उन में से कौन ज्यादा शक्तिशाली है।

रास्ते में एक राहगीर जा रहा था। हवा में और धूप में बहस लग गई कि उन में से कौन उस के कपड़े उतरवा देगी। जो कपड़े उतरवा देगी, वही बाजी जीत जाएगी।

पहला मौका हवा को मिला। हवा तेज चलने लगी। राहगीर के कपड़े उड़ने लगे। राहगीर उन्हें हाथों से रोकने लगा। ज्यों-ज्यों हवा तेज हो रही थी, राहगीर और जोर से अपने कपड़ों को सिकोड़ रहा था। हवा ने पूरे दम लगा लिए पर राहगीर ने अपने कपड़े नहीं छोड़े।

अब धूप की बारी आई। धूप तेज होने लगी। राहगीर परेशान होता गया। ज्यों-ज्यों धूप तेज होती जा रही थी, राहगीर को अपने तन पर कपड़े धारण करने मुश्किल होते जा रहे थे। जब धूप पूरी तेज हो गई तो राहगीर ने अपने बदन पर से कपड़े उतार दिए।

यूँ, धूप की जीत हो गई और हवा हार गई।

घीसू-माधव के चरित्र को ऊपर दिए गए इस दृष्टान्त से समझा जा सकता है। यदि वह माधव का बच्चा होता तो वे जच्चा की सेवा-टहल में भग-भग कर सौ काम करते। वे गाँव की दाई को कई दिन पहले सूचना दिए रहते। सोंठ, गुड़ तेल के साथ-साथ वे अजवायन भी लाना नहीं भूलते। जब वे कफन के लिए पैसे माँगने चले हैं तो वे जच्चा के लिए माँगने जरूर जाते। प्रेमचंद ने उन्हें जच्चा की तीमारगिरी के लिए माँगते हुए क्यों नहीं दिखाया? क्या पूरा गाँव संज्ञाशून्य और संवेदनाहीन था? बिल्कुल नहीं था। कहीं ऐसा नहीं होता। इसलिए कारण यही था कि वह माधव का बच्चा नहीं था। यह धूप की जीत थी। बच्चा उन का अपना होता तो वे उसे ऐसे नहीं मरने देते।

मैंने अपनी पुस्तक 'प्रेमचंद : सामन्त का मुंशी' में बताना चाहा था कि चमार जाति की समस्याएँ क्या हैं। यह बताने का मेरा हक है कि मेरी कौम को प्रेमचंद जैसे चालाक लेखक गुमराह न कर दें। मैंने उस पुस्तक में यही कहा था कि प्रेमचंद ने 'कफन' कहानी में मेरी कौम की जो तस्वीर खींची है, वह झूठी है। मैंने बता दिया था कि मेरी कौम के लोग वैसे नहीं हैं, जैसे प्रेमचंद ने दर्शित किए हैं। लेकिन मेरे इस बताने पर मैनेजर पाण्डेय ने मुझे एक दूसरी चुनौती दे डाली है। वे अरुण आदित्य से संवाद में कहते हैं जो 'सामंत का मुंशी या कलम का सिपाही' शीर्षक से 'पल प्रतिपल' के जून-सितम्बर, 2005 के अंक में छपा है। वे कहते हैं—"धर्मवीर में इतनी काबिलियत है तो वे...खुद कुछ क्रिएटिव लिखने के लिए आगे क्यों नहीं आते। प्रेमचंद अगर दलित विरोधी हैं तो धर्मवीर खुद क्यों नहीं दलितों के पक्ष में प्रेमचंद से अच्छी कहानियाँ और उपन्यास लिख कर दिखाते।"[11]

निश्चित रूप से यह बहस करने का कोई अच्छा ढंग नहीं है। प्रेमचंद के साहित्य को पढ़ कर हर पाठक को अपनी राय रखने का अधिकार है। इस के लिए जरूरी नहीं है कि हर पाठक को खुद भी रचनाकार होना चाहिए। लेकिन ऐसा कह कर मैं अपना बचाव नहीं कर रहा हूँ। मैं रचनाकार हूँ। मैं कहानीकार और उपन्यासकार भी हूँ। मैं साहित्य की इन विधाओं से आगे कवि भी हूँ, जो मैनेजर पाण्डे के प्रेमचंद नहीं थे। मैंने एक कविता लिखी है। जरूरत पड़ गई है कि अब बानगी में उसे यहाँ रख दूँ। वह इस प्रकार है :

गाँव में क्या हुआ?
गाँव से परले गाँव में क्या हुआ?

कुम्हार के बेटे की बहू,
  पैरों में पजेब बाँधती थी,
  नाक में सोने की नथ डाल रखी थी,
कानों के लिए उस के बाप ने ब्याह में बालियाँ दी थीं।

उस की सास ने सदा घाघरी पहनी थी;
पर नई चाल में उस के लिए लाल साड़ी चढ़ाई थी।
नई नौसरी थी, सलोने रंग की और साफ थी।

बहू कमेरी थी, जंगल में काम से गई।
जंगल में जाट के लोंडे ने पकड़ ली, और इज्जत खराब कर दी।
बहू के साथ यह बलात्कार था।

रोती-रोती घर आई और सब के सामने बिफर पड़ी।
ससुर को गुस्सा आया और वह जाट के घर की ओर चल दिया।

लोंडे का बाप गूढ़े पर बैठ कर हुक्का गुड़गुड़ा रहा था।
कुम्हार ने उस से अपनी बात कही।
सारी बात सुन कर जाट ने जेब से पैसे निकालते हुए कहा,
—"ये चार सौ रुपये ले ले, घर में काम आ जाएंगे।
और पाँच किलो हंडिया का घी ले जा, बहू को खिला-पिला दियो।"
फैसला दे कर जाट फिर हुक्का पीने लगा।

कुम्हार को और भी गुस्सा आया।
वह चला आया और उस ने यह बात गाँव की दूसरी गरीब कौमों से कही,
—"गाँव में कुम्हार का एक परिवार है तो क्या ऐसे बेइज्जत होगा?
—क्या मैं गाँव छोड़ दूँ?

—क्या इस गाँव से मेरा अंजल-पानी उठ गया?
—क्या मेरी गुजर-बसर यहाँ खत्म हो गई?"

चमारों ने लीड किया—उन की संख्या ज्यादा थी।
पढ़-लिख कर उन के कई बच्चे सरकार में बड़े ओहदों पर थे।

चमारों ने कहा,
—"गाँव में एक-एक दो-दो परिवारों की जातियों के लोग हैं,
इन में धोबी हैं, कुम्हार हैं, बढ़ई हैं, लुहार हैं,
जुलाहे हैं, नाई हैं, धींवर हैं और जोगी हैं, बैरागी हैं।

"आज चम्पत कुम्हार की बहू के साथ हुआ,
कल को नत्थू धोबी की बेटी के साथ होगा।
हमें अपनी बहू-बेटियों की रक्षा मिल कर करनी है।"

पुलिस में विश्वास न करके,
    क्योंकि इलाके का दरोगा जाट था,
गाँव की सारी गरीब जातियाँ जिलाधीश की कोठी पर गईं।
जिलाधीश ने उन की शिकायत ध्यान से सुनी।
वह जाति का जाट नहीं था।
पुलिस कार्रवाई में दूर के थाने की रात को जाट के घर पर दौड़ पड़ी।

अब वह जाट का लड़का जेल में है,
    और चमार आस कर रहे हैं,
—"जज क्या हो?—जिलाधीश की तरह का,
समाज के इस दर्द का कोई जानकार आ जाए,
    कोई 'सोशियल इन्जीनियर'।"

जाट की आधी जमीन इस मुकदमे में बिक चुकी है।

इस कविता को पढ़ने के बाद मुझे उम्मीद है, सहृदय पाठक और कोई भी संवेदनशील व्यक्ति मुझ से इस कविता के 'अ ब स द' या 'एक्स वाई जैड' नहीं पूछेगा।

मूलचंद सोनकर ने 'युग तेवर' में छपे अपने लेख 'प्रेमचंद की कहानी 'कफन'—दृष्टि से अन्तर्दृष्टि तक' में लिखा है कि '...घीसू और माधव प्रेमचंद की मानस संताने हैं।'[12] सच बात है, इस कहानी में वे चमार बन कर अपनी आत्मकथा नहीं लिख रहे थे। तब वे चमारों की जीवनी में ऐसी-ऐसी मानस सन्तानें क्यों सृजित कर रहे थे जो इस कौम में नहीं होतीं? होती हैं तो फिर कारण बताना चाहिए था। मूल चंद सोनकर ने सही

लिखा है कि 'लगता तो यही है कि 'कफन' लिखते समय प्रेमचंद...मसखरी कर रहे थे... ।'[13] उन्होंने पूछा है—"...गाँव का कोई भी आदमी घीसू माधव के घर नहीं गया लेकिन माधव की ससुराल कोई लंदन में तो नहीं रही होगी। जिस घर की बेटी को पहला बच्चा होने को हो, वहाँ की महिलाओं की उत्सुकता का वर्णन क्या अलग से करना पड़ेगा? महिलाओं की छठी इन्द्रिय स्वभावतः इतनी ज्यादा विकसित होती है कि वे गर्भ की अवस्था के पल-पल का पता रखती हैं। गाँव वाले नहीं आए तो मायके वाले कहाँ गायब हो गए?"[14]

इस के बाद मूलचंद सोनकर ने मूल बात उठा दी है। उन्होंने लिखा है—"फिर, घूम-फिर कर एक ही कारण रह जाता है और वह है गर्भस्थ शिशु। लेकिन जो इस शिशु की वैधता पर सवाल उठाते हैं आप उन के विरुद्ध फतवा जारी कर देते हैं। इस कहानी में जो परिस्थितिजन्य साक्ष्य दिखता है उस की पुष्टि प्रेमचंद ने 'घासवाली' में स्वयं की है; यह कह कर, "मगर आज ऐसी बात हो गयी, जो इस जाति की और युवतियों के लिए चाहे गुप्त संदेश होती, मुलिया के लिए हृदय का शूल थी।" बुधिया भी गुप्त संदेश की अभिशप्ता हो तो क्या अचरज!"[15]

मूल चंद सोनकर इस कहानी के विस्तार में दूर तक जाते हैं। वे लिखते हैं—"अब यह कहा जा सकता है कि बुधिया की नियति पूर्व निर्धारित थी। अतः कफन लेने कौन जाता है, इस पर चर्चा करना बेकार है, हालाँकि परम्परा यही है कि कफन लेने कोई और जाता है लेकिन इस के बचाव में शुक्ल जी का यह तर्क कि कहानी में घीसू और माधव का कोई रिश्तेदार चिह्नित नहीं है, प्रेमचंद की नीयत पर शंका पैदा करता है।"[16] वे अपने निष्कर्ष पर आते हैं—"इस प्रकार, बिना किसी संशय के कहा जा सकता है कि 'कफन' दलित-विरोधी ही नहीं, स्त्री-विरोधी कहानी भी है।"[17]

प्रेमचंद के कलाकार को धन्यवाद कि उन्होंने चमारों की एक बहू 'बुधिया' की मौत को इतना महत्व दिया। कहना यही है कि ऐसा महत्व दलितों के पुरुषों को नहीं मिलता—और महत्व न मिले हुए उन पुरुषों में उन की स्त्रियाँ भी शामिल हैं। इस की सब से सशक्त अभिव्यक्ति मूलचंद सोनकर ने अपनी पुस्तक 'गालिब मेरी नज़र से' में की है। वे लिखते हैं—"यदि अत्याचार के कारण दलित समुदाय का कोई व्यक्ति मर भी जाता था तो उसकी मृत्यु का उत्तरदायित्व किसी के भी सर पर नहीं पड़ता था। किसी एक दलित के मर जाने पर किसी को कोई अफसोस नहीं होता था, क्योंकि उनका कोई काम नहीं रुकता था। बाप की लाश अगर घर में पड़ी है तो पड़ी रहे, उसका बेटा अथवा परिवार के अन्य सदस्य रोज की भाँति पहले अपने मालिक का सारा काम कर देते थे तब कहीं जाकर उसकी लाश का अन्तिम संस्कार कर पाते थे। अन्तिम संस्कार की व्यवस्था के लिए भी तो उन्हें उसी दरिंदे पर जिसे वे हुजूर, सरकार, माई-बाप, अन्नदाता तथा और न जाने कितने खुशामदी नामों से सम्बोधित

करते थे, निर्भर करना पड़ता था।....क्या विडम्बना थी कि मरे हुए आत्मीय जन की लाश दो क़तरा आँसू के लिए तरसे। अपने भी नहीं रो पाते थे अपनों की लाश पर, उनकी तो बात ही छोड़िये जिन्होंने जिन्दगी भर उससे जानवर की तरह मुफ़्त में काम लिया। वह तो सहानुभूति के दो शब्द भी कहने नहीं आते थे।"[18]

मूलचंद सोनकर ने यह भी बताया है कि 'कफन' कहानी के हिन्दी पाठ में उर्दू पाठ का कई जगह लोप हुआ है तथा अर्थ का अनर्थ भी हुआ है। उन्होंने अब्दुल बिस्मिल्लाह के लेख 'कफन—उर्दू और हिन्दी पाठ का फर्क' का हवाला दिया है जो 'वर्तमान साहित्य' के शताब्दी विशेषांक जनवरी-फरवरी, 2000 में छपा है। अब्दुल बिस्मिल्लाह के अनुसार, 'इस कहानी को प्रेमचंद ने जामिया मिल्लिया इस्लामिया द्वारा प्रकाशित मासिक पत्रिका 'जामिया' के सम्पादक-द्वय डा. सैयद आविद हुसैन और प्रो. आकिल में से प्रो. आकिल के अनुरोध पर लिखा था, जो इस पत्रिका के दिसम्बर 1935 के अंक में छपी थी।'[19] मूलचंद सोनकर अब्दुल बिस्मिल्ला के प्रमाण से लिखते हैं—"प्रेमचंद सन् 1935 में दिल्ली आए थे और वह जामिया मिल्लिया इस्लामिया में ही ठहरे थे। आकिल साहब की फरमाइश पर प्रेमचंद ने उसी रात यह कहानी लिखी और इसे उन्हें सौंप कर बनारस वापस हुए। बिस्मिल्लाह साहब ने यह भी दावा किया है कि जब वह जामिया में आए थे तो स्वयं आकिल साहब से उन्हें यह जानकारी मिली थी।"[20]

प्रेमचंद ने कहानी 'घासवाली' में क्या किया है? उस में एक परिवर्तनकामी और क्रान्तिकारी साहित्यकार की ऊर्जा और कल्पना का रत्ती भर स्वाद नहीं है। रत्नकुमार सांभरिया ने अपने लेख 'प्रेमचंद की घासवाली' में सूचना दी है कि 'यह कहानी माधुरी, दिसम्बर 1929 के अंक में प्रकाशित हुई थी।'[21] लेकिन चमारों के तत्कालीन विचारों की भनक भी न होने के कारण, लगता है, प्रेमचंद उन दिनों साहित्य में केवल झूठ लिख रहे थे। स्वामी अछूतानंद की और बाबू मंगूराम की मांग चमारों के लिए गाँव-गाँव में जमीनों के बंटवारे की थी। भूमि के बँटवारे के द्वारा वे गाँव की व्यवस्था को बदलवा रहे थे। तब मुलिया अपने खेत पर काम करने जाएगी, किसी चैन सिंह ठाकुर के खेत पर नहीं। तब एक चैन सिंह ठाकुर की नहीं, बल्कि किसी भी ठाकुर की ऐसी खराब हरकत करने और कुदृष्टि रखने की हिम्मत नहीं पड़ेगी। उन दिनों चमारों के नेताओं का यही संदेश चमारों में आशा बन कर जा रहा था।

मैं प्रेमचंद के उत्तर प्रदेश के मेरठ क्षेत्र का हूँ। मेरे क्षेत्र में पृथ्वी सिंह 'बेधड़क' नाम के एक भजनी थे। मेरे बापू बताया करते थे कि वे जाट जाति से थे। वे जाटों में भजन गाया करते थे। अपने भजनोपदेश में जाटों को चेताने के लिए उन का एक भजन विशेष हुआ करता था जिस की एक पंक्ति इस प्रकार है :

"अरे, नूँ कह नूणा चमारी, कभी हम भी बनेंगे लम्बरदार।"

प्रेमचंद की इस कहानी के 18 साल बाद देश अंग्रेजों से आजाद हो ही गया और आखिर जमीदारें तत्काल टूटे। खुद उत्तर प्रदेश में चकबन्दी शुरू हो गई। चमारों ने जमीन प्राप्त करने के लिए पर्चे भर दिए। मेरे बापू ने अपने और अपने कुटुम्ब के नामों के पर्चे भरे थे। बापू ने गाँव छोड़ दिया था पर मेरे कुटुम्ब के लोगों को गाँव में चकबंदी के द्वारा जमीन मिली। मैं पूछता हूँ, इस सब का प्रेमचंद की इस कहानी में हिसाब कहाँ है?—कम से कम बीजारोपण तो मिलता।

यह भी एक खास बात है कि चमारियाँ ही ज्यादातर दाई का काम करती हैं। तब क्या कारण है कि उस गाँव में बुधिया को एक दाई नहीं मिली? बुधिया चमारी और दाई भी चमारी—तब प्रेमचंद ने यह क्या अनहोनी घटती दिखाई है? दाई वैसे भी गाँव में सब की खबर रखती है। नतीजा यही निकलता है कि बुधिया को मारने से पहले प्रेमचंद ने गाँव की दाई को भी मार दिया है।

सवाल रत्न कुमार सांभरिया ने भी 'कथाक्रम' में छपे अपने लेख 'कफन का सच' में अच्छा उठाया है। उन्होंने 'कफन' में गाँव की बुधिया के प्रसव की तुलना 'गोदान' में होरी के बेटे गोबर की बहू झुनिया के प्रसव से की है जो शहर में रहती है और उसे वहाँ 'चुहिया' नाम की एक अनजान औरत मददगार मिल जाती है। सांभरिया ने लिखा है—"भारी विरोधाभास है। जहाँ गाँव बस्ती है, बिरादरी है, परिवार है वहाँ तो एक दलित महिला बुधिया को प्रसव के दौरान तड़प तड़प कर मरने के लिए छोड़ दिया जाता है। जहाँ शहर है, अपना कोई नहीं है, एक हमदर्द महिला को फरिश्ते के रूप में प्रस्तुत कर गैर दलित महिला झुनिया को बचा लिया जाता है। बस इसलिए न कि अपने पूर्वाग्रहों के चलते प्रेमचंद को कफन में सम्पूर्ण दलित जाति को जलील, काहिल और संवेदनहीन दिखाना था। घीसू और माधव सौं निखट्टू, नीच और निकम्मे थे, परन्तु बुधिया तो सभी के लिए आदरभावी और व्यवहार कुशल थी।"[22] रत्न कुमार सांभरिया ने प्रेमचंद नाम के कहानीकार का पूरा ढकोसला खोल कर रख दिया है जब यह भी लिखा है—"गाँव में जो औरत ज्यादा बच्चे जन लेती है, उसे बच्चा जनने के लिए 'सयानी' मान लिए जाने का विश्वास आज भी कायम है। नामुमकिन है, बुधिया के प्रसव के समय घर परिवार मौहल्ले की सयानी औरतें नहीं आएँ।"[23]

जिस एक दूसरी बात पर रत्न कुमार सांभरिया ने आश्चर्य प्रकट किया है वह इस सूचनापरक पैरेग्राफ में है—"कफन हिन्दी साहित्य की एकमात्र ऐसी कहानी है, जिस के प्रकाशन की स्वर्ण जयन्ती 1986 में वर्ष भर मनाई गई। बुद्धिजीवियों और कथा विशेषज्ञों तथा सुधी श्रोताओं के बीच कहानी पर गोष्ठियों, संगोष्ठियों और सेमीनारों का दौर खूब चला। साहित्यिक पत्रिकाओं में विशेष लेख छपे और पूरे साल कफन का जश्न रहा।"[24] उन के आश्चर्य का निवारण तभी हुआ जब वे इस निष्कर्ष पर पहुँचे हैं—"कफन के प्रशंसकों में बहुधा वे लोग थे, जिन के पूर्वज कफन कहानी

के पात्र नहीं थे।''[25] उन्होंने मेरी बात को बल दिया है जब 'कफन' कहानी के बारे में लिखा है–''जहाँ अन्य साहित्यकार जमींदारों को शोषक का पर्याय मान रहे थे, वहीं प्रेमचंद उन्हें दयालु प्रवृत्ति का होना सिद्ध कर रहे थे।''[26]

जो लोग मुझ पर पाठ से बाहर जाने का आरोप लगाते हैं, वे जरा अब्दुल बिस्मिल्लाह के 'वर्तमान साहित्य' के शताब्दी-कथा विशेषांक में छपे लेख 'कफन : उर्दू और हिन्दी पाठ का फर्क' जरूर पढ़ लें। इस लेख से उन्हें पता चलेगा कि 'कफन' के उर्दू पाठ और हिन्दी पाठ में कितना अन्तर है। यह अन्तर यहाँ तक हुआ है कि हिन्दी में कई जगह 'उर्दू पाठ का लोप'[27] तक हो गया है। यूँ, पाठ को प्रक्षिप्त करने का यह आरोप खुद प्रेमचंद के मत्थे मढ़ जाता है जब वे अपनी 'कफन' कहानी के उर्दू पाठ को हिन्दी में बदल रहे हैं।

सूचना दी जा सकती है कि इस विषय पर डा. राजेन्द्र बड़गूजर का एक लेख 'सौंदर्य की दलित कसौटी पर : डा. धर्मवीर बनाम मुन्शी प्रेमचंद' के शीर्षक से त्रैमासिक पत्रिका 'बहुरि नहीं आवना' में प्रकाशित हुआ है। उस में डा. बड़गूजर ने लिखा है–''डा. धर्मवीर द्वारा बुधिया के बच्चे को जमींदार का बच्चा कहने पर सर्वाधिक बवाल खड़ा हुआ है। मेरा मानना है कि उन के इस तर्क को सिरे से खारिज नहीं किया जा सकता। घीसू और माधव की बुधिया के प्रति वितृष्णा, जमींदार का आँखें फेर कर तिरस्कार से उन्हें दो रुपए देना, बाप बेटे द्वारा बुधिया के मरने का इंतजार करना, माधव के हृदय में पितृत्व की भावना का न जागना, दान में दिए गए रुपयों से कफन न खरीद कर शराब में उड़ा देना और कहानी के अंत में माधव का अपनी पत्नी के देहांत के बाद चीखें मार-मार कर रोना जैसे मार्मिक प्रसंग कहानी में हैं जिन के आधार पर डा. धर्मवीर के विश्वास पर सत्यता की मुहर लगती है। माधव और बुधिया की पहली संतान पर माधव की ऐसी बेरुखी से उस की मानसिकता को साफ-साफ समझा जा सकता है। चमार चाहे कितना ही गरीब हो, माँग कर खाता हो, बदनाम हो, परंतु उस के पुरुषत्व की प्रतीक प्रथम संतान की उत्पत्ति पर वह इतना बेरुखा नहीं हो सकता। उस के मन में कहीं न कहीं जमींदार के पाप से मुक्ति का भाव है। पूरे गाँव में उन के बेहयापन के कारणों में एक बड़ा कारण यह भी है कि जमींदार और बुधिया के संबंधों से वे गहरे आहत हैं।''[28]

डा. राजेन्द्र बड़गूजर ने खुद प्रेमचंद के बारे में विचार किया है। उन्होंने लिखा है–''प्रेमचंद को ले कर अनेक साहित्यकारों ने उन का इतना महिमामंडन किया है कि जब डा. धर्मवीर प्रेमचंद के ऊपर उंगली उठाते हैं तो यह धर्म विरुद्ध सा काम लगता है। हिंदी साहित्यकारों के लिए प्रेमचंद धर्म के साहित्यिक पर्यायवाची बने हुए हैं। धर्म की कुछ क्रूर आंतरिक संरचनाओं पर विचार-विमर्श हो सकता है तो प्रेमचंद पर क्यों नहीं? क्यों उन्हें दूध का धुला समझ कर बहस पर पूर्ण विराम लगा दिया जाए? क्या अपने जीवन काल में तीन-तीन स्त्रियों से संबंध रख कर वे मनुवादी पौरुष का परिचय

देते हुए 'कफन' के जमींदार के समकक्ष खड़े दिखाई नहीं देते? क्या प्रेमचंद से संबंधित तीनों स्त्रियों में से किसी एक का बिसूरना बुधिया की प्रसव वेदना से तड़पने से कम है? अपनी विद्वता से अभिभूत हो कर अल्पशिक्षित महिला को त्याग कर देना कहाँ का साहित्यादर्श है?"[29]

डा. बड़गूजर ने प्रेमचंद की दो कहानियों 'कफन' और 'बूढ़ी काकी' की तुलना भी की है। ये दो कहानियाँ दो कौमों की स्त्रियों पर हैं। 'कफन' में चमारी है और 'बूढ़ी काकी' में ब्राह्मणी है। डा. बड़गूजर ने अपने लेख में लिखा है—"उन (प्रेमचंद) के इस दोयम संस्कार को उन की दो कहानियों 'कफन' और 'बूढ़ी काकी' के माध्यम से आसानी से समझा जा सकता है। 'कफन' कहानी में जहाँ प्रेमचंद ने चमारों को जी भर कर कोसते हुए अपने सांस्कारिक अहम् की भड़ास निकाली है, वहीं 'बूढ़ी काकी' कहानी में वे बुद्धिराम तथा रूपा के अत्याचार से पीड़ित एक ब्राह्मणी वृद्धा के प्रति पाठकों की सहानुभूति प्रकट करवाते हैं। 'कफन' कहानी से उद्धरण देखे जा सकते हैं—"चमारों का कुनबा था...माधव इतना कामचोर था कि आधा घण्टे काम करता था तो घंटे भर चिलम पीता...मगर इन दोनों को उसी वक्त बुलाते, जब दो आदमियों से एक का काम पा कर संतोष कर लेने के सिवा और कोई चारा न होता।...गालियां भी खाते मगर कोई गम नहीं...दोनों शायद इसी इंतजार में थे कि वह मर जाए तो आराम से सोयें।" प्रेमचंद ने घीसू व माधव के माध्यम से चमारों की क्या मिट्टी पलीत की है! वे इतने अंसवेदनशील हैं कि परिवार की महिला के जीवन की अपेक्षा उन्हें आलू खाने में मजा आ रहा है, बल्कि पिता पुत्र में अधिकाधिक आलू खाने के लिए संघर्ष छिड़ा हुआ है। वाह रे प्रेमचंद!"[30]

संदर्भ

1. महात्मा जोतिबा फुले रचनावली—1, अनुवाद एवं सम्पादन, डा. एल. जी. मेश्राम 'विमलकीर्ति, राधा कृष्ण प्रकाशन प्राइवेट लिमिटेड, जी-17, जगतपुरी, दिल्ली-110 051, संशोधित संस्करण, पहली आवृत्ति, 2002, पृ.-210, टिप्पणी-1
2. वही, पृ.-210, टिप्पणी-1
3. प्रेमचंद : कलम का सिपाही, अमृत राय, हंस प्रकाशन, इलाहाबाद, संस्करण, अप्रैल, 1992, पृ.-413
4. http://navbharattimes.indiatimes.com/articlesshow/3097958.com 6/4/2008
5. ibid.
6. ibid.
7. बाबरनामा, लेखक, बाबर, अनुवादक, युगजीत नवलपुरी, साहित्य अकादेमी, रवीन्द्र भवन, 35 फिरोजशाह मार्ग, नयी दिल्ली-110 001, पुनः मुद्रण, 1996, पृ.-378
8. "The Mahāvṛṣa are also cursed with the Mūjavants and Bālhikas to be visited by fever Takman..., The women of Mūjavants, the Mahāvṛṣa and the Bālhikas are called Dāsī and Sūdrā. The Takman fever is sought to be relegated to these not to seek the Dāsī and Sūdrā."

Ethnology of Ancient Bharata, Ram Chandra Jain, The Chowkhambha Sanskrit Series Office, Gopal Mandir Lane, P.O. Chowkhambha, Post Box 8, Varanasi-1, Ist Edition, 1970, pp.-113-14

9. मनमाने की बात, श्रीभगवान सिंह, जनसत्ता, दिल्ली, 25 दिसम्बर, 2005, पृ.-7
10. वही, पृ.-7
11. सामन्त का मुंशी या कलम का सिपाही, संवाद, अरुण आदित्य, पल प्रतिपल, एस. सी. एफ. 267, सेक्टर-16, पंचकूला-134 113, हरियाणा, जून-सितम्बर, 2005, पृ.-74
12. प्रेमचंद की कहानी 'कफन'—दृष्टि से अन्तर्दृष्टि तक, मूलचंद सोनकर, युग तेवर, 1587/1, उदय प्रताप कालोनी, बढ़ैया वीर, सिविल लाइन्स-2, सुलतान पुर-228 001, जून-अगस्त, 2007, पृ.-15
13. वही, पृ.-17
14. वही, पृ.-19
15. वही, पृ.-19
16. वही, पृ.-19
17. वही, पृ.-20
18. गालिब मेरी नजर से, मूलचंद सोनकर, चिन्तन विचार केन्द्र, हरिऔध नगर, बिलरिया की चुंगी, आजमगढ़, उत्तर प्रदेश-276 001, प्रथम संस्करण, 1995, पृ.-8
19. प्रेमचंद की कहानी 'कफन'—दृष्टि से अन्तर्दृष्टि तक, मूलचंद सोनकर, युग तेवर, 1587/1, उदय प्रताप कालोनी, बढ़ैया वीर, सिविल लाइन्स-2, सुलतान पुर-228 001, जून-अगस्त, 2007, पृ.-13
20. वही, पृ.-13
21. प्रेमचंद की घासवाली, रत्न कुमार सांभरिया, हंस, 2/36, अन्सारी रोड, दरियागंज, नई दिल्ली-110 002, अप्रैल, 2007, पृ.-66
22. कफन का सच, रत्न कुमार सांभरिया, कथाक्रम, 4, ट्रांजिट होस्टल, वायरलैस चौराहे के पास, महा नगर, लखनऊ, उत्तर प्रदेश-226 006, जनवरी-मार्च, 2006, पृ.-115
23. वही, पृ.-115
24. वही, पृ.-114
25. वही, पृ.-114
26. वही, पृ.-115
27. कफन : उर्दू और हिन्दी पाठ का फर्क, अब्दुल बिस्मिल्लाह, वर्तमान साहित्य, प्रथम तल, 1-2, मुकुन्द नगर, हापुड़ रोड, गाजियाबाद, उत्तर प्रदेश-201 001, शताब्दी-कथा विशेषांक, जनवरी-फरवरी, 2000, पृ.-429-30
28. सौन्दर्य की दलित कसौटी पर : डा. धर्मवीर बनाम प्रेमचंद, डा. राजेन्द्र बड़गूजर, बहुरि नहिं आवना, सम्पादक डा. दिनेश राम, सितम्बर-नवम्बर, 2008, एफ-345, बैंक वाली गली, लाडो सराय, नई दिल्ली-110 030, पृ.-89
29. वही, पृ.-9-10
30. वही, पृ.-10

अध्याय-17

'कफन' में 'दैवी प्रेरणा'

सबसे ज्यादा गौर इस बात पर की जानी चाहिए कि 'कफन' कहानी के घीसू-माधव शराबखाने तक पहुँचे कैसे हैं। जो प्रेमचन्द ने लिखा है वह इस प्रकार है—"यहाँ तक कि शाम हो गयी। तब दोनों न जाने किस दैवी प्रेरणा से एक मधुशाला के सामने आ पहुँचे और जैसे किसी पूर्व-निश्चित अवस्था से अन्दर चले गये। वहाँ जरा देर तक दोनों असमंजस में खड़े रहे।"[1] तो, यह दैवी प्रेरणा है जिस के बारे में प्रेमचन्द भी स्वयं कुछ नहीं जानते। यह कोई पूर्व-निश्चित अवस्था है जिस पर प्रेमचन्द के पात्रों—घीसू और माधव—का कोई वश नहीं है। वे यहाँ आने वाले लोग नहीं हैं। वे खुद असमंजस में खड़े हैं कि कहाँ आ गए। यदि शराबखाना पियक्कड़ों से भरा है तो घीसू-माधव की बिरादरी के लोगों से नहीं क्योंकि घीसू-माधव इस शराबखाने में अपने जीवन में पहली बार ही आए हैं। तभी उन का प्रेमचन्द ने इस कहानी में तमाशा बना दिया है।

'कफन' कहानी में 'दैवी-प्रेरणा', 'पूर्व-निश्चित अवस्था' और 'असमंजस' के शब्द आए हैं। यदि 'कफन' को छोड़ कर आगे बढ़ा जाए तो इस दायरे में प्रेमचन्द के अन्य शब्द 'रूहानी'[2] और 'सुपरनेचुरल एलिमेन्ट'[3] के हैं। और नीचे उतर कर इसे 'चमत्कार' कहा जा सकता है। यह उन की पुस्तक 'बाजारे हुस्न' में अपने करतब दिखाता है। अमृत राय अपनी पुस्तक 'प्रेमचन्द : कलम का सिपाही' में पात्रा सुमन के बारे में लिखते हैं—"सुमन जीवन से निराश हो कर उस का अंत कर देने के लिए गंगा जी की ओर बढ़ी जा रही है, जो कि प्रतिकूल समाज के आगे व्यक्ति की अन्तिम पराजय है, जब कि अकस्मात् एक चमत्कार की भांति स्वामी गजानन्द, सुमन के पति जो सुमन के चले जाने के बाद पश्चात्तापवश संन्यासी हो गए थे, अवतरित हो जाते हैं और सुमन को आत्महत्या के मार्ग से विरत करके उसे सेवाधर्म की दीक्षा देते हैं।"[4]

प्रेमचन्द की कथाओं में चमत्कार और अलौकिक तत्वों का बड़ा महत्व है। ये उन की कला के साथ-साथ चलते हैं। अमृत राय ने इस पहलू पर अपनी प्रतिक्रिया इन शब्दों में दी है—"अक्सर ऐसी स्थितियों में मुंशी जी चमत्कार का आश्रय लेते हैं।

उनके कुछ साहित्यप्रेमी बंधुओं को बुरी भी लगती है यह चीज। उनमें से एक कोई अब्दुल्ला नाम के सज्जन निगम साहब को इसके बारे में लिखते हैं जिसके उत्तर में मुंशीजी ने भगवान जाने अपने किस अनुभव या प्रमाण के आधार पर (या शायद यह भी उनके भीतर का क़िसान है) अप्रैल 1918 के एक पत्र में निगम साहब को लिखा–'मिस्टर अब्दुल्ला की राय पर अमल करूँगा हालाँकि Supernatural element इन्सान की जिन्दगी में दाखिल है।'"[5] प्रेमचन्द के बारे में सन्देह करने के बाद बाद में अमृत राय भी इसी सन्देह के घेरे में खुद को ढकेल देते हैं, जब लिखते हैं–"वह हो या न हो, इतना सिद्ध है कि जहाँ जीवन का प्रमाण चुक जाता है वहाँ चमत्कार की शरण लेनी पड़ती है, जहाँ लेखक समाज के ढाँचे को बदलने में अपने को अक्षम पाता है वहाँ एक न एक आश्रय की स्थापना करके अपना मनःतोष पा लेता है।"[6] इतना ही नहीं, अमृत राय को प्रेमचन्द की कहानियों में भूतों में विश्वास रखने वाली बात भी नहीं खलती। उल्टे ऐसी बातों को वे कला की शोभा मान बैठते हैं। वे लिखते हैं–"इन्हीं दिनों की एक कहानी 'बलिदान' का गिरधारी अपने खेत छूट जाने पर उसी के ग़म में बिना कुछ कहे-सुने मर जाता है और भूत बनकर अपने उन्हीं खेतों के गिर्द मँडराता रहता है। निश्चय ही कुछ अतिप्राकृत-सा एक गुण है धरती के प्रति किसान के इस लगाव में, और शायद इसीलिए जहाँ दूसरे सन्दर्भों में अलौकिक तत्व का समावेश खल जाता है, इस कहानी में न सिर्फ़ यह कि नहीं खलता, वही चीजं इस सुंदर कहानी की जान है।"[7]

प्रेमचन्द 14 जुलाई, 1919 को अपने एक सम्पादक मित्र को लिखते हैं– "...मजामीन का मुझे अफसोस इसलिए है कि आप का किस्सा अधूरा रह गया और खुशी इसलिए कि हमारे दरमियान कोई रूहानी...या बातिनी (आन्तरिक)...ताल्लुक जरूर है वर्ना औरों को वही बातें क्यों नहीं सूझतीं।"[8] अपने इसी पत्र में वे आगे लिखते हैं–"मेरी वजा-ओ-कता (रहन-सहन)..., शक्ल-ओ-शबाहत (सूरत-शकल) के मुताल्लिक आपने जो कयास किया है उस से रूहानी ताल्लुक का गुमान और पुख्ता हो जाता है। बेशक मेरा सिन चालीस साल है। मैं बन्द कालर का कोट और सीधा पाजामा पहनता हूँ, और पगड़ी पहनता हूँ। एक पूरबी आदमी का पहनावा फ़ेल्ट कैप है, आपने पगड़ी का गुमान क्यों किया? क्या आप को इलहाम हुआ है?"[9]

अब जाना यह जाए कि प्रेमचन्द के इस विषय को ले कर और क्या विचार हैं। उन के शब्द हैं–"जीवन परमात्मा की सृष्टि है। इसलिए अनन्त है, अबोध है, अगम्य है। साहित्य मनुष्य की सृष्टि है। इसलिए सुबोध है, सुगम है और मर्यादाओं से परिमित है। जीवन परमात्मा को अपने कामों का जवाबदेह है या नहीं हमें मालूम नहीं, लेकिन साहित्य तो मनुष्य के सामने जवाबदेह है। इस के लिए कानून है जिन से वह इधर-उधर नहीं हो सकता।"[10] तब उन की 'कफन' कहानी मनुष्य और समाज के प्रति कितनी जवाबदेह है? ज्यादा सही प्रश्न यह है–चमारों के प्रति 'कफन' कहानी

कितनी जवाबदेह है? साहित्य मनुष्य की रचना होने के कारण उन की 'कफन' कहानी चमार के रूप में घीसू-माधव का कैसा चरित्र पेश करती है?

आखिर, इस कहानी में 'दैवी प्रेरणा' या किसी 'पूर्व-निश्चित अवस्था' के लिए जगह क्यों बनी? चमारों की कोई समस्या है तो वह लौकिक और सामाजिक है। तब 'दैवी प्रेरणा' से घीसू-माधव शराबखाने पर कैसे चले गए? दैवी-प्रेरणा भी दिखाई जानी थी तो वह किसी अच्छे काम के लिए क्यों नहीं दिखाई गई? चूँकि, रचना प्रेमचन्द की है, इसलिए वे इसे इस रूप में जवाबदेह बना सकते थे कि घीसू-माधव ने बुधिया को मरने से बचा लिया। प्रेमचन्द द्वारा चित्रित की गई दैवी प्रेरणा भी घीसू-माधव को शराबखाने की तरफ क्यों धकेल कर ले गई? प्रेमचन्द ने कलाकार और साहित्यकार के बारे में लिखा है—"हमारा कलाकार अमीरों का पल्ला पकड़े रहता था, उन्हीं की कद्रदानी पर उसका अस्तित्व अवलम्बित था...। झोंपड़े और खंडहर उस के ध्यान के अधिकारी न थे। उन्हें वह मनुष्यता की परिधि से बाहर समझता था। कभी इन की चर्चा करता भी था, तो इन का मजाक उड़ाने के लिए...।"[11] पर, अब यहाँ प्रेमचन्द ने 'कफन' कहानी लिख कर क्या किया है? क्या यह घीसू-माधव और चमार जाति की मजाक ही नहीं उड़ाई गई है?

एक बात और देखी जा सकती है कि घीसू-माधव के रूप में प्रेमचन्द ने अपने हिसाब से चमार जाति के सब से कमजोर पात्र सृजित किए हैं। उन्होंने इन पात्रों को विदूषक बना कर रख दिया है। 'कफन' कहानी न हो कर एक प्रहसन भर है। ऐसे कमजोर पात्रों के मुख से सुधार, बदलाव और क्रान्ति की बातें कहलवाना सम्बन्धित मुद्दों के साथ मजाक करनी ही कही जाएगी। कहानी में घीसू के मुँह से कहलवाया गया है—"हाँ, बेटा, बैकुण्ठ में जायगी।...मरते-मरते हमारी जिन्दगी की सब से बड़ी लालसा पूरी कर गयी। वह न बैकुण्ठ में जायगी तो क्या ये मोटे-मोटे लोग जायँगे, जो गरीबों को दोनों हाथों से लूटते हैं और अपने पाप को धोने के लिए गंगा में नहाते हैं और मन्दिरों में जल चढ़ाते हैं?"[12] जो घीसू-माधव बुधिया के कफन के लिए मिले पैसों की शराब पी रहे हों, उनके मुख से ऐसे शब्द निकलवाना इन शब्दों की तौहीन करवाना है। ये बेअसर शब्द हैं। इन्हें बहुत ही शक्तिशाली पात्र के मुख से कहलवाना चाहिए था जो त्याग और बलिदान के लिए तत्पर खड़ा हो। तभी शब्दों को अर्थ मिलते हैं।

एक दूसरा दृश्य देखा जा सकता है। प्रेमचन्द इस कहानी में लिखते हैं—"बाप-बेटे रोते हुए गाँव के जमींदार के पास गए। वह इन दोनों की सूरत से नफरत करते थे। कई बार इन्हें अपने हाथों पीट चुके थे। चोरी करने के लिए, वादे पर काम पर न आने के लिए।"[13] बदलाव और क्रान्ति तो क्या, इन शब्दों को पढ़ कर घीसू-माधव के प्रति पाठकों की सहानुभूति भी नहीं जग सकती।

अब यह कहना बाकी है कि जमीदारी एक संस्था थी। बताना इसलिए पड़ रहा है क्योंकि लेख 'विरोध सही, तरीका गलत' के लेखक ने मुझ से प्रश्न पूछा है—"कफन कहानी में जमींदार के लड़के का जिक्र जरूर है जिस में खाए जाने का घीसू स्मरण करता है। मगर क्या गांव में ठाकुरों का एक ही घर था? क्या कफन के लिए रुपए देने वाला जमींदार वही ठाकुर माना जाए?"[14]

अब मुझे इन लेखक के लिए यह बताया जाना बचता है कि शब्द 'जमीदार' और 'ठाकुर' क्या अर्थ रखते हैं। सिखाया यह जाना है कि 'जमीदार' एक राजकीय संस्था थी जबकि 'ठाकुर' एक जाति थी। 'जमीदार' एक पद था जबकि 'ठाकुर' होना हिन्दुओं में ही सम्भव था। 'जमीदार' के पद के बारे में खुद प्रेमचन्द ने ही लिखा है—"कहीं दो असामियों में लड़ाई हो जाय, जमींदार साहब की चाँदी हो गयी। दोनों ही से कुछ न कुछ डाँड़ वसूल करेंगे और चैन की बंसी बजायेंगे। या दाल गलती न देखी, तो पुलिस की दलाली करने लगेंगे और लूट में शरीक हो गये। ऐसी मुफ्तखोर, निकम्मी, लुटेरी, आरामतलब संस्था बहुत दिन जीवित नहीं रह सकती, चाहे वह अष्टधातु के किले ही में क्यों न अपने को बंद कर ले।"[15] इस संस्था के इतिहास के बारे में भी प्रेमचंद लिखते हैं—"दिल्लगी यह है, कि आज भी जमींदार साहबान अपने को ज़मीन का मालिक ही समझते हैं। अंग्रेज़ी सरकार के पहले उन की हैसियत दलालों की थी, जो बादशाह की ओर से लगान वसूल करने के लिए रखे जाते थे और लगान न अदा कर सकने पर निकाल बाहर किये जाते थे और बड़ी जिल्लत के साथ। अंग्रेजी राज में उन का मान बढ़ गया। सरकार को देश में ऐसे एक जत्थे की जरूरत थी, जो प्रजा पर उस की हुकूमत जमाने में सहायक हो। उस ने यह काम इन्हीं लगान वसूल करने वालों से लिया। तब से यह लोग अपने को जमीन का मालिक समझने लगे।"[16] प्रेमचन्द ने आगे अपनी बात रखी है—"खैर, हमें इस से मतलब नहीं, आप जमीन के मालिक नहीं खुदा सही, लेकिन आप प्रजा के लिए क्या करते हैं? आप प्रजा के दिए हुए कर में से पचास फीसदी लेते हैं, तो उस के बदले में आप प्रजा के साथ क्या सलूक करते हैं?"[17] वे जमीदारों को सम्बोधित करते हुए कहते हैं—"आप समय की गति के प्रतिकूल चलने का प्रयत्न कर रहे हैं। थोड़े दिनों आप चाहे इस प्रयत्न में सफल हो जायँ, लेकिन वह दिन दूर नहीं है, जब आप को राष्ट्र की इच्छा के सामने सिर झुकाना पड़ेगा और आप आतंक के बल पर नहीं, सेवा के बल पर अपना अस्तित्व कायम रख सकेंगे।"[18] तो, 'कफन' कहानी में 'जमीदार' होना एक राजकीय संस्था का सदस्य होना है तथा ठाकुर होना हिन्दू धर्म की एक जाति का सदस्य होना है। इसलिए, बाकायदा एक ठाकुर एक जमीदार भी हो सकता है।

अब जाना जाए कि प्रेमचन्द ने 'कफ़न' कहानी के, अपनी प्रस्तुति में, तीन भाग किए हैं। पहले भाग में घीसू को ठाकुर की बारात की याद आई है जिस में वह बीस साल पहले गया था। जाहिर है, बारात किसी दूसरे गाँव गई होगी। वहीं के लड़की वाले

ठाकुर ने बारात की आव-तवज्जो में अपना दिल-दरयाव दिखाया था। इस भाग में 'जमीदार' शब्द का प्रयोग नहीं है।

कहानी के दूसरे भाग में 'जमींदार' शब्द का प्रयोग है और 'ठाकुर' शब्द का नहीं। पहले भाग में जो घीसू को ठाकुर की बारात की याद आई है, उस से पता चलता है कि गाँव में एक ही ठाकुर है क्योंकि ठाकुर का नाम नहीं लिया गया है, बस उसे ठाकुर कहा गया है। गाँव में कई ठाकुर होते तो बताना पड़ता कि 'फलाने ठाकुर की' बारात थी या 'एक ठाकुर' की बारात। इसलिए, बीस साल पहले ठाकुर की बारात करने का मतलब ठाकुर एक ही है।

जहाँ तक 'जमींदार' शब्द की बात है तो वह गाँव में एक ही हो सकता था क्योंकि वह एक पदनाम भी है। एक गाँव में दो जमीदार नहीं हो सकते थे। यह पदनाम की दृष्टि से असम्भव है। कहानी से यह भी पता चलता है कि यह जमीदार गाँव में ही रहता था।

कहानी के दूसरे भाग में एक अन्य वाक्य बहुत महत्वपूर्ण है, जो इस प्रकार है—"जब जमींदार साहब ने दो रुपये दिए, तो गाँव के बनिये महाजनों को इनकार का साहस कैसे होता?"[19] तो, जमीदार के बाद सीधे गाँव के 'बनिये-महाजनों' का जिक्र आता है, किसी ठाकुर के घर का नहीं। ऐसा इसलिए सम्भव हुआ है क्योंकि जमीदार ही ठाकुर भी है। यदि ठाकुर व्यक्ति जमीदार से भिन्न होता तो ऊपर के प्रयोग में 'बनिये महाजनों' से पहले 'ठाकुर' का शब्द आता, जो नहीं आया। लेकिन इन लेखक की सोच का क्या किया जाए?—ये आगे लिखते हैं—"तब यह भी माना जाना चाहिए कि ठाकुर दयालु था, क्योंकि तब की अछूत कही जाने वाली जातियों को पंगत में बिठा कर सादर खिलाते हुए दिखाया गया है।"[20] मेरा कहना है कि अछूत जातियों के लिए पदनाम के रूप में न जमीदार ही दयालु था और जाति के रूप में न ठाकुर ही। जब पूरा हिन्दू धर्म और हिन्दू धर्म के धर्मशास्त्र ही अछूत के लिए दयालु नहीं हैं तो यह ठाकुर अलग से दयालु कैसे हो जाएगा?

यह बात सही नहीं है कि प्रेमचन्द अपने लेखन में कहीं भी हिन्दू धर्म को छोड़ने के लिए बोले हैं। उन्हें अपना हिन्दू धर्म प्रिय है। उन की इस सोच से शिकायत भी नहीं की जा सकती। इस में बुराई क्या है? प्रेमचंद को जो शिकायत है, वह हिन्दू धर्म पर ब्राह्मणों के दबदबे से है। लेकिन हिन्दू धर्म को ब्राह्मणों के कब्जे से दूर रखने के लिए उन्होंने अपना कोई वैकल्पिक और संस्थागत उपाय नहीं सुझाया। यही नहीं, वे ब्राह्मणों के पास ही आ कर ठहरते हैं। वे ब्राह्मणों को चुनौती दे सकते हैं लेकिन उस चुनौती का कोई अर्थ नहीं रह जाता जब वे उन की संस्थाओं को भावुक हो कर स्वीकार करते हैं। ऐसा उन के अन्तिम उपन्यास 'गोदान' के आखरी पृष्ठ के आखिरी पैरे तक हुआ है जब होरी मर चुका है। हीरा होरी का भाई है और धनिया होरी की पत्नी। सुरती खाने वाला दातादीन गाँव का ब्राह्मण है, जो उसी गाँव की बेटी सिलिया

चमारी से जुड़े हुए लम्पट और भांग खाने वाले मातादीन का बाप है। दृश्य और संवाद इस प्रकार हैं :

> "हीरा ने रोते हुए कहा—भाभी, दिल कड़ा करो। गो-दान करा दो, दादा चले।
>
> धनिया ने उसकी ओर तिरस्कार की आँखों से देखा। अब वह दिल को और कितना कठोर करे? अपने पति के प्रति उसका जो कर्म है, क्या वह उसको बताना पड़ेगा? जो जीवन का संगी था, उसके नाम को रोना ही क्या उसका धर्म है?
>
> और कई आवाजें आयीं—हाँ, गो-दान करा दो, अब यही समय है।
>
> धनिया यन्त्र की भाँति उठी, आज जो सुतली बेची थी, उसके बीस आने पैसे लायी और पति के ठंडे हाथ में रखकर सामने खड़े दातादीन से बोली—महाराज, घर में न गाय है, न बछिया, न पैसा। यही पैसे हैं, यही इनका गो-दान है।
>
> और पछाड़ खाकर गिर पड़ी।"[21]

सन् 1929 में खुद अपनी बेटी के ब्याह में कन्यादान न करने वाले प्रेमचन्द यहाँ 1936 में कुर्मिन धनिया के द्वारा गोदान करा रहे हैं!—कहने का मतलब यह है कि उन्हीं की लेखनी से दातादीन ब्राह्मण चुपचाप बाजी मार ले गया है। प्रेमचन्द ने ऐसा नहीं दिखाया कि दातादीन ने इन बीस आने के पैसों को स्वीकार न किया हो। न कुर्मिन धनिया ने अपने हाथ में पैसे रोके और न दातादीन ब्राह्मण ने पैसों को कम बताया। यह उपन्यास का कैसा अन्त है? यह ब्राह्मण के द्वारा किया गया 'कप्फन खसोट' का मामला हुआ, पर क्या प्रेमचंद ने अपने किसी पाठक को ऐसा कहने दिया है? अब धनिया के घर में अपने पति के लिए कफन खरीदने के लिए पैसे नहीं बचे हैं। प्रेमचंद का घीसू-माधव पर अभियोग है कि उन्होंने कफन के नाम पर मिले पाँच रुपये मधुशाला में जा कर शराब और गोश्त में उड़ा दिए पर यहाँ दातादीन ब्राह्मण इन बीस आनों के पैसों का क्या करेगा? वह खुद सुरती खाएगा और उस का बेटा भांग घोट कर पिएगा। क्या यह कफन के साथ ब्राह्मणों द्वारा की गई छीन-झपट नहीं है? जबकि प्रेमचन्द ने घीसू-माधव और बुधिया की कहानी का शीर्षक 'कफन' रखा, होरी-गोबर और बुधिया की इस कहानी का शीर्षक 'गोदान' क्यों रखा? क्या इस उपन्यास का शीर्षक 'महा कफन' नहीं हो सकता था? 'महा ब्राह्मण' ही रख देते, उन के मुझ जैसे पाठक को तब भी कुछ सन्तोष हो जाता। क्यों न माना जाए कि धनिया ने ये पैसे दातादीन-मातादीन को होरी का कफन खरीदने के लिए दिए पर वे कफन न खरीदकर अब इन पैसों से सुरती और भांग पिएंगे? पर, प्रेमचंद ने ऐसा क्यों नहीं

दिखाया? दातादीन-मातादीन के प्रति पाठकों के मन में जुगुप्सा पैदा क्यों नहीं की?

फिर मूल बहस पर लौटा जाए कि सब पूछने में लगे हैं कि बुधिया के पेट में जमीदारों का बच्चा है, यह मुझे कैसे पता चला गया। पर इस का उत्तर पितृत्व की जांच पर रोक लगाने वाले कानून में है। यदि नहीं है तो कानून बना कर डी एन ए आदि के वैज्ञानिक परीक्षणों की अनुमति दिलवा दीजिए। बिना कानून को बदले, यह तानाशाही के द्वारा चुप करने की कोशिश क्यों है? मेरा विरोध करने वाले किसी भी लेखक ने यह क्यों नहीं कहा कि पैतृकता की जाँच की कानूनी अनुमति मिलनी चाहिए? फिर, दार्शनिक व्यक्तियों से नहीं लड़ा करता। उस की पहचान है कि वह हमेशा व्यवस्थाओं और कानूनों से लड़ा करता है। मैं वही कर रहा हूँ। मेरी लड़ाई किसी व्यक्ति से नहीं है बल्कि हर हिन्दू पर लागू होने वाले उन के पर्सनल कानून से है। कानून ठीक बने तो व्यक्तियों की समस्याएँ अपने आप हल हो जाएँगी।

संदर्भ

1. कफन और शेष रचनाएँ, प्रेमचन्द, सरस्वती प्रेस, बनारस, षष्ठ संस्करण, नवम्बर, 1952, पृ.-10
2. प्रेमचन्द : कलम का सिपाही, अमृत राय, हंस प्रकाशन, इलाहाबाद, संस्करण, अप्रैल, 1992, पृ.-183
3. वही, पृ.-192
4. वही, पृ.-192
5. वही, पृ.-192
6. वही, पृ.-192-93
7. वही, पृ.-207
8. वही, पृ.-183
9. वही, पृ.-183
10. साहित्य का उद्देश्य, मुंशी प्रेमचन्द, साहित्यागार, एस. एम. एस. हाइवे, जयपुर-३, संस्करण, 1992, पृ.-17
11. वही, पृ.-11
12. कफ़न और शेष रचनाएँ, प्रेमचन्द, सरस्वती प्रेस, बनारस, षष्ठ संस्करण, नवम्बर, 1952, पृ.-13
13. वही, पृ.-9
14. विरोध सही, तरीका गलत, जनसत्ता, दिल्ली, 25 सितम्बर, 2005
15. प्रेमचंद : विविध प्रसंग-2, संकलन और रूपान्तर, अमृत राय, हंस प्रकाशन, इलाहाबाद, प्रथम संस्करण, प्रेमचंद स्मृति दिवस, 1962, पृ.-506
16. वही, पृ.-506
17. वही, पृ.-506
18. वही, पृ.-506
19. कफ़न और शेष कहानियाँ, प्रेमचन्द, सरस्वती प्रेस, बनारस, षष्ठ संस्करण, नवम्बर, 1952, पृ.-10
20. विरोध सही, तरीका गलत, जनसत्ता, दिल्ली, 25 सितम्बर, 2005
21. गोदान, प्रेमचन्द, लोक भारती प्रकाशन, 15-ए, महात्मा गांधी मार्ग, इलाहाबाद-1, संस्करण, 1999, पृ.-309

अध्याय-18

एक और 'कफन'

अपने उपन्यास 'रंगभूमि' में प्रेमचन्द ने 'सूरदास' के नाम से खुद एक क्षेपक जोड़ा है। ऐसा नहीं हुआ करता कि लेखक अपने द्वारा खड़ी की गई कहानी में खुद क्षेपक जोड़े। यह गलती प्रेमचन्द से हुई है कि उनके उपन्यास 'रंगभूमि' में सूरदास की कहानी एक क्षेपक की तरह जोड़ी गयी है। ऐसा इसलिए भी कहा जा सकता है क्योंकि प्रेमचन्द ने इस उपन्यास में चमारों को ले कर कफन की एक और कहानी दी है। संयोग से, वही इस अध्याय के मेरे शीर्षक 'एक और कफन' को अर्थवान करती है।

लगता ऐसा है, चमारों को ले कर प्रेमचंद के मन में एक हुनहुनी उठ रही थी जो उन की 'मेरी पहली रचना' से शुरू हो कर बीच में 'रंगभूमि' के कफन से आगे बढ़ कर अन्त में 'कफन' कहानी में पूरी हुई है। हाँ, प्रेमचन्द ने 'रंगभूमि' और 'कफन' में दलित साहित्य नहीं लिखा बल्कि दलित साहित्य के लिए दो कुशोन कर दिए हैं। पहले-से-पहले दलित साहित्य का आगा काटा है। यह उस में खोड़ है। उन्हें दूसरों का मूड़ बिगाड़ने के लिए ऐसा नहीं करना चाहिए था। यह अक्षम्य साहित्यिक अपराध है। 'रंगभूमि' का सूरदास, 'गोदान' की सिलिया और 'कफन' के घीसू-माधव स्वामी अछूतानन्द के रूप में उठती हुई तत्कालीन चमार जाति का विरूपण है। असल में, वे चमारों के पीछे अपनी पहली रचना से ही हाथ धो कर पड़े हुए थे जिस की पराकाष्ठा 'कफन' कहानी में जा कर हुई है। साथ ही, यहाँ एक दूसरी बात यह भी कही जा सकती है कि 'कफन' ने प्रेमचंद का ताउम्र पीछा नहीं छोड़ा। यह सही है कि एक दिन 'कफन' की हर किसी को जरूरत पड़ती है, पर प्रेमचंद के लेखन में 'कफन' एक मनोवैज्ञानिक भूत की तरह सवार है। हाँ, ऐसे एक और 'कफन' की कहानी 'रंगभूमि' में मिलती है। अब इसे संयोग कहा जाए या क्या कहा जाए, यह भी चमारों से जुड़े 'कफन' की कहानी है। कहानी को यहाँ-वहाँ संक्षिप्त करके आगे रखा जा रहा है।

ताहिर अली की सौतेली माँ ताहिर अली से चमारों के बारे में कहती है—"मैं तुम्हारी जगह होती, तो दिखा देती कि इसी नौकरी में कैसे कंचन बरसता। सैकड़ों चमार हैं। क्या कहो, तो सब एक-एक गट्ठा लकड़ी न लाएँ? सबों के यहाँ छान-छप्पर पर तरकारियाँ लगी होंगी? क्यों नहीं तुड़वा मँगाते? खालों के दाम में भी कमी-बेशी करने का तुम्हें अख्तियार है। कोई यहाँ बैठा देख नहीं रहा है। दस के पौने दस लिख दो, तो क्या हरज हो? रुपये की रसीदों पर अँगूठे का निशान ही न बनवाते हो? निशान पुकारने जाता है कि मैं दस हूँ या पौने दस?"[1] जैसे कुछ कहने में कमी रह गई हो, वे आगे कहती हैं—"यह कौन-सी बड़ी बात आज खाल का दाम न दिया, कल दिया, इसमें क्या तरद्दुद है? चमार कहीं फरियाद करने न जाएगा। सभी ऐसा करते हैं, और इसी तरह दुनिया का काम चलता है।"[2] इस सीख के बाद ताहिर की सोच चलती है। प्रेमचन्द लिखते हैं—"ताहिर अली सोचने लगे, कौन चमार सबसे मोटा है, जिसे आज रुपये न दूँ, तो चीं-चपड़ न करें। नहीं, मोटे आदमी के रुपये रोकना मुनासिब नहीं, मोटे आदमी निडर होते हैं। कौन जाने, किसी से ही कह बैठे। जो सबसे गरीब, सबसे सीधा हो, उसी के रुपये रोकने चाहिए। इसमें कोई डर नहीं। चुपके से बुलाकर अँगूठे के निशान बनवा लूँगा। उनकी हिम्मत ही न पड़ेगी कि किसी से कहे। उस दिन से उन्हें जब जरूरत पड़ती, तो रोकड़ से रुपये निकाल लेते, फिर रख देते।"[3]

यह एक और कफन की पृष्ठभूमि तैयार हो गई है। इस के बाद कहानी इस प्रकार बनती है :

> "एक दिन सुबह को ताहिर अली नमाज अता करके दफ्तर में आए तो देखा, एक चमार खड़ा रो रहा है। पूछा, क्या बात है? बोला—क्या बताऊँ खाँ साहब, रात परवाली गुजर गई। अब उसका किरिया-करम करना है, मेरा जो कुछ हिसाब हो, दे दीजिए, दौड़ा हुआ आया हूँ, कफन के रुपये भी पास नहीं हैं। ताहिर अली की तहबील में रुपये कम थे। कल स्टेशन से माल भेजा था, महसूल देने में रुपये खर्च हो गए थे। आज साहब के सामने हिसाब पेश करके रुपये लाने वाले थे। इस चमार को कई खालों के दाम देने थे। कोई बहाना न कर सके। थोड़े से रुपये लाकर उसे दिए।
>
> चमार ने कहा—हुजूर, इतने में तो कफन भी पूरा न होगा। मरने वाली अब फिर तो आएगी नहीं, उसका किरिया-करम तो दिल खोलकर कर दूँ। मेरे जितने रुपये आते हैं, सब दे दीजिए। यहाँ तो जब तक दस बोतल दारू न होगी, लाश दरवज्जे से न उठेगी।
>
> ताहिर अली ने कहा—इस वक्त रुपये तो नहीं हैं, फिर ले जाना।
>
> चमार—वाह खाँ साहब, वाह, अँगूठे का निशान कराए तो महीनों हो गए, अब कहते हो, फिर ले जाना। इस बखत न दोगे, तो क्या अकाबत

में दोगे? चाहिए तो यह था कि अपनी ओर से कुछ मदद करते, उलटे मेरे ही रुपये बाकी रखते हो।

ताहिर अली कुछ रुपये और लाए। चमार ने सब रुपये जमीन पर पटक दिए और बोला—आप थूक से चुहिया जिलाते हैं! मैं आपसे उधार नहीं माँगता हूँ, और आप यह कटूसी कर रहे हैं, जानो घर से दे रहे हों।

ताहिर अली ने कहा—इस वक्त इससे ज्यादा मुमकिन नहीं।

चमार था तो सीधा, पर उसे कुछ संदेह हो गया, गर्म पड़ गया।

सहसा मिस्टर जॉन सेवक आ पहुँचे। आज झल्लाए हुए थे। प्रभु सेवक की उद्दंडता ने उन्हें अव्यवस्थित-सा कर दिया था। यह झमेला देखा, तो कठोर स्वर में बोले—इसके रुपये क्यों नहीं दे देते? मैंने आपसे ताकीद कर दी थी कि सब आदमियों का हिसाब रोज साफ कर दिया कीजिए। आप क्यों बाकी रखते हैं? क्या आपकी तहबील में रुपये नहीं हैं?

ताहिर अली रुपये लाने चले, तो कुछ घबराए हुए थे कि साहब को तुरंत संदेह हो गया। रजिस्टर उठा लिया और हिसाब देखने लगे। हिसाब साफ था। इस चमार के रुपये अदा हो चुके थे। उसके अँगूठे का निशान मौजूद था। फिर यह बकाया कैसा? इतने में और कई चमार आ गए। इस चमार को रुपये लिये जाते देखा, तो समझे, आज हिसाब चुकता किया जा रहा है। बोले—सरकार, हमारा भी मिल जाए।

साहब ने रजिस्टर जमीन पर पटक दिया और डपटकर बोले—यह क्या गोलमाल है? जब इनसे रसीद ली गई, तो इनके रुपये क्यों नहीं दिए गए?

ताहिर अली से और कुछ तो न बन पड़ा, साहब के पैरों पर गिर पड़े और रोने लगे। सेंध में बैठकर घूरने के लिए बड़े घुटे आदमी की जरूरत होती है।

चमारों ने परिस्थिति को ताड़कर कहा—सरकार, हमारा पिछला कुछ नहीं है, हम तो आज के रुपये के लिए कहते थे। जरा देर हुई, माल रख गए थे। खाँ साहब उस बखत नमाज पढ़ते थे।

साहब ने रजिस्टर उठाकर देखा, तो उन्हें किसी-किसी नाम के सामने एक-एक हल्का सा X का चिह्न दिखाई दिया। समझ गए, हजरत ने ही ये रुपये उड़ाए है। एक चमार से, जो बाजार से सिगरेट पीता आ रहा था, पूछा—तेरा नाम क्या है।

चमार—चुनकू।

साहब—तेरे कितने रुपये बाकी हैं?

कई चमारों ने उसे हाथ के इशारे से समझाया कि कह दे, कुछ नहीं। चुनकू इशारा न समझा। बोला—17 रुपये पहले के थे, 9 रुपये आज के।

साहब ने अपनी नोटबुक पर उसका नाम टाँक लिया। ताहिर अली को कुछ कहा न सुना, एक शब्द भी न बोले। जहाँ कानून से सजा मिल सकती थी, वहाँ डाँट-फटकार की जरूरत क्या? सब रजिस्टर उठाकर गाड़ी में रखे, दफ्तर में ताला बंद किया, सेफ में दोहरे ताले लगाए, तालियाँ जेब में रखीं और फिटन पर सवार हो गए। ताहिर अली की इतनी हिम्मत भी न पड़ी कि कुछ अनुनय-विनय करें। वाणी ही शिथिल हो गई। स्तभित-से खड़े रह गए। चमारों के चौधरी ने दिलासा दिया—आप क्यों डरते हो खाँ साहब, आपका बाल तो बाँका होने न पाएगा। हम कह देंगे, अपने रुपये भर पाए हैं। क्यों रे, चुनकुआ, निरा गँवार ही है, इसारा भी नहीं समझता?

चुनकू ने लज्जित होकर कहा—चौधरी, भगवान जानें, जो मैं जरा भी इशारा पा जाता, तो रुपये का नाम ही न लेता।

चौधरी—अपना बयान बदल देना; कह देना, मुझे जबानी हिसाब याद नहीं था।

चुनकू ने इसका कुछ जवाब न दिया। बयान बदलना साँप के मुँह में उँगली डालना था। ताहिर अली को इन बातों से जरा भी तस्कीन नहीं हुई। वह पछता रहे थे। इसलिए नहीं कि मैंने रुपये क्यों खर्च किए, बल्कि इसलिए कि नामे के सामने X के निशान क्यों लगाए। अलग किसी कागज पर टाँक लेता, तो आज क्यों यह नौबत आती? अब ख़ुदा ही खैर करे। साहब मुआफ करने वाले आदमी नहीं हैं। कुछ सूझ ही न पड़ता था कि क्या करें। हाथ-पाँव फूल गए थे।

चौधरी बोला—खाँ साहब, अब हाथ-पर-हाथ धरकर बैठने से काम न चलेगा। यह साहब बड़ा जल्लाद आदमी है। जल्दी रुपये जुटाइए। आपको याद है, कुल कितने रुपये निकलते होंगे।

ताहिर—रुपयों की कोई फिक्र नहीं है जी, यहाँ तो दाग लग जाने का अफसोस है। क्या जानता था कि आज यह आफत आने वाली है, नहीं तो पहले से तैयार न हो जाता। जानते हो, यहाँ कारखाने का एक-न-एक आदमी कर्ज माँगने को सिर पर सवार रहता है। किस-किससे हीला करूँ? और फिर मुरौवत में हीला करने से भी तो काम नहीं चलता। रुपये निकालकर दे देता हूँ। यह उसी शराफत की सजा है। 150 रुपये से कम न निकलेंगे, बल्कि चाहे 200 रुपये हो गए हों।

चौधरी—घर में तो रुपये होंगे?

ताहिर—होने को क्या दो-चार सौ रुपये न होंगे, लेकिन जानते हो, औरतों का रुपया जान के पीछे रहता है। खुदा को जो मंजूर है, वह होगा।

यह कहकर ताहिर अली अपने दो-चार दोस्तों की तरफ चले कि शायद यह हाल सुनकर लोग मेरी कुछ मदद करें, मगर कहीं न जाकर एक दरख्त के नीचे नमाज पढ़ने लगे। किसी से मदद की उम्मीद न थी।

इधर चौधरी ने चमारों से कहा—भाइयो, हमारे मुंसीजी इस बखत तंग हैं। सब लोग थोड़ी-थोड़ी मदद करो, तो उनकी जान बच जाए। साहब अपने रुपये ही न लेंगे कि किसी की जान लेंगे। समझ लो, एक दिन नसा नहीं खाया।

चौधरी तो चमारों से रुपये बटोरने लगा। ताहिर अली के दोस्तों ने यह हाल सुना, तो चुपके से दबक गए कि कहीं ताहिर अली कुछ माँग न बैठें।"[4]

. . . .

ताहिर अली तो उधर हिरासत में गए, इधर घड़ी रात जाते-जाते चमारों का चौधरी रुपये लेकर मिस्टर सेवक के पास पहुँचा। साहब बोले—ये रुपये तुम उनके घरवालों को दे दो, तो उनका गुजर हो जाए। मुआमला अब पुलिस के हाथ में है, मैं कुछ नहीं कर सकता।

चौधरी—हुजूर, आदमी से खता हो जाती है। इतने दिनों तक आपकी चाकरी की, हुजूर को उन पर कुछ दया करनी चाहिए। बड़ा भारी परिवार है सरकार, बाल-बच्चे भूखों मर जाएँगे।"[5]

. . . .

सुभागी कुछ जवाब न देने पाई थी कि बाहर से चौधरी ने पुकारा। सुभागी ने जाकर पूछा—क्या कहते हो?

चौधरी—बहूजी से कुछ कहना है। जरा परदे की आड़ में खड़ी हो जाएँ।

दोपहर का समय था। घर में सन्नाटा छाया हुआ था। जैनब और रकिया किसी औलिया के मजार पर शीरीना चढ़ाने गई थीं। कुल्सुम परदे की आड़ में आकर खड़ी हो गई।

चौधरी—बहूजी, कई दिनों से आना चाहता था, पर मौका न मिलता था। जब आता, तो माहिर मियाँ को बैठे देखकर लौट जाता था। कल माहिर मियाँ मुझसे कहने लगे, तुमने भैया की मदद के लिए जो रुपये जमा किए थे, वे मुझे दे दो, भाभी ने माँगे हैं। मैंने कहा, जब तक बहूजी से खुद न पूछ लूँगा, आपको न दूँगा। इस पर बहुत बिगड़े। कच्ची-पक्की मुँह से निकालने लगे—समझ लूँगा, बड़े घर भिजवा दूँगा। मैंने कहा, जाइए, समझ लीजिएगा। तो अब आपका क्या हुक्म है? ये सब रुपये अभी तक मेरे

पास रखे हुए हैं, आपको दे दूँ न? मुझे तो आज मालूम हुआ कि वे लोग आपके साथ दगा कर गए।

कुल्सुम ने कहा—खुदा तुम्हें इस नेकी का सबाब देगा। मगर ये रुपये जिसके हों, उन्हें लौटा दो। मुझे इनकी जरूरत नहीं है।

चौधरी—कोई न लौटाएगा।

कुल्सम—तो तुम्हीं अपने पास रखो।

चौधरी—आप लेती क्यों नहीं? हम कोई औसान थोड़े ही जताते हैं। खाँ साहब की बदौलत बहुत कुछ कमाया है, दूसरा मुंसी होता, तो हजारों रुपये नजर ले लेता। यह उन्हीं की नजर समझी जाए।"[6]

यहाँ प्रेमचन्द, कमोवेश, ठीक राह पर चल रहे थे पर पता नहीं चमारों को ले कर क्यों अपनी कहानी 'कफन' में डूब मरे? 'रंगभूमि' का यह चमार 'कफन' के लिए भीख नहीं माँग रहा है। भीख मांगना चमारों की संस्कृति में नहीं है। वह ताहिर अली से अपने पैसे मांग रहा है, अपने हक के पैसे मांग रहा है। बाइ चांस, ताहिर अली पर संकट आ पड़ा तो चमारों के चौधरी चमारों से पैसे उघा कर ताहिर अली की मदद कर रहे हैं। वे जान सेवक के पास भी पैसे ले कर गए। उन के न लेने पर, क्योंकि तब तक बात उन के हाथ से निकल गई थी, चमारों के चौधरी जेल गए हुए ताहिर अली की पत्नी कुल्सुम को रुपये देने गए। फिर, आखरी 'कफन' में घीसू-माधव जैसे पात्र कैसे आ गए?

प्रेमचंद ने यहाँ भी चमारों के साथ दस बोतलें और नशेपानी की बात जोड़ दी है। ऐसा उन्होंने चमारों की जातीय पहचान के रूप में लिखा है। लेकिन उनसे यही कहा जा सकता है—'नेक रे नेक, आपे को तो देख।' शराब चमारों की पहचान नहीं है बल्कि कायस्थों की पहचान है। कायस्थों की इस शराब वाली पहचान को इस पुस्तक में तथ्यों पर आधारित करके अलग से रखा जा रहा है, कृपया, पाठक इसे वहाँ पढ़ लें। तब तक मैं जोर दे कर कह रहा हूँ कि चमार की पहचान शराब नहीं है। मैं अपने बारे में बता सकता हूँ कि मैं शराब की परम्परा में से नहीं हूँ। मैं बड़े कुनबे का व्यक्ति हूँ और अपने कुनबे में मैंने अपने बुजुर्गों में से किसी को शराब पीते नहीं देखा। क्या कोई कायस्थ ऐसी घोषणा कर सकता है? करेगा तो मुझे अच्छा ही लगेगा।

इसके अलावा, सच बात यह भी है कि मनोरंजन, गमी-खुशी, तीज-त्यौहार सब के होते हैं। मनुष्य की कई बातें मनुष्य की अमीरी और गरीबी से नहीं जुड़ी हैं। बच्चे अमीरों के भी पैदा होते हैं, गरीबों के भी। कुत्ते भी प्रजनन क्रिया में मगन हैं और हाथी भी। मछली मछली को पैदा कर ही रही है। हँसना-रोना, नाचना-मटकना, घूमना-फिरना—ये

मनुष्य की स्वाभाविक क्रियाएँ हैं। अपनी मूल प्रवृत्तियों को मनुष्य ने संस्कारों के नाम दे दिए हैं। इन में ब्राह्मण और चमार में या चमार और कायस्थ में फर्क नहीं रह जाता, बस, धर्म और संस्कृतियाँ अलग हो जाती हैं। मेरी एक दादी थीं। उन की उम्र बहुत थी। उन की आँखों के सामने उन के पड़पौते थे। वे मौत के जिक्र को ऐसे लेती थीं, जैसे किसी त्यौहार की इन्तजार हो। मरने पर उन्हें गाजे-बाजे से नाचते-कूदते चौहानों तक ले गए थे। लेकिन जो दूसरी जवान मौतें हुई हैं, उन के दहाके जीवन भर नहीं भूले जा सकते। शराब न दादी वाले केस में पी गई और न बाद वाले किसी केस में।

'कफन' कहानी में प्रेमचंद ने एक गाने की एक पंक्ति दी है—''ठगिनी क्यों नैना झमकावे! ठगिनी!''[7] घीसू-माधव ने अन्त में इसे ही गाया था। प्रेमचंद ने लिखा है—''पियक्कड़ों की आँखें इन की ओर लगी हुई थीं और यह दोनों अपने दिल में मस्त गाए जाते थे। फिर दोनों नाचने लगे। उछले भी, कूदे भी। गिरे भी, मटके भी। भाव भी बताए, अभिनय भी किए और आखिर नशे से बदमस्त हो कर वहीं गिर पड़े।''[8] ज्यादा की बात और लोग जाने, लेकिन मेरी जानकारी में, 'कफन' कहानी का यह दृश्य भी प्रेमचंद का 'रंगभूमि' से ही पीछा कर रहा है। वहाँ भी ताड़ी के मटके खुले हुए हैं। पीना और पिलाना चल रहा है। कुल्हड़ से काम नहीं चल रहा है तो हाँडी ही आगे बढ़ा दी है। मटके में ही मुँह डालने की बात हो रही है। बुढ़िया पकौड़ियाँ और पूरियाँ पका रही है। चौथा आदमी बोलता है—''कुछ गाना हो, उतारो ढोल-मँजीरा।''[9] ''सबों ने ढोल-मँजीरा सँभाला और खड़े हो कर गाने लगे—छत्तीसी, क्या नैना झमकावे।''[10] इसके बाद प्रेमचंद लिखते हैं—''थोड़ी देर में एक बुड्ढ़ा मिस्त्री उठ कर नाचने लगा। बुढ़िया से अब न रहा गया। उसने भी घूँघट निकाल लिया और नाचने लगी। शूद्रों में नृत्य और गान स्वाभाविक गुण हैं, सीखने की जरूरत नहीं। बुड्ढा और बुढ़िया, दोनों अश्लील भाव से कमर हिला-हिला कर थिरकने लगे। उनके अंगों की चपलता आश्चर्य जनक थी।''[11]

अब जाने प्रेमचंद बालीवुड के सिनेमों के हीरों और हीरोइनों के बारे में क्या कहेंगे जो शूद्र और शूद्राएँ नहीं हैं? अश्लीलता वगैरह की बात ऐसी है कि बाप फिल्म देखता है तो बच्चे उठ कर चले जाते हैं और बच्चे फिल्म देखते हैं तो माँ-बाप उठ कर चले जाते हैं।

अच्छा रहता, प्रेमचंद अपने साहित्य में खुद को शूद्रों से अलग करके न देखते। ब्राह्मणों ने प्रेमचंद की जाति कायस्थ को शूद्र ही माना है।

कहना यह है कि प्रेमचंद और प्रेमचंद के द्विज पाठकों को पता ही नहीं है कि गरीब चमारों के यहाँ कफन का क्या मतलब होता है। उन की जानकारी के लिए यहाँ चमार जाति के डा. श्यौराज सिंह बेचैन की आत्मकथा 'मेरा बचपन मेरे कंधों पर' से एक सच्चा उदाहरण रखा जा सकता है। उन्होंने इस का शीर्षक 'चंदा से कफन' रखा है।

उन के जीजा गंगावासी का दिल्ली के अस्पताल में देहान्त हो गया है। बालक के रूप में श्यौराज अपनी माँ के साथ हैं। डा. बेचैन ने जो लिखा है, यहाँ उस के कुछ अंश दिए जा रहे हैं :

"अब गाँव लौट जाने के लिए हमें यात्रा के किराये और गंगावासी के शवदाह की क्रिया के लिए कुछ रुपयों की जरूरत थी। कोई तो कहीं से आयेगा? उसी की जेब से खर्च कर गाँव लौट जाएँगे। लाश-घर में रखी जैसी स्थिति में हम चार दिन तक गमगीन बने रहे।

. . . .

आखिर चौथे दिन की सुबह आ गयी। कहीं से भी कोई नहीं आया। अब शवगृह का खर्चा, लाश को ले जाने वाली गाड़ी का खर्चा और लौट कर घर जाने का किराया। कहाँ से आये इस सबके लिए पैसे? माँ के करुण क्रन्दन में जीजा जी की मौत के साथ-साथ लाश को कफन-दफन के लिए पैसे न होने की चिन्ता भी शामिल हो गयी थी। पर रोते रहने से ही क्या होता? आखिर झुग्गी के कोने में बैठे, हम माँ-बेटों ने इस संकट से उबरने के कई उपाय सोचे, पर सब बेकार।

हमारे दुखों में यह आर्थिक विपन्नता कदम-कदम पर बढ़ोत्तरी कर रही थी। हम शोकमग्न हुए सोच रहे थे कि जाना तो है ही।...किराया नहीं है तो दिल्ली से बिना टिकट चले जाएँगे। बता देंगे अपनी हालत। पर बिना पैसे लाश को कहाँ और कैसे दफनाएंगे दिल्ली जैसे बड़े शहर में?

. . . .

रोटी रात पड़ौसियों के घर से आयी थी। भूख बढ़ने पर पेट में उतार ली थी और जो बच गयी थी, उसे कपड़े में बाँध कर पोटली में रख लिया था।

. . . .

झुग्गी के बाहर रखी पोटली से आस-पास के लोग समझ गये कि अब हम जा रहे हैं। सूखी-सी काली देह वाले 'बन्दे' नामक पड़ोसी ने पास आकर पूछा—

"चच्ची, कोई समस्या हो तो बताओ। अब जो भगवान को मंजूर था सो हुआ आप लोग ठीक-ठाक अपने घर जाओ।"

माँ, सुबकते-सुबकते चुप हो गयी थी।

किसी परेशानी होने और मदद करने की बात उसने पुनः दोहराई तो माँ ने पैसे न होने की बात कही–

"बेटा बन्दे जा घड़ी हमरी जेब में फूटी कौड़ी नाँय है। गाम तो हम बिना टिकट चले जांगे पर अस्पताल में लाश को दफन करने का खर्चा कहाँ से उठाएँ?"

बन्दे ने एक-दो को कानों कान और कहा, बात फैल गयी। मजबूरी सार्वजनिक हो गयी। मुँह खुल गया तो एक-दो स्त्रियों को आखिर माँ ने बता ही दिया–

"बेटा जाएँ कैसे? हमारे तो लाश पै कफन डालने तक को पैसा नाँइ हैं। बहनोत बताइ रओ कै लाश बिजली से जरावन के, बर्फ में रखन के और गाड़ी में लैं जान के सब के अलग-अलग पैसा लगंगे।"

डॉक्टर को आते-जाते झुग्गी वालों ने देखा था। कई दिन से हम यहाँ हैं। डॉक्टर हमारा अपना सम्बन्धी है। यह जान कर कुछ लोगों के लिए तो यह आश्चर्य की बात थी कि बहनोत डॉक्टरी पढ़ रहा है और मौसी के पास कफन तक के चार पैसे तक नहीं हैं। कुछ लोग वास्तविकता भी जानते थे। हमारा गरीबी का हुलिया उन्हें सच बता रहा था। यदि पैसा होता ही तो झुग्गी में क्यों रहते? गरीबों में सहृदयता अधिक होती है। अतः वे हम पर आई मुसीबत (से) वाकिफ थे। हमारी मदद करना उन्होंने अपना कर्तव्य समझा। कई लोग मदद करने के लिए मन से आगे आये। हम जैसे कपड़ा डाल कर भीख ही माँग रहे थे। कोई एक-रुपया, कोई दो रुपया और कोई चार रुपया करके झुग्गी से बहुत लोगों ने पैसे दिये। साठ-सत्तर रुपये के करीब जमा हो गये। अठन्नी चवन्नी तक लोगों ने दी और कहा–

"चिंता मत करो। और जरूरत हो तो बोल दो, हम और चन्दा कर देंगे। दामाद की लाश इज्जत-सम्मान के साथ दफनाई जाये।" "[12]

कहाँ शराब? कैसी शराब? कौन सी शराब? किस की शराब? प्रेमचंद ने नाहक ही चमारों की कौम को बदनाम करके रख दिया है!

संदर्भ

1. रंगभूमि, प्रेमचंद, शिवानी बुक्स, 4855/24, हरबंस स्ट्रीट, दरियागंज, नई दिल्ली-110 002, संस्करण, 2004, पृ.-472
2. वही, पृ.-473
3. वही, पृ.-474
4. वही, पृ.-475-77
5. वही, पृ.-478
6. वही, पृ.-483

7. कफन और शेष रचनाएँ, प्रेमचंद, सरस्वती प्रेस, बनारस, षष्ठ संस्करण, नवम्बर, 1952, पृ.-13
8. वही, पृ.-13
9. रंगभूमि, प्रेमचंद, शिवानी बुक्स, 4855/24, हरबंस स्ट्रीट, दरियागंज, नई दिल्ली-110 002, संस्करण, 2004, पृ.-405
10. वही, पृ.-405
11. वही, पृ.-406
12. मेरा बचपन मेरे कंधों पर, श्यौराज सिंह बेचैन, वाणी प्रकाशन, 21-ए, दरियागंज, नई दिल्ली-110 002, प्रथम संस्करण, 2009, पृ.-128-30

अध्याय-19

प्रेमचंद हिन्दू थे

क. उदारवादी हिन्दू की कलम

'रंगभूमि' के माध्यम से प्रेमचंद ने पूरी कोशिश की है कि हिन्दू लोग ईसाई न बन सकें। खासमखास वह दौर दलितों के लिए ईसाई बनने का चल रहा था, जिसे वे पूरी तरह भाँप गए थे। यही कारण है कि उस में ईसाई पात्र इतने महत्व और प्रमुखता से रखे गए हैं। 'रंगभूमि' यह नहीं कह रही है कि कोई दलित व्यक्ति हिन्दू धर्म को त्याग कर ईसाई धर्म को ग्रहण कर रहा है। ऐसे किसी रुझान को उन्होंने शब्दों से रोका है। खुद सूरदास के द्वारा ईसाइयों के बारे में कहलवाया है—''ईसाइयों को तनिक भी दया-धर्म का विचार नहीं होता। बस, सब को ईसाई ही बनाते फिरते हैं।''[1] सूरदास भैरों की पत्नी सुभागी के बारे में सोच रहा है—''इस आँखों वाले अंधे भैरों को तनिक भी ख्याल नहीं कि मैं इसे निकाल दूँगा, तो कहाँ जाएगी। कल को मुसलमान या किरिस्तान हो जाएगी, तो सारे शहर में हलचल पड़ जाएगी; पर अभी उस के आदमी को कोई समझाने वाला नहीं।''[2]

प्रेमचन्द ने 'रंगभूमि' में कई आदमियों से एक साथ कहलवाया है—''वही तो किरस्तान हैं, जो गली-गली ईसा-मसीह के गीत गाते फिरते हैं। डोमड़ा, चमार, जो गिरजा में जा कर खाना खा ले, वही किरस्तान हो जाता है। वही बाद को कोट-पतलून

पहन कर साहब बन जाते हैं।"[3] इस में वे हिन्दू धर्म की प्रशंसा करनी नहीं भूले हैं। उन के उपन्यास का एक पात्र नायक राम पंडा आर्य समाज के लोगों से कहता है—"आरिया लोगों ही ने तो हिन्दू-धरम की लाज रखी, नहीं तो अब तक सारा देश मुसलमान-किरस्तान हो गया होता।"[4] और, जब तुलना की बात आती है तो प्रेमचंद ईसाई युवती सोफिया को ही हिन्दू खेमे में ले आते हैं। जी हाँ, 'रंगभूमि' के एक हिन्दू पात्र नायक राम पंडा को डांटते हुए सोफिया के बारे में कहते हैं—"अरे पोंगा महाराज, सोफिया को तुमने क्या समझा है? हमारे धर्म का जितना ज्ञान उसे है उतना किसी पंडित को भी न होगा।...उसे तो किसी राजा के यहां जन्म लेना चाहिए था। न जाने ईसाई खानदान में क्यों पैदा हुई?"[5] विनय आगे भी कहते हैं—"जन्म से ईसाई भले ही हो, पर संस्कारों से, कर्मों से, वह आर्य महिला है।"[6]

सच भी है, 'रंगभूमि' की सोफिया हिन्दुओं के पूरे बहकावे में आ गई है जब वह सोचती है—"मैंने देखे हैं हिन्दू-घरानों में भिन्न-भिन्न मत के प्राणी कितने प्रेम से रहते हैं। बाप सनातन-धर्मावलम्बी है, तो बेटा आर्य समाजी। पति ब्रह्म समाज में है, तो स्त्री पाषाण पूजकों में। सब अपने-अपने धर्म का पालन करते हैं।"[7] इन्दु अपनी इस ईसायन सखी से कहती है—"...कोई किसी को पूजा-पाठ के लिए मजबूर नहीं करता। बाबूजी नित्य गंगा स्नान करते हैं, घंटों शिव की आराधना करते हैं। अम्मा जी कभी भूल कर भी स्नान करने नहीं जातीं, न किसी देवता की पूजा करती हैं; पर बाबूजी कभी आग्रह नहीं करते। भक्ति तो अपने विश्वास और मनोवृत्ति पर निर्भर है। हम भाई-बहन के विचार में आकाश-पाताल का अंतर है। मैं कृष्ण की उपासिका हूँ, विनय ईश्वर के अस्तित्व को स्वीकार नहीं करता; पर बाबू जी हम लोगों से कभी कुछ नहीं कहते, और न हम भाई-बहिन में कभी इस विषय पर वाद-विवाद होता है।"[8] पर, शायद यहाँ इन्दु सोफिया से हिन्दू धर्म का मूल बताना भूल गई है। मूल यह है कि उन में से हर कोई वर्ण विचार रखता है, जातिभेद को बरतता है और छुआछूत का व्यवहार करता है।

प्रेमचंद को मुसलमानों से भी इसी प्रकार का भय सताया हुआ है। वे जानते हैं कि हिन्दुओं ने इस्लाम में धर्म-परिवर्तन किया है। वे ऐसे धर्मान्तरण को रोकने के उपाय तजबीज करते हैं। इस विषय को ले कर शिवरानी और प्रेमचंद के बीच का एक संवाद इस प्रकार है :

> "आप बोले—...देखो, ज़रा-सी कुरबानी के पीछे सैकड़ों आदमी साल में मरते हैं।
>
> मैं बोली—'आख़िर ज़्यादा हिन्दू न!'
>
> आप बोले—'चाहे कोई भी हों। मरते तो हैं तुम्हारे ही भाई-बन्द न! तुम्हीं में से निकलकर वे मुसलमान हुए हैं, और यह सब तुम्हारी मूर्खता का तावान है।' "[9]

बात हिन्दुओं की शुद्धता की चल रही है, वह भी मुसलमानों के साथ रिश्तों को ले कर। शिवरानी ने उस वार्तालाप को भी दिया है :

> "मैं बोली–'अच्छा तो फिर कुछ दिनों में जब शायद रोटी-बेटी का भी सवाल आये, तो हिन्दू लोग इसको कैसे गवारा करेंगे?'
>
> आप बोले–'वह भी बाक़ी थोड़े ही है। बादशाही ज़माने में तुम्हारे यहां के बड़े-बड़े राजाओं ने मुसलमानों के साथ बड़ी खुशी से अपनी बहन और बेटियों की शादी की है, और वह इसमें बड़ा फख्र समझते थे। हां, मुसलमानों की स्त्रियां तुम्हारे यहां नही आई हैं। अब भी तुम्हारे घर की जो स्त्रियां निकाली जाती हैं वह मुसलमानों के ही घर जाती हैं, या चकले में जाती हैं। यह जो मुसलमानों की बढ़ी हुई कौम है, वह सब फारस से नहीं आये थे, उस समय तुम्हारे हिन्दू भाई क्यों नहीं सोचते थे कि हमें अपनी शुद्धता बनाये रखनी चाहिए?' "[10]

प्रेमचन्द हिन्दू स्त्रियों के बारे में आगे कहते हैं–"सबसे दया की मूर्ति हिन्दू ही है, यह आप कैसे कह सकती हैं? स्त्रियों पर सबसे ज्यादा ज्यादती हिन्दू ही करते हैं। ज़रा-सी भूल हो गई, उसको घर से निकाल बाहर किया। हिन्दू अपने पैर में आप कुल्हाड़ी मारते हैं, उस पर कहीं सुनते हैं कि किसी हिन्दू को मुसलमान बना लिया गया, तो बड़ा शोरगुल मचाते हैं। और जब औरत को घर से निकाल देते हैं, तब वह यह नहीं सोचते कि आखिर यह जायगी कहां? आखिर वह मुसलमान ही होगी, तब उसको क्यों घर में नहीं रहने देते? और औरत से जो गलती हो जाती है, उसकी गुनहगार अकेली औरत ही नहीं है, पुरुष भी है। बल्कि मैं तो कहता हूं कि पुरुष औरत से दूना गुनहगार नहीं तो ड्योढ़ा तो ज़रूर ही है। मैं कहता हूं कि फिर स्त्री को ही क्यों बाहर निकाला जाता है, पुरुष को क्यों नहीं निकाला जाता? उसका क्यों नहीं बहिष्कार किया जाता...और तुम्हीं सोचो, स्त्री को घर से निकाल भी देंगे, फिर वह मुसलमान भी न हो। वह शायद यह सोचते हैं कि वह दुनिया ही में न रहे। भगवान जाने क्या चाहते हैं?"[11]

इस विषय पर शिवरानी ने प्रेमचन्द के पूरे विचार दिए हैं। प्रेमचन्द उन से कहते हैं–"हिन्दू धर्म सबसे ज्यादा स्त्रियों ही को चौपट कर रहा है। ज़रा-सी गलती स्त्रियों से हुई, उन्हें हिन्दू-समाज ने बहिष्कृत किया। सबसे ज्यादा हिन्दू स्त्रियां चकलेखाने में हैं। सबसे ज्यादा हिन्दू स्त्रियां मुसलमान होती हैं। ये आठ करोड़ मुसलमान बाहर के नहीं हैं, घर के ही हैं। ये सब तुम्हारी ही बहनें हैं। और मैं यह भी कहता हूं कि ऐसे तंग धर्म में रहना भी नहीं चाहिए। पहली बार जब हिन्दुओं के मौजूदा धर्म की नींव पड़ी तब पुरुष कर्ता-धर्ता थे। उन्होंने अपने लिए सारी सुविधाएं रख लीं, हिन्दू स्त्रियों को छोटे-से दायरे के अन्दर बंद कर दिया; फिर वह कैसे उदार विचार का होता। वे

स्त्रियां न देवियां थीं, न मिट्टी का लौंदा। जो-जो अच्छाइयां या ख़राबियां पुरुषों में होती हैं, वे ही सब स्त्रियों में भी पाई जाती हैं। तो जब तक कि दोनों बराबर-बराबर न बंटी हों तब तक कैसे कल्याण होगा? पुरुषों की वे सुविधाएं स्त्रियों को भी मिलनी चाहिए। थोड़ी-थोड़ी ग़लतियों में अपनी बेटी-बहनों को निकाल देते हैं। फिर वे कहीं-न-कहीं तो ज़रूर जाएंगी। हिन्दुओं की कोशिश तो यह होती है कि उन स्त्रियों को दुनिया ही से विदा कर दिया जाय। सरकार के भय से ज़रा चुप रहते हैं। उधर मुसलमानों का धर्म बहुत विशाल है। उसमें सबको रखने की ताकत है। इधर हिन्दू लोग खुद अपने लिए गड्ढा खोदते हैं तब उसमें कौन गिरेगा? वही गिरेंगे भी। मान लो एक गर्भवती औरत को कोई निकाल दे तो वह कहां जायगी? यह समझ लो, एक औरत को निकालते समय दो को तुमने मुसलमान कर दिया। फिर उसके जितने बच्चे होते जाएंगे, सब मुसलमान ही तो होंगे। तुम्हारे यहां जब स्त्री और पुरुष में समानता नहीं है, तब अन्य धर्मवालों में कब सम्भव है? बिल्कुल असम्भव है। मगर हिन्दू लोग अपनी हठधर्मी नहीं छोड़ते। फिर मैं तो कहता हूं कि अगर हिन्दू ऐसी ही हठधर्मी में पड़े रहे तो जब इनके घर की लड़कियां खुद दूसरे के घर में शादी करना पसन्द करेंगी, तो क्या तुम समझती हो यह नुकसान थोड़ा है।"[12]

प्रेमचंद ने 'रंगभूमि' में दलितों के मन्दिर प्रवेश की बात भी उठाई है। गाँव के मन्दिर के बारे में लिखा गया है—"यह मन्दिर ठाकुर जी का था, बस्ती के दूसरे सिरे पर।...मन्दिर के पुजारी का नाम दयागिरी था, जो इसी मंदिर के समीप एक कुटिया में रहते थे। सगुण ईश्वर के उपासक थे...। शहर के पुराने रईस कुँअर भरतसिंह के यहाँ मासिक वृत्ति बँधी हुई थी। इसी से ठाकुर जी का भोग लगता था।"[13]

एक संवाद दयागिरी और भैरों पासी के बीच का है जो इस प्रकार है :

> "दयागिरी—तुम कल से यहाँ न आया करो, भैरों।
>
> भैरों—क्यों न आया करें? मन्दिर तुम्हारा बनवाया नहीं है, मन्दिर भगवान का है। तुम किसी को भगवान के दरबार में आने से रोक दोगे?"[14]

पर, एक प्रेमचन्द ने क्या, किसी भी हिन्दू ने दलितों के मन्दिर प्रवेश के मामले को ठीक तरह से नहीं समझा था, यहाँ तक कि इसे आज तक भी ठीक तरह से नहीं समझा जा रहा है। मामला यहीं तक सीमित कर दिया गया है कि दलितों को हिन्दू मन्दिरों में प्रवेश का अधिकार मिलेगा या प्रवेश का अधिकार नहीं मिलेगा। लेकिन यह चर्चा समस्या को न समझने के बराबर ही हुई। मुख्य मामला यह है कि दलित को धर्म के विषय में निर्णय लेने का क्या अधिकार है। दलित केवल मन्दिर तक नहीं जाना चाहता, बल्कि वह वहाँ जा कर धार्मिक मामलों में निर्णय भी लेना चाहता है। इस से बात पूरी नहीं हो गई कि दलित को हिन्दू मन्दिरों में प्रवेश करने का अधिकार मिल गया है। दलित यह भी चाहता है कि यदि वह हिन्दू है तो धार्मिक मामलों में अपना

योगदान करे। मसलन, वह यह भी चाहता है कि जिस हिन्दू मन्दिर में वह जा रहा है, उस का पुजारी भी बने। पुजारी बन कर वह यह आदेश निकालना चाहता है कि हिन्दू मन्दिरों में मुसलमानों, ईसाइयों, विदेशियों और सभी धर्मों के मानने वालों को प्रवेश का अधिकार दिया जाता है। दलित ऐसे मन्दिरों का श्रद्धालु और उपासक बनना नहीं चाहता जिन के दरवाजे संसार के सभी लोगों के लिए नहीं खुले हैं। इसलिए, दलित अकेला हिन्दू मन्दिर में नहीं आना चाहता बल्कि अपने साथ सभी अहिन्दुओं को भी ला रहा है। इस लम्बी कतार के प्रवेश के अधिकार के मामले में प्रेमचन्द और उन के गांधी के क्या विचार हैं? वे पहली ही लड़ाई में दम तोड़े बैठे हैं, दूसरी लड़ाई के लिए उन के घुटनों में बल ही नहीं है।

बात यहीं आ कर तुलती है कि प्रेमचंद हिन्दू हैं, या हिन्दू नहीं हैं। शिवरानी ने इस प्रश्न को और भी आगे बढ़ कर रखा है। संवाद इस प्रकार है :

> ''मैंने पूछा—'आप हिन्दू हैं या मुसलमान?'
> आपने हंसकर जवाब दिया—'न मैं हिन्दू हूं न मुसलमान।'
> मैंने कहा—'नहीं, यह बात नहीं है। आप हिन्दू तो हई हैं।' ''[15]

दोनों के बीच का एक संवाद और है जो इस विषय पर ज्यादा प्रकाश डालता है :

> ''मैं बोली—'आप किस मज़हब को अच्छा समझते हैं?'
>
> आप बोले—'अवश्य मेरे लिए कोई मज़हब नहीं। राम, रहीम, बुद्ध, ईसा सभी बराबर हैं। इन महापुरुषों ने जो कुछ किया सब ठीक किया। उनके अनुयायियों ने उसका उलटा किया। कोई धर्म ऐसा नहीं है कि जिसमें इनसान से हैवान होना पड़े। इसी से मैं कहता हूं, मेरा कोई खास मज़हब नहीं है। सबको मानता भी हूं। इस तरह के जो नहीं हैं, उनसे मुझसे कोई मुहब्बत नहीं। यही मेरा धर्म समझो।' ''[16]

अमृत राय ने भी प्रेमचंद को ले कर इस विषय पर ज्यादा सही बात कह दी है। वे लिखते हैं—''कई रूपों में विवेकानन्द उन्हें अपनी तरफ खींचते थे। एक तो सच्चे हिन्दू का रूप, ऐसा हिन्दू जिस के मन में यह लालसा है कि 'आज की धन और बल से हीन हिन्दू जाति फिर पूर्वकाल की सबल, समृद्ध आत्म गौरव शालिनी आर्य जाति बने।' ''[17]

कई हिन्दुओं ने दूसरों को धोखा देने के लिए यह कहने का अधिकार ले रखा है कि वे हिन्दू नहीं हैं। प्रेमचंद उन जैसे लोगों में शिरोमणि हैं। असल में, उन्हें 'हिन्दू शिरोमणि' कहा जाना चाहिए। वे जनसंख्या की गणना के पर्चे में धर्म की जगह एक

नया खाना नहीं बनवा सके हैं कि वे हिन्दू नहीं हैं। क्या प्रेमचंद पर हिन्दू कानून लागू नहीं था? यदि था वे यह कैसे कह सकते थे कि वे हिन्दू नहीं हैं? वे सौ प्रतिशत हिन्दू थे, नहीं, वे 'हिन्दू नम्बर वन' थे।

प्रेमचंद कोई फतेह खाँ नहीं थे। ऐसे ही थे जैसे दूसरे हिन्दू होते हैं। नकेल डलवाने से कुछ देर तक ना-नुकर की जाती है, बाद में परिस्थितियों के सामने हर कोई झुक जाता है। अमृत राय ने प्रेमचंद के हिन्दी से हिन्दू होने तक के बारे में लिखा है :

> "वैसे मुंशी जी खुद ही परिस्थितियों से विवश होकर हिन्दी की ओर आ रहे थे। 22 मई 1914 को उन्होंने निगम साहब को लिखा था–
>
> 'उर्दू की हवा आजकल बिगड़ी हुई है। अख़बारनवीसी बहुत मुश्किल हो गयी है। जितने मौजूदा रिसाले हैं उनमें किसी को फ़रोग़ नहीं है, सब कुत्ते की ज़िन्दगी जीते हैं।'
>
> फिर 4 सितंबर 1914 को लिखा–
>
> 'प्रताप के इसरार से मजबूर होकर एक मुख्तसर-सा क़िस्सा हिन्दी में उसके विजयदशमी नंबर के लिए लिखा है। हिन्दी लिखनी तो आती नहीं मगर कुछ क़लम तोड़-मोड़ दिया है।'
>
> साल भर और गुज़रा और 1 सितंबर 1915 को मुंशी जी ने जैसे अपने निश्चय की सूचना निगम साहब को देते हुए लिखा–
>
> 'अब हिन्दी लिखने की मश्क़ भी कर रहा हूँ। उर्दू में अब गुज़र नहीं है। यह मालूम होता है कि बालमुकुन्द गुप्त मरहूम की तरह मैं भी हिन्दी लिखने में ज़िन्दगी सर्फ़ कर दूँगा। उर्दूनवीसी में किस हिन्दू को फ़ैज हुआ है जो मुझे हो जायगा।'
>
> काहे की ठेस लग गयी मुंशी जी को यह आखिरी जुमला उनके क़लम की नोक पर उतर आया? कहीं हिंदुत्व की इस विशेष गंध के पीछे उनके तत्कालीन आर्यसमाजी मन का संस्कार तो नहीं है?"[18]

प्रेमचंद के हिन्दू होने में फर्क जरा-सा भी नहीं है। फर्क है तो यही कि वे उसे कब व्यक्त करते हैं और कब नहीं। लोग कहते हैं कि प्रेमचंद के विचारों का विकास हुआ था। इस के बजाय कहना यह चाहिए कि वे जानते थे कि कब हिन्दू होने की घोषणा की जानी चाहिए और कब उसे दबाया जाना चाहिए। इस में वे पूरी तरह से माहिर थे। पंडे-पुरोहितों का विरोध करने की वजह से किसी भी हिन्दू को इस में महारत हासिल हो ही जाती है। अमृत राय लिखते हैं–"1912 में 'जल्वए ईसार' आया जब कि मुंशी जी हमीरपुर में थे और बाक़ायदा आर्यसमाज के सदस्य थे। राष्ट्रीयता की भावना उसमें भी लहरें मार रही है पर वह हिन्दू राष्ट्रीयता है। तब तक

के विकास की शायद वही सीमा-रेखा है। बहुत से लोग तो अंत तक उस रेखा को नहीं लांघ सके। मुंशी जी ने लाँघा और अच्छी तरह लाँघा लेकिन आगे चलकर। अभी तो 'जल्वए ईसार' के बालाजी की पूरी कल्पना एक हिन्दू संन्यासी की है जिसके समस्त संस्कार, आचार-विचार हिन्दू हैं, यहाँ तक कि गोरक्षा भी मौजूद है–वैसे ही जैसे तिलक भी गोहत्या-निरोधिनी-सभा बनाना नहीं भूले।''[19]

अमृत राय उन्हें बचा भी रहे हैं पर यह भी उद्धृत कर रहे हैं :

> ''यही दरार मुंशी जी के इस खत में भी बोल रही है जो उन्होंने शायद सन् 12-13 में हमीरपुर से निगम साहब को उनके प्रस्तावित साप्ताहिक 'आजाद' के बारे में लिखा था–
>
> ''नाम 'हिन्दू' बहुत मौजूँ था मगर शायद इस नाम का कोई पर्चा पंजाब में निकलने लगा है...अख़बार का नमूना 'कामरेड' ही हो। पालिसी हिन्दू। अब मेरा हिन्दोस्तानी क़ौम पर एतक़ाद नहीं रहा और उसकी कोशिश फ़िजूल है...''
>
> लेकिन न्याय कर सकने के लिए यह भी समझना जरूरी है कि यह मन की केवल एक वृत्ति है, सहज अविवेकी प्रतिक्रिया किसी एक सामाजिक स्थिति की, वह मुंशी जी का संपूर्ण मन नहीं है।''[20]

यह 'मुंशी जी का सम्पूर्ण मन नहीं है'–कहने से क्या अर्थ है? हर उदारचेता हिन्दू की मनस्थिति ऐसी ही होती है। प्रेमचंद इस में कौन-से निराले हैं? अमृत राय ने लिखा है–''इनसे ज़ाहिर है कि यह 'हिन्दूपन' मुंशी जी के मन की केवल एक वृत्ति थी, एक उलझी हुई परिस्थिति की छाया।''[21] पर, यदि यह उलझी हुई परिस्थिति की छाया है, तो कट्टरचेता हिन्दू की बात को छोड़ कर बाकी ज्यादातर उदारचेता हिन्दुओं को यही उलझी हुई परिस्थिति दायाद में मिलती है। वे परिस्थितियों को बदल नहीं सकते, बस, उन्हीं के बीच जीते और मरते रहते हैं। हाँ, वीरेन्द्र यादव को क्या गरूर करने की जरूरत है कि प्रेमचन्द ने अपनी बेटी के ब्याह में कन्यादान नहीं किया था? इस से नतीजा क्या निकलता है? आखिर, प्रेमचन्द आदमी थे और हिन्दू थे। किसी न किसी बात में बेचारे भी थे। शिवरानी बताती हैं कि प्रेमचन्द ने अपने बेटे के मरने पर हवन करवाया था। असल में, तब अपनी मानसिकता में वे हवन से भी आगे बढ़ गए थे। शिवरानी ने लिखा है जिसे अमृत राय ने अपनी पुस्तक में उद्धृत किया है–''उस दिन रात भर मुझे पकड़े बैठे रहे। सुबह जब उसकी लाश चली गयी तो उसके सारे सामान जलवा दिये। फिर सारे कमरे को फ़िनाइल से धुलवाया, उसके बाद वहाँ पर हवन कराया। फिर उस कमरे में नौ महीने तक ताला पड़ा रहा। उन्होंने अपने हाथ से कमरा बन्द कर ताली बाहर फेंक दी।''[22]

आखिर, कोई आदमी प्रेमचंद बन कर कितना ही कहता रहे कि वह धार्मिक नहीं है या ईश्वर में विश्वास नहीं करता, जब उसे जरूरत पड़ती है, वह घोर हिन्दू हो जाता है और पुनर्जन्म के अन्धविश्वास को बढ़ाने वाला भी। हिन्दू धर्म का विकल्प न खोज कर कोई हिन्दू धर्म के दायरे से कितनी दूर जा सकता है? एक संस्कार के लिए न सही, दूसरे संस्कार के लिए वह हिन्दू हो जाता है। हिन्दू धर्म में जन्म से मृत्यु तक संस्कारों की संख्या कम तो नहीं है।

प्रेमचंद हिन्दू हैं लेकिन कैसे हिन्दू हैं? वे दोनों प्रकार के हिन्दू हैं जो कट्टर भी हैं और उदार भी हैं। वे वैंसे ही हिन्दू हैं जैसे सारे उदारवादी लोग खुद को हिन्दू कहलवाते हैं। जहाँ काम कट्टरवाद से चल जाए वहाँ कट्टरवादी और जहाँ काम कट्टरवाद से न चल सके, वहाँ उदारवादी बन लिया जाए। लोग हिन्दू धर्म की कोई परिभाषा निश्चित नहीं कर पाए हैं, वह इसी वजह से है कि जो पूरे कट्टरवादी नहीं होते, वे कट्टरवाद से खुद को बांध कर उदारवाद की कभी छोटी और कभी लम्बी रस्सी से समय की नजाकत को समझते हुए इधर-उधर घूम-फिर लेते हैं।

प्रेमचंद की पत्नी शिवरानी पूरी हिन्दू हैं क्योंकि वे अपने जार पति से तलाक नहीं ले सकतीं। जरूरत पड़ी तो जो उपलब्ध हिन्दू मन्दिर हैं, उन्हीं में पूजा-अर्चना के लिए जाएंगी। 'गीता' को माता और 'मनु' को भगवान कहती रहेंगी। चूहड़ी से छुआछूत बरतती रहेंगी। मेरा मतलब है कि प्रेमचंद भी ऐसे ही हिन्दू हैं। वे हिन्दू धर्म की कुछ बातों में ढील दे सकते हैं पर ऐसी ढीलों के लिए कट्टरवादी हिन्दू ने अपने लिए प्रायश्चित करने का विधान और उपाय रच रखा है। जो कट्टरवाद के लिए प्रायश्चित है, वही उदारवाद के लिए ढील है। ढील इसलिए है क्योंकि प्रेमचंद समेत किसी भी उदारवादी ने आज तक कट्टरपथ का विकल्प तैयार नहीं किया। प्रेमचंद हिन्दू ग्रन्थ न पढ़ें, संस्कृत को कंठस्थ न करें, किसी हिन्दू मन्दिर में माथा टेकने न जाएँ, पर इस से कट्टरवाद पर कोई फर्क नहीं पड़ता। कट्टरवाद अच्छी तरह जानता है कि जब भी प्रेमचंद को या प्रेमचंद की औलाद को हिन्दू ग्रन्थ की, या संस्कृत भाषा की, या हिन्दू मन्दिर की जरूरत पड़ेगी तो वे उन्हीं के पास आएंगे। विकल्प न तैयार करके कट्टरवाद के विरोध का कोई अर्थ नहीं है, क्योंकि प्रेमचंद न सही, प्रेमचंद की पत्नी कट्टरवाद के पास जाएंगी, पत्नी न जाएँ, बेटी जाएंगी, बेटी न जाएंगी, बहन जाएंगी। एक व्यक्ति कुछ भी कहता रहे, पर बाकी परिवार कट्टरवाद की ही आमदनी और संख्या बढ़ाता रहता है। इसलिए, यदि प्रेमचंद हिन्दू मन्दिर में नहीं जाते हैं तो इस से वे अहिन्दू नहीं हो जाते। ऐसे, सारे मुसलमान कब पाँच वक्त की नमाज पढ़ते हैं पर इस च्युति के कारण वे अमुस्लिम नहीं हो जाते। हर ईसाई हर इतवार को गिरजे में नहीं भी जा सकता पर तब भी वह ईसाई ही रहता है। ऐसे ही, यदि प्रेमचंद हिन्दू धर्म के सारे संस्कारों को नहीं मानते हैं तो इसी वजह से वे अहिन्दू नहीं कहे जा सकते। आखिर, उन्होंने अपना सारा साहित्य एक हिन्दू के नाते ही लिखा है। जब

उन्हें अपना मूल नाम छोड़ने की जरूरत पड़ ही गई थी तो 'प्रेमचंद' के बजाय 'अब्दुल्ला' रख लेते, 'जोहन' न बनते, 'जेकब' बन जाते। लेकिन उन्होंने ऐसा कुछ नहीं किया। इसलिए, किसी उदारवादी को 'हलका हिन्दू' कहा जा सकता है, लेकिन 'अहिन्दू' नहीं। इस में यह भी तय है कि जब तक विकल्प नहीं दिया जाता, तब तक उदारवाद केवल लबड़-लबड़ जबान चलाता है। कट्टरवाद ऐसे उदारवाद की लबड़-लबड़ का अपने पक्ष में अच्छी तरह से इस्तेमाल करना जानता है। संकट से कट्टरवाद को उदारवाद ही उभारता है जबकि प्रतीत ऐसा होता है कि वह कट्टरवाद से लड़ रहा है, उसे गाली दे रहा है, उस की भर्त्सना कर रहा है। क्या बढ़िया खेल है जो प्रेमचंद जैसे सारे उदारवादी हिन्दू खेलते और खिलाते हैं! यहाँ बताया जाए कि अंग्रेजी के एक उपन्यासकार हैं। वे अपने उपन्यासों में ऐसी चातुरी बरतते हैं कि पता नहीं चलने देते कि ईसाइयत का प्रचार कर रहे हैं, जबकि यही काम कर जाते हैं। यह उन की कलाकारी कही गई है। पर, प्रेमचंद तो इतने बड़े कलाकार भी नहीं कहे जा सकते क्योंकि वे हिन्दू धर्म के प्रचार में अभिधा में बोल जाते हैं। बस, इतना कहा जा सकता है कि वे हिन्दू धर्म के अपने ढंग के धर्मोपदेशक हैं। 'रंगभूमि' का पूरा प्लाट इस का उदाहरण है।

बार-बार कहा जाता है कि प्रेमचन्द के विचारों का विकास हुआ है। पर इसे तनिक समझ लिया जाए कि यह कहने का मतलब क्या है कि प्रेमचन्द के विचारों का विकास हुआ है। तब हमें प्रेमचन्द के तीन हिस्से करने पड़ेंगे—एक प्रेमचन्द व्यक्ति, दूसरे प्रेमचन्द कायस्थ और तीसरे प्रेमचन्द हिन्दू। तर्क देने वालों को यह भी बताना चाहिए कि इन में से कौन से प्रेमचन्द के विचारों का विकास हुआ है। पूछना यह है कि क्या 'हिन्दू प्रेमचन्द' के विचारों का विकास हो सकता था। क्या 'कायस्थ प्रेमचन्द' के विकास का इन जातिगत अस्मिताओं में कोई अर्थ बनता है? तब 'व्यक्ति प्रेमचंद' हमारे पास कितना साबुत बचता है? इन प्रश्नों पर ध्यान दिया ही जाना चाहिए। बात एक प्रेमचन्द की नहीं बल्कि 'हिन्दू प्रेमचन्द' की हो रही है और 'कायस्थ प्रेमचन्द' की हो रही है। विचारों के विकास को इस कसौटी पर भी जरूर कसा जाना चाहिए कि उस में कथनी और करनी का अन्तर अपने किस रूप में बचा रहता है या चरितार्थ होता है।

उदारवादी हिन्दू की विशेषता क्या है? विशेषता यह है कि उदारवादी हिन्दू कभी भी हिन्दू धर्म को त्यागने की बात नहीं कहेगा। वह सौ बातें कहेगा पर हिन्दू धर्म के भीतर रह कर ही। उधर, दलित चिन्तन डॉ. अम्बेडकर के रूप में हिन्दू धर्म को छोड़ने की कसम खाए बैठा है। तब प्रेमचंद के साहित्य का दलित चिन्तन से मेल कैसे बैठ सकता है? इस दृष्टि से, एक प्रेमचंद नहीं, हिन्दुओं का हर उदारवादी ऐसा ही ठहरता है। उस के दिमाग में परिवर्तन का कोई खाका नहीं होता। जो बीच का आदमी होता है, वह ज्यादातर निर्णायक मौकों पर बिचौलिया बन जाता है।

डा. शैलेश जैदी के अनुसार भी प्रेमचंद एक हिन्दू हैं। फर्क केवल इतना हो सका है कि कब प्रेमचंद उग्र हिन्दू हैं और कब नरम हिन्दू। डा. जैदी ने लिखा है—"1912 तक प्रेमचन्द का जाति प्रेम इतना गहरा हो चुका था कि उन्होंने निगम को एक ऐसा साप्ताहिक निकालने का सुझाव दिया था जिसकी पालिसी हिन्दू हो। उन्होंने निगम को लिखा था—"मुझे यक़ीन है कि एक हिन्दू परचा जो अच्छा कागज, अच्छी छपाई दे सके उसके लिए गुंजाइश काफ़ी है।"[23]

यह सन् 1912 की बात हुई। 1924-25 में क्या हो रहा है? तब 'रंगभूमि' नाम की किताब लिखी गई है। उस के बारे में डा. जैदी ने निष्कर्ष निकाला है—"प्रेमचन्द का अभीष्ट ईसाई धर्म पर हिन्दू धर्म की श्रेष्ठता दिखाना था। इसलिए सोफ़िया की गिरजा में अनास्था और हिन्दू धर्म में श्रद्धा दिखाकर लेखक को आत्मिक सन्तोष मिला है। सोफ़िया का विश्वास है कि उसका उद्धार प्रभु मसीह की कृपा से नहीं अपितु उसके कर्मों से होगा।"[24]

डा. शैलेश जैदी खासमखास बताना चाहते हैं कि प्रेमचंद किस प्रकार के हिन्दू हैं। बताना इसलिए पड़ रहा है क्योंकि हिन्दुओं की एक रेंज होती है—अर्थात् हिन्दू कई तरह के होते हैं। उस में वे कायस्थ तरह के हिन्दू हैं क्योंकि वे स्वामी विवेकानंद से जुड़ते हैं। डा. जैदी ने लिखा है—"प्रेमचन्द के सामाजिक और वैचारिक जगत् को रामकृष्ण परमहंस के शिष्य स्वामी विवेकानन्द के विचारों से शक्ति मिली। विवेकानन्द ने संपूर्ण यूरोप का दौरा करके वेदान्त के दर्शन की सार्वभौमिकता को प्रतिष्ठित किया। प्रेमचन्द ने मई 1908 के ज़माना में विवेकानन्द पर एक लेख लिखकर उनके प्रति अपनी भरपूर श्रद्धा व्यक्त की। विवेकानन्द सांस्कृतिक विकास को भौतिक और आध्यात्मिक दो पहलुओं से देखने के पक्ष में थे। उनकी दृष्टि में आध्यात्मिक संस्कृति सर्वोच्च थी किन्तु भौतिक संस्कृति का तिरस्कार करना वे उचित नहीं समझते थे। प्रेमचन्द ने इन विचारों को सदैव के लिए गाँठ में बाँध लिया। इसी को उन्होंने आगे चलकर एकात्मवाद का भौतिक और आध्यात्मिक मार्ग बताया।...प्रेमचन्द स्वामी विवेकानन्द के व्यक्तित्व से इतना अधिक प्रभावित थे कि उन्होंने मार्च 1932 में उपेन्द्रनाथ अश्क को रोमाँ-रोलाँ कृत **विवेकानन्द** अनिवार्य रूप से पढ़ने का सुझाव दिया था।"[25] डा. जैदी ने निचोड़ के रूप में अपनी बात रख दी है—"वे परम्परागत अर्थों में न तो मार्क्सवादी हैं न समाजवादी। उन्होंने समाजवाद और मार्क्सवाद से प्रेरणा अवश्य ग्रहण की है किन्तु मूलतः वे एक वेदान्ती हैं। उनका वेदान्त रामकृष्ण परम हंस और स्वामी विवेकानन्द की परम्परा को ही विकसित करता है।"[26]

तब, डा. जैदी के आकलन में प्रेमचंद अछूतों के लिए क्या थे? क्या इस मूल्यांकन में डा. जैदी धोखा खा गए हैं? नहीं, एकदम नहीं, उन्होंने मूल सूत्र को अच्छी तरह पकड़ रखा है। उन्होंने सही निष्कर्ष निकाला है कि प्रेमचंद ने अछूतों की दृष्टि

से नहीं, बल्कि अछूतों के बारे में एक हिन्दू की दृष्टि से सोचा है। तब कोई हिन्दू सनातनी हो या वेदान्ती बन जाए—अछूतों को ले कर वे सब वे ही ढाक के तीन पात हैं। हाँ, इस बात को डा. शैलेश जैदी ने बताने की कोशिश की है कि अछूतों के बारे में प्रेमचंद के क्या विचार या क्या रणनीतियाँ थीं। उन्होंने माना है कि प्रेमचंद अछूतों के 'मन्दिर प्रवेश के प्रश्न को उस युग का सबसे महत्वपूर्ण मानते थे।'[27] उन्होंने लिखा है—"किन्तु उनकी विचारधारा डा. अम्बेडकर की तुलना में महात्मा गाँधी और डा. भगवानदास के अधिक निकट थी। वे उन्हें बराबरी का दर्जा देने तथा उनके साथ खान-पान और शादी-ब्याह आदि करने के प्रश्न को एक कठिन कार्य समझते थे। उनकी दृष्टि में खाने-पीने की सम्मिलित-प्रथा जब हिन्दुओं में ही नहीं है, तो अछूतों के साथ कैसे हो सकती है! एक ही जाति की भिन्न-भिन्न शाखाओं में जब परस्पर शादी नहीं होती तो अछूतों के साथ यह सम्बन्ध कैसे हो सकता है।...उनका सबसे बड़ा दर्द यह था कि छुआछूत में विश्वास रखने वाले हिन्दू धर्म के ठेकेदारों की बदौलत ही आठ करोड़ हिन्दू मुसलमान बन गये। छः करोड़ अछूतों को हिन्दू जाति यदि अपने में नहीं मिलाती, तो उन्हें खतरा था कि हिन्दू धर्म संसार से मिट जायेगा।"[28] वे ठीक लिख गए हैं—"मन्दिर प्रवेश का प्रश्न प्रेमचन्द की दृष्टि में अछूतोद्धार का प्रश्न नहीं था, इस के मूल में हिन्दुओं के हित की भावना निहित थी।"[29] उन का निष्कर्ष है—"इसलिए **कर्मभूमि** में मन्दिर प्रवेश की घटना को अछूतोद्धार की समस्या से जोड़कर देखना समीचीन न होगा। इसे हिन्दू जाति के उद्धार के प्रश्न से जोड़ना ही न्यायोचित प्रतीत होता है।"[30]

ख. ईश्वर और अनीश्वर?

क्या प्रेमचंद ईश्वर में विश्वास करते थे? सवाल भाड़ में भूनने लायक है। फिर भी, यदि उत्तर दिया जाना अनिवार्य ही है तो कहा जा सकता है कि प्रेमचंद के पास दो तरह का ईश्वर है। ईश्वर एक ही है पर उस पर वे दो तरह से व्यवहार करते हैं। एक ईश्वर वह है जो विचार के स्तर पर है और दूसरा ईश्वर वह है जिस के सामने वे लाचार हो जाते हैं। ज्यादातर लेखकों के पास ऐसे ही दो प्रकार के ईश्वर एक साथ होते हैं।

जब प्रेमचंद ईश्वर के बारे में विचार के स्तर पर विचार करते हैं तो शिवरानी से उन का हुआ एक वार्तालाप इस प्रकार है :

> "...आप बोले—'इसी से ईश्वर पर विश्वास नहीं होता कि अगर सचमुच ईश्वर है तो क्या दुखियों को दुख देने में ही उसे मज़ा आता है? फिर भी लोग उसे दयालु कहते हैं। वह सबका पिता है। फला-फूला बाग

उजाड़कर वह देखता है और खुश होता है। दया तो उसे आती नहीं। लोगों को रोते देखकर शायद उसे खुशी ही होती है। अगर ऐसा ही ईश्वर बेरहम है तो ईश्वर कहने को जी नहीं चाहता, जो अपने आश्रितों के दुख पर दुखी न हो, वह क्या ईश्वर है।'

मैं बोली—'कौन जाने कौन उसका आश्रित अपने को समझता है और कौन नहीं?'

आप बोले—'कहने के लिए तो सभी कहते हैं कि वह तो सबका माता-पिता है। तब यह कैसी बेरहमी! यह तो बच्चों का खिलवाड़ हो गया। दिन-भर घरौंदा तैयार किया, शाम को घर जाते समय लीप-पोतकर उसे बराबर कर दिया। जैसे उन बच्चों के दिलों में कोई प्रेम नहीं, कोई मुहब्बत नहीं, उसे इस विषय में पागल ही कहना ठीक होगा।'

मैं बोली—'लोग तो कहते हैं कि अपने कर्मानुसार सभी को भुगतना पड़ेगा।'

आप बोले—'जब तुम लोग यह कहते हो कि बगैर ईश्वर की इच्छा के हम पलक तक नहीं गिरा सकते तब कैसे ईश्वर हमसे अन्याय कराता है। जो अच्छा समझे वही हमसे कराये, हम जिससे दुखी न हो सकें। कुछ नहीं। ये सब धोखे में डालनेवाली भावनाएं हैं। बस अपने को धोखे में डालने के लिए यह सब प्रपंच रचे गये हैं। और नहीं तो हम जब प्रत्यक्षतः कोई बुरा काम नहीं करते तो लोग कहते हैं अगले जन्म में बुरा काम किया होगा, उसी का यह फल है। और मैं कहता हूं यह बस गोरखधन्धा है।''[31]

जब ये ईश्वर के बारे में तार्किक और दार्शनिक बनने की कोशिश करते हैं तो 'गोदान' के मेहता बन जाते हैं। उद्धरण इस प्रकार है :

''मेहता का जीवन अब तक स्वाध्याय और चिन्तन में गुजरा था, और सब कुछ कर चुकने के बाद और आत्मवाद तथा अनात्मवाद की खूब छान-बीन कर लेने पर वही इस तत्त्व पर पहुँच जाते थे कि प्रवृत्ति और निवृत्ति दोनों के बीच में जो सेवा-मार्ग है, चाहे उसे कर्मयोग ही कहो, वही जीवन को सार्थक कर सकता है, वही जीवन को ऊँचा और पवित्र बना सकता है। किसी सर्वज्ञ ईश्वर में उनका विश्वास न था। यद्यपि वह अपनी नास्तिकता को प्रकट न करते थे, इसलिए कि इस विषय में निश्चित रूप से कोई मत स्थिर करना वह अपने लिए असंभव समझते थे; पर यह धारणा उनके मन में दृढ़ हो गई थी कि प्राणियों के जन्म-मरण, सुख-दुख, पाप-पुण्य में कोई ईश्वरीय विधान नहीं है। उनका ख्याल था कि मनुष्य ने अपने अहंकार में अपने को इतना महान् बना लिया है कि उसके हर एक

काम की प्रेरणा ईश्वर की ओर से होती है। इसी तरह टिड्डियाँ भी ईश्वर को उत्तरदायी ठहराती होंगी, जो अपने मार्ग में समुद्र आ जाने पर अरबों की संख्या में नष्ट हो जाती हैं। मगर ईश्वर के यह विधान इतने अज्ञेय हैं कि मनुष्य की समझ में नहीं आते, तो उन्हें मानने से ही मनुष्य को क्या सन्तोष मिल सकता है। ईश्वर की कल्पना का एक ही उद्देश्य उनकी समझ में आता था और वह था मानव-जाति की एकता। एकात्मवाद या सर्वात्मवाद या अहिंसा-तत्व को वह आध्यात्मिक दृष्टि से नहीं, भौतिक दृष्टि से ही देखते थे; यद्यपि इन तत्वों का इतिहास के किसी काल में भी आधिपत्य नहीं रहा, फिर भी मनुष्य-जाति के सांस्कृतिक विकास में उनका स्थान बड़े महत्व का है।

मानव-समाज की एकता में मेहता का दृढ़ विश्वास था; मगर इस विश्वास के लिए उन्हें ईश्वर-तत्व के मानने की जरूरत न मालूम होती थी। उनका मानव-प्रेम इस आधार पर अवलंबित न था कि प्राणि-मात्र में एक आत्मा का निवास है। द्वैत और अद्वैत का व्यापारिक महत्व के सिवा वह और कोई उपयोग न समझते थे, और यह व्यापारिक महत्व उनके लिए मानव-जाति को एक दूसरे के समीप लाना, आपस के भेद-भाव को मिटाना और भ्रातृ-भाव को दृढ़ करना ही था। यह एकता, यह अभिन्नता उनकी आत्मा में इस तरह जम गई थी कि उनके लिए किसी आध्यात्मिक आधार की सृष्टि उनकी दृष्टि में व्यर्थ थी।''[32]

ऐसा नहीं है कि प्रेमचंद ईश्वर को ले कर तुतलाते न हों। अगले उद्धरण में ईश्वर है, पर सदोष है—''मैं तो समझता हूँ कि शायद ईश्वर भी निर्दोष न होगा।''[33] फिर, उन्होंने 6 फरवरी, 1913 को दया नरायन निगम को लिखा था—''ईश्वर आप की कोशिशों को सरसब्ज करे।''[34] वे 11 दिसम्बर, 1916 को मुंशी दया नरायन निगम को लिखते हैं—''दिसम्बर में लखनऊ जाने का इरादा तो करता हूँ। देखूँ ग़ैब...से मदद मिलती है या नहीं।''[35] अब इस में किसी को क्या परेशानी हो सकती है कि अपने धेवते को देखकर वे बोलते हैं—''इस गुलाब के फूल पर ईश्वर, दया करे।''[36] शिवरानी के अनुसार—''फिर अपने-आप कहने लगे—'ईश्वर की दया है, बचा दिया।'[37] 'रंगभूमि' में ये प्रेमचंद के ही शब्द हैं—''ईश्वरदत्त प्रतिभा थी, जिस के बिना किसी सभा में सम्मान नहीं प्राप्त हो सकता।''[38] 'गोदान' में मालती की मानसिक स्थिति को जाना जा सकता है। प्रेमचंद लिखते हैं—''उस संकट में मालती को ईश्वर याद आया, जिस का वह मजाक उड़ाया करती थी। जानती थी, ईश्वर कहीं बैठा नहीं है, जो आ कर उसे उबार लेगा; लेकिन मन को जिस अवलम्बन और शक्ति की जरूरत थी, वह और कहाँ मिल सकती थी?''[39]

मालती की क्या, खुद प्रेमचंद के अपने अन्तिम दिनों के शब्द सुने जाएँ। शिवरानी चाह रही हैं कि बेटा डाक्टर को बुला लाए। तब प्रेमचंद कहते हैं–"लड़के को इस वक्त मत परेशान करो। डॉक्टर ईश्वर नहीं।...अब मैं नहीं बचने का।"[40] फिर वे यह भी पूरी तरह मानते हैं कि ईश्वर दो नहीं हैं बल्कि एक ही है। वह सर्वव्यापी है। वे 27 मई, 1933 को प्रसव काल में हुई बेटी की बीमारी को ले कर अपनी पत्नी को समझाते हुए लिख रहे हैं :

> "...तुम्हारा पत्र मिला। आज ही दशरथलाल जी का पत्र भी मिला। मैंने तो पहले भी लिखा था और अब भी लिखता हूँ कि अगर तुम बेटी को ला सकती हो तो लाओ। लेकिन यह खूब सोच लो कितनी बड़ी जिम्मेदारी है। इतनी लम्बी यात्रा है, जगह-जगह चढ़ाव-उतार है। इसका क्या इन्तज़ाम होगा? और तुमने यह कैसे समझ लिया कि बनारस आते ही सारा रोग दूर हो जायगा। बनारस तो दवा के लिए कोई मशहूर जगह नहीं है। यहाँ दो-एक होमियोपैथ डाक्टर हैं, मगर उस तरह के डाक्टर तो सागर में भी हैं। हाँ, अगर लखनऊ चलकर दवा कराने का इरादा हो तो ठीक है, लेकिन वही यात्रा की बात है। अगर सफ़र में बेटी की तबीयत ज़्यादा खराब हो गयी तो क्या होगा। फिर कितनी शर्म आयेगी और कितना दुख होगा। इसलिए मेरे विचार में जो दवा हो रही है, वह होने दो। उससे अच्छा इलाज काशी में नहीं हो सकता और होमियोपैथिक दवा के लिए काशी आने की ज़रूरत नहीं। सागर में उस तरह के डाक्टर हैं। यह समझ लो कि यह प्रसूत ज्वर है और मुश्किल से जायगा। काशी में न कोई दूसरा ईश्वर है न दूसरा भाग्य। यहाँ गर्मी बहुत है और यहाँ का जलवायु भी सागर का सा नहीं है। इस तरह घबड़ाने से काम न चलेगा। राम का नाम लो और दवा होने दो। लखनऊ ले चलने का अर्थ है पाँच-सौ रुपये महीने का खर्च उठाना जिसकी सामर्थ्य न मुझमें है न उन लोगों में।...घर भर को नाराज़ करके यहाँ लाना मुनासिब नहीं है...।"[41]

कहना यही है कि इस 27 मई, 1933 को प्रेमचन्द के पास ईश्वर भी है, और भाग्य भी है, और राम भी है, और राम का नाम भी है।

प्रेमचन्द ने ईश्वर को नहीं माना है तो केवल उतना ही जितना वह ब्राह्मणों का ईश्वर है। वे ब्राह्मणों की कल्पना के ईश्वर को स्वीकार नहीं कर सकते थे क्योंकि वह पूर्णतया अन्धविश्वास की ओर गया हुआ कदम है। इसलिए, ब्राह्मणों के ईश्वर को छोड़ कर उन्होंने ईश्वर के बारे में अपनी तरह से सोचा है। ईश्वर के बारे में उन की सोच उन की कायस्थ जाति के साथ जुड़ी हुई है। ऐसा व्यक्ति ब्राह्मणों के फैलाए हुए अन्धविश्वास में नहीं फँस सकता था। शायद, इस मामले में पूरी कायस्थ कौम ही

ब्राह्मणों की पकड़ से बाहर है। लेकिन अपनी शब्दावली में प्रेमचन्द 'ब्राह्मण' शब्द का प्रयोग न करके 'पण्डे-पुरोहित' का प्रयोग करते हैं।

वीरेन्द्र यादव जैसे लोग बहसबाजी पर उतर आते हैं। वे उन लोगों में से हैं जिन्हें यह भी पता नहीं होता कि वे क्या कह रहे हैं। किसी बात को ठीक से समझना नहीं चाहते। बस, पक्ष ले कर बैठ जाते हैं, चाहे वह गलत ही हो। इधर, प्रेमचंद दुनिया में कोई निराले आदमी नहीं थे। यूँ कहो कि अपनी कौम के एक ठीकठाक लेखक थे। मुझे यह मानने में भी कोई दिक्कत नहीं है जब यह कहा जाएगा कि वे अपनी कायस्थ कौम के सर्वश्रेष्ठ लेखक थे। उस नाते कोई प्रेमचंद का अध्ययन करना चाहे तो यह जनवरी-फरवरी, 1932 ई. की बात है जब उन्होंने 'हंस' का 'आत्मकथा अंक' निकाला था। इस के सम्पादकीय में लिखा गया है—"दिसम्बर में, बड़ी जल्दी में 'आत्म-कथा-अंक' का विचार हुआ और परमात्मा की दया...के बल पर कार्यारम्भ कर दिया गया।"[42] यहाँ खासमखास 'परमात्मा' और उस की 'दया' का उल्लेख हुआ है। इस सम्पादकीय के अलावा प्रेमचंद ने इस अंक में अपना लेख 'जीवन-सार' भी छापा है। इस लेख की अन्तिम पंक्तियों में 9 साल के जीर्ण रोग से मुक्त होने की बाबत उन्होंने लिखा है—"इस अनुभव ने मुझे कट्टर भाग्यवादी बना दिया है। अब मेरा दृढ़ विश्वास है, कि भगवान की जो इच्छा होती है, वहीं होता है और मनुष्य का उद्योग भी उस की इच्छा के बिना सफल नहीं होता।"[43]

क्या इस के बाद भी वीरेन्द्र यादव मुँहठड़ी करनी चाहेंगे कि 1932 के इन दोनों उद्धरणों में 'परमात्मा' और 'भगवान' शब्द आए हैं, और 'ईश्वर' शब्द नहीं?

मेरे लिए सवाल यह नहीं है कि प्रेमचंद ईश्वरवादी थे या अनीश्वरवादी थे। बहस के ये झाँसे बहुत पुराने हो चुके हैं। ईश्वरवाद और अनीश्वरवाद स्लेट पर खड़िया से निकाले जाने के सवाल भी नहीं हैं जिन से थोड़ा बुद्धि का अभ्यास हो जाता है। सवाल सीधा है, प्रेमचन्द ईश्रवादी थे तो, और प्रेमचन्द अनीश्वरवादी थे तो, क्या वे जार नहीं थे? यदि वे जार थे तो वीरेन्द्र यादव द्वारा उन्हें अनीश्वरवादी बताना भी हमारी पकड़ से उन्हें नहीं बचा सकता। ईश्वरवाद और अनीश्वरवाद दोनों भाड़ में जाएँ, हम यह पूछ रहे हैं कि कोई व्यक्ति सदाचारी है या जार है। जी, जवाब इसी सवाल का दिया जाए। हम यह पूछ ही नहीं रहे हैं कि प्रेमचंद ईश्वरवादी थे या प्रेमचंद अनीश्वरवादी थे। जो सवाल हम पूछ नहीं रहे हैं, और जो हमारे किसी मतलब के नहीं हैं, उन का जवाब क्यों दिया जा रहा है? और जिस सवाल को हम पूछ रहे हैं, उस के बारे में वीरेन्द्र यादव यह कैसे लिखते हैं कि यह '...वह तिल है जिस का ताड़ बनाते हुए डॉ. धर्मवीर'[44] यह करते हैं और वह करते हैं?

इस के अलावा प्रेमचंद मूर्ति पूजा की प्रशंसा करने तक भी गए हैं। वे 'रंगभूमि' में एक जगह ईसायन सोफिया से इन्दु के सामने यह कहलवा कर दम लेते हैं—"बहिन, क्षमा करना, मैं एक बड़ी उलझन में पड़ी हुई थी। अभी तक वह गुत्थी नहीं सुलझी।

मूर्तिपूजा को सर्वथा मिथ्या समझती थी। मेरा विचार था कि ऋषियों ने केवल मूर्खों की आध्यात्मिक शान्ति के लिए यह व्यवस्था कर दी है; लेकिन इस ग्रंथ में मूर्ति-पूजा का समर्थन ऐसी विद्वतापूर्ण युक्तियों से किया गया है कि आज से मैं मूर्ति-पूजा की कायल हो गई। लेखक ने इसे वैज्ञानिक सिद्धान्तों से सिद्ध किया है। यहाँ तक कि मूर्तियों का आकार-प्रकार भी वैज्ञानिक नियमों के ही आधार पर अवलम्बित बतलाया है।''[45]

अब कोई बताए कि प्रेमचंद अगस्त, 1933 में जो लिख रहे हैं, इस बहस में उस का अर्थ क्या है? प्रेमचंद ने लिखा है–''गरीब सम्पादक अपनी आत्मा की हत्या करके सनसनी पैदा करने के लिए या तो नास्तिकता के समर्थक लेखों की माला निकालने लगता है, या किसी भले आदमी की पगड़ी उछालता है।''[46] अच्छा है, प्रेमचंद को नास्तिक मानने वाले आलोचकों को यहाँ चुप रह जाना चाहिए। चुप इसलिए भी हो जाना चाहिए कि यहाँ यह कयास लगाने की भी जरूरत नहीं है कि इन वाक्यों में प्रेमचंद बोल रहे हैं या उन के उपन्यास या कहानी का कोई पात्र बोल रहा है।

कहा यह जाए कि ईश्वर प्रेमचंद की रेलगाड़ी में एक वैगन था, जब जरूरत पड़ी, जोड़ लिया, और जब जरूरत नहीं रही, छोड़ दिया, या डंपिंग यार्ड में डाल दिया। ज्यादातर उदारवादी हिन्दुओं की स्थिति यही होती है। बड़ी चालाकी से इस पर बड़बोलापन दिखाया जाता है कि इस मामले में प्रेमचंद के विचार विकसित हो रहे थे। मेरा पूछना है कि प्रेमचंद समेत किसी भी हिन्दू के विचार विकसित होंगे तो वे कहाँ तक विकसित होंगे। उन की कोई सीमा है कि नहीं? क्या वे अहिन्दू होने तक जा सकेंगे या घूम-फिर कर हिन्दू के दायरे में ही रहेंगे? यदि दड़बे में ही बन्द रहना है तो विचारों के विकास का मतलब क्या है? क्या प्रेमचंद कभी भी अपने हिन्दू खोल से बाहर आ सके? 'रंगभूमि' में गायों के चरने के लिए दस बीघे की महंगी जमीन छोड़ कर सूरदास हिन्दू धार्मिकता का पुण्य कमाने में लगा है तो 'गोदान' में इसी दान के लिए प्राण दिए जा रहे हैं। आखिर, कोई बताए कि प्रेमचंद अपने साहित्य में हिन्दू कैसे नहीं हैं।

ग. पुनर्जन्म का प्रचार

लगता है, प्रेमचंद का उपन्यास 'रंगभूमि' पुनर्जन्म के चिन्तन का बाजार लगा है। उस का एक पात्र जगधर हलवाई कहता है–''मेरी तो अब की भगवान से भेंट होगी, तो कहूँगा, किसी पंडे के घर जन्म देना।''[47] उधर, ठाकुरदीन खुद जगधर से कहता है–''न जाने पूरब-जनम में कौन-सा पाप किया था, सारी जमा-जथा चोर मूस ले गए, यह पाप अब न करूँगा।''[48] महेन्द्र अपनी पत्नी इन्दु से कहता है–''क्या यह बात तो नहीं कि पूर्वजन्म में हम और तुम एक-दूसरे के शत्रु थे...।''[49] ऐसे ही, रानी जाह्नवी अपने बेटे विनय के बारे में कहती हैं–''जन्म का विरागी है। पूर्व-जन्म में अवश्य कोई

ऋषि रहा होगा।''[50] बिल्कुल इसी तर्ज पर नायक राम पंडा सूरदास के बारे में बोलते हैं—''...उस जनम का कोई बड़ा भारी महात्मा है।''[51]

पुनर्जन्म के चिन्तन का प्रसार इन्हीं पात्रों तक सीमित नहीं है। अगले पात्रों के मुख पर भी यही चिन्तन छाया है। विनय नायकराम से सोफिया के बारे में कहता है—''मैंने उस जन्म में न जाने कौन-सी तपस्या की थी, जिस का सुफल इतने दिनों भोगा।...जन्म से ईसाइयन भले ही हो, पर संस्कारों से, कर्मों से वह आर्य महिला है।''[52] सोफी और विनय के बीच का एक संवाद इस प्रकार है :

> ''सोफी चौंक पड़ी, मानो निद्रा में हो। फिर उठकर बैठ गई और बोली—मुझे ऐसा ज्ञात होता है कि पूर्व-जन्म में, उससे पहले भी आदि से तुम्हारी हूँ, कुछ स्वप्न-सा याद आता है कि हम और तुम नदी के किनारे एक झोंपड़ी में रहते थे। सच!
>
> विनय ने सशंक होकर कहा—तुम्हारा जी कैसा है?
>
> सोफी—मुझे कुछ हुआ थोड़े ही है, मैं तो अपने पूर्व-जन्म की बात याद कर रही हूँ। मुझे ऐसा याद आता है कि तुम मुझे झोंपड़ी में अकेली छोड़कर अपनी नाव पर कहीं परदेश चले गए और मैं नित्य नदी के तीर बैठी हुई तुम्हारी राह देखती थी, पर तुम न आते थे।''[53]

सोफिया विनय की मृत्यु पर एकालाप करती है। कुछ शब्द इस प्रकार हैं—''आह! मैंने विनय का सर्वनाश कर दिया। मेरे ही कारण वह दो बार कर्तव्य-मार्ग में विचलित हुए, मेरे ही कारण उनकी जान पर बनी? अब वह मोहिनी मूर्ति देखने को तरस जाऊँगी। जानती हूँ कि हमारा फिर संयोग होगा, लेकिन नहीं जानती, कब!''[54] विनय की माँ रानी जाह्नवी विनय की मृत्यु पर सोफिया से कहती है—''क्यों रोती हो?...तुम ने तो धर्म-ग्रंथ पढ़े हैं। मनुष्य कभी मरता है? जीव तो अमर है उसे तो परमात्मा भी नहीं मार सकता। मृत्यु तो केवल पुनर्जीवन की सूचना है, एक उच्चतर जीवन का मार्ग। विनय फिर संसार में आएगा, उस की कीर्ति और भी फैलेगी।''[55]

प्रेमचंद कुछ भी करते, लेकिन 'रंगभूमि' के सूरदास चमार को इस चिन्तन से बरी रखना चाहिए था। लेकिन उन्होंने यह उपन्यास ही यह दर्शाने के लिए लिखा था कि सूरदास चमार पुनर्जन्म के चिन्तन में विश्वास रखता है। उपन्यास के आरम्भ में ही सूरदास मिसेज सेवक से कहता है—''भगवान अन्यायी नहीं है, मेरे पूर्व-जन्म की कमाई ही ऐसी थी। जैसे कर्म किए हैं, वैसे फल भोग रहा हूँ।''[56] उपन्यास में एक दूसरा प्रकरण इस प्रकार मिलता है—''...सूरदास...अपनी झोंपड़ी में जा कर अपनी बेबसी पर रोने लगा। अपने अंधेपन पर आज उसे जितना दुःख हो रहा था उतना और कभी न हुआ था। सोचा, मेरी यह दुर्गत इसलिए न कि अंधा हूँ, भीख मांगता हूँ। मसक्कत की कमाई खाता होता, तो मैं भी गरदन उठा कर न चलता, मेरा भी आदर-मान होता... । न जाने उस जनम में ऐसे कौन-से अपराध किए थे, जिस की यह

सजा मिल रही है।...कुछ आगे के लिए भी तो करना है। नहीं, इस जनम में तो अंधा हूँ ही, उस जनम में इस से भी बड़ी दुर्दशा होगी। पितरों का रिन सिर सवार है, गया जी में उन का सराध न किया, तो वे भी क्या समझेंगे कि मेरे बंस में कोई है।"[57] एक अन्य मौके पर सूरदास 'सोच रहा था—रुपये मैंने ही तो कमाए थे, क्या फिर नहीं कमा सकता?...मेरे रुपये थे ही नहीं, शायद उस जन्म में मैंने भैरों के रुपये चुराए होंगे। यह उसी का दंड मिला है।'[58] रानी जाह्नवी और सूरदास के बीच का हुआ वार्तालाप भी इसी चिन्तन की गवाही देता है। वार्तालाप इस प्रकार है :

> "जाह्नवी—तुम साधु हो। ईश्वर से कहो, विनय का फिर इसी देश में जन्म हो।
>
> सूरदास—ऐसा ही होगा माताजी, ऐसा ही होगा। अब महान पुरुष हमारे ही देश में जनम लेंगे। जहाँ अन्याय और अधरम होता है, वहीं देवता लोग जाते हैं। उनके संस्कार उन्हें खींच ले जाते हैं। मेरा मन कह रहा है कि कोई महात्मा थोड़े ही दिनों में इस देश में जन्म लेने वाले हैं... ।"[59]

पुनर्जन्म को ले कर शिवरानी और प्रेमचंद की परस्पर बातें हुई हैं। ये प्रेमचंद हैं जो अपनी पत्नी को नहीं समझा सकते कि पुनर्जन्म क्या है। यह हिन्दुओं की खालिस चालाकी है, उन के लेखकों की विशेष रूप से। शिवरानी द्वारा दिया गया एक संवाद देखा जा सकता है :

> "मैं बोली—'शायद हम लोगों के मरने के बाद कुछ हो।'
>
> आप बोले—'उसके लिए फिर भी तो तुम लौटोगी। फिर भी तुम्हारी इच्छाएं इसी में लगी रहेंगी।'
>
> मैं बोली—'कब से आप पुनर्जन्म मानने लगे?'
>
> आप बोले—'मैं नहीं मानता, तुम तो मानती हो। जिस तरह तुम पुनर्जन्म मानती हो उसी तरह तुम्हारे साथ इच्छाएं भी लगी रहेंगी।'
>
> मैंने कहा—'आपने यह खूब अच्छा निकाला।"[60]

एक अन्य स्थल पर प्रेमचंद शिवरानी से कहते हैं—"मुमकिन है कि वह विलासिता में डूबने वाले हमीं-तुम हों। और फिर से जन्म मिला हो। यह विकट पहेली कुछ समझ में नहीं आती।"[61] वे अपनी महराजिन और महराजिन के लड़के के बारे में शिवरानी से कहते हैं—"ये तो मां हैं ठीक, पर उस की भी तो तबियत वैसी ही होनी चाहिए। वह तो इन के अगले जन्म का दुश्मन है। वह दुश्मनी का बदला लड़का हो कर पूरा कर रहा है।"[62]

शिवरानी की पुस्तक 'प्रेमचंद : घर में' से कुछ अन्य उद्धरण इस प्रकार हैं :

1. "तब आप बोले—'तुम्हीं सोचो, करता क्या? जो तुम्हारी चोरी से कहानियां लिखता था, उसी के पैसे उसे दे आता था। तुमसे रुपयों का नाम भी नहीं लेता था। क्या करता, उस का भी कर्जदार रहा होऊँगा। और मैं क्या कहूँ?"[63]

2. "बोले—'कुछ नहीं जी। मैं खाली तुम्हारा ही ऋणी होना चाहता हूँ, दूसरों का नहीं। तुम जितनी भी सेवा करोगी, मुझे खुशी ही होगी। क्योंकि इस जन्म में आराम मिलेगा, उस जन्म में भी।"[64]

3. "मैंने कहा—'आप अगर तब तक अच्छे हो जायेंगे तो मैं भी आप के साथ चलूंगी।'

आप हँस कर बोले—'मैं भगवान से प्रार्थना करता हूँ कि रानी, तुम्हारी बातें सच निकलें। पर मैं देखता हूँ रानी, तुम्हारी इस जन्म की तपस्या सफल होती नहीं दिखती।' "[65]

यह 'रंगभूमि' के उपन्यास और शिवरानी द्वारा बताए गए संस्मरणों की बात हुई। जाना यह जाए कि 'गोदान' प्रेमचंद का आखरी उपन्यास है। वहाँ तक आ कर उन के चिन्तन में क्या बदलाव हुआ है? उत्तर यह है कि पुनर्जन्म के बारे में उन में कोई बदलाव नहीं हुआ। 'गोदान' की झुनिया रोती हुई बोलती है—"अम्माँ...भगवान मुझे फिर जनम दें, तो तुम्हारी कोख से दें, यही मेरी अभिलाषा है।"[66] गोबर ने कोदई की माता से कहा था—"पुत्र माता के रिन से सौ जन्म ले कर भी उरिन नहीं हो सकता, लाख जन्म ले कर भी उरिन नहीं हो सकता। करोड़ जन्म ले कर भी नहीं... ।"[67] 'गोदान' की एक स्त्री अपने पुरुष से गुस्से में कहती है—'मैं तेरे घर सात जनम न जाऊँगी, बोटी-बोटी काट डाल।"[68] पटेश्वरी लाल दरोगा से कहता है—"दस मिल जायँ, तो हजार समझिए। पचास तो पचास जन्म में भी मुमकिन नहीं... ।"[69]

'गोदान' में आए कुछ दूसरे पात्रों के कथोपकथन भी देख लिए जाएँ। ये खन्ना और उन की पत्नी गोविन्दी के बीच के हैं और इस प्रकार हैं :

"खन्ना ने डींग मारी—वह चाहें तो आज मालती से विवाह कर सकते हैं। आज, अभी...

मगर गोविन्दी को बिलकुल विश्वास नहीं—तुम सात जन्म नाक रगड़ो, तो भी वह तुमसे विवाह न करेगी।"[70]

और उन का क्या हाल है जो प्रेमचंद के सब से अच्छे दार्शनिक पात्र हैं? सारी मटिया पलीत हो गई है जब 'गोदान' में ये शब्द लिखे मिलते हैं—"मेहता ने उसे अनुरक्त नेत्रों से देख कर कहा—शायद यह मेरे पिछले जन्म का संस्कार है।"[71]

देखिए, जो प्रोफेसर मेहता ईश्वर को नहीं मानते वे भी पुनर्जन्म के सिद्धान्त के आगे सिर झुका रहे हैं। इस देश में ऐसा पहले बुद्ध के साथ हो चुका था। जो बुद्ध ईश्वर को नहीं मानते थे, वे पुनर्जन्म को यथावत मानते थे।

कोई बहस कर सकता है कि ये प्रेमचंद के पात्रों के शब्द हैं, खुद प्रेमचंद के नहीं। लेकिन आगे 'गोदान' से प्रेमचंद के ही शब्द उद्धृत किए जा सकते हैं जो इस प्रकार हैं—"...जैसे पत्तों के खड़कने पर घोड़ा अकारण ही ठिठक जाता है, और मारने पर भी आगे कदम नहीं उठाता, वही दशा होरी की थी। संकट की चीज लेना पाप है, यह बात जन्म-जन्मान्तरों से उस की आत्मा का अंश बन गई थी।"[72] ध्यान रहे, यहाँ रंगाचार्य बन कर प्रेमचन्द बोल रहे हैं, होरी नहीं।

घ. राधावाद और डोम्बीवाद

स्वामी अछूतानन्द ने हिन्दुओं के राधावाद के खिलाफ बड़ा भारी युद्ध किया था। यह कुरुक्षेत्र की लड़ाई ग्वालियर की रियासत में लड़ी गई थी।[73]

असल में, धर्म और अध्यात्म के नाम पर वैष्णवों का राधावाद सिद्धों के डोम्बीवाद का जवाब है जिन दोनों वादों में दलित जातियों की स्त्रियों की बेइज्जती छिपी हुई है। बौद्ध धर्म सिद्धवाद में बदल कर चाण्डाल कन्या, अवधूती और बंगालन के साथ बलात्कार करके अपनी आठों सिद्धियाँ प्राप्त कर रहा था। तब ब्राह्मण पीछे कैसे रह जाते? उन्होंने कृष्ण को विष्णु का अवतार कह कर दलित-पिछड़ी जातियों की स्त्रियों को गोपिकाएँ और राधाएँ बना डाला। यूँ, बलात्कार और जारकर्म को अध्यात्म के नाम की वैधता मिल गई। जंगलों में रास होने लगे। बौद्ध और ब्राह्मण दोनों मिल कर राष्ट्र की शक्ति को कमजोर कर रहे थे। स्वामी अछूतानन्द इसी राधावाद और डोम्बीवाद से लड़े थे।

प्रेमचंद का इस बारे में क्या नजरिया है? उन्होंने सोफिया के चरित्र का विकास कृष्ण भक्ति के आधार पर विकसित किया है। वे 'रंगभूमि' में लिखते हैं—"इसी बीच में उसे कृष्ण का जीवन-चरित्र पढ़ने का अवसर मिला और उसने उस भक्ति की जड़ हिला दी, जो उसे प्रभु मसीह से थी। वह मन में दोनों महान पुरुषों की तुलना किया करती। मसीह की दया की अपेक्षा उसे कृष्ण के प्रेम से अधिक शांति मिलती थी। उसने अब तक गीता ही के कृष्ण को देखा था और मसीह की दयालुता, सेवाशीलता और पवित्रता से आगे उसे कृष्ण का रहस्यमय जीवन गीता की जटिल दार्शनिक व्याख्याओं से भी दुर्बोध जान पड़ता था। उसका मस्तिष्क गीता के विचारोत्कर्ष के सामने झुक जाता था, पर उससे मन में भक्ति का भाव न उत्पन्न होता था। कृष्ण के बाल-जीवन को उसने भक्तों की कपोल-कल्पना समझ रखा था और उस पर विचार करना ही व्यर्थ समझती थी। पर अब ईसा की दया इस बाल-क्रीड़ा के सामने नीरस

थी। ईसा की दया में आध्यात्मिकता थी, कृष्ण के प्रेम में भावुकता; ईसा की दया आकाश की भाँति अनन्त थी, कृष्ण का प्रेम नवकुसुमित, नवपल्लवित उद्यान की भाँति मनोहर; ईसा की दया जल-प्रवाह की मधुर ध्वनि थी, कृष्ण का प्रेम वंशी की व्याकुल टेर; एक देवता था, दूसरा मनुष्य; एक तपस्वी था, दूसरा कवि; एक में जागृति और आत्मज्ञान था, दूसरे में अनुराग और उन्माद; एक व्यापारी था, हानि-लाभ पर निगाह रखनेवाला, दूसरा रसिया था, अपने सर्वस्व को दोनों हाथों लुटानेवाला; एक संयमी था, दूसरा भोगी। अब सोफिया का मन नित्य इसी प्रेम-क्रीड़ा में बसा रहता था, कृष्ण ने उसे मोहित कर लिया था, उसे अपनी वंशी की ध्वनि सुना दी थी।''[74]

विनय सोफी से अपनी माँ रानी जाह्नवी के बारे में बताता है कि उन का स्वभाव कैसा है। वार्तालाप इस प्रकार है :

> ''विनय ने सोफी को स्नेहपूर्ण नेत्रों से देखकर कहा—तुम उनके स्वभाव से परिचित नहीं हो। वह हिंदू-धर्म पर जान देती हैं।
>
> सोफी—मैं भी हिंदू-धर्म पर जान देती हूँ। जो आत्मिक शांति मुझे और कहीं न मिली, वह गोपियों की प्रेम-कथा में मिल गई। वह प्रेम का अवतार, जिसने गोपियों को प्रेम-रस पान कराया, जिसने कुब्जा का डोंगा पार लगाया, जिसने प्रेम के रहस्य दिखाने के लिए ही संसार को अपने चरणों से पवित्र किया, उसी की चेरी बनकर जाऊँगी, तो वह कौन सच्चा हिंदू है, जो मेरी उपेक्षा करेगा?
>
> विनय ने मुस्करा कर कहा—उस छलिया ने तुम पर भी जादू डाल दिया।''[75]

तब यह क्या हुआ?—स्वामी अछूतानंद के खिलाफ एकदम राधावाद हो गया। और प्रेमचंद ने सोफिया के धर्मान्तरण की पूरी तैयारी कर दी है। वे लिखते हैं—''रानी जी को और कुछ कहने का साहस न हुआ। घर आ कर उन्होंने एक विद्वान पंडित बुला कर सोफिया के धर्म और विवाह-संस्कार का मुहुर्त का निश्चित कर डाला।''[76] लेकिन दलित स्त्रियों को भक्ति और अध्यात्म के नाम पर भी अपने मन में ऐसे विचारों को जगह देने की अनुमति नहीं है। रैदास, कबीर, बाबू मंगूराम, स्वामी अछूतानंद और डा. अम्बेडकर के पर्सनल कानून में ऐसी भक्ति की खास मनाही है।

पुस्तक 'द सिल्कन स्विंग : द कलचरल यूनिवर्स आफ दलित वीमेन' में बताया गया है कि दलित वंकर जाति की औरतें अपने लाचार होने का एक गीत गाती हैं कि उन का विवाह भी उन्हें दबंग कौमों के पुरुषों द्वारा किए जा रहे यौन-शोषण से बचा नहीं पा रहा है। इस यौन-शोषण करने को वे अपना अधिकार समझते हैं। वे इसे अपना 'खाया-पिया और फेंक दिया माल'[77] समझते हैं।

कुमार मुकुल ने अपने लेख 'हिन्दू शास्त्र बतर्ज दलित शास्त्र' में मुझ से बड़ा अच्छा सवाल पूछा है—''द्रौपदी के साथ दुःशासन की, सीता के साथ रावण की जो

बलात् की भूमिका है—क्या वह दलित स्त्री के साथ सवर्ण पुरुष की भूमिका है—या वह स्त्री मात्र के साथ पुरुष सत्ता का क्रूर व्यवहार है...?"[78] मेरे ख्याल से, इस पुस्तक में दिए गए आँकड़ें, उन के इस प्रश्न का खुला जवाब दे रहे हैं। जवाब यह है कि जब स्त्री पत्नी नहीं है तो माँ, बहन या बेटी ही होनी चाहिए। दलितों की स्त्रियों से बिना विवाह करे वे शारीरिक सम्बन्ध को किस आधार पर वैध और जायज ठहरा सकते हैं? दलित स्त्रियों के इन हरण और अपहरण की घटनाओं को रोकने के लिए ही भारत की संसद को 'अनुसूचित जाति और अनुसूचित जनजाति (अत्याचार प्रतिषेध) अधिनियम, 1989' पारित करना पड़ा है। क्या यह अधिनियम अपनी धाराओं के साथ कुमार मुकुल के सवालों का जवाब नहीं है? गरीब और कमजोर दलित की स्त्री होने की वजह से उस के साथ जारकर्म भी जबर द्वारा बलात्कार ही होता है।

कहना यह है कि हिन्दू कानून को बदलने से पहले हिन्दू साहित्य को बदला जाना चाहिए था। दुर्भाग्य से, वैसा नहीं हुआ और डा. अम्बेडकर को हिन्दू कोड बिल के नाम पर संसद में हारना पड़ा। सच बात यह है कि हिन्दू साहित्य को बदले जाने का वह काम आज तक भी नहीं हुआ है। प्रेमचन्द की परम्परा के लेखक आज भी राधा वाली कृष्ण भक्ति के गीत गाए जा रहे हैं। सवाल है, जब तक हिन्दू साहित्य में राधा वाला कृष्ण साहित्य पढ़ाया जाता रहेगा, हिन्दुओं के दिमाग में 'तलाक' का शब्द कैसे स्थान पाएगा और कैसे अर्थ ग्रहण कर सकेगा? कृष्ण भक्ति और कृष्ण साहित्य तलाक—अर्थात मोरलिटी का विरोधी है।

ङ. घर में छुआछूत

कई दूसरे मामले थे जिन में प्रेमचन्द शासित वर्ग के बजाय शासक वर्ग के व्यक्ति थे। स्त्रियों और दलितों को ले कर ऐसा ही था। उन की कौम के कानून का स्त्रियों पर कहर ढाने वाला शासन चल रहा था। दलितों की दृष्टि से वे उस सामाजिक वर्ग से थे जो दलितों का शोषण कर रहा था। यह शोषण अस्पृश्यता बरतने की हद तक का था।

प्रेमचन्द के घर में दलितों के साथ छुआछूत बरती जाती थी, इस के प्रमाण दिए जा सकते हैं। उन की पत्नी शिवरानी अपनी पुस्तक 'प्रेमचंद : घर में' में लिखती हैं—"एक बार की बात है। मैं बीमार थी, मुझे दस्त की बीमारी थी। मेरा लड़का धुन्नू आठ महीने का था। बीमार कई महीने रही। डाक्टरों को आशंका थी कि अपने बच्चे को मैं दूध पिलाती रही तो तपेदिक हो जाने का पूरा खतरा है। इस पर आप (प्रेमचन्द) बोले—'मेहतरानी को दूध पिलाने के लिए रख लो। नहीं तो धुन्नू भी तो कमजोर पड़ जाएगा।"[79] आगे का वृतांत इस प्रकार है :

"मैं–'यह सब कुछ नहीं।'
'नहीं जी, दूध में क्या हर्ज है? तुम उसे छूना मत। वह तो बच्चा है।'
मैं–'बच्चे पर दूध का असर बहुत पड़ता है.... ।'
आप बोले–'फिर तुम्हीं बताओ। क्या करूँ?'
मैं–'बकरी का दूध ठीक रहेगा।'
एक बकरी उन्होंने मंगवायी।"[80]

बात सीधी-सी है, दूध तो वे गाय और भैंसों का भी पी रहे हैं। वे जानवर हैं। बच्चे को मेहतरानी का दूध पिला देंगे तो क्या फर्क पड़ता है? शिवरानी की अकल तो देखो–गाय, भैंस और बकरी का दूध अपने बच्चे को पिला रही हैं, पर मेहतरानी का दूध पिलाने को तैयार नहीं हैं। तभी स्वामी अछूतानंद ने अपनी गजल में लिखा है–"कुत्ते व बिल्ली मक्खी से भी बना के नीचा।"[81] फिर, बच्चों के साथ हुई या बरती गई छुआछूत को हिन्दू लोग छुआछूत नहीं मानते। उस का उपाय भी आसान है। लेकिन प्रेमचंद अपनी पत्नी से यह कहना नहीं भूले कि तुम उस मेहतरानी को मत छूना। यही तो पूछ रहा हूँ कि ये शब्द निकलने से पहले प्रेमचंद की जबान जल क्यों नहीं गई थी। क्या यह दलित साहित्य रचा जा रहा है? इस से भंगी जात के लेखक प्रेमचन्द से कितनी प्रेरणा लेंगे? अनपढ़ी में वे कुछ भी कह दें पर पढ़-लिख कर अनपढ़ कैसे बन सकते हैं?

शिवरानी ने भी जवाब में तीर छोड़ने में कोर-कसर नहीं रखी। सुनिए, उन्होंने प्रेमचंद से क्या कहा था, उन्होंने अपने शब्द दर्ज किए हैं–"बच्चे पर दूध का असर बहुत पड़ता है। उस का दूध इस की प्रकृति के अनुकूल भी तो न पड़ेगा। वह आठ महीने का है, मेहतरानी को तो अभी बच्चा हुआ है। उस का दूध कैसे माफिक पड़ेगा।"[82] यूँ, हिन्दुओं में एक से एक अक्ल के पुर्जे भरे पड़े हैं। शिवरानी लिखती हैं–"अहीर के यहां से फिर एक सेर दूध आने लगा।"[83] अब माफिक आने या न आने वाली सारी बात खत्म। अब भैंस या गाय के दूध का हिसाब नहीं लगाया गया कि वह लैन का है या बाँकड़ी का। अहीर की भैंस या गाय बिलकुल लैन हो, तब क्या करें? तब उस का पता भी नहीं लगाया जा रहा है। यह छुआछूत से भरे इन हिन्दुओं के दिमाग की संरचना है। शिवरानी के बजाय प्रेमचंद से ही पूछा जाए कि क्या मेहतरानी के बच्चे को अपनी माँ की छाती के दूध की जरूरत नहीं थी। किसी ठकुरानी या ब्राह्मणी के दूध के लिए क्यों नहीं कहा था?–यहाँ प्रेमचन्द खुद ही मान्यता दे रहे हैं कि तुम उस मेहतरानी को छूना मत। फिर, पत्नी के छुआछूत बरतने के व्यवहार के सामने हारे भी हैं। हारना भी क्यों कहा जाए?–यह उन के घर की सामान्य मान्यता थी। यदि नहीं, तो इसी बात के लिए अपनी पत्नी से लड़े क्यों नहीं?

दलित के हिसाब से, यह प्रेमचन्द के लिए घर में धुंधुकार उतारने का समय था, जिस में से, उन्होंने कुछ भी नहीं किया।

यह कब की बात थी? तब उन का बड़ा लड़का धुन्नू 8 महीने का था। धुन्नू का जन्म किस साल में हुआ था? शिवरानी लिखती हैं कि धुन्नू के जन्म के समय प्रेमचन्द की उम्र छत्तीस-सैंतीस साल की थी।[84] तभी कहा जा रहा है कि हिन्दू कौम क्या खा कर छुआछूत को मिटा सकती थी क्योंकि उन के प्रेमचन्द जैसे लेखक और महापुरुष अपनी 37 वर्ष की उम्र में अपने घर में छुआछूत से लड़ने को तैयार नहीं हैं। कहा जाता है कि प्रेमचन्द ने छुआछूत के विरोध में कई कहानियाँ लिखीं लेकिन उस सब के बजाय एक यह काम अच्छा होता कि न मानने पर उस दिन वे अपनी पत्नी का भसरा बिगाड़ देते। क्या छुआछूत मिटाने के लिए हिन्दुओं को कुछ भी नहीं करना पड़ेगा? क्या कहानियाँ लिखने को हिन्दू लेखकों की कथनी में शामिल नहीं किया जा सकता जो उन की करनी से हमेशा छत्तीस के नाते में रहती है? 'गोदान' में सिलिया चमारी और मातादीन ब्राह्मण के रिश्तों की कहानी लिखने वाले प्रेमचन्द को यह जान लेना चाहिए था कि उन के अपने घर की कहानी क्या ज्यादा ठीक है। मेहतरानी से छुआछूत बरतने पर 'द प्रोटेक्शन आफ सिविल राइट्स एक्ट, 1955' के अनुसार शिवरानी को छह महीने तक की सजा हो सकती थी[85], पर प्रेमचंद ने तो शिवरानी को तनिक भी दण्ड नहीं दिया। लेकिन इस से भी बड़े आश्चर्य और दुर्भाग्य की बात यह है कि आज उसी मेहतर जाति के एक लेखक ओम प्रकाश वाल्मीकि ने अरुण आदित्य से प्रेमचंद के बारे में संवाद में बोला है जो पत्रिका 'पल प्रतिपल' में छपा है—"...मैं उन्हें (प्रेमचंद को) महान लेखक मानता हूँ। वे श्रेष्ठ लेखक हैं, बड़े कलाकार हैं, हमारे अग्रज हैं.... ।"[86]

'गोदान' में मातादीन के शब्द हैं—"जो अपना धरम पाले, वही ब्राह्मण है, जो धरम से मुँह मोड़े, वही चमार है।"[87] ये प्रेमचंद के सब से क्रान्तिकारी विचार माने गए हैं। मातादीन के मुँह से इन शब्दों को सुन कर सिलिया उस के गले में बाँहे डाल देती है।[88] लेकिन किसी ने ध्यान नहीं दिया कि ये ही शब्द सब से ज्यादा प्रतिक्रियावादी और खतरनाक हैं। इन में ब्राह्मण और चमार का भेद ज्यों का त्यों बना रह गया है। इन में ब्राह्मण की प्रशंसा है और चमार की निन्दा है। ब्राह्मण और चमार के भेद मिटे नहीं हैं बल्कि उन के बीच की चौड़ाई को और पुख्ता कर दिया गया है। शब्दों के माया जाल में वर्ण-व्यवस्था और जातिप्रथा ज्यों की त्यों बची रह गई हैं। यह आर्य समाज से एक इंच भी आगे न बढ़ना है। ऐसा प्रेमचंद ने अपने आखरी उपन्यास 'गोदान' में किया है। क्या उन्हें सन् 1936 में मालूम नहीं था कि हिन्दुस्तान में कौन ब्राह्मण है और कौन चमार है? ब्राह्मण का धर्म क्या है? चमार का धर्म क्या है? क्या दोनों का धर्म एक ही है या उन के धर्म अलग-अलग हैं? ब्राह्मण अपने कौन से धरम को पाले? चमार अपने कौन से धरम से मुँह न मोड़े? फिर मुसलमान कौन है,

ईसाई कौन है? बीच में बिचौलिए प्रेमचन्द कौन हैं?—'ना ब्राह्मण, ना चमार।' कायस्थ होने के नाते वे इन दोनों में से किसी को भी नहीं जानते। उन्हें इस में उलझना नहीं चाहिए था। यह उन का विषय नहीं था—इस लड़ाई को चमार और ब्राह्मण के बीच तय होने देते।

प्रेमचन्द ने 'रंगभूमि' में चमारों के चिन्तन को बिलकुल दफना दिया है जब सूरदास के मुख से ये शब्द कहलवाए हैं—"मेरी मनोकामना पूरी हो गई।...आज पाँच ब्राह्मणों को भोजन कराना है।"[89] यह उन के दिमाग में कैसा चमार है? वह चमारों का प्रतिनिधित्व कैसे कर जाएगा? वह चमारों का नेता कहाँ है? चमार के साथ प्रेमचन्द की इतनी खीचमखाँच ठीक नहीं है। इस से प्रेमचन्द के लेखन की विश्वसनीयता पूरी तरह जाती रही है कि मनोकामना पूरी होने पर सूरदास चमार पाँच ब्राह्मणों को भोजन कराएगा। लेकिन प्रेमचन्द ने ठान ली है कि सूरदास द्वारा पाँच ब्राह्मणों को भोजन जरूर करवाना है। वे लिखते हैं—"इतने में किसी ने पुकारा—सूरदास, चलो ब्राह्मण लोग आ गए हैं।"[90] तब, 'सूरदास लाठी टेकता घाट की ओर चला।'[91] मतलब, भोजन करवा ही दिया।

निश्चित रूप से, यह चमार कौम के चिन्तन पर प्रेमचन्द का कहर बरपा है। यह कोई दिशा नहीं है।

च. प्रेमचंद की वकालत नहीं चली

प्रेमचंद के एक लेख का शीर्षक 'महाजनी सभ्यता' है। प्रेमचंद के पक्षधर समीक्षकों ने इस की बहुत प्रशंसा की है। उदाहरण के रूप में, डा. शिव कुमार मिश्र ने अपने लेख 'प्रेमचंद की विरासत' में लिखा है—"प्रेमचंद ने सन् 1936 ई. में 'महाजनी सभ्यता' नामक एक लेख लिखा था जो इस बात का प्रमाण है कि जीवन के अंतिम दौर में उनकी सोच कौन सा नया मोड़ ले रही थी। यह शायद उनके द्वारा लिखा जाने वाला 'हंस' का आखिरी संपादकीय था। अमृत राय ने इस निबंध को 'नयी पीढ़ी को मुंशी जी की वसीयत' कहा है।'[92]

यहाँ डा. शिव कुमार मिश्र के ऊपर उद्धृत शब्दों के बारे में यही कहा जा सकता है कि यह अपने-अपने पढ़ने का फर्क है। मेरे द्वारा पढ़ने में प्रेमचंद का यह लेख 'महाजनी सभ्यता' प्रेमचंद को एकदम 'सामन्त का मुंशी' सिद्ध कर देता है। पुष्टि में प्रेमचंद के इस लेख के पहले पैरे को ही उद्धृत किया जा सकता है। वह इस प्रकार है—"जागीरदारी सभ्यता में बलवान भुजाएँ और मजबूत कलेजा जीवन की आवश्यकताओं में परिगणित थे, और साम्राज्यवाद में बुद्धि और वाणी के गुण तथा मूक आज्ञापालन उसके आवश्यक साधन थे, पर उन दोनों स्थितियों में दोषों के साथ कुछ गुण भी थे, मनुष्य के अच्छे भाव लुप्त नहीं हो गये थे। जागीरदार अगर दुश्मन के खून से अपनी प्यास बुझाता था तो अकसर अपने किसी मित्र या उपकारक के

लिए जान की बाजी भी लगा देता था। बादशाह अगर अपने हुक्म को कानून समझता था और उसकी अवज्ञा को कदापि सहन न कर सकता था, तो प्रज्ञापालन भी करता था, न्यायशील भी होता था। दूसरे के देश पर चढ़ाई वह या तो किसी अपमान-अपकार का बदला फेरने के लिए करता था या अपनी आन-बान, रोब-दाब कायम करने के लिए या फिर देश-विजय और राज्य विस्तार की वीरोचित महत्वाकांक्षा से प्रेरित होता था। उसकी विजय का उद्देश्य प्रजा का खून चूसना कदापि न होता था। कारण यह कि राजा और सम्राट जनसाधारण को अपने स्वार्थ साधन और धन-शोषण की भट्टी का ईंधन न समझते थे, किंतु उनके दुख-सुख में शरीक होते थे और उनके गुण की कद्र करते थे।''[93]

कहना यह है कि यह दलित का दृष्टिकोण नहीं है जो प्रेमचंद ने ऊपर 'महाजनी सभ्यता' का विरोध करने में सामन्ती व्यवस्था के पक्ष में प्रशंसा के कसीदे काढ़ दिए हैं। प्रेमचंद को यह दृष्टि कहाँ से मिली? क्या नहीं कहा जा सकता कि यह उन्हें अपने वर्ग चरित्र से मिली है? प्रेमचंद के द्वारा नई सभ्यता का स्वागत किया जा रहा है पर घूम-फिर कर सामन्त के पक्ष में शब्द निकल ही जाते हैं। संस्कार ही अलग किस्म का है। सच बात है, सामन्ती व्यवस्था में कायस्थों के मजे ही मजे थे। तभी वे महाजनी व्यवस्था के विरोध में इस प्रकार लिखते हैं—''महाजन अपने जोम में फूला फिरता था। सारी दुनिया उसके चरणों पर नाक रगड़ रही थी। बादशाह उसका बंदा, वजीर उसकी महत्वाकांक्षाओं के सामने सिर झुकाए हुए हर मुल्क में उसका बोलबाला।''[94]

दृष्टि का मूल अन्तर यही है कि कोई दलित चिन्तक पूंजीवाद का विरोध करने में सामन्तवाद की प्रशंसा नहीं करेगा। दलित के द्वारा पूंजीवाद की प्रशंसा करने की जरूरत नहीं है लेकिन भारत के दलितों ने सामन्तवाद के विरुद्ध पूँजीवाद के फैलने में पूँजीवाद को अपने फायदे में देखा था क्योंकि सामन्तवाद की व्यवस्था में वह बेगारी था जबकि पूँजीवाद में वह मजदूर बन रहा था। यदि पूँजीवाद ने किसानों का नुकसान किया है तो सामन्तवाद ने उन का और भी बुरा हाल कर रखा था। मौजूं इतना माकूल है कि एक ही पंक्ति में कबीर सामन्त (ठाकुर) और उस के मुंशी (कायस्थ)—दोनों से एक साथ मुखातिब और परेशान हैं :

गाइं कु ठाकुर खेत कु नेपै।
काइथ खरच न पारै।।
जोरि जेवरी खेति पसारै।
सब मिलि मोकौ मारै हो राम।।[95]

अपने युग में आएँ, तो पूँजीवाद के सौ नुकसान गिनाए जाएँ, दलितों में से कोई इस के नुकसान गिनाने से मना क्यों करेगा? लेकिन पूंजीवाद का एक असर जरूर होता है कि इस में हर किसी को कमाना पड़ता है,—यहाँ तक कि प्रेमचंद के साहित्यकार और कलाकार को भी। सामन्तवाद में कलाकार कमाता नहीं था। वह

सामन्तों का आश्रय ग्रहण करता था। वह एक दोहे पर एक सोने की अशर्फी पाने की लालसा पाले रहता था। इसी रूप में प्रेमचंद का सामन्त कला की रक्षा करता था। लेकिन पूंजीवाद में कलाकार के हाथ से सामन्ती व्यवस्था के वे पुराने तोते उड़ गए हैं। प्रेमचंद की इस लेख में यही हाय-हाय है। पूंजीवाद में कोई व्यक्ति ठाली बैठ कर नहीं खा सकता—न कोई धर्म का साधु और संन्यासी और न कोई सामन्त का साहित्यकार और कलाकार। जहाँ तक दलित जीवन की बात है, उसमें हमारे रैदास और कबीर भी धर्मपुरुष और धर्मगुरु के रूप में कमा कर खाते थे। दलित के किसी व्यक्ति ने बिना कमाए नहीं खाया। इधर, पूंजीवाद का विस्तार इस रूप में हुआ है कि अब मध्य वर्ग और सत्ता वर्ग के संन्यासियों और कलाकारों को भी कमा कर खाने की मजबूरी आ पड़ी है। पुराना निठल्लापन बचाए बच नहीं पा रहा है। आज, दक्षिण भारत के एक अय्यर ब्राह्मण ने साधु वेश में दाढ़ी मूंछ बढ़ा कर दूसरों को 'आर्ट आफ लिविंग' सिखाने का चकमा दे रखा है, लेकिन इस चकमे से बाहर हो कर खुद उसे भी एक दिन 'आर्ट आफ अर्निंग' सीखनी पड़ेगी।

इस पूंजीवाद का एक दूसरा असर सामन्ती समाज के संयुक्त परिवारों की व्यवस्था के चरर-मरर टूटने के रूप में सामने आ रहा है। सन्देश और मजबूरी यही है कि हर व्यक्ति को कमाना पड़ेगा। सामन्ती व्यवस्था के संयुक्त परिवारों में कुछ व्यक्तियों के लिए खाने और नाच-गाने में खोने के लिए पैसा मुफ्त में आ रहा था। वहाँ पैसे की पूरी बेकद्री थी। इधर, पूंजीवाद ने पैसे की कद्र करने की विवशता खड़ी कर दी है। इस में प्रेमचंद जैसे मध्य वर्ग के व्यक्ति को सामन्तों की नकल करते हुए रखैल रखने के लिए पैसा कहाँ से आएगा? और, जिस समाजवादी व्यवस्था के आने का प्रेमचंद स्वागत करने का ढोंग कर रहे हैं, उस में खुद प्रेमचंद के भीतर का बहुत कुछ टूटेगा। तब प्रेमचंद को अपनी पत्नी भी अपनी सामन्ती इच्छा के विरुद्ध कमाने के लिए घर से बाहर भेजनी पड़ेगी। कोई बताए कि प्रेमचंद अपने व्यक्तिगत जीवन में अपनी पत्नी और अपनी बेटी के मामले में इस के लिए कहाँ तैयार हैं।

एक वार्तालाप में शिवरानी प्रेमचंद से 'स्वराज' के बारे में पूछ रही हैं—"जब स्वराज हो जायगा, तब क्या चूसना बंद हो जाएगा?"[96] प्रेमचंद जवाब दे रहे हैं—"चूसा तो थोड़ा-बहुत हर जगह होता है। यही शायद दुनिया का नियम हो गया है कि कमजोर को शहजोर चूसें।"[97] प्रेमचंद को इस की भी 'अभी जल्दी कोई...आशा नहीं'[98] है कि रूस जैसी व्यवस्था भारत में हो जाएगी। लेकिन शिवरानी पूछ ही बैठी हैं—"मान लो कि जल्दी ही हो जाय, तब आप किस का साथ देंगे?"[99] इस पर प्रेमचंद का जो जवाब आया है वह सबसे ज्यादा चालाकी भरा है। वे जवाब देते हैं—"मजदूरों और काश्तकारों का। मैं पहले ही सब से कह दूंगा कि मैं तो मजदूर है। तुम फावड़ा चलाते हो, मैं कलम चलाता हूँ। हम दोनों बराबर ही हैं।"[100] जवाब में शिवरानी ने हँस कर कह ही दिया है—"इस तरह कहने से काम नहीं चलेगा। वह तुम्हारा विश्वास भी

नहीं करेंगे।"[101] इस का मतलब है, शिवरानी प्रेमचंद के बारे में सब कुछ जानती हैं। यह केवल पाला बदलने वाली बात है। पूछना यह है कि जब मजदूरों और काश्तकारों का राज या समय आएगा तो क्या मजदूरों और काश्तकारों में से उन के अपने लेखक पैदा नहीं होंगे। क्या खुद उस समय में ही दलितों के अपने लेखक नहीं थे? तब प्रेमचंद स्वामी अछूतानंद की आवाज में क्यों नहीं बोल रहे थे? निश्चित रूप से, वे अपने जमीदार वर्ग का प्रतिनिधित्व करते हुए भविष्य को धोखा देने के लिए खड़े थे। इस में उन का कोई बचाव सम्भव नहीं है क्योंकि उन्होंने किसी मजदूर या काश्तकार से अपनी रिश्तेदारियाँ नहीं जोड़ीं।

यह बात ध्यान में रख लेनी चाहिए कि लेखन प्रेमचंद का पेशा था। इसी पेशे के बल पर उन्होंने अपनी सरकारी नौकरी छोड़ी थी। इस पेशे में वे बम्बई में सिनेमा-जगत भी गए। उन्होंने 26 दिसम्बर, 1935 को इन्द्रनाथ मदान को पत्र में लिखा था—"सिनेमा मेरे लिए वैसा ही है जैसी कि वकालत होती, अन्तर बस इतना है कि यह अधिक स्वस्थ है।"[102] लेकिन वकालत के बारे में खुद प्रेमचंद की राय अच्छी नहीं है। वे इन्द्रनाथ मदान को लिखे अपने पत्र में दर्ज करते हैं—"सिनेमा साहित्यिक व्यक्ति के लिए कोई जगह नहीं है। मैं इस लाइन में यह सोच कर आया कि इस में आर्थिक रूप से स्वतन्त्र हो सकने का कुछ मौका था लेकिन अब मैं देखता हूँ कि मैं धोखे में था और मैं वापस अपने साहित्य को लौटा जा रहा हूँ। सच तो यह है कि मैंने लिखना कभी बन्द नहीं किया, उस को मैं अपने जीवन का लक्ष्य समझता हूँ। सिनेमा मेरे लिए वैसी ही चीज है जैसी कि वकालत होती... ।"[103] ऐसे समय याद आता है कि प्रेमचंद ने 25 सितम्बर, 1934 को लिखा था—"मैं खुद सोशलिस्ट विचारों का आदमी हूँ और मेरी सारी जिन्दगी गरीबों और दलितों की वकालत करते गुजरी है।"[104] वे आगे लिखते हैं—"अपने वकील का गला घोंटना अगर विजय है तो बेशक उसे (संघ को) विजय हुई, क्योंकि इस झमेले में 'जागरण' बन्द हो गया।"[105]

बहुत बड़े फर्क की बात यह है कि प्रेमचंद के पास धनी होने या न होने के विकल्प थे। इस बारे में अमृत राय ने प्रेमचंद के विचार दिए भी हैं। अमृत राय उन्हें उद्धृत करते हुए लिखते हैं :

> "अभी छः महीना पहले जब बनारसीदास जी ने बहुत जोर देकर उन्हें कलकत्ता बुलाया था, नोगूची का भाषण सुनने के लिए, उस वक़्त उन्होंने अपनी मजबूरी बतलाते हुए और बातों के साथ-साथ यह भी लिखा था—
>
> 'दुनिया में बड़े-बड़े दिमाग़वाले ढेरों हैं। कौन असली बड़ा आदमी है और कौन नक़ली, इसकी परख करने के लिए बड़ी गहरी न्यायबुद्धि की ज़रूरत है। मैं कल्पना ही नहीं कर सकता कि कोई बड़ा आदमी बड़ा धनपति हो। जैसे ही मैं किसी आदमी को बहुत

अमीर देखता हूँ, उसकी तमाम कला और ज्ञान की बातों का नशा मेरे ऊपर से उतर जाता है। मैं उसे कुछ इस तरह देखने लगता हूँ कि उसने इस वर्तमान समाज-व्यवस्था के आगे घुटना टेक दिया है जो अमीरों द्वारा ग़रीबों के शोषण पर आधारित है। लिहाजा ऐसा कोई बड़ा नाम, जो लक्ष्मी से असंपृक्त नहीं है, मुझे आकर्षित नहीं करता। यह बिल्कुल मुमकिन है कि इस दिमाग़ी ढाँचे के पीछे जीवन में मेरी अपनी असफलता हो। बैंक में अच्छी मोटी रक़म रखकर मैं भी शायद औरों जैसा ही हो जाता—मैं भी उस लोभ के सामने टिक न पाता। मगर मैं खुश हूँ कि प्रकृति और भाग्य ने मेरी सहायता की है और मुझे ग़रीबों के साथ डाल दिया है। इससे मुझे आध्यात्मिक शान्ति मिलती है।''[106]

कहा यह जा रहा है कि वे व्यवस्था के एक पुर्जे हैं। वे दलितों का नेतृत्व करने का दम कैसे भर सकते हैं? कहा यह भी जा रहा है कि दलितों के विषयों पर उन्हें स्वामी अछूतानन्द के नेतृत्व के अधीन काम करना चाहिए था। लेकिन दलितों का पक्ष लेने के नाम पर वे दलितों के नेतृत्व को भ्रमित करने में लगे हुए हैं। इसे कैसे आँका जाए? प्रेमचंद ने लिखा है—''जिस मुहल्ले में मैं था, उस में छोटी जाति के लोग थे।''[107] इस से क्या दर्शित होता है? दर्शित यह होता है कि वे खुद को ऊँची जाति का मानते हैं। यहीं फर्क बढ़ जाता है क्योंकि दलित नेतृत्व कभी अपनी जातियों को छोटी नहीं मानता। छोटी जाति और बड़ी जाति के भेद को स्वीकार करना ही गलत है। यह मानसिकताओं का समानान्तर फर्क है।

कहना यह भी है कि प्रेमचन्द ने खुद को किसानों और मजदूरों का वकील ही तो घोषित किया है, वे खुद किसान या मजदूर तो नहीं थे। अब यह किसानों और मजदूरों का चुनाव और हक है कि वे प्रेमचन्द को अपना वकील रखें या न रखें। यह मजबूरी क्यों बनाई जा रही है कि दलित लोग प्रेमचंद को ही अपना वकील रखें? हम प्रेमचंद को अपना वकील नहीं रखते, बात खत्म। इस में फालतू हुज्जतबाजी और हुल्लड़बाजी की जरूरत क्या है? हम अपने वकील आप बनेंगे। हमें किसी बाहरी वकील की जरूरत नहीं है। और ऐसा हम प्रेमचंद के समय से ही कहते आ रहे हैं कि हमें तब भी प्रेमचंद की वकील के रूप में जरूरत नहीं थी। हमारे बाबू मंगूराम, स्वामी अछूतानन्द और बाबा साहेब डा. अम्बेडकर उस समय हमारे वकीलों के रूप में महानतम मौजूद थे। हम बाबू मंगूराम, स्वामी अछूतानन्द और बाबा साहेब डा. अम्बेडकर की धारा पर चलेंगे या प्रेमचंद की धारा पर जो हम में से ही नहीं थे? वे हमारा प्रतिनिधित्व ही नहीं करते हैं तो हमारी वकालत क्या करेंगे? सीधी-सी बात है, प्रेमचंद हम में से नहीं थे। हमारे महापुरुषों से कोई चूक हो गई हो तो हम उन का सम्मान बरकरार रखते हुए उन चूकों को सुधार लेंगे, प्रेमचन्द से हमारा क्या

लेना-देना—क्योंकि वे अपने जातीय या वर्गीय स्वार्थ के त्याग की कीमत पर हमारी वकालत कैसे कर जाएंगे? एकदम असंभव बात हमें समझाई जा रही है, बल्कि हम पर थोपी जा रही है कि प्रेमचन्द हिन्दी में दलित साहित्य के सब से पहले पुरोधा थे। यह सारी लड़ाई प्रतिनिधित्व की है कि वकील होने के नाम पर दलितों का प्रतिनिधित्व उनसे छीना जा रहा है। राजनीति में गांधी छीन रहे थे और साहित्य में प्रेमचंद।

यह बात जोर दे कर कही जा सकती है कि प्रेमचंद दलित या गरीब तबके के आदमी नहीं थे। कुछ लोगों ने यह फैशन से भी अधिक अपना मिशन बना लिया है कि प्रेमचंद को गरीब कहा जाए। लेकिन सच बात यह है कि उन्हें किसी भी दृष्टि से गरीब कहना एकदम गलत है। जिन लोगों को प्रेमचंद गरीब लगते हैं, इस का मतलब है कि वे गरीबी को नहीं जानते। उन का गरीबी से कोई वास्ता नहीं है। प्रेमचंद को गरीब मानने का अर्थ है कि गरीबों से उन की पहचान भी छीनी जा रही है। प्रेमचंद साहित्यकार थे पर वे साहित्यकार भी कैसे थे? डा. शैलेश जैदी ने अपनी पुस्तक 'प्रेमचंद की उपन्यास-यात्रा : नव मूल्यांकन' में लिखा है—"मैं प्रेमचंद को क़लम का मज़दूर या क़लम का सिपाही मानने के पक्ष में नहीं हूँ। मेरी दृष्टि में उन्हें यदि कुछ कहा जा सकता है, तो कलम का सौदागर। वे जीवन में जितना अधिक व्यापारिक थे, उतना कोई अन्य साहित्यकार मुश्किल से मिलेगा। पाई-पाई का हिसाब रखना, मुफ्त में एक पंक्ति न लिखना, अपनी पुस्तकों पर अच्छी समीक्षा लिखने के लिए मित्रों से आग्रह करना, गवर्नरों और राजाओं महाराजाओं की प्रशंसा में लेख और टिप्पणियाँ लिखना, सरकार के प्रति वफादारी का सबूत देने के लिए लखनऊ दौड़ना, बेगार में दूध-घी आदि लेना, सूद पर रुपये उठाना, उधार को मुफ्त समझना आदि उनके जीवन के अनेक ऐसे पहलू हैं जिन्हें सहसा हँसकर उड़ाया नहीं जा सकता।"[108]

देखा जा सकता है, ऊपर के शब्दों में प्रेमचंद के लिए सौदागर और सूदखोर दोनों शब्द आ गए हैं। उन की सूद की दर क्या थी?—इस के बारे में डा. जैदी सूचना देते हैं—"प्रेमचंद ने इसी (सन् 1915 के) जमाने में 18 प्रतिशत सूद पर रुपये उठाने का धंधा भी शुरू कर दिया था।"[109] अब, यह पढ़कर कैसा लगता है कि प्रेमचंद महाजनी सभ्यता के खिलाफ थे?—बातें हैं, बातों का क्या?

संदर्भ

1. रंगभूमि, प्रेमचंद, शिवानी बुक्स, 4855/24, हरबंस स्ट्रीट, दरियागंज, नई दिल्ली-110 **002,** संस्करण, 2004, पृ.-14-5
2. वही, पृ.-384
3. वही, पृ.-159
4. वही, पृ.-339
5. प्रेमचंद को मसीहा न बनाएँ, सूरज बड़त्या, 27-घौंडली, कृष्णा नगर, दिल्ली-110 051, जनवरी-मार्च, 2005, पृ.-70 पर 'रंगभूमि' से उद्धृत
6. वही, पृ.-70 पर 'रंगभूमि' से उद्धृत

7. रंगभूमि, प्रेमचंद, शिवानी बुक्स, 4855/24, हरबंस स्ट्रीट, दरियागंज, नई दिल्ली-110 002, संस्करण, 2004, पृ.-37
8. वही, पृ.-46
9. वही, पृ.-137
10. वही, पृ.-118
11. वही, पृ.-118-19
12. वही, पृ.-136-37
13. वही, पृ.-18
14. वही, पृ.-26
15. प्रेमचंद : घर में, शिवरानी देवी प्रेमचंद, आत्माराम एण्ड संस, 1376, कश्मीरी गेट, दिल्ली-110 006, संस्करण, 2005, पृ.-136
16. वही, पृ.-138
17. प्रेमचंद : कलम का सिपाही, अमृत राय, हंस प्रकाशन, इलाहाबाद, संस्करण, अप्रैल, 1992, पृ. -99
18. वही, पृ.-152
19. वही, पृ.-152
20. वही, पृ.-153
21. वही, पृ.-153
22. वही, पृ.-236
23. प्रेमचंद की उपन्यास-यात्रा : नव मूल्यांकन, डा. शैलेश जैदी, यूनिवर्सिटी पब्लिशिंग हाउस, कोठी नायाब, सर सैयद रोड, सिविल लाइन्स, अलीगढ़, उत्तर प्रदेश, प्रथम संस्करण, जुलाई, 1978, पृ.-479
24. वही, पृ.-201
25. वही, पृ.-482
26. वही, पृ.-13-4
27. वही, पृ.-332
28. वही, पृ.-332
29. वही, पृ.-332
30. वही, पृ.-332
31. प्रेमचंद : घर में, शिवरानी देवी प्रेमचंद, आत्माराम एंड संस, 1376, कश्मीरी गेट, दिल्ली-110 006, संस्करण, 2005, पृ.-258-59
32. गोदान, प्रेमचंद, लोक भारती प्रकाशन, 15-ए, महात्मा गांधी मार्ग, इलाहाबाद-1, संस्करण, 1999, पृ.-261-62
33. प्रेमचंद : घर में, शिवरानी देवी प्रेमचंद, आत्मा राम एण्ड संस, 1376, कश्मीरी गेट, दिल्ली-110 006, संस्करण, 2005, पृ.-263
34. प्रेमचंद : कलम का सिपाही, अमृत राय, हंस प्रकाशन, इलाहाबाद, संस्करण, अप्रैल, 1992, पृ.-128
35. वही, पृ.-164
36. प्रेमचंद : घर में, शिवरानी देवी प्रेमचंद, आत्मा राम एण्ड संस, 1376, कश्मीरी गेट, दिल्ली-110 006, संस्करण, 2005, पृ.-249
37. वही, पृ.-250
38. रंगभूमि, प्रेमचंद, शिवानी बुक्स, 4855/24, हरबंस स्ट्रीट, दरियागंज, नई दिल्ली-110 002, संस्करण, 2004, पृ.-56
39. गोदान, प्रेमचंद, लोक भारती प्रकाशन, 15-ए, महात्मा गांधी मार्ग, इलाहाबाद-1, संस्करण, 1999, पृ.-69
40. प्रेमचंद : घर में, शिवरानी देवी प्रेमचंद, आत्मा राम एण्ड संस, 1376, कश्मीरी गेट, दिल्ली-110 006, संस्करण, 2005, पृ.-285

41. प्रेमचंद : कलम का सिपाही, अमृत राय, हंस प्रकाशन, इलाहाबाद, संस्करण, अप्रैल, 1992, पृ.-522
42. हंस, आत्मकथा अंक, विश्वविद्यालय प्रकाशन, चौक, वाराणसी-221 001, प्रथम आवृत्ति, 2008, प्रथम मूल संस्करण, जनवरी-फरवरी, 1932, पृ.-170
43. वही, पृ.-166
44. प्रेमचन्द के निन्दक, वीरेन्द्र यादव, तद्भव, 18/201, इन्दिरा नगर, लखनऊ-226 016, उत्तर प्रदेश, अक्तूबर, 2005, पृ.-74
45. रंगभूमि, मुंशी प्रेमचंद, गंगा-ग्रंथागार, 36, गौतम बुद्ध मार्ग, लखनऊ, तेरहवीं बार, 1958, पृ. -122
46. प्रेमचंद : विविध प्रसंग-3, संकलन और रूपान्तर, अमृत राय, हंस प्रकाान, इलाहाबाद, प्रथम संस्करण, प्रेमचंद स्मृति दिवस, 1962, पृ.-102
47. रंगभूमि, प्रेमचंद, शिवानी बुक्स, 4855/24, हरबंस स्ट्रीट, दरियागंज, नई दिल्ली-110 002, संस्करण, 2004, पृ.-21
48. वही, पृ.-603
49. वही, पृ.-417
50. वही, पृ.-104
51. वही, पृ.-91
52. वही, पृ.-448
53. वही, पृ.-500
54. वही, पृ.-592
55. वही, पृ.-585
56. वही, पृ.-11
57. वही, पृ.-68-9
58. वही, पृ.-147
59. वही, पृ.-588
60. प्रेमचंद : घर में, शिवरानी देवी प्रेमचंद, आत्माराम एण्ड संस, 1376, कश्मीरी गेट, दिल्ली-110 006, संस्करण, 2005, पृ.-219
61. वही, पृ.-70
62. वही, पृ.-166
63. वही, पृ.-294
64. वही, पृ.-298
65. वही, पृ.-303
66. गोदान, प्रेमचंद, लोक भारती प्रकाशन, 15-ए, महात्मा गाधी मार्ग, इलाहाबाद-1, संस्करण, 1999, पृ.-132
67. वही, पृ.-119
68. वही, पृ.-117
69. वही, पृ.-97
70. वही, पृ.-164
71. वही, पृ.-266
72. वही, पृ.-10
73. आदि हिन्दू आन्दोलन के प्रवर्तक श्री 108 स्वामी अछूतानन्द जी 'हरिहर' : जीवनी, सिद्धान्त और भाषण, लेखक, श्री चन्द्रिका प्रसाद जिज्ञासु, प्रकाशक, हिन्दू समाज सुधार कार्यालय, सआदत गंज, लखनऊ, पहली बार, 1960, पृ.-40-41
74. रंगभूमि, प्रेमचंद, शिवानी बुक्स, 4855/24, हरबंस स्ट्रीट, दरियागंज, नई दिल्ली-110 002, संस्करण, 2004, पृ.-291-92
75. वही, पृ.-335
76. वही, पृ.-562
77. "In this Vankar song from Vankar women the implications are inescapable. We cite this as an instance of oppression endured within marriage when the institution fails to safeguard the woman from 'upper' caste males who are physically, materially and socially so powerful as to exercise power as a matter of right over what they see as usable goods."

The Silken Swing : The Cultural Universe of Dalit Women, Edited by Fernando Franco, Jyotsna Macwan and Suguna Ramanathan, STREE, 16 Southern Avenue, Calcutta-700 026, Ist Edition, January, 2000, p.-197

78. हिन्दू शास्त्र बतर्ज दलित शास्त्र, कुमार मुकुल, सम्पादकीय, संप्रति पथ, 3/102ए, प्रथम तल, ललिता पार्क, लक्ष्मी नगर, दिल्ली-110 092, नवम्बर-दिसम्बर, 2005, पृ.-5

79. प्रेमचंद : घर में, शिवरानी देवी प्रेमचन्द, आत्माराम एण्ड संस, 1376, कश्मीरी गेट, दिल्ली-110 006, संस्करण, 2005, पृ.-61

80. वही, पृ.-61-2

81. राम राज्य न्याय (नाटक) शम्बूक मुनि—बलिदान, लेखक, स्वामी अछूतानन्द, प्रकाशक, बहुजन कल्याण प्रकाशन, सआदत गंज, लखनऊ 3, 11वीं बार, 1995, पृ.-20

82. प्रेमचंद : घर में, शिवरानी देवी प्रेमचंद, आत्माराम एण्ड संस, 1376, कश्मीरी गेट, दिल्ली-110 006, संस्करण, 2005, पृ.-62

83. वही, पृ.-62

84. वही, पृ.-54

85. Dalit and The Law, Girish Agrawal and Colin Gonsalves, Human Rights Law Network, 65, Masjid Road, Jangpura, New Delhi-110 014, Edition, 2005, pp.-53-68

86. सामन्त का मुंशी या कलम का सिपाही, संवाद, अरुण आदित्य, पल प्रतिपल, एस. सी. एफ., 267, सेक्टर-16, पंचकूला-134 113, हरियाणा, जून-सितम्बर, 2005, पृ.-75

87. गोदान, प्रेमचंद, लोकभारती प्रकाशन, 15-ए, महात्मा गांधी मार्ग, इलाहाबाद-1, संस्करण, 1999, पृ.-297

88. वही, पृ.-297

89. रंगभूमि, प्रेमचंद, शिवानी बुक्स, 4855/24, हरबंस स्ट्रीट, दरियागंज, नई दिल्ली-110 002, संस्करण, 2004, पृ.-261

90. वही, पृ.-263

91. वही, पृ.-263

92. प्रेमचंद की विरासत, डा. शिव कुमार मिश्र, कहानीकार, प्रेमचंद विशेषांक (125वीं जयन्ती पर बिशेष), के. 30/37, अरविंद कुटीर, निकट भैरवनाथ, वाराणसी-221 001, मई-अगस्त, 2005 और सितम्बर-दिसम्बर 2005 (संयुक्तांक), पृ.-196

93. महाजनी सभ्यता, मुंशी प्रेमचंद, कहानीकार, प्रेमचंद विशेषांक (125वीं जयन्ती पर विशेष), के. 30/37, अरविंद कुटीर, निकट भैरवनाथ, वाराणसी-221 001, मई-अगस्त 2005 और सितम्बर-दिसम्बर 2005 (संयुक्तांक), पृ.-116

94. वही, पृ.-121

95. महाबीजक [कबीर साहब की सम्पूर्ण वाणियों का संग्रह], सम्पादक, आचार्य महन्त गंगा शरण शास्त्री, कबीर वाणी प्रकाशन केन्द्र, श्री सदगुरु कबीर मन्दिर, सी. 23/5, कबीरचौरा मठ, वाराणसी-221 001, प्रथम संस्करण, 10 जून, 1998, पृ.-446

96. शिवरानी, प्रेमचंद : घर में, शिवरानी देवी प्रेमचंद, आत्माराम एण्ड संस, 1376, कश्मीरी गेट, दिल्ली-110 006, संस्करण, 2005, पृ.-133

97. वही, पृ.-133

98. वही, पृ.-133

99. वही, पृ.-133

100. वही, पृ.-133

101. वही, पृ.-133

102. प्रेमचंद : कलम का सिपाही, अमृत राय, हंस प्रकाशन, इलाहाबाद, संस्करण, अप्रैल, 1992, पृ.-580

103. प्रेमचंद : चिट्ठी-पत्री—2, संकलन-लिप्यन्तर-शब्दार्थ, मदन गोपाल और अमृत राय, हंस प्रकाशन, इलाहाबाद, प्रथम संस्करण, प्रेमचंद स्मृति दिवस, 1962, पृ.-237

104. प्रेमचंद : कलम का सिपाही, अमृत राय, हंस प्रकाशन, इलाहाबाद, संस्करण, अप्रैल, 1992, पृ.-576

105. वही, पृ.-577

106. वही, पृ.-634

107. प्रेमचंद : घर में, शिवरानी देवी प्रेमचंद, आत्माराम एण्ड संस, 1376, कश्मीरी गेट, दिल्ली-110 006, संस्करण, 2005, पृ.-22

108. प्रेमचंद की उपन्यास-यात्रा : नव मूल्यांकन, डा. शैलेश जैदी, यूनिवर्सिटी पब्लिशिंग हाउस, कोठी नायाब, सर सैयद रोड, सिविल लाइन्स, अलीगढ़, उत्तर प्रदेश, प्रथम संस्करण, जुलाई, 1978, पृ.-11-2

109. वही, पृ.-71

भाग-3. स्त्री-विरोधी प्रेमचंद

अध्याय-20

'झूठ बोलना भी एक फन है'

क. प्रेमचंद की पहली पत्नी का देहान्त किस साल हुआ?
ख. त्यक्ता के पुनर्विवाह पर रोक 'मोरलिटी' नहीं है
ग. प्रेमचंद का दूसरा विवाह किस साल हुआ?
घ. प्रेमचंद और विधवा का पुनर्विवाह?
ङ. प्रेमचंद : झूठ की मशीन

क. प्रेमचंद की पहली पत्नी का देहान्त किस साल हुआ?

वीरेन्द्र यादव तीसरे व्यक्ति हैं जो मेरी साहित्यिक बहस में मुझे बेमतलब मिले हैं। इस से पहले मुझे कबीर और स्त्री के विषयों को ले कर दो अन्य व्यक्ति मिल चुके हैं। इन का सीधा कहना होता है—'आ बैल, मुझे मार।' खैर, अब बात तीसरे व्यक्ति की है, जो वीरेन्द्र यादव हैं, और प्रेमचन्द के मामले में मुझे रास्ते में मिले हैं।

वीरेन्द्र यादव ने क्या किया है? उन्होंने मेरी किताब 'प्रेमचन्द : सामन्त का मुंशी' का विरोध किया है, जिस में उन्होंने मुझे प्रेमचन्द के निन्दकों में शामिल किया है। 'प्रेमचन्द के निन्दक' शीर्षक में वे बड़े आराम से 'प्रेमचन्द के प्रशंसक' बने हैं। एक पाठक के नाते उन का यह अधिकार सुरक्षित है कि वे किस लेखक के प्रशंसक बनते हैं। यह हर पाठक का मूल अधिकार है जिसे उस से छीना नहीं जा सकता। उन्हें प्रेमचन्द अच्छे लगते हैं तो इस में मुझे क्या परेशानी है? निश्चित रूप से, हिन्दी साहित्य में प्रेमचन्द का एक पाठक वर्ग है—और वह बड़ा भी हो सकता है। लेकिन वीरेन्द्र यादव क्या गलती करते हैं? वे प्रेमचन्द के साहित्य के ही प्रशंसक नहीं हैं बल्कि उन के जीवन के भी प्रशंसक हैं। पर, इस में भी मैं क्या कर सकता हूँ? उन्हें प्रेमचन्द का जीवन भी अच्छा लगता है तो यह उन का अपना मामला है। पर उन्होंने प्रेमचन्द

के साहित्य और प्रेमचन्द के जीवन के प्रशंसक होने से भी आगे एक नया दौत्य अपने जिम्मे लिया है। इस नए दौत्य-कर्म में उन्होंने मेरे खिलाफ लिखा है :

1. "प्रेमचन्द की नारी सम्बन्धी सोच के बारे में डा. धर्मवीर के उपरोक्त निष्कर्षों का न तो कोई औचित्य है और न प्रामाणिक आधार। उन की समस्या है कि प्रेमचन्द के बारे में उन का स्वयं का कोई अध्ययन नहीं है। इसलिए वे दूसरों के अध्ययनों से उन निष्कर्षों तक पहुँचते हैं, जो अनर्थकारी हैं।"[1]
2. "अब डा. धर्मवीर को झूठ का प्रचारक कैसे न कहा जाए? झूठ का प्रचार करते हुए ही उन्होंने प्रेमचन्द की कहानी 'सुहाग का शव' की पात्र सुभद्रा के अपने पति से संवाद का आधा अधूरा उद्धरण देते हुए प्रेमचन्द को तलाक का विरोधी सिद्ध करने का प्रयत्न किया है।"[2]
3. "डा. धर्मवीर की समस्या यह है कि वे सरकारी फाइल पर पूर्व टिप्पणी के आधार पर निर्णय देने की शैली से मुक्त नहीं हो पाते। इसीलिए वे अनर्गल बहस को जन्म देते हैं। प्रेमचन्द ने इतना विपुल साहित्य लिखा है कि कालानुक्रम में उस का अध्ययन किये बिना न तो उन के विचारों को जाना जा सकता है और न उन के व्यक्तित्व को समझा जा सकता है।"[3]
4. "उम्मीद की जानी चाहिए कि साहित्य की बहसों में डा. धर्मवीर योनिशुचिता की चिन्ता से त्रस्त होने के बजाय अपने तथ्यों एवं तर्कों के प्रति अधिक निष्ठावान व सतर्क होंगे क्योंकि यह उन के अपने वश में है। लेकिन यहाँ उन की विवशता है कि तथ्यों को ले कर वे पूरी तरह से परजीवी हैं...।"[4]
5. "निःसंदेह डा. धर्मवीर कुतर्क और मिथ्या कथन के बेताज बादशाह हैं।"[5]

अब जाना जाए कि किसी अन्य के लेखन की तरह मेरे लेखन में भी तीन ही बातें हैं—तथ्य, तर्क और निष्कर्ष। लेकिन वीरेन्द्र यादव ने मेरे लेखन को तथ्यों के स्तर पर ही काट फेंका है। जब तथ्य ही गलत हैं तो तर्क के कोई मायने नहीं रह जाते और निष्कर्ष के महल ढह ही जाएंगे।

जाना जाए कि प्रेमचन्द को ले कर तथ्य दो तरह से एकत्रित किए जा सकते हैं—एक उन के साहित्य से और दूसरे उन के जिए हुए जीवन से। खुद वीरेन्द्र यादव ही बता रहे हैं कि 'प्रेमचन्द ने इतना विपुल साहित्य लिखा है कि कालानुक्रम में उस का अध्ययन किये बिना न तो उन के विचारों को जाना जा सकता है और न उन के

व्यक्तित्व को समझा जा सकता है।' इस का मतलब है कि मुझे वे एक जंगल में बाड़ना चाह रहे हैं। अखाड़े के नियम ही तय नहीं हो पाएंगे तो हार-जीत का फैसला कैसे हो सकता है? इसलिए, बेहतर यह होगा कि पहले अखाड़े के नियम तय कर लिए जाएँ। नियम यह है कि साहित्य में साहित्यकार को एक रचनाकार और कलाकार के नाते कितने भी झूठ बोलने की स्वतन्त्रता मिल जाती है। 'जबान गज भर की' होने का मुहावरा है, लेकिन लेखन के लम्बे होने की कोई सीमा नहीं है। इसलिए, साहित्य के बजाय प्रेमचन्द के जीवन से ही तथ्य लिए जाएँ जिन को स्वयं वीरेन्द्र यादव ने ही उद्धृत किया है।

मुद्दा प्रेमचन्द के स्त्री-सम्बन्धी मामलों का है। वीरेन्द्र यादव ने मेरे शब्दों को उद्धृत किया है—"उन्होंने अपनी पहली पत्नी छोड़ी जिस ने पुनर्विवाह नहीं किया, उन्होंने एक दूसरी स्त्री से अपना पुनर्विवाह किया तथा इन दोनों के साथ साथ एक तीसरी स्त्री और रख रखी थी।"[6] इस के जवाब में वीरेन्द्र यादव ने क्या लिखा है? उन्होंने लिखा है—"यहाँ यह जानना प्रासंगिक है कि स्वयं प्रेमचन्द का इस बारे में क्या कहना था? 7 सितम्बर 1934 को जैनेन्द्र को लिखे पत्र में प्रेमचन्द द्वारा दी गई जानकारी निम्नवत है :

> "...मेरा किसी से कोई प्रणय नहीं हुआ। जिन्दगी बहुत उलझाने वाली थी और रोटी कमाना इतना कठिन काम कि उस में रोमांस के लिए जगह न थी। कुछ छोटे छोटे मामले थे जैसे कि सबके होते हैं, पर मैं इन्हें प्रेम नहीं कह सकता।...मेरी पहली स्त्री का देहान्त 1904 में हुआ, वह एक अभागी स्त्री थी, तनिक भी सुदर्शन नहीं और यद्यपि मैं उस से सन्तुष्ट नहीं था तो भी बिना शिकवा शिकायत निभाये चल रहा था जैसे कि सब पुराने पति करते हैं। वह जब मर गई तो मैंने एक बाल विधवा से विवाह किया और उस के साथ काफी सुखी हूँ।"[7]

इस उद्धरण में दो बातें हैं—एक बात वीरेन्द्र यादव ने लिखी है और दूसरी स्वयं प्रेमचन्द ने लिखी है। वीरेन्द्र यादव ने अपने लेख में इसे 80वाँ सन्दर्भ बनाते हुए सन्दर्भ अनुक्रमणिका में लिखा है—"प्रेमचन्द, चिट्ठी पत्री भाग दो, पृष्ठ 235।"[8] मेरे पास यह पुस्तक उपलब्ध है और इस का प्रथम संस्करण ही उपलब्ध है। इस का पूरा परिचय इस प्रकार है—"प्रेमचंद : चिट्ठी-पत्री 2, संकलन-लिप्यंतर-शब्दार्थ, मदन गोपाल और अमृतराय, हंस प्रकाशन, इलाहाबाद, प्रथम संस्करण, प्रेमचंद स्मृति दिवस, 1962।"[9]

पता चलता है कि वीरेन्द्र यादव को सन्दर्भ देने नहीं आते। उन्हें इस पुस्तक का पूरा विवरण देना चाहिए था ताकि कोई खरीदना चाहे तो खरीद सके। उन्होंने संस्करण का साल भी नहीं लिखा पर वही होना चाहिए जो मैंने ऊपर दिया है। तब पृष्ठ संख्या

235 न हो कर 234 और 235 है। यह वीरेन्द्र यादव की पहली गलती है। वीरेन्द्र यादव की दूसरी गलती यह है कि प्रेमचन्द ने यह पत्र 'जैनेन्द्र' को नहीं लिखा था बल्कि 'प्रिय इन्द्रनाथ जी'[10] को लिखा था। यह वीरेन्द्र यादव की कितनी बड़ी तथ्यात्मक गलती है? उन्हें चाहिए कि वे अपने लेख में इस गलती को जरूर सुधारें।

खैर, मैं यहाँ ज्यादा बड़ी गलती की तरफ ध्यान दिलाना चाह रहा हूँ। उसे गलती नहीं कहा जा सकता बल्कि वह महा झूठ है। वीरेन्द्र यादव दावा करना चाह रहे हैं कि उन्होंने प्रेमचन्द का सम्पूर्ण साहित्य पढ़ा है। पढ़ा हो, रटने वाले बिना अर्थ जाने तोते की तरह वेदों को रट जाते हैं। पूछना यह है कि क्या वीरेन्द्र यादव ने प्रेमचन्द के साहित्य की जाँच-परख भी की है। वे तथ्यों के मामले में मुझे मिथ्या कथन, परजीवी और झूठ का प्रचार करने वाला व्यक्ति मानते हैं। कहने का मतलब यह है कि तथ्यों के मामले में वे मेरी तरह 'परजीवी' न बन कर 'प्रेमचंद-जीवी' बने हुए हैं। वे प्रेमचन्द द्वारा लिखे गए इन शब्दों का विश्वास करते हैं—"मेरी पहली स्त्री का देहांत 1904 में हुआ... ।...वह जब मर गई तो मैंने एक बाल विधवा से विवाह किया... ।"

क्या वीरेन्द्र यादव के अनुसार मैं अपनी बात को यहीं छोड़ दूँ? क्या मैं वीरेन्द्र यादव की बात मान लूँ क्योंकि उन्होंने तथ्यों के मामले में खुद प्रेमचंद को ही उद्धृत कर दिया है? क्या मैं चुप हो जाऊँ? लेकिन नहीं, यहीं मुझे आगे बढ़ना है। मुझे वीरेन्द्र यादव को करेक्ट करना है। मैं यह कहना चाह रहा हूँ कि प्रेमचंद की उपरोक्त लिखित झूठी है कि 'मेरी पहली स्त्री का देहान्त 1904 में हुआ... ।...वह जब मर गई तो मैंने एक बाल विधवा से विवाह किया... ।' सच्चाई यह है कि उन की पहली स्त्री का देहान्त 1904 में नहीं हुआ था और उन्होंने पहली पत्नी के मर जाने से पहले ही एक बाल विधवा से विवाह किया था।

अब यह मेरा काम है कि मैं अपने ऊपर वाले कथन को सच्चा साबित करूँ और प्रेमचन्द के कथन को झूठा साबित करूँ।

मैं आगे शिवरानी देवी को उन की किताब 'प्रेमचंद : घर में' से उद्धृत कर रहा हूँ। उस का 15वाँ अध्याय इस प्रकार शुरू होता है :

> **"बस्ती, 1914**
>
> एक दिन की बात है कि दरवाजे पर उन के पहले साले बैठे थे। आप उन्हीं से बातें कर रहे थे। वे अपनी बहन के बारे में आपसे बातें कर रहे थे। वे दुखी भी थे। इत्तिफाक से मेरी दो साल की लड़की कमला बकवां-बकवां दरवाजे पर चली गई। मैं उसे देखने के लिए दरवाजे के तरफ गई। मैंने देखा लड़की उन के साले साहब की गोद में थी। वे बड़े प्यार से उसे चुमकार रहे थे। इसी बीच वे रंजीदा स्वर में बोले—अगर हमारा

सम्बन्ध भाईचारे का भी होता तो क्या मेरी बहन इसे प्यार न करती। इस पर आप खामोश थे। वे बहुत-सी बातें अपनी बहन के विषय में कहते रहे। मैं बड़े ध्यान से उन की बातें आड़ में सुनती रही। मेरे भी बदन का खून गरम हो रहा था उस समय। उस के बाद वे चले गए। आप लड़की को ले कर अंदर आये। वही पहला दिन था, जब मुझे मालूम हुआ कि वे अभी जिन्दा हैं। मुझे तो धोखा दिया जाता रहा कि वे मर गई हैं।"[11]

इस से क्या नतीजा निकलता है? शिवरानी देवी अपनी पुस्तक में लिख रही हैं कि 1914 में प्रेमचन्द की पहली पत्नी जिन्दी थीं, उधर, प्रेमचन्द इन्द्रनाथ जी को पत्र लिख रहे हैं कि उन की पहली पत्नी 1904 में मर गई थीं। प्रेमचन्द लिख रहे हैं कि पहली स्त्री के 1904 में मरने के बाद उन्होंने दूसरी स्त्री से विवाह किया, लेकिन दूसरी पत्नी के रूप में शिवरानी देवी लिख रही हैं कि जब उन की बेटी कमला दो साल की थी, तब प्रेमचन्द की पहली पत्नी जिन्दी थीं।

बात केवल यहीं तक सीमित नहीं रही। इसे ले कर बाकायदा प्रेमचन्द के घर में झगड़ा हुआ। शिवरानी देवी लिखती हैं :

> "मैंने कहा—'कौन साहब थे?'
> आप बोले—'एक महाशय थे।'
> मैं बोली—'मुझे आप से ऐसी उम्मीद न थी कि आप झूठ बोलेंगे।' "[12]

शिवरानी देवी और प्रेमचन्द का अगला संवाद इन शब्दों का है :

> "मैं—'...आप कृपा करके उन्हें ले आइए।'
> मैं तो लेने नहीं जाऊँगा।'
> मैं—'क्यों नहीं जाइएगा? शादी हुई थी, तमाशा नहीं था।' "[13]

इस विषय को ले कर शिवरानी देवी ने प्रेमचन्द का पीछा नहीं छोड़ा। उन का अगला संवाद इस प्रकार है :

> "मैं—'...यह जिम्मेदारी का तुक नहीं है।'
> 'चाहे हो या न हो, मैं लाऊँगा नहीं।'
> मैं—'क्या बात है? एक आदमी का जीवन मिट्टी में मिलाने का आपको क्या हक है?'
> उन्होंने कहा—'हक वगैरह की कोई बात नहीं।'
> मैं—'भला आप जो कहते हैं, क्या यही हिन्दू-संस्कार के मानी हैं?'
> 'आज न मालूम वह कम्बख्त कहाँ आ गया कि उसे देख कर दुनिया-भर की बातें तुम सुनाने लगी।"[14]

मैं समझता हूँ—मेरा तथ्य, मेरा तर्क और मेरा निष्कर्ष—तीनों पूरे हो गए हैं। लेकिन वीरेन्द्र यादव की समझ बढ़ाने के लिए शिवरानी देवी की इस पुस्तक से अगला उद्धरण भी रखा जा रहा है :

> "मैं कुछ नरम पड़ी। सोचा कि क्रोध से काम नहीं चलेगा। प्यार से बोली—'आप उन को लिवा लाइए। उन की जिम्मेदारी मेरे सिर रहेगी।'
>
> 'तुमसे झगड़ा होगा।'
>
> मैं—'जैसे मैं घर-गृहस्थी के बारे में कुछ सलाह आप से नहीं लेती, वैसी ही उन के बारे में मैं आप से कुछ न कहूँगी। मैं चाहती हूँ कि उन्हें खुश रखूँ। हम दोनों बड़े आराम से रहेंगे।'
>
> 'तुम लोग तो आराम से रहोगी, सजा मुझे भुगताओगी।'
>
> मैं—'ईश्वर कसम। आप से सच कहती हूँ, जो इस विषय में आप से कुछ मैं कहूँ।'
>
> 'भाई, तुम अपनी इच्छा के अनुसार जो करना चाहो करो। मैं कुछ न बोलूंगा।'
>
> मैं खामोश हो गई।
>
> मैंने उन्हें 'प्रिय बहन' करके खत लिखा। उन्हें बुलाया था। उस के चौथे रोज उस का जवाब आया कि जब वे खुद लेने आयेंगे तो मैं चलूँगी। मैं तुम को देखना तो चाहती हूँ, पर उन्हें भेजिए लिवा ले जाने को।
>
> मैंने उन्हें खत उठा कर दे दिया। उन्होंने कहा—'नहीं आई तो मैं क्या करूँ?'
>
> फिर उन्हें मैं बराबर खत लिखा करती थी। उन का खत कैथी में लिखा रहता था। उसे मैं उन्हें दे दिया करती थी।"[15]

इस मामले को ले कर एक दिन शिवरानी देवी ने प्रेमचंद से यह भी कहा था—"एक की मिट्टी-पलीद कर दी... जिस की कुरेदन मुझे हमेशा होती है। जिसे मैं बुरा समझती हूँ, वह हमारे ही यहां हो और हमारे हाथों हो। मैं स्वयं तकलीफ सहने को तैयार हूँ; परन्तु स्त्री जाति की तकलीफ मैं नहीं देख सकती। उसी का प्रायश्चित शायद मुझे भी करना पड़ेगा; हालांकि मैं बेगुनाह हूँ। मेरे पिता को मालूम होता तो आप के साथ मेरी शादी हर्गिज न करते।"[16]

स्त्री के मामले की मूल बात एक तरफ, यहाँ यही जाना जाए कि प्रेमचन्द इन्द्रनाथ मदान के सामने कितने बड़े झूठे आदमी थे। वीरेन्द्र यादव कैसे खुश हो कर प्रेमचन्द के लिखे को तथ्य के रूप में मेरे सामने पेश कर रहे हैं? वीरेन्द्र यादव खुद तो प्रेमचन्द के धोखे में आ ही गए हैं, पर यह लेख लिख कर वे झूठ का प्रचार भी कर रहे हैं। कहना चाहिए, प्रेमचन्द के मन में किसी के प्रति अन्धश्रद्धा नहीं थी,

लेकिन वीरेन्द्र यादव के दिमाग में जरूर प्रेमचन्द के प्रति अन्धभक्ति ने जन्म ले रखा है।

लगता है, अपनी पुस्तक 'प्रेमचंद : घर में'—के एक परिच्छेद का शीर्षक 'बस्ती, 1914' देने में शिवरानी से भी कुछ भूल हो गई है। वे लिखती हैं—"इत्तिफाक से मेरी दो साल की लड़की कमला बकवां-बकवां दरवाजे पर चली गई।"[17] ऐसा सच नहीं हो सकता कि कमला 1914 में दो साल की हो गई थीं। मदन गोपाल ने इस घटना को 1915 की माना है। उन्होंने माना है कि प्रेमचंद की पहली पत्नी 1915 में जीवित थीं। मैं मदन गोपाल के कथन को एक दूसरे प्रमाण से पुष्ट कर सकता हूँ। प्रमाण यह है कि प्रेमचंद ने 22 मार्च, 1913 को महोबे से दया नरायन निगम को लिखे पत्र में लिखा है—"मिस्टर सरन के घर में बच्चा पैदा हुआ है। खुशी की बात है। ईश्वर उसे जिन्दा रखे। मेरी न पूछिए। अहबाब फलें-फूलें। मेरी खुशी के लिए इतना काफी है। ज्यादा की जरूरत नहीं है। उन्हीं के बच्चों को प्यार करके अपनी हवस मिटा लूँगा।"[18]

ख. त्यक्ता के पुनर्विवाह पर रोक 'मोरलिटी' नहीं है

जो संस्कृति इतिहास के विरोध में खड़ी हो, उस के लेखकों के बारे में क्या कहा जाए? प्रेमचंद खुद अपनी दृष्टि में इतिहास के विरोधी हैं। उन्होंने अपने उपन्यासों और कहानियों के सामने इतिहास की मजाक भी उड़ाई है। खैर, ऐसी एक गलती प्रेमचंद ने अपने उपन्यास 'प्रेमा' का प्रकाशन-वर्ष देने में की है। डा. कमल किशोर गोयनका ने अपनी पुस्तक 'प्रेमचन्द : अध्ययन की नयी दिशाएँ' में लिखा है—"प्रेमचन्द ने इस उपन्यास के सम्बध में **दयानरायन निगम** को 17 जुलाई, 1926 को लिखा, "सन् 1904 में एक हिंदी नाविल 'प्रेमा' लिख कर इण्डियन प्रेस से छापा कराया... ।" "[19] इस के आगे डा. गोयनका ने लिखा है—"लेकिन उपलब्ध तथ्यों के आधार पर उन के विचारों को स्वीकार करना सम्भव नहीं है। 'प्रेमा' की जो प्रथम संस्करण की प्रति उपलब्ध है, उस पर प्रकाशन-वर्ष 'सन् 1907 ईसवी' स्पष्ट रूप से अंकित है।"[20] तब डा. गोयनका ने ठीक लिखा है—"प्रेमचंद ने...सन् 1904 में प्रकाशित कराने की बात गलत लिखी है।"[21]

ऊपर, डा. गोयनका ने लिखा है कि प्रेमचंद ने 'प्रेमा' के सन् 1904 में प्रकाशित कराने की बात गलत लिखी है। वे इसे प्रेमचंद की गलती मान रहे हैं, पर मैं उदार हो कर इसे प्रेमचंद की भूल भी मानने को तैयार हूँ। जिस जगह मैं अनुदार हूँ, वह प्रेमचंद द्वारा 7 सितम्बर, 1934 को इन्द्रनाथ मदान को पत्र में यह लिखना है—"मेरी पहली स्त्री का देहान्त 1904 में हुआ... ।"[22] यह कोरा झूठ है और प्रेमचंद झूठ के दार्शनिक थे। उन्होंने अपने जीवन और साहित्य के द्वारा झूठ का शास्त्र खड़ा किया था। आखिर, ये प्रेमचंद के ही शब्द हैं—"सच कहता हूँ, झूठ बोलना भी एक फन है।"[23]

मैं यह कहना चाहता हूँ कि उन्होंने अपने जीवन और साहित्य में इसी फन को निभाया है। पर यदि झूठ बोलना एक फन है तो झूठ को पकड़ लेना क्या है? क्या वह भी फन नहीं है? पर बेचारे वीरेन्द्र यादव, जो प्रेमचंद का आँख मीच कर विश्वास करते हैं, प्रेमचंद के शब्दों को आप्तवाक्य मानते हैं–उन की स्थिति झूठ को बोलने और झूठ को पकड़ने के बीच में कहाँ है? सच बात यह है कि उन्हें इस बहस से बाहर हो जाना चाहिए क्योंकि वे कहीं नहीं ठहरते। क्या साहित्यिक आलोचना में कोई रेफरी का पद नहीं होता जो सीटी बजा कर, या पीला कार्ड दिखा कर, या लाल कार्ड से आउट करार दे कर, खिलाड़ी को मैदान से बाहर कर देता है?

यदि वीरेन्द्र यादव प्रेमचन्द की पहली पत्नी की मृत्यु के साल के बारे में सच में खोज करने के लिए आगे बढ़ें तो मदन गोपाल की पुस्तक 'कलम का मजदूर : प्रेमचंद' से वे कुछ मदद और इशारे ले सकते हैं। मदन गोपाल ने लिखा है–"धनपतराय की पहली पत्नी कितने दिन जीती रहीं, इसकी कोई जानकारी नहीं। जिस घटना का उल्लेख शिवरानी देवी ने किया है वह 1915 के आस-पास की है। इसके दस वर्ष बाद, 1925 में, प्रेमचन्द ने एक कहानी 'स्त्री और पुरुष' (उर्दू में देवी) शीर्षक से लिखी जो 'चाँद' में छपी। इसके हीरो विपिन जैसे स्वयं प्रेमचन्द हों। इनकी कुरूप स्त्री के चित्रण का अंश हम पहले दे चुके हैं। कहानी के दूसरे भाग में विपिन को फालिज हो जाता है। पत्नी उपचार करवाती है। पति की सेवा करती है। विपिन के स्वास्थ्य में सुधार हो जाता है। तब उसका हृदय परिवर्तन भी होता है और वह मानव में असली रूप को पहचानने लगा है। बहुत सी सुन्दरियों में से उसे अपनी कुरूप स्त्री ही सुन्दर लगती है। किसी घटना ने तो प्रेमचन्द को प्रभावित किया होगा। क्या वह उनकी पहली पत्नी का निधन था, या यह कहानी पश्चाताप के तौर पर लिखी गयी थी? इस बारे में कोई जानकारी नहीं मिल सकी।"[24]

इस मामले में मदन गोपाल ने भी प्रेमचंद की गलत तरफदारी की है। प्रेमचंद की पहली पत्नी के सन्दर्भ में वे लिखते हैं–"प्रेमचन्द की धारणा थी कि जिसको इन्सान समझे जीवित है, वही जीवित है, जिसे समझे मर गया, वह मर गया।"[25] बिलकुल गलत। जो स्त्री मरी नहीं है, उसे मरी हुई कैसे मान लिया जाएगा? यहाँ किसी धारणा से काम नहीं चलता, एक स्त्री की जवान जिन्दगी से खेला जा रहा है। इस मामले में प्रेमचंद का कोई बचाव सम्भव नहीं है। प्रेमचंद को तत्कालीन हिन्दू कानून के बारे में भली भांति मालूम था कि उस में विधवा के पुनर्विवाह की अनुमति ईश्वरचन्द्र विद्यासागर ने दिलवा दी थी, लेकिन परित्यक्ता के पुनर्विवाह की कोई अनुमति नहीं थी। उन की पहली पत्नी परित्यक्ता थीं, शिवरानी की तरह की विधवा नहीं। कानून में त्यक्ता के आंसू पोंछने के लिए कोई विधान नहीं था। तो, प्रेमचंद की इस धारणा

का क्या अर्थ निकलता है कि जिस को इन्सान समझे जीवित है, वही जीवित है, जिसे समझे मर गया, वह मर गया? अर्थ यही निकलता है कि प्रेमचंद के लिए 'झूठ बोलना भी एक फन' है।

मदन गोपाल ने प्रेमचंद की पहली पत्नी के बारे में कुछ बातें सही लिख कर कुछ गैर-जरूरी बातें भी लिख दी हैं, जिन का कोई तथ्यात्मक आधार नहीं है। वे लिखते हैं–"शिवरानी देवी के विवरण से यह तो स्पष्ट है कि प्रेमचन्द की पहली पत्नी आत्मसम्मान वाली स्त्री थी। घर से निकाले जाने पर वह स्वयं पति के घर नहीं आयी। प्रेमचन्द विख्यात हो चुके थे। यदि वह झगड़ालू होती, उसके दिल में बदले की भावना होती तो वह आ कर बखेड़ा खड़ा कर सकती थी। समाज, धर्म और कानून उसका साथ देते और वह प्रेमचन्द के लिए समस्याएँ खड़ी कर सकती थी। परन्तु वह भलीमानस थी। पति के नाम की माला जपती रही।"[26]

यहाँ कहना यह है कि हिन्दू स्त्रियों के बारे में बाद की बातों को ले कर एक शोर मचा हुआ है। लेकिन दलित चिन्तन उस शोर को सुनना नहीं चाहता। कानून पर बात हो सकती है या किसी व्यक्ति विशेष पर, इसलिए बिना प्रमाणों के फालतू बोलना बेकार है। अब दलित चिन्तन ने वात्स्यायन का 'कामसूत्र' पढ़ रखा है, जो हिन्दू स्त्रियों के बारे में ही लिखा गया है। हम प्रेमचंद की पहली पत्नी पर कोई लांछन भी लगाना नहीं चाहते। फालतू बात मदन गोपाल ने शुरू की है। क्या उन्हें जवाब दिया जाए? जिस तथ्य को वे जानते नहीं हैं उस पर बोलते क्यों हैं? इसलिए, मैं प्रेमचंद की पहली पत्नी के चरित्र पर कुछ भी न बोल कर, क्योंकि मैं उस बारे में कुछ भी नहीं जानता, मदन गोपाल की फालतू बात का उत्तर जरूर दे सकता हूँ।

मैं दलित समाज का व्यक्ति हूँ। मैं इस बात को सही ही नहीं मानता कि किसी की जवान बहू-बेटी विधवा या त्यक्ता की हालत में रहे। हम अपनी ऐसी बहू-बेटियों के पुनर्विवाह कर देते हैं। इसलिए, उन्हें बदनाम होने की कोई जरूरत नहीं पड़ती। वे शान से किसी एक पुरुष की पत्नी बन कर रहती हैं। इसलिए, यह समस्या हिन्दुओं की है, दलितों की नहीं। पति अपनी पत्नी को रख नहीं रहा है तो ऐसी त्यक्ता के लिए मोरलिटी क्या भाड़ में झोकने के लिए है? हम हिन्दुओं की उन सारी विधवाओं और त्यक्ताओं का पूरा सम्मान करते हैं, चाहे वे 'सीमन्तनी उपदेश' की अज्ञात हिन्दू लेखिका की बात मान कर दस-दस आदमियों से सम्बन्ध बनाएँ। यहाँ कहना केवल यह है कि मदन गोपाल के लेखन में खोट है। यदि प्रेमचंद की पत्नी ने किसी के साथ सम्बन्ध भी बनाए हों, हमारी दलित दृष्टि में, वे तब भी पूरी सम्माननीया हैं। उन्हें सम्माननीया कहने के लिए हमें मदन गोपाल के इस सर्टिफिकेट की जरूरत नहीं है कि वे 'पति के नाम की माला जपती रहीं।' हम यह भी नहीं कह रहे हैं कि प्रेमचंद ने उन्हें

छोड़ कर गलत काम किया, हम यह कह रहे हैं कि छुटने पर उन्हें पुनर्विवाह का अधिकार और विकल्प मिलना चाहिए था। नहीं मिला, बस यही गलती है—और यह कानून और व्यवस्था की गलती है, किसी एक व्यक्ति या व्यक्ति विशेष की नहीं। हम इस व्यवस्था को ही स्वीकार नहीं करते कि कोई जवान स्त्री विधवा या त्यक्ता बन कर रहे। ऐसी मोरलिटी स्त्री के प्राकृतिक जीवन की सामाजिक और पारिवारिक हत्या है।

अमृत राय ने प्रेमचन्द की पहली पत्नी के बारे में लिखा है—"जिन्दा वह बहुत बाद तक रहीं, नवाब (प्रेमचंद) ने जब दूसरी शादी की तब तक उन्हें इस घर में दस बरस हो चुके थे...।"[27] वीरेन्द्र यादव अमृत राय के इन्हीं शब्दों से कुछ सीख और समझ ले लेते। पर गलती खुद अमृत राय की भी है। वे अपने नैतिक दायित्व से बच नहीं सकते, क्योंकि पुस्तक 'प्रेमचंद : चिट्ठी-पत्री' का संकलन, लिप्यन्तर और शब्दार्थ उन्होंने मदन गोपाल के साथ संयुक्त रूप से किया है। फिर, इस चिट्ठी-पत्री वाली पुस्तक और उन की दूसरी पुस्तक 'प्रेमचंद : कलम का सिपाही' दोनों का प्रकाशन एक ही वर्ष और एक ही साथ 'प्रेमचंद स्मृति दिवस, 1962' में हुआ है। और भी, उन की माँ शिवरानी की पुस्तक 'प्रेमचंद : घर में' का प्रकाशन और भी पहले जुलाई, 1956 में हो चुका था। डा. कौशल राय अपने लेख ''प्रेमचंद : घर में' झूठ का पुलिंदा' में लिखते हैं कि इस का प्रथम बार प्रकाशन सन् 1944 में हुआ था।[28] इसलिए, 'प्रेमचन्द : चिट्ठी-पत्र-2' में प्रेमचन्द के 7 सितम्बर, 1934 के इन्द्रनाथ को लिखे इस पत्र को छापते समय उन्हें पाद-टिप्पणी बना कर लिख देना चाहिए था कि उन के पिता प्रेमचन्द इस जगह झूठ लिख रहे हैं। पर खैर, उन से चूक हो गई, या वे भूल गए, या यह उन के घर का मामला था कि वे इस बात को छुपा जाएँ, पर वीरेन्द्र यादव का यह कैसा मामला है कि वे प्रेमचन्द को समाकों की तरह नहीं पढ़ रहे हैं? घर तो दूर, उन की तो प्रेमचन्द से जात भी नहीं मिलती।

वीरेन्द्र यादव को यदि साहित्यिक आलोचना के क्षेत्र में कायम रहने की अपनी सार्थकता को बनाए रखना है तो उन्हें कम से कम यह न्यूनतम शोध कार्य जरूर करना चाहिए कि प्रेमचंद की पहली ब्याहता का देहान्त किस साल में हुआ था। यदि वे ऐसा नहीं करते हैं तो वे कुछ नहीं करते हैं। यह काम ज्यादा मुश्किल नहीं है। इस काम को मैं इसीलिए छोड़ रहा हूँ कि वे इसे कर लेंगे। वैसे, मैं उन की थोड़ी मदद और कर सकता हूँ कि हंस राज रहबर ने अपनी पुस्तक 'प्रेमचंद : जीवन, कला और कृतित्व' में लिख दिया है—"पहली पत्नी जब तक जीवित रहीं, वे उसे हर महीने खर्च भेजते रहे....।"[29] लगता है, यह वाक्य हंस राज रहबर ने बहुत ही गैर-जिम्मेदारी से लिखा है। इस का इस के सिवा कोई प्रमाण नहीं है कि वे इसे लिख रहे हैं। रहबर

को प्रमाण माना जा सकता था यदि वे यह बता देते कि प्रेमचन्द की पहली पत्नी कब तक जीवित रहीं। जब तक जीवित रहीं, तब तक वे उसे हर महीने खर्च भेजते रहे–कुछ समझ में नहीं आता। एक बार पहली पत्नी के भाई प्रेमचन्द के पास आए थे, जब बाई चांस शिवरानी के सामने भांडा फोड़ हो गया था, पर वे पैसे लेने तो नहीं आए होंगे। यदि प्रेमचंद ने हर महीने खर्च भेजा है तो उस भेजने का माध्यम क्या था? रहबर अपनी बात कह कर हट गए। कोई जिम्मेदारी नहीं ली। बड़ी भारी गलती है।

एक खास बात यह भी है कि जबकि शिवरानी का प्रेमचंद से विवाह 1906 में हुआ था, उन्हें 1914 में ही पता चल सका कि प्रेमचंद की पहली पत्नी जीवित हैं। लेकिन प्रेमचंद द्वारा शिवरानी से यह कहने पर कि 'मैंने अपनी पहली स्त्री के जीवन-काल में ही एक और स्त्री रख छोड़ी थी' तथा यह भी कहने पर कि 'तुम्हारे आने पर भी उस से मेरा सम्बन्ध था' के जवाब में शिवरानी ने कहा था–''मुझे मालूम है।' इस से लगता है, शिवरानी को यह बात 1906 में ही मालूम हो गई थी। मेरा अनुमान है, शिवरानी प्रेमचंद की पहली पत्नी के जीवित होने की बात 1914 में ही जान सकीं, लेकिन प्रेमचंद की एक रखैल है, यह बात वे 1906 में ही जान गई होंगी। तब, यदि हंस राज रहबर की बात सच मानी जाए तो प्रेमचंद की आमदनी कितनी रही होगी कि अपनी सौतेली माँ और उस के बच्चों के लिए पैसे भेज रहे हैं, अपनी दूसरी पत्नी को घर का खर्च दे रहे हैं, पहली पत्नी को महीने वार खर्च भेज रहे हैं, और एक हथनी–अर्थात रखैल भी पाल रखी है?

ग. प्रेमचंद का दूसरा विवाह किस साल हुआ?

वीरेन्द्र यादव की बात छोड़ी जाए क्योंकि उन्होंने इस बहस में कोई योगदान नहीं किया। उन्होंने प्रेमचन्द के साहित्य का एक अन्धविश्वासी की तरह पाठ किया है। जाना यह जाए कि मदन पाल ने भी अपनी अंग्रेजी की पुस्तक 'मुंशी प्रेमचंद : ए लिटरेरी बायोग्राफी' में एक जवाबी बहस की है। जरूरत पड़ने पर, इस विषय में उन्होंने न प्रेमचंद का विश्वास किया है, न उन के बेटे अमृत राय का और न उन की पत्नी शिवरानी का। उन्होंने लिखा है–''प्रेमचन्द की अपनी पहली पत्नी से अलग होने की तारीख के बारे में निश्चित नहीं हुआ जा सकता। प्रेमचन्द ने 1935 के अपने एक पत्र में लिखा है कि उन की पहली पत्नी का 1904 में देहान्त हो गया था। चूँकि प्रेमचंद मई 1905 में कानपुर के हाई स्कूल में पहुँचे थे, यह ज्यादा सही लगता है कि सन्दर्भित साल 1906 या 1907 का है जब तक कि उन्होंने निगम से बहुत नजदीकी रिश्ते कायम कर लिए थे। भ्रम का बड़ा कारण उन का बिना तारीख का गर्मियों की

छुट्टियों में दया नारायन निगम को लिखा एक पत्र बना। निगम ने बाद में इस पर एक प्रश्न वाचक चिह्न बना कर "1905" लिख दिया। उन्होंने इसे प्रेमचंद के निधन पर लिखे अपने लेख में भी उद्धृत किया। पत्र में केवल एक संकेत है जिस में प्रेमचन्द ने प्रार्थना की थी कि सम्पादकीय मंडल में उन के नाम की घोषणा स्थायी तौर पर कर दी जाए। यह घोषणा जमाना के जून 1906 के अंक में की गई। इसलिए पत्नी से अलगाव का साल 1906 होना चाहिए, उस से पहले नहीं। प्रेमचन्द के समकालीन राम चन्द्र वर्मा ने कहा है कि प्रेमचंद ने उन्हें बताया था कि उन का पुनर्विवाह कई साल बाद हुआ था जिस का अर्थ उन्होंने कम से कम तीन से चार वर्ष माना है। इस का मतलब है कि प्रेमचंद का पहली पत्नी से अलगाव 1906 में हुआ और उन का पुनर्विवाह 1909 में हुआ। इस से वह गलत धारणा समाप्त हो जाती है जो प्रेमचंद के पुत्र अमृत राय सहित कई लेखकों ने बना रखी है कि प्रेमचंद का अलगाव 1905 में और पुनर्विवाह 1906 में हुआ था।"[30]

मदन गोपाल ने प्रेमचन्द के मुंशी दया नारायन निगम को लिखे इस पत्र को बेदिनांक का होने की वजह से बहुत विवादित मान लिया है। उसे उद्धृत करते हुए वे लिखते हैं—"पत्र की मूल प्रति मेरे पास है। इस पर प्रेमचंद के हाथ की लिखी कोई तारीख नहीं है। दयानारायण ने जमाना के विशेषांक के लिए लेख लिखते समय इस पर सन् 1905 लिखा और प्रश्न चिह्न भी लगा दिया। स्पष्ट है उन्हें भी...(इस के) बारे में संशय था, पत्र 1905 का नहीं है। इस में लिखे अन्य तथ्यों के आधार पर मैंने इसे अप्रैल-मई 1906 का माना है।"[31] तब उन तथ्यों को ही जान लिया जाए, जिन का वे जिक्र कर रहे हैं। वे इस प्रकार हैं :

> "रुपये आपने रवाना किये, पहुँचे। खत से रूह को मसर्रत हासिल हुई। तीन बार से कम न पढ़ा होगा। किताबें और अखबार पहुँचे। उर्दूए मुअल्ला हस्बे मामूल पस्त है।
>
> ज़माना की छपाई अबकी दो एक मज़मून की न बनी।...जून का पर्चा निकलते ही दस जिल्दें मय चार-पाँच अप्रैल की कापी के रवाना कीजिये। उनके पहुँचते ही ईजानिब् रवाना होंगे। फ़ेहरिस्त आपके पास पहुँची होगी। शायद इतमीनान के क़ाबिल भी हो। जी तो चाहता था कि 50 ख़रीदारों के नाम यकबारगी लिखता मगर फ़िलहाल 16 ही पर क़नाअ़त की। उनके नाम पर्चे भेज दीजिये।
>
> धोती-कुर्ता अपने तोशेख़ाने में रहने दीजिए, यहाँ भेजने की ज़रूरत नहीं, मेरा काम चल रहा है। सफ़र गाज़ीपुर, आज़मगढ़, बलिया, गोरखपुर और बनारस का करूँगा। बनारस ही में पन्द्रह-बीस ख़रीदार हो जावेंगे।"[32]

यहाँ इस पत्र में से कुछ और भी उद्धृत किया जाना जरूरी है जो इस प्रकार है :

> "कहाँ हँसी-मज़ाक़ में दिन कटता था, कहाँ चुप की मिठाई या गूँगे का गुड़ खाकर बैठना पड़ता है। अजब ज़ीक़...में जान मुबतिला है। भाई जल्दी से छुट्‌टी कटे और फिर यारों के जलसे और चहचहे-क़हक़हे हों। कोई बीस दिन से ज़्यादा गुज़रे, मगर क़सम ले लो जो ज़बान से प्यारा लफ़्ज़ 'बंबूक़' एक बार भी निकला हो।"[33]

एक अच्छे विश्लेषण के लिए इस पत्र के निम्न शब्द भी उद्धृत किए जाते हैं :

> "अधबीच में छोड़नेवाले और होंगे। यहाँ तो जब एक बार बाँह पकड़ी तो ज़िन्दगी पार लगा दी। नौबत राय न आएं। क्या जहाँ मुर्ग़ा न होगा वहाँ सुबह न होगी। एडिटोरियल मैं सब कर लूँगा। ख़तो किताबत जो मुआमले की है वह मैं कर लूँगा। खास एडीटर की तवज्जो के क़ाबिल जो खुतूत होंगे वह ख़िदमते शरीफ़ में पेश होंगे। और काम करने का बन्दोबस्त होना जरूरी है। लेबल छपा लेंगे। आने का वक़्त आयेगा तो मशवरा हो रहेगा। जान गाढ़े में न डालो। हिम्मते मर्दा मददे खुदा। हिम्मते एडीटराँ, मददे दोस्ताँ। हाँ, यह एलान करना ज़रूरी होगा कि नवाब राय स्टाफ़ में दाख़िल हो गये।"[34]

तब विश्लेषण क्या है? पहली बात, अमृत राय और मदन गोपाल पाल ने अपनी पुस्तक 'प्रेमचंद : चिट्‌ठी-पत्री-1' के संयुक्त संकलन, लिप्यंतर और शब्दार्थ में सन् 1962 में प्रेमचन्द के इस पत्र को जून, 1905 का माना है।[35] मदन गोपाल ने अपनी पुस्तक 'मुंशी प्रेमचंद : ए लिटरेरी बायोग्राफी' में लिखा है कि प्रेमचन्द (नवाब राय) को 'जमाना' के जून 1906 के अंक में स्टाफ में दाखिल किया गया था। तो, क्या यह मान लिया जाए कि प्रेमचन्द ने कहा और दया नारायन निगम ने तत्काल उन की बात मान ली? संभावना इस बात की भी है कि दया नारायन निगम ने प्रेमचन्द की बात पूरे एक साल बाद मानी हो। सही यह भी है कि दया नारायन निगम किसी की बात इतनी जल्दी में मानते नहीं थे। प्रेमचन्द और उन के रिश्ते गहरे थे पर वे दोनों व्यवसायी भी थे। प्रेमचन्द को उन से अनेक बार परेशानियाँ पेश आई हैं जो अमृत राय की पुस्तक 'प्रेमचंद : कलम का सिपाही' में दर्ज हैं।

प्रेमचन्द के पत्र से जो अर्थ निकाला जा सकता है वह यह है कि यह प्रेमचन्द का दया नारायन को लिखा सब से पहला पत्र या सब से पहले पत्रों में से एक हो सकता है। कारण इस प्रकार गिनाए जा सकते हैं :

1. दया नारायन निगम ने प्रेमचन्द के पास पैसे पहुँचाए हैं और एक हृदय भरा खत भी लिखा है जिसे प्रेमचन्द ने कम से कम तीन बार पढ़ा है।
2. प्रेमचन्द ने 'जमाना' के संभावित खरीदारों की एक सूची भेजी है। प्रेमचन्द ने यह काम पहली बार किया है। उन की ख्वाहिश थी कि 50 ग्राहक बना लें, पर 16 के नाम ही भेज सकें। इस का मतलब यह जरूर निकाला जा सकता है कि प्रेमचन्द का निगम से परिचय अभी हाल ही में हुआ है। यदि यह एक साल पुराने परिचय की बात होती तो वे यह नहीं लिखते कि 'बनारस में ही पन्द्रह-बीस खरीदार हो जावेंगे।'
3. कानपुर में प्रेमचन्द का दया नारायन निगम और अन्य लोगों की सोहबत में 'हँसी-मजाक' में दिन कटता था। इस का मतलब है कि इस में वे अपने हाल ही के दिनों की बात कर रहे हैं, महीनों या वर्षों की नहीं।
4. प्रेमचन्द एडिटोरियल का काम करने को तैयार हैं। इस में नौबत राय की बात को बीच में लाने से यह एक वर्ष पुरानी बात नहीं दीखती जिस में खास यह भी लिखा गया है–"आने का वक्त आयेगा तो मशवरा हो रहेगा।"

इस के बाद क्या जानना शेष रह जाता है? जानना वह है जो अमृत राय ने 'प्रेमचंद : चिट्ठी-पत्री-1' की भूमिका में लिखा है। उन्होंने लिखा है–" 'जमाना' और मुंशी प्रेमचंद के साहित्यिक जीवन की शुरूआत लगभग एक साथ हुई। 'जमाना' 1903 में निकला और 1903 में ही मुंशी जी का पहला उपन्यास 'असरारे मआबिद' बनारस के एक गुमनाम उर्दू साप्ताहिक में निकलना शुरू हुआ। लेकिन जब 1905 में आ कर उन का सम्बन्ध 'जमाना' से हुआ, तब से उन्होंने और भी बंध कर लिखना शुरू किया।"[36] अमृत राय की बात इस साक्ष्य से सही साबित होती है क्योंकि प्रेमचंद का मुंशी दया नारायन निगम को लिखा जो सब से पहला पत्र उपलब्ध है, वह परताबगढ़ से 30 जनवरी, 1905 का है तथा इस के बाद का दूसरा इलाहाबाद से 20 फरवरी, 1905 का है।[37] इन दो पत्रों के बाद ही विवादित पत्र बनारस से जून, 1905 का लिखा जाना क्रम में तीसरा तय किया गया है। दूसरे पत्र से यह भी पता चलता है कि इन दोनों के बीच दिसम्बर, 1904 में पत्र-व्यवहार शुरू हो गया था।

मदन गोपाल ने इस पक्ष में कि प्रेमचन्द का शिवरानी से पुनर्विवाह 1909 में हुआ था, एक और तर्क दिया है। वे लिखते हैं–"प्रेमचंद के पुनर्विवाह की तिथि के बारे में भ्रम बना हुआ है। शिवरानी देवी ने कहा है कि वे 1901 में ग्यारह वर्ष की उम्र में विधवा हो गई थीं। तब उन के छोटे भाई की उम्र तीन साल की थी। उन की माँ का देहान्त 1904 में हुआ जब वे चौदह वर्ष की थीं। जब उन का दूसरा विवाह हुआ, तब उन के भाई की उम्र पाँच साल की थी। इस हिसाब से प्रेमचन्द के पुनर्विवाह का समय 1906 के आसपास बैठता है। यदि ऐसा है तो शिवरानी देवी के ये कथन कि *सोज-ए-वतन* का प्रकाशन उन के पुनर्विवाह के एक वर्ष बाद हुआ था तथा जब उन का फागुन में प्रेमचन्द के साथ विवाह हुआ था तो चैत के महीने में प्रेमचन्द का सब-डिप्टी इन्सपेक्टर आफ स्कूल के पद पर प्रमोशन हुआ था, गलत ठहरते हैं। लेकिन भारतीय लोगों का यह विश्वास कि स्त्री विवाह के अवसर पर अपने पति के लिए सौभाग्य लाती है, यही दर्शाता है कि घटनाओं के इस क्रम को बताने में शिवरानी देवी गलत नहीं हो सकतीं। जैसा कि मालूम है, प्रेमचंद जून या जुलाई 1909 में सब-डिप्टी इन्सपेक्टर बने थे, इसलिए यही साबित होता है कि प्रेमचन्द का शिवरानी देवी से दूसरा विवाह 1909 में हुआ था।"[38]

इस विषय को वी एस नरवने ने भी अपनी पुस्तक 'प्रेमचंद : हिज लाइफ एण्ड वर्क' में चर्चा में लिया है। उन्होंने लिखा है–'विवाह 1906 के साल में शिवरात्रि के शुभ दिन पर हुआ था।"[39] लेकिन इस के साथ-साथ उन्होंने यह भी लिख दिया है–"शिवरानी से विवाह के थोड़े ही समय बाद प्रेमचंद सब-डिप्टी इन्सपेक्टर आफ स्कूल के पद पर पदोन्नत हो गए थे।"[40] वी एस नरवने ने दोनों बातें एक साथ ही रहने दीं। उन्होंने इस बहस में अपनी तरफ से कोई योगदान नहीं किया। बस, उन्होंने इतना बताने की ईमानदारी बरत ली है कि अमृत राय और मदन लाल में इस साल को ले कर क्रमशः 1906 और 1909 का अन्तर है।[41]

मेरे हिसाब से, मदन गोपाल के इन तर्कों और निष्कर्षों को सही नहीं माना जा सकता। मैं उन के इस निष्कर्ष की कई तरह से काट कर सकता हूँ कि प्रेमचन्द का दूसरा विवाह 1909 में हुआ था।

जान लिया जाए कि अमृत राय ने इस बारे में क्या लिखा है। उन्होंने अपनी पुस्तक 'प्रेमचंद : कलम का सिपाही' में लिखा है–"(प्रेमचन्द के) फुटकर लेख तो इस तरह के बने ही, दो लम्बे किस्से भी इसी बीच छपे। एक तो राजपूताने की कहानी थी 'रूठी रानी' जो अप्रैल से अगस्त 1907 तक 'जमाना' में धारावाहिक रूप से निकली, और दूसरी 'किशना' लगभग इन्हीं दिनों किताब की सूरत में बनारस के मेडिकल हाल प्रेस से छपी।"[42] वे आगे लिखते हैं–" 'किशना' निकलने के साल भर बाद 'दुनिया

का सब से अनमोल रतन' और दूसरी चार कहानियों का संग्रह 'सोजे वतन' के नाम से निकला।''[43] अमृत राय ने क्रम को बांधते हुए आगे लिखा है–''और उस के छः आठ महीने बाद, 10 जून 1909 को कूच का परवाना आ गया।''[44] उन्होंने इस समय के उन के पद के बारे में लिखा है–''आखिर को वह एक अफसर थे (स्कूल के सब-डिप्टी-इन्सपेक्टर)''[45]

शिवरानी देवी इस बारे में क्या कहती हैं? वे अपनी पुस्तक 'प्रेमचन्द : घर में' में लिखती हैं–''इस के बाद आप महोबा आए।''[46] वे आगे खुलासा करती हैं–''वे चले गए। वहाँ जा कर चार्ज लिया। वहाँ से ग्यारहवें दिन आप आए।''[47] वे आगे लिखती हैं–''(अब की बार) चाची भी राजी हो गईं। वह भी महोबा गईं। तीन महीने के बाद फिर उन की चाची अपने लड़के के साथ कानपुर लौट आईं।''[48] शिवरानी देवी ने महोबे के बारे में सब से महत्वपूर्ण सूचना यह दी है–''वहीं मेरे दो लड़कियाँ पैदा हुईं। कमला वहीं पैदा हुई। मैं अकेली महोबे में दस महीने रही। उन दिनों वे दौरा करने जाते तो डेढ़ दो-महीने में आते थे।''[49]

शिवरानी देवी ने अपनी दूसरी शादी के बारे में कुछ अन्य महत्वपूर्ण जानकारियाँ भी दी हैं। वे लिखती हैं–''मेरी शादी हुई। शादी में ही मैं घर आई और चौदह रोज रही। मेरी तबियत लगती न थी, क्योंकि मेरी माँ मर चुकी थीं। एक मेरा भाई पाँच बरस का था। इस को मैं उसी तरह प्यार करती थी, जैसे माँ अपने बच्चे को करती है। मेरे जब चौदह साल पूरे हुए थे, तब ही मां मर चुकी थीं। मेरा भाई तब तीन वर्ष का था। उसी समय मुझे अपनी जिम्मेदारियों का ज्ञान हुआ।''[50] उन की अगली लिखत यदि मदन गोपाल के लिए बहुत महत्व की है तो मेरे लिए उन से भी ज्यादा महत्व की है। वे लिखती हैं–''फागुन में मेरी शादी हुई, चैत्र में आप सब-डिप्टी इंसपेक्टर हो गए। मैं महीने भर यहां रहती थी तो 10 महीने अपने घर। मुझे यहां अच्छा नहीं मालूम होता था, क्योंकि रोजाना झगड़ा होता रहता था।''[51]

इस समय थोड़ी मदद पुनः अमृत राय की पुस्तक 'प्रेमचंद : कलम का सिपाही' से ले ली जाए। वे महोबे को ले कर प्रेमचन्द और शिवरानी के बारे में लिखते हैं–''पति-पत्नी को साथ रहने का सुख जिन्दगी में पहली बार मिल रहा था।''[52] लेकिन इस विषय पर अमृत राय ने सब से महत्वपूर्ण सूचना यह दी है–'महोबा प्रवास के इन्हीं आरम्भिक दिनों में शिवरानी देवी को उन की पहली सन्तान हुई, लड़की, जो दस महीने की हो कर नहीं रही।''[53] मेरा अनुमान है कि महोबे में पहली सन्तान होने की सूचना उन्हें अपनी माँ शिवरानी से मिली होगी। माँ ने बताया होगा कि तुम्हारी एक सब से बड़ी बहन भी थी।

अब जानना क्या शेष रह जाता है? जानना यह है कि प्रेमचन्द और शिवरानी की सन्तानें कब-कब पैदा हुईं। अनेक सूचना स्रोतों को जुटा कर मैं इस बारे में एक तालिका बना रहा हूँ जो इस प्रकार है :

तालिका-II

प्रेमचन्द दम्पति की सन्तान का विवरण

क्रम सं.	नाम	बेटा/बेटी	स्थिति	जन्म वर्ष	जन्म स्थान
1	2	3	4	5	6
1.	अज्ञात	बेटी	दस महीने की मर गई	1909	महोबा[54]
2.	कमला	बेटी	जीवित रहीं	1913	महोबा[55]
3.	श्रीपत राय	बेटा	जीवित रहे	1916	गोरखपुर[56]
4.	अज्ञात	बेटा	ग्यारह महीने का मर गया	1919	गोरखपुर[57]
5.	अमृत राय	बेटा	जीवित रहे	अगस्त 1921	कानपुर[58]

पता नहीं, सन् 1904 का साल प्रेमचन्द के जीवन में क्या बला थी। 1904 न हो गया, उन के जीवन की एक टेक हो गई। प्रेमचंद इस साल में होने वाली एक और बात लिखते हैं—"जब मैं इलाहाबाद गया तो मुझे दस रुपये मिलते थे।...उन्हीं दिनों मैंने 'कृष्णा' नाम का एक छोटा-सा उपन्यास लिखा था और इण्डियन प्रेस से छपवाया था। ये दो साल उधार-खाते में बीते।"[59] प्रेमचन्द के अगले शब्द भी जान लिए जाएँ जो शिवरानी ने अपनी पुस्तक 'प्रेमचन्द : घर में' उद्धृत किए हैं। वे इस प्रकार हैं—"सन् 1904 में मैं पास हुआ। छुट्टियों के दिन थे, मैं घर आया था। उन्हीं दिनों मुझ में और मेरी बीवी में झगड़ा हो गया था...। क्रोध में आ कर मैंने उन को डांटा था। वे भी झल्लाईं मुझ पर। मैंने कहा—तुम अपने घर जाओ, इस से कहीं बेहतर होगा। मैंने विजय बहादुर से कहा—इन को पहुंचा आओ। मेरा कहना था कि वे उन्हें पहुँचा आए।"[60] प्रेमचन्द ने आगे लिखा है—"दिसम्बर में मैं अपने चचेरे भाई तथा विजयबहादुर को ले कर कानपुर आया। वहीं सन् 1905 में शादी हुई।"[61]

इस विषय पर एक सब से बड़ा दस्तावेज मिलता है जिसे अमृत राय ने अपनी पुस्तक 'प्रेमचंद : कलम का सिपाही' में उद्धृत किया है। यह शिवरानी के पिता मुंशी देवी प्रसाद ने जारी किया था। वह प्रेमचन्द को देवी प्रसाद को खत लिखने पर उन से मिला था। दस्तावेज क्या, एक किताबचा था। अमृत राय ने लिखा है—"किताबचे पर उस का नाम दिया है, कायस्थ बाल विधवा उद्धारक और उस के नीचे यह इबारत है—मूर्ख गुपनाम द्वारा लिखित जिस को मुंशी गजाधर प्रसाद नायब दीवानी ने यूनियन प्रेस, इलाहाबाद में छपवा कर प्रकाशित किया। 1905।"[62]

यूँ, ऊपर सारे उपलब्ध प्रमाण इकट्ठे कर लिए गए हैं। तब प्रेमचन्द का शिवरानी से पुनर्विवाह किस साल हुआ? उत्तर इस प्रकार हैं :

1. प्रेमचन्द ने लिखा है कि उन का विवाह 1905 में हुआ।
2. अमृत राय ने माना है कि 'आखिर 1906 के फागुन में शिवरात्रि के रोज शादी हो गई।'[63]
3. मदन गोपाल ने माना है कि प्रेमचन्द का यह पुनर्विवाह 1909 में हुआ था।

इन तीन में से किस की बात सही है? मेरे हिसाब से, अमृत राय की बात ज्यादा सही बैठती है। जब प्रेमचन्द लिख रहे हैं कि उन की दूसरी शादी 1905 में हुई थी तो वे थोड़े गलत हैं, ज्यादा नहीं। एक अन्य सन्दर्भ में अमृत राय ने लिखा भी है—"काफी परस्पर-विरोधी सी बातें हैं और कुछ अजब नहीं कि मुंशी जी की स्मृति धोखा दे रही हो।"[64] इस मामले में भी यही हुआ लगता है। सब से बड़ा दस्तावेज उस किताबचे का है जो शिवरानी के पिता मुंशी देवी प्रसाद ने 1905 में प्रकाशित करवाया था। ऐसा नहीं हो सकता कि मुंशी देवी प्रसाद ने जो किताबचा 1905 में प्रकाशित किया था, उस के चार साल बाद 1909 में उन की बेटी शिवरानी का पुनर्विवाह हुआ हो। नहीं लगता कि इस मामले में चार साल की इन्तजार की गई हो। अमृत राय ने लिखा है—'नवाब (प्रेमचंद) ने इस इश्तहार को पढ़ा तो उस की तबीयत फड़क उठी...उसने फौरन लड़की की फोटो की फरमाइश की।"[65] वे आगे लिखते हैं—'अब मुंशी देवी प्रसाद ने लड़के को देखने की ख्वाहिश जाहिर की और उसे फतेहपुर बुलाया। नवाब पहुँचा। ससुर ने भी दामाद को पसंद किया। ज्यादा अब तय करने के लिए था भी क्या। लेन-देन की कोई बात ही न थी। शादी उसी दम तय हो गई।"[66]

अमृत राय के इस निष्कर्ष के बारे में केवल एक सन्देह रह जाता है कि, या तो शादी 1905 में हुई है, या 1906 में। इस में भी, कम से कम एक बात पक्की होनी चाहिए कि शिवरानी के लिखे अनुसार शादी फागन के महीने में हुई थी और अमृत राय ने उस में 'शिवरात्रि' का दिन और जोड़ा है। अब सन् 2009 है। यह 1906 से पूरे एक सौ तीन वर्ष का अन्तर है और सन् 2009 की शिवरात्रि 23 फरवरी को पड़ी है।[67] फिर, सीधे 1906 की शिवरात्रि की तारीख जानी जा सकती है। मेरे एक मित्र ने गणना करके मुझे मौखिक रूप से बताया है कि 1906 में यह 21 फरवरी थी। तब प्रेमचन्द की दूसरी शादी का साल 1905 न हो कर 1906 ही होना चाहिए। हम मान सकते हैं कि यह दूसरा विवाह 21 फरवरी, 1906 को हुआ था।

मदन गोपाल ने जिस लिखत पर यह नतीजा निकाला है कि प्रेमचंद की यह शादी 1909 में हुई थी, वह शिवरानी देवी की है—"फागुन में मेरी शादी हुई, चैत्र में आप सब-डिप्टी इंसपेक्टर हो गए।"[68] यह बात सच है कि सब-डिप्टी इंसपेक्टर प्रेमचंद 10 जून, 1909 के कूच के परवाने के साथ बने थे।[69] मदन गोपाल ने यही कहा

है कि यदि शिवरानी का उपरोक्त कथन सही है तो उन की शादी 1909 में हुई थी और यदि शादी 1906 में हुई थी तो शिवरानी के उपरोक्त कथन को गलत मानना पड़ेगा। मेरा यह कहना है कि शिवरानी का उपरोक्त कथन बाइ चांस गलत है। यह उन से भूल हो गई है, जान-बूझ कर गलती नहीं। कारण यह है कि उन के दूसरे सारे कथन नतीजे को इस ओर ले जाते हैं कि उन की यह शादी 1906 में हुई थी। जब कई प्रमाण यह सिद्ध कर रहे हों कि उन की यह शादी 1906 में हुई थी तो उन के इस कथन को असिद्ध ठहराया जा सकता है जिस में प्रेमचंद के 'सब-डिप्टी इंसपेक्टर' होने की बात आई है। यह भी हो सकता है कि प्रेमचन्द को शादी के तुरन्त बाद कोई दूसरा छोटा-मोटा प्रमोशन मिला हो जो रिकार्ड करने से रह गया हो। पहले भी, 30 अप्रैल, 1904 के नौ महीने बाद प्रेमचन्द को 'माडल स्कूल का हेडमास्टर बना कर फिर इलाहाबाद बुला लिया गया था।'[70]

यदि हम मदन गोपाल की बात मान कर शिवरानी के इस एक ही 'सब-डिप्टी इंसपेक्टर' वाले कथन पर टिक जाते हैं तो हमें इस से शिवरानी के दूसरे कथनों का भी मिलान बैठाना पड़ेगा। लेकिन सच बात यह है कि 1909 में शादी होने की बात से उन का मिलान बैठता नहीं है। वे कारण इस प्रकार हैं :

1. शिवरानी के कहे अनुसार महोबे में उन की पहली बेटी का जन्म हुआ। अमृत राय का इशारा इस ओर है कि वह 1909 में पैदा हुई थी।
2. प्रेमचन्द की चाची अर्थात सौतेली माँ प्रेमचंद के साथ महोबे में आना नहीं चाह रही थीं, लेकिन फिर भी आ गई थीं। वे वहाँ तीन महीने रही थीं। शायद उन की चाची को मजबूरन महोबे में इसलिए आना पड़ा हो कि शिवरानी को बच्चा होने वाला है।
3. शिवरानी ने जिस पैरे में लिखा है कि 'फागुन में मेरी शादी हुई, चैत्र में आप सब डिप्टी इंसपेक्टर हो गए' उसी पैरे की लगातारी में उन का दूसरा वाक्य इस प्रकार है—"मैं महीने भर यहाँ रहती थी तो 10 महीने अपने घर।"[71] शिवरानी ने इस वाक्य को इस अर्थ में लिखा है कि ऐसा कई सालों तक हुआ था। तब 1909 में शादी का साल मान कर 1909 में ही या अगले कुछ सालों में भी बेटी के पैदा होने की बात सम्भव कहाँ रह जाती है? दस-दस महीने में पीहर में रहने की बात तभी समझ में आती है जब शादी को 1906 में हुई माना जाए।
4. शिवरानी ने उस पैरे का तीसरा और अन्तिम वाक्य उसी लगातारी में इस प्रकार लिखा है—"मुझे यहां अच्छा नहीं मालूम होता था, क्योंकि

रोजाना झगड़ा होता रहता था।''[72] आगे शिवरानी देवी ने 'महोबा' वाले प्रकरण में लिखा ही है—''चाची भी राजी हो गईं। वह भी महोबा गईं। तीन महीने के बाद फिर उन की चाची अपने लड़के के साथ कानपुर लौट आईं।''[73] इसलिए, शिवरानी का यह अर्ध वाक्य कि 'मुझे यहाँ अच्छा नहीं मालूम होता था'—कानुपर से सम्बन्धित होना चाहिए तथा बाकी का अर्ध वाक्य कि 'क्योंकि रोजाना झगड़ा होता रहता था'—भी कानपुर से ही सम्बन्धित होना चाहिए। महोबे में प्रेमचन्द की चाची कुल तीन महीने रही थीं, अब चाहे वे इन तीन महीनों में कितने भी झगड़े कर लेतीं, पर उन झगड़ों का एक समय-सीमा में अन्त था, तथा अन्तहीन वे कानपुर में ही बने हुए थे।

5. शिवरानी देवी ने ही लिखा है कि 'शादी में ही मैं घर आई और चौदह रोज रही।'[74] ससुराल में उन की तबियत नहीं लगती थी। चौदह रोज के बाद वे अपने पीहर चली गई थीं। अगले सालों में भी वे महीने भर ससुराल रहतीं तो 10 महीने अपने पीहर। लेकिन महोबे में जा कर ऐसा नहीं हुआ। महोबे के बारे में वे लिखती हैं—''फिर मैं सात साल वहाँ रही।''[75]
6. कानपुर के बारे में शिवरानी देवी ने लिखा है—''...मैं अपनी सास से सुन चुकी थी कि वे कैसा बर्ताव मेरी सौत से करती थीं। फिर भी यह (पति प्रेमचंद) कुछ नहीं बोलते थे। मुमकिन है कि यह कल मेरे काम पर मुझ से भी नाराज हों। मुझे क्या गरज पड़ी थी कि मैं शासन करती। मैं भी अपने मायके में आनन्द से रहती थी। एक दफे मेरे पिता का खत आया। उन्होंने मुझे बुलाया था। उस का जवाब आपने दिया कि मैं नहीं विदा करूँगा। मैं इस पर झल्लाई।''[76]

यह कानपुर में आखरी दिनों की बात है जब वे लिखती हैं—''यह शब्द कहते-कहते उन (प्रेमचन्द) की आंखें सजल हो आईं। उस रोज से मुझे उन पर दया आने लगी। उसी दिन से मैं उन में मिलना चाहने लगी।...तब से मैं वाकई उन पर शासन करने लगी। तभी से मैं उन के घर को अपना भी समझने लगी।''[77] इसी के बाद महोबे की बात आ जाती है।

ऊपर के तथ्यात्मक विश्लेषण से निष्कर्ष यह निकलता है कि प्रेमचन्द का शिवरानी से विवाह 1906 में हुआ था, और 1909 में नहीं, जैसा मदन गोपाल ने सुजा कर दिखाया है।

इस बात को खुद मदन गोपाल ने अपनी दूसरी पुस्तक 'कलम का मजदूर : प्रेमचंद' में लिखा है—''यह भी क्या खूब बात है कि जब यह लेख धनपतराय ने 'जमाना' में छपने के लिए भेजा, उन की डिस्ट्रिक्ट बोर्ड हमीरपुर के अधीन सब डिप्टी

इन्स्पेक्टर ऑफ स्कूल्ज के पद पर नियुक्ति की बात चल रही थी। 24 जून 1909 को उन्होंने महोबा में इस नये पद का चार्ज लिया।''[78] शादी फरवरी में होती है तो चैत का महीना मार्च तक पूरा हो जाता है। तब वे सब-डिप्टी इन्सपेक्टर मार्च में हो जाने चाहिए थे। जहाँ तक शिवरानी के इस कथन की बात है कि चैत्र में उन के पति सब-डिप्टी इंसपेक्टर हो गए तो वह न 1906 में संभव है और न 1909 में ही। लेकिन प्रेमचंद के दूसरे विवाह को 1909 में सुजवाने वाले मदन गोपाल ने तर्क के इस पहलू पर ध्यान नहीं दिया।

शिवरानी ने अपनी किताब में एक अन्य प्रमाण भी दिया है। वे लिखती हैं—''आप का पहला उपन्यास 'कृष्णा' प्रयाग से प्रकाशित हो चुका था। मेरी शादी के साल ही आप का दूसरा उपन्यास 'प्रेमा' निकला, जिस का नाम आगे चल कर 'विभव' हुआ। मेरी शादी के एक वर्ष बाद आप का कहानी-संग्रह 'सोजेवतन' प्रकाशित हुआ।''[79] लेकिन अब यह तय हो चुका है कि 'प्रेमा' का प्रकाशन 1907 में हुआ था।'[80] उधर, यह भी तय हो चुका है कि 'सोजेवतन' का प्रकाशन जुलाई, 1908 में हुआ था।[81] लेकिन इन बाद के तथ्यों से शिवरानी की बात कटती नहीं है। वे लगभग अन्दाजे से बोल रही थीं। आखिर, साल को भी कहाँ से गिना जाए—फागुन से, चैत से, या जनवरी से, या किसी अन्य तरह से? प्रमाण इसी ओर जा रहे हैं कि इन दम्पति की यह शादी 21 फरवरी, 1906 के दिन हुई थी।

जाना यह जाए कि इस मामले में डा. शैलेश जैदी ने भी अपनी पूरी दिमागी कसरत की है। ज्योतिषाचार्य बन कर उन्होंने भी इस ब्याह को सुजाना चाहा है, पर उन से सारा काम बिखर गया है। उन्हें अपने पोथे-पतरे में कुछ मिला नहीं। वे अपनी पुस्तक 'प्रेमचंद की उपन्यास-यात्रा : नव मूल्यांकन' में लिखते हैं :

> ''शादी ब्याह ऐसी चीज नहीं कि उसकी तारीख और सन् तक याद न रहे। पर शिवरानी देवी के साथ शादी का मामला कुछ ऐसा ही है। शिवरानी देवी ने इस प्रसंग में प्रेमचंद का वक्तव्य इस प्रकार उद्धृत किया है—''दिसम्बर में मैं अपने चचेरे भाई तथा विजय बहादुर को लेकर कानपुर आया। वहीं सन् 1905 में शादी हुई।...अब शिवरानी देवी का बयान भी दृष्टव्य है।
>
> 1. ''फागुन में मेरी शादी हुई, चैत्र में आप सब डिप्टी इन्स्पेक्टर हो गये।''...प्रेमचन्द को यह पद 10 जून 1909 को मिला था। इस हिसाब से 1909 के फाल्गुन में उनका विवाह शिवरानी देवी से हुआ।
> 2. 'मेरी शादी के साल ही आपका दूसरा उपन्यास **प्रेमा** निकला।'...प्रेमा 1907 में छपा। इस हिसाब से विवाह 1907 में हुआ।

3. "मेरी शादी के एक वर्ष बाद आपका कहानी संग्रह **सोज़ेवतन** प्रकाशित हुआ।"....**सोज़ेवतन** का प्रकाशन काल 1908 है। अर्थात विवाह 1907 में हुआ।

सारांश यह कि इस विवाह की निश्चित तिथि का न तो प्रेमचन्द को पता है न ही शिवरानी देवी को।"[82]

कहा जाता है कि झूठ के कोई हाथ-पैर नहीं होते। यह बिना हाथ-पैरों के ही चलता है। इस सब के बावजूद भी डा. कमल गुप्त मानते हैं कि शिवरानी से अपने पुनर्विवाह के समय प्रेमचंद विधुर थे। अपने पक्ष में उन्होंने अपनी पत्रिका 'कहानीकार' में परिपूर्णानंद वर्मा का 'मुंशी प्रेमचंद सम्बन्धी कुछ भ्रातियाँ' के शीर्षक से एक लेख उतारा है। परिपूर्णानंद वर्मा रिश्ते में प्रेमचंद के साढ़ू थे। उन्होंने लिखा है कि शिवरानी से अपने पुनर्विवाह के समय प्रेमचंद विधुर थे। वे लिखते हैं—"यह धारणा भी गलत है कि प्रेमचंद जी ने एक पत्नी के रहते दूसरा विवाह कर लिया था। वास्तव में दूसरा विवाह कायस्थ परिवार में तहलका मचा बैठा था। शिवरानी जी विधवा और प्रेमचंद जी विधुर थे। इसलिए यह विवाह तो आदर्श था पर ऐसा चलन उस समय कायस्थों में नहीं था। इसीलिए जब प्रेमचंद जी का निधन हो गया तो भाभी शिवरानी उनका शव नहीं छोड़ रही थीं और चिल्ला-चिल्ला कर कह रही थीं—'मैं दुबारा विधवा नहीं बनूंगी।' बड़ी कठिनाई से मैंने उनके हाथों से शव छीना था।"[83]

स्पष्ट है, यहाँ परिपूर्णानंद वर्मा लोगों की आँखों को धोखा दे रहे हैं। उन की यह गवाही पक्की होनी चाहिए कि उन्होंने शिवरानी के हाथों से प्रेमचंद के शव को छीना था और वे कह रही थीं कि 'मैं दुबारा विधवा नहीं बनूंगी।' लेकिन उन की इस गवाही के बल पर यह कैसे मान लिया जाए कि शिवरानी से पुनर्विवाह करते समय प्रेमचंद जी विधुर थे? बात सीधी सी है, उस शादी में वे नहीं थे। तब उन की उस बारे में गवाही देने का कोई औचित्य नहीं है। किसी को, एक जगह सही बोल कर, दूसरी जगह झूठ बोलने का अधिकार नहीं मिल जाता। न यह दर्शनशास्त्र के तर्क में मान्य है, न यह कानून के साक्ष्य में अनुमत है, और न यह विज्ञान के क्षेत्र का प्रयोग है। अब साहित्य के समीक्षकों ने दर्शन, कानून और विज्ञान के क्षेत्रों से अलग कोई अपना तरीका ढूँढ़ रखा हो तो उस की वे जाने, मैं उस में हिस्सेदार नहीं हूँ।

मैं यह जानना चाहता हूँ कि इस में डा. कमल गुप्त का अपना मत क्या है। पूछना इसलिए है कि वे दूसरी बात भी सामने रख रहे हैं। उन की इस पत्रिका 'कहानीकार' में कृष्ण कुमार राय की 'प्रेमचंद : जीवन सारिणी' के शीर्षक से छपी प्रस्तुति में प्रेमचंद के बारे में 1906 की घटनाओं का हवाला इस प्रकार दिया गया है—"ग्राम सलेमपुर, जिला फतेहपुर के निवासी श्री देवी प्रसाद ने अपनी बाल विधवा—13 वर्षीया पुत्री शिवरानी देवी के पुनर्विवाह के लिए समाचार-पत्र में विज्ञापन

दिया। मुंशी दया नारायण निगम की सलाह और प्रेरणा से, धनपत राय ने शिवरानी देवी से दूसरा विवाह कर लिया। बारात में केवल मुंशी दया नारायण निगम, मामा विजय नारायण, अनुज महताब राय, आर्य समाज के पंडित गये थे। इस विधवा-विवाह का विरोधी कुटुंब या गांव का कोई अन्य व्यक्ति विवाह में सम्मिलित नहीं हुआ, किंतु धनपत राय की विमाता, जिन्हें वह चाची कहकर संबोधित करते थे, की सहमति इस विवाह के लिए प्राप्त थी। प्रेमचंद का अपनी पहली पत्नी से विधिवत तलाक नहीं हुआ था और दूसरे विवाह के लगभग दस वर्ष बाद तक वह मायके में जीवित रहीं। किंतु धनपत राय खुशनसीब थे कि पहली ससुरालवालों ने कोई क़ानूनी बाधा नहीं खड़ी की अन्यथा विधिरक परिणाम भुगतने के साथ ही सरकारी नौकरी से भी हाथ धोना पड़ सकता था।''[84]

कृष्ण कुमार राय ने एक लेख 'प्रेमचंद के पारिवारिक जीवन की अनकही अन्तर्कथा' भी लिखा है। इस में सूचना दी गई है कि प्रेमचंद की पहली पत्नी का देहान्त सन् 1905 से मायके में रहते हुए दस वर्ष बाद हुआ था। उन्होंने लिखा है–''पति तथा घर के अन्य प्राणियों के साथ कभी उनका सामंजस्य स्थापित नहीं हो सका। लगभग दस वर्ष तक ससुराल में रहने के बाद वर्ष 1905 ई. में वह मायके गयीं तो फिर वापस नहीं लौटीं और न इधर से ही उन्हें वापिस लाने की कोई पहल की गयी। उन्हें संतान भी न थी। कालांतर में दस वर्ष बाद मायके में ही उनका निधन हो गया।''[85] उन्होंने सन् नहीं खोला है लेकिन जब तक कोई अन्य प्रमाण न आए, हम इसे 1915 ईस्वी निश्चित कर सकते हैं।

इस सूचना के सिवा कृष्ण कुमार राय ने नैतिकता और कानून की बातें भी उठाई हैं। अच्छा होगा कि उन्हें भी यहाँ रख दिया जाए। वे इस प्रकार हैं–''उस समय विधवा विवाह को न तो कानूनी मान्यता प्राप्त थी और न सामाजिक। पूर्व पत्नी के जीवित रहते एक अल्प वयस्क विधवा लड़की से दूसरा विवाह करना अनैतिक और आपत्तिजनक भी था। अतः कुटुंब या गांव-घर का कोई अन्य व्यक्ति विवाह में शरीक नहीं हुआ। यहाँ तक कि प्रेमचंद के एकमात्र सगे बड़े बहनोई मुंशी सोमेश्वरलाल, एक ही घर और आंगन में रहनेवाले बड़े चचेरे भाई बल्देव लाल और उम्र में थोड़े ही छोटे चचेरे भतीजे श्यामलाल तक ने विवाह में शिरकत नहीं की। किंतु प्रेमचंद की विमाता जिन्हें वह 'चाची' कहकर पुकारते थे, की पूर्ण सहमति इस दूसरे विवाह के लिए प्राप्त थी। विशेष और विषम परिस्थितियों के बीच यह नया संबंध किसी तरह स्थापित हो गया किंतु सामाजिक बहिष्कार जैसी स्थिति का सामना करना पड़ा। अभी तक जितने भी रचनाकारों ने प्रेमचंद की निजी-जिंदगी पर प्रकाश डाला है, उन्होंने इस विधवा विवाह की घटना को समाज-सुधार की दिशा में एक महत्वपूर्ण और साहसिक कदम बतलाते हुए उसकी बड़ी सराहना की है परंतु किसी ने इस घटना के नैतिक और

आपराधिक पहलू की तरफ नजर डालने की कोशिश नहीं की—क्या प्रथम पत्नी के जीवित रहते और विधिसम्मत तलाक के बिना प्रेमचंद का इस प्रकार दूसरा विवाह कर लेना नैतिक दृष्टि से उचित था? क्या वह कानून का खुला उल्लंघन नहीं था? क्या प्रेमचंद ने तेरह वर्षीया बाल-विधवा शिवरानी देवी से इसलिए विवाह किया था कि उनसे पत्नी संबंध स्थापित करने से पूर्व उन्हें पाल-पोसकर उन्हें बालिग होने की प्रतीक्षा करते? क्या सरकारी सेवा में रहते हुए एक अवयस्क कन्या के साथ विवाह रचाना विधि-सम्मत कार्य था? क्या लड़की के पिता और विवाह के लिए प्रेरित करने वाले सहयोगी भी इस षडयंत्र के लिए दोषी नहीं थे? यह सारे प्रश्न अत्यंत महत्वपूर्ण और विचारणीय हैं। इसके विपरीत सराहनीय थी दस वर्ष ससुराल में व्यतीत कर चुकी उस मासूम महिला की सहन-शीलता और उसके घरवालों का धैर्य और सहिष्णुता जिन्होंने प्रेमचंद को कोई परेशानी में नहीं डाला।''[86]

शायद, कृष्ण कुमार राय एक रौ में बह गए हैं। विधवा के पुनर्विवाह की इजाजत ईश्वर चंद्र विद्या सागर के प्रयत्नों से हो गई थी पर किसी केस को तय करने में उस के हर कानूनी पहलू पर देखना होता है। मेरी व्याख्या में, आज नए कानून के अनुसार भी, हिन्दू पति एक से अधिक पत्नियाँ रखते हैं जब तलाक के बाद भी पहली पत्नी को भरण-पोषण अदा करते हैं। इतना तय है कि उस विवाह के समय प्रेमचंद की उम्र शिवरानी की उम्र से दुगनी थी। शिवरानी 13 साल की थीं तो प्रेमचंद पूरे 26 साल के थे—गलत तो है।

गलत कुछ और भी है। गलत ही नहीं, वह अपराध भी है, जिस के दंड में प्रेमचंद को सात साल की जेल होनी चाहिए थी। वह धारा 'भारतीय दंड संहिता, 1860' की 494वीं है, जो इस प्रकार है :

> ''**धारा 494. पति या पत्नी के जीवन-काल में पुनः विवाह करना**—जो कोई पति या पत्नी के जीवित होते हुए किसी ऐसी दशा में विवाह करेगा जिसमें ऐसा विवाह इस कारण शून्य है कि वह ऐसे पति या पत्नी के जीवन-काल में होता है, वह दोनों में से किसी भाँति के कारावास से, जिसकी अवधि सात वर्ष तक की हो सकेगी, दण्डित किया जाएगा और जुर्माने से भी दण्डनीय होगा।
>
> **अपवाद**—इस धारा का विस्तार किसी ऐसे व्यक्ति पर नहीं है, जिसका ऐसे पति या पत्नी के साथ विवाह सक्षम अधिकारिता के न्यायालय द्वारा शून्य घोषित कर दिया गया हो,
>
> और न किसी ऐसे व्यक्ति पर है, जो पूर्व-पति या पत्नी के जीवन-काल में विवाह कर लेता है, यदि ऐसा पति या पत्नी उस पश्चात्‌वर्ती विवाह के समय ऐसे व्यक्ति से सात वर्ष तक निरन्तर अनुपस्थित रहा हो, और उस

काल के भीतर ऐसे व्यक्ति ने यह नहीं सुना हो कि वह जीवित है, परन्तु यह तब जब कि ऐसा पश्चात्‌वर्ती विवाह करने वाला व्यक्ति उस विवाह के होने से पूर्व उस व्यक्ति को, जिसके साथ ऐसा विवाह होता है, तथ्यों की वास्तविक स्थिति की जानकारी, जहाँ तक कि उनका ज्ञान उसको हो, दे दे।''[87]

यहाँ देखा जा सकता है कि प्रेमचंद के पास जेल से बचने का कोई उपाय नहीं है।

घ. प्रेमचंद और विधवा का पुनर्विवाह

डा. कृष्णचन्द्र पाण्डेय ने अपनी पुस्तक 'प्रेमचंद के जीवन-दर्शन के विधायक-तत्व' में लिखा है कि प्रेमचन्द सन् 1902-04 में इलाहाबाद में अध्यापकी का प्रशिक्षण प्राप्त कर रहे थे। वे लिखते हैं-"इन्हीं दिनों अपने एक सहपाठी पं. गंगा प्रसाद उपाध्याय जो कि बचपन से ही आर्य समाजी हो गए थे, के माध्यम से प्रेमचंद जी का भी परिचय आर्य-समाज से हुआ और उस के सिद्धान्तों को अपनी मनोवृत्ति के अनुकूल पा कर वे दिनों-दिन उस के और अधिक निकट आते गए।''[88] वे आगे लिखते हैं-"आर्य समाज भी विधवा विवाह का समर्थन करता है किन्तु वह केवल अक्षय योनि कन्याओं को ही विवाह की अनुमति देने के पक्ष में है।''[89] डा. कृष्णचन्द्र पाण्डेय के अनुसार, 'प्रेमचन्द जी भी आर्य समाज के प्रभाव से इस सिद्‌धान्त के समर्थक हो गए थे।'[90] यूँ, विधवा के पुनर्विवाह के मामले में यह लंगड़ा-लूला सिद्धान्त है। यह दिल से खुला स्वागत नहीं है। इस में प्रेमचन्द ने बड़े कठिन 'अगर-मगर' लगा दिए हैं। इस शर्त का दलित जीवन में मान्य विधवा के पुनर्विवाह की अनुमति से मेल नहीं खाता। इस मामले में डा. कृष्ण चन्द्र पाण्डेय ने प्रेमचंद को 'मानसरोवर' के पहले भाग में संकलित उन की कहानी 'धिक्कार' से उद्‌धृत किया है-"मैं विधवाओं के पुनर्विवाह के पक्ष में नहीं हूँ। मेरा खयाल है कि पवित्रता का यह अलौकिक आदर्श संसार का अमूल्य रत्न है और हमें बहुत सोच-विचार कर उस पर आघात करना चाहिए, लेकिन मानी (धिक्कार कहानी की नायिका, एक बाल विधवा) के विषय में यह बात नहीं उठती। प्रेम और भक्ति नाम से नहीं, व्यक्ति से होती है। जिस पुरुष की उसने सूरत तक नहीं देखी, उससे उसे प्रेम नहीं हो सकता केवल रस्म की बात है। आडम्बर की, इस दिखावे की हमें परवाह नहीं करनी चाहिए।''[91]

स्पष्ट है, यह कोई क्रान्ति नहीं है। इस दृष्टि में उन के मूल हिन्दू संस्कार ज्यों के त्यों बने हुए हैं। वे आर्य समाज से आगे नहीं जा सके। जो आर्य समाज में अनुमत

था, वही उन्हें भी मान्य था। यूँ, वे हिन्दुओं से आगे नहीं थे, अपने समय से आगे बिल्कुल नहीं थे। दलित चिन्तन के कहीं भी बराबर नहीं थे, क्योंकि विधवा के खास परिस्थिति में पुनर्विवाह की अनुमति देते हुए भी उन की लेखनी से कहानी 'धिक्कार' में पहले शब्द ये निकल रहे हैं—"मैं विधवाओं के पुनर्विवाह के पक्ष में नहीं हूँ।" उन की शुरूआत कितनी गलत है? वे 'सीमन्तनी उपदेश' की अज्ञात कायस्थ लेखिका के विचारों के एकदम खिलाफ बोल रहे हैं। तब उन से एक-दो पीढ़ी पहले की उन की कायस्थ जाति की वे स्त्री चिन्तक कुछ और लिख रही थीं। प्रेमचंद विधवा को पवित्रता के अलौकिक आदर्श संसार का अमूल्य रत्न कहते हैं। सोच ही गलत है, क्योंकि विधवा के पुनर्विवाह की अनुमति को आघात करना कह रहे हैं! दिमाग उन्हीं संस्कारों से जुड़ा हुआ है। उन की दृष्टि में यदि क्षता स्त्री का पुनर्विवाह हो जाएगा तो 'पवित्रता', 'अलौकिक आदर्श' और 'अमूल्य रत्न' सब पर आघात हो जाएगा। डा. कृष्ण चन्द्र पाण्डेय ने सही लिखा है—"स्पष्ट ही प्रेमचन्दजी सभी प्रकार के विधवा विवाह के समर्थक न होकर आर्य-समाजी ढंग पर बाल विधवा विवाह के समर्थक थे। शिवरानी देवी के प्रस्तावित विवाह का इश्तहार भी शुद्ध रूप से आर्य समाजी ढंग का एक 'कितबिया' था जो कि वेद, पुराण और शास्त्रों से प्रमाणित और समर्थित था। ...प्रेमचन्दजी का शिवरानी देवी से विधवा विवाह करना भी बहुत कुछ उस इश्तहार के प्रस्तुतीकरण का परिणाम था।"[92] लेकिन, दलित दृष्टि इस मामले में भी कुछ और ही है। ना जी ना, इस मचे शोर से कोई कायस्थ या द्विज बहक जाए तो बहक जाए, दलित चिन्तक कैसे बहक सकता है कि प्रेमचन्द ने एक विधवा से पुनर्विवाह करके कोई क्रान्ति की थी? प्रेमचन्द अपनी रखैल से शादी कर लेते तो हम उन की सुधार भावना के कायल हो कर रह जाते। अब उन्हें कैसे क्रान्तिकारी कहें?

डा. कमल किशोर गोयनका ने अपनी पुस्तक 'प्रेमचन्द : अध्ययन की नयी दिशाएँ' में दूसरे अध्याय का शीर्षक 'एक चौंकाने वाला पत्र' रखा है। यह पत्र प्रेमचन्द का लिखा हुआ है जो 17 मई, 1932 का है। सीतामऊ के राजकुमार रघुबीर सिंह को लिखा गया था। पूरा पत्र इस प्रकार है :

"सरस्वती प्रेस, काशी
17 मई, 1932

प्रियवर वन्दे,

'प्रतिज्ञा' और 'प्रेमा' मेरी ही लिखी हुई हैं। 'प्रेमा' मैंने 1905 में लिखी थी। उस वक़्त मैं नबाबराय के नाम से लिखता था। उसमें एक विधवा का विवाह कराया गया है, अर्थात् पूर्णा का अमृतराय से विवाह हुआ था। लेकिन आप दोनों को सामने रख लें तो आपको सिवा बसन्त राय के

गंगा वाले दृश्य के और कोई बात न मिलेगी। मैंने विधवा का विवाह करा के हिन्दू नारी को आदर्श से गिरा दिया था। उस वक़्त जवानी की उम्र थी और सुधार की प्रवृत्ति ज़ोरों पर थी। उस रूप में मैं उस पुस्तक को नहीं देखना चाहता था। इसलिए मैंने कथा में उलट-फेर करके इसे लिख डाला। आप देखेंगे कि आरम्भ दोनों का भिन्न है, अन्त भी भिन्न, समानता केवल पात्रों के नामों में है। कुछ 'हंस' के लिए लिखिए। आप हमीं से क्यों नाराज हैं?

भवदीय
प्रेमचंद"[93]

डा. कमल किशोर गोयनका ने इस अध्याय को इस शब्दों से शुरू किया है—"आप इस लेख के शीर्षक को पढ़ कर शायद चौंक रहे हैं। आप का चौंकना स्वाभाविक ही है... ।"[94] लेकिन मेरा कहना है कि इस पत्र को पढ़ कर मेरे लिए चौंकने वाली कोई बात नहीं है। मैं उलटे यह कह रहा हूँ कि प्रेमचन्द के चिन्तन की यही मूल धारा थी जो इस पत्र में उजागर हुई है। यदि मेरे लिए कोई चौंकाने वाली बात होती तो वह यह होती कि उन्होंने एक विधवा स्त्री शिवरानी देवी से पुनर्विवाह किया था। लेकिन, मेरे लिए वह भी कोई चौंकामे वाली बात नहीं है, क्योंकि पहले, उन्होंने शिवरानी देवी से विवाह आर्य समाज के खाँचे में बाल विधवा से किया, तथा दूसरे, शिवरानी देवी से यौन-निष्ठा नहीं निभाई। तीसरे, झूठ यह कि मेरी पहली पत्नी मर गई है। विवाह काहे का जब आप विवाह की एक भी मर्यादा नहीं निभा रहे हैं? खैर, डा. कमल किशोर गोयनका ने यह सही लिखा है—"इस पत्र का ऐतिहासिक महत्त्व है। यह पत्र उनकी परिवर्तित विचारधारा का प्रामाणिक रूप से उद्घाटन करता है तथा बताता है कि एक समय ऐसा भी आया, जब प्रेमचंद ने अपनी प्रगतिशील एवं आधुनिक विचारधारा को छोड़कर पुरानी परम्परागत विचारधारा को स्वीकार कर लिया। प्रेमचंद के जीवन और चिन्तन की दिशा में यह एकदम नयी घटना थी।"[95] पर, मेरे अनुसार, हुआ केवल यह है कि प्रेमचंद ने 'प्रेमा' में जो विधवा का विवाह कराया है, वह उन के मूल हिन्दू चिन्तन में एक विचलन भर था। यदि उसे अपवाद मान लिया जाए तो फिर इस पत्र में कोई भी चौंकाने वाली बात नहीं रह जाती।

यह कहना ज्यादा सही है कि सती प्रथा विधवा के पुनर्विवाह पर रोक का परिणाम है। यह प्रचार किया जाता है कि सती प्रथा विदेशी आक्रमणों का फल है लेकिन हिन्दुओं से पूछा जाए कि विधवा का पुनर्विवाह न करके क्या वे अपनी औरतों को सती प्रथा से भी ज्यादा अपमान और दुर्गति की स्थिति में नहीं रख रहे थे? इन की औरतें ही मानने लगी थीं कि विधवा के रूप में रोज-रोज तिल-तिल जलने से

बेहतर है, सती के रूप में पहले ही दिन जल लिया जाए। विदेशियों के आक्रमणों के बिना भी इन्हें अपनी विधवाओं के पुनर्विवाह करने से किसने रोका था? ये उन्हें इतिहास की गरत में रोक कर एक जगह लिए क्यों बैठे थे? विधवाओं के लिए इन्होंने अपना 'चरैवेति चरैवेति' का गान कहाँ गाया? सच बात यह है कि स्त्रियों की दृष्टि से ये भी झूठे और इन के गान भी झूठे। इन के साथ किसी का निभाव कैसे हो?

सच यह है कि विदेशियों ने हमेशा हिन्दुओं पर विधवाओं के पुनर्विवाह करने के लिए दबाव डाला था। अंग्रेजों के कार्य को लोग जानते ही हैं कि उन्होंने विधवाओं के पुनर्विवाह का कानून बना ही दिया था। उन से पहले मध्य काल के मुस्लिम भारत में अलाउद्दीन ने भी इस के लिए आज्ञा निकाली थी। उस का प्रमाण देना उचित रहेगा जो लक्ष्मी नारायण शर्मा ने अपनी पुस्तक 'भारतीय ब्राह्मणों की गोत्रावली' में लिखा है। वह इस प्रकार है :

> "...संवत् 1348 में दिल्ली के शाहन शाह अलाउद्दीन ने यह आज्ञा प्रचारित की थी कि 'ब्राह्मण, क्षत्रिय और उच्च जातियों को विधवा विवाह करना पड़ेगा। और जो न करेंगे वे दण्डित किये जायेंगे।' इस आज्ञा का विरोध 52 क्षत्रियों के कुलों ने किया और विजय प्राप्त की तब से उन क्षत्रिय वंशों की 'बावनजयी' संज्ञा हुई जिस का बिगाड़ कर बावनजाई या बामनजाई हुआ वही बामनजाई भेद आजकल खत्रियों में अब तक बोंजाई आदि नामों करके प्रसिद्ध हैं। और जिन सारस्वत ब्राह्मणों ने अपने यजमान खत्रियों के साथ-साथ लड़ कर धर्म विरुद्ध आज्ञा को नहीं माना वे ब्राह्मण जयी या बामन जयी कहाये, क्योंकि सारस्वत ब्राह्मण खत्रियों के यहां की कच्ची रसोई पूर्व भी खाते थे और अब भी खाते हैं और अलाउद्दीन के समय सब एक साथ रहते थे उनका परस्पर दोनों कुलों का नाम बामनजाई हो गया।"[96]

प्रेमचन्द के इस कथन को किस रूप में लिया जाए कि 'मेरी पहली स्त्री का देहान्त 1904 में हुआ,'[97] जबकि सच में उन का देहान्त 1904 में नहीं हुआ था? डा. कृष्णचन्द्र पाण्डेय ने अपनी पुस्तक 'प्रेमचन्द के जीवन-दर्शन के विधायक-तत्व' में लिखा है—"उन का अपनी पत्नी से मन न भरा, मेल न खाया और उन्होंने दूसरी शादी करके अपने जीवन को एक आनन्दमय मार्ग की ओर मोड़ देने का सफल प्रयास किया किन्तु पत्नी बेचारी को पति के रहते जीवन भर विधवा जीवन बिताना पड़ा।"[98] तो, कौन मरा? मेरे हिसाब से, प्रेमचंद अपनी पत्नी के लिए मर गए थे। प्रेमचंद के बड़े गुण गाए जाते हैं कि उन्होंने एक विधवा से शादी की थी, लेकिन इस गुणगान का अर्थ क्या रह जाता है जब उन्होंने एक विधवा से शादी करने में अपनी पहली पत्नी

को विधवा से भी ज्यादा दारुण दुख दिया था? सच्चाई तो यह है कि उन की पहली पत्नी को विधवा होने का शकून भी नहीं मिला। वे किसी विधवा से भी ज्यादा दुखी थीं। प्रेमचंद खुद इस बात को जानते थे। लेकिन उन के इस जानने का उन की पहली पत्नी को लाभ क्या मिला? शब्दों से, उन की 'तिरस्कृत' पत्नी के, आँसू नहीं पुछते हैं, जब वे विधवा शिवरानी को सधवा बना कर कहते हैं–"मान लो कोई आदमी अपनी स्त्री के रहते दूसरी स्त्री से शादी कर लेता है और पहली की बात तक नहीं पूछता। दिल में यह मानता हो कि मर जाए तो अच्छा है। तुम्हीं बताओ कि उसके जीवन में क्या है? उसे तुम सुखी समझती हो? तुम समझो, मैं तो नहीं समझूंगा। मैं उसे ही सुखी समझूँगा जिसका पति मर गया है। कम-से-कम उसमें जो प्रेम था, अपनापा था, वह तो उसके साथ है। उसके लिए अब क्या रहा? उस सधवा के हाथ तो कुछ नहीं लगा? जलना और नफरत बस! उस विधवा को तड़पन है, जलन है, मगर विधवा के दिल के अन्दर जो अपनापा और प्रेम के अंकुर जमा हो गए हैं, वही उसकी स्थायी सम्पत्ति है। उसके मरने पर ही वह दूर हो सकेगा। जो उसके दिल के अन्दर स्मृति है, वही उसके जीवन की स्थायी और अमूल्य वस्तु है। जिसके जीवन में ये चीज़ें मिल जाएँ उसे और किसी चीज़ की जरूरत? अब उसका अन्दाजा लगाओ, जिसे घर में जीवित पति जला रहा है।"[99]

अधिक से अधिक, इसे कथनी और करनी का अन्तर कहा जा सकता है। कथनी और करनी के अन्तर की विशेषता यही होती है कि सब कुछ जान कर बुरा किया जाता है। कुछ लोग भूल में गलती कर सकते हैं लेकिन कथनी और करनी में अन्तर रखने वाले लोग जान बूझ कर अपराध करते हैं। प्रेमचन्द अपनी पहली पत्नी के मामले में इन्हीं बाद के लोगों में से थे।

प्रेमचन्द के शिवरानी देवी से कहे गए ये शब्द बहुत ही खतरनाक हैं कि पति अपनी पत्नी के बारे में 'दिल में यह मानता हो कि मर जाए तो अच्छा है।'[100] इन शब्दों का असली मतलब यह निकलता है कि पति उसे जान से मार देगा। मार क्यों देगा? क्योंकि तलाक की व्यवस्था नहीं है। यदि विवाह के कानून में तलाक की व्यवस्था है तो आदमी पत्नी को न चाहने पर यही सोचेगा कि तलाक ले लूँ। यदि तलाक की व्यवस्था नहीं है तब आदमी पत्नी को न चाहने पर यही सोचेगा कि यह मर जाए। यथार्थ यह होगा कि वह उसे मार देगा। यही हिन्दू विवाह के ना-तलाक के कानून का फल निकलता है। तलाक में मरना या मारना नहीं होता लेकिन 'ना-तलाक' की व्यवस्था में मरना और मारना दोनों ही होते हैं।

ङ. प्रेमचंद : झूठ की मशीन

प्रेमचन्द के झूठ बोलने के प्रकरण बहुत सारे हैं। उन्हें कहाँ तक गिनाया जाए? शायद उन्होंने उपन्यास और कहानी की कला को इसीलिए अपनाया था कि उन में वे खुल कर झूठ बोलने का खेल खेल सकते थे। चूँकि, नाम कला का था, उन्हें वहाँ कोई रोकने वाला नहीं था। आदत उन की झूठ बोलने की हो गई थी। मसलन, एक वाकया ऐसा है कि उन्हें नए खुले हिन्दू कालेज में अपनी फीस माफी के लिए कोशिश करनी पड़ रही थी। प्रिंसिपल मिस्टर रिचर्डसन थे। प्रिन्सिपल और विद्यार्थी के रूप में प्रेमचन्द के संवाद इस प्रकार हैं :

> "—इतने दिनों कहाँ थे?
> —बीमार हो गया था।
> —क्या बीमारी थी?"[101]

आगे भी खुद प्रेमचंद लिखते हैं—"मैं इस प्रश्न के लिए तैयार न था। अगर ज्वर बताता हूँ तो शायद साहब मुझे झूठा समझें। ज्वर मेरी समझ में हल्की-सी चीज थी जिस के लिए इतनी लम्बी गैरहाजिरी अनावश्यक थी। कोई ऐसी बीमारी बतानी चाहिए जो अपनी कष्टसाध्यता के कारण दया को भी उभारे। उस वक्त मुझे और किसी बीमारी का नाम याद न आया। ठाकुर इन्द्र नारायण सिंह से जब मैं सिफारिश के लिए मिला तो उन्होंने अपने दिल की धड़कन की बीमारी की चर्चा की थी। वह शब्द मुझे याद आ गया। मैंने कहा—पैलपिटेशन आफ हार्ट सर!"[102]

ऐसे व्यक्ति की उपन्यास और कहानी की कला के बारे में क्या विश्वास किया जाए? सिलिया चमारी के साथ का अनुभव कायस्थ के रूप में उन का अपना था, मत्थे मढ़ दिया मातादीन ब्राह्मण के। मातादीन के मुँह में चमारों के हाथ से हड्डी डलवा दी जबकि खुद हड्डी चूसते ही थे। मातादीन ब्राह्मण को सारी दुनिया में बदनाम करवा दिया जबकि खुद बरखुर्दार ने भी तो अपनी रखैल से शादी नहीं की थी। एक पंथ दो काज—उधर ब्राह्मण बदनाम कर दिए और इधर चमारों की आबरू दो कौड़ी की नहीं छोड़ी। खुद साफ बच गए—जैसे कुछ जानते ही नहीं हैं। वर्ण-व्यवस्था के बीच में खड़े हो कर चमारों से और ब्राह्मणों से दोनों से बदले लिए, बैर निकाले। वाह री कलाकारी, प्रेमचन्द के रूप में तेरी सिफ्त! मान गए!! हम भी तो कहते हैं कि वे महान कलाकार थे। उन की हमारे द्वारा की गई प्रशंसा भी सुनी जाए।

प्रेमचन्द को एक तीसरी सफलता और मिली कि उन के इस चक्कर में अब अनुसूचित जाति की खटीक जाति के एक नवोदित लेखक आ गए। वे पूछते हैं—"यह हैरतअंगेज ही है कि जिस प्रेमचंदीय साहित्य ने आजादी से पहले पाखंडी और

विषमताप्रेमी पुरोहित वर्ग का आक्रोश झेला था, वही प्रेमचंदीय साहित्य आजादी के बाद दलित और समता प्रेमी समाज के निशाने पर आ गया है।''[103] पर इस में हैरतअंगेज होने की क्या बात है?—जो कोई भी बीच में पंच बनने बैठेगा उस का यही हाल होगा। दुनिया का कोई भी मुखबिर उन दोनों लोगों से कभी बड़ा नहीं हो सकता जिन की वह एक-दूसरे से मुखबिरी करता है। वह हमेशा दोनों से छोटा होता है—और कभी-कभी तो घर का न घाट का भी।

मेरे पास सबूत है कि एक खटीकनी के सामने प्रेमचंद चोर और झूठे बने खड़े हैं। अमृत राय ने 'प्रेमचंद : कलम का सिपाही' में लिखा है कि 'अब जरा उस (चोरी) की दास्तान उन्हीं (प्रेमचन्द) से सुनिए।'[104] यह चोरी एक रुपये की थी जो प्रेमचन्द ने और हलधर (बलभद्र) ने मिल कर घर से की थी।

प्रेमचन्द और उन के ताऊ के लड़के हलधर ने मिल कर घर से एक रुपये की चोरी की थी। उन में से उन्होंने दो पैसे के अमरूद लिए। जब हलधर ने खटीकनी के हाथ में रुपया रखा, तो उसने सन्देह से देख कर पूछा—रुपया कहाँ पाया लाला? चुरा तो नहीं लाए? प्रेमचन्द लिखते हैं—"जवाब हमारे पास तैयार था। ज्यादा नहीं तो दो-तीन किताबें पढ़ ही चुके थे। विद्या का कुछ-कुछ असर हो चला था। मैंने झट से कहा—मौलवी साहब की फीस देनी है। घर में पैसे न थे तो चाचा जी ने रुपया दे दिया।''[105]

इस रुपये की चोरी की कहानी में प्रेमचन्द ने आगे भी झूठ बोला है। प्रेमचन्द लिखते हैं—"अब झूठ बोले बगैर बचना मुश्किल था।''[106] इस के बाद प्रेमचन्द झूठ का सिद्धान्त निकालते हैं—"मैं तो समझता हूँ कि जब आदमी को जान का खतरा हो, तो झूठ बोलना क्षम्य है।...किसी भी सिद्धान्त से मेरा झूठ बोलना इस समय स्तुत्य नहीं, तो क्षम्य जरूर था।''[107] मतलब, उन के यहाँ झूठ स्तुत्य भी हो सकता है!

कहना यही है कि कई दूसरे लोगों का बचपन ऐसे नहीं बीतता। फिर चलो, मान लेते हैं कि यहाँ झूठ न बोलने की वजह से बालक प्रेमचन्द की पिटाई हो जाती। इस झूठ बोलने को वे क्षम्य कहलवाना चाहते हैं, पर इन्द्रनाथ मदान से उन्होंने झूठ क्यों बोला?—अर्थात लिखा? वहाँ कौन-सी आफत आ रही थी? 7 सितम्बर, 1934 को वे झूठ क्यों लिख रहे हैं कि उन की पहली स्त्री का देहान्त 1904 में हो गया था?[108] यहाँ उन की जान को खतरा नहीं था, यहाँ वे सच लिख देने से मर नहीं रहे थे, कोई आफत नहीं थी। सीधा सच बोलने का अवसर था।

प्रेमचन्द के पक्षधर बार-बार कह रहे हैं कि प्रेमचन्द ने कोई अपराध नहीं किया है। रखैल को ले कर भी उन्होंने माना है कि वह कोई दण्डनीय अपराध नहीं था। ज्यादा से ज्यादा उसे अनैतिकता माना जा सकता है। लेकिन प्रेमचन्द ने जो अपनी दूसरी पत्नी से झूठ बोला है कि उन की पहली पत्नी मर चुकी है, वह किस कोटि का

झूठ है? उसे अनैतिक कहा जाएगा या अपराध?—हिज्जे करके बताया जा चुका है कि वह उन का दण्डनीय अपराध था।

सवाल यही है कि प्रेमचन्द इस मनोभूमि पर क्यों नहीं थे कि बिना तलाक के, अपनी पहली पत्नी के जिन्दे रहने की बात को छिपा कर, दूसरी पत्नी से विवाह नहीं करना चाहिए। उन के संस्कार इस दृष्टि के क्यों नहीं बने कि पहली पत्नी के जिन्दे रहते दूसरा विवाह नहीं रचाना चाहिए? सवाल एक प्रेमचंद से नहीं है, बल्कि सारे द्विज हिन्दुओं से पूछा जा रहा है कि उन्हें इस में अपराध की बू क्यों नहीं आती। उनकी अन्तश्चेतना ऐसी क्यों विकृत है कि पहली पत्नी से बिना तलाक लिए दूसरी पत्नी से विवाह करना साहित्य में कोई चर्चा करने लायक बात नहीं है? इतनी असहज चीज सहज कैसे है? इस बात के लिए डा. अम्बेडकर ही क्यों लड़े कि एक पत्नी के रहते हुए दूसरी शादी नहीं की जानी चाहिए? पहली बात, सौत-व्यवस्था गलत है, दूसरी बात, पहले विवाह के कायम रहने को छिपाना गलत है। इस के आगे पूछा जा रहा है, हिन्दुओं ने अपने लिए ऐसा कानून क्यों बना रखा है कि दस साल तक भी कोर्ट में भागते रहने के बावजूद हिन्दू पति को अपनी पत्नी से तलाक नहीं मिलेगा? यह 'ना-तलाक' के 'ब्राह्म विवाह' की नाकेबन्दी ही है कि हिन्दू पतियों को पत्नी की सौत रखने के, पहले विवाह के कायम रहने को छिपाने के, जारकर्म करने के, और बलात्कार करने के अवसर और रास्ते मिलते हैं।

पुनः पूछा जाए, कि प्रेमचंद ने अपने जीवन में ऐसी सोच क्यों नहीं रखी कि पहले विवाह के कायम रहने की बात को छुपाना दण्डनीय अपराध है? उन्होंने इतना स्वतः स्फूर्त साहित्य सृजन किया, पर यह एक अच्छा काम क्यों नहीं कर सके? सच बात यह है कि उन के हिन्दू संस्कारों के बीच से ऐसी नैतिक सोच का कमल या गुलाब खिल ही नहीं सकता था कि कानून में इस के लिए सात साल की सजा है।

मैंने प्रेमचन्द को झूठ की मशीन क्यों कहा है? उस का कारण प्रेमचन्द का 'हंस' के दिसम्बर, 1935 के अंक में छपा उन का लेख 'मेरी पहली रचना' है। इस में उन्होंने अपने एक मामू की कहानी दी है जिस में वे एक चमारी के साथ अवैध सम्बन्धों में पकड़े गए थे। हुआ यों कि जब दूसरे दिन शाम को चम्पा चमारी इन के मामू साहब के घर में आई तो इन के मामू साहब ने अन्दर का द्वार बन्द कर दिया। उधर, चमारों का जत्था ताक में था। इधर किवाड़ बन्द हुए, उधर उन्होंने द्वार खटखटाना शुरू किया। इन के मामू ने झाँका तो कोई बीस-पच्चीस चमार लाठियाँ लिए, दरवाजा रोके खड़े, किवाड़ों को तोड़ने की चेष्टा कर रहे थे। अब करें तो क्या करें? भागने का कहीं रास्ता नहीं, चम्पा को कहीं छिपा नहीं सकते। प्रेमचन्द के ही शब्द हैं—"बढ़ई को बुलाया गया, किवाड़ फाड़े गए और मामू साहब भूसे की कोठरी में छिपे हुए मिले। मार पड़ने लगी और बेभाव की पड़ने लगी। जिस के हाथ जो कुछ लगा—जूता, छड़ी,

छाता, लात, घूँसा सभी अस्त्र चले। यहाँ तक कि मामू साहब बेहोश हो गए और लोगों ने उन्हें मुर्दा समझ कर छोड़ दिया।''[109]

यहाँ तक कुछ भी नई बात नहीं है। नई बात वह है जो इस वर्णन में प्रेमचन्द ने इन शब्दों में लिखी है—''मामू साहब बेचारे इस कूचे में कभी न आए थे। कोई पक्का खिलाड़ी होता तो सौ उपाय निकाल लेता... ।''[110] बस, मैं प्रेमचंद के बताए इन्हीं सौ उपायों पर बात करनी चाह रहा हूँ। वे जो भी उपाय होते, सारे झूठ पर आधारित होते। इसी वजह से प्रेमचन्द को झूठ की मशीन कहा जा रहा है। जाने, प्रेमचन्द ऐसी स्थिति में क्या हिकमत चला लेते? इस से यही सिद्ध होता है कि प्रेमचंद का पक्का खिलाड़ी प्रेमचंद के मामू से भिन्न है। यहाँ इतना और बताया जा सकता है कि एक अन्य सन्दर्भ में प्रेमचंद ने खुद को 'पुराना खुर्राट'[111] कहा है। यूँ, प्रेमचंद ने अपनी बात सच करके दिखा दी कि 'सच कहता हूँ, झूठ बोलना भी एक फन है।'[112]

झूठ बोलने की कला में प्रेमचन्द पूरे निपुण थे। दूसरे साहित्यकारों की कहानी दूसरी हो सकती है, लेकिन झूठ बोलने की आदत को साकार करने के लिए ही प्रेमचन्द ने कथा-साहित्य की डगर पकड़ी थी। अमृत राय ने कायल हो कर उन के बारे में लिखा है कि झूठ बोलने की 'यह शरारत जनाब के खून में घुल गई थी और अकसर उन की कहानियों में फूट पड़ती है।'[113] वे लिखते हैं—''लेकिन असल मजे की चीज तो है सादगी का वह खेल जो इस तमाम शरारत के गिर्द लिपटा हुआ है... ।''[114] इस झूठ बोलने की कला की शुरूआत उन के बचपन से ही हो गई थी। अमृत राय ने दो उदाहरण दिए हैं—''...जब खेल में उन्होंने बाँस की खपाची से रामू का कान काट लिया था और जब उस की माँ उलाहना ले कर इनकी माँ के पास आई थी और इन के अपने कान खिंचने की बारी आई थी तो आपने बहुत ही भोलेपन से कहा था—हम तो नाऊ नाऊ खेल रहे थे। या जब आप की चोरी के लिए बड़े भाई साहब पिट रहे थे और आप बड़े सरल, निष्काम भाव से प्रेमपूर्वक गुड़ का भोग लगा रहे थे।''[115]

संदर्भ

1. प्रेमचन्द के निन्दक, वीरेन्द्र यादव, तद्भव, 18/201, इन्दिरा नगर, लखनऊ-226 016, उत्तर प्रदेश, अक्टूबर, 2005, पृ.-69
2. वही, पृ.-72
3. वही, पृ.-72
4. वही, पृ.-77
5. वही, पृ.-74
6. वही, पृ.-73
7. वही, पृ.-73-4
8. वही, पृ.-83
9. प्रेमचंद : चिट्ठी-पत्री—2, संकलन-लिप्यंतर-शब्दार्थ, मदन गोपाल और अमृतराय, हंस प्रकाशन, इलाहाबाद, प्रथम संस्करण, प्रेमचंद स्मृति दिवस, 1962
10. वही, पृ.-234

11. प्रेमचन्द : घर में, शिवरानी देवी प्रेमचन्द, आत्माराम एण्ड संस, 1376, कश्मीरी गेट, दिल्ली-110 006, संस्करण, 2005, पृ.-44

12. वही, पृ.-44

13. वही, पृ.-45

14. वही, पृ.-45

15. वही, पृ.-45-6

16. वही, पृ.-26

17. वही, पृ.-44

18. प्रेमचंद : चिट्ठी-पत्री—1, संकलन-लिप्यन्तर-शब्दार्थ, अमृतराय और मदन गोपाल, हंस प्रकाशन, इलाहाबाद, प्रथम संस्करण, प्रेमचंद स्मृति दिवस, 1962, पृ.-20

19. प्रेमचंद : अध्ययन की नयी दिशाएँ, डा. कमल किशोर गोयनका, साहित्य निधि, सी-38, ईस्ट कृष्ण नगर, दिल्ली-110 051, प्रथम संस्करण, 1981, पृ.-76

20. वही, पृ.-76

21. वही, पृ.-76

22. प्रेमचंद : चिट्ठी-पत्री—2, संकलन-लिप्यन्तर-शब्दार्थ, मदन गोपाल और अमृत राय, हंस प्रकाशन, इलाहाबाद, प्रथम संस्करण, प्रेमचंद स्मृति दिवस, 1962, पृ.-235

23. प्रेमचंद : घर में, शिवरानी देवी प्रेमचंद, आत्माराम एण्ड संस, 1376, कश्मीरी गेट, दिल्ली-110 006, संस्करण, 2005, पृ.-23

24. कलम का मजदूर : प्रेमचंद, लेखक, मदन गोपाल, राजकमल प्रकाशन प्राइवेट लिमिटेड, 8 नेता जी सुभाष मार्ग, नई दिल्ली-110 002, द्वितीय संस्करण, 1984, पृ.-85

25. वही, पृ.-85

26. वही, पृ.-85

27. प्रेमचन्द : कलम का सिपाही, अमृत राय, हंस प्रकाशन, इलाहाबाद, संस्करण, अप्रैल, 1992, पृ.-35

28. 'प्रेमचंद : घर में' झूठ का पुलिंदा, डा. कौशल राय, लमही, 3/343, विवेक खण्ड, गोमती नगर, लखनऊ—226 010, जनवरी-मार्च, 2009, पृ.-110

29. प्रेमचंद : जीवन, कला और कृतित्व, हंस राज रहबर, आत्मा राम एण्ड संस, कश्मीरी गेट, दिल्ली-110 006, दूसरा संस्करण, 1962, पृ.-69

30. "One cannot be certain about the date of Premchand's separation from his first wife. Premchand himself in a letter in 1935, says that his first wife "died" in 1904. As Premchand had shifted to the high school at Kanpur only in May 1905, it sounds more plausible that the year under reference might really be 1906 or 1907 by which time he had developed really close relation with Nigam. A good deal of the confusion has resulted from an undated letter written during summer vacation by Premchand to Daya Narain Nigam. Nigam wrote on it later the year "1905" with a question mark, and also quoted it in his obituary article on Premchand. The only clue in the letter is a request by Premchand that his name should be announced as having been taken on the editorial staff on a permanent footing. And this fact is announced in the June 1906 issue of *Zamana*. The year of seperation should, thus, be 1906 and not earlier. Ram Chandra Verma, a contemporary of Premchand, says that Premchand had told him that he got remarried "several years later" (Kai sal bad), which according to his impression meant "at least three to four years." This would mean the separation of Premchand in 1906 and his remarriage in 1909. This should correct the erroneous impression conveyed by many writers, including Premchand's son, Amritrai, that Premchand got separated in 1905 and remarried in 1906."

Munshi Premchand : A Literary Biography, Madan Gopal, Asia Publishing House, New Delhi, Edition, 1964, pp.,-56-7, footnote

31. कलम का मजदूर : प्रेमचंद, लेखक, मदन गोपाल, राजकमल प्रकाशन प्राइवेट लिमिटेड, 8 नेताजी सुभाष मार्ग, नई दिल्ली-110 002, द्वितीय संस्करण, 1984, पृ.-52, टिप्पणी

32. प्रेमचंद : चिट्ठी-पत्री–1, संकलन-लिप्यंतर-शब्दार्थ, अमृत राय और मदन गोपाल, हंस प्रकाशन, इलाहाबाद, प्रथम संस्करण, प्रेमचंद स्मृति दिवस, 1962, पृ.-3-4

33. वही, पृ.-4

34. वही, पृ.-4

35. वही, पृ.-3

36. वही, भूमिका, पृ.-1

37. वही, पृ.-1-2

38. "In the case of Premchand's second marriage also, there is confusion regarding the correct date. Shivrani Devi says that she became a widow in 1901 at eleven. Her younger brother's age then was three. Her mother died when she was fourteen (in 1904). When she was married again, her brother's age was five, The year of Premchand's second marriage, therefore, should be around 1906. If that be so, Mrs. Premchand's statements that *Soz-i-Vatan* appeared one year after her second marriage and that while she got married to Premchand in *Phalgun* and he was promoted to the post of a Sub-Deputy Inspector of Schools in *Chaitra*, is wrong. The belief in India that a woman brings good luck to the husband on marriage, however, would indicate that Mrs. Premchand could not be wrong in regard to this sequence of events. As Premchand became a Sub-Deputy Inspector in June or July 1909, it would appear that Premchand's second marriage to Shivrani Devi took place in 1909."
Munshi Premchand : A Literary Biography, Madan Gopal, Asia Publishing House, New Delhi, Edition,1964, pp.-56-7, footnote

39. "The marriage was celebrated on the auspicious day of *Shivaratri* in the year 1908."
Premchand : His Life and Work, V.S. Narvane, Vikas Publishing House Pvt. Ltd., 5 Ansari Road, New Delhi, Edition, 1980, p.-35

40. "Shortly after her marriage, Premchand was promoted to the rank of Sub-Deputy Inspector of Schools."
ibid., p.-36

41. "The statement that Premchand got his promotion "shortly after" his marriage would not be accurate if 1906 is taken as the year of his second marriage, as Amrit Rai does in his *Qalam Ka Sipahi*. Madan Gopal, in *Premchand : A Literary Biography*, does not accept this date. According to him, Premchand's second marriage took place in 1909 and he was promoted to the post of Sub-Deputy Inspector of Schools a few months after the marriage."
ibid., p.-36, footnote

42. प्रेमचंद : कलम का सिपाही, अमृत राय, हंस प्रकाशन, इलाहाबाद, संस्करण, अप्रैल, 1992, पृ. 105

43. वही, पृ.-105

44. वही, पृ.-105

45. वही, पृ.-108

46. प्रेमचंद : घर में, शिवरानी देवी प्रेमचंद, आत्माराम एण्ड संस, 1376, कश्मीरी गेट, दिल्ली-110 006, संस्करण, 2005, पृ.-33
47. वही, पृ.-34
48. वही, पृ.-34
49. वही, पृ.-34
50. वही, पृ.-29
51. वही, पृ.-29
52. प्रेमचंद : कलम का सिपाही, अमृत राय, हंस प्रकाशन, इलाहाबाद, संस्करण, अप्रैल, 1992, पृ.-117
53. वही, पृ.-117
54. प्रेमचन्द : कलम का सिपाही, अमृत राय, हंस प्रकाशन, इलाहाबाद, संस्करण, अप्रैल, 1992, पृ.-117; प्रेमचन्द : घर में, शिवरानी देवी प्रेमचन्द, आत्माराम एण्ड सन्स, 1376, कश्मीरी गेट, दिल्ली-110 006, संस्करण, 2005, पृ.-34
55. Munshi Premchand : A Literary Biography, Madan Gopal, Asia Publishing House, New Delhi, Edition, 1964, p.-100
56. ibid. p.-114
57. प्रेमचन्द : घर में, शिवरानी देवी प्रेमचन्द, आत्माराम एण्ड संस, 1376, कश्मीरी गेट, दिल्ली-110 006, संस्करण, 2005, पृ.-58
58. प्रेमचन्द : कलम का सिपाही, अमृत राय, हंस प्रकाशन, इलाहाबाद, संस्करण, अप्रैल, 1992, पृ. -263; प्रेमचन्द : घर में, शिवरानी देवी प्रेमचन्द, आत्माराम एण्ड संस, 1376, कश्मीरी गेट, दिल्ली-110 006, संस्करण, 2005, पृ.-68
59. प्रेमचंद : घर में, शिवरानी देवी प्रेमचन्द, आत्माराम एण्ड संस, 1376, कश्मीरी गेट, दिल्ली-110 006, संस्करण, 2005, पृ.-28
60. वही, पृ.-28
61. वही, पृ.-29
62. प्रेमचंद : कलम का सिपाही, अमृत राय, हंस प्रकाशन, इलाहाबाद, संस्करण, अप्रैल, 1992, पृ.-75
63. वही, पृ.-79
64. वही, पृ.-61
65. वही, पृ.-78
66. वही, पृ.-79
67. Government of Kerala : Diary, 2009, General Administration (Co-ordination) Department, Printed by the Superintendent of Government Presses at the Government Central Press, Thiruvananthapuram, p.-238
68. प्रेमचंद : घर में, शिवरानी देवी प्रेमचंद, आत्माराम एण्ड संस, 1376, कश्मीरी गेट, दिल्ली-110 006, संस्करण, 2005, पृ.-29
69. प्रेमचंद : कलम का सिपाही, अमृत राय, हंस प्रकाशन, इलाहाबाद, संस्करण, अप्रैल, 1992, पृ.-105
70. वही, पृ.-55
71. प्रेमचन्द : घर में, शिवरानी देवी प्रेमचंद, आत्माराम एण्ड संस, 1376, कश्मीरी गेट, दिल्ली-110 006, संस्करण, 2005, पृ.-29
72. वही, पृ.-29
73. वही, पृ.-34
74. वही, पृ.-29
75. वही, पृ.-36
76. वही, पृ.-31
77. वही, पृ.-33
78. कलम का मजदूर : प्रेमचन्द, मदन गोपाल, राजकमल प्रकाशन प्राइवेट लिमिटेड, 8 नेताजी सुभाष मार्ग, नई दिल्ली-110 002, प्रथम संस्करण, 1965, द्वितीय संस्करण, 1984, पृ.-60
79. प्रेमचंद : घर में, शिवरानी देवी प्रेमचंद, आत्माराम एण्ड संस, 1376, कश्मीरी गेट, दिल्ली-110 006, संस्करण, 2005, पृ.-39

80. प्रेमचंद : कलम का सिपाही, अमृत राय, हंस प्रकाशन, इलाहाबाद, संस्करण, अप्रैल, 1992, पृ.-653
81. प्रेमचंद : अध्ययन की नयी दिशाएँ, डा. कमल किशोर गोयनका, साहित्य निधि, सी-38, ईस्ट कृष्णा नगर, दिल्ली-110 051, प्रथम संस्करण, 1981, पृ.-59
82. प्रेमचंद की उपन्यास-यात्रा : नव मूल्यांकन, डा. शैलेश जैदी, यूनिवर्सिटी पब्लिशिंग हाउस, कोठी नायाब, सर सैयद रोड, सिविल लाइन्स, अलीगढ़, उत्तर प्रदेश, प्रथम संस्करण, जुलाई, 1978, पृ.-63
83. मुंशी प्रेमचंद सम्बन्धी कुछ भ्रान्तियाँ, परिपूर्णानंद वर्मा, कहानीकार, प्रेमचंद विशेषांक (125वीं जयन्ती पर विशेष), के. 30/37, अरविंद कुटीर, निकट भैरवनाथ, वाराणसी-221 001, मई-अगस्त 2005 और सितम्बर-दिसम्बर 2005 (संयुक्तांक), पृ.-92
84. प्रेमचंद : जीवन सारिणी, प्रस्तुति, कृष्ण कुमार राय, कहानीकार, प्रेमचंद विशेषांक (125वीं जयन्ती पर विशेष), के. 30/37, अरविंद कुटीर, निकट भैरवनाथ, वाराणसी-221 001, मई-अगस्त 2005 और सितम्बर-दिसम्बर 2005 (संयुक्तांक), पृ.-33-4
85. प्रेमचंद के पारिवारिक जीवन की अनकही अन्तर्कथा, कृष्ण कुमार राय, कहानीकार, प्रेमचंद विशेषांक (125वीं जयन्ती पर विशेष), के. 30/37, अरविंद कुटीर, निकट भैरवनाथ, वाराणसी-221 001, मई-अगस्त 2005 और सितम्बर-दिसम्बर 2005 (संयुक्तांक), पृ.-46
86. वही, पृ.-47
87. भारतीय दंड संहिता, 1860, भाग–2, डा. एच. पी. गुप्ता, ओरिएन्ट पब्लिशिंग कम्पनी, 9, लाउदर रोड, दरभंगा कालोनी, इलाहाबाद-211 002, तृतीय संस्करण, पुनर्मुद्रण, 2003, पृ.-1796
88. प्रेमचंद के जीवन-दर्शन के विधायक-तत्व, डा. कृष्ण चन्द्र पाण्डेय, रचना प्रकाशन, 45 ए, खुल्दाबाद, इलाहाबाद-1, प्रथम संस्करण, 1970, पृ.-61
89. वही, पृ.-61
90. वही, पृ.-61
91. वही, पृ.-62
92. वही, पृ.-62
93. प्रेमचन्द : अध्ययन की नयी दिशाएँ, डा. कमल किशोर गोयनका, साहित्य निधि, सी-38, ईस्ट कृष्ण नगर, दिल्ली-110 051, प्रथम संस्करण, 1981, पृ.-13
94. वही, पृ.-12
95. वही, पृ.-16
96. भारतीय ब्राह्मणों की गोत्रावली, लक्ष्मी नारायण शर्मा, 1087, वत्स कुटीर, बिशन स्वरूप कालोनी, पानीपत, हरियाणा, तृतीय संस्करण, 2007, पृ.-72-3
97. प्रेमचंद : चिट्ठी-पत्री–2, संकलन-लिप्यंतर-शब्दार्थ, मदन पाल और अमृत राय, हंस प्रकाशन, इलाहाबाद, प्रथम संस्करण, प्रेमचंद स्मृति दिवस, 1962, पृ.-235
98. प्रेमचंद के जीवन-दर्शन के विधायक तत्व, डा. कृष्णानन्द पाण्डेय, रचना प्रकाशन, 45 ए, खुल्दाबाद, इलाहाबाद-1, प्रथम संस्करण, 1970, पृ.-58
99. वही, पृ.-58 पर शिवरानी देवी की पुस्तक 'प्रेमचन्द : घर में' के परिच्छेद-61 से उद्धृत
100. वही, पृ.-58 पर उद्धृत
101. प्रेमचंद : कलम का सिपाही, अमृत राय, हंस प्रकाशन, इलाहाबाद, संस्करण, अप्रैल, 1992, पृ.-36
102. वही, पृ.-36
103. घेरे में रचनाकार, जनसत्ता, दिल्ली, 30 अक्तूबर, 2005
104. प्रेमचंद : कलम का सिपाही, अमृत राय, हंस प्रकाशन, इलाहाबाद, संस्करण, अप्रैल, 1992, पृ.-17

105. वही, पृ.-17

106. वही, पृ.-20

107. वही, पृ.-20

108. प्रेमचंद : चिट्ठी-पत्री—2, संकलन-लिप्यंतर-शब्दार्थ, मदन गोपाल और अमृत राय, हंस प्रकाशन, इलाहाबाद, प्रथम संस्करण, प्रेमचंद स्मृति दिवस, 1962, पृ.-235

109. मेरी बात (आत्म-कथा), प्रेमचंद, जीवन प्रभात प्रकाशन, 221, गुरु गोविन्द सिंह इन्डस्ट्रीयल इस्टेट, गोरे-गाँव-पूर्व, मुम्बई-400 063, संस्करण, 2000, पृ.-15

110. वही, पृ.-15

111. प्रेमचन्द : कलम का सिपाही, अमृत राय, हंस प्रकाशन, इलाहाबाद, संस्करण, अप्रैल, 1992, पृ.-399

112. प्रेमचंद घर में, शिवरानी देवी प्रेमचंद, आत्माराम एण्ड संस, 1376, कश्मीरी गेट, दिल्ली-110 006, संस्करण, 2005, पृ.-23

113. प्रेमचंद : कलम का सिपाही, अमृत राय, हंस प्रकाशन, इलाहाबाद, संस्करण, अप्रैल, 1992, पृ.-399

114. वही, पृ.-399

115. वही, पृ.-399

अध्याय-21

प्रेमचंद की रखैल कौन थी?

क. डा. शैलेश जैदी की नाकामयाब कोशिश
ख. राज किशोर वकील की जिरहबाजी
ग. रखैल रखना विलासिता है
घ. वह कानपुर में होनी चाहिए
ङ. क्या वह चमारी थी?
च. अमृत राय ने चुप्पी क्यों साध ली?
छ. रखैल का पुत्र?
ज. प्रेमचंद के दो भतीजे, दो चिन्तन

क. डा. शैलेश जैदी की नाकामयाब कोशिश

जब कोई यह न बताए कि प्रेमचंद की रखैल अमुक नाम की, अमुक गाँव की और अमुक जाति की थी तो शोधकर्ता क्या करे? प्रेमचंद ने अपनी रखैल के बारे में कुछ खास नहीं बताया। जो जिक्र किया है, वह शिवरानी देवी ने किया है। उन्होंने भी उन रखैल का ब्यौरा नहीं दिया। शिवरानी के बाद अमृत राय को बहुत मौका था, लेकिन वे अपने पिता का गुणगान करने में ही लगे रहे। खैर, इस वजह से डा. शैलेश जैदी ने अपना काम नहीं रोका कि प्रेमचंद की उस रखैल के बारे में प्रेमचंद ने, शिवरानी ने और अमृत राय ने अंधेरा छोड़ दिया है। डा. जैदी ने अपने कयास लगाए हैं। कयास इसलिए लगाए हैं क्योंकि उन की गुंजाइश दूसरे जिम्मेदार लोगों ने छोड़ रखी थी। हो सकता है, डा. जैदी के कयास गलत उतरें, पर इस के लिए उन्हें हतोत्साहित नहीं किया जा सकता। उन्होंने अपने मत को तर्क की संभावना पर रखा है। जो संभव है, वही कहा है, उस से अलग नहीं। चूँकि, प्रेमचंद ने, शिवरानी ने या अमृत राय ने उस रखैल के बारे में कोई सू नहीं दी है, इसलिए उसे ढूँढ़ने की ईमानदारी में प्रेमचंद के

साहित्य को और घर को खंगाला जा सकता है—और यही प्रयास डा. जैदी ने किया है।

अपने काम में आगे बढ़ने के लिए पहले डा. जैदी ने प्रेमचंद के चरित्र की जाँच-परख की है। उन की यह खोज एक निरन्तरता में है क्योंकि डा. शैलेश जैदी ने यह नहीं माना है कि प्रेमचंद का जन्म गरीब घर में हुआ था या वे गरीब थे। लोगों के द्वारा और खुद प्रेमचंद द्वारा बताई गई अपनी गरीबी का खण्डन डा. जैदी ने प्रामाणिक ढंग से किया है। लेकिन डा. जैदी ने प्रेमचंद में चरित्र की कमजोरी भी देखी है। वे लिखते हैं कि यह तथ्य जान लेने के बाद कि प्रेमचंद के गरीब होने की तस्वीर झूठी है, 'मैंने प्रेमचंद के चारित्रिक गुणों-अवगुणों पर विचार करना आरम्भ कर दिया।'[1] उन्होंने लिखा है—"मेरे समक्ष यह महत्वपूर्ण प्रश्न था कि एक व्यक्ति जो तेरह वर्ष की अवस्था तक झूठा, चकमेबाज, तिकड़मी, बीड़ी-सिगरेट पीने वाला और यौन संबंधी बातचीत में रुचि लेने वाला रहा हो, वह अचानक एकदम से बदल किस प्रकार सकता है। मेरे इस प्रश्न ने युवक और प्रौढ़ प्रेमचन्द के जीवन के चारित्रिक पक्ष पर दृष्टि डालने की मुझे प्रेरणा दी। मैंने अपने अध्ययन के बाद यह देखा कि किशोर धनपत के सारे संस्कार युवक धनपत और प्रौढ़ प्रेमचन्द में विद्यमान हैं। यानी युवक और प्रौढ़ प्रेमचन्द अनेक चारित्रिक दुर्बलताओं का एक जीता-जागता पुतला है।"[2] इस पक्ष को ले कर डा. जैदी ने अमृत राय की पुस्तक 'प्रेमचंद : कलम का सिपाही' पर सवाल भी उठाया है। उन्होंने लिखा है—"1970 में जब मैंने पहली बार अमृतराय की पुस्तक **प्रेमचन्द : कलम का सिपाही** पढ़ी, तो मेरे मन में प्रेमचन्द को लेकर अनेक प्रश्न बनने लगे। मुझे लगा कि अमृतराय ने बड़े कलात्मक ढंग से प्रेमचन्द के जीवन के दुर्बल पक्षों को दबा दिया है। मैंने महसूस किया कि प्रेमचन्द की प्रामाणिक जीवनी प्रस्तुत करने का दावा करने वाली यह पुस्तक भीतर-भीतर बिल्कुल खोखली है।"[3]

डा. शैलेश जैदी ने प्रेमचंद के जीवन को वास्तविकता की कसौटी पर समझना चाहा है। अपने अध्ययन में वे उस धुंधलके को चीर सके हैं जो महानता के नाम पर प्रेमचंद के चारों ओर फैला दिया गया है। उन्होंने अपनी पुस्तक में लिखा है—" "धनपतराय का परताबगढ़ और इलाहाबाद का जीवन, कुछ उभर कर सामने नहीं आ सका है। डा. इन्द्रनाथ मदान को लिखे गये एक पत्र के प्रकाश में यह संकेत अवश्य मिलता है कि धनपत की दृष्टि में उनकी पहली पत्नी का निधन 1904 में हो गया था।...यानी धनपत के लिए वह 1904 में ही मर गई थीं। मर इसलिए गई थीं कि उनके जीवन काल में ही धनपत ने एक दूसरी स्त्री रख छोड़ी थी जिसके साथ उनका संबंध दूसरा विवाह कर लेने के बाद भी बना रहा...।" मतलब यह कि धनपत के लिए यह जमाना एक प्रकार से ऐयाशी का जमाना था। जभी तो इस जमाने में जो रचनाएँ भी—**हम खुर्मा व हम सवाब** तथा **असरारे मआबिद**—अस्तित्व में आईं, बाजारू और सस्ते दरजे के इश्क की रचनाएँ हैं। धनपत की पहली रचना भी इसी खेप में आती है। धनपत

जैसे ऐयाश व्यक्ति को अब अगर अपनी पत्नी बदसूरत, बदजबान और ऐबी लगे तो उसमें आश्चर्य भी क्या है।"[4]

डा. जैदी ने अपनी इस पुस्तक में प्रेमचंद की रचनात्मकता का अध्ययन इसलिए भी किया है ताकि वे उन के साहित्य से उन के जीवन को समझ सकें। इस के लिए वे इस सिद्धान्त पर चले हैं कि जीवन से साहित्य बनता है तथा साहित्य से जीवन को समझा जा सकता है। उन्होंने लिखा है–"प्रेमचन्द अपने पात्रों के चरित्रांकन में यदि कहीं यथार्थ पर पर्दा डालने का प्रयास करते हैं, तो इसका कारण यह नहीं है कि वे आदर्शवादी हैं और उनके आदर्शवाद की सीमाएँ उनको इस अभिव्यक्ति की अनुमति नहीं देतीं। कारण यह है कि प्रेमचन्द के निजी जीवन की हीन-ग्रंथियाँ उन स्थलों पर उनका अपना प्रतिबिम्ब खड़ा कर देती हैं और वे गोल मोल अभिव्यक्ति से ही सन्तोष कर लेते हैं। जहाँ उनके जीवन का यथार्थ कथानक की गहरी तहों में दबा हुआ है वहाँ वे अपनी रचनात्मक शक्ति का अपूर्व परिचय देते हैं, किन्तु जहाँ वह यथार्थ कथानक की सतह पर आ जाता है वहाँ उनकी लेखनी अचानक मुड़ जाने के लिए बाह्य (बाध्य) हो जाती है। यह प्रेमचन्द की हीन-ग्रन्थियों का ही नतीजा था कि उन्होंने अपने आत्मकथात्मक लेख में अपने चरित्र की उन घोर दुर्बलताओं की एक सिरे से चर्चा ही नहीं की जिन्हें शिवरानी देवी ने उनकी मृत्यु के बाद लिपिबद्ध करके उजागर कर दिया।"[5]

प्रेमचंद के जीवन में उन की चाची की उपस्थिति छोटी-मोटी बात नहीं है। अच्छा हुआ, अमृत राय ने उन के बारे में काफी सामग्री जुटा दी है। डा. शैलेश जैदी ने अमृत राय के उन शब्दों को अपनी पुस्तक में उतारा है जो इस प्रकार हैं–"आखिर क्या पड़ी थी मुंशी अजायबलाल को जो बेटी-बेटे के रहते हुए बुढ़ौती में जाकर दुबारा ब्याह किया।...तअज्जुब है अजीजों में किसी ने समझाया भी नहीं कि भैया यह क्या करते हो, क्यों अपने गले की यह फाँसी मोल लेते हो। भगवान के दिए तुम्हारे दो बच्चे हैं, अब तुम्हें और क्या चाहिए। राम का नाम लो और इस हरकत से बाज आओ, इसमें सिवाय ख्वारी के और तुम्हें कुछ हाथ न लगेगा। न किसी ने समझाया, न खुद आपको अकल आई। अजी छोड़ो भी, ऐसी भी क्या हवस कि उस पर इनसान काबू न रख सके। उम्र भी तो आपकी मुलाहिजा फरमाइए, पचास साल का आपका सिन है और आप चले हैं ब्याह रचाने। है कुछ इन्तहा इस अहमकपने की।...आपसे तो उस बुढ़ौती में दो वर्ष नहीं रहा गया और जवान औरत सारी जिन्दगी अपनी पहाड़ जैसी जिन्दगी लिए बैठी रहे। वह क्या काठ की बनी है, पत्थर की बनी है।"[6] भावों की इस झोंक में गनीमत यह रही कि अमृत राय यहाँ यह कहने से रुक गए हैं कि अपना विवाह न रचा कर इस समय अजायब लाल को अपने बेटे का विवाह कर देना चाहिए था।

जाना यह जाए कि ब्याह के समय चाची की उम्र क्या रही होगी। इसे जानने में ज्ञानचंद जैन की पुस्तक 'कवि बनारसीदास की आत्मकथा' से मदद मिल सकती

है। लेकिन उस से पहले जाना जाए कि 17वीं शताब्दी के कवि बनारसीदास, जिन्होंने हिन्दी ही नहीं, भारतीय भाषाओं का प्रथम आत्मचरित्र 'अर्ध-कथानक' शीर्षक से लिखा था, जैन थे। स्त्रियों की स्थितियों को ले कर जैनियों और कायस्थों में कोई अन्तर नहीं था। इसी सन्दर्भ में कवि बनारसीदास के बारे में लिखे गए ज्ञान चंद जैन के शब्द उद्धृत किए जा रहे हैं, जो इस प्रकार हैं–"उनके समाज में बड़ी उम्र की अनब्याही लड़कियों की संख्या नहीं के बराबर थी। अधिकांश का ब्याह उनके ऋतुमती होने से पूर्व अर्थात अधिक-से-अधिक 12 वर्ष की आयु में कर दिया जाता था। समाज में विधवा-विवाह का चलन नहीं था। इस आधार पर हम अनुमान लगा सकते हैं कि बनारसी का जब 30 वर्ष की उम्र में दूसरा विवाह हुआ तो उनकी दूसरी पत्नी की आयु अधिक-से-अधिक 12 वर्ष की रही होगी। इस प्रकार दोनों की आयु में 18 वर्ष का अंतर रहा होगा। इसी प्रकार जब 37 की उम्र में उनका तीसरा विवाह हुआ तो उनकी तीसरी पत्नी की आयु 12 वर्ष मान लेने पर दोनों की आयु में अंतर 25 वर्ष रहा होगा। इसे अनमेल विवाह का दृष्टांत न माना जाय तो और क्या माना जाय?"[7] लेकिन, यहाँ एक नम्बर और बढ़ कर उस समय अजायब लाल की उम्र पचास साल की थी।

डा. शैलेश जैदी ने हिसाब लगाया है कि अजायब लाल का यह दूसरा विवाह 1894 ई. में हुआ होना चाहिए।[8] तब प्रेमचंद की ये चाची प्रेमचंद की हमउम्र या उन से छोटी भी होनी चाहिए। अमृत राय ने यह माना है कि अजायब लाल की यह शादी 1890 ई. में हुई थी।[9] तब चाची प्रेमचंद से दो साल बड़ी भी रही हों, तब भी हमउम्र ही ठहरती हैं। लेकिन कृष्ण कुमार राय ने प्रेमचंद की इन चाची के बारे में आधी बात सच लिख कर बाकी आधी बात झूठी लिख दी है। उन्होंने अपनी प्रस्तुति 'प्रेमचंद : जीवन सारिणी' में लिखा है–"1942–12 जून को प्रेमचंद की विमाता गंगाजली देवी का बनारस शहर के कबीर चौरा मुहल्ले में लगभग अस्सी वर्ष की आयु में देहान्त।"[10]

समझ में नहीं आता कि कृष्ण कुमार राय ने प्रेमचंद की इन विमाता की उम्र 80 साल कैसे लिख दी। यदि मृत्यु के समय उन की उम्र 80 साल की मानी जाती है तो उन का जन्म सन् 1862 ई. में माना जाएगा। तब वे अपने विवाह के समय 28 या 32 वर्ष की मानी जाएंगी। किस कायस्थ की बेटी उस समय इस उम्र की रही होगी? इसलिए, मैं यही मान रहा हूँ कि उम्र में वे प्रेमचंद के जोड़ की रही होंगी।

वे इशारे क्या हैं जिन को देख-देख कर डा. शैलेश जैदी अपनी एक निश्चित दिशा में चले हैं? उन के दिमाग में एक खास विचार मजबूत कैसे हो गया? वे अपनी राह को साफ करते हुए वहाँ से लिखते हैं जब प्रेमचंद के पिता की बदली गोरखपुर के लिए हो गई थी। यह सन् 1892 का साल था और तब प्रेमचंद छठी कक्षा में पढ़ते थे। डा. जैदी लिखते हैं–"अजायबलाल यहाँ जिस मोहल्ले में रहते थे वहाँ अधिकतर छोटी जाति के लोग थे। वे एक विधवा अहीरिन के किरायेदार थे। धनपत की सौतेली माँ की उससे खूब बनती थी। वे आपस में कुछ इस स्तर का हंसी-मजाक करती थीं

कि धनपत को तेरह वर्ष की अवस्था में ही (उनकी बातें सुन-सुनकर) उन बातों का ज्ञान हो गया था जो बच्चों के लिए घातक होती हैं।...पर इस ज्ञान ने धनपत के लिए बड़ा काम किया। कुछ लिखने के लिए मन कसमसाता रहता। **असरारे मआबिद** में विमाता और उनकी विधवा सहेली की बातचीत ने खूब-खूब रंग खिलाये। चाची जवान थीं और अजायब लाल बूढ़े थे। पता नहीं वे उनसे सन्तुष्ट थीं या **असरारे मआबिद** और **हमखुर्मा** व **हमसवाब** की असन्तुष्ट युवतियों की भाँति अपने सन्तोष का कोई साधन जुटा लेती थीं।"[11] वे अपने कथन को पुनः दोहराते हैं—"धनपत की विमाता से खूब बनती थी, उनके सत्संग से उसे तेरह वर्ष की अवस्था में ही ऐसी-ऐसी बातों का ज्ञान हो गया था जो लड़कों के लिए घातक होती हैं।"[12] वे कहानी को और बढ़ाते हैं जब प्रेमचंद नौवीं कक्षा पास कर चुके थे—"वस्तु स्थिति जो भी रही हो, धनपत की अपनी पत्नी से नहीं बनी। लमही में कुछ दिन रहने के उपरान्त चाची (विमाता) बहू को अपने साथ ज़मानियाँ लेती गईं। छः महीने बाद अजायब लाल की बदली लखनऊ ही हो गई। वहाँ जाते समय वे पत्नी और बहू को लमही में ही छोड़ गये। उस समय तक धनपत नवीं कक्षा पास कर चुके थे।"[13]

डा. शैलेश जैदी कुछ सवाल उठाते हैं जिन का जवाब दिया ही जाना चाहिए। यदि सही जवाब नहीं दिया जाएगा तो तब डा. जैदी अपने स्वतन्त्र निष्कर्ष निकाल सकते हैं। उन्होंने यही किया है। इस के लिए उन की किताब से दो उद्धरण दिए जा सकते हैं जो इस प्रकार हैं :

1. "प्रेमचन्द की अपनी पहली पत्नी से नहीं बनी। प्रारम्भ के आठ वर्षों तक शिवरानी देवी से भी नहीं बनी। आखिर इसका कारण क्या था? अमृतराय ने इस पर प्रकाश नहीं डाला। अमृतराय ने यह भी नहीं बताया कि ऐसी क्या मुसीबत आ पड़ी थी कि पहली पत्नी को गले में फांसी लगानी पड़ी। कहीं कोई ऐसा प्रसंग तो नहीं था जिसने **प्रेमाश्रम** में ज्ञानशंकर की पत्नी विद्या को आत्महत्या के लिए विवश किया? शिवरानी से अपने अन्तिम काल में प्रेमचन्द ने बताया था—मैंने अपनी पहली स्त्री के जीवनकाल में ही एक और स्त्री रख छोड़ी थी, तुम्हारे आने पर भी उससे मेरा संबंध था....यह दूसरी स्त्री कौन थी जिसे शिवरानी देवी भी जानती थीं? यह वही स्त्री तो नहीं थी जिसके कारण पहली पत्नी को गले में फांसी लगानी पड़ी, और दूसरी पत्नी की प्रारंभ के आठ वर्षों तक पति से पटरी नहीं बैठी। चाची (विमाता) पहली पत्नी की भी प्रेमचन्द से एकान्त में शिकायत करती थीं और दूसरी पत्नी की भी। आखिर इसका कारण क्या था? प्रेमचन्द चाची का पक्ष क्यों लेते थे और ऐसे क्षणों में क्रोध में आकर पत्नी को चपत क्यों लगा देते थे? क्या इसलिए कि वे बड़े सुशील थे

और विमाता के प्रति अपने दायित्व का शालीनता के साथ निर्वाह कर रहे थे? यदि ऐसा ही था, तो जब चाची की अवस्था ढल गयी तो यही शालीन और सुशील प्रेमचन्द चाची को इन शब्दों से क्यों याद करता है—'तुमको अगर पहुँचा आये तो 'बुढ़िया' मुझे जिन्दा न छोड़ेगी। ...सारे प्रसंगों को एक साथ देखने पर सत्य तक पहुँचने के बहुत से सूत्र मिल जाते हैं।"[14]

2. "शिवरानी देवी भी दाम्पत्य जीवन के प्रारम्भिक वर्षों में धनपतराय की चाची के साथ निबाह करने में असफल रहीं। चाची से उनका आये दिन झगड़ा होता रहता था। फलस्वरूप वर्ष में दस महीने वह अपने मैके में ही रहतीं। संभवतः चाची धनपत को किसी अन्य स्त्री के साथ देखना पसन्द नहीं करती थीं और उन पर केवल अपना ही अधिकार समझती थीं। वे शिवरानी देवी की शिकायतें भी धनपत से करतीं और दोनों के बीच दराड़ें डालने का प्रयत्न करतीं।....धनपत उनकी बातों में अकसर आ जाते। अजायब लाल के निधन के बाद धनपत और उनकी चाची, दोनों एक दूसरे के बहुत निकट आ गये थे। इसी नैकट्य के फलस्वरूप धनपत की पहली पत्नी को सदैव के लिए घर छोड़ना पड़ा। और यही नैकट्य प्रारम्भिक वर्षों में शिवरानी देवी के साथ भी रंग दिखा रहा था। धनपत और शिवरानी देवी की शुरू के आठ वर्षों तक नहीं बनी। धनपत सदैव चाची का ही साथ देते और शिवरानी देवी यदि किसी बात पर जिद पकड़तीं तो उन्हें चपत लगा देने में भी धनपत को संकोच न होता।...पर आगे चलकर जब चाची की अवस्था ढल गई और वह अपने बेटे के साथ रहने लगीं, तो धनपत और शिवरानी देवी के सम्बन्ध भी ठीक हो गये।"[15]

ऊपर दिए इन लम्बे उद्धरणों के बाद जाना जा सकता है कि डा. शैलेश जैदी ने इस विषय पर अपने विचारों को समेकित किया है। वह समेकन हमारे बड़े लाभ का है। वह इस प्रकार है :

"शिवरानी देवी की पतिपरायणता बहुत सी बातें खोलकर कहने का अवसर उन्हें प्रदान नहीं करती। फिर भी पुस्तक में अनेक सूत्र ऐसे हैं जिनके प्रकाश में प्रेमचन्द के संबंध में परम्परा से हटकर सोचने का अवसर मिलता है। संक्षेप में शिवरानी देवी की इस पुस्तक से प्राप्त नवीन सूचनाओं को यहाँ प्रस्तुत किया जा रहा है।

1. प्रेमचंद ने पहली स्त्री के जीवनकाल में ही एक और स्त्री रख छोड़ी थी। शिवरानी देवी से विवाह हो जाने पर भी उससे उनका संबंध था।...
2. पहली पत्नी के संबंध में प्रेमचन्द शिवरानी देवी को धोखा देते रहे कि वे मर चुकी हैं। बस्ती के निवास काल में उन्हें पहली बार उनके जीवित होने का पता चला।...शिवरानी देवी के पिता को यदि वास्तविकता का ज्ञान होता, तो वे उनका विवाह प्रेमचन्द के साथ हरगिज न करते।...
3. प्रेमचन्द का अपना चरित्र ऐसा स्वच्छ न था कि वह अपनी पहली पत्नी के अवगुणों की चर्चा करने बैठें और शिवरानी देवी उसे चुप-चाप सुन लें।....
4. शिवरानी देवी की दृष्टि में प्रेमचन्द की पहली पत्नी देखने में ठीक थी, प्रेमचन्द ही उस सीधी गरीब को पाकर अकड़ में रहते थे।....
5. प्रेमचन्द ने शिवरानी के साथ विवाह करने की सूचना अपने घर वालों को भी नहीं दी।...शिवरानी देवी प्रारंभ में एक महीना प्रेमचन्द के घर रहती तो दस महीने अपने घर...। शिवरानी की प्रेमचन्द से आठ वर्षों तक नहीं पटी।....

. . . .

7. प्रेमचन्द की विमाता उनसे अकेले में उनकी पत्नी की शिकायत करती थीं और प्रेमचन्द सदैव विमाता का ही पक्ष लेते थे। क्रोध आने पर पत्नी पर हाथ भी छोड़ देते थे।...
8. चाची (विमाता) के बीच घुसकर स्त्रियों की बातें सुनने में प्रेमचन्द को मजा आता था और इस प्रकार तेरह वर्ष की अवस्था में ही प्रेमचन्द को उन बातों का ज्ञान हो गया था जो बच्चों के लिए घातक होती हैं।...''[16]

मेरे हिसाब से, चाची के इस प्रकरण में, डा. शैलेश जैदी कुछ भूले जरूर हैं। भूले उसे हैं जो बात उन के सिद्धान्त के पक्ष में सब से ज्यादा है। प्रेमचंद के वे शब्द इस प्रकार हैं, जो शिवरानी ने अपनी पुस्तक 'प्रेमचंद : घर में' दिए हैं :

9. ''अगर बीच में चाची न होतीं तो शायद मेरी-उन (पहली पत्नी) की जिन्दगी एक साथ बीत भी जाती।''[17]

यदि यह बात सही है जो प्रेमचंद ने ऊपर कही है, तो उन की इन चाची ने यह बहुत बुरा किया है। तब वे प्रेमचंद की पहली पत्नी की अपराधनी हैं और नम्बर एक दुश्मन हैं। तब, क्या यहाँ कुछ और चाचियों की कहानी बताऊँ?

प्रेमचन्द की एक और चाची का जिक्र मिलता है। ये उन के पिता अजायबलाल के बड़े भाई कौलेश्वर की पत्नी थीं। उन के बारे में अमृत राय ने अपनी पुस्तक 'प्रेमचंद : कलम का सिपाही' में लिखा है जो इस पुस्तक में पहले उद्धृत किया जा चुका है।[18]

एक बड़ी खराब चाची की कहानी वीरेन गोहिल की किताब 'नाम चाहिए एक बाप का' में मिलती है। उस में ममता उर्फ मारिया नाम की एक वेश्या लड़की है। वह अपनी कहानी बताती है—"पटना में रहती थी। मां-बाप मर गए। चाचा-चाची के पास रही। पिता की जायदाद को उन्होंने हड़प लिया और मुझे घर से बाहर कर दिया। आप को सच बताऊँ, मुझे चाची ने जितना दुख दिया है, उतना दुख मुझे इस कोठे पर भी नहीं मिला।"[19] आगे वह घर और कोठे का अन्तर समाप्त करती हुई अपनी चाची का सारा सतवन्तापन खोल कर रख देती है—"मेरी चाची ने मेरे एक और चाचा के बेटे को बिगाड़ा। उस की जवानी को लूटा। उस के साथ सोती थी वह। अब बताओ उस घर में और इस कोठे में कोई अन्तर है।"[20] ममता कबीर की तरह आंखन देखी साखी बोलती है—"मेरी चाची मेरे भाई को सीढ़ियों पर पकड़ लेती थी। मैंने अपनी आँखों से देखा।"[21]

डा. शैलेश जैदी का अनुमान इसलिए अव्यावहारिक नहीं है क्योंकि हिन्दी के लोक साहित्य में रूप-बसन्त और पूरणमल भगत के सांग इसी समस्या को ले कर गाए जाते हैं। फिर भी, मैं डा. शैलेश जैदी की इस बात से इत्तिफाक नहीं रखता कि उन्हें प्रेमचंद की रखैल को जानने के सूत्र मिल गए हैं। चाची की बात चाची तक ही सीमित रखनी चाहिए थी। कारण आगे दे रहा हूँ। मैं आगे बढ़ रहा हूँ।

ख. राज किशोर वकील की जिरहबाजी

राज किशोर ने 'जनसत्ता' में छपे अपने लेख 'दलित स्त्रियाँ किस की संपत्ति हैं' में प्रेमचन्द को ले कर 'जारकर्मी' और 'रखैल' शब्दों पर विचार किया है। वे लिखते हैं—"धर्मवीर ने या किसी अन्य ने ऐसा कोई साक्ष्य प्रस्तुत नहीं किया है, जिस के आधार पर कहा जा सके कि अपनी पहली पत्नी के जीवन-काल में ही प्रेमचंद ने 'जिस स्त्री को रख छोड़ा था' (यह अभिव्यक्ति बहुत ही फूहड़ है और प्रेमचंद जैसे लेखक को कतई शोभा नहीं देती), वह किसी और की पत्नी थी। ज्यादा संभावना यह है कि वह किसी की पत्नी नहीं थी क्योंकि व्यभिचार के ऐसे गुप्त सम्बन्ध बहुत समय तक

नहीं टिकते।"[22] यह एक राज किशोर के लेखन में शक्ति आई है कि कहा जा सका है कि यह फूहड़ अभिव्यक्ति 'प्रेमचंद जैसे लेखक को कतई शोभा नहीं देती।' लेकिन इस के लिए वे प्रेमचन्द को जारकर्मी नहीं मानते बल्कि अनैतिक मानते हैं। पर, यह उन की सांस्कृतिक दृष्टि है, वे जारकर्मी का कानूनी अर्थ अपने हिसाब से ही लगाएंगे, जिस का दलित दृष्टि से पूरा अन्तर है। लेकिन अगली अच्छी बात यह है कि राज किशोर ने 'रखैल' शब्द पर भी विचार किया है। वे लिखते हैं—"जहां तक 'रखैल' शब्द का सवाल है, इस का प्रयोग प्रतिबन्धित कर देना चाहिए। यह स्त्री की गरिमा के अनुकूल नहीं है।"[23]

राज किशोर ने ऊपर जो मुद्दा उठाया है, वह किस से लड़ाई का है? वे 'रखैल' शब्द से लड़ पड़े हैं, लेकिन उस व्यवस्था से क्यों नहीं लड़ रहे हैं जिस में रखैल बनाई जाती है? इसलिए, अच्छा यह होगा कि 'रखैल' शब्द पर प्रतिबन्ध लगाने से पहले यह जान लिया जाए कि रखैल होती क्या है। उत्तर में इस से बढ़िया बात दूसरी नहीं हो सकती कि हमें प्रेमचंद के साहित्य से ही इस बारे में पता मिल जाए। सुखद यह है कि प्रेमचन्द ने रखैल के बारे में खूब जानकारी दे दी है। उन के साहित्य में यह जानकारी रखैल के बारे में शुरू से आखिर तक की है—और भी अच्छा है कि यह जानकारी एक तुलना के द्वारा मिली है। उन का यह लेख 'जमींदारों की दुर्दशा' के शीर्षक से है जो 22 जनवरी, 1934 को छपा था। तुलनात्मक दृष्टि से उन्होंने 'जमींदारों की दुर्दशा' को 'रखैलों की दुर्दशा' की तरह की माना है। वे लिखते हैं—"बेचारे जमींदारों की दशा उस रखेली स्त्री की-सी हो रही है, जिसके यौवन की बहार अब चल चलाव पर हो। एक समय था, जब उसका आशिक उस पर प्राण न्योछावर करता था, उसकी एक-एक अदा पर जान कुर्बान करता था। एक-एक नखरे पर लोट-पोट हो जाता था, एक-एक चितवन पर कलेजा थाम लेता था, लेकिन यौवन के उतार के साथ वह दिन और वह रातें सपना हो गयीं। अब बेचारी तरह-तरह के रंग भरती है, आठों पहर मिस्सी सुरमें के पीछे पड़ी रहती है, बसीकरन के जंतर-मंतर करती रहती है, लेकिन भौरा-प्रेमी अब भागा-भागा फिरता है। न वह पराग रह गया, न वह रस, फिर नीरस फूल उसके किस काम का। अब तो यह जीवन है, और पट्टी पर सिर रखकर रोना है। प्रेमी के पैरों पर लाख सिर पटके, लाख उसके तलवे सहलाये, लाख जादू-टोना करे, कुछ होने का नहीं।"[24] वे आगे लिखते हैं—"यह बेचारियाँ उन पुराने दिनों की याद दिलाती हैं, अपनी वफ़ादारी और निष्ठा और अनुराग की कथाएँ कहती हैं, लेकिन वह पट्ठा एक ही जवाब देता है—वैराग्य धारणा करो। और यह विलास की उपासिकाएँ रोष और शोक में सिर धुनती हैं, छाती पीटती हैं, मगर वह कठकलेजिया, वह पाषाण हृदय, नहीं पसीजता, नहीं पसीजता।"[25]

प्रेमचन्द खुद मानते हैं कि रखैल से सम्बन्ध धर्म का या प्रेम का नहीं होता। वे लिखते हैं—"धर्म का या प्रेम का बन्धन होता, तो पुरानी गाँठ की भाँति दिन-दिन

अभेद्य होता जाता, रूप और यौवन के पथरीले स्तरों को तोड़ कर उसकी जड़ें कोमल भूमि की गहराइयों में पहुँच जातीं, और उस रस से वृक्ष दिन-दिन और पुष्पित और पल्लवित होता। लेकिन, यहाँ तो सब कुछ रूप और यौवन का खेल था। पत्थर पर की दूब कै दिन टिकती।''[26] तो, वह केवल आशिक है, पति या प्रेमी नहीं। जो वह कर सकता है या कर रहा है, प्रेमचन्द के शब्दों में वह इस प्रकार है—''मगर वह पुराना आशिक अब भी प्रीति की रीति निभाये जाता है। अब उससे यह आशा तो नहीं की जा सकती, कि वह खिचड़ी केशों को नागिन समझे और झरोखेदार बतीसियों की चमक से चौंधिया जाय और झुकी हुई कमर पर फिदा हो जाय। नहीं, यह वीभत्स लीला अब वह नहीं कर सकता, हाँ, ऊपरी दिल से चिकनी मीठी बातें कर सकता है, अपने सुगन्ध भरे रुमाल से उसके आँसू पोंछ सकता है और उसके नान नफ़क़े (जीवन निर्वाह) का प्रबन्ध कर सकता है। मखमली गद्दे न सही, फिर भी आगरे की दरी देने को तैयार है, लेकिन वह अज्ञात गत-यौवना अभी तक वही हठ किये जाती है, मैं तो जड़ाऊ गहने लूँगी और पानदान का खर्च लूँगी, और लौंडियाँ लूँगी। मिल चुकीं! यह ठस्से यौवन के साथ चले गये। अब तो उसी रोटी कपड़े पर दिन काटने पड़ेंगे, हँस-हँसकर काटो या रो-रोकर। गनीमत समझो कि वह प्रीति का इतना निबाह भी कर रहा है। सूखा ही जवाब देता तो तुम क्या कर लेतीं। धर्म या प्रेम का बन्धन तो था नहीं।''[27]

राज किशोर ने सही लिखा है कि 'रखैल' शब्द का प्रयोग स्त्री की गरिमा के अनुकूल नहीं है, लेकिन मैं कह रहा हूँ कि रखैल रखना स्त्री की गरिमा के प्रतिकूल है। प्रेमचन्द उस हिसाब से रखैल रख ही रहे हैं जो उन्हीं के शब्दों में ऊपर वर्णित है। तब मेरे आकलन में प्रेमचन्द घोर स्त्री-विरोधी सिद्ध होते हैं।

यहाँ राज किशोर से मेरे विचारों की तालमेल लगभग बैठ गई है। राज किशोर की लेखनी में यह साहस है कि वे इस जगह प्रेमचन्द को स्त्री-विरोधी कह सकते हैं, राजेन्द्र यादव के बारे में क्या कहूँ जो अपने सम्पादकीय लेख 'रखैल और जार का दलित-पाठ' में मेरी मजाक उड़ाते हुए लिखते हैं कि धर्मवीर की दृष्टि में 'प्रेमचंद का फांसी पर लटकाए जाने लायक अपराध है कि मरते समय उन्होंने शिवरानी से 'एक और स्त्री' रखने का अपराध स्वीकार किया है।'[28]

यहाँ मैं विषय को और बढ़ा रहा हूँ। प्रेमचन्द को ले कर क्या यह एक ही स्त्री का मामला है? प्रेमचन्द ने जो बात कही है वह उन की एक रखैल की बात है। यहाँ पूछा जाए कि रखैल एक हो, पर क्या वे यौन-सम्बन्धों को ले कर दो पत्नियों और एक रखैल तक ही सीमित रहे थे? गाँव में किसी आदमी को लंगोट का कच्चा कब कहा जाता है? तब कहा जाता है जब उस आदमी का कोई हिसाब या गिनती न हो। लगता है, प्रेमचन्द अपने जीवन में इसी श्रेणी के व्यक्ति रहे थे। प्रमाण में प्रेमचन्द के ही शब्द उद्धृत किए जा सकते हैं जो उन्होंने 7 सितम्बर, 1934 के इन्द्रनाथ मदान को लिखे

अपने पत्र में लिखे थे। वे इस प्रकार हैं—"नहीं, मेरा किसी से कोई प्रणय नहीं हुआ। ज़िन्दगी बहुत उलझाने वाली थी और रोटी कमाना इतना कठिन काम कि उसमें रोमांस के लिए जगह न थी। कुछ बहुत छोटे-छोटे मामले थे जैसे कि सब के होते हैं, पर मैं उन्हें प्रेम नहीं कह सकता।"[29] ध्यान रहे, यहाँ रखैल रखने का मामला भी उन के लिए 'कुछ बहुत छोटे-छोटे मामलों' में से एक था। तब, ऐसे 'कुछ बहुत छोटे-छोटे' कितने मामले हो सके होंगे? इस प्रश्न का उत्तर 'सीमन्तनी उपदेश' की अज्ञात हिन्दू औरत देती हैं। वे लिखती हैं कि पंडित लोग पत्नियों को पतिव्रता माहात्म्य सुनाते हैं और उन के खांविदों से कहते हैं—"इस दुनिया में जिस ने दो चार दस बीस कन्याओं से संग नहीं किया उस का पैदा होना ही निष्फल है।"[30] प्रेमचन्द ने भी यही लिखा है कि उन के भी 'कुछ बहुत छोटे-छोटे मामले थे जैसे कि सब के होते हैं।' यूँ, प्रेमचंद की रखैल की संख्या एक ही नहीं रह सकती थी। वे जरूर एक से ज्यादा होनी चाहिए।

मेरे एक मित्र ने मुझ से पूछा कि 'बहुत छोटे-छोटे मामले' का मतलब क्या है। मैं उन्हें जवाब देने ही जा रहा था कि वे खुद जवाब दे बैठे—"प्रेमचन्द सामन्त नहीं थे बल्कि सामन्त के मुंशी थे, इसलिए उन के मामले छोटे-छोटे बन कर रह गए। सामन्त होते तो मामले बड़े-बड़े बनते।" लेकिन आगे भी उन्हीं का कहना था—"सामन्त हों या सामन्त के मुंशी हों, कानून के सामने दोनों बराबर के भागी हैं। कानून सामन्त और सामन्त के मुंशी में फर्क नहीं करता। अपराध दोनों का बराबर है।"

मैंने अपने मित्र को प्रेमचंद की रखैलों की संख्या के बारे में बताया। मैंने कहा—"इन्द्रनाथ मदान को लिखे अपने इस पत्र में प्रेमचंद ने एक ही मामले की बात नहीं कही है। उन्हीं के लेखन में मामले एक से अधिक थे।" मैंने आगे कहा—"लेकिन ऐसा क्यों हुआ कि प्रेमचन्द ने शिवरानी के सामने एक ही रखैल का जिक्र किया?" मैंने खुलासा किया—"असल में, प्रेमचन्द अपनी अगली रखैलों का भी जिक्र करने जा रहे थे लेकिन शिवरानी ने उन की पहली खोल पर उन्हें यह कह कर पटक दिया कि उस के बारे में मुझे पता था। शिवरानी ने उन्हें आगे बढ़ने ही नहीं दिया। जबकि वे और आगे बढ़ कर बहादुर बनते, शेर बनते, शिवरानी ने उन्हें पहले ही चाबुक में गीदड़ बना दिया था। अगली रखैल का नाम बताने पर भी यदि शिवरानी यह कह देतीं कि उस के बारे में भी मुझे पता था तो प्रेमचंद का हाल क्या होता? इसलिए शिवरानी के सामने प्रेमचन्द पहले ही दाँव पर चित पड़े थे।"

इस विषय पर प्रो. कमला प्रसाद की बात बड़ी अजीब है कि वे मुझ से जाने क्या अपेक्षा रखते हैं। उन्होंने 'प्रगतिशील वसुधा—66' के अपने सम्पादकीय 'तर्क को कुतर्क से मत काटो' का शीर्षक देते हुए लिखा है—"धर्मवीर की मुश्किल यह है कि वे तथ्य के कथन के बजाय अभिमत कथन में बड़े तीव्र हैं। लेखक की पंक्तियों के बीच के मनमाने आरोपण करते हैं। कितना हास्यास्पद तर्क है कि प्रेमचन्द अपनी दो पत्नियों के होते रखैल रखते हैं।"[31] पर, मुझे लग रहा है कि ऐसा लिख कर वे खुद

एक हास्य की सृष्टि कर रहे हैं। असल में, राजेन्द्र यादव और कमला प्रसाद की दृष्टि में राज किशोर से यह गलती हो गई है कि उन्होंने मेरे दबाव में आ कर प्रेमचन्द को अनैतिक पुरुष मान लिया है। दूसरी तरफ, इस से ज्यादा मैं राजेन्द्र यादव और कमला प्रसाद को समझा सकता हूँ कि अपने पक्ष के लिए वे हरे प्रकाश उपाध्याय के 'जनसत्ता' में छपे लेख 'हंगामा खड़ा करने के लिए' पढ़ लें। शायद, उपाध्याय होने के नाते उन्हें ऐसे मामलों से निपटने के गुर हासिल हैं। इसी गुरुडम में वे लिखते हैं—"शिवरानी देवी प्रेमचंद की इस निश्छलता को मजाक में टालना चाहती हैं और कहती हैं कि उन्हें मालूम है। अब शिवरानी देवी हैं नहीं, न प्रेमचंद हैं कि उन से पूछा जाए कि हकीकत क्या थी? क्या प्रेमचंद अपनी बीमारी के दौरान सेवा में जुटी और चिन्तित पत्नी को सामान्य मूड में करने के लिए कोई मजाक नहीं कर सकते थे? हो सकता है, वे चुहुल के लिहाज से शिवरानी देवी को अपने एक औरत से ताल्लुक होने की बात कह छेड़ ही रहे हों। नहीं तो क्या बात थी कि जो शिवरानी देवी प्रेमचंद द्वारा अपनी पहली पत्नी की उपेक्षा पर उन्हें कस कर घेरती हैं, वे उस तीसरी औरत से ताल्लुक की बात को यों टाल देती हैं।"[32] तो, राजेन्द्र यादव और राज किशोर की तुलना में हुआ न कमाल!—इन दोनों को हरे प्रकाश उपाध्याय से शार्गिदी ले लेनी चाहिए। कर दिया न प्रेमचन्द को प्रक्षिप्त! चला दी न उन के बारे में नई किंवदन्ती!! सीधे आंखों में धूल झोंक दी है और बुद्धि कुंठित कर दी है। सारी बात मजाक में उड़ा दी। घर-परिवार की इतनी गम्भीर बात को चुटकियों में खेल बना दिया।

यह रखैल के जीवन की दोहरी मजाक है कि वह थी ही नहीं। इन्हीं हरे प्रकाश उपाध्याय ने अपने इसी लेख में मेरे खिलाफ लिखा है—"धर्मवीर जी यह पता करें कि वह तीसरी औरत जिसे वे प्रेमचंद की 'रखैल' कह रहे हैं, कौन थी, क्या करती थी और उस के पेट में प्रेमचंद ने जो बच्चा सौंपा, उसे किस ने पाला?"[33] बताइए, ये कैसे आलोचक हैं कि मुझ पर छोड़ कर इसे अपना काम नहीं मान रहे हैं? उन से कह रहा हूँ—"श्रीमान जी, यह आप की भी ड्यूटी है। आप काम से पल्ला झाड़ कर कैसे रह गए?"

इस प्रश्न का एक अन्य पक्ष भी है। प्रेमचन्द ने लिखा है—"संतान वृद्धि और वह भी दरिद्र देश में, विडम्बना है, लेकिन उस के प्रतिबन्ध के लिए कृत्रिम साधनों का प्रचार और भी बड़ी विडम्बना है। उस का मंगलमय उपाय केवल ब्रह्मचर्य है।"[34] ऐसा उन्होंने अक्टूबर, 1932 में लिखा था। इस के बाद मई, 1934 में उन्होंने लिखा है—"इस में तो किसी को आपत्ति नहीं है, कि सन्तान-निग्रह आवश्यक वस्तु है। मतभेद इसी में है, कि वह उद्देश्य ब्रह्मचर्य द्वारा पूरा किया जाय या कृत्रिम उपायों से। अगर ब्रह्मचर्य द्वारा हो सके, तो सब से उत्तम, लेकिन वह न हो सके, तो हम कृत्रिम साधनों को भी बुरा नहीं समझते।"[35]

ऊपर की यह बहस केवल विवाह और परिवार को ले कर की जा रही है। इस में पति और पत्नी ही केन्द्र में हैं। रखैल को ले कर इस बहस का क्या अर्थ है? वहाँ

ब्रह्मचर्य के क्या मायने बैठते हैं? रखैल के पेट से जो सन्तान पैदा हो सकती है, उस का निग्रह कैसे किया जाए? शायद, अपने हिसाब से प्रेमचन्द सही कह रहे हैं कि वे सन्तान-निग्रह के लिए 'कृत्रिम साधनों को भी बुरा नहीं समझते।' लेकिन, रखैल एक स्त्री होने के नाते एक माँ होने की संभावना भी लिए हुए रहती है। तब सन्तान-निग्रह के साथ-साथ उस के लिए माँ के रूप में सन्तानोत्पत्ति की भी जरूरत है। उस बारे में सोच की लकीर मिटी हुई क्यों है? रखैल के बच्चा क्यों नहीं होना चाहिए? उस से उस का मातृत्व क्यों छीना जाए? यहाँ प्रेमचन्द द्वारा की गई ब्रह्मचर्य की वकालत और उन का रखैल रखना—दोनों आपस में पूरी तरह टकरा जाते हैं।

ग. रखैल रखना विलासिता है

फिराक गोरखपुरी ने प्रेमचंद के जीवन और साहित्य का मूल्यांकन करते हुए लिखा है—"स्त्री उन के लिए बहन, बेटी, माँ, पड़ोसिन, सहकारी, जीवन-साथी, गृहलक्ष्मी, देवी, सब कुछ हो सकती थी, और ऐसी स्त्री के चरित्र भी उनकी रचनाओं में कई एक मिलते हैं। लेकिन ऐन्द्रिकता के बल पर छा जाने वाली हस्ती के रूप में स्त्री का चरित्र उनकी चेतना में न आ सकता था। प्रेमचंद त्यागी या वैरागी आदमी नहीं थे लेकिन यह भी बात थी कि ऐन्द्रिक प्रेम को वह महत्व नहीं दे पाते थे।"[36] ऐसा लिखने पर खुद फिराक गोरखपुरी को बताना चाहिए था कि प्रेमचन्द की रखैल इस मूल्यांकन में कहाँ फिट होती है। रखैल ऐन्द्रिकता और विलासिता में शामिल नहीं है तो कहाँ ठीक बैठती है?

शुरूआत यहाँ से की जा सकती है कि 'प्रेमचन्द' धनपत राय श्रीवास्तव का छद्मनाम है। हाँ, प्रेमचंद पर लिखते हुए 'द न्यू एनसाइक्लोपिडिया ब्रिटेनिका ने' ऐसी ही शुरूआत की है।[37] किस्मत प्रेमचन्दवादियों की कि उन के महान लेखक का नाम भी असली नहीं है। नाम असली न हो पर क्या उन का काम असली है? इस प्रश्न पर उन सभी को सोचना चाहिए जो साहित्य के मर्मज्ञ विद्वान हैं कि क्या उन का साहित्य उतना ही तिरछा और छद्म नहीं है जितना उन का नाम तिरछा और छद्म है। प्रेम के बारे में खुद प्रेमचन्द ने कहा है कि वे प्रेम करने वाले व्यक्ति नहीं थे। अपनी पहली पत्नी से उन्होंने घृणा की थी, अपनी दूसरी पत्नी से उन्होंने विवाह किया था, और एक तीसरी रखैल से भोग-विलास किया था। उन की शिकायत है कि अपनी विशेष परिस्थितियों के कारण उन्हें प्रेम करने का मौका या फुर्सत नहीं मिली। प्रेम करते तो जाने क्या गुल खिलाते?

चोर लोग हमेशा अपना नाम बदले रहना चाहते हैं, लेकिन ऐसा नहीं है कि नाम बदल कर बुरे काम ही किए जाते हों। बर्तानी भारत के अफसरों द्वारा उन की पुस्तक

'सौजे वतन' पर गिरी गाज की वजह से प्रेमचन्द ने अपना नाम बुरे के लिए नहीं बदला था। यह उन का हक था क्योंकि एक विदेशी कौम उन के देश पर शासन कर रही थी। पर, क्या कारण था कि प्रेमचंद को अपना नाम प्रेमचंद रखना पड़ा? कारण बहुत वाजिब, साफ और सौद्देश्य था। अमृत राय ने उसे प्रेमचंद के एक पत्र के हवाले से इस प्रकार रखा है :

> "लेकिन वह जो क़ैद कलेकटर साहब ने लगा दी थी बुरी थी कि हर चीज़ जो लिखी जाय, पहले उनको दिखला ली जाय, और इसका कुछ न कुछ हल निकालना ज़रूरी था।
>
> लिहाज़ा दो ही चार महीने बाद उन्होंने कुलपहाड़ से 13 मई 1910 को मुंशी दयानरायन निगम को लिखा–
>
> '...नवाब राय तो ग़ालिबन कुछ दिनों के लिए इस जहान से गये। दोबारा याददेहानी हुई है कि तुमने मुआहिदे में गो अख़बारी मज़ामीन नहीं लिखे, मगर इसका मंशा हर क़िस्म की तहरीर से था। गोया मैं कोई मज़मून, ख्वाह किसी मज़मून पर–हाथीदाँत पर ही क्यों न हो–लिखूँ, मुझे पहले वह जनाब फ़ैज़मआब (श्रीमान) कलेक्टर साहब बहादुर की ख़िदमत में पेश करना पड़ेगा। और मुझे छठे-छमासे लिखना नहीं, यह तो मेरा रोज़ का धंधा ठहरा। हर माह एक मज़मून जनाबवाला की ख़िदमत में पहुँचेगा तो वह समझेंगे कि मैं अपने फ़राइज़े (सरकारी काम) सरकारी में ख़नायत (गड़बड़ी) करता हूँ। और काम मेरे सर थोपा जायगा। इसलिए कुछ दिनों के लिए नवाब राय मरहूम (स्वर्गवासी) हुए। उनके जानशीं (उत्तराधिकारी) कोई और साहब होंगे। आप मेरा मज़मून किताबत कराने के बाद मुंशी चिराग़ अली को दे दिया करेंगे'।'"[38]

यह सब ठीक है, लेकिन नया नाम क्या रखा गया? जो नया नाम रखा गया, उसी से मुझे परेशानी है। अमृत राय ने उस नए नाम रखने की प्रक्रिया को इस प्रकार दर्ज किया है :

> "अब दूसरे नाम की तलाश शुरू हुई।
>
> मुंशी दयानरायन ने 'प्रेमचंद' नाम पेश किया। इसके जवाब में मुंशी नवाब राय ने लिखा–
>
> "प्रेमचंद अच्छा नाम है। मुझे भी पसंद है। अफ़सोस सिर्फ़ यह है कि पाँच छः साल में 'नवाब राय' को फ़रोग़ देने की जो मेहनत की गयी, वह सब अकारथ हो गयी। यह हज़रत क़िस्मत के हमेशा लँडूरे रहे और शायद रहेंगे।..."

इस तरह 'नवाबराय' के 'मरहूम' होने के चार-पाँच महीने बाद सन् 1910 के अक्तूबर-नवंबर में आकर 'प्रेमचंद' का जन्म हुआ। इस नये नाम के साथ छपनेवाली पहली कहानी 'बड़े घर की बेटी' है।''[39]

मैं यह कह रहा हूँ कि कम से कम रखैल को रखने में प्रेमचंद 'प्रेम' से खारिज थे। यह उन की निरी विलासिता थी।

मदन गोपाल ने अपनी अंग्रेजी की पुस्तक 'मुंशी प्रेमचंद : ए लिटरेरी बायोग्राफी' में प्रेमचन्द को रखैल रखने के हक के लिए एक टाइम और स्पेस तैयार किया है। उन्होंने लिखा है—''उन की जिन्दगी के खालीपन ने उन्हें घेर लिया। उन्होंने सोचा था कि उन की पत्नी वापस आ जाएगी। चूँकि वे अपनी मर्जी से गई थीं इसलिए प्रेमचन्द अपनी पहल करके उन्हें लाने की नहीं सोच सकते थे। और वे यह सोचती प्रतीत होती थीं कि वे उन्हें लेने के लिए आएंगे। यह 'अस्थिर' स्थिति 'कम से कम तीन या चार साल' तक रही। लगता है, इसी दौरान वे एक और औरत की बाँहों में जा गिरे थे जो उन की रखैल थी और जिस के बारे में मृत्यु से पहले की रोगशैया पर की गई उन की अपनी अपराध-स्वीकृति के अलावा कुछ भी ज्ञात नहीं है।''[40]

मदन गोपाल की उपरोक्त लिखत से दो बातें उभरती हैं—एक समय की और दूसरी स्थान की। मेरे हिसाब से समय के बारे में मदन गोपाल का अन्दाज गलत है लेकिन स्थान के बारे में सही होना चाहिए। उन्होंने कानपुर का नाम नहीं लिया है लेकिन उन का मतलब यहाँ कानपुर से ही है। लेकिन समय के बारे में गणना करने में उन से चूक हुई है। उन्होंने माना है कि चूँकि उन की पत्नी अपनी इच्छा से उन्हें छोड़ गई थी, इसलिए उस खालीपन को भरने के लिए उन के जीवन में रखैल आ गई। उन्होंने प्रेमचन्द के जीवन के इस खालीपन को तीन से चार साल तक के लम्बे समय का माना है। मदन गोपाल का मानना है कि चूँकि उन के पास पत्नी नहीं थी, इसलिए वे रखैल की बाँहों में जा गिरे। लेकिन प्रेमचन्द ने अपनी पत्नी शिवरानी से जो शब्द कहे थे वे इस प्रकार हैं—''मैंने अपनी पहली स्त्री के जीवन-काल में ही एक और स्त्री रख छोड़ी थी। तुम्हारे आने पर भी उस से मेरा सम्बन्ध था।''[41] इस कथन में यह बात शामिल नहीं है कि पहली पत्नी के चले जाने पर ही प्रेमचन्द ने रखैल रखी थी। प्रेमचन्द ने वह रखैल पहली पत्नी के साथ-साथ रख रखी थी और शिवरानी के आने के बाद भी रख रखी थी।

कार्ल मार्क्स की पैनी नजर से किसी भी सामन्त की ऐसी विलासिता बच कर कर नहीं जा सकती थी। सवाल बहाने तलाश करने का नहीं बल्कि व्यवस्था का है। हाँ, कार्ल मार्क्स ने स्त्रियों को ले कर एक बहुत ही अच्छी बात कही है। चूँकि, उन का सामना अपने समय के पूँजीवाद से पड़ रहा था, इसलिए उन का संवाद और विरोध उन्हीं से था। उन्होंने 'कम्युनिस्ट पार्टी के घोषणा-पत्र' में लिखा था—''हमारे

पूंजीपतियों को मजदूरों की बहू-बेटियों को अपनी मर्जी के मुताबिक इस्तेमाल करने से संतोष नहीं होता, वेश्याओं से भी उनका मन नहीं भरता, इसलिए एक दूसरे की बीवियों पर हाथ साफ करने में उन्हें विशेष आनंद प्राप्त होता है।''[42] इस से आगे कार्ल मार्क्स ने अपनी पूरी बात कह दी है—''पूंजीवादी विवाह वास्तव में पत्नियों की साझेदारी की ही एक व्यवस्था है, इसलिए कम्युनिस्टों के खिलाफ अधिक से अधिक यही आरोप लगाया जा सकता है कि वे स्त्रियों की सर्वोपभोग्यता की मौजूदा ढोंगपूर्ण और गुप्त प्रथा को खुला, कानूनी रूप दे देना चाहते हैं। कुछ भी हो, बात अपने आप साफ है कि उत्पादन की वर्तमान व्यवस्था जब खत्म हो जाएगी, तब स्त्रियों की उस व्यवस्था से उत्पन्न सर्वोपभोग्यता का, अर्थात् बाजारू और खानगी, दोनों प्रकार की वेश्यावृत्ति का, अनिवार्यतः अंत हो जाएगा।''[43]

कार्ल मार्क्स का उद्देश्य समाज में, बाजारू और खानगी, दोनों प्रकार की वेश्यावृत्तियों का पूरी तरह सफाया करना था। यहाँ तनिक शब्द 'खानगी' का अर्थ समझा जा सकता है जो इस प्रकार है—''वह घरेलू स्त्री जो व्यभिचारिणी हो, बिना ब्याही स्त्री जो घर में स्त्री की तरह रख ली गई हो, ...रखेली, रखैल, बैठाली स्त्री।''[44] कार्ल मार्क्स की यही बात प्रेमचंद पर सीधे-सीधे लागू होती है। प्रेमचन्द ने पूँजीपति के रूप में रखैल रखी थी या सामन्त बन कर, पर दोनों स्थितियों में प्रेमचन्द कार्ल मार्क्स के निशाने पर हैं। यह स्त्रियों का शोषण है। रखैल बना कर औरत का जाने क्या-क्या लूट लिया जाता है। सब से बड़ा अत्याचार यह है कि उस का सुहाग लूट लिया जाता है। वह किसी के हिस्से की पत्नी होती है जो रखैल बनाई जाती है। चूँकि, प्रेमचन्द ने पहली पत्नी, दूसरी पत्नी, और रखैल, कम से कम तीन स्त्रियाँ एक साथ रखीं, इसलिए यह परिवार के स्तर पर समाज में असमानता भी फैलाना है। आखिर, उन्होंने अपने इस व्यवहार से किन्हीं दो पुरुषों के सम्मानजनक हिस्से मार ही लिए।

इस का एक अन्य पहलू भी है। मेरठ क्षेत्र में स्त्रियों का एक लोकगीत चलता था। इस गीत में एक औरत दूसरी औरत को समझा रही है जिस का अर्थ है—''ऐ, घर से बाहर मत निकलियो, नहीं तो मुगल का पकड़ लेगा।'' गुलामी का यही अर्थ होता है। जाने लोगों ने देश का इतिहास लिखते समय इस बात पर ध्यान क्यों नहीं दिया कि गुलामी का मतलब यह होता है कि गुलाम की औरत उस से छीन ली जाती है? यदि कोई कौम अपनी औरतों की इज्जत बचाने की शक्ति रखती है तो वह कौम गुलाम कहाँ है?

बुद्‌ध ने आनन्द से वज्जियों के बारे में चर्चा की थी। वज्जियों के सात नियम थे। पाँचवाँ नियम यह था जिस के बारे में बुद्ध के पूछने पर आनन्द ने उन्हें सूचना दी थी—''भदन्त, मैंने सुना है कि वज्जियों के राज्य में स्त्रियों पर बलात्कार नहीं होता।''[45] धर्मानन्द कोसम्बी ने इस नियम पर बुद्‌धघोष-कृत अट्‌ठकथा का सारांश इस प्रकार दिया है—''विवाहिता या अविवाहित स्त्रियों पर बलात्कार होने से राज्य के

लोग असन्तुष्ट रहते हैं। लोग कहते हैं, 'हमने जिन लड़कियों का पालन-पोषण किया उन्हें ये शासक बलात् अपने घर में ले जा कर रखते हैं... ।...जहाँ स्त्रियों पर अत्याचार नहीं होता, शासकों से उन्हें संरक्षण प्राप्त होता है वहाँ लोग निश्चिन्तता के साथ अपने काम करते हैं और उस से राज्य की सम्पत्ति की अभिवृद्धि होती है।"[46] धर्मानन्द कोसम्बी आगे लिखते हैं–"यह बात महत्वपूर्ण है कि स्त्रियों पर बलात्कार न होने की सावधानी वज्जी लोग रखते थे। हम अनुमान लगा सकते हैं...कि जब गणराज्य अव्यवस्थित ढंग से आचरण करने लगे तब गरीब लोगों की स्त्रियों पर अत्याचार होने लगे।...महाराजा अधिक-से-अधिक अपने शहर की कुछ स्त्रियों को अन्तःपुर में ले जा कर रखता था, पर वे गणराज्य समूचे देश-भर में फैले हुए थे, अतः किसी गाँव की स्त्री उन के अत्याचार से मुक्त नहीं रह सकती थी।"[47]

कुछ लोग कह सकते हैं कि बलात्कार और जारकर्म में फर्क होता है। कुछ ने कहा भी है, लेकिन वह शासित और शासक कौमों के हिसाब से बेमतलब की बात है। इस मामले में यह सामन्तों का बलात्कार ही है जो नीचे उतर कर क्रमशः पुरोहितों की देवदासी प्रथा, भुस के कोठों में जारकर्म और चकलों पर जा कर वेश्यावृत्ति बन जाता है। यह सब विवाह से बाहर है और इन में भेद करना समस्या को गम्भीरता से न लेना है या उस का हिस्सा बनना है। यहाँ प्रेमचंद को ले कर मेरा कहना यह है कि प्रेमचंद ने जो स्त्री रखी हुई थी, वह सामन्तों की इसी बलात्कार, देवदासी, रखैल और वेश्या की परम्परा में शामिल है। यदि प्रेमचंद की उस रखैल के घर वाले प्रेमचंद की बराबरी के या प्रेमचंद से भी अधिक शक्तिशाली होते तो वे प्रेमचंद के धू लठ मारते और अपनी बेटी को प्रेमचन्द की रखैल बनने देने से बचा लेते और उस का विवाह करते ताकि उस की अपनी अलग सम्मानजनक आलदारी चलती। बात सीधी सी है, वह किसी जमीदार की लड़की नहीं रही होगी। वह किसी गरीब खानदान की बेटी रही होगी। ऐसी बेटियों के जीवन और उन की इज्जत बर्बाद करने के लिए हर शहर में प्रेमचंद जैसे छोटे-छोटे मुगल पैदा हो जाते हैं।

घ. वह कानपुर में होनी चाहिए

प्रेमचन्द ने यूरोप के उपन्यासकारों के उपन्यासों में आई हुई कथाओं को उन के जीवन-चरित्रों से जोड़ कर देखा है। भारत के बारे में उन्होंने इस प्रकार लिखा है–"भारतवर्ष में अभी उपन्यासकारों के जीवन चरित्र लिखे नहीं गए, इसलिये भारतीय उपन्यास साहित्य से कोई उदाहरण देना कठिन है।"[48]

खैर, यह काम अब शुरू किया जा सकता है। आलोचकों को प्रेमचंद द्वारा बताई गई इस चुनौती को स्वीकार करना चाहिए। प्रेमचंद का जीवन चरित्र लिखने में अमृत राय ने अपनी पुस्तक 'प्रेमचंद : कलम का सिपाही' में यूरोप की इस पद्धति को

अपनाया है। कुछ दूसरे समीक्षकों ने भी इस क्षेत्र में काम किया है। पर सब ने जो गलती कर दी वह यह है कि प्रेमचंद की रखैल की खोज किसी ने नहीं की। एक दूसरे से शिकायत के रूप में इस कमी को बताते चले गए लेकिन खुद कोई आगे नहीं बढ़ा। कारण यह भी रहा कि उन में से अधिकांश समीक्षक खुद प्रेमचंद की परम्परा में प्रेमचंद के परम शिष्य बन कर रखैल या रखैलें रख रहे थे। उन्होंने प्रेमचंद की बराबरी का साहित्य लिखने की चुनौती ग्रहण नहीं की लेकिन प्रेमचंद की तरह रखैल रखने में वे प्रेमचंद से भी आगे निकल गए। केवल इसी एक क्षेत्र में उन्होंने प्रेमचंद की प्रैक्टिकल रूप में खूब मानी और साथ में यह सीख भी मानी कि इन बातों पर चुप्पी साधे रखनी चाहिए। लेकिन मेरी खोज कुछ दूसरे प्रकार की है। मैं अपना ध्यान वास्तविक घटनाओं पर केन्द्रित कर रहा हूँ। इस में मैं कह रहा हूँ कि 'प्रेमचंद की रखैल कौन थी?'—के जानने में इस बात से भारी मदद मिलेगी कि यह जान लिया जाए कि 'प्रेमचन्द की रखैल कहाँ थी?' 'कहाँ' के बिना 'कौन' की जानकारी मुश्किल से मुश्किल हो जाएगी।

प्रश्न यह बनता है, यह रखैल किस शहर की हो सकती है? चूँकि, प्रेमचंद ने कहा है कि उन्होंने वह रखैल अपनी पहली पत्नी के समय में ही रख ली थी, इस का मतलब है, शिवरानी से शादी करने से पहले रख ली थी। तब इस रखैल के हिसाब से वे ही स्थल हो सकते हैं जो प्रेमचन्द ने तब तक देखे थे। उन की दूसरी शादी कानपुर में हुई थी, इसलिए कानपुर के बाद जाने गए शहरों या गाँवों की यह रखैल नहीं होनी चाहिए। कानपुर तक बात समझ में आती है, उन के जीवन में आने वाले बाद के स्थलों की नहीं। बाद वाले शहरों में भी उन की रखैलें हो सकती हैं, कोई मनाही नहीं है, बल्कि पूरी संभावनाएँ हैं, क्योंकि खुद प्रेमचंद ने अपने ऐसे कई छोटे-छोटे मामलों के होने की बात कही है, पर वे कानपुर तक वाली रखैल से भिन्न रखैलें होंगी। अपनी जिस रखैल का जिक्र उन्होंने शिवरानी से किया है, यहाँ मैं अपने अध्ययन को वहीं तक सीमित रख रहा हूँ।

प्रेमचंद का कानपुर से जुड़ाव कैसे होता है? सन् 1904 से उन का मुंशी दया नरायन निगम से पत्र-व्यवहार हो रहा था पर उन का कानपुर में (पहला?) पदार्पण इस प्रकार होता है जिसे अमृत राय ने दर्ज किया है—"यह सन् पाँच (1905) की मई है और मुंशी जी (प्रेमचन्द) इलाहाबाद से तब्दील हो कर कानपुर आ गए हैं।"[49] इस बारे में थोड़ी और जानकारी यूँ मिलती है—"...मई 1905 में उन (प्रेमचंद) का तबादला कानपुर के लिए हो गया—उसी पचीस रुपये पर, डिस्ट्रिक्ट स्कूल में आठवें मास्टर के पद पर।"[50]

तब वे कानपुर में रह कहाँ रहे हैं? आते ही उन का ठिकाना कहाँ बना है? अमृत राय सूचना देते हैं कि कानपुर में 'मुंशी दया नरायन ने उन्हें अपने यहाँ आ कर ठहरने की दावत दी है और मुंशी (प्रेमचन्द) जी उस दावत को कबूल करके उन्हीं के हवेली—जैसे मकान में, नया चौक में, रह रहे हैं।'[51]

कानपुर में आते ही, प्रेमचंद के जीवन में क्या फर्क पड़ा? फर्क बहुत पड़ा है। यहाँ की महफिलें ही अलग थीं। अमृत राय ने लिखा है—"हफ्तों भी नहीं, चंद दिनों के भीतर यह महफिलें मुंशी जी के खून का ऐसा जुज बन गईं कि जब वह गर्मी की छुट्टियों में अपने घर लमही गए तो इन सोहबतों की याद करके तड़प-तड़प गए, इसलिए और भी कि जिस भी नजर से देखिए, कानपुर की जिन्दगी अगर स्वर्ग थी तो घर की वह जिन्दगी नरक।"[52] हमारे लिए 'जिस नजर' में एक नजर रखैल की भी है। अमृत राय सही फरमा रहे हैं। कानुपर में प्रेमचन्द के लिए 'पूरा जमघट है।...और सिर्फ कहकहे न उड़ते, बोतलों के काग भी उड़ते। 'सरूर' और 'नजर' बाकायदा पीने वालों में थे, नवाब राय भी गाहे-ब-गाहे मुँह जुठार लेते।'[53] अमृत राय लिखते हैं—"मुंशी जी उन लोगों में से न थे जो चार दोस्तों के बीच भी कट्टर मौलाना की तरह शराब पीने को बड़ा गुनाह समझते हुए, मुहर्रमी सूरत बनाए, लबों को सिए बैठे रहते हैं। क्या मसरफ ऐसे आदमी का और अगर उसे बातचीत नहीं कर आती और हँसने से जिगर के फटने का अंदेशा रहता है तो वह आए ही क्यों ऐसी महफिल में।"[54]

जून की गर्मियों की छुट्टियों के बारे में अमृत राय ने लिखा है—"छुट्टियाँ जैसे-तैसे खत्म हुईं और नवाब फिर कानपुर पहुँच गया और फिर वही दोस्तों की महफ़िलें, क़हक़हे और चहचहे शुरू हुए जिनके लिए उसका दिल तड़पता था।"[55] उन्होंने आगे लिखा है—"तबीयत बहुत रंगीन न सही, मगर जवान तो थी। आखिर कब तक वह इसी तरह अपनी ज़िन्दगी की लढ़िया ठेलेगा?"[56] अमृत राय ने प्रेमचंद के कानपुर के जीवन को प्रेमचंद के लिए एक जश्न के रूप में देखा है। वे लिखते हैं—"सचमुच बड़े अच्छे मुहूर्त में कानपुर आए थे जो चार बरस से ऊपर इस सुहाने वातावरण में रहने को मिल गया।"[57] प्रेमचंद का कुल कितना समय कानुपर में बीता? अमृत राय ने उस का भी हिसाब लगाते हुए लिखा है—"मई सन् 1905 और जून 1909 के बीच का सवा चार साल का जमाना मुंशी (प्रेमचन्द) जी ने कानपुर में ही गुजारा।"[58]

प्रेमचंद के इस कानपुर प्रवास की अन्तिम घड़ी आ गई। यह प्रेमचंद के लिए दुख की घड़ी थी। उस घड़ी में उसी दुख के साथ शामिल होते हुए अमृत राय ने लिखा है :

> "और...10 जून 1909 को कूच का परवाना आ गया।
>
> कानपुर छूटने का मुंशी जी को रंज था। यारों की यह सोहबतें फिर कहां मिलेंगी। यह हरदम का साथ उठना-बैठना, साहित्य की और राजनीति की बातें, तरह-तरह के मंसूबे। इस जिन्दगी का मजा ही और था। लगता था कि सचमुच जिन्दा हैं।"[59]

हमीरपुर में प्रेमचन्द को चार-पाँच महीने हो गए थे। वहाँ उन की पुस्तक 'सौजे-वतन' से उन पर एक मुसीबत आ गई। माना गया कि वह पुस्तक 'सिडीशन' से भरी हुई है। लेकिन हमारा मतलब कानपुर से है। अमृत राय लिखते हैं—"इस किस्से के कुछ ही हफ्ते बाद मुंशी (प्रेमचन्द) जी को अपने किसी काम से कानपुर जाने की जरूरत पड़ी (इसी बीच हमीरपुर और कानपुर के बीच रेल भी खुल गई थी)... ।"[60] यहाँ मेरे गणित की प्रायिकता का सिद्धान्त यही कहता है कि उन की रखैल कानपुर की ही होनी चाहिए। लगता है, अमृत राय ने यह सोच-समझ कर लिखा है कि उन्हें अपने किसी काम से कानपुर जाने की जरूरत पड़ी। मेरी समझ में अमृत राय को अच्छी तरह मालूम था कि वे कानपुर क्यों गए थे। आखिर, लिखने का इतना सलीका उन्हें था कि बाप की ऐसी बातों को छिपा जाएँ।

शिवरानी ने 1913 के लगभग की बात लिखी है—"कानपुर का 'प्रताप' निकला था गणेश शंकर के हाथों। उन्होंने लेख मांगा था। आपने लेख लिखकर उन्हें भेज दिया। कानपुर में आप का कोई काम था। बस्ती से वहाँ गए। 'प्रताप' आफिस भी चले गए।"[61] कहा नहीं जा सकता कि ऊपर शिवरानी की बात कहाँ तक सही है कि यह लगभग 1913 की बात है। यदि सही है तो प्रेमचंद ने 7 जून, 1913 को महोबे से दया नरायन निगम को लिखा था—"मेदा जरा सही हो जाए तो फिर कुछ काम करूँ। कानपुर मेरे प्रोग्राम में शामिल है। और गालिबन बनारस जाने से कब्ल अगर आप मेरी रिहाइश...का कोई इंतजाम कर सकें तो मैं कानपुर ही में अपना मुआलिजा—कराऊँ? क्यों बनारस जाऊँ?"[62] हो न हो, यह वही समय हो। खैर, इस मामले में मैं निश्चायक रूप से कुछ नहीं कह रहा हूँ। इतना लगता है, वे गर्मियों की छुट्टियों में कानपुर आते रहे थे।

इसी '1913 के लगभग' वाले परिच्छेद में शिवरानी देवी ने लिखा है—"मैं बोली—'खुद के लिए तो कोई जरूरत नहीं सही, पर और बलाएं भी तो हैं। उन का क्या होगा? अभी आधी तनख्वाह पर छः महीने की छुट्टी ली थी। मुश्किल से खर्च चल पाता था। मैं अपने घर थी। आप कानपुर थे, खाली छोटक और चाची थीं, तब भी पूरा नहीं पड़ता था। आप का ही कहना है कि अपने हाथ से दूध जमा कर मट्ठा बनाता था। एक आदमी रखने की गुंजाइश न थी।"[63]

पूछना यह है कि जब कानपुर में उन की चाची और छोटक भी हैं तो प्रेमचंद दया नरायन निगम को 7 जून, 1913 को यह क्यों लिख रहे हैं कि वे कानपुर में उन की रिहाइश का कोई इंतजाम करा दें।

कानपुर को ले कर प्रेमचंद के साथ एक और वाकया घटा है। यह 1914 का है। इस के बारे में अमृत राय ने लिखा है :

"ऐसा एक मौक़ा वह था जब कि शायद 1914 के आरम्भ में, जिस समय उर्दू 'प्रेमपचीसी' छप रही थी और मुंशी जी का तबादला बस्ती के लिए अभी नहीं हुआ था, वह छुट्टी लेकर निगम साहब के यहाँ काम करने पहुँचे। इरादा शायद यह था कि आज़माकर देखा जाय। दौरे की नौकरी में सेहत बराबर गिरती जा रही थी, कैसे इस भाग-दौड़ से नजात मिले कि घर पर रोटी खा सकें।

लिहाज़ा वह कानपुर पहुँचे, कुछ हफ्ते काम किया और छुट्टी जब खत्म हुई तो हमीरपुर लौट गये। निगम साहब को यह बात बुरी लगी, उन्होंने शायद समझ लिया था कि मुंशी जी मुस्तक़िल तौर पर काम करने के लिए आ गये। कुछ अजब नहीं कि मुंशी जी ने जोश में आकर इस तरह का कुछ आभास निगम साहब को दिया भी हो, और जब उनके दूसरे मन ने मामले के व्यावहारिक पहलू पर ग़ौर किया हो तो वह भाग खड़े हुए हों।"[64]

इस वजह से प्रेमचन्द और मुंशी दया नरायन निगम की दोस्ती में रंजिश हो गई। तब प्रेमचन्द को अपनी सफाई में लिखना पड़ा—"बेशक मैंने मेडिकल सर्टिफ़िकेट देने की कोशिश नहीं की लेकिन मुझे वहाँ उसके मिलने की उम्मीद भी न थी। यह इलज़ाम कि दर्खास्तें क्यों बाद अज़ वक़्त दी गयीं मेरे सर ज़्यादा से ज़्यादा 10 से है क्योंकि मेरे पहले हफ्तए क़यामे कानपुर में तो आपने रोज़ाना वग़ैरह का कोई डाइरेक्ट तज़किरा (जिक्र) नहीं किया। ज़िक्र किया तब जब मेरी रुख़सत ख़त्म होने को आयी, और फ़ैसला उस वक़्त हुआ जब कुल तीन दिन रह गये। ऐसी हालत में मेरे जैसे ज़राये (साधन) का आदमी बजुज़ इसके और क्या कर सकता था कि रुख़सत लेने की कोशिश बहद्दे इमकान (सामर्थ्य भर) करे और न मिल सके तो मजबूरन व लाचारन अपनी नौकरी पर वापस आ जाये। आप ही फ़र्माइए, मुझे क्या ग़रज़ पड़ी थी, क्या दबाव था कि मैं पहले काम शुरू कर देता और तब भाग खड़ा होता? आपने मेरा गला नहीं दबाया था और न दबा सकते थे। आपने मुझे किसी सैक्रिफ़ाइस पर मजबूर नहीं किया, न मैंने कोई सैक्रिफ़ाइस की। मेरा माली फ़ायदा था। फिर ऐसा कौन अम्र (बात) था जो मेरी बेदिली (अनिच्छा) का बाइस (कारण) होता? हमीरपुर में मैं ऐसे वक्त पहुँचा जब मेरी रुख़सत तमाम होनेवाली थी। मैं 13 की शाम को चला और इतवार का दिन। डिप्टी इंसपेक्टर दौरे पर। ग़रज़ हमीरपुर में ऐसा कोई शख़्स न था जिससे मैं सलाह-मशविरा ले सकता क्योंकि हमीरपुर में मेरे जाननेवाले गिनती के आदमी भी नहीं हैं। यहाँ भागा, और चार्ज लेने में तब भी एक दिन की देर हो गयी जिसका जवाब मुझको देना पड़ा। यह है मेरा बयान हलफ़ी।"[65] अमृत राय ने इस के बाद एक अन्य वाकये का जिक्र करते हुए लिखा है—"22 मई 1914 के ख़त के सात-आठ महीने बाद जब दिसम्बर-जनवरी में छः महीने की छुट्टी लेने की नौबत

आयी, तो मुंशी जी एक बार फिर अपने उसी पुराने सपने की खोज में कानपुर पहुँचे। लेकिन व्यर्थ।"[66]

हाय कानपुर! बिना कानपुर मिठास नहीं है। हमीरपुर में खुश नहीं थे और गनीमत थी कि वहाँ से तबादले की बात चली। अमृत राय ने लिखा है :

> "ताहम किताब न निकली और मुंशी जी के हमीरपुर से निकलने का वक़्त आ पहुँचा। सेहत जिस तेज़ी से गिर रही थी, हमीरपुर में अब रहना खतरे से खाली नहीं था। 22 मई 1914 को उन्होंने निगम साहब को लिखा–'...काश मैं किसी तरह कानपुर तबदील होकर आ सकता। तबादले की दरख्वास्त तो दी है मगर मालूम नहीं कहाँ फेंका जाऊँ...'
>
> कानपुर का तबादला नामुमकिन समझकर शायद उन्होंने दर्खास्त में अपनी पसंद रुहेलखंड के लिए ज़ाहिर की। लेकिन तबादला जब हुआ तो न कानपुर मिला न रुहेलखण्ड, वह 'पटका गया बस्ती के जिले में और इलाक़ा वह मिला जो नैपाल की तराई है।' "[67]

शिवरानी ने 'जुलाई, 1915' के शीर्षक के अन्तर्गत लिखा है–"कानपुर और लखनऊ दोनों जगह दवा कराते थे।"[68]

यह लगभग 1916 की बात है। उन के बड़े लड़के धुन्नू को दूध पिलाने के लिए एक औरत रख ली गई है। इन दिनों के बारे में शिवरानी लिखती हैं–"हम इलाहाबाद आए। इस के बाद मैं देहात चली गई। वे भी पन्द्रह रोज तक मेरे पिता के घर रहे।"[69] इस के बाद वे लिखती हैं–"फिर वे कानपुर आए। मेरी दवा तो मेरे मायके में होती रही।"[70] इस के बाद–"कानपुर से आपने मेरे पिता से मेरी खबर पूछी।"[71] इसके बाद? शिवरानी लिखती हैं–"इस के बाद वे कानपुर चले गए।"[72] फिर, 'पन्द्रह दिन स्कूल खुलने को रहे तो वे लौट कर आए और मेरी विदाई के लिए कहा।"[73]

मतलब यह है कि प्रेमचंद 1916 तक छुट्टी-बेछुट्टी कानपुर में जमे ही रहते थे।

यह सन् 1918 की बात है। मई-जून के महीने हैं। अमृत राय लिखते हैं–"इन्हीं सब परेशानियों में (प्रेमचंद) इस बार छुट्टियों में कानपुर नहीं जा पाए। यह एक अनहोनी बात थी।"[74] यहाँ खुद अमृत राय ने माना है कि यह एक अनहोनी बात है कि इस वर्ष वे गर्मी की छुट्टियों में कानपुर न जा सके। इस से निम्न दो निष्कर्ष निकलते हैं :

1. सन् 1917 तक हर वर्ष गर्मियों की छुट्टियों में कानपुर जाते थे।
2. सन् 1918 के बाद के वर्षों में भी वे हर बार कानपुर जाते रहे होंगे।

सवाल यह है कि सन् 1918 में कानपुर न जाना अनहोनी क्यों है। नहीं जा सके, नहीं जा सके, लेकिन कुछ बात थी कि वे वहाँ जरूर जाते थे। कानपुर के मुंशी

दया नरायन निगम से उन का मिलना होता था पर वह भी उस पहली वजह से होना चाहिए जिस रखैल की ओर मैं बार-बार इशारा कर रहा हूँ। सवाल को यों बाँटा जाए :

1. क्या उन्हें मूलतः मुंशी दया नरायन निगम से काम होता था जिस में वे अपनी रखैल से भी मिल लेते थे, या,
2. क्या उन्हें मूलतः अपनी रखैल से मिलना होता था जिस में वे मुंशी दया नरायन निगम और अन्य मित्रों से भी मिल लेते थे?

फिर, हाय कानपुर, भूले नहीं बनता, बिसारे नहीं बिसरता। एक और मौका मिला। अमृत राय ने उस बारे में लिखा है–"पिछले साल एक रोज़ मुंशी जी ने लीडर में इश्तहार देखा कि कानपुर में डी. ए. वी. स्कूल की हेडमास्टरी खाली है। बाँछें खिल गयीं। बहुत अच्छा स्कूल है। फिर, कानपुर है, जहाँ दयानरायन हैं, ज़माना का दफ्तर है। इस जंजाल से उबरूँगा, वह अलग। अब तो कटने लगी गर्दन इस तौक़ को ढोते-ढोते। मियाँ की दौड़ मसजिद तक। मुंशी जी ने फ़ौरन 6 नवंबर 1919 को एक खत निगम साहब के पास भेजा। लेकिन बात कुछ बनी नहीं, तो 21 दिसम्बर को उन्होंने लिखा–"मैं डी. ए. वी. कमेटी के फ़ैसले का मुन्तज़िर हूँ। मायूसी की कोई बात नहीं है...अगर मारवाड़ी स्कूल में इसकी गुंजाइश हो तो आप वहाँ भी मेरी तजवीज़ करने की तकलीफ़ उठाइए।"[75] अमृत राय ने इस क्रम में आगे प्रेमचन्द को उद्धृत करते हुए लिखा है :

> "बहुत रोज़ तक तो मुंशीजी ने इस उम्मीद को पाला कि मुंशी दयानरायन के साथ काम करने की कोई सबील निकल आयेगी। मगर जब वह न निकल सकी तो उनके साझे में नया प्रेस क़ायम करने का खयाल आया और इन्हीं सब बातों को मद्देनज़र रखते हुए मुंशीजी ने 11 मार्च को उन्हें लिखा–
>
> 'अखबारनवीसी की तरद्दुदात की बर्दाश्त का ख़याल मारे डालता है। मास्टरी में वह गर्मिए शोहरत न सही, रोज़ी तो चलती है। अगर कानपुर आ गया तो हम और आप मिलकर कुछ काम कर सकेंगे। वर्ना इसकी और क्या सूरत है।"[76]

प्रेमचन्द का 16 फरवरी, 1921 को नौकरी से इस्तीफा मंजूर हुआ।[77] नौकरी के बाद 23 फरवरी, 1921 को वे बनारस के पास मानीराम गाँव से लिखते हैं–"मेरे लिए गोरखपुर, बनारस और कानपुर तीन मुकामात हैं। और भी जगह थोड़ी-बहुत आसानियाँ हैं लेकिन कानपुर में जितनी आसानी नजर आती है उतनी और कहीं मिलती नहीं।"[78] अमृत राय ने लिखा है–"तभी संयोग से कानपुर के मारवाड़ विद्यालय में हेडमास्टर

की जगह खाली हुई। 14 मई (1921) को मुंशी जी ने लिखा—"मैंने अपने सर्टिफिकेट वगैरह महाशय काशीनाथ के पास भेज दिए हैं। अब उन के जवाब का मुन्तजिर हूँ।"[79] फिर कानपुर से महाशय काशीनाथ का बाकायदा खत आ गया। अमृत राय के अनुसार, 19 जून, 1921 को प्रेमचंद ने मुंशी दया नरायन निगम को खत लिखा—"पहले इरादा था कि अयाल...(बाल-बच्चों) को इलाहाबाद छोड़ दूँ और कानपुर में मकान तय करके लिवा लाऊँ। अब आप फरमाते हैं कि मकान भी रोक लिया गया है। यह मुश्किल भी आसान हो गई। अब मय अयाल के कानपुर आऊँगा।"[80] अमृत राय आगे सूचना देते हैं—"और 23 जून (1921) को, सरकारी नौकरी से इस्तीफा देने के कुल चार महीने बाद मुंशी जी मारवाड़ी विद्यालय कानपुर पहुँच गए।"[81] "बीवी-बच्चों समेत कानपुर पहुँचने की बात उन्होंने निगम साहब को लिखी थी मगर वह न हो सका। बनारस से रवाना होने के पहले ही उन्हें अपने ससुर साहब के देहान्त की खबर मिली और वह परिवार को इलाहाबाद छोड़ कर अकेले ही कानपुर पहुँचे।"[82]

यह सन् 1921 की बात है। शिवरानी लिखती हैं—"उस के दूसरे दिन मेरे पिता के मरने की खबर आई। दो ही तीन दिन बाद मुझे ले कर वे इलाहाबाद गए। वहां सात-आठ रोज रहे। उस के बाद आप कानपुर चले गए। वहाँ मारवाड़ी विद्यालय में हेड-मास्टरी खाली थी।...आपने उसे कबूल किया। यह जून 1921 की बात है। तै हुआ कि जुलाई से आप काम पर आ जाएंगे।...5 जुलाई को हम कानपुर आने की तैयारी में लगे।"[83]

एक बार प्रेमचंद अपनी पत्नी के साथ पत्नी की बहन के यहाँ सोरांव गए हुए थे। उन की साली अपनी बहन को कुछ दिन के लिए रोकना चाह रही थीं। शिवरानी भी रुकना चाह रही थीं। वार्तालाप इस प्रकार है :

> "आपने मुझ से कहा—'तुम रहना चाहो, रहो। तब मैं कानपुर हो आऊँ।'
>
> मैं बोली—'बनारस ही न चले जाइए।'
>
> आप बोले—'अकेले उस घर में मुझ से न रहा जायगा।'
>
> मैं बोली—'आप तो प्रेस में रहेंगे।'
>
> आप बोले—'आखिर रात तो घर पर ही बिताऊंगा। जिस घर में तुम नहीं रहोगी, वहां मैं कैसे रह सकूंगा।' "[84]

यहाँ गिनेगिनाए सवाल तीन हैं :

1. प्रेमचंद कानपुर क्यों जाना चाह रहे थे?

2. यदि कानपुर जाना चाह रहे थे तो जाने देतीं, शिवरानी ने कानपुर के बजाए बनारस जाने को क्यों कहा?
3. बनारस वाले घर में शिवरानी के बिना प्रेमचंद अकेले रह जाते लेकिन कानपुर में वे दुकेले किस के साथ हो रहे हैं?

शिवरानी की पुस्तक को 106वें पृष्ठ पर पढ़ते हुए पूरा इशारा मिल जाता है कि प्रेमचंद के कानपुर में बिताए जीवन में घरेलू जिन्दगी के हिसाब से पूरी गड़बड़ थी। उद्धरण इस प्रकार हैं :

> "मैं बोली—'यह तो सब तुम्हारी कहने की बातें हैं। जब आप कानपुर में थे, तब आप 10 के पहले कभी घर नहीं आते थे।'
>
> आप बोले—'जब मैं 10 के पहले कभी घर नहीं आता था, तब तुम्हीं कौन बैठी मेरी इंतजारी करती थीं। ज्यादातर तो तुम अपने घर रहती थीं, कानपुर में भी रहती थीं तो शायद मेरी ज्यादा चिंता न थी। तुम थोड़ी भी मेरी चिंता करतीं तो शायद मैं घर से बाहर निकलने को कसम खा लेता। तुम्हारी इस हालत पर भी मुझे महीने में 24 दिन दौरा करना होता तो उसमें मुश्किल से मैं 15 दिन दौरा करता था और 15 दिन भी मैं कानपुर के आस-पास ही दौरा करता था, दूर के गांवों में जाते मेरी नानी मरती, उस पर भी तुम्हारी यह शिकायत।'
>
> मैं बोली—'जब मैं तुम्हारी परवाह ही नहीं करती थी, तब आप पूरा दौरा क्यों नहीं करते थे?'
>
> तब आप हंसकर बोले—'तुम बेवकूफ थीं। मेरी परवाह नहीं करती थीं। मैं तो समझदार था, इसलिए तुम्हारी परवाह भी करता था और चाहता भी था। तुम तो हमेशा की पागल हो।'
>
> मैं बोली—'मैं पागल हूं या बेवकूफ हूं, इन सब बातों को जाने दो। अच्छा तुमने मुझे दो दिन क्यों परेशान किया?' "[85]

ङ. क्या वह चमारी थी?

शहर लगभग तय हो गया है कि वह कानपुर होना चाहिए जहाँ की वह रखैल थी। अब इस से आगे यह जाना जाए कि वह कौन थी। 'कौन थी?'—मैं यह जानने की कोशिश नहीं करूँगा कि उस का नाम क्या था। मैं केवल यह जानने की कोशिश करूँगा कि उस की जात क्या थी। यदि मैं उस रखैल की जाति के करीब-करीब पहुँच जाऊँ तो यह एक सफलता होगी।

एक बात लगभग तय है कि जब भी रखैल का जिक्र होता है, प्रेमचन्द के साहित्य में वह ज्यादातर चमारी है। 'गोदान' के पात्र ठाकुर झिंगुरी सिंह ने एक ब्राह्मणी रखी है लेकिन वह रखैल नहीं है बल्कि ठाकुर की दूसरी पत्नी है। जहाँ तक मैंने पढ़ा है, उन के साहित्य में रखैल और अवैध सम्बन्धों के लिए चमारी की पहचान भरी पड़ी है। 'गोदान' में भी लिखा मिलता है—"गौरी महतो भी पहले एक चमारिन से फँसे थे। उस से दो लड़के भी थे।"[86]

क्या यह एक संयोग ही है कि प्रेमचन्द की पहली रचना एक चमारी के बारे में थी और प्रेमचन्द की सबसे ज्यादा चर्चित आखरी रचना 'कफन' भी एक चमारी के ही बारे में लिखी गई है? क्या प्रेमचन्द का चमारों और चमारियों से कुछ खास रिश्ता था?

प्रेमचन्द के मामू के साथ जुड़ी हुई चमार जाति की उस स्त्री का नाम चम्पा था। तो, यह चम्पा और मामू की कहानी हुई। पर, लगता है, यह कहानी उन के जीवन के साथ सदा जुड़ी रही है। अमृत राय ने प्रेमचंद की जीवनी में लिखा है—"यह नवाब के साहित्यिक जीवन का पहला पाठ था, जिसे वह कभी नहीं भूला।"[87] वे लिखते हैं—"...चालीस बरस बाद 'गोदान' की सिलिया और मातादीन के रूप में चम्पा और मामू साहब फिर जी उठे।"[88]

लगता है, प्रेमचन्द द्वारा कही गई अपने मामू की इस कहानी में बहुत कुछ भरा और छिपा है। यह कहानी उन के जीवन की छोटी चीज नहीं है। हो न हो, उन की रखैल का राज इसी में है। अपने मामू की यह कहानी प्रेमचन्द ने एक ड्रामे के रूप में लिखी थी। यह उन के जीवन की सब से पहली रचना थी। लेकिन प्रेमचंद ने ही लिखा है—"मालूम नहीं, मामू साहब ने उसे चिरागअली के सुपुर्द कर दिया या अपने साथ स्वर्ग ले गए?"[89] ध्यान रहे, प्रेमचन्द ने अपनी आत्मकथा के इस प्रसंग को 'हंस' के दिसम्बर, 1935 के अंक में लिखा था।[90] अमृत राय ने उस के बारे में अपनी पुस्तक 'प्रेमचन्द : कलम का सिपाही' में लिखा है—"उस के रचे जाने की कहानी खुद मुंशी जी ने बहुत रस ले-ले कर कही है... ।"[91]

यहाँ मेरा सवाल सीधा है—"यह बहुत रस ले-ले कर कहना क्या है?" मेरा दूसरा सवाल है—"अमृत राय ने अपनी पुस्तक में इस प्रसंग को देने में मूल पाठ से कुछ खास शब्द निकाल कर इसे प्रक्षिप्त क्यों बनाया?" उन्होंने शब्दों—'जवान थी, छबीली थी'—के बाद के—'और अपने वर्ग की अन्य रमणियों की भाँति प्रसन्नमुख और विनोदिनी थी'—के शब्द क्यों निकाल मारे? मेरे इन दो प्रश्नों के उत्तर प्रेमचन्दवादियों द्वारा मिलने ही चाहिए। जब तक वे मेरे इन दो प्रश्नों के सही उत्तर नहीं देते हैं तब तक मैं अपने कयास में यह मान कर चल रहा हूँ कि प्रेमचन्द की रखैल भी कोई चमारी ही थी। निश्चित रूप से, मुझे लगता है, मैंने प्रेमचन्द के जीवन के इस पक्ष पर

अपनी खोज पूरी कर ली है। तब मेरी प्रेमचन्द से शिकायत सही हो जाती है क्योंकि वह चमारी मेरे ही पूर्वजों की बेटी-पोती थी। साथ में, मैं उम्मीद रखता हूँ, जो लोग जाति से चमार नहीं हैं, उन्हें भी मेरा साथ देना चाहिए। यह अपेक्षा मैं इसलिए रख रहा हूँ क्योंकि यदि वह 'चमारी' के बजाय किसी अन्य जाति की स्त्री निकलती है तो मैं उन का पूरा साथ दूँगा।

मैं यह मान कर चल रहा हूँ कि प्रेमचन्द की पत्नी शिवरानी के साथ-साथ प्रेमचन्द के बेटे अमृत राय को भी प्रेमचन्द की उस रखैल के बारे में पूरी-पूरी जानकारी थी। परम्परा दोनों ने निभाई है कि उस का नाम और जाति न शिवरानी ने अपनी पुस्तक 'प्रेमचन्द : घर में' में खोली और न यहाँ अमृत राय ने। फिर भी, अमृत राय ने एक काम अच्छा किया है। प्रेमचंद के लिए अपनी 'आत्मकथा' में जो केवल 'मामू' थे, उन के बारे में उन्होंने टिप्पणी दे कर खुलासा कर दिया है। खुलासा इस प्रकार है—''नाम छिपा गए हैं। सुनते हैं कि यह मुंशी रूपनारायन नाम के एक सज्जन थे, विजयबहादुर के फुफेरे भाई।''[92] विजय बहादुर प्रेमचंद की नई मां के भाई थे।[93]

आखिर में कहूँ कि एक क्लू और मिलता है कि प्रेमचंद की वह रखैल कौन हो सकती थी। अमृत राय की पुस्तक 'प्रेमचंद : कलम का सिपाही' में एक सूचना इस प्रकार दर्ज मिलती है—''चाची उन दिनों नवाब के साथ ही कानपुर में रह रही थीं और नवाब कुछ दिनों से, नाजुक तबीयत के, लंबे छरहरे मुंशी नौबतराय 'नज़र' और एक महराजिन के साथ दयानरायन साहब के घर के पास ही मकान लेकर रह रहे थे।''[94] बड़ी महत्वपूर्ण सूचना है कि 'एक महराजिन' के साथ रह रहे थे। 'महराजिन' जात से कौन होती हैं? 'महराजिन' ब्राह्मणी हो, पर क्या अमृत राय ने जानबूझ कर कोई गलती तो नहीं की है? आखिर, महराजिन को घर में रखने की जरूरत क्या थी? खाना बनाती, चली जाया करती, अपने बाल-बच्चों को देखती। यह बिना बाल-बच्चों की कौन है जो प्रेमचंद के साथ रह रही है? कहा यूँ भी जा सकता है कि जो भी रोटी बनाए, वही 'महराजिन' है, पर क्या वह यही थी या कोई और थी?

मैं यह कहना चाह रहा हूँ कि इस में कुछ भी असम्भव नहीं है कि प्रेमचंद की वह रखैल कानपुर की कोई चमारी थी। प्रेमचंद की वह चमारी रखैल कुछ ठीकठाक होनी चाहिए। कानपुर में ऐसी चमारी के होने की संभावना पूरी-पूरी है क्योंकि कानपुर की पहचान चमारों के कारण थी। कानपुर के चमार को ले कर एक लोकोक्ति ही बनी मिलती है। यह गढ़वाली भाषा में इस प्रकार है :

चमार कानपुर, पातर कलकत्ती, गुजराती तालू।
नहानी कांसू, पंडित काशी, भैसी मालू।।[95]

इस का अर्थ है—"कानपुर का चमार, कलकत्ते की वेश्या, गुजरात का ताला, नहान का कांसा, काशी का पंडित और मैदानी भूमि की भैंस अच्छी होती है।"[96]

च. अमृत राय ने चुप्पी क्यों साध ली?

प्रेमचंद की उस रखैल के बारे में विद्वानों ने कोई खोज नहीं की। डा. कमल किशोर गोयनका ने दिल्ली विश्वविद्यालय की विस्तार सेवा के अन्तर्गत आयोजित प्रेमचंद शताब्दी समारोह में, 2 फरवरी, 1980 को पढ़े अपने लेख में शिवरानी के संस्मरण का हवाला देते हुए खास कर कहा था—"यह प्रसंग भी किसी जीवनीकार ने नहीं उठाया है और न यंह जानने की चेष्टा की है कि वह स्त्री कौन थी।"[97] उन्होंने जीवनीकारों की इस चुप्पी पर लिखा है—"पं. विष्णुकांत शास्त्री ने तो पत्र लिख कर अमृत राय से शिकायत की भी कि उन्हें जीवनी लिखते समय इस स्त्री की चर्चा करनी चाहिए थी।"[98] तो, यही हुआ कि प्रेमचंद पर अपनी पुस्तक 'प्रेमचंद : कलम का सिपाही' लिखने में अमृत राय ने इस विषय पर तनिक भी चर्चा नहीं की।

निश्चित रूप से, अमृत राय ने प्रेमचंद पर 'प्रेमचंद : कलम का सिपाही' शीर्षक से एक विस्तृत किताब लिखी है। यह मानना भी ठीक है कि अमृत राय को उस स्त्री के बारे में जानकारी जरूर रही होगी। इच्छा होने पर वे इस विषय में ज्यादा खोजबीन भी कर सकते थे। लेकिन उन्होंने ऐसा कुछ नहीं किया। पर मैं सोच सकता हूँ कि उन्होंने ऐसा क्यों नहीं किया। वे कारण इस प्रकार हो सकते हैं :

1. रखैल का जिक्र कैसे कर देते? वह जिन्दी होती तो प्रेमचंद की पुस्तकों से मिलने वाली रायल्टी में दावा कर बैठती।
2. उस के प्रेमचंद से नीली आँखों के बच्चे होते तो वे प्रेमचंद की सम्पत्ति में से उत्तराधिकार का दावा ठोक बैठते।

क्या ऊपर बताए गए मेरे कारणों में कोई बल नहीं है? मैं मानता हूँ, इन में बल है। इस के लिए मैं पक्के सबूत दे सकता हूँ कि प्रेमचंद की रायल्टी के मामले में इस से मिलता-जुलता ऐसा एक झगड़ा मदन गोपाल और अमृत राय के बीच हुआ था। मामला कोर्ट तक पहुँचा था। यहाँ थोड़े में वह मामला बताया जा सकता है।

मदन गोपाल की पुस्तक 'कलम का मजदूर : प्रेमचंद' में एक परिशिष्ट जोड़ा गया है। इस का शीर्षक 'प्रेमचंद के पत्रों में कापीराइट' है। मदन गोपाल ने इस परिशिष्ट के बारे में लिखा है—"...मैंने इस पुस्तक में परिशिष्ट के रूप में एक विवरण दे दिया है जो उस नोट का हिन्दी रूपान्तर है जिसे केस के बाद ही वकील साहब ने तैयार किया था।"[99]

हुआ यह था कि मदन गोपाल ने प्रेमचंद के पत्रों को बड़ी मेहनत से खोजा था। 1959 के आरम्भ में शोधकार्य के परिणामस्वरूप 300 पन्नों की एक पाण्डुलिपि तैयार हो गई थी। अमृत राय ने उन पत्रों को दो भागों में छापने की इच्छा जाहिर की। इस के लिए मदन गोपाल और अमृत राय के बीच 30 नवम्बर, 1959 को एक समझौता हुआ। उस समझौते की एक शर्त यह थी कि दोनों प्रकाशनों पर सम्पादकों के रूप में अमृत राय और मदन गोपाल के नाम रहेंगे।[100] आगे अमृत राय ने अपनी मर्जी की कि 'अनुबन्ध का उल्लंघन करके चिट्ठी पत्री के दोनों भागों पर केवल अपना ही नाम दिया।'[101] इतना ही नहीं, आपत्ति करने पर उलटे 'अमृत राय ने पूछा—मदन गोपाल को किसने अधिकार दिया था कि वह प्रेमचंद के पत्रों को इकट्ठा करें और मांग की कि पत्रों की मूल प्रतियों को अमृतराय के हवाले किया जाना चाहिए।'[102] मदन गोपाल ने कोर्ट में जाने की धमकी दी तो अमृतराय ने जवाबी खत लिखा—"आपने मुझे सूचित किया है कि यदि इस मामले का आपकी दृष्टि के अनुसार तसल्लीबख्श समाधान न हुआ तो आप अदालती कार्यवाही करेंगे। ऐसा ही होना चाहिए।... ऊँच-नीच देख कर यदि आप इसी निष्कर्ष पर पहुँचे कि आप का लाभ अदालत में जाने से होगा तो अवश्य जाइए।"[103] उधर, 1964 का साहित्य अकादमी का पुरस्कार अमृतराय को उन की पुस्तक 'प्रेमचन्द : कलम का सिपाही' पर दिया जाना था। लेकिन मदन गोपाल ने दावा कर इसे रुकवा दिया था।[104] 'अदालत ने व्यादेश दिया। अमृतराय ने अपील की कि व्यादेश को वापस लिया जाए। याचिका अस्वीकार की गई। पुरस्कार नहीं मिला।'[105]

इस बहस का असली तोड़ क्या है? संयोग से, वह इसी परिशिष्ट के इन शब्दों में मिलता है—"तत्पश्चात अमृतराय ने अदालत को दी गई अर्जी में स्वीकार किया कि मदनगोपाल ने उन्हें प्रेमचंद के पत्रों की प्रतिलिपियाँ दी थीं परन्तु इन पत्रों में कापीराइट प्रेमचंद के पुत्रों का है, और वह जिस तरह चाहें पत्रों को प्रयोग में ला सकते हैं। उन की धारणा थी कि 30 नवम्बर, 1959, वाला अनुबंध अमान्य हो गया था।"[106] इस प्रकार अमृत राय के दिमाग की सारी बात बाप का बेटा बनने पर उतर आई थी।

खैर, हम यहाँ मदन गोपाल और अमृत राय के बीच के झगड़े की बात को छोड़ें बल्कि प्रेमचन्द की रखैल और उस रखैल से पैदा हुई प्रेमचन्द की सन्तान की संभावना के मामले को ले कर आगे बढ़ें। उस मामले में कानून की स्थिति क्या है? डा. पी. वी. काणे ने अपनी पुस्तक 'धर्मशास्त्र का इतिहास' में लिखा है—"मनु (9/55) ने उस पुत्र को, जो तीन उच्च वर्णों के पुरुष की अविवाहिता शूद्रा से उत्पन्न हुआ है, पैतृक सम्पत्ति के भाग का उत्तराधिकारी नहीं माना है।"[107] 'मिताक्षरा' एवं व्यवहार मयूख ने याज्ञ. (2/133-134) की व्याख्या में कहा है कि दासी शूद्रा से उत्पन्न अवैधानिक पुत्र को पिता की इच्छा से या मरने के उपरान्त भी आधी सम्पत्ति नहीं मिलनी

चाहिए।[108] मिताक्षरा (याज्ञ. 1/90) का कथन है कि कानीन, सहोढ़ एवं गूढज व्यभिचार के फल होने के कारण अपनी माता के पति की जाति के नहीं कहे जा सकते, वे सवर्ण पुत्रों, यहाँ तक कि अनुलोम एवं प्रतिलोम पुत्रों से भी वास्तव में भिन्न हैं।[109] हिन्दुओं के धर्मशास्त्रों में बारह प्रकार के पुत्रों में एक अन्य पुत्र शौद्र है। डॉ. काणे ने लिखा है कि 'मनु (9/178) एवं याज्ञ. (1/91) ने शौद्र को ब्राह्मण की शूद्रा पत्नी से उत्पन्न माना है।'[110] 'कतिपय लेखकों ने शौद्र को छोड़ दिया है, यथा पुराने लेखक गौतम, कौटिल्य एवं हारीत'[111] ने। इस छोड़ने का मतलब और भी दुखदायी है क्योंकि तब उसे किसी भी प्रकार का पुत्र होने की मान्यता नहीं मिलती। डॉ. काणे ने इसी जगह सूचना दी है कि "विष्णु धर्मसूत्र (15/17) ने 'यत्र-क्वचोनत्पादित' (कहीं भी उत्पन्न किया गया) को बारहवाँ एवं अन्तिम पुत्र माना है। वैजयन्ती ने इसे दो प्रकार से समझाया है—(1) ऐसी स्त्री से उत्पन्न, जो उत्पन्न करने वाले की अपनी हो या दूसरे की पत्नी हो—यह न पता चले, या अपनी जाति की हो या दूसरी जाति की हो, चाहे विवाहोपरान्त उस से पुरुष-संसर्ग हुआ हो या न हुआ हो; (2) ऐसी स्त्री का पुत्र जो शूद्रा हो और अविवाहित हो। अन्तिम अर्थ में भी वह शौद्र नहीं कहलाएगा।"[112] फिर, इस कहीं भी उत्पन्न किए गए पुत्र की तुलना में यह शौद्र पुत्र भी क्या है? डॉ. काणे हमें पुनः सूचना देते हैं कि "वह पुत्र, जो किसी ब्राह्मण द्वारा विषयासक्त होने पर किसी शूद्रा पत्नी से उत्पन्न किया जाता है, पारशव (या शौद्र) कहलाता है, क्योंकि वह जीवित रहते भी शव के समान है।"[113] इस में भी यदि शूद्रा का पति 'ब्राह्मण हो तो उस की सन्तान पारशव (निषाद), क्षत्रिय हो तो उग्र तथा वैश्य हो तो सूचिक (दरजी) होती है।'[114]

यह पुराने कानून की बात हुई, लेकिन आज का हिन्दू कानून क्या कह रहा है? अधिवक्ता चन्द्रनाथ झा ने अपनी पुस्तक 'हिन्दू विधि' में लिखा है—"अधर्मज सन्तान अपनी माता से सम्बन्धित माने जाएँगे और एक-दूसरे से सम्बन्धित माने जाएँगे तथा उन के धर्मज वंशज उन से तथा एक-दूसरे से सम्बन्धित माने जाएँगे। इसलिए किसी सहदायिक के अधर्मज सन्तान को सहदायिकी सम्पत्ति में उत्तराधिकार का हक नहीं होगा और न अधर्मज पुत्र सहदायिक बन सकेगा।"[115] इस का उदाहरण देते हुए अधिवक्ता ने लिखा है—"जैसे एक हिन्दू पुरुष 'क' का अवैध सम्बन्ध एक महिला 'ख' से हो गया जिस से अधर्मज पुत्र 'ग' और पुत्री 'घ' उत्पन्न हुए तो दोनों अधर्मज पुत्र एवं पुत्री अपने पिता से उत्तराधिकार के मामले में सम्बन्धित नहीं हैं और पिता की सम्पत्ति में उत्तराधिकार का हक नहीं है किन्तु दोनों अधर्मज पुत्र-पुत्री अपनी माँ से सम्बन्धित हैं और एक-दूसरे से सम्बन्धित हैं तथा माता की सम्पत्ति के उत्तराधिकारी हैं और माता अपने अधर्मज पुत्र की सम्पत्ति की उत्तराधिकारिणी है।"[116] लेकिन इतना भर कहने से हिन्दू विधि की बात पूरी नहीं हो जाती बल्कि यह नियम बदल जाता है यदि यह शूद्र का केस होता है। अधिवक्ता झा ने '1975 एम. वी. एल. जे. नोट 133:

मुसम्मात गौरिया दि. गुलाब' के हवाले से बताया है कि 'पुराने शास्त्रिक हिन्दू विधि के अनुसार शूद्र के अवैध पुत्र (को) वैध पुत्र....(की) आधी सम्पत्ति उत्तराधिकार में पाने का अधिकार था अर्थात् यदि वह वैध पुत्र होने के नाते जो सम्पत्ति उत्तराधिकार में पाता उस की आधी सम्पत्ति अवैध पुत्र होने के कारण उत्तराधिकार में प्राप्त करेगा।''[117] उन्होंने इस निर्णय का दृष्टान्त बताते हुए लिखा है—'' 'क' शूद्र की मृत्यु 1950 में हुई तब उस की शादीशुदा प्रथम पत्नी से एक पुत्र 'ख' था क्योंकि प्रथम पत्नी की मृत्यु हो चुकी थी तथा एक रखैल स्त्री 'ग' एवं रखैल स्त्री से एक पुत्र 'घ' था। पुराने हिन्दू लॉ के अनुसार 'क' की सम्पत्ति में 1/4 हिस्सा अवैध पुत्र 'घ' और 3/4 हिस्सा औरस पुत्र 'ख' को प्राप्त होगा। अवैध पुत्र 'घ' की मृत्यु 1958 में हुई जब कि उत्तराधिकार अधिनियम, 1956 प्रभावशील हो चुका था इसलिए 'घ' की मृत्यु होने पर उस के 1/4 हिस्सा को माँ 'ग' (क की रखैल) उत्तराधिकार में पाएगी।''[118] ऐसा एक निर्णय **तेजपाल बनाम रूपचन्द** का है जिस में शूद्र के अधर्मज पुत्र को कृषि भूमि में उत्तराधिकार दिया गया है।[119]

कुछ भी हो, अमृत राय को तो इस झगड़े से बचना ही था। वे प्रेमचंद की रखैल और रखैल की सन्तानों की सच्चाई बता कर अपने ऊपर आफत मोल क्यों लेते? उन्हें तो यह बात अपने व्यक्तिगत हित में दबानी ही थी। जाने वकील और जज नए-पुराने हिन्दू कानून की कौन सी धारा लगा कर प्रेमचंद की मृत्यु के बाद मिलने वाली रायल्टी में और अधिक हिस्से बँटवा देते। इसलिए, अमृत राय से यह शिकायत रखनी ठीक नहीं है कि उन्होंने प्रेमचंद की जीवनी लिखते समय उस स्त्री की चर्चा नहीं की। यह प्रेमचंद की समानान्तर एक और पीढ़ी का मामला हो सकता है। कौन जाने, प्रेमचंद की दो तरफ वसीयतें चल रही हों।

छ. रखैल का पुत्र?

रखैल रखने में नुकसान किस का होता है? नुकसान खुद रखैल का होता है। वह स्त्री नहीं रह जाती। उसे रखैल ही इसलिए बनाया जाता है कि वह युवती और रूपसी है। वहां नारी की गरिमा का कोई सवाल नहीं है। जब यौवन और रूप ढल जाएं, जो ढलने ही हैं, तो तब उस रखैल का क्या किया जाए? पत्नी वह पहले ही नहीं है, इसलिए वह माँ भी नहीं रह जाती। ऐसा उन के साथ भी होता है जो बिना शादी किए फिल्मों आदि के क्षेत्र में नायिकाएँ बनती हैं। मृणाल पांडेय ने अपने लेख 'जहां औरतें गढ़ी जाती हैं' में थिएटर और फिल्मों में काम करने वाली ऐसी अभिनेत्रियों के बारे में एक अच्छी खोज की है। वे लिखती हैं—''...यौवन ढलने पर पुरुष तथा स्त्रियों दोनों द्वारा दुरदुराई जिन्दगी जीने की विवशता इसी कारण अधिकतर अभिनेत्रियों की अनिवार्य नियति बनीं।''[120] मूलचंद सेठिया ने मृणाल पाण्डेय के इस लेख की प्रशंसा में सही

लिखा है—"गौहर जान हो या रूबी मायर्स, मीना कुमारी हो या परवीन बॉबी जिन अभिनेत्रियों के पास पति और बच्चों का अपना कोई संसार नहीं होता, उम्र ढलने के साथ वे अपने सहकर्मियों तथा समाज की आंखों से ओझल होकर अपने आख़िरी दिन निपट अकेलेपन और तंगदस्ती में बिताने के लिए मजबूर होती हैं। आश्चर्य नहीं कि उम्र की ढलान के साथ झक्की, चिड़चिड़ी और अंतर्मुखी बनती जाती हैं।"[121]

मेरा पूछना यह है कि प्रेमचन्द की उस रखैल का हश्र इस से भिन्न क्या रहा होगा जो ऊपर ऐसी यौवनाओं और रूपसियों का बताया गया है। आखिर, प्रेमचन्द ने एक स्त्री रखैल रख कर बर्बाद कर ही दी। यह उन्होंने बहुत बुरा किया। लेकिन प्रेमचंद के मामले में यह सच हुआ नहीं दीखता। उन्होंने रखैल रखी थी, किसी अभिनेत्री से सम्बन्ध नहीं बनाया था। रखैल रखना हिन्दू सामन्तों की एक पारम्परिक व्यवस्था है जिस में प्रेमचंद दीक्षित हुए थे। तभी कहा जा रहा है कि जब रखैल होती है तो रखैल की सन्तान भी होती है। रखैल का मतलब ही यह है कि उस के साथ उस का बच्चा भी है, यहाँ तक कि वेश्याओं के भी बच्चे होते हैं।

यदि प्रेमचंद ने अपनी रखैल का जिक्र कर के रखैल के बच्चे का जिक्र छोड़ दिया, या नहीं किया, तो क्या मान लिया जाए कि उन का रखैल से कोई बच्चा नहीं था? ऐसा मानना रखैल-दर्शन को न समझने के बराबर होगा। प्रेमचंद ने अपनी रखैल के बच्चे का जिक्र नहीं किया पर उन के साहित्य में ऐसे जिक्र हुए हैं। 'गोदान' में मातादीन का सिलिया चमारी से मातादीन के रंगरूप और हमशक्ल का बच्चा पैदा हुआ है। 'गोदान' के ही अनुसार, 'गौरी महतो भी पहले एक चमारिन से फँसे थे। उससे दो लड़के भी हैं।'[122] लेकिन मथुरा के मुँह से सुन कर गौरी महतो ने क्या किया? प्रेमचंद ही लिखते हैं—"मथुरा के मुँह से इतना निकलना था कि डोकरे पर जैसे भूत सवार हो गया।"[123]

अजब नहीं, मेरी बात सुन कर प्रेमचंद के बजाय अब उन के प्रशंसकों का ऐसा हाल हो जाए। लेकिन संवित शास्त्र में यह प्रत्यक्ष के साथ जुड़ा हुआ अनुमान प्रमाण है। हम मराठी के दलित लेखक शरण कुमार लिम्बाले की आत्मकथा 'अक्करमाशी' में रखैल के पुत्र की समस्याओं और हकों का अध्ययन कर ही सकते हैं।

सही बात यह है कि पैदा हो जाने में बच्चे की कोई गलती नहीं है। पैदा होने से पहले बच्चे को कुछ पता नहीं होता। 'अवैध' सन्तान नहीं होती, बल्कि 'अवैध' पिता होता है। ऐसे मामलों में पिता ही कसूरवार ठहरता है। फिर, हर ऐसा बच्चा अपने पिता के बारे में जानना चाहा करता है। वह इस खोज में जीवन भर लगा रहता है। लेकिन अपराधी उस का जनक है जो उस से छिपता है। अब दलित पुरुष चिकित्सा-विज्ञान की मदद से द्विज समाज के तीन हजार वर्षों के इस झूठ को एक साथ खोल देना चाहता है। वह द्विज समाज के कथनी और करनी के अन्तर को, बाद बदन्ते झूठे को, हिप्पोक्रेसी को, रिडल्स को और जारपन को दुनिया के सामने उजागर

करना चाहता है कि वह कैसा आध्यात्मिक और साहित्यिक पुरुष है जो पराई स्त्रियों से सन्तान पैदा करके अवैध बाप बनता आ रहा है। इसलिए एक कौम की समस्या होने के कारण दलितों को उन के अपने कहे जाने वाले बच्चों की पैतृकता की मेडिकल जाँच करवाने की सुविधा अवश्य मिलनी चाहिए। यदि उन्हें यह सुविधा नहीं मिलती है तो फिर पूरी 'भारतीय दंड संहिता' की भी क्या आवश्यकता रह जाती है? आखिर, द्विज समाज द्वारा पुराने शूद्र से इस हद तक सेवा करवाई जा रही है कि वह अपनी औलाद को शूद्र के घर में भी पलवा रहा है। अपने घर से बाहर दलित ने द्विजों की सेवा की है और अपने घर के भीतर भी वह द्विजों की ही सेवा कर रहा है। मनुष्य सारा त्याग अपने परिवार और अपनी सन्तान के लिए किया करता है लेकिन यहाँ पता चलता है कि उसकी सन्तान उसकी अपनी नहीं है। यह संसार में 'ह्यूमन एलिएनेशन' की चरम सीमा है। निश्चित रूप से, हर दलित के घर में ऐसा नहीं है, लेकिन यहाँ एक व्यक्ति की नहीं, बल्कि संस्था की और पीढ़ियों की बात हो रही है।

पैतृकता को ले कर दलित समाज की विशेष परेशानी है। मराठी के दलित साहित्यकार शरण कुमार लिंबाले ने अपनी **अक्करमाशी** नाम की आत्मकथा की भूमिका के रूप में **लेखक की ओर से** के शीर्षक में लिखा है–"मैं अपने इतिहास को अपनी माँ तक ही बता सकता हूँ। अधिक-से-अधिक माँ की माँ तक। उसके और पीछे की बात मैं नहीं जानता।"[124] उन्होंने आगे लिखा है–"यहाँ की नीति ने मेरे साथ एक अपराधी की तरह ही आचरण किया है। मेरे जन्म को ही यहाँ अनैतिक घोषित किया गया है।"[125] डॉ. पी. वी. काणे अपनी पुस्तक **धर्मशास्त्र का इतिहास** में बौधायन धर्मसूत्र (1/11/14-16) को उद्‌धृत करते हुए लिखते हैं कि 'वैश्य एवं शूद्र अपनी स्त्रियों को नियन्त्रण में नहीं रख पाते और स्वयं खेती-बारी और सेवा के कार्य में लगे रहते हैं।'[126] इधर, दलित लोग बौधायन धर्मसूत्र के उस प्रमाण से ले कर आज **अक्करमाशी** के लिखे जाने तक अपनी पैतृकता की समस्या को ले कर तंग आ गए हैं। दलित महिलाओं के साथ बलात्कार हुए हैं या उन्हें अन्यथा बहका कर उन के साथ जारकर्म किए गए हैं। यूँ, दलित पुरुषों ने दूसरों की औलाद अपने घरों में पाली हैं।

माननीया सुप्रीम कोर्ट ने अपने **गौतम कुन्दू बनाम पश्चिमी बंगाल राज्य और एक अन्य** के मामले में निर्णय देते हुए यह लिखा है कि 'हमारे पास अधर्मज सन्तानों का संरक्षण करने के लिए इंग्लैंड की भाँति कोई विधान नहीं है।'[127] लेकिन इस देश की सामाजिक संरचना क्या है? मराठी के दलित साहित्यकार शरण कुमार लिंबाले ने जो अपनी उपरोक्त आत्मकथा **अक्करमाशी** शीर्षक से लिखी है उसमें 'अक्करमाशी' शब्द का अर्थ अधर्मज, अवैध और जारज सन्तान है। इसमें उन्होंने अधर्मज सन्तानों के संरक्षण की दृष्टि से लिखा है–"जिनके पास वर्ण श्रेष्ठत्व से प्राप्त सत्ता तथा वंश-परम्परा से प्राप्त सम्पत्ति रही है उन्होंने यहाँ की दलित स्त्रियों को सतत भोगा है।

देहात-देहात के जमींदार, पटेलों ने खेतों में काम करने वाली दलित स्त्रियों के साथ ऐसा ही व्यवहार किया है। रंडियों की तरह उन्होंने इनका उपभोग किया है। दलितों की लड़कियाँ इनकी वासना का शिकार होती हैं। इनके द्वारा किए गए स्वैराचार से सन्तति जन्म लेती रहती हैं। जमींदार के इशारे पर जौनवाला घर हर गाँव में होता है। पूरा गाँव इस घर को पटेल की रंडी का घर कहता रहता है। इस स्त्री की संतति की पहचान पटेल की रंडी के बच्चों के रूप में ही बनती है।''[128] लेकिन, दलित घर अब ऐसे संरक्षण गृह बनना नहीं चाहते। इसलिए, अब शेष समाज को एक दर्दमन्द की तरह शरण कुमार लिंबाले और उनकी पूरी बस्ती के इस दुख का निदान ढूँढ़ना चाहिए जो उन्होंने अपनी इस पुस्तक में व्यक्त किया है। उन्होंने लिखा है—''वास्तव में, पिता के धर्म पर, उनकी जात-बिरादरी पर, किसी पर भी मेरा हक नहीं था।...मेरे शरीर में एक सवर्ण का रक्त है—शिख से नख तक। भीतर के इस रक्त को क्या मैं निकाल बाहर कर सकता हूँ? मुझे अपने शरीर से घृणा हो रही है।''[129] वे आगे लिखते हैं—''मैं जो जी रहा हूँ वह वेदना मेरी अपनी है। उतनी ही वह इस पूरी बस्ती की है। गाँव के बाहर की इस बस्ती का दुख मेरा अपना है। इस बस्ती का जीवन मेरा अपना है। जमींदारों की इन कोठियों ने मुझे पागल कर दिया है।''[130]

हिन्दू विधि में रक्त-सम्बन्ध का बहुत महत्व है। इस में माता-पिता, भाई और बहन के रिश्ते पक्के होते हैं। उत्तराधिकार में सम्पत्ति का बँटवारा इसी रक्त-सम्बन्ध के आधार पर होता है। इसी क्रम में उड़ीसा के उच्च न्यायालय का निर्णय है कि एक हिन्दू स्त्री और उस के सौतेले बेटों में कोई रिश्ता नहीं होता।[131] गुजरात उच्च न्यायालय के एक निर्णय में 'बायोलोजिकल नेचुरल पेरेन्ट्स' शब्दों का प्रयोग हुआ है।[132] आन्ध्र प्रदेश के उच्च न्यायालय ने पालनकर्ता पिता को कोई महत्व नहीं दिया, उन्होंने वास्तविक पिता को ही पिता माना है।[133] इस मामले में महाराष्ट्र के उच्च न्यायालय ने रक्त-सम्बन्धियों के जाति प्रमाण-पत्रों को भी मान्य नहीं किया क्योंकि वे झूठे हो सकते हैं।[134] पैतृकता के इस कानून को 'आंग्ल-भारतीय समुदाय' की संविधान के अनुच्छेद 366 (2) में दी गई परिभाषा से अच्छी तरह समझा जा सकता है।[135] असम के उच्च न्यायालय ने इसी परिभाषा का स्पष्टीकरण देते हुए निर्णय दिया है कि 'जनक' में आवश्यक रूप से पितृ पक्ष है और उस में माता नहीं गिनाई जा सकती।[136] लेकिन उसी न्यायालय ने अंग्रेज पिता और खासी जाति की माता से पैदा सन्तान को खासी जनजाति की माना है।[137]

पैतृकता की जाँच का इतना महत्व होने के कारण इस से दलित और जनजातियों की स्त्रियों का यौन-शोषण रोका जा सकता है। 14 जुलाई, 1996 के 'द हिन्दुस्तान टाइम्स, नई दिल्ली' में एक समाचार 'डी. एन. ए टेस्ट नेल्स फिलान्डेरिंग पैटरियार्क' शीर्षक से प्रकाशित हुआ है। इस समाचार के अनुसार गुजरात के बड़ौदरा जिले में

आचार्य विनोबा भावे के भूदान आन्दोलन का एक सामाजिक कार्यकर्ता हरि बल्लभ पारिख है। वह अपने आनन्द निकेतन आश्रम को चला रहा है और आदिवासियों में काम करता है। आश्रम में एक आदिवासी लड़की गर्भवती हुई और उस के मरा हुआ बच्चा पैदा हुआ। वह नजदीक के मैदान में दबा दिया गया। आदिवासी लड़की ने आरोप लगाया कि उस के मरे हुए बच्चे का पिता हरि बल्लभ पारिख है। हरि बल्लभ पारिख ने इस आरोप को झूठा बताया और कहा कि उस मरे हुए बच्चे का पिता एक आदिवासी लड़का रेमल रथवा नाम का है। मामले ने तूल पकड़ी और 11 दिन बाद दबे हुए बच्चे का शरीर जमीन से निकाला गया और डी. एन. ए. परीक्षण ने सिद्ध किया कि बच्चे का पिता रेमल रथवा न हो कर हरि बल्लभ पारिख है।[138]

बड़े दुःख की बात है कि मेडिकल डॉक्टर पैतृकता के बारे में उन से पूछे जाने पर लोगों को सही ज्ञान नहीं देते। वे अपने उत्तर में झूठ तक बोलते हैं। वे अन्ध-विश्वास को कायम रखते हैं और उसे फैलाते हैं। ऐसा एक उदाहरण अंग्रेजी के एक दैनिक समाचार-पत्र 'द हिन्दुस्तान टाइम्स' में छपा है। किन्हीं टीटीटी ने पूछा था—"मेरी पत्नी का रक्त-समूह 'ओ पोजिटिव' तथा मेरा 'बी पोजिटिव' है। अभी हाल ही में पैदा हुए पुत्र का रक्त-समूह 'ए पोजिटिव' है। मैं इस में थोड़ा परेशान हूँ। कृपया, मुझे यह बताने का कष्ट करें कि 'ओ पोजिटिव' और 'बी पोजिटिव' के माता-पिता से पैदा सन्तान का रक्त-समूह क्या होगा। क्या मेरा केस मेरी पत्नी की चरित्रहीनता का द्योतक है?"[139]

इस प्रश्न को पढ़ कर लगता है कि यह कोई साधारण प्रश्नकर्ता नहीं है। वह अपनी समस्या के करीब-करीब नजदीक पहुँचा हुआ है। उस ने अपने, अपनी पत्नी के और पत्नी से पैदा हुए बच्चे के रक्त-समूह पहले ही जाँच करवा रखे हैं। उसे अपनी पत्नी के चरित्र पर सन्देह भी है। अनुमान यह भी लगाया जा सकता है कि इस ब्लड-ग्रुप से पैदा हुए सन्देह के पहले उस के मन में पहले से ही दूसरे सन्देह रहे थे। रक्त-समूह की जाँच उस की आखिरी पहुँच है। उस की पहली पहुँच दूसरे तरह के साक्ष्यों की रही होगी। इस प्रश्न का उत्तर डॉ. शकुन्तला देवेसर ने दिया है। वह उत्तर इस प्रकार है—"आप का केस जरूरी रूप से आपकी पत्नी की चरित्रहीनता का द्योतक नहीं है। आप को अपने माता-पिता और अपनी पत्नी के माता-पिता के रक्त-समूहों की पहचान होनी चाहिए। कभी-कभी किसी बच्चे में अपने एक या एक से अधिक दादा-दादी या नाना-नानी के चरित्र उभर सकते हैं। इसलिए परेशान न होइए। पैतृकता की स्थापना के लिए टिश्शू टाइपिंग की तथा अन्य परीक्षाएँ भी सम्भव हैं। यदि आप को सच में समस्या तंग कर रही है तो इन जाँचों को करवाइए जिस से आपकी पत्नी का नाम साफ आ सके और आप अजीबोगरीब विचारों के चक्कर में न रहें।"[140]

प्रश्नकर्ता का प्रश्न बहुत संक्षिप्त और विशेष था। उसने पूछा था कि रक्त-समूह O+ और B+ से किस-किस रक्त-समूह के बच्चे पैदा हो सकते हैं। इस पुस्तक में आगे दी गई तालिका-III देखने पर उत्तर एकदम साफ था कि इन रक्त-समूह के जोड़ों से रक्त-समूह O+ और B+ के बच्चे ही पैदा हो सकते हैं। निश्चित रूप से, रक्त-समूह A+ का बच्चा इस पति से पैदा बच्चा नहीं है। इस में पति या पत्नी के माता-पिता के रक्त-समूह की जाँच की कोई आवश्यकता नहीं है। लेकिन, डॉ. शकुन्तला देवेसर ने अपने उत्तर में समाधान को उलझाया है। इस में कबीर की भाषा में कहा जा सकता है–'मैं कहता सुरझावन वारी तू रहता उरझाई रे।'

डॉ. शकुन्तला देवेसर का यह उत्तर संविधान के अनुच्छेद 51 (क) (ज) के विरोध में जाता है। उस अनुच्छेद में प्रत्येक नागरिक को वैज्ञानिक दृष्टिकोण अपनाने को उस का कर्त्तव्य माना गया है। जाना जाए कि कर्ण को 'नीच जाति के सूतपुत्र के रूप में ज्ञात होने से सम्पूर्ण जीवन भर कलंक सहना पड़ा'[141] था। न्यायमूर्ति वेंकटरामाया ने कर्ण की तरफ से बोला गया भट्ट नारायण के 'वेणी संहार' से उद्धरण दिया है–"मैं सूत या सूतपुत्र हो सकता हूँ। मैं कोई भी हो सकता हूँ। इस से क्या अन्तर पड़ता है? (उच्च) जाति में जन्म लेना भगवान की इच्छा है, किन्तु मुझ में शौर्य है।"[142] देखा जा सकता है कि यहाँ कर्ण का दुःख यह नहीं है कि वह अज्ञात कुल का है बल्कि यह है कि वह सूत और सूतपुत्र है। यूँ, जाति के आधार पर लोगों को नुकसान उठाने पड़े हैं। समस्या कर्ण की नहीं थी बल्कि उसके सूतपुत्र होने की थी। न्यायमूर्ति कृष्ण अय्यर ने **थामस वाले मामले** में इस समस्या का समाधान सुझाना चाहा है। उन का समाधान इस प्रकार है–"अन्ततः इस समस्या का हल सामाजिक वातावरण में वृद्धि करने से ही हो सकता है जिसके साथ शिक्षा सम्बन्धी सुविधाएँ राज्य द्वारा और व्यापक स्तर पर होनी चाहिए। जातीय और अन्तर्वर्गीय विवाहों को प्रोत्साहन दे कर परसंसेचन (क्रास फर्टिलाइजेशन) भी है और यह समाधान पिछड़े हुए वर्गों के निहित हितों की दृष्टि से छिपा हुआ है जिन का उद्देश्य पिछड़ेपन के फायदे प्राप्त करना है।"[143] लेकिन पता चलता है कि जारज सन्तानों की तुलना में ये अन्तर्जातीय और अन्तर्वर्गीय विवाह पर्याप्त नहीं हैं।

क्या किसी द्विज निर्धन को 'अक्करमाशी' के मराठी लेखक शरण कुमार लिंबाले की सामाजिक स्थिति का आभास है जो उन्होंने अपनी इस आत्मकथा में अनुभव किया है? वे लिखते हैं–"स्कूल में मेरे नाम के आगे हणमंता लिंबाले का नाम लगाया गया। कहीं से हणमंता को इसका पता चल गया। चार-पाँच लोग लिए वह तुरन्त हन्नूर आया। गाँव के दोस्तों और बिरादरी के लोगों को साथ लिए वह हैडमास्टर से मिला। उन दिनों भौंसले गुरु जी हैडमास्टर थे। शिक्षकों का वेतन सतरह रुपए था। हाथ में सौ का नोट ले कर हणमंता भोंसले गुरु जी के पास गया। बन्दूक का डर भी वह दिखा रहा था। पर भोंसले गुरु जी जबरदस्त व्यक्ति थे। निर्भीक। उन्होंने दृढ़

शब्दों में कहा, "इस लड़के का बाप कौन है, यह इस की माँ बतलाएगी और उसके द्वारा बतलाया गया नाम ही मैं हाजिरी रजिस्टर में लिखूँगा।" झगड़ा हुआ। हणमंता ने बहुत कोशिश की। गिड़गिड़ाने लगा। पर कुछ नहीं हो सका। भोंसले गुरु जी के कारण मुझे मेरे पिता का नाम मिल गया।"[144] तभी पूछा जा सकता है कि क्या इस सामाजिक स्थिति से कोई द्विज निर्धन अपने दुःखों की तुलना कर सकता है। आखिर, उस द्विज बच्चे को अपने निर्धन पिता की गोद तो मिल जाती है। यहाँ पुत्र को अपने पिता का प्रेम तक नहीं मिल रहा है जो निर्धन अवस्था में भी एक द्विज बच्चे के लिए गुणात्मक साहस का काम कर जाता है।

शरण कुमार लिंबाले ने इस पुस्तक में भूमिका के रूप में 'लेखक की ओर से' के शीर्षक में एक तुलना की भी है। वे लिखते हैं :

> "यहाँ अपने एक अनुभव को बतलाने की इच्छा हो रही है। मैं और मेरा एक मित्र अशोक जेठीभोर एक बैंक में गए थे। मुझे बैंक में अपना एकाउन्ट खोलना था। मैंने आवश्यक प्रार्थना-पत्र भर दिए। प्रार्थना-पत्र में 'पूरा नाम' के स्थान पर मैंने केवल शरण कुमार लिंबाले ही लिखा। इस से बैंक में विवाद शुरू हुआ। बैंक मैनेजर का कहना था कि शरण कुमार लिंबाले यह पूर्ण नाम हो ही नहीं सकता। आप अपने पिता का नाम लिखिए। पिता के बगैर कोई कैसे जन्म ले सकता है? मैं जिद पकड़ गया। मैंने कहा, "मेरे पिता नहीं हैं।"
>
> मैनेजर का कहना था, "मेरे भी पिता नहीं है। फिर भी मैं पिता का नाम लगाता हूँ। उन्हें गुजरे पाँच वर्ष हो गए।"
>
> "मैं काफी बेचैन उध्वस्त-सा था। अशोक बीच-बचाव करते कहने लगा, "साहब, ये किस पिता से जन्मे हैं, इन्हें ही नहीं मालूम। इन्हें इनके पिता का ही पता नहीं तो ये किस का नाम पिता के रूप में लगाएँगे?" बैंक मैनेजर भी परेशान।"[145]

तभी शरण कुमार लिंबाले पूछते हैं—"इस प्रकार की स्थितियों को मैं कब तक मौन हो कर सहता रहूँ?"[146] उन्होंने अपने बचपन को याद करते हुए अपनी माँ और हणमंता के बारे में लिखा है—"मसाई के प्रति हणमंता का आकर्षण अब कम होने लगा। रोज झगड़े होते। हणमंता कहता, यह लड़का मेरा नहीं है। उस की आँखें धोंड़ी कुम्हार की तरह हैं। कुम्हार धोंड़ी ब्रिटिशों के समय का बहुत बड़ा डकैत था। अन्त में हणमंता के अत्याचारों और आरोपों से तंग आ कर मसामाय मुझे ले कर अपनी माँ संतामाय के घर आ गई।"[147]

यह एक रखैल के पुत्र का बयान है। इस बयान से आर्थिक आधार के निर्धन द्विज की कोई तुलना नहीं है। उधर, केरल के समाज में यह समस्या विकट रूप में सामने आ रही है। राज्य महिला आयोग के सामने वायनाड जिले के एक तिरुनेल्ली

क्षेत्र में ही 169 मामले उभरे हैं जहाँ बिन ब्याही माताओं के बच्चे भुखमरी सह रहे हैं। राज्य महिला आयोग इन 169 औरतों के लिए 25 लाख रुपये का ऋण दे कर इन की सहायता करने के लिए सरकार से कहने जा रहा है। सात जिलों में अब तक उस के सामने ऐसे 1600 मामले आ चुके हैं।[148] लेकिन आयोग का एक अन्य महत्वपूर्ण विचार यह है कि डी. एन. ए. की जाँच का केन्द्र केरल राज्य में स्थापित किया जाना चाहिए जो अब तक हैदराबाद में है और बहुत महंगा पड़ता है। आयोग ने राज्य सरकार से कहा है कि उस जाँच से औरतों को गर्भवती करने वाले पुरुषों को जिम्मेदार ठहराया जा सकता है।[149]

के. एस. सिंह की पुस्तक 'शेड्यूल्ड कास्ट' में नृवंशशास्त्र की खोज है कि दिल्ली के चमारों में जीन ए उत्तर भारत के अन्य चमारों की तुलना में अधिक है।[150] जबकि उत्तर प्रदेश के चमारों में जीन ए 18 प्रतिशत है, दिल्ली के चमारों में यह 26 प्रतिशत है।[151] लेकिन यहाँ दिल्ली और उत्तर प्रदेश के चमारों के अन्तर का भी मुद्दा नहीं है। इस की अलग से व्याख्या की जा सकती है कि दिल्ली में जारकर्म और बलात्कार ज्यादा हुए हैं लेकिन उत्तर प्रदेश में भी यह प्रतिशत 18 तक का क्यों है? जब चमारों की बेटियों के जीन ए वाले पुरुषों से विवाह नहीं हुए तो यह जीन ए जारकर्म और बलात्कार के सिवा किस अन्य माध्यम से आया है? सच्चाई यह है कि अछूत कन्या के साथ संभोग करने से जीन ए का पुरुष परहेज नहीं करता। श्रीमती फूलन देवी ने इस ढोंग को उजागर करते हुए कहा था—"यहाँ पानी कुएँ से ले जाने, जूता-चप्पल पहनने, मूँछें रखने व अपने व अपने बेटे को घोड़ी पर चढ़ाने के मामले में तो छुआछूत चलता है, मगर किसी गरीब की बेटी की इज्जत लूटने के मामले में छुआछूत नहीं चलता। बल्कि 'बड़े लोग' ऐसा करना अपना हक समझते हैं।"[152] उधर, वेश्याओं के 52 लाख बच्चे बिना बाप के नाम की वजह से मनोचिकित्सकों के मरीज बने हुए हैं। यूँ, बलात्कार और जारकर्म—दोनों के कारण लम्बे समय से दलित घरों में अवैध बच्चे पाले जा रहे हैं। ऐसी प्रथा पर रोक लगनी ही चाहिए और इसका सबसे सरल उपाय आधुनिक चिकित्सा विज्ञान ने उपलब्ध करा दिया है जो रक्त की जाँच का है। केवल 'एबीओ' की साधारण रक्त जाँच से पैतृकता के आधे केस तय हो जाते हैं, जो बचते हैं, वे एच. एल. ए. और डी. एन. ए. की जाँच से पूरे हो जाते हैं। संयोग से, ऐसी जाँच करने की सभी सुविधाएँ भारत में उपलब्ध हैं।

यदि रक्त सम्मिश्रण की बात ली जाए तो आज के जेनेटिक्स और चिकित्सा विज्ञान इस में हमारी पूरी-पूरी मदद करते हैं। आधुनिक चिकित्सा विज्ञान की पुस्तकों में 'ABO' रक्त समूह के सिद्धान्त में माता-पिता के रक्त से बच्चे में जाने वाले रक्त समूह का पता चल जाता है। इस तालिका से यह पता चल जाता है कि बच्चे का कौन पिता हो सकता है और कौन पुरुष बिल्कुल पिता नहीं हो सकता।[153] वह तालिका इस प्रकार है :

तालिका-III

रक्त समूह के ए बी ओ सिस्टम में सन्तान की पैतृकता

Phenotypes of Parents	Phenotypes of Children	
	Possible	Impossible
A × A	A and O	B and AB
A × B	A, B, O and AB	None
A × AB	A, B and AB	O
A × O	A and O	B and AB
B × B	B and O	A and AB
B × AB	A, B and AB	O
B × O	B and O	A and AB
AB × AB	A, B and AB	O
AB × O	A and B	AB and O
O × O	O	A, B and AB

पैतृकता की जाँच में इस से आगे HLA और DNA के टेस्ट हैं जिन से केस बच कर नहीं जा सकता। भारत की जनसंख्या में ABO सिस्टम में 22% A, 33% B, 5% AB तथा 40% O रक्त समूह का है।[154]

प्रेमचंद ने शिवरानी से कहा था—"वे नालायक (पिता) हैं। लायक पिता कब अपनी जिम्मेदारी दूसरों पर डालेगा। अगर उस में जिम्मेदारी उठाने की ताकत न हो तो किसी को दुनिया में लाने की क्या जरूरत?"[155] लेकिन हर जार पुरुष ऐसा ही नालायक बाप बनता है। प्रेमचन्द खुद ऐसे बाप रहे थे क्योंकि उन्होंने रखैल रख रखी थी। हाँ, मातृसत्ता वहाँ होती है जहाँ माँ का नाम ज्ञात रहता है, लेकिन पिताओं में से पता नहीं चलता कि वह कौन-सा बाप है। पितृसत्ता वहाँ होती है जहाँ पिता का नाम ज्ञात रहता है, भले ही पिता कई औरतें रखता हो। मातृसत्ता में भिन्न-भिन्न पिताओं से पैदा एक ही स्त्री की सन्तान आपस में माता की ओर से भाई-बहन रहती हैं। पितृसत्ता में भिन्न-भिन्न स्त्रियों से पैदा एक ही पुरुष की सन्तान आपस में पिता की ओर से भाई-बहन रहती हैं। यह सब बहुपति प्रथा और बहुपत्नी प्रथा के विवाहों की वैधता है। इन वैध विवाहों से बाहर भी बहुत सारी सन्तानें पैदा होती हैं जिन का कोई हिसाब नहीं रहता या मिलता। वह सब चोरी की जारसत्ता है या धमक की बलात्कार-सत्ता है।

प्रेमचंद बलात्कार-सत्ता के व्यक्ति नहीं थे जो पहली परम्परा है, लेकिन चोरी से रखैल रखने की वजह से वे जारसत्ता में पूरे रचे-बसे थे, जो हिन्दुओं की दूसरी परम्परा है। कुछ हद तक उन्हें 'जार शिरोमणि' कहा जा सकता है क्योंकि उन्होंने खुल्लमखुल्ला रखैल रखने की हिम्मत नहीं जुटाई थी। यदि रखैल उन की एक तीसरी पत्नी होती तो वे बहुपत्नी प्रथा के व्यक्ति माने जाते।

साधना अग्रवाल की अपने लेख 'घर से बाहर प्रेमचंद' में शिकायत है कि प्रेमचंद ने अपनी बेटी कमला को अपने बेटों की तरह क्यों नहीं पढ़ाया। उन के मन की जिज्ञासा है–"...आखिर क्या कारण रहा होगा कि प्रेमचंद ने अपने दोनों बेटों–श्रीपत राय और अमृत राय–को तो अंग्रेजी स्कूल में पढ़ाया, पर अपनी बेटी कमला को अनपढ़ रखा। प्रेमचंद जैसे सजग और सावधान लेखक से यह कैसे भूल हुई, जबकि वे स्त्री शिक्षा पर जोर दे रहे थे।"[156] लेकिन हमारी चिन्ता उन की रखैल की औलाद की है कि वहाँ वे अपने बेटे को भी नहीं पढ़ा रहे थे। कितने शरण कुमार लिंबाले इसी बात को ले कर दुखी हैं कि उन के बाप उन्हें नहीं पढ़ाते।

बताया जाए कि अमरीका में एक त्यौहार का चलन है जिसे 'फादर'स डे' कहा जाता है। इस का विचार 1909 में आया था और 19 जून, 1910 को पहला 'फादर'स डे' मनाया गया था। अब जून का तीसरा रविवार इस के लिए निश्चित कर दिया गया है।

'फादर'स डे' गुलाब के फूल से मनाया जाता है। यदि पिता मर चुके हैं तो सफेद गुलाब से और जीवित पिता के लिए लाल गुलाब से।[157] भारत में इस त्यौहार को शुरू करने की बहुत जरूरत है क्योंकि ब्राह्म विवाह के कानून की वजह से यह देश नैतिकता के मामले में बहुत पिछड़ा हुआ है। हाँ, अमरीका के बजाय अपने भारत देश की बात बताई जाए कि डोमनी को ले कर हिन्दी में दो कहावतें विशेष हैं जो इस प्रकार हैं :

1. मुंह लगाई डोमनी, बाल-बच्चों समेत आए।
2. मुंह लगाई डोमनी, गावे ताल-बेताल।[158]

एस. एस. गौतम ने अपनी संकलित और सम्पादित पुस्तक 'भारतीय लोकोक्तियों में जातीय द्वेष' में इन में से पहली लोकोक्ति का अर्थ इन शब्दों में दिया है–"डोमनी से बात क्या की, कि परिवार सहित ही आ गई।"[159] लेकिन बात अपनी जगह सही है। डोमनी अपने हक के लिए लड़ रही है। जब डोमनी का मुंह चूमा था तो कुछ और भी हुआ था। आखिर, डोमनी के पेट से सन्तान पैदा हुई है। उस सन्तान को अंगीकार क्यों नहीं किया जाएगा? यहाँ मराठी के दलित साहित्यकार शरण कुमार लिम्बाले की आत्मकथा 'अक्करमाशी' की कथा चरितार्थ हो रही है। जब डोमनी अपने हक के लिए और आगे बढ़ती है तो उसे दूसरी लोकोक्ति में उस का ताल-बेताल का गाना कहा जाता है। सच बात यह है कि वह अनाप-शनाप कुछ नहीं बक रखी है बल्कि अपना और अपनी सन्तान का अधिकार मांग रही है। तब इस प्रकरण पर प्रेमचंद की रखैल के बारे में क्या कहा जा सकता है? आखिर, उन्होंने एक औरत रखैल के रूप में मुंह क्यों लगाई? वह प्रेमचंद के घर पर बाल-बच्चों समेत आएगी ही–'ले, ये सारे तेरे।' समाज का नाश करके गेर रखा है और फिर औरों को 'ताल-बेताल' कहते हैं।

मेरा प्रेमचन्द से, या प्रेमचंदवादियों से, या इस तरह की लोकोक्ति घड़ने वालों से यही कहना है कि आप पराई औरतों को मुँह क्यों लगाते हो। आप को यह अधिकार कहाँ से मिला है कि 'चोरी-चमारी' का समास खड़ा करेंगे? इन्हें घर-गृहस्थी में रहने की तमीज कब आएगी? ये दूसरी जातियों की और अपनी जातियों की भी पराई औरतों को छेड़ना कब बन्द करेंगे? फिर, असभ्य और असंस्कृतों में कौन शुमार होगा? ऐसा निकृष्ट साहित्य क्यों रचा जा रहा है जिस में दूसरी जातियों की औरतों का अपमान होता हो? रखैल के बच्चे भारत में 'फादर'स डे' कैसे मनाएँ?—पूरा का पूरा त्यौहार ही गायब है।

अब जाना जाए कि डा. कमल गुप्त ने प्रेमचंद का बचाव किया है। बचाव करने का हर किसी को हक है, पर वह तथ्यों और तर्कों की कसौटी पर खरा उतरना चाहिए। साहित्यकार के प्रति भगवान की सी भक्ति शोभा नहीं देती। लेकिन, डा. कमल गुप्त ने प्रेमचंद के प्रति यही भगवान की सी भक्ति की है। वे मेरे खिलाफ माहौल बनाते हुए लिखते हैं—"प्रेमचंद को कमतर करके आंकने, लांछित और खारिज करने की कोशिश डा. शैलेश जैदी ने भी अपनी पुस्तक 'उपन्यास सम्राट प्रेमचंद : एक पुनर्मूल्यांकन' में प्रेमचंद का चरित्र हनन करते हुए की थी। उन्होंने अपनी उक्त पुस्तक में कुछ यूं लिखा है कि यूं तो प्रेमचंद झूठ बोलने में माहिर थे पर मैं दावे से कह सकता हूं कि वे यहाँ झूठ नहीं बोल रहे हैं, इसी तरह एक अन्य प्रसंग में डा. जैदी का आशय है कि जो आदमी बीड़ी पीता हो, शराब पीता हो, जुआ खेलता हो वह अमृत राय के देवता बना देने से देवता नहीं हो जायेगा, कुछ ऐसी ही उलटबानियां प्रसिद्ध दलित लेखक एवं वरिष्ठ आइ. ए. एस. डा. धर्मवीर ने अपनी पुस्तक 'प्रेमचंद सामंतों का मुंशी' में प्रेमचंद को न केवल सामंतों का समर्थक बल्कि स्त्री और दलित विरोधी भी बताया है। यह भी सिद्ध करने की कोशिश की है कि प्रेमचंद की एक रखैल भी थी। डा. धर्मवीर की स्थापनाओं का विरोध डा. नामवर सिंह...दलित लेखक संघ की अध्यक्ष विमल थोराट सहित नेशनल फेडरेशन आफ दलित वूमेन ने भी किया है।"[160]

डा. कमल गुप्त ने अपनी इस पत्रिका 'कहानीकार' में 'प्रेमचंद की ज्येष्ठ पुत्री श्रीमती कमला देवी श्रीवास्तव से लक्ष्मीनाराण दूबे की बातचीत' के शीर्षक से पहले लिए गए एक साक्षात्कार को पुनः प्रकाशित किया है। उस में प्रेमचंद की रखैल के बारे में भी सवाल उठाया गया था। वह इस प्रकार है :

> **"एक निजी प्रश्न : प्रेमचंद का किसी दूसरी स्त्री के साथ भी संबंध था?**
>
> मुझसे यह प्रश्न नयी दिल्ली में डा. कमलकिशोर गोयनका ने भी पूछा था, उनसे श्रीपत राय ने मिलाया था। दूर दर्शन ने भी भेंटवार्ता की थी। प्रेमचंद जन्म-शताब्दी के अवसर पर आकाशवाणी, छतरपुर ने भी साक्षात्कार

लिया था। मुझे इस बात की कोई जानकारी नहीं है कि बाबूजी के किसी अन्य नारी के साथ संबंध रहे हैं। मैं तो देहांत के समय उनके पास छः महीने लगातार रही। मुझे नहीं मालूम कि मेरी मां को उन्होंने यह बात कब कैसे बतायी?"[161]

इधर, मैं मान रहा हूँ कि प्रेमचंद के लिखे सम्पूर्ण साहित्य में उन की रखैल को संविधान के प्रीएम्बल के रूप में जाना जाए। जैसे संविधान के किसी भी अनुच्छेद की व्याख्या करने में उस का प्रीएम्बल अपने आप जुड़ा रहता है, उसी प्रकार प्रेमचंद के उपन्यास, कहानी, लेख आदि में उन की रखैल के विषय को टँका हुआ माना जाए। समझा यह जाए कि यह कहानी, लेख, या उपन्यास उस व्यक्ति ने लिखा है जो अपने निजी जीवन में रखैल रखे हुए था।

ज. प्रेमचंद के दो भतीजे, दो चिन्तन

'समाचार टाइम्स' के 'संस्मरण कथा विशेषांक' में एक लेख 'क्या प्रेमचंद जी की कोई रखैल थी?' के शीर्षक से छपा है। इस के लेखक डा. कौशल राय हैं। उन के परिचय में लिखा गया है कि डा. कौशल राय मुंशी प्रेमचंद जी की परम्परा में उन्हीं के भाई के पुत्र हैं। वे उत्तर प्रदेश राज्य सरकार के सूचना एवं जन सम्पर्क विभाग में संयुक्त निदेशक के पद से सेवा निवृत्त हुए हैं। उन्होंने 'उत्तर प्रदेश पत्रिका' और 'उत्तर प्रदेश' मासिक के कई अंक सफलता पूर्वक प्रकाशित कराए जिन की आज भी चर्चा रहती बताई गई है।[162] इस से दो बातें खास समझ में आती हैं—पहली, डा. कौशल राय प्रेमचंद के सगे भतीजे हैं, दूसरी, वे पढ़ने-लिखने से जुड़े हुए आदमी हैं।

एक दूसरा लेख 'प्रेमचंद का पारिवारिक जीवन' है। इस के लेखक कृष्ण कुमार राय हैं। यह 'नया मानदण्ड' पत्रिका में छपा है। कृष्ण कुमार राय डा. कौशल राय के बड़े भाई हैं क्योंकि कृष्ण कुमार राय ने ही अपने लेख में लिखा है कि डा. कौशल कुमार राय, भूतपूर्व संयुक्त निदेशक, सूचना विभाग, उत्तर प्रदेश, मेरे अनुज हैं। तो, ये दोनों लेखक प्रेमचंद के सगे भतीजे हैं। आगे भी कृष्ण कुमार राय के ही शब्द उद्धृत किए जा सकते हैं जब वे प्रेमचंद के बारे में लिखते हैं—"यह सारी बातें कपोल-कल्पित या इधर-उधर से सुनी-सुनायी नहीं, बल्कि स्वयं मेरी दादी (प्रेमचंद की विमाता) द्वारा बतलाई गई थीं। दादी का निधन वर्ष 1942 में हुआ जब मैं उन्नीस वर्ष का वयस्क हो चुका था और सरकारी सेवा करने लगा था।"[163]

अगली बात यह है कि डा. कौशल राय ने अपने लेख की शुरूआत इन शब्दों से की है—"वरिष्ठ आई. ए. एस. अधिकारी डा. धर्मवीर ने प्रेमचंद की 125वीं जयन्ती के अवसर पर प्रकाशित अपनी एक पुस्तक 'प्रेमचंद : सामंत का मुंशी' में प्रेमचंद जी

को प्रतिक्रियावादी लेखक सिद्ध करते एक नया विवाद खड़ा करने की कोशिश की है कि वह नैतिक रूप से भ्रष्ट थे। उन्होंने अपनी पत्नी के रहते एक रखैल भी रख छोड़ी थी। उन का कहना है कि प्रेमचंद दरअसल साहित्यिक जमीदार थे, जो रखैल रख सकते थे। यह पुस्तक ऐसे समय आई है जब पूरा देश उन की 125वीं जयन्ती श्रद्धापूर्वक मना रहा है...।[164] परिचय में लिखा गया है कि डा. कौशल राय ने अपने लेख में यह स्पष्ट करने की कोशिश की है कि प्रेमचंद कलम के ही नहीं चरित्र के भी बड़े धनी रहे थे। लिखा गया है कि प्रेमचंद पर डा. धर्मवीर ने दलित साहित्य के नाम पर जो कीचड़ उछालने की कोशिश की है, डा. कौशल राय ने उस का मुँहतोड़ जवाब दिया है।[165]

डा. कौशल राय ने मुझे मुँह तोड़ जवाब देने के लिए अपने पक्ष में प्रेमचंद के इन्द्रनाथ मदान को लिखे पत्र का हवाला दिया है। उस के बाद निचोड़ निकाला है—"इस से इतना तो स्पष्ट ही है कि जो शख्स हमेशा तंगी से जूझता रहा, परिवार चलाने के लिए दो जून की रोटी कमाने की चिंता में लगा रहता, क्या ऐसा व्यक्ति ऐय्याशी करेगा। ऐय्याशी करना, ऐशो-आराम की जिन्दगी बसर करना और मौज-मस्ती के लिए रखैल रखना यह सब बड़े लोगों के शगल हैं।"[166]

डा. कौशल राय जो कुछ भी कह रहे हैं, उस से फिर दो बातें निकल कर आती हैं—पहली, प्रेमचंद की कोई रखैल नहीं हो सकती थी, दूसरी, रखैल रखना ऐय्याशी करना है। मैं यह कह रहा हूँ कि यदि डा. कौशल राय सच में पढ़ने-लिखने वाले आदमी हैं तो उन्हें मेरी बात माननी चाहिए, नहीं तो वे मात्र साक्षर कहे जाएंगे, ईमानदार नहीं।

अब जाना यह जाए कि डा. कौशल राय के बड़े भाई कृष्ण कुमार राय प्रेमचंद के चरित्र के बारे में क्या लिखते हैं। इस बारे में उन्होंने परिपूर्णानद वर्मा के शब्द उद्धृत किए हैं। लेकिन उद्धृत शब्दों को जानने से पहले यह जाना जाए कि ये परिपूर्णानंद वर्मा खुद कौन हैं। लेख में बताया गया है कि ये अब स्वर्गीय हो चुके हैं और उत्तर प्रदेश के भूतपूर्व मुख्यमंत्री और राजस्थान के भूतपूर्व राज्यपाल स्वर्गीय डा. सम्पूर्णानंद के छोटे भाई थे। पर सम्पूर्णानंद के छोटे भाई होने से उन का प्रेमचंद से क्या नाता जुड़ता है? नाता जुड़ता है और गहरा जुड़ता है। नाता इसलिए जुड़ता है क्योंकि प्रेमचंद के छोटे भाई महताब राय और डा. सम्पूर्णानंद आपस में सगे साढू थे—सगे इसलिए क्योंकि उन की पत्नियाँ आपस में सगी बहनें थीं।

प्रेमचंद के बारे में परिपूर्णानंद वर्मा लिखते हैं—"प्रेमचंद के साथ मैं बराबर यह देखता रहता था कि...वे कुछ स्वभावतः स्त्रैण हो गए थे।"[167] शायद कृष्ण कुमार राय द्वारा उद्धृत किए गए परिपूर्णानंद वर्मा के ये शब्द डा. कौशल राय के चिन्तन पर बम्बार्डमेंट हैं। कई लोगों को 'स्त्रैण' शब्द का अर्थ ठीक तरह से समझ में न आया हो तो उन्हें बताया जा सकता है कि इसे गाँव में 'लंगोट का कच्चा होना' कहते हैं।

ज्यादातर लोगों ने बिना लक्षणा और व्यंजना के गुस्से में इस के लिए 'औरत बाज' शब्द से काम चला रखा है, जिस में भर्त्सना अनिवार्य रूप से निहित रहती है।

खैर, ऊपर के ये शब्द परिपूर्णानंद वर्मा के रहे, खुद कृष्ण कुमार राय के शब्द क्या हैं? उन्होंने परिपूर्णानंद वर्मा को उन की संस्मरणात्मक पुस्तक 'बीती यादें' से उद्धृत किया है—"अमर रूसी साहित्यकार टॉल्सटाय के बड़े भाई निकोलस भी बड़े साधु पुरुष, अच्छे विचारक तथा लेखक थे पर वे प्रसिद्ध साहित्यिक न बन सके, रूसी साहित्य के चिरस्मरणीय रत्न इवान तुर्गनेव ने निकोलस के सम्बन्ध में लिखा है कि यदि निकोलस में कुछ और दोष कमजोरियां आ गई होतीं तो वे महान लेखक बन जाते।"[168] बस, इसी जगह कृष्ण कुमार राय अपने शब्दों में खुल बैठते हैं। तब वे अपने ताऊ प्रेमचंद और अपने पिता महताब राय की तुलना इस प्रकार करते हैं—"शायद यही बात प्रेमचंद के भाई महताब राय के लिए भी कुछ अंश तक लागू है। वे अच्छे विचारक, लेखक तथा पत्रकार थे, पर दीन-दुनिया के ऐबों से बाहर पत्नी...की सेवा करना,...यही करते-करते वह संसार से चले गए।"[169]

रखैल के इस प्रकरण पर अब डा. कौशल राय ने अपने लेख ' 'प्रेमचंद : घर में'—झूठ का पुलिन्दा' में एक शिगूफा छेड़ा है। उन्होंने लिखा है—"इसी घटना को लेकर एक आई.ए.एस. दलित अधिकारी डॉ. धर्मवीर ने अपनी 'प्रेमचन्द—सामंत का मुंशी' पुस्तक में प्रेमचंद जी का चरित्र हनन करने का पूर्ण प्रयास किया है। ताज्जुब की बात तो यह है कि सुप्रसिद्ध साहित्यकार एवं प्रेमचन्द जी के सुपुत्र अमृत राय ने अपनी पुस्तक 'कलम का सिपाही' तक में इस घटना का उल्लेख नहीं किया है। इनके अतिरिक्त अन्य किसी लेखक ने भी इसका जिक्र नहीं किया है। इससे इस घटना की प्रामाणिकता पर संदेह होता है। शिवरानी देवी का जो 'नेचर' था, उसको देखते हुए यह तो नहीं ही कहा जा सकता कि वे इतनी उदारमना थीं कि रखैल की बात जानते हुए भी खामोश रहतीं। जो स्त्री सास और देवर को बर्दाश्त नहीं कर सकती थी, वह 'रखैल' की बात सुनकर कैसे खामोश रहती जबकि वह स्वयं बहुत सी बातों पर प्रेमचन्द जी से झगड़ा किया करती थीं। पति-पत्नी में हँसी-मजाक, नोंक-झोंक तो होता ही रहता है। हो सकता है प्रेमचन्द जी ने मजाक में पत्नी को जलाने के लिए यह बात कही हो और शिवरानी देवी ने इसे गंभीरता से लेकर उनको बदनाम करने के लिए इस घटना का उल्लेख पुस्तक में किया हो? यदि किसी व्यक्ति की कोई 'रखैल' या 'प्रेयसी' होती है तो इसका ढिंढोरा पूरे परिवार में, पूरे मुहल्ले में पूरे समाज में, इष्ट-मित्रों में पिट जाता है। यदि प्रेमचन्द जी की भी कोई रखैल होती तो अवश्य परिवार से लेकर बाहर तक, कहीं न कहीं, कोई प्रचार जरूर होता। लेकिन कभी किसी से ऐसी बात सुनने का कोई प्रमाण नहीं मिलता। यहाँ तक कि उनकी माँ गंगाजली देवी एवं भाई महताब राय ने भी अपने जीवन-काल में इसका खंडन किया था।"[170]

क्या इन बातों का अलग से उत्तर देने की जरूरत है? क्या अब तक उत्तर पूरे नहीं हो गए हैं? यदि कुछ बचे हैं तो वे राज किशोर के कुछ शब्द उद्धृत करने से पूरे

हो जाएंगे। उन्होंने अपने लेख 'दलित स्त्रियाँ किस की सम्पत्ति हैं' में इसी रखैल प्रकरण के बारे में लिखा है–"प्रेमचंद ने जो किया, उस का समर्थन कोई नहीं कर सकता। वह स्पष्ट रूप से अनैतिक था। यही कारण है कि प्रेमचंद के प्रेमियों और भक्तों ने इस तथ्य को प्रचारित होने से रोका।"[171] शायद, एक समझदार व्यक्ति के लिए राज किशोर के ये शब्द एक साथ सारे उत्तर हैं।

यहीं आ कर मेरा तर्क पूरा हो जाता है। पर 'नया मानदंड' की सम्पादिका कुसुम चतुर्वेदी ने मुझे लिखे अपने एक पत्र में जो एक पंक्ति विशेष लिखी है उसे यहाँ उद्धृत कर सकता हूँ। वे मुझे लिखती हैं–"प्रिय डा. धर्मवीर, ...आप के तथाकथित जिन शब्दों पर लोग एतराज करते हैं वे तो कृष्ण कुमार राय के शब्द हैं।"[172] वे अगला वाक्य खुद अपने प्रमाण से इस प्रकार लिखती हैं–"पहली पत्नी के विषय में शिवरानी जी ने मुझ से भी ये बातें कही थीं।"[173]

संदर्भ

1. प्रेमचंद की उपन्यास-यात्रा : नव मूल्यांकन, डा. शैलेश जैदी, यूनिवर्सिटी पब्लिशिंग हाउस, कोठी नायाब, सर सैयद रोड, सिविल लाइन्स, अलीगढ़, उत्तर प्रदेश, प्रथम संस्करण, जुलाई, 1978, पृ.-11
2. वही, पृ.-11
3. वही, पृ.-10
4. वही, पृ.-60-61
5. वही, पृ.-497
6. वही, पाद टिप्पणी-1, पृ.-268
7. कवि बनारसीदास की आत्मकथा (1586-1643 ई. के लगभग) : हिन्दी ही नहीं भारतीय भाषा के प्रथम आत्मचरित 'अर्ध-कथानक' का एक अध्ययन, ज्ञान चंद जैन, विश्वविद्यालय प्रकाशन, चौक, वाराणसी-221 001, प्रथम संस्करण, 2006, पृ.-30
8. प्रेमचंद की उपन्यास-यात्रा : नव मूल्यांकन, डा. शैलेश जैदी, यूनिवर्सिटी पब्लिशिंग हाउस, कोठी नायाब, सर सैयद रोड, सिविल लाइन्स, अलीगढ़, उत्तर प्रदेश, प्रथम संस्करण, जुलाई, 1978, पृ.-49
9. वही, पृ.-49
10. प्रेमचंद : जीवन सारिणी, प्रस्तुति–कृष्ण कुमार राय, कहानीकार, प्रेमचंद विशेषांक (125वीं जयन्ती पर विशेष), के. 30/37, अरविंद कुटीर, निकट भैरवनाथ, वाराणसी-221 001, मई-अगस्त 2005 और सितम्बर-दिसम्बर 2005 (संयुक्तांक), पृ.-40
11. प्रेमचंद की उपन्यास-यात्रा : नव मूल्यांकन, डा. शैलेश जैदी, यूनिवर्सिटी पब्लिशिंग हाउस, कोठी नायाब, सर सैयद रोड, सिविल लाइन्स, अलीगढ़, उत्तर प्रदेश, प्रथम संस्करण, जुलाई, 1978, पृ.-50
12. वही, पृ.-269
13. वही, पृ.-55
14. वही, पृ.-520
15. वही, पृ.-64
16. वही, पृ.-527
17. प्रेमचंद : घर में, शिवरानी देवी प्रेमचंद, आत्माराम एण्ड संस, 1376, कश्मीरी गेट, दिल्ली-110 006, संस्करण, 2005, पृ.-27

18. प्रेमचंद : कलम का सिपाही, अमृत राय, हंस प्रकाशन, इलाहाबाद, संस्करण, अप्रैल, 1992, पृ.-9
19. नाम चाहिए एक बाप का, वीरेन गोहिल, ज्ञान भारती, 4/14, रूप नगर, दिल्ली-110 007, प्रथम संस्करण, 2003, पृ.-106
20. वही, पृ.-106
21. वही, पृ.-106
22. दलित स्त्रियां किस की संपत्ति हैं, राज किशोर, जनसत्ता, दिल्ली, 3 अक्टूबर, 2005
23. वही, 3 अक्टूबर, 2005
24. प्रेमचन्द : विविध प्रसंग-2, संकलन और रूपान्तर, अमृत राय, हंस प्रकाशन, इलाहाबाद, प्रथम संस्करण, प्रेमचन्द स्मृति दिवस, 1962, पृ.-500
25. वही, पृ.-500-01
26. वही, पृ.-501
27. वही, पृ.-502
28. रखैल और जार का दलित-पाठ, राजेन्द्र यादव, हंस, 2/36, अन्सारी रोड, दरियागंज, नई दिल्ली-110 002, नवम्बर, 2005, पृ.-7
29. प्रेमचन्द : चिट्ठी-पत्री-2, संकलन-लिप्यंतर-शब्दार्थ, मदन गोपाल और अमृत राय, हंस प्रकाशन, इलाहाबाद, प्रथम संस्करण, प्रेमचंद स्मृति दिवस, 1962, पृ.-234-35
30. सीमन्तनी उपदेश, लेखिका, एक अज्ञात हिन्दू औरत, भूमिका, सम्पादन तथा अन्य शोध लेख, डा. धर्मवीर, वाणी प्रकाशन, 21-ए, दरियागंज, नई दिल्ली-110 002, संस्करण, 2004, पृ.-112
31. तर्क को कुतर्क से मत काटो, प्रो. कमला प्रसाद, प्रगतिशील वसुधा-66, एम-31, निराला नगर, दुष्यन्त मार्ग, भदभदा रोड, भोपाल-462 003, जुलाई-सितम्बर, 2005, पृ.-29
32. हंगामा खड़ा करने के लिए, हरे प्रकाश उपाध्याय, जनसत्ता, दिल्ली, 25 सितम्बर, 2005
33. वही, 25 सितम्बर, 2005
34. प्रेमचंद : विविध प्रसंग-3, संकलन और रूपान्तर, अमृत राय, हंस प्रकाशन, इलाहाबाद, प्रथम संस्करण, प्रेमचंद स्मृति दिवस, 1962, पृ.-251
35. वही, पृ.-269
36. प्रेमचंद : कलम का सिपाही, अमृत राय, हंस प्रकाशन, इलाहाबाद, संस्करण, अप्रैल, 1992, पृ.-174
37. "**Prem Chand**, pseudonym of DHANPAT RAI SRIVASTAVA..."
The New Encyclopaedia Britannica, Volume 9, Encylopaedia Britannica, Inc, New Delhi, Edition, 2003, p.-676
38. प्रेमचंद : कलम का सिपाही, अमृत राय, हंस प्रकाशन, इलाहाबाद, संस्करण, अप्रैल, 1992, पृ.-112-13
39. वही, पृ.-113
40. "The vacuum in his life gnawed at him. He hoped his wife would return to him. She having left him at her own insistence, he would not think of taking the initiative to call her back. And she seemed to have insisted that he should go to fetch her. This "fluid" situation continued for "at least three or four years". During this time he seemed to have found refuge in the arms of a woman whom he kept and about whom nothing was known except from his own confession from the sick bed shortly before his death."
Munshi Premchand : A Literary Biography, Madan Gopal, Asia Publishing House, New Delhi, Edition, 1964, pp.-57-8
41. प्रेमचन्द : घर में, शिवरानी देवी प्रेमचंद, आत्माराम एण्ड संस, 1376, कश्मीरी गेट, दिल्ली-110 006, संस्करण, 2005, पृ.-295

42. नारी स्वतंत्रता और कम्युनिस्ट नैतिकता : लेनिन के विचार, क्लारा जैटकिन, रेनबो पब्लिशर्स लिमिटेड, A-19, सेक्टर 56, नोएडा, उत्तर प्रदेश-201 301, पृ.-4 पर उद्धृत
43. वही, पृ.-4 पर उद्धृत
44. उर्दू-हिन्दी शब्दकोश, संकलनकर्ता, मुहम्मद मुस्तफा खाँ 'मद्दाह', उत्तर प्रदेश हिन्दी संस्थान, राजर्षि पुरुषोत्तम दास टंडन हिन्दी भवन, महात्मा गांधी मार्ग, लखनऊ, सप्तम संस्करण, 1992, पृ.-156
45. भगवान बुद्ध, लेखक, धर्मानन्द कोसम्बी, अनुवादक, श्रीपाद जोशी, राजकमल प्रकाशन, दिल्ली, प्रथम हिन्दी संस्करण, 1956, पृ.-314
46. वही, पृ.-316-17
47. वही, पृ.-317-18
48. साहित्य का उद्देश्य, मुंशी प्रेमचंद, साहित्यागार, एस. एम. एस. हाइवे, जयपुर-3, संस्करण, 1992, पृ.-50
49. प्रेमचंद : कलम का सिपाही, अमृत राय, हंस प्रकाशन, इलाहाबाद, संस्करण, अप्रैल, 1992, पृ. -67
50. वही, पृ.-55
51. वही, पृ.-67
52. वही, पृ.-69
53. वही, पृ.-67
54. वही, पृ.-67
55. वही, पृ.-73
56. वही, पृ.-73
57. वही, पृ.-101
58. वही, पृ.-94
59. वही, पृ.-106
60. वही, पृ.-111
61. प्रेमचन्द : घर में, शिवरानी देवी प्रेमचंद, आत्माराम एण्ड संस, 1376, कश्मीरी गेट, दिल्ली-110 006, संस्करण, 2005, पृ.-42
62. प्रेमचंद : चिट्ठी-पत्री-1, संकलन-लिप्यन्तर-शब्दार्थ, अमृत राय और मदन गोपाल, हंस प्रकाशन, इलाहाबाद, प्रथम संस्करण, प्रेमचंद स्मृति दिवस, 1962, पृ.-22-3
63. प्रेमचंद : घर में, शिवरानी देवी प्रेमचंद, आत्माराम एण्ड संस, 1376, कश्मीरी गेट, दिल्ली-110 006, संस्करण, 2005, पृ.-43
64. प्रेमचंद : कलम का सिपाही, अमृत राय, हंस प्रकाशन, इलाहाबाद, संस्करण, अप्रैल, 1992, पृ.-138
65. वही, पृ.-139
66. वही, पृ.-140-41
67. वही, पृ.-130
68. प्रेमचंद : घर में, शिवरानी देवी प्रेमचंद, आत्मा राम एण्ड संस, 1376, कश्मीरी गेट, दिल्ली-110 006, संस्करण, 2005, पृ.-47
69. वही, पृ.-63
70. वही, पृ.-63
71. वही, पृ.-63
72. वही, पृ.-63
73. वही, पृ.-63
74. प्रेमचंद : कलम का सिपाही, अमृत राय, हंस प्रकाशन, इलाहाबाद, संस्करण, अप्रैल, 1992, पृ. -182
75. वही, पृ.-232
76. वही, पृ.-233
77. वही, पृ.-248
78. वही, पृ.-249
79. वही, पृ.-261
80. वही, पृ.-262

81. वही, पृ.-262 82. वही, पृ.-262-63

83. प्रेमचंद : घर में, शिवरानी देवी प्रेमचंद, आत्माराम एण्ड संस, 1376, कश्मीरी गेट, दिल्ली-110 006, संस्करण, 2005, पृ.-76

84. वही, पृ.-243 85. वही, पृ.-106

86. गोदान, प्रेमचंद, लोकभारती प्रकाशन, 15-ए, महात्मा गांधी मार्ग, इलाहाबाद-1, संस्करण, 1999, पृ.-228

87. प्रेमचन्द : कलम का सिपाही, अमृत राय, हंस प्रकाशन, इलाहाबाद, संस्करण, अप्रैल, 1992, पृ.-30

88. वही, पृ.-30

89. मेरी बात (आत्म-कथा), प्रेमचन्द, जीवन प्रभात प्रेस, 221, गुरु गोविन्द सिंह इंडस्ट्रियल इस्टेट, गोरे गाँव-पूर्व, मुम्बई-400 063, पृ.-16

90. वही, पृ.-16

91. प्रेमचंद : कलम का सिपाही, अमृत राय, हंस प्रकाशन, इलाहाबाद, संस्करण, अप्रैल, 1992, पृ. -27

92. वही, पृ.-27, टिप्पणी-1 93. वही, पृ.-27

94. वही, पृ.-74

95. भारतीय लोकोक्तियों में जातीय द्वेष, संकलन एवं सम्पादन, एस. एस. गौतम, प्रकाशक, गौतम बुक सेन्टर, सी-263ए, 'चन्दन सदन', गली नं. 9, हरदेवपुरी, शाहदरा, दिल्ली-110 093, प्रथम संस्करण, 2007, पृ.-105

96. वही, पृ.-105

97. प्रेमचंद : अध्ययन की नयी दिशाएँ, डा. कमल किशोर गोयनका, साहित्यनिधि, सी-38, ईस्ट कृष्णा नगर, दिल्ली-110 051, प्रथम संस्करण, 1981, पृ.-209

98. वह, पृ.-209

99. कलम का मजदूर : प्रेमचंद, मदन गोपाल, राजकमल प्रकाशन प्राइवेट लिमिटेड, नेताजी सुभाष मार्ग, नई दिल्ली-110 002, द्वितीय संस्करण, 1984, दूसरें संस्करण की भूमिका, पृ.-12

100. वही, पृ.-314 101. वही, पृ.-314

102. वही, पृ.-315 103. वही, पृ.-315

104. वही, पृ.-311 105. वही, पृ.-316

106. वही, पृ.-316

107. धर्मशास्त्र का इतिहास, द्वितीय भाग, मूल लेखक, डा. पाण्डुरंग वामन काणे, अनुवादक, अर्जुन चौबे काश्यप, उत्तर प्रदेश हिन्दी संस्थान, राजर्षि पुरुषोत्तम दास टण्डन हिन्दी भवन, महात्मा गांधी मार्ग, लखनऊ, तृतीय संस्करण, 1982, पृ.-949

108. वही, पृ.-949 109. वही, पृ.-886

110. वही, पृ.-881 111. वही, पृ.-881

112. वही, पृ.-881 113. वही, पृ.-883

114. हिन्दू जाति का उत्थान और पतन, रजनी कान्त शास्त्री, किताब महल, 22ए, सरोजनी नायडू मार्ग, इलाहाबाद, संस्करण, 1993, पृ.-64

115. हिन्दू विधि, चन्द्रनाथ झा, सुविधा ला हाउस, 28 मालवीय नगर, रोशनपुरम, भोपाल, 1991, पृ.-268

116. वही, पृ.-268 117. वही, पृ.-349

118. वही, पृ.-349

119. U.P. Zamindari Abolition and Land Reforms Act. 1950, Advocate Prakash Gupta, Alia Law Agency, 1 M.G. Marg, Allahabad-211 001, 6th Edition, p.-75

120. जहाँ औरतें गढ़ी जाती हैं, मृणाल पाण्डेय, हंस, 2/36, अन्सारी रोड, दरियागंज, नई दिल्ली-110 002, जनवरी, 2006, पृ.-40

121. यादगार रिपोर्ताज, मूलचंद सेठिया, हंस, 2/36, अन्सारी रोड, दरिया गंज, नई दिल्ली-110 002, मार्च, 2006, पृ.-9

122. गोदान, प्रेमचंद, लोक भारती प्रकाशन, 15-ए, महात्मा गांधी मार्ग, इलाहाबाद-1, संस्करण, 1999, पृ.-228

123. वही, पृ.-228

124. अक्करमाशी, मूल मराठी लेखक, शरण कुमार लिंबाले, अनुवादक, सूर्य नारायण रणसुभे, ग्रंथ अकादमी, 1986, पुराना दरियागंज, नई दिल्ली-110 002, प्रथम संस्करण, 1991, पृ.-7

125. वही, पृ.-7

126. धर्मशास्त्र का इतिहास, प्रथम भाग, मूल लेखक, डॉ. पाण्डुरंग वामन काणे, अनुवादक, अर्जुन चौबे काश्यप, उत्तर प्रदेश हिन्दी संस्थान, राजर्षि पुरुषोत्तम दास टण्डन हिन्दी भवन, महात्मा गांधी मार्ग, तृतीय संस्करण, 1980, पृ.-299

127. गौतम कुन्दू बनाम पश्चिमी बंगाल राज्य और एक अन्य : (1994) उम. नि. प. : 150, उच्चतम न्यायालय निर्णय पत्रिका, विधि साहित्य प्रकाशन, विधायी विभाग, विधि, न्याय और कम्पनी कार्य मन्त्रालय, भारत सरकार, नई दिल्ली-110 001

128. अक्करमाशी, मूल मराठी लेखक, शरण कुमार लिंबाले, अनुवादक, सूर्य नारायण रणसुभे, ग्रंथ अकादमी, 1686, पुराना दरियागंज, नई दिल्ली-110 002, प्रथम संस्करण, 1991, पृ.-54

129. वही, पृ.-117

130. वही, पृ.-117

131. "There is no relationship between a Hindu female and her stop sons. AIR 1964 Orissa 136 (DB)."
A.I.R. Manual, Civil & Criminal, Volume 26, V.R. Manohar and W.W. Chitaley, The All India Reporter Ltd., P.B. 209, Congress Nagar, Nagpur-440 012, 5th Edition, 1989, p.-838

132. 'Biological natural parents' : 1992 (2) Guj L.R. 1317 (1324, 1325) (D.B.) ibid., p. 838

133. "In determining the status of a child, the status of parents alone should be considered and not the status of the foster parents. Where a child of non-tribal parents was brought up by a tribal, it cannot be said that the child belongs to the tribal community. AIR 1990 Andhra Pradesh 271 (272)."
A.I.R. Manual, Civil & Criminal, Volume 13, V.R. Manohar and W.W. Chitaley, The All India Reporter Ltd., P.B. 209, Congress Nagar, Nagpur-440 012, 5th Edition, 1989, p.-647

134. "In controversy regarding the determination of a particular caste, whether it is Scheduled Caste or not, the Caste Certificates of blood relations cannot become conclusive proofs. At the most such caste certificates of blood relations can be used as a guideline and/or a circumstance to be taken into consideration but along with the other evidence on the record. AIR 1987, Bom 354 (357) (DB) : 1987 Mah LJ 801."
ibid., p.-640

135. भारत का संविधान, 1 सितम्बर, 1991 को यथाविद्यमान, भारत सरकार, विधि, न्याय और कम्पनी कार्य मंत्रालय, विधायी विभाग, राजभाषा खण्ड, तीसरा संस्करण, 1991, पृ.-106

136. "It may be reasonably contended that having regard to the context, the word 'parent' in Art. 366 (2) should necessarily mean male parent and will not include the mother. AIR Assam 128 (137) (DB)."
A.I.R. Manual, Civil & Criminal, Volume 13, V.R. Manohar and W.W. Chitaley, The All India Reporter Ltd., P.B. 209, Congress Nagar, Nagpur-440 012, 5th Edition, 1989, p.-706

137. "Person born of English father and Khasi mother can be classed as a Khasi Tribal...AIR 1958 Assam 128 (129, 130) (DB)."
ibid., p.-706

138. "The DNA Test report made available by SFSL (State Forensic Science Laboratory) has confirmed clearly that the culprit is not Raymal Rathwa, but the 72-year old Hari Ballabh Parikh, who has been enjoying enormous political clout in the tribal area of Chhotaudepur, for the last 40 years."
The Hindustan Times, New Delhi, Dated, 14-7-1996

139. "The blood group of my wife is O^+ and mine is B^+. The son born recently has A^+. I am a little upset by this. Kindly advise the possible blood group which emerges out of a couple with O^+ and B^+. Could my case be indicative of my wife's infidelity?"
The Hindustan Times, New Delhi, Help Mate, Dated, 28.8.96

140. "Your case neeed not necessarily indicate your wife's infidelity. You should find out the blood group of your parents and your wife's parents. A child may sometimes exhibit characteristics of one or more of the grand parents, so do not be upset. Also, it is possible to do tests such as tissue typing and others to establish paternity. If the problem is bothering you, then do go ahead and get these tests done so that your wife's name can be cleared and you are not haunted by uncertain thoughts."
ibid., Dated, 28.8.96

141. के. सी. वसन्त कुमार और एक अन्य बनाम कर्नाटक राज्य : (1985) 4 उम. नि. प. 670 (790), उच्चतम न्यायालय निर्णय पत्रिका, विधि साहित्य प्रकाशन, विधायी विभाग, विधि, न्याय और कम्पनी कार्य मन्त्रालय, भारत सरकार, नई दिल्ली-110 001

142. वही, पृ.-790

143. केरल राज्य और अन्य बनाम एन. एम. थामस (1976) 2 उम. नि. प. 936 (1054-55), उच्चतम न्यायालय निर्णय पत्रिका, विधि साहित्य प्रकाशन, विधायी विभाग, विधि, न्याय और कम्पनी कार्य मन्त्रालय, भारत सरकार, नई दिल्ली-110 001

144. अक्करमाशी, मूल मराठी लेखक, शरण कुमार लिंबाले, अनुवादक, सूर्य नारायण रणसुभे, ग्रन्थ अकादमी, 1686, पुराना दरियागंज, नई दिल्ली-110 002, प्रथम संस्करण, 1991, पृ.-68-9

145. वही, पृ.-10

146. वही, पृ.-10

147. वही, पृ.-58-9

148. "The State Women's Commission has chalked out a scheme to rehabilitate the unwed mothers in the State. The scheme called 'Nari Nidhi' will be beneficial to the women who had no legal husbands mostly found in the Thirunelli part of Waynad district, according to the commission."

Scheme to rehabilitate unwed mothers, The Indian Express, Thiruvananthapuram Edition, Dated, 7.2.1997

149. "They also urged the Government to set up a DNA testing centre in the State immediately so that the men who are responsible for the pregnancy of these mothers can be brought into light."
ibid., Dated, 7.2.97

150. "The Chamars of Delhi show an excess of gene A (26 percent) at the expense of genes O (50 percent) and B (24 percent), which in general is not a common pattern in the North Indian Communities in general. They show a greater insidence of r (18 percent) ana R_0 (13 percent) and moderate frequencies of R_2 (6 percent) and consequently lower values of the common haplotype R_1 (41 percent) in comparison to the general pattern observed in the region for this gene...They exhibit a relatively higher value of gene N frequency (41 percent) and a more or less similar value of the Hp I.....compared to other north Indian communities. Colour-blind males among them are relatively higher in number (6.5 percent)."
The Scheduled Castes, K.S. Singh, Oxford University Press, 1993, pp.-313-14

151. "In Uttar Pradesh, the Chamar(s)...show a very high gene B (27-29 percent) which predominates over gene A (18 percent), A_2 being 3-4 percent. In R_h blood group, the frequency of negative individuals ranges from 8-9 percent."
ibid., p-302.

152. नवभारत टाइम्स, नई दिल्ली, दिनांक, 11.7.1996

153. Modi's Textbook of Medical Jurisprudence and Toxicology, Section I, Edited by C. A. Franklin, Twenty First Edition, Third Reprint, 1992, N. M. Tripathi Private Limited, Shamaldas Gandhi Marg, Bombay-400 002, p.-108

154. ibid., p.-119

155. प्रेमचंद : घर में, शिवरानी देवी प्रेमचंद, आत्माराम एण्ड संस, 1376, कश्मीरी गेट, दिल्ली-110 006, सस्करण, 2005, पृ.-99

156. घर से बाहर प्रेमचंद, साधना अग्रवाल, जनसत्ता, 9 अप्रैल, 2006

157. Father's Day History,
http://www.funmunch.com/events/fathers day/fathers day history. shtml, p.-1 of 1

158. भारतीय लोकोक्तियों में जातीय द्वेष, संकलन एवं सम्पादन, एस. एस. गौतम, गौतम बुक सेन्टर, सी-263 ए, चन्दन सदन, गली नं. 9, हरदेवपुरी, शाहदरा, दिल्ली-110 093, प्रथम संस्करण, 2007, पृ.-69

159. वही, पृ.-69

160. सम्पादकीय, डा. कमल गुप्त, कहानीकार, प्रेमचंद विशेषांक (125वीं जयन्ती पर विशेष), के. 30/37, अरविंद कुटीर, निकट भैरवनाथ, वाराणसी-221 001, मई-अगस्त 2005 और सितम्बर-दिसम्बर 2005 (संयुक्तांक), पृ.-27

161. प्रेमचंद की ज्येष्ठ पुत्री श्रीमती कमला देवी श्रीवास्तव से लक्ष्मीनारायण दूबे की बातचीत, कहानीकार, प्रेमचंद विशेषांक (125वीं जयन्ती पर विशेष), के. 30/37, अरविंद कुटीर, निकट भैरवनाथ, वाराणसी-221 001, मई-अगस्त 2005 और सितम्बर-दिसम्बर 2005 (संयुक्तांक), पृ.-91

162. क्या प्रेमचंद जी की कोई रखैल थी?, डा. कौशल राय, समाचार टाइम्स, संस्मरण कथा विशेषांक, पृ.-2

163. प्रेमचंद का पारिवारिक जीवन, कृष्ण कुमार राय, नया मानदंड, आचार्य रामचंद शुक्ल साहित्य शोध संस्थान, दुर्गाकुंड, वाराणसी, जनवरी-मार्च, 2006, पृ.-11

164. क्या प्रेमचंद जी की कोई रखैल थी?, डा. कौशल राय, समाचार टाइम्स, संस्मरण कथा विशेषांक, पृ.-2

165. वही, पृ.-2

166. वही, पृ.-2

167. प्रेमचंद का पारिवारिक जीवन, कृष्ण कुमार राय, नया मानदंड, आचार्य रामचंद्र शुक्ल साहित्य शोध संस्थान, दुर्गाकुंड, वाराणसी, जनवरी-मार्च, 2006 पृ.-9

168. वही, पृ.-9

169. वही, पृ.-9

170. 'प्रेमचंद : घर में'—झूठ का पुलिन्दा, डा. कौशल राय, लमही, 3/343, विवेक खण्ड, गोमती नगर, लखनऊ, उत्तर प्रदेश-226 010, जनवरी-मार्च, 2009, पृ.-112

171. दलित स्त्रियाँ किस की सम्पत्ति हैं, राज किशोर, जनसत्ता, दिल्ली संस्करण, 3 अक्टूबर, 2005

172. कुसुम चतुर्वेदी का 2 अगस्त, 2006 का वाराणसी से लिखा गया डा. धर्मवीर को पत्र

173. वही

अध्याय-22

'घालमेल' विवाह भी उतना ही 'बेमेल' है

दुनिया का कोई काम बिना योजना के नहीं होना चाहिए। विवाह की खोज सैक्स की सब से पहली योजना है। यह योजना लगातार विकसित हो रही है। इस में झूठ को जगह देना योजना को फेल करना है।

अच्छी बात यह है कि प्रेमचंद ने विवाह को सैद्धांतिक रूप में स्वीकार किया है। उन्होंने 1930 में जैनेन्द्र कुमार के पहले उपन्यास 'परख' पर लिखते हुए विवाह पर अपने विचार यों दिए हैं—"मगर यह नयी विवाह-प्रथा हमारी समझ में नहीं आयी। यदि कट्टो और बिहारी को सेवा-व्रत ही धारण करना था—और ऐसा प्रतीत होता है कि जीवन में वह फिर न मिले होंगे—तो विवाह-बंधन की क्या जरूरत थी? विवाह वासना की चीज़ न हो, सन्तान पैदा करने की चीज़ न हो, पर संगति की चीज तो है ही, ऐसी गाड़ी तो है ही जिसके दो पहिये होते हैं। यदि स्त्री और पुरुष को एक-दूसरे के प्रेम सहारे और सहानुभूति की ज़रूरत न हो तो विवाह का नाम ही कौन ले।..."[1] प्रेमचंद ने 23 मार्च, 1932 के अपने खत में अश्क को उन की एक रचना पर विवाह के बारे में लिखा है—"...तुमने नरेन्द्र को बिना काफी कारणों के शादी करने पर आमादा कर दिया। वह शादी से बेजार है। विवाहित जीवन का दृश्य देखकर उसकी तबीयत और उदासीन हो जाती है। फिर यकायक वह शादी करने पर तैयार हो जाता है। लेकिन यह कौन कह सकता है कि जिन मियाँ-बीवी को उसने लड़ते देखा था, उनका जीवन भी यौवन की पहली मधु ऋतु में इतना ही आकर्षक न रहा होगा? तुम्हें कोई ऐसा सीन दिखाना चाहिए था कि जिसमें इंसान को अपना अकेलापन असह्य हो जाता या मियाँ-बीवी में जंग होने के बावजूद भी उनमें ऐसा चारित्रिक सौन्दर्य होता जो इंसान को शादी की तरफ़ झुकने पर विवश करता। मौजूदा हालत में किस्सा convincing नहीं है।...."[2]

प्रेमचन्द की एक कहानी का नाम 'नया विवाह' है। इस के बारे में अमृत राय ने लिखा है :

“ ‘नया विवाह’ लाला डंगामल के नये विवाह की कहानी है। अधेड़ लालाजी ने अपनी पहली पत्नी, उनके सात बच्चों की मां, को अपनी निष्ठुर उपेक्षा से मारकर एक जवान लड़की से, जो उनकी बेटी हो सकती थी, अपना नया विवाह किया है। उन्हें अपनी मुर्दा रगों में एक नयी सनसनाहट, एक नयी थरथरी की चाह है। लेकिन उस जवान लड़की के दिल में भी कोई चाह, कोई उमंग हो सकती है, यह उनके लिए एक बंद किताब है और हमारा पुरुष-शासित पुरुष-प्रधान समाज इसी में अपनी खैरियत समझता है कि वह किताब बंद रही आये।

नयी पत्नी के आ जाने से ‘जीवन के उपभोग’ की जो शक्ति दिन-दिन क्षीण होती जाती थी, अब वह छींटे पाकर सजीव हो गयी थी, सूखा पेड़ हरा हो गया था, उसमें नयी-नयी कोंपले फूटने लगी थीं।... लालाजी की बूढ़ी जवानी जवानों की जवानी से भी प्रखर हो गयी थी, उसी तरह जैसे बिजली का प्रकाश चन्द्रमा के प्रकाश से...‘वह अपने को किसी गबरू जवान से जौ भर घटकर नहीं समझते और बहुत घमण्ड से कहते हैं, ‘जवानी का उम्र से उतना ही संबंध है जितना धर्म का आचार से, रुपये का ईमानदारी से, रूप का शृंगार से...’

लेकिन उनकी नवेली बीवी ऐसा नहीं सोचती, उसका ख्याल है कि जवानी का संबंध उम्र से होता है। वह किसी तरह उनकी सोहबत में खुश नहीं हो पाती, उसका दिल बुझा-बुझा सा रहता है। लाला जी तरह-तरह के स्वांग भरते हैं, तरह-तरह की सौगातें लाते हैं, लेकिन उसके दिल की कली नहीं खिलती।

वह कली खिलती है घर के जवान रसोइये जुगल की संगत में, ऐसी कि हाँ। जवान खून जवान खून को पुकारता है।

पातिव्रत हवा में नहीं रह सकता। उसको भी मिट्टी चाहिए, पानी चाहिए। जिन्दगी अपना मोल चुकाये बिना नहीं रहती। उसको झुठलाओगे तो तुम्हारा आदर्श खुद झूठा हो जायगा, खोखला। रक्खे रहो अपने खोखले आदर्श, चाटो उन्हें शहद लगाकर।

और एक दिन आता है जब जुगल के मुँह से अपनी सुन्दरता का बखान सुनकर लालाजी की नवेली के बदन में झुरझुरी दौड़ जाती है। और उनमें संकेतों के हल्के-से झीने आवरण में खुली-खुली बातें होने लगती हैं, जो अपने इसी अर्थ-गम्भीर ढँकेपन के कारण और भी खुली मालूम होती हैं।

जुगल और भी आगे बढ़कर लालाजी के लिए कहता है—आपके साथ चलते हैं तो आपके बाप-से लगते हैं।”[3]

अपनी इतनी कह लेने के बाद भी अमृत राय को सन्तोष नहीं मिला। उन्होंने प्रेमचंद की कहानी के कुछ अंश भी उद्धृत किए हैं। वे इस प्रकार हैं :

> "तुम बड़े मुँहफट हो। ख़बरदार, ज़बान सम्हालकर बातें किया करो।
>
> किन्तु अप्रसन्नता का यह झीना आवरण उसके मनोरहस्य को न छिपा सका।
>
> जुगल ने फिर उसी निर्भीकता से कहा—मेरा मुँह कोई बंद कर ले, यहाँ तो सभी यही कहते हैं। मेरा ब्याह कोई पचास साल की बुढ़िया से कर दे तो मैं घर छोड़कर भाग जाऊँ। या तो खुद जहर खा लूँ या उसे जहर देकर मार डालूँ। फाँसी ही तो होगी।
>
> आशा उस कृत्रिम क्रोध को कायम न रख सकी। जुगल ने उसकी हृदयवीणा के तारों पर मिज़राव की ऐसी चोट मारी थी कि उसके बहुत ज़ब्त करने पर भी मन की व्यथा बाहर निकल आयी। उसने कहा—भाग्य भी तो कोई चीज़ है!
>
> —ऐसा भाग्य जाय भाड़ में!
>
> —तुम्हारा ब्याह किसी बुढ़िया से ही करूँगी, देख लेना।
>
> —तो मैं भी ज़हर खा लूँगा, देख लीजिएगा।
>
> —क्यों, बुढ़िया तुम्हें जवान स्त्री से ज्यादा प्यार करेगी, ज्यादा सेवी करेगी। तुम्हें सीधे रास्ते पर रखेगी।
>
> —यह सब माँ का काम है। बीवी जिस काम के लिए है, उसी काम के लिए है।"
>
> —आखिर बीवी किस काम के लिए है?
>
> मोटर की आवाज़ आयी। न जाने कैसे आशा के सिर का आँचल खिसककर कंधे पर आ गया। उसने जल्दी से आँचल खींचकर सिर पर कर लिया और यह कहती हुई अपने कमरे की ओर लपकी कि लाला भोजन करके चले जायँ, तब आना।"[4]

बात की बात है कि अमृत राय को कहानी के ये अंश उद्धृत करके भी सन्तोष नहीं मिला। आखिर वे अपने मन की निकाल कर ही माने जब उन्होंने इस कहानी पर आगे लिखा है—"कहानी का पर्दा यहीं गिर जाता है। चाहिए भी। मगर ताज्जुब है कि मुंशीजी का क़लम कहीं ठिठका क्यों नहीं? कैसे लिख सके वह ऐसी उच्छृंखल कहानी..."[5]

अब पता नहीं, उच्छृंखल कौन है? प्रेमचन्द द्वारा लिखी गई यह बेमेल विवाह की कहानी है।

ऐसा बेमेल विवाह प्रेमचन्द के उपन्यास 'गोदान' की कथा में भी हुआ है। वह होरी की छोटी बेटी रूपा का विवाह है जो रामसेवक मेहतो से ब्याही गई है। प्रेमचन्द ने लिखा है—"राम सेवक होरी से दो ही चार साल छोटा था।"[6] "ऐसे आदमी से रूपा के ब्याह करने का प्रस्ताव ही अपमानजनक था। कहाँ फूल सी रूपा और कहाँ वह बूढ़ा ठूँठ।"[7] प्रेमचन्द ने लिखा है—"जीवन में होरी ने बड़ी-बड़ी चोट सही थी, मगर यह चोट सबसे गहरी थी। आज उस के ऐसे दिन आ गए हैं कि उस से लड़की बेचने की बात कही जाती है और उस में इनकार करने का साहस नहीं है। ग्लानि से उस का सिर झुक गया।"[8]

प्रेमचन्द ने राम सेवक मेहतो का कुछ और वर्णन किया है—"उम्र चालीस से ऊपर थी, बाल खिचड़ी हो गए थे; चेहरे पर तेज था, देह गठी हुई। होरी उन के सामने बिलकुल बूढ़ा लगता था।"[9]

प्रेमचन्द ने इस विवाह में होरी की आर्थिक मजबूरी दिखाई है। होरी अपने मन को समझा रहा है—"उम्र की ऐसी कोई बात नहीं। मरना-जीना तकदीर के हाथ है। बूढ़े बैठे रहते हैं, जवान चले जाते हैं। रूपा को सुख लिखा है, तो वहाँ भी सुख उठायगी; दुख लिखा है तो कहीं भी सुख नहीं पा सकती। और लड़की बेचने की तो बात ही नहीं। होरी उस (राम सेवक मेहतो) से जो कुछ (रकम) लेगा, उधार लेगा और हाथ में रुपये आते ही चुका देगा। इस में शर्म या अपमान की कोई बात ही नहीं है।"[10] लेकिन हामी भरने में उस के मन को सन्तोष नहीं हो रहा है। प्रेमचन्द उस की अगली मनोदशा का वर्णन इन शब्दों में करते हैं—"बेशक उस में समाई होती, तो वह रूपा का ब्याह किसी जवान लड़के से और अच्छे कुल में करता, दहेज भी देता, बरात के खिलाने पिलाने में भी खूब दिल खोल कर खर्च करता; मगर जब ईश्वर ने उसे इस लायक नहीं बनाया, तो कुश-कन्या के सिवा और वह क्या कर सकता है?"[11]

ब्याह के बाद की स्थिति इस प्रकार वर्णित है—"दो दिन तक गाँव में खूब धूमधाम रही। बाजे बजे, गाना-बजाना हुआ और रूपा रो-धो कर विदा हो गई; मगर होरी को किसी ने घर से निकलते न देखा। ऐसा छिपा बैठा था, जैसे मुँह में कालिख लगी हो।"[12]

प्रेमचन्द को अपने एक अन्य कथा-साहित्य में 'निर्मला की शादी मजबूरन एक पचास बरस के दुहाजू वर बाबू तोता राम से करनी पड़ती है।'[13] प्रेमचंद के शब्द हैं—"...बाँका सवार बूढ़े लद्दू टट्टू पर सवार होना कब पसन्द करेगा।...निर्मला की दशा उसी बाँके सवार की-सी थी।"[14] और लो, सुन लो, 'घर में बड़े-बड़े लड़के हैं, जिन में से एक सब से बड़ा खुद निर्मला की उम्र का है.... ।'[15] और, 'आखिरकार उन्हें अपने ही बेटे और निर्मला पर शक हो जाता है।'[16] खास बात यह है कि इस में बाबू तोताराम जाति से कायस्थ हैं। अमृत राय ने प्रेमचंद की प्रशंसा में लिखा है—"इतनी सच्ची, मार्मिक, खास कर औरतों के दिल को भाने वाली कहानी मुंशी जी ने दूसरी

नहीं लिखी। पढ़ने वाले दहल उठे, रो-रो पड़े। कैसा डरावना आईना उन्होंने समाज के सामने उठा कर रख दिया था। हर रोज जो इतने अनमेल ब्याह होते हैं, पैसे की मजबूरी से जवान लड़की बुड्ढे के गले बाँध दी जाती है, देखो उस का क्या हश्र होता है। देखते सब हैं, कहता कोई नहीं। मुंशी जी ने कह दिया, और बहुत डूब कर कहा।''[17]

अमृत राय ने एक और सूचना दी है कि प्रेमचन्द ने 1924 में ' 'भूत' नाम की एक कहानी लिखी थी जिस में उन्होंने पत्नी की ओर से अपने एक करीबी रिश्तेदार की खबर ली थी जिन्होंने अपनी बीवी के मरने पर अपनी एक बहुत ही छोटी साली से शादी कर ली थी—जो उन्हीं के घर में पल कर बड़ी हुई थी और जिसे उन्होंने गोद में खिलाया था।'[18]

पूछना यही है कि प्रेमचन्द की अगली पीढ़ी के कायस्थ कथाकार निर्मल वर्मा ने प्रेमचंद की क्या मानी। लेखक हो गए या औरतों पर कहर हो गए!

जाना जाए कि निर्मल वर्मा का जन्म सन् 1929 में हुआ था और उन का निधन 25 अक्टूबर, 2005 को हो गया था।[19] उन के मरने पर एक स्त्री चर्चा में आईं। दूरदर्शन पर पता चला कि वे निर्मल वर्मा की रायल्टी को ले कर निर्मल वर्मा के प्रकाशक से झगड़ रही हैं। कारण यह था कि वे निर्मल वर्मा की पत्नी हैं। पर उन स्त्री का जन्म सन् 1959 में हुआ था।[20] तो, निर्मल वर्मा उन से उम्र में पूरे 30 वर्ष बड़े थे। एक पीढ़ी का नहीं, बल्कि यह दो पीढ़ियों की ओर जाता अन्तर है। कोई ठीक है?—इस विवाह को कैसे समझा जाए? दलित के हिसाब से बेटी के बजाय पोती के बराबर हैं। अब ये महान कलाकार हैं। भले आदमी ऐसे लोगों को अपने समाज से बाहर रखना चाहते हैं तो क्या गलती करते हैं?

ऐसा बेमेल विवाह करना भी तो विवाह की संस्था को बदनाम करना है। उन की पत्नी उन की उम्र की औरत होतीं तो यह मौत इतना न सालती—अब क्या कहें?

यदि निर्मल वर्मा का अनुकरण किया जाने लगे तो हिन्दुओं में कितनी स्त्रियाँ विधवा हो जाएँगी? तब यह देश विधवाओं का ही देश बन जाएगा। फिर, ऊपर से परम्परा यह है कि विधवा का पुनर्विवाह नहीं हो सकता। ईश्वर चन्द्र विद्यासागर ने सन् 1856 में अंग्रेजों की मदद से द्विजों के लिए यह कानून बनवा दिया था कि विधवा का पुनर्विवाह हो सकता है तो इस का मतलब यह नहीं है कि विधवा का विवाह हो ही जाएगा। वह केवल 'ओप्सन' है, कोई उस का उपयोग करे या न करे, या कोई उस का उपयोग करने दे, या न करने दे। इसीलिए कहा जा रहा है कि हवाओं में बात नहीं होनी चाहिए। धरती का एक ठोस धरातल होता है।

कोई मजबूर ही करे तो क्या आगे बढ़ा जाए? अच्छा यह रहेगा कि मैत्रेयी पुष्पा की पुस्तक 'कस्तूरी कुण्डल बसै' का सहारा लिया जाए जिसे खुद मैत्रेयी पुष्पा ने 'इसे

उपन्यास कहूँ या आपबीती...?'—के प्रश्न के रूप में रख कर अपना उत्तर दिया है। इस पुस्तक का पहला वाक्य है जो सच में महाकाव्य है :

"मैं ब्याह नहीं करूँगी।"[21]

यह कस्तूरी का अजीब वाक्य था। कस्तूरी की माँ ने उस से पूछा—"...सारी उमर कुँआरी रहेगी, अकेली। तुझे डर नहीं लगता?"[22] उन दोनों का अगला वार्तालाप इस प्रकार है :

"—डर! डर ही तो लगता है चाची। सच्ची, ब्याह से डर लगता है।

—सो क्यों?

—मुझ में सती होने की हिम्मत नहीं है। मुझे मरने से डर लगता है—कस्तूरी की आवाज उस बछिया की-सी हो गई, जो रम्भाते हुए माँ को पुकारती है।

—हाय बेटा! तू कैसा असगुन सोच रही है! तू सती क्यों होगी? सौ-सौ बरस जिए तेरा सुहाग। तू काए को मरेगी, मरे तेरे बैरी।

—चाची, पति मरेगा तो सुहाग जिन्दा नहीं रहेगा और सुहाग मरेगा तो मुझे भी मरना पड़ेगा। तेरी असीस में इतना दम कहाँ कि मुझे बचा ले।

—पर तेरा पति मरेगा ही काए को?

—वह बूढ़ा है, बीमार है, कब तक जिएगा? जो वर ढूंढ़ा है, मुझे पता चल गया है।"[23]

इस मामले में भी 'सीमन्तनी उपदेश' की उन अनाम कायस्थ लेखिका के सामने सिर झुकाना पड़ता है जिन्होंने आज से 127 साल पहले विधवाओं को सलाह देते हुए लिखा था—"अगर परमेश्वर की मर्जी होती कि एक खाविंद के मरने से औरत दूसरी शादी न करे तो उस के साथ उस की ख्वाहिश भी मर जाती। नहीं, बराबर देखने में आता है—खाविंद के मरे पीछे यह ख्वाहिश आ सताती है। बस, इस में परमेश्वर की मर्जी साफ पाई जाती है कि औरतें दूसरी शादी कर लें। एक-दो खाबिंद के मरने से नहीं, बल्कि जब तक ख्वाहिश बाकी रहे चाहे पचास खाविंद मरें बेशक शादी कर लो।"[24] यही हिन्दू स्त्री की सच्ची आवाज है। हिन्दुओं ने इस आवाज को हजारों साल से सुना नहीं है।

हमारी निगाह प्रेमचंद पर ही टिकी हुई रहनी चाहिए। तब पूछा जा सकता है कि एक कलाकार के नाते प्रेमचन्द कितने निर्मल वर्मा थे। इस तुलना में निर्मल वर्मा प्रेमचन्द से अच्छे ही ठहरते हैं क्योंकि प्रेमचन्द ने तो विवाह से बाहर जा कर रखैल रखी थी। इधर, मेरी किस्मत खराब कि जाने किन लोगों का जिक्र करना पड़ रहा

है—या तो बुद्ध की बात मानो या कृष्ण में मग्न रहो—जबकि उन दोनों में से जीवन का सही रास्ता किसी के पास नहीं है। एक विवाह से बाहर जा रहे हैं तो दूसरे विवाह को छोड़ रहे हैं। तभी हाथ में दीपक लिए लोक और वेद के दोनों रास्तों से अलग सही रास्ते पर खड़े हुए कबीर याद आते हैं। वहाँ दुल्हन का शील-शृंगार है—न विवाह से बाहर कुछ, और न विवाह को छोड़ कर कुछ। सारे गीत मंगलचार के हैं, एक भी तो भ्रमरगीत नहीं। सब खुले में है, कुछ भी तो चोरी-छुपे नहीं। औलाद जायज पैदा होती है, अवैध नहीं। हाँ, परमात्मा का इकबाल ऊँचा रहे कि वह हमें भरी-पूरी देह देता है। अंगड़ाई लेने में हम खुद कविता बन जाते हैं। वह एक से एक अच्छा हुस्न पैदा करता ही रहेगा। धरती पर मनुष्यों की यह शोभा बरकरार रहे। मनुष्य का वंश फल-फूल रहा है। पर, इस सौन्दर्य को नैतिकता की ओर भी तो ले जाया जा सकता है। मनाही कहाँ है? मोरलिटी की खोज को इतनी बड़ी मुसीबत क्यों माना जा रहा है जबकि वह हमारे भले के लिए ही हम से रू-ब-रू हुई है? निर्मल वर्मा जैसे कलाकार समाज के किस काम के जो हमें देर तक रुलाते हैं? गैर-दलितों की बात वे खुद जाने पर दलितों को ऐसे साहित्यकारों की जरूरत नहीं है।

निर्मल वर्मा के संस्मरण भी स्वस्थ समाज के किसी काम के नहीं हैं। हर बात उल्टी है। बताया गया है कि वे अतिथि-सत्कार का बड़ा ख्याल रखते थे। एक बार कवि कुँवर नारायन उन के घर पर गए। निर्मल वर्मा ने उन्हें चाय, काफी या रम में से कुछ लेने को पूछा। कुँवर नारायन ने कहा कि मुझे कुछ नहीं चाहिए। तब निर्मल वर्मा ने उन्हें चाय, काफी और रम तीनों को मिला कर दे दिया और कहा कि इसे पीजिए क्योंकि न यह चाय है, न यह काफी है और न यह रम है।[25] वही बात हुई कि गिद्दलों के मेहमान उलटे लटकते हैं। 'चाय, काफी या दूध' भी तो कह सकते थे, पर नहीं, रम नहीं तो फिर निर्मल वर्मा कैसे? आखिर वे भी तो कायस्थ थे—पीछे कैसे रह जाते?

उन की पत्नी का प्रकाशक से रायल्टी के लिए झगड़ना वाजिब है। जो जिस का हक है उसे मिलना ही चाहिए, पर निष्कर्ष यही निकलता है कि यदि निर्मल वर्मा को और ज्यादा रायल्टी मिलती तो वे और ज्यादा शराब पीते और पिलाते। तब वे चाय और काफी के विकल्पों को बिलकुल छोड़ ही देते। तब, शायद, उन के शरीर का और जल्दी नुकसान होता। कभी-कभी जेब में कम पैसा होना भी कितना अच्छा होता है, कम से कम, इन तथाकथित कलाकारों के सम्बन्ध में। समाज के दुख थोड़े हैं? इस शराब के चक्कर में उर्दू के कवि मजाज अच्छी तरह से जवान भी नहीं हो पाए थे। साहित्यकार बन कर वीर बलवानों की सन्तानें ऐसे ढेर हो जाती हैं।

खैर, प्रेमचन्द 26 दिसम्बर, 1934 को इन्द्रनाथ मदान को चिट्ठी में लिख रहे हैं—''मगर 'मेल न बैठना' मेरी समझ में नकचढ़ेपन के अलावा और कुछ नहीं। तलाक जिस में बेचारी पत्नी के लिए कोई व्यवस्था नहीं है—यह मांग केवल रुग्ण व्यक्तिवाद की ओर से आ सकती है। समता पर आधारित समाज में इस चीज के लिए कोई

जगह नहीं है।''[26] लगता है, तब तक उन की पहली पत्नी जरूर मर चुकी होंगी। उन्हें तो तलाक भी नहीं दिया गया, ऐसे ही छोड़ दिया। वे पुनर्विवाह नहीं कर सकती थीं। उन से प्रेमचंद का कौन-सा मेल बैठा था? उन के बारे में उन की दूसरी पत्नी के बेटे ने जो विशेषण प्रयोग किए हैं, वे इस प्रकार हैं—''... एक अपनी बीवी, बदशकल, फूहड़, झगड़ालू।''[27] जो चाहो, सो कहो, बार-बार कहो—''—एक फूहड़, बदशकल, बेमेल बीवी।''[28] इस विषय को ले कर अमृत राय ने अपने पिता प्रेमचन्द और अपनी माँ शिवरानी के बारे में लिखा है—''देहात में तसवीर उतरवाने का तब कहाँ चलन, मगर ख़ैर मुंशी देवीप्रसाद ने अपनी लड़की की तसवीर उतरवाकर कानपुर भेजी—सीधी-सादी, दुबली-पतली एक देहाती लड़की, बाल बिखरे हुए, माथे पर हल्का-सा घूँघट। गन्दुमी रंग जो नवाब के तपे सोने जैसे रंग के मुक़ाबले में काफ़ी दबा हुआ था, नाक-नक्शा भी बहुत मामूली, कोई खास बात नहीं, जब कि नवाब यक़ीनन दस-पाँच हज़ार में एक खूबसूरत नौजवान था। लेकिन उसे सुन्दरी की तलाश न थी—उसके नख़रे उठाने की सकत भी उसमें कहाँ थी! वह तो एक सीधी-सादी घरेलू लड़की चाहता था जो उसके संग तकलीफ़-आराम झेल सके।''[29]

यहाँ अमृत राय प्रेमचंद की रखैल के बारे में कुछ भी लिखना भूल गए। शिवरानी को उस रखैल के बारे में पता था, क्या अमृत राय को नहीं? कैसे विश्वास किया जाए? क्या वह असुन्दर थी? इस बार चुनाव खुद प्रेमचंद का था। रखैल से मेल कैसे बैठ गया? इन्द्रनाथ मदान को पत्र लिखने में प्रेमचंद कितने महान हो गए हैं पर पहली पत्नी को छोड़ने में और रखैल को रखने में वे और भी महान हो गए हैं। मुझे प्रेमचंद का निंदक बना दिया, पर प्रेमचंद के प्रशंसक बताएँ कि तब वे कितने महान हो गए हैं। यहाँ चुनरी में दाग वाली बात नहीं, सारी चुनरी दागदार है। प्रेमचंद की ओर से दूसरे विवाह की बुनियाद ही झूठ पर है कि उन की पहली पत्नी का देहान्त हो गया है, इसलिए वे दूसरा विवाह कर रहे हैं। परमात्मा करे, अगले लोग सच्चाई पर आ जाएँ। वे कानून से चोरी न करें, यदि कानून गलत है तो कानून को बदलें। चोरी करना कमजोर लोगों का काम है। बहादुर लोग कानून को बदला करते हैं। प्रेमचंद नाम के नामी हिन्दू साहित्यकार इस में कहाँ ठहरते हैं? वे कोई जानदार व्यक्ति नहीं थे, उतने बिलकुल नहीं, जितने की जरूरत थी। सब के लिए उस लड़ाई को 'हिन्दू कोड बिल' के रूप में केवल एक हमारे बाबा साहेब डॉ. अम्बेडकर ने लड़ा था।

संदर्भ

1. प्रेमचंद : कलम का सिपाही, अमृतराय, हंस प्रकाशन, इलाहाबाद, संस्करण, अप्रैल, 1992, पृ. -487
2. वही, पृ.-491
3. वही, पृ.-567-68
4. वही, पृ.-567-68
5. वही, पृ.-569

6. गोदान, प्रेमचंद, लोक भारती प्रकाशन, 15-ए, महात्मा गांधी मार्ग, इलाहाबाद-1, संस्करण, 1999, पृ.-299

7. वही, पृ.-299

8. वही, पृ.-299

9. वही, पृ.-301

10. वही, पृ.-300

11. वही, पृ.-300

12. वही, पृ.-304

13. प्रेमचंद : कलम का सिपाही, अमृत राय, हंस प्रकाशन, इलाहाबाद, संस्करण, अप्रैल, 1992, पृ.-393

14. वही, पृ.-393

15. वही, पृ.-393

16. वही, पृ.-394

17. वही, पृ.-394

18. वही, पृ.-394-95

19. Nirmal Verma, 1929-2005 : Born in 1929 in Shimla, Verma was known...." www.poetry translation. SOCS.ac.uk The poetry translation centre at Soas, Room 404, School of Oriental and African Studies, Thornhaught street, London WC, HOxG

20. She 'was born in 1959 in Delhi'.
ibid.

21. कस्तूरी कुण्डल बसै, मैत्रेयी पुष्पा, राजकमल प्रकाशन प्रा. लि., 1-बी, नेताजी सुभाष मार्ग, नई दिल्ली-110 002, पहली आवृत्ति, 2003, पृ.-9

22. वही, पृ.-10

23. वही, पृ.-10

24. सीमन्तनी उपदेश, लेखिका, एक अज्ञात हिन्दू औरत, भूमिका, सम्पादन तथा अन्य शोध लेख, डॉ. धर्मवीर, वाणी प्रकाशन, 21-ए, दरियागंज, नई दिल्ली-110 002, संस्करण, 2004, पृ.-78

25. "Poet Kunwar Narayan recalled the time he went to Verma's house and was offered tea, coffee or rum.
"Verma felt that his hospitality would be remiss if he didn't give me something to drink, but I said I wanted nothing. So he gave me a mixture of tea, coffee and rum, saying, "Drink this, this is neither tea, nor coffee, nor rum"."
Master of Modern Prose : Nirmal Verma, 1929-2005, by Annie Zaidi, Frontline, N Ram, Kasturi & Sons Ltd., N Press, Kasturi Building 859 & 60, Annasalai, Chennai-600 002, Volume 22, Issue 24, Nov. 05-18-2005

26. प्रेमचंद : चिट्ठी पत्री-2, संकलन-लिप्यंतर-शब्दार्थ, मदन गोपाल और अमृत राय, हंस प्रकाशन, इलाहाबाद, प्रथम संस्करण, प्रेमचंद स्मृति दिवस, 1962, पृ.-238

27. प्रेमचंद : कलम का सिपाही, अमृत राय, हंस प्रकाशन, इलाहाबाद, संस्करण, अप्रैल, 1992, पृ.-56

28. वही, पृ.-330

29. वही, पृ.-79

अध्याय-23

क्या शिवरानी देवी 'पागलराम' थीं?

प्रेमचंद के जीवन में शिवरानी का एक दबंग, बहादुर और होशियार पत्नी के रूप में जिक्र मिलता है। उन्होंने प्रेमचंद की मदद भी की है और समय आने पर उन का डट कर मुकाबला भी किया है। उन का अपना स्वभाव था। वे अपनी पुस्तक 'प्रेमचंद : घर में' में प्रेमचंद के बारे में लिखती हैं–"मुझ से उन (प्रेमचंद) से कोई आठ साल तक नहीं पटी। क्योंकि उन के घर में बमचख बहुत था। मैं बमचख की आदी न थी।"[1] उधर, अमृत राय ने भी अपनी माँ की बहादुरी के बारे में अपनी पुस्तक 'प्रेमचंद : कलम का सिपाही' में गीत गाए हैं–"महोबे पहुँचने पर शिवरानी देवी ने भी जब अपने पति के साथ जमकर रहना शुरू किया तो सास-बहू के झगड़े शुरू हुए, वैसे ही जैसे हर घर में होते हैं–अधिकार के प्रश्न को लेकर। चाची उस घर पर अपना अधिकार समझती थीं, आखिर उन्हीं ने बरसों उस घर को सँभाला था, और शिवरानी देवी का भी यह समझना कि उस घर पर, उनके पति के घर पर, पहला अधिकार उन्हीं का है, कुछ ग़लत नहीं था। यानी कि महाभारत के लिए भूमिका पूरी तरह तैयार थी और आये दिन कभी खाने पर से, कभी कपड़े पर से, कभी खर्च पर से, महाभारत हुआ करता।"[2] उन्होंने इस बारे में और भी लिखा है–"लेकिन चाहे उदासीनता की स्थिति हो चाहे सक्रिय हस्तक्षेप की, गार्हस्थिक अशान्ति दोनों में थी क्योंकि असल सवाल एक म्यान में दो तलवारों का था। दूसरे सब प्रश्न सुलझ सकते थे, सत्ता का प्रश्न तब तक नहीं सुलझ सकता था जब तक कि एक प्रतिद्वंद्वी हार न मान ले या मैदान छोड़कर भाग न जाय। और शिवरानी जैसी दबंग स्त्री, जिसके भीतर शासन की प्रवृत्ति कूट-कूट कर भरी थी, हार माननेवाली जीव न थी और आये दिन कुछ न कुछ हुआ करता था। इन्हीं सब झगड़ों से बचने के लिए प्रेमचंद अब तक बहुत-सी चीज़ों को दरगुज़र करते आये थे लेकिन अब उन्हें भी इन झगड़ों में खिंचकर आना ही पड़ा, जिमि दसनन बिच जीभ बिचारी। घर क्या था, शिकायतों का दफ्तर था। कभी सास बहू की शिकायत करती और कभी बहू सास की, और प्रेमचंद हाँ...हूँ...करते हुए दोनों की बात सुन लेते। लेकिन आखिर को आदमी थे, सुनते-सुनते दिमाग खराब हो जाता

तो कभी बिफर भी पड़ते लेकिन ऐसे मौक़ों पर अक्सर यह होता कि वह पत्नी का पक्ष न लेकर चाची का पक्ष लेते, इसलिए नहीं कि न्याय उनकी ओर होता बल्कि इसलिए कि वह बड़ी थीं, असहाय थीं, माँ के स्थान पर थीं, और उनके प्रति मुंशी जी का उत्तरदायित्व एक विशेष प्रकार का था। लेकिन रानी ने झुकना सीखा ही न था।''[3]

पर, पूछने को जी चाहता है कि क्या यह कहानी इतनी ही है या सही भी है। इन के उत्तर के लिए मैं शिवरानी की बात छोड़ कर हिन्दू चौखटे में फँसी या कैद की हुई किसी भी हिन्दू स्त्री की मानसिकता का अध्ययन कर सकता हूँ। आगे उद्धरण शिवरानी के ही दिए जाएँगे लेकिन बात लम्बी ठहरती है। सच भी यही है कि प्रेमचंद और शिवरानी के माध्यम या बहाने से मैं शुरू से ही हिन्दू कानून का अध्ययन करने में लगा हुआ हूँ। मेरी प्रेमचंद से या उन की पत्नी शिवरानी से कोई शिकायत या उन पर कोई व्यक्तिगत टिप्पणी नहीं है। पाठक जान लें कि मैंने प्रेमचंद के जीवन और साहित्य को प्रयोगशाला बना कर हिन्दू कानून को घेरे में लिया है। मैं व्यक्ति को नहीं, मानव स्वभाव को जानता हूँ। मैं व्यवस्था की बात कर रहा हूँ, प्रेमचंद जैसे किसी एक व्यक्ति को सुधारने की नहीं। मेरी समूची बहस हिन्दू कानून से है, हिन्दुओं से नहीं, प्रेमचंद से नहीं, शिवरानी से नहीं। मैं किसी एक हिन्दू की बात नहीं कर रहा हूँ बल्कि उस हिन्दू कानून की बात कर रहा हूँ जो हर हिन्दू पर लागू होता है। मेरे लिए हिन्दू लोग अनेक हैं पर हिन्दू कानून एक ही है, दो नहीं।

बात कमरे में फोटो लगाने की चल रही है। प्रेमचंद अपनी पत्नी शिवरानी से कहते हैं—''मैं तो समझता हूँ कि तुम्हारा फोटो लगाने का सब से ज्यादा अधिकार मुझे है।...मगर मेरी उमर का कोई दूसरा पुरुष तुम्हारा फोटो लगावे और उस की उपासना करे, तो शायद मैं उस का जानी दुश्मन हो जाऊँ।''[4] यह बहुत बड़ी बात है। यह तलाक से भी आगे की बात है। प्रेमचंद मरने-मारने के दर्शन पर उतर आए हैं। इस में पूरी सत्ता झलकती है। इसे उन्होंने अपने स्वत्वबोध के लिए ललकार माना है। मनोविज्ञान में यह उन के पुरुषत्व की 'पजेस्सिविटी' है। इस में कुछ भी बुरा नहीं है। लेकिन शिवरानी का जवाब दूसरा है। प्रेमचंद उन से पूछ रहे हैं—''तुम खुद सोच सकती हो कि तुम्हारी तरह की किसी दूसरी औरत की फोटो मैं अपने कमरे में लगा लूँ तो क्या तुमको बुरा नहीं लगेगा?''[5] शिवरानी का जवाब है—''मैं तो समझूंगी कि मां-बहन समझ कर लगाया होगा, मैं तो कभी भूल से भी ख्याल नहीं करूंगी।''[6]

झूठ, पूरा झूठ। शिवरानी यहाँ सच नहीं बोल रही हैं। खुद उन के मुखारविन्द, उन्हें खूब पता था कि प्रेमचंद उन से चोरी रख कर एक रखैल रखे हुए हैं, तब वे कैसे कह सकती हैं कि प्रेमचंद के चरित्र को ले कर कोई दूसरी बात उन के मन में नहीं आएगी? वे प्रेमचंद को कैसे इतना अच्छा चरित्र प्रमाण पत्र दे रही हैं? प्रेमचंद की रखैल प्रेमचंद के रिश्ते में कौन थी? तभी यहाँ वह भी बताया जाए जो ऐसा चरित्र प्रमाण पत्र पा कर खुद प्रेमचंद ने उन्हें झुठलाया था। प्रेमचंद ने उन से कहा था—''तुम

दो हो सकती हो। या तो तुम बिल्कुल बेवकूफ हो, या पागल, और या तीसरी बात सोचने की तुम में शक्ति ही नहीं है।"[7]

यदि शिवरानी की इस पुस्तक 'प्रेमचंद : घर में' पर ध्यान दिया जाए तो प्रेमचंद ने ज्यादातर उन का नाम 'पागलराम' रख रखा है। हाँ, शिवरानी को उन के सम्बोधन इसी प्रकार के हैं–"पहले पागलराम, मेरी बात तो सुन लो।"[8] लेकिन क्या शिवरानी सच में पागल थीं? मुझे लगता है, हिन्दू कानून की परिधि में वे बहुत ज्यादा चतुर औरत थीं क्योंकि इस मामले में उन्होंने प्रेमचंद से कभी जिक्र ही नहीं किया। जिक्र करके भी वे क्या कर सकती थीं? किसी भी हिन्दू सामन्त की स्त्री अपने पति से यही गुहार किया करती है–"राजा जी, दूसरी को ब्याह लाओ, तीसरी को ब्याह लाओ, मुझे उज्र नहीं है, बस, मुझे मत छोड़ना, मेरी हाथ जोड़ कर, पाँव पड़ कर, इतनी विनती है, प्रार्थना है।"

शिवरानी देवी ने प्रेमचंद की 'पागलराम' बन कर पूरे जीवन भर यही तो किया था। वे तो और भी एहसान तले दबी थीं कि प्रेमचंद ने उन से–अर्थात् एक हिन्दू विधवा से पुनर्विवाह किया था। पर, खैर, यह हिन्दुओं की बात हुई। इस मामले में हम कबीर की सुनें जो हिन्दू नहीं थे। वे कहते हैं–'नाँ हौ देखौं और कूँ, नॉ तुझ देखन देउँ।"[9] भला, तादात्म्य से भरे इस ऐकान्तिक प्रेम की मिसाल प्रेमचंद कैसे बन सकते थे क्योंकि वे रखैल रख रहे थे? प्रेमचंद ने शिवरानी से यह तो कहा कि यदि कोई शिवरानी की फोटो अपने कमरे में लगाए तो वे उस के जानी दुश्मन हो जाएंगे लेकिन खुद अपने मन में रात-दिन चोरी की रखैल रखते फिर रहे थे। ये हिन्दू लोग कबीर की महान नैतिक और एकान्तिक प्रेम की गृहस्थ परम्परा से कितने दूर खड़े हैं? तभी कहा जा रहा है कि शिवरानी 'पागलराम' नहीं थीं बल्कि अच्छी-भली 'जानी राम' थीं जिस में मैं उन्हें उन की 'घुटन' से ही जोड़ रहा हूँ जो हर हिन्दू स्त्री का हतभाग्य है कि वह हिन्दू पैदा हुई है। कोई भी हिन्दू स्त्री अभी तक अपने हिन्दू कानून के राधावाद से लड़ नहीं पाई है, बस, उससे खुद को एडजस्ट करती फिर रही है।

मेरा यह कहना है कि प्रेमचन्द और प्रेमचंद की पूरी कायस्थ कौम इस मामले में ब्राह्मण कौम से पीछे है। आखिर, कौन ब्राह्मण साहित्यकार रखैल नहीं रखता या विवाहेतर सम्बन्ध में अनुरक्त नहीं रहता? मेरे आकलन में एकाध को छोड़ कर सभी रखते होंगे। पर उन में से कौन ऐसी भलमनसाहत दिखाता है कि इस बात को मरते समय तक भी अपनी पत्नी को बता दे? फिर, यह लिख कर शिवरानी ने कौन-से तीर मार लिए कि वे अपने पति की रखैल के बारे में जानकारी रखती थीं? कौन ऐसी ब्राह्मणी है जो अपने पति की रखैलों के बारे में जानकारी नहीं रखती? उन में से हर कोई ऐसी जानकारी रखती है। लेकिन उन में से कोई यह नहीं बताती कि उस के पति रखैल रखते हैं। यहाँ शिवरानी लिख कर ढोल पीट रही हैं कि उन के पति प्रेमचंद की एक रखैल थी। तुलना करने की बात है कि वे कायस्थन थीं, ब्राह्मणी नहीं–यही फर्क है। दोनों कौम अलग-अलग हैं, और उन दोनों के पुरुष और स्त्रियाँ भी अलग-अलग

हैं। ब्राह्मण कौम से यह फर्क प्रेमचंद और उन की पत्नी शिवरानी दोनों में बिलकुल बरकरार देखा जा सकता है।

हमें इस पहलू पर दलित दृष्टि से भी देखना है। दलित दृष्टि से प्रेमचन्द और दूसरे ब्राह्मण साहित्यकार दोनों एक हैं। दोनों रखैलें रखते हैं। प्रेमचन्द अपनी पत्नी से बता देते हैं, ब्राह्मण साहित्यकार बताते नहीं हैं—पर इस जानकारी से दलित को कोई लाभ नहीं है। दलित दृष्टि से शिवरानी और ब्राह्मणी दोनों एक हैं। कायस्थन शिवरानी अपने पति की रखैल रखने को इतिहास में दर्ज कर देती हैं, लेकिन अपनी परम्परा में ब्राह्मणियाँ ऐसा कभी नहीं करतीं। लेकिन इस बारे में अपने पति से शिकायत तो शिवरानी को भी नहीं है। शिकायत होती तो उस वजह से घर में झगड़े होते। लेकिन नहीं, शिवरानी के अपनी सास से झगड़े हो रहे हैं, इस रखैल से, या इस बात को ले कर, प्रेमचन्द से नहीं।

ब्राह्मण अभी भी मेरी इन खोजों की मजाक उड़ा रहे हैं। आखिर हरे प्रकाश उपाध्याय ने अपने लेख 'हंगामा खड़ा करने के लिए' में यही किया है।[10] अब इन हरे प्रकाश उपाध्याय को क्या जवाब दूँ? यही तो इतनी देर से कह रहा हूँ कि यह सिफ्त ब्राह्मण में है, कायस्थ प्रेमचंद में नहीं, कि अब भी झूठ बोल जाएँ। आखिर, हरे प्रकाश उपाध्याय सारी बात को चुहल कह कर उड़ा ही गए हैं। ठीक है, करो, इसी तरह अपनी पत्नियों के मूड सामान्य करो—यह आप की परम्परा है। हमें क्या? हम केवल इस बात का जवाब दे सकते हैं कि शिवरानी देवी ने प्रेमचंद की रखैल को ले कर इसलिए घर सिर पर नहीं ठाया होगा क्योंकि वह रखैल कोई चमारी-धमारी होगी। और क्या कहें? क्या अनुमान लगाएँ? शिवरानी ने प्रेमचन्द की पहली पत्नी के प्रति सहानुभूति दिखाई है, लेकिन यह उलाहना नहीं दिया कि अपनी रखैल से पुनर्विवाह क्यों नहीं किया? शिवरानी भी स्त्रीवादी नहीं, बल्कि जातिवादी सिद्ध हो कर रह जाती हैं। शादी तो एक तरफ, प्रेमचन्द की रखैल तो 'गोदान' की सिलिया भी नहीं बन सकी। फिर भी, यदि कोई शिवरानी को प्रेमचंद की बात मान कर 'पागलराम' कहना चाहे तो इसी रूप में कि अपनी विवशता में अपने पति के लिए हर हिन्दू स्त्री 'पागलराम' होती है। सही भी है, जिस समाज में सती प्रथा हो, जिस समाज में विधवा के पुनर्विवाह पर रोक हो, उस में किसी पत्नी के अपनी सौत से, रखैल से, या वेश्या से लड़ कर 'अकल राम' बनने के क्या फायदे? त्यक्ता के रूप में अगले क्षण जिब्ह हो जाएगी, 'प्रेमचन्द के घर में' भी। कितनियों के नाम गिनाऊँ? प्रेमचंद ने पहली पत्नी छोड़ दी, इस दूसरी शिव रानी को भी छोड़ देंगे—ये क्या कर लेंगी?

शिवरानी ने प्रेमचंद के बारे में लिखा है—"मेरे दिल में बार-बार आता है कि वे किसी सन्त से भी कम नहीं थे। मेरे लिए यह बड़े गर्व की बात है कि वे मेरे थे और मैं उन की हूँ।"[11] अब ये एक हिन्दू स्त्री के विचार हैं। मैं शिवरानी के इन शब्दों को सही मान लेता, यदि वे अपनी पुस्तक में यह न लिखतीं कि प्रेमचन्द ने उन से कहा था—"मैंने अपनी पहली स्त्री के जीवन-काल में ही एक स्त्री रख छोड़ी थी। तुम्हारे

आने पर भी उस से मेरा सम्बन्ध था।''[12] कैसे कह रही हैं कि 'वे मेरे थे?' महोदया, वे तो रखैल के भी थे। मेरे लिए शिवरानी के इन शब्दों में भी कोई ताकत नहीं है—''मैं उस महान आदमी को जरा भी न पहचान सकी। महान आत्माओं को पहचानने के लिए अपने में जोर चाहिए ताकत चाहिए।''[13] दलित चिन्तन के हिसाब से शिवरानी के ये सारे फालतू शब्द हैं। इन के कोई अर्थ नहीं हैं। अपने मन को खुश रखने के लिए एक बार शिवरानी ने प्रेमचंद से कहा था—''जहां आप-से भौंदू होंगे, वहां लोगों की यही हालत होगी।''[14] यह बात प्रेमचंद द्वारा अपनी बहन को घर न लाने के सन्दर्भ में कही गई है, लेकिन शिवरानी के संदर्भ में प्रेमचंद 'भौंदूराम' नहीं थे, क्योंकि रखैल रख रहे थे। हम तो यही कह सकते हैं कि यूँ प्रेमचंद ने शिवरानी की जान निकाल रखी थी। मुझ से एक दिन एक औरत ने कहा था—''सौत चून की भी हो, बर्दाश्त नहीं होती।'' शायद, रखैल के बारे में वे यही कहतीं—''रखैल मिट्टी की भी हो, सहन नहीं होती।'' बौद्ध ग्रन्थ 'थेरीगाथा' की स्त्रियों की यह मुख्य समस्या है।

सच्चाई यह है कि कम से कम दो पत्नियाँ रखना, हिन्दुओं का चरित्र बन गया है। यदि अमिताभ बच्चन की बात माने तो हिन्दुओं के देवता और भगवान भी अधिकतर दो-दो पत्नियाँ रखते हैं। एलिजाबेथ बुमिलर ने अमिताभ बच्चन को अपनी पुस्तक 'मे यू बी दि मदर आफ ए हन्ड्रेड सन्स : ए जर्नी एमंग दि वूमेन आफ इन्डिया' में इन्हीं शब्दों के द्वारा उद्धृत किया है। ऐसा उन्होंने अपनी पुस्तक के तीसरे अध्याय 'रेखा, डिम्पल, श्रीदेवी एण्ड फ्रेन्डस : द एक्ट्रेसस आफ बोम्बे' के अन्तिम पैरे में किया है। वे लिखती हैं—''फिल्में नैतिकता की पथ-प्रदर्शक बन सकती थीं, लेकिन अभिनेताओं की जीवनियों ने यह सिद्ध कर दिया कि हिन्दुस्तान की जनता इसे दोनों तरह से स्वीकार करती है। प्रशंसक लोग अभिनेत्रियों के अनैतिक कार्य-कलापों में वैसी ही रुचि लेते हैं, जैसी वे अपने देवी-देवताओं की स्वच्छन्दताओं के बारे में लेते हैं। इस अर्थ में, अभिनेता लोग अपने हिन्दू मिथकों की परम्परा भर को चालू रख रहे हैं। अमिताभ बच्चन ने कहा है—''गुप्त सम्बन्ध रखने की परम्परा पुराने समय से चली आ रही है। हमारे अधिकतर देवताओं की दो पत्नियाँ थीं।''''[15]

ध्यान रहे, यहाँ के देवता दो-दो पत्नियाँ उस हालत में रख रहे हैं, जब उन के पास तलाक का अधिकार नहीं है। ऐसे दो पत्नियाँ प्रेमचन्द के 'गोदान' के पात्र ठाकुर झिंगुरी सिंह भी रख रहे हैं। कैसे रख रहे हैं, उस की जानकारी प्रेमचंद इन शब्दों में देते हैं—''झिंगुरीसिंह दो स्त्रियों के पति थे। पहली स्त्री पाँच लड़के-लड़कियाँ छोड़कर मरी थी। उस समय इनकी अवस्था पैंतालिस के लगभग थी; पर आपने दूसरा ब्याह किया और जब उससे कोई सन्तान न हुई, तो तीसरा ब्याह कर डाला। अब इनकी पचास की अवस्था थी और दो जवान पत्नियाँ घर में बैठी थीं। उन दोनों ही के विषय में तरह-तरह की बातें फैल रही थीं, पर ठाकुर साहब के डर से कोई कुछ न कह

सकता था, और कहने का अवसर भी तो हो। पति की आड़ में सब कुछ जायज है। मुसीबत तो उसको है, जिसे कोई आड़ नहीं। ठाकुर साहब स्त्रियों पर बड़ा कठोर शासन रखते थे और उन्हें घमण्ड था कि उनकी पत्नियों का घूँघट तक किसी ने न देखा होगा। मगर घूँघट की आड़ में क्या होता है, उसकी उन्हें क्या खबर?"[16]

मेरा पूछना यह है कि यदि ठाकुर झिंगुरी सिंह को खबर भी लग जाए कि घूंघट की आड़ में क्या होता है तो भी वे क्या कर लेंगे क्योंकि उन के विवाह कानून में 'तलाक' शब्द अज्ञात है। तब, बस, हम यही माने कि हिन्दू ऐसे ही होते हैं, और ऐसे ही रहे हैं।

संदर्भ

1. प्रेमचंद : घर में, शिवरानी देवी प्रेमचंद, आत्माराम एण्ड संस, 1376, कश्मीरी गेट, दिल्ली-110 006, संस्करण, 2005, पृ.-31
2. प्रेमचंद : कलम का सिपाही, अमृत राय, हंस प्रकाशन, इलाहाबाद, संस्करण, अप्रैल, 1992, पृ.-114
3. वही, पृ.-114-15
4. प्रेमचंद : घर में, शिवरानी देवी प्रेमचंद, आत्माराम एण्ड संस, 1376, कश्मीरी गेट, दिल्ली-110 006, संस्करण, 2005, पृ.-155
5. वही, पृ.-156
6. वही, पृ.-156
7. वही, पृ.-156
8. वही, पृ.-272
9. कबीर समग्र : प्रथम खण्ड, सम्पादक और लेखक, प्रो. युगेश्वर, हिन्दी प्रचारक संस्थान, पो. बो. 1106, पिशाच मोचन, वाराणसी-221 010, द्वितीय संस्करण, 1995, पृ.-253
10. हंगामा खड़ा करने के लिए, हरे प्रकाश उपाध्याय, जनसत्ता, दिल्ली संस्करण, 25 सितम्बर, 2005
11. प्रेमचंद : घर में, शिवरानी देवी प्रेमचंद, आत्माराम एण्ड संस, 1376, कश्मीरी गेट, दिल्ली-110 006, संस्करण, 2005, पृ.-114
12. वही, पृ.-295
13. वही, पृ.-297
14. वही, पृ.-39
15. "The movies may have been moral guides, but the lives of the stars proved that people in India liked to have it both ways. The fans delighted in the scandals of the actresses in the same way that Indians had always loved the legends of their promiscuous deities. In that sense, the stars were simply continuing a tradition as old as the Hindu Myths. "Clandestine relationship have existed from time immemorial," Amitabh Bachchan said. "Most of our gods have had two wives."
    May You Be The Mother Of A Hundred Sons : A Journey Among The Women Of India, Elisabeth Bumiller, Penguin Books India (P) Ltd., 11 Community Centre, Panchsheel Park, New Delhi-110 017, Ist Edition, 1991, p.-200
16. गोदान, प्रेमचंद, लोक भारती प्रकाशन, 15-ए, महात्मा गांधी मार्ग, इलाहाबाद-1, संस्करण, 1999, पृ.-109

अध्याय-24

महोदय, यह तलाक नहीं है

I

हिन्दू या तो जारकर्म करता है, या जारकर्म को सहता है, या जारकर्म को एन्जाय करता है, या घर छोड़ कर संन्यासी बन जाता है। इन से अलग पाँचवें तरह का हिन्दू नहीं पाया जाता। पाँचवें प्रकार के हिन्दू होने का, कि वह जारकर्म से, बिना संन्यास धारण किए मुक्त हो सके, उस का पर्सनल कानून उसे इजाजत नहीं देता।

कौटिल्य के 'अर्थशास्त्र' में आए हुए 'अमोक्षो धर्मविवाहानम्'[1] के संस्कृत वाक्य का यही अर्थ है। हिन्दी में या संसार की किसी दूसरी भाषा में इस वाक्य का इस के सिवा कोई दूसरा अर्थ नहीं निकाला जा सकता कि द्विज हिन्दू के लिए 'तलाक' एक अकल्पनीय चीज है। प्रेमचन्द द्विज नहीं हैं, लेकिन वे भी इस व्यवस्था को ज्यों की त्यों स्वीकारते और मानते हैं। उन के साहित्य में द्विज हिन्दू के लिए तलाक की व्यवस्था नहीं है। तलाक का उन के द्विज हिन्दू पति और द्विज हिन्दू नारी को पता ही नहीं है कि यह क्या चीज होती है। यह प्रेमचन्द साहित्य के कई विद्वान लेखकों द्वारा गलत बहकाया जा रहा है कि प्रेमचन्द ने तलाक की व्यवस्था का समर्थन किया है। इन में सब से प्रमुख और बढ़-चढ़ कर बोलने वाले विद्वान वीरेन्द्र यादव हैं, जिन्हें सच में प्रेमचन्द को पढ़ना ही नहीं आया। मेरे हिसाब से, हिन्दू विद्वानों का यूनिवर्सिटियों में बी. ए., एम. ए., या पी-एच. डी. का पढ़ना पर्याप्त नहीं है। जरूरत पड़ गई है कि उन्हें ध्यान से पढ़ने की भी एक ट्रेनिंग मिलनी चाहिए। ये पाठ्य-पुस्तकों को ऊपर से फर्जी-फर्जी पढ़ते हैं। कम से कम हिन्दू विद्वानों के लिए विटजेंस्टाइन के 'लोजिकल पोजिटिविज्म' के दार्शनिक स्कूल की पढ़ाई अनिवार्य कर दी जानी चाहिए। उसी से 'अर्थ विज्ञान' और 'वाक्य विज्ञान' से इन का परिचय हो सकता है।

खैर, मैं इस की थोड़ी शुरूआत कर सकता हूँ।

वीरेन्द्र यादव ने अपने लेख 'प्रेमचन्द के निन्दक' में लिखा है–"...गोविन्दी के साथ साथ 'गोदान' की एक और पात्र है मीनाक्षी। सम्भवतः हिन्दी उपन्यास में मीनाक्षी पहली ऐसी स्त्री पात्र है जो पति से तलाक और गुजारा भत्ता लेती है। इतना ही नहीं विवाह विच्छेद के बाद उस के घर जा कर रास रंग में डूबे पूर्व पति की हंटरों से पिटाई भी करती है। यदि स्त्री द्वारा विवाह विच्छेद के निर्णय से ही हिन्दी उपन्यास की दिशा बदलनी है, ...तो इस की शुरूआत 'त्यागपत्र' लिखे जाने के पूर्व 'गोदान' से हो चुकी थी। प्रश्न यह है कि आज की नारी का प्रतिनिधि कौन है–विद्रोहिणी मीनाक्षी या कि तिलतिल कर आत्मोत्सर्ग करती मृणाल? यह उल्लेख भी आवश्यक है कि प्रेमचन्द के साहित्य में मीनाक्षी अकेली ऐसी पात्र नहीं है जिसने विवाह संस्था को कटघरे (में) खड़ा किया है। 'गोदान' की मीनाक्षी के सृजन के पूर्व प्रेमचन्द 'नरक का मार्ग', 'कुसुम' व 'नैराश्य लीला' सरीखी कहानियों व 'सेवासदन' की सुमन और 'कर्मभूमि' की सुखदा के माध्यम से विवाह संस्था पर प्रश्नचिह्न लगा चुके थे।"[2]

सोचना पड़ता है कि हिन्दू विद्वानों का पढ़ना-लिखना बेकार चला जाता है जब वे बेपढ़ों की तरह बात करने लगते हैं। वीरेन्द्र यादव बात को बेमतलब 'त्यागपत्र' तक फैला रहे हैं। बहस को फालतू में 'नरक का मार्ग', 'कुसुम', 'नैराश्य लीला', 'सेवा सदन' और 'कर्मभूमि' तक खींच रहे हैं। एक 'गोदान' की मीनाक्षी पर ही बहस चला लेते तो जिम्मेदार बनते। चलो, उन्होंने यह काम नहीं किया, हम कर लेते हैं।

प्रेमचन्द ने 'गोदान' में मीनाक्षी के पिता राय साहब के बारे में लिखा है–"मगर अभी शायद उन के दुःख का प्याला भरा न था। जो कुछ कसर थी, वह लड़की और दामाद के सम्बन्ध-विच्छेद ने पूरी कर दी।"[3] इस में आगे लिखा गया है–"....मीनाक्षी ने अपने पति पर गुजारे का दावा किया। वह अब उस के घर में न रहना चाहती थी। गुजारे की मीनाक्षी को जरूरत न थी। मैके में वह बड़े आराम से रह सकती थी; मगर वह दिग्विजय सिंह के मुख में कालिख लगा कर यहाँ से जाना चाहती थी। दिग्विजय सिंह ने उस पर उलटा बदचलनी का आक्षेप लगाया। राय साहब ने इस कलह को शान्त करने की भरसक बहुत चेष्टा की; पर मीनाक्षी अब पति की सूरत न देखना चाहती थी। यद्यपि दिग्विजय सिंह का दावा खारिज हो गया और मीनाक्षी ने उस पर गुजारे की डिग्री पाई; मगर यह अपमान उस के जिगर में चुभता रहा। वह एक अलग कोठरी में रहती थी...पर वह जलन शान्त न होती थी।"[4]

आगे देखा जाए कि मीनाक्षी की जलन कैसे शान्त हुई। प्रेमचन्द ने लिखा है–"एक दिन वह क्रोध में आकर हंटर लिए दिग्विजय सिंह के बंगले पर पहुँची। शोहदे जमा थे और वेश्या का नाच हो रहा था। उस ने रणचण्डी की भाँति पिशाचों की इस चंडाल चौकड़ी में पहुँच कर तहलका मचा दिया। हंटर खा-खा कर लोग इधर-उधर भागने लगे। उस के तेज के सामने वह नीच शोहदे क्या टिकते। जब दिग्विजय सिंह अकेले रह गए, तो उस ने उन पर सड़ासड़ हंटर जमाने शुरू किए और

इतना मारा कि कुंवर साहब बेदम हो गए।"[5] इस के बाद की स्थिति इस प्रकार की है—"वह आ कर अपनी कार में बैठी, हाकिम-जिला के बंगले पर पहुँच कर इस कांड की सूचना दी और अपनी कोठी में चली आई। तब से स्त्री-पुरुष दोनों एक-दूसरे के खून के प्यासे थे। दिग्विजय सिंह रिवाल्वर लिए उस की ताक में फिरा करते और वह भी अपनी रक्षा के लिए दो पहलवान ठाकुरों को अपने साथ लिए रहती थी।"[6]

वीरेन्द्र यादव ने या किसी अन्य विद्वान ने सोच-विचार नहीं किया कि ऊपर के शब्दों का क्या अर्थ है। प्रेमचन्द ने इस में कुल निम्नलिखित बातें बताई हैं :

1. मीनाक्षी और दिग्विजय सिंह का सम्बन्ध-विच्छेद हो गया है।
2. मीनाक्षी के मैके में धन की कमी नहीं थी लेकिन उस ने दिग्विजय सिंह पर गुजारे का दावा किया।
3. दिग्विजय सिंह ने मीनाक्षी पर बदचलनी का आक्षेप लगाया।
4. दिग्विजय सिंह का दावा खारिज हो गया और मीनाक्षी ने उस पर गुजारे की डिग्री पायी।
5. मीनाक्षी को गुजारे की डिग्री पाने से सन्तोष नहीं हुआ। एक दिन उस ने दिग्विजय सिंह को उस के बंगले पर जा कर हंटरों से इतना मारा कि वह बेदम हो गया।
6. तब से स्त्री-पुरुष दोनों एक-दूसरे के खून के प्यासे हैं। दिग्विजय सिंह रिवाल्वर लिए मीनाक्षी को मारने की ताक में फिर रहा है तथा मीनाक्षी अपनी रक्षा के लिए दो पहलवान ठाकुरों को अपने साथ लिए रहती है।

अब इस से अगले किसी भी विश्लेषण में यह ध्यान रखा जाना है कि प्रेमचन्द ने 'विवाह-विच्छेद' शब्द का प्रयोग किया है और 'तलाक' का नहीं—अर्थात यह तलाक नहीं है, बल्कि विवाह-विच्छेद है। इस के बाद मीनाक्षी ने गुजारे का दावा दायर किया और दिग्विजय सिंह ने मीनाक्षी पर बदचलनी का आक्षेप लगाया। दिग्विजय सिंह का मीनाक्षी पर बदचलनी का दावा खारिज हो गया। इस के विपरीत, मीनाक्षी गुजारे का दावा जीत गई। पर क्या इस से यह मान लिया जाए कि मीनाक्षी बदचलन औरत नहीं थी? चूँकि, वीरेन्द्र यादव ने प्रेमचन्द और हिन्दू कानून के पक्ष में अपनी आँखें मींच रखी हैं, इसलिए वे यही मानेंगे कि मीनाक्षी बदचलन नहीं थी। लेकिन यहाँ मेरा काम है कि मैं उन की आँखों से बँधी काली पट्टी उतारूँ। उन्हें बताऊँ कि हिन्दू कानून में क्या लिखा हुआ है। यह 12वीं शताब्दी का समय है जो हिन्दू कानून के मामले में टीकाओं का युग कहा जाता है। इस काल में पुराने सारे कानूनों के निचोड़ के रूप में 'स्मृति-चन्द्रिका' नाम की पुस्तक लिखी गई थी। यू. एन. घोषाल ने लिखा है कि उस के अनुसार यदि पत्नी जारकर्म करती है, तब भी उसे पति के घर में आवास

और गुजारा दिया जाएगा। जब तक वह जारकर्म के लिए प्रायश्चित नहीं कर लेती तब तक उस से दाम्पत्य सम्बन्ध का अधिकार छिना रहेगा। यदि उस ने ज्यादा जारकर्म किया है तब भी उसे गुजारा देना होगा यद्यपि खराब खाना दे कर। यदि उस ने बहुत ही घना जारकर्म किया है तो उस का सिर मुंडा दिया जाएगा, ख़राब बिस्तर दिया जाएगा, उसे गन्दे काम करने को दिए जाएंगे, लेकिन यह जरूर है कि तब भी उसे खराब खाना और कपड़े दिए जाएंगे तथा बन्दिश बनाते हुए उसे पति के घर में आवास भी दिया जाएगा। क्रूर पत्नी का त्याग किया जा सकता है, लेकिन जारकर्मी पत्नी का त्याग नहीं किया जा सकता, क्योंकि जारकर्म के अपराध का प्रायश्चित हो जाता है, जिस के बाद दुबारा पत्नी से सहवास के सम्बन्ध बनाए जा सकते हैं।[7]

इस से ज्यादा यहाँ इस विषय पर बहस की जरूरत नहीं है। हिन्दू कानून के अनुसार पत्नी को गुजारा भत्ता और आवास दिया ही जाता है चाहे वह कितनी भी बड़ी और परले सिरे की जारकर्मी हो। यूँ, आवास और गुजारा-भत्ता पाने के लिए हिन्दू पत्नी के लिए व्यभिचार कोई अड़चन नहीं है।

अच्छा होता, प्रेमचन्द सन् 1936 में हिन्दुओं का कोई कानून उद्धृत करते जिस में विवाह-विच्छेद की मान्यता होती तथा यह कानून भी होता कि बदचलनी की हालत में स्त्री को पति की तरफ से गुजारा नहीं मिलेगा। प्रेमचन्द ने मार्च 1933 में 'सर हरिसिंह गौड़ का तलाक-बिल'[8] का जिक्र जरूर किया है, लेकिन ऐसा कहीं पता नहीं चलता कि वह कानून बना है। यूँ, वीरेन्द्र यादव यह जान लें कि प्रेमचन्द के **'गोदान'** लिखते समय तलाक का बिल पास नहीं हुआ था। 'गोदान' ही इस का गवाह है। उस में आता है :

> "खन्ना ने इस का समर्थन किया—बंधन और निग्रह पुरानी थोरियाँ हैं, नई थ्योरी है मुक्त भोग।
>
> मालती ने चोटी पकड़ी—तो अब मिसेज खन्ना को तलाक के लिए तैयार रहना चाहिए।
>
> 'तलाक का बिल पास तो हो।'
>
> 'शायद उस का पहला उपयोग आप ही करेंगे।' "[9]

अब क्या कहा जाए? पता चला है, हिन्दी जगत में वर्ष 1995 से आलोचना के लिए एक 'देवीशंकर अवस्थी स्मृति सम्मान' चल रहा है। आश्चर्य की बात यह है कि यह पुरस्कार 'वीरेन्द्र यादव'[10] को भी मिला है। क्या कहा जाए?—वीरेन्द्र यादव की वजह से 'देवी शंकर अवस्थी स्मृति सम्मान' की प्रतिष्ठा घटती है। तब निर्णायक समिति का ही निर्णय अविश्सनीय होने लगता है।

यहाँ यह भी ध्यान रखा जा सकता है कि अमृत राय ने अपनी पुस्तक 'प्रेमचन्द : कलम का सिपाही' में लिखा है कि पत्रों के आधार पर 'गोदान' का लिखना 1932 में

ही शुरू हो गया था।[11] यह बात इस आधार पर सही बैठती है कि 'सर हरिसिंह गौड़ का तलाक-बिल' के शीर्षक से प्रेमचन्द ने मार्च, 1933 में अपना लेख लिखा था।[12] इस का मतलब है, उस समय प्रेमचन्द अपने इस उपन्यास का 53वाँ पेज लिख रहे थे। तब वीरेन्द्र यादव के बारे में क्या कहा जाए?

प्रेमचन्द के समीक्षकों द्वारा माना यह गया है कि 'गोदान' के पात्र दर्शन शास्त्र के प्रोफेसर मेहता में प्रेमचन्द की आत्मा बसी हुई है। यदि ऐसा है तो तुरन्त जान लिया जाए कि प्रोफेसर मेहता के इस बारे में क्या विचार हैं। मालती ने प्रोफेसर मेहता साहब से विवाह के बारे में पूछा तो सवाल और जवाब इस प्रकार हैं :

> "विवाह को मैं सामाजिक समझौता समझता हूँ और उसे तोड़ने का अधिकार न पुरुष को है, न स्त्री को। समझौता करने के पहले आप स्वाधीन हैं, समझौता हो जाने के बाद आप के हाथ कट जाते हैं।'
>
> 'तो आप तलाक के विरोधी हैं, क्यों?'
>
> 'पक्का।' "[13]

एक अन्य स्थल पर प्रोफेसर मेहता कहते हैं—"सेवा ही वह सीमेण्ट है, जो दम्पति को जीवनपर्यन्त स्नेह और साहचर्य में जोड़े रख सकता है, जिस पर बड़े-बड़े आघातों का कोई असर नहीं होता। जहाँ सेवा का अभाव है, वहीं विवाह-विच्छेद है, परित्याग है, अविश्वास है।"[14]

इस से यही सिद्ध होता है कि 'गोदान' के पात्रों—मीनाक्षी और दिग्विजय सिंह—के बीच तलाक नहीं हुआ था, केवल विवाह-विच्छेद हुआ था। पहली बात, जब, तब तक तलाक का बिल ही पास नहीं हुआ था तो वह तलाक कैसे हो सकता है? दूसरी बात, प्रोफेसर मेहता के रूप में प्रेमचन्द तलाक के पक्के विरोधी थे। ऐसी स्थिति में, यदि कोई विवाह-विच्छेद को ही तलाक मानने लगे तो उस भूल या गलती के बारे में क्या कहा जाए? 'गोदान' के मूल्यांकन में वीरेन्द्र यादव ने यही भूल या गलती की है। वैसे, उन की भी कोई खास गलती नहीं है, क्योंकि सारे हिन्दू ही कानून बना कर विवाह-विच्छेद को तलाक कह रहे हैं। 'हिन्दू विवाह अधिनियम, 1955' के अंग्रेजी भाषा के मूल पाठ में 'डाइवोर्स' शब्द है, लेकिन उस के आधिकारिक हिन्दी पाठ में उसे 'तलाक' नहीं लिखा गया, बल्कि 'विवाह-विच्छेद' लिखा गया है। यह हुआ, कानून के क्षेत्र में—'नो दिन चले अढ़ाई कोस'। बाबा साहेब डॉ. अम्बेडकर हिन्दुओं को अपने 'हिन्दू कोड बिल' के द्वारा 'तलाक' तक ले जाना चाहते थे, लेकिन हिन्दू अपनी पुरानी परम्परा के 'विवाह-विच्छेद' पर ही पसर कर रह गए हैं। इसी बूते पर वीरेन्द्र यादव और राज किशोर मेरी जबान बन्द करनी चाह रहे हैं। अपने-अपने लेख लिख कर वे मुझे कानून पढ़ाने और सिखाने चले हैं, पर अब मैं क्या कहूँ? उन्हें बार-बार याद दिलाया जा सकता है कि तलाक इसलिए लिया या दिया जाता है ताकि झगड़ों से बाज

आया जाए। तलाक की व्यवस्था इस कारण खड़ी की गई है क्योंकि पति और पत्नी दोनों एक साथ नहीं रह सकते। उन का आपस में निभाव असम्भव हो जाता है, इसलिए तलाक दिया जाता है। इधर, हिन्दुओं की अकल देखो कि विवाह-विच्छेद के बाद एक-दूसरे को बर्बाद करने और मारने को फिर रहे हैं। यदि तलाक हो जाता तो मीनाक्षी दिग्विजय से भरण पोषण क्यों बँधवाती? पुनर्विवाह कर के वह अपने दूसरे पति के साथ ठाठ से रहती। पत्नी का दर्जा मिलता, जिस में भरण-पोषण की व्यवस्था आप ही आप रहती है। दिग्विजय भी रिवालवर लिए क्यों फिरते? किसी स्त्री से पुनर्विवाह करते और उस में मग्न रहते। पर हिन्दुओं को अपने पर्सनल कानून में ऐसी अकल देने वालों के टोटे भले ही न हों, मानने वालों का अकाल जरूर पड़ा हुआ है। हाँ, तलाक न देना सती प्रथा का अवशेष है। भरण-पोषण देना भी इसी कड़ी में जुड़ा है।

II

अब हम सीधे आज के हिन्दू कानून का जिक्र कर सकते हैं। इस में वीरेन्द्र यादव और राज किशोर को इतना तो पता होगा ही कि कानून वह होता है जो सुप्रीम कोर्ट निर्णय देती है। आगे 24 अगस्त, 1993 का सुप्रीम कोर्ट का एक निर्णय ही दिया जा रहा है जो **श्रीमती चन्द्रकला त्रिवेदी बनाम डा. एस. पी. त्रिवेदी वाले मामले में** इस प्रकार है :

> "यह अपील पत्नी द्वारा हिन्दू विवाह अधिनियम की धारा 13(1)(iक) के अधीन क्रूरता के आधार पर उच्च न्यायालय द्वारा दी गई विवाह-विच्छेद की डिक्री के विरुद्ध की गई है। जब विशेष इजाजत दी गई थी तब इस न्यायालय ने निम्नलिखित मत व्यक्त किया था :
>
> "विशेष इजाजत दी जाती है। चूंकि प्रथम दृष्टया यह प्रतीत होता है कि मामले में विधि के कुछ प्रश्न उद्‌भूत हुए हैं जिन पर विचार की आवश्यकता है तथापि हमें यह बात अभिव्यक्त कर देनी चाहिए कि यह खेद-जनक बात है कि हम इस मामले में इजाजत दे रहे हैं क्योंकि हमें यह प्रतीत होता है कि पक्षकारों के बीच विवाह व्यावहारिक प्रयोजनों के लिए टूट चुका है। विवाह से उत्पन्न एकमात्र संतान एक पुत्री है... जिसका विवाह भी हो चुका है और वह पूरी तरह से ठीक-ठाक है। विवाह की बाध्य अविच्छेदता से केवल यह अभिप्रेत होगा कि पक्षकारों को एक दूसरे के विरुद्ध क्रूरता में कुछ और वर्ष व्यतीत करने होंगे। पति युक्तियुक्त भरण-पोषण या स्थायी निर्वाह व्यय देने की स्थिति में है। हम इस बीच केवल यह आशा कर

सकते हैं कि अपील की जब तक सुनवाई होगी तब तक पक्षकार अधिक युक्तियुक्त मन बना लेने की स्थिति में होंगे और अपनी समस्याओं का कुछ हल निकालने की स्थिति में होंगे जो परस्पर एक दूसरे को स्वीकार्य होगा।'' किन्तु जब विशेष इजाजत याचिका सुनवाई के लिए पेश हुई तब पक्षकारों ने बहुत ही कठोर और कड़ा रुख अपनाया। वह भी तब जब वे अब दादा-दादी हैं। जीवन का सर्वश्रेष्ठ भाग समाप्त हो गया है। किन्तु एक दूसरे के लिए नापसन्दगी की अग्नि अभी भी जल रही है। हम विद्वान काउन्सेल द्वारा व्यक्त की गई पत्नी की भावनाओं का आदर करते हैं कि कोई भी रूढ़िवादी हिन्दू महिला यह पसन्द नहीं करेगी कि समाज में वह विच्छिन्न-विवाह के रूप में जानी जाए। इसके साथ ही हम उस असंभव स्थिति के प्रति भी असावधान नहीं हो सकते जिसमें पक्षकार पहुँच गए हैं जो कि वास्तव में एक दुर्भाग्यपूर्ण स्थिति है।

2. अपीलार्थी (पत्नी) और प्रत्यर्थी (पति) दोनों मध्यमवर्गीय परिवारों के हैं। उनके पिता व्यवसाय से वैद्य थे। पति का, जब वह जे. जे. अस्पताल मुम्बई में इन्टर्नशिप कर रहा था, अपीलार्थी से विवाह हुआ था और उनके विवाह से पुत्री उत्पन्न हुई थी जिसका अब स्वीकार्यतः विवाह हो चुका है। मतभेद पति के एक अन्य महिला डाक्टर के साथ अभिकथित घनिष्ठता के कारण विवाह के नौ वर्ष पश्चात सत्तर की दशाब्दी के अन्त में किसी समय उद्भूत हुए प्रतीत होते हैं जिसके कारण अन्ततोगत्वा पति द्वारा क्रूरता के आधार पर विवाह-विच्छेद के लिए आवेदन फाइल किया गया था। जब लिखित-कथन फाइल किया गया था और पति के विरुद्ध जारता की दशा में रहने के अभिकथन किए गए थे तब पति ने अपनी पत्नी के विरुद्ध युवा लड़कों के साथ उसके अवांछनीय मेल-जोल के अभिकथन किए थे। दुर्भाग्य से अपीलार्थी के लिए वैवाहिक न्यायालय ने भी, जिसने आवेदन खारिज कर दिया था, यह पाया कि उसका व्यवहार हिन्दू विवाहित महिला के समान नहीं था। क्या पति का यह अभिकथन कि पत्नी को युवा लड़कों से सहयुक्त रहने की आदत थी और तीन न्यायालयों द्वारा अभिलिखित निष्कर्ष सही है अथवा नहीं, किन्तु जो कुछ निश्चित है, वह यह है कि जब एक बार पति और पत्नी द्वारा ऐसे अभिकथन किए गए हों, जैसे कि इस मामले में किए गए हैं तब

यह बात स्पष्ट है कि दोनों का विवाह किसी भी परिस्थिति में आगे चालू नहीं बना रह सकता। विवाह पति द्वारा अभिकथित क्रूरता से व्यावहारिक रूप से टूटा हुआ प्रतीत होता है उससे कम से कम यह प्रतीत होता है कि पति की महिला डाक्टर से घनिष्ठता थी और हिन्दू पत्नी का आचरण अशोभनीय था।

3. अपीलार्थी के विद्वान काउन्सेल ने दलील यह दी है कि खण्ड न्यायपीठ ने यह मत व्यक्त करने में गलती की है कि वैवाहिक कार्यवाहियां अर्द्ध दाण्डिक स्वरूप की हैं इसलिए पत्नी को ही सभी युक्तियुक्त संदेह से परे यह साबित करना था कि पति जारता का जीवन बिता रहा था। **नारायण गणेश दस्ताने** बनाम **सुचेता नारायण दस्ताने**...में इस न्यायालय के विनिश्चय को देखते हुए इस बात में गुणता प्रतीत होती है। किन्तु हम इस बात की परीक्षा करने का प्रस्ताव नहीं करते हैं चूंकि हमारा यह समाधान हो चुका है कि विवाह टूट चुका है और तथ्य सम्बन्धी निष्कर्षों को इस न्यायालय द्वारा सिवाय इस बाबत अपास्त नहीं किया जा सकता कि अपील खण्ड न्यायपीठ को इस बात का पुनः विनिश्चय करने के लिए वापस भेजी जाए जिससे अनावश्यक कार्यवाही करना अभिप्रेत होगा और इसका परिणाम पक्षकारों के बीच कष्टदायक मुकदमा चलते रहेगा और उन्हें सतत दुख सहते रहना पड़ेगा। हम इस बात का भी उल्लेख कर सकते हैं कि अपीलार्थी के अशोभनीय व्यवहार का निष्कर्ष गलत प्रतीत होता है। इसलिए हम यह निदेश देते हैं कि सभी न्यायालयों के निर्णय में ऐसे निष्कर्ष लुप्त समझे जाएं। फिर भी हमने खण्ड न्यायपीठ द्वारा पारित आदेश में हस्तक्षेप न करने का विनिश्चय किया है। इसके लिए कारणों में से एक कारण यह है कि पति हमारी प्रेरणा पर अपीलार्थी को ऐसे इलाके में एक शयन-कक्ष का फ्लैट खरीद देने के लिए सहमत हो गया है जहां वह तीन से चार लाख रुपये के बीच उपलब्ध हो सके। वह अपीलार्थी के कल्याण के लिए दो लाख रुपये की राशि जमा करने के लिए भी सहमत हो गया है।

4. इसलिए यह अपील खारिज करते हुए हम पति (प्रत्यर्थी) को तीन से चार लाख रुपये के बीच ठाणे में अपीलार्थी के लिए फ्लैट क्रय करने का निदेश देते हैं। वह मुम्बई के कुटुम्ब न्यायालय में अपीलार्थी के नाम में दो लाख रुपये का एक डिमाण्ड बैंक ड्राफ्ट भी जमा करेगा जो अपीलार्थी द्वारा प्रत्याहृत किया जा सकता है। मकान आज से 6

मास के भीतर क्रय किया जाए और अपीलार्थी को उसका खाली कब्जा दिया जाए।

5. यदि अपीलार्थी ठाणे में एक शयन-कक्ष वाले फ्लैट के लिए सहमत नहीं है तो वह आज से एक मास के भीतर लिखित में सूचना देगी। उसके द्वारा सूचना किए जाने पर पति इसके पश्चात तीन मास के भीतर कुटुम्ब न्यायालय में अपीलार्थी को देय पांच लाख रुपये की राशि का डिमाण्ड ड्राफ्ट जमा करेगा। अपीलार्थी उसे प्रत्याहृत करने के लिए हकदार होगी।
6. विवाह-विच्छेद की डिक्री उपर्युक्त कालावधि के लिए निलंबित रहेगी और यह बात अपीलार्थी पर निर्भर करेगी कि वह पांच लाख रुपये स्वीकार करती है... अथवा ठाणे में एक शयन-कक्ष वाला फ्लैट और दो लाख रुपये स्वीकार करती है।
7. उपर्युक्त बातों के अध्यधीन अपील खारिज की जाती है। पक्षकार अपना-अपना खर्च स्वयं वहन करेंगे।

अपील खारिज की गई।"[15]

तब, क्या माना जा सकता है कि जून 1936[16] में प्रकाशित प्रेमचन्द के 'गोदान' की पात्रा मीनाक्षी पर उस के पति दिग्विजय सिंह द्वारा दायर किया गया बदचलनी का दावा इसी तरह खारिज हो गया होगा?

अब इस में मेरी बजाय वीरेन्द्र यादव और राज किशोर सोचें कि क्या वे ऐसे हिन्दू कानून से सन्तुष्ट हैं। क्या उन्हें हिन्दुओं के इस कानून से बेचैनी नहीं है? क्या उन की नजरों में श्रीमती चन्द्रकला त्रिवेदी का बदलचनी वाला मामला सही नहीं है? क्या उन के इस हिन्दू कानून ने उन्हें गारन्टी दे दी है कि अब यह स्त्री आवास के रूप में एक फ्लैट पा कर और स्थायी निर्वाहिका प्राप्त करके बदचलनी में नहीं रहेगी? फिर, उन्हें सन्तुष्टि हो, लेकिन बाबा साहेब डॉ. अम्बेडकर के 'हिन्दू कोड बिल' वाले दलितों को ऐसे कानून से भारी बेचैनी है।

तब दलित लोग क्या चाहते हैं? वे जो चाहते हैं, उसे वे अपने साहित्य में ला रहे हैं। सूरज पाल चौहान ने अपनी आत्मकथा 'संतप्त' में इसे बाकायदा तथ्यात्मक साक्ष्य के रूप में दर्ज किया है। वे अपने बचपन की एक घटना को लिपिबद्ध करते हैं :

> "उस दिन भी ताई ने मुझे रोज की तरह अपने पास बुलाया। आज उस ने मुझ से अपने सिर में तेल लगवा कर सिर की मालिश करवाई थी। घर में और कोई था ही नहीं। उस का बेटा फगुनी दिहाड़ी करने प्रगति मैदान जा चुका था। मैं सन्तो ताई के सिर को सहलाने में लगा हुआ था

कि तभी उस ने मुझे अपनी दोनों बाजुओं से आगे की ओर खींच कर गोद में भर लिया। फिर अपने ब्लाउज को ऊपर करते हुए अपने वक्ष-स्थल को मेरे मुँह से अड़ाने लगी। मैं यही सोच रहा था कि वह बच्चा समझ कर दुलार रही है। मैंने उस के उघड़े वक्ष-स्थल से मुँह अलग करते हुए कहा था–"ताई मुझे दूध नहीं पीना, अब मैं छोटा बालक नहीं हूँ..., खाने को रोटी दे, भूखा हूँ मैं। मेरी बात अनसुनी करते हुए उस ने मुझे अपनी दोनों जांघों में भींच लिया।

मैं जाँघों के बीच में फँस कर कसमसा उठा था। सच, मेरा तो जैसे दम निकलने को हो आया था। खैर, जैसे ही उस की पकड़ ढीली हुई, मैं उस से दूर हो गया। तुरन्त ही उस ने लपक कर मुझे फिर पकड़ लिया और अपने ऊपर गिरा लिया। मैं हैरान था यह सोच कर कि सन्तो ताई ऐसा क्यों कर रही हैं और यह कैसा दुलार है? तभी सन्तो ताई ने अपने पेशाब की जगह को उघाड़ते हुए मुझसे उस ने अंगुल...।

वह आधे घन्टे से भी अधिक देर तक मुझ से यही सब करवाती रही। बीच-बीच में वह अपने वक्ष-स्थल को मुँह में डालकर मुझ से चूसने को कहती। अब मैं यह सब करते-करते थक गया और रोने लगा तभी कहीं जा कर वह यह सब करने से रुकी थी।"[17]

सूरज पाल चौहान ने इस मामले में इस से ज्यादा बताया है। वे लिखते हैं :

"हम गली-मोहल्ले के दस-दस, ग्यारह-ग्यारह व बारह-बारह वर्ष के बच्चे वहीं पास में खेलने में मगन रहते।...एक रोज मेरे हमउम्र बिल्लू ने मुझ से कहा–

"यह सन्तो ताई गुण्डी है, अपने पेशाब की जगह... ।"

मैं बिल्लू की बात सुन कर चुप्पी साध कर रह गया था। बस्स, मैं उस की ओर देखता रह गया। आज मन ही मन सोचता हूँ कि शायद मेरी तरह मेरे यार बिल्लू को भी भूख की आग सन्तो ताई के शरीर की आग के सामने बेबस मेमने की तरह हो गई थी।"[18]

वीरेन्द्र यादव की ज्यादा सन्तुष्टि के लिए राजस्थान हाई कोर्ट के एक फैसले के कुछ अंश भी यहां उद्धृत किए जा सकते हैं। हाई कोर्ट ने **श्रीमती सरला बनाम महेन्द्र कुमार के मामले** में लिखा है–"**यह** अप्राकृतिक नहीं है कि जब कोई पति अपनी सद्य विवाहित पत्नी को अकेली छोड़ देता है और अपनी जीविका कमाने के लिए दूर स्थान पर चला जाता है तो ऐसी स्त्री जो यौन पीड़ा से पीड़ित है एक अजनबी से घनिष्ठता तथा साथ ही साथ अवैध सम्बन्ध भी कायम कर सकती है। यही वास्तव में घटित हुआ लगता है। विचाराधीन समय में पति और पत्नी पति के माता-पिता से अलग हो

कर चैनमल प्रकाशमल बोथरा के मकान में किराये पर रह रहे थे। पति अपनी जीविका कमाने के लिए दूर आसाम में चला गया। उस घर में राम नारायण कम्पाउन्डर नाम का एक अन्य किरायेदार और रह रहा था जिसके साथ श्रीमती सरला ने घनिष्ठता और अवैध सम्बन्ध तक स्थापित कर लिए। जब पति आसाम से आया तो उसे इस बात का पता चला। पुरुष-शासित समाज के कारण पति के मस्तिष्क में पत्नी के खिलाफ गम्भीर विरोध पैदा हो गया होगा। रोष इस सीमा तक हुआ कि पति ने यह आशा देते हुए कि यदि वह सब कुछ सच-सच बता देगी तो उसे क्षमा कर दिया जाएगा, अपनी पत्नी को उस घटना के बारे में सच-सच लिखने के लिए बाध्य कर दिया जिस दौरान वह आसाम गया हुआ था। पत्नी श्रीमती सरला ने इस विश्वास के साथ कि अब उसके पास इस बात के सिवा कोई चारा नहीं है कि वह अपने उन गुनाहों को कबूल कर ले जो उसने अपने पति के आसाम जाने के दौरान किए थे, प्रदर्श डी/1 के रूप में एक विस्तृत स्वीकृति लिखी जिस में उसने अपने अवैध सम्बन्ध स्वीकार किए तथा बताया कि राम नारायण कम्पाउन्डर के साथ उसके सम्बन्ध कैसे स्थापित हुए थे।''[19] माननीय कोर्ट ने इस निर्णय में आगे लिखा है—''यदि श्रीमती सरला ने पति के आसाम में रहते राम नारायण कम्पाउन्डर के साथ घनिष्ठता और उससे भी ज्यादा यौन सम्बन्ध स्थापित कर लिए तो इसमें पत्नी से अधिक पति पर दोष जाता है। कुछ भी हो, किसी एक व्यक्ति से घनिष्ठता स्थापित करने में यह नहीं कहा जा सकता कि पत्नी जारता में रह रही थी।''[20] इस निर्णय में 'श्रीमती सरला को भरण-पोषण का हकदार मानते हुए—पैरा 6 में नागौर के मजिस्ट्रेट का आदेश निरस्त करते हुए रिव्हीजन मंजूर करते हुए प्रति मास 125 रु. का एवार्ड भरण-पोषण भत्ते के रूप में श्रीमती सरला के हित में रिव्हीजन पेश करने के दिनांक 30 जून, 1980 से मंजूर किया गया।'[21] यह पिछले आठ वर्षों का एकमुश्त भरण-पोषण था।

अब तो वीरेन्द्र यादव के मन में कोई संशय नहीं रह जाना चाहिए कि हिन्दू कानून में जारकर्मी पत्नी को गुजारा-भत्ता जरूर मिलता है। इस निर्णय में जारकर्म का सीधा मामला है। कहना यही है कि दलित ऐसे हिन्दू कानून में बदलाव चाहते हैं।

अच्छा यह रहेगा कि मैं खुद वीरेन्द्र यादव की तरफ से बोलूँ। हाँ, वे अपनी मदद आप नहीं कर सकते, इसलिए विधि के कुछ सम्बन्धित उपबंध दिए जा रहे हैं। वे इस प्रकार हैं :

1. **दंड प्रक्रिया संहिता,** 1973 की धारा 125 (4) में लिखा गया है कि 'कोई पत्नी अपने पति से इस धारा के अधीन भत्ता प्राप्त करने की हकदार न होगी यदि वह जारता की दशा में रह रही है।'[22]
2. **हिन्दू दत्तक तथा भरण-पोषण अधिनियम,** 1956 की धारा 18 (3) में लिखा गया है कि 'यदि कोई हिन्दू पत्नी असती है...तो वह अपने

पति से पृथक निवास करने और भरण-पोषण प्राप्त करने की हकदार नहीं होगी।'[23]

3. **हिन्दू विवाह अधिनियम, 1955** की धारा 25 (3) में लिखा गया है कि 'यदि न्यायालय को समाधान हो जाए कि उस पक्षकार ने जिस के पक्ष में इस धारा के अधीन कोई आदेश दिया गया है, पुनर्विवाह कर लिया है या यदि ऐसा पक्षकार पत्नी है तो वह सतीव्रता नहीं रह गई है...तो वह दूसरे पक्षकार की प्रेरणा पर ऐसे किसी आदेश को... विखण्डित कर सकेगा।''[24]

लेकिन, फिर बताया जा सकता है कि कानून वह होता है जो न्यायालय उस पर निर्णय देता है। सुप्रीम कोर्ट ही कानून की आत्मा को समझती है। तब **हिन्दू विवाह अधिनियम, 1955** में जो विवाह-विच्छेद का शब्द आया है, उस का क्या अर्थ है? उस का वही अर्थ है जो मैं अब तक बताता रहा हूँ। प्रेमचन्द भी हिन्दू कानून को अच्छी तरह समझते थे। तब यही कहा जा सकता है कि हाथी के खाने के दाँत और होते हैं तथा दिखाने के और। वीरेन्द्र यादव को आजादी है कि वे प्रेमचन्द के बहकावे में आएँ, लेकिन उन्हें यह आजादी नहीं है कि हिन्दू कानून के मामले में वे मुझे भी बहकावें। कानून के मामले में हम सुप्रीम कोर्ट को प्रमाण मानते हैं, वीरेन्द्र यादव और राज किशोर को नहीं।

III

प्रेमचन्द के पक्षधर विद्वान बताएँ कि डॉ. अम्बेडकर की परम्परा का कोई भी दलित उसे तलाक कैसे कह देगा जिसमें,

1. पत्नी पति से भरण-पोषण प्राप्त कर रही है, और या,
2. पत्नी अपना पुनर्विवाह नहीं कर रही है?

पत्नी की कानूनी परिभाषा यह है कि वह तब तक पत्नी है, जब तक वह पुनर्विवाह नहीं कर लेती। तो, इस में तलाक कहाँ हुआ? केवल हमारी आँखों को धोखा दिया जा रहा है। गालिब ने अपनी शैली में सही पूछा था—''जब आँख ही से न टपका, तो फिर लहू क्या है?''[25] दलित चिन्तक प्रेमचन्द के साहित्य से और आज के प्रेमचन्दवादियों से गालिब की ही तर्ज पर पूछ सकता है—'यदि तलाक के बाद हिन्दू स्त्री ने अपना पुनर्विवाह नहीं रचाया तो वह तलाक क्या है?' पति की हवेली छोड़े तो तलाक कहा जाए। क्या प्रेमचन्द के उपन्यास 'गोदान' में राय साहब की बेटी मीनाक्षी ने तलाक लिया था?

प्रेमचंद के कई पक्षकार विद्वानों ने गलती से यह समझ लिया है कि यह तलाक का और स्त्री की गरिमा का मामला है। इस कथा को वे बार-बार उद्धृत करते हैं। उन की सोच को दुरुस्त करते हुए बताया जा सकता है कि यह तलाक का या स्त्री की गरिमा का मामला बिलकुल नहीं था। ज्यादा से ज्यादा, इसे डा. अम्बेडकर की भाषा में एक 'रिडल' कहा जा सकता है। सच तो यह है कि यह रिडल भी नहीं है। यह सीधा 'अमोक्षो धर्मविवाहानाम्' का मामला है। आगे इस का ब्यौरेवार विश्लेषण किया जा रहा है कि किसी के रहने लगना पुनर्विवाह नहीं है। उस के लिए विवाह की रस्में पूरी होनी चाहिए। फेरें पड़ें, या बस्ती-बिरादरी को दावत दी जाए, या, पुनर्विवाह का कोर्ट में रजिस्ट्रेशन हो, तभी पुनर्विवाह माना जाएगा। उपन्यास में मीनाक्षी का तलाक के बाद मिलने वाला दूसरा पति कहाँ है?—वह गधे के सिर पर सींग की तरह गायब है।

मीनाक्षी की तरह प्रेमचंद की पहली पत्नी भी प्रेमचंद पर गुजारे का दावा कर सकती थीं। वे हिन्दू कानून के अनुसार जरूर गुजारा-भत्ता पातीं। लेकिन यह अच्छा हुआ कि उन्होंने मीनाक्षी की तरह गुजारे का दावा नहीं किया। जैसे मीनाक्षी ने अपने पति दिग्विजय सिंह पर हंटर बरसाए हैं, ऐसे हन्टर प्रेमचन्द की पहली पत्नी भी प्रेमचंद पर बरसा सकती थीं, जब वे रखैल के संग रंगरेलियाँ कर रहे थे। लेकिन यह और भी अच्छा हुआ कि उन्होंने ऐसा नहीं किया। पर, आखिर जाना जाए कि मीनाक्षी के पति दिग्विजय सिंह में क्या दुर्गुण थे जो मीनाक्षी ने ऐसा किया। प्रेमचन्द ने 'गोदान' में उन दुर्गुणों का बखान किया है—"दिग्विजय सिंह ऐयाश भी थे, शराबी भी।...बड़ा मगरूर, अपनी कुल-प्रतिष्ठा की डींग मारने वाला, स्वभाव का निर्दयी और कृपण था। गाँव की नीच जाति की बहू-बेटियों पर डोरे डाला करता था। सोहबत भी नीचों की थी, जिन की खुशामदों ने उसे और भी खुशामद पसन्द बना दिया था। मीनाक्षी ऐसे व्यक्ति का सम्मान दिल से न कर सकती थी।"[26]

अब जाना जाए कि इन में से कौन-सा दुर्गुण प्रेमचन्द में नहीं था। प्रेमचन्द अय्याश थे क्योंकि वे रखैल रखते थे। प्रेमचन्द शराब पीते थे और उन्होंने नशे की हालत में गलत व्यवहार किए थे। शिवरानी ने इस पर उन्हें रोका-टोका था। प्रेमचन्द मगरूर इतने थे कि अपनी पहली पत्नी के सामने कभी सहज रूप में पेश नहीं आए। कुल-प्रतिष्ठा की डींग मारने से भी बढ़ कर जाति की डींग मारने वाले उन के ये शब्द उद्धृत किए जा सकते हैं कि 'आखिर कायस्थ का बेटा हूँ।'[27] निर्दयी इतने कहे जा सकते हैं कि अपनी पहली पत्नी की कभी खैर-खबर नहीं ली। कृपण के बजाय उनकी उदारता का प्रमाण तब मिलता जब वे बिना मांगे ही अपनी पहली पत्नी के गुजारे-भत्ते की रकम देते। अब गाँव की नीच जाति की बहू-बेटियों पर डोरे डालने की बात शेष रह जाती है। अभी तक यह सिद्ध नहीं हुआ है कि प्रेमचन्द की रखैल किसी गैर-दलित जाति की बहू-बेटी थी। ऐसी अवस्था में प्रेमचन्द दलित जाति की बहू-बेटियों

पर डोरे न डालने वाले कैसे कहे जा सकते हैं? आखिर, बिना डोरे डाले वह औरत इन के कब्जे में नहीं आई होगी। ऐसा भी नहीं है कि वह इन्हें तत्काल सीधी मिल गई होगी। बहुतों पर डोरे डाले होंगे तब जा कर एक मछली इन के जाल में फँसी होगी। फिर, ऐसा भी नहीं है कि वह एक ही रही होगी। खुद प्रेमचन्द ने अपने बारे में सन् 1934 में अपने एक पत्र में लिखा था—"कुछ बहुत छोटे-छोटे मामले थे जैसे कि सब के होते हैं... ।"[28] अब 'इन छोटे-छोटे मामलों' में वह मामला भी शामिल है जिस रखैल वाले मामले का जिक्र उन्होंने शिवरानी से सन् 1936 में किया था। तो, प्रेमचन्द की नजरों में वह भी एक छोटा मामला ही है। तब उन के कुल कितने ऐसे छोटे-छोटे मामले रहे होंगे?

इस प्रश्न का जवाब प्रेमचन्द के साहित्य से नहीं मिल पा रहा है। शायद, मुकम्मिल जवाब कभी मिल ही नहीं सकता। लेकिन, प्रेमचन्द ने एक बात बड़ी सहजता से कह दी है कि उन के मामले वैसे ही थे 'जैसे कि सब के होते हैं।' तो, यह एक सामान्य बात है। पर, क्या इस सामान्य बात की जानकारी की जा सकती है?

फिर, उसी बात पर आया जाए कि उपन्यास में ये शब्द खुद प्रेमचन्द के हैं, उन के किसी पात्र या पात्रा के नहीं। नीचों की सोहबत से उन का क्या मतलब है? खुशामदी नीचों से उन का क्या अभिप्राय है? ऐसी मीनाक्षी के ऐसे तेवरों से दलित स्त्रियों को क्या मतलब? यदि दलित नारी का अपने पति से झगड़ा होता तो वह तलाक ले कर और अपना पुनर्विवाह कर के अपने पुनर्विवाहित पति के साथ सम्मान से रहती, मीनाक्षी की तरह बिना पुनर्विवाह किए अपनी रक्षा के नाम पर दो-दो पहलवान ठाकुर मुस्टण्डों को अपने साथ लिए-लिए न फिरती। इस से आगे अगला फर्क यह बताया जा रहा है कि किसी भी दलित लेखक की कलम से प्रेमचन्द के ये शब्द नहीं लिखे जा सकते थे—"सोहबत भी नीचों की थी, जिन की खुशामदों ने उसे और भी खुशामद पसन्द बना दिया था।" ऐसा केवल गैर-दलित लेखक ही लिख सकते हैं, अब उन में चाहे प्रेमचन्द हों, या उन के बाद के कोई और।

सारी बात छोड़ो। जाना यह जाए कि शिवरानी ने इन बातों को ले कर प्रेमचन्द के बारे में क्या लिखा है। शिवरानी ने प्रेमचन्द से पूछा था—"आप दावे के साथ कह सकते हैं कि आप का अपना चरित्र अच्छा था?—खामोश! जब आदमी खुद वैसा न हो तो दूसरे से आशा करना व्यर्थ है।"[29]

प्रेमचन्द ने 'सर हरिसिंह गोड़ का तलाक-बिल' के पक्ष में लिखा है—"अभी तो यह हाल है कि पुरुष में चाहे कितने ही दोष हों, चाहे वह कितना ही लम्पट हो, उस के साथ कितना ही अत्याचार करे, औरत के लिए कहीं त्राण नहीं। वह उस की खबर लेना छोड़ दे, अपनी दूसरी शादी कर ले, किन्तु स्त्री पर उस का अधिकार ज्यों का त्यों बना रहता है। स्त्री में रूप न हो, वह फूहड़ हो, उस के संतान न होती हो, या किसी कारण-वश उस से असंतुष्ट हो, तो उस के लिए रास्ता साफ है। लेकिन पुरुष में

कितनी ही बुराइयाँ हों, स्त्री के लिए कहीं शरण नहीं।''[30] प्रेमचन्द ने इसी लेख में यह भी लिखा है कि 'हिन्दू-विवाह और तलाक दो परस्पर विरुद्ध बाते हैं।'[31] इसलिए, वे इस बिल के साथ इस बात पर भी विचार करना आवश्यक समझते 'हैं कि पुरुष की जायदाद में स्त्रियों का कुछ अधिकार रहे।'[32] लेकिन, प्रेमचन्द ने अपनी पहली पत्नी क्यों छोड़ी थी? उन पर आरोप यही था कि वे रूपवती नहीं थीं। और, हो सकता है, वे कुरूप इस अर्थ में हों क्योंकि प्रेमचन्द गोरे, नीली आँखों वाले और बालों में भूरेपन के साथ कुछ ललाई लिए हुए व्यक्ति थे।[33] कुछ भी हो, यह प्रेमचन्द के अपने वश में था कि पहली पत्नी को छोड़ने पर वे उन्हें भरण-पोषण दे देते। हिन्दुओं का यह कानून तो सदा से रहा है। चूँकि, हिन्दुओं में तलाक की व्यवस्था नहीं है, इसलिए स्त्री के लिए भरण-पोषण की व्यवस्था बनाई गई है।

अब वीरेन्द्र यादव, राज किशोर तथा अन्य विद्वानों को, जिन्होंने यह मुद्दा उठाया है, बताया जा सकता है कि तलाक सच में क्या होता है। दलितों में ये तलाक हजारों सालों से होते आए हैं। दलितों के इस तलाक में पति और पत्नी एक दूसरे को पूर्णतया भूल जाते हैं। वे फिर एक-दूसरे के सामने कभी नहीं आते। उस तलाक में दलित स्त्री अपने पूर्व पति से गुजारा-भत्ता या आवास का ठीक-ठिकाना जैसा कुछ नहीं मांगती। वह अपना दूसरा विवाह कर लेती है। वह क्या कर लेती है, उस के माँ-बाप और भाई-बहन उस का दुबारा विवाह कर देते हैं। वह अपने नए पति की सम्मानजनक पत्नी बनती है। मीनाक्षी ने अपने पति से गुजारा-भत्ता मांग कर नारी की गरिमा को मिट्टी में मिला दिया है। वह नारी की गुलामी वाली परम्परा में धँसी पड़ी है। उसे पता ही नहीं है कि स्त्री की स्वतन्त्रता क्या चीज होती है और वह कितनी अमूल्य होती है। कोर्ट की तरफ गुजारे का दावा करने से पहले उस के घुटने टूट गए कहे जा सकते हैं। पहली बात, उस का मैका कमजोर नहीं है। लेकिन उसे भी छोड़ा जाए। दूसरी बात सब से बड़ी है कि उस के हाथ-पाँव नहीं टूट गए थे। विकलांगों को पुनर्वास में कमाने के योग्य बनाया जाता है, लेकिन इधर यह हाथ में हंटर ली हुई नारी पति से गुजारे के लिए कोर्ट में गई है!—शर्म नहीं आती—डूब के नहीं मरा जाता!!

हंटर चलाने की घटना से भी यही सिद्ध होता है कि यह तलाक नहीं था। पति को हंटरों से उस के बेदम होने तक क्यों पीटा? यह कौन-सी पागलपंथी है? यह कैसा तलाक है? इस का क्या मतलब है? मीनाक्षी के इस गुस्से का तर्क क्या है, अर्थ क्या है? पढ़ी-लिखी थी, हंटर हाथ में लेने के बजाय कमाने के लिए चल देती। प्रेमचन्द ने इन दिनों की मीनाक्षी के बारे में लिखा है कि वह 'समष्टिवादी आन्दोलन में प्रमुख भाग लेती थी।'[34] कितना अच्छा होता कि उस 'समष्टिवादी आन्दोलन में प्रमुख भाग' लेने के बजाय, या उस के साथ-साथ, अपना कुछ खाने-कमाने का भी हीला कर लेती। उसे उस आन्दोलन की लीडरी करने के लिए भी पति से गुजारे की अपेक्षा थी। धरती पर मनुष्य की योनि में जन्मी थी, कुछ तो अपने बल पर कर लेती, बाप के और पति के बिना कोई एक काम तो सर कर के दिखा देती।

जब पति बुरा है तो उसे छोड़ो। छोड़ने के बाद मीनाक्षी अपने पति के अच्छे या बुरे होने के चक्कर में क्यों पड़ी हुई है? क्या लेना-देना? उस के दिमाग से पति का भूत उतरा क्यों नहीं? उत्तर एक ही है कि उस ने पुनर्विवाह नहीं किया। तभी दिग्विजय सिंह रिवाल्वर लिए फिरता है। खुद मीनाक्षी ने अपनी रक्षा के लिए दो पहलवान ठाकुर मुस्टंडे रख रखे हैं। यदि वह अपना पुनर्विवाह कर लेती तो उसे अपनी रक्षा के लिए इन दो ठाकुर पहलवानों-मुस्टंडों को अपने साथ रखने की जरूरत न पड़ती। पति रक्षा करता और समाज रक्षा करता। हंटर चलाने की नौबत ही न आती। तब दिग्विजय सिंह की रिवाल्वर का इस उपन्यास में जिक्र नहीं हो सकता था। पर इन्हें कौन समझाए, इन के दिमाग खराब हैं कि तलाक के बाद पति-पत्नी को एक दूसरे से लड़ने की जरूरत पड़ रही है। यदि मीनाक्षी को सच में क्रान्तिकारी होना था तो वर्ण और जात तोड़ कर गाँव के किसी भंगी से शादी कर लेती, या किसी चमार से शादी कर लेती। जब प्रेमचन्द की कलम बग ही रही थी, वे ऐसा दिखा देते तो क्या मुसीबत थी? उन्होंने ऐसा क्यों नहीं दिखाया? तब, कम से कम, मीनाक्षी बदचलनी में रही हुई तो न कही जाती। अब वह दो पहलवान मुस्टंडे ठाकुरों को अपना अंग रक्षक बना कर रह रही है, हमें दलित चिन्तक होने के नाते अच्छी तरह मालूम है कि वे उस के कैसे अंग रक्षक हैं। तभी कहा जा रहा है कि हिन्दुओं को तलाक के बारे में तनिक भी ज्ञान नहीं है। तलाक के बाद भी यदि पति और पत्नी में झगड़े रहे तो वह तलाक कैसा? तलाक इसीलिए होता है ताकि उस के बाद उन दोनों में कोई झगड़े न हों। तलाक से पहले पति और पत्नी में झगड़े ही तो हो रहे थे। उन झगड़ों को मिटाने के लिए ही तलाक लिया और दिया जाता है। लेकिन प्रेमचन्द के उपन्यास 'गोदान' में देखिए कि विवाह-विच्छेद के बाद मीनाक्षी पति पर गुजारे का दावा करती है और उस के मिलने के बाद भी उस पूर्व पति पर हंटर बरसाती है। तब वह 'पूर्व पति' कहाँ रहा? वही उस का वर्तमान खसम भी है। पुनर्विवाह करती. तो दिग्विजय सिंह 'पूर्वपति' माना जाता। तभी कहा जा रहा है कि मीनाक्षी और दिग्विजय सिंह के बीच तलाक की झबक भी नहीं है। उन्हें पता ही नहीं है कि तलाक क्या होता है। वे पक्के हिन्दू हैं। 'तलाक' का शब्द रख लो, और उस का अर्थ खो दो, तो वह तलाक नहीं रह जाता। हिन्दुओं ने 'तलाक' शब्द के साथ यही कर रखा है। यह रिडल है, हिप्पोक्रेसी है, या कथनी और करनी का अन्तर है, पर तलाक नहीं है। यूँ, हिन्दुओं ने अपने 'विवाह' के साथ-साथ 'तलाक' का भी फजीता कर दिया है। न इन्हें विवाह का ही कुछ पता है और न तलाक का ही। तलाक के बाद हंटर और रिवाल्वर! वाह-वाह, हिन्दुओं की दुनिया, और हिन्दुओं के उपन्यास-सम्राट इन के प्रेमचन्द जैसे लेखक !! खूब है!!! वीरेन्द्र यादव को छूट है कि वे जितना चाहे गुणगान करें। उन का कहना है कि 'यदि स्त्री द्वारा विवाह विच्छेद के निर्णय से ही हिन्दी उपन्यास की दिशा बदलनी है...तो इस की शुरूआत....'गोदान' से हो चुकी थी।'[35] इस के बाद

अपने विश्लेषण में मुझे क्या कहना शेष रह जाता है? मुझे केवल इतना कहना है कि जिस बात की शुरूआत ही खराब हो, उस का वर्तमान भी ऐसा ही होगा जैसा हिन्दुओं के कानून में आज हो रहा है। फैमिली कोर्ट में एक पत्नी ने अपने पति के ऐसा तमाचा मारा था कि जज वकील से यही पूछते रह गए थे कि जैन साहब, आप कैसे-कैसे केस यहाँ लाते हो।

IV

फिर कानून की बात पर आया जाए।

क्या वीरेन्द्र यादव, राज किशोर और अन्यों को बताया जाए कि पत्नी की कानूनी परिभाषा क्या है? वे अच्छी तरह याद कर लें कि **दण्ड प्रक्रिया संहिता, 1973** की धारा 125 (1) के स्पष्टीकरण (ख) में पत्नी की परिभाषा इस प्रकार दी गई है–"पत्नी के अन्तर्गत ऐसी स्त्री भी है जिस के पति ने उस से विवाह-विच्छेद कर लिया है या जिस ने अपने पति से विवाह-विच्छेद कर लिया है और जिस ने पुनर्विवाह नहीं किया है।"[36] अब वीरेन्द्र यादव बोलें कि इस कसौटी पर प्रेमचन्द के 'गोदान' की मीनाक्षी दिग्विजय सिंह की पत्नी कैसे नहीं हुई? और भी, राज किशोर ने **जनसत्ता** में छपे अपने लेख 'दलित स्त्रियाँ किस की सम्पत्ति हैं' में जो तलाक के केस गिनाए हैं, उन में से इस परिभाषा के तलाक कितने हैं? उन्होंने लिखा है–"स्वयं प्रेमचन्द के समकालीन जय शंकर प्रसाद ने 'ध्रुव स्वामिनी' में तलाक का समर्थन किया है।"[37] उन के इस प्रश्न का उत्तर मैं अपनी पुस्तक **थेरीगाथा की स्त्रियाँ और डॉ. अम्बेडकर** में दे चुका हूँ। वे कृपया, उस का 7वाँ अध्याय 'इसिदासी के पुनर्विवाह : वैश्य और शूद्र एक थे', देख लें, जो पृष्ठ-77 से पृष्ठ-94 तक पर है।[38]

राज किशोर ने आगे लिखा है–" 'नदी के द्वीप' में तलाक का समर्थन है।"[39] राज किशोर ने और आगे लिखा है–"यहाँ तक कि अनेक हिंदी लेखकों ने तलाक लिया है, जैसे अज्ञेय, बालकृष्ण राव, उपेन्द्र नाथ अश्क, मोहन राकेश, धर्मवीर भारती।"[40] लेकिन मेरी कसौटी यही है कि क्या उन की उन विवाह-विच्छेदित पत्नियों ने पुनर्विवाह किए, यदि नहीं तो वे नकली विवाह-विच्छेद हैं, असली तलाक नहीं। राज किशोर ने और भी आगे लिखा है–"जहाँ तक तलाक लेने वाले हिन्दू लेखकों का सवाल है, उन की संख्या कई दर्जन होगी।" लेकिन मेरा सवाल राज किशोर का पीछा करता हुआ यही है कि उन कई दर्जनों में से कितनी पत्नियों ने पुनर्विवाह किए। जब तक उत्तर 'हाँ' में नहीं है, तब तक अगली सारी बहसें बेकार हैं।

इस प्रकरण में राज किशोर ने अन्त में लिखा है–"जहां तक तलाक की स्वतन्त्रता का हामी होने का सवाल है, मेरा ख्याल है अस्सी प्रतिशत से ज्यादा हिन्दू या हिंदी लेखक तलाक के हामी हैं।"[41] उन्हीं से पूछ रहा हूँ कि वे नवम्बर, 2005 के

'हंस' के सम्पादकीय लेख 'रखैल और जार का दलित-पाठ' में छपे राजेन्द्र यादव के इस कथन को किस रूप में और अपने कौन-से प्रतिशत में पढ़ेंगे?–"...तलाक न लिया हो मगर दस सालों से मैं और मन्नू अलग ही रहे हैं।"[42] उन के इस उदाहरण में ऐसी स्थिति खड़ी हो गई है कि दोनों में से किसी को भी पुनर्विवाह के अवसर या उन की जरूरतें नहीं हैं।

खैर, जब राज किशोर तलाक के उदाहरण देने में इतने आगे बढ़ गए तो भला राजेन्द्र यादव पीछे कैसे रह सकते थे? उन्होंने भी दो नाम और गिना दिए–"हिन्दू तलाक ले ही नहीं सकता, यह उन (धर्मवीर) की दृढ़ मान्यता है–भले ही उन्नीसवीं शताब्दी के अन्त में रुक्माबाई तलाक के लिए दसियों साल लड़ी हों या बीसवीं सदी के तीसरे दशक में विजय लक्ष्मी पण्डित ने बाकायदा तलाक लिया हो।"[43] लगता है, राजेन्द्र यादव ने रुक्मा बाई का नाम भर सुना है और उन के बारे में पढ़ा कुछ भी नहीं है। जब पढ़ा नहीं है तो गुनने का सवाल ही पैदा नहीं होता। उन्हें पढ़ना चाहिए कि रुक्मा बाई तलाक के लिए नहीं लड़ी थीं, बल्कि 'दाम्पत्य अधिकारों का प्रत्यास्थापन' (Restitution of Conjugal Rights) के खिलाफ लड़ी थीं और उस में भी सफल नहीं हुई थीं।

यह सन् 1884 का मामला है। रुक्मा बाई के पति का नाम दादाजी भीखाजी था। उन्होंने कोर्ट में अपनी पत्नी के खिलाफ 'दाम्पत्य अधिकारों का प्रत्यास्थापन' का केस दायर किया। रुक्मा बाई का विवाह उन के बचपन में हो गया था। फिर वे शिक्षित हुईं, उस के बाद उन्होंने अपने पति के साथ रहने से इनकार कर दिया। दादाजी भीखाजी की निचली अदालत में हार हो गई तो वे बम्बई की हाई कोर्ट में अपील में चले गए। बाल गंगाधर तिलक ने भी दादाजी भीखाजी का साथ दिया। उन्होंने ब्रिटिश हकूमत पर आरोप लगाया कि जिला न्यायालय को इस तरह का फैसला देने का कोई अधिकार नहीं है। उन्होंने कहा कि स्त्रियों को शिक्षा दे कर रुक्मा बाई के बहाने उन के सनातन धर्म को बधिया किया जा रहा है। दादाजी भीखाजी अपील में मुकदमा जीत गए, लेकिन न्यायालय ने उस में यह भी लिख दिया कि वैसे न्यायालय की सहानुभूति रुक्मा बाई के साथ है। न्यायालय की इस टिप्पणी के खिलाफ कट्टर हिन्दुओं ने बवैला मचा दिया कि अंग्रेजों के कानून का प्रशासन पूरी तरह प्रतिक्रियावादी है। खुद रुक्मा बाई द्वारा हाई कोर्ट के फैसले को मानने से मना करने पर उन्हें दण्ड के रूप में भारी राशि अदा करनी पड़ी और वे जाति बहिष्कृत भी हुईं। उस के बाद वे इंग्लैंड चली गईं। वहाँ से एम. डी. की डिग्री ले कर भारत आईं और डाक्टरी करती रहीं।[44]

हुआ यह था कि रुकमा बाई की शादी उन की 11 वर्ष की उम्र में ही हो गई थी। उन्होंने अपने पति पर कोर्ट में लांछन लगाए थे कि पति एक सम्मानजनक जीविका कमाने में असमर्थ हैं, इम्मोरल हैं, अशिक्षित हैं और अस्वस्थ (टीबी के मरीज)

हैं। उन्होंने 'दाम्पत्य अधिकारों का प्रत्यास्थापन' की अनुमति देने वाले सन् 1877 के XVवें अधिनियम के तहत बम्बई हाई कोर्ट के फैसले को मानने के बजाय गिरफ्तार होना बेहतर समझा।[45]

कुछ लिखने से पहले राजेन्द्र यादव को सोचना चाहिए था कि वे मुझ से मुखातिब हैं। मैं कानूनों को बदलने की बात कर रहा हूँ, कानूनों की गिरफ्त में आने वालों की नहीं। रुक्मा बाई कानून को नहीं बदल सकीं। तलाक का कानून पास करवाने की बात बहुत दूर की थी, वे 'दाम्पत्य अधिकारों का प्रत्यास्थापन' को भी नहीं हटवा सकीं। विद्रोह किया, पर वह सारा विद्रोह कट्टरपंथ की शिला में सिर मार कर अपना माथा फुड़वा लेने के बराबर रहा। जेल गईं, जुर्माना भरा और जाति से बाहर हुईं—इन में से कोई भी उन की जीत नहीं है। न ही वे अपना पुनर्विवाह कर सकीं। उन से पहले सन् 1829 में सती प्रथा के खिलाफ और सन् 1856 में विधवा के पुनर्विवाह की इजाजत का कानून बना था। उन के बाद स्वतन्त्र भारत में सन् 1955 में तलाक और पुनर्विवाह का कानून बना है। इसलिए, सन् 1955 से पहले राज किशोर या राजेन्द्र यादव द्वारा गिनाए गए तलाक के केस बेमानी हैं।

विजय लक्ष्मी पण्डित का नाम उन्होंने व्यर्थ लिया क्योंकि मेरा मूल सवाल उन का पीछा करता ही रहेगा। उधर, राज किशोर के तलाक लेने वाले कई दर्जन लेखकों में राजेन्द्र यादव ने तीन नाम और गिनाए हैं—'कृश्न चंदर, निर्मल वर्मा, पंकज सिंह।'[46] इस के बाद उन्होंने 'इत्यादि'[47] लिख दिया है। लेकिन मेरा मूल सवाल छाया बन कर उन का पीछा करता ही रहेगा कि यदि उन की तलाकशुदा पत्नियों ने पुनर्विवाह नहीं किए हैं तो वे असली तलाक नहीं माने जाएँगे बल्कि पूरे फर्जी तलाक हैं।

मैं फिर कह रहा हूँ कि हिन्दुओं के पास तलाक लेने का सहूर और सलीका नहीं है। जो कानून है, वह सभ्य समाज का कानून नहीं है। गलत कानून की वजह से वहाँ न्यायालयों में लोगों की जबान गन्दी होती है। इस थुक्का-फजीती, बहसबाजी, देरी और ना-तलाक की वजह से सुप्रीम कोर्ट भी परेशान है। उस ने 'हिन्दू विवाह कानून में सुधार की सिफारिश'[48] की है। यह 23 मार्च, 2006 की खबर है—"सुप्रीम कोर्ट ने केन्द्र सरकार से सिफारिश की है कि वह हिन्दू विवाह अधिनियम में संशोधन पर गंभीरता से विचार करे। सर्वोच्च अदालत ने कहा कि यदि पति-पत्नी के बीच सम्बन्ध...लम्बे समय इतना बिगड़ा हो कि उन में सुलह संभव न हो, तो इसे भी तलाक पाने का आधार माना जाए।"[49] इस बारे में अखबार ने सूचना दी है कि 'न्यायमूर्ति बीएन श्रीकृष्ण, न्यायमूर्ति एके माथुर व न्यायमूर्ति दलबीर भंडारी की खंडपीठ ने अपीलकर्ता नवीन कोहली को तलाक की मंजूरी दे दी।'[50] उस में आगे लिखा गया है—"सुप्रीम कोर्ट ने चिंता जताई कि देश में ऐसे कितने ही मामले हैं कि ...(जिन) में पति-पत्नी के सम्बन्ध लम्बे समय से बिगड़े हैं और उन में सुलह की कोई गुंजाइश नहीं है, लेकिन उन मामलों में तलाक मंजूर नहीं किया जाता। सुप्रीम कोर्ट ने बदली हुई

परिस्थितियों में हिन्दू विवाह अधिनियम-1955 में संशोधन की सिफारिश की। अदालत ने कहा कि विधायिका को ऐसे मामलों को तलाक का आधार बनाने पर विचार करना चाहिए।''[51] अखबार ने अदालत के फैसले की सूचना दी है—''जब दोनों साथी अलग हो गए हों, काफी समय गुजर गया हो और एक पक्ष ने तलाक के लिए याचिका दायर कर दी हो तो मान लेना चाहिए कि विवाह टूट गया है।''[52]

मेरे ख्याल से, सुप्रीम कोर्ट की यह सिफारिश सब से पहले खुद राजेन्द्र यादव के मामले में लागू होती है। पूछना एकदम वाजिब है कि दस साल से अपनी पत्नी से अलग रह कर भी विवाह न तोड़ कर राजेन्द्र यादव ने हिन्दू संस्कार का क्या पवित्र बचा रखा है। हमारी फिक्र मोरलिटी की है—क्या मोरलिटी बचा रखी है या उस की ब्राह्मणों की तरह अपनी अलग परिभाषा खड़ी कर ली है? यदि विवाह और मोरलिटी में से एक को टूटना है तो दलित समाज की समझ है कि मोरलिटी को बचा कर विवाह को तोड़ दिया जाए। लेकिन वाया फैमिली कोर्ट के आधुनिक हिन्दू कानून की सुलह और समझदारी यह है कि मोरलिटी को तोड़ कर विवाह को बचा लिया जाए। भला, हिन्दुओं के ये कोई जीने के ढंग हैं! सभ्य समाजों के बीच सिर कैसे उठेगा? जी रहे हैं, पता नहीं, क्या जी रहे हैं! तलाक न ले कर राजेन्द्र यादव सुप्रीम कोर्ट की सिफारिश को फेल कर रहे हैं।

कहा जाए, विवाह के मामले में द्विज व्यक्ति व्यक्तिगत रूप में ही अच्छा हो सकता है, संस्था के रूप में वह एकदम बुरा व्यक्ति है। इसके विपरीत, इस मामले में दलित व्यक्ति व्यक्तिगत रूप में ही बुरा हो सकता है, संस्था के रूप में वह एकदम अच्छा व्यक्ति है। द्विजों की संस्थाओं में कोई अच्छाई नहीं है और दलितों की संस्थाओं में कोई खोट नहीं है। द्विजों की संस्थाओं की बुराई जारकर्म तक जाती है जबकि दलितों की संस्थाओं की अच्छाई पुनर्विवाह तक जाती है। द्विजों में भरण-पोषण की परम्परा है जबकि दलितों में पुनर्विवाह की परम्परा है। ये दोनों विपरीत ध्रुव हैं। अच्छी बात यह होगी कि जारकर्म को छोड़ कर द्विज समाज भी पुनर्विवाह की ओर कदम बढ़ाए। 'पत्नी' की 'दण्ड प्रक्रिया संहिता, 1973' की धारा 125 (1) के स्पष्टीकरण (ख) के तहत बताई गई परिभाषा के अनुसार द्विज पुरुष आज भी पुनर्विवाह नहीं बल्कि द्विविवाह करता है जबकि द्विज नारी को भरण-पोषण दे कर न द्विविवाह करने दिया जाता है और न पुनर्विवाह करने दिया जाता है। द्विज नारी भरण-पोषण के रूप में केवल रोटी की गुलाम है। यदि वह जारकर्म की ओर कदम उठाती है तो उसे जान से मार दिया जाता है या सम्मति या मौनानुकूलता धारण कर उससे घर में वेश्यावृत्ति करवाई जाने लगती है। आखिर, वह बिना कामतृप्ति के किस बात के लिए रहे?

इसलिए हर बात को तलाक न कहा जाए। 'तलाक' शब्द का प्रयोग इस रूप में न किया जाए कि वह अर्थहीन हो जाए। दलित के हिसाब से तलाक के निम्न गुण हैं :

1. विवाह के असमाधेय भंग के आधार पर उसे कानूनी रूप में भंग कर दिया जाए।
2. तलाक के लिए पति-पत्नी एक दूसरे पर कोई आरोप-प्रत्यारोप न लगाएँ।
3. तलाक के बाद पति और पत्नी दोनों अपने पुनर्विवाह करें ताकि वे एक-दूसरे को भूल जाएँ।
4. उन में से किसी के लिए भी कोई भरण-पोषण न बांधा जाए।
5. जो बच्चों को मांगे, अपनी कमाई में से वही उन का पालन-पोषण करे।
6. जारकर्म करने वाले पक्ष के पास बच्चे न रखे जाएँ नहीं तो उन पर बुरा असर पड़ेगा।

V

बार-बार, एक ही गुहार है, कृपया, 'तलाक' शब्द को अर्थहीन न करें। हिन्दुओं के यहाँ आज के कानून में भी 'विवाह-विच्छेद' होता है, तलाक नहीं। हिन्दू लोग 'तलाक' शब्द के अर्थ को उस दिन जानेंगे जिस दिन पत्नी पति से तलाक ले कर अपना पुनर्विवाह करेगी। राज किशोर या राजेन्द्र यादव द्वारा उदाहरण उपलब्ध नहीं किए गए कि उन किन-किन द्विज नारियों ने तलाक ले कर पुनर्विवाह किए हैं। 'हिन्दू विवाह अधिनियम, 1955' के तहत न्यायालयों ने आज तक जितने भी निर्णय दिए हैं, वे हिन्दी में विवाह-विच्छेद के हैं, तलाक के नहीं।

पता नहीं चलता, जब अधिनियम में 'विवाह-विच्छेद' शब्द है तो साहित्यकारों को 'तलाक' कहाँ से दीख रहा है? और भरण-पोषण?—यह शब्द किसी भी विवाह-विच्छेद को तलाक नहीं बनने देगा। भरण-पोषण मिलते रहने को तलाक कौन कह देगा? स्थायी निर्वाहिका की व्यवस्था भी तलाक की विरोधी व्यवस्था है। और चूँकि, पुरुषों के लिए बहुविवाह की पहले से व्यवस्था कायम रही है, इसलिए उन के पुनर्विवाह की बात कोई नई नहीं है। सच्चाई यह है कि वह पुनर्विवाह नहीं बल्कि हिन्दुओं में पुरुषों का द्विविवाह होता है क्योंकि पहली पत्नी पुनर्विवाह न करने तक पत्नी ही होती है।

प्रेमचन्द की कलम से जब 'तलाक' शब्द निकला है तो स्त्री के लिए 'भरण-पोषण', 'पति की सम्पत्ति में से आधा हिस्सा', और 'मौरूसी सम्पत्ति में से एक हिस्सा'—के जुमले साथ निकले हैं। आश्चर्य है, तलाक के बाद का अनुक्रमी शब्द स्त्री के 'पुनर्विवाह' का नहीं निकला। यदि तलाक के बाद स्त्री का पुनर्विवाह होना है तो वहाँ भरण-पोषण, पति की सम्पत्ति में से हिस्सा और मौरूसी में से हिस्सा—के अधिकारों और मांगों का क्या अर्थ रह जाता है? कहा यह जाए कि प्रेमचन्द की लेखनी में बद्ध

तलाक वास्तविक तलाक नहीं है। यह उन के भी फायदे में है जो 'कामसूत्र' के निठल्ले नायक लोग धनवान पतियों की पत्नियों से सम्बन्ध बनाना चाहते हैं। साथ में, प्रेमचन्द को यह भी पता है कि विधवा विवाह का कानून बनने पर हर विधवा पुनर्विवाह थोड़े ही करती है।

संसार के किसी भी साहित्य में प्रेम का विषय प्रमुख होता है। 'प्रेम, परिवार, सन्तान और सम्पत्ति'—को छोड़ कर साहित्य बहुत कम महत्व का रह जाता है। 'राज्य, धर्म और वर्ग'—के विषय भी साहित्य के अन्तर्गत आते हैं, पर वह मुख्य रूप से प्रेम की कीली पर घूमता है। 'प्रेम, परिवार, सन्तान और सम्पत्ति'—सारा का सारा पर्सनल कानून का मामला है। तब हिन्दुओं का पर्सनल कानून कैसा है? वह ना-तलाक का है। तब उन का साहित्य कैसा होगा? सीधे कहा जा सकता है कि 'ना-तलाक' से नप कर जितनी अनैतिकता हो सकती है, वह सब उस साहित्य में गुँथी हुई और वर्णित होगी। चूँकि, 'ना-तलाक' के कानून में प्रेम को स्थान नहीं है, इसलिए वह जारकर्म में तब्दील हो कर बुरी शक्ल अखत्यार कर लेता है। इसी वजह से परनारी, रखैल और वेश्यावृत्ति की बदनामियाँ और संस्थाएँ खड़ी होती हैं। प्रश्न है, जब पर्सनल कानून में नैतिकता के लिए स्थान नहीं है तो उस समाज के साहित्य में नैतिकता कहाँ से टपक या आ चू पड़ेगी? ऐसे ही, पर्सनल कानून से दूसरे छोर की संन्यास नाम की संस्था निकली है। इसलिए, समाधान में यदि साहित्य में नैतिकता लानी या पिरोनी है, तो हिन्दुओं को अपने कानून में बदलाव लाना पड़ेगा। लेकिन इस बारे में हम खूब जानते हैं कि डा. अम्बेडकर की कोशिश फेल हो चुकी थी। नतीजा यह है कि अगली भी ऐसी कोई कोशिश बेकार ही जानी है। हिन्दू व्यक्ति नैतिकता की बात संन्यास धारण करके करता है, गृहस्थ रह कर नहीं। लेकिन संन्यासी की नैतिकता या तो बंजड़ है या झूठी। समाज को उस से नुकसान ही नुकसान है।

शुरू में ही कहा जा चुका है कि हिन्दू कानून से जुड़ा हुआ व्यक्ति या तो खुद जार होता है या अपने पार्टनर के जारकर्म को सहता है। ऐसा कोई उपाय नहीं है कि एक हिन्दू का जारकर्म से पीछा छूट जाए। उसे मोक्ष केवल संन्यास धारण करने पर मिलता है, अन्यथा जारकर्म से उस के पास कोई मुक्ति नहीं है। यूँ, हिन्दू कानून पर जारों ने कब्जा कर रखा है। अब यह हमारा काम है कि हिन्दू कानून को जारों के इस कब्जे से मुक्त किया जाए। यह बहुत पुराना मामला है। इसे पहले 'ब्राह्म-विवाह' कहा जाता था। अब हर हिन्दू विवाह को एक तरह से 'ब्राह्म-विवाह' बना दिया गया है। यह सदाचारी लोगों के साथ अन्याय तथा शालीनता के खिलाफ जुल्म है। हर हालत में, विवाह पर से जारों के इस कब्जे को दूर किया ही जाना है।

हिन्दू कानून जारों का ही नहीं, निठल्लों का भी कानून है। इस में तलाक नहीं है, और भरण-पोषण का शोर मचा हुआ है। जहाँ तलाक है, वहाँ मनुष्य खुद कमा कर खाना पसन्द करता है। यह कैसी शर्म की बात है कि यहाँ पढ़ी-लिखीं, जवान और

हट्टी-कट्टी औरतें कचहरियों में भरण-पोषण बंधवाने के लिए मारामारी करती फिर रही हैं!

हमारे भारत के संविधान के अनुच्छेद 21 में प्राण और दैहिक स्वतंत्रता की सुरक्षा प्रदान की गई है।[53] दैहिक स्वतन्त्रता में गरिमा शामिल है। जिस के पास दैहिक स्वतन्त्रता है, इस का मतलब है, वह गरिमायुक्त जीवन जी रहा है। उधर, दैहिक स्वतन्त्रता को शील को छोड़ कर प्राप्त नहीं किया जा सकता। लेकिन जिस पर्सनल कानून में तलाक का प्रावधान नहीं है, उस में शील और गरिमा से जुड़ी हुई दैहिक स्वतन्त्रता की गारन्टी कहाँ है? इसलिए कहा जा रहा है कि यदि किसी को अपनी मानवीय गरिमा गिरवानी है तो वह पर्सनल कानून में हिन्दू बन जाए। स्त्री और पुरुष दोनों के लिए हिन्दू विवाह का कानून अपनी बेइज्जती करवाने का खुला चिट्ठा है। इस कानून में यदि अच्छे के लिए बदलाव नहीं होता है तो सम्मान से रहने वाले लोग इसे छोड़ेंगे ही। अपने व्यवहार में दलितों ने इसे छोड़ ही रखा है।

शोषण की गिनती में यौन-शोषण को जरूर जोड़ा जाए। सामाजिक और आर्थिक शोषण से दलितों के शोषण की बात पूरी नहीं होती। उन की औरतों से बलात्कार शोषण के घेरे को पूरा करता है। प्रेमचन्द को या किसी रचनाकार को यह हक नहीं है कि दलितों के बारे में लिखते हुए वे अपनी रचनाओं में दलितों के एकांगी शोषण की बात करें। बात हो तो पूरी हो, आधी-अधूरी बातें दलित जीवन की दशा और दिशा–दोनों को भ्रमित करती हैं। यदि दलित समस्याओं का समाधान उन के पर्सनल कानून से नहीं जुड़ता है तो वह रचनाकार साहित्यिक बेईमानी करता है। प्रेमचन्द ने इन्द्रनाथ मदान को लिखे अपने पत्र में लिखा है–"सर्वहारा वर्ग में तलाक एक आम चीज है।"[54] लेकिन, तलाक आम चीज इसलिए है, क्योंकि उन की औरतों का यौन-शोषण भी एक आम चीज है। उसे रोकने के लिए एक उपाय के रूप में तलाक को ढूंढ़ा गया है। तो, दलित कौमों के जीवन में तलाक उतनी सीधी और कम कष्टदायक चीज नहीं है, जितनी वे समझ रहे हैं। इस का हजारों साल का इतिहास है। इसे आम चीज कह कर चलता नहीं किया जा सकता। आम इसे इसी रूप में कहा जा सकता है कि इन कौमों की औरतों के यौन-शोषण आम हैं। उसी यौन-शोषण से बचते-बचते आम रूप में इन के घर बर्बाद हो जाते हैं। यही इन की गुलामी का रहस्य है, क्योंकि गैर-दलितों द्वारा इन के घर बसने ही नहीं दिए जाते।

हिन्दू कानून में किसी शादीशुदा पति और पत्नी को किसी अन्य व्यक्ति से मैथुन सम्बन्ध बनाने की स्वतन्त्रता है, बस, जिन्हें चाहिए, इसी बिना पर उन्हें तलाक लेने की छूट भी मिल जानी चाहिए। इस से ज्यादा या अलग दलित चिन्तक की कोई चाहत या मांग नहीं है। एक की स्वतन्त्रता दूसरे की स्वतन्त्रता को जन्म देती है। यदि एक की स्वतन्त्रता दूसरे की गुलामी बनती है तो यह गैर-बराबरी और अन्याय है।

हिन्दू कानून से नुकसान यह हुआ है कि अब दलितों के जार भी बोलने लगे हैं। दलितों ने तलाक की व्यवस्था को लागू करके अपने जारों को सदा दबा कर रखा था लेकिन अब वे द्विजों के जारों की तरह ऊँची आवाज में बोलने लगे हैं। अब वे लेखक भी होना चाहते हैं। अब तो पिछड़े समाज के जार भी खुद को महान लेखक कहलवाने की होड़ में लगे हुए हैं। यूँ, एक 'वृहत्तर जार मंच' ही तैयार हो गया है। उधर, सदाचारी दलित स्त्रियाँ कह रही हैं कि दलितों के जार एक बात कान खोल कर सुन लें कि उन की यह घालमेल की खिचड़ी यहाँ पकने नहीं दी जानी है। वे चाहे तो जारकर्म करने के लिए द्विजों में शामिल हो जाएँ, लेकिन दलित समाज के सदस्य रहते हुए उन की यह दाल गलने नहीं दी जाएगी।

एक दूसरे संदर्भ से एक ब्राह्मण लेखक ने लिखा है—"...सवर्ण स्त्रियों की सामाजिक हैसियत दलितों से अलग नहीं है, ये भी पुरुषों की 'लौंडिया' ही हैं। इस लिहाज से दलित स्त्रियों का दर्जा पुरुष की समकक्षता का है, जिसे घटा कर सवर्ण स्त्रियों के स्तर पर लाने के लिए दलित 'धर्म' की स्थापना की जा रही है।"[55] यह अच्छी बात है कि इन ब्राह्मण लेखक ने जान लिया कि दलित स्त्री का दर्जा अपने घर में द्विज स्त्री से बड़ा है, लेकिन इन ब्राह्मण लेखक ने यह लिखना क्यों भुला दिया कि दलित पुरुष को अपनी जार पत्नी से तलाक लेने का अधिकार है, जबकि द्विज पुरुष को अपनी व्यभिचारिणी पत्नी से तलाक लेने का अधिकार नहीं है? दलित स्त्री जार होने पर खुद कमा कर खाएगी या पुनर्विवाह करेगी, लेकिन द्विज स्त्री व्यभिचारिणी होने पर शास्त्रों, स्मृतियों और टीकाओं के अनुसार पति से भरण-पोषण पाती रहेगी। दलित स्त्री को जारकर्म की स्वतन्त्रता देना, लेकिन उस के पति से ऐसी स्त्री से तलाक लेने की स्वतन्त्रता छीन लेना, दलित स्त्री को द्विज स्त्री बनाने की प्रक्रिया है। जारकर्म की ऐसी स्वतन्त्रता द्विज स्त्री को मिली हुई है, दलित स्त्री को कदापि नहीं। कृपया, उसे दलितों पर न थोपा जाए। कहना यह है कि आज द्विज कानून के नाम पर ऐसा गलत काम किया जा रहा है। हम तो बाबा साहेब डा. अम्बेडकर के द्वारा 'हिन्दू कोड बिल' के रूप में द्विजों से यह कह रहे थे कि वे भी दलित पतियों के समान अपनी व्यभिचारिणी पत्नियों से बिना उन्हें भरण-पोषण दिए तलाक ले लें, लेकिन अब हिन्दू कानून के रूप में उल्टे वे दलित पतियों को समझाने बैठ गए हैं कि अपनी जार पत्नियों से तलाक मत लो और उन का भरण-पोषण करते रहो। यह उलटी चाल है। बस, यह बन्द होनी चाहिए—इतना ही कहना है।

अरुण कुमार त्रिपाठी ने अपने लेख 'आलोचना के वीर और उन का धर्म' में मेरे बारे में लिखा है—"स्त्री विमर्श में वे (धर्मवीर) जिस कठोरता और लौहपाश का निर्माण करना चाहते हैं, इक्कीसवीं सदी में उस का स्वीकार्य हो पाना कठिन लगता है।"[56] जाने, उन्होंने मेरे विचारों में यह कैसे पढ़ लिया है कि मैं स्त्री के लिए कठोरता और लौहपाश का निर्माण करना चाहता हूँ? मैंने कहीं ऐसी बात नहीं कही या लिखी

है कि स्त्री समुदाय को किसी फंदे या पिंजड़े में कसा या कैद किया जाए। मैंने केवल यह कहा है कि स्त्री हो या पुरुष, दोनों को एक दूसरे के प्रति ईमानदार रहना चाहिए। झूठ नहीं बोलना चाहिए और धोखा नहीं देना चाहिए। अब इस में इक्कीसवीं सदी हो या पच्चीसवीं सदी हो, इस से क्या फर्क पड़ता है? वफादारी और यौननिष्ठा कभी भी बुरी चीजें नहीं रहेंगी। ये एक जानवर के मनुष्य होने के मूल सिद्धान्त हैं। इन्हें कभी झुठलाया नहीं जा सकता। सदाचार के रास्ते मानव सभ्यता इन्हीं मूल्यों की ओर बढ़ रही है। यदि किसी के साथ नहीं रहना है तो उसे बता दो ताकि वह भी अपना गरिमायुक्त इन्तजाम कर ले। चोरी क्यों, झूठ क्यों, बेहयापन क्यों? अपने हिस्से की जिम्मेदारी लेते हुए सामने आया जाए। साफ-साफ दो टूक शब्दों में क्यों नहीं कहा जाता कि न मुझे तुम से सैक्स करना है, न मुझे तुम्हारे बच्चे पैदा करने हैं, और, इसलिए, न मुझे तुम्हारे पैसे लेने हैं? यदि पैसे की जरूरत पड़ गई है तो उन से लो जिन बिजारों से सैक्स किया जा रहा है और अपनी कोख से जिन के बच्चे पैदा किए जा रहे हैं। एक इक्कीसवीं सदी की क्या बात, इस की जरूरत ईसा से बीस सदियाँ पहले भी थी। ईमानदारी की ऐसी बातों में काल-वाल क्या होता है? जहाँ जरूरत पड़े, विवाह की संस्था को सुधार या बदल लो। बहस काहे की है? मनाही किस चीज की है?

मेरा डर यह है कि शायद किसी हिन्दू को यह समझ में नहीं आएगा कि मैं क्या कह रहा हूँ। कारण यह है कि हिन्दू का दिमाग दूसरी तरह का बना है। उस के वैवाहिक पैकेज में मोरलिटी नाम की चीज शामिल नहीं है। इसलिए, यही सिद्ध किया जा सकता है कि अपने प्रेमचंद समेत हिन्दू लोग दलितों से जुदा और दूर हैं। मैं इस गफलत में बिलकुल नहीं हूँ कि वे मेरी बात मान लेंगे। उन्होंने तीन हजार साल से डा. अम्बेडकर समेत किसी की बात नहीं मानी, वे मेरी बात क्यों मान लेंगे? मेरे पास कोई जादू नहीं है। हिन्दुओं की राधा-संस्कृति के सामने किसी की एक नहीं चल सकती। इसलिए, समाधान यही है कि स्वीय विधि के मामले में डा. अम्बेडकर की मोरलिटी को बचाते हुए दलित अपने घर को लौटें। वे इस पचड़े में न पड़ें कि हिन्दुओं में सुधार हो सकेगा, क्योंकि वह, वास्तव में, पहाड़ में सिर मारना है। सुझाव यही है कि 'तलाक' जैसे शब्द को, जो दलित शब्दकोश में 'मोरलिटी' का ही दूसरा नाम है, हिन्दुओं के हत्थे न चढ़ने दिया जाए, क्योंकि वे इसे अर्थहीन कर देंगे। शब्द को उस के अर्थ समेत वापिस बचा लिया जाए तो यह बड़ी प्राप्ति होगी।

राज किशोर और वीरेन्द्र यादव ने मुझ पर आरोप लगाया था कि मुझे कानून का ज्ञान नहीं है। अब यह अध्याय लिख कर मैंने उन्हें कानून काफी हद तक पढ़ा दिया है।

संदर्भ

1. कौटिल्य का अर्थशास्त्र, व्याख्याकार, वाचस्पति गैरोला, चौखम्बा विद्याभवन, चौक, पो. बा. नं. 69, वाराणसी-221 001, तृतीय संस्करण, 1984, पृ.-268
2. प्रेमचन्द के निन्दक, वीरेन्द्र यादव, तद्भव, 18/201, इन्दिरा नगर, लखनऊ, उत्तर प्रदेश-226 016, अक्टूबर, 2005, पृ.-68
3. गोदान, प्रेमचन्द, लोक भारती प्रकाशन, 15-ए, महात्मा गांधी मार्ग, इलाहाबाद-1, संस्करण, 1999, पृ.-277
4. वही, पृ.-277-78,
5. वही, पृ.-278
6. वही, पृ.-278
7. "If the rules in the *Smriti-Chandrika* thus ensure the wife's right to maintenance in case of her supersession, they provide for her residence in her husband's house as well as her maintenance even in the event of her committing adultery. When the wife is guilty of slight adultery, she must be maintained, though deprived of conjugal rights, till her performance of a penance. Even when she commits grave adultery, she must be maintained till her performance of the prescribed penance, but with bad food and so forth. When she is guilty of the grossest adultery she should have her hair shaved and made to lie on a low bed and do dirty work, but still she should be maintained with bad food and clothes and made to live under restraint in a portion of the husband's house. The wanton wife, concludes the author, may be abandoned, but not so the wife guilty of gross adultery, because it is possible to fit her for conjugal relations by means of penances."
   The History and Culture of the Indian People : Volume V : The Struggle for Empire, General Editor, R.C. Majumdar, Bharatiya Vidya Bhavan, Kulpati K. M. Munshi Marg, Mumbai-400 007, Vth Edition, 2001, pp.-481-82
8. प्रेमचन्द : विविध प्रसंग–3, संकलन और रूपांतर, अमृत राय, हंस प्रकाशन, इलाहाबाद, प्रथम संस्करण, प्रेमचंद स्मृति दिवस, 1962, पृ.-257-59
9. गोदान, प्रेमचंद, लोक भारती प्रकाशन, 15-ए, महात्मा गांधी मार्ग, इलाहाबाद-1, संस्करण, 1999, पृ.-53
10. आलोचना के लिए 'देवी शंकर अवस्थी स्मृति सम्मान', विज्ञप्ति सं, हस, 2/36, अन्सारी रोड, दरियागंज, नई दिल्ली-110 002, नवम्बर, 2006, पृ.-84
11. प्रेमचंद : कलम का सिपाही, अमृत राय, हंस प्रकाशन, इलाहाबाद, संस्करण, अप्रैल, 1992, पृ.-656
12. प्रेमचंद : विविध प्रसंग–3, संकलन और रूपान्तर, अमृत राय, हंस प्रकाशन, इलाहाबाद, प्रथम संस्करण, प्रेमचंद स्मृति दिवस, 1962, पृ.-257-59
13. गोदान, प्रेमचंद, लोक भारती प्रकाशन, 15-ए, महात्मा गांधी मार्ग, इलाहाबाद-1, संस्करण, 1999, पृ.-53
14. वही, पृ.-141
15. श्रीमती चन्द्रकला त्रिवेदी बनाम डा. एस. पी. त्रिवेदी, 24 अगस्त, 1993, [1993] 3 उम. नि. प. 412, उच्चतम न्यायालय निर्णय पत्रिका, विधि साहित्य प्रकाशन, विधायी विभाग, विधि, न्याय और कम्पनी कार्यालय मन्त्रालय, भारत सरकार, नई दिल्ली-110 001

16. प्रेमचंद : कलम का सिपाही, अमृत राय, हंस प्रकाशन, इलाहाबाद, संस्करण, अप्रैल, 1992, पृ.-656

17. संतप्त (आत्मकथा), सूरज पाल चौहान, वाणी प्रकाशन, 21-ए, दरियागंज, नई दिल्ली-110 002, प्रथम संस्करण, 2006, पृ.-29-30

18. वही, पृ.-31

19. "It is not unnatural that when a husband leaves his newly wedded wife alone and himself goes away at a distant place to earn his livelihood, a lady, who is suffering sexual deprivation, may develop intimacy as well as illicit relations with a stranger. That is what appears to have actually happened. At the relevant time the husband and wife were living in a rented house of Chainmal Prakashmal Bothra after separating from the parents of the husband. The husband went away to Assam to earn his livelihood. There was one more tenant named Ram Narain compounder who was residing in the house. Smt. Sarla developed intimacy and even illicit relations with Ram Narain compounder. When the husband returned from Assam, he came to know it. There should have arisen a serious antagonism in the mind of the husband against the wife which is quite natural in a man-dominated society. The indigation went to this extent that the husband compelled his wife to give a true and faithful statement of what happened when he was in Assam by giving her the hope that in case she gave a faithful statement, she will be excused. The wife Smt. Sarla under the belief that there was no way out before her except to admit all her commissions during the period the husband was in Assam, wrote a detailed admission Ex. D/1 in which she admitted her illicit relations and the manner in which they developed with Ram Narain compounder."
Smt. Sarla Vs. Mahenda Kumar : 1989 Cri. L.J. : 730 (Rajasthan)

20. "If Smt. Sarla developed intimacy and even sexual relations with Ram Narain compounder while the husband was at Assam, the husband has more to be blamed than the wife. In any event, it cannot be said by wife's intimacy with a single person that the wife was living in adultery."
ibid., p.-731

21. भरण-पोषण का कानून, डॉ. राधेश्याम द्विवेदी, मल्होत्रा पब्लिशिंग हाउस, इलाहाबाद, 1991, पृ.-8

22. वही, पृ.-2

23. हिन्दू विधि, चन्द्रनाथ झा, सुविधा ला हाउस, भोपाल, 1991, पृ.-211

24. हिन्दू विवाह अधिनियम, इन्द्रजीत मल्होत्रा, ईस्टर्न बुक कम्पनी, लखनऊ, 1991, पृ.-247

25. दीवान-ए-गालिब, संकलन तथा लिप्यंतरण, नूर नबी अब्बासी, गालिब इन्स्टीट्यूट, ऐवान-ए-गालिब मार्ग, नई दिल्ली-110 002, प्रथम संस्करण, 1984, पृ.-220

26. गोदान, प्रेमचन्द, लोक भारती प्रकाशन, 15-ए, महात्मा गांधी मार्ग, इलाहाबाद-1, संस्करण, 1999, पृ.-277

27. प्रेमचन्द : कलम का सिपाही, अमृतराय, हंस प्रकाशन, इलाहाबाद, संस्करण, अप्रैल, 1992, पृ.-618

28. प्रेमचंद : चिट्ठी-पत्र—2, संकलन-लिप्यंतर-शब्दार्थ, मदन गोपाल और अमृतराय, हंस प्रकाशन, इलाहाबाद, प्रथम संस्करण, प्रेमचंद स्मृति दिवस, 1962, पृ.-235

29. प्रेमचन्द : घर में, शिवरानी देवी प्रेमचन्द, आत्माराम एण्ड संस, 1376, कश्मीरी गेट, दिल्ली-110 006, संस्करण, 2005, पृ.-26
30. प्रेमचन्द : विविध प्रसंग–3, संकलन और रूपांतर, अमृत राय, हंस प्रकाशन, इलाहाबाद, प्रथम संस्करण, प्रेमचंद स्मृति दिवस, 1962, पृ.-257
31. वही, पृ.-257
32. वही, पृ.-258
33. भाषा प्रबोध : (ख), प्रधान संपादक, रमेश गौतम, राजकमल प्रकाशन प्रा. लि., 1-बी, नेताजी सुभाष मार्ग, नई दिल्ली-110 002, पहला संस्करण, 2005, पृ.-26
34. गोदान, प्रेमचंद, लोक भारती प्रकाशन, 15-ए, महात्मा गांधी मार्ग, इलाहाबाद-1, संस्करण, 1999, पृ.-278
35. प्रेमचन्द के निन्दक, वीरेन्द्र यादव, तद्भव, 18/201, इन्दिरा नगर, लखनऊ-226 016, अक्टूबर, 2005, पृ.-68
36. भरण-पोषण का कानून, डॉ. राधेश्याम द्विवेदी, मल्होत्रा पब्लिशिंग हाउस, 255, के. एल. कीटगंज, इलाहाबाद-211 003, प्रथम संस्करण, 1991, पृ.-1
37. दलित स्त्रियाँ किसकी सम्पत्ति हैं, राज किशोर, जनसत्ता, दिल्ली, 3 अक्टूबर, 2005
38. थेरीगाथा की स्त्रियाँ और डॉ. अम्बेडकर, डा. धर्मवीर, वाणी प्रकाशन, 21-ए, दरियागंज, नई दिल्ली-110 002, प्रथम संस्करण, 2005, पृ.-77-94
39. दलित स्त्रियाँ किसकी सम्पत्ति हैं, राज किशोर, जनसत्ता, दिल्ली, 3 अक्टूबर, 2005
40. वही, 3 अक्टूबर, 2005
41. वही, 3 अक्टूबर, 2005
42. रखैल और जार का दलित-पाठ, राजेन्द्र यादव, हंस, 2/36, अन्सारी रोड, दरियागंज, नई दिल्ली-110 002, नवम्बर, 2005, पृ.-6
43. वही, पृ.-6
44. "in 1884, one Dadaji Bhikaji filed a suit for the restitution of conjugal rights, because his wife, Rakhmabai, married in childhood and subsequently educated, refused to live with him when she grew up. ...Though he lost his case in the District Court, ...he went to the Bombay High Court on appeal. The revivalists mounted a strong campaign against the District Court judgement, saying that 'foreign rulers' had no right to interfere with Hindu customs; and B.G. Tilak wrote that the women's education movement was the route 'for an attack on our ancient religion under the cover of Rakhmabai with the intention of *castrating* (emphasis mine) our eternal religion'... Dadaji Bhikaji won his case on appeal, though the Court made it clear their sympathies were with Rakhmabai. Now the social reformers were up in arms, accusing the Government of 'perpetuating Hindu orthodoxy' and saying the judgement exposed the 'reactionary' nature of the British and their administration of law in India. Rakhmabai herself refused to obey the High Court judgement, was made to pay a substantial fine and excommunicated, went to England and qualified as an M.D., returned to India where she practised medicine, and died at 91."
    The History of Doing : An Illustrated Account of Movments for Women's Rights and Feminism in India 1800-1990, by Radha Kumar, Kali for Women, K-92, Hauz Khas Enclave, New Delhi-110 016, Fifth Impression, 2002, p.-27
45. "...Rakhmabai, who was married at the age of 11 to Dadaji Bhikaji, but whose marriage was not consummated when she reached puberty some

years later since she refused to join her consumptive and illiterate husband... In 1884, her husband moved the court for the restitution of conjugal rights, an act which received the support of hundreds of men across the country. Rakhmabai contended that Bhikaji was unable to earn a decent living, was immoral, uneducated and unhealthy. So the lower court did not insist on her going to live with her husband. However, as Ramabai put it, "the conservative party all over India rose as one man and girded their loins to denounce the helpless woman." Large sums of money were collected to help the aggrieved husband file an appeal, but Rakhmabai refused to join her husband even after the Bombay Court ordered her to do so under act XV of 1877 (which permitted the restitution of conjugal rights), preferring to court arrest."

Women and Law in Colonial India : A Social History, by Janaki Nair, Kali for Women, B 1/8 Hauz Khas, New Delhi-110 016, Second Impression, 2000, p.-70

46. रखैल और जार का दलित-पाठ, राजेन्द्र यादव, हंस, 2/36, अन्सारी रोड, दरियागंज, नई दिल्ली-110 002, नवम्बर, 2005, पृ.-6
47. वही, पृ.-6
48. हिन्दू विवाह कानून में सुधार की सिफारिश, दैनिक जागरण, 23 मार्च, 2006
49. वही, 23 मार्च, 2006
50. वही, 23 मार्च, 2006
51. वही, 23 मार्च, 2006
52. वही, 23 मार्च, 2006
53. भारत का संविधान, 26 जनवरी, 2005 को यथा विद्यमान, विधि साहित्य प्रकाशन, भारत सकार, भारतीय विधि संस्थान भवन, भगवानदास मार्ग, नई दिल्ली-110 001, संस्करण, 2005, पृ.-9
54. प्रेमचंद : चिट्ठी-पत्री—1, संकलन-लिप्यंतर-शब्दार्थ, मदन गोपाल और अमृत राय, हंस प्रकाशन, इलाहाबाद, प्रथम संस्करण, प्रेमचंद स्मृति दिवस, 1962, पृ.-237
55. सार्थक सम्बन्ध सेतु, राष्ट्रीय सहारा, नई दिल्ली, 19 फरवरी, 2006
56. आलोचना के वीर और उन का धर्म, अरुण कुमार त्रिपाठी, हिन्दुस्तान, नई दिल्ली, 11 दिसम्बर, 2005

अध्याय-25

मर्दाना साहित्य बनाम जनाना साहित्य

अपने साहित्य के लिंग को ले कर प्रेमचंद ने अपनी बात सर्वाधिक स्पष्टता से रखी है। इस मामले में उन्होंने कोई गुंजाइश नहीं छोड़ी कि उन के प्रशंसक किसी सन्देह की बिना पर अगर-मगर कर सकें।

इन्द्रनाथ मदान को 7 सितम्बर, 1934 के लिखे अपने पत्र में वे बहुत चौकस हो कर लिखते हैं–"कथानक मैं इस दृष्टि से बुनता हूँ कि मानव चरित्र में जो सुन्दर है, मर्दाना है वह उभर कर सामने आ जाय।"[1]

बात केवल 1934 की नहीं है कि उन के विचारों में क्रमिक विकास हुआ हो। इस से 14 साल पहले 1920 में भी इस मामले में उन के विचार ये ही थे। उन्होंने अपने मित्र, उर्दू के प्रसिद्ध साहित्यकार इम्तयाज अली 'ताज' को 14 सितम्बर, 1920 के अपने खत में लिखा था–"मैं लिटरेचर को मैस्कुलिन देखना चाहता हूँ, फेमिनिज्म, ख्वाह वह किसी सूरत में हो, मुझे पसन्द नहीं। इसी वजह से मुझे टैगोर की अक्सार नज्में नहीं भातीं। यह मेरा भीतरी नुक्स है, क्या करूँ। 'अशआर'... भी मुझे वही अपील करते हैं, जिन में कोई जिद्दत...हो।' 'गालिब' के रंग का मैं आशिक हूँ।"[2]

इस विषय पर अमृत राय ने जैनेन्द्र कुमार के साथ हुआ प्रेमचन्द का एक वार्तालाप दिया है जो इस प्रकार है :

> "मैंने कहा–बंगाली साहित्य हृदय को अधिक छूता है–इससे आप सहमत हैं? तो इसका कारण क्या है?
>
> प्रेमचंदजी ने कहा–सहमत तो हूँ। कारण, उसमें स्त्री-भावना अधिक है। मुझमें वह काफ़ी नहीं है।
>
> सुनकर मैं उनकी ओर देख उठा। पूछा–स्त्रीत्व है, इसी से वह साहित्य हृदय को अधिक छूता है?

बोले—हाँ तो। वह जगह-जगह स्मरणशील हो जाता है। स्मृति में भावना की तरलता अधिक होती है, संकल्प में भावना का काठिन्य अधिक होता है : विधायकता के लिए दोनों चाहिए—

बोले—जैनेन्द्र, मुझे कुछ ठीक नहीं मालूम। मैं बंगाली नहीं हूँ। वे लोग भावुक हैं। भावुकता से जहाँ पहुँच सकते हैं, वहाँ मेरी पहुँच नहीं। मुझमें उतनी देन कहाँ? ज्ञान से जहाँ नहीं पहुँचा जाता, वहाँ भी भावना से पहुँचा जाता है। वहाँ भावना से ही पहुँचा जाता है। लेकिन जैनेन्द्र मैं सोचता हूँ काठिन्य भी चाहिए।

कहकर प्रेमचंद जैसे कन्या की भाँति लज्जित हो उठे। उनकी मूँछें इतनी घनी थीं कि बेहद। उनमें सफेद बाल तब भी रहे होंगे। फिर भी मैं कहता हूँ, वह कन्या की भाँति लज्जा में घिर गये। बोले—जैनेन्द्र, रवीन्द्र, शरत दोनों महान हैं। पर हिन्दी के लिए क्या वही रास्ता है?....मेरे लिए तो वह राह नहीं ही है।"[3]

बात केवल रवीन्द्र और शरत तक सीमित नहीं है बल्कि इस चपेट में वे पूरे बंगला साहित्य को ले लेते हैं। अमृत राय बताते हैं कि प्रेमचंद ने इन्द्रनाथ मदान के एक सवाल का जवाब देते हुए बंगला साहित्य के बारे में लिखा था—"उस में एक स्त्रियोचित गुण पाया जाता है जिसे मैं अपने स्वभाव के प्रतिकूल पाता हूँ...।"[4] इस मामले पर अमृत राय ने प्रेमचन्द के विचारों को ले कर बार-बार लिखा है—"ताज साहब को एक बार उन्होंने लिखा था—'मैं लिटरेचर को मैस्कुलिन देखना चाहता हूँ।' इन्द्रनाथ मदान को लिखा था—'बँगला साहित्य को मैं बहुत पसन्द नहीं कर पाता। उसमें स्त्री-गुण अधिक है।'"[5]

अच्छा किया कि अमृत राय ने प्रेमचन्द के विचारों की अपनी तरफ से व्याख्या भी कर दी है। उन्होंने प्रेमचंद के साहित्य की मैस्कुलिनता को अपनी तरफ से तुलनात्मक आयाम देते हुए समझाया है—"जो सीने में दफन रहे वही असल दर्द है और जो छलक कर ऊपर आ जाए? जनानापन।"[6]

प्रेमचंद अपने विचारों में मर्दाना साहित्य और जनाना साहित्य की बहस तक सीमित नहीं रहे हैं। उन के विचारों का यह आयाम या विकास एक बहुत गलत जगह पर चला जाता है, जब वे यह स्वीकार नहीं करते कि स्त्रियों को कमाने का काम भी करना चाहिए। उन्होंने नहीं माना कि स्त्रियों को नौकरियाँ करनी चाहिए। इस विषय को ले कर शिवरानी की प्रेमचंद से एक अच्छी-खासी बहस हुई थी। सम्बन्धित शब्द इस प्रकार हैं :

"आप बोले—'मुझे इस पर भी तो शरम आती है कि कोई भलामानुस आ जाय तो अपने दिल में तो यही सोचे कि अच्छे भले आदमी हैं कि एक रसोईदार भी नहीं रखते।'

मैं बोली—'तो इसमें क्या? क्या खाना पकाना कोई जुर्म है?'

आप बोले—'समाज के अंदर, जिस समाज में रहते हों, उसी समाज का बनकर रहना चाहिए।'

मैं बोली—'आप ही तो कहते हैं कि जो बड़े लोग काम करते हैं, उनकी देखा-देखी ही छोटे लोग भी करते हैं। हमेशा नौकर रहते हुए भी आप अपना काम अपने हाथों से करते हैं। तब क्या मेरे लिए ही सबसे ज्यादा जरूरी है कि रसोइया रखूं?'

तब आप हंसने लगे—'हां, तुम्हारे लिए ज़रूरी है। पुरुष खुद मज़दूर बन सकता है, मगर अपने घर में स्त्री को मज़दूरनी बनाना पसंद नहीं करता। अब उधर चाहे जो कुछ हो, मगर पहले अंग्रेज़ों के यहां भी उनकी स्त्रियों को नौकरी नहीं करने देते थे।'

मैं बोली—'मैं देखती हूं कि यहां भी काफ़ी स्त्रियां नौकरी करने लगी हैं।'

आप बोले—'नौकरियां करने लगीं हैं, मगर वह अच्छा नहीं है, मैं इसको अच्छा नहीं समझता। अब इसका नतीजा क्या हो रहा है? अब पुरुष और स्त्री दोनों नौकरियां करने लगे, तब इसके माने क्या हैं? रुपए ज़्यादा आ जाएंगे। उसी का तो यह फल है कि पुरुषों की बेकारी बढ़ रही है।'

मैं बोली—'कुछ हो स्त्रियों की कुछ अपनी कमाई तो रहती ही है।'

आप बोले—'यह कमाई का सवाल अभी थोड़े दिनों से उठा है, नहीं तो पहले स्त्रियों की कमाई एक पैसा नहीं होती थी, और स्त्रियां काफ़ी दबदबे के साथ घर पर शासन करती थीं, तब क्या वह कमाई करती थीं?'

मैं बोली—'अब तो अपनी कमाई का पैसा पुरुष अपने पास रखे रहते हैं, जब उन बिचारियों को ज़रूरत होती है, उनसे मांगना पड़ता है। इच्छा हुई तो कभी दे दिया, कभी इन्कार करके हट गए, तब ऐसी हालत में मेरे ख़्याल में बेहतर यही है कि दोनों कमाएं।'

आप बोले—'जब ऐसे पुरुष हो रहे हैं, तो तुम्हारे देश के शुभ लक्षण नहीं हैं।'

मैं बोली—'शुभ हों, चाहे अशुभ हों, देखना तो यह है कि इस वक़्त ज़रूरत किसकी है।'

आप बोले—'ज़रूरत तो इस वक़्त मालूम होती है, मगर कभी यह न भूल जाना चाहिए कि देश में कुछ ही स्त्री-पुरुष ऐसे हैं, जो एक की कमाई पर दूसरा गुज़र करता है। छोटी जातियों में और काश्तकारों में देख लो, दोनों बराबर की मेहनत करते हैं, बल्कि स्त्रियां उन से कुछ अधिक ही

काम करती हैं, फिर भी पुरुष जो बदमाश हैं, वह अपनी स्त्रियों से पैसा भी छीन लेते हैं, और उन पर शासन भी करते हैं। अब सोचना यह है कि कैसे दोनों को बराबर किया जाय और बदमाशों को कैसे ठीक किया जाय। इसमें जरूरत इस बात की है कि स्त्रियाँ शिक्षित हों, और उसके साथ-साथ स्त्रियों को वह अधिकार मिल जाएं जो सब पुरुषों को मिले हुए हैं। जब तक सब स्त्रियां शिक्षित नहीं होंगी, और सब कानून-अधिकार उनको बराबर न मिल जाएंगे, तब तक महज बराबर काम करने से ही काम नहीं चलेगा।'

मैं बोली—'आख़िर वह काम कैसे चलेगा?'

आप बोले—'यह सब धीरे-धीरे होगा, इस समाज को बिगड़ते-बिगड़ते बहुत दिन हो गए, उसी तरह इसको बनने में भी बहुत दिन लगेंगे।'

मैं बोली—'तो क्या तब तक स्त्रियों का इसी तरह रोना लगा रहेगा?''

आप बोले—'सब मुल्कों में बदमाश ही बदमाश नहीं होंगे, और न सब हैं। अब भी कुछ लोग अपने घर में स्त्रियों की पूजा करते हैं, और मेरा तो ख़्याल यह है कि शायद मनुस्मृति जो पहले बनी थी वह इस आधार पर बनी थी कि स्त्रियों को पुरुष अपने से बहुत ऊंचा समझते थे। मनुस्मृति में मां का हक पिता से दूना रखा गया है। स्त्री के बिना कोई काम पुरुष अकेला नहीं कर सकता था। भाई-भाई चाहे लड़कर मर जाएं, मगर बहन सब भाइयों के लिए बराबर रहती थी। इसके माने हैं कि वे स्त्रियों को सबसे श्रेष्ठ मानते थे।' ''[7]

बीच में मनृस्मृति की बात कह कर आखिर यह झूठमूठ का कहना ही हुआ। कौन मान लेगा कि मनृस्मृति स्त्री के पक्ष में लिखी गई कानून की किताब है?

खैर, प्रेमचंद नहीं चाहते कि उन के वर्ग की स्त्रियां नौकरियाँ करें। तब 'गोदान' में दिया हुआ स्त्रियों पर उन का यह आरोप कितना सही है?—''बड़े आदमी जितनी महीन साड़ियाँ चाहे पहनें। उन की मेहरियों को बैठने और सोने के सिवा और कौन काम है!''[8] भला, जब स्त्रियों को नौकरियाँ करने की इजाजत नहीं दी जाएगी तो वे खाएँगी और भैंस की तरह इधर-उधर ऐंड ही मारेंगी। फिर शिकायत कैसी कि वे सोती पड़ी पलंग तोड़ती रहती हैं? वैसे, यह भी सही है कि नौकरी से रोकने की बात है तो प्रेमचंद के सामने दलित नारी नहीं है। उन्होंने नहीं माना कि सभी नारियों को नहीं कमाना चाहिए। दलित नारी ठाली नहीं दिखाई देती। वह कमाती ही रहती है। लेकिन स्त्री को नियन्त्रण में रखने की बात उन के साहित्य में सार्वत्रिक है। हिन्दू स्मृतियों के अनुरूप वे तितलियों के पर काटते रहते हैं। उन्होंने अपने उपन्यास

'गोदान' में इस बात को कई जगह उभारा है कि औरत को नियन्त्रण में रखना पड़ता है। कोदई गोबर को बता रहा है—"लेकिन औरत जात बिना कुछ ताड़ना दिए काबू में भी तो नहीं रहती।"[9] उधर धनिया खुद स्त्री हो कर भी भोले को समझा रही है—"जब औरत को बस में रखने का बूता न था, तो सगाई क्यों की थी?"[10]

जानना यह चाहिए कि प्रेमचंद के मर्दाने साहित्य के और क्या-क्या अर्थ निकल सकते हैं। लिंग के रूप में प्रेमचंद मर्द थे। जब वे मर्द थे तो उन्हें एक मर्द की तरह ही व्यवहार करना चाहिए। इस में कुछ भी गलत नहीं है कि उन का साहित्य एक मर्द का साहित्य होना चाहिए। चूँकि, वे लिंग के रूप में जनाने नहीं हैं, इसलिए उन की दृष्टि किसी जनाने की दृष्टि नहीं होनी चाहिए। लेकिन, अगला सवाल यह है कि क्या वे जनानियों से भी मर्द की तरह का व्यवहार और दृष्टि चाहते हैं। यह अपेक्षा सम्भव नहीं है। तब, क्या साहित्य में जनानियों की दृष्टि गायब रह जानी चाहिए? इस का उत्तर 'हाँ' में होने से संस्कृत भाषा में दिया गया वैदिक परम्परा का निर्देश 'स्त्रीशूद्रोनाधीयताम' चरितार्थ होने लगता है। ऐसे निर्देश का पालन करवाना ज्यादा गलत चीज है। शायद, प्रेमचंद बीच में फँसे हैं। लेकिन चिन्तन के इसी त्रिशंकुपन की वजह से स्त्री-विमर्श में एक आवाज आई है कि मर्द उन की विशेष स्त्री भाषा को नहीं समझते। एक ही घर में रहते हुए और एक ही भाषा बोलते हुए भी उस घर के मर्दों और जनानियों के बीच एक भारी 'कम्यूनिकेशन गैप' बना रहता है। छाती में दूध उमड़ने की भाषा को मर्द समझ ही नहीं सकता। प्रसव की पीड़ा या सुख को आज तक किसी पुरुष ने नहीं जाना। तो, दोनों के जीवन में ऐसी बहुत सी बातें हैं जो एक-दूसरे की समझ में नहीं आतीं। स्त्री ही पुरुष की सारी बातें कहाँ समझती है? लेकिन इसी वजह से जनाने साहित्य को हेय तो नहीं माना जा सकता, गायब तो नहीं किया जा सकता, 'स्त्री शूद्रोनाधीयताम्' का सूत्र तो नहीं निकाला जा सकता।

समाज स्त्री और पुरुष दोनों से मिल कर बना है। तब खारिज करने के बजाय, या कमजोर मानने के बजाय, जनाने साहित्य को पूरक क्यों नहीं माना जा सकता? क्या प्रेमचंद के मन में, मातृसत्ता के विरोध में पितृसत्ता बोल रही है, क्योंकि बंगाल की समाज-व्यवस्था में मातृसत्ता का असर ज्यादा बाकी है?

खैर, व्यक्ति कह सकता है कि उसे अपने जन्म लेने के लिए, पालने के लिए और खाना-कमाना सीखने के लिए अपनी परम्परा में मर्दाने साहित्य और जनाने साहित्य—दोनों की जरूरत है। इन दोनों में से न किसी को खारिज किया जा सकता है और न किसी को हेय दृष्टि से देखा जा सकता है।

अगली बात सुन्दरता की रह जाती है। प्रेमचंद ने मर्दानगी को सुन्दरता से जोड़ा है। वे ऐसा कहने के लिए और भी स्वतंत्र हैं क्योंकि अपनी दोनों पत्नियों की तुलना में वे हजार गुने सुन्दर थे। इस में क्या किया जा सकता है?—उन के सारे प्रशंसक

इकधोरे से यही मानते हैं। लेकिन उन के व्यक्तित्व से जुड़े इस मसले को यहीं छोड़ कर स्त्री-चिन्तन से एक सवाल पूछा जा सकता है। सवाल यह है कि यदि किसी स्त्री के सामने, जवान हुए, एक मुर्गा और एक मुर्गी, एक मोर और एक मोरनी, एक कबूतर और एक कबूतरी, एक शेर और एक शेरनी, एक हिरन और एक हिरनी, या एक मर्द और एक जनानी, ला दी जाएँ, तो वह उन में से क्रमशः किसे-किसे सुन्दर कहेगी? मेरे हिसाब से, यदि स्त्री को अलग से, अर्थात बाहरी आवरणों से न सजाया जाए, तो अपने प्राकृतिक रूप में अपनी गलमुच्छों के समेत मर्द ही सुन्दर लगेगा। स्त्री को असुन्दर नहीं कहा जा रहा है पर जो आमिष भोजी स्त्रियाँ हैं, वे, विकल्प होने पर, बाजार से मुर्गी खरीदेंगी या मुर्गा? पति से चूक हो गई तो पत्नी यही कहेगी, 'क्या मुर्गी ठा लाए?' आश्चर्य की बात है, बाकी जीव जगत में मादा को रिझाने के लिए 'नर' कथक का नाच नाचता है, पर मनुष्यों में नर को रिझाने के लिए 'मादा' को भरत नाट्यम और मोहिनिनाट्यम सीखने पड़ते हैं। मोर के सामने मोरनी का नाच—कैसा लगता है। गुटरगूँ कबूतर की होती है, कबूतरी पंख तिरछे करके अपने पाँव कैसे मोड़ेगी?

संदर्भ

1. प्रेमचन्द : चिट्ठी-पत्री—2, संकलन-लिप्यंतर-शब्दार्थ, मदन गोपाल और अमृत राय, हंस प्रकाशन, इलाहाबाद, प्रथम संस्करण, प्रेमचंद स्मृति दिवस, 1962, पृ.-235
2. प्रेमचंद : कलम का सिपाही, अमृत राय, हंस प्रकाशन, इलाहाबाद, संस्करण, अप्रैल, 1992, पृ.-58
3. वही, पृ.-452
4. वही, पृ.-58,
5. वही, पृ.-301
6. वही, पृ.-302
7. प्रेमचंद : घर में, शिवरानी देवी प्रेमचंद, आत्माराम एण्ड संस, 1376, कश्मीरी गेट, दिल्ली-110 006, संस्करण, 2005, पृ.-217-18
8. गोदान, प्रेमचंद, लोक भारती प्रकाशन, 15-ए, महात्मा गांधी मार्ग, इलाहाबाद-1, संस्करण, 1999, पृ.-178
9. वही, पृ.-118
10. वही, पृ.-252

भाग-4. पुश्तैनी हिसाब

अध्याय-26

प्रेमचंद के पात्रों की पहचान

I

मैं इस खोज में था कि भारतीय लोगों की मूल पहचान क्या है। मुझे दक्षिण भारत के एक मित्र ने बताया था–"काली आँखें और सिर पर काले बाल।" वे कह रहे थे कि भारत में कहीं भी घूम जाओ, हर आदमी में ये दो चीजें समान रूप से जरूर मिलेंगी। उन का मानना था कि भारतीय लोगों में भाषा, खानपान, पहनावे, धर्म आदि के कितने भी अन्तर हों, पर वे सब काली आँखें और सिर पर काले बाल वाले जरूर हैं। अब उन्हें कैसे समझाऊँ कि भारतीय होते हुए भी प्रेमचंद की आँखें नीली थीं और सिर पर काले बाल नहीं थे। वे लाल-ललोए या सुनहरे लोहरे थे।

माना यह जाता है कि भारत में रंगों की और नस्लों की अन्तर्भुक्ति, महाभारत काल में बड़े स्तर पर हो गई थी। उस से भी पहले विष्णु और राम काले रंग के थे। शिव काले हैं ही। कौशल्या और द्रौपदी काली ही हैं। कृष्ण की सुन्दरता उन के साँवलेपन में ही मानी गई है। पर, पता नहीं, प्रेमचंद कौन-सी खेंप की विदेशी मनोभावना के व्यक्ति थे कि 20वीं सदी में रंगभेदी बने हुए हैं? हाँ, उन्हें भारत का साँवला रंग पसन्द नहीं है। साँवले रंग को वे बदसूरती में शामिल करते हैं। प्रमाण शिवरानी के ये शब्द हैं :

> "सन् 1928 की बात है। बेटी की शादी करनेवाले थे। कई लड़के लखनऊ में देखे। मगर कोई भी पसन्द न आया। जिसका घर-बार अच्छा होता उसका लड़का बदसूरत होता। अगर लड़का अच्छा होता तो घर खाली। एक बार मैं बोली–'आप लड़का देखने गये थे, पसन्द आया?'
>
> आप बोले–'लड़का तो अच्छा है, पर सांवला है।'

मैं बोली—'तो क्या? चकले में थोड़े ही बैठाना है।'

आप बोले—'इससे क्या? सूरत-शक्ल तो होनी चाहिए।'"[1]

यदि प्रेमचंद की चले तो जाने भारत में क्या हो जाए?

प्रेमचंद के साहित्य का कई ढंग से अध्ययन किया जाता है, लेकिन उन ढंगों में नस्लों और रंगों की तरफ भी ध्यान दिया जाना चाहिए। उन के साहित्य की विशेषता मात्र जातियों के उल्लेखों से सम्बन्धित नहीं है, बल्कि उन्होंने लोगों को उन के कद, काठी, रंग आदि की कसौटियों पर भी परखा है। सीमा बताऊँ, कि इस अध्ययन में मैंने प्रेमचंद के उपन्यास 'रंगभूमि' और 'गोदान' को आधार बनाया है, लेकिन यदा-कदा अन्यत्र से भी सहायता ले ली है। यदि केवल रंगभेद की बात लें तो उन्होंने अपने पात्रों को काले, साँवले, गेहुएँ, गोरे और गोरे-चिट्टे रंगों में पहचाना है।

काले पात्रों की बात शुरू की जाए तो 'रंगभूमि' के सूरदास से ही शुरू की जाए। उस के रंग के बारे में लिखा गया है—"वही अंधा है न, काला-काला, दुबला-दुबला...?"[2] इस के बाद 'गोदान' में सिलिया चमारी के बाप की पहचान इस रूप में दी गई है—"सिलिया का बाप हरखू साठ साल का बूढ़ा था; काला, दुबला सूखी मिर्च की तरह पिचका हुआ; पर उतना ही तीक्ष्ण।"[3]

प्रेमचंद ने अपने कथा-साहित्य में काले रंग का एक कायस्थ भी रखा है। उस का वर्णन इस प्रकार है—"बाबू भालचंद दीवान खाने के सामने आरामकुर्सी पर नंग-धड़ंग लेटे हुए हुक्का पी रहे थे। बहुत ही स्थूल, ऊँचे कद के आदमी थे। ऐसा मालूम होता था कि काला देव है या कोई हब्शी अफ्रीका से पकड़ कर आया है। सिर से पैर तक एक ही रंग था—काला।"[4] जाने प्रेमचन्द को कैसे याद नहीं आया?—जब 'काला' कहने चले थे तो इसे 'काला ढिट' या 'ढिट काला' कह देते। शायद, उन के क्षेत्र में इस शब्द का प्रयोग न होता हो। प्रेमचंद ने 'गोदान' में पटेश्वरी लाल के बारे में लिखा है—"पटेश्वरी लाल बहुत लम्बे थे...। अपना लम्बा, काला मुँह और लम्बा करके बोले...।"[5]

प्रेमचंद 'गोदान' में मँगरू साह का वर्णन करते हैं—"काला रंग, तोंद कमर के नीचे लटकती हुई, दो बड़े-बड़े दाँत सामने जैसे काट खाने को निकले हुए...।"[6] उन्होंने 'गोदान' में ठाकुर झिंगुरी सिंह की नस्ल इस प्रकार बताई है—"नाटे, मोटे, खल्वाट, काले, लम्बी नाक और बड़ी-बड़ी मूँछों वाले आदमी थे...।"[7]

गोबर की पत्नी झुनिया को 'चुहिया' नाम की एक पड़ोसन मिलती है। पड़ोसन का चित्रण इस प्रकार है—"दोहरी देह की, काली-कलूटी, कुरूपा, बड़े-बड़े स्तनों वाली स्त्री थी।"[8] एक पहाड़ी लड़की का वर्णन इस प्रकार है—"युवती का रंग था तो काला और वह भी गहरा...लेकिन उस स्वच्छ, निर्मल जलवायु ने उस के कालेपन में ऐसा लावण्य भर दिया था—कि यौवन का चित्र खींचने के लिए उस से सुन्दर कोई रूप न

मिलता।"[9] इसी युवती को मालती बार-बार 'कलूटी' और 'गजब की काली' कहती है।[10]

काले के बाद साँवले रंग का वर्णन आता है। प्रेमचंद की एक कहानी 'आप बीती' में एक पात्र उमा पति नारायण हैं। उन के डील-डौल का परिचय इस प्रकार वर्णित दियां गया है—"श्याम वर्ण, नाटा डील, मुँह पर चेचक के दाग, नंगा सिर, बाल सँवारे हुए, सिर्फ सादी कमीज, गले में फूलों की माला, पैर में फूलबूट और हाथ में एक मोटी-सी पुस्तक।"[11] अमृत राय ने इस पात्र के बारे में अपनी टिप्पणी दी है—"गरज कि पूरा जोकर का हुलिया था।"[12] एक बंगाली ब्राह्मण कुमार प्रेमचन्द के सम्पर्क में आए थे। उन का नाम कृष्ण कुमार मुखोपाध्याय था। उन की हुलिया इस प्रकार वर्णित है—"दुबला-सा आदमी, साँवला रंग, लम्बा मुँह, बड़ी-बड़ी आँखें, अंग्रेजी वेश...।"[13] अमृत राय ने कज़ाकी के बारे में प्रेमचंद के शब्द उद्धृत किए हैं—"कजाकी जात का पासी था...। वह साँवले रंग का, गठीला, लम्बा जवान था।"[14]

'गोदान' में वर्णित साँवले रंग के कुछ पात्र और पात्राएँ इस प्रकार हैं :

1. "होरी के गहरे साँवले, पिचके हुए चेहरे पर मुस्कराहट की मृदुता झलक पड़ी।"[15]
2. होरी का गहरा साँवला रंग था और चालीसवें साल की उम्र में उस का चेहरा पिचका हुआ था।[16]
3. होरी का बेटा 'गोबर साँवला, लम्बा, इकहरा युवक था।'[17]
4. होरी की 'बड़ी लड़की सोना लज्जाशील कुमारी थी, साँवली सुडौल, प्रसन्न और चपल।'[18]
5. "सिलिया साँवली सलोनी, छरहरी बालिका थी, जो रूपवती न हो कर भी आकर्षक थी।"[19]
6. "नोखे राम नाटे, मोटे, खल्वाट, लम्बी नाक और छोटी-छोटी आँखों वाले साँवले आदमी थे।"[20]

'गोदान' में गेहुँए रंग के कई पात्र और पात्राएँ हैं। धनिया गेहुँए रंग की है। उस के बारे में लिखा मिलता है कि छत्तीसवें साल की उम्र में धनिया का 'सुन्दर गेहुँआ रंग साँवला गया था।'[21] खन्ना साहब की पैतृकता इस प्रकार वर्णित की गई है—"खन्ना ठिगने, इकहरे रूपवान आदमी थे, गेहुँआ रंग, बड़ी-बड़ी आँखें, मुँह पर चेचक के दाग...।"[22] प्रेमचंद ने मिसेज खन्ना गोविन्दी के शरीर का वर्णन इन शब्दों में किया है—"गोविन्दी अप्सरा न हो, पर रूपवती अवश्य है; गेहुँआ रंग, लज्जाशील आँखें, जो एक बार सामने उठ कर फिर झुक जाती हैं, कपोलों पर लाली न हो, पर चिकनापन है, गाल कोमल, अंग विन्यास, सुडौल, गोल बाँहें, मुख पर एक प्रकार की अरुचि, जिस में कुछ गर्व की झलक भी है।"[23]

प्रेमचंद के पास गोरे रंग के पात्र भी हैं। 'रंगभूमि' में सरदार नीलकंठ सिंह नाम के 'दीवान साहब का डील ऊँचा, शरीर सुगठित और वर्ण गौर था।...तनी हुई मूँछें थीं...।'[24] उधर, 'गोदान' में राय साहब के रंग के बारे में लिखा मिलता है–"दोहरे बदन के ऊँचे आदमी थे, गठा हुआ शरीर, तेजस्वी चेहरा, ऊँचा माथा, गोरा रंग...।"[25]

मात्र 'गोरे' रंग के अलावा, प्रेमचंद के पात्रों में एक अन्य रंग 'गोरा-चिट्टा' भी है। 'रंगभूमि' में 'जॉन सेवक दुहरे बदन के गोरे-चिट्टे आदमी थे।'[26]

इस के बाद प्रेमचंद ने अपने पात्रों के कद भी नापे हैं।

'रंगभूमि' के कुँवर साहब का वर्णन इन शब्दों में मिलता है–"पूरे छः फीट के मनुष्य थे, बड़ी-बड़ी आँखें, लम्बे बाल, लम्बी दाढ़ी...।"[27]

प्रेमचंद ने अपने पात्रों की आँखों के रंग भी दिए हैं। 'गोदान' में 'होरी ने देखा, दमड़ी बँसोर सामने खड़ा है, नाटा, काला, खूब मोटा, चौड़ा मुँह, बड़ी-बड़ी मूँछें, लाल आँखें, कमर में बाँस काटने की कटार खोंसे हुए।'[28] उन्होंने 'गोदान' में मिर्जा खुर्शेद के बारे में जानकारी देते हुए लिखा है–"मिर्जा खुर्शेद गोरे-चिट्टे आदमी थे, भूरी-भूरी मूँछें, नीली आँखें, दोहरी देह, चाँद के बाल सफाचट।"[29]

इस विषय में आगे बढ़ने से पहले यहाँ यह भी जान लिया जाए कि इस बाबत डा. शैलेश जैदी का क्या कहना है। उन्होंने 'गोदान' में आए हुए पात्रों का अध्ययन किया है। वे बताते हैं कि गोदान में 'कुल मिला कर 103 के लगभग पात्र हैं, जिन में से 70 नामधारी और 33 अनामधारी पात्र हैं।'[30] वे उन के रूप-रंगों और कदों के बारे में लिखते हैं :

> "उन (पात्रों) से सम्बन्धित लेखक की धारणा उनके रूप-रंग और आकृति की रेखाओं में ही मिल जाती है। इन पात्रों को दो वर्गों में रखकर देखा जा सकता है। एक वे जिनसे लेखक को गहरी सहानुभूति है और दूसरे वे जिनकी शोषक वृत्तियों एवं हथकण्डेबाजियों को लेखक घृणा की दृष्टि से देखता है। इन पात्रों का शारीरिक गठन एवं इनकी वेशभूषा पहली ही दृष्टि में इनके चरित्र का पता दे जाती है। नाटे अथवा ठिगने शरीर का स्थूलकाय मनुष्य प्रेमचन्द की दृष्टि में सामान्यतः काइयाँ, मतलबी, चालाक, तिकड़मबाज़ और विशुद्ध व्यापारी प्रवृत्ति का होता है।
>
> नोखेराम, झिंगुरी सिंह और दमड़ी बँसोरा इसी कोटि में आते हैं। खन्ना का स्थूल-काय न होना उनके शिक्षित समुदाय से संबद्ध होने को प्रतिरूपित करता है। किन्तु उनका ठिगना कद उनके काइयाँपन और स्वार्थमय व्यक्तित्व का ही प्रतीक है। प्रेमचन्द के शिक्षित पात्र सामान्यतः स्थूल शरीर के नहीं होते। नाटे और मोटे शरीर का व्यक्ति दूर से वृत्त के आकार का लगता है। वृत्त को प्रेमचन्द के यहाँ गोल-माल करने वाली और शोषक प्रवृत्ति का प्रतीक माना जा सकता है। यही कारण है कि बड़ी सी

गोल तोंद वाले व्यक्ति प्रेमचन्द के कथा साहित्य में इसी प्रकृति के मिलते हैं। **गोदान** के मंगरूसाह ऐसे ही व्यक्ति हैं। लम्बी दाढ़ी और तिलक को प्रेमचन्द पाखण्ड का प्रतीक मानते हैं। पंडित दातादीन इसका प्रत्यक्ष प्रमाण हैं। गौर वर्ण प्रेमचन्द की दृष्टि में पवित्रता और पूर्णता का प्रतीक न होकर कृत्रिमता और बेफिक्री का प्रतीक है। राय साहब, मिस्टर मेहता और मिरजा साहब के गौर वर्ण में यह बात देखी जा सकती है। काले और कुरूप व्यक्ति यदि नाटे या स्थूल न हों तो प्रेमचन्द उनके चरित्र के भीतर एक अद्भुत सौन्दर्य देखने का यत्न करते हैं। जंगली युवती, और हरखू चमार ऐसे ही पात्र हैं। चुहिया को इसका अपवाद कहा जा सकता है। सरोज का पीत वर्ण उसकी रूखी और कटु प्रकृति को प्रतिरूपित करता है।

आँखों के आकार और रंग भी प्रेमचन्द की दृष्टि में बहुत महत्व रखते हैं। हीरा की कौड़ी जैसी बाहर निकली हुई आँखें, दमड़ी बँसोरे की लाल-लाल आखें, खन्ना की बड़ी-बड़ी आँखें, मिर्जा की नीली आँखें, वरदा की चंचल आँखें, झुनिया की भीतर धंसी हुई छोटी आँखें, अफगान की निर्भय आँखें, नोखे राम की फूले हुए गालों में धँसी हुई आँखें और दुलारी की काजल लगी हुई आँखें एक ओर उपन्यासकार की सौन्दर्य दृष्टि का परिचय देती हैं और दूसरी ओर पात्रों के स्वभाव का अनावरण करती हैं।"[31]

यहाँ तक स्त्री-पुरुषों की त्वचा के रंग गिनाने में कुछ खास न भी माना जाए, लेकिन प्रेमचंद रंगों के विश्लेषण में एकदम बहुत आगे बढ़ गए हैं जब वे ईश्वर सेवक के बारे में 'रंगभूमि' में लिखते हैं—"हाँ, उन के गोरे रंग और आकृति से यह सहज ही अनुमान किया जा सकता था कि वह उच्चवंशीय थे...।"[32] इस से क्या मतलब है? उच्चवंश की परिभाषा क्या है? तब हिन्दुओं के वे देवता किस वंश के माने जाएँगे जो काले रंग के हैं? यहाँ प्रेमचंद से जरूर गलती हुई है। गोरे रंग के लोग भारत में सभी जातियों में मिलते हैं। तब उच्च वंश के मुकाबले में जाति क्या ठहरती है? लेकिन प्रेमचंद ने रंग के आधार पर उच्चवंश की पहचान की है तो के. बिक्रम सिंह ने कद के आधार पर लोगों के स्वभाव मानने शुरू कर दिए हैं। उन्होंने अपने लेख 'तीसरी राह' में लिखा है—"सुना है शिवरानी बहुत छोटे कद की थीं। ऐसा माना जाता है कि प्रायः छोटे कद के लोगों में नेपोलियन जैसी मनोग्रंथि होती है और इसी कारण वे थोड़े से विवादी और आक्रामक होते हैं। 'प्रेमचंद : घर में' पढ़ने के बाद मुझे लगा कि शायद शिवरानी में भी यह मनोग्रन्थि रही होगी।"[33]

ये शब्द पढ़ कर पता नहीं लगता कि के. बिक्रम सिंह 'तीसरी राह' के नाम पर यह कौन-सी चौथी या पाँचवीं राह पर डग भरने लगे हैं? किसी कौम में या नस्ल में लम्बे और छोटे कद के—अर्थात सभी तरह के लोग होते हैं। तब क्या यह माना जाए

कि चमारों में जो छोटे कद के लोग होते हैं, वे छुआछूत के मामले में सछूतों से विवादी और आक्रामक होते हैं, तथा लम्बे कद के चमार सहनशील और शान्त होते हैं? कितनी ही ब्राह्मणियाँ छोटे कद की होती रही हैं, उन्होंने अपने ब्राह्मण पतियों के बारे में वह विवादी और आक्रामक सूचना क्यों नहीं दी जो शिवरानी ने दे दी? यहाँ विशेष रूप से बताया जा सकता है कि प्रेमचन्द ने केवल नकल की है, जबकि इस मामले का असल कलाकार ब्राह्मण ही है।

किसी की कद-काठी के आधार पर ऐसे निष्कर्ष निकालना कहाँ तक उचित है? फिर, यदि वे किसी भी कारण से विवादी और आक्रामक स्वभाव की स्त्री थीं तो एक दिन भी प्रेमचंद से रखैल के विषय को ले कर क्यों नहीं लड़ीं जबकि उन्होंने खुद स्वीकारा है कि वे उस बारे में जानती थीं? चुप क्यों रहीं? ताल क्यों नहीं ठोकी? सास को ले कर इतनी लड़ाई, पर प्रेमचन्द की रखैल के बारे में निस्तब्धता—के. बिक्रम सिंह बताएँ कि शिवरानी के इस व्यवहार को कैसे व्याख्यायित करेंगे। खुद उन्होंने अपने इस लेख में जब प्रेमचंद की पहली और दूसरी पत्नियों का जिक्र किया है, वे प्रेमचंद की रखैल को कैसे भूल गए? उन के मन में प्रेमचंद के जीवन पर फिल्म बनाने की सूझी है तो वे कैसी आधी-अधूरी और धुंधली फिल्म बनाएँगे?—सच से दूर।

हमारा आरोप यह नहीं है कि प्रेमचंद ने पहली पत्नी त्यागी, हमें खुन्दक इस बात से है कि उन्होंने रखैल क्यों रखी। उन की पहली पत्नी और दूसरी पत्नी दोनों कायस्थनें थीं, उन की फिक्र सब ने कर ली, पर हमारी फिक्र उस स्त्री की है जो कायस्थन नहीं थी और प्रेमचंद की रखैल थी।

II

अब तक प्रेमचंद के साहित्य के द्वारा प्रेमचंद के कुछ पात्रों की पहचान कर ली गई है कि उन के रंग कैसे हैं, कद कितने हैं और उन की आँखें किस रंग की हैं। ऐसे समय आलोचना के क्षेत्र में खुद प्रेमचंद को एक पात्र बना कर उन के रंग, कद और आँखों की पहचान की जा सकती है।

प्रेमचंद के रंग के बारे में अमृत राय ने अपनी पुस्तक 'प्रेमचंद : कलम का सिपाही' में लिखा है—"....सावन बदी 10 सवंत् 1937, शनिवार 31 जुलाई सन् 1880 को उस लड़के का जन्म हुआ जिसे बाद को दुनिया ने प्रेमचंद के नाम से जाना। लड़का खूब ही गोरा-चिट्टा था।"[34] जब प्रेमचंद हमीरपुर में स्कूलों के मुआइनों पर जाते थे, अमृत राय ने उस समय का वर्णन किया है। वे लिखते हैं—"अक्सर घोड़े पर या बैलगाड़ी पर जाना होता। और जब वह तीस साल का गोरा-चिट्टा, चौड़ा-चकला

जवान—चौड़ी-चौड़ी कलाइयाँ, चौड़ा सीना, बड़ी-बड़ी मूँछें—सर पर साफा बाँधे निकलता तो ऐसा मालूम होता कि कोई राजकुमार या पुलिस का बड़ा हाकिम जा रहा है।"[35]

फिराक गोरखपुरी ने प्रेमचन्द की कद-काठी का वर्णन अपने शब्दों में इस प्रकार किया है—"...गोरा-चिट्टा रंग, मियाना कद, बड़ी-बड़ी आँखें, घनी-घनी मूँछें, सर के बाल और मूँछें कुछ सुनहरे रंग की।"[36] पुस्तक 'भाषा प्रबोध' के अनुसार, प्रेमचंद गोरे, नीली आँखों वाले और बालों में भूरेपन के साथ कुछ ललाई लिए हुए व्यक्ति थे।[37]

अमृत राय ने जब प्रेमचंद की बीमारी के बारे में लिखा है, तब भी उन के शरीर के बारे में पूरा पता चल जाता है। वे लिखते हैं—"महोबे का आख़िरी साल-डेढ़ साल बुरा गुज़रा। पेचिश ने दम निकाल लिया। कहाँ वह खूबसूरत, बाँका जवान जो महोबे आया था, चमकती हुई नीली आँखें, गोरा गुलाबी रंग, चौड़ा सीना, मज़बूत हाथ-पैर, ऊपर को उठी हुई नुकीली मूँछें, सर पर रजपूती साफ़ा—और कहाँ यह दुर्बल रोगी आदमी जो अब यहाँ से जाने की तैयारी कर रहा था और दरख्वास्तें दे रहा था कि उसे कहीं और भेजा जाय।"[38] अमृत राय पुनः लिखते हैं—"बात कुछ की कुछ हो गयी थी। जवान आदमी देखते-देखते बुड्ढ़ा हो गया था, कल्ले बैठ गये थे, आँखें गड्ढों में धँस गयी थीं, पतली-सी लंबी गर्दन निकल आयी थी, रंग पीला पड़ गया था, हाथ-पैर सींक जैसे हो गये थे, तनी हुई मूँछें झुक गयी थीं, साफ़-शफ़्फ़ाक़ नीली आँखों में ज़र्दी घुल गयी थी।"[39]

उन की अन्तिम बीमारी के समय की बातें हैं। अमृत राय ने उद्धृत किया है—"वही प्रेमचंद जी जो अपनी सुर्ख-सफेद सूरत के लिहाज से हजारों में एक थे, ऐसे पीले और कमजोर हो गए थे कि मुश्किल से पहचान पड़ते थे।"[40]

तब प्रेमचंद का कद कितना था? अमृत राय ने इस की भी सूचना दी है—"नाटे कद (पाँच फुट चार इंच) और इकहरे जिस्म का यह (प्रेमचन्द) चौड़ी-चौड़ी हड्डियों वाला मजबूत नौजवान जल्दी ही सबकी नजरों पर चढ़ गया।"[41] इसे सेन्टी मीटरों में जाना जाए तो 162.5 से. मी. होगा।[42] उधर, उत्तर प्रदेश के कायस्थों का जो सर्वे किया गया है, उस में कायस्थों की औसत ऊँचाई 165 से. मी. है।[43] यूँ, अपने कायस्थों के औसत के हिसाब से प्रेमचन्द 2.5 से. मी. छोटे थे।

और, अन्त में जाना जाए कि प्रेमचंद के जूते का नम्बर क्या था। प्रेमचन्द ने अपने जूते की नाप के बारे में खुद लिखा है—"जूते का नं. 7×4 है।"[44]

पैतृकता के बारे में जान लेना इसलिए जरूरी है क्योंकि प्रेमचंद ने इसे अपने साहित्य में बेहद महत्व दिया है। 'रंगभूमि' में दरोगे के बेटे का हवाला इस प्रकार मिलता है—"दारोगा जी का लड़का, जिस की उम्र अभी चौदह-पन्द्रह वर्ष की थी, निकल आया। नायकराम ने उसे नख से शिख तक बड़े ध्यान से देखा, मानो उस के दर्शनों से हार्दिक आनंद प्राप्त हो रहा है और दारोगा जी से बोले—यह आप के चिरंजीव पुत्र हैं न? पिता-पुत्र की सूरत कैसी मिलती है कि दूर ही से पहचान

जाए।''[45] 'गोदान' में एक बार धनिया गुस्से में होरी से कहती है—''जा, तू अपने बाप का बेटा होगा तो आज मुझे मार कर तब पानी पिएगा।''[46]

'गोदान' का मातादीन सिलिया की कोख से पैदा हुए अपने बालक के बारे में क्या सोचता है? प्रेमचंद ने लिखा है—''जिस दिन सिलिया के बालक का जन्म हुआ, उसने दूनी मात्रा में भंग पी, और गर्व से जैसे उसकी छाती तन गई और उँगलियाँ बार-बार मूँछों पर पड़ने लगीं। बच्चा कैसा होगा? उसी के जैसा? कैसे देखे? उसका मन मसोसकर रह गया।''[47] धनिया भी मातादीन से कहती है—''लजाते क्यों हो, गोद में ले लो, प्यार करो, कैसा काठ का कलेजा है तुम्हारा! बिलकुल तुमको पड़ा है।''[48] वह बच्चा मर जाता है। तब मातादीन और सिलिया के बीच उन के अपने मरणहारे बच्चे के बारे में बातें हो रही हैं। मातादीन कहता है—''उसे खटोले पर खेलता देखता था और दिल थाम कर चला जाता था।''[49] इस पर सिलिया कहती है—''तुम्हीं को पड़ा था।''[50] बात भी सही है, जब सिलिया का अपना रंग साँवला था, बच्चे का दूसरा रंग मातादीन की वजह से ही हुआ है। मातादीन से पैदा सिलिया के बच्चे का हवाला इस प्रकार है—''लाल-लाल है खूब मोटा, बड़ी-बड़ी आँखें हैं, सिर में झबराले बाल हैं, टुकुर-टुकुर ताकता है।''[51]

प्रेमचंद अपने पिता पर गए थे या अपनी माँ पर गए थे? अमृत राय ने लिखा है कि प्रेमचन्द के 'माँ-बाप के बारे में जो कुछ पता चलता है उस से मालूम होता है कि उन की प्रकृति में अपने पिता से अधिक अपनी माँ का अंश था जो कि एक शान्त, साध्वी स्त्री थीं।'[52] अमृत राय ने प्रेमचन्द की माँ—अर्थात अपनी दादी के बारे में कुछ और भी लिखा है, जो इस प्रकार है—''देखने में जितनी सुन्दर, स्वभाव की उतनी ही कोमल। सुन्दर इतनी कि शायद इतनी सुन्दर स्त्री परिवार में फिर कभी नही आई—खूब गोरी, मंझोला कद, भरा हुआ छरहरा शरीर, आँखें बड़ी नहीं पर सुन्दर, उठी हुई सुडौल नाक, लम्बे-लम्बे बाल, मीठी आवाज। काशी विश्वविद्यालय के पास एक गाँव है करौनी, वहीं की लड़की थीं। पिता शायद किसी जमीन्दार के कारिन्दा थे। सुन्दर, गोरे, तगड़े। ...कहते हैं कि उन की बेटी आनन्दी ने अपना रूप-रंग-स्वभाव सब उन्हीं से पाया था।''[53]

इस बारे में प्रेमचंद की समझ क्या थी या कितनी थी? वे क्या मानते थे कि बच्चे पर असर किस का ज्यादा आता है—दादा का या नाना का? संयोग से, इस बारे में शिवरानी और प्रेमचंद का एक संवाद दर्ज मिलता है। बात उन की बेटी कमला के दो बच्चों की चल रही थी। शिवरानी द्वारा दिया गया वह संवाद और वर्णन इस प्रकार है :

> ''उन दोनों बच्चों को भी अपने ही पास तब तक रखते। इसलिए उन्हें नहीं छोड़ते कि छूटने पर वे बेटी के पास जायेंगे, बेटी वहां से उठ

जायगी। बड़े बच्चे का नाम उन्होंने ज्ञानचन्द रखा। मैं एक रोज बोली–'दूसरा, नाम रखिए।'

आप बोले–'तुम्हें न अच्छा लगता हो, मुझे तो अच्छा लगता है। पहले मेरा राय से था। इसलिए अपने बड़े बच्चे का नाम श्रीपतराय और छोटे का अमृतराय रखा। अब मैं चंद करके मशहूर हूं इसलिए इन का नाम चंद से होगा।'

मैं बोली–'नाम बड़े, दर्शन थोड़े। पता नहीं ये कैसे हों। कहीं बदमाश निकलेंगे तो लोग उस नाम की खिल्ली उड़ायेंगे।'

ज्ञानू को गोद में लिए हुए, मुंह चूमकर बोले–'सुन बदमाश, मेरे नाम की लाज रखना।'

मैं बोली–'अब तो यह सब समझ गया। अभी से पढ़ा न दीजिए। बड़े-बड़े उपन्यास यह भी लिखेगा। गुण-अवगुण सब अपने साथ लाते हैं। आपके नाना कौन बड़े भारी लेखक थे। आप क्यों लेखक हुए?'

आप बोले–'जरूर नाना साहब में कोई बात रही होगी, जिससे मैं इस तरह का हो सका हूँ। नाना का प्रभाव नाती पर कम नहीं पड़ता। बाप का स्वभाव लड़के-लड़कियां कम लेते हैं।'

मैंने कहा–'कैसे?'

आप बोले–'यह कुदरत की देन है। जो गुण और अवगुण अपने लड़के-लड़कियों में नहीं मिलते, वे ही नाती-पोतों में हो जाते हैं।' ''[54]

प्रेमचंद यही मानते थे कि उन की माता के द्वारा उन के नाना का आनुवांशिक प्रभाव उन पर पड़ा है।

उन के एक दूसरे मामू भी थे, लेकिन वे उन की सौतेली माँ से जुड़े हुए थे। ये वही व्यक्ति थे जो एक चमारी के साथ रंगे हाथ पकड़े गए थे। उन्होंने अपने नाते के उन मामू के बारे में बताया है–''अच्छे खासे हृष्ट-पुष्ट आदमी थे, बड़ी-बड़ी मूँछें, औसत कद, साँवला रंग।''[55] उन के इन मामू के बारे में अमृत राय ने कुछ और जानकारी दी है।[56] इस जानकारी[57] के बाद यही कहना पड़ता है कि इस से प्रेमचंद के मातृपक्ष के बारे में कोई रोशनी नहीं पड़ती। रुझान यही है कि प्रेमचंद को शरीर की ये विशेषताएँ उन की माँ की तरफ से मिली होंगी।

विनोद शंकर व्यास ने 1961 में महताब राय के निधन के बाद 'साप्ताहिक हिन्दुस्तान' में जो संस्मरणात्मक लेख लिखा था, इस सन्दर्भ में वह बहुत महत्वपूर्ण हो जाता है। कृष्ण कुमार राय ने अपने लेख 'प्रेमचंद का पारिवारिक जीवन' में उस के कुछ अंश दिए हैं जिनमें से हमारे मतलब का अंश इस प्रकार है–''दोनों भाइयों की सूरतें इतनी मिलती-जुलती थीं कि केवल अवस्था के कारण ही प्रेमचंद का व्यक्तित्व उनसे अलग हो सकता था। एक ही सांचे की दो प्रतिमाएं। आरंभ में प्रेमचंद लंबी

नुकीली मूंछ रखते थे। महताब राय का भी वैसा ही अभ्यास था। किन्तु अवस्था ढलने पर दोनों ने ही छोटी मूंछें रखनी आरंभ कर दी थीं। दोनों-की आवाज और हंसी सुनकर अनदेखे में कोई यह निर्णय नहीं कर सकता था कि वह बोली या हंसी दोनों में से किसकी है।''[58] इस से यह सिद्ध होने लगता है कि प्रेमचंद के शरीर की विशेषताएँ उन के पिता की ओर से आई हैं।

III

सवाल यह है कि भारत में किसी व्यक्ति की नीली आँखें किन-किन वजहों से हो सकती हैं। एक तरीका वह है जिसे बताते हुए अमृत राय ने अपनी पुस्तक 'प्रेमंचद : कलम का सिपाही' में बेचैन शर्मा उग्र की आत्मकथा 'अपनी खबर' में से चुनार का एक प्रकरण दिया है। उग्र लिखते हैं—''गरगो नदी पार से शहर को विविध वस्तु बेचने आने वाली अहीरनों, कोरिनों, चमारिनों को अकसर उन्मत्त गोरे दौड़ा लेते थे, रगड़-रगड़ देते थे पशुवत्—रेप....।''[59] इतनी बात जरूर है कि प्रेमचंद भी खुद इस बात को जानते थे। प्रमाण यह है कि उन के उपन्यास 'रंगभूमि' में इन्दु कहती है—''फौज के गोरे, रेल के कर्मचारी, नित्य हमारी बहिनों का अपमान करते रहते हैं, उन से तो कोई नहीं बोलता। इसीलिए कि आप उन का कुछ बिगाड़ नहीं सकते।''[60] इस के अलावा एक तरीका शादी का भी है। जब नीली आँखों के लोगों ने भारत की स्त्रियों से विवाह किए हैं तो नीली आँखों की संभावना हो जाती है। विभिन्न नस्लों की अन्तर्भुक्ति के इतिहास के सब से आखरी प्रकरण पर 'एंग्लो-इण्डियन' का शब्द आता है। भारत के संविधान के अनुच्छेद 366(2) के अनुसार 'एंग्लो-इण्डियन' की परिभाषा इस प्रकार है :

> " ''आंग्ल-भारतीय'' से ऐसा व्यक्ति अभिप्रेत है जिसका पिता या पितृ-परंपरा में कोई अन्य पुरुष जनक यूरोपीय उद्भव का है या था, किंतु जो भारत के राज्यक्षेत्र में अधिवासी है और जो ऐसे राज्यक्षेत्र में ऐसे माता-पिता से जन्मा है या जन्मा था जो वहां साधारणतया निवासी रहे हैं और केवल अस्थायी प्रयोजनों के लिए वास नहीं कर रहे हैं।''[61]

कल्पना और विचार के स्तर पर प्रेमचंद और यूनान का गहरा सम्बन्ध जुड़ा दिखाई देता है। इस जगह वे प्राचीन भारत से छिटक जाते हैं। बात 'गोदान' के प्रोफेसर मेहता की चल रही है। जब उन्होंने अफगान का स्वांग भरा था तो प्रेमचंद ने वह वर्णन यूँ किया है—''गोरा रंग, बड़ी-बड़ी मूँछें, ऊँचा कद, चौड़ा सीना, आँखों में निर्भयता का उन्माद भरा हुआ...।''[62] असल में, प्रोफेसर मेहता के शरीर का रंग गोरे के बजाय 'गोरे चिट्टे' का है। 'गोदान' में ही लिखा मिलता है—''उसी वक्त हार्न की

आवाज आयी और एक क्षण में मिस्टर मेहता आ कर खड़े हो गए। गोरा चिट्टा रंग... ।"[63]

बात केवल प्रोफेसर मेहता के 'गोरे-चिट्टे' होने तक सीमित नहीं है। प्रेमचंद की कल्पना की उड़ान या स्मृति की भगदौड़ चलती है तो वह उन्हें ले कर यूनान तक पहुँच जाती है। तुलना में, प्रेमचन्द ने 'गोदान' में प्रोफेसर मेहता के बारे में लिखा है–"...उन की मांसल और चौड़ी छाती और मछलीदार जाँघें किसी यूनानी प्रतिमा के सुगठित अंगों की भाँति उन के पुरुषार्थ का परिचय दे रही थीं।"[64]

शिकायत भले ही न की जाए, लेकिन पूछा तो जा ही सकता है कि उन्हें ऐसे समय भारतीय देवता क्यों याद नहीं आए। आखिर, संस्कृत साहित्य की परम्परा में जब सुन्दरता की उपमा दी जाती है तो अश्विनी कुमारों के दो भाइयों की दी जाती है। प्रेमचंद की कल्पना में यूनानी देवता क्यों बस रहे हैं? और तो और, 'रंगभूमि' के सूरदास को ले कर भी उन्हें यूनानी देवता की ही याद आती है–"ऐसा ज्ञात होता था कि कोई चक्षुहीन यूनानी देवता अपने उपासकों के बीच खड़ा है।"[65] तब क्या इस सन्दर्भ में एक अगली बात सोची जा सकती है? वह बात यह है कि अमृत राय की पुस्तक 'प्रेमचंद : कलम का सिपाही' में पृष्ठ 368 के सामने दिया गया 1925 का प्रेमचंद का चित्र बिलकुल विशिष्ट है।[66] यदि प्रेमचन्द को 'कलम का सिपाही' कहना ठीक है तो वह चित्र एकदम बोलता है। वारेन हेस्टिंग्स वे नहीं लगते, लेकिन उन की यूरोपियन सेना के सैनिक जरूर लगते हैं। मेरा वेद से ले कर भारतीय इतिहास के बारे में जो शोध कार्य चल रहा है, उस में यूनान के अलेक्जेन्डर मेरे लिए अलेक्षेन्द्र के रूप में 'इन्द्र' ही साबित होते हैं। 'मिनान्डर' को मैं आखरी 'इन्द्र' कहता हूँ,–जाने बौद्धों ने किस भूल में उन का नाम 'मिलिन्द' रख दिया था? जब इतिहास में परम्परा मिल रही थी तो परेशान होने की क्या जरूरत थी? शायद वे संस्कृत परम्परा से हट कर मूल भारतीय परम्परा से जुड़ना चाह रहे थे तभी 'मिनान्डर' को 'इन्द्र' न कह कर 'मिलिन्द' कह दिया है। आजकल तो व्यक्तियों के धर्मेन्द्र, सुखमेन्दर, लखविन्दर आदि-आदि नामों की भरमार हुई पड़ी है।

कहूँ, कि मेरी अपनी बौद्धिकता ऐसी बिल्कुल नहीं है कि मैं अवैज्ञानिक ढंग से प्रेमचंद को यूनान और यूनानियों से जोड़ूँ। मैं जैनेटिक्स को मानता हूँ, लेकिन उस की अभी शुरूआत ही हुई है। इस विज्ञान को अभी बहुत आगे बढ़ना है। मैं आश्चर्य से केवल यह देखता हूँ कि सन् 1859 में छपी अपनी पुस्तक 'मेमोयर्स आन दि हिस्ट्री, फोकलोर एण्ड डिस्ट्रिब्यूशन आफ दि रेसेज आफ दि नार्थ वेस्टर्न प्रोविन्सेज आफ इण्डिया' में सर हेनरी एम इलियट भारत की पूरी कायस्थ कौम को ही एक मुहावरे में यूनान से जोड़ देते हैं। वे लिखते हैं–"वे (कायस्थ) 'लोवर एम्पायर के ग्रीक्स हैं, चतुर और तेज हैं, बुद्धिमान हैं, लेकिन धूर्त, धोखेबाज और विश्वासघाती हैं।"[67] और भी कहूँ, मैं पुनर्जन्म के सिद्धान्त को बिलकुल नहीं मानता। मैं पुनर्जन्म को किसी भी

रूप में स्वीकार नहीं करता। पुनर्जन्म के बजाय मैं जैनेटिक्स को मानता हूँ। तब जनन-विज्ञान इस बारे में क्या कहता है? पर उस से भी पहले यह जान लिया जाए कि बाबा साहेब डा. अम्बेडकर ने अपनी पुस्तक 'द अनटचेबल्स : हू वर दे एण्ड व्हाई दे बिकेम अनटचेबल्स?' की प्रस्तावना में एक सवाल उठाया है। सवाल है–"बिट्रेन की संसद ने सारे नीली आँखों के बच्चों को मारने के आदेश का कानून क्यों नहीं बनाया?"[68] यह सवाल उठाने में बाबा साहेब का लक्ष्य यह है कि कोई भी व्यक्ति अपना घात नहीं कर सकता। उन का उक्त लक्ष्य सध गया है, पर इस से मुझे भी अपना लक्ष्य प्राप्त करने में यह सहायता मिलती है कि नीली आँखों के बच्चे भारत में नहीं पाए जाते। आखिर, प्रेमचंद भारत में 'ओड मैन आउट' ही हैं। निश्चित रूप से, वे भारतीय हैं, पर वे अपवाद हैं, नियम नहीं। भारत बहुत लोगों से बना है, पर भारतीय लोगों की आँखें ज्यादातर काली हैं।

जैनेटिक्स के क्षेत्र में विश्व में कई कार्य अच्छे हो रहे हैं। विभिन्न देशों में ऐसे ग्यारह केन्द्र बने हैं जो डी एन ए के आधार पर शोध कार्य कर रहे हैं। उस बड़ी योजना के तहत भारत में 'मदुराई कामराज विश्वविद्यालय' में रामास्वामी पिच्चप्पन यह जानने की कोशिश कर रहे हैं कि भारत की जाति व्यवस्था में जैनेटिक का क्या मामला है, या क्या 3500 वर्ष पहले इन्डो-यूरोपियन भाषियों का यहाँ आना हुआ था।[69] 'अमेरिकन यूनिवर्सिटी आम बेरूत मेडिकल सेन्टर' के पियरे ए. जल्लोउआ यह जानने की कोशिश करेंगे कि क्या सिकन्दर महान और प्राचीन रोम ने अपनी सेनाओं और साम्राज्यों के द्वारा कोई आनुवंशिक अवशेष छोड़े थे।[70]

उन्हें अपना काम करने दीजिए। उम्मीद है, ये 11 केन्द्र मानव इतिहास के बारे में कोई लम्बी बात क्रमबद्ध रूप में सामने लाएँगे, पर तब तक हम छोटे स्तर पर ही 1971 की बंगला देश की मुक्ति से सबक ले सकते हैं। भारत में भी, अंग्रेजों को ले कर बात एंग्लो-इण्डियन होने तक सीमित नहीं रही थी। वे वैध रूप से विवाहित पैतृकता के केस हैं, पर उस से बाहर अवैध रूप में बलात्कार और जारकर्म के तौर पर कम अन्तर्भुक्ति नहीं हुई थी। उस का हिसाब जनन-विज्ञान ही लगा सकता है। शोध-कार्य किए जाएँगे तो सब कुछ शीशे की तरह सामने आ जाएगा। 'नेशनल ज्योग्राफिक ऐक्सप्लोरर-इन-रेजिडेन्स' के जनन-विज्ञानी स्पेन्सर वेल्स का मानना है कि आदमी के खून की हर बूंद में हमारी जीन्स की भाषा में इतिहास की एक पूरी किताब लिखी होती है।[71] जेम्स श्वीव ने अपने लेख 'ह्यूमन जर्नी' में लिखा है कि विश्व भर में मनुष्य का जैनेटिक कोड 99.9 प्रतिशत समान होने पर भी यह डी एन ए की जिम्मेदारी है कि वह आँखों के रंग अलग-अलग कर देता है।[72]

भारत की जाति-व्यवस्था के बारे में जनन-विज्ञान की दृष्टि से जो एक अच्छा अध्ययन हुआ है, वह पत्र के रूप में 'जेनेटिक एवि[illegible]न्स ओन दि ओरिजिन्स आफ

इन्डियन कास्ट पोपुलेशंस' के शीर्षक से उपलब्ध है। इस में देश-विदेश के अनेक विश्वविद्यालयों के अनेक शोध-कर्ताओं ने भाग लिया है। अध्ययन का मुख्य क्षेत्र आन्ध्र प्रदेश का है। इस का रुझान 'एफिनिटीज टु यूरोपियन्स एण्ड एशियन्स स्ट्रेटिफाइड बाई कास्ट रैंक' की तरफ था। इस का महत्वपूर्ण निष्कर्ष यह है कि यूरोपवासियों और निचली जातियों के बीच की दूरी यूरोपवासियों और उच्च जातियों के बीच की दूरी से, ज्यादा है।[73]

मैंने सीधे नीली आँखों के बनने पर काफी सामग्री इकट्ठी की है। उन लेखों और शोध कार्यों के विवरण इस प्रकार हैं :

1. Why would an Asian have blue eyes?, Posted by Gabriel Vargas.[74]
2. Eye Color to Determine Paternity.[75]
3. Different eye colors of Indians, asians etc, posted by Daniel Fletcher.[76]
4. How are human eye colors inherited?[77]
5. Eye Color, From Wikipedia, the free encyclopedia.[78]
6. The Genetics of Human Eye Color.[79]
7. Dominant/Recessive Eye by Adam Fietsam.[80]
8. Who are Indians?, by Dr. Hameed Khan.[81]

यहाँ हर बार ध्यान यह रखा जाना है कि जैनेटिक्स की अभी शुरूआत ही है। अभी इस क्षेत्र में बहुत सारे शोध कार्य होने बाकी हैं। फिर भी काफी कुछ पता चल गया है।

यदि नीली आँखों पर ही ध्यान केन्द्रित किया जाए तो पता चलता है कि ये उत्तरी यूरोप और पूर्वी यूरोप के लोगों में पाई जाती हैं, और उन से कम संख्या में दक्षिणी यूरोप, मध्य पूर्व तथा सेन्ट्रल एशिया के उन क्षेत्रों में जो ऊँचाई के क्षेत्र हैं। लिखा गया है कि दक्षिणी एशिया में भी नीली आँखों के लोग मिलते हैं, लेकिन बहुत कम संख्या में, वह भी, पठानों में, पारसियों में, पाकिस्तान के तथा भारत के लोगों में। पंजाब और कश्मीर में नीली आँखों के लोग अक्सर मिल जाते हैं, लेकिन गुजरात और राजस्थान में बहुत कम। यह भी सूचना मिलती है कि फिनलैंड और लिथुआनिया में सब से ज्यादा, कम से कम, 80% लोग नीली आँखों के होते हैं। आयरलैंड में 70% तथा ब्रिटेन में 65% लोगों की आँखें नीली मिलती हैं।[82]

आँखों के रंग के बारे में 'The Gene Tree Eye Color Inheritance Chart' पिछले दो सौ साल से सही काम कर रहा है, लेकिन अब 'Gene Tree's DNA

Paternity Testing Services' भी उपलब्ध हैं। ये सेवाएँ दावा कर रही हैं कि ये हमारे पूर्वजों के जन्मस्थान, उन की खेती बाड़ी, भाषा तथा औजारों की भी जानकारियाँ मुहैया करा सकती हैं।

एक हिन्दी फिल्म 'कश्मीर की कली' की एक पंक्ति इस प्रकार है–"ये झील सी नीली आँखें, कोई राज है इन में गहरा।"[83] फिल्मी गीतकार ने सही कहा है कि नीली आँखों में कोई गहरा राज छिपा है, लेकिन यदि मैं इस गीत को लिखता तो यही मान कर चलता कि हिन्दुस्तान में नीली आँखों का होना खुद एक गहरा राज है। हिन्दी की एक अन्य फिल्म 'आवारा' में भी नीली आँखों पर गीत गाया गया है। उस में नीली आँखों को धोखेबाज कहा गया है। गीत की वह पंक्ति इस प्रकार है–"दे गईं धोखा हमें नीली नीली आँखें।"[84]

महाराष्ट्र के चितपावन ब्राह्मणों की आँखें नीली हैं, पर वे भारत में बहुत बाद में आए बताए गए हैं। उन से पहले आए हुए शुरू के जत्थों के ब्राह्मणों की नीली आँखें कहाँ गायब हो गईं? कहीं नानाओं के असर वाली बात सच तो नहीं है? क्या भारत में ब्राह्मण अपनी ननसाल में रह रहे हैं? क्या उन्होंने औरतें यहीं से ली थीं? जनन-विज्ञान ही विकसित होने पर इस बारे में कुछ खास कह सकता है। हम तब तक चुप रह सकते हैं। अगले शोध-कार्य ही बता सकेंगे कि आर्यों में आनुवांशिकता की दृष्टि से अनार्य तत्व कितना है।

मनुष्यों में नीली आँखों के बारे में अभी एक और नई खोज हुई है। यह 'यूनिवर्सिटी आफ कोपेनहेगन' के प्रोफेसर हैंस एबर्ग का काम है। उन के शोध कार्य के बारे में 'टाइम्स आफ इण्डिया' के बंगलोर संस्करण में 1 फरवरी, 2008 को एक शीर्षक इस प्रकार छपा है–"ब्लू-आइड हैव कामन एन्सेस्टर : फाउन्ड टु हैव सेम म्यूटेशन इन जीन डैट डिटरमिन्स आइरिस कलर।' अखबार लिखता है कि 'प्रसिद्ध फिल्मी अभिनेत्रियाँ ऐश्वर्य राय और एंजेलिना जोली के पूर्वज एक ही हो सकते हैं।"[85] इस शोध कार्य ने अन्दाजा लगाया है कि इन लोगों का वह पूर्वज काले सागर के आसपास आज से लगभग 10,000 साल पहले जन्मा होगा। अपने शोधकार्य में प्रोफेसर हैन्स एबर्ग यह मान कर आगे बढ़े हैं कि डिफाल्ट की स्थिति में मनुष्य की आँख का रंग ब्राउन होता है।

'टैगोर आफ उर्दू' अल्लामा अनवर साबरी की एक महत्वपूर्ण और विशिष्ट पहचान यह थी कि उन की आँखें गुलाबी थीं। मेरा उन से घनिष्ठ सम्बन्ध था। एक दिन उन्होंने मुझे अपने बारे में बताया था–"बेटा, हमारे परिवार के पुरखे हिन्दुस्तान में तीन सौ साल पहले बुखारे से आए थे।" यूँ, बात समझ में आती है। कोई लाग-लपेट और छुपाव नहीं। इतिहास को पढ़ने और पढ़ाने का यही तरीका ठीक है।

खैर, हम प्रेमचंद पर पुनः लौटें।

प्रेमचन्द की पहली पत्नी के बारे में अमृत राय ने लिखा है–"घर पहुँच कर उस (प्रेमचंद) ने अपनी बीवी की सूरत देखी तो उस का खून सूख गया। उम्र में वह नवाब (प्रेमचंद) से ज्यादा थी, मगर वह तो ऐसी कोई बात नहीं, लैला भी तो मजनूं से बड़ी थी। काली थी, मगर सुनते हैं, लैला भी तो काली थी।"[86] अमृत राय ने आगे लिखा है–"देखते ही शकल से नफरत हो गई–भद्दी, थुलथुल, फूहड़। इतना ही नहीं, उन के चेहरे पर चेचक के गहरे-गहरे दाग थे और एक टाँग कुछ छोटी थी जिस के कारण गरीब को भचक कर चलना पड़ता था। महीने में एकाध बार हबुआती भी जरूर थी, जब उन पर भूत-प्रेत आते थे। सुनते हैं दिमाग में कुछ खलल भी था... ।"[87] अमृत राय ने बात इसी जगह नहीं रोकी। उन्होंने आगे लिखा है–"नाना (प्रेमचंद की सौतेली माँ के पिता) ने पन्द्रह साल के इस खूबसूरत नवाब के लिए ऐसी उम्र में ज्यादा, काली, भद्दी, थुलथुल, चेचकरू, अफीम खाने वाली, भचक कर चलने वाली औरत ही क्यों चुनी, यह रहस्य उन के साथ ही चला गया।"[88]

लग रहा है, कुछ अतिशयोक्ति या अतिरंजन हो रहा है। हो न हो, बात सच भी हो, लेकिन ऐसा भी हो सकता है कि इतनी बदसूरती और इतने दुर्गुण उस औरत पर जान बूझ कर एक खास मकसद से आरोपित किए जा रहे हैं। प्रेमचन्द तो उसे काले रंग की होने के कारण ही छोड़ सकते थे, अगली लिस्ट जोड़ने की जरूरत ही नहीं थी। वे नीली आँखों के गोरे-चिट्ठे व्यक्ति थे। काले रंग वाले लोगों से रिश्तेदारी रखना उन्हें आगे भी बुरा लगा है। मसलन, यह कैसे मान लिया जाए कि वह प्रेमचन्द से ज्यादा उम्र की थी? बिलकुल यह बनावटी बात लगती है। यह सब अफवाहें खुद प्रेमचंद ने फैलाई होंगी। शायद, अमृत राय कुछ बातें गिनानी भूल गए हैं। लिख देते, गेंठी थी, काहिरी थी, कोढ़ी थी, सारे शरीर पर बाल थे, आदि-आदि।

डा. शैलेश जैदी ने भी अमृत राय के इस काम पर अच्छी फब्ती कसी है। वे लिखते हैं–"धनपतराय की पहली पत्नी का जो कुरुप चित्र अमृतराय ने प्रस्तुत किया, प्रेमचन्द कोशिश करके भी प्रस्तुत न कर सके–भद्दी, थुलथुल फूहड़, चेहरे पर चेचक के गहरे-गहरे दाग, एक टांग कुछ छोटी, महीने में एकाध बार हबुआती भी जरूर थीं।... पता नहीं अमृतराय ने उन्हें कब देख लिया था, शायद यह चित्र उन्होंने कभी स्वप्न में देखा हो। खैर। प्रेमचन्द के प्रति पाठक के मन में सहानुभूति जगाने का यह एक अच्छा ढंग है। किन्तु इसे क्या कीजिए कि जब प्रेमचन्द ने शिवरानी से अपनी पहली पत्नी की बुराई की, तो उत्तर में वे बोलीं–'ठीक तो थीं'....प्रेमचन्द की पहली पत्नी तथा उनके पिता का नाम बताने की आवश्यकता अमृतराय ने नहीं समझी।"[89] इस बारे में डा. जैदी तीनों पर एक साथ आरोप लगाते हैं, जब लिखते हैं–"प्रेमचन्द, शिवरानी देवी और अमृतराय में से किसी ने भी लड़की और लड़की के पिता का नाम बताने का कष्ट नहीं किया है। बात कुछ ऐसी अवश्य थी जिससे इन नामों को गुप्त

रखना ही उचित समझा गया।"[90] मेरे ख्याल में, यहाँ डा. जैदी की अपेक्षा गलत नहीं है, क्योंकि जब अमृत राय देखने का अवसर न पा कर भी प्रेमचंद की पहली पत्नी के शरीर का पूरा हुलिया दे रहे थे तो नाम खोलने में क्या मुसीबत थी?

हम इस सब को नकारते हुए केवल इतना मान सकते हैं कि वह काली या साँवरी रही होगी। हमारे मानने का कारण यह है कि प्रेमचन्द ने अपनी बेटी के लिए लड़का ढूंढ़ने की एक शर्त यह लगा रखी थी कि वह काला न हो। यह खुला रंगभेद का आचरण था जो प्रेमचन्द के मन में गहरे तक उतरा हुआ था। उन की सोच में पुरानी इन्डोलोजी पूरी कारगर थी। वैसे, 'नीली आँखों' की बात 'सबसे नीली आँखों' पर आ कर रुकती है। टोरी मोरिसन के एक उपन्यास का शीर्षक ही The Bluest Eye है। रचनाकार को 1993 में साहित्य का नोबल पुरस्कार मिला है। सुखजोत ने 'अन्यथा' में इस उपन्यास का परिचय देते हुए लिखा है–"The Bluest eye (दि ब्लूएस्ट आइ) एक अश्वेत लड़की की कहानी है। मिकोला, जो बचपन से ही अपने काले होने को बहुत बुरा मानती है–हमेशा अपनी आँखें नीली हो जाने के सपने लेती है–नीली आँखें, भूरे बाल और गोरा रंग।"[91] यह एक काले रंग की अफ्रीकन-अमरीकी लड़की की बात हो गई, पर उस तरफ से भी सोचा जाना है कि जिस की आँखें नीली, बाल भूरे और रंग गोरा होता है, उसे खुद पर कितना गरूर होता होगा। आखिर, यहाँ भारत के प्रेमचंद भी साँवले रंग के लोगों से अपने वैवाहिक रिश्ते जोड़ने को तैयार नहीं हैं।

पंजाब में एक कहावत है। मुझ से मेरे एक पंजाबी दोस्त ने कहा था कि उन के यहाँ यह कहा जाता है कि शादी में कुछ और मिले न मिले पर एक बात की तो पक्की गारन्टी है कि लड़की तो गोरी मिलेगी ही। लेकिन उत्तर प्रदेश की मथुरा नगरी में क्या होता है? वहाँ रंग मिले-जुले हैं। हिन्दी की एक फिल्म 'सत्यम, शिवम, सुन्दरम' का गीत ही है–"जसुमति मैया से पूछे नन्द लाला, राधा क्यूँ गोरी, मैं क्यूँ काला?" लेकिन तब तो सवाल बहुत ही मार्के का हो जाता है जब ब्रजभाषा के महाकवि सूरदास की एक कविता इस प्रकार मिलती है–"गोरे नंद जसोदा गोरी, तू कत स्यामल गात।"[92]

पता नहीं कैसे हुआ, पर डा. अनामिका की पुस्तक 'खुरदुरी हथेलियाँ' में संकलित 'काजल' शीर्षक की एक कविता में कमाल हुआ है। बात नानी की चल रही है–नानी की नहीं, बल्कि 'याद आ गई नानी'[93] के मुहावरे की चल रही है। हुआ यह है कि नानी की 'सातों सन्तानों की सात तरह की आँखें'[94] हैं, जिन्हें वे दूसरों की नजर-गुजर से बचाती थीं। यहाँ 'सात तरह की आंखों' से क्या अभिप्राय है? क्या इशारा रंगों की ओर भी है? तब दुनिया की सारी नस्लों का अजायबघर एक घर के भाई-बहनों में ही जमघट लगा कर बैठ गया है। पितृत्व की दृष्टि से इसे कितने

'नानाओं' में बाँटा जाए? अब समझ में आता है कि गाँव में औरतें एक-दूसरी को 'सतबीजड़े' की गाली क्यों देती थीं—"सोक, तू भी बोलै है, तूने सतबीजड़े पैदा किए हैं, सारा जहान जानै है।"

जवाब का पलटवार यहाँ बताने की जरूरत नहीं है, पर हिन्दी में एक लोकोक्ति है—'माँ का पेट, कुम्हार का आंवा, कोई गोरा कोई काला।'[95] इस का हरिवंश राय शर्मा ने अर्थ दिया है—"जैसे कुम्हारे के आंवे में कुछ बर्तन पक कर लाल हो जाते हैं और जो अधपके रहते हैं, वे काले होते हैं, उसी प्रकार एक ही मां के लड़के कुछ गोरे और कुछ काले होते हैं।"[96]

शुक्र है कि भारत की चमार कौम इस रंगभेद के आचरण से एकदम दूर है। हमारे यहाँ यही कहा जाता है कि दुनिया में दो ही रंग होते हैं—एक काला और दूसरा गोरा—इस से क्या फर्क पड़ता है? हमारे यहाँ तो यह भी कहा जाता है कि गोरे लड़के को काली लड़की मिलती है और काले लड़के को गोरी लड़की। हम बिना रंगभेद के इसी तरह जी रहे हैं। हम काले-गोरे की छाँट करने लगें तो कौम हर घर में बँट जाएगी।

संदर्भ

1. प्रेमचंद : घर में, शिवरानी देवी प्रेमचंद, आत्माराम एण्ड संस, 1376, कश्मीरी गेट, दिल्ली-110 006, संस्करण, 2006, पृ.-121
2. रंगभूमि, प्रेमचंद, शिवानी बुक्स, 4855/24, हरबंस स्ट्रीट, दरियागंज, नई दिल्ली-110 002, संस्करण, 2004, पृ.-61
3. गोदान, प्रेमचंद, लोक भारती प्रकाशन, 15-ए, महात्मा गांधी मार्ग, इलाहाबाद-1, संस्करण, 1999, पृ.-214
4. प्रेमचंद : कलम का सिपाही, अमृत राय, हंस प्रकाशन, इलाहाबाद, संस्करण, अप्रैल, 1992, पृ.-391
5. गोदान, प्रेमचंद, लोक भारती प्रकाशन, 15-ए, महात्मा गांधी मार्ग, इलाहाबाद-1, संस्करण, 1999, पृ.-96
6. वही, पृ.-158
7. वही, पृ.-88
8. वही, पृ.-237
9. वही, पृ.-70-71
10. वही, पृ.-73-4
11. प्रेमचंद : कलम का सिपाही, अमृत राय, हंस प्रकाशन, इलाहाबाद, संस्करण, अप्रैल, 1992, पृ.-430
12. वही, पृ.-430
13. वही, पृ.-420
14. वही, पृ.-14
15. वही, पृ.-643 पर उद्धृत
16. गोदान, प्रेमचंद, लोक भारती प्रकाशन, 15-ए, महात्मा गांधी मार्ग, इलाहाबाद-1, संस्करण, 1999, पृ.-6
17. वही, पृ.-14
18. वही, पृ.-14
19. वही, पृ.-212
20. वही, पृ.-226
21. वही, पृ.-5
22. वही, पृ.-75

23. वही, पृ.-162
24. रंगभूमि, प्रेमचंद, शिवानी बुक्स, 4855/24, हरबंस स्ट्रीट, दरियागंज, नई दिल्ली-110 002, संस्करण, 2004, पृ.-229
25. गोदान, प्रेमचंद, लोक भारती प्रकाशन, 15-ए, महात्मा गांधी मार्ग, इलाहाबाद-1, संस्करण, 1999, पृ.-45
26. रंगभूमि, प्रेमचंद, शिवानी बुक्स, 4855/24, हरबंस स्ट्रीट, दरियागंज, नई दिल्ली-110 002, संस्करण, 2004, पृ.-7
27. वही, पृ.-43
28. गोदान, प्रेमचंद, लोक भारती प्रकाशन, 15-ए, महात्मा गांधी मार्ग, इलाहाबाद-1, संस्करण, 1999, पृ.-24
29. वही, पृ.-54
30. प्रेमचंद की उपन्यास-यात्रा : नव मूल्यांकन, डा. शैलेश जैदी, यूनिवर्सिटी पब्लिशिंग हाउस, कोठी नायाब, सर सैयद रोड, सिविल लाइन्स, अलीगढ़, उत्तर प्रदेश, प्रथम संस्करण, जुलाई, 1978, पृ.-426
31. वही, पृ.-426-27
32. रंगभूमि, प्रेमचंद, लोक भारती प्रकाशन, 15-ए, महात्मा गांधी मार्ग, इलाहाबाद-1, संस्करण, 1999, पृ.-28
33. तीसरी राह, के. बिक्रम सिंह, जनसत्ता, दिल्ली, 19 मार्च, 2006
34. प्रेमचंद : कलम का सिपाही, अमृत राय, हंस प्रकाशन, इलाहाबाद, संस्करण, अप्रैल, 1992, पृ.-11
35. वही, पृ.-107
36. वही, पृ.-173 पर उद्धृत
37. भाषा प्रबोध : (ख) प्रधान सम्पादक, रमेश गौतम, राजकमल प्रकाशन प्रा. लि., 1-बी, नेताजी सुभाष मार्ग, नई दिल्ली-110 002, पहला संस्करण, 2005, पृ.-21
38. प्रेमचंद : कलम का सिपाही, अमृत राय, हंस प्रकाशन, इलाहाबाद, संस्करण, अप्रैल, 1992, पृ.-127
39. वही, पृ.-127
40. वही, पृ.-647 पर उद्धृत
41. वही, पृ.-51
42. Davidson's Principles and Practice of Medicine : A Text book for Students and Doctors, Edited by John Macleod, Churchill Livingstone, 23 Ravelston Terrace, Edinbung, EH4 3TL, 12th Edition, Reprint, 1979, p.-948
43. "The AIAS (Ist Phase) data on the Kayastha of Uttar Pradesh reveals that they are of medium height with an average of 165 cm."
People of India : National Services : Volums V : Indian Communities : H-M, by K.S. Singh, Anthropological Survey of India, Oxford University Press, Great Clarendon Street, Oxford OX2 6DP, Edition, 1998, p.-1627
44. प्रेमचंद : कलम का सिपाही, अमृत राय, हंस प्रकाशन, इलाहाबाद, संस्करण, अप्रैल, 1999, पृ.-137
45. रंगभूमि, प्रेमचंद, शिवानी बुक्स, 4855/24, हरबंस स्ट्रीट, दरियागंज, नई दिल्ली-110 002, संस्करण, 2004, पृ.-340
46. गोदान, प्रेमचंद, लोकभारती प्रकाशन, 15-ए, महात्मा गांधी मार्ग, इलाहाबाद-1, संस्करण, 1992, पृ.-94

47. वही, पृ.-294
48. वही, पृ.-294
49. वही, पृ.-296
50. वही पृ.-296
51. वही, पृ.-294
52. प्रेमचंद : कलम का सिपाही, अमृत राय, हंस प्रकाशन, इलाहाबाद, संस्करण, अप्रैल, 1992, पृ.-9
53. वही, पृ.-10
54. प्रेमचंद : घर में, शिवरानी देवी प्रेमचंद, आत्माराम एण्ड संस, 1376, कश्मीरी गेट, दिल्ली-110 006, संस्करण, 2005, पृ.-253
55. मेरी बात (आत्मकथा), प्रेमचंद, जीवन प्रभात प्रकाशन, 221, गुरु गोविन्द सिंह इन्डस्ट्रीयल इस्टेट, गोरे गाँव-पूर्व, मुम्बई-400 063, संस्करण, 2000, पृ.-13
56. प्रेमचंद : कलम का सिपाही, अमृत राय, हंस प्रकाशन, इलाहाबाद, संस्करण, 7 अप्रैल, 1992, पृ.-27
57. वही, पृ-27
58. प्रेमचंद का पारिवारिक जीवन, कृष्ण कुमार राय, नया मानदंड, आचार्य रामचंद्र शुक्ल साहित्य शोध संस्थान, दुर्गाकुण्ड, वाराणसी, जनवरी-मार्च, 2006, पृ.-23
59. प्रेमचंद : कलम का सिपाही, अमृत राय, हंस प्रकाशन, इलाहाबाद, संस्करण, अप्रैल, 1992, पृ.-41 पर उद्धृत
60. रंगभूमि, प्रेमचंद, शिवानी बुक्स, 4855/24, हरबंस स्ट्रीट, दरियागंज, नई दिल्ली-110 002, संस्करण, 2004, पृ.-207
61. भारत का संविधान, [26 जनवरी, 2005 को यथाविद्यमान], प्रकाशक, विधि साहित्य प्रकाशन, भारत सरकार, भारतीय विधि संस्थान भवन, भगवान दास मार्ग, नई दिल्ली-110 001, पृ.-164
62. गोदान, प्रेमचंद, लोक भारती प्रकाशन, 15-ए, महात्मा गांधी मार्ग, इलाहाबाद-1, संस्करण, 1999, पृ.-60-61
63. वही, पृ.-202
64. वही, पृ.-72
65. रंगभूमि, प्रेमचंद, शिवानी बुक्स, 4855/24, हरबंस स्ट्रीट, दरियागंज, नई दिल्ली-110 002, संस्करण, 2004, पृ.-578
66. प्रेमचंद : कलम का सिपाही, अमृत राय, हंस प्रकाशन, इलाहाबाद, संस्करण, अप्रैल, 1992, पृ.-368 के सामने
67. They (the Kayasthas) are the "Greeks of the lower empire", subtle, clever, intellectual, but wily and treacherous."
    Memoirs on the History, Folk-lore and Distribution of the Races of the North Western Provinces of India : Being an Amplified Edition of the Original Supplemental Glossary of Indian Terms, Sir Herry M Elliot, Edited, Revised and Re-arranged by John Beams, Ist Published 1859, Reprint by Low Price Publications, A-6, Nimri Commercial Centre, Near Ashok Vihar Phase-IV, Delhi-110 052, Reprint, 2004, p.-181
68. "Why has the British Parliment not made a law ordering the killing of all blue-eyed babies?"
    Dr. Babasaheb Ambedkar : Writings and Speeches : Vol. 7, Edited by Vasant Moon, The Education Department, Government of Maharashtra, Bombay-400 032, Ist Edition, 26th January, 1990, p.-240

69. **"South Asia The complicated branches of India's genetic tree.**
At Madurai Kamaraj University in Tamil Nadu, India, Ramasamy Pitchappan will try to understand what role the Indian caste system has had in determining genetic patterns, and if there was an influx of Indo-European language speakers from Central Asia 3,500 years ago."
A World of Unanswered Questions, National Geographic : The Greatest Journey Ever Told : The Trails of Our DNA, 1145 17th ST. NW. Washington DC 20036-4688, March, 2006, p.-72

70. **"North Africa/Middle East : Did Alexander the Great and the Romans leave a genetic trail?**
Pierre A. Zalloua of the American University of Beirut Medical Center will explore the genetic legacy of ancient armies and empires. He will also try to identify the earliest inhabitants of the Sahara."
ibid., p.-72

71. "Every drop of human blood contains a history book written in the language of our genes," says population geneticist Spencer Wells, a National Geographic explorer-in-residence."
Human Journey by James Shveeve, ibid., p.-62

72. "The Human genetic code, or genome is 99.9 percent identical throughout the world. What's left is the DNA responsible for our individual differences– in eye color..."
ibid., p.-62

73. The distance between Europeans and lower castes is larger than the distance between Europeans and upper castes..."
Genetic Evidence on the Origins of Indian Caste Populations, Genome Research, www.genome. org, p.-2

74. http://www.madsci.org/posts/archives/Jan 2002/101/ 23480 94./Ge.r.html

75. http://www.genetree.com/resource/eyecolor Calculator.php

76. http://www.madsci.org/posts/archives/jul 2001/994098545.Ge.r.html

77. http://www.athro.com/evo/gen/inherit 1.html

78. http://en.Wikipedia.org/wiki/Eye color

79. http://www.seps.org/cvoracle/faq/eyecolor.html

80. http://www.seps.org/oracle/orcale/.arachive/life.science.Genetics/2000.02/ 00951255390

81. An essay by Dr. Hameed Khan who is a scientist at the US National Institute of Health (NIH) in Betherda, Maryland, USA

82. Eye Color, http://en. wikipedia.org/Wiki/Eye color page 2 of 6

83. Old Super Hits, Original MP-3, An Evergreen Hits of Kishore Kumar-Mohammed Rafi-Mukesh, Geet No. 4, Marketed by Music Shaek, Krishna Swamy Road, Kochi

84. Awara, Produced and Directed by Raj Kapoor, SHE MAROO HOUSE, Plot No. 18, Marol Co-op. Industrial Estate, Marol Naka, off Andheri-Kurla Road, Andheri (E), Mumbai-400 059

85. "Top actors Aishwarya Rai and Angelina Jolie may have common ancestors."

Blue-eyed have common ancestors : Found to have some mutation in gene that determines iris colour.
The Times of India, Bangalore Edition, February 1, 2008, p.-17

86. प्रेमचंद : कलम का सिपाही, अमृत राय, हंस प्रकाशन, इलाहाबाद, संस्करण, अप्रैल, 1992, पृ. -34
87. वही, पृ.-34
88. वही, पृ.-34
89. प्रेमचन्द की उपन्यास-यात्रा : नव मूल्यांकन, डा. शैलेश जैदी, यूनिवर्सिटी पब्लिशिंग हाउस, कोठी नायाब, सर सैयद रोड, सिविल लाइन्स, अलीगढ़, उत्तर प्रदेश, प्रथम संस्करण, जुलाई, 1978, पृ.-520
90. वही, पाद टिप्पणी-2, पृ.-54
91. सबसे ज्यादा नीली आँखें, उपन्यास (The Bluest Eye)—टोनी मॉरिसन, प्रस्तुति, सुखजोत, Anyatha.com अंक 9
92. गोरे नंद, जसोदा गोरी..., डॉ. धर्मवीर, जनसत्ता, दिल्ली, 16 अक्टूबर, 2005
93. खुरदुरी हथेलियाँ (कविता-संग्रह), अनामिका, राधाकृष्ण प्रकाशन प्राइवेट लिमिटेड, 7/31, अंसारी रोड, दरियागंज, नई दिल्ली-110 002, पहला संस्करण, 2005, पृ.-17
94. वही, पृ.-17
95. राजपाल लोकोक्ति कोश, हरिवंश राय शर्मा, राजपाल एण्ड सन्ज, कश्मीरी गेट, दिल्ली, संस्करण, 2003, पृ.-168
96. वही, पृ.-168

अध्याय-27

'आखिर कायस्थ का बेटा हूँ'

I

सज्जाद जहीर से 'प्रगतिशील लेखक सम्मेलन' के लिए प्रेमचन्द का सम्बन्ध बना था। जहीर ने मुंशी जी के लिखित भाषण के बारे में कहा था—जबान तो आप की जरा सकील हो गई है। सज्जाद कहते हैं—"मुंशी जी ने दुबारा कहकहा लगाया और कहा—मैंने कहा लाओ, ऐसी जबान लिख दूँ कि यह लोग भी याद करें...।" सज्जाद ने आगे कहा है—"और फिर जरा रुक कर—आखिर कायस्थ का बेटा हूँ!"[1]

हेतु भारद्वाज 'समय माजरा' के सम्पादकीय 'पार्टनर आपकी पालिटिक्स क्या है' में मेरे खिलाफ लिखते हैं—"प्रेमचंद का गुनाह भी यह है कि वे कायस्थ थे। क्या साहित्य को समझने की यह कोई उपयुक्त तर्क पद्धति है? क्या इस तर्क पद्धति से किसी भी रचनाकार का सही मूल्यांकन किया जा सकता है? शायद कुतर्क का भी एक तर्कशास्त्र हो सकता है इस का प्रमाण डॉ. धर्मवीर दे रहे हैं।"[2] लेकिन अपनी बात हेतु भारद्वाज खुद काट रहे हैं। होना यह चाहिए था कि इस सम्पादकीय लिखने से पहले, सौ पचास रुपये कानूनी कार्यवाही में खर्च करके, गजट में छपवा कर, उन्हें अपने नाम के पीछे लगा उपनाम 'भारद्वाज' हटा देना चाहिए था। जो तर्क देते हैं कि जातियों में कुछ नहीं रखा है, वे अपने उपनामों में जातीय पहचान रखते क्यों हैं?

जबान के सामने चौड़ा पड़ा है, कुछ भी कह दो, वही सुभाषित हो जाएगा। जबान ही तो चलानी है, क्या बिगड़ता है, वह गज भर की हो सकती है। मुश्किल तो तब पड़ती है जब जबान चलाने के अनुसार कुछ किया हो या करना पड़ जाए। योगेन्द्र शर्मा ने 'हंस' में छपे अपने पत्र 'कोई मंत्र दो गुरु!' में मेरे तर्कों की मजाक बनाते हुए लिखा है—"ये प्रेमचंद कायस्थ थे, तो कायस्थों की कहानी लिखते, मैं तो भविष्य में ब्राह्मणों पर ही कहानी लिखूंगा।...भइये अपनी जाति बिरादरी पर ही लिखो! बुधिया

और होरी की कहानी तो किसी दलित लेखक के लिए 'आरक्षित' होनी थी।"[3] जवाब में मेरा इतना ही कहना है कि वे जिस पर चाहे लिखें, मैं इस में क्या सलाह दे सकता हूँ? मेरा पूछना यह है कि यदि उन्होंने अपनी शादी गैर-जात में की हो तो सूचना पा कर मुझे बड़ी खुशी होगी। मैं उन्हें जानता नहीं हूँ, उन की उम्र का मुझे अन्दाज नहीं है, पर वे बता सकते हैं कि उन के निकट के किसी पूर्वज ने गैर-जात में ऐसी कोई शादी की हो। यदि परमात्मा की तरफ से वे बालबच्चे वाले हैं तो मेरे लिए यही प्रसन्नता की बात हो जाएगी कि उन्होंने उन में से किसी एक की भी शादी ऐसे की हो। मेरी खुशी का ठिकाना तब भी न रहेगा जब उन की भविष्य में ऐसी कोई एक भी शादी करने की योजना हो। मेरा दर्द यही है कि यदि ऐसा किया होता तो उन के नाम के पीछे उन का उपनाम 'शर्मा' न लिखा होता। तो, लिखेंगे चमारों पर, और शादी करेंगे ब्राह्मणों में : लिखो सो लिखो, करो सो करो। हम यहाँ देखने-सुनने के लिए बैठे हैं। आखिर, ऐसे लिखे साहित्य के शब्दों की प्रामाणिकता क्या है?—इन्द्र के दरबार का मनोरंजन या दुर्योधन की द्यूतक्रीड़ा! मेरा पूछना यह है कि चमारों पर लिखने के लिए चमारों से शादियाँ करने से परहेज क्यों है।

चलो, योगेन्द्र शर्मा के बारे में यह कह कर पीछा छुड़ाया जा सकता है कि मुझे उन के बारे में उन के इस पत्र के सिवा और कुछ मालूम नहीं है। मैं अपने मुद्दे के मूल पुरुष प्रेमचंद की बात उठा सकता हूँ। वहाँ मेरा अधिकार है, क्योंकि उन के बारे में मुझे इतनी जानकारी जरूर है कि उन की पहली शादी कायस्थ लड़की से हुई थी। कहा जा सकता है, तब वे बच्चे थे, इसलिए उस शादी में जाति के चुनाव पर उन का अधिकार नहीं था। लेकिन उन की दूसरी शादी के बारे में क्या कहा जाए? वह तो खुद उन्होंने ही की थी। उस में किसी की दखल नहीं थी। क्या दूसरी पत्नी शिवरानी देवी गैर-कायस्थ थीं? जी नहीं, एकदम कायस्थ थीं—प्रेमचंद ने अपनी दूसरी शादी किसी दूसरी बुधिया चमारी से नहीं की थी। इस के बाद प्रेमचन्द ने अपनी बेटी कमला की शादी की थी। क्या वह गैर-कायस्थों में भेजी थी? जी नहीं, दूसरों की जात जान कर और अपनी जात खोल कर वे भी कायस्थों में ही ब्याही थीं।

एक अन्य लेखक ने मुंशी प्रेमचन्द का बचाव करते हुए लिखा है—"अब अगर सिर्फ जन्मना कायस्थ होने की वजह से उन्हें अपशब्द रूप में 'मुंशी' कहा जाए तो प्रकारान्तर से यह जातिवाद ही कहा जाना चाहिए।"[4] पता नहीं, इस में अपशब्द कहाँ से आ गया? प्रेमचन्द को 'कलम का सिपाही' कहा गया है। उसे एक साहित्यिक अभिव्यक्ति माना गया है। वह उन की प्रशंसा में दिया गया शीर्षक है। दूसरे लेखक को अधिकार है कि वह प्रेमचन्द की आलोचना कर सकता है। मैंने तथ्यों और तर्कों के आधार पर प्रेमचन्द की आलोचना की है। उस आलोचना के निचोड़ में मैंने उन्हें 'सामन्त का मुंशी' पाया है। तब यह मेरी साहित्यिक अभिव्यक्ति क्यों नहीं मानी जानी चाहिए? साहित्यिक अभिव्यक्ति के रूप में यदि प्रेमचन्द के बेटे अमृतराय की पुस्तक

के शीर्षक 'प्रेमचन्द : कलम का सिपाही' को सराहा जा सकता है तो मेरे दिए हुए शीर्षक 'प्रेमचन्द : सामन्त का मुंशी' को असाहित्यिक और अपशब्द कैसे माना जा सकता है? यह पुस्तकों के साहित्यिक मूल्यांकन का कौन-सा तरीका है?

इस प्रश्न का उत्तर राज किशोर के लेख 'दलित स्त्रियाँ किस की सम्पत्ति हैं' में मिलता है। उस में उन्होंने इस बहस में शामिल होते हुए प्रेमचंद द्वारा रखैल रखने के बारे में लिखा है—"प्रेमचन्द ने जो किया, उस का समर्थन कोई नहीं कर सकता। वह स्पष्ट रूप से अनैतिक था। यही कारण है कि प्रेमचंद के प्रेमियों और भक्तों ने इस तथ्य को प्रचारित होने से रोका।"[5] तो, असल बात यह है कि प्रेमचंद के भक्त भी होते हैं। मैंने यह कभी नहीं माना था कि हिन्दी जगत में लेखकों के ऐसे भक्त होने की परम्परा भी चल रही है। प्रशंसक होना मैं समझ सकता था, मैं 'प्रेमी' शब्द को भी मानने को तैयार हूँ, पर प्रेमचन्द का भक्त होना?—यह मेरी समझ से बाहर है। तो, इन लेखक को 'प्रेमचंद : सामन्त का मुंशी' का शीर्षक इसलिए नहीं अखरा है कि वे मेरी पुस्तक का साहित्यिक मूल्यांकन कर रहे हैं बल्कि मामला सारा दुराग्रहपूर्ण खुद उन की तरफ से है कि वे प्रेमचन्द के भक्त बने हुए हैं। तब भक्ति में तो 'आलोचना' का शब्द ही गायब रहता है। इधर, सच में मैंने अपनी उक्त पुस्तक प्रेमचन्द के साहित्यिक समीक्षकों के लिए लिखी थी, प्रेमचन्द के भक्तों और अन्धविश्वासियों के लिए नहीं। उधर, प्रेमचन्द के एक ऐसे भक्त राजेन्द्र यादव भी हैं जिन्होंने 'हंस' में प्रकाशित अपने सम्पादकीय लेख 'रखैल और जार का दलित-पाठ' में लिखा है—"मगर जब धर्मवीर प्रेमचंद को 'सामन्त का मुंशी' या 'कायस्थ' कहते हैं तो अपने मन का जहर प्रकट करते हैं।"[6]

अब मैं प्रेमचंद के इन भक्तों को कैसे बताऊँ कि 'मुंशी' कोई जाति नहीं है? यह हिन्दी भाषा का शब्द ही नहीं है। यह अरबी भाषा का शब्द है और 'उर्दू-हिन्दी शब्दकोश' में इस के अर्थ इस प्रकार दिए गए हैं—"गद्य लेखक, अदीब; लिपिक, क्लर्क; वकील का मुहर्रिर; कचहरी में अर्जियाँ लिखने वाला; जिस की लिखावट अच्छी हो।"[7] चार्ल्स रिचर्ड फ्रान्सिस ने सन् 1848 में इस शब्द के बारे में लिखा है—"मुंशी का मतलब श्रुति लेखक या सचिव से है। लेकिन भारत में इस का अर्थ फारसी के अध्यापक या हिन्दुस्तानी के मुसलमानी रूप को पढ़ाने वाले अध्यापक से है। यह भाषा मिश्रित भाषा है। इस का आधार देश की मूल भाषा हिन्दी है जिस में बाद में मुसलमान आक्रमणकारियों द्वारा फारसी, अरबी और तुर्की के शब्द जोड़े गए हैं। तब यह हिन्दुस्तानी बन जाती है। मुंशी एक मुसलमान होता है और केवल उसी मिश्रित भाषा को पढ़ाता है जो उस के अपने लोगों ने बनाई है।"[8] अब इस में मैं क्या कर सकता हूँ कि अलबर्ट हर्वे का सन् 1850 में इन मुंशियों के साथ का अनुभव बहुत ही अजीब था? वे लिखते हैं—"ये लोग भारत के भूगोल में बहुत ही चालाक और धूर्त हैं।"[9] उन्होंने लिखा है कि मुंशी अपने विद्यार्थी को पढ़ाने कभी आता है और कभी

नहीं आता। वह पढ़ाने के बजाय छात्र के साथ गप्पे लगाता है। इस वजह से अध्यापक और छात्र पढ़ाई-लिखाई के मामले में प्रमादी बने रहते हैं।[10]

अब और किस की कहें?—प्रेमचंद के बेटे अमृत राय ने प्रेमचंद के बारे में लिखा है—"और मुंशी (प्रेमचंद) जी ने इस की एक बिलकुल मुंशियाना तरकीब निकाली।"[11] यूँ, अमृत राय की दृष्टि में इस 'मुंशियाना' शब्द का अर्थ कुछ खास जरूर है। अब जो भी अर्थ हो, वही अर्थ मैं भी ले रहा हूँ। मैं क्या गलत कर रहा हूँ? मेरे द्वारा इस शब्द के प्रयोग पर हाय-तौबा क्यों मचाई जा रही है?

कायस्थ हो कर कायस्थ न कहलवाना—यह क्या है? यदि कोई कायस्थ है तो इस में बुराई क्या है? अजीब रणनीति है कि कायस्थ होने के सारे फायदे ले कर जिम्मेदारी के समय अन्तर्ध्यान हो जाते हैं। हिन्दुओं में यह बड़ी बुराई है और इस बुराई के सिरमौर ब्राह्मण हैं। एक स्थिति आती है जब ब्राह्मण लोग खुद को ब्राह्मण नहीं कहलवाना चाहते। तब वे 'ब्राह्मण' और 'ब्राह्मणवाद' में फर्क करने लगते हैं। यह और कुछ नहीं बल्कि जिम्मेदारी से बचना है। कई जगह यह आत्मगौरव के अभाव में कायरपन भी ठहरता है।

डा. शैलेश जैदी ने अपनी पुस्तक 'प्रेमचंद की उपन्यास-यात्रा : नव मूल्यांकन' में प्रेमचंद को कायस्थ ही माना है। उन्होंने कोई लाग-लपेट न रख कर 'कायस्थ-संस्कार', 'कायस्थपन' और 'कायस्थ बुद्धि' के शब्द प्रयोग किए हैं। उन्होंने उर्दू और कायस्थों के रिश्ते को ले कर लिखा है—"...हिन्दुओं में कायस्थों की आस्था उनके विशिष्ट संस्कारों के कारण उर्दू के साथ थी। प्रेमचन्द भी एक कायस्थ परिवार में जन्मे थे। फलस्वरूप उर्दू उनके संस्कारों में रची-बसी थी। कायस्थपन उन पर आदि से अन्त तक हावी रहा।"[12] अपने इसी तर्क को आगे बढ़ाते हुए उन्होंने प्रेमचंद के बारे में आगे लिखा है—"हिन्दी में पूर्णतः पदार्पण करने से पूर्व उनकी लगभग सभी रचनाएँ कायस्थों द्वारा संचालित एवं संपादित उर्दू-पत्र-पत्रिकाओं में ही प्रकाशित हुईं। **आवाज़ए खल्क, अदीब, आज़ाद, ज़माना** आदि कायस्थों के ही अखबार और रिसाले थे। प्रेमचन्द की मित्र मंडली में भी शुरू-शुरू में कायस्थों की ही संख्या अधिक थी। फलस्वरूप प्रेमचन्द के व्यक्तित्व में कायस्थ-संस्कार कूट-कूट कर भर गये।"[13]

डा. शैलेश जैदी के अनुसार, प्रेमचंद के ये कायस्थ-संस्कार उन के साहित्य में उजागर हुए मिलते हैं। कायस्थों की यह होड़ ब्राह्मणों से चल रही है। 'गोदान' में इस होड़ के प्रमाण मिलते हैं। डा. जैदी ने लिखा है—"उन (प्रेमचंद) की जातीय हीन-ग्रंथि उन्हें कायस्थों को ब्राह्मणों से किसी प्रकार भी उन्नीस नहीं मानने देती थी। नोखे राम को अगर यह जोम था कि हम ब्राह्मण हैं और कायस्थों को उँगली पर नचाते हैं, तो पटेश्वरी को भी घमण्ड था कि हम कायस्थ हैं, कलम के बादशाह, इस मैदान में कोई हमसे क्या बाजी ले जायेगा?...यहाँ बात नोखे राम और पटेश्वरी की की गई है, किन्तु आत्मपरक प्रसंगों की इसमें गहरी झलक देखी जा सकती है। यह कलम की बादशाहत

पटेश्वरी की नहीं, प्रेमचन्द की है।"[14] एक जगह उन्होंने यह भी लिखा है–"कायस्थ बुद्धि प्रसिद्ध है ही।"[15] जहाँ तक 'मुंशी' शब्द का सवाल है, तो इस के बा़रे में डा. जैदी ने ठीक ही लिखा है–"मुंशी कहलाना तो कायस्थों के पढ़े-लिखे होने का द्योतक था।"[16]

प्रेमचंद की दूसरी शादी एक 'किताबचे' के अखबार में दिए गए इश्तहार के जरिये हुई थी। उसे प्रेमचंद के दूसरे ससुर ने छपवाया था। अमृत राय बताते हैं कि किताबचे के शब्द इस प्रकार हैं :

> "प्रार्थना पत्र ख़िदमत में सब भाइयों कायस्थ चित्रगुप्तबंशी के पहुँचकर सुशोभित हो, परमात्मा रोज़-ब-रोज़ तरक्क़ी देवे।
>
> . . . .
>
> "हे मेरे प्यारे क़ौम भाइयों कायस्थ चित्रगुप्त बंसी ज़रा ध्यान देकर सुनिए कि पद्म पुराण एक प्राचीन पुराण व मुस्तनिद किताब है जिससे साबित है कि बाबा चित्रगुप्त पुरुषा याने मूरिस आला सब भाइयों के हैं और जब से सृष्टि की रचना हुई बदर्बार महाराज धर्मराज के न्यायकारी व आमाल नेक व बद जो जैसा काम करता है, तहरीर फ़रमाया करते हैं वा उसी के मुताबिक सज़ा व जज़ा याने स्वर्ग व नर्क तजवीज फ़र्माते हैं।
>
> . . . .
>
> उन्हीं बाबा चित्रगुप्त जी के पुण्य व प्रताप व आशीर्वाद से सब उनकी औलादें कि जिनके संतान व वंश में सब भाई हैं वेदविद्या का पठन-पाठन करते रहें, श्रेष्ठ कहलाते रहें व वक़्त महाराज क्षत्रियों के राज्य समय में कायस्थ वंश भाई अपनी वेद विद्या, व बुद्धि की लियाक़त से बड़े-बड़े ओहदों पर (न्यायाधीश) व राज्य कार्य के मंत्री व दीवान मुक़र्रर होते रहे और राज्य का इन्तिज़ाम माकुल करते रहे कि सबसे श्रेष्ठ व लायक़ समझे जाते रहे।"[17]
>
> . . . .
>
> "हे मेरे सजातीय भाई कायस्थ चित्रगुप्त वंशी क्या आप लोग अपने-अपने प्रत्यक्ष नेत्रों से यह न देखते होंगे कि जिन कन्याओं का विवाह हो गया है और दिरागमन याने गौना नहीं हुआ पति याने शौहर उनका मर गया है तो वह बाल विधवा बेचारी नाकर्दे गुनाह अपनी-अपनी ज़िन्दगी किस-किस मुसीबत से काटती हैं...।"[18]
>
> . . . .
>
> "(फ़र्याद बाल विधवा कन्याओं की) हे मेरे सजातीय कायस्थ चित्रगुप्त वंशी आप लोग ग़ौर करके बिला पक्षपात के इंसाफ कीजिए कि

जब किसी पुरुष की स्त्री मर जाती है तो वह पुरुष दो-दो अथवा तीन-तीन विवाह कर लेने का अधिकारी होता है और हम बाल विधवाओं ने जो पति के पास तक नहीं गयी हैं और पति का मुंह तक नहीं देखा है पुनर्विवाह हमारे करने में आप लोग लज्जा व घृणा करते हो...क्या पुरुष को काम प्रबल अधिक सताता है और हम काम को जीते हुए हैं।''[19]

अमृत राय उस किताबचे के बारे में लिखते हैं—''लेकिन और भी बड़ी बात यह है कि उससे बहुत मज़े की रोशनी उस कायस्थ समाज पर पड़ती है जिसमें नवाब का जन्म हुआ, जिसके बीच वह पला-बढ़ा और जिसके माध्यम से उसने सबसे पहले हिन्दू समाज के मसलों को समझा। जिस समाज के अन्दर से यह दस्तावेज़ पैदा हुआ वही नवाबराय का पहला और बुनियादी समाज है। वही उसकी जबान है और वही उसके सोचने-विचारने का ढंग। बाद में उसकी निगाह भी फैली और उसका समाज भी फैला, ताहम उसकी घुट्टी में यही समाज था।''[20]

प्रेमचंद के दूसरे ससुर स्वभाव में कैसे थे? अमृत राय ने बताया है कि वे कायस्थ खोपड़ी के थे। शब्द इस प्रकार हैं—''यह मुंशी देवीप्रसाद अपने गाँव के एक बहुत प्रभावशाली व्यक्ति थे। पैसा तो कुछ खास न था मगर इज्जत बहुत थी। दिमाग़ तो वैसा ही पाया था जैसी कि कायस्थ खोपड़ी मशहूर है मगर साथ ही मिज़ाज में कुछ ठाकुरों जैसा अक्खड़पन भी था। दबंग कड़ियल आदमी थे।''[21]

भारत में जाति की बात कोई अजूबे की बात नहीं है। इस जाति-व्यवस्था में अछूत या दलित की पहचान कभी मिटी नहीं है। कोई कह देता है, कोई नहीं कहता। जो नहीं कहता, बिना कहे भी उस का मतलब भी यही होता है कि वह भी व्यवहार में जाति प्रथा से जुड़ी छुआछूत को बरतता है। प्रमाण में मेरे पास तिरुवनन्तपुरम के संस्करण का 4 जून, 2006 का अंग्रेजी का दैनिक 'द हिन्दू' पत्र है। उस के 'मैट्रोमोनियल' के पृष्ठ-3 पर लिखा है—''जाति बन्धन नहीं। हिन्दू मरवर 25/162 बी ई, बहुत गोरी, पूरदम 35000 मासिक। सरकारी अफसर की इकलौती बेटी।...भाइयों का विदेशों में अच्छा बसाव। अनुसूचित जाति और अनुसूचित जनजाति के लोग क्षमा करें। शिक्षित लड़के की जरूरत।...द हिन्दू, चैन्नई...।''[22] तो, इस तरह हिन्दुओं की जाति टूट जाती है, जिस में अछूतों से छुआछूत बरकरार रह जाती है। डा. अम्बेडकर ने भी हिन्दुओं के इस भय को दूर किया था कि उन के 'हिन्दू कोड बिल' को अपनाने से हिन्दुओं की जाति टूटने का कोई खतरा है। उस सन्दर्भ को यहाँ छोड़ा जा रहा है।

मैं यह कह रहा हूँ कि प्रेमचंद ने अपनी कायस्थ जाति के लोगों को यह सलाह नहीं दी कि वे अन्तर्जातीय विवाहों की तरफ जाएँ। भारी दहेज की बुराई को उन्होंने कायस्थों के भीतर ही विकल्प ढूंढ़ कर दूर करने की सलाह दी है। जो कुछ भी सुझाया, जाति के भीतर ही सुझाया। फिर, अन्तर्जातीय विवाह से जाति नहीं टूटती, बस, जाति

की अस्थायी रूप से एक शर्त टूटती है। ऐसे ही, अन्तर्जातीय सहभोज से जातियाँ नहीं टूटतीं, बस, समय के दबाव की एक कूटनीति खेली जाती है। जातियों में रोटी-बेटी के सम्बन्ध बनाने की खूब वकालत की जाए, लेकिन यह भ्रम न फैलाया जाए कि ऐसा करने से जातियाँ टूट जाती हैं। मसूरी की राष्ट्रीय प्रशासनिक अकादमी में हिन्दू और मुसलमान प्रोबेशनर आफिसर एक साथ खाना खाते हैं तो इस का मतलब यह न समझा जाए कि हिन्दू और मुसलमान के धर्म टूट गए हैं। एक जाति की लड़की प्रेम-सम्बन्ध बना कर दूसरी जाति के लड़के से विवाह कर लेती है तो उस के बच्चे उस दूसरी जाति के कहे जाएँगे—इस में किसी को जाति टूट गई कहाँ से दीखती है? दोनों तरफ जातियाँ ज्यों की त्यों बनी रह गई हैं। इस विवाह से जातियों के अस्तित्व पर कोई आँच नहीं आती। एक गुजराती ने बंगालन से शादी कर ली तो इस में गुजरात और बंगाल नहीं मिटे हैं। जाति के मामले में सोच के स्तर पर यही चूक की जा रही है कि इसे हवा में फूँक से उड़ा देने वाली हलकी चीज समझ कर इस के वजूद पर प्रश्नचिह्न लगाया जाता है। सच बात यह है कि जितनी इस में बुराइयाँ गिनाई जाती हैं, उन से भी अलग यह एक चीज है, जो बातें मनुष्य के जीवन में अच्छी और सकारात्मक हैं। यदि जाति के कारण घृणा और अस्पृश्यता के फैलाव से राष्ट्रीय एकता को आघात पहुँचता है तो उसे जरूर मिटाया और दंडित किया जाना चाहिए लेकिन शव को शमशान तक ले जाने में यदि जात-बिरादरी के लोग जिम्मेदारी निभाते हैं तो इस में बुराई नहीं देखी जानी चाहिए।

किसी जाति में कुछ बुराई नहीं है, बल्कि कहना यह चाहिए कि किसी की जाति में कोई बुराई नहीं है। जाति चाहे माता के कुल से जुड़े या सामाजिक पेशे से, यह अकबर के समय में पहचान के लिए घोड़ों को दागना है। जाति में बुराई तब पैदा होती है जब मनुष्य की पहचान को किसी छोट-बड़ाई, ऊँच-नीच या छूत-अछूत के तिफरकों से जोड़ा जाता है।

पेशों के आधार पर बनी जातियों का सामाजिक इतिहास में बड़ा महत्व है। जब कोई चमार है तो इस का मतलब है कि उस की कौम ने जब चमड़े के प्रयोग का विज्ञान खड़ा किया था तो समाज के आर्थिक जगत पर राज किया था। ऐसा ही, कुम्हार, लुहार और बढ़ई आदि पेशेगत जातियों के बारे में सच है।

कुछ लोग हैं जो खुद को किसी पेशे से नहीं जोड़ते। ब्राह्मण उन में से एक हैं। इन्होंने कोई काम नहीं किया और अकारण समाज पर दबदबा बनाना चाहा है। यह सत्ता की खालिस भूख है। कायस्थ उन में से कौन हैं? उन का क्या मुख्य पेशा रहा है?

II

प्रेमचंद की समस्याएँ एक कायस्थ की समस्याएँ थीं। वे अपनी कायस्थ जाति से एकाकार थे। कायस्थ जाति की शक्तियों और कायस्थ जाति की कमजोरियों –वे इन दोनों से वाकिफ और बाबस्ता थे। अमृत राय ने प्रेमचंद की जमात के चरित्र के बारे में लिखा है–"...एक तरफ गहनों का पागलपन और दूसरी तरफ अपनी हैसियत को छिपाने की, बढ़ा कर दिखाने की कोशिश, खास बीमारी मुंशी जी के अपने वर्ग की, सब से ज्यादा जानलेवा...।"[23]

महोबे में कहाँ रहे? शिवरानी जवाब देती हैं–"महोबा में जिस मुहल्ले में मैं थी, वह कायस्थों का मुहल्ला था।"[24] उधर, प्रेमचंद 15 जुलाई, 1934 को अपनी पत्नी को पत्र में लिख रहे हैं–'मैं अच्छा हूँ...। बच्चों का नाम कायस्थ पाठशाला में लिखवा दिया, यह ठीक है। उन का बोर्डिंग हाउस का भी तो इंतजाम हो गया।"[25]

और कौन-सी बात कहें? प्रेमचंद की मृत्यु हो गई थी। अन्तिम अजल-मजल के लिए उन की बिरादरी ही काम आई। अमृत राय ने लिखा है–"लमही खबर पहुँची। बिरादरी वाले जुटने लगे।"[26] वे आगे लिखते हैं–"अर्थी बनी। ग्यारह बजते-बजते बीस-पचीस लोग किसी गुमनाम आदमी की लाश ले कर मणि कर्णिका की ओर चले।"[27]

उन दिनों के कायस्थों की भाषा क्या थी? उन की पढ़ाई-लिखाई किन भाषाओं में होती थी? खुद प्रेमचंद की शिक्षा किस भाषा में हुई थी? अमृत राय ने उस बारे में विवरण दिए हैं जो इस प्रकार हैं :

1. "आठवें साल में उन (प्रेमचन्द) की पढ़ाई शुरू हो गई थी, ठीक वही पढ़ाई जिस का कायस्थ घरानों में चलन था, उर्दू-फारसी।"[28]
2. "लगभग उन्हीं दिनों (1904 में) 'धनपत राय श्रीवास्तव' (प्रेमचंद) ने उर्दू और हिन्दी की स्पेशल वर्नाक्युलर परीक्षा भी पास की।"[29]
3. "लेकिन नहीं, वह (प्रेमचंद) खुद भी तो हिन्दू है और कायस्थ है। उर्दू-फारसी उस की घुट्टी में पड़ी है। उस साहित्य से उस का गहरा परिचय है।"[30]
4. "इस से हलका एक पूर्वाभास तो अब से तीन बरस पहले मिला, जब पिता जी की शादी के मौके पर नवाब (प्रेमचंद) ने लोगों की दिलबस्तगी के लिए या बैतवाजी की प्रतियोगिता में, जो कि कायस्थों की शादी में न तब कोई अनहोनी चीज थी न अब है, इतनी गजलें सुनाई थीं कि घराती-बराती सब दंग रह गए। उस वक्त नवाब (प्रेमचन्द) मिशन स्कूल में आठवीं जमात में पढ़ते थे जो तीसरा दर्जा कहलाता था।"[31]

यह कायस्थों में प्रचलित इसी शिक्षा का कारण है कि प्रेमचंद को अपने बारे में लिखना पड़ा है–"....कायस्थ होने और बचपन से फारसी का अभ्यास करने के कारण उर्दू मेरे लिए जितनी स्वाभाविक है उतनी हिन्दी नहीं है... ।"[32] बात बड़ी सीधी-सी है जो अमृत राय ने लिखी है–"कायस्थ की जात नौकरी के लिए है।"[33] नौकरी उर्दू-फारसी से मिलती थी। प्रेमचंद के पिता भी नौकरी में थे। अमृत राय ने उन के बारे में लिखा है–"डाकमुंशी का बेटा है, डाक के हरकारों के बीच पल कर बड़ा हुआ है... ।"[34]

अमृत राय ने 'कायस्थ बनाम ब्राह्मण' के झगड़े की भी सूंघ दी है। उन्होंने अवध उपाध्याय द्वारा प्रेमचंद के खिलाफ लिखे गए लेखों का एक मूल्यांकन इन शब्दों में किया है–"कुछ अजब नहीं कि इस संगठित अभियान के पीछे कुछ लोगों का षड्यन्त्र रहा हो। इस अभागे देश की आज भी जो हालत है उस को देखते हुए यह भी अचरज की बात न होगी और इस के मूल में जातिवाद का विष भी काम करता रहा हो।"[35] शक की गुंजाइश इसलिए नहीं रह जाती क्योंकि खुद प्रेमचंद ने अपने दोस्त सेहर हथगामी को लिखे एक खत में कबूल किया है–"आप साहबान का खयाल बिलकुल दुरुस्त है। इलाहाबाद में एक ब्राह्मण पार्टी है। अवध उपाध्याय जी उस के हाथ में कठपुतली बने हुए हैं। ऊटपटांग बातें कह कर मुझे बदनाम कर रहे हैं।"[36] और जब प्रेमचंद खुद को कायस्थ का बेटा कह कर गर्वोन्मत होते हैं तो वे 'कबीर ग्रन्थावली' की पकड़ से बच कर नहीं जा सकते। 'कबीर ग्रन्थावली' में एक पद की एक पंक्ति इस प्रकार आती है–"गांइ कु ठाकुर खेत कु नेपै, काइथ खरच न पारै।"[37] तो, 'कबीर ग्रन्थावली' में कायस्थ के खर्च का कभी पूरा नहीं पड़ता। उस के लेन-देन का हिसाब-किताब खत्म नहीं होता। कैसी मुसीबत है? हिसाब है कि बलाय? कहने का मतलब यह है कि यह कोई अच्छी याद नहीं है। अन्याय करने में कायस्थ ठाकुर के साथ जुड़ा हुआ है। उस के शोषण की कोई हद नहीं है।

III

एक कायस्थ व्यक्ति ने मेरी पुस्तक 'प्रेमचन्द : सामन्त का मुंशी' पढ़ी तो उन की मेरे एक साथी के लिए मौखिक प्रतिक्रिया थी कि डा. धर्मवीर ने कायस्थों के बारे में बिलकुल सच लिखा है। उन्होंने मेरी किताब में जो चूक बताई वह यह थी कि किताब इसलिए अधूरी और अपूर्ण है क्योंकि इस में कायस्थ जाति के शराब के व्यसन के बारे में जिक्र नहीं है। उन्होंने यह भी कहा था कि कायस्थों के मुगलों के प्रशासन से जुड़ने का भी इस में जिक्र होना चाहिए था।

तेजी बच्चन ने हरिवंश राय बच्चन की काव्य-पुस्तक 'मधुशाला' के बारे में बहुत अच्छी जानकारी दी है।[38] उन्होंने बताया है कि रामवृक्ष बेनीपुरी की 'मधुशाला' के बारे

में बहुत गलत राय थी। बेनीपुरी मान रहे थे कि बच्चन 'मधुशाला' को गा-गा कर युवकों को शराब पिलाना सिखा रहे हैं। लेकिन जब उन्होंने खुद एक काव्य-उत्सव में बच्चन के मुख से मधुशाला सुनी तो उन की राय बदल गई। 'मधुशाला' का गायन सुबह पाँच बजे तक चला था। गाते-गाते जब बच्चन थक जाते थे तो पानी पीते थे। इसी बात से प्रभावित हो कर बेनीपुरी ने तब बच्चन को अपने सीने से लगा लिया था। यह सारी बात ठीक है कि बच्चन पानी पी रहे थे लेकिन यह तो पूछना ही पड़ेगा कि उन की सब से ज्यादा लोकप्रिय पुस्तक 'मधुशाला' नाम से क्यों आई। उन के छन्द की टेक 'मधुशाला' शब्द पर क्यों टिकी? उन के श्रोता कौन थे? क्या वे भी शराब नहीं पीते थे? शराब न पीने वाले कवि बच्चन को भी शराब पीने वाले अपने श्रोताओं की शब्दावली के सामने झुकना क्यों पड़ा? क्या 'मधुशाला' को सुन कर या पढ़ कर उन के श्रोता और पाठक इस दिशा में जा रहे थे कि आगे से उन्हें शराब नहीं पीनी है? मेरे हिसाब से, इस प्रश्न का उत्तर 'हाँ' में बिलकुल नहीं है। इसलिए, यदि कवि को अपना कोई संदेश देने के लिए अपने श्रोताओं और पाठकों के पास के गलत शब्दों, प्रतीकों, रूपकों और उपमाओं का सहारा लेना पड़े तो उसे हमेशा सुधार या क्रान्ति नहीं कहा जा सकता। कहना केवल यह है कि कायस्थ जाति में जन्मे शराब न पीने वाले कवि बच्चन को भी 'मधुशाला' का आश्रय ढूंढ़ना पड़ा। यदि वे ऐसा न करते, शायद उन का अपने वर्ग से वैसा संवाद सम्भव नहीं हो सकता था जो 'मधुशाला' लिखने और गाने से हो सका।

फिर कहा जाए कि कायस्थ जाति के कवि-गीतकार हरिवंश राय बच्चन की कैसी मजबूरी बनी कि अपनी कौम को कुछ समझाने के लिए 'मधुशाला' नाम की पुस्तक लिख कर शराब का ही सहारा लेना पड़ा। यदि वे शराब का सहारा नहीं लेते तो उन की कौम कुछ समझने को तैयार नहीं थी। बच्चन शराब नहीं पीते थे पर अपनी कौम से तादात्म्य बनाने के लिए शराब की ही शरण में जाना पड़ा। इसे कवि की हार कहा जा सकता है, पर शराब की संस्कृति से दूर हो कर कवि ही अपनी कौम से अलग-थलग पड़ जाता। बात वही है, शराबियों से कोई बात करनी होगी तो शराबियों की भाषा का ही दामन पकड़ना पड़ता है, नहीं तो हाथ में सामने वाले की अंगुली भी नहीं आती। शराब के बिना कायस्थ जाति से संवाद स्थापित नहीं हो सकता था और इसी वजह से सम्प्रेषणीयता समाप्त हो जाती। इसे दूसरे ढंग से हिन्दी में 'राधावाद' से समझा जा सकता है। जो कौम परत्रियाओं में रस लेने में मग्न है, उस से बातचीत कैसे की जाए? इसी के लिए रास्ता राधावाद का निकाला गया है। बिना राधावाद को बीच में लाए हिन्दू कोई बात समझ ही नहीं सकता। उस की मानसिक अवस्था से एकाकार होना है तो विवाहेतर सम्बन्ध और परत्रियाओं के शब्द लाने ही पड़ेंगे। लोक व्यवस्था ऐसे सम्बन्धों को अनैतिक और न्याय व्यवस्था अवैध कहें तो इन्हें सीधे भगवान से जोड़ दो। बस, हिन्दू कह देंगे, यह हमारा धार्मिक मामला है—इसी पर बहस

समाप्त हो जाएगी। कर लो कोई क्या करेगा? किसी को रोकने का क्या अधिकार है क्योंकि यह उन के भगवान, अध्यात्म और संस्कृति का मामला है? यूँ समझो कि चोर को नेक कमाई करने की बात समझ में नहीं आएगी। ऐसे ही, शराबी हर दवा को शराब में मिला कर पीना चाहता है, और ऐसे ही, परत्रियाओं में सना-भना जार व्यक्ति भगवान, भक्ति और अध्यात्म को राधा के साथ की कृष्ण की रासलीला की शब्दावली में ही समझ सकता है, नैतिक और वैध शब्दों के द्वारा नहीं।

'कफन' प्रेमचन्द की आकार में एक बहुत छोटी कहानी है। 'पल प्रतिपल' में पुनर्प्रकाशित यह कुल सात पेजों में है।[39] यह उन की आखरी कहानी या आखरी कहानियों में गिनी जाती है। तब यह पूछना पड़ेगा कि कुल सात पेजों में से तीन पेज 'मधुशाला' पर जाया क्यों हुए हैं। प्रेमचंद का खुद का शब्द भी 'कफन' में 'मधुशाला' का ही है। उद्धरण इस प्रकार हैं :

1. "तब दोनों न जाने किस दैवी प्रेरणा से एक मधुशाला के सामने आ पहुँचे।"[40]
2. "ज्यों-ज्यों अँधेरा बढ़ता था और सितारों की चमक तेज होती थी, मधुशाला की रौनक भी बढ़ती जाती थी।"[41]

ध्यान रखा जाए कि हरिवंश राय बच्चन की 'मधुशाला' 1933 में आई थी और प्रेमचंद की यह कहानी अप्रैल 1936 में प्रकाशित हुई थी—अर्थात शब्द उस की निरन्तरता में एकदम लपका गया है। शायद ढूँढ़ने पर अन्य उदाहरण भी मिल सकते हैं, लेकिन प्रेमचंद ने इस 'कफन' कहानी में शब्द 'शराबखाने' का भी प्रयोग किया है जो इस प्रकार है :

3. "शराबखाने के सामने ही दुकान थी।"[42]

'बोतल' शब्द भी प्रेमचन्द की नजर से छूट नहीं सका। उस के तीन प्रयोग इस प्रकार हैं :

4. "फिर घीसू ने गद्‌दी के सामने जा कर कहा—साहु जी, एक बोतल हमें भी देना।"[43]
5. "आधी बोतल से ज्यादा उड़ गयी।"[44]
6. "दोनों कितने भाग्य के बली हैं। पूरी बोतल बीच में हैं।"[45]

शराबखाने की दुनिया के कुछ अन्य शब्द इस प्रकार हैं जो इस कहानी में प्रयोग हुए हैं :

7. "अस्थिरता नशे की खासियत है।"[46]
8. "और आखिर नशे में बदमस्त हो कर वहीं गिर पड़े।"[47]

9. "पियक्कड़ों की आँखें इन की ओर लगी हुई थीं... ।"[48]
10. "कोई अपने दोस्त के मुँह में कुल्हड़ लगाए देता था।"[49]
11. "शराब से ज्यादा यहाँ की हवा उन पर नशा करती थी।"[50]

यह अच्छा हुआ कि खुद डा. हरिवंश राय बच्चन ने इस बारे में कोई भ्रम नहीं रहने दिया। उन्होंने अपनी पुस्तक 'मधुशाला' में एक परिशिष्ट जोड़ा है। उस में वे लिखते हैं—" 'मधुशाला' के बहुत-से पाठक और श्रोता एक समय समझा करते थे, कुछ शायद अब भी समझते हों, कि इसका लेखक दिन-रात मदिरा के नशे में चूर रहता है। वास्तविकता यह है कि 'मदिरा' नामधारी द्रव से मेरा परिचय अक्षरशः बरायनाम है।"[51] उन्होंने आगे लिखा है—"फिर भी बराबर प्रश्न होते रहे, आप पीते नहीं तो आपको मदिरा पर लिखने की प्रेरणा कहाँ से मिलती है? प्रश्न भोला था, पर था ईमानदार। एक दिन ध्यान आया कि कायस्थों के कुल में जन्मा हूँ, जो पीने के लिए प्रसिद्ध हैं, या थे। चन्द बरदाई के रासो में कभी पढ़ा एक छप्पय भी याद आया।... .सोचने लगा, क्या पूर्वजों का किया हुआ मधुपान मुझ पर कोई संस्कार न छोड़ गया होगा! भोले-भाले लोगों को बहलाने के लिए एक रुबाई लिखी :

मैं कायस्थ कुलोद्भव मेरे पुरखों ने इतना ढाला,
मेरे तन के लोहू में है पचहत्तर प्रतिशत हाला,
पुश्तैनी अधिकार मुझे है मदिरालय के आँगन पर;
मेरे दादों-परदादों के हाथ बिकी थी मधुशाला।[52]

इस के बाद वे सफाई भी देते हैं और हामी भी भरते हैं—"पर सच तो यह है कि हम लोग अमोढ़ा के कायस्थ हैं जो अपने आचार-विचार के कारण अमोढ़ा के पाण्डे कहलाते हैं, और जिनके यहाँ यह किंवदन्ती है कि यदि कोई शराब पियेगा तो कोढ़ी हो जायेगा। यह भी नियति का एक व्यंग्य है कि जिन्होंने मदिरा न पीने की इतनी कड़ी प्रतिज्ञा की थी, उनके ही एक वंशज ने मदिरा की इतनी 'वकालत' की। फ्रायड होते तो कहते, 'मधुशाला' गायक को इसी वंश में उत्पन्न होना था।"[53]

इस से भी यही जाहिर होता है कि अमोढ़ा के कायस्थों में शराब की भरमार थी। यदि ऐसा न होता तो प्रण क्यों लेने पड़ते, हैद क्यों उठानी पड़ती? यह उसी कसौटी की बात है कि भोग का विलोम संन्यास है, क्योंकि गृहस्थ को संन्यास की जरूरत नहीं पड़ती। लेकिन हाँ, चन्द बरदाई के रासो की बात छूटी ही जा रही है जिस का जिक्र डा. हरिवंश राय बच्चन ने ऊपर किया है। उसे जारी रखते हुए बताया जा सकता है कि डा. बच्चन ने उस बारे में टिप्पणी दे कर लिखा है—"पृथ्वीराज रासो के अन्तिम समुल्लास में, शहाबुद्दीन गोरी के दरबार में अन्धे कर दिये गये पृथ्वीराज चौहान जब शब्दबेधी बाण चलाने को बैठते हैं, तब चन्द बरदाई उनको कुछ धर्मनीति का उपदेश

करते हैं। एक छप्पय में बताते हैं कि विभिन्न जाति के लोग जब प्रधान बनते हैं तब किस प्रकार का व्यवहार करते हैं।"[54] लेकिन छप्पय की वह खास पंक्ति क्या है जो कायस्थ के बारे में 'रासो' में आई है? उसे डा. बच्चन ने अपनी स्मृति से इस प्रकार दिया है—"कायथ होय प्रधान अहो निसि रहै पियन्तो... ।"[55]

इस के बाद क्या विशेष जानना रह जाता है? जानना केवल यह है कि विद्वानों का अनुमान यह है कि चन्द बरदाई के काव्य-ग्रन्थ 'पृथ्वीराज रासउ की रचना 14वीं सदी ई. के दूसरे चरण में हुई होगी... ।"[56] तब यह सात सौ साल पुरानी बात हो जाती है कि कायस्थ की पहचान शराब से की गई है। पर ऐसी पहचान की होने में कायस्थ जाति को और पिछले कितने सौ साल लगे होंगे? लगता है, शुरूआत से ही मामला ऐसा बना है।

मुझे एक कायस्थ महिला ने शराब के बारे में बताया था। वे लेखिका हैं। लेखिका क्या, कवयित्री भी हैं। एक दिन उन का पाला हिन्दी के धनीमानी सम्पादकों से पड़ गया। लोभ यही था कि उन का साहित्य एक प्रतिष्ठित पत्रिका में छपा करेगा। सम्पादकगण उन स्त्री के नाम को ले कर बहुत खुश हुए थे मानो उन्हें कामसूत्र के कामाख्यानों का अवसर मिल गया था। व्याख्या करने की जरूरत नहीं थी, सीधा कामालाप का प्रसंग था। लेखिका सोच कर रह गईं कि इन के दिमागों में क्या उल-जलूल भरा पड़ा है। खैर, इस बारे में वे चुप रहीं। पर, इस से बढ़ कर शराब के प्याले की बात आई। महिला ने विनयपूर्वक कहा कि मैं शराब नहीं पी सकती। लेकिन सम्पादकगण उन्हें शालीन नहीं रहना देना चाह रहे थे। हर शराबी दूसरे को अपना जैसा बनाना चाहता है। दूसरे के हाथ में बिना प्याले के उस की कम्पनी ही नहीं खिलती। वह तो न पीने वालों को गालियाँ देने लगता है। ज्यादा दबाव डालने पर उन स्त्री लेखिका ने उन से कहा था—"मुझ से आप शराब की बात करते हो? मैं कायस्थ परिवार में जन्मी हूँ। हमारी आँखें इस रूप में खुलती हैं कि बाप के हाथ में शराब का प्याला दीखता है। यह कायस्थ के बच्चों के लिए नई चीज नहीं है। छठी में पुजने की बात अलग, हमारे घरों में शराब की नुमाइश लगी रहती है।" तब जा कर ब्राह्मणों और पिछड़ों ने, जो लेखक बने हुए थे, खिसियाने हो कर उन का पीछा छोड़ा था। पर उन कायस्थ महिला के कथन की पुष्टि में यहाँ अमृत राय के, एक दूसरे कायस्थ शायर फिराक गोरखपुरी के पिता के बारे में लिखे गए, शब्द उद्धृत किए जा सकते हैं। वे इस प्रकार हैं—"फिराक के पिता मुंशी गोरख प्रसाद 'इबरत' शायर थे, जिले के नामी वकील थे, ढेरों पैसा कमाया और शराब-कबाब में उड़ाया।"[57]

इस बात का नोटिस क्रिस्टोफ जफरेलोट ने भी लिया है कि कायस्थों के साथ शराब जुड़ी हुई थी। उन्होंने अपनी पुस्तक 'इण्डिया'ज साइलेन्ट रिवोल्यूशन : द राइज आफ द लो कास्ट्स इन नोर्थ इण्डियन पोलिटिक्स' में बताया है कि उन्नीसवीं सदी के आखिर में लखनऊ के मुन्शी काली प्रसाद ने 'कायस्थ एथनोलोजी' के शीर्षक से

एक किताब लिखी थी। मुंशी काली प्रसाद ने 1873 में 'कायस्थ समाचार' के नाम से एक पाक्षिक पत्रिका भी चलाई थी। उन्होंने 'कायस्थ धर्म सभा' की स्थापना भी की थी जिस के आधार पर 1886 में 'कायस्थ कान्फरेन्स' कायम हुई थी। इस कान्फरेन्स ने काली प्रसाद के मिशन को ध्यान में रखते हुए कायस्थों में संस्कृतिकरण की प्रक्रिया को आगे बढ़ाया था। 'कायस्थ कान्फरेन्स' के सदस्यों में एक बड़ा हिस्सा मद्यत्यागियों का था, जो बार-बार, और तथाकथित रूप से सफलतापूर्वक, कायस्थों से शराब छोड़ने के लिए प्रार्थना करता था।[58]

इस विषय पर खुद कायस्थ लोगों को सोचना चाहिए कि शराब ने उन का कितना नुकसान किया है। कायस्थों के लिए मैं एक बाहरी आदमी हूँ। मैं कुछ कहूँगा तो उस में उतनी प्रामाणिकता भी नहीं रहेगी। अच्छा यह है कि उस जाति के भीतर से यह सोच आए। वही सोच प्रभावकारी भी रहेगी। इसलिए, जो कुछ मैं कह रहा हूँ वह बहुत ऊपरी बात है। मैं शराब को दवा ही मान सकता हूँ, नशा नहीं। इस के अलावा, एक शराब क्या, मैं किस भी नशे को स्वास्थ्य के लिए हानिकारक मानता हूँ। मैं, बस, इतना कह सकता हूँ कि मेरा ऐसे कायस्थों से परिचय रहा है जो नित्य शराब पीते हैं।

मैंने नीरज को एक कवि सम्मेलन में, जिस में मैं भी एक कवि के रूप में शामिल था, कहते सुना है कि वे कायस्थ हैं। 'कायस्थ' का शाब्दिक अर्थ करते हुए उन्होंने बताया था कि जो काया में स्थित होता है, वह कायस्थ होता है। उन्होंने खुद को काया में स्थित हुआ व्यक्ति बताया था। 'उत्तर प्रदेश टीवी चैनल' पर 25 दिसम्बर, 2005 को दोपहर बाद 4 बजे उन्हें फिर सुनने का मौका मिला। कार्यक्रम का नाम शायद 'सैफई उत्सव' था। नीरज अपने बाएँ कान पर हाथ रख कर अपने अन्दाज में गा रहे थे :

अब तो मजहब कोई ऐसा भी चलाया जाए;
जिस में इन्सान को इन्सान बनाया जाए।[59]

मुझे सुन कर हँसी आ रही थी। मजहब चलाने के लिए जो त्याग चाहिए, वह नीरज में कहाँ है? शराब पी कर क्या वे मजहब चला सकते हैं? मजहब की जरूरत पड़ रही है या उस की मजाक बनाई जा रही है? शराब के नशे में घुटनों के बल खड़ा नहीं हुआ जाता, —और धर्म की स्थापना करेंगे? वे धर्म भी खड़ा करेंगे तो वैसा ही—कि बोतल उन के हाथ में हो और वे लड़खड़ाते हों। क्या वह धर्म होगा? क्या उस में धर्म की ताकत होगी?

नीरज कहते रहेंगे, महफिलों में गा-गा कर वाहवाही लूटते रहेंगे, लेकिन खुद में एक धर्म पुरुष का चरित्र पैदा नहीं करेंगे। इस से बढ़ कर यह बात एक नीरज पर नहीं, बल्कि पूरी कायस्थ कौम पर उतार कर पूछी जा सकती है कि क्या वे मजहब

चला सकते हैं। यदि कवि बन कर कहने के बजाय कायस्थ कौम कोई नया धर्म चला दे तो कवि लोग पैगम्बरों के लगाए उन आरोपों से बरी हो जाएँगे कि वे कहते हैं और करते नहीं। एक संभावना है जो कभी घटित हो जाए। जरूरत हो, पर जिम्मेदारी न हो, तो क्या कहा जाए?

शराब पीने को इतना बुरा क्यों कहा जाए? ऐसी कोई शर्त नहीं रखी जा सकती कि शराब छोड़ें बिना कायस्थ जाति के लोग अपना अलग धर्म खड़ा करके उसे चला नहीं सकते। शराब कायस्थों के धर्म की उसी प्रकार पहचान हो सकती है जैसे जारकर्म पर कानूनी रोक न लगाना ब्राह्मणों के ब्राह्म-विवाह की पहचान है। मूल बात यह है कि कायस्थों का ब्राह्मणों के धर्म से अलग एक अपना धर्म होना चाहिए। लेकिन इस दिशा में कायस्थ जाति की सोच कभी आगे नहीं बढ़ी। 19वीं-20वीं शताब्दियों से ले कर आज तक इस जाति के लोगों के दो विचार चल रहे हैं—या तो ब्राह्मण धर्म के पुरोहितों, पण्डों और पुजारियों की मजाक फोड़ेंगे, जिस का प्रतिनिधित्व प्रेमचन्द के साहित्य में भरा पड़ा है, या ब्राह्मणी धर्म के मातहत ग्रन्थपाठ करते रहेंगे जैसा स्वामी विवेकानन्द ने किया या श्रीअरविन्द ने किया। ज्यादा क्रान्तिकारी बनेंगे तो बौद्ध धर्म की तरफ होने का इशारा कर देंगे जैसा आचार्य नरेन्द्र देव ने अपना ग्रन्थ 'बौद्ध-धर्म-दर्शन' लिख कर किया है। लेकिन इन्होंने अपनी औरतों को ब्राह्मण धर्म की पूजापाठ से बाहर निकालने की कोशिश कभी नहीं की। प्रेमचन्द भी यही चाहेंगे कि उन्हें पत्नी उसी ब्राह्मणी धर्म में रची-पगी मिले, बाकी तितली और तितलियाँ विवाह से बाहर की चीजें हैं, वे कैसी भी हों। हाँ, प्रेमचन्द को इस बात से क्या मतलब कि उन की रखैल मन्दिर जाती है या नहीं, पूजापाठ करती है या नहीं, क्योंकि उस का घरबार ही नहीं है—या फूँस-छप्पर का ही है। वह अपनी औलाद के लिए लम्बी उम्र की दुआ किस भगवान से मांगेगी?—वह तो अपनी औलाद को कूड़े के ढेर पर फेंकती रही होगी। उधर, प्रेमचन्द अपने घर में छुआछूत के मिटाने पर शिवरानी पर जोर डाल ही नहीं सके, नहीं तो उसी दिन उस औरत को घर से बाहर कर देना चाहिए था। कम से कम, एक रात की, जाड़े में खड़ी रखने की, या दिन में धूप से तपाने की, सजा तो देनी ही चाहिए थी।

जब प्रेमचन्द के कायस्थ जाति के होने की बात चल रही है तो प्रेमचंद के रखैल रखने के सन्दर्भ को छोड़ा नहीं जा सकता। डा. शैलेश जैदी ने प्रेमचंद की पहली रचना के हवाले से लिखा है—"रचना क्या थी, नाते के एक मामा के रोमांस पर व्यंग्य था। मतलब यह कि घर की ही बात थी। शायद सारे का सारा आँवाँ ही एक जैसा था।"[60] यहाँ व्यक्तिगत जानकारी लिखने का अवसर नहीं है। इतना ही बता सकता हूँ कि एक दिन मैं एक कायस्थ दम्पति के साथ था। उन पति और पत्नी से मैं प्रेमचंद पर ही बात कर रहा था। वे जानना चाह रहे थे कि मैंने प्रेमचंद के बारे में क्या खोज की है। मैंने कहा कि मैंने इस बात को मुद्दा बनाया है कि अपनी पत्नी के सिवा प्रेमचंद एक गैर-औरत से शारीरिक सम्बन्ध रखते थे। यह सुन कर मेरे सामने बैठीं उन कायस्थ

पत्नी ने अपने पति की तरफ इशारा करके हँसते हुए कहा—"यह इन कायस्थ लोगों की आदत है। इस में कुछ नहीं किया जा सकता। यह कोई नई बात नहीं है। इस मामले में ये लोग लाइलाज हैं, प्रेमचंद के बारे में, कोई और बात हो तो बताओ।"

यह सुन कर उन के पति भी पान-सा चबाते मेरे सामने प्रेमचंद बन गए थे और मद्धम-मद्धम हँस रहे थे।

मैं सच में चौंक रहा था। कैसी संस्कृति है, कैसे लोग हैं! अच्छी-भली सुन्दर औरत थीं। पढ़ी-लिखी थीं और आस-औलाद वाली थीं, कोई कारण नहीं था कि उन्हें ऐसा कहना पड़ा। उन्होंने अपनी किस्मत को कैसी मान कर सन्तोष कर रखा है—यह अत्याचार है या कुछ और है?

संदर्भ

1. प्रेमचंद : कलम का सिपाही, अमृत राय, हंस प्रकाशन, इलाहाबाद, संस्करण, अप्रैल, 1992, पृ. -618 पर उद्धृत
2. पार्टनर आपकी पालिटिक्स क्या है, सम्पादकीय, हेतु भारद्वाज, समय माजरा, राष्ट्रभाषा प्रचार समिति, हिन्दी भवन, आगरा रोड, जयपुर-302 003, नवम्बर-दिसम्बर, 2005, पृ.-4
3. कोई मंत्र दो गुरु!, योगेन्द्र शर्मा, हंस, 2/36, अन्सारी रोड, दरियागंज, नई दिल्ली-110 002, जनवरी, 2006, पृ.-11
4. विरोध सही, तरीका गलत, जनसत्ता, दिल्ली, 25 सितम्बर, 2005
5. दलित स्त्रियाँ किस की सम्पत्ति हैं, राज किशोर, जनसत्ता, दिल्ली, 3 अक्तूबर, 2005
6. रखैल और जार का दलित-पाठ, राजेन्द्र यादव, हंस, 2/36, अन्सारी रोड, दरियागंज, नई दिल्ली-110 002, नवम्बर, 2005, पृ.-9
7. उर्दू-हिन्दी शब्दकोश, संकलनकर्ता, मुहम्मद मुस्तफा खाँ 'मद्दाह', उत्तर प्रदेश हिन्दी संस्थान, राजर्षि पुरुषोत्तम दास टण्डन हिन्दी भवन, महात्मा गांधी मार्ग, लखनऊ, सप्तम संस्करण, 1992, पृ.-503
8. "The word Moonshee means an amanuensis, or secretary; though in India it is used to signify a teacher of Persian, or of the Mussulman portion of Hindustani; for this language is a compound one; having Hindi (the original language of the country) for its basis, upon which Persian, Arabic, and Turkish words were subsequently grafted by the Mahometan invaders; the whole together constituting Hindustani. A Moonshee is a Mussulman, and teaches only that portion of the mixture, which was introduced by his own people."
   Traveller's India : An Anthology, Chosen and Edited by H.K. Kaul, Oxford University Press, YMCA Library Building, Jai Singh Road, New Delhi-110 001, Third Impression, 2002, p.-280
9. "These men are the most insinuating rasclas under the Indian Sun!"
   ibid., p.-276.
10. "Their very address gives rise to a degree of familiarity on the part of the student, who imperceptibly finds himself on terms of intimacy with his employer, who allows him to do just as he likes: he comes to give lessons,

or he does not come at all; he talks and laughs, instead of teaching, and wastes time which ought to be spent in the occupation for which he is paid; the student, careless about progress and too glad, probably, to chat and amuse himself, instead of learning, encourages the teacher, and there the two sit for hours together in perfect idleness."
ibid., p.-276

11. प्रेमचंद : कलम का सिपाही, अमृत राय, हंस प्रकाशन, इलाहाबाद, संस्करण, अप्रैल, 1992, पृ.-176
12. प्रेमचंद की उपन्यास-यात्रा : नव मूल्यांकन, डा. शैलेश जैदी, यूनिवर्सिटी पब्लिशिंग हाउस, कोठी नायाब, सर सैयद रोड, सिविल लाइन्स, अलीगढ़, उत्तर प्रदेश, प्रथम संस्करण, जुलाई, 1978, पृ.-469
13. वही, पृ.-470
14. वही, पृ.-424
15. वही, पृ.-46
16. वही, पृ.-44
17. प्रेमचंद : कलम का सिपाही, अमृत राय, हंस प्रकाशन, इलाहाबाद, संस्करण, अप्रैल, 1992, पृ. -76
18. वही, पृ.-77
19. वही, पृ.-78
20. वही, पृ.-74-5
21. वही, पृ.-75
22. CASTE NO Bar Hindu Maravar 25/162 BE very fair Pooradam 35000 PM only Daughter to Govt. Official Girl has got Hair fall Brothers well settled in Abroad Excuse SC/ST seeks Educated boy 0431 2458490 BOX NO HB-2906 THE HINDU CHENNAI 600 002.
The Hindu, Thiruvananthapuram, Matrimonial, p.-3, 4 June, 2006
23. प्रेमचंद : कलम का सिपाही, अमृत राय, हंस प्रकाशन, इलाहाबाद, संस्करण, अप्रैल, 1992, पृ.-443
24. प्रेमचंद : घर में, शिवरानी देवी प्रेमचंद, आत्माराम एण्ड संस, 1376, कश्मीरी गेट, दिल्ली-110 006, संस्करण, 2005, पृ.-36
25. वही, पृ.-203
26. प्रेमचंद : कलम का सिपाही, अमृत राय, हंस प्रकाशन, इलाहाबाद, संस्करण, अप्रैल, 1992, पृ.-652
27. वही, पृ.-652
28. वही, पृ.-14
29. वही, पृ.-55
30. वही, पृ.-66
31. वही, पृ.-26
32. वही, पृ.-584-85
33. वही, पृ.-8
34. वही, पृ.-129
35. वही, पृ.-383
36. वही, पृ.-387
37. कबीर ग्रन्थावली, डॉ. एल. बी. राम अनन्त, रीगल बुक डिपो, नई सड़क, दिल्ली-110 006, सर्वोत्तम संस्करण, 1984, पृ.-440
38. दूरदर्शन के 'नेशनल' चैनल पर 27 नवम्बर, 2005 को सुबह प्रसारित कार्यक्रम
39. कफन, प्रेमचन्द, पल प्रतिपल, एस. सी. एफ. 267, सेक्टर-16, पंचकूला-134 113, हरियाणा, जून-सितम्बर, 2005, पृ.-60-66
40. वही, पृ.-64
41. वही, पृ.-65
42. वही, पृ.-64
43. वही, पृ.-64
44. वही, पृ.-64
45. वही, पृ.-65

46. वही, पृ.-66
47. वही, पृ.-66
48. वही, पृ.-66
49. वही, पृ.-65
50. वही, पृ.-65
51. बच्चन रचनावली-1, सम्पादक, अजित कुमार, राजकमल प्रकाशन प्रा. लि., 8 नेताजी सुभाष मार्ग, नई दिल्ली-110 002, प्रथम संस्करण, 1983, पृ.-65
52. वही, पृ.-65
53. वही, पृ.-66
54. वही, पृ.-65
55. वही, पृ.-65
56. आदिकालीन हिन्दी शब्दकोश, भोलानाथ तिवारी और रिसाल सिंह, प्रभात प्रकाशन, चावड़ी बाजार, दिल्ली-110 006, प्रथम संस्करण, 1988, पृ.-25
57. प्रेमचंद : कलम का सिपाही, अमृत राय, हंस प्रकाशन, इलाहाबाद, संस्करण, अप्रैल, 1992, पृ.-174
58. "It had a temperance section and repeatedly –and allegedy successfully– requested the Kayasths to give up drinking."
India's Silent Revolution : The Rise of the Low Castes in North Indian Politics, Christophe Jaffrelot, Permanent Black, D-28, Oxford Apartments, 11, I.P. Extension, Delhi-110 092, Ist Edition, 2003, p.-187
59. उत्तर प्रदेश टी वी चैनल, 25 दिसम्बर, 2005, 4 बजे दोपहर बाद का प्रसारण
60. प्रेमचंद की उपन्यास-यात्रा : डा. शैलेश जैदी, यूनिवर्सिटी पब्लिशिंग हाउस, कोठी नायाब, सर सैयद रोड, सिविल लाइन्स, अलीगढ़, उत्तर प्रदेश, प्रथम संस्करण, जुलाई, 1978, पृ.-50

अध्याय-28

'कायस्थ' एक विदेशी शब्द है

I

लगता है, नगेन्द्र नाथ वसु ने अपने 'हिन्दी विश्वकोश' में कायस्थों का काफी बचाव किया है। बचाव करने का किसी को भी पूरा अधिकार है पर नगेन्द्र नाथ वसु के वर्णन से कई बातों के बारे में अच्छी जानकारियाँ मिल जाती हैं।

शुरूआत यहाँ से की जा सकती है कि नगेन्द्र नाथ वसु ने लिखा है—"भारतवर्ष के प्रधान प्रधान स्थानों में जो कायस्थ वास करते हैं, उन में से सामाजिक और विशुद्ध कायस्थ मात्र अपने को चित्रगुप्त के वंशधर बतलाते हैं। इनके सिवा और एक श्रेणी के सम्भ्रान्त और अल्पसंख्यक कायस्थ हैं, जो चान्द्रसेनीय प्रभु कहलाते हैं। जिन क्षत्रिय वंशधरों ने युद्धवृत्ति त्याग कर उक्त प्रभु कायस्थ की वृत्ति ग्रहण की वा उनके साथ सम्बन्ध जोड़ा, वे भी 'प्रभु' कहलाते हैं। चित्रगुप्त देव ही कायस्थ जाति के आदिपुरुष हैं।"[1] उन्होंने चान्द्रसेनियों के बारे में यह भी सूचना दी है—"चान्द्रसेनी प्रभु कायस्थ अयोध्या के क्षत्रिय राजा चन्द्रसेनकी सन्तति होने का दावा करते हैं।"[2]

नगेन्द्र नाथ वसु ने कायस्थों की उत्पत्ति के बारे में पौराणिक कथा भी दी है। वे लिखते हैं—"ब्रह्मा ने जगत की सृष्टि करने के बाद स्थिर चित्त से इन्द्रियों को संयत कर 1100 वर्ष तपस्या की। उसी अवस्था में ब्रह्मा के शरीर से श्यामवर्ण, पद्मलोचन, कम्बुग्रीव, गूढ़शिरा और परमसुन्दर एक पुरुष उत्पन्न हुआ। वह दावात-कलम ले कर ब्रह्मा के सामने आ खड़ा हुआ। तब ब्रह्मा ने समाधि भङ्ग कर उसे नीचे से ऊपर तक देख कर पूछा, तुम कौन हो? और मेरे सामने क्यों खड़े हो? उत्तर में उस पुरुष ने कहा—"हे नाथ! मैं आपके शरीर से ही उत्पन्न हुआ हूँ। आप मेरा नामकरण कीजिये; और मेरे लिए कार्य दीजिये।"[3] वे आगे लिखते हैं—"भगवान ब्रह्मा ने उसके मधुर वाक्यों को सुन कर बड़ी प्रसन्नता से कहा—"हे वत्स! मैंने स्थिरचित्त हो कर समाधि

लगाई थी, उसी अवस्था में तुम मेरे कायसे पैदा हुए, इसलिए तुम संसार में कायस्थ नाम से प्रसिद्ध होंगे और तुम्हारा नाम चित्रगुप्त हुआ। धर्माधर्म के विचार करने के लिए यमराज के न्यायालय में तुम्हारा स्थान निर्दिष्ट हुआ। तुम वहां क्षत्रिय धर्म पालन करना और पृथिवी में बलिष्ठ प्रजा उत्पन्न करो।"[4] नगेन्द्र नाथ वसु ने इस पौराणिक कथा में भी यही कहना चाहा है कि कायस्थ क्षत्रिय हैं। वे लिखते हैं—"ब्रह्मा ने कहा था कि, हे चित्रगुप्त! समस्थान अर्थात काय से पैदा हुए हो; इसलिए तुम भी क्षत्रिय वर्ण हो। तुम पृथिवी में कायस्थ-क्षत्रिय नाम से प्रसिद्ध होंगे। तुम्हारे वंशधर कायस्थ भी तुम्हारे समान कायस्थ-क्षत्रिय गिने जायेंगे। उनकी लेख्यादि वृत्ति होगी और क्षत्रिय कन्या के साथ उनका विवाह होगा। क्षत्रियों में जो जो संस्कार होते हैं, हमारी आज्ञानुसार उनको भी वे ही संस्कार करने होंगे।"[5]

नगेन्द्र नाथ वसु को इसी बात की पड़ी हुई है कि कायस्थ जाति को क्षत्रिय घोषित किया जाए। वे लिखते हैं—"कायस्थ का अर्थ लेखक या राजा का लेखक है—इस बात को सब ही स्वीकार करते हैं। विष्णु स्मृति और वृहत्पराशर स्मृति में राजसभा के लेखक को ही कायस्थ कहा है। उक्त स्मृति और शुक्रनीति से यह स्पष्ट प्रतीत होता है कि, पहिले कायस्थ लोग ही हिन्दू राजाओं के समय में सेना-विभाग का हिसाब रखने के लिए, कर वसूल करने के लिए और विचारालय के कागजात लिखने के लिए राजलेखक रूप से रखे जाते थे। अर्थात् लिखने का काम एक मात्र कायस्थों के ही हाथ में था। पहिले हिन्दू-राजसभा में लिखने के काम में कायस्थों के सिवा दूसरे नहीं रखे जाते थे। इसीलिए कायस्थ या राजसभा के लेखक राज्य का साधनाङ्ग समझे जाते थे।"[6]

नगेन्द्र नाथ वसु जानते हैं कि शंकाएँ कम नहीं हैं। तभी वे अपनी तरफ से उन शंकाओं का निराकरण करने की कोशिश करते हैं। उन्हें उद्धृत किया जा सकता है :

> "शुक्र नीति में और एक जगह लिखा है—
>
> . . . .
>
> राजा, अध्यक्ष, सभ्य, स्मृति, गणक, लेखक, हेम, अग्नि, जल और सतपुरुष—ये दस साधनाङ्ग हैं।
>
> उपर्युक्त प्रमाण से यह स्पष्ट विदित हो जाता है कि, जो लेखक राजा के ब्राह्मण-मन्त्री के पास बैठते थे, और जो राजा के अङ्ग गिने जाते थे, वे कदापि शूद्र नहीं हो सकते।
>
> अङ्गिरः स्मृति में कहा है,—
>
> . . . .

इस स्मृतिवचन के अनुसार जब शूद्र के साथ बैठना भी ब्राह्मण के लिये निषिद्ध है, तब हिन्दू-राज-सभा में ब्राह्मण-मन्त्री के पास जो लेखक या कायस्थ बैठते थे, वे अवश्य ही द्विजाति होने चाहिए।

अमरकोष में भी लेखक शब्द का वर्ग क्षत्रिय बतलाया गया है और शुक्रनीति में भी स्पष्ट लिखा हुआ है,–

"ग्रामपो ब्राह्मणो योज्य; कायस्थो लेखकस्तथा।
शुल्कगाही तु वैश्यो हि प्रतिहारश्च पादजः।।" (2/420)

अर्थात हिन्दू राजाओं के समय में ग्रामों का शासन ब्राह्मण करते थे, कायस्थ उनके सहकारी (लेखक, मुहरिर वा पटवारी) रहते थे, वैश्य कर वसूल करते थे और शूद्र नौकर (सेवक) का काम करते थे। शुक्रनीति के उक्त वचन से साफ जाहिर है कि, लेखक-कायस्थ ब्राह्मण नहीं, वैश्य नहीं और न शूद्र हैं। जब शास्त्र में चार वर्ण के सिवा पाँचवां वर्ण ही नहीं माना गया, तब ब्राह्मण, वैश्य और शूद्र वर्ण के सिवा क्षत्रियवर्ण ही बच रहता है, इस लिए कायस्थ क्षत्रिय वर्ण ही प्रमाणित होते हैं। कोई कोई कायस्थों के लिए पांचवें वर्ण की कल्पना करता है। परन्तु मनु ही जब पाँचवां वर्ण नहीं है ऐसा कह गये है, तब पाँचवें वर्ण की कल्पना अग्राह्य और अशास्त्रीय है। दाक्षिणात्य में जो जाति अस्पृश्य और समाज से बहिष्कृत होती है, वह 'पञ्चम' कहलाती है। कायस्थों को ऐसा मानना बिल्कुल अनुचित है। कोई कोई छपी हुई 'व्याससंहिता' के 'वणिक्किरातकायस्थ मालाकारकुटुम्बिनः।" इस वचन से कायस्थों को अन्त्यज कहता है। परन्तु यह श्लोक वास्तविक नहीं; बल्कि "वणिक् विराट-कायस्तु मालाकार-कुटुम्बिनः।" इत्यादि श्लोक का विकृत पाठ है...।"[7]

उन्होंने अनुमान लगाते हुए अपनी बात रखी है–"यहाँ तक कि, बंगाल के घोष, दत्त, नाग, आदित्य आदि उपाधिधारी कायस्थ ई. 10वीं और 11वीं शताब्दी में कलिङ्ग और दक्षिण-कोशल के सोमवंशीय राजाओं के समाजों में 'गणक', 'महासान्धिविग्रहिक', 'महाक्षपटखिक' जैसे ऊंचे-ऊंचे पदों के अधिकारी थे। यदि इन का संस्कार द्विजों के सादृश्य न होता, तो धर्मनिष्ठ हिन्दू राजाओं की सभाओं में इनका स्थान कदापि इतना ऊंचा नहीं जा सकता था।"[8] लेकिन उन्हें अच्छी तरह मालूम है कि लोग दूसरी बातें कहते हैं। इसलिए उन्होंने लिखा है :

"कोई कोई कहा करता है कि, स्कन्दपुराण में रेणुका के माहात्मय से दाल्भ्याश्रम में चान्द्रसेनी कायस्थों की उत्पत्ति की कथा में–

'कायस्थ एष उत्पन्नो क्षत्रिण्यां क्षवियात् ततः।
रामाज्ञया स दाल्भ्येन क्षात्रधर्माद्बहिष्कृतः।। 44।।
दत्तकायस्थधर्मोऽस्मै चित्रगुप्तस्य यः स्मृतः।
प्राप्तकायस्थनामत्वाल्लेख्या वृतिश्च भूभृताम्।। 45।।
तस्य भार्याकृता चित्रगुप्त-कायस्थ वंशजा।
तद्वंशजाश्च कायस्थाः दाल्भ्यगोत्रास्ततोऽभवन।। 46।।"

इन श्लोकों के आधार पर कोई कोई कहता है कि, विशुद्ध क्षत्रिय चन्द्रसेन राजा के औरस से उत्पन्न होने पर भी जब उन के पुत्र को 'क्षात्रधर्माद्बहिष्कृतः' कहा है, तब कायस्थ और क्षत्रिय एक नहीं हो सकते।"[9]

नगेन्द्र नाथ वसु ने सह्याद्रिखंड के अमलकीग्राम के माहात्म्य में सहस्रार्जुनवध के प्रसंग के 66वें अध्याय के संस्कृत श्लोक दे कर उन का अनुवाद इस प्रकार दिया है :

"अर्थात्—'उस समय राजर्षि चन्द्रसेन की भार्या दुःखित हो कर राम और दाल्भ्य को नमस्कार करके पूछने लगीं, 'आपके वचनानुसार मेरा यह शिशु (पुत्र) कायस्थ नाम से प्रसिद्ध होगा यह ठीक है; परन्तु हे ब्रह्मन्! यह पुत्र जब क्षात्रधर्मसे बहिष्कृत कर दिया गया है, तब इसका कौन सा धर्म होगा? "

महामुनि परशुराम उनके इस प्रश्न को सुन कर फिर कहने लगे,—'तुम्हारा पुत्र प्रजापालन में रत रहेगा। क्षत्रियों का जैसा संस्कार है, जैसा अध्ययन है और जैसा यज्ञकर्म है, तुम्हारे पुत्र का भी वही होगा। अर्थात् चित्रगुप्त के समान ही रहेगा। हे भद्रे! राजाओं के पास रह कर लेखन कार्य में ही इसकी उपजीविका होगी।"[10]

नगेन्द्र नाथ वसु असली मुद्दे पर भी आए हैं। यह अच्छा हुआ कि उन्होंने अपने 'हिन्दी विश्वकोश' में विरोधियों की बातें रखने में कोई कोताही नहीं बरती। वे लिखते हैं—"यदि कोई कहे, जो कायस्थ सान्धिविग्रहिक जैसे ऊंचे पद पर नियुक्त थे, वे या उनके वंशधर क्षत्रिय हो भी सकते हैं; परन्तु जो कायस्थ पटवारी मुहरिर आदि का काम करते थे, वे तो कमलाकर द्वारा कहे गये माहिष्या और वैदेहसे उत्पन्न हुए अधम शूद्र ही हैं।"[11] उन्होंने माना है कि अग्निपुराण में कही गई जाति-माला से, चित्रगुप्त और उन के वंशधरों को श्रेष्ठ वर्ण नहीं कह सकते।[12] उन्होंने कमलाकर के शूद्रधर्मतत्व में कायस्थ की उत्पत्ति के श्लोक दे कर उन का अनुवाद किया है—"वैदेहके औरस से और माहिष्यपत्नी के गर्भ से जो उत्पन्न हुये हैं, वे कायस्थ हैं। देशीय लिपिका लिखना,

गणना करना, शिल्पकार्य करना, बीज आदि का बोना, चार वर्ण की सेवा करना इत्यादि उन का कार्य बतलाया गया है। यह पांचों संस्कार अधम शूद्र जाति के करने के हैं, इसलिये इनको चोटी, यज्ञोपवीत, गैरिकवस्त्र और देवता का स्पर्श न रखना चाहिये।"[13] लेकिन तब क्या कहा जाए जब नगेन्द्र नाथ वसु ही दो प्रकार के कायस्थ मान जाते हैं? वे दूसरों की शंकाओं का हल कैसे कर पाएँगे जब वे खुद ही कायस्थों में श्रेणियाँ बाँट बैठे हैं? वे लिखते हैं–"....द्वादश शाखा के लाला कायस्थों को छोड़ दूसरे कई प्रकार के नीच कायस्थ भी होते हैं। किन्तु वह आप ही अपने को कायस्थ बताते, अपर जातीय वा पूर्वोक्त द्वादश शाखा के कायस्थ उन्हें कायस्थ कहना नहीं चाहते। सारन जिले के सेवन नगर में कितने ही दरजी और कितने ही ठेकेदार भी कायस्थ नाम से अपना परिचय देते हैं। किन्तु उनके साथ लाला कायस्थों का कोई संस्रव नहीं। बहुत से लोग अनुमान करते कि वह वस्तुतः कायस्थ हैं, फिर भी नीच कर्म ग्रहण करने से समाजच्युत हो एकबारगी ही भिन्न श्रेणी समझे जाते हैं। कारण आज भी जो लाला कायस्थ वंशानुक्रम से गांव के पटवारी होते आये हैं, बहुत से लोग उनके घर आदान-प्रदान करना नहीं चाहते। पटवारी, कानूनगो, अखौरी, पांडे वा बख्शी उपाधिधारी कायस्थ शतगुण धनी वा सत्-कर्मशाली होते भी सामाजिक मर्यादा में हीन समझे जाते हैं।"[14]

नगेन्द्र नाथ वसु ने अपना यह 'हिन्दी विश्वकोश' सन् 1919 में प्रकाशित कराया था। तब पश्चिम में आज का पाकिस्तान और पूर्व में आज का बांग्ला देश भारत में सम्मिलित थे। उसी सन्दर्भ में नगेन्द्र नाथ वसु के इन शब्दों को पढ़ा जाए–"पंजाब के पश्चिम प्रान्त में विहार के पूर्व प्रान्त पर्यन्त सर्वत्र कायस्थ रहते हैं। वह सभी अपने को चित्रगुप्त का वंशधर बताते और अपनी उत्पत्ति के सम्बन्ध में भविष्य पुराण तथा पद्मपुराण के उपाख्यान सुनाते हैं।"[15] उन्होंने कायस्थों को गर्व करने वाली बात यह भी लिखी है–"ई. 5वीं शताब्दी से ले कर 13वीं शताब्दी तक गौड़ देश के नाना स्थानों में ये ही कायस्थ राज्य कर गये हैं।"[16] उन्होंने ब्रिटिश भारत के सन् 1824 ई. के उस मुकदमे का भी जिक्र किया है जिस में कायस्थों ने दावा किया था कि वे शूद्र और वैश्य वर्णों में से नहीं हैं। शब्द इस प्रकार हैं–"राजा गोपीमोहन देव और राजा राजकृष्ण देव बहादुर के मध्य महाराज नव कृष्ण की विपुल सम्पत्ति के उत्तराधिकार पर कलकत्ते की सुपरीम कोर्ट में जो मुकद्मा चला, उसमें भी दोनों ने अपने को शूद्र और वैश्य से भिन्न उच्च वर्ण की भांति घोषणा की है। मेकण्टन साहब कर्तृक 1824 ई. को प्रकाशित उस मुकदमे की कैफियत पढ़ने से सभी जान सकेंगे।"[17] उन के अगले-पिछले सारे तर्कों का लब्बोलुबाब है कि कायस्थ क्षत्रिय हैं। वे लिखते हैं–"उपर्युक्त प्रमाणों से यह स्पष्ट विदित होता है कि, चित्रगुप्त के वंशीय और चन्द्रसेन के वंशीय कायस्थ क्षत्रिय हैं।"[18]

नगेन्द्र नाथ वसु ने कायस्थों के एक 'श्रीवास्तव' वंश के बारे में लिखा है–"अजयगढ़ दुर्ग में राजा भोज वर्मा के समय की (ई. बारहवीं शताब्दी के नागराक्षरों में लिखी हुई) दो बड़ी-बड़ी शिला-लिपियां हैं, इन्हीं शिलालिपियों से श्रीवास्तव वंश का विस्तृत परिचय मिला है। इनमें सब ही 'ठक्कुर' उपाधिधारी थे। कोई सर्वाधिकारी था, कोई दुर्गाधिप था, कोई कोषाध्यक्ष था, और कोई प्रधानमन्त्री के पद पर नियुक्त था। श्रावस्ती से मिले हुए 1276 संवत के शिला लेख से मालूम होता है कि, श्रीवास्तव वंश कर्कोटनाग का रक्षा किया हुआ वंश है...।"[19] उन्होंने श्रीवास्तव वंश को कश्मीर से जोड़ते हुए लिखा है–"काश्मीर के श्रीनगर में श्रीवास्तव का आदिस्थान है–ऐसा भी इतिहास पाया जाता है। राजतरङ्गिणी से यह मालूम होता है कि, वहां के सब अधिकारों में कायस्थों का हाथ था। इसके सिवा कर्कोटवंशीय कायस्थ राजाओं ने काश्मीर में 260 वर्ष से ज्यादा राज्य किया–इसका खासा प्रमाण मिलता है।"[20]

नगेन्द्र नाथ वसु ने कायस्थों के एक दूसरे विभाग 'सक्सेना' पर भी विचार किया है। उन्होंने लिखा है कि सक्सेना 'सखिसेना' से ही अपने नाम की उत्पत्ति बताते हैं। उनके पूर्व पुरुषों ने वीरत्व दिखा श्रीनगर के श्रीवास्तव राजाओं से उक्त उपाधि पाया था। प्रकृत प्रस्ताव से जिन्होंने शक राजावों के सेना विभाग में कृतित्व दिखाया, उन्हीं का वंश 'शकसेन' कहाया। प्राचीन शिलालिपि में 'शकसेनजातीय कायस्थ-ठक्कर' नाम लिखा है।"[21] उन्होंने यह भी लिखा है–"ई. पहिली शताब्दी से लेकर चौथी शताब्दी तक भारत के शासनकर्त्ता शकसेन वंशीय क्षत्रिय, गुप्त वंशीय सम्राटों का आधिपत्य नष्ट हो जाने के बाद क्षत्रिय-कायस्थ के नाम से प्रसिद्ध हुए–बटुभट्ट के 'देववंश' नामक संस्कृत-ग्रन्थ से इस बात का पता लगा है।"[22]

सक्सेनाओं के दो भाग भी बताए गए हैं। इस बारे में नगेन्द्र नाथ वसु लिखते हैं–"शकसेनों में भी 'खरे' और 'दूसरे' दो कुल हैं। प्रवादानुसार उक्त श्रेणी के सोमदत्त नामक कोई व्यक्ति कुश के कोशाध्यक्ष थे। शकसेन कहते कि उन्हीं कुश ने प्रीत हो सोमदत्त को खर अर्थात् सत् सम्बोधन किया था। उनके वंशधर इसी से 'खरे' कहे जाते हैं। दूसरा गल्प भी है–अकबर के पिता हुमायूं जब ईरान भाग गये, तब उनके साथ कितने ही शकसेन भी रहे। ईरान में उन्होंने 16 वर्ष व्यतीत किये। लौटने पर भारत-वर्ष के शकसेन उनके साथ भोजन करने को सम्मत न हुवे। इसी प्रकार ईरान से प्रत्यागत शकसेन और उनके वंशधर 'दूसरे' अर्थात् हेय समझे गये।"[23]

नगेन्द्र नाथ वसु ने भी यह बात महसूस की है कि कायस्थों और ब्राह्मणों में एक-दूसरे से होड़ रही है। उन्होंने लिखा है–"मिताक्षरामें कायस्थों को राजवल्लभ, शूलपाणिकृत दीपकलिका में राजसम्बन्ध हेतु प्रभावशाली और अपरार्कविरचित याज्ञवल्क्य निबन्ध में कराधिकृत या कराधिकारी कहा गया है। कायस्थ सदा से राजावों के प्रिय होते आये हैं। यह राजकार्य में निपुण होते हैं, और कर वसूल करने में इनका मुख्यतः हाथ रहता है; इस लिये इन लोगों के द्वारा प्रजा को अधिक पीड़ा पहुंच सकती है।

अतः याज्ञवल्क्य और अग्निपुराणकार राजाओं को इन (कायस्थ) लोगों के प्रति विशेष लक्ष्य रखने का आदेश दे गये हैं।''[24] उन्होंने माना है–''कायस्थों के हाथ से किसी किसी जगह प्रजा अधिक पीड़ित होती रही, इसी लिये औशनशधर्मशास्त्र में, ब्रह्मवैवर्तपुराण के जन्मखण्ड में और राजतरङ्गिणी ग्रन्थ में कायस्थों की निन्दा की गई है। लेकिन किसी भी शास्त्र में कायस्थों को हीनवर्ण नहीं कहा गया है। कमलाकर ने जिन प्रतिलोमजात कायस्थों का उल्लेख किया है, वह चित्रगुप्त के वंशधर कायस्थ नहीं हैं और न उन में उस जगह लिखी गईं बातें ही सङ्गटित होती हैं। ऐसा मालूम पड़ता है कि मेदनीपुरवासी आधुनिक 'कास्थ' जाति का नाम संस्कृत भाषा में उन्हीं (कमलाकर) ने 'कायस्थ' रख दिया है। किन्तु चित्रगुप्त के वंशधर कायस्थों को उन्होंने भी कायस्थ-क्षत्रिय कह कर परिचय दिया है।''[25]

जब 'कायस्थ निंदा' की बात चल रही है तो बताया जा सकता है कि इसी शीर्षक से 'सुभाषित रत्न भाण्डागारम' में कायस्थों के बारे में लिखा मिलता है :

''कायस्थनिन्दा

काकाल्लौल्यं यमात्क्रौर्यं स्थपतेर्दृढघातिताम्। आद्याक्षराणि संगृह्य कायस्थः केन निर्मितः।।1।। कायस्थेनोदरस्थेन मातुरामिषशङ्कया। अत्राणि यन्न भुक्तानि तत्र हेतु रदन्तता।। 2।। विना मद्यं विना मांसं परस्वहरणं विना। विना परापवादेन दिविरो दिवि रोदिति।।3।। कलमाग्रनिर्गतमषीबिन्दुव्याजेन साञ्जनाश्रुकणा। कायस्थलुण्ठ्यमाना रोदिति खिन्नेव राजश्रीः।।4।।''[26]

वी. एस. आप्टे ने अपनी पुस्तक 'द प्रैक्टिकल संस्कृत-इंग्लिश डिक्शनरी' में उद्धृत किया है :

कायस्थेनोदरस्थेन मातुर्मांसं न भक्षितम्।
दयावृत्तिर्न चैवात्र दन्ताभावो हि कारणम्।।[27]

वी. एस. आप्टे ने इसे भी 'सुभाषित रत्न भाण्डागारम'[28] से लिया है जिसे 'सुभाषिता रत्न भाण्डागारम' ने 'शार्ङ्गधर पद्धति'[29] से लिया है। उधर, 'याज्ञवल्क्य स्मृति' ने भी कायस्थों की निन्दा करने में कोई कमी नहीं छोड़ी है, जब लिखा है :

''चाटतस्करदुर्वृत्तमहासाहसिकादिभिः।
पीड्यमानाः प्रजा रक्षेत्कायस्थैश्च विशेषतः।। 336।।

भाषा–लुटेरों, चोरों, ऐन्द्रजालिक आदि धूर्तों एवं दुस्साहसी डाकुओं आदि से पीड़ित प्रजा की रक्षा करे और विशेषतया कायस्थों (लेखकों एवं गणकों) से पीड़ित व्यक्तियों की रक्षा करे।''[30]

हम फिर लौट कर नगेन्द्र नाथ वसु के 'हिन्दी विश्वकोश' पर आएँ। उस में माना गया है कि बंगाल में कायस्थ जाति के लोग बौद्ध हो गए थे। बौद्ध भी क्या, वे सीधे बौद्ध तान्त्रिक हो गए थे। नगेन्द्र नाथ वसु लिखते हैं—"वास्तव में बौद्ध पालराज के शासनकाल में यहां के राजवंश ने कायस्थ वैदिकाचार छोड़ कर बौद्ध तान्त्रिक हुए थे। वैदिकाचार के त्याग के साथ साथ उन्होंने वैदिक यज्ञोपवीत संस्कार भी छोड़ दिया था। वे कैसे तान्त्रिक थे या तन्त्रशास्त्र में कैसे व्युत्पन्न थे, उसका यथेष्ठ प्रमाण मौजूद है। वङ्गीय साहित्य-परिषद से महामहोपाध्याय पं. हरप्रसाद शास्त्री महोदय ने 'हजार वर्ष के पुराने वङ्गभाषा के बौद्ध गान और दोहे' प्रकाशित किये हैं। शास्त्री महाशय के लिखे हुए उक्त ग्रन्थ के अन्त में जो 'बौद्धतान्त्रिक ग्रन्थकार सूची' प्रकाशित हुई है, उससे जाना जाता है कि पाल राजाओं के समय में कायस्थों ने सैकड़ों तान्त्रिक ग्रन्थों की रचना की थी।"[31] उन्होंने ब्राह्मणों की कायस्थों से इस लड़ाई का कुछ और वर्णन इन शब्दों में किया है—"ब्राह्मणों के समान अधिकार होने से ही ये कायस्थ—ब्राह्मणों के अभ्युदय के समय में भी—ऐसे ऐसे ऊंचे पदों के अधिकारी बने; और इसी लिए ही ये वङ्गीय ब्राह्मण समाज के विद्वेषभाजन हुए थे। वैदिक ब्राह्मणों ने इन सद्धर्मियों पर कैसे कैसे अत्याचार किये हैं, इसका पता 'शून्यपुराण' के अन्तर्गत 'निरंजन की रुष्मा' से खूब अच्छा लगता है। इसके फलस्वरूप बङ्गाल में बौद्धों का प्रभाव नष्ट हो गया और ब्राह्मणों के प्रभाव से कायस्थों को सच्छूद्रवत बनना पड़ा। इससे कायस्थों को समाज-सम्बन्धी कोई हानि नहीं उठानी पड़ी, यही कुशल है। ब्राह्मणों के नीचे कायस्थों का ही स्थान था। और तो क्या; अकबर बादशाह के समय में बङ्गाल में अधिकतर कायस्थ ही राजा थे। लाखों सैनिक, हजारों घुड़सवार और सैकड़ों तोपें उनके आधिपत्य में रक्षा के लिए रहा करती थीं। 'आइने-ए-अकबरी' में इसका स्पष्ट प्रमाण मिलता है। अकबर बादशाह के दरबार में कायस्थों के क्षत्रियत्व के विषय में बड़ा भारी आन्दोलन हुआ था। उस दरबार में मधुसूदन सरस्वती जैसे प्रमुख विद्वानों ने भी कायस्थों के क्षत्रियत्व के अनुकूल में अपना मत प्रकट किया था। जहांगीर बादशाह के समय में प्रकाशित 'बयान ए कायस्थ' नामक पारसी ग्रन्थ में उन के मतों का उल्लेख ही नहीं, वरन् उद्धृत किया गया है।"[32]

II

आचार्य बच्चू लाल अवस्थी की पुस्तक 'हिन्दी व्युत्पत्तिकोश' के दूसरे खण्ड में 'कायथ' के शब्द की प्रविष्टि में लिखा गया है कि 'कायस्थ' लेखजीवी का अर्थ देता है। अभिधान चिन्तामणि से उद्धृत किया गया है—"अथ 'कायस्थः करणोऽक्षरजीविनि।"[33] लेकिन अभिधान चिन्तामणि हेमचन्द्र की कृति है और हेमचन्द का जीवन काल 1089 से 1173 ई. प. तय किया गया है।[34]

सब से खास बात यह है कि आचार्य बच्चूलाल अवस्थी ने 'कायस्थ' शब्द को पुस्तक 'मुद्राराक्षस' में आया हुआ बताया है।[35] 'मुद्राराक्षस' नाटक के लेखक विशाखदत्त थे। मेनका गांधी की किताब 'द पेन्गुइन बुक आफ हिन्दू नेम्स' में विशाखदत्त का समय ईसा की 5वीं शताब्दी माना गया है।[36] सन्देह जताते और उन्हें दूर करते डा. जी. वी. देवस्थली ने भी विशाखदत्त के समय का निर्धारण ईसा की 7वीं या 8वीं शताब्दी माना है।[37] इधर, मुझे इसी बात की पड़ी हुई है कि 'कायस्थ' शब्द हिन्दुस्तान में कितना पुराना है।

विशाखदत्त के संस्कृत नाटक 'मुद्राराक्षस' में चर ने इसे अपनी भाषा में 'काअत्थो सअड़दासो णाम'[38] अर्थात 'कायस्थ शकटदास'[39] कहा है। पात्र चाणक्य ने इसे संस्कृत भाषा में 'कायस्थ इति लघ्वी मात्रा'[40]—अर्थात 'कायस्थ एक छोटी सी हस्ती'[41] कहा है। पात्र चाणक्य का शिष्य उसे 'कायस्थः शकटदासः'[42]—'कायस्थ शकटदास'[43] कहता है। बड़ी खास बात यह है कि 'समालोचनात्मक परिचय' में नाटक के पुरुष पात्रों में लिखा गया है—'शकटदास—नन्द-सम्राट का कञ्चुकी।'[44] इस से यही सिद्ध होता है कि 'कायस्थ' शब्द जरूर बाद में जोड़ा गया है। इस नाटककार के काल-निर्धारण में डा. सत्यव्रत सिंह ने लिखा है—"निष्कर्ष यह निकल सकता है कि विशाखदत्त को 4थी-5वीं शताब्दी का नाटककार मानना अनुचित नहीं है।"[45]

शूद्रक के संस्कृत नाटक 'मृच्छकटिकम्' में 'कायस्थ' शब्द आया है। लेकिन वहां प्रयोग किस प्रकार है? न्यायालय का दृश्य है। लिखा गया है—"ततः प्रविशति श्रेष्ठि—कायस्थादि—परिवृतोऽधिकरणिकः।"[46] —अर्थात "इस के बाद बनिया, कायस्थ आदि से घिरे न्यायाधीश आते हैं।"[47] तब न्यायाधीश बोलते हैं—"भो भो! श्रेष्ठि-कायस्थौ!'[48] —अर्थात "ए बनिया तथा कायस्थ!"[49] जवाब में क्या है—"श्रेष्ठि-कायस्थौ—आणवेदु अज्जो। (आज्ञापयतु आर्यः)"[50] —अर्थात "बनिया-कायस्थ—आर्य! आज्ञा दें।"[51] आगे एक जगह फिर मिलता है—"श्रेष्ठि-कायस्थौ—अज्जस्स वि णाम गुणे दोसो त्ति वुच्चदि"[52] —अर्थात "बनिया-कायस्थ—यदि आप में भी गुण-दोष कहा जाता है। और यदि ऐसी बात है तो चन्द्र की चन्द्रिका में भी अन्धकार कहा जाएगा।"[53] अगले कुछ उदाहरण इस प्रकार हैं :

1. "कायस्थः—जं अज्जो आणवेदि। अज्ज! लिहिदं।"[54]
   —"कायस्थ—जैसी श्रीमान आज्ञा।...आर्य! लिख लिया।"[55]
2. "श्रेष्ठि-कायस्थौ—जुज्जदि विअ।"[56]
   —"श्रेष्ठि कायस्थ—यही हो सकता है।"[57]
3. "श्रेष्ठि कायस्थौ—भोः! कअं एसो ववहारो अवलम्बादि?"[58]
   —"श्रेष्ठिकायस्थ—इस विवाद का निर्णय किस पुरुष की अपेक्षा करता है।"[59]

4. ''श्रेष्ठि कायस्थौ—केरिसौ?''[60]
   —''श्रेष्ठि कायस्थ—कैसी दुविधा?''[61]
5. श्रेष्ठि कायस्थौ—ता वसन्तसेणामादरं अवलम्बादि ववहारो?''[62]
   —''श्रेष्ठिकायस्थ—तब वसन्तसेना की माता इस निर्णय की अपेक्षा करती है।''[63]

इस में कुल मिला कर यह कहा जाना है कि श्रेष्ठि-कायस्थ की भाषा संस्कृत नहीं है। 'मृच्छकटिक' के प्रथम अङ्क में एक पात्र 'माथुर' है। वह अपने बारे में कहता भी है :

> ''माथुरः—...धुत्तु! माथुरु अहं णिउणु।''[64]
> —''माथुर—...अरे धूर्त्त! मैं चतुर माथुर हूँ।''[65]

माथुर की भाषा के बारे में कान्तानाथ शास्त्री तेलंग ने लिखा है—''माथुर और द्यूतकर ढक्क विभाषा बोलते हैं।''[66] इतना ही नहीं, वे आगे लिखते हैं—''माथुरक, चन्दनक आदि निम्न कोटि के पात्र प्रायः ठीक उतरे हैं।''[67]

अब यह जानना शेष रह जाता है कि 'मृच्छकटिक' किस समय की रचना है। इस के हिन्दी टीकाकार ने काफी बहस-मुभासे के बाद लिखा है—''...'मृच्छकटिक' की सामाजिक और राजनीतिक अवस्था गुप्त साम्राज्य के पतन के बाद और हर्ष के साम्राज्य के उदय से पूर्व की अवस्था से मिलती है।....यह कहा जा सकता है कि 'मृच्छकटिक' का काल ई. अ. पंचम संभवत षष्ठ शतक है।''[68]

आचार्य बच्चूलाल अवस्थी की पुस्तक 'हिन्दी व्युत्पत्तिकोश' से यह भी पता चलता है कि यह शब्द 'परमाल रासो' में भी आया है। प्रयोग इस प्रकार हैं :

1. कायथ श्रीवास्तव कल्यानह—परिमाल 7/45
2. बुल्लि सुतन परिमाल, बुल्लि कायथ कवियानह—परिमाल 7/46।[69]

इस में 'कल्यानह' शब्द बहुत महत्वपूर्ण हो गया है। एक और प्रमाण भास्कर वर्मन का है। वे कामरूप के राजा थे। इन का समय हर्ष वर्धन का समकालीन है। चीनी यात्री हुएनसांग से दोनों का सम्बन्ध था। हुएनसांग का भारत भ्रमण सन् 630 से 644 तक का है। जो बात खास है, वह यह कहनी है कि यू. एन. घोषाल ने लिखा है कि भास्कर वर्मन के उत्कीर्ण लेख में राज्याधिकारियों में 'कायस्थ' (लेखक) शब्द का उल्लेख है।[70] आर. सी. मजूमदार ने भास्कर वर्मन का समय सातवीं शताब्दी का पहला आधा काल माना है।[71]

यू. एन. घोषाल ने लिखा है कि पहले की स्मृतियों, खुदे लेखों और सामान्य साहित्य में राजकीय पदवियों से सुशोभित 'कायस्थ' शब्द को 'वेदव्यास स्मृति' में शूद्र जातियों की सूची में रखा गया है।[72] मोनियर विलियम्स ने याज्ञवल्क्य स्मृति के आधार

पर कायस्थ के बारे में इस प्रकार लिखा है—"एक विशेष जाति या उस जाति का मनुष्य; कायस्थ या लिपिक जाति (क्षत्रिय पिता और शूद्र माता से पैदा)।"[73]

III

भारत के पूर्व मध्य काल में लिखित एक महत्वपूर्ण पुस्तक 'कुवलय माला कहा' है, जिस के लेखक उद्योतन सूरि थे। सब से अच्छी बात यह है कि इस रचना के काल के बारे में कोई सन्देह नहीं है। वर्ष से भी आगे बढ़ कर डा. हर्मन जैकोबी ने यहाँ तक गणना की है कि 'कुवलय माला कहा' 'की रचना 21 मार्च, 779 ई. को लगभग एक बजे अपराह्न में पूर्ण हुई थी।[74] यहाँ इस 'कुवलयमालाकहा' के सम्बन्धित शब्द डा. प्रेम सुमन जैन की पुस्तक 'कुवलयमालाकहा का सांस्कृतिक अध्ययन' से उतार कर रखे जा सकते हैं जो इस प्रकार हैं :

2 3 3 4 3 3 3 3 3 3 30
1. सक-जवण-सबर-बब्बर-काय-मुरुंडोड्ड-गोंड-कप्पणिया।
अरवाग-हूण-रोमस-पारस-खस-खासिया चेय।।
2 3 3 4 4 2 5 3 26

5 3 4 3 6 3 5 29
2. डोंबिलय-लउस-बोक्कस-भिल्ल-पुलिंदंघ-कोत्थ-भररूया।
कोंचा य दीण-चंचुय मालव-दविला-कुडक्खा च।।
4 1 3 4 4 4 5 1 26

4 4 4 4 2 3 7 1 29
3. किक्कय-किराय-हयमुह गयमुह-खर-तुरय मेंढगमुहा य।
हयकण्णा गयकण्णा अण्णे य अणरिया बहवे।।[75]
6 6 4 1 5 4 26

(40. 24, 25, 26)

देखा जा सकता है, यहाँ गिनाई गईं जातियों के नाम में एक जाति का नाम 'काय' आया है। डा. प्रेम सुमन जैन ने इस 'काय' जाति के बारे में लिखा है—" 'काय' को उद्योतन ने अनार्य कहा है। यदि इस का सम्बन्ध 'कायस्थ' से है तो वेदव्यास ने भी कायस्थों को शूद्रों में गिना है।...और आठवीं सदी में कायस्थ शब्द कर्मचारी के लिए प्रयुक्त होता था।"[76] सूचना यह भी है कि उद्योतन सूरि ने जब

विभिन्न प्रसंगों में राज कर्मचारियों और अधिकारियों का उल्लेख किया है तो वहाँ 'लेखवाह'[77] (180.14) शब्द मिलता है।

सवाल यह है कि उद्योतन सूरि ने 'काय' क्यों लिखा है और 'कायस्थ' क्यों नहीं। क्या तब 'कायस्थ' शब्द नहीं था? क्या 'काय' शब्द 'कायस्थ' का लघुरूप या द्योतक है? इस के लिए मैंने 'कुवलयमालाकहा' के छन्द-विधान को समझने की कोशिश की है। इस बारे में डा. प्रेम सुमन जैन ने लिखा है–"कुवलयमालाकहा के पद्यभाग में प्रायः गाथा छन्द का प्रयोग हुआ है। सम्पूर्ण ग्रन्थ में 4180 गाथाएँ हैं, जिन में...36 छन्दों का प्रयोग हुआ है।'[78] वे यह भी लिखते हैं कि 'कुछ गाथाएँ ऐसी भी हैं जिन के छन्दों के स्वरूप का पता नहीं चलता।'[79] डा. प्रेम सुमन जैन ने यह भी लिखा है कि डा. ए. एन. उपाध्ये ने अपनी पुस्तक 'Kuvalayam āl ā, published by Singhi Jain Granthamala, Bombay, 1970' में ऊपर बताए गए सभी 36 छन्दों के स्वरूप पर विशेष प्रकाश डाला है।[80] संयोग से, वह सन्दर्भ मेरे पास नहीं है, इसलिए जो इस समय विश्लेषण किया ज़ा सकता है, उतना कर लिया जाए।

बात यह है कि 'कुवलयमाला कहा' प्राकृत भाषा की रचना है। छन्द वार्णिक भी हैं और मात्रिक भी। ऊपर दिए उद्धरणों में मैंने मात्राएँ गिनने की कोशिश की है। ये मात्राएँ पंक्तिवार क्रमशः 30, 26, 29, 26, 29, 26 हैं। मूल पुस्तक के अभाव में मैं यह समझने में असमर्थ हूँ कि यह छन्छोबद्ध रचना वार्णिक छन्द की है या मात्रिक छन्द की। जो भी हो, यदि उद्योतन सूरि 'काय' को 'कायस्थ' लिख देते तो निश्चित रूप से पहली पंक्ति में 32 मात्राएँ हो जातीं, जबकि इस समय पहली, तीसरी और पाँचवीं पंक्तियों में 30, 29, 29 मात्राएँ ही हैं। फिर, यदि यह वार्णिक छन्द भी हो तो भी 'काय' को 'कायस्थ' लिखने में छन्द गड़बड़ा जरूर जाता।

जानना केवल यह है कि क्या उद्योतन सूरि शब्द 'कायस्थ' को लघुरूप 'काय' में लिख सकते थे। उत्तर यह है कि ऐसा उन्होंने इन्हीं छह पंक्तियों में दूसरे शब्दों को ले कर किया है। उदाहरण इस प्रकार है–"हयमुख गयमुख-खर-तुरय मेंढगमुहा य।"[81] इन का अनुवाद इस प्रकार किया गया है–"हयमुख, गजमुख, खरमुख, तुरगमुख, मेंढकमुख।"[82] तो, 'खरमुख' को केवल 'खर' तथा 'तुरयमुख' को केवल 'तुरय' लिखा गया है। इन दोनों शब्दों में 'मुख' के प्रयोग को छोड़ दिया गया है। यदि दोनों जगह 'मुख' जोड़ दिया जाता तो मात्राएँ 29 से बढ़ कर 33 हो जातीं जो एक छन्ददोष माना जाता। इस हिसाब से, कहा जा सकता है कि यदि पहली पंक्ति में 'काय' को इस के पूरे रूप 'कायस्थ' में रख दिया जाता तो मात्राएँ 30 से बढ़ कर 32 हो जातीं, जो छन्ददोष है।

'कुवलय माला कहा' से लिए गए इस उद्धरण में खास बात यह है कि 'काय' को अनार्य जाति गिनाने में दूसरी अनार्य जातियों के नाम भी आए हैं जो 'सक',

'जवण', 'हूण', 'रोमस', 'पारस' के हैं, और जो क्रमशः 'शक', 'यवन', 'हूण', 'रोम' और 'पारसी' हैं, और विदेशी भी हैं। 'पारसीक' को छोटा करके 'पारस' लिखा ही गया है। यहाँ यवन और रोमस को अलग-अलग भी माना गया है। ये 'रोमस' 'रोमन्स' ही होने चाहिए। पर, जब 'रोमस' क्रिश्चियन थे तो 'कायस्थ' को अलग से गिनाने की क्या जरूरत थी? मेरे हिसाब से जरूरत थी क्योंकि 'रोमस' विदेशी मूल के रहे थे जबकि 'कायस्थ' भारतीय हो गए थे। धर्म एक हो, पर नस्लें तो अलग-अलग थीं। मुगल मुसलमान थे, पर उन्होंने भारत में अपनी पहचान के लिए 'मुगलीयत' पर ध्यान दिया, केवल 'मुसलमानियत' पर नहीं। तुर्क भी मुसलमान थे, पर उन्होंने भी भारत में भारत के मुसलमानों से अपना भेद बना कर रखा। यह बिलकुल वैसी ही बात है कि भारत में 'अंग्रेज ईसाई' और 'भारतीय ईसाई' में फर्क ही फर्क था। तो, धर्म की दृष्टि से रोमन और कायस्थ एक रहे थे, पर नस्लों की दृष्टि से अलग-अलग भी रहे थे। तब रोमन ईसाई गोरे और भारतीय कायस्थ काले रहे होंगे। बाद में गोरे रोमन ईसाइयों की बाकी कायस्थों में अन्तर्भुक्ति हो गई, पर गोरे और काले का भेद आज तक भी बना हुआ है। इस विषय को ले कर डा. प्रेम सुमन जैन ने सही लिखा है–"कुव. में कुछ ऐसी जातियों के भी उल्लेख हैं जिन के नाम विदेशी हैं किन्तु वे भारतीय समाज में सम्मिलित होती जा रही थीं।"[83] उन के नाम उन्होंने–'शक, यवन, बर्बर, हूण, रोमस, पारस, खस, ताज्जिक, अरवाग, कोंचा, चंचुय और सिंघल'[84] गिनाए हैं। उन्होंने लिखा है–"भारतीय संस्कृति की प्रमुख विशेषता पाचन-शक्ति के कारण इन विदेशी जातियों का सम्मिश्रण भारतीय समाज में धीरे-धीरे हो गया। आवश्यकता के अनुसार प्रमुख चार जातियों में उपजातियाँ बनती रहीं। युद्धकर्मा होने के कारण ये जातियाँ एक ओर तो क्षत्रिय वर्ण के अधिक समीप थीं और दूसरी ओर अनार्य होने के कारण ये शूद्र कोटि में रखी जा सकती थीं। अतः इन का वर्गीकरण या भारतीयकरण इन्हीं दो वर्णों में मुख्यतः हुआ।"[85] डा. प्रेम सुमन जैन ने यह भी कुछ-कुछ ठीक लिखा है–"कुव. में वर्णित उपर्युक्त विभिन्न जातियों के स्वरूप एवं कार्य को देखते हुए प्रतीत होता है कि इस समय तक धर्म के आधार पर जातियों का विभाजन स्पष्ट नहीं हुआ था। हिन्दू, बौद्ध, जैन,...ईसाई आदि जातियों के समूह न हो कर समस्त जातियाँ आर्य और अनार्य रूप में विभक्त थीं। भारतीय संस्कृति से अनुप्राणित एवं भारत में जन्मी जातियाँ आर्य तथा इस से भिन्न संस्कृति का अनुगमन करने वाली और विदेशी जातियाँ अनार्य कही जाती थीं। यद्यपि इन में परस्पर आवागमन होने लगा था।"[86]

अच्छी बात यह है कि धार्मिक भेद के बारे में कायस्थ को ले कर हमें कुछ विशिष्ट जानकारी भी मिल जाती है। हाँ, यह अच्छी तरह देख लिया गया है कि ब्राह्मणों के संस्कृत ग्रन्थों में कायस्थों की लिखी गई बुराइयाँ भरी पड़ी हैं। लेकिन

कायस्थों की ये बुराइयाँ लौकिक स्तर की हैं। इस के सिवा, जानकारी यह भी मिलती है कि कायस्थों की ब्राह्मणों से शत्रुता धार्मिक स्तर की भी थी। सुरेश चन्द्र बनर्जी ने अपनी पुस्तक 'सोसायटी इन एन्थियंट इण्डिया' में बताया है–"*नर्ममाला* में *कायस्थों,* जो सरकार में बड़े ओहदे धारण किया करते थे, के घृणित चरित्र के बारे में बताया गया है। वे मन्दिरों को तोड़ते हैं और गायों के चारे के खर्चे में कटौती करते हैं।"[87] लौकिक चतुराई और होड़ एक बात है, लेकिन यह ज्यादा गम्भीर मामला है, क्योंकि धर्म से जुड़ा हुआ है। *परिपालक* अर्थात प्रान्तीय गवर्नर के बारे में लिखा गया है कि 'वह मन्दिरों और गाँवों का ध्वंस करता है तथा गाँववासियों पर कहर बरपाता है–वह ब्राह्मण हत्या और गोहत्या समेत कोई भी अपराध कर जाता है।"[88] इस का मतलब है कि कायस्थ लोग ब्राह्मणी धर्म के नजदीक भी नहीं हैं।

IV

मैंने अपनी पुस्तक 'प्रेमचंद : सामन्त का मुंशी' में 'ख्शायथिया' शब्द के सन्दर्भ के बारे में लिखा था–"पाठकगण क्षमा करें, इस समय मेरे पास इस का पूरा हवाला उपलब्ध नहीं है। वह विदेश में रह गया है। जब उपलब्ध हो जाएगा, सेवा में उपस्थित कर दूँगा।"[89] संयोग से, अब यह सन्दर्भ मेरे पास उपलब्ध है। यह नृपेन्द्र कुमार दत्त की अंग्रेजी में लिखी पुस्तक 'ओरिजिन एण्ड ग्रोथ आफ कास्ट इन इण्डिया : वोल्यूम II : कास्ट्स इन बंगाल' है जो, 'फिरमा के. एल. मुखोपाध्याय, 6/1ए, बन्छराम अक्रूर लेन, कलकत्ता-12, फर्स्ट एडिशन, 1965' से प्रकाशित है। नृपेन्द्र कुमार दत्त ने इस पुस्तक के दूसरे अध्याय का शीर्षक 'राइज आफ न्यू प्रोफेशनल कास्ट्स' रखा है और सब से पहले 'कायस्थ' जाति पर ही विचार किया है।

नृपेन्द्र कुमार दत्त ने अपने इस अध्याय को अच्छी तरह बांधा है। वे मेरे निष्कर्ष तक नहीं पहुँचे हैं, लेकिन मुझे अपने निष्कर्ष पर पहुँचने में उन के विचारों ने मेरी मदद की है। कम से कम, यह एक संभावना का उठाव जरूर है। उन के विचारों को इस प्रकार संक्षिप्त रूप दिया जा सकता है :

1. 'कायस्थ' संस्कृत भाषा में तुलनात्मक रूप से एक नया शब्द है। इसे ईसा की तीसरी शताब्दी से पहले खींच कर नहीं ले जाया जा सकता।[90]
2. यह वैयाकरणों–पाणिनि और पतंजलि–के समय में अनजाना शब्द है। यदि यह विलक्षण शब्द उन के समय में होता तो उन की निगाहों से बच नहीं सकता था।[91]

3. कौटिल्य के अर्थशास्त्र और अशोक के अभिलेखों में, जिन में मौर्यकालीन प्रशासनिक व्यवस्था के विस्तृत लेखे-जोखे हैं, इस शब्द का उल्लेख नहीं है।[92]
4. मनुस्मृति में, जिस का वर्तमान रूप में उपलब्ध पाठ 200 ई. पू. से 200 ई. प. में निर्धारित हुआ था, 'कायस्थ' शब्द का एक अधिकारी या जाति के रूप में कोई जिक्र नहीं है।[93]
5. संभवतः इस का सब से पहला प्रयोग याज्ञवल्क्य संहिता (I. 336) में मिलता है, जिसे ईसा की तीसरी शताब्दी की रचना ठहराया जा सकता है।[94]
6. याज्ञवल्क्य संहिता में भी इस का केवल एक बार जिक्र आया है। वहाँ भी यह चार वर्णों से बनी वर्णसंकर जातियों की सूची में नहीं है।[95]
7. अमर, जिन्होंने अपना प्रसिद्ध शब्दकोश ईसा की पाँचवीं शताब्दी में तैयार किया था, इस के बारे में एकदम मौन है।[96]
8. भारतीय विद्वान इस शब्द की व्युत्पत्ति जानने में बेहद परेशान थे। जब ब्रह्मा के शरीर के चार भागों से चार वर्णों की उत्पत्ति हो गई थी तो कायस्थ को ब्रह्मा की काया से उत्पन्न हुआ बताने में परेशानी बढ़ती ही है, घटती नहीं।[97]
9. जहाँ तक धर्मशास्त्रों और आरम्भिक पुराणों की बात है, 'कायस्थ' शब्द हिन्दुओं की समाज रचना में एक असंगत, बेमेल और बेतुका शब्द ठहरता है। इसे नाम और जाति से सम्बन्धित ठहराने में बाद के लेखकों ने बहुत माथापच्ची और ठोक-पीट की है।[98]
10. शुरू से ही कायस्थों की एक योजना के तहत, बुराइयाँ की गई हैं। याज्ञवल्क्य संहिता से ले कर बाद के स्मृति और पुराण साहित्य में उन्हें गालियाँ ही दी जाती रही हैं। इतिहास की पुस्तक कल्हण की राजतरंगिणी में भी यही हुआ।[99]
11. गुप्तकालीन और बाद के अभिलेखों में कायस्थों का उल्लेख सम्मानजनक तथा समाज के लिए उपयोगी सदस्यों के रूप में हुआ है, जो स्मृतियों और पुराणों में वर्णित जिक्र से एकदम भिन्न है।[100]

ऊपर क्रम संख्या 10 और 11 में विरोध होने के कारण नृपेन्द्र कुमार दत्त एक तुलना पर आते हैं। वे याद करते हैं कि मध्यकालीन यूरोप में यहूदियों की स्थिति क्या थी। उन की तस्वीर बहुत बुरे लोगों के रूप में पेश की जाती थी। कारण हमेशा यह

नहीं होता था कि उन का व्यवहार गलत होता था, बल्कि इसलिए, क्योंकि वे विदेशी थे।[101] यही तुलना नृपेन्द्र कुमार दत्त के मन में सन्देह पैदा कर देती है कि आरम्भिक काल के कायस्थ अपने मूल में गैर-भारतीय हो सकते हैं और यह समय गुप्त साम्राज्य के ठीक पहले का है कि कायस्थों ने भारत की राजनीतिक व्यवस्था में एक स्थायी स्थान प्राप्त कर लिया था।[102] वे लिखते हैं कि भारतीय साहित्य में कायस्थों के पदार्पण से ठीक दो या तीन शताब्दियों पहले और मौर्य साम्राज्य के पतन के बाद उत्तरी भारत में यूनानियों, शकों, पार्थों और बाद में कुषाण राजाओं का आगमन होता है। शक और कुषाण भारतीय प्रभाव में मुब्तला होने से पहले यूनानी-इरानी संस्कृति के प्रभाव में थे।[103] वे लिखते हैं कि यह वही समय था जब इरान और भारत के बीच सम्पर्क बढ़ने के कारण पुरानी इरानी भाषा के बहुत सारे शब्द भारतीय भाषा में प्रवेश कर गए थे।[104] उन्होंने यह भी बताया है कि 'इख्शायथिया' का अर्थ पुरानी फारसी भाषा में शासक होता था।[105] उन्होंने खासमखास 'सक्सेना' शब्द के बारे में लिखा है कि यह कायस्थों में विदेशी तत्वों की मौजूदगी को दर्शाता है।[106] इस के बाद उन्होंने लिखा है कि यह जाति बाद में विभिन्न समयों में, विभिन्न परिस्थितियों में, और विभिन्न क्षेत्रों में से जुड़ती गई, और फलस्वरूप यह कभी भी एकरूप नहीं रही।[107] उन्होंने बताया है कि करण कायस्थों में कैसे जुड़े।[108] करण संस्कृत भाषा में पहले से मौजूद थे, वे बाद में आने वाले कायस्थों से समान पेशे की वजह से करण-कायस्थ हो गए। नृपेन्द्र कुमार दत्त ने बताया है कि ऐसे कायस्थों के लगभग सौ उपनाम हैं जो इशारा करते हैं कि वे सौ विभिन्न जातियों से आए थे।[109] जब मैंने 22 मई, 2008 का 'राष्ट्रीय सहारा' पत्र देखा तो नृपेन्द्र कुमार दत्त की बात मेरे मन में पुख्ता हो गई। समाचार का शीर्षक था—"नीलांजना पुरकायस्थ 'सहारा वन' की बिजनेस प्रमुख।"[110]

फारसी भाषा को ले कर एक बात और कही जा सकती है जो उस के 'काश्त' शब्द की है। इस का अर्थ कृषि, खेत की भूमि, खेती है।[111] इस से 'काश्तकार' और 'काश्तकारी' जैसे शब्द बनते हैं, जिन का हिन्दी में धड़ल्ले से प्रयोग होता है। पर, क्या इस फारसी के 'काश्त' शब्द का आज अंग्रेजी के 'Caste' (कास्ट) शब्द से कोई सम्बन्ध जुड़ता है? पूछा यहाँ तक भी जा सकता है कि क्या 'काश्त' और 'कायस्थ' में कोई नजदीक या दूर का सम्बन्ध हो सकता है? मैं कोई उत्तर नहीं दे रहा हूँ—न 'हाँ' में और न 'ना' में। क्या कभी इरान के 'काश्तकार' 'कायस्थ' बन कर इधर भारत की तरफ रुड़क लिए थे? सही उत्तर कुछ भी हो, संभावनाएँ हमें सारी तलाश लेनी चाहिए।

V

डा. यू. एन. घोषाल ने बताया है कि कायस्थों की उत्पत्ति के बारे में तीन तरह के मत हैं। पहले मत के अनुसार, कश्यप ऋषि के पुत्र 'कुश' से कायस्थों की उत्पत्ति मानी जाती है।[112] उन्होंने दूसरे और तीसरे मत भी दिए हैं। इन पर विद्वानों की बहस जारी है कि कौन सा मत किसे स्वीकार्य है और कौन सा किसे अग्राह्य।

यदि हम यह मानते रहे कि कायस्थ एक जाति है तो ऊपर वाली समस्याएँ सामने आती रहेंगी। लेकिन, यदि हम यह माने कि कायस्थ एक जाति से बड़ी एक धार्मिक चीज है तो वे समस्याएँ दूर हो सकती हैं जो अब तक विद्वानों को या खुद कायस्थों को तंग करती रही हैं। 'कायस्थ' एक नस्लीय पहचान नहीं है। ज्यादा से ज्यादा, इसे एक खास पेशे से जोड़ा गया है, लेकिन वह पहचान भी एक समय विशेष तक सीमित होनी चाहिए। पंजाब से ले कर बंगाल तक फैली एक इतनी बड़ी जनसंख्या की जाति में नस्लगत भेद के होने को अजूबे की बात नहीं माना जा सकता। आसाम, बंगाल और उड़ीसा में मंगोलियन कायस्थ मिलते हैं,–इसे स्वीकार कर सिद्धान्त को लचीला बनाने में क्या दिक्कत है?

यदि यह मान लिया जाए कि कायस्थ ईसाई धर्म से सम्बन्धित थे तो कई प्रश्नों का उत्तर एक साथ मिल जाता है। तब जिन के वंश यहूदियों से मिलते हैं, वे भी सही हैं, जिन के वंश इरानियों की नस्लों से मिलते हैं, वे भी सही हैं, जिन के वंश रोमन साम्राज्य की नस्लों से मिलते हैं, वे भी सही हैं, और जो मूल भारतीय सिद्ध होते हैं, वे भी सही ठहरते हैं। इस्लाम की तरह ईसाइयत नस्लों के आधार पर भी चली है और नस्लों के पार भी फैली है। उदाहरण के रूप में, यदि ऊपर बताई गई 'कुश' से उत्पत्ति की बात ली जाए तो उस का कुछ इतिहास कायस्थों से बेखबर प्रोफेसर फिदा एम. हसनैन ने अपनी पुस्तक 'ए सर्च फार द हिस्टोरिकल जीसस : फ्रोम एपोक्रिफल, बुद्धिस्ट, इस्लामिक एण्ड संस्कृत सोर्सेस' में दिया है। उन्होंने इसे कश्मीर से जोड़ा है। वे लिखते हैं कि इस घाटी के नाम की व्युत्पत्ति सब से पहले मुगल साम्राज्य के संस्थापक बाबर ने अपने संस्मरणों में दी थी कि यह 'कश' या 'कुश' जाति से निकली है जो 'Kassites'[113] है। प्रोफेसर फिदा हसनैन लिखते हैं–"*जेनेसिस* में कुश नूह के पोते हैं। इन कुश का कबीला बेबीलोनिया में 'कस्शु', परसिया में 'कोस्सई', हिमालय में 'कश' तथा ईजिप्ट में 'कुश' कहा जाता है। चूंकि, पुराने ग्रन्थों में स्वर गायब रहते हैं, इसलिए, 'कश', 'कुश', 'किश' और 'कोश' सब एक तरह ही लिखे जाते थे।"[114] उन्होंने आगे रिमा, दिल्ली द्वारा प्रकाशित 'एनसाइक्लोपीडिया आफ इण्डिया', वोल्यूम XI (पार्ट-2) पेज-1, के प्रमाण से बताया है–"लेकिन एक बात सच है। जहाँ-जहाँ इस कबीले के लोग गए, उन्होंने वहाँ की नदियों, पर्वतों और शहरों के नाम अपने पूर्वजों के नाम पर रखे। लगभग 1780 ई. पू. में बेबीलोनिया में Kassites बस गए थे। उस से पहले मिश्र में उन्होंने अपना राजवंश कायम कर लिया था, जिसे उन्होंने अपनी

पुस्तकों में *कश* नाम दिया है। बेबीलोनिया से वे इरान की तरफ बढ़े जहाँ उन्होंने (निशापुर के पास) कशान और कशमार नाम के कस्बे बसाए। मध्य एशिया में मेर्व के पास कशमोरे, बुखारे के पास कश, समरकंद के पास कशबंद और कशनिया तथा मशहूर कशगर शहर बसाए। जब वे अफगानिस्तान में आए तो उन्होंने कशिल, कशक और कशु नाम की बस्तियाँ बसाईं। जबकि हिन्दु-कुश की पहाड़ियों का नाम उन के नाम पर रखा गया है, उन्होंने इन पहाड़ियों के दक्षिण में कशमोर नाम की बस्ती भी बसाई। उन्होंने चिनाब नदी की घाटी का नाम कश्तवर रखा और झेलम नदी की घाटी का नाम कशीर रखा, जो आजकल कश्मीर नाम से है।"[115]

हम फिर बाबर की आत्मकथा 'बाबरनामा' पर लौटें। बाबर ने लिखा है—"पूरा हाल तो कोई न बता सका, पर इतना पता चला कि पहाड़ी 'कस'...कहे जाते हैं।"[116] इस पर 'बाबरनामा' के हिन्दी अनुवादक युगजीत नवलपुरी ने टिप्पणी की है—" 'खस'। दरद-कश्मीरी, किरात, नेवार आदि का पुराना सामुदायिक नाम। 'नामलिंगानुशासन'—कार अमरसिंह के अनुसार किरात वे 'म्लेच्छ' ('शूद्रवर्ग'-20) थे, जिन का रंग तँबियाला ('वैश्य वर्ग'-97) और देश प्रत्यंत (आर्यावर्त के बाहर) था, 'शिष्टाचार' (!) हीन एवं चातुर्वर्ण्यव्यवस्था-रहित कामरूप (असम) आदि में ('भूमिका'-7); और जिन की भाषा अव्यक्त और अविस्पष्ट (आर्यों की समझ से परे) थी।"[117] बाबर ने लिखा है—"मुझे लगा कि चूँकि हिन्दुस्तानी 'शीन' को 'सीन'...बोलता है और चूँकि पहाड़ों का सब से बड़ा और मान वाला शहर कश्मीर है, बल्कि सच तो यह है कि दूसरे किसी शहर का नाम भी नहीं सुनते, इसलिए इसे 'कस-मीर' कहते होंगे।"[118] अनुवादक फिर टिप्पणी करते हैं—"फारसी में पर्वतनामों में 'मीर' भी लगता है। उस हिसाब से 'कश्मीर'='कश' जाति की (आबादी वाली) पहाड़ी भूमि। मतांतर में इसे 'कश्यपमेरु' से व्युत्पन्न मानते हैं। (व्युत्पत्ति से सम्बद्ध पौराणिक कथा भी है)। 'कश्मीरी' नाम 'कशीर' है।... अन्य नाम 'काशरत' (दरद) कसपीरिया (यूनानी), 'खच्चल' ('हिमगिरि' तिब्बती)....आदि हैं।"[119] यहाँ यूनानियों का 'कसपीरिया' 'कश्यप' से जुड़ ही जाता है। तिब्बती का 'खच्चल' भी 'कश' से दूर नहीं है क्योंकि 'खच्चल' में 'ख' क-वर्ग का ही व्यंजन है तथा 'च्च' भी 'श्च' की याद दिला देता है।

मैं यहाँ 'कश' शब्द को इतना महत्व इसलिए दे रहा हूँ, क्योंकि क्राइस्ट का और कायस्थों का कश्मीर से बेहद पुराना और गहरा सम्बन्ध जुड़ता है। कश्मीर में तीन नाम ही सब से ज्यादा प्रचलित माने गए हैं—मिस्त्री, मुंशी और पंडित। मिस्त्री मुसलमान हैं, मुंशी कायस्थ हैं और पंडित ब्राह्मण हैं। वहाँ के पंडित वहाँ के मिस्त्रियों और मुंशियों को अपने सामने कुछ नहीं समझते। जो मुसलमान बने हैं, वे भी पुराने कश्मीरियों में से होने चाहिए, इतने ब्राह्मणों में से नहीं। वहाँ के ईसाई और बौद्ध मुसलमान बन गए होंगे। माना यह भी जाता है कि सिकन्दर के समय आए बहुत से यूनानी सैनिक कश्मीर में ही रह गए थे, वे स्वदेश वापिस नहीं लौटे थे। तब वहाँ यूरोप की नीली आँखें बची हुई हैं।

यह सन् 900 से कुछ ही पहले की बात है। कश्मीर में उत्पल राजवंश के राजा शंकर वर्मन का देहान्त हो गया था। उन के बेटे गोपाल वर्मन का राज्याभिषेक हुआ। लेकिन संभालते-संभालते भी स्थितियाँ बदतर होती चली गईं। इसी समय के बारे में डा. डी. सी. गांगुली ने लिखा है कि 'अशान्त स्थितियों का लाभ उठाते हुए कायस्थों ने राज्यक्षेत्र के बड़े भूभाग पर कब्जा कर लिया था।'[120] डा. यू. एन. घोषाल ने लिखा है कि खुदे लेख और सामान्य साहित्य सन् नौवीं शताब्दी के बाद के आधे से एक कायस्थ जाति का हवाला देने लगते हैं, जो बाद के समय में बहुत महत्व प्राप्त करती चली गई थी।[121] उन्होंने यह भी लिखा है कि कायस्थ जाति का किसी शिलालेख में सब से पहला उल्लेख सन् 871 में मिलता है। लेखक वल्लभ कायस्थ वंश में पैदा हुए थे। इस के बाद सन् 999 में गौड़-कायस्थ का एक अन्य उल्लेख मिलता है।[122]

VI

भारत में ईसाइयों को ले कर आजकल एक बड़ी बहस चल रही है कि ईसा कश्मीर में आए थे। इस विषय पर मुख्य किताब का नाम 'ए सर्च फार द हिस्टोरिकल जीसस : फ्रोम एपोक्रिफल, बुद्धिस्ट, इस्लामिक एण्ड संस्कृत सोर्सेस'[123] है, जिसे प्रोफेसर फिदा एम. हसनैन ने लिखा है, और जिस का जिक्र पिछले पृष्ठों पर आ चुका है। संयोग से, मैं प्रमुख सचिव के साथ-साथ, केरल सरकर की 'इन्स्टिट्यूट आफ मैनेजमेन्ट इन गवर्नमेंट' का डायरक्टर भी था। इस संस्था में मेरे पास वरिष्ठतम एकैडमिक फैकल्टी के रूप में डा. जोन पुल परम्बिल थे। वे इसी विचार के हैं कि ईसा कश्मीर में आए थे और उन का दफन वहीं हुआ था। उन्होंने कश्मीर में जा कर ईसा की कही जाने वाली समाधि के स्थल की तीर्थयात्रा भी की है। उन्होंने इस विषय पर एक पुस्तक 'जीसस इन कश्मीर'[124] भी तैयार की है। मैं इन दोनों किताबों के किसी भी दावे की प्रामाणिक जाँच नहीं कर रहा हूँ। मसलन, मैं यह नहीं मान सकता कि प्रोफेसर फिदा एम. हसनैन ने लिखा है कि 'भविष्य महा पुराण' की रचना 115 ई. प. में हुई थी।[125] इस समय मुझे जो मानने में दिक्कत नहीं है, वह अन्य स्रोतों पर लिखे गए प्रोफेसर फिदा हसनैन के ये शब्द हैं—"मेरे शोधकार्यों के आधार ईसाई समुदाय इरान, अफगानिस्तान और कश्मीर में तीसरी शताब्दी तक मौजूद रहे थे। ये ईसाई 'नसर' और 'क्रिस्तानी' कहे जाते थे। उत्तर भारत की घाटियों में कब्रों पर ईसाई मिशनरियों को क्रोस मिले हैं, हालांकि उन्होंने उन्हें *नोस्तोरियों* के माना है।"[126]

मैं उन से यह कहता हूँ, ईसा न आए हों, उन के कोई शिष्य या प्रशिष्य आए हों। मिशनरी धर्म के लोग थे, प्रचार के लिए दूर-दूर तक पहुँचे हैं। फिर, ईसा का नाम 'क्राइस्ट' है। तब, क्या 'क्राइस्ट' शब्द 'कायस्थ' बन गया है? हाँ, भाषा-विज्ञान के क्षेत्र में यह प्रचार बड़े जोर-शोर से किया गया है कि संस्कृत ने दूसरी भाषाओं को

प्रचुर मात्रा में शब्द दिए हैं, लेकिन, इस झोंक में, इस बात पर ध्यान नहीं दिया गया कि संस्कृत ने भी दूसरी भाषाओं से शब्द लिए हैं। इस लेने में सभी भाषाओं की तरह संस्कृत भी उन के स्वरूप बदल देती है। तो, तत्सम 'क्राइस्ट' शब्द संस्कृत में तद्भव 'कायस्थ' के रूप में ले लिया गया हो। प्रमाण में, सिक्कों का इतिहास यह कहता है कि भारत में रोमनों का सिक्का लम्बे समय तक चला है। तब नृपेन्द्र कुमार दत्त द्वारा खोजा गया फारसी भाषा का शब्द 'ख्शायथिया'[127] भी 'क्राइस्ट' शब्द से बना हुआ हो सकता है। संस्कृत ने इसे अपने अनुरूप ढालने के लिए 'कार्यस्थ' या 'कायस्थ' बना लिया हो। 'कार्यस्थ' में तो 'क्राइस्ट' का 'र' भी बचा हुआ है। कायस्थ जाति के हिन्दी गीतकार नीरज और अन्य सभी कायस्थों द्वारा 'काया में स्थित' कहे जाने का मतलब यही हो सकता है कि धर्म के मामले में यह कौम ब्राह्मण धर्म से जुदा है।

यदि 'कायस्थ' का 'क्राइस्ट' से तनिक भी सम्बन्ध बैठता है, तो फिर, यह समझना मुश्किल नहीं रह जाता कि कायस्थों के साथ शराब क्यों जुड़ी हुई है। ईसाइयों के त्यौहार में 'वाइन' ली ही जाती है, लेकिन भारत में इन्होंने कुछ ज्यादा ही लेनी शुरू कर दी होगी। कुछ भी हो सकता है, मैं आदरपूर्वक न्यौता दे रहा हूँ कि दूसरे विद्वान इस क्षेत्र में आगे काम करें।

मेरी चमार जाति के लोग मेरठ में बालक के जन्म होने पर 'जसूटन' मनाते हैं। इस 'जसूटन' में 'जसू' शब्द 'येशु' का तद्भवीकरण हो सकता है। हमने 'यशोदा' शब्द को 'यशोदा' कब कहा है?—हम उसे 'जसोदा' कहते हैं। अपने गाँवों में 'युद्ध' को 'जुद्ध', 'यज्ञ' को 'जग', 'अयोध्या' को 'अजुध्या' और 'योगी' को 'जोगी' कहते हैं। और भी जोड़ा जाए कि केरल में मुझे एक व्यक्ति का नाम Jesuson E. Sarasam मिला है। क्या यह नाम जेसुसन 'जसुटन' की ओर जाता है?

प्रेमचन्द की बात ली जाए। सूरज बड़त्या ने अपने लेख 'प्रेमचंद को मसीहा न बनाएँ' में प्रेमचंद के भारी-भरकम उपन्यास 'रंगभूमि' से रानी जाह्नवी के ये शब्द उद्धृत किए हैं—"प्रत्येक हिन्दू जानता है कि मसीह बौद्ध काल में यहाँ आए थे, यहीं उन की शिक्षा हुई थी और जो ज्ञान उन्होंने यहाँ प्राप्त किया, उसी का पश्चिम में प्रचार किया। फिर कैसे हो सकता है कि हिन्दू अंग्रेजों को श्रेष्ठ समझें।"[128] डा. शैलेश जैदी ने अपनी पुस्तक 'प्रेमचन्द की उपन्यास-यात्रा : नव मूल्यांकन' में पात्रा रानी जाह्नवी के मिसेज सेवक से कहे गए इन शब्दों के बारे में अपनी खास टिप्पणी इस प्रकार की है—"यह रानी जाह्नवी के नहीं, प्रेमचन्द के अपने विचार हैं और इन विचारों का बोध 'प्रत्येक हिन्दू' को हो, यह बात स्वीकार नहीं की जा सकती।"[129] लेकिन, उपन्यास के इन शब्दों के बारे में मैं यह कह रहा हूँ कि खुद ईसा भारत में आए थे, यह तभी माना जाएगा, जब यह प्रमाणित तथ्यों के आधार पर सिद्ध हो जाएगा, पर क्राइस्ट के अनुयायी जरूर भारत में आए थे, इस के प्रमाण हमारे पास हैं। तब भारत के इतिहास

में वे कहाँ गायब हो गए? क्या वे विदेशों को चले गए थे? उत्तर है, सिकन्दर के भी सारे के सारे सैनिक वापिस नहीं गए थे, जबकि वे एक सैनिक मुहिम के तहत यहाँ आए थे। क्राइस्ट के अनुयायी बौद्ध काल में भारत के राजा बन कर भी आए थे और धर्मप्रचार के लिए मिशनरी बन कर भी। व्यापारी बन कर भी जरूर आए होंगे, पर जब इस देश से बौद्ध धर्म मिटा दिया गया, उस समय के क्राइस्ट के अनुयायियों का क्या हाल हुआ? उन का पता-ठिकाना क्या है? कहीं वे कायस्थ के रूप में महाभारत के बाद की हिन्दुओं की दूसरी बड़ी अन्तर्भुक्ति में शामिल तो नहीं हो गए थे?

VII

लियोनार्ड फर्नान्डो और जी. जिस्पर्ट-सौच ने संयुक्त रूप से एक पुस्तक 'क्रिश्चियनिटी इन इण्डिया : टू थाउजैन्ड यीयर्स आफ फेथ' के शीर्षक से लिखी है। इस पुस्तक के तीसरे अध्याय का शीर्षक 'द फर्स्ट क्रिश्चियन्स इन इण्डिया' है। इस में इन्होंने बताया है कि केरल के अधिकांश ईसाई खुद को 'थोमस क्रिश्चियन' के रूप में जानते हैं। उन्होंने आश्चर्य भी व्यक्त किया है कि वे सभी भारतीय लोग हैं, लेकिन उन्हें 'सीरियन क्रिश्चियन' के नाम से जाना जाता है।[130] उन्होंने लिखा है कि भारत के ईसाइयों का सम्पर्क पश्चिमी एशिया के ईसाइयों से रहा था। वे मानते हैं कि भूमध्य सागर के पूर्वी छोर पर सीरिया एक रोमन प्रान्त था। इसी सीरिया से भारत के ईसाइयों ने अपना नाम पाया है।[131] उन्होंने चर्च के मोटे-मोटे भाग करते हुए लिखा है कि एशिया के चर्चों में आर्मेनियन, सीरियन और भारतीय चर्च थे।[132]

'क्रिश्चियनिटी इन इण्डिया' के लेखक-द्वय यह तय नहीं कर पाए हैं कि सब से पहले भारतीय ईसाई कौन थे।[133] कई प्रमाणों को रखते हुए और उन में शंका करते हुए उन्होंने निश्चयात्मक रूप से सन्त जेरोम से अपनी बात शुरू की है। वे लिखते हैं—"सन्त जेरोम ने चौथी शताब्दी के अन्त या पाँचवीं शताब्दी के शुरू में लिखा था कि ईसा हर जगह रहते हैं, भारत में थोमस के साथ और रोम में पीटर के साथ।"[134] उन्होंने यह भी लिखा है कि अनेक दूसरे प्राचीन लेखक भारत के नाम से उस स्थान को बताते हैं जहाँ थोमस, आज के इरान में कहीं पार्थियनों को सुनाने के बाद, ईसा का संदेश ले कर गए थे।[135] लेखक-द्वय ने यह भी बताया है कि 'सन्त थोमस के कार्यकलाप' नाम की धर्म की दृष्टि से गैर-प्रामाणिक किताब, जिस का लेखन शायद इदेशा में तीसरी शताब्दी के मध्य में हुआ था, यह कहती है कि थोमस सबसे पहले गोन्डोफोरस के राज्य में आए थे जो एक पार्थ थे, और सिक्का-विज्ञान तथा पुरातत्व-विज्ञान जिस के बारे में यह गवाही देते हैं कि उस ने आधुनिक भारत के उत्तर-पश्चिम के कुछ इलाकों में तथा पाकिस्तान में शासन किया था।"[136]

पुस्तक 'क्रिश्चियनिटी इन इण्डिया' में बताया गया है कि चौथी शताब्दी के समय के चर्च के इतिहासकार यूसीबियस ने बताया है कि अलेक्ज़ेन्द्रिया के एक यहूदी धर्मगुरु भारत में आए थे और उन्होंने यहाँ एक ईसाई समुदाय खड़ा किया था।[137] इस पुस्तक के लेखक सन्देह में पड़ गए हैं कि वह 'इण्डिया' इण्डिया था या अरेबिया था।[138] लेकिन सन्देह के बीच भी एक शब्द 'कल्यान' का प्रयोग बहुत महत्वपूर्ण हो जाता है। लेखक-द्वय लिखते हैं—"उस ईसाई समुदाय का स्थान कल्यान कहा गया है जो संभवतः आधुनिक मुम्बई क्षेत्र का कल्यान है, जबकि कर्नाटक के मंगलोर के पास का कल्यानपुर भी इस का प्रबल दावेदार है।"[139] लेखक-द्वय बताते हैं कि इस के सबूत छठी शताब्दी के एक व्यापारी कोसमास इण्डिको प्लीसटीस के रिकार्डों में भी मिलते हैं, जो दावा करते हैं कि वे अलक्जेन्द्रिया के थे, और उन्होंने भारत-भ्रमण किया था तथा कल्यान और मलाबार में ईसाई समुदाय की बस्तियाँ देखी थीं।[140] लेखक-द्वय तुलना करते हैं कि केरल परम्परा के मुकाबले में कल्यान परम्परा निश्चित ही कमजोर है।[141]

मुझे नहीं लगता कि कल्यान परम्परा कोई कमजोर परम्परा है। पहले ही बताया जा चुका है कि 'परिमाल रासो' (7/45) में एक पंक्ति इस प्रकार आई है—'कायथ श्रीवास्तव कल्यानह।'[142] यहाँ 'कल्यानह' कायस्थ और श्रीवास्तव से जुड़ता है। कल्हण की 'राजतरंगिनी' में भी एक स्थान का नाम 'कल्याणपुर'[143] है। और किस की कहें, दिल्ली में ही आज तक एक 'कल्याण पुरी' मौजूद है। मेरे ख्याल से, इस 'कल्याण' शब्द पर ज्यादा खोज की जरूरत है। यहाँ मैं केवल इतना और जोड़ सकता हूँ कि भारत से बाहर बुखारे में भी 'कल्यान मस्जिद' मिलती है, जिस का निर्माण सन् 1127 ईस्वी में हुआ था।[144]

पुस्तक 'क्रिश्चिनियटी इन इण्डिया' में लेखक-द्वय ने माना है कि केरल में विदेशी ईसाइयों की दो खेंपें आई थीं। पहली के बारे में वे लिखते हैं—"पहली खेंप cana के थोमस की अगुवाई में चौथी शताब्दी में 'परसिया' से आई थी, शायद आधुनिक इराक के 'परसिया' से, जिन्हें केरल के ईसाई आज भी 'Canii Thommnan' कहते हैं। अन्य स्रोतों में उन्हें व्यापारी, पर्यटक और तीर्थयात्री कहा गया है तथा माना गया है कि उन्होंने कोडुंगलूर को ईसाई बस्ती बना दिया था। यह भी कहा जाता है कि लोगों के आध्यात्मिक कल्याण के लिए वे सीरिया से बिशप और पादरी लाए थे।"[145] दूसरी खेंप के बारे में लेखक-द्वय लिखते हैं—"विदेशियों की दूसरी खेंप के ईसाई, जिन का काफी महत्व है, सीधे सीरियन चर्च से 9वीं या 10वीं शताब्दी में आए और स्थानीय शासक से भूमि का अनुदान और कुछ विशेषाधिकार पाने पर कोल्लम में बस गए थे। इस खेंप में दो बिशप, सेपोर और प्रोट भी थे, जिन्हें कुछ लोग आर्मेनिया के निवासी बताते हैं।"[146] लेखक-द्वय ने यह भी लिखा है कि 'आर्मेनिया

विश्व में सब से पहला राष्ट्र था जो चौथी शताब्दी के शुरू में आधिकारिक रूप से ईसाई बना था।'[147]

लेखक-द्वय ने माना है कि इन दो बड़ी खेंपों के अलावा भी व्यापारियों, यात्रियों और मिशनरियों के रूप में पश्चिमी एशिया से ईसाई लोग भारत में आते रहे थे। वे लिखते हैं–"रोम साम्राज्य के बाहर अन्य समुदायों की तरह भारतीय ईसाई एक सामान्य चर्च संगठन के हिस्से थे, जिस का हेडक्वाटर 'परसिया' में था।"[148] 'परसिया' के बारे में वे लिखते हैं कि 'इस में सिन्धु और यूफरेट्स के बीच का सारा क्षेत्र आता था।'[149]

अब जानना यह है कि क्या उन दिनों के उत्तर भारत को इस 'परसिया' का ज्ञान नहीं था। उत्तर यह है कि उत्तर भारत को इस परसिया का पूरा ज्ञान था। वह उसे संस्कृत भाषा में 'पारसीक' कहता था। विशाख दत्त के संस्कृत नाटक 'मुद्राराक्षस' में यह शब्द आया है। उस के पात्र चाणक्य स्वगत रूप में बोलते हैं कि उन्हें गुप्तचरों से पता चला है कि म्लेच्छराज की सेनाओं के पाँच प्रमुख राजगण बड़ी भक्ति से उन के विरोधी राक्षस का अनुगमन कर रहे हैं।[150] नाटककार उन पाँचों राज्यों के नाम गिनाता है :

"1. कुलूतराज, चित्रवर्मा...।
2. मल्य नरेश–सिंहनाद...।
3. काश्मीर के महाराज–पुष्कराक्ष...।
4. सिन्धु देशाधिप, शत्रुमर्दन सिन्धुषेण...।
5. विशाल अश्ववासिनी लिए पारसीकाधिराज मेघाक्ष आरम्भ में इन्हीं के नाम लिखता हूँ, यमराज का लेखक चित्रगुप्त यदि इन्हें मिटा सके तो मिटाये।"[151]

इस के अलावा, मोनियर विलियम की पुस्तक 'ए संस्कृत-इंग्लिश डिक्शनरी' से सूचना मिलती है कि यह 'पारसीक' शब्द 'रघुवंश' और 'कथासरित्सागर' में भी आया है।[152]

VIII

भारत में ईसा को ले कर मेरे पास अंग्रेजी में दो महत्वपूर्ण पुस्तकें हैं। पहली किताब का नाम, जिस का अब तक कई बार जिक्र किया जा चुका है, 'ए सर्च फार दि हिस्टोरिकल जीससः फ्रोम एपोक्रिफल, बुद्धिस्ट, इस्लामिक एण्ड संस्कृत सोर्सेस' है। इस के लेखक प्रोफेसर फिदा एम. हसनैन हैं। दूसरी किताब का नाम 'जीसस लिव्ड इन इण्डिया : हिज अननोन लाइफ बिफोर एण्ड आफटर दि क्रुसिफिकेशन' है। इस

के लेखक होलजर कर्स्टन हैं। दोनों के तर्क एक से हैं। उन का इन किताबों के द्वारा आपस में सम्बन्ध भी है।

इन किताबों का मूल उद्देश्य यह सिद्ध करना है कि ईसा की मृत्यु क्रूस पर नहीं हुई थी, वे उस से बच गए थे और कश्मीर में आ कर रहे थे, यहीं उन्हें मृत्यु प्राप्त हुई थी। लेकिन मैं इन लेखकों की छेड़ी गई इस बहस में नहीं पड़ रहा हूँ कि ईसा की मृत्यु कश्मीर में हुई थी। ईसा की मृत्यु क्रूस पर हुई हो या कश्मीर में, मेरा काम यह सिद्ध करना है कि कश्मीर समेत पुराने उत्तर भारत में ईसाई धर्म के लोग मौजूद थे। ईसा कश्मीर में मृत्यु को प्राप्त न हुए, दूसरे हुए, इसी से मेरा काम चल जाता है।

यह एक नया और बड़ा विषय है कि ईसा की मृत्यु कहाँ हुई थी। लेकिन पहले ही कह चुका हूँ कि अपनी इस पुस्तक के लिए मैं इस चर्चा को ज्यादा तूल देनी नहीं चाहता। मेरा विषय सीमित और सौद्देश्य है कि कायस्थ जाति का मूल इतिहास क्या है। यह मेरे लिए अनिवार्य तर्क नहीं है कि कायस्थ जाति के मूल इतिहास को ईसाइयत से तभी जोड़ा जा सकता है जब पहले यह सिद्ध हो कि ईसा की मृत्यु कश्मीर में हुई थी। यह मेरा तर्क ठीक वैसे ही है कि इंग्लैण्ड के ईसाइयों का मूल इतिहास जानने के लिए किसी को यह सिद्ध करने की जरूरत नहीं पड़ेगी कि ईसा की मृत्यु लन्दन में हुई थी। फिर भी, मैं बता सकता हूँ कि मेरे पास इस विषय पर चार पुस्तकें और हैं जो यह कहती हैं कि ईसा की मृत्यु भारत में हुई थी। उन के नाम इस प्रकार हैं :

1. Jesus in India : Jesus' Deliverance from the Cross & Journey to India, by Hadhrat Mirza Ghulam Ahmad of Qadian.[153]
2. Where did Jesus die?, by J. D. Shams.[154]
3. Jesus among the Lost Sheep, by Aziz A Chaudhary.[155]
4. The True Story of Jesus, by Rashid Ahmad Chaudhary.[156]

मैं इस विषय को एक दूसरे ढंग से लेता हूँ। अभी कुछ समय पहले इराक में सद्दाम हुसैन को फाँसी लगाई गई थी। उस के तत्काल बाद एक पुस्तक आ गई कि असली सद्दाम हुसैन को फाँसी नहीं लगाई जा सकी है। कहा गया है कि सद्दाम ने अपनी तरह के 5-6 आदमी प्लास्टिक सर्जरी के द्वारा तैयार कराए थे ताकि वे खुद न पकड़े जा सकें। लेखक ने 160 से ज्यादा तर्क दिए हैं कि असली सद्दाम हुसैन को फाँसी नहीं लगी है। लेकिन किसी ने भी आज लेखक की इस बात को गम्भीरता से नहीं लिया। तब दो सौ साल बाद के इराकी लोग क्या कहेंगे? खुद हमारे भारत में नेता जी सुभाष चन्द्र बोस के साथ ऐसी बात जुड़ी हुई थी। वे भारत से बाहर थे। द्वितीय विश्व युद्ध में अंग्रेजों से लड़ रहे थे। समाचार मिला कि 18 अगस्त, 1945

ई. को फारमोसा के ताइपेह नामक स्थान में एक विमान दुर्घटना में उन की मृत्यु हो गई।[157] भारत में कुछ लोगों ने इसे सच्ची घटना नहीं माना। वे लगातार मानते रहे कि सुभाष चन्द्र बोस जिन्दे हैं। कोई कहता था कि किसी ने उन्हें बंगाल के एक आश्रम में देखा था। कोई कहता था, उन की दाढ़ी बढ़ी हुई है। मैं गाँव के अपने बचपन में मांगने वाली औरतों से गीत सुना करता था–"आ जा रे सुभाष बाबू, काम नहीं देर का।"

अच्छा है, अब सुभाष चन्द्र बोस के बारे में ऐसी अफवाहें आनी बन्द हो गई हैं कि सुभाष बाबू जीवित हैं। वैसे, जो लोग यह कहते हैं कि मनुष्य की आयु 120 वर्ष की होती है, उन्हें अभी यह कहते रहने का अधिकार है कि सुभाष बाबू जिन्दे हैं क्योंकि अभी उन की आयु कुल 112 वर्ष की बनती है, भले ही उन के समय के दूसरे सारे नेता दिवंगत हो गए हैं।

इस मामले में मेरी सोच यह है कि यदि ईसा 120 वर्ष की आयु तक जीवित रहे थे, जैसा कि इन लेखकों का दावा है, तो मुझे '120–36=84' वर्षों के ईसा के बाकी जीवन का लेखा-जोखा चाहिए जबकि मैं जानता हूँ कि उन के 36 वर्ष के ज्ञात जीवन के लेखे-जोखे ने आज तक दुनिया को हिला रखा है। मेरा मानना है कि ईसा ऐसे गुमनामी में 84 वर्ष नहीं बिता सकते थे। वे गुमनामी में किसी युद्ध की तैयारी में रह सकते थे, सिर्फ जीने के लिए वे गुमनामी में नहीं रह सकते थे। ईसा इतिहास से फूट कर निकलते हैं। भला, सुकरात राजा से डर कर कब तक चुप रहेंगे? पोप के डर से गैलीलियो अपना मुँह कब तक बन्द रखेंगे? मुझे वे ईसा ईसा से ही नहीं लगेंगे जो इजरायल को छोड़ कर 84 वर्षों तक कश्मीर में आ कर गुमनामी की जिन्दगी बसर करते रहे। तब उन में मेरे मतलब का ईसापन क्या रह जाएगा? इस के विपरीत, मेरा सोचना है कि यदि ईसा कश्मीर में इस से कम दिनों भी रहते तो संसार में ईसाइयत कश्मीर से फैलती। यह मुझे ईसा का अपमान सा लगता है कि वे कश्मीर में गुमनामी में मृत्यु को प्राप्त हुए थे। यदि मौत से डरने लगें तो इतिहास के इन महापुरुषों की विशेषता क्या रह जाती है?

यह एक सच्चाई है कि यहूदियों का बड़ा बिखराव हुआ था। 587 ई. पू. में येरुशलम को बर्बाद किया गया था। फिदा हसनैन कहते हैं कि उस बिखराव में यहूदी लोग यमन, इथियोपिया, वेल्स, आर्मेनिया, उक्रैन पहुँचे थे। पूर्व में वे लोग बामियान, बोखरा, समरकंद, खुरासान, काशगर और कश्मीर में आए थे।[158] उन्होंने माना है कि आधुनिक अफगानिस्तान की अनेक जातियाँ यहूदियों की सन्तान हैं। उन्होंने यह भी लिखा है कि नृविज्ञान सम्बन्धी खोजों से यह सिद्ध हुआ है कि बामियान, काबुल, हजारा, और कश्मीर के ज्यादातर पठानों में इजरायल की खुई हुई जातियों के वंशज हैं।[159]

यहूदियों के बाद बात यूनानियों की ली जा सकती है। फिदा हसनैन बताते हैं कि सिकन्दर के 327 ई. पू. में भारत छोड़ने के बाद यूनानियों ने चितराल, गिलगिट, काबुल, हजारा और कश्मीर में अपने राज्य कायम किए थे।[160] उन्होंने ऐतिहासिक प्रमाणों के आधारों पर उन शासकों के क्रम और समय दिए हैं।[161] उन्होंने कश्मीर की 'स्टेट आर्कोलोजी' के निदेशक के पद पर रहते हुए स्वयं सिक्कों के आधार पर सिद्ध किया है कि यूनान के शासकों ने कश्मीर पर राज किया था।[162] इसी समय तक्षशिला का भी बहुत महत्व था। सिकन्दर वहाँ के शासक के मेहमान बन कर तक्षशिला में ठहरे थे।[163] अशोक की मृत्यु 236 ई. पू. में तक्षशिला में ही हुई थी।[164]

यहाँ हमारे उद्देश्य के लिए तक्षशिला की खास बात क्या है? खास बात सर जान मार्शल की है, जिन्होंने 'आर्कोलोजिकल सर्वे आफ इण्डिया' के निदेशक के पद पर रहते हुए तक्षशिला में सन् 1924 के लगभग खुदाई करवाई थी। खुदाई में जो मूर्तियां मिलीं, उन की आकृतियों आदि से वे जान मार्शल को भारतीयों की बजाय विदेशियों की लगीं। उन की जानकारी के अनुसार, एक मूर्ति की पगड़ी सीरियाई लोगों की तरह की है। इसे उन्होंने निश्चित रूप से यहूदी चेहरे-मोहरे की माना है। फिदा हसनैन ने थोमस को भी तक्षशिला से जोड़ा है। उन्होंने माना है कि पुरातत्व की खुदाइयों से पता चलता है कि ईसा की पहली शताब्दी में तक्षशिला ईसाइयों का केन्द्र था।[165]

ब्राह्मणों ने 'कायस्थ' को तीन शब्दों से बना माना है—'का+य+स्थ।' 'स्थ' को 'स्थपति' माना गया है। लेकिन यह बात उस बात से मेल खाती है कि थोमस को तक्षशिला के राजा गोन्डाफरोस ने अपना महल बनवाने के लिए बुलाया था। इस से सिद्ध होता है कि थोमस भवन निर्माण कला के विशेषज्ञ थे। उन्होंने अच्छी बढईगिरी का काम दिखाया था। देवदार की लकड़ियों और हाथी दाँत के काम से राजा के महल को बनाया और सजाया था।[166] फिदा हसनैन लिखते हैं कि थोमस ने राजा का वह महल छह महीने के समय में बनाया था। फिदा हसनैन ने यह भी लिखा है कि थोमस तक्षशिला में सन् 40 में पहुँचे थे तथा उन्होंने वह महल सन् 48 में बनाया था।[167] यहाँ मुझे इस बात से कोई मतलब नहीं है कि फिदा हसनैन ने यह भी लिखा है कि थोमस इसी तक्षशिला में सन् 49 में ईसा से मिले थे।

यह बात फिदा हसनैन ने भी लिखी है और होलजर कर्स्टन ने भी लिखी है कि ईसा ने थोमस से धर्म प्रचार के लिए भारत जाने के लिए कहा था। दोनों के लिए प्रमाण 'एक्टा थोमया' नाम की पुस्तक है। कर्स्टन ने गुण्डाफर को इन्डो-पार्थियन राजा कहा है। पुराने सिक्कों के मिले एक जखीरे के आधार पर कर्स्टन ने माना है कि इन्डो-पार्थियन राजा गुण्डाफर, वास्तव में, पहली शताब्दी में राज करते थे।[168]

भारत में ईसाइयों के रहने के पक्के सबूत कब से मिलते हैं? कर्स्टन के अनुसार, एक प्रमाण लगभग 306-373 ई. का है। यह सीरिया के एफरेम का है। दूसरा लगभग 305 ई. का अनोरबियस का है। कर्स्टन ने लिखा है कि नीसिया की कौंसिल में सम्मिलित होने वाले बड़े लोगों में एक व्यक्ति की पदवी परसिया और वृहत्तर भारत

के बिशप की थी।[169] फिदा हसनैन ने उन बिशप का नाम भी खोला है कि वे 'जोहन'[170] हैं। फिदा हसनैन ने कई और प्रमाण उद्धृत किए हैं। एक 180 ई. का है। दूसरा 300 ई. का है, जिस में बसरा-पार्थिया के बिशप डेविड भारत आए थे। तीसरा 335 ई. के आसपास का है जिस में बिशप थियोफिलोस भारत भेजे गए थे। चौथा प्रमाण 300 ई. के आसपास का है। फिर पाँचवाँ प्रमाण 525 ई. के आसपास का है जिस में श्रीलंका में भी ईसाई बताए गए हैं तथा भारत के पश्चिमी घाट के माले और कल्यान शहर भी शामिल हैं।[171] इन सब के उल्लेख होलजर कर्स्टन ने भी अपनी पुस्तक में किए हैं। होलजर कर्स्टन ने एक अन्य रिकार्ड सन 700 ई. के आसपास का दिया है।[172] इस की कहानी अरब के एक ईसाई सन्त जोन के द्वारा कही गई है। यह बरलाम और जोआसफ से सम्बन्धित है। रोमन कैथोलिक चर्च ने 1583 में इन दोनों को शहीद घोषित किया था। चर्च के द्वारा उन को मान्यता देने के वे शब्द इस प्रकार हैं—"भारत में, परसिया की सीमाओं के पास, सन्त बरलाम और जोआसफ। उन के अद्भुत कार्यों का वर्णन दमसकस के सन्त जोन ने किया।"[173]

यह कहानी इस्लाम से ईसाइयत में धर्मान्तरण की है। इस का मतलब है, इरान से सटे हुए भारत के पश्चिमी हिस्से में तब ईसाई मौजूद थे। इस से सिद्ध होता है कि पश्चिमोत्तर भारत में बहुत देर तक ईसाई रहे थे।

प्रमाण इन के सिवा और बाद के भी हैं। अलबरूनी का जन्म 973 ई. में हुआ था। उन्होंने कश्मीरियों के बारे में बताते हुए लिखा है कि वे सड़कों से या अन्य रास्तों से बाहर से आने वाले लोगों पर कड़ी नजर रखते हैं। इसी वजह से उन से व्यापार रखना बड़ा मुश्किल है। पुराने जमाने में वे इक्के-दुक्के विदेशियों को आने भी देते थे, विशेषकर यहूदियों को, पर अब वे जब तक व्यक्तिगत जान-पहचान न हो, किसी हिन्दू को भी नहीं आने देते, दूसरों की तो बात ही क्या है?[174] होलजर कर्स्टन ने 12वीं शताब्दी में लिखी कल्हण की 'राजतरंगिनी' में प्रमाण खोजे हैं। उस में 'इशान' नाम के सुधारक की बात आती है। 'इशान' को कश्मीर का अन्तिम सुधारक माना गया है। कर्स्टन ने अनुमान लगाया है कि यह 'इशान' 'ईसा' से अभिन्न होना चाहिए।[175] पर मेरा काम इतने भर से चल जाता है कि 'इशान' को 'ईसा' के बजाय 'ईसाई' मान लिया जाए। फिदा हसनैन ने बर्नियर का प्रमाण जोड़ा है। वे लिखते हैं कि कश्मीरी लोगों के बारे में बर्नियर 1644 ई. में लिखते हैं कि यहाँ यहूदियों की अनेक पहचानें मिलती हैं। उन का कहना है कि राज्य में घुसते हुए सीमा पर बसे हुए लोग मुझे यहूदियों की नस्ल के लगे हैं।[176]

एक अन्य प्रमाण आगरे में फतेहपुर सीकरी का है जिसे अकबर ने बनवाया था। यह सन् 1601 की बात है। अकबर ने बुलन्द दरवाजे पर एक लेख खुदवाया था, जो ईसा के एक कथन का था, और जिसे पाश्चात्य ईसाई जगत के देश बिलकुल नहीं जानते थे। फिदा हसनैन ने माना है कि यह थोमस के भारतीय ईसाइयों की परम्परा से आया हुआ ईसा का कथन होना चाहिए।[177] होलजर कर्स्टसन ने भी इस उत्कीर्ण

लेख को इसी दृष्टि से लिया है।[178]

प्रोफेसर फिदा हसनैन ने और मिस्टर होलजर कर्स्टन ने दो अन्य प्रमाणों की बात और उठाई है। पहला प्रमाण कब्रों का है। प्रो. फिदा हसनैन लिखते हैं कि उन्होंने कश्मीर में पूर्व-पश्चिम की दिशाओं की कब्रें देखी हैं, जो इस्लाम के विरुद्ध जाती हैं।[179] होलजर कर्स्टन ने लिखा है कि यूज असफ की कब्र पूर्व-पश्चिम की दिशा में है, जो यहूदियों का तरीका है।[180] दूसरा प्रमाण एक डिक्री का है। यह डिक्री 1766 में लिखी गई थी। इस में यूज असफ की कब्र पर दावे की बात है। इस का भी यहूदियों से सम्बन्ध है।[181] प्रोफेसर फिदा हसनैन ने उस पूरी डिक्री के मूल का अनुवाद ही अंग्रेजी में दे दिया है।[182] एक तीसरा प्रमाण प्रोफेसर फिदा हसनैन ने एक पख्तून मुखिया के साक्षात्कार का दिया है। पख्तून नेता मीर आलम बादशाह नकशबन्दी ने अपने साक्षात्कार में कहा था—"हम यहूदियों के उस ग्रुप में से हैं जिन्होंने स्वर्गीय भोजन 'मनन-सालवा' के खाने से मना कर के मूसा से अवज्ञा की थी। हम ने मूसा को छोड़ दिया और पूर्व की ओर चल दिए। तुर्क भी हमारे भाई हैं क्योंकि वे भी वे ही इजरायली हैं जिन्होंने मूसा से अवज्ञा की थी। कई शताब्दी पहले हम गिलगित और चितराल के रास्ते कश्मीर आए थे।"[183]

प्रो. फिदा हसनैन ने एक जगह खुद अपने तजुर्बे की बात लिखी है। उन्होंने लिखा है—"ईसाइयों के स्मृति-चिह्नों में एक जगह पहली शताब्दी की कुषाण सील देख कर मैं बहुत खुश हुआ जो, 'ब्रिटिश म्यूजियम, लंदन', में सुरक्षित है। इस में एक उच्चपदस्थ शक घोड़े पर है और उस के हाथ में एक क्रास है। यह जानकर और भी हर्ष हुआ कि यह उच्चपदस्थ व्यक्ति सील पर 'आर ए' है। 'आर ए' का अर्थ राजा है जो पदवी इण्डो-सीथियनों ने धारी थी। हाथ में क्रूस पकड़ने का मतलब है कि यह आकृति पहली शताब्दी की एक ईसाई की है। उस की पगड़ी और लगाम मध्य एशिया की हैं।"[184]

'भविष्य पुराण' की बात रह जाती है। प्रोफेसर फिदा एम. हसैनन ने अपनी पुस्तक में इसे प्रमाण माना है। होलजर कर्स्टन ने भी इसे ज्यों के त्यों स्वीकार किया है। मैं इस मत का हूँ कि यह पुराण पूरी तरह से प्रक्षिप्त है। के. पी. संखवार ने अपनी पुस्तक 'शूद्रों का खोजपूर्ण इतिहास—अर्थात् भारत का सच्चा इतिहास' में इसे 18वीं सदी की रचना माना है।[185] उन के हिसाब से कारण साफ है कि भविष्य पुराण में तैमूर लंग, बाबर, हुमायूँ, अकबर, केशव, बीरबल, तुलसी, सूर, चरणदास, रैदास, मीरा, सलीम, शिवाजी, नादिरशाह, अंग्रेज, कलकत्ता राजधानी और लार्ड वेवल तक के नाम आए हैं।[186] सिकन्दर और मुहम्मद साहब के नामों को भी इसी रूप में लिया है और ईशा मसीह के नाम को भी।[187]

खैर, प्रोफेसर फिदा एम. हसनैन ने भविष्य पुराण को 115 ईस्वी में संग्रहीत किया गया माना है।[188] मैं यह मान रहा हूँ कि इस पुराण में अंश जुड़ते चले गए हैं।

ईसा मसीह के बारे में जो कहा गया है, उस की परम्परा पुरानी हो सकती है। कितनी पुरानी? ब्राह्मणों की रचना है, चुप ही रहना पड़ेगा। कुछ भी ठीक-ठिकाव नहीं है। प्रक्षिप्त करना उन के लिए आम बात है। फिर भी, कुछ शब्द इस प्रकरण में खास हैं। वे चीन, तैत्तिर, वाह्लीक, कामरूप, रोम और खुरा हैं। प्रोफेसर फिदा हसनैन के लिए उन के अनुवादकों ने इन शब्दों के अर्थ दिए हैं। चीन चीन ही है। वाह्लीक को बैक्ट्रिया कहा है। कामरूप को पार्थिया, तातार को मंगोलिया, रोम को रोम, खुरा को खुरासान कहा है।[189] दो तीन अन्य महत्वपूर्ण शब्द 'शक' 'हूण देश' और 'म्लेच्छ देश' के आए हैं।[190] ईसा को 'ईशपुत्र' और 'कुमारीगर्भ' कहा गया है।[191] लेकिन मेरे लिए सब से महत्वपूर्ण शब्द 'नैगम' है। इस का क्या अर्थ है?

प्रोफेसर फिदा हसनैन के अनुवादक इस शब्द को पूरी तरह रला गए हैं, लेकिन होलजर कर्स्टन ने इसे पकड़े रखा है। उन्होंने लिखा है–"स्पष्ट रूप से 'नैगम' शब्द किसी धर्मग्रन्थ का नाम है लेकिन इस के अन्यत्र भी कोई सन्दर्भ नहीं मिलते। कुछ अनुवादकों ने इस से वेद माने हैं।"[192] पूरा श्लोक इस प्रकार है :

नैगमं जपमास्थाय जयेत निर्मलं परम्।
न्यायेन सत्यवचसा मनसैक्येन मानवः।।[193]

मैं यहाँ यह कहना चाहता हूँ कि प्रेमचंद के सब से अच्छे और लम्बे समय तक के एक मित्र का नाम मुंशी दया नारायण निगम था।[194] ये कायस्थ थे। इन का उपनाम 'निगम' इन्हें कायस्थ बनाता है। तब 'निगम' कायस्थों में ही होते हैं, ब्राह्मणों में क्यों नहीं? यदि 'नैगम' का तात्पर्य वेद से था तो ब्राह्मणों को निगम कहा जाना चाहिए। ऐसा क्यों नहीं है? क्या कायस्थों का कोई अपना अलग धर्मशास्त्र था?

'निगम' के बजाय एक उपनाम 'निकम' भी मिलता है। 1993 के बम्बई के आतंकवादी धमाकों के केस में फिल्मी कलाकार संजय दत्त का भी नाम था। उस में एक सरकारी वकील का नाम 'उज्ज्वल निकम'[195] था।

शब्द 'निगम' पर कुछ और चर्चा की जा सकती है।

डॉ. परमेश्वरी लाल गुप्त ने अपनी पुस्तक 'प्राचीन भारतीय मुद्राएँ' में लिखा है–"यहीं गन्धार से प्राप्त कतिपय ऐसे ताँबे के टुकड़ों की चर्चा उचित है, जो देखने में हर प्रकार से सिक्के जान पड़ते हैं पर वे सम्भवतः व्यापारियों के चलाए हुए हैं। इन में से कुछ पर एक ओर ब्राह्मी में **नेकम** लिखा मिलता है, ...जो संस्कृत के कर्तृवाची नैगम : (व्यापारिक श्रेणी) का प्राकृत रूप है। दूसरी ओर **रलीभत, अटकटक** अथवा **दोजक** सरीखे नाम हैं, जो कदाचित् उन जगहों के नाम हैं, जहाँ उन का प्रचलन था। कुछ सिक्कों पर खरोष्ठी में **पंच नेकमे** (पाँच निगम) लिखा है जो कदाचित् इस बात का संकेत है कि उन्हें पाँच निगमों ने संयुक्त रूप से प्रचलित किया था। इन सब के

आधार पर कुछ विद्वान भारतीय सिक्कों का उद्भव व्यापारियों से बताते हैं और उन्हें सिक्का चलाने का अधिकारी समझते हैं। वस्तुतः ये सिक्कों की अपेक्षा व्यापारिक टोकेन (token) हैं। इस प्रकार के व्यापारिक टोकेन आज भी प्रचलित हैं और वे सिक्कों से भिन्न पाए जाते हैं।''[196]

हेमचन्द्र की पुस्तक 'अभिधान चिन्तामणि' में भी 'नैगम' शब्द आया है। वह इस प्रकार है :

> ''वाणिजो वणिक्।
> क्रयविक्रयिकः पण्याजीवाऽऽपणिकनैगमाः।।
> वैदेह सार्थवाहश्च–''[197]

इस का हिन्दी में अर्थ है–'' 'बनियाँ, व्यापारी' के 8 नाम है–वाणिज, वणिक् (–णिज्), क्रयविक्रयिकः पण्यजीवः, आपणिकः (+ प्रापणिकः), नैगमः, वैदेहः, सार्थवाहः।''[198] यहाँ ध्यान रखा जा सकता है कि हेमचन्द्र का जन्म विक्रम संवत 1145 कार्तिक पूर्णिमा को माना गया है।[199]

यहाँ इतना ही जोड़ा जा सकता है कि विश्व में यहूदियों की पहचान व्यापारियों की ही है। प्राचीन काल में केरल से उन का व्यापारिक सम्बन्ध ही था। केरल में ईसाइयत न भी फैलती, पर यहूदियों की व्यापारिक बस्तियाँ तो तब भी मौजूद थीं। तब इस क्रम में हम हिन्दी में प्रयोग होने वाले अपने 'नेक' शब्द को ही देख लें। इस का अर्थ भी ईमानदारी से है। हिन्दी में इसे फारसी मूल का शब्द मान कर लिया गया है। बात भी सही है। फारसी में 'नेक' से अनेक शब्द बनते हैं। जैसे नेक अखलाक, नेक अमल, नेक कदम, नेक खयाल, नेक दिल, नेकनाम, नेकनामी, नेकनीयत, नेक मिजाज, नेक राह आदि-आदि। 'नेक आदमी' का मतलब है भरोसेमंद आदमी। फिर, यह हिन्दी में 'नेग' का रुपया क्या होता है? किसी के हक का 'नेग' का रुपया अलग उठा कर रखा जाता है। उसे कोई नहीं छूता। उस से पवित्रता जुड़ी रहती है। बाकी रुपये अलग होते हैं पर 'नेग' के रुपये की अलग गिनती होती है। शादी की एक प्रक्रिया है कि जिस का जो 'नेगजोग' निकलता है, देना होता है। यह मुद्रा के रूप में ही देना होता है।

इस सन्दर्भ में भी यह महत्वपूर्ण हो जाता है कि भविष्य पुराण के रचयिता ने 'नैगम' को ईसा मसीह से क्यों जोड़ा है। उत्तर जानने से पहले इतना और समझ लिया जाए कि जैन ग्रन्थों में 'नैगम' के शब्द पर बहुत विचार किया गया है। 'जैनेन्द्र सिद्धान्त कोश' में 'नैगमनय' पर एक पूरा प्रकरण ही है।[200] जैन साहित्य में 'नैगम' शब्द का विस्तार है तो ब्राह्मण साहित्य में इस प्रकरण को संक्षिप्त करते हुए लिखा गया है–''भारतीय संस्कृति के दो आधार माने गए हैं–निगम (वेद) और आगम (तन्त्र)।''[201]

होलजर कर्स्टन ने बताया है कि ईसा के नाम अलग-अलग क्षेत्रों में बदलते गए हैं। उन के अनुसार, ईसा का ग्रीक टाइटल Christos है। इसे अकबर के राजकीय कवि ने *Ai Ki Nam-i-to yus O Kristo* लिखा है।[202] वे मानते हैं कि ईसा के नाम तथा टाइटल दोनों एक देश से दूसरे देश में और एक भाषा से दूसरी भाषा में स्थानीय परिस्थितियों और परम्पराओं के अनुसार भिन्न-भिन्न हो गए हैं।[203] तब क्या माना जाए कि भारत में संस्कृत भाषा ने ग्रीक Christos को 'कायस्थ' के रूप में बदल लिया है, जिसे प्राकृत आदि भाषाओं ने 'कायत्थ' बना लिया है? कबीर आम जनता के साथ जुड़ कर इसे 'काइथ' कहते हैं।

कहना उचित होगा कि आज की अंग्रेजी में 'क्राइस्ट' शब्द की वर्तनी Christ है, लेकिन पुरानी अंग्रेजी में इस की वर्तनी Crist थी।[204] Online Etymology Dictionary में बताया गया है कि लैटिन में इसे Christus तथा ग्रीक भाषा में इसे Khristos लिखा जाता है।[205]

अच्छा रहेगा है कि हम Christian शब्द पर विचार करें। Logos Dictionary से पता चलता है कि विश्व की भाषाओं में इस शब्द की वर्तनी और इस का उच्चारण अलग-अलग है। कुछ उपलब्ध भाषाओं में वर्तनियाँ इस प्रकार हैं :

तालिका-IV

'क्रिश्चियन' शब्द के विश्व की विभिन्न भाषाओं के उच्चारण

क्र. संख्या	भाषा का नाम	वर्तनी
1.	English	Christian
2.	Italian	cristiano
3.	Spanish	cristiano
4.	French	chriétien
5.	German	Christ
6.	Russian	Christianin
7.	Arabic	Moseehyi
8.	Albanian	ikrishterë
9.	Brazilain	cristao
10.	Brazialian	cristao
11.	Breton	Kristen
12.	Calabrese	cristianu
13.	Catalan	cristiano
14.	Danish	kristen

क्र. संख्या	भाषा का नाम	वर्तनी
15.	Dutch	Christen
16.	Esperanto	kristana
17.	Gujarati	ख्रिस्ती
18.	Hebrew	*Christian??
19.	Hindi	ईसाई
20.	Hungarian	Krisztián
21.	Irish	Criostai
22.	Kinyarwanda	umukirisitu
23.	Latin	Christianus; Christicola
23.	Marathi	ख्रिस्ती
25.	Persian	Masechiyun
26.	Piemontese	cristian
27.	Polish	Chrześcijanin
28.	Portuguese	cristão
29.	Punjabi	ईसाई
30.	Romagnolo	scian
31.	Sanskrit	ख्रिस्तानुयायिन्
32.	Sardinian	cristianu
33.	Logudoresu	Cristiano
34.	Setswana	Mokeresete
35.	Slovak	krest'an
36.	Swedish	kristen
37.	Turkish	Hiristiyan
38.	Ukrainian	Christianskie
39.	Valencian	cristiâ
40.	Welsh	Cristion
41.	Xhosa	umkrestu
42.	Zulu	Likrestu[206]

यहाँ एक प्रमाण और जोड़ा जा सकता है। उस के लिए बताया जा सकता है कि एच. जी. रोलीरू ने 'अर्ली कोन्टेक्ट्स बिटविन इण्डिया एण्ड यूरोप' के शीर्षक से एक बहुत शोधपूर्ण लेख लिखा है जो ए. एल. बाशम द्वारा सम्पादित पुस्तक 'ए कल्चरल हिस्ट्री आफ इण्डिया' में संकलित है। उन्होंने उस में बताया है कि क़ुषाण

राजा रोम के साथ अच्छे सम्बन्ध बनाए रखने के लिए कोशिश में रहते थे। रोम की पूर्वी सीमा यूफ्रट्स की थी जो उस की पश्चिमी सीमा से 600 मील से भी कम की थी। कुषाणों की रोम की निकटता इस से भी जाहिर होती है क्योंकि कुषाणों ने अपने सिक्के रोम के सिक्कों के अनुकरण पर ही जारी किए थे। कुषाणों के सोने के सिक्के उसी वजन और सुन्दरता के थे जो रोम के थे। यह संभव है, क्योंकि एक उत्कीर्ण लेख से पता लगता है कि कुषाण राजा कनिष्क द्वितीय ने सीजर की उपाधि धारण की थी।[207] कुषाणों और रोमों के बीच की मित्रता लम्बे समय तक चली हुई बताई गई है। इसे 30 ई. पू. से 550 ई. प. तक माना गया है। कारण यह था कि दोनों ही पार्थियनों और सासानियों से युद्ध कर रहे थे। सिन्धु घाटी और गान्धार दोनों ही रोम के लिए बहुत महत्वपूर्ण क्षेत्र थे।[208] उन्होंने यह भी बताया है कि उस समय ईसायत अपने प्रारम्भिक रूप में विकसित हो रही थी, जबकि बौद्ध धर्म अपने पूर्ण विकसित रूप में था। दोनों धर्म एक-दूसरे से तथा आसपास से प्रभाव ग्रहण कर रहे थे और प्रभावित कर रहे थे।[209]

अभी भारत और रोम के प्राचीन सम्बन्धों पर उतना प्रकाश नहीं पड़ा है जितने की जरूरत है। यह अच्छा हुआ कि भारत और यूनान के प्राचीन सम्बन्धों पर काफी खोज हो चुकी है, लेकिन रोमन साम्राज्य को ले कर अभी कई कदम आगे बढ़ने की जरूरत है। ब्राह्मणी परम्परा के साक्ष्यों से इस क्षेत्र में कम से कम मदद मिलेगी पर जो भी उपलब्ध है, उस का उपयोग किया जाना चाहिए। संस्कृत नाटकों के साथ तत्कालीन जैन और बौद्ध साहित्य का अवगाहन करके नए तथ्य सामने आ सकते हैं। फिर, देशी भाषाएँ हैं, उन की लोकोक्तियों, मुहावरों और शब्दावलियों में कुछ छिपे तथ्य हो सकते हैं। जरूरत मन बनाने की और काम करने की है। यह अच्छा है कि अब भारत और रोम के प्राचीन सम्बन्धों पर इतिहास और पुरातत्व की पुस्तकों में अध्याय लिखने शुरू हो गए हैं। लेकिन यह शुरूआत है, पर्याप्त नहीं है। इस विषय पर पुस्तकें लिखी जानी चाहिए। फिर भी, अभी तक जो तथ्य सामने आए हैं, यहाँ उन का उपयोग किया जा सकता है।

डॉ. जय नारायण पाण्डेय ने अपनी पुस्तक 'पुरातत्व विमर्श' के 22वें अध्याय का शीर्षक 'प्राचीन भारत-रोम सम्बन्ध' रखा है। इस में उन्होंने साहित्यिक, अभिलेखीय और पुरातात्विक साक्ष्यों को आधार बनाया है। उन्होंने साहित्यिक साक्ष्य के आधार पर लिखा है—"कल्याण भी महाराष्ट्र प्रदेश में स्थित है। प्रथम शताब्दी ईसवी में यहाँ विदेशी जहाजों के लंगर डाल कर ठहरने का उल्लेख मिलता है।"[210] वे अभिलेखीय साक्ष्य के आधार पर लिखते हैं—"महाराष्ट्र के नासिक से प्राप्त एक प्राकृत भाषा के अभिलेख में 'यवन' शब्द मिलता है जो यूनानियों के अतिरिक्त रोमन लोगों के लिए भी ईसा की प्रारम्भिक शताब्दियों में प्रयुक्त होने लगा था। पश्चिमी भारत में महाराष्ट्र के पुणे जिले में स्थित कार्ला, जुन्नर, भाजा, बेडसा आदि गुफाओं में दान देने वाले

यवनों का उल्लेख है। यद्यपि इन के नाम भारतीय हैं, लेकिन इस बात की प्रबल संभावना है कि इन के पूर्वज रोमन रहे होंगे।''[211] पुरातात्विक साक्ष्यों में सिक्कों की बात आई है। उस बारे में डा. जय नारायण पाण्डेय ने लिखा है—''भारत में पाए गए रोमन सोने-चांदी के सिक्कों की संख्या लगभग छः हजार से अधिक नहीं है, परन्तु इस से यह निष्कर्ष नहीं निकाला जा सकता कि केवल इतने ही सिक्के रोम से समय-समय पर यहाँ आए होंगे।''[212] वे आगे लिखते हैं—''उत्तर भारत में रोमन सिक्के नहीं मिलते। हिन्द-यवन शासकों ने प्राचीन भारत में सर्वप्रथम सोने के सिक्के जारी किए थे। कुषाण शासक कनिष्क और उस के उत्तराधिकारियों ने ईसवी सन् की प्रारम्भिक शताब्दियों में सोने के बहुसंख्यक सिक्के चलाए। इस बात की अधिक संभावना है कि उत्तर भारत के माध्यम से पहुँचने वाले रोमन सिक्कों को गला कर भारतीय सिक्कों में बदल दिया जाता रहा होगा।''[213]

डा. भगवत शरण उपाध्याय ने भी अपनी पुस्तक 'बृहत्तर भारत' का छठा अध्याय 'भारत और रोम' के शीर्षक से लिखा है। उन्होंने भी भारत में रोमन सिक्कों की यह बात उठाई है। वे लिखते हैं—''भारतीय माल के मूल्य के भुगतान के रूप में ओगुस्तस् से बाद के सम्राटों के शासन के दौरान जो रोमन सिक्के भारत में आते रहे उनके अनेक ज़खीरे भारत में प्राप्त हुए हैं। इनमें से कुछ कोरोमंडल तट पर मिले हैं। रोम के दीनार (दिनारियस) के इस देश में प्रचलन की चर्चा सम-सामयिक साहित्य तथा कालिदास तक की कृतियों में सुलभ है। फल यह हुआ कि रोम के प्रारंभिक सम्राटों के समकालिक कुषाण सम्राटों के सिक्कों पर रोम के मानदण्डों का प्रभाव पड़ा। ये सिक्के स्वर्ण मात्रा और वज़न में भी भारी बने। यह महत्त्व की बात है कि कदफीसस् प्रथम के एक प्रकार के सिक्कों पर एक रोमन चेहरा उत्कीर्ण है और कनिष्क ने अरा के शिलालेख में अपने को 'कैसरस' (कैसर सीज़र) कहा है। कुषाण और रोमन सिक्कों के मिले-जुले ज़खीरे या उन दोनों को मिलाकर बनाए गए हार भी प्रकाश में आए हैं।''[214] सिक्कों को ले कर उन्होंने उत्तर भारत और दक्षिण भारत के अन्तर की बात भी उठाई है। इस के लिए उन्होंने अपने उत्तर दिए हैं, जो इस प्रकार हैं—''अधिकतर रोमन सिक्के दक्षिण भारत में मिले हैं, इसका कारण यह है कि समुद्री व्यापार के जहाज सागर तट पर ही रुकते थे और विशेषकर वहीं पश्चिमी आयात की मंडियाँ थीं। उत्तर में भी रोमन सिक्के अनुमानतः पर्याप्त संख्या में आए। इसका कारण कनिष्क का रोम के सम्राटों से सीधा संबंध था। कुषाण रोमन सिक्कों को गलाकर अपने सिक्के ढलवा लेते थे अतः ऐसे सिक्के अब तक बहुत कम सख्ंया में मिल पाए हैं। ओगुस्तस और तिबेरियस् के कुछ दीनार फिर भी पंजाब के हजारा जिले में मिले हैं। इसमें कोई आश्चर्य नहीं कि उत्तर भारत के प्राचीन स्थलों में रोम सिक्कों के ज़खीरे खनकों की कुदाल की प्रतीक्षा में हों।''[215]

एक सामान्य तर्क सामने आता है। सब कोई जानते हैं कि भारत में लोग आते रहे हैं। भारत में यूनानियों के राज्य की खोज हो चुकी है। वह इतिहास सिकन्दर महान से जुड़ा हुआ है। वह साम्राज्य की भूख थी। उस समय खुद भारत से विदेशों में बौद्ध धर्म लोगों की धार्मिक भूख के रूप में पहुँचा था। कहने का मतलब यह है कि उन दिनों भौगोलिक राज्यों में, साम्राज्य के रूप में या धर्म के रूप में, आदान-प्रदान कायम था। इस सब को समेटने के लिए ईसा पूर्व कहा जाए।

इस के बाद का इतिहास इस प्रकार है कि हजरत मौहम्मद साहब ने इस्लाम मजहब कायम कर दिया है। उन की मृत्यु 632 ई. प. में हो चुकी है। इस्लाम का खड़ा होना संसार के लिए कोई छोटी घटना नहीं थी। ताकत इतनी बढ़ी कि सन् 712 ई. में मोहम्मद बिन कासिम ने सिन्ध पर विजय प्राप्त कर ली। उस के बाद से पूरे भारत में इस्लाम फैलता चला गया।

यूँ, ठीक ईसा पूर्व में भारत में यवन राजा राज्य कर रहे हैं। ईसा की सन् 712 से भारत में इस्लाम आने लगता है। तब भारत का पहली शताब्दी से सातवीं शताब्दी तक का समय कैसा रहा है? उधर, पहली सदी में ईसाई धर्म खड़ा हो चुका है। ईसाई धर्म को फैलाने के लिए रोमन साम्राज्य भी खड़ा हो चुका है। रोमन साम्राज्य का समय 27 ई. पू. से 476 ई. प. तक का है।[216] मेरा यह पूछना है कि जब ईसाइयत भारत के दक्षिण भाग के केरल प्रदेश में ईसा की पहली शताब्दी में पहुँची हुई मानी गई है, तब क्या उत्तर भारत ईसाइयत और रोमन साम्राज्य की दखल या प्रभाव से सन् 476 ई. तक अछूता रह सका होगा।? फिर, रोमन साम्राज्य राज्य के रूप में जोरदार ढंग से न आया हो, ईसाई धर्म भी ज्यादा प्रभाव न जमा पाया हो, लेकिन रोमनों का भारत में व्यापार तो रहा ही होगा। जब रोमन व्यापार सिल्क रूट के रास्ते चीन तक जाता हो तो ऐसा कैसे माना जा सकता है कि उस समय भारत से उस का व्यापार न रहा होगा? 'ओक्सफोर्ड यूनिवर्सिटी प्रेस' की पुस्तक 'ए डिक्शनरी आफ वर्ल्ड हिस्ट्री' में लिखा भी गया है कि रोमन प्रभाव और रोमन व्यापार, भारत, रूस, दक्षिण पूर्व एशिया और सिल्क रूट के द्वारा चीन तक फैला था।[217]

मेरा अनुमान है कि उस समय भारत में रोमन राज्य का हस्तक्षेप और रोमन व्यापार दोनों कायम थे। यदि मेरा यह अनुमान पक्का साबित होता है तो ऐसा कैसे हो जाएगा कि रोमन साम्राज्य का ईसाई धर्म उत्तर भारत में किसी न किसी रूप में—अर्थात किस न किसी नाम से—उपस्थित न रहा हो? कुछ भी हो, उत्तर भारत किसी भी समय के विश्व के साम्राज्यों और धर्मों से इतना अछूता कहाँ रहा है? यूँ, मैंने 'कायस्थ' के रूप में 'क्रिश्चियनिटी' की खोज की है। यह इतिहास के 'मिसिंग लिंक' को जोड़ना है। विद्वान इसे इसी रूप में लेने का कष्ट करें। मैंने खोज की शुरूआत कर दी है। मुझे लगता है, यह ठीक दिशा में खोज है। विद्वानों को इस में आगे बढ़ना चाहिए।

अब, आगे कहूँ कि मुझे नहीं लगता कि उत्तर भारत में ईसाई लोग ईसा की शुरू की शताब्दियों में उस रूप में आए होंगे जिस रूप में हमें कायस्थ मिलते हैं। शुरू में ईसाई आए होंगे पर प्रभावकारी रूप में नहीं। कायस्थ कौम का चरित्र किसी मिशनरी धर्म के प्रचारक के रूप में नहीं मिलता। यह राजकाज से जुड़ी हुई जाति है, जिस में धर्म के लिए त्याग करने की आवश्यक भावना नहीं है। विवेकानंद और अरविन्द जैसे लोग बहुत बाद के और अब के हैं। इन की पीछे की परम्परा ढूंढ़नी मुश्किल हो जाएगी।

मेरा अनुमान है, बहुत सम्भव है, ये भारत में तब आए होंगे, जब रोमन साम्राज्य में ईसाई धर्म राजधर्म हो गया था। चौथी शताब्दी में ही ऐसा हो सका था। उस से पहले ईसाई लोग दण्डित किए जा रहे थे। यदि कायस्थ ही उत्तर भारत के आदि ईसाई हैं तो यह अन्दाज लगाना सही है कि वे दण्डित होने वाले ईसाई नहीं थे, बल्कि राज्य द्वारा आमंत्रित और प्रशंसित ईसाई थे। फिर, रोमन साम्राज्य के समाप्त होने पर यहाँ के ईसाइयों ने खुद को इसी रूप में ढाल लिया होगा, जिस रूप में हमें ये आज तक मिलते हैं।

इस के लिए संस्कृत की तत्कालीन नाटक-पुस्तकों का ऐतिहासिक भाषा-विज्ञान की दृष्टि से ज्यादा अध्ययन करने की जरूरत है।

सवाल यह उठता है कि भारत के उन प्राचीन ईसाइयों का क्या हुआ? वे थे, फिर नहीं हैं, बीच में उन के साथ क्या घटना घटी? होने से न होने की प्रक्रिया क्या थी? क्या वे पूर्णतया मिट गए? क्या वे किसी रूप में बचे रहे?

फिदा हसनैन ने इस बारे में जानने की कुछ कोशिश की है। उन्होंने थोमस ईसाइयों से अपनी बात शुरू की है। वे लिखते हैं—"सेन्ट थोमस के ईसाई सीरियन ईसाई कहे जाते हैं, क्योंकि 325 ई. तक उन का सम्बन्ध सीरिया के एडेसा चर्च से रहा था। उन्हें 'नजरीन' कहा जाता था। थोमस द्वारा पहली शताब्दी में बनाया गया यह ईसाई समुदाय आज भी मौजूद है। बाद में 430 ई. के आसपास हुए हूणों के आक्रमणों ने अहिन्दू अल्पसंख्यक समुदायों को चारों ओर बिखेर दिया। बौद्ध लद्दाख, तिब्बत और पूर्व की ओर चले गए तथा यहूदी और ईसाई दक्षिण की ओर चले गए, विशेषतया मलबार में। उत्तर के शैव हिन्दू अपना धार्मिक विश्वास समय के अनुसार बदलने के लिए तैयार हो गए, लेकिन ये अल्पसंख्यक समुदाय इस बदलाव के लिए तैयार नहीं हुए। फलतः, ईसाई समुदाय तक्षशिला और कश्मीर में खत्म हो गया।"[218] विशेषकर, कश्मीर में ईसाई समुदाय के समाप्त होने के लिए प्रो. फिदा हसनैन एक समय मुकर्रर करते हैं। अपनी पहली ही बात को वे दोहराते हुए लिखते हैं कि उन की शोधों के अनुसार ईसाई समुदाय पर्सिया, अफगानिस्तान और कश्मीर में तीसरी शताब्दी ईसवी तक जिन्दा रहा था। ये ईसाई Nasara और क्रिस्तानी

(Kristani) कहे जाते थे।[219] प्रोफेसर फिदा हसनैन ने एक अच्छा रिकार्ड शेख-उल-सादिक का दिया है। शेख-उल-सादिक की मृत्यु 962 ई. में हुई बताई गई है। वह रिकार्ड इस प्रकार है—"नजरीनों के चालीस पुजारी थे जो तलमूद, तोरेत, बाइबल और अब्राहम के रहस्योद्घाटन के विद्वान थे। वे शाही दरबार में बैठा करते थे, और कश्मीर के राजा द्वारा जो मामले उन्हें दिए जाते थे, उन पर फैसले दिया करते थे। इस्लाम के पवित्र पैगम्बर के आने के बाद, इन पुजारियों ने जाना कि पवित्र पैगम्बर का जिक्र उन के अपने धर्मग्रन्थों में मौजूद है। इस मामले में जानकारी करने के लिए उन्होंने गनूम हिन्दी के नेतृत्व में अपना एक डेपुटेशन मध्य एशिया में बलख के लिए भेजा कि मुख्य पुजारी से राय और सलाह लें। लेकिन गनूम हिन्दी ने देखा कि वह क्षेत्र इस्लाम धर्म को अखत्यार कर चुका था। कुछ समय बाद वह कश्मीर लौटा और बाकी Nasara और क्रिस्तानियों ने धर्मान्तरण करके इस्लाम मत ग्रहण कर लिया। इस के बाद उन्होंने सामूहिक रूप से इस्लाम ग्रहण कर लिया।"[220]

इस धर्मान्तरण का समय निश्चित करने के लिए प्रोफेसर फिदा हसनैन ने जो अनुमान लगाए हैं, वे बिलकुल सही होने चाहिए। पहली शर्त यह है कि यह धर्मान्तरण पैगम्बर मुहम्मद साहब के कारण 570 ई. के बाद ही होना चाहिए। दूसरी शर्त यह है कि यह धर्मान्तरण शेख-उल-सादिक की 962 ई. में हुई मृत्यु के पहले हुआ होना चाहिए। इसी के साथ कश्मीर के रोजाबल में युजू असफ की एक कब्र के सिवा ईसाइयत के सारे निशान मिट गए।[221] प्रोफेसर फिदा हसनैन ने यह भी लिखा है कि इन यहूदी लोगों ने राजनैतिक उथल-पुथलों और धार्मिक उत्पीड़न की वजह से बौद्ध धर्म, शैव मत या इस्लाम मजहब ग्रहण कर लिया। प्रोफेसर फिदा हसनैन लिखते हैं कि इस सब के बावजूद इन में से बहुत से लोग अब भी खुद को बनी इजरायल अर्थात इजरायल की सन्तानें कहते हैं।[222]

यहाँ बताया जा सकता है कि एक उपनाम 'बेनीवाल' का है जो अनुसूचित जातियों के कुछ क्षेत्रों के लोग लगाते हैं। राजा 'वेण' हो गए हैं, पर यदि उस से यह उपनाम बनता तो 'वेणुवाल' होना चाहिए था जैसे 'वेणु गोपाल'। उधर, 'बनिया बनी का' की लोकोक्ति में भी 'बनी' शब्द मौजूद है। 'बनी' शब्द 'बिगड़ी' शब्द का विलोम है। कहा जाता है, सब बनी के हैं, बिगड़ी का कोई साथी नहीं। इसी जगह 'बनी इजरायल' पद महत्वपूर्ण हो जाता है। 'बनी इजरायल' का मतलब 'इजरायल के बच्चों' से है। यहूदी लोग व्यापार में चतुर से ले कर खूंखार तक माने गए हैं। संस्कृत के 'वणिक' शब्द से 'बनिया' बना हो, पर यह 'बनी इजरायल' से भी जुड़ जाता है।

यहाँ एक बात और है, ईसाइयत को 'मरियम' के बिना सोचा ही नहीं जा सकता। मरियम ईसा के साथ जुड़ी हैं और ईसा मरियम से जुड़े हैं—दोनों ही बातें कही जा सकती हैं। पर जब भारत में पुरानी ईसाइयत कश्मीर से केरल तक पहुँची है तो

बीच में जो महाराष्ट्र पड़ता है, वह अछूता नहीं रह सकता था। यह बात भी सही है कि दलित जातियाँ अपनी माताओं को बहुत महत्व देती रही हैं। तब महाराष्ट्र की महार जाति के बारे में जॉन सी. बी. वेबस्टर अपनी पुस्तक 'मसीह दलित समाज का इतिहास' में लिखते हैं–"वे (महार जाति के लोग) हैजे की ग्राम्य देवी मरीआई के संरक्षक थे जिस का मन्दिर महार बस्ती में होता था। महामारी के समय पूरा गाँव सभी उचित अनुष्ठान महारों की अगुआई में ही करता था।"[223] मुझे लगता है, 'मरीआई' ईसाइयत की 'मरियम' हो सकती हैं। 'आई' जुड़ने से वे अधिक सम्मानजक हो गई हैं। फिदा हसनैन अपनी किताब में बताते हैं कि ईसा के साथ तीन स्त्रियाँ सदा साथ थीं। तीनों का नाम मेरी था। मेरी मरियम उन की माँ, दूसरी मेरी उन की बहन और तीसरी मेरी मगदलीन उन की साथिन।[224] खास बात यह है कि मरियम की जो कब्र कश्मीर में मानी जाती है, उस का नाम वहाँ 'माइ मरी दे अस्थान'[225] कहा जाता है। होलजर कर्स्टन ने उसे 'माइ मरी दा अस्थान'[226] लिखा है।

IX

मुगल काल में और ब्रिटिश भारत में आर्मेनियन आए हैं। उस के लिए मेसरोब जेकब सेठ की पुस्तक 'आर्मेनियन्स इन इण्डिया : फ्रोम द अर्लियस्ट टाइम्स टु द प्रेजेन्ट डे : ए वर्क आफ ओरिजिनल रिसर्च' पढ़ी जा सकती है। इस पुस्तक के सेक्शन इस प्रकार हैं :

तालिका-V

पुस्तक 'आर्मेनियन्स इन इण्डिया' के अध्यायों का विवरण

क्र. संख्या	विषय	पृष्ठ
1.	आगरे में आर्मेनियन	1-134
2.	ग्वालियर में आर्मेनियन	135-149
3.	फतेहपुर सीकरी में आर्मेनियन	151-166
4.	दिल्ली में आर्मेनियन	167-199
5.	लाहौर में आर्मेनियन	201-206
6.	काबुल में आर्मेनियन	207-224
7.	सूरत में आर्मेनियन	225-292
8.	बम्बई में आर्मेनियन	293-302
9.	चिन सुरह में आर्मेनियन	303-312

क्र. संख्या	विषय	पृष्ठ
10.	चन्दर नागोर में आर्मेनियन	313-323
11.	सैदाबाद में आर्मेनियन	325-382
12.	मुंगेर में आर्मेनियन	383-418
13.	कलकत्ते में आर्मेनियन	419-560
14.	लखनऊ में आर्मेनियन	561-569
15.	ढाका में आर्मेनियन	571-578
16.	मद्रास में आर्मेनियन	579-618
17.	परिशिष्ट—आर्मेनिया में हिन्दू, 150 ई. पू.	610-629[227]

तब क्या यह विश्वास किया जा सकता है कि जिस समय आर्मेनियन ईसाइयत को अपना राज धर्म बनाने वाला संसार का पहला देश बना था, उस के लोग क्रिश्चयन के रूप में भारत में नहीं आए होंगे? तब उन में मुगल भारत में और ब्रिटिश भारत में आने वाले जोश के मुकाबले में सौ गुना ज्यादा जोश रहा होगा। कहना यह भी है कि मेशरोब जेकब सेठ की यह किताब सन् 1937 में कलकत्ते से छपी थी। दुर्भाग्य से, यदि यह किताब न छपती तो हमें मुगल भारत में और ब्रिटिश भारत में आए हुए इन आर्मेनियनों का भी पता न लगता।

अब क्या किया जा सकता है? इतिहास की एक खुई हुई कड़ी जोड़ी जा सकती है। जब आर्मेनिया ने ईस्वी सन् 301 में ईसाई धर्म को अपना राज धर्म घोषित किया था तो वे लोग दुनिया में और भी तेजी से फैले होंगे। माना यह जाए कि उस समय भी किसी मेसरोब जेकब सेठ ने 'आर्मेनियन्स इन इण्डिया' नाम से कोई किताब लिखी होगी, जो आज हमारे लिए अनुपलब्ध है। फिर, किसी लापरवाही में न भी लिखी गई हो, पर लिखी तो जा ही सकती थी।

जाना यह जाए कि यह एक ऐतिहासिक तथ्य है कि आर्मेनिया का थोमस काना नाम का एक ईसाई व्यापारी सन् 780 ईस्वी में दक्षिण भारत के केरल प्रदेश में आया था। उस ने यहाँ बहुत धन कमाया था। उस का नाम 'मार थोमस' भी है। मलबार के ईसाइयों में यह मान्यता है कि उस ने वहाँ एक व्यापारिक नगरी बसाई थी। उसे मलबार के ईसाइयों में 'कनाइ थोम्मन' या 'काना तोम्मा' के नामों से जाना जाता है जिन का मतलब व्यापारी थोमस से है। उसे मेसरोब जेकब सेठ ने दक्षिण भारत में पहला आर्मेनिया का वासी माना है।[228]

यहाँ हमारा उद्देश्य आर्मेनिया के उन वासियों से है जो सन् 301 ईस्वी से पहले या बाद में उत्तर भारत में आए थे। लेकिन यदि यह जान लिया जाए कि इस दौरान उत्तर भारत के भारतवासी आर्मेनिया गए हों तो उस से भी हमारा बहुत काम चल जाता है। उस से यह सोचने की ताकत मिल जाएगी कि उस समय उत्तर भारत में और आर्मेनिया में लोगों की आवाजाही लगी हुई हो। संयोग से, उत्तर भारत के

इतिहास की एक ऐसी खुई हुई कड़ी हमें मेसरोब जेकब सेठ की इस पुस्तक के माध्यम से मिल जाती है। उन्होंने अपना एक पर्चा दिसम्बर, 1926 में लखनऊ में हुए 'इण्डियन हिस्टोरिकल रिकार्ड्स कमिशन' के नौवें अधिवेशन में पढ़ा था। उस पर्चे का शीर्षक इस प्रकार था—"हिन्दूस इन आर्मेनिया : 150 यीयर्स बिफोर क्राइस्ट : एन अननोन चैप्टर इन दि हिस्ट्री ऑफ एन्शिएन्ट इण्डिया।' इस अधिवेशन की अध्यक्षता का पद वहन करने वाले सर जदुनाथ सरकार ने इस पर्चे का महत्व बताते हुए कहा था कि हमें यह पता है कि हमारे पुरखे समुद्र को पार करके दूर जावा तक गए थे लेकिन हमें यह पता नहीं था कि हमारे पुरखे दूर आर्मेनिया तक भी गए थे।[229]

मेसरोब जेकब सेठ यह मान कर चले हैं कि आर्मेनियन लोग मूलतः व्यापारी पेशे के हैं। इस पेशे की वजह से उन्होंने माना है कि आर्मेनिया के लोग भारत पर मुसलमानों के 10वीं शताब्दी में आक्रमणों से भी पहले यहाँ के मुख्य व्यापारिक केन्द्रों में और राजधानियों में शान्तिपूर्वक अपने व्यापारिक धंधों में लगे हुए थे।[230] उन्होंने लिखा है कि ऐतिहासिक दृष्टि से यह जानना बहुत महत्वपूर्ण होगा कि विश्व इतिहास में आर्मेनिया के वासियों ने कब भारतीय भूमि पर अपना पहला कदम रखा था।[231] उन्होंने इस का रास्ता भी बताया है कि इसे जानने के लिए हमें संस्कृत भाषा के लेखकों और मुसलमान इतिहासकारों की तरफ देखने में अपना समय जाया नहीं करना चाहिए। उस का कारण यह है कि आर्मेनिया के लोगों ने इस देश की राजनीति में और राजनैतिक षडयन्त्रों में कोई भाग नहीं लिया था। बस, उन्होंने यहाँ का बाजार और व्यापार अपने हाथ में पकड़ रखा था।[232] मेसरोब ने अपने पर्चे में यह अन्दाजा भी लगाया है कि आर्मेनिया के लोग 327 ई. पू. में सिकन्दर के साथ उस के मित्र बन कर या किसी दूसरे रूप में भारत में जरूर आए होंगे, क्योंकि सिकन्दर के आने का मार्ग आर्मेनिया से हो कर था।[233]

आर्मेनिया के प्राचीन इतिहास में भी एक अनहोनी घटी थी कि जब चौथी सदी ईस्वी के आरम्भ में सेन्ट ग्रिगोरी के नेतृत्व में तत्कालीन राजा और जनता समेत आर्मेनिया ने ईसाइयत को राजधर्म के रूप में अंगीकार किया था, ईसाई-पूर्व इतिहास के सारे रिकार्ड नष्ट कर दिए गए थे। मेसरोब जेकब सेठ हमें सूचना देते हैं कि आर्मेनिया के भारत से सम्बन्धों को ले कर जो सब से पहला प्रामाणिक रिकार्ड हमें मिलता है वह जेनब की रचना के रूप में है।[234] जेनब या जेनोबियस सीरिया का रहने वाला था। वह सेन्ट ग्रिगोरी के सब से पहले शिष्यों में से था। उस ने आर्मेनिया के एक प्रान्त टारों पर 'हिस्ट्री आफ टारों' नाम से एक क्लासिक ग्रन्थ लिखा था। इस ग्रन्थ में जेनब एक ऐसी हिन्दू बस्ती के बारे में बताता है जो सन् 150 ई. पू. से आर्मेनिया में रहती थी। उस की किताब से पता चलता है कि कन्नौज के दो राज कुमारों ने, जिन के नाम Gissaneh और Demeter थे, कन्नौज के राजा के खिलाफ षडयन्त्र रचा था। उन के षडयन्त्र का पता लगने पर उन्हें मृत्यु की सजा होनी

थी जिस से बचने के लिए वे वहाँ से भाग निकले थे। इस भागने में वे दूर आर्मेनिया पहुँचे। आर्मेनिया में न केवल उन्हें शरण ही मिली बल्कि उन का राजा Valarsaces के द्वारा, जो Arsaces the Great का भाई था, राज कुमारों की गरिमा वाला स्वागत भी हुआ। यह वही Arsaces the Great था, आर्मेनिया में, जिस के वंश का साम्राज्य 149 ई. पू. से 428 ई. प. तक रहा था।[235]

इस लेख में बताया गया है कि इन हिन्दुओं की वहाँ तीन बस्तियाँ बस गई थीं। ये अपने हिन्दू देवताओं को मानते थे। इन के हिन्दू मन्दिर थे और उन में हिन्दू पुजारी थे। ये मूर्तिपूजक थे। जब आर्मेनिया ने राज्य के स्तर पर ईसाई धर्म ग्रहण कर लिया तो ईसाइयों का हिन्दुओं से टकराव हो गया। वे युद्‌ध. जेनब की आँखों के सामने हुए थे। उन का उस ने वर्णन किया है। हिन्दू लोग अपने देवताओं को छोड़ने के लिए तैयार नहीं हुए। इस में दोनों ओर से लोग मारे गए। उस वर्णन की हमारे उद्‌देश्य के लिए आवश्यकता नहीं है, जबकि वह वर्णन इसलिए यथार्थ लगता है, क्योंकि उस में सैनिकों की संख्या और मारे गए लोगों की गिनतियाँ हिन्दू पुराणों की तरह लाखों और करोड़ों में नहीं दी गई हैं। एक जगह कैदियों की संख्या 400 लिखी गई है जो वास्तविक हो सकती है। एक जगह 4000 लोग, दूसरी जगह 5450 लोग, तीसरी जगह 6940 लोग, चौथी जगह 5080 लोग, पाँचवीं जगह 700 लोग और छठी जगह 1038 लोग लिखे गए हैं। इस युद्‌ध में अन्त में हिन्दुओं की हार हुई थी। हिन्दू पुजारी की मांग पर शवों को दफनाने की अनुमति मिल गई थी। फिर दोनों ओर के शव इकट्‌ठे किए गए। वे सब दफन हुए थे। उस पर एक अभिलेख लिखा गया जो सीरियन, हेलेनिक (ग्रीक) और इस्माइलिटिस लिपियों में इस प्रकार था –

> "पहला युद्‌ध जो बड़ी भयानकता से लड़ा गया। अर्ट्‌जन (अर्जुन), मुख्य पुजारी, युद्‌ध का प्रधान सेनापति यहाँ दफनाया गया और उस के साथ एक हजार अड़तीस आदमी भी।"
>
> "हमने यह युद्‌ध Gisaneh की मूर्ति और ईसा के नाम से लड़ा।"[236]

एक अन्य मुख्य बात यह भी है कि सीरिया वासी जेनब ने आर्मेनिया में आ कर जब 301 ईस्वी में हिन्दुओं को देखा तो उस ने उन के बारे में लिखा था–"ये लोग एकदम अजीब हैं। इन के रंग काले हैं, लम्बे बाल हैं, तथा देखने में अच्छे नहीं हैं–ये हिन्दू नस्ल के हैं।"[237]

इस में मेसरोब जेकब सेठ ने आए हुए Gisaneh शब्द को कृष्ण माना है तथा Demeter को Heilenised (ग्रीक) form of Juggernath Gonesh माना है। Artzan को अर्जुन माना है।[238] मेरे मत में, Demeter नाम 'दिमित्र' हो सकता है। यूँ, कुछ विदेशी मूल के लोग भी भारतीय बन गए थे।

यहाँ 'गुरगा' शब्द की व्युत्पत्ति के बारे मे जानने की कोशिश की जा सकती है।

हिन्दी में एक शब्द 'गुरगा' है। क्या इस शब्द का आर्मेनिया के देश से कोई सम्बन्ध है? सच यह होना चाहिए कि इस का आर्मेनिया देश से गहरा सम्बन्ध है।

'हिन्दी-मलयालम निघण्टु' में 'गुरगा' के अर्थ 'भेदिया', 'चेला', और 'सेवक' दिए गए हैं।[239] इस की व्युत्पत्ति आचार्य बच्चू लाल अवस्थी ने अपनी पुस्तक 'हिन्दी व्युत्पत्तिकोश' में इस प्रकार दी है—"गुरगा—सं.—गुरुग—गुरु के पास पहुँचा हुआ (अनुगामी)।"[240]

लगता है, आचार्य बच्चूलाल अवस्थी की दी हुई यह व्युत्पत्ति सही नहीं है। अच्छा यह है कि उन्होंने प्राकृत में इस के प्रयोग के उदाहरण बता दिए हैं। वे इस प्रकार हैं—"प्रा. —गुरुग्ग=गुरुग्गऊ—है0 2/99, 164 > गुरुग्गा > गुरगा।"[241] यहाँ 'है0' से मतलब हेमचन्द्र कृत प्राकृत-अपभ्रंश व्याकरण की किताब 'सिद्ध हेम शब्दानुसान' से है, जिस में यही बात महत्वपूर्ण है कि वे इस का संस्कृत से उदाहरण नहीं दे सके।

यह शब्द एक दूसरे स्रोत से आया है जिस का प्रमाण मेसरोब जेकब सेठ की पुस्तक से मिलता है। उन की पुस्तक के 31वें अध्याय का शीर्षक इस प्रकार है—"KHOJAH GREGORY, ALIAS GORGIN KHAN : THE ARMENIAN COMMANDER - IN- CHIEF AND MINISTER OF NAWAB MIR KASIM OF BENGAL, FROM 1760-1763."[242] उन्होंने इस बारे में लिखा है—"खोजा ग्रेगरी, जो भारत में 'गोर्गिन खान' के नाम से जाने जाते हैं, हुगली के एक वस्त्र-व्यापारी थे... ।"[243]

यहाँ इस शोध कार्य के लिए खासमखास शब्द Gregory है, क्योंकि इसी नाम के ईसाई सेन्ट ने आर्मेनिया को संसार का सब से पहला ईसाई देश बताया था। जेकब सेठ ने लिखा है—"दुर्भाग्य से, प्राचीन आर्मेनिया के ऐतिहासिक अभिलेख जो ईसा-पूर्व के आर्मेनिया के मन्दिरों में बड़ी सावधानी से सुरक्षित रखे गए थे और जो इस विषय पर प्रकाश डाल सकते थे, वे आर्मेनिया के धर्म प्रचारक सेन्ट ग्रेगरी के द्वारा जो इल्यूमिनेटर कहे जाते हैं, ईसवी सन् की चौथी शताब्दी के शुरू में पूर्णतया नष्ट कर दिए गए थे, जब सेन्ट ग्रेगरी के हक में जारी एक राजाज्ञा से जोशीले नवधर्मी उस राजा तिरिडेट ने अपनी पूरी प्रजा समेत ईसाइयत को ग्रहण किया था, और यूँ, आर्मेनिया संसार का सब से पहला ईसाई राष्ट्र बना था।"[244] सोचना यही है कि क्या इसी 'ग्रेगरी' शब्द को, जो बंगाल में 'गोर्गिन' पुकारा गया है, और प्राकृत में 'गुरगाऊ' तथा हिन्दी में 'गुरगा' कहा गया है। हरियाणे में 'गुड़गाँव' नाम का शहर है, क्या यह 'गोर्गिन' से जुड़ता है?

सच यह भी है कि मेसरोब जेकब सेठ की इसी पुस्तक में 'Gorgin Khan'[245] और 'Gurgan Khan'[246] के शब्द बने हुए मिलते हैं। चूँकि, ब्राह्मणों ने 'कायस्थ' के

अर्थ को कभी सम्मानजनक रूप में नहीं लिया है, इसीलिए 'गुरगा' भी उसी असम्मानजनक अर्थ में लिया गया है।

यह एक 'कायस्थ', और दूसरे 'जसुटन', और तीसरे 'गुर्गा' शब्दों की व्युत्पत्तियों का मामला नहीं है। ढूंढ मचाई जाएगी तो काफी ऐसे शब्द मिल जाएंगे जिन की व्युत्पत्ति अभी खोजी जानी है। उदाहरण के लिए, एक लेखक का नाम 'जोन राज' है, 'जिन्होंने कल्हण के प्रायः तीन शताब्दी बाद कल्हण द्वारा प्रस्तुत काश्मीर के इतिहास के बाद की घटनाओं को लिखा है।'[247] यहाँ शब्द 'जोन राज' में 'जोन' क्या है? क्या इस का सम्बन्ध ईसाई सन्त John से जुड़ता है? कल्हण की 'राजतरङ्गिणी' में 'जासट' 'चम्पा के प्रधान और राजा हर्ष के ममेरे भाई का नाम है।'[248] यह 'जासट' शब्द क्या है, जबकि उत्तर प्रदेश के हमारे मुजफ्फरनगर में एक महत्वपूर्ण स्थलनाम 'जानसट' है? क्या यह 'जानसट' ईसाइयों के 'जोहन सेन्ट' तो नहीं हैं? उत्तर प्रदेश के एक जिले का नाम 'जौन पुर' है। 'जौन पुर' में आए शब्द 'जौन' को 'यवन' से जोड़ा जा सकता है कि नहीं, जो ईसाइयत से भी पहले का शब्द है, नहीं तो 'जोन' है ही? संभावना इसलिए जता रहा हूँ क्योंकि मेरे एक मित्र के जीजा का नाम हमारे गाजियाबाद में 'जोन सिंह' है। वे हमारी चमार बिरादरी के हैं। पुराने 'जोन राज' में 'जोन' शब्द का अर्थ कुछ भी हो, लेकिन हमारे इन जीजा 'जोन सिंह' के नाम में जोन सोलह आने ईसाई शब्द है। वे ईसाई के रूप में पले-बढ़े हैं।

जाना यह जाए कि राणा प्रसाद शर्मा की पुस्तक 'पौराणिक कोश' में एक परिशिष्ट (ङ) रखा गया है। इस में संक्षिप्त व्याख्या सहित ईसाई धर्म के कुछ प्रचलित शब्द दिए गए हैं, जिन का प्रयोग हिन्दी साहित्य में यत्र-तत्र मिलता है। उन में एक शब्द 'क्राइस्ट'[249] है, जो ईसा मसीह का नाम है। फिर, बात 'क्राइस्ट' शब्द की नहीं है, बल्कि आज की काशी में 'क्राइस्ट नगर' नाम की एक बस्ती ही बसी हुई है। इस की सूचना तब मिलती है जब सत्यप्रकाश मित्तल और राम लखन मौर्य अपनी संयुक्त रूप से लिखी पुस्तक 'काशी में मोक्षकामी प्रवासी विधवाएँ : धार्मिक-सामाजिक जीवन' में लिखते हैं—"क्राइस्टनगर में ईसाईधर्म का दीक्षा विद्यालय है।"[250]

मैं केरल के अपने एक मित्र का नाम बताता हूँ। वे अनुसूचित जाति से हैं और उन क्या नाम 'I. Santha Kumar' है। 'शान्ता कुमार' समझ में आता है, लेकिन यह 'I.' क्या है? उन्होंने बताया है कि यह 'Issac' है। यह 'आईसक' ईसाई नाम है। एक 'आईसक शान्ता कुमार' क्या, केरल में दलित ईसाइयों को अनुसूचित जातियों की सूची में शामिल करने के लिए पार्लियामेन्ट तक में मुहिम चल रही है। तब कितने नाम गिनाऊँ? वे केरल की जनसंख्या का लगभग 8 प्रतिशत हैं। इस प्रकार उन की आबादी बड़ी है। बाकी जो अब हिन्दुओं में शामिल हैं, उन में भी अनेक इसी तरह

के नामों के लोग हैं। यहाँ मैं सीरियन ईसाइयों की भी बात कर रहा हूँ जिन में से कुछ लोग खुद को नम्बूदरी ब्राह्मणों में से बने घोषित करते हैं। उन के नाम भी ऐसे दोहरे स्रोतों के हैं। मैं अपने केरल कैडर के आई ए एस अधिकारियों के नाम की सूची उठाता हूँ तो उन में मुझे स्त्रियों में से—शीला थोमस, आशा थोमस, उषा टाइटस, रानी जोर्ज, शर्मिला मेरी—के नाम मिलते हैं। कभी भी इन नामों से ईसाई अंश वाले भाग गायब हो सकते हैं। आखिर, दलित ईसाइयों पर दबाव यही है कि वे ईसाई धर्म को छोड़ कर हिन्दू धर्म ग्रहण कर लें तो उन्हें अनुसूचित जाति में शामिल करने की सम्भावना बढ़ती है। उत्तर भारत के आधुनिक इतिहास में भी, आर्य समाजियों ने दलित ईसाइयों को शुद्धिकरण का नाम दे कर जनेऊ बाँटे ही हैं।

असल में, भारत के ब्राह्मण इस्लाम से असली परेशान हुए हैं। इस परेशानी में वे पिछले एक हजार सालों से हैं। इस्लाम को वे न बौद्ध धर्म की तरह देश से बाहर भगा पाए हैं और न जैन धर्म की तरह इस का एडजेस्टमेन्ट कर पाए हैं। महाभारत की पुरानी अन्तर्भुक्ति का तरीका अपनाना इस्लाम के साथ सम्भव नहीं हो सका। इसी सन्दर्भ में कहा जा रहा है कि उत्तर भारत में आई पुरानी ईसाइयत को ब्राह्मण लोग कायस्थ के रूप में समायोजित कर सके हैं। उस के बाद कई बार ईसाइयत भारत में आई, लेकिन बिना अपने पैरों का स्थायी निशान छोड़े तत्काल लुप्त हो गई। प्रमाण में, रोबर्ट डी. बेयर्ड की अंग्रेजी में सम्पादित एक पुस्तक 'रिलिजन इन माडर्न इण्डिया' है। इस में 'क्रिश्चियनिटी इन इण्डिया' के शीर्षक से एरिक जे. शार्पे का एक लेख संकलित है। इन्होंने माना है कि भारत में 'रोमन कैथोलिक ईसाइयत' के पदार्पण का दूसरा दौर सन् 1250 में हुआ था, लेकिन वह बिना कोई असर छोड़े पचास सालों में ही समाप्त हो गया था।[251]

ईसाइयों की हिन्दुओं में ऐसी अन्तर्भुक्ति आज भी हो रही है। एरिक जे. शार्पे ने अपने उक्त लेख में इस प्रक्रिया के प्रमाण उपस्थित किए हैं। वे लिखते हैं कि 1960 के दशक में 'रोमन कैथोलिक चर्च आफ इण्डिया' को इस मामले में काफी स्वतन्त्रताएँ मिल गई थीं। 1960 के दशक में 'सेकण्ड वेटिकन कोन्सिल' ने अपने ईसाइयों के लिए दूसरे धर्मों के लोगों से आध्यात्मिक मामलों में मेलजोल बढ़ाने की इजाजत दे दी थी। इस प्रभाव में एक एच. ली सौक्स का नाम बदल कर स्वामी अभिशिक्तानंद हो गया था। पूजा के स्तर पर, चर्च की कई पूजा-पद्धतियों का हिन्दूकरण करने की कोशिश की गई थी, जिस के लिए हिन्दू मन्दिरों और भक्ति परम्परा के तत्वों को अपनाया गया था। शुरू में इन के बारे में मिश्रित प्रतिक्रिया हुई थी, लेकिन बाद में स्वीकार ने गति पकड़ ली है।[252]

महत्वपूर्ण प्रश्न यह है कि उत्तर भारत में क्रिश्चियन लोग आर्मेनिया में ईसाइयत के राजधर्म बनने के बाद आए थे या वे उस से पहले आए थे। दोनों बातें सही हो सकती हैं। जब ईसाई लोग आर्मेनिया को ईसाई राज्य बनवा सके तो इस का मतलब

है कि उस देश में ईसाई मिशनरियों के प्रयत्न पिछले ढाई-तीन सौ साल से रहे होंगे। जब मूल ईसाई मिशनरी आर्मेनिया पहुँचे तो वे सीधे भारत में भी आए होंगे। फिदा हसनैन का सिद्धान्त यही है कि वे शुरू में ही कश्मीर में आ गए थे। दूसरी संभावना यह भी हो सकती है कि भारत में ईसाइयत आर्मेनिया के माध्यम से आई हो या उस ने ज़ोर पकड़ा हो। यदि मेरी यह खोज सही हो कि भारत में 'क्राइस्ट' शब्द 'कायस्थ' बना है, और यदि यह भी सही हो कि आर्मेनिया में राजधर्म स्वीकार होने के बाद भारत में ईसाइयत आई हो या उसने जोर पकड़ा हो, तो तब तीसरी बात यह भी सही हो सकती है कि भारत के जिन प्राचीन नाटकों, काव्यों और शब्दकोशों में 'कायस्थ' शब्द आया है, वे सब रचनाएँ सन् 301 ईस्वी के बाद की होनी चाहिए। इस से हमें उन रचनाओं के काल-निर्धारण में बड़ी मदद मिल सकती है जो विषय अभी अंधकार में है। और, यदि यह भी सच माना जाए कि ईसा के शिष्य सेन्ट थामस भारत आए थे तो तब वह समय वह होना चाहिए जो एच. के. कोल ने अपनी संचयित और सम्पादित पुस्तक 'ट्रेवलेर्स' इण्डिया : एन एन्थोलोजी' में दिया है। उन्होंने इसे 21-52 ई. माना है।[253]

ईसाई उत्तर भारत में तीन रूपों में आए थे—धार्मिक मिशनरियों के रूप में, राजसत्ता के शासकों और प्रशासकों के रूप में, और व्यापारियों के रूप में। कायस्थों ने धार्मिक मिशनरी का काम छोड़ दिया था, पंजाब और उत्तर प्रदेश में 'लाला' बने रह कर भी वे व्यापार में भी रुचि खो बैठे थे, बस, राजसत्ता से शासक और प्रशासक के रूप में जुड़े रहे। बाद में केवल प्रशासक ही बन कर रह गए। कहना यह भी है कि यदि अमीर खुसरो द्वारा ढोलक से तबला बनाया जा सकता है तो तबले के दोनों भागों को जोड़ कर फिर से ढोलक बनाई जा सकती है। उत्तर भारत में ईसाइयत का एक तरफ गायब होना और दूसरी तरफ कायस्थ की शुरूआत होनी—दोनों को एक साथ जोड़ने में मेरी कल्पना का थोड़ा ही अंश है और सच्चाई का अंश सारा है।

यह भी नहीं माना जा सकता कि कायस्थों से पहले भारत में राजाओं के लेखक या महल बनाने वाले वास्तुकार नहीं थे। किसी समाज का काम इन पेशों के बिना चल ही नहीं सकता। तो, उन पहले चित्रकारों का आदि पुरुष चित्रगुप्त को कहा जा सकता है। यह हो सकता है कि बाद में कायस्थ भी उन से जुड़ गए हों। यह कायस्थों का भारतीयकरण था। इतना ही नहीं, इस प्रक्रिया में देशी और विदेशी, दोनों प्रकार के वास्तुकार एक हो गए थे। यह रेल के डिब्बे जोड़ना है या क्लिक करना है।

पूछा जाए कि ब्राह्मणों और कायस्थों ने मिल कर इस भारत देश के इतिहास के साथ कैसा अंधेरा जोड़ा है कि दोनों का पता नहीं चलता कि इन के मूल क्या हैं। कम से कम, हिन्दू समाज में दोनों ही पढ़े-लिखे हैं, पर उन की इस पढ़ाई-लिखाई का बाकी समाज को कोई लाभ?—ब्राह्मण और कायस्थ दोनों एक-दूसरे से होड़ रखते हैं पर अपने बारे में कुछ नहीं जानते या बताते। किसी भी हालत में कायस्थों को अपना इतिहास मुकम्मिल रखना चाहिए था क्योंकि वे लेखन कार्य से जुड़े हुए लोग रहे हैं।

अपने आदि पुरुष चित्रगुप्त को पुराण का हिस्सा क्यों बनने दिया जबकि वे इतिहास के महानायक रहे होंगे? अपने पुरखों के प्रति ऐसा रवैया अच्छा नहीं है।

X

लगता है, यह सारी बात कुषाण काल की है। कुषाणों का धर्म क्या था? वे उत्तर भारत में विदेशी थे, पर क्या उन का अपना कोई धर्म था? पहला उत्तर यह है कि उन का कोई धर्म नहीं था। कहा यही जाए कि मध्य एशिया ने दुनिया को कोई धर्म नहीं दिया। यूरोप ने भी दुनिया को कोई धर्म नहीं दिया जबकि यूनान ने सुकरात, प्लेटो और अरस्तू जैसे विश्व दार्शनिक और सिकन्दर महान जैसे सम्राट दिए थे। ईसा से पहले तक यूरोप और मध्य एशिया के विदेशी लोग भारत में राजा और व्यापारी बन कर आए, लेकिन अपना धर्म ले कर नहीं। उल्टे, मध्य एशिया के लोग बौद्ध धर्म के प्रभाव में थे। पहली शताब्दी ईसा पूर्व में बैक्ट्रियन मूल के राजा मिनान्डर को भिक्षु नागसेन द्वारा 'मिलिन्द पन्हो' के द्वारा बौद्ध धर्म की शिक्षा दी ही जा रही है।[254] कुषाण राजा कनिष्क ने बौद्ध धर्म को ग्रहण कर ही लिया था।

उत्तर भारत में कुषाणों का राज्य पहली शताब्दी ईस्वी से तीसरी शताब्दी ईस्वी तक माना गया है। यही समय विभिन्न देशों में ईसाइयत के फैलने का था। लेकिन इस समय तक किसी भी राज्य का धर्म ईसाई नहीं था। ईसाई धर्म देशों की जनता में फैल रहा था, लेकिन इसे राज्याश्रय प्राप्त नहीं हुआ था। तब भारत के कुषाणों की स्थिति भी इस से भिन्न नहीं थी। कुषाणों के सिक्कों पर जो देवांकन मिले हैं, डा. नीहारिका की पुस्तक 'प्राचीन भारतीय पुरातत्व, अभिलेख एवं मुद्राएँ' के अनुसार, ये विदेशी देवी-देवताओं के भी हैं और स्वदेशी देवी-देवताओं के भी हैं। विदेशी देवी-देवताओं में यूनानी, रोमन और ईरानी आते हैं तथा स्वदेशी देवी-देवताओं में ब्राह्मण और बौद्ध धर्म से सम्बन्धित देवी-देवता आते हैं।[255] यहाँ यूनानी, रोमन और ईरानी देवी-देवताओं और भारतीय देवी-देवताओं के नाम नहीं दिए जा रहे हैं। महत्वपूर्ण वह है जो डा. नीहारिका ने अपनी इस पुस्तक में यह लिखा है—"कुषाण सिक्कों से उन की धार्मिक आस्था और धर्म-सहिष्णुता की नीति पर प्रकाश पड़ता है। कुषाण शासकों द्वारा पूरी सहृदयता से भारतीय धर्म को अपनाने और उस की वृद्धि के लिए प्रयास के साथ ही भारतीय जन-सामान्य द्वारा विदेशियों का खुले हृदय का स्वागत करना भी स्पष्ट घोषित होता है।"[256] लेकिन उन के इस कथन में यह भी जोड़ा जा सकता है कि विदेशी कुषाणों के प्रशासन में कुछ विदेशी लोग ईसाई धर्म को ग्रहण करने वाले भी हो सकते हैं। तब कुषाणों को उन क्रिश्चियनों से भी परेशानी नहीं हो सकती थी। सच बात यह है कि बिना आर्मेनिया या रोम के राज्याश्रय पाए, और उन से पहले, जनता

में क्रिश्चियन लोग थे। कुछ भी हो सकता है, लेकिन यह बात भी अपनी जगह सही है कि कुषाणों के बाद और गुप्त साम्राज्य के पहले के समय में उत्तर भारत में छोटे-छोटे गणराज्य ही थे।

राम दास गौड़ ने अपनी पुस्तक 'हिन्दुत्व (हिन्दू धर्म कोश)' में कायस्थों के बारे में इस प्रकार लिखा है–"शासनकार्य्य में स्मृतियों के अनुसार ब्राह्मण-क्षत्रिय वर्ण के लोग ही अधिकारी होते थे, परन्तु जो राजा स्मृतियों के पाबन्द न थे उन्होंने वैश्यों और शूद्रोंको भी शासनकार्य्य में लगाया। इन कर्म्मचारियों को कायस्थ (कार्य्यस्थ) कहते थे। इन्हें वंशानुगत पद मिलते थे। विदेशियों के राज में भी इनके हाथ में दफ़तरों के काम वंशानुगत चले आये। इस तरह वंश परम्परा बन जाने से मुसलमानों के समय में इनकी एक विशेष जाति बन गयी। आज "कायस्थ" नामधारी चारों वर्ण के लोग हैं। उनके वर्णकी पहचान उनके अल्लों और रस्म-रिवाजों से होती है। बंगाल में ब्राह्मण के बाद प्रधान जाति कायस्थों की है, जिनके अल्ल गुजराती ब्राह्मणों के हैं और डाक्टर भाण्डारकरके अनुसार ये लोग सभी गुजराती ब्राह्मण हैं। कायस्थ जाति का व्यापक काम पढ़ना लिखना ही है। राजतरङ्गिणी से पता चलता है कि कायस्थ लोग उस समय की नौकरशाही थे। इनमें भी वर्णभेद और वंशभेद से अनेक जातियां और उप-जातियां बन गयी हैं।"[257]

ऊपर दिए गए उद्धरण से मेरी स्थापना कटती नहीं है बल्कि और पुख्ता होती है। आखिर, उन्होंने इस में कुल बातें जो कहीं हैं, उन का विश्लेषण इस प्रकार किया जा सकता है :

1. भारत में दो तरह के राजा थे। एक वे जो स्मृतियों के अनुसार शासन चलाते थे, दूसरे वे जो स्मृतियों के अनुसार शासन नहीं चलाते थे। जो राजा स्मृतियों के अनुसार शासन नहीं चलाते थे, वे अपने शासन में वैश्यों और शूद्रों को भी नियुक्त करते थे।
2. विदेशी राजा स्मृतियों के अनुसार शासन कार्य नहीं चलाते थे। इस का मतलब है, शासन में विदेशी तत्व होने की बू आ जाती है। तब क्यों न सम्भव हो कि दफ्तर के कुछ कर्मचारी और अधिकारी भी विदेशी मूल के रहे हों? ग्रीक लोग जब भारत में आए थे, तब उन का कोई धर्म नहीं था। लेकिन ईसा के बाद भारत में आने वाले विदेशी लोगों का धर्म भी था जो ईसाइयत का था। आर्मेनिया और रोम द्वारा ईसाइयत को राजधर्म बनाने से पहले भी विदेशी लोग ईसाइयत को धारण कर चुके थे। तब वे 'क्रिश्चियन' के रूप में ही भारत में आते थे।

3. राम दास गौड़ ने लिखा है कि मुसलमानों के समय में इन लोगों की एक विशेष जाति बन गई। ये कायस्थ कहलाए। लेकिन यह भारत में अन्तर्भुक्ति का बड़ा मामला है।

XI

'औशनस संहिता' में 'कायस्थ' की उत्पत्ति इस प्रकार बताई गई है :

काकाल्लौल्यं यमात् क्रौर्य स्थपतेरथ कृन्तनम्।
आद्याक्षराणि संगृह्य कायस्थ इति कीर्तितः।।35।।

—"काक की चंचलता, यमराज की क्रूरता और स्थपति (कारीगर) की कृन्तन (काटने-पीटने की) कला से यह सम्पन्न होता है। काक, यमराज और स्थपति के आद्याक्षरों कायस्थ से युक्त कायस्थ होता है, जो स्वभाव से चंचल क्रूर तथा कर्तन कर्म में निपुण होता है।"[258]

'औशनस संहिता' के इस प्रमाण से यह अन्दाज लगाना बिलकुल गलत है कि 'औशनस संहिता' ने 'कायस्थ' जाति या शब्द को जन्म दिया है। 'औशनस संहिता' को कायस्थ जाति अपने से पहले मिली है। अपनी होड़ वाली परेशानी और ब्राह्मणी दुश्मनी में उस संहिता ने कायस्थ को ऊपर बताया हुआ अर्थ दिया है।

संस्कृत में संक्षिप्तीकरण से शब्द बनाने की परम्परा नहीं है। अंग्रेजी में यह परम्परा धड़ल्ले से चल रही है, पर संस्कृत ने शब्दों को छोटा करने की बजाय लम्बा किया है। शायद, यह संस्कृत के मिजाज में नहीं है कि शब्दों को लघुरूप दिया जाए। यदि 'कायस्थ', 'का' + 'य' + 'स्थ' होता, तो वे इसे 'काकयमस्थपति' कहते, 'कायस्थ' नहीं। इसलिए यह तर्क ही गलत है कि 'कायस्थ' शब्द का+य+स्थ के आद्यक्षरों से बना है। लेकिन 'काकयमस्थपति' में छुपा बहुत है। कायस्थ के व्यवह्यार को जान कर उसे काक बुद्धि वाला, यम की तरह मारक और वास्तुशिल्पि माना गया है। इस व्याख्या से पीछे की ओर जाया जा सकता है ताकि इतिहास की शुरूआत जानी जा सके। यहाँ केवल यही कहा जाना है कि संस्कृत में 'कायस्थ' शब्द बनाया गया है। मूल शब्द में कुछ तोड़-मरोड़ की गई है। ऐसी तोड़-मरोड़ संस्कृत की परम्परा में है। ऐसा उस में कई अन्य शब्दों के साथ भी किया गया है। उदाहरण के लिए, भविष्य पुराण में 'मुहम्मद' को 'महामद' और 'हुमायूँ' को 'होमायु' लिखा गया है।[259] तब 'क्राइस्ट' को 'कायस्थ' बनाया गया हो, इस में अचरज नहीं हो सकता।

यदि यह माना जाए कि काया में स्थित होने की वजह से 'कायस्थ' शब्द बना है तो तब सभी लोग कायस्थ कहे जा सकते हैं। कौन है जो काया में स्थित नहीं है?

जो न मरता है, न जीता है,–वेदान्तियों का वह ब्रह्म भी उपदेश सुनते और सुनाते समय काया में ही स्थित है। तब इस रूप में चमारों की जाति की व्युत्पत्ति भी जानी जा सकती है। सिक्किम के मुख्य मंत्री का नाम 'पवन कुमार चामलिंग' है। सारे मनुष्य अभी तक मैथुन से ही पैदा हो रहे हैं। तब क्या चमारों को अलग से 'चमारलिंगी' कहने की जरूरत है? जरूरत इसलिए पड़ जाती है क्योंकि कुछ लोग 'ज्योतिर्लिंग' का नाम रख सकते हैं। मैथुन जगत में लिंग और योनियाँ चाम की ही हैं, इसलिए 'चाम' शब्द को महत्व दे दिया जाता है। जब औरतें एक-दूसरे को गालियाँ देती हैं तो पूछती हैं–''तेरे क्या सोने की लगी हुई है जो तू मेरे आदमी को बहका रही है?'' यूँ, सारा खेल चाम का ही है। 'रैदास ग्रन्थावली' में ऐसे पद संकलित हैं :

1. कौन चाम से न्यारा।
चाम का ब्रह्मा, चाम का विष्णु, चाम का सकल पसारा।।
चाम का अम्बर, चाम की धरणी, चाम का है जग सारा।
चाम का चन्दा, चाम का सूरज, चाम का नौ लख तारा।।[260]

2. जब देखा तब चामो चाम,
चाम मन्दिर मांहि खेले राम।
चाम का ऊंट, चाम का नगारा, चामे चाम बजावन हारा।।
चाम का बछड़ा, चाम की गाय, चामो चाम दुहावन जाम।
चाम का घोड़ा चाम का जीन, चामो चाम करे तालीम।।
चाम का पुरुष चाम की जऊ, चामो चाम मिलावा हो।
कहि रविदास चाम हमारा भाई चाम मन्दिर मंहि राम देह दिखाई।[261]

3. चेतन चाम से होवत न्यारा।
सभी ठाट माटी का सारा।।
चाम की उत्पति चाम ब्योहारा।
कौन है पण्डित चाम से न्यारा।।
चाम के घोड़ा, चाम के हाथी।
सभी चमार कुटुम्ब के साथी।।[262]

पुनः 'कायस्थ' की बात ली जाए तो याद आता है–'तेरी, काया में गुलजार', पर 'चमार' की बात सुनी जाए तो उस का राम भी चाम के मन्दिर में खेल रहा है।

भारत में 'कायस्थ' एक जाति का नाम है। तब अंग्रेजी का शब्द Caste क्या है? इसे हिन्दुओं की 'जाति' के अर्थ में रूढ़ कर लिया गया है। लेकिन यह 'कास्ट'

शब्द अंग्रेजी भाषा का अपना मूल शब्द नहीं है। अंग्रेजी में यह 16वीं सदी में स्पेनिश और पुर्तगाली भाषाओं से आया है। उन भाषाओं में इसे casta (कास्टा) कहा जाता है और अर्थ–'वंशानुक्रम' तथा 'नस्ल' है। यह Casto शब्द, जिस का अर्थ शुद्ध तथा वर्णसंकरहीनता से है, स्त्रीवाची शब्द है। लैटिन भाषा में इसे Castus कहा गया है जिस का अर्थ Chaste (पवित्र) है।[263] लैटिन पुराने रोमन ईसाइयों की भाषा रही है जिन का साम्राज्य उस समय भारत तक में फैला था। तब क्या लैटिन भाषा के Castus से कायस्थ को जोड़ा जाए? 'ब्लूमूसबुरी इंग्लिश डिक्शनरी' के अनुसार भी पुर्तगाली भाषा में 'Casta' का अर्थ 'pure race' तथा लैटिन भाषा में 'Castus' का अर्थ 'Pure' बताया गया है।[264]

अब ध्यान रहे कि लैटिन भाषा के शब्द में वर्तनी Castus है और Kastus नहीं। C में और K में कुछ फर्क रह जाता है। क्या तब नृपेन्द्र कुमार दत्त के लगाए गए अन्दाज से कि फारसी भाषा के 'ख़ूशायथिया' शब्द से 'कायस्थ' शब्द बना है,[265] लैटिन के इस शब्द से कोई सम्बन्ध जुड़ता है?

प्रेमचन्द की दूसरी पत्नी शिवरानी ने सूचना दी है कि प्रेमचंद की पहली पत्नी का खत कैथी में लिखा होता था।[266] पर यह कैथी क्या है? क्या 'कैथी' कोई भाषा है? मुझे नहीं लगता कि यह भाषा है। यह लिपि होनी चाहिए। भाषा हिन्दुस्तानी रही होगी। मेरा अनुमान है कि 'कैथी' शब्द की व्युत्पत्ति 'कायस्थ' शब्द से होनी चाहिए। भारत में कायस्थों की भाषाएँ हर प्रान्त में वहाँ-वहाँ की होती थीं, लेकिन कायस्थों ने अपनी एक लिपि विकसित कर रखी होगी। जब यह लिपि स्कूलों में सिखाई जाती होगी तो इसे गैर-कायस्थ लोग भी सीख लेते होंगे। तो, 'कायस्थ' से 'कैथी' शब्द का बनना संभव है। मेरे मेरठ क्षेत्र में हमारे एक गाँव का नाम ही 'कैथवाड़ी' है। जरूर 'कैथवाड़ी' में 'कैथ' शब्द 'कायस्थ' से बना होना चाहिए। 'कैथवाड़ी' को ऐसे ही पढ़ा जाना चाहिए जैसे 'चमारवाड़ा' को पढ़ा जाता है।

क्या 'कैथ' और 'कैथी' से 'कायस्थ' शब्द बना है? मुझे इस का उलटा सच लगता है कि 'कायस्थ' से 'कैथ' और 'कैथी' शब्द बने हैं। इस का मतलब है कि हिन्दी वालों के लिए 'कायस्थ' शब्द उन का अपना नहीं है। यह उन के पास बाहर से आया हुआ है। 'कायस्थ' किसी भाषा का तत्सम रूप हो, पर संस्कृत समेत किसी विदेशी या बाहर की भाषा के इस शब्द को हिन्दी वालों ने 'कैथ' और कायस्थों की लिपि को 'कैथी' बना लिया है।

तब अंग्रेजी भाषा में कई व्यक्तिनाम मिलते हैं। वे तीन व्यक्ति नाम इस प्रकार हैं–Keith, Cathy और Catherine। ये क्या हैं? इन की उत्पत्ति कहाँ से है? यह ध्यान देने लायक है कि Cathy और Catherine स्त्रीवाचक शब्द हैं। 'कानकाइज ओक्सफोर्ड डिक्शनरी' बताती है कि Catherine का शब्द उन के पास 16वीं सदी में आया था। St. Catherine के नाम से उन के पास इस शब्द की व्युत्पत्ति है।[267]

ओक्सफोर्ड यूनिवर्सिटी में मुझे मिली फैलोशिप के दौरान मेरी अंग्रेज सुपरवाइजर का नाम 'कैथी' था।

कहीं सारा मामला 'कैथोलिक' का तो नहीं है? मैं इस शब्द के शोध कार्य को इसी सवाल के साथ रोक रहा हूँ। संभावना यह है कि शब्दों की यात्राएँ बहुत लम्बी होती हैं। यदि इन का सही इस्तेमाल किया जाए तो ये 'हच' फोन की तरह सभ्यताओं और संस्कृतियों के इतिहास को ढूंढ़ने में बड़ी सहायक सिद्ध हो सकती हैं। मसलन, हिमाचल प्रदेश के, शिमले में, एक जगह का नाम 'कैथली घाट' है। यह 'कैथली' शब्द 'कैथड़ी' शब्द से मिलता-जुलता है। मेरठ में शब्द 'बावली' है जो 'बावड़ी' से मिलता-जुलता है। तो, 'कैथली', 'कैथवाड़ी' जैसा है।

जॉन सी. बी. वेब्स्टर की अंग्रेजी में लिखी पुस्तक 'द दलित क्रिश्चियन्स : ए हिस्ट्री' का हिन्दी में 'मसीही दलित समाज का इतिहास' के नाम से अनुवाद हुआ है। इस में 'मसीही आध्यात्मिक शिला माला ग्रन्थ सूची' के अन्तर्गत हिन्दी में प्रकाशित पुस्तकों के नाम दिए गए हैं, जिन में से कुछ इस प्रकार हैं :

1. खिस्तीय शिक्षा : सिद्धान्त और पद्धति
2. खिस्तीय आराधना
3. खिस्तीय कलीलिया का इतिहास (1500-1960)
4. खिस्तीय धर्म एक परिचय
5. खिस्तीय नीतिशास्त्र
6. प्रभु यीशु खिस्त की जीवनी और सेवाकार्य
7. मालवा को खिस्तीय मिशनों की देन
8. प्राचीन खिस्तीय धर्माचार्यों के लेख
9. भारत में खिस्तीय साक्षीकार्य
10. प्राचीन खिस्तीय धर्ममंडन-शास्त्री।[268]

यहाँ दो शब्दों–'खिस्त' और 'खिस्तीय' पर ध्यान दिए जाने की जरूरत है। मानना पड़ेगा कि 'Christ' का ही 'खिस्त' बना है। 'Christ' का उच्चारण यदि एक ओर 'क्राइस्ट' है, तो दूसरी ओर 'खिस्त' भी है। 'क्राइस्ट' और 'खिस्त' दोनों अपनी संरचनाओं में 'कायस्थ' की संरचना से एकदम तुलनीय हैं। बिलकुल संभव है कि इस युग में 'क्राइस्ट' और 'खिस्त' उच्चारण चले हैं, तो पुराने समय में 'कायस्थ' उच्चारण चला हो। 'खिस्त' उच्चारण 'कायस्थ' के उच्चारण की ओर चलता ही है–खिस्त----> खुइस्त----> खइस्त----> कइस्त----> काइस्त----> कायस्त----> कायस्थ। कबीर के यहाँ यह 'काइथ' ही हो कर रह जाता है।

यदि ऊपर की बातें किसी दिशा में जाती हैं तो नृपेन्द्र कुमार दत्त का लगाया गया यह अन्दाज कितनी दूर है कि फारसी भाषा के 'ख्शायथिया'[269] शब्द से 'कायस्थ'

शब्द बना है? 'खूशायथिया' की संरचना 'खूशायथ + इया' हो सकती है जो 'खिस्तीय' की संरचना 'खिस्त + ईय'----> 'खिस्त + इया' के बराबर है। यूँ, 'खिस्त' और 'खूशायथ' में समानता बन जाती है। तब, यही माना जाए कि पुराने समय में हिन्दुस्तान में ईसाइयत इरान के रास्ते से हो कर आई थी। एक प्रश्न उठता है—तब दक्षिण भारत के ईसाई 'कायस्थ' क्यों नहीं कहे गए? कारण भाषाभेद का हो सकता है। आजकल केरल में उन्हें 'क्रिश्चियन' कहा जाता है, पर पहले क्या कहा जाता था?

मलयालम में 'ईसा' को 'क्रिस्तु' कहते हैं तथा ईसाई को 'क्रिस्त्यानि।'[270] निस्संदेह, यह 'कायस्थ' की ओर जाता रास्ता है। गुन्डर्ट की 'ए मलयालम एण्ड इंग्लिश डिक्शनरी' की रचना 1872 ई. में हुई थी। वहाँ ईसाई के लिए 'क्रिस्तवन' और 'क्रिस्त्यान्' शब्दों का प्रयोग हुआ है।[271] मैंने अपने एक मलयाली मित्र से पूछा कि अब इस शब्द की वर्तनी क्या है तो उन्होंने इस प्रकार बताई—क्रिसृत्यानि। येशु को वे 'क्रिस्तु' लिख रहे थे। 'कूरैसूतवर्' का हिन्दी में उच्चारण 'कूराइस्तवर' जैसा है।

यह नहीं माना जा सकता कि उत्तर भारत में ईस्वी सन् की शुरू की पहली शताब्दियों में ईसाई नहीं थे। मेरा हर अनुमान है कि वे जरूर मौजूद थे। तब भारत में उन का नाम क्या रहा होगा? वे बिना नाम के और पहचान के नहीं रह सकते थे। यह ब्राह्मणी साहित्य की विशेषता है कि वे अपने विरोधियों का जिक्र तक नहीं करते। आजीवकों के साथ उन्होंने यही बर्ताव किया था। वे अशोक तक को गुमनाम कर गए थे। तब पुराने ईसाइयों के साथ भी उन्होंने यही व्यवहार किया हो तो यह आश्चर्य की बात नहीं मानी जा सकती, नहीं तो वे बताएँ कि वे उस समय के ईसाइयों को किस नाम से पुकारते थे—यदि कायस्थ नहीं तो वह अन्य शब्द क्या था? इतना जरूर है कि अब कोई यह नहीं कह सकता कि उस समय के उत्तर भारत में ईसाई धर्मावलम्बी नहीं थे।

XII

कायस्थ जाति की बात हो और रजनी कान्त शास्त्री की पुस्तक 'हिन्दू जाति का उत्थान और पतन' का जिक्र न हो तो सारी बात अधूरी रह जाएगी। मेरे मत में, कायस्थ जाति के इतिहास के बारे में अब तक सब से अधिक तर्कसंगत मत रजनी कान्त शास्त्री का ही है। उन का उद्देश्य और उस की प्राप्ति की प्रक्रिया दोनों स्पष्ट और शुभकारी हैं। उद्देश्य के बारे में उन्होंने लिखा है कि 'भूमिहारों की तरह कायस्थ भी वर्णोन्नति के फेर में नाहक फँसे हैं।'[272] अपनी पद्धति और प्रक्रिया के बारे में उन्होंने लिखा है कि सद्भावना से प्रेरित हो कर कायस्थ जाति पर पहले शास्त्रीय और तत्पश्चात ऐतिहासिक दृष्टि से उन की यह 'निष्पक्ष आलोचना की एक हल्की-सी... आँच...है।'[273]

उन्होंने औशनस स्मृति को उद्धृत करके बताया है कि उस के अनुसार कायस्थ जाति अपनी उत्पत्ति में कुम्हार और नाई जातियों की सजाति है। उद्धरण इस प्रकार है :

"वैश्यायां विप्रतश्चौर्य्यात कुम्भकारा प्रजायते।
कुलाल वृत्या जीवेत्तु नापिता वा भवन्त्यतः।।32।।
कायस्थ इति जीवेत्तु विवरेच्च इतस्ततः।
काकाल्लौल्यं यमात्क्रौर्य्य स्थपते रथ कृन्तनम्।
आद्यक्षराणि संगृह्या कायस्थ इति कीर्त्तितः।।34।।

अर्थ—ब्राह्मण के द्वारा वेश्या स्त्री में चोरी से (अर्थात जारकर्म द्वारा) कुम्हार उत्पन्न होता है। वह मिट्टी के बरतन आदि बनाकर अपनी जीविका करे। अथवा इस प्रकार क्षौर कर्म करने वाला नाई उत्पन्न होता है। वह अपने को कायस्थ कहकर कायस्थ की जीविका करता हुआ इधर-उधर भ्रमण करे। काग से चंचलता, यमराज से क्रूरता, थवई से काटना, इस प्रकार 'काक, यम और स्थापित' इन तीन शब्दों के आद्य अक्षर लेकर कायस्थ शब्द की बनावट कही गई है, जो उक्त तीनों दोषों के द्योतक हैं। उक्त श्लोकों से स्पष्ट है कि शुक्राचार्य कुम्हार, नाई तथा कायस्थ की उत्पत्ति एक ही प्रकार से मानते हैं अथवा यों कहिए, एक ही जाति के व्यक्तियों के ये जीविकानुसार तीन नाम हैं।"[274]

औशनस स्मृति के बाद उन्होंने व्यास स्मृति पर विचार किया है। वे लिखते हैं—"व्यास-स्मृति, अध्याय 1, श्लोक 11-12 में कायस्थ नाम जाति को अन्त्यजों और गोमांस-भक्षियों में परिगणित किया है—

वणिक्-किरात-कायस्थ-मालाकार-कुटुम्बिनः।
वेरटो मेद-चाण्डाल-दास-श्वपच-कोलकाः।।
एनेऽन्त्यजाः समाख्याता ये चान्ये च गवाशनाः।
एषां सम्भाषणात्स्नानं दर्शनादर्कवीक्षणम्।।

अर्थ—बनिए, किरात, कायस्थ, माली, बँसफोड़, स्यारमार, कंजर, चांडाल, बारी, भंगी और कोल ये सब अन्त्यज कहे गये हैं। इनसे और दूसरे गोमांस-भक्षियों से बात करने पर स्नान करने से, और इनको देखने पर सूर्य का दर्शन करने से दोष दूर होता है।"[275]

इस के बाद उन्होंने याज्ञवल्क्य स्मृति को लिया है। वे लिखते हैं–"महर्षि याज्ञवल्क्य ने कायस्थों को चोर-डाकुओं से अधिक खतरनाक बताकर उन से प्रजाओं की विशेष रक्षा करने का आदेश राजाओं को दिया है। याज्ञवल्क्य स्मृति, राजधर्म प्रकरण देखिए,

> चाट-तस्कर-दुर्वृत्त-महासाहसिकादिभिः।
> पीड्यमानाः प्रजारक्षेत्कायस्थैश्चविशेषतः।।336।।

> **अर्थ**–राजा को उचित है कि उचक्के, चोर, दुराचारी, डाकू और विशेषकर कायस्थों से पीड़ा को प्राप्त हुई अपनी प्रजा की रक्षा करे।"[276]

इस पर वे आगे मिताक्षरा का हवाला देते हैं और निष्कर्ष निकालते हैं–"ये कायस्थ तत्कालीन राजकीय कचहरियों में लेखकों (Clerks) तथा गणकों (Accountants) का काम किया करते थे, यही उनका जातीय पेशा था, जैसा कि उक्त श्लोक की विज्ञानेश्वर-कृत मिताक्षरा टीका से स्पष्ट मालूम होता है,

> "कायस्था लेखका गणकाश्चतैः पीड्यमाना विशेषतो रक्षेत।"

> यह तो हुआ स्मृतियों के अनुसार कायस्थ जाति की उत्पत्ति तथा उसकी जीविका और सामाजिक स्थिति का वर्णन, जिससे मालूम होता है कि स्मृति-काल में यह जाति हेय दृष्टि से देखी जाती थी।"[277]

स्मृतियों के बाद उन्होंने पुराणों के श्लोकों को उद्धृत किया है। वे लिखते हैं–"....तत्त्वविवेक नामक ग्रन्थ में जो पुराणों के आधार पर लिखा गया है, लेखक और गणक का काम करने वाले कायस्थ नामक जाति की उत्पत्ति इस प्रकार लिखी है,

> माहिष्यवनितासूनुं वैदेहाद्यं प्रसूयते।
> सकायस्थ इति प्रोक्त स्तस्य कर्म्म विधीयते।।
> लिपीनां देश जातानां लेखनं स समभ्यसेत्।
> गणकत्वं विचित्रं च वीजपाटी विभेदतः।
> वृत्यानयावर्त्तनं स्यात् कायस्थस्य विशेषतः।
> अधमः शूद्रजातिभ्यः पंचसंस्कारवानसौ।।

> **अर्थ**–माहिष्य की स्त्री में वैदेह से जो पुत्र उत्पन्न होता है, वह कायस्थ कहलाता है। उसका कर्म कहते हैं कि वे देश की लिपियों (अक्षरों) को सीख कर लिखने का अभ्यास करे। इस जाति का गणकत्व, बीजगणित

और पाटी गणित के विभेद से विचित्र है। कायस्थ लेखक और गणक का काम करके अपनी जीविका करे। वह शूद्रों से भी अधम है। वह पाँच संस्कार वाला है।

नोट–क्षत्रिय और वैश्या के संयोग से 'माहिष्या' तथा वैश्य और ब्राह्मणी के योग से 'वैदेह' उत्पन्न होता है। पुनश्च,

शिखां यज्ञोपवीतंच वस्त्रमारक्तमंभसा।
स्पर्शनं देवतानां च कायस्थः परिवर्ज्जयेत्।।

अर्थ–उक्त कायस्थ जाति के लिए शिखा रखना, जनेऊ पहनना, लाल वस्त्र धारण करना तथा देवताओं पर जल चढ़ाना मना है।''[278]

रजनी कान्त शास्त्री ने 'चित्रगुप्त-वंशीय कायस्थ' के बारे में विचार करते हुए 'चित्रगुप्त' शब्द के विविध अर्थ देते हुए लिखा है–''विद्वानों ने अपनी-अपनी अटकल से 'चित्रगुप्त' शब्द के नाना अर्थ करने में खूब खींचातानी की है जिससे कोई भी अर्थ समीचीन नहीं जान पड़ता; जैसे–(1) चित्रायते पापपुण्यविचार; चित्रं करोति लिखतीत्यर्थः यमविशेष; (शब्द कल्पद्रुम), अर्थात् जो पाप-पुण्यविषयक विचारों का चित्रण करे, यमविशेष। यहाँ 'गुप्त' शब्द का अर्थ है गायब। (2) चित्राणां पापपुण्यादि-विचित्राणां गुप्तं रक्षणं यस्मात; अर्थात् जिसके द्वारा पाप-पुण्यादि विचित्र पदार्थों की रक्षा होती हो (हिन्दी विश्वकोश)। (3) चतुर्गुप्तः स चित्रगुप्त; अर्थात् जिनमें अग्नि, वायु, आदित्य और अंगिरा ये चारों ऋषि अन्तर्हित हों, वे चित्रगुप्त हैं। (कायस्थ-मीमांसा)। (4) चितेगुप्तः स चित्रगुप्तः; अर्थात् जो ब्रह्मा जी के चित्त में गुप्त (छिपा) हो, वह चित्रगुप्त है। (5) चित्रंगुप्तं यस्य सः चित्रगुप्तः, अर्थात् जिसकी तस्वीर छिपी हो, वह चित्रगुप्त है। पर यथार्थ में ये सभी अर्थ बेसिर-पैर के हैं जो मानने योग्य नहीं हैं। अनुमानतः ब्रह्मशरीरजात पुरुष का नाम केवल 'चित्र' था और 'गुप्त' उसकी उपाधि थी। पर ब्रह्मा ने उसका यह वैश्योचित नाम क्यों रखा?''[279]

इस के बाद रजनी कान्त शास्त्री ने 'कायस्थ' शब्द पर भी विचार किया है। वे लिखते हैं–''अब कुछ 'कायस्थ' शब्द पर भी विचार कीजिए। ब्रह्माजी ने अपने शरीर से उत्पन्न होने के कारण चित्रगुप्त को कायस्थ कहा। पर यदि ब्रह्माबाबा को 'स्था' धातु का ही प्रयोग करना मंजूर था तो उन्हें चित्रगुप्त को कायस्थ न कहकर 'कायोत्थ' कहना चाहिए था। इसके दो कारण है–(1) 'स्था' धातु का अर्थ है गतिनिवृत्ति, अर्थात् ठहर जाना, खड़ा होना इत्यादि; न कि उत्पन्न होना; पर 'उद्+स्था' का अर्थ है उठना, उत्पन्न होना, जैसे, कल्पद्रुमोत्थैरवकीर्य पुष्पैः (रघुवंश); निषाद-विद्धांडज-दर्शनोत्थः (रघुवंश) इत्यादि। (2) चित्रगुप्त को 'कायस्थ' कहने में सबसे भारी आपत्ति तो यह थी कि कायस्थ नाम की एक संकर जाति स्मृति-काल में पहले ही उत्पन्न हो चुकी थी।

पर बड़े आश्चर्य की बात है कि बुढ़ऊ बाबा ने अपने सुयोग्य पुत्र मुन्शी चित्रगुप्त जी के गले में एक संकर जाति का नाम तथा उसकी जीविका ही क्यों बाँध दी और मुन्शी जी ने भी बिना कुछ चींचपड़ किये ही उन्हें शिरोधार्य क्यों कर लिया? कहीं बुढ़ऊ बाबा को इस बुढ़ौती में मजाक तो नहीं सूझा था! अथवा हिन्दू के वृद्ध होने के कारण उनकी अक्ल सठिया तो नहीं गई थी!! चित्रगुप्त के प्रसंग में पूज्य बाबा साहब ने आगे चलकर इससे भी गुरुतर गलतियाँ की हैं जिन्हें देखने से मेरा दूसरा ही अनुमान ठीक जँचता है कि बेवजह जईफी उनकी अक्ल पर जरूर पर्दा पड़ गया था! अन्यथा अपने बच्चे के साथ वे मजाक क्यों करेंगे!!''[280]

चित्रगुप्त के विवाह के बारे में रजनी कान्त शास्त्री का तर्क अपनी पूरी पराकाष्ठा तक पहुँच गया है। वे लिखते हैं–''अब चित्रगुप्त के विवाह-सम्बन्ध की वार्ता सुनिए। इनकी दो स्त्रियाँ थीं–(1) सुशर्मा ब्राह्मण की कन्या शुभावती (ब्राह्मणी) जिसके आठ पुत्र हुए और (2) श्राद्धदेव मनु की पुत्री नन्दिनी (क्षत्रिय) जिसके चार पुत्र हुए। दोनों कन्याओं का वर की अपेक्षा उत्कृष्ट वर्ण होने के कारण दोनों की ही सन्तानें प्रतिलोमज हुईं। इस पर तुर्रा यह कि इन आठ पुत्रों का विवाह स्वजातीय कन्याओं के अभाव के कारण नागजाति की 12 कन्याओं से हुआ। अब पाठकगण स्वयं विचार कर लें कि इन चित्रगुप्त-वंशीय कायस्थों को वर्ण-परम्परा में किस स्थान पर बिठाया जाय और अब इनका रक्त शुद्ध है या संकर। चित्रगुप्त के इन 12 पुत्रों में कुछ के नाम एकदम आधुनिक ढंग के हैं, जैसे–भानुप्रकाश, रामदयालु, श्यामसुन्दर, दीनदयालु, राघवराम आदि, जिससे चित्रगुप्त कथा के काल्पनिक, प्रक्षिप्त और अव्यासकृत होने में कुछ भी सन्देह नहीं रह जाता। कायस्थ-कुलभास्कर (चौथा संस्करण), पृ.-44 में उद्धृत पद्मपुराण, उत्तर खण्ड, सूत-शौनक सम्वाद श्लोक 39-42 पढ़िये। कोई-कोई चित्रगुप्त का विवाह एक ब्राह्मणी और दूसरी क्षत्रियों से हुआ देखकर उन्हें ब्राह्मण मानते हैं पर यदि वे ब्राह्मण थे तो ब्रह्मा ने उन्हें पंचम वर्ण क्यों कहा? वस्तुतः चित्रगुप्त की सारी कथा ही चंडूखाने की गप्प है।''[281]

सही बात यह है कि रजनी कान्त शास्त्री ने 'कायस्थ' सम्बन्धी शास्त्रीय ग्रन्थों का पूरा अध्ययन प्रस्तुत कर दिया है। उस सब शेष के बारे में यहाँ न बताते हुए उन के द्वारा सर ज्वाला प्रसाद को जवाब देने में 'शब्द-कल्पद्रुम' का और उस में वर्णित 'आचार निर्णय-तन्त्र' का जो उल्लेख हो गया है, उसी के बारे में चर्चा करनी ठीक रहेगी। उस में कायस्थ के प्रसंग में शिव पार्वती से कहते हैं :

''ब्रह्मपादांशतः शूद्रःमसीशौ द्वौ वभूवतुः।
शूद्रात्परः कनिष्ठः स जातः कालि ऋतं च तत्।।

अर्थ–ब्रह्मा के पद भाग से शूद्र और मसीश (स्याही का मालिक अर्थात् कायस्थ), ये दोनों उत्पन्न हुए। अतः हे कालिः! यह सत्य है कि कायस्थ शूद्र से भी कनिष्ठ (छोटा) है।''[282]

मैं यहाँ 'शूद्रः मसीशौ' शब्द पर टिक जाना चाहता हूँ। मैं नहीं जानता कि 'आचार-निर्णय तन्त्र' का लेखन काल क्या है। मैं यह जानना चाहता हूँ कि 'शूद्र' शब्द को हम ऋग्वेद के समय से जानते हैं, पर यह नया शब्द 'मसीश' क्या है। रजनी कान्त शास्त्री ने इसे 'स्याही का मालिक अर्थात् कायस्थ' लिख दिया है। मुझे उन के द्वारा बताए गए अर्थ से आपत्ति नहीं है, पर सन्तुष्टि भी नहीं है।

मैं अपनी जिज्ञासा को स्पष्ट करूँ। मोनियर विलियम्स की 'ए संस्कृत-इंग्लिश डिक्शनरी' से सूचना मिलती है कि 'मसि' शब्द का प्रयोग 'शिशुपाल वध (XX, 63)' में मिलता है जो माघ की रचना है। उस का अर्थ to become black लिखा गया है।[283] माघ का समय ईसा की सातवीं शताब्दी में माना गया है।[284] मेरा यह जोड़ना है कि 'आचार निर्णय-तन्त्र' का शब्द 'मसीश' 'मसी+ईश--->मसीह+ईश---> मसीह+ईशा' भी हो सकता है। यूँ, 'मसीश' पलट कर 'ईश + मसी' भी बन सकता है। तब दिमाग का घोड़ा 'मसीश' से 'ईसा मसीह' तक सरपट दौड़ सकता है। चूँकि, 'मसीश' कायस्थ के सन्दर्भ में प्रयुक्त हुआ शब्द है, इसलिए 'मसीह ईसा' या 'ईसा मसीह' की बात मस्तिष्क में आने लगती है। तब 'मसीश' का 'स्याही का मालिक' वाला अर्थ यथावत रहे, पर इसे कायस्थ से जुड़ा होने के कारण 'ईसा मसीह' तक ले जाया जा सकता है। 'शिशुपाल वध' के रचनाकार का समय इस की पुष्टि भी करता है।

स्मृतियों और पुराणों की बातों को छोड़ा जाए और सीधे ऐतिहासिक तथ्यों की बात ली जाए जिस में रजनी कान्त शास्त्री का विश्वास है। वे लिखते हैं—"प्राच्य किम्वा पाश्चात्य सभी इतिहास-विशारद इस सिद्धांत पर सहमत हैं कि भारतीय ऐतिहासिक काल का प्रारम्भ ईसा के जन्म से पूर्व छठी शताब्दी में, अर्थात् महात्मा बुद्ध के प्रादुर्भाव के समीपवर्ती-काल में हुआ था; तथा सातवीं शताब्दी का अन्त होते-होते यानी बौद्ध धर्म के ह्रास और पौराणिक हिन्दू धर्म के पूर्णोदय के साथ-साथ सारा हिन्दू समाज, जिसकी वर्ण-व्यवस्था बौद्ध धर्म के प्रभाव से प्रायः छिन्न-भिन्न हो चुकी थी, विविध वर्तमान जातियों और उनकी उप-जातियों में पेशे के अनुसार विभक्त हो चुका था। अतः यह निश्चय है कि कायस्थ जाति की भी सृष्टि इन्हीं तेरह सौ वर्षों के भीतर ही हुई होगी।"[285] बस, फर्क यह है कि वे इस सम्भावना को ईसा पूर्व की शताब्दियों तक फैलाए हुए हैं, जिसे मैंने अपने इस अध्ययन में ईसा पश्चात की शताब्दियों तक संकुचित और सीमित कर दिया है। इस दृष्टि से, मेरा अध्ययन उन के अध्ययन के क्रम में ही है।

रजनी कान्त शास्त्री के अध्ययन में एक खास बात और है कि वे 'कायस्थ' को राजमन्त्री या सचिव मानना नहीं चाहते। वे लिखते हैं—"मैं पहले ही कह चुका हूँ कि विज्ञानेश्वर ने याज्ञवल्क्यस्मृति की मिताक्षरा नामक अपनी टीका में 'कायस्थ' शब्द से केवल लेखकों और गणकों का ही अर्थ लिया है, न कि राजमन्त्रियों का भी। अतः यदि 'कायस्थ' शब्द से उसका अभिप्रायः राजमन्त्रियों का भी होता तो वह अपनी व्याख्या में 'लेखकाः' तथा 'गणकाः' शब्दों के साथ-साथ 'मंत्रिणः', 'सचिवाः' वा इसी अर्थ का

कोई अन्य शब्द भी लिखता। उसके ऐसा नहीं लिखने से स्पष्ट है कि राजमंत्रीगण कायस्थ संज्ञा-भाक् लेखकों और गणकों से सर्वथा भिन्न थे। इसके अतिरिक्त प्राचीन शिलालेखों, दानपत्रों तथा ताम्रपत्रों में जहाँ-जहाँ 'कायस्थ' शब्द मिलता है, वहाँ-वहाँ वह लेखन-क्रिया के योग में ही मिलता है, जैसे लिखितमिदं शाशनं कायस्थ–'काञ्चनेन'; 'लिखितमिदं कायस्थ, काञ्चन-सुतेन-वटेश्वरेण'; 'लिखितमिदं शासनं कायस्थान्वय-प्रसूत-सोमसिंहेन' इत्यादि...। अतः यह निर्विवाद है कि मन्त्री आदि उच्च कर्मचारी कायस्थ कभी नहीं कहलाते थे, यह पदवी तो लेखकों, गणकों, किरानियों तथा मुहर्रिरों की तरह छोटे-छोटे अमलों की थी।''[286]

XIII

मेरे सामने दो चीजें हैं। एक, पुराने उत्तर भारत में ईसाई धर्म के लोग थे या नहीं थे। दो, स्वतन्त्रता प्राप्ति के पूर्व के भारत के पंजाब से ले कर बंगाल तक के कायस्थों का उद्‌गम क्या है। पहले मुद्‌दे पर रेवरेन्ड सी. ई. अब्राहम ने अपने लेख 'द राइज एण्ड ग्रोथ आफ क्रिश्चियनिटी इन इण्डिया' में एक बात बहुत सही कही है कि 'इतिहास के विद्यार्थियों के लिए उत्तर भारत में ईसाइयत के स्रोत अनुमान (Speculation) का विषय हैं।'[287] दूसरे मुद्‌दे पर मुझे यह कहना है कि ब्राह्मणों के शास्त्रों में यह तय क्यों नहीं हो सका कि वर्ण-व्यवस्था में कायस्थ कौन-से वर्ण के लोग हैं। मेरी हाइपोथिसिस यह है कि क्या इन दोनों मुद्‌दों को एक साथ जोड़ा जा सकता है। यदि इन्हें जोड़ दिया जाए तो शायद दोनों समस्याओं के हल निकल जाएँ। तब शायद स्पेकुलेशन पर विराम लगे। इसी सिद्‌धान्त को ले कर मैं आगे बढ़ रहा हूँ। आखिर, यह एक खास बात है कि ब्राह्मणों, बौद्‌धों और जैनियों की ईसा पूर्व की लिखी गई पुस्तकों में 'कायस्थ' शब्द मौजूद नहीं है। इस का एक निश्चित ऐतिहासिक अर्थ होना चाहिए। यहाँ यह भी बताया जा सकता है कि ताम्र पाषाण युगीन संस्कृतियों में एक नाम 'कायथ संस्कृति' का है, जिस का काल 2000-1800 ईसा पूर्व तय किया गया है।[288] लेकिन इस से यह न समझा जाए कि 'कायथ' शब्द 2000-1800 ईसा पूर्व का है। यह 'कायथ संस्कृति' का नाम एक स्थलनाम विशेष की वजह से रखा गया है। लिखा गया है–''कायथ संस्कृति का नाम कायथ (उज्जैन से 25 कि. मी. पूर्व की ओर), चम्बल नदी की एक उप नदी काली सिंध के तट पर स्थित, क्षेत्र के नाम पर रखा गया है।''[289] डा. जय नारायण पाण्डेय ने अपनी पुस्तक 'पुरातत्व विमर्श' में इसे 'कायथा' कहा है। पूरा शीर्षक है–'कायथा की ताम्र-पाषाणिक संस्कृति।'[290] इस के बारे में उन्होंने इस प्रकार जानकारी दी है–''कायथा (अक्षांश 22° 78' उ., देशान्तर 78° पू.) नामक पुरास्थल उज्जैन से लगभग 25 किमी की दूरी पर पूर्व दिशा में चम्बल की सहायक छोटी काली सिन्धु नदी के दाहिने तट पर काली मिट्‌टी से निर्मित मैदान में स्थित है।''[291]

ईसा के बाद लिखी गई स्मृतियों में कायस्थों की समस्या क्या है? समस्या उन्हें वर्ण-व्यवस्था में खपाने की है। उन का स्थान कहाँ तय हो? वे किस वर्ण के माने जाएँ? मसलन, एम. मोनियर विलियम्स ने अपनी पुस्तक 'ए संस्कृत-इंग्लिश डिक्शनरी' में याज्ञवल्क्य के हवाले से लिखा है कि कायस्थ को क्षत्रिय पिता और शूद्रा माता से पैदा हुआ माना गया है।[292] भारतीय इतिहास के सन्दर्भ में क्षत्रिय पिता से जो मैं समझता जा रहा हूँ, वह विदेशी पिता के होने से है। ब्राह्मणों के लिए तुर्कों और मुगलों को क्षत्रिय घोषित करने में कोई भी परेशानी नहीं थी बशर्ते वे अलग से इस्लाम धर्म के अनुयायी न होते। इस के बावजूद अकबर को 'महाबली' कह ही दिया गया था। यह भी सोचने की बात है कि 'राजन' और 'क्षत्रिय' में क्या अन्तर है। इन में कौन-सा शब्द ज्यादा पुराना या भारतीय है? बनावट से ही पता चलता है कि 'क्षत्रिय' शब्द जरूर विदेशी है। भारतीयों की जबान पर यह आज तक नहीं चढ़ा। पंजाब में 'खत्री', मेरे मेरठ में 'छत्री', और पालि में इसे 'खत्तिय' कहते हैं।

यदि कायस्थ ब्राह्मणी वर्ण-व्यवस्था के क्षत्रिय होते तो ब्राह्मण उन्हें एकदम क्षत्रिय कह देता। उसे क्या परेशानी थी?– क्योंकि खास बात यह भी है कि कायस्थ ने कभी ब्राह्मण होने का दावा नहीं किया। कायस्थ सामने हो कर ब्राह्मण के ऊँचे स्थान को चुनौती नहीं दे रहा है। वह ब्राह्मण से एक वर्ण नीचे रहने में सन्तुष्ट हो सकता है। लेकिन ब्राह्मण उसे क्षत्रिय नहीं मान रहा है। कारण क्या है? असली कारण यह है कि कायस्थ जाति ब्राह्मण की चतुर्वर्ण व्यवस्था से एकदम बाहर की चीज है। तब वर्ण-व्यवस्था में उस के साथ क्या व्यवहार किया जाए? ब्राह्मण के पास पाँचवाँ वर्ण नहीं है, हाँ, उस ने एक शब्द 'वर्ण संकर' जरूर खड़ा कर रखा है। कायस्थ को ब्राह्मण उसी वर्णसंकरता में रखना चाहता है। पर, कायस्थ को यह कबूल नहीं है। यही आज की स्थिति है कि ब्राह्मण होने का खुद कायस्थ ने कभी दावा नहीं किया–वह क्षत्रिय होने का दावा करता है, पर ब्राह्मण के पास पूरा हिसाब-किताब है कि क्षत्रिय उसने कायस्थ के आने से पहले बना लिए थे और 21 बार धरती से मिटा भी दिए थे। उधर, कायस्थ खुद को शूद्र वर्ण का मानने को तैयार नहीं है। कायस्थ वैश्य होने के लिए भी तैयार नहीं है। तब ब्राह्मण की वर्ण-व्यवस्था में कायस्थ एक विजातीय तत्व है। कायस्थ जाति वर्ण-व्यवस्था पर जबरन लाद है, जबकि वह उस में कहीं फिट नहीं होती। इसलिए, यहाँ दोहराया जाए कि कायस्थों के कई उपनाम क्षेत्रीय आधार के हैं। 'श्रीवास्तव', 'माथुर', 'गौड़', 'अम्बस्ठ'–क्षेत्र से ही जुड़े हुए हैं। वहाँ जो भी गैर-ब्राह्मण लेखक थे, वे कायस्थ कह दिए गए हैं। कुछ नाम लेखकों ने अपने राजाओं के नामों से ले लिए हैं जैसे वर्मा, सेन, मित्र, दत्त, दास, राय, पाल आदि। सक्सेना सीधे शकों का सैनिक है। 'घोष' मक्खलि गोसाल से जुड़े हुए हैं। 'मुंशी' और 'निगम' पर इस पुस्तक में पहले बताया जा चुका है। कायस्थों के विभाग ब्राह्मणों और क्षत्रियों की तरह के गोत्र और प्रवर वाले नहीं हैं। कायस्थ ब्राह्मणों के चारों वर्णों में से किसी में

से नहीं हैं। कई लोग राजा हो गए तो इसी वजह से वे ब्राह्मणी वर्ण-व्यवस्था के क्षत्रिय घोषित नहीं किए जा सकते। शूद्र भी राजा हो सकता है, पर उसे ब्राह्मण ने अपनी वर्ण-व्यवस्था में 'शूद्रराज' कहा है, क्षत्रिय नहीं। ऐसे ही, वह 'म्लेच्छ राज' के शब्द का भी प्रयोग करता है।

उधर, रेवरेण्ड सी. ई. अब्राहम ने उत्तर भारत में ईसाई धर्म के लोग होने के कुछ पुख्ते प्रमाण ढूँढ़ निकाले हैं। वे इस प्रकार हैं :

1. ''हम एक सही जगह हैं जब हम सातवीं शताब्दी की बात करते हैं कि उस समय भारत में एक मेट्रोपोलिटन था, जिस के अधीन दस बिशप तक हो सकते थे।''[293]
2. ''डा. बी. जे. किड ने 14वीं शताब्दी का एक स्रोत उद्धृत किया है जो कहता है कि भारत में 13 मेट्रोपोलिटन आर्च बिशप थे और हर मेट्रोपोलिटन आर्च बिशप के अधीन 6 से 12 बिशप तक थे।''[294]
3. ''1222 ई. में पटना को एक आर्च बिशप की सीट बताया गया है और मार्को पोलो, जिन्होंने 13वीं शताब्दी के अन्त के लगभग भारत का भ्रमण किया था, कहते हैं कि तब मध्य (केन्द्रीय) भारत में छह बड़े राजा और उन के राज्य थे जिन में से तीन ईसाई थे और तीन सरासेन थे।''[295]
4. ''चार फ्रांसिसियन, जो सब से पहले यूरोपियन ईसाई साधु हैं, जो थाना में 1321 ई. में मुसलमानों के हाथों शहीद हुए थे, वे एक छोटे नेस्टोरियन ईसाई समुदाय के द्वारा बुलाए गए थे। दाद दिल्ली के तत्कालीन सम्राट गयासुद्दीन को जाती है जिन्होंने तुगलक वंश के राज्य की नींव डाली थी कि जब उन्हें इस अपराध की खबर मिली तो उन्होंने थाने के गवर्नर को मृत्यु दण्ड दिया था।''[296]
5. ''लेकिन मुहम्मद बिन तुगलक, तैमूर और अन्य मुसलमान शासकों के समय ईसाइयत को उत्तर भारत में धक्का लगा। धक्का इतना जोरदार था कि चर्च लुप्त हो गए और 15वीं शताब्दी के अन्त तक उन की मौजूदगी के सारे निशान पूर्ण रूप से नष्ट हो गए थे।''[297]

मेरे मत में, 'कायस्थ' एक सामान्य शब्द है। सब निगम नहीं हैं, सब श्रीवास्तव नहीं हैं, सब माथुर नहीं हैं, लेकिन सब कायस्थ हैं। 'कायस्थ' ऐसा ही शब्द है जैसे 'मुसलमान'। मुसलमान में शेख, सय्यद, मुगल, पठान, मोमिन, अन्सार शामिल रहते हैं। ऐसे ही, 'हिन्दू' में ब्राह्मण, क्षत्रिय, वैश्य और शूद्र होते हैं। ऐसे ही माना जाए कि कायस्थों में बारह विभाग हैं।

फिर, यह नहीं माना जा सकता कि भारत के सारे कायस्थ एक ही नस्ल के लोग हैं। पंजाब के कायस्थों में और बंगाल के कायस्थों में नस्लगत भेद बना रह सकता है। बंगाल और उड़ीसा के कायस्थ मंगोल नस्ल से मिश्रित हैं। पर यह बात मुसलमानों को ले कर भी सही हो सकती है। चूँकि, ईसाइयत और इस्लाम मिशनरी धर्म हैं, इसलिए ये नस्लों के पार जाते हैं। ये धर्म नस्लीय श्रेष्ठता की बात ले कर नहीं चलते, बल्कि सिद्धांतों और मूल्यों को ले कर आगे बढ़ते हैं। ये यहूदी और पारसी जैसे धर्म नहीं हैं कि गैर-यहूदियों और गैर-पारसियों के लिए धर्म अपनाने के रास्ते बन्द हों। ऐसी रक्तशुद्धता ब्राह्मणों में भी बरकरार नहीं रही, हालाँकि उन्होंने शुरू से ही इस के रोने रोने शुरू कर दिए थे। कालान्तर में बंगाल का ब्राह्मण नस्लीय शक्ल-सूरत में उत्तर प्रदेश के ब्राह्मण से अलग हो जाता है। दक्षिण भारत के सारे ब्राह्मणों के होंठ वैसे ही नहीं रह गए हैं जैसे वे बिहार के ब्राह्मणों के हैं। जैनेटिक्स और डी एन ए का मिलान बैठाने लग जाएँ तो सभी जातियों की रक्तशुद्धता की गर्वोक्तियाँ चूर-चूर होने लगती हैं। आखिर, अन्य जीव-जन्तुओं की तरह ही मनुष्य की पैदायश भी केवल पिता या केवल माँ से नहीं होती, बल्कि दोनों के मिलने से होती है। विवाह हो, जारकर्म हो, या बलात्कार हो, सन्तानोत्पत्ति का सृष्टि का नियम सब से ऊपर हो कर चलता है। चूँकि, जब मैं कायस्थों को भारत के पुराने ईसाई कह रहा हूँ, तो उन्हें, यहूदी और पारसी धर्मों के विपरीत, एक मिशनरी धर्म के होने की वजह से ऐसी कोई आपत्ति भी नहीं होनी चाहिए कि बंगाल, उड़ीसा और आसाम के कायस्थों के चेहरे मंगोलियन ढंग के गोल-गोल क्यों हो गए हैं। उन की पौराणिक कथाओं के आदि पुरुष चित्रगुप्त और बाद के राजा चन्द्रसेन कैसे भी रंगढंग के रहे हों, वंश तो चारों ओर फैला है, या जुड़ा है।

मैं यहाँ एक शब्द 'घोषाल' को ही लेना चाहता हूँ। गांधी जी ने अपनी आत्मकथा में एक 'श्री घोषाल' नाम के व्यक्ति का जिक्र किया है। जिक्र मात्र की बात नहीं है, बल्कि 'श्री घोषाल' मन्त्री थे।[298] गांधी जी उन के सामने नवयुवक थे। गांधी जी ने उन से कहा था—"कहाँ आप और कहाँ मैं? आप कांग्रेस के पुराने सेवक हैं, मेरे गुरुजन हैं। मैं एक अनुभवहीन युवक हूँ।"[299] गांधी जी ने आगे लिखा है—"घोषाल बाबू बोले, "असल में यही सच्ची वृत्ति है। पर आज के नवयुवक इसे नहीं मानते। वैसे मैं तो कांग्रेस को उस के जन्म से जानता हूँ। उसे जन्म देने में मि. ह्यूम के साथ मेरा भी हिस्सा था।"[300] उन की जीवन शैली के बारे में गांधी जी ने लिखा है—"घोषाल बाबू के बटन भी 'बैरा' लगाता था।"[301]

आर. सी. मजूमदार की जनरल एडीटरशिप में जो 'द हिस्ट्री एण्ड कल्चर आफ द इण्डियन प्योपिल' की बड़ी पुस्तक-शृंखला छपी है, उस के एक लेखक यू. एन. घोषाल हैं जो एम. ए. और पी-एच. डी. हैं तथा 'प्रेजिडेन्सी कालेज, कलकत्ता' के 'प्रोफेसर आफ हिस्ट्री' रहे थे।[302] इस समय हिन्दी फिल्मों में एक पार्श्वगायिका हैं,

जिन का नाम श्रेया घोषाल है। बाल गंगाधर तिलक पर बने टीवी धारावाहिक में एक रंगकर्मी स्त्री का नाम इन्द्राणी घोषाल है। उधर, अरविन्द घोष कायस्थ थे, पर उन का पूरा नाम अरविन्द घोषाल ही होना चाहिए। बंगाल में जितने भी 'घोष' उपनाम के लोग हैं, वे सभी घोषाल होने चाहिए। तब, इस का मतलब है कि वे पुराने आजीवक धर्म के लोग हैं। आजीवक धर्म को चलाने वाले मक्खलि गोसाल थे जो कुम्हार जाति से थे। इस प्रकार, घोषाल नए कायस्थ हैं, पर वे पुराने आजीवक भी हैं। मुझे एक मौखिक जानकारी यह भी मिली है कि 'घोषाल' बंगाल में ब्राह्मण होते हैं—दूसरे धर्मों को मिटाने के लिए जाने ये लोग बेहरूपिये बन कर कहाँ-कहाँ चले जाते हैं।

सवाल एकदम सही है कि यदि उत्तर भारत में ईसाई धर्म था तो वह कैसे और कब समाप्त हो गया। उत्तर भी तत्काल मिल जाता है कि बौद्ध धर्म तक भारत से नदारद हो गया था। डा. ए. एल. बाशम ने आजीवक धर्म को A Vanished Indian Religion कहा ही है। जब बौद्ध धर्म और आजीवक धर्म का यह हाल हुआ है, जिन का जन्म भारत में हुआ था, तो ईसाई धर्म के साथ ऐसी अनहोनी होनी असम्भव नहीं है।

अन्त में, कहा जाए कि यदि कायस्थों का पूरा अध्ययन किया जाना है तो उन के पर्सनल कानून को भी देखा जाना चाहिए। नगेन्द्र नाथ वसु ने लिखा है कि महाराष्ट्र के ध्रुव प्रभु कायस्थों में 'विधवा विवाह...प्रचलित नहीं है।'[303] उन्होंने मिथिला के कायस्थों के बारे में लिखा है—"उनका कर्मकाण्ड मैथिल ब्राह्मणों के ही सदृश होता है। किन्तु विवाह, श्राद्धादिक में भिन्नता देख पड़ती है। मिथिल कायस्थों में प्राजापत्य विवाह करते हैं।"[304] उधर, सब से महत्वपूर्ण और प्रेमचंद के शरीर के गोरे रंग और अपनी बेटी के विवाह में गोरे वर को ढूंढ़ने में उन के व्यवहार की आश्चर्यजनक बात यह है कि कायस्थों के आदि पुरुष कहे जाने वाले चित्र गुप्त का शरीर श्यामवर्ण का था। इस बारे में नगेन्द्र नाथ वसु अपने 'हिन्दी शब्दकोश' में लिखते हैं—"ब्रह्मा के ध्यानस्थ होने से सहस्र वत्सर ध्यान में बीत गये। पीछे ब्रह्मा ने देखा कि उन के निकट एक श्यामवर्ण पुरुष उपस्थित था। उसके हाथ में मसिपात्र और लेखनी थी। ब्रह्मा ने कहा—'तुम हमारी काया से उत्पन्न और उसी काया में स्थित हो। इसलिये तुम्हारा नाम 'कायस्थ' है।' उसके पीछे भी ब्रह्मा बोल उठे—'तुम गुप्त भाव से हमारे शरीर में रहे हो। इस लिये हमने तुम्हारा नाम चित्रगुप्त रखा है।' चित्रगुप्त कोटनगर जा कर देवी चण्डिका की पूजा करने लगे।"[305]

संदर्भ

1. हिन्दी विश्वकोश, चतुर्थ भाग, नगेन्द्र नाथ वसु, मूल संस्करण, 1919, वर्तमान प्रकाशक, बी. आर. पब्लिशिंग कार्पोरेशन, 461, विवेकानन्द नगर, दिल्ली-110 052, रिप्रिन्ट, 1986, पृ.-483
2. वही, पृ.-511
3. वही, पृ.-483-84

4. वही, पृ.-484
5. वही, पृ.-484
6. वही, पृ.-488
7. वही, पृ.-490-91
8. वही, पृ.-495
9. वही, पृ.-491
10. वही, पृ.-491
11. वही, पृ.-490
12. वही, पृ.-489
13. वही, पृ.-487
14. वही, पृ.-505
15. वही, पृ.-499
16. वही, पृ.-495
17. वही, पृ.-497
18. वही, पृ.-492
19. वही, पृ.-494
20. वही, पृ.-494
21. वही, पृ.-501
22. वही, पृ.-494
23. वही, पृ.-501
24. वही, पृ.-487
25. वही, पृ.-487
26. सुभाषित रत्न भाण्डागारम, नारायण राय आचार्य 'काव्यतीर्थ', मुन्शीराम्र मनोहर लाल पब्लिशर्स प्रा. लि., 54, रानी झांसी रोड, नई दिल्ली-110 055, रिप्रिन्ट, 1978, पृ.-45
27. Prin V.S. APTE'S The Practical Sanskrit English Dictionary, Vol. I, Editors in Chief, P. K. Gode and C.G. Karve, Prasad Prakashan, 1892, Sadashiv Peth, Pune-411 030, Reprint, 1977, p.-560
28. सुभाषित रत्न भाण्डागारम, नारायण राय आचार्य 'काव्यतीर्थ', मुंशीराम मनोहर लाल पब्लिशर्स प्रा. लि., 54, रानी झांसी रोड, नई दिल्ली-110 055, रिप्रिन्ट, 1978, सस्थान निर्देशमनुक्रमकोश, पृ.-20
29. वही, पृ.-7
30. याज्ञवल्क्यस्मृति, हिन्दी व्याख्याकार, डा. उमेश चन्द्र पाण्डेय, चौखम्भा संस्कृत संस्थान, पो. पा. नं. 1139, के. 37/116, गोपाल मन्दिर लेन, गोल घर के समीप मैदागिन, वाराणसी-221 001, भारत, षष्टम संस्करण, सम्वत 2056, पृ.-150
31. हिन्दी विश्व कोश, चतुर्थ भाग, नगेन्द्र नाथ वसु, मूल संस्करण, 1919, वर्तमान प्रकाशक, बी. आर. पब्लिशिंग कार्पोरेशन, 461, विवेकानन्द नगर, दिल्ली-110 052, रिप्रिन्ट, 1986, पृ.-495
32. वही, पृ.-496
33. हिन्दी व्युत्पत्ति कोश, खण्ड-2, आचार्य बच्चू लाल अवस्थी, बुक्स एन' बुक्स, 111, मुकर्जी नगर वैस्ट, दिल्ली-110 009, प्रथम संस्करण, 2005, पृ.-899
34. A Sanskrit-English Dictionay : Etymologically and Philologically arranged with special reference to Cognate Indo-European Languages, by M.Monier-Williams, New Edition, Greatly Enlarged and Improved, Motilal Banarsidass, 41 U.A Bungalow Road, Jawahar Nagar, Delhi-110 007, Ist Edition Published by Oxford University Press,1899, Reprint, 1992, p.-1304
35. हिन्दी व्युत्पत्ति कोश, खण्ड-2, आचार्य बच्चू लाल अवस्थी, बुक्स एन' बुक्स, 111, मुकर्जी नगर वैस्ट, दिल्ली-110 009, प्रथम संस्करण, 2005, पृ.-899
36. The Penguin Book of Hindu Names, Maneka Gandhi, Penguin Books India (P) Ltd. 11 Community Centre, Panchsheel Park, New Delhi-110 017, India, Edition, 1993, p.-496
37. "Visákhadatta is, therefore, to be assigned very probably to the seventh or the eighth century A.D."
The History and Culture of the Indian People : Volume IV : The Age of

Imperial Kanauj, General Editor, R. C. Majumdar, Bharatiya Vidya Bhavan, Kulpati Munshi Marg, Bombay-400 007, IVth Edition, 1993, p.-179

38. मुद्राराक्षस नाटकम् : 'शशिकला' संस्कृत-हिन्दीव्याख्योपेतम्, मूल लेखक, विशाखदत्त, हिन्दी व्याख्याकार, डा. सत्यव्रत सिंह, चौखम्बा संस्कृत सीरीज आफिस, गोपाल मन्दिर लेन, पो. बा. 8, वाराणसी-1, चतुर्थ संस्करण, वि. सम्वत 2030, पृ.-39
39. वही, पृ.-39
40. वही, पृ.-39
41. वही, पृ.-39
42. वही, पृ.-60
43. वही, पृ.-60
44. वही, नाटक के पात्र, पृ.-47
45. वही, समालोचनात्मक परिचय, पृ.-16
46. मृच्छकटिकम्, मूल लेखक, शूद्रक, हिन्दी व्याख्याकार, रमाकान्त द्विवेदी, चौखम्भा संस्कृत सीरीज आफिस, के. 37/99, गोपाल मन्दिर लेन, पो. बा. 8, वाराणसी-221 001, भारत, चतुर्थ संस्करण, वि. सं. 2034, पृ.-455
47. वही, पृ.-455
48. वही, पृ.-455
49. वही, पृ.-455
50. वही, पृ.-455
51. वही, पृ.-455
52. वही, पृ.-458
53. वही, पृ.-458
54. वही, पृ.-466
55. वही, पृ.-466
56. वही, पृ.-467
57. वही, पृ.-467
58. वही, पृ.-467
59. वही, पृ.-467
60. वही, पृ.-467
61. वही, पृ.-467
62. वही, पृ.-468
63. वही, पृ.-468
64. वही, पृ.-111
65. वही, पृ.-111
66. वही, मृच्छकटिक समीक्षा, पृ.-77
67. वही, पृ.-77
68. वही, पृ.-17
69. हिन्दी व्युत्पत्ति कोश, खण्ड 2, आचार्य बच्चूलाल अवस्थी, बुक्स एन' बुक्स, 111, मुकर्जी नगर, (वैस्ट), दिल्ली-110 009, प्रथम संस्करण, 2005, पृ.-899
70. The History and Culture of the Indian People : Volume Three : The Classical Age, General Editor, R.C. Majumdar, Bharatiya Vidya Bhavan, Kulpati K. M. Munshi Marg, Mumbai-400 007, Vth Edition, 1997, p.-357
71. "...his rule covered almost the first half of the seventh century A.D." ibid., p.-89
72. "Again, the term Kayastha, signifying a royal official in the earlier Smritis, inscriptions, and general literature,...occurs in Vedavyasa-Smriti...in a list of Sudra Castes."
The History and Culture of the Indian People : Volume 4: The Age of Imperial Kanauj, General Edition, R. C. Majumdar, Bharatiya Vidya Bhavan, Kulpati Munshi Marg, Bombay-400 007, IVth Edition, 1993, p.-372
73. "a particular caste or man of that caste, The Kayath or writer caste (born from a Kshatriya father and Sudra mother), yajan.."
A Sanskrit-English Dictionary, M. Monier-Williams, Motilal Banarsidass Private Limited, 41 U.A., Bungalow Road, Jawahar Nagar, Delhi-110 007, Ist Edition by Oxford University Press, 1899, Present Reprint, 1997, p.-274

74. कुवलय माला कहा का सांस्कृतिक अध्ययन, डा. प्रेम सुमन जैन, प्राकृत-जैन-शास्त्र एवं अहिंसा शोध-संस्थान, वैशाली, बिहार, प्रथम संस्करण, 1975, पृ.-6

75. वही, पृ.-108
76. वही, पृ.-112
77. वही, पृ.-167
78. वही, पृ.-17
79. वही, पृ.-17
80. वही, पृ.-17
81. वही, पृ.-108
82. वही, पृ.-108
83. वही, पृ.-115
84. वही, पृ.-115-16
85. वही, पृ.-118
86. वही, पृ.-118

87. "The Narmamālā depicts the despicable character of Kayasthas who used to hold high officer under the government. They destroy temples and curtail expenses for the fodder for cows."
Society in Ancient India : Evolution since the Vedic times based on Sanskrit, Pali, Prakrit and other classical sources, Sures Chandra Banerji, D.K. Printworld (P) Ltd., Sri Kunj, F-52, Bali Nagar, New Delhi-110 015, p.-120

88. "The Paripalaka (Provincial Governor) ravages temples and village, terrorises villages and is up to any crime including murder of *Brahmaṇas* and slaughter of cows."
ibid., p.-120

89. मातृसत्ता, पितृसत्ता और जारसत्ता : खण्ड-तीन : प्रेमचंद : सामन्त का मुंशी, डा. धर्मवीर, वाणी प्रकाशन, 21-ए, दरियागंज, नयी दिल्ली-110 002, प्रथम संस्करण, 2005, पृ.-13, 81

90. "Origin and Growth of Caste in India, Vol.-II : Castes in Bengal, Nripendra Kumar Dutt, Firma K.L. Mukhopadhyaya, 6/1A, Banchharam Akrur Lane, Calcutta-12, Ist Edition, 1965, p.-46

91. Ibid., p.-46
92. Ibid., p.-46
93. ibid., p.-46
94. Ibid., p.-46
95. ibid., pp.-46-7
96. ibid., p.-47
97. ibid., p.-47
98. ibid., p.-47
99. ibid., p.-48
100. ibid., p.-48
101. ibid., p.-49

102. The above-mentioned facts raise a strong suspicion that the early Kaysthas were non-Indian in origin and that it was just before the time of the imperial Guptas that they obtained a permanent place in the body-politic of India."
ibid., p.-49

103. ibid., p.-49
104. ibid., p.-49

105. "...Khṣayathiyas, meaning rulers in old persian."
ibid., p.-49

106. "The existence of a Kayastha clan called Sakasena lends colour to the suspicion of foreign elements in the Kayastha community."
ibid., p.-50

107. ibid., p.-51
108. ibid., p.-52-3
109. ibid., p.-63

110. http://www.rashtriyasahara.com/News Detail frame. aspx? newsid = 54950 5/22/2008

111. उर्दू-हिन्दी शब्दकोश, संकलन कर्ता, मुहम्मद मुस्तफा खाँ 'मद्दाह', उत्तर प्रदेश हिन्दी संस्थान, राजर्षि पुरुषोत्तम दास टण्डन हिन्दी भवन, महात्मा गांधी मार्ग, लखनऊ, उत्तर प्रदेश, सप्तम संस्करण, 1992, पृ.-121

112. "In the first version..the Kayastha family in question derived its descent from the sage Kasyapa through his son Kusa."
The History and Culture of the Indian People : Volume V : The Struggle for Empire, General Editor, R. C. Majumdar, Bharatiya Vidya Bhavan, Kulpati K. M. Munshi Marg, Mumbai-400 007, Vth Edition, 2001, p.-477

113. A Search For The Historical Jesus : From Apocryphal, Buddhist, Islamic & Sanskrit Sources, Prof. Fida M. Hassnain, Gateway Books, The Hollies, Wellow, Bath BA2 8QJ, U.K., Ist Indian Reprint, 2003, p.-2

114. "Cush is mentioned as the grandson of Noah in *Genesis*, whose tribe is known as *Kashu* in Babylonia, *Cossaei* in Persia, *Kasha* in the Himalayas and *Kush* in Egypt. As the vowels are lacking in ancient works, the designations *Kash, Kush, Kish and Kash* were written in the same way."
ibid., p.-2

115. "But the one thing stands out: wherever this tribe went, it named rivers, mountains and towns after the name of its ancestors. In about 1780 BC, the *Kassites* established themselves in Babylonia. Prior to this, they had fully established a dynasty in Egypt, which they named as *Kash* in their writings. From Babylonia, they proceeded towards Iran, where they founded the towns of Kashan and Kashmar (near Nishapur). In central Asia, they founded towns such as Kashmore near Merv, Kash near Bokhara, Kashband and Kashania near Samarkand and the celebrated Kashgar. When they moved into Afghanistan, they founded settlements at Kashil, Kashak and Kashu. While the Hindu-Kush mountains are named after them, they also founded a settlement in the south of these mountains, named *Kashmor*. The valley of the river Chanab was named by them as Kashtawar and the valley of the river Jehlum as Kasheer, now known as Kashmir."
ibid. pp.-2-3

116. बाबरनामा, लेखक, बाबर, अनुवादक, युगजीत नवलपुरी, साहित्य अकादेमी, रवीन्द्र भवन, 35 फिरोज शाह मार्ग, नई दिल्ली-110 001, पुनः मुद्रण, 1996, पृ.-354

117. वही, टिप्पणी-165, पृ.-389 118. वही, पृ.-354

119. वही, टिप्पणी 167, पृ.-390

120. "Taking advantage of the disturbed state of things, the Kayasthas appropriated a large slice of territory."
The History and Culture of the Indian People : Volume 4 : The Age of Imperial Kanauj, General Editor, R. C. Majumdar, Bharatiya Vidya Bhavan, Kulpati Munshi Marg, Bombay-400 007, IVth Edition, 1993, p.-118

121. "Inscriptions and works of general literature from the latter half of the nineth century onward refer to a caste destined to attain great importance in later time, viz. the caste of Kayasthas."
ibid., p.-371

122. ibid., p.-395

123. A Search For The Historical Jesus : From Apocryphal, Buddhist, Islamic & Sanskrit Sources, Professor Fida M. Hassnain, Gateway Books, The

Hollies, Wellow, Bath BA2 8QJ, U.K., Ist Indian Reprint, 2003

124. Jesus in Kashmir : A Collection of Materials from the Internet, Collected and Organised by Dr. John Pulparampil, 63, Ganga Nagar Residents Association, Vallakadavu P.O., Trivandrum-695 008, February, 2006

125. "It was compiled by Sutta in 3191, Laukika Era, which corresponds to 115 AD."
A Search For The Historical Jesus : From Apocryphal, Buddhist, Islamic & Sanskrit Sources, Professor Fida M. Hassnain, Gateway Books, The Hollies, Wellow, Bath BA2 8QJ., U.K., Ist Indian Reprint, 2003, p.-189

126. "Christian communities survived in Persia, Afghanistan and Kashmir until the third century, according to my researches. These Christian were called *Nasara* and *Kristani* : Several crosses had been found by Christian missionaries on graves lying in the valleys of north India..., though they surmised them to be the groves of *Nestorians.*"
ibid., p.-194

127. मातृसत्ता, पितृसत्ता और जारसत्ता : खण्ड-तीन : प्रेमचन्द : सामन्त का मुंशी, डा. धर्मवीर, वाणी प्रकाशन, 21-ए, दरियागंज, नई दिल्ली-110 002, प्रथम संस्करण, 2005, पृ.-13

128. प्रेमचंद को मसीहा न बनाएं, सूरज बड़त्या, अपेक्षा, 27-घौंडली, कृष्णा नगर, दिल्ली-110 051, जनवरी-मार्च, 2005, पृ.-71

129. प्रेमचंद की उपन्यास-यात्रा : नव मूल्यांकन, डा. शैलेश जैदी, यूनिवर्सिटी पब्लिशिंग हाउस, कोठी नायाब, सर सैयद रोड, सिविल लाइन्स, अलीगढ़, उत्तर प्रदेश, प्रथम संस्करण, जुलाई, 1978, पृ. -234

130. Christianity in India : Two Thousand Years of Faith, By Leonard Fernando and G. Gispert-Sauch, Penguin Books India Pvt. Ltd., 11, Community Centre, Panchsheel Park, New Delhi-110 017, India, Ist Edition, 2004, p.-55

131. ibid., pp.-55-6

132. ibid., p.-57

133. "It is not known for certain who the first Indian Christians were..."
ibid., p.-59

134. "St. Jerome wrote at the end of the fourth or begining of the fifth century, 'Christ lives everywhere, with Thomas in India and with Peter in Rome'."
ibid., p.-59

135. "Many other ancient writers mention India as the place where Thomas brought the Gosple of Jesus after preaching to the 'Parthians' somewhere in Modern-day Iran."
ibid., pp.-59-60

136. "The acocryphal *Acts of St. Thomas* (possibly composed in the middle of the third century in Edessa) says that Thomas came first to the land of Gondophorus, a Parthian who, numismatic and archaeological evidence shows, ruled over parts of modern-day north-west India and Pakistan."
ibid., p.-60

137. ibid., p.-60

138. ibid., p.-60

139. "The home of that community is called Kalyan, possibly the Kalyan in the area of the Moden-day Mumbai, although Kalyanpur near Mangolare in Karnataka is a rival claimant."

ibid., p.-60

140. ibid., p.-60

141. "The Kalyan tradition is certainly weaker than the Kerala tradition..."
ibid., p.-60

142. हिन्दी व्युत्पत्तिकोश, खण्ड-2, आचार्य बच्चूलाल अवस्थी, बुक्स एन' बुक्स, 111, मुकर्जी नगर (वेस्ट), दिल्ली-110 009, प्रथम संस्करण, 2005, पृ.-899

143. A Sanskrit-English Dictionary, M. Monier-Williams, Motilal Banarsidass, 41 U.A., Bungalow Road, Jawahar Nagar, Delhi-110 007, Ist Edition Published by Oxford University Press, 1899, Present Reprint, 1997, p.-263

144. "At Bokhara, the later Kalyan Mosque (1514) retains the minaret of the same name, dated 1127..."
A History of Architecture, by Sir Banister Fletcher, Edited by Dan Cruickshank, CBS Publishers & Distributors, 4596/1-A, 11 Daryaganj, New Delhi-110 002, Ist Indian Edition, 1999, p.-602.

145. "The first came in the fourth century from 'Persia', probably in Modern Iraq, under the leadership of one Thomas of Cana, whom Christians in Kerala call even today 'Cnai Thomman'. He is portrayed by different sources as merchant, traveller and pilgrim, and the transformations of Kodungaloor into a Christian city is attributed to him. He is said to have brought with him bishops and priests from Syria to take care of the spiritual welfare of the people."
Christianity in India : Two Thousand Years of Faith, By Leonard Fernando and G. Gispert-Sauch, Penguin Books India Pvt. Ltd., 11, Community Centre, Panchsheel Park, New Delhi-110 017, India, Ist Edition, 2004, p.-61

146. "A second immigrant group of considerable importance came directly from the Syrian Church in the nineth or tenth century, and settled in Kollam after receiving grants of land and certain privileges from the local ruler. Two bishops, Sapor and Prot, whom some sources identify as natives of Armenia, were part of the group."
ibid., p.-62

147. "Armenia was the first nation in the world to become officially Christian in the early fourth century."
ibid., p.-62

148. "Like other communities outside the Roman Empire, the Indian Christians were part of a general Church organization whose headquarters were in 'Persia'.."
ibid., p.-62

149. " 'Persia', a general term that included the whole region between the Indus and the Euphrates."
ibid., p.-62

150. "...यथा तस्य म्लेच्छराजबलस्य मध्यात् प्रधानतया: पञ्च राजानः परया भक्त्या राक्षसमनुवर्त्तन्ते।"
मुद्राराक्षस नाटकम्, लेखक, विशाख दत्त, हिन्दी व्याख्याकार, डा. सत्यव्रत सिंह, चौखम्बा संस्कृत सीरीज आफिस, गोपाल मन्दिर लेन, पो. बा. 8, वाराणसी-1, भारत वर्ष, चतुर्थ संस्करण, 1973, पृ. 45

151. कौलूतश्चित्रवर्मा मलयनरपतिः सिंहनादो नृसिंहः
काश्मीरः पुष्कराक्षः क्षतरिपुमहिमा सैन्धवः सिन्धुषेणः।
मेघाक्षः पश्चमोऽस्मिन् पृथुतुरगबलः पारसीकाधिराजो
नामान्येषां लिखामि ध्रुवमहमधुना चित्रगुप्तः प्रमार्ष्टु।।
वही, पृ.-46
152. A Sanskrit-English Dictionary, M. Monier-Williams, Motilal Banarsidass Publishers Private Limited, 41 U.A., Bungalow Road, Jawahar Nagar, Delhi-110 007, Ist Edition by Oxford University Press, 1899, Present Reprint, 1997, p.-620
153. Jesus in India : Jesus' Deliverance from the Cross & Journey to India, by Hadhrat Mirza Ghulam Ahmad of Qadian, Ist Edition, 1908, Present Publisher, Nazarat Nashr-o-Ishaat, Sadr Anjuman Ahmadiyya, Qadian–143 516, Distt. Gurdaspur, Punjab, India, Edition, 2003
154. Where Did Jesus Die?, by J.D. Shams, Published by Nazarat Nashr-O-Ishaat, Sadr Anjuman Ahmadiyya, P.O. Qadian-143 516, Punjab, India, 9th Edition, 2002
155. Jesus Among the Lost Sheep, by Aziz A Chaudhary, Published by Islam International Publications Ltd., Islamabad, Sheephatch Lane, Tilford, Surrey GUIO 2AQ, U.K., Ist Edition, July, 1992
156. The True Story of Jesus, by Rashid Ahmad Chaudhary, Published by Nazarat Nashr-O-Ishaat, Sadr Anjuman Ahmadiyya, Qadian-143 516, Punjab, India, Edition, 2005
157. भारतीय संस्कृति कोश, लीलाधर शर्मा 'पर्वतीय', राजपाल एण्ड सन्ज, कश्मीरी गेट, दिल्ली-110 006, संस्करण, 2007, पृ.-977
158. "Dispersion of the Jewish tribes started with the destruction of Samaria in about 721 BC by the Assyrian Sargon II. It was accelerated by the eighteen-month siege and destruction of Jerusalem by the Babylonian Nebuchadnezzar II in 587 BC, leading to the Babylonian Captivity, lasting 48 years. From that year, they went on migrating and settled in far-off lands–as far apart as Yemen and Ethiopia, Wales, Armenia and Ukroine. Eastwards from Israel these people settled in Bamiyan, Bokhara, Samarkand, Khorasan, Kashgar and Kashmir."
A Search For The Historical Jesus : From Apocryphal, Buddhist, Islamic & Sanskrit Sources, Professor Fida M. Hassnain, Gateway Books, The Hollies. Wellow, Bath BA2 8QS, U.K., Ist Indian Reprint, 2003, p.- 186
159. ibid., p.-186
160. ibid., p.-188
161. ibid., p.-152
162. ibid., pp.-188-89
163. ibid., p.-153
164. ibid., p.-162
165. "Thomas was introduced to Gondapharos by Abdagases at Attock,... and it was Thomas who supervised the constuction of a palace for the king in the year 48 AD. At Char Sadah near Taxila, archaeological excavations have revealed many Christian antiquities, such as the statues of Thomas and Simon Peter, together with slabs bearing images of crucifixion. These

archaeological excavations have established that Taxila was a centre of Christianity during the first century A.D."

ibid., p.-153

166. ibid., p.-153

167. ibid., p.-154

168. "According to the *Acts of Thomas*, Jesus thereupon sold the reluctant Thomas as a slave to the Indian merchant Abban, who had been asked by King Gundafor (Gondaphares) to find him a carpenter. (Discoveries of ancient coin hoards have confirmed that the Indo-Parthian King Gundafor was indeed on the throne during the first century.) Jesus signed a contract with Abban, 'settled for a sum of three pounds of unstamped silver'. This unusual story presumably indicates that Thomas' fare to India was paid by Jesus, and that in this way Jesus was making sure that Thomas would get there."

Jesus Lived in India : His Unknown Life Before and After the Crucification, Holger Kersten, Penguin Books India Pvt. Ltd., 11, Community Centre, Panchsheel Park, New Delhi-110 017, India, Ist Indian Edition, 2001, p.-207

169. "But there are much earlier documents which bear witness to the presence of Christians in India....Tertullian lists India among those lands 'ruled' by Christianity. Ephraem Syrus (or Ephraim of Syria, about AD 306-373) tells of the missionary activity of Thomas in India, and Anorbius (around AD 305) also counts India among the Christian countries. And one of the dignitaries attending the Council of Nicea bore the title Bishop of all Persia and Greater India."

ibid., p.-214

170. A Search For The Historical Jesus : From Apocryphal, Buddhist, Islamic & Sanskrit Sources, Fida M. Hassnain, Gateway Books, The Hollies. Wellow, Bath BA2 8QJ, U.K., Ist Indian Reprint, 2003, p.-160

171. "The Aramaic *Gospel according to Matthew*, which originated around 180 AD, tells of a missionary voyage by Pantaenus of Alexandria. Around 300 AD, David, Bishop of Basra (Parthia) went to India and preached there with great success. In around 335, Emperor Constantine sent Bishop Theophilos to India to reform the churches there, according to Philostorgius. Around the end of the 300s, Symeon of Mesopotamia mentions the martyrdom of Indian 'barbarians' from Christ. Cosmas Indicopleusta gave quite full details of his voyage to India around 525. He found Christians in Sri Lanka and on the Indian west coast "in Male (Malabar), and in the place called Kalliana (Kalyan, near Bombay)", where he mentions the seat of a bishop who had once lived in Persia."

ibid., pp.-160-61

172. Jesus Lived in India : His Unknown Life Before and After the Crucification, Holger Kersten, Penguin Books India Pvt. Ltd., 11, Community Centre, Panchsheel Park, New Delhi-110 017, India, Ist Indian Edition, 2001, p.-216

173. "This charming and touching tale is full of such profound truth that Barlaam

and Joasaph were canonized as martyrs by the Roman Catholic Church in 1583, and given a feastday in the liturgical calendar. Under 27 November the rubric reads : 'In India, by the borders of Persia, Saints Barlaam and Joasaph. Their marvelous works were described by St John of Damascus.' ibid., p.-226

174. "Beruni (born 973 AD), the great Muslim scholar, has furnished a very accurate and valuable account of Kashmir. He said : "They are particularly anxious about the natural strength of their country, and therefore take much care to keep a strong hold upon entrances and roads leading into it. In consequence it is very difficult to have any commerce with them. In former times they used to allow one or two foreigners to enter their country, particularly Jews, but at present they do not allow any Hindu whom they do not personally know to enter, much less other people."
A Search For The Historical Jesus : From Apocryphal, Buddhist, Islamic & Sanskrit Sources, Professor Fida M. Hassnain, Gateway Books, The Hollies, Wellow, Bath BA2 8QJ, U.K., Ist Indian Reprint, 2003, pp.-13, 187-88

175. "One more clue to the residence of Jesus in ancient Kashmir is provided by the text of the *Rajah Tarangini*, a history of Kashmir written in Sanskrit verses by Pandit Kalhana in the twelfth century. It counts as one of the earliest genuinely historical records in the literature of India. The *Rajah* Tarangini contains a great number of legends and stories passed down by oral tradition from ancient times. Many of these narratives were richly embellished, however, over the course of time, making it difficult now to recognize the historical facts. The work relates the story of a holy man named Isana, who performed miracles very similar to those of Jesus. Isana is said in addition to have saved the influential statesman Vazir from death on the cross, and to have brought him back to life. Afterwards Vazir became the ruler of Kashmir, and governed for forty-seven years. According to Kalhana, Isana was the last reformer in Kashmir, and lived and worked in the first century AD. It seems likely that the god-man Isana was none other than Issa-Jesus."
Jesus Lived in India : His Unknown Life Before and After the Crucification, Holger Kersten, Penguin Books India Pvt Ltd., 11 Community Centre, Panchsheel Park, New Delhi-110 017, Ist Indian Edition, 2001, p.-225

176. "There are many marks of Judaism to be found in the country. On entering the kingdom, the People in the frontier villages struck me as resembling Jews."
A Search For The Historical Jesus : From Apocryphal, Buddhist, Islamic & Sanskrit Sources, Professor Fida M. Hassnain, Gateway Books, The Hollies, Wellow, Bath BA2 8QJ, U.K., Ist Indian Reprint 2003, p.-187

177. ibid., p.-161

178. Jesus Lived in India : His Unknown Life Before and After the Crucification, Holger Kersten, Penguin Books India Pvt. Ltd., 11, Community Centre, Panchsheel Park, New Delhi-110 017, Ist Indian Edition, 2001, pp.-214-15

179. A Search For The Historical Jesus : From Apocryphal, Buddhist, Islamic &

Sanskrit Sources, Professor Fida M. Hassnain, Gateway Books, The Hollies, Wellow, Bath BA2 8QJ, U.K., Ist Indian Reprint, 2003, p.-216

180. Jesus Lived in India : His Unknown Life Before and After the Crucification, Holger Kersten, Penguin Books India Pvt. Ltd., 11, Community Centre, Panchsheel Park, New Delhi-110 017, Ist Indian Edition, 2001, p.-229

181. ibid., p.-230

182. A Search For The Historical Jesus : From Apocryphal, Buddhist, Islamic & Sanskrit Sources, Profssor Fida M. Hassnain, Gateway Books, The Hollies, Wellow, Bath BA2 8QJ, U.K., Ist Indian Reprint, 2003, pp.-177-79

183. "We are that group of Jews who disobeyed Moses by refusing to eat the heavenly food, *Manan-Salva*. Thereafter, we left Moses and the nomads, and proceeded toward the East. Even the Turks are our brothers, for they also are Israelites who disobeyed Moses, like us. Many centuries ago we came to Kashmir, via Gilgit and Chitral."
ibid., p.-13

184. "Among the Christian relics, I was fascinated by a Kushana seal of the first century, preserved in the British Museum, London. It shows a Scythian dignitary on the horse, holding a cross in his hand. It is interesting to note that the designatory is 'RA' on the seal, and RA means Raja, the title adopted by the Indo-Scythians. Holding of the cross in the hand implies that the figure is Christian of the first century. His cap and bridle is Central Asian."
ibid., p.-216

185. शूद्रों का खोजपूर्ण इतिहास—अर्थात भारत का सच्चा इतिहास, के. पी. संखवार, प्रकाशक, के. पी. संखवार, 418, वाई-1, किदवई नगर, कानपुर-208 011, प्रथम संस्करण, 2004, पृ.-134

186. वही, पृ.-133

187. वही, पृ.-133

188. A Search For The Historical Jesus : From Apocryphal, Buddhist, Islamic & Sanskrit Sources, Professor Fida M. Hassnain, Gateway Books, The Hollies, Wellow, Bath BA2 8QJ., U.K., Ist Indian Reprint, 2003, p.-189

189. ibid., p.-191

190. ibid., p.-191

191. ibid., p.-191

192. "The word *Naigama* is evidently the name of some holy scripture(s), but there are no references to it/them anywhere else either. Some translators assume that it refers to the Vedas."
Jesus Lived in India : His Unknown Life Before and After the Crucification, Holger Kersten, Penguin Books India Pvt. Ltd., 11, Community Centre, Panchsheel Park, New Delhi-110 017, Ist Indian Edition, 2001, p.-221

193. http:/www.tombofjesus.com/2007/historical-sources/docs/baba.html

194. प्रेमचंद : कलम का सिपाही, अमृत राय, हंस प्रकाशन, इलाहाबाद, संस्करण, अप्रैल, 1992, पृ.-670

195. 'एन डी टी वी इण्डिया' चैनल पर 28 नवम्बर, 2006 को 13 : 41 पर खबर

196. प्राचीन भारतीय मुद्राएँ, डा. परमेश्वरी लाल गुप्त, विश्वविद्यालय प्रकाशन, चौक, वाराणसी-221 001, संस्करण, 2003, पृ.-38

197. अभिधान चिन्तामणि, लेखक, हेमचन्द्र, व्याख्याकार, हरगोविन्द शास्त्री, चौखम्बा विद्या भवन, चौक, वाराणसी-1, प्रथम संस्करण, वि. सं. 2020, पृ.-214

198. वही, पृ.-214-15 199. वही, प्रस्तावना, पृ.-13

200. जैनेन्द्र सिद्धान्त कोश : भाग-2 : (क-न), जिनेन्द्र वर्णी, भारतीय ज्ञानपीठ, 18, इन्स्टीट्यूशनल एरिया, लोदी रोड, नई दिल्ली-110 003, सातवाँ संस्करण, 2004, पृ.-509, 526-42

201. भारतीय संस्कृति कोश, लेखक, लीलाधर शर्मा 'पर्वतीय', राजपाल सण्ड सन्ज, कश्मीरी गेट, दिल्ली-110 006, संस्करण, 2007, पृ.-92, 490

202. "The official poet at the court of Akbar, the Moghul Emperor of India, called Jesus *Ai Ki Nam-i-to Yus o Kristo*, or 'Thou, whose name is Yuz or Christ'. Although the Greek title *Christos* has assumed various derivative forms that have become established in various languages of the West, in the East it is the name Yuz Asaf that has been preserved down the centuries."
Jesus Lived in India : His Unknown Life Before and After the Crucification, Holger Kersten, Penguin Books India Pvt. Ltd., 11, Community Centre, Panchshhel Park, New Delhi-110 017, India, Ist Indian Edition, 2001, p.-210

203. "The name and title of Jesus vary from country to country, and are constantly adapted from language to langugae, according to local conditons and traditions. In places where Jesus stayed for a longer period, local names are more likely to have been preserved over the years. After all, it seems that more than sixteen years elapsed after Jesus' Crucifixion before he arrived in Kashmir with his entourage."
ibid., p.-209

204. The spelling *Christ* in English dates from the 17th century, when, in the Spirit of the enlightenment, spelling of certain words were changed to fit their Greek or Latin words. Prior to this, in Old and Middle English, the word was spelled Crist...."
Full etymology, http://www.answers.com/topic/christ-9, page 2 of 7

205. Online Etymology Dictionary, http://www.etymonline.com/index.php?=C 8 p.-13, page 1 of 6

206. http ://www.logosdictionary.org/pls/dictionary/new_dictionary.dic.main

207. "The Kushanas were particularly anxious to be on good terms with Rome, whose western boundary was the Euphrates, less than 600 miles from their western border. The closeness of their intercourse is illustrated in a striking manner by the Kushana coinage, which imitates that of contemporary Roman emperors. The Kushana gold coins are of the same weight and fineness as the Roman *aurei*. It appears probable from an inscription that the Kushana King Kanishka II used the title of Caesar."
A Cultural History of India, Edited by A. L. Basham, Oxford University Press, YMCA Library Building, Jai Singh Road, New Delhi-110 001, Seventh Impression, 2003, p.-433

208. "From the time of Mark Antony to that of Justinian, i.e. from 30 B.C. to A.D. 550, their political importance as allies against the Parthians and Sāsānians, and their commercial importance as controllers of one of the main trade-routes between the East and the West, made the friendship of the Kushānas and other dynasties who held the Indus valley and Gandhāra of the highest value to Rome."
ibid., pp.-433-34

209. "During this period, nascent Christianity met full-grown Buddhism in the Academies and markets of Asia and Egypt, while both religions were exposed to the influences of surrounding paganism in many forms, and of the countless works of art which gave expression to the forms of polytheism."
ibid., pp.-436-37.

210. पुरातत्व विमर्श, डा. जय नारायण पाण्डेय, प्राच्य विद्या संस्थान, बी-78, गोविन्दपुर, इलाहाबाद-211 004, नवम पुनर्मुद्रित संस्करण, 2002, पृ.-582

211. वही, पृ.-582-83 212. वही, पृ.-583

213. वही, पृ.-583-84

214. बृहत्तर भारत, डा. भगवत शरण उपाध्याय, राजपाल एण्ड सन्ज, कश्मीरी गेट, दिल्ली-110 006, संस्करण, 1986, पृ.-56

215. वही, पृ.-59

216. "...from the time of ...Augustus (27 BC) until 476 A.D."
A Dictionary of World History, Second Edition, Oxford Univerity Press, Great Clarendon Street, Oxford 0X2 6DP, Paperback, Second Edition, 2006, p.-546

217. "Roman influence and trade spread even further reaching India, Russia, South-East Asia, and through the Silk Road, China."
ibid., pp.-546-47

218. "The Christians of St Thomas are also known as the Syrian Christians, because of their links, up to 325 AD, with the Church of Edessa in Syria. They were also simply called 'Nazarenes'. This Christian community founded by Thomas in the first century has continued up to present times. Later, Hsiung-Nu (Hun) invasions of north India, around 430 AD, drove non-Hindu minorities in all directions, the Buddhists towards Ladakh, Tibet and the east, and the Jews and Christians to the south, especially Malabar. The Shaivite Hindus of the north were prepared to adapt their faith to the needs of the times, but these minorities were not prepared to do so – thus, the Christian communities in Taxila and Kashmir died out."
A Search For The Historical Jesus : From Apocryphal, Buddhist, Islamic & Sanskrit Sources, Professor Fida M. Hassnain, Gateway Books, The Hollies, Wellow, Bath BA2 0QJ, U.K., Ist Indian Reprint, 2003, p.-156

219. "**The end of Christianity in Kashmir**
Christian communities survived in Persia, Afghanistan and Kashmir until the third century, according to my researches. These Christians were called *Nasara* and *Kristani*."
ibid., p.-194

220. "The Nasara had forty priests who were well-read in the Talmud, the Torah, the Bible and the Apocalypse of Abraham. They would sit in the royal court and give verdict on cases referred to them by the Raja of Kashmir. After the advent of the Holy Prophet of Islam, these priests came to know that in their own scriptures, the Holy Prophet had been mentioned. In order to inquire into this matter, they deputed a mission under the leadership of Ganum Hindi to Balakh in Central Asia for advice and consultation with the chief priest. But Ganum Hindi saw that the region had accepted the truth

of Islam. After some time he returned to Kashmir, and the remaining Nasara and Kristani converted and became Muslims. After this, they collectively joined the fold of Islam."
ibid., p.-194

221. "This conversion will have taken place some time after the time of the Prophet, after the year 570. However, while this information is scanty, it indicates the existence of a small group of Christians in Kashmir, who collectively converted, and thus lost their separate identity, somewhere between 570 and 962, the date of the death of Shaikh-us-Sadiq, who recorded this information. All trace of the Kristani in Kashmir was wiped out, except for the tomb of Yuzu Asaph at Rozabal, Kashmir."
ibid., p.-195

222. "As centuries passed these Jewish tribes variously adapted their religion to Buddhism, Shivaism and Islam, due to political upheavals and religious persecution. Despite these drastic changes, several segments of the people still call themselves *Bani Israel*, or the Children of Israel."
ibid., p.-186

223. मसीही दलित समाज का इतिहास, लेखक, जॉन सी. बी. वेब्स्टर, सम्पादक, डा. जे. एच. आनंद, अनुवादिका, श्रीमती सुभद्रा मालवी, हिन्दी थियोलाजिकल लिटरेचर कमिटी, 1801/2, नेपियर टाउन, सिल्वर ओक कम्पाउण्ड, रसेल चौक, जबलपुर-482 001, मध्य प्रदेश, प्रथम संस्करण, पृ. -21

224. "There were three who always walked with the Lord : Mary his mother and his sister and Magdalene, the one who was called his companion. His sister and his mother and this companion were each a Mary."
Search For The Historical Jesus: From Apocryphal, Buddhist, Islamic & Sanskrit Sources, Professor Fida M. Hassnain, Gateway Books, The Hollies, Wellow, Bath BA2 8QJ, U.K., Ist Indian Reprint, 2003, p.-158

225. "Mary, the mother, died on the way, and was buried at a place which became called *Mari* until 1875, after which spellings were changed to *Murree*... The tomb is called Mai-Mari-de-Asthan, or the 'resting place of mother mary'.
ibid, p.-159

226. Jesus Lived in India : His Unknown Life Before and After the Crucification, Holger Kersten, Penguin Books India Pvt. Ltd., 11, Community Centre, Panchsheel Park, New Delhi-110 017, India, Ist Indian Edition, 2001, p.-211

227. Armenians in India : From the Earliest Times to the Present day : A Work of Original Research, Mesrovb Jacob Seth, Ist publication 1937, Present Edition, Asian Educational Services, 31, Hauz Khas Village, New Delhi-110 016, Second Reprint, 2005, p.-X

228. "The First Armenian in S. India.

Fully seven centuries prior to the landing of Vasco de Gama on the Malabar Coast, on the 20th of May, 1498, an enterprising Armenian merchant, Thomas Cana by name, landed on the same coast in the year 780 A.D., when one Sheo Ram was the native ruler of Cranganore and in whose eyes he found great favour, which resulted in his amassing considerable riches by trading in muslins and spices, his main object in seeking the Indian shores. He is better known as Mar Thomas. As a trader, he was shrewd and active, as a diplomat, he was tactful and cunning, and we soon read of him as a prosperous merchant at Cranganore and afterwards at Angamale, further inwards the Southern Peninsula. He died in the lap of luxury, basking in the favour of potentates who loved and respected him. According to the traditions of the St. Thomas Christians of Malabar, Mar Thomas or Thomas Cana, founded a commercial town near Cranganore and obtained, by a copper-plate document, from the Emperor of Malabar, several commercial, social and religious privileges for the Christians of that country. The early Portuguese writers call him Thomas Cananeo and give his nationality as Armenian.

He is known to the Malabar Christians of the present day as Knayi Thomman or Kana Tomma, which means the merchant Thomas."
ibid., p.-612

229. "The lecture, by reason of its great historical value, was received with loud acclamations by the large number of Hindoos in the audience, and professor, now Sir Jadunath Sarkar, M.A. who presided at the Meeting, said that they knew that their remote ancestors had crossed the seas and gone as far as Java, but they never knew that they had gone so far as Armenia."
ibid., p.-619

230. "And it may be safely mentioned that even before the Mohammedan invasion of India in the 10th Century, the Armenians were found at all the principal commercial centres and capitals of India engaged in the peaceful pursuit of commerce."
ibid., p.-619

231. "It would be interesting, however, from a historical point of view, to trace in what period of the world's history Armenians first set foot on Indian soil."
ibid., p.-619

232. "We search in vain the faded pages of Sanskrit writers and Mohammedan chroniclers of ancient times for any reference to this enterprising, commerical people in India. They were hardly interested in politics, and rarely took part in intrigues, their field of action lay, rather, in the bazaars, the commercial marts, and the emporiums of India, over which they exercised vast influence, in the absence of any foreign commercial element, and thereby monopolised the greater portion of the export trade, which they carried on for a considerable period."
ibid., pp.-619-20

233. "Armenians, as allies or otherwise, may have accompanied the Greek invasion of India in 327 B.C. under Alexander the Great : for it is a well-known historical fact that he passed through Armenia, *en route* for india, via, Persia."
ibid., p.-620

234. "The first authentic record we have of the connection of the Armenians with India is to be found in the work of Zenob, one of the earliest classical writers who flourished in Christian Armenia in the beginning of the 4th Century."
ibid., p.-620

235. "Zenob, or Zenobias, who was a Syrian and one of the *first* disciples of St. Gregory, the Illuminator–the Apostle of Armenia–wrote, at the instance of his master, a History of Taron (an important province in Armenia) and in

that work he refers to the history of a Hindoo colony that had existed in Armenia since the middle of the second century before the commencement of the Christian era till the beginning of the Hindoo colony came to be planted on Armenian soil in the days of remote antiquity. It apears from Jenob's account that two Hindoo Princes of far-famed Kanauj,...named Gissaneh and Demeter, had conspired against Dinakspall, the King of Kanauj, and on the discovery of the plot, which spelt death for the two princes, they had no alternative but to seek refuge in flight, and to far-off Armenia they fled, and there they not only found an asylum, but were accorded a welcome befitting their princely dignity by their royal patron, King Valarsaces (a brother of Arsaces the Great) and the founder of the Arsacidae dynasty which ruled in Armenia from 149 B.C. to 428 A.D."
ibid., pp.-620-21

236. "THE FIRST BATTLE WHICH WAS FOUGHT VERY FIERCELY. ARTZAN [ARJUN] THE HEAD PRIEST, THE CHIEF COMMANDER OF THE BATTLE LIES INTERRED HERE, AND WITH HIM ONE THOUSAND AND THIRTY-EIGHT MEN.

"WE WAGED THIS WAR ON ACCOUNT OF THE IDOL GISANEH AND ON BEHALF OF CHRIST."
ibid., p.-629

237. "This people had a most extraordinary appearance for they were black, long-haired and unpleasant to the sight, as they were Hindoos by race."
ibid., p.-624

238. ibid., p.-629

239. हिन्दी-मलयालम निघण्टु, अभय देव, नेशनल बुक स्टाल, कोट्टयम, रिप्रिन्ट, 1999, पृ.-387

240. हिन्दी व्युत्पत्तिकोश, खण्ड-3, आचार्य बच्चूलाल अवस्थी, बुक्स एन' बुक्स, 111, मुकर्जीनगर (वैस्ट), दिल्ली-110 009, प्रथम संस्करण, 2005, पृ.-1211

241. वही, पृ.-1211

242. Armenians in India : From the Earliest Times to the Present Day : A Work of Original Research, Mesrovb Jacob Seth, Ist Publication 1937, Present Edition, Asian Educational Services, 31, Hauz Khas Village, New Delhi-110 016, Second Reprint, 2005, p.-383

243. Khojah Gregory, better known by his orientalized name of "Gorgin Khan," was a cloth-merchant of Hooghly..."
ibid., p.-384

244. "Unfortunately the annals of ancient Armenia which was carefully preserved in the temples of pre-Christian Armenia and which could have thrown light on the subject were destroyed entirely, by St. Gregory, the aposte of Armenia, known as the Illuminator, in the beginning of the 4th Century of the Christian Era when by virtue of a royal edict granted to St. Gregory, by that Zealous neophyte, King Tividates, Armenia embraced the Christian faith *en masse*, and the Armenias thus became the first Christian nation in the world."
ibid., p.-620

245. ibid., p.-384

246. ibid., pp.-393, 394, 395

247. राजतरङ्गिणी कोश (कल्हणकृत राज तरङ्गिणी में आने वाले नामों और विषयों की व्याख्यात्मक

अनुक्रमणिका, सुभाषित और वंशावलियाँ, इत्यादि), राम कुमार राय, चौखम्बा, विद्या भवन, गोपाल मन्दिर लेन, पो. आ. चौखम्बा, पोस्ट बाक्स 8, वाराणसी-1, प्रथम संस्करण, 1967, भूमिका, पृ.-8

248. राजतरङ्गिणी कोश (कल्हण कृत राज तरङ्गिणी में आने वाले नामों और विषयों की व्याख्यात्मक अनुक्रमणिका, सुभाषित और वंशावलियाँ, इत्यादि), राम कुमार राय, चौखम्बा, विद्या भवन, गोपाल मन्दिर लेन, पो. आ. चौखम्बा, पोस्ट बाक्स 8, वाराणसी-1, प्रथम संस्करण, 1967, पृ.-69

249. पौराणिक कोश, राणा प्रसाद शर्मा, ज्ञानमंडल लिमिटेड, 'आज भवन', संत कबीर मार्ग, वाराणसी-221 001, पुनः मुद्रण, फरवरी, 2008, पृ.-564

250. काशी में मोक्षकामी प्रवासी विधवाएँ : धार्मिक-सामाजिक जीवन, सत्य प्रकाश मित्तल और राम लखन मौर्य, विश्वविद्यालय प्रकाशन, चौक, वाराणसी-221 001, प्रथम संस्करण, 2005, पृ.-9

251. "The second, Roman Catholic, phase of India's Christian history began in the 1250s, with the arrival of the first missionaries of the Franciscan and Dominican orders...These however were not successful, and half a century later had disappeared almost without trace."
Religion in Modern India, Edited by Robert D. Baird, Manohar Publications, 2/6, Ansari Road, Daryaganj, New Delhi-110 002, Reprint, 1991, p.-222

252. "Follwoing the Second Vatican Council in the mid-1960s, the Roman Catholic Church in India, which for a century had lived its own life largely separate from Hindu society on the one hand, and from other Christian bodies on the other, was liberated from many of its earlier restrictions. The Council having affirmed the principle of dialogue, numerous Catholics threw themselves into the practice and the theory of inter-religious *rapprochement*, most notably on the level of spirituality...Many names might be mentioned in this connection; special places were however occupied by Christian contemplatives, H. le Saux (who took the Hindu name of Swami Abhishiktananda) and Dom Bede Griffiths. On a different level, Important contributions were also made by Raimundo Panikkar and Klaus Klostermaier, and by many contributors to the *Journal of Dharma* (first published in 1975). On the level of worship, many experiments were made to Hinduize the Church's liturgy by the introduction of elements from the temple and *bhakti* traditions. At first these met with a mixed reception, but some have gradually gained wider acceptance."
ibid., p.-234

253. "St. Thomas is reputed to have preached Christinity in India from A.D. 21-52."
Travellers' India : An Anthology, Chosed and Edited by H.K. Kaul , Oxford Unversity Press, YMCA Library Building, Jai Singh Road, New Delhi-110 001, IIIrd Impression, 2002, Introduction, p.-xxi

254. Dictionary of Buddhism, by Damien Keown, Oxford University Press, Great Clarendon Street, Oxford OX2 6DP, Ist Published, 2003, pp.-177-78

255. प्राचीन भारतीय पुरातत्व, अभिलेख एवं मुद्राएँ, डा. नीहारिका, विश्वविद्यालय प्रकाशन, चौक, वाराणसी-221 001, द्वितीय संस्करण, 2007, पृ.-255

256. वही, पृ.-262

257. हिन्दुत्व (हिन्दू धर्म कोश), रामदास गौड़, ज्ञानमण्डल लिमिटेड, विक्रम भवन, लंका, वाराणसी, पुनर्मुद्रित संशोधित संस्करण, 1993, पृ.-789

258. अष्टादशस्मृति (भाषा-टीका सहित), मूल लेखक, पं. मिहरचंद, संशोधन तथा परिवर्धन, नाग शरण सिंह, नाग प्रकाशक, 11A/यू. ए. जवाहर नगर, दिल्ली-110 007, प्रथम संस्करण, 1891, संशोधन तथा परिवर्धन, 1990, पृ.-120

259. शूद्रों का खोजपूर्ण इतिहास–अर्थात् भारत का सच्चा इतिहास, के. पी. संखवार, 418 वाई-1, किदवई नगर, कानपुर-208 011, प्रथम संस्करण, 2004, पृ.-133

260. सति गुरु रविदास जी : आदि गुरुवाणी, प्रकाशक, श्री गुरु रविदास मन्दिर प्रबंधक कमेटी, 182, राम पुरी, कालका जी, नई दिल्ली-110 019, प्रथम संस्करण, 1998, पृ.-129

261. वही, पृ.-131 262. वही, पृ.-173

263. The Concise Oxford Dictionary, Edited by Judy Pearsall, Oxford University Press, YMCA Library Building, Jai Singh Road, New Delhi-110 001, Tenth Edition, IVth Impression, 2000, p.-219

264. Bloomsburry English Dictionary, Bloomsburry Publishing Plc, 38 Soho Square, London WID 3HB, IInd Edition, 2004, p.-297

265. मातृसत्ता, पितृसत्ता और जारसत्ता : खण्ड तीन : प्रेमचंद : सामंत का मुंशी, डा. धर्मवीर, वाणी प्रकाशन, 21-ए, दरियागंज, नई दिल्ली-110 002, प्रथम संस्करण, 2005, पृ.-13

266. प्रेमचंद : घर में, शिवरानी देवी प्रेमचंद, आत्माराम एण्ड संस, 1376, कश्मीरी गेट, दिल्ली-110 006, संस्करण, 2005, पृ.-45-6

267. Concise Oxford Dictionary, Edited by Judy Pearsall, Oxford University Press, YMCA Library Building, Jai Singh Road, New Delhi-110 001, Tenth Edition, Fourth Impression, 2000, p.-222

268. मसीही दलित समाज का इतिहास, लेखक, जॉन सी. बी. वेब्स्टर, सम्पादक, डा जे. एच. आनन्द, अनुवादिका, श्रीमती सुभद्रा मालवी, हिन्दी थियोलाजिकल लिटरेचर कमिटी, 1801/2, नेपियर टाउन, सिलवर ओक कम्पाउण्ड, रसेल चौक, जबलपुर-482 001, मध्य प्रदेश, पंचम संस्करण, पृ. -अन्तिम चार

269. मातृसत्ता, पितृसत्ता और जारसत्ता : खण्ड तीन : प्रेमचन्द : सामन्त का मुशी, डा. धर्मवीर, वाणी प्रकाशन, 21-ए, दरियागंज, नई दिल्ली-110 002, प्रथम संस्करण, 2005, पृ.-13

270. हिन्दी-मलयालम निघन्टु, अभय देव, नेशनल बुक स्टाल, कोट्टयम्, केरल, रिप्रिन्ट, नवम्बर, 1999, पृ.-177

271. A Malayalam and English Dictionary, Rev. H. Gundert, Ist Edition, 1872, Present Publishers, Asia Educational Services, C-2/15 S.D.A., New Delhi-110 016, Second Reprint, 1989, p.-323

272. हिन्दू जाति का उत्थान और पतन, रजनी कान्त शास्त्री, किताब महल डिस्ट्रीब्यूटर्स, 28, नेताजी सुभाष_मार्ग, दरियागंज, नई दिल्ली-110 002, संस्करण, 2005, पृ.-49

273. वही, पृ.-50 274. वही, पृ.-50-51

275. वही, पृ.-51 276. वही, पृ.-51

277. वही, पृ.-51 278. वही, पृ.-52

279. वही, पृ.-54 280. वही, पृ.-54-5

281. वही, पृ.-56 282. वही, पृ.-66

283. A Sanskrit-English Dictionary, Sir Monier Monier-Williams, Motilal

Banarsidass Publishers Private Limited, 41 U.A., Bungalow Road, Jawahar Nagar, Delhi-110 007, Ist Edition by Oxford University Press, 1899, Present Reprint, 1997, p.-794

284. "...Māgha may be placed in the latter half of the seventh century A.D." The History and Culture of the Indian People : Volume Three : The Classical Age, General Editor, R. C. Majumdar, Bhartiya Vidya Bhavan, Kulpati K. M. Munshi Marg, Mumbai-400 007, Vth Edition, 1997, p.-311

285. हिन्दू जाति का उत्थान और पतन, रजनी कान्त शास्त्री, किताब महल डिस्ट्रीब्यूटर्स, 28, नेताजी सुभाष मार्ग, दरियागंज, नई दिल्ली-110 002, संस्करण, 2005, पृ.-71-2

286. वही, पृ.-73-4

287. "The origins of Christianity in North India are a subject of speculation among students of history."
The Cultural Heritage of India : Volume IV : The Religions, Editor, Haridas Bhattacharyya, The Ramakrishna Mission Institute of Culture, Gol Park, Calcutta, Reprint, 1983, p.-560

288. ताम्र पाषाण युग और आरम्भिक लौह युग-I, IGNOU, पृ.-21

289. वही, पृ.-21

290. पुरातत्व विमर्श, डा. जय नारायण पाण्डेय, प्राच्य विद्या संस्थान, बी-78, गोविन्दपुर, इलाहाबाद-211 004, नवम पुनर्मुद्रित संस्करण, 2002, पृ.-446

291. वही, पृ.-609

292. "a particular caste or man of that caste, the Kāyath or writer caste (born from a Kshatriya father and Sudra mother), Yajn."
A Sanskrit-English Dictionary, Monier Monier-Williams, Motilal Banarsidass, 41 U.A., Bungalow Road, Jawahar Nagar, Delhi-110 007, Ist Edition by Oxford University Press, 1899, Present Reprint, 1997, p.-274

293. "...We are on safer ground when we come to the seventh century, when India was the seat of a metropolitan who may have had same ten bishops under his jurisdiction."
The Cultural Heritage of India : Volume IV : The Religions, Editor, Haridas Bhattacharyya, The Ramkrishna Mission Institute of Culture, Gol Park, Calcutta, Reprint, 1983, p.-561

294. "Dr. B.J. Kidd quotes a fourteenth century source which says that there were 13 metropolitans in India...12 Suffragans under him."
Ibid., p.-561

295. "Patna is mentioned as the seat of a metropolitan in the year A.D. 1222, and Marco Polo, who visited India about the end of the thirteenth century, states that there were then in Middle (Central) India six great King's and Kingdoms and that three of these were Christian and three Saracen."
ibid., p.-561

296. "Four Franciseans, the first European Monks in India who were martyred at the hands of Muslims at Thana in 1321, had been received by a small community of Nestorian Christians. It must be said to the credit of the Mohammedan emperor of Delhi, Ghiyas-ud-din, the founder of the Tughlug dynasty, that, when he heard of the crime, he punished the governor of Thana with death."
ibid., pp.-561-62

297. "Christianity in North India, however, received a set back under Muhammad bin Tughluq, Timur, and other Muslim rulers. The blow was so shattering that the Churches became extinct, and all traces of their existence were obliterated by the end of the fifteenth century."
ibid., p.-562

298. सत्य के प्रयोग अथवा आत्मकथा, लेखक, मो. क. गांधी, अनुवादक, काशीनाथ त्रिवेदी, नवजीवन प्रकाशन मन्दिर, अहमदाबाद-14, पुनर्मुद्रण, जनवरी, 2003, पृ.-203

299. वही, पृ.-204

300. वही, पृ.-204

301. वही, पृ.-205

302. The History and Culture of the Indian People : Volume V : The Struggle for Empire, General Editor, R. C. Majumdar, Bhartiya Vidya Bhavan, Kulpati Munshi Marg, Mumbai-400 007, Vth Edition, 2001, p.-XXXV

303. हिन्दी विश्व कोश, चतुर्थ भाग, नगेन्द्र नाथ वसु, मूल संस्करण, 1919, वर्तमान प्रकाशक, बी. आर. पब्लिशिंग कार्पोरेशन, 461, विवेकानंद नगर, दिल्ली-110 052, रिप्रिन्ट, 1986, पृ.-513

304. वही, पृ.-508

305. वही, पृ.-499

अध्याय-29

प्रेमचन्द : पान-बीड़ी-सिगरेट, शराब, हुक्का और भांग

पान, बीड़ी, सिगरेट, शराब, हुक्के और भांग पर साहित्यकार आलोचनात्मक रूप में बहस नहीं करते। इन्हें वे दुर्व्यसन भी नहीं कहते और इन के सेवन में मशगूल हो जाते हैं। कुछ ऐसा व्यवहार करते हैं मानो कोई बड़ा काम कर रहे हैं। इन दुर्व्यसनों को साहित्यकारों और कलाकारों का मौलिक अधिकार मान लिया गया है। इन चीजों के लिए वे लड़ते-मरते हैं, भों-भों करते हैं। कुछ वर्ष पहले मैंने हिन्दी के एक साहित्यकार के संस्मरण पढ़े थे कि वे रात को एक शराब की बोतल के लिए दिल्ली में कहाँ-कहाँ फिरे थे। कहने का मतलब यह है कि गलत चीजों के इस्तेमाल को बघारा भी जाता है।

मेरे पास एक मुस्लिम लेखक की 'हिन्दू इथिक्स' पर अंग्रेजी में लिखी गई एक हस्तलिखित किताब है। लगता है, वे दिवंगत हो चुके हैं और यह किताब छपी नहीं है। यही सोच रहा हूँ कि यह मूल प्रति है और मेरे पास है। उस किताब में उन की कुछ पर्चियाँ भी रखी मिली हैं। एक पर्ची में लिखा मिला है—"सिगरेट नहीं है।"

हम सीधे प्रेमचन्द पर आएँ। वे भी इन चीजों का सेवन करते थे। पान के बारे में कुछ प्रमाण इस प्रकार हैं, जो उन की पत्नी शिवरानी ने दिए हैं :

1. "बस, (प्रेमचंद ने) पान उठा कर मुंह में डाला, गले मिले।"[1]
2. "एक रोज का वाकया है आप बाजार गए मछली, तरकारी, पान-वगैरह लाने। वहीं पं. मन्नन द्विवेदी से भेंट हुई। पण्डित जी को साथ लिए घर पर आए। आ कर बोले—"पंडित जी घर में बैठे हैं। पान तो बना लाओ। वे खुद हाथ धो कर तश्तरी में पान ले कर बाहर आए।"[2]
3. "पान बना कर मेरे डब्बे में रख कर, धुन्नू को गोद में लिए ही स्कूल चले जाते थे।"[3]
4. "आपने बेटी को आवाज दी—बेटी, पान दे जा। मैंने पान और इलायची भिजवा दी।"[4]

5. "कई मुसलमान लेखक आप से होली मिलने आए।...उन लोगों ने आप को गुलाल लगा कर पान दिया।"[5]
6. "सुबह तो 5 बजे घूमने जाते, उस के बाद साढ़े 7 बजे नाश्ता करते, पान लेते हुए अपने कमरे में चले जाते, काम करूँगा।"[6]

प्रेमचंद के पान के सेवन के बारे में कुछ प्रमाण उन के पुत्र अमृत राय ने भी दिए हैं। वे यहाँ दिए जा सकते हैं :

1. "चिराग जलने का वक्त हो गया था। पत्नी के डिब्बे से पान निकाल कर खाते हुए मुंशी जी अपनी बैठक में चले गए और नौ बजे तक काम करते रहे।"[7]
2. "पत्नी अभी उसी जगह खड़ी थीं कि मुंशी जी को कै आने लगी। पत्नी दौड़ीं। उन की पीठ और गर्दन पर हाथ फेरने लगीं...फिर उन को पान और इलायची दी। पान मुँह में डालने को थे कि फिर... तिबारा जब कै होने लगी तो पत्नी घबरा गयीं।"[8]

बात केवल पान तक सीमित नहीं है, प्रेमचंद पान में तम्बाखू भी लेते थे। अमृत राय ने लिखा है–"यह नारियल गली है। इसमें दाखिल होते ही बायीं तरफ़ सुँघनी साहु की पुरानी और मशहूर तंबाकू की दुकान है जिस पर प्रसाद जी अक्सर दो-चार साहित्यिक मित्रों के साथ बैठे मिलते। मुंशीजी का तो वह रास्ता ही था, कभी वह भी दस-पाँच मिनट बैठ लेते, पान के दो-चार बीड़े मुँह में डालते, मय खुशबूदार जाफ़रानी तम्बाकू के, दो-एक चुटकुला छोड़ते और अपनी राह लगते।"[9] कृष्ण कुमार यादव भी अपने लेख 'मुंशी प्रेमचंद के सामाजिक संदर्भ' में इस बारे में कुछ सूचना देते हैं। हुआ यह कि प्रेमचंद प्रेस मालिक बन बैठे हैं। वे एक बार मजदूरों से कहते हैं–"इतने पैसों में तुम्हीं लोग अपने और मेरे लिए ब्योंत कर दो। मुझे पान-तम्बाकू और इक्का-भाड़ा भर दे कर बाकी आपस में बाँट लो।"[10] उन की मजदूरों से बरती गई चतुराई अलग से देखी जा सकती है, पर उन की पान-तम्बाखू के सेवन की व्यक्तिगत कमजोरी तो जीवन भर की है। यह उन के साथ लत थी और बुरी लत थी।

जब पान-तम्बाखू की बात हो गई है तो बीड़ी-सिगरेट की बात पीछे नहीं छूट सकती। बिलकुल प्रेमचंद इन का भरपूर सेवन करते थे। प्रमाण उन के पुत्र अमृत राय के दिए हुए हैं :

1. "लिहाजा जैसे-जैसे समय बीतता गया, उम्र के साथ-साथ आवारागर्दी भी बढ़ती गई।...बारह-तेरह बरस की उम्र तक पहुँचते-पहुँचते, उसे (प्रेमचंद को) सिगरेट-बीड़ी का चस्का लग चुका था...।"[11]

2. "गोरखपुर उसके लिए नयी जगह नहीं है। यहाँ के एक-एक गली कूचे से वह परिचित है। बचपन के कई बरस उसने यहाँ बिताये हैं। आवारागर्दी भी खूब की है। तलिस्मे होशरुबा और हरमसरा के क़िस्से भी यहीं पढ़े और सुने हैं।...ज़िन्दगी की पहली सिगरेट भी तेरह साल की उम्र में उसने यहीं पी है।"[12]

अमृत राय प्रेमचंद के बम्बई के दिनों के बारे में लिखते हैं—"सिगरेट पीना भी बहुत बढ़ गया है—नहीं तो बस दिन-रात में तीन बीड़ी पीते थे। अब यों ही धुआँ उड़ाते दोपहर गुजर जाती है।"[13] यह तब है, जब वे 'रंगभूमि' में सिगरेट के कारखाने के खुलने को ही उपन्यास का मुख्य मुद्दा बना बैठे थे। जी हाँ, 'रंगभूमि' में एक पात्र प्रोफेसर चार्ल्स सिमियन हैं। वे बोलते हैं—"मैंने अपने पैम्फलेट में संसार के बड़े-से-बड़े विद्वानों और डाक्टरों की सम्मतियाँ लिखी थीं। स्वास्थ्य नाश का मुख्य कारण सिगरेट का बहुत प्रचार है।"[14] तब, सब कुछ जान कर भी प्रेमचंद सिगरेट पीते हैं। यदि प्रेमचंद सिगरेट पीनी छोड़ देते तो उद्योगपतियों को सिगरेट की फैक्ट्री लगाने की जद्दोजहद न करनी पड़ती। तम्बाखू का यह उद्योग ही खत्म हो जाए, यदि इस का सेवन करने वाले लोग न रह जाएँ। जंगलों में जंगली जीन्स बन कर पैदा हो, तो हो, पर कम्पला और देशी तम्बाखू की खेती बन्द हो जाती।

प्रेमचंद शराब भी पीते थे। उन के शराब पीने को कई ढंग से लिया जा सकता है। सब से अच्छा ढंग वह रहेगा जिस का वर्णन शिवरानी ने अपनी किताब 'प्रेमचंद : घर में' किया है। उसे यहाँ उतार देना अच्छा रहेगा। यह इस प्रकार है :

"सन् 1924 की बात है। आप बेदार साहब के यहां प्रयाग गये हुए थे। 'माधुरी' आफ़िस की कुछ किताबें बोर्ड में मंजूर कराने के लिए गये थे। वेदार साहब शराबी थे। खुद पीया, आपको भी पिलायी। वहां से लौटे तो नशे में चूर। उसी दिन मेरे कान का फोड़ा फूटा था। मैं भी अपने कान में रूई लगाकर सो गई थी। न मालूम आप दरवाज़े पर कब से आवाज़ दे रहे थे, मुझे कुछ भी पता नहीं। जब बच्चों के कान में आवाज़ गई तो धुन्नू बेटी के साथ दरवाजा खोलने दौड़ा। मुझे इसकी भी खबर नहीं। बच्चों को देखकर कुत्तों की तरह डांटने लगे। उनके डांटने की आवाज़ मेरे कानों में आई। मैंने पूछा—"बेटी, कुत्ता किधर से आ गया।" बेटी बोली—'तुम सुन नहीं रही हो, बाबूजी आये हैं। मुझे और भाई को डांट रहे हैं बाबूजी।' मैंने पूछा—'क्या बात है?'

बेटी बोली—'बाबूजी बड़ी देर से आवाज़ दे रहे थे। हमने सुना नहीं।'

मैं बोली—'देखो, बेटी, क्या समय है?'

बेटी—'डेढ़ बजा है।'

मैं उठने लगी कि चलकर उन्हें पानी-वानी दूं और पूछूं कि बच्चों को इस तरह डांटना चाहिए।

बेटी बोली—'तुम न जाओ। बाबूजी शराब पिये हुए हैं। तुम्हें भी डाँटेंगे।'

मैं बोली—'यह नया नशा सीखा?'

मुझे भी क्रोध आ गया। मैं सो रही। सुबह उठी तो उनका नशा उतर गया था, मैं बोली—'बच्चों को इस तरह डांटना चाहिए?'

'मुझे आध घंटे तक चिल्लाना पड़ा था। तुम्हें ख़बर भी है?'

'सुनता कौन? बच्चे रात-भर जागते रहते?'

'अगर बच्चे न जाग सकते तो बच्चों की मां तो जाग सकती थी।'

मैं बोली—'मुझे कल ज़रा-सा आराम मिला; मैं भी सो गई। फिर मुझे मालूम होता कि आप शराब पीकर आये हैं तो जागते होने पर भी न खोलती। फिर आपने शराब क्यों पी?'

तब आप बोले—'बेदार साहब माने ही नहीं।'

मैं—'आप बच्चे तो थे नहीं कि बेदार साहब ने जबर्दस्ती आपके मुंह में उंडेल दी। आइंदा आप अगर फिर पीकर आये तो मैं जागती हुई भी दरवाजा न खोलूंगी।'

'मुझे पहले से मालूम होता, तो मैं वहीं सो रहता।'

'तो क्या आप मुझसे कहकर गये थे कि मैं वहां शराब पिऊंगा। इन बुरी लतों में आप फंसते क्यों जा रहे हैं?'

'वह माना नहीं।'

'मनवाना चाहिए था।'

'उसके फेर में तुम पड़तीं तो शायद तुम भी पी लेतीं।'

'मैं ऐसों के फेर में पड़नेवाली जीव नहीं हूं।'

'ख़ैर, अब नहीं पिऊंगा।'

उसके 5-6 रोज के बाद फिर उन्हीं के यहां पी आये। उस दिन आठ बजे के लगभग ही लौट आये। रात को दो बार कै हुई। मैं तो उठी नहीं। मेरी भावज ने उठकर पानी-वानी दिया। रात ही को कै भी साफ़ की। सुबह जब नशा उतरा तो बोले—'रात-को मेरी यह हालत थी। तुम कहाँ थीं?'

मैं बोली—'मैं इन आदतों के फेर में पड़नेवाली नहीं। मैं उसी दिन आपसे कह चुकी हूं।'

आप बोले—'बेचारी दुलहिन न होती तो मुझे पानी देनेवाला कोई नहीं था।'

मैं इसके लिए पहले ही बता चुकी हूं।

'तुम्हारा दिल बड़ा कड़ा है।'
'आज आपने समझा?'
फिर उस दिन से उन्होंने कभी शराब नहीं पी।''[15]

यहाँ शिवरानी की सारी बातें ठीक हैं, पर मुझे उन की दो बातों में सुधार करना है। पहली बात यह गलत है कि प्रेमचंद के लिए सन् 1924 में शराब कोई नया नशा था। प्रमाण उपलब्ध है कि वे मई 1905 में शराब पीते थे। कानपुर की महफिलें हैं। उन के बारे में अमृत राय ने लिखा है–''और सिर्फ कहकहे न उड़ते, नवाब राय (प्रेमचंद) भी गाहे-ब-गाहे मुँह जुठार लेते।''[16] अमृत राय ने पीने का तर्क ही आगे रख दिया है–''मुंशी जी उन लोगों में से न थे जो चार दोस्तों के बीच भी कट्टर मौलाना की तरह शराब पीने को एक बड़ा गुनाह समझते हुए, मुहर्रमी सूरत बनाए, लबों को सिए बैठे रहते हैं। क्या मसरफ ऐसे आदमी का और अगर उसे बातचीत नहीं कर आती और हँसने से जिगर के फटने का अंदेशा रहता है तो वह आए ही क्यों ऐसी महफिल में।''[17]

खैर, मैं यहाँ अमृत राय के इस कथन पर तपसरा करने नहीं जा रहा हूँ कि जो शराब नहीं पीते, उन की महफिलें नहीं लगतीं, या वे हँसते नहीं हैं। मैं शिवरानी की दूसरी बात को ले रहा हूँ जिस में उन्होंने लिखा है कि 'फिर उस दिन से उन्होंने कभी शराब नहीं पी।' उन के इस वाक्य को इसी तरह से लिया जा सकता है कि उन के सामने उन्होंने शराब नहीं पी। इस से आगे बढ़ कर प्रेमचंद के बारे में गवाही देना, अपने आप को झूठा सिद्ध करना हो जाएगा। लेकिन, अगला सवाल मैं शिवरानी के पक्षधरों से यह जरूर पूछूँगा ''शिवरानी ने प्रेमचंद को शराब के पीने से रोक दिया, रखैल के बारे में कभी रोक-टोक क्यों नहीं की?'' असल में, रखैल रखना शिवरानी के लिए ज्यादा संगीन मामला होना चाहिए था।

अच्छा यह है कि प्रेमचन्द द्वारा पी गईं उन शराबों के बारे में अमृत राय ने भी अपनी लेखनी चलाई है। तुलना के लिए उसे यहाँ प्रस्तुत करना बेहतर होगा जो इस प्रकार है :

> ''लत तो दूर की बात है, मुंशीजी को पीने का चस्का भी न था, लेकिन सोहबत में बैठने पर कभी-कभी लगाम आप ही आप ढीली हो जाती और मुंशीजी ना ना करते हुए भी पेग दो पेग चढ़ा जाते। ऐसी ही एक सोहबत में एक रोज़ मुंशीजी को रात घर पहुँचने में काफ़ी देर हो गयी। दरवाज़ा बन्द हो चुका था और पत्नी शाम से ही सर लपेटे सोती-जागती-सोती पड़ी थीं, दोनों कानों में फुड़ियाँ निकली हुई थीं। उनको छोड़कर घर में बस बच्चे थे–बड़ी बेटी और उसके दोनों छोटे भाई। उनकी

भी आँख लग गयी होगी। ग़रज़ कि मुंशीजी को दरवाजा खुलवाने में काफ़ी मुशकिल हुई और दरवाज़ा खुलते ही मुंशीजी बच्चों पर बरस पड़े। नशा चढ़ा हुआ था।

माँ सर लपेटे पड़ी थीं, कान में थोड़ी-सी भनक उनको भी पड़ी। बेटी को बुलाकर उन्होंने पूछा—बेटी, घर में कोई कुत्ता घुस आया है क्या? बेटी ने कहा—कुत्ता नहीं है अम्माँ, बाबू जी हैं, हमको धुन्नु को बिगड़ रहे हैं। शराब पीकर आये हैं। मुँह से बदबू आ रही है।

यह सुनकर तो अम्माँ की आँखें कपार पर चढ़ गयीं और वह उठने को हुई कि जाकर ज़रा अच्छी तरह खरी-खोटी सुनायें लेकिन बेटी ने रोक दिया और वह भी न जाने क्या सोचकर रुक गयीं, चादर मुँह से ओढ़ ली और करवट बदलकर फिर सो गयीं।

अगले दिन सबेरा होने के साथ मुंशी जी की लानत-मलामत हुई और कसकर हुई। नशा तो रात को ही उतर चुका था, अब उस नशे का खुमार भी हिरन हो गया। मुंशीजी ने कान पकड़ा कि अब फिर कभी ऐसी ग़लती नहीं करूँगा।

एक पखवारा भी नहीं बीतने पाया था कि फिर वहीं ग़लती कर बैठे, दोस्तों की महफ़िल में कहाँ ख़याल रहता है ऐसे सब वादों का...और अब फिर वही बन्द दरवाज़ा सामने था और मुंशीजी दस्तक दे रहे थे और दरवाज़ा बन्द का बन्द था। सिद्धान्त-गरिष्ठ पत्नी ने उन्हें सबक़ देने का फ़ैसला कर लिया था—जायँ वहीं मरदूदों के यहाँ जिनकी संगत में बैठकर...

उनका बस चलता तो मुंशीजी को शायद वह रात बाहर सड़क पर ही गुज़ारनी पड़ जाती लेकिन ख़ैरियत हुई कि बच्चों की मामी उन दिनों आयी हुई थीं, उन्होंने अपनी ननद की सुनी अनसुनी करके दरवाज़ा खोल दिया। रात को मुंशी जी को तीन-चार क़ै भी हुई (या तो ज्यादा पी गये थे बातों-बातों में या मेदे में क़तई बर्दाश्त न थी) लेकिन पत्नी पास नहीं फटकीं। हाँ, अगले रोज फटकार उन्होंने खूब कसकर सुनायी। मुंशीजी कान दबाये सुनते रहे और इस बार जो उन्होंने क़सम खायी तो फिर शायद कभी लाल परी को मुँह नहीं लगाया।''[18]

डा. शैलेश जैदी ने प्रेमचंद की शराब पीने की इस आदत के बारे में लिखा है—''1929 ई. तक स्वयं प्रेमचन्द की शराब पीने की लत नहीं छूटी थी। पत्नी के लाख क्रोधित होने पर भी, जिस समय दोस्तों-यारों की महफ़िल जमती, शराब का दौर चल ही पड़ता और वह भी घूँट-दो घूँट नहीं, इतनी पी जाती कि क़ै-पर-क़ै होती।''[19] सन् 1929 ई. के पक्ष में उन्होंने यह तर्क दिया है—''शिवरानी देवी ने बेदार साहब के

यहाँ से प्रेमचन्द के शराब पीकर लौटने और कै करने की घटना को 1924 ई. की बताया है।...किन्तु अमृतराय इसे प्रतिज्ञा के प्रकाशन के अर्थात् मई 1929 ई. के बाद की घटना के रूप में प्रस्तुत करते हैं।...मैंने अमृतराय को अधिक प्रामाणिक माना है।''[20]

अमृत राय के इस लेखन में खासियत यह है कि उन्होंने 'शायद' शब्द का प्रयोग किया है—'...फिर शायद कभी लाल परी को मुँह नहीं लगाया।' वे एक बात यह भी कह गए हैं कि शायद शराब प्रेमचंद के 'मेदे में कतई बर्दाश्त न थी।'

प्रेमचंद ने शराब पी, पर उन के पास इस की परम्परा क्या थी? उन के पिता का क्या हाल था? अमृत राय ने उन के बारे में लिखा है—''...मुंशी अजायब लाल (प्रेमचंद के पिता)...रोज गिलसिया भर दारू न चढ़ाते तो चलना-फिरना दूभर हो जाता.... ।''[21] तब प्रेमचंद के दादा के बारे में क्या सच है? उन के बारे में अमृत राय ने सूचना दी है—''मुंशी (गुर सहाय लाल) जी ठेठ कायस्थ और ठेठ पटवारी आदमी थे। पढ़े-लिखे उतना ही थे जितना कि पटवारी के लिए जरूरी था मगर चालबाजी में किसी से जौ भर घटकर न थे।...पीने की बात कहना जरूरी है क्योंकि मुंशी गुरसहाय लाल बहुत लती पीने वाले थे। पैसा जरूरत भर घर में था ही, गाँव में हौली थी, दो आने की एक बोतल मिलती थी, और वहीं दो आने का सेर भर कलिया।...नशे की हालत में वह अपनी बीवी की कुटम्मस अक्सर किया करते थे जैसा कि शराबी आम तौर पर करते हैं।''[22] उन के बारे में और भी लिखा गया है—''....पटवारीगिरी करते, ठर्रा पीते और बीवी को धुनकते हुए मुंशी गुर सहाय लाल पचपन-साठ की उम्र तक जिये।''[23]

पीने का यह चलन कायस्थों में मशहूर था। और किसकी कहें?—खुद प्रेमचंद ने अपनी गद्य कला के एक कायस्थ पात्र बाबू भालचंद के बारे में लिखा है—''...जैसे पक्का मुसलमान पाँच बार नमाज पढ़ता है, वैसे ही आप भी पाँच बार शराब पीते थे।''[24]

पान-तम्बाखू, बीड़ी-सिगरेट और शराब ही नहीं, प्रेमचंद हुक्के का सेवन भी करते थे। साक्ष्य इस बार भी शिवरानी के हैं। वे इस प्रकार हैं :

1. ''आप सुबह चार बजे उठते थे। हुक्का पीकर पाखाना जाते, हाथ मुँह धोते।''[25]
2. ''हुक्के की चिलम तक भरवाना मुझसे वे पसन्द न करते थे।''[26]
3. ''बड़े सुबह उठना, उस के बाद आग तैयार करना, हुक्का पी कर काढ़ा चढ़ाना।''[27]
4. ''आप बोले—'नहा लूं, तो डाक्टर साहब के पास जाऊँ।' तब तक मैंने चिलम चढ़ाई।''[28]

प्रेमचंद के हुक्के पीने के बारे में जो प्रमाण अमृत राय ने दिया है, वह बिलकुल एकदम चित्र की तरह है। वे लिखते हैं—"जो व्यक्ति मारना तो दूर की बात है, बच्चों को कभी डाँटता तक न था उसने इन्हीं दिनों एक रोज़ अपने बड़े लड़के को बुरी तरह मारा, हुक़्क़े की निगाली से! सर पर जैसे भूत सवार हो गया था। और बात क्या थी? सिर्फ़ इतनी कि एक रोज़ लड़का एक पैसा लेकर बाज़ार गया स्लेट की पेंसिल लाने। मुंशीजी उसको पढ़ाने बैठे तो यह बात खुली कि पेंसिल तो नहीं आयी। अब क्या था, मुंशीजी आगबबूला हो गये और लगे उससे जिरह करने कि पेंसिल क्यों नहीं आयी? और वह पैसा कहाँ गया। पहले तो दो-एक झाँपड़ रसीद किये मगर उतने से भी जी नहीं भरा तो जाकर अपने हुक्के की निगाली निकाल लाये। लड़के की ज़बान यों ही डर के मारे नहीं खुल रही थी, हुक़्क़े की निगाली देखी तो घिग्घी बँध गयी।"[29]

मेरे अध्ययन में जिस बात की कमी रह गई थी, वह भांग थी। इस की भी पूर्ति हो गई जब शिवरानी ने यह सूचना दी है—"गोरखपुर में जब स्कूल-मास्टर थे तब की बात है। होली के दो रोज पहले ही से उन्हें उत्साह होता था। होली के एक दिन पहले ही से वे खुद अबीर, रंग, मिठाई, भंग आदि खरीद लाते। होली के दिन सब लड़के आते और वे सब सामान लड़कों के सामने रख देते। वे लोग खाते-पीते।...खाने-पीने के बाद भंग भी पिलाते।"[30] मतलब, उस समय तक का उपलब्ध कोई नशा बचना नहीं चाहिए था।

हम प्रेमचंद की बात फिर लें। प्रेमचंद जिस जगह धोखा खाए हैं, वह उन की उम्र का मामला है। वे 56 वर्ष की उम्र में चल बसे थे। यह कोई बड़ी उम्र नहीं है। वे समय से पहले ही खुद को बूढ़ा बना और मान चुके थे। इस का मैनेजमेन्ट वे एक चतुर व्यक्ति की तरह नहीं कर सके। वे अपनी जीवन शैली तैयार नहीं कर सके। उन्होंने तैयार करने की कोशिश की थी, लेकिन उसे वे निबाह नहीं सके। इस के लिए वे लापरवाह भी कहे जा सकते हैं। वे पान खाते थे, वे बीड़ी-सिगरेट भी पीते थे, और वे शराब भी लेते थे। हो न हो, ये चीजें उन के स्वास्थ्य के नुकसान में रही हों। वे इन का सेवन छोड़ देते तो शायद स्वास्थ्य ठीक बना रहता। लेकिन इन बातों को वे समझ नहीं सके। इस का कारण यह रहा हो कि शराब का सेवन उन की जाति से जुड़ा रहा है। यदि कायस्थ जाति के लोग शराब का इतना ज्यादा सेवन छोड़ दें तो उस होश में वे और भी तरक्की कर सकते हैं। धर्म के मामले में ये लोग अपनी पृथकता और स्वतन्त्रता इसलिए भी कायम नहीं कर सके क्योंकि नशे के रूप में कार्ल मार्क्स के इंगित किए गए धर्म के बजाय ये सीधे शराब पर उतर गए थे। जब सीधा शराब का नशा है तो धर्म की अफीम की क्या जरूरत? कायस्थ जाति के मामले में यही हुआ लगता है। प्रेमचन्द समेत कायस्थ जाति के सुधी जनों ने विवाह की बुराइयों का जिक्र खूब किया है, लेकिन शराब के बारे में वे कोई मुहिम खड़ी नहीं कर सके। यह उन की सोच-विचार का विषय नहीं रहा। आज भी बन जाए तो दुनिया को और कई

अच्छी देनें मिल सकती हैं। जिस दिन भी कायस्थ जाति के लोग शराब के खिलाफ एक मुहिम चलाएँगे, उस दिन संसार के धार्मिक और नैतिक विचारों में एक नया योगदान हो सकता है। ब्राह्मण लोग विदेशियों के गुलाम हो गए, समझ में आता है, क्योंकि उन के शास्त्रों में इस के बीज मौजूद हैं, पर कायस्थ कैसे गुलामी सह गए, फिलहाल शराब के सिवा दूसरा कारण समझ में नहीं आ रहा है।

साहित्य समाज में बदनाम क्यों हुआ है? इस का उत्तर यह है कि साहित्यकार समाज में जिम्मेदार आदमी नहीं बना। यह इसलिए हुआ है क्योंकि स्वास्थ्य, शील और चरित्र योगियों और संन्यासियों के मत्थे मढ़ दिए गए हैं। यह बात अपने पाठकों को खुद साहित्यकार क्यों नहीं बताता कि पान-बीड़ी-सिगरेट, शराब और हुक्के, और भंग का सेवन स्वास्थ्य के लिए हानिकारक है? वह नहीं बताता है तभी तो उस के पाठकों को योगी लोग प्राणायामों की अतियों की सीख दे रहे हैं। संन्यासी के पास क्या है सिखाने के लिए?—लेकिन साहित्यकार की गैर-जिम्मेदारी और लापरवाही के कारण ही संन्यासी जनता का गुरु बना हुआ है। सच यूँ है कि इतिहास में साहित्यकार ने दो बड़ी गलतियाँ की हैं। पहली, न कमाने की ओर गया, और दूसरी, राजाओं का पक्षधर हो कर विलासिता और जारकर्म की ओर गया।

यदि साहित्यकार अपने जीवन में शराब और सिगरेट पीते रहेंगे और जारकर्म की वकालत करते रहेंगे तो वे धर्म का विकल्प नहीं बन सकते। तब धर्मपुरुषों की अलग से जरूरत पड़ी ही रहेगी। यदि साहित्यकार धर्म, ईश्वर और मोरलिटी की जिम्मेदारी अपने हाथों में नहीं लेते हैं तो वे खुद ही खुद को समाज से सम्मानित रूप में अपदस्थ कर देते हैं। साहित्यकारों को समाज के स्वास्थ्य की जिम्मेदारी का काम अपने ऊपर लेना है। इसलिए, उन्हें डाक्टरी जीवन की समझ भी होनी चाहिए। उन्हें मनुष्य के स्वास्थ्य के विरोध में साहित्य नहीं लिखना चाहिए। ऐसे ही, उन्हें विवाह के विरोध में भी कुछ नहीं लिखना चाहिए। वे ऐसा साहित्य क्यों नहीं लिख सकते जिस में व्यक्तियों का शारीरिक स्वास्थ्य और समाज के वैवाहिक आदर्शों का विकास हो?

संदर्भ

1. प्रेमचंद : घर में, शिवरानी देवी प्रेमचंद, आत्माराम एण्ड संस, 1376, कश्मीरी गेट, दिल्ली-110 006, संस्करण, 2005, पृ.-35
2. वही, पृ.-49
3. वही, पृ.-57
4. वही, पृ.-111
5. वही, पृ.-135
6. वही, पृ.-225
7. प्रेमचंद : कलम का सिपाही, अमृत राय, हंस प्रकाशन, इलाहाबाद, संस्करण, अप्रैल, 1992, पृ.-631

8. वही, पृ.-632 9. वही, पृ.-501
10. मुंशी प्रेमचंद के सामाजिक सन्दर्भ, कृष्ण कुमार यादव, अम्बेडकर इन इण्डिया, तमकुही राज, कुशी नगर, उत्तर प्रदेश-274 407, जुलाई, 2006, पृ.-31
11. प्रेमचंद : कलम का सिपाही, अमृत राय, हंस प्रकाशन, इलाहाबाद, संस्करण, अप्रैल, 1992, पृ.-24
12. वही, पृ.-155 13. वही, पृ.-579
14. रंगभूमि, प्रेमचंद, शिवानी बुक्स, 4855/24, हरबंस स्ट्रीट, दरियागंज, नई दिल्ली-110 002, संस्करण, 2004, पृ.-238
15. प्रेमचंद : घर में, शिवरानी देवी प्रेमचंद, आत्मा राम एण्ड सन्स, 1376, कश्मीरी गेट, दिल्ली-110 006, संस्करण, 2005, पृ.-95-6
16. प्रेमचंद : कलम का सिपाही, अमृत राय, हंस प्रकाशन, इलाहाबाद, संस्करण, अप्रैल, 1992, पृ. -68
17. वही,पृ.-68 18. वही, पृ.-411-12
19. प्रेमचंद की उपन्यास-यात्रा : नव मूल्यांकन, डा. शैलेश जैदी, यूनिवर्सिटी पब्लिशिंग हाउस, कोठी नायाब, सर सैयद रोड, सिविल लाइन्स, अलीगढ़, उत्तर प्रदेश, प्रथम संस्करण, जुलाई, 1978, पृ.-336
20. वही, पाद टिप्पणी-4, पृ.-336
21. प्रेमचंद : कलम का सिपाही, अमृत राय, हंस प्रकाशन, इलाहाबाद, संस्करण, अप्रैल, 1992, पृ.-46
22. वही, पृ.-6 23. वही, पृ.-7
24. वही, पृ.-391
25. प्रेमचंद : घर में, शिवरानी देवी प्रेमचंद, आत्माराम एण्ड सन्स, 1376, कश्मीरी गेट, दिल्ली-110 006, संस्करण, 2005, पृ.-30
26. वही, पृ.-46 27. वही, पृ.-57
28. वही, पृ.-87
29. प्रेमचंद : कलम का सिपाही, अमृत राय, हंस प्रकाशन, इलाहाबाद, संस्करण, अप्रैल, 1992, पृ.-238-39
30. प्रेमचंद : घर में, शिवरानी देवी प्रेमचंद, आत्माराम एण्ड संस, 1376, कश्मीरी गेट, दिल्ली-110 006, संस्करण, 2005, पृ.-65

अध्याय-30

प्रेमचंद की गरीबी : तिलिस्म ख़त्म

कोई आदमी गरीब हो सकता है और कोई आदमी अमीर हो सकता है। ज्यों का त्यों वर्णन करने में कुछ भी गलत नहीं है। गलती तब होती है जब गरीब खुद को अमीर बताता हुआ डींग मारे या कोई अमीर गरीब होने का स्वांग भरे। प्रेमचंद के बारे में दूसरी बात सही लगती है कि उन्होंने गरीब होने का स्वांग भरा है। फिर, प्रेमचंद ने चाहे स्वांग भरने में कोई कमी छोड़ दी हो, पर उन के प्रशंसकों ने इस दुष्प्रचार की सारी सीमाएँ लांघ दी हैं। वे मानते हैं कि प्रेमचंद बहुत गरीब थे। लेकिन डा. शैलेश जैदी के गले में यह बात उतरी नहीं है कि प्रेमचंद गरीब थे। वे अपनी पुस्तक 'प्रेमचंद की उपन्यास-यात्रा : नव मूल्यांकन' में लिखते हैं–"प्रारंभ में मुझे सबसे अधिक जो बात खटकी, वह थी प्रेमचन्द की ग़रीबी और दरिद्रता की तस्वीर। मैंने प्रेमचन्द की चिट्ठियों, उनके लेखों और शिवरानी देवी के वक्तव्यों के प्रकाश में प्रेमचन्द के जीवन की तस्वीर बनाने का प्रयत्न किया। प्रेमचन्द युगीन अर्थ मूल्यों को सामने रखते हुए मेरे समक्ष जो प्रेमचन्द का चित्र आया वह परम्परागत चित्र से सर्वथा भिन्न था। मैं नहीं समझ पाता कि जिस युग में एक मजदूर को दो पैसे से एक आने तक मजूरी मिलती हो उसी युग के एक ऐसे छात्र को जो दो-तीन आने की चाट खा जाता हो और बड़े संकोच से जेब से दो आने निकालकर रामलीला के रामचन्द्र को दे देता हो, निर्धन और दरिद्र किस प्रकार कहा जा सकता है। रुपये की क्रय शक्ति और मूल्य विघटन को ध्यान में रखकर यदि देखा जाय तो 1895-96 का एक रुपया सौ प्रतिशत से भी अधिक महँगा हो गया है। 1975 का एक रुपया 1949 के चार आने के बराबर माना गया है। 1895 ई. में जब एक प्राइमरी स्कूल के अध्यापक को ढाई रुपये मासिक मिलते हों और वह उसमें अपने पूरे परिवार का खर्च चलाता हो, पाँच रुपये मासिक पाने वाले छात्र की दरिद्रता और गरीबी की चर्चा करना सर्वथा निर्मूल है।"[1] डा. जैदी ने अपनी मान्यता को और पुख़्ता किया है, जब लिखा है–"जब वह (प्रेमचंद) पैदा हुआ तो अमूल्य धन समझकर पिता ने नाम रखा–धनपतराय। चाचा के लिए भतीजा

किसी नवाब से कम नहीं था, इसलिए उन्होंने उसका नाम नवाबराय रखा। पहला नाम पूँजीपति होने का संकेत करता था, दूसरे नाम से रईस होने की गंध आती थी। वैसे तो हर बच्चा अपनी जगह पर रईस होता है। पर धनपतराय सचमुच के रईस थे। इस रईसी की चर्चा **क़ज़ाकी** कहानी में मिल जाती है। पिताजी खूब पैसे देते थे। बिना रबड़ी और असली घी के भोजन नहीं किया जाता था। **रामलीला** कहानी में भी इस रियासत की थोड़ी सी झलक मिलती है। पैसे जेब में पड़े रहते थे। रामलीला के रामचन्द्र को दो आने जेब से निकालकर दे दिया, वह भी संकोच के साथ, जैसे यह रकम बहुत मामूली हो। रामचन्द्र को पैसा देने की चर्चा धनपत ने शिवरानी देवी से भी की है।...गोरखपुर में जब वह मिशन स्कूल में पढ़ते थे तो उनकी पड़ोस के छोटी जाति के लड़के उनसे दो-चार पैसे लेकर खा जाया करते थे।''[2]

डा. शैलेश जैदी ने प्रेमचंद के बारे में लिखे गए उन शब्दों की अच्छी खैर-खबर ली है जिन में प्रेमचंद को गरीबी की हालत में पला और बढ़ा हुआ चित्रित किया गया है। वे अमृत राय का विरोध करते हुए लिखते हैं–''अमृतराय को यह भी याद न रहा कि जिस जमाने में अजायबलाल को चालीस रुपये माहवार मिलते थे भारत का एक मजदूर दो-पैसे से लेकर एक आने रोज की मजूरी पाता था। उसके बच्चों को तो शायद मनुष्यता के नाम पर कलंक ही बनना चाहिए था। अजायबलाल ने प्रेमचन्द को चार आने गज से अधिक का कपड़ा नहीं बनवाया और बारह आने से अधिक मूल्य का जूता नहीं खरीदा। अमृतराय के लिए यह दया आने की बात थी। किन्तु अमृतराय ने यह नहीं सोचा कि 1895-96 में चार आने गज में कैसा कपड़ा मिलता था और बारह आने में कैसा जूता आता था। पढ़ाई के जमाने में (1895-96) अजायब लाल बेटे को पांच रुपये देते थे। उस पांच रुपये का उस समय क्या मूल्य था। सन् 1900 तक एक प्राइमरी स्कूल के अध्यापक को ढाई रुपये मासिक मिलते थे... जिस में वह पूरे परिवार का खर्च चलाता था। पाठक जब इन तथ्यों की छान-बीन करता है तो प्रेमचन्द के बचपन का एक दूसरा ही चित्र सामने आता है और समझ में यह बात आती है कि दरिद्रता ने नहीं, पैसे के अपव्यय ने बालक प्रेमचन्द को कुराह दिखायी।''[3]

प्रेमचंद की जीवनी में गुड़ की चोरी को बहुत महत्व दिया गया है। इसे उन की गरीबी से जोड़ा जाता है, लेकिन डा. शैलेश जैदी गुड़ की चोरी की घटना को प्रेमचंद की मस्ती और मटरगश्ती के दिनों से जोड़ते हैं। डा. जैदी ने पहले मनमथ नाथ गुप्त के शब्द उद्धृत किए हैं–''शादी के लिए गुड़ खरीदा जाना, दूसरे उस पर बार-बार टूटना, यहाँ तक कि अन्त में चाभी को कुएँ में डाल देना–ये सब बातें हमारे सामने गरीबी का एक ऐसा चित्र पेश करती हैं, जो कभी भुलाया नहीं जा सकता।''[4] इस के बाद डा. जैदी ने अपनी बात रखी है–''मैं नहीं समझ पाता कि इसमें 'गरीबी का चित्र' प्रस्तुत करने वाली कौन सी बात है। इसके प्रकाश में एक असंयमी, गैर जिम्मेदार, यारबाश, खिलंडरे और चटोरे व्यक्ति का रूप उभर कर सामने आती (ता) है।''[5]

इस मामले में डा. जैदी ने डा. कमर रईस के मत को भी स्वीकार नहीं किया है कि प्रेमचंद निम्न मध्य वर्ग में पैदा हुए थे। डा. जैदी लिखते हैं–"डा. कमर रईस का मत है कि धनपतराय निम्न मध्यम वर्ग में पैदा हुए।...उस युग में निम्न मध्यम वर्ग के, वह भी देहात के, कितने लोग अपने बच्चे को अंग्रेजी शिक्षा देते थे? कितने लोगों के बच्चों की जेब में फालतू खर्च के लिए पैसे होते थे? दिन भर के परिश्रम के बाद भी एक मजदूर को मुश्किल से एक आना मिलता था। और यहाँ आने-दो आने की कोई क़ीमत न थी।"[6]

डा. जैदी ने सन् 1895 की बात बार-बार उठाई है। वे अपनी बात को प्रामाणिक बनाते हुए लिखते हैं–"एक ओर तो धनपत ने कालेज की पढ़ाई के नाम पर पिताजी से पाँच रुपये माहवार लेने की बात पक्की कर ली, दूसरी ओर कायस्थ बुद्धि को इतने से सन्तोष नहीं हुआ। हेडमास्टर से जोड़-तोड़ करके फीस भी माफ करा ली। अब पाँच रुपये में ऐश-ही-ऐश था। किन्तु जब ऐश ही करना है, तो पाँच रुपये की क्या बिसात। इसलिए कुछ ही समय में बाँस के फाटक पर एक ट्यूशन भी पक्का कर लिया। ट्यूशन से कम से कम दो रुपये तो मिल ही जाते होंगे। एक नवयुवक के लिए 1895 ई. में सात रुपये की रकम आज के दो-ढाई सौ रुपये से कम नहीं थी। किन्तु बड़ा आदमी हो जाने के बाद अपनी गरीबी की चर्चा करने में बड़ा आनन्द आता है। लोग इसे उस व्यक्ति का बड़कपन समझते हैं। प्रेमचन्द भला कैसे पीछे रह जाते?"[7]

इस मामले में प्रेमचंद ने क्या किया? उन्होंने अपनी कलम बगा दी। वे उन की आत्मकथात्मक पंक्तियाँ हैं, जिन का लोग बहुत विश्वास करते हैं। लेकिन उन पंक्तियों के बारे में डा. जैदी का लिखना है कि प्रेमचंद की 'आत्मकथात्मक पंक्तियों को पढ कर ऐसा लगता है कि जाने कितना सुशील, संगमी और अध्ययनशील था यह धनपत।'[8] डा. जैदी लिखते हैं–"पर सोचने की बात है कि यह एक कथाकार के कलम का बाँकपन नहीं है तो और क्या है? सात रुपये मासिक पाने वाले एक छात्र को 1895-96 ई. में इतना कष्ट हुआ हो, कैसे विश्वास किया जा सकता है। इतने पैसों में तो अच्छे कपड़े बनवाकर एक अकेला व्यवित ठाठ से रह सकता था। उस समय तक तो कोई जिम्मेदारी थी नहीं।"[9] डा. जैदी ने अपने मत का और स्पष्टीकरण तथा विशदीकरण करते हुए लिखा है–"आठवीं कक्षा पास कर लेने के बाद यह तै पाया कि धनपत बनारस में पढ़ें। पिताजी के पूछने पर कि खर्च क्या होगा? धनपत ने उत्तर दिया कि पाँच रुपये दे दिया कीजिएगा।...पाँच रुपये की रकम उस जमाने में बहुत बड़ी चीज थी। लमही से बनारस का फासला ही कितना था, और वह भी एक गाँव के युवक के लिए। गाँवों में तो जमीदारों के लड़के भी कोस-दो कोस आसानी से पैदल चल लेते थे। पाँच रुपये में दो रुपये फीस के, एक रुपये में महीने भर का दूध का खर्च, फिर घर में गाय-गोरू तो थे ही, दूध का खर्च भी कैसा? शेष पैसे जेब खर्च के रूप में। (इस जमाने में अपर प्राइमरी के एक मुदर्रिस को कुल दो-ढाई रुपये

माहवार मिलते थे और वह इतने पैसों में पूरे परिवार का खर्च चलाता था।) लमही से इक्का करके भी अगर धनपत रोज बनारस पढ़ने जाते, तो पाँच रुपये माहवार की रकम वहुत काफी थी। कपड़े-लत्ते और किताबों का खर्च तो इन पैसों में शामिल नहीं था।"[10]

डा. शैलेश जैदी ने प्रेमचंद के गरीब घर में पैदा होने के तिलिस्म को तोड़ने में अपना पूरा होम वर्क किया है। इतना जरूर है कि उन के सिद्धान्त में कोई अति नहीं है। वे वही लिख रहे हैं, जो किसी भी आदमी की समझ में आ सकता है। वे एक दूसरी बात को ले कर लिखते हैं–"ध्यान देने की बात है कि धनपत चुनार में आठ नौ महीने से अधिक नहीं रहे। एक वर्ष पूर्व अर्थात् 1898 ई. में धनपत ने गरम कोट बनवाया था जिसे वह सूती कोट पहन-पहन कर जतन से रखे हुए थे। मतलब यह है कि 1898 ई. के छात्र जीवन में धनपत के पास गरम और सूती दोनों ही तरह के कोट थे जबकि स्वयं धनपत ही की सूचना के अनुसार पढ़ाई के जमाने में उनकी देह पर साबित कपड़े भी नहीं थे। धनपत के छात्र जीवन का कोई फोटो चित्र नहीं मिलता। फिर भी गरम कोट पहनने वाले गाँव के विद्यार्थी को दरिद्र कहना ठीक नहीं जान पड़ता। चुनार में धनपत के आर्थिक कष्ट उठाने की बात भी नहीं स्वीकार की जा सकती। 1899 ई. में मध्यमवर्ग के लोग दस-बारह रुपये में एक बड़े परिवार के साथ सुख से रह लेते थे। हाँ एक रुपये का मेवा चार छः रोज में खतम कर जाने वाले व्यक्ति को आर्थिक कष्ट अवश्य उठाना पड़ा होगा। 1899 में एक रुपये का डेढ़ दो-सेर बादाम आसानी से मिल जाता था।"[11] यदि कहीं कुछ कमी रह गई थी तो डा. जैदी ने प्रेमचंद की एक चिट्ठी को उद्धृत करते हुए अपने सिद्धान्त को पूरा मुकम्मिल कर दिया है, जब लिखा है–"जून 1906 ई. की चिट्ठी में (अमृतराय के अनुसार जून 1905 ई.) प्रेमचन्द अपने मकान के संबंध में लिखते हैं–'खुदा के फ़ज़ल से मकान भी सारे गाँव का महसूद (मदन गोपाल ने इसे माबूद पढ़ा है) है। महसूद का अर्थ है ईर्ष्या का पात्र और माबूद का अर्थ है पूजा के योग्य। मतलब यह कि मकान बहुत बड़ा है। इस मकान की बड़ाई और परिवार की संपन्नता का अनुमान इससे किया जा सकता है कि कोठे पर लोग रहते हैं और नीचे किसी कमरे में बैल बंधते हैं, किसी में जाँता-चक्की है, किसी में ओखली-मूसल, कहीं अनाज का ढेर और कहीं उपलों का अंबार।"[12]

यूँ, प्रेमचंद के गरीब होने के मत को डा. शैलेश जैदी ने चकनाचूर कर दिया है। इस की कोई जरूरत नहीं थी, लेकिन उन्हें यह काम इसलिए करना पड़ा, क्योंकि दूसरे लोग झूठ का प्रचार करने में लगे हुए हैं। इसे कुछ भी कहा जा सकता है, पर सच में यह एक झूठे प्रचार का भंडाफोड़ हुआ है।

संदर्भ

1. प्रेमचंद की उपन्यास-यात्रा : नव मूल्यांकन, डा. शैलेश जैदी, यूनिवर्सिटी पब्लिशिंग हाउस, कोठी नायाब, सर सैयद रोड, सिविल लाइन्स, अलीगढ़, उत्तर प्रदेश, प्रथम संस्करण, जुलाई, 1978, पृ.-10-11
2. वही, पृ.-45
3. वही, पृ.-519
4. वही, पाद टिप्पणी-2, पृ.-52
5. वही, पाद टिप्पणी-2, पृ.-52
6. वही, पृ.-45
7. वही, पृ.-53
8. वही, पृ.-53
9. वही, पृ.-53
10. वही, पृ.-51-2
11. वही, पृ.-59
12. वही, पाद टिप्पणी-1, पृ.-44

अध्याय-31

बेटी के ब्याह में जमीदारी की सारी रस्में पूरी कीं

I

प्रेमचन्द के पहले विवाह के बारे में अमृत राय ने अपनी पुस्तक 'प्रेमचंद : कलम का सिपाही' में लिखा है :

1. "...यह विवाह बस्ती जिले की मेंहदावल तहसील में बस्ती शहर से दस मील दूर रमवापुर सरकारी गाँव के एक छोटे-मोटे ज़मींदार के घर ठीक हुआ।"[1]
2. "लेकिन अगर यह बात सच भी हो कि वह स्त्री जानकी मैया के समान ही निर्दोष थी तो भी शायद इस मामले में प्रेमचन्द को मर्यादा पुरुषोत्तम रामचन्द्र के समान दोषी ठहराना भी अन्याय हो क्योंकि यह प्रसंग केवल दुःख का है—उस पुरानी, सामन्ती विवाह-प्रणाली का और उससे भी अधिक उस व्यक्ति या उन व्यक्तियों का जिन्होंने यह अनमेल सम्बन्ध स्थिर किया या उस के लिए सहमति दी।"[2]

अब यहाँ यह याद कराना उचित ही होगा कि इन दो उद्धरणों में 'जमीदार' और 'सामन्त' शब्द यथाक्रम अपने आप आ गए हैं।

सुमित गौतम ने मेरी पुस्तक 'प्रेमचंद : सामन्त का मुंशी' के खिलाफ 30 अक्टूबर, 2005 के 'दि संडे पोस्ट' में एक लेख लिखा है। इस लेख की खास बात यह है कि इस का शीर्षक 'जमींदार का कारिंदा'[3] है। इस में उन्होंने मेरी पुस्तक के शीर्षक की मजाक की है। लेकिन उन की इस मजाक से भी मुझे पता नहीं चलता कि मैं गलत कहाँ हूँ। प्रेमचन्द सच में ही जमीदारों के कारिंदों की परम्परा में जन्मे थे। प्रेमचंद की माँ का नाम आनन्दी था। पर आनन्दी के पिता—अर्थात प्रेमचंद के नाना कौन थे?

उत्तर प्रेमचन्द के बेटे अमृत राय की पुस्तक 'प्रेमचंद : कलम का सिपाही' में मिलता है, जो इस प्रकार है—"...शायद किसी जमींदार के कारिन्दा थे।"[4]

प्रेमचन्द ने जमीदार को अपने 'हम' और 'हमारे' शब्दों में रख कर सम्बोधित किया है। जमीदार उन के लिए पराया वर्ग नहीं है। एक जगह वे लिखते हैं—"अगर कौम में इन्सानियत और लाज-शरम नहीं है तो खुद अपनी भलाई का तकाजा है कि हम अभी से जनता के दिल को अपने बस में करने की कोशिश करें। इस बात में हमारे ताल्लुकेदार और जमीन्दार, चाहे वे अँधेरे अवध के हों या उजाले बंगाल के, सब से ज्यादा दोषी हैं।"[5] यही प्रेमचन्द का मूल वर्गचरित्र है कि वे अपने रिश्तेदार जमीदारों को समझाना चाहते हैं।

वे बार-बार उन्हें भावी सम्भावित खतरों से आगाह करने में लगे हैं। वे जमीदारों से दूरी बना कर नहीं रखते जब उन्हें 'भाई' भी कहते हैं। वे लिखते हैं—"क्या हमारे जमींदार भाइयों ने कभी यह सोचने की तकलीफ़ उठायी है कि जनता से क्यों उन्हें इतना भय हो रहा है?"[6] उस समय हद हो जाती है जब वे एक जगह कुछ जमीदारों को बेचारे भी कह जाते हैं। शब्द इस प्रकार हैं—"हाँ, जिन बेचारे जमींदारों ने गाढ़ी कमायी के पैसे से जमींदारी खरीदी है, उन की दशा शोचनीय है। ख्वाब देख रहे थे बेसी लगान करके घर भर लेने का, कहाँ अब रुपये का सूद भी नहीं निकल रहा है, मगर लगान न सही, सीर, सायर तो है, नजराना तो है, चौथ तो है, बेगार तो है। और अगर उस ने गलती की तो उस का फल भोगे। बैंकों और मिलों में तो पैसे कभी-कभी डूब जाते हैं। सरकार के इस जवाब से जमींदारों की आँखें अगर अब तक नहीं खुली थीं तो अब खुल गई होंगी। उन्हें समय की गति पहचाननी चाहिए और अपने ही हाथों अपने पाँव में कुल्हाड़ी न मारनी चाहिए क्योंकि वह दिन बहुत दूर नहीं है, जब किसान के हाथ में कुछ शक्ति होगी और उस की भी कुछ आवाज होगी।"[7]

यहाँ यह सोचना भी सही नहीं है कि किसानों के किसी आन्दोलन की वजह से भारत में जमीदारी प्रथा का उन्मूलन हुआ है। वह कारण कुछ और है। वह भारत से अंग्रेजों का जाना है। शासन की दृष्टि से, अंग्रेज, राजा और नवाबों के रूप में सामन्त और तीसरे जमीदार—ये तीनों एक कड़ी में जुड़े हुए थे। अंग्रेज के जाने से कड़ी के दूसरे जुड़े भाग अपने आप टूटे और मिटे हैं। चूँकि, राजाओं, नवाबों और जमीदारों ने अंग्रेजों का साथ दे रखा था, इसलिए राजनैतिक आजादी हासिल होने पर अंग्रेजों को भगाने के बाद अगला काम राजाओं, नवाबों और जमीदारों के खिताबों को मिटाने का किया गया। 26 जनवरी, 1950 को लागू होने वाले भारत के संविधान ने अपने अनुच्छेद 18(1) के द्वारा यह लिख कर ऐसी उपाधियों का अन्त कर दिया था—"राज्य, सेना या विद्या सम्बन्धी सम्मान के सिवाय और कोई उपाधि प्रदान नहीं करेगा।"[8]

II

वीरेन्द्र यादव ने 'तद्भव' में छपे अपने लेख 'प्रेमचन्द के निन्दक' में लिखा है—"प्रेमचन्द ने अपनी बेटी के विवाह में कन्यादान की प्रथा से इन्कार करते हुए हिन्दू धर्म की रूढ़ियों को तोड़ा था।"[9] प्रेमचन्द के व्यक्तित्व और कृतित्व पर काम करने वाले विद्वानों का यह प्रमुख विषय है। इस से प्रेमचन्द को क्रान्तिकारी और महान क्रान्तिकारी तक घोषित किया जाता है। अमृत राय ने भी अपनी पुस्तक 'प्रेमचंद : कलम का सिपाही' में उस बारात के बारे में लिखा है—"द्वारचार हुआ। बताशे भी फेंके गए, पैसे भी लुटाये गए। लेकिन सब कुछ मुंशी जी के बड़े भाई बलदेव लाल ने किया। द्वारपूजा भी मुंशी जी ने न की।"[10] आगे खासमखास कन्यादान के बारे में ही लिखा गया है। वह इस प्रकार है :

> "द्वारचार के बाद जब बारात जनवासे गई तो उन की पत्नी ने कहा—द्वारपूजा आप को करनी चाहिए थी। उन्होंने जवाब दिया—मुझ से ये रस्में न होंगी। पत्नी ने कहा—कन्यादान तो आखिर आप को ही करना होगा?
>
> उन्होंने कहा—कन्यादान कैसा? बेजान चीज दान में दी जाती है। जानदार चीजों में तो गाय ही दी जा सकती है। फिर लड़की का दान कैसा? यह सब मुझे पसन्द नहीं।
>
> आखिर जब रात को शादी हुई और कन्यादान का अवसर आया तो मुंशीजी उठ कर अपनी जगह से नहीं आए। बहुत समझाया मगर न माने। आखिरकार डाक्टर भट्ट जा कर उन को जबर्दस्ती गोद में उठा लाये और मण्डप में बैठा दिया। तो भी कन्यादान किया लड़की की माँ ने ही, मुंशी जी मूर्तिवत बैठे रहे।"[11]

ऊपर उद्धृत अमृत राय के इन शब्दों में क्या पढ़ा जाए? अब तक सब ने यही पढ़ रखा है कि प्रेमचन्द महान क्रान्तिकारी थे। पर देखा जाए कि यह कितनी क्रांतिकारी घटना है। बेटी प्रेमचन्द की है। उन की बेटी का विवाह हो रहा है। विवाह में दो रस्में थीं—एक द्वारपूजा की और दूसरी कन्यादान की। प्रेमचन्द ने न द्वारपूजा की और न कन्यादान किया—इतने वे क्रान्तिकारी हैं। मेरे कहने का मतलब है कि बस, इतने ही—अर्थात इस से ज्यादा नहीं।

मैं यह कह रहा हूँ कि विवाह की रस्मों में द्वारपूजा भी हुई और कन्यादान भी हुआ। द्वारपूजा उन के बड़े भाई बलदेव लाल ने की तथा कन्यादान उन की पत्नी शिवरानी ने किया। इस में न वे द्वार पूजा की रस्म को रोक सके और न कन्यादान की रस्म को। यह हिन्दू धर्म की रूढ़ियों को तोड़ना नहीं हुआ जो वीरेन्द्र यादव दावा

कर रहे हैं। प्रेमचंद 'मूर्तिवत बैठे रहे', जबकि यह समय ऐसे बैठने का नहीं था। वे किसी को रोक नहीं रहे हैं। जब किसी को रोक नहीं रहे हैं, द्वारपूजा और कन्यादान को होने दे रहे हैं, तब यही अच्छा था कि विवाह की उन रस्मों को वे खुद करते। उन्होंने केवल ऐसा होने दिया है कि मानो बेचारी बेटी का बाप मर गया है। जिन बेटियों के बाप मर गए थे, उन के विवाहों की ये दोनों रस्में ऐसे ही निभाई जाती रही होंगी, जैसे इस बेटी के ब्याह में निभाई गई हैं। मेरे कहने के मुताबिक यह रूढ़ियों को तोड़ना बिलकुल नहीं हुआ। कन्यादान उन्होंने न किया, उन की पत्नी ने कर दिया। घर एक है, दो नहीं। उन की पत्नी उन से जुदा या तलाक ले कर नहीं रह रही थीं। द्वारपूजा में भी उन के बड़े भाई ही हैं। इसलिए, रूढ़ियों को तोड़ना तब कहा जाता जब वे अपनी बेटी के ब्याह में इन रस्मों को होने न देते। तभी कहा जा रहा है कि उन की बेटी के विवाह के प्रकरण पर उन्हें उतना ही श्रेय दिया जाना चाहिए, जिस के लायक वे हैं। उद्धरणों में उतना ही पढ़ा जाए जितना हुआ है। वीरेन्द्र यादव बिलकुल ज्यादा और गलत पढ़ रहे हैं कि प्रेमचन्द ने 'विवाह में कन्यादान की प्रथा से इंकार करते हुए हिन्दू धर्म की रूढ़ियों को तोड़ा था।' वीरेन्द्र यादव यह पढ़ना और पढ़ाना कैसे भूले जा रहे हैं कि वास्तव में कन्यादान हुआ था? तब इसे प्रेमचन्द की क्रान्तिकारी सोच कैसे माना जा सकता है? पूछना यह है कि प्रेमचन्द पर क्रान्ति थोपी क्यों जा रही है, जब वे ऐसे नहीं थे।

मुझे प्रेमचन्द द्वारा द्वारपूजा और कन्यादान के समय बेटी के पिता के रूप में न खड़े होने का कारण कुछ और लग रहा है। यह बात फालतू ही लग रही है कि वे कह रहे हैं कि 'जानदार चीजों में तो गाय ही दी जा सकती है। लड़की का दान कैसा? यह सब मुझे पसन्द नहीं।' उन के इस कहने में भी सारगर्भित बात कुछ और ही होनी चाहिए कि 'मुझ से ये रस्में न होंगी।' 'मुंशी जी मूर्तिवत बैठे रहे'—के वाक्य का रहस्य जानने की कोशिश नहीं की गई। असल बात यह हो सकती है कि उन के पास भरपूर पैसे नहीं होंगे। ये रस्में बिना पैसे के नहीं निभाई जातीं। हर रस्म पर पैसे की दरकार होती है। उन का बजट उन के वश से बाहर हो रहा होगा। तभी वे छुप कर और दुबक कर बैठे हैं। मेरा मानना है कि यदि उन के हाथ में भरपूर और खुला पैसा होता तो वे द्वारपूजा के लिए और कन्यादान के लिए भग-भग कर आगे जाते। तब उन्हें डाक्टर भट्ट द्वारा जबर्दस्ती गोद में उठा कर लाने की जरूरत न पड़ती। मैं ऐसा इसलिए कह रहा हूँ कि मैंने ऐसे लोग देखे हैं। वे सौ झूठ बोल कर बेटी का ब्याह करते हैं। प्रेमचन्द तो घर में उपलब्ध भी रहे, कई ऐसे लोग ऐन समय पर घर से ही बाहर चले जाते हैं—अब उन्हें ढूँढ़ते फिरते रहो।

शिवरानी ने प्रेमचन्द के बारे में लिखा है कि 'बेटी की शादी में इतने बड़े-बड़े बटुले दिए कि खाली वह न उठा सकती।'[12] अब यही कहा जा सकता है कि जाने क्या जरूरत थी। बेटी के लिए जेवर खूब बनवाए ही थे। शिवरानी ने ही लिखा

है—"उसी सुनार से अपनी लड़की के लिए भी मैंने जेवर बनवाए थे।"[13] मैं यह कह सकता हूँ कि प्रेमचंद बेटी के विवाह में अपनी कुव्वत से अधिक धन खर्च कर रहे थे। मेरी बात सही साबित होती है जब पता चलता है कि शिवरानी प्रेमचन्द से कहती हैं—"जितना ही मैं उधार से घबराती हूँ, उतना ही आप मेरे सिर पर लाद देते हैं। अभी लड़की की शादी की, तब तक आप उधार लाए और इतना फिर उधार।"[14]

इसे 'कफन' कहानी के घीसू-माधव के व्यवहार से समझा जाए।

स्थिति यह है कि घीसू-माधव के पास जो रुपये कफन खरीदने के लिए थे, वे इन दोनों ने शराब पीने में और तली हुई मछलियाँ खाने में खर्च कर दिए थे। अब माधव द्वारा सोचा यह जा रहा है कि उन के परलोक में जाने पर, जब बुधिया कफन के बारे में पूछेगी तो क्या होगा? संवाद इस प्रकार है :

> "जो वहाँ वह हम लोगों से पूछे कि तुमने हमें कफन क्यों नहीं दिया तो क्या कहोगे?'
>
> 'कहेंगे तुम्हारा सिर।'
>
> 'पूछेगी तो जरूर!'
>
> 'तू कैसे जानता है कि उसे कफन न मिलेगा? तू मुझे ऐसा गधा समझता है? साठ साल क्या दुनिया में घास खोदता रहा हूँ? उस को कफन मिलेगा और इस से बहुत अच्छा मिलेगा।'
>
> माधव को विश्वास न आया। बोला—कौन देगा? रुपये तो तुमने चट कर दिए। वह तो मुझ से पूछेगी। उस की मांग में तो सेंदूर मैंने डाला था।
>
> घीसू गर्म हो कर बोला—मैं कहता हूँ, उसे कफन मिलेगा, तू मानता क्यों नहीं?
>
> 'कौन देगा, बताते क्यों नहीं?'
>
> 'वही लोग देंगे, जिन्होंने कि अबकी दिया। हाँ, अबकी रुपये हमारे हाथ में न आएंगे।'"[15]

लगता है, घीसू-माधव की कहानी तो कपोलकल्पित है, लेकिन अपनी बेटी के विवाह में प्रेमचन्द ने उसे चरितार्थ कर दिखाया है। स्थिति सोची जा सकती है कि प्रेमचन्द के पास उतना पैसा नहीं है, जितने की इस विवाह में जरूरत थी। पत्नी उन से कह रही हैं कि बारात की द्वारपूजा करने चले चलो। प्रेमचन्द कह रहे हैं—'द्वारपूजा हो जाएगी।'

पत्नी पूछ रही हैं—"आप यहाँ बैठे हैं, आप के गए बगैर द्वारपूजा कैसे हो जाएगी?" यही सवाल कन्यादान के समय का है। प्रेमचन्द कह रहे हैं—'कन्यादान हो जाएगा।' पत्नी फिर पूछ रही हैं—"आप के बिना कैसे हो जाएगा?" पर, प्रेमचन्द ने सिद्ध कर के दिखा दिया कि उन के द्वारा द्वारपूजा न करने पर भी द्वारपूजा की रस्म

हुई और उन के द्वारा कन्यादान न करने पर भी कन्यादान हुआ। इसलिए, यदि कहीं यह बात होती कि उन्हें द्वारपूजा और कन्यादान नहीं करना है तो वे एक क्रान्तिकारी बन कर अपनी बेटी के विवाह में इन रस्मों को किसी के द्वारा भी नहीं होने देते। फिर, जब द्वारपूजा और कन्यादान की रस्में पूरी नहीं कर रहे हैं तो 'बरच्छे की रस्म अदा करने'[16] क्यों पहुँच गए? इसलिए, कहा जा रहा है कि प्रेमचन्द शब्दों के इतने जानकार थे ही कि पैसों की अपनी इस कमजोरी को रस्मों में भाग न लेने का बहाना बना सकते थे। यह चतुराई खेली भी गई है। फिर, ठीक है, प्रेमचन्द ने अपनी बेटी के विवाह में कन्यादान की धार्मिक रस्म नहीं निभाई, पर मैंने प्रेमचन्द को सामन्त का पुरोहित नहीं कहा है। मैंने उन्हें 'सामन्त का मुंशी' कहा है। उन्होंने एक धार्मिक रस्म नहीं की, पर जमीदारी की सारी रस्में पूरी कीं। बिल्कुल एक ढोंगी साधु की बात याद आ रही है। वह कहा करता था, मैं पैसे नहीं लेता, मेरे चिमटें लेते हैं। तब प्रेमचंद ने कन्यादान में भारी भरकम रकम न देने की खिसियाहट कहाँ निकाली? उत्तर है, दामाद के नाई को बेटी के सिर पर घुमा कर दस रुपये न्यौछावर में दे दिए।[17]

सवाल यह है कि अपनी बेटी के रिश्ते के लिए वे जमीदार के घराने से **क्यों भिड़े** थे।

इस प्रश्न का उत्तर जानने से पहले यह जाना जाए कि प्रेमचन्द ने अपने समय के 'एक दुखी बाप' को क्या सलाह दी थी। प्रेमचन्द लिखते हैं–"एक सज्जन (ने) जिन का नाम बताना हम मुनासिब नहीं समझते, हमारे पास एक पत्र लिखा है, जिस से विदित होता है कि आजकल कन्याओं का विवाह करने में पिताओं को कितनी मुसीबतों का सामना करना पड़ता है।"[18] प्रेमचन्द ने उस पत्र का एक अंश अपने लेख में दिया है। यहाँ उस अंश में से भी एक अंश दिया जा सकता है, जो इस प्रकार है–"मैं आजकल एक फिकर में मुबतिला हूँ। मेरा खयाल है कि इलाज आप के द्वारा हो सकता है। मुझे अपनी सुयोग्य कन्या की शादी की फिक्र है। जहाँ कहीं भी बातचीत करता हूँ, वहीं से रुपयों की बड़ी तादाद की मांग होती है। आप के शहर में ही एक प्रसिद्ध रईस बाबू–रिटायर्ड डिप्टी कमिश्नर हैं, उन्होंने मुझ से पाँच हजार नकद, अलावा सामान-दहेज के मांगे। आप विचार करें, कि नकद पाँच हजार के ऊपर लगभग चार हजार का सामान और इतना ही ऊपर चाहिए। अगर किसी घर में तीन लड़कियाँ हुईं तो आधे लाख रुपये उन के विवाह के लिए रख लेना जरूरी है। आप विचार कीजिए, कि कायस्थों के पास जो नौकरी कर के गुजर करते हैं, इतने रुपये कहाँ से आ सकते हैं, और फिर ईमानदारी के साथ काम करके कोई भी नौकरी करके इतने रुपये पैदा नहीं कर सकता।"[19]

प्रेमचन्द का इन 'एक दुखी बाप' के लिए जो जवाब, सलाह, या नसीहत है, वह इस प्रकार है–"यह लाला साहब रिटायर्ड डिप्टी कलेक्टर के पास गए ही क्यों? इसलिए कि वह भी ओहदा और दौलत देखते हैं। ऐसों के पास तो भूल कर भी न

जाइए।...इन जायदाद वालों के दरवाजे पर थूकने भी न जाइए। छोड़ दीजिए कन्या को सम्पन्न और सम्मानित कुल में विवाहने के मोह को।...विद्यालयों में बहुत से ऐसे युवक मिलेंगे जो चरित्रवान हैं, विचारशील हैं, महत्वाकांक्षी हैं, पर कोई उन की सहायता करने वाला नहीं है। ऐसे युवकों में छाँट लीजिए और उस के साथ कन्या का पाणि-ग्रहण कर दीजिए।''[20]

अब जानना केवल यह रह गया है कि प्रेमचन्द ने अपनी बेटी के ब्याह के बारे में क्या किया था। असल में, प्रेमचंद के अंध प्रशंसकों ने मुझे मौका दिया है कि मैं इस बारे में कुछ और ज्यादा कहूँ। हाँ, बेटी के ब्याह के बहाने से प्रेमचन्द की सोच की कई कलईं खुल जाती हैं।

पहली कलई खुलने में यह हाथ लगता है कि वे स्त्री-शिक्षा के विरोधी थे। इस के प्रमाण में मुझे अलग से अन्दाज लगाने की जरूरत नहीं है क्योंकि प्रमाण खुद अमृत राय की पुस्तक में उपलब्ध हैं। वे लिखते हैं–''मुंशी जी की बेटी के साथ भी यही बात थी। स्कूल-कालेज की पढ़ाई का सुयोग उस को नहीं मिला–या नहीं दिया गया। कुछ रोज लखनऊ के आर्य महिला विद्यालय में गई मगर फिर वहाँ से भी उसे छुड़ा लिया गया।''[21] अमृत राय आगे लिखते हैं–''मुंशी जी भी शायद इस क्रान्ति के लिए तैयार न थे।''[22] तो, प्रेमचन्द तैयार नहीं थे कि उन की बेटी पढ़ाई-लिखाई करे। खुद अपने लिए एम. ए. करने की सोचने वाला और तथाकथित महान साहित्यकार अपनी बेटी को एक तरह से अनपढ़ी बना कर रख रहा है। उसे विद्यालय की शिक्षा भी पूरी नहीं करने दी। आश्चर्य की बात है कि अपनी बेटी को इस काबिल भी नहीं बनने दिया कि वह अपने पापा के लिखे हुए विपुल साहित्य का रसास्वादन कर सके। अमृत राय ने ही लिखा है–''किस्सा कोताह वह पढ़ नहीं सकी और चूल्हा पकड़े बैठी रही जो कि घर की सयानी लड़की का काम है।''[23]

अमृत राय ने इस बहस को इस के तार्किक परिणाम तक पहुँचाया है। उन्होंने लिखा है–''माँ उन दिनों बराबर बीमार रहती थीं, संभव है, बेटी को स्कूल से हटा कर घर के काम-काज में लगाए रखने का यह भी एक कारण हो।''[24] गलत, बिल्कुल गलत। बच्चों की शिक्षा रोक कर ऐसा नहीं किया जा सकता। ऐसे तो हर हिन्दू माँ को बीमार होने का बहाना मिल जाएगा। यदि बीमारी है तो बीमारी के साथ-साथ शिक्षा भी चलनी होती है। बीमारी की वजह से घर के दूसरे काम नहीं रुके थे। लेकिन मेरे तर्क के पक्ष में खुद अमृत राय भी लिखते हैं–''इन सब के बाद भी यह मानना कठिन है कि बेटी को ठीक से शिक्षा का सुयोग न देने के पीछे और भी कोई कारण नहीं था। जहाँ तक प्रमाण मिलता है–जिस में उन की इसी काल की लिखी हुई 'शान्ति'–जैसी कहानियों का प्रमाण भी है–उस का बड़ा कारण यह था कि पढ़ी-लिखी लड़कियों की तरफ से उन के मन में कहीं यह चोर था कि लड़कियाँ पढ़-लिख कर

गृहस्थी के काम की नहीं रह जातीं, तितली बन कर यहाँ-वहाँ घूमते रहने में ही उन का जी लगता है। अगर इस से अलग भी कोई बात उन के मन में थी तो वह कमजोर थी और चारों तरफ एक पिछड़ा हुआ समाज था जो लड़कियों की पढ़ाई को अच्छी निगाह से नहीं देखता था। लिहाजा बेटी घर के भीतर और घर के बाहर समाज के पिछड़ेपन का शिकार हुई और मामूली हिन्दी से ज्यादा कुछ न पढ़ सकी।''[25]

यहाँ प्रेमचंद की बेटी की बात चल रही है, पर यह नारी की ही बात चल रही है। नारी सम्बन्धी उन के विचारों को डा. शैलेश जैदी ने भी ठीक तरह से समझा है और गलती नहीं की। उन्होंने एक बहुत अच्छी तुलना की है। वे लिखते हैं–''**अन्ना करेनिना** टाल्सटाय की एक प्रसिद्ध और श्रेष्ठ औपन्यासिक कृति है। इसके लेखनकाल में शापेनहावर, पुश्किन तथा ड्यूमास के विचारों ने टाल्सटाय पर गहरा प्रभाव छोड़ा था। विशेष रूप से ड्यूमास फिल्स ने इस विषय पर खुलकर बहस की थी कि एक बेवफा पत्नी को क्षमा कर दिया जाय अथवा उसकी हत्या कर दी जाय। ड्यूमास ने नारी और पुरुष के संघर्ष को जीवन के बुनियादी द्वन्द्व के रूप में मान्यता दी थी। उसकी दृष्टि में नारी अबला होने के कारण सदैव बेवफा समझी जाती रही है। फलस्वरूप उसकी आत्मा की रक्षा परिवार में रहकर ही हो सकती है। पारिवारिक दायित्व से मुक्त होकर बेवफा हो जाने की स्थिति में पुरुष के लिए अनिवार्य हो जाता है कि वह उसकी हत्या कर दे। ड्यूमास के इस विचार ने टाल्सटाय के विचारों को विशेष रूप से आन्दोलित किया और उसने अन्ना की बेवफाई के लिए प्राणदण्ड की रूपरेखा तैयार कर ली। **गोदान** में मालती और मेहता की विवाह और प्रेम संबंधी बातचीत तथा मालती पत्नी बन जाने पर यदि कभी बेवफाई कर बैठे तो उस स्थिति में मेहता की यह धोषणा कि–मैं पहले तुम्हारा प्राणान्त कर दूंगा, ड्यूमास फिल्स के निष्कर्षों की ही अभिव्यक्ति करती है जो टाल्सटाय के माध्यम से प्रेमचन्द तक पहुँचे हैं। टाल्सटाय की भाँति प्रेमचन्द भी नारी को परिवार के भीतर ही देखना चाहते हैं और उसे त्याग और सेवा की मूर्ति समझते हैं।''[26]

सवाल यही है, बेटी मामूली हिन्दी जानने की वजह से हिन्दी साहित्य का रसास्वादन करना चाहे तो वह क्या करे। यदि कुछ सीखना है तो वह हिन्दी साहित्य से या अपने बाप की तरह उर्दू, फारसी और अंग्रेजी साहित्य से कुछ कैसे सीखे? बेटी को अपने बाप के हिन्दी, उर्दू और अंग्रेजी में लिखे विपुल साहित्य और पत्रों से क्या फायदा?

प्रेमचन्द के बारे में एक और शोर मचाया गया है कि उन्होंने 'जाति तोड़ विवाह' की बात कही थी। एक नारी अनिता भारती लिख ही चुकी हैं–''प्रेमचंद जाति व्यवस्था तोड़ने का हल निकालते हैं और समाधान वही है...रोटी-बेटी का सम्बन्ध... ।''[27]

जरा, इस का वास्तविकता से मिलान किया जाए। क्या प्रेमचन्द ने अपनी बेटी के विवाह में जाति तोड़ी थी? जाति तोड़ने की बात बहुत दूर की है, इतना ही जान लिया जाए कि क्या वे इस वक्त अपनी जाति को भूल गए थे?

अमृत राय ने इस बारे में कुछ खुलासा किया है। उन्होंने लिखा है—"मुंशी जी ने फौरन उसी पते पर दशरथ लाल साहब को खत लिखा जो वर के बड़े बहनोई थे और घर का काम-काज देखते थे। पत्र कुछ इस प्रकार था—मैं बनारस के पास का एक देहात का रहने वाला, आप की ही बिरादरी का एक व्यक्ति हूँ।"[28]

अच्छा होता, यहाँ अमृत राय पूरा पत्र ही उद्धृत कर देते। तब हमें और भी ज्यादा जानकारियाँ मिल सकती थीं। पर इतना तो ऊपर से पता चलता ही है कि प्रेमचन्द ने अपनी बेटी के लिए कायस्थ बिरादरी का ही लड़का ढूँढ़ा था। दूसरी बात, वे वर पक्ष के लोगों को यह भी बता रहे हैं कि मैं भी आप की कायस्थ जाति का ही हूँ।

दो बातें हो सकती थीं। पहली, प्रेमचन्द यह न जानते कि वर की जाति क्या है। दूसरी, वे वर पक्ष के लोगों को यह न बताते कि उन की जाति भी कायस्थ है। लेकिन प्रेमचन्द ने इन दो बातों में से एक भी नहीं की। तो, फिर जाति कहाँ से टूट गई? कैसे टूट गई? इस में जाति का हाथ टूटा या पैर? जाति लंगड़ी हुई या लूली? सीधी सी बात है, प्रेमचन्द के पास यही जाति तोड़ने का सब से बड़ा अवसर भी था।

यह इस विवाह की एक ही बात हुई कि उन्होंने जाति नहीं तोड़ी थी। इस की दूसरी बात और भी ज्यादा महत्वपूर्ण है। सवाल यह है कि उन्होंने बेटी के लिए वर के रूप में कौन ढूँढ़ा था। मेरा मतलब है, कहाँ हाथ मारा था, या कहाँ भिड़े थे?

इस का पता दशरथ लाल द्वारा लिखे प्रेमचन्द के लिए पत्र से चलता है। उस पत्र के शब्द अमृत राय ने इस प्रकार रखे हैं—"यह अवश्य बता देना चाहता हूँ कि यह देहात है, सामाजिक कुरीतियों का अभाव यहाँ भी नहीं है यद्यपि मुझे और अनुमानतः मेरी सास साहबा को भी इस की ज्यादा परवाह नहीं है। तो भी इस घर के इतिहास, उस की प्रतिष्ठा और मर्यादा के प्रकाश में, मेरे कर्त्तव्यपालन में कुछ विशेषताएँ रहेंगी, और मुझे आशा है कि आप उस की सुविधा मुझे देंगे। अतः मुझे पहले से मालूम हो जाना चाहिए कि शादी में आप कितना खर्च करना चाहते हैं और उस खर्चे का कितना हिस्सा ऐसा होगा जिस से मुझे व्यावहारिक सहायता मिल सकेगी। और यह भी स्पष्ट कर देना चाहता हूँ कि यह किसी रईस का घर नहीं है। साधारण जमींदारी परिवार है... ।"[29]

तो, प्रेमचन्द अपनी बेटी की शादी जमीदार परिवार में कर रहे हैं। तब, क्या इस बात से यह भी निष्कर्ष निकाला जा सकता है कि वे जमीदारों के खिलाफ थे? जमीदारों के खिलाफ होने का मतलब यह बैठता था कि अपनी बेटी की शादी जमीदारों के यहाँ न करते। तब यह प्रेमचन्द के बारे में साहित्य जगत में काँय-काँय

क्या मची हुई है कि प्रेमचन्द जमीदारों के खिलाफ थे? तब मेरे यह बताने पर कि प्रेमचन्द ने सन् 1936 में 'कफन' कहानी में यह लिखा है कि 'जमींदार साहब दयालु थे'[30]—हिन्दी जगत के साहित्यिक समीक्षक असहज क्यों हो गए हैं? सुना क्यों नहीं जाता कि प्रेमचन्द की खुद की शादी भी जमीदार घर में हुई थी? सीधी सादी सच्चाई बर्दाश्त क्यों नहीं है? इस में चिन्तन के स्तर पर आपे से बाहर होने की क्या जरूरत है? दिखाया यह जा रहा है कि प्रेमचन्द ने किसानों और मजदूरों के पक्ष में साहित्य लिखा है, जबकि प्रेमचन्द के असल जीवन की सच्चाई यह है कि वे जमीदारों से ही रोटी-बेटी का सम्बन्ध जोड़ रहे हैं, किसानों या मजदूरों से नहीं।

इसे कथनी और करनी का अन्तर कहा जाए, या एक जमीदार में और दूसरे जमीदार में रणनीतियों के स्तर पर बरता जाने वाला फर्क?

थोड़ा और देखा जाए कि प्रेमचन्द ने जिस घर से अपनी बेटी का रिश्ता जोड़ा था, वह कैसा था। अमृत राय ने उस के बारे में लिखा है—"खानदान भी कोई ऐसा-वैसा नहीं था।"[31] लड़के का नाम वासुदेव और वासुदेव के पिता का नाम मुंशी भवानी प्रसाद था। मुंशी भवानी प्रसाद की शादी देवरी, जिला सागर, के लाला मन्नू लाल की इकलौती लड़की से हुई। अमृत राय आगे लिखते हैं—"....लाला मन्नूलाल 1857 के कुछ बाद, जब कि वह लगान की वसूली पर गए हुए थे, मार डाले गए। अब घर में उन की बेवा के सिवा और कोई न था, इस खयाल से मुंशी भवानी प्रसाद को देवरी बुला लिया गया। देवरी के अलावा और भी पाँच-छहः गाँव उन की मिल्कियत में थे। मुंशी भवानी प्रसाद ही उन सब का इंतजाम करते रहे और विरासतन भी जायदाद उन्हीं को मिली।"[32] यूँ, यह उस समय उन के पास देवरी कस्बे और छह गाँवों की सच्ची-पक्की जमीदारी थी।

थोड़ा और जाना जाए कि मुंशी भवानी प्रसाद और क्या-क्या थे। अमृत राय ने लिखा है—"वह म्युनिसपिल्टी के उप-सभापति थे, आनरेरी मजिस्ट्रेट थे, आर्म्स ऐक्ट से मुस्तसना थे यानी उन को हथियार रखने की आजादी थी।...अर्द्ध-सरकारी पत्र व्यवहार में 'देवरी के गवर्नर' के नाम से उन का उल्लेख होता था और जनता उन्हें 'सरकार' कह कर पुकारती थी।"[33]

जब बात जमीदारों की चल रही है तो प्रेमचन्द के नाम पर भी गौर कर ली जाए। प्रेमचन्द का प्रेमचन्द नाम बहुत बाद में पड़ा है। अमृत राय के अनुसार, उन के जन्म के नाम इस प्रकार थे—"पिता ने हुलस कर उस का नाम रखा धनपत और ताऊ ने नवाब।"[34] उन की तीस साल की उम्र तक उन का नाम 'नवाब राय' ही रहा था। उन के मित्र मुंशी दया नारायण निगम ने उन का 'प्रेमचन्द' नाम पेश किया था, जिस की सहमति देते हुए नवाब राय ने लिखा था—"प्रेमचन्द अच्छा नाम है। मुझे भी पसन्द है। अफसोस सिर्फ यह है कि पाँच छः साल में 'नवाब राय' को फरोग़ देने की जो मेहनत की गयी, वह सब अकारथ हो गई। यह हजरत किस्मत के हमेशा लँडूरे रहे

और शायद रहेंगे... ।"[35] यूँ, उन का नाम भी सामन्ती ही था। सामन्तीपन में कुछ कमी न रह जाए इसलिए दोहरा नाम था 'नवाब' भी और 'राय' भी—अर्थात 'नवाब राय'।

यहाँ प्रेमचन्द की सोच के एक अन्य पक्ष पर भी विचार किया जा सकता है। यह आर्य समाजी और सनातन धर्मी होने का फर्जी भेद है। प्रेमचन्द आर्य समाज के अन्तर्गत आर्य भाषा सम्मेलन के वार्षिक अवसर पर लाहौर में दिए गए अपने भाषण में आर्य समाज के पक्ष में बोलते हैं—"समाज के मानसिक और बौद्धिक धरातल (सतह) को आर्य समाज ने जितना उठाया है, शायद ही भारत की किसी संस्था ने उठाया हो।"[36] वे आर्य समाज, स्वामी दयानन्द और 'सत्यार्थ प्रकाश' की एक साथ प्रशंसा करते हैं—"आर्य समाज ने हमारी भाषा के साथ जो उपकार किया है, उस का सब से उज्ज्वल प्रमाण यह है कि स्वामी दयानन्द ने इसी भाषा में 'सत्यार्थ प्रकाश' लिखा... ।"[37] इधर, प्रेमचन्द ने अपनी बेटी का जो रिश्ता किया है, वह घर कैसा था? सवाल सीधा है, प्रेमचन्द के समधी कैसे थे? संयोग से, अमृत राय ने इस का जवाब दिया है—"मुंशी भवानी प्रसाद बड़े धार्मिक व्यक्ति थे। सबेरे चार बजे उठ कर स्नान करते थे और गाय की पूजा करते थे। फिर मन्दिर जा कर पुजारी की पूजा करते थे और उस के उपरान्त श्री देव मुरलीधर की पूजा करते थे जिन के नाम पर देवरी का कस्बा बहुत पहले से वक्फ था।"[38]

प्रेमचन्द के समधी प्रेमचन्द के धुर विरोधी व्यक्ति थे, या अभी कुछ और जाना जाए? प्रेमचन्द से तुलना करने के लिए अच्छा यह रहेगा कि प्रेमचन्द के समधी के आर्य समाज के बारे में ही विचार जाने जाएँ। वे अमृत राय ने इन शब्दों में रखे हैं—"कट्टर सनातन-धर्मी होने के नाते उन्होंने 'सत्यार्थ प्रकाश' के खंडन में एक पुस्तक भी लिखी—दयानन्द-मत-विद्रावण। इसी तरह की एक पुस्तक उन्होंने और लिखी—भास्कराभास निवारण।"[39]

इस के बाद, अब कहने-सुनने के लिए क्या रह जाता है? वीरेन्द्र यादव की लेखनी का क्या अर्थ रह जाता है? यह सब जानने के बाद प्रेमचन्द उसी घर में अपनी बेटी की शादी कर रहे हैं? तब उदारवाद और सनातनी का अर्थ और फर्क किस काम का रह जाता है? दलित चिन्तक प्रेमचन्द के बहकावे में क्यों आए? वे अपनी बेटी का रिश्ता किन चीजों को ले कर रहे हैं? यहाँ धार्मिक भेद का कोई मतलब नहीं रह गया है। बेटी जमीदारों के घर में जानी चाहिए—उन के विचार कुछ भी हों और सामाजिक-धार्मिक रीतियाँ कितनी भी विरोधी और बुरी क्यों न हों।

प्रेमचन्द की बेटी के ब्याह के बारे में एक और खास बात है। इस में प्रेमचन्द का हददर्जे का फिसड्डीपन जाहिर होता है।

हुआ यों कि बाबू दशरथ लाल ने लड़की को देखने की इच्छा व्यक्त की। प्रेमचन्द की पत्नी ने प्रेमचन्द से कहा—"ठीक है, वे लोग लड़की देखना चाहते हैं तो हम लोग दिखाएँगे लेकिन घर पर नहीं दिखाएँगे।"[40] लेकिन अगली बात बिलकुल

अजीब है, जिस के बारे में अमृत राय ने लिखा है—"सब कुछ हुआ, और जैसे कि इस बातचीत में थोड़ी-सी बदतमीजी भी एक जरूरी चीज हो, वह भी हुई। लड़का खुद लड़की को देखे, इस बात को लेकर। मुंशी जी ने उस के लिए कतई इन्कार कर दिया और दो-एक चिट्ठियों का विनिमय भी हुआ। आखिर बाबू दशरथ लाल ही को झुकना पड़ा और तान इस पर टूटी कि लड़के की माँ और बहन जा कर लड़की को देख लें।"[41] क्या यह इसलिए था कि लड़की बहुत कम पढ़ी-लिखी थी? कुछ भी था, गलत था। कारण, प्रेमचन्द को खुद तजुर्बा था कि उन की शादी में उन के साथ धोखा हुआ था। अमृत राय ने प्रेमचन्द की पहली शादी के बारे में लिखा है, जब प्रेमचन्द का नाम नवाब था—"शादी हुई, शादी में खूब चुहलबाजी भी हुई, नंगे-नंगे मजाक भी हुए जो अकसर इस मौके पर होते हैं, खासकर पूरब में, और नवाब ने खूब रस ले-ले कर तुर्की-ब-तुर्की उन का जवाब भी दिया, फिर बिदाई हुई और नवाब (!) अपनी शीरीं अपनी लैला को ऊँट-गाड़ी पर बिठा कर...अपने घर ले चला। घर पहुँच कर उस ने अपनी बीवी की सूरत जो देखी तो उस का खून सूख गया।"[42] अपने साथ इतना गलत अनुभव होने के बाद तो उन्हें अपने होने वाले दामाद को इतना हक देना चाहिए था कि वे लड़की को देख लें। लेकिन नहीं, प्रेमचन्द उसी लकीर के फकीर बने हुए हैं जिस पर वे खुद भारी धोखा खा चुके थे। निश्चित रूप से, यहाँ वे अपने दामाद को धोखा दे रहे हैं।

III

कहूँ कि इस प्रकरण में जो अन्दाज मैंने लगाए हैं, उन की पुष्टि उपलब्ध सबूतों से हो जाती है। डा. कमल किशोर गोयनका ने अपनी पुस्तक 'प्रेमचंद : अध्ययन की नयी दिशाएँ' में प्रेमचंद के दया नारायण निगम को लिखे 21 फरवरी, 1929 के एक पत्र के निम्न शब्द उद्धृत किए हैं—"आप को यह जानकर मसर्रत होगी कि बेटी की शादी जिला सागर के एक मुतमव्विल (संपन्न) खानदान में तय हो गयी है। वह लोग यहां आए थे और कल वापस गए हैं। दो-चार रोज में मैं बरच्छे की रस्म अदा करने जाऊँगा। लड़का बी. ए. में पढ़ता है। जायदाद माकूल है, मगर सर्फ़ा चार हजार का है। मेरी भुगत कुछ दो हजार की है।"[43]

पहले ही बताया जा चुका है कि वर का नाम वासुदेव था और वासुदेव के जीजा का नाम दशरथ लाल था। दशरथ लाल की मध्यस्थता से ही यह रिश्ता निश्चित हुआ था। दशरथ लाल ने प्रेमचन्द को 7 मार्च, 1929 को एक खत लिखा था। डा. गोयनका ने अपनी उक्त किताब में वह खत पूरा उतारा है। यहाँ उस के कुछ अंश दिए जा सकते हैं, जो इस प्रकार हैं :

"श्रीमान बाबू जी नमस्ते।

....

यदि आप यह समझ बैठे हैं कि संबंध पक्का हो चुका है तो मेरी ओर से भी पक्का समझिये। केवल मेरी एक बात आप को निबाहनी होगी जो कि मैं यहाँ स्पष्ट कर देना चाहता हूँ। आशा है कि मेरे संकेतानुसार आपने चार हजार का जो संकल्प किया है, आप उस पर स्थिर होंगे। देवरी से आए हुए पत्रों को देखकर आप को लिखना पड़ता है कि आप तिलक में दो हजार रुपया नकद भेजें व पाँच सौ का दरवाजा और पाँच सौ विदाई के निमित्त रखें अर्थात बाकी एक हजार में ही दूसरे खर्चों को निबटा लें। बात यह है कि एक बार दो हजार का तिलक अस्वीकार किया जा चुका है, इसलिए यद्यपि अम्मा यह नहीं चाहतीं कि आप हैसियत से ज्यादा खर्च करें तथापि वे यह अवश्य चाहती हैं कि आप उसे इस प्रकार क्यों न खर्च करें कि जिस से अधिक से अधिक शोभा, संतोष और श्रेय प्राप्त हो। आप की आर्थिक सुविधाओं का परिचय (मैं) पहिले ही ले चुका हूँ। ऊपर लिखे अनुसार व्यय करने में भी आप को विशेष आपत्ति नहीं हो सकती। मुझे यह मालूम न था कि आपको जेवर कुछ न बनवाना पड़ेगा, सिर्फ नथनी बनवानी पड़ेगी। बाकी जेवर तो आप के पास–(अस्पष्ट) है....मगर देना चाहें तो पैपुजई या विदा के वक्त दे सकते हैं और न दें तो कोई तकाजा नहीं है। आप के एक ही लड़की है और निर्धारित सीमा के भीतर ही अर्थव्यय करने से यदि उसे मनोवांछित वर मिलता है तो मेरी समझ में आपको इस पवित्र कार्य से कृतकृत्य हो जाना चाहिए। शेष भविष्य के हाथ में है–

कुछ यात्रा संबंधी सूचनाओं के बाद लिखा है, फलदान के लिए यहाँ चाँदी के कटोरे वगैरह का रिवाज नहीं है, सिर्फ एक नारियल और जो कुछ नकद आप देना चाहें उसकी जरूरत होगी। आप चाहें तो एक सौ ग्यारह रुपये दीजिए, नहीं तो पाँच अशर्फियाँ ठीक होंगी। अशर्फियों का प्रबंधन न हो सके तो 5 गिन्नियों से भी काम निकल सकता है। यों तो फलदान 5 रुपये से भी होता है, पर ऐसा करना आपकी शान के बाहर होगा। आप जब आवें तो लड़की के हाथ की चूड़ी अवश्य लेते आइए या हाथ का कोई जेवर जो ठीक बैठता हो। शेष शुभ, माँ जी को प्रणाम व बच्चों को प्यार कहियेगा।

मंगलाकांक्षी

दशरथलाल"[44]

इस के बाद डा. गोयनका ने लिखा है—"इस पत्र के सम्बन्ध में मैंने श्रीमती कमला से बातचीत की और उन्होंने बताया कि बाबूजी ने विवाह में सात हजार खर्च किये थे।"[45] तभी मैं कह रहा हूँ कि प्रेमचन्द के साथ यह कन्यादान की रस्म न निभाने का मामला नहीं था, बल्कि उन की जेब बिलकुल खुक हो चली थी। यह विवाह में बिलकुल ईवेन्ट मैनेजमैन्ट का काम था। हर ईवन्ट का एक नाम था और हर नाम के लिए पैसे थे। दशरथ लाल अपने पत्र में 'कन्यादान' का शब्द लिखना भूल गए थे, बस, प्रेमचन्द को मौका मिल गया। सच यह है कि यदि वे कन्यादान की रस्म के वास्तव में विरोधी होते तो किसी दूसरे के हाथों से भी कन्यादान न करने देते, क्योंकि यह किसी और की नहीं, खुद उन की अपनी बेटी का विवाह हो रहा था।

इस के बाद इस विषय में और क्या कहना शेष रह जाता है? कहना कुछ नहीं है, बस एक तुलना की जा सकती है। तुलना 'गोदान' के एक पात्र राय साहब से है, जिन के अनेक सिपाही और नौकर हैं। होरी के मुँह के शब्द हैं—"राय साहब ने बेटे के ब्याह में बीस हजार लुटा दिए।"[46] 'गोदान' का प्रकाशन 1936 में हुआ है। प्रेमचन्द की बेटी कमला की शादी 1929 में हुई है। प्रेमचन्द 1929 में बेटी के ब्याह में सात हजार रुपये खर्च कर रहे हैं। इस हिसाब से, आखिर, प्रेमचन्द अपनी हस्ती में एक-तिहाई 'राय साहब' सिद्ध हो ही गए। तब मेरे आकलन में गलती कहाँ है?

VI

प्रेमचन्द ने 10 अगस्त, 1915 को मुंशी दया नरायन निगम को अपने पत्र में लिखा था—"मेरे पास इन छः माह की रुखसत के बाद आठ सौ रुपये हैं। तीन सौ रुपये मैंने तीन असामियों को अठारह फीसदी सूद पर कर्ज दे दिए हैं। मेरा नकदी सरमाया इस वक्त कुल पाँच सौ रुपया है।"[47] प्रेमचंद के इन शब्दों को पढ़ कर कैसे न कहा जाए कि जमीदार ही नहीं, वे छोटे-मोटे महाजन भी थे? बात 18 फीसदी सूद की नहीं है, बल्कि चाल की है। प्रेमचंद महाजनी के रास्ते पर पूरी मुस्तैदी से आरूढ़ हैं। तब वे कुल 34 वर्ष के थे।

अमृत राय लिखते हैं—"जो दो-चार हजार रुपये बीवी ने कतर-ब्योंत कर के बचा लिए हैं, वही कुल बिसात है।...कभी रुपया सूद पर चलाते हैं—मगर वह लौट कर नहीं आता। कभी लाटरी का टिकट खरीदते हैं—मगर नाम नहीं निकलता। कभी शेयर खरीदने की बात करते हैं—मगर भाव ठीक नहीं बैठता।"[48] अब भला, यह दो-चार हजार रुपये की बचत की कोई छोटी-मोटी बात है? लेकिन, प्रचार यही किया जा रहा है कि प्रेमचंद गरीब थे। होंगे, क्योंकि प्रेमचंद के रिश्तेदारों के पास तब दो-दो चार-चार लाख रुपये थे। यह उन की तुलनात्मक गरीबी है। यह असली गरीबी नहीं है जिसमें दलित समाज के लोग रह रहे थे। पर, प्रेमचंद के प्रशंसकों ने दुनिया बहका ली है कि वे बड़े गरीब थे।

कभी आदमी अपनी आमदनी सही-सही नहीं बताता। आय कर के डर की वजह से भी लोग उसे छुपा लेते हैं। लेकिन आदमी की माली हालत का पता उस के खर्च से चल जाता है। इसलिए, अब भारत सरकार लोगों के खर्च जानने की तरकीब सोच रही है। शायद, अगले सालों से लोगों को आय कर के लिए खर्चे की रसीदें जमा करनी पड़ेंगी। लेकिन आदमी की आर्थिक स्थिति का जायजा लेने के लिए एक और तरीका है कि यदि घर में चोरी हुई तो कितनों की हुई। संयोग से, शिवरानी ने ऐसे एक वाकये का जिक्र किया है। वे लिखती हैं–"उसी रात को मेरे यहाँ चोरी हुई। चोरी में 1,000 रुपये नकद और 1,500 रुपये के जेवर थे।...चोरी एक खाना पकाने वाले महाराज ने की थी।"[49] तो, यह ढाई हजार रुपये का नुकसान था। इस नुकसान पर प्रेमचंद शिवरानी से क्या कहते हैं? वे कहते हैं–"समझ लूँगा, तीन महीने मैंने मजूरी नहीं की।"[50] इस का मतलब है कि 1936 में उन की 800 रुपये महीने की आमदनी थी। यह कोई छोटी-मोटी रकम नहीं है। उस समय के आम आदमी से हिसाब लगाना छोड़ रहा हूँ।

अभी प्रेमचन्द बीमार हैं। कुल चालीस साल की उम्र है। उन्हें लग रहा है, आगे जी नहीं पाऊँगा। अमृत राय ने लिखा है–"और इसी तैयारी में उन्होंने एक रोज़ पत्नी को बुलाकर बैंक की पासबुक उनके हाथ में देते हुए कुछ भर्राई आवाज़ में कहा था–ये लो, रानी, इसमें तीन हज़ार रुपये हैं और तीन तुम हो! मेरी ज़िन्दगी भर की कमाई...।"[51] शिवरानी ने लिखा है–"मैं अन्दर गई और थोड़ा-सा सूखा मेवा और ठंडा पानी ला कर फर्श पर रख दिया। और उसी पर बैठ गई, तीनों बच्चे भी बैठ गए। बच्चे मेवे खाने लगे, आप चिलगोजा छील कर एक-एक अपने मुँह में डाल रहे थे।"[52] ये वाक्य उद्धृत कर के मुझे प्रेमचन्द से जलन नहीं हो रही है। वे अपने बच्चों को बड़ी अच्छी तरह पाल रहे थे, यह बढ़िया बात थी। केवल उन की जीवन शैली की बात बताई जा रही है।

प्रेमचन्द उस तरह से जीवन जी रहे हैं, जिन जमीदारी रिश्तेदारियों का उन का वातावरण है। घर में रसोइया रखने की बात चल रही है तो प्रेमचंद चाहते हैं कि रसोइया रखा जाए। वे शिवरानी से कहते हैं–"जिन लोगों के बीच में रहना होता है, उन्हीं की तरह खुद भी तो बनना पड़ता है, चाहे हम बनना चाहें या नहीं मगर बनना जरूरी हो जाता है।"[53] शिवरानी नहीं चाह रही हैं कि रसोईया रखने की इतनी जरूरत है। तब प्रेमचंद को अपनी जमीदारी की हैसीयत बतानी पड़ रही है–"मुझे इस पर भी तो शरम आती है कि कोई भलामानुस आ जाय तो अपने दिल में यही सोचे कि अच्छे भले आदमी हैं कि एक रसोईदार भी नहीं रख सकते।"[54] यहाँ प्रेमचंद की हैसीयत इतनी बड़ी है कि उन्हें घर में रसोइया रखना जरूरी है।

फिर कहूँ कि मुझे जलन नहीं हो रही है, भगवान करे, प्रेमचंद की सारी अगली पीढ़ियाँ भरपूर गुलजार रहें, पर उन के समय के किस मजदूर या काश्तकार से उन की

खर्च-शैली की तुलना की जा सकती है? शिवरानी प्रेमचंद के बारे में लिख रही हैं—"जब बनारस आने लगे तो मुझे ले कर बाजार गए। वहाँ बेटी के लिए 7 चुनरी, जो खास चुनरी बेटी की थी, वह 20 रुपये की थी, और दोनों बेटों के लिए 45 रुपये 45 रुपये की घड़ियाँ लीं। बेटी के लिए 135 रुपये की लौंग खरीदी। मेरे पीछे पड़े कि तुम भी कानों के लिए फूल ले लो।"[55] ध्यान रहे, यह भी उन दिनों की ही बात हो रही है, जब भारत में औसत मजदूरी डेढ़ आने रोज की थी। शिवरानी ने कान के फूल की बात दुहराई है। वार्तालाप इस प्रकार है :

"मुझ से कान के फूल के लिए बोले—'यह फूल ले लो।'
मैं बोली—'फूल ले कर क्या होगा?'
आप बोले—'बहुत खूबसूरत है, ले लो, कान में पहनना।'
मैं बोली—'मुझे जरूरत नहीं है।'
बोले—'मैं कहता हूँ ले लो, बहुत अच्छा है।'
मैं बोली—'क्या कीमत है इस की?'
आप बोले—'बहुत दाम थोड़े ही हैं। 750 रुपये का तो है ही।' "[56]

शिवरानी ने लिखा है—"बच्चों के आलसी होने के डर से वे ज्यादा नौकर नहीं रखते थे।"[57] यह क्या बात हुई? उन के पास क्षमता थी कि वे ज्यादा नौकर भी रख सकते थे। इस का मतलब है, उन्होंने अपने पास के एक विकल्प को अपनाया, या नहीं अपनाया। लेकिन इस के बजाय दलित की स्थिति क्या थी? क्या उस के पास विकल्प था कि चाहे तो वह जमीदार का नौकर न रहे? उत्तर यही है कि व्यवस्था ने उस के ये सारे अधिकार छीन रखे थे कि वह चाह कर और भरसक कोशिश कर के भी दासता से मुक्त नहीं हो सकता था। बंधुवा मजदूरी के खिलाफ कानून अब आ कर बना है। इसलिए, अमृत राय ने सही शब्दों का इस्तेमाल किया है, जब प्रेमचंद की पहली ससुराल के बारे में लिखा है—"...यह विवाह बस्ती जिले की मेंहदावल तहसील में बस्ती शहर से दस मील दूर रमवापुर सरकारी गाँव के एक छोटे-मोटे जमीदार के घर ठीक हुआ।"[58] खुद प्रेमचंद का अपने साले के बारे में कहना है—"मेरे साले तो इलाकेदार थे... ।"[59] जी हाँ, प्रेमचंद ने ही अपनी ससुराल के बारे में कहा है—"मेरा विवाह बस्ती जिले की मेंहदावल तहसील में रामपुर गाँव में ठीक हुआ। वे भी अपने घर के जमींदार थे।"[60]

प्रेमचंद ने अपनी बेटी कमला के ससुर के बारे में शिवरानी से कहा था—"देवरी के लाट कहे जाते थे।"[61] वे अपने दामाद के बारे में शिवरानी को सलाह दे रहे हैं—"हाँ, घर का वह मालगुजार है। सागर में वकालत करेगा। अपनी जमींदारी भी देखेगा। नहीं तो बाहर जाने से जमींदारी में हानि होगी।"[62] उन्होंने अपने होने वाले दामाद के बारे में जाना था कि 'तीन हजार रुपये सालाना की जायदाद भी उस के पास

है।"[63] उन्होंने यह भी जाना था कि लड़के के पिता के मरने पर लड़के के बहनोई ने आ कर जमींदारी की देखभाल करनी शुरू कर दी थी।[64]

प्रेमचंद का शिवरानी से एक संवाद है, जो यहाँ दिया जा रहा है :

> "मैं–'....मेरे यहाँ तो सब दूध खाते थे।'
> 'तुम जमींदार की लड़की हो।' "[65]

यहाँ भी प्रेमचंद ने एक जमीदार की लड़की से ही शादी की है। कहने का मतलब यह है कि वे चारों तरफ से जमीदारों के रिश्ते में हैं। हर बार जमीदारों से रिश्ता कर रहे हैं–और साहित्य में शोर यह मचा हुआ है कि वे जमीदारों के खिलाफ थे। झूठ, एकदम झूठ, दलित विश्वास कैसे कर लें कि 'कफन' कहानी में प्रेमचंद ने जमीदार साहब को दयालु उन से रिश्तेदारी की वजह से नहीं कहा? और, प्रेमचंद की दूसरी ससुराल से जुड़े लोगों की माली हालत कैसी है? वह छोटे-मोटे जमीदार से भी बड़ी बात हो गई है जब शिवरानी ने अपने बहनोई के बारे में लिखा है–"मेरे बहनोई ने दूसरी शादी की, उन के यद्यपि पहली बीवी से बच्चे थे। उन्होंने दूसरी शादी कर ली और सारी सम्पत्ति दूसरी बीवी के नाम कर दी। कोई तीन लाख की सम्पत्ति उन के पास थी।"[66] तो, यह भी प्रेमचंद की एक रिश्तेदारी थी। उन के साढ़ू के पास तीन लाख रुपये की सम्पत्ति थी। वे वकील थे, पर किसी जमीदार से कम नहीं थे। कहना यही है कि प्रेमचंद की रिश्तेदारियाँ धनिकों से थीं। बताया यह भी जा सकता है कि प्रेमचन्द ने 1928 में शिवरानी से कहा था–"यह तो हिन्दुस्तान है। यहाँ की आमदनी तो छः पैसे रोज की है।"[67] इसी बारे में उन के दूसरे शब्द इस प्रकार हैं–"मुल्क के आदमी की कमाई औसतन छः पैसे रोज...थी।"[68] तो, जब प्रेमचंद की पत्नी के वकील बहनोई के पास तीन लाख रुपये की सम्पत्ति है, तब प्रेमचंद अच्छी तरह जानते हैं कि आम आदमी की मजदूरी छह पैसे रोज की है।

शिवरानी के भाई क्या थे? शिवरानी के बताए अनुसार, वे वकील थे।[69] तब, समाज मनोविज्ञान के बल पर कहा जा सकता है कि 'कफन' कहानी में–'जमींदार साहब दयालु थे'[70]–के वाक्य में प्रेमचन्द का वर्ग-चरित्र बोला है। ऐसा इसलिए लिखा जा सका, क्योंकि वे स्वयं जमीदार वर्ग से थे। दूसरी बात, वे 'पटवारी का पोता'[71] थे। तीसरी बात, उन के नाना 'शायद किसी जमींदार के कारिन्दे थे।'[72] चौथी बात, उन का अपना विवाह 'गाँव के एक छोटे-मोटे जमींदार के घर हुआ'[73] था। पाँचवीं बात, उन्होंने अपनी बेटी की शादी जमीदार के घर में की थी। अब वे यदि इस पृष्ठभूमि की वजह से अपनी कहानी में जमीदार साहब को दयालु कहते हैं, तो, निश्चित रूप से, वर्ग चरित्र के सिवा इस का कोई अन्य कारण नहीं है।

अब जानने लायक बात यह है कि जमीदारों से दुखी कौन था। जमीदार किन लोगों का शोषण कर रहे थे? उन के सामन्ती दबदबे में कौन पिस रहा था? एक उत्तर साफ है कि प्रेमचंद या प्रेमचंद की कायस्थ जात जमीदारी प्रथा से पीड़ित नहीं थी।

उलटे, सच्चाई यह थी कि उन के जात के लोग खुद जमीदार थे या जमीदारों के कारिन्दे थे। तब जमीदारों के विरोध में जाने में प्रेमचंद पर व्यक्तिगत या जातीय दबाव क्या था? उत्तर यही है कि कोई नहीं। इधर, चमार जात का हर व्यक्ति जमीदारी प्रथा के द्वारा सताया जा रहा था।

ऐसी स्थिति में, फिर स्वामी अछूतानंद याद आते हैं। इस बारे में 'हिमायती' में 'सामाजिक न्याय के क्रान्तिकारी चिन्तक–स्वामी अछूतानंद' के शीर्षक से एक लेख छपा है। इस में लिखा गया है–"स्वामी जी ने कहा कि हमें अंग्रेजों से हमदर्दी नहीं, हक चाहिए। सम्मान से जीने का हक। सरकार को चाहिए कि केन्द्र और प्रान्तों में पूर्ण उत्तरदायी सरकार की स्थापना करे। जमींदारी उन्मूलन कानून बनाया जाये। राजाओं, सामंतों और नवाबों पर अंकुश लगाया जाये ताकि वह निर्बल, निसहाय अछूतों पर जुल्म न ढा सकें। अछूतानन्द की इच्छा थी कि भारत का एक सवर्ण तबका जो अंग्रेजों की कृपा से जमींदारी व्यवस्था पर कब्जा कायम किये हुए हैं, उसका अन्त होना चाहिए क्योंकि जमींदारी प्रथा ही अछूतों के लिये शोषण की जड़ है।"[74]

सही बात यह है कि दलितों के लिए जमीदारी प्रथा बेगार प्रथा ही थी। इसे समाप्त करने के लिए स्वामी अछूतानंद ने दलितों के लिए परती जमीन की मांग की थी। लेख में आगे लिखा गया है–"अपनी जमींदारी सम्बन्धी व्यवस्था के विचारों को स्वामी जी कांग्रेस के मंच तक ले गये और जमींदारी उन्मूलन के लिए कांग्रेस पर दबाव डालना शुरू कर दिया। इधर कांग्रेस...स्वतंत्रता आन्दोलन एवं स्वराज्य सम्बन्धी मांगों के प्रति सक्रिय होने के कारण कोई दूसरा ऐसा मुद्दा नहीं उछालना चाह रही थी कि जिससे ऐसा लगे कि उसके प्रति अंग्रेजों का रुख पलट सकता है। कांग्रेस के साथ चूंकि जमींदारों का सक्रिय सहयोग कायम था, इसलिए उन्होंने आमने-सामने से जमींदारों का विरोध लेना पसंद नहीं किया।"[75] लेख में आगे लिखा गया है–"स्वामी अछूतानंद जी ने इतने बड़े कार्यक्रम को सफलतापूर्वक संचालित कर जमींदारी उन्मूलन की बात को विशेष मुद्दा बनाकर अंग्रेज सरकार एवं कांग्रेस की नींद उड़ा दी।"[76]

अन्त में, यहाँ यही कहा जाना है कि इस नींद उड़ने में एक तीसरे व्यक्ति प्रेमचंद की भी नींद उड़ी थी, क्योंकि उन की रिश्तेदारियाँ जमीदारों में थीं। इन आर्थिक रिश्तों में किसान किसान थे, पर दलित तो जमीदारों के बेगारी थे। इसलिए, जमीदारों की व्यवस्था में किसानों से ज्यादा दलित दुखी थे–और प्रेमचंद अपनी बेटी को जमीदारों में ब्याह कर मूँछ पर ताव दे रहे थे। जी हाँ, प्रेमचन्द अपनी बेटी की शादी चमारों में नहीं कर रहे हैं, बल्कि ढूँढ कर केवल कायस्थों में और जमीदारों में कर रहे हैं–तब वे 'कफन' कहानी में चमारों का पक्ष लेंगे या जमीदारों का? प्रेमचंद के साहित्य के सारे प्रशंसक मिल कर बताएँ–मैं उन्हीं से पूछ रहा हूँ–मेरा यह सवाल उन्हीं से है।

संदर्भ

1. प्रेमचंद : कलम का सिपाही, अमृत राय, हंस प्रकाशन, इलाहाबाद, संस्करण, अप्रैल, 1992, पृ.-33
2. वही, पृ.-35
3. जमींदार का कारिंदा, सुमित गौतम, दि संडे पोस्ट, 30 अक्टूबर, 2005
4. प्रेमचंद : कलम का सिपाही, अमृत राय, हंस प्रकाशन, इलाहाबाद, संस्करण, अप्रैल, 1992, पृ. 710
5. प्रेमचन्द : विविध प्रसंग-1, संकलन और रूपान्तर, अमृतराय, हंस प्रकाशन, इलाहाबाद, प्रथम संस्करण, जुलाई, 1962, पृ.-268
6. प्रेमचंद : विविध प्रसंग-2, संकलन और रूपान्तर, अमृत राय, हंस प्रकाशन, इलाहाबाद, प्रथम संस्करण, प्रेमचंद स्मृति दिवस, 1962, पृ.-505
7. प्रेमचंद : कलम का सिपाही, अमृत राय, हंस प्रकाशन, इलाहाबाद, संस्करण, अप्रैल, 1992, पृ.-510
8. भारत का संविधान (7 फरवरी, 2003 को यथा विद्यमान), प्रकाशन-नियन्त्रक, भारत सरकार, सिविल लाईन्स, दिल्ली-110 054, पृ.-7
9. प्रेमचन्द के निन्दक, वीरेन्द्र यादव, तद्भव, 18/201, इन्दिरा नगर, लखनऊ-226 016, उत्तर प्रदेश, अक्तूबर, 2005, पृ.-73
10. प्रेमचन्द : कलम का सिपाही, अमृत राय, हंस प्रकाशन, इलाहाबाद, संस्करण, अप्रैल, 1992, पृ. -439
11. वही, पृ.-439
12. प्रेमचन्द : घर में, शिवरानी देवी प्रेमचंद, आत्माराम एंड संस, 1376, कश्मीरी गेट, दिल्ली-110 006, संस्करण, 2005, पृ.-128
13. वही, पृ.-79
14. वही, पृ.-80
15. कफन और शेष रचनाएं, प्रेमचन्द, सरस्वती प्रेस, बनारस, षष्ठ संस्करण, नवम्बर, 1952, पृ.-12
16. प्रेमचंद : अध्ययन की नयी दिशाएँ, डा. कमल किशोर गोयनका, साहित्य निधि, सी-38, ईस्ट कृष्ण नगर, दिल्ली-110 051, प्रथम संस्करण, 1981, पृ.-18
17. प्रेमचंद : घर में, शिवरानी देवी प्रेमचंद, आत्माराम एण्ड संस, 1376, कश्मीरी गेट, दिल्ली-110 006, संस्करण, 2005, पृ.-127
18. प्रेमचंद : विविध प्रसंग-3, संकलन और रूपान्तर, अमृतराय, हंस प्रकाशन, इलाहाबाद, प्रथम संस्करण, प्रेमचंद स्मृति दिवस, 1962, पृ.-260
19. वही, पृ.-260
20. वही, पृ.-261
21. प्रेमचंद : कलम का सिपाही, अमृत राय, हंस प्रकाशन, इलाहाबाद, संस्करण, अप्रैल, 1992, पृ.-433
22. वही, पृ.-433
23. वही, पृ.-434
24. वही, पृ.-434
25. वही, पृ.-434
26. प्रेमचंद की उपन्यास-यात्रा : नव मूल्यांकन, डा. शैलेश जैदी, यूनिवर्सिटी पब्लिशिंग हाउस, कोठी नायाब, सर सैयद रोड, सिविल लाइन्स, अलीगढ़, उत्तर प्रदेश, प्रथम संस्करण, जुलाई, 1978, पृ.-455-56
27. 'कफन' और 'दलित स्त्री-विमर्श', अनिता भारती, कृति संस्कृति सन्धान, बी-2/51, रोहिणी, सेक्टर 16, दिल्ली-110 085, अप्रैल-दिसम्बर, 2003, पृ.-210

28. प्रेमचन्द : कलम का सिपाही, अमृत राय, हंस प्रकाशन, इलाहाबाद, संस्करण, अप्रैल, 1992, पृ.-434

29. वही, पृ.-435

30. कफन और शेष रचनाएं, प्रेमचन्द, सरस्वती प्रेस, बनारस, षष्ठ संस्करण, नवम्बर, 1952, पृ.-9

31. प्रेमचन्द : कलम का सिपाही, अमृत राय, हंस प्रकाशन, इलाहाबाद, संस्करण, अप्रैल, 1992, पृ.-436

32. वही, पृ.-436

33. वही, पृ.-437

34. वही, पृ.-11

35. वही, पृ.-113

36. कुछ विचार, प्रेमचंद, लोक भारती प्रकाशन, 15-ए, महात्मा गांधी मार्ग, इलाहाबाद-1, पेपर बैक संस्करण, 1992, पृ.-71

37. वही, पृ.-72

38. प्रेमचन्द : कलम का सिपाही, अमृत राय, हंस प्रकाशन, इलाहाबाद, संस्करण, अप्रैल, 1992, पृ.-437

39. वही, पृ.-437

40. वही, पृ.-435

41. वही, पृ.-436

42. वही, पृ.-34

43. प्रेमचंद : अध्ययन की नयी दिशाएँ, डा. कमल किशोर गोयनका, साहित्य निधि, सी-38, ईस्ट कृष्ण नगर, दिल्ली-110 051, प्रथम संस्करण, 1981, पृ.-18

44. वही, पृ.-18-9

45. वही, पृ.-19

46. गोदान, प्रेमचंद, लोक भारती प्रकाशन, 15-ए, महात्मा गांधी मार्ग, इलाहाबाद-1, संस्करण, 1999, पृ.-20

47. प्रेमचन्द : कलम का सिपाही, अमृत राय, हंस प्रकाशन, इलाहाबाद, संस्करण, अप्रैल, 1992, पृ.-141

48. वही, पृ.-181-82

49. प्रेमचंद : घर में, शिवरानी देवी प्रेमचंद, आत्माराम एण्ड संस, 1376, कश्मीरी गेट, दिल्ली-110 006, संस्करण, 2005, पृ.-247

50. वही, पृ.-247

51. प्रेमचंद : कलम का सिपाही, अमृत राय, हंस प्रकाशन, इलाहाबाद, संस्करण, अप्रैल, 1992, पृ.-238

52. प्रेमचंद : घर में, शिवरानी देवी प्रेमचंद, आत्माराम एण्ड संस, 1376, कश्मीरी गेट, दिल्ली-110 006, संस्करण, 2005, पृ.-131

53. वही, पृ.-216-17

54. वही, पृ.-217

55. वही, पृ.-220

56. वही, पृ.-237

57. वही, पृ.-109

58. प्रेमचंद : कलम का सिपाही, अमृत राय, हंस प्रकाशन, इलाहाबाद, संस्करण, अप्रैल, 1992, पृ.-33

59. प्रेमचंद : घर में, शिवरानी देवी प्रेमचंद, आत्माराम एण्ड संस, 1376, कश्मीरी गेट, दिल्ली-110 006, संस्करण, 2005, पृ.-51

60. वही, पृ.-25

61. वही, पृ.-126

62. वही, पृ.-127

63. वही, पृ.-123

64. वही, पृ.-123
65. वही, पृ.-24
66. वही, पृ.-109
67. वही, पृ.-111
68. वही, पृ.-131
69. वही, पृ.-59
70. कफन और शेष रचनाएँ, प्रेमचंद, सरस्वती प्रेस, बनारस, षष्ठ संस्करण, नवम्बर, 1952, पृ.-9
71. कलम का मजदूर : प्रेमचंद, मदन गोपाल, राजकमल प्रकाशन प्राइवेट लिमिटेड, 8, नेताजी सुभाष मार्ग, नई दिल्ली-110 002, द्वितीय संस्करण, 1984, पृ.-15
72. प्रेमचंद : कलम का सिपाही, अमृत राय, हंस प्रकाशन, इलाहाबाद, संस्करण, अप्रैल, 1992, पृ.-10
73. वही, पृ.-33
74. सामाजिक न्याय के क्रान्तिकारी चिन्तक—स्वामी अछूतानंद, हिमायती, सम्पादक, डा. सोहनपाल सुमनाक्षर, 233, टैगोर पार्क, माडल टाउन, दिल्ली-110 009, फरवरी (द्वितीय), 2009, पृ.-4, कालम-3
75. वही, पृ.-4, कालम 3-4
76. वही, पृ.-4, कालम-4

भाग-5. कलाकार या जार?

अध्याय-32

प्रेमचन्द की आलोचना

I

प्रेमचन्द ने लखनऊ में हुए 'प्रगतिशील लेखक संघ' के 'पहला अधिवेशन, 1936' में सभापति आसन से दिए अपने भाषण में कहा था–"साहित्य की बहुत सी परिभाषाएँ की गई हैं, पर मेरे विचार से उस की सर्वोत्तम परिभाषा 'जीवन की आलोचना' है। चाहे वह निबन्ध के रूप में हो, चाहे कहानियों के या काव्य के, उसे हमारे जीवन की आलोचना और व्याख्या करनी चाहिए।"[1] मुझे उन की इस परिभाषा से इतराज नहीं है। मुझे जो कहना है, वह यह है कि आलोचना और व्याख्या का विकास भी हो सकता है। विकास न भी माना जाए, पर इन मामलों में किसी अन्य के द्वारा यथार्थ के ज्यादा नजदीक तो जाया ही जा सकता है। घीसू-माधव प्रेमचन्द के पात्र हैं, पर प्रेमचन्द और घीसू-माधव में फर्क तो है ही, क्योंकि लेखक प्रेमचंद कायस्थ के धरातल पर हैं और पात्र घीसू-माधव चमार के धरातल पर।

प्रेमचन्द इस कहानी में चमारों के बारे में लिखने बैठ गए थे। तब तीन बातें हो सकती थीं :

1. वे चमारों का हू-ब-हू का चित्रण कर सकते थे।
2. वे चमारों की समस्या की गहराई जानने की क्षमता में नहीं हो सकते थे।
3. वे चमारों की समस्या को जान कर उसे अपने जातीय-वर्गीय उद्देश्य की प्राप्ति के लिए अपनी प्रस्तुति में भ्रम पैदा कर सकते थे।

प्रेमचन्द इस बात को भलीभांति जानते हैं कि 'साहित्य को कुछ समालोचकों ने लेखक का मनोवैज्ञानिक जीवन-चरित्र कहा है।'[2] इस के बाद वे लिखते हैं–"एक ही घटना या स्थिति से सभी मनुष्य समान रूप से प्रभावित नहीं होते। हर आदमी की

मनोवृत्ति और दृष्टिकोण अलग है। रचना कौशल इसी में है कि लेखक जिस मनोवृत्ति या दृष्टिकोण से किसी बात को देखे, पाठक भी उस से सहमत हो जाय। यही उस की सफलता है।"[3] लेकिन, मैं एक पाठक के रूप में 'कफन' कहानी में प्रेमचन्द की मनोवृत्ति या दृष्टिकोण से सहमत नहीं हो सका।

तब क्या कहा जाए? क्या यह प्रेमचन्द के लेखन की असफलता है? प्रेमचन्द की बात अलग, पर आज के इन हिन्दी समीक्षकों के बारे में क्या कहा जाए जो जबर्दस्ती चाह रहे हैं कि 'कफन' कहानी के लिखने में प्रेमचन्द की मनोवृत्ति और दृष्टिकोण से मैं सहमत हो जाऊँ? खुद प्रेमचन्द ने साहित्यकार की कसौटी बहुत बड़ी रखी है। वे लिखते हैं–"इस के साथ ही हम साहित्यकार से यह भी आशा रखते हैं कि वह अपनी बहुज्ञता और अपने विचारों की विस्तृति से हमें जाग्रत करे, हमारी दृष्टि तथा मानसिक परिधि को विस्तृत करे–उस की दृष्टि इतनी सूक्ष्म, इतनी गहरी और इतनी विस्तृत हो कि उस की रचना से हमें आध्यात्मिक आनन्द और बल मिले।"[4] पर मैं क्या करूँ कि 'कफन' कहानी को पढ़ने से उलटे मेरा जातीय बल खिंचता है? जिन्हें मेरी कौम की मजाक फोड़ने में आध्यात्मिक आनन्द मिलता हो, उन की वे जाने, लेकिन प्रेमचन्द रखैल रखने के कारण जारकर्म का और बलात्कार का हिसाब खोल नहीं सकते थे। यदि शिवरानी 'प्रेमचन्द : घर में' नाम की अपनी किताब न लिखतीं तो रखैल रखने की सच्चाई का किसी को पता नहीं चलता। किसी जासूसी उपन्यास के पात्र शार्लोक होम की कुव्वत में नहीं था कि रहस्य से पर्दा उठ पाता। इसलिए, साहित्य द्वारा बुधिया की मौत की घटना या स्थिति का परिचय देने में प्रेमचंद की मनोवृत्ति और दृष्टिकोण घीसू-माधव की मनोवृत्ति और दृष्टिकोण से भिन्न रह गए हैं। आखिर, ऐसा क्यों नहीं माना जा सकता कि प्रेमचन्द के किसी पाठक की दृष्टि और मानसिक परिधि प्रेमचन्द की दृष्टि और मानसिक परिधि से ज्यादा सूक्ष्म, ज्यादा गहरी, और ज्यादा विस्तृत हो सकती है? साहित्यिक आलोचना में यह भक्तपन किस कोने से प्रवेश कर गया है कि आलोचना असह्य हो रही है? प्रेमचन्द के रचनाकार को आप्त-ऋषियों में सम्मिलित क्यों किया जा रहा है? वैसे भी यह बात नुकसानदायक है, क्योंकि इस से साहित्य में विकास या परिवर्तन की गुंजाइश समाप्त हो जाती है।

प्रेमचन्द ने सन 1936 के अपने भाषण में यह भी कहा था–"उस (साहित्यकार) का दर्द से भरा हृदय इसे सहन नहीं कर सकता कि एक समुदाय क्यों सामाजिक नियमों और रूढ़ियों के बन्धन में पड़ कर कष्ट भोगता रहे? क्यों न ऐसा समाज इकट्ठा किया जाए कि वह गुलामी और गरीबी से छुटकारा पा जाय?"[5] इन शब्दों से पता चल रहा है कि प्रेमचन्द एक बार फिर खुद को गुलामी और गरीबी वाले समुदाय से अलग समुदाय का व्यक्ति मान रहे हैं। इसलिए उन्होंने आगे के अपने शब्दों में इस समस्या का समाधान यह निकाला है–"...प्रगति या उन्नति से प्रत्येक लेखक या ग्रंथकार एक ही अर्थ ग्रहण नहीं करता। जिन अवस्थाओं को एक समुदाय उन्नति

समझ सकता है, दूसरा समुदाय असंदिग्ध अवनति मान सकता है और इसलिए साहित्यकार अपनी कला को किसी उद्देश्य के अधीन नहीं करना चाहता। उस के विचारों में कला केवल मनोभावों के व्यक्तिकरण का नाम है, चाहे उन भावों से व्यक्ति या समाज पर कैसा ही असर क्यों न पड़े।"[6] तब इस कसौटी पर कस कर प्रेमचन्द की इस 'कफन' कहानी के बारे में क्या राय बनाई जाए? चमार कौम पर इस कहानी का क्या असर पड़ रहा है? प्रेमचन्द के साहित्यकार ने कह ही दिया है कि उन्हें अपनी कला से मतलब है, किसी समाज या व्यक्ति पर पड़ने वाले असर से नहीं।

प्रेमचन्द अच्छी तरह जानते थे कि कलाकार–अर्थात साहित्यकार–कौन होता है और अब तक क्या करता रहा है। उन्होंने कहा है–"हमें सुन्दरता की कसौटी बदलनी होगी। अभी तक यह कसौटी अमीरी और विलासिता के ढंग की थी। हमारा कलाकार अमीरों का पल्ला पकड़े रहता था, उन्हीं की कद्रदानी पर उस का अस्तित्व अवलम्बित था और उन्हीं के सुख-दुःख, आशा-निराशा, प्रतियोगिता और प्रतिद्वन्द्विता की व्याख्या कला का उद्देश्य था। उस की निगाह अन्तःपुर और बंगलों की ओर उठती थी। झोंपड़े और खंडहर उस के ध्यान के अधिकारी न थे, उन्हें वह मनुष्यता की परिधि से बाहर समझता था। कभी इन की चर्चा भी करता...था, तो इन का मजाक उड़ाने के लिए, ग्रामवासी की देहाती वेश-भूषा और तौर तरीके पर हँसने के लिए।"[7] पर प्रेमचन्द के इस लिखने-बोलने से क्या हुआ जब वे खुद रखैल रख कर विलासिता का जीवन जी रहे थे? और, ऐसा उन का अब तक कौन पाठक था जिस ने उन की 'कफन' कहानी के घीसू-माधव के बारे में अच्छी राय रखी हो? कहानी में प्रेमचन्द के इन शब्दों की वजह से घीसू-माधव के पक्ष में कौन हो जाएगा?–"बाप-बेटे रोते हुए गाँव के जमींदार के पास गये। वह इन दोनों की सूरत से नफरत करते थे। कई बार इन्हें अपने हाथों पीट चुके थे। चोरी करने के लिए, वादे पर काम पर न आने के लिए।"[8] तो, घीसू-माधव चोर और कामचोर दोनों ही बना दिए गए हैं। एक अन्य जगह भी किसी पात्र के बजाय लेखक के रूप में प्रेमचन्द खुद ही बोलते हैं–"गाँव में काम की कमी न थी। किसानों का गाँव था, मेहनती आदमी के लिए पचास काम थे। मगर इन दोनों को लोग उसी वक्त बुलाते, जब दो आदमियों से एक का काम पा कर भी सन्तोष कर लेने के सिवा और कोई चारा न रहता।"[9]

बात कला की चल रही है। प्रेमचन्द पाठकों के दिमाग में ताला क्यों लगा रहे हैं कि वे अपनी कल्पनाओं को आगे न बढ़ा सकें? वे पाठकों के मनों में रांगे के टांके क्यों टाँक रहे हैं कि उन के विचार सही दिशा में न चलने लगें? जीवन की आलोचना और व्याख्या में वे यह बता कर पाठकों के विचारों और कल्पनाओं को कुंद और कुंठित करने में क्यों लगे हुए हैं कि घीसू-माधव का ऐसा व्यवहार आर्थिक कारणों से हुआ था? पारिवारिक कारणों को जानने के दरवाजे बन्द क्यों किए जा रहे हैं? पात्रों के मनोभावों की बात जानने में वे लेखक के नाते खुद क्यों बोलने लगे हैं? उन के

बोलने में वह उपदेश ही हो कर रह जाता है जो स्वयं उन की परिभाषा में ही उच्च साहित्य नहीं कहा जा सकता। यूँ, उन पर साहित्यिक रचना में उपदेश देने का आरोप लग जाता है। पर, मुझे लग रहा है कि कला की कीमत का जोखिम उठा कर भी वे पाठकों के उर्वरित मस्तिष्कों की खाँचे डाल-डाल कर नाकेबन्दी कर रहे हैं। उन्हें बिल्कुल नहीं बताना चाहिए था कि घीसू-माधव का ऐसा व्यवहार क्यों है। इस मामले में जरूर ही वे लेखन की सीमा से बाहर कूदे हैं। एक अच्छे रचनाकार को इस प्रयास की क्या जरूरत थी?

पूरी कहानी में 'जमीदार' और 'जमीदारी प्रथा' के खिलाफ क्रान्ति का कोई बिगुल नहीं बजा है, जबकि इस कहानी लिखने के 14 वर्ष बाद प्रेमचन्द के उत्तर प्रदेश में '1950 ई. का उत्तर प्रदेश जमींदारी विनाश और भूमि-व्यवस्था अधिनियम'[10] पास हुआ था। खास बात यह है कि कहानी में घीसू और माधव किसान नहीं हैं। उल्टे, 'जमींदार साहब दयालु थे'[11]—लिख कर प्रेमचन्द ने जमीदार का रुतबा ही बढ़ाया है। जब भी कहानीकार को मौका मिला है, इस में जमीदार की प्रशंसा ही की गई है। जमीदार के भीतरी मनोविज्ञान के भाव इस प्रकार व्यक्त किए गए हैं—''जी में तो आया, कह दें, चल, दूर हो यहाँ से...। हरामखोर कहीं का, बदमाश! लेकिन यह क्रोध या दण्ड का अवसर न था। जी में कुढ़ते हुए दो रुपये निकाल कर फेंक दिए।''[12] फिर, घीसू-माधव की भाषा जमीदार के प्रति 'जी-हजूरी' की हो गई, पर प्रेमचन्द स्वयं लिखते हुए जमीदार को सम्मान क्यों दे रहे हैं?—''वह (जमीदार) इन दोनों की सूरत से नफरत करते थे।''[13] आखिर, प्रेमचन्द की कलम से ये शब्द नहीं लिखे जा सके—'वह इन दोनों की सूरत से नफरत करता था।' क्या सन 1936 में लिखी गई इस 'कफन' कहानी से कोई तनिक भी अन्दाजा लगा सकता है कि,

1. 11 साल बाद 1947 में अंग्रेज इस देश से चले जाएँगे, और,
2. 14 साल बाद 1950 में उत्तर प्रदेश से जमीदारी प्रथा समाप्त हो जाएगी?

यदि नहीं, तो यह कहानी किस आर्थिक, सामाजिक और राजनैतिक सच्चाई को बता पा रही है? तब इस में बेचारी बुधिया की मौत में कौन से कारण कारगर रह जाते हैं?

प्रेमचन्द की इस कहानी 'कफन' के घीसू और माधव कोई क्रान्ति करने नहीं जा रहे हैं। बुधिया मर चुकी है और घीसू-माधव गाँव में एक ही हैं। बाकी गाँव सामान्य ढंग से रह रहा है। किसान भी जमीदार से विद्रोह करते नहीं दिखाए गए। जबकि व्यवस्था को कोसना भर पर्याप्त नहीं है, पर तब उस कोसने का अर्थ भी क्या रह जाता है, जो नियति बन चुका हो? कुछ बात समझ में आती यदि गाँव के सभी

किसानों और मजदूरों का वैसा व्यवहार दिखाया जाता जैसा घीसू-माधव का दिखाया गया है। पर घीसू-माधव को पूरे गाँव में बदनाम बताया गया है जो गाँव में एक अपवाद है। अपवाद की बात भी समझी जाती यदि उस में किसी चीज का आगाज होता। बुधिया प्रसव पीड़ा में मर गई है और घीसू-माधव शराब में धुत पड़े हैं—तब क्रान्ति कौन करेगा? गाँव वाले बुधिया के लिए दुबारा कफन-काठी का ही इन्तजाम करने में लगे हुए हैं। यूँ, कहानी में क्रान्ति और उस के लिए विद्रोह तथा परिवर्तन और उस के लिए संघर्ष सिरे से गायब हैं। जी हाँ, बदलाव और कहानी की बात तभी समझ में आती, जब घीसू-माधव गाँव के मजदूरों और किसानों के लिए नेता बने दिखाए जाते। चूँकि, गाँव के मजदूर और किसान घीसू-माधव के नेतृत्व में आते हुए नहीं दिखाए गए हैं, इसलिए इस कहानी का बदलाव और क्रान्ति से कोई लेना-देना नहीं है।

इस के बाद भी बच्चन सिंह अपने लेख 'यह किस का कफन है?' में इस कहानी के बारे में लिख रहे हैं—"...कफन रोमांच विरहित जीवन का एक ठोस मेटाफोरिक नाट्य बिम्ब है।"[14] यह ऐसी-तैसी है! यह बड़ी अच्छी बात हो गई!! 'कफन' में प्रेमचन्द की मेटाफोरिक नाट्य बिम्ब की श्रेष्ठ साहित्यिक रचना हो गई, इधर घीसू-माधव के रूप में पूरी चमार कौम की बेइज्जती हो गई!!! यह रचनाकार बनने का अच्छा तरीका है कि दूसरों की बेइज्जती की जाए—'वे रस डोलत आपने, उन के फाटत अंग।'

इस 'कफन' कहानी को ले कर एक नई बात और भी हो गई है। अपनी पुस्तक 'प्रेमचन्द : सामन्त का मुंशी' में मैंने माना है कि कहानी 'कफन' की बुधिया के साथ खेत में बलात्कार हुआ था। इस पर हिन्दी के साहित्यिक समीक्षकों ने निष्कर्ष निकाला कि मैं स्त्री-विरोधी हूँ। यह कैसी व्याख्या और कैसा निष्कर्ष है? आश्चर्य है, उन में से किसी ने मुझे जमीदार-विरोधी नहीं कहा। क्यों नहीं कहा? मुझे बुधिया-विरोधी, स्त्री-विरोधी और दलित स्त्री-विरोधी कहा, पर जमीदार-विरोधी, सामन्त-विरोधी और बलात्कार-विरोधी नहीं कहा। यह सच्चाई को रलाने की कैसी चतुराई है? बुधिया के साथ बलात्कार हुआ और मुझे बुधिया-विरोधी बता दिया—क्या कमाल की सोच है! महाराज, मैं आज की बुधिया के साथ हुए बलात्कार के केस को जमीदार के खिलाफ कोर्ट में ले जा रहा हूँ तो मैं बुधिया-विरोधी और स्त्री-विरोधी कैसे हो गया? यह हिन्दू स्वामी राम सुख दास की परम्परा है कि पत्नी के साथ बलात्कार हो गया तो पति और पत्नी उस का जिक्र न करें। दलित जीवन ऐसी किसी परम्परा को नहीं मानता। तभी उस ने बलात्कार के खिलाफ कानून बनवाया है और वह बलात्कारी को कठोर कारावास दिलवाता है। बुधिया के साथ हुए बलात्कार का जिक्र न करना—हर बलात्कारी चिन्तन का व्यक्ति ऐसा ही कहेगा। इसलिए बात यह है कि उस की सुनी क्यों जाए? बलात्कार होने पर हम सारी दुनिया को बताएँगे कि बलात्कार हुआ

है–केवल तभी बलात्कारी को सजा मिल सकती है। बलात्कार को छिपाने में उलटे बलात्कारी का ही फायदा होता है। लेकिन दलित चिन्तन बलात्कारी का ऐसा फायदा नहीं होने देगा।

II

प्रेमचन्द ने साहित्य की जिम्मेदारियों के बारे में लिखा है–''जो दलित, पीड़ित और वंचित है–उस की हिमायत और वकालत करना उस (साहित्य का) फर्ज है। समाज उस की अदालत है। इसी अदालत के सामने वह अपना इस्तगासा पेश करता है और उस की न्याय-वृत्ति और सौन्दर्य-वृत्ति को जाग्रत कर के अपना यत्न सफल समझता है।''[15]

प्रेमचन्द के इन शब्दों से पता चलता है कि वे समाज में स्वयं दलित, पीड़ित और वंचित लोगों में से नहीं थे। इतना माना जा सकता है कि अपने अहसास में वे भारतीय होने के कारण राजनैतिक रूप में सात समुन्दर पार बसे अंग्रेजों के गुलाम थे। लेकिन इस गुलामी की तीव्रता महसूस करने का भी उन के पास कोई तरीका नहीं था, क्योंकि अंग्रेजों के राज में भी उन्हें सरकारी नौकरियाँ हासिल करने के अधिकार मिले हुए थे। उन्होंने स्वयं अपने जीवन में इन अधिकारों की लज्जत उठाई थी। जून 1909 में अपनी 29 वर्ष की आयु में वे हमीरपुर में स्कूलों के 'सब-डिपुटी इन्सपेक्टर'[16] के पद पर तैनात थे। फर्क इतना है कि वे इन नौकरियों को छोड़ सकते थे, लेकिन दलित लोग इन नौकरियों को पा नहीं सकते थे। खुद 'प्रेमचन्द के पिता मुंशी अजायब लाल डाकखाने में डाकमुंशी थे जिन की नौकरी...अवकाश-प्राप्ति के समय चालीस रुपये तक पहुँची थी।'[17] यह उस समय की बात है जब एक रुपये में 40 सेर चावल मिलता था।[18] पर, प्रेमचन्द के समय के दलितों, पीड़ितों और वंचितों के लिए ये सरकारी नौकरियाँ और गुजारे के ये भरपूर साधन और सुख सुलभ नहीं थे।

इस से ज्यादा मुझे कुछ कहना भी नहीं है कि वे साहित्यकार के रूप में केवल वकील थे–और बस। अदालत में वे केवल हृदय-परिवर्तन की बात करते हैं–इस से अधिक कुछ नहीं। वे 1936 में भाषण देते हैं–''उस अदालत का हृदय परिवर्तन तभी सम्भव है, जब आप सत्य से तनिक भी विमुख न हों... ।''[19] 'हृदय परिवर्तन' के बाद अगला शब्द उन के मुख से 'सहानुभूति' का निकला है, जो इस प्रकार है–''अपनी सहज सहानुभूति और सौन्दर्य-प्रेम के कारण वह (साहित्यकार) जीवन के उन सूक्ष्म स्थानों तक जा पहुँचता है, जहाँ मनुष्य अपनी मनुष्यता के कारण पहुँचने में असमर्थ होता है।''[20] तो, प्रेमचन्द की शब्दावली का कुल पिटारा इतना बड़ा है–हिमायत, वकालत, हृदय परिवर्तन और सहानुभूति। काश, चमारों के ये दुख उन के अपने होते!

तब प्रेमचन्द ने क्या किया है? उन्होंने मनोविज्ञान का सहारा लिया है। उन्होंने लिखा है—"...इस अदालत के सामने वह मुवक्किल का सच्चा रूप तभी दिखा सकता है जब वह मनोविज्ञान का सहारा ले।"[21] लेकिन मनोविज्ञान का पल्ला पकड़ने की कैसे साहित्यकार को जरूरत पड़ती है? क्या जो खुद उन समस्याओं से जूझ रहा है, उसे भी मनोविज्ञान को समझने की जरूरत पड़ती है? प्रेमचन्द ने इस के लिए मना किया है। उन्होंने लिखा है—"अगर वह खुद इसी दलित समाज का एक अंग है, तब तो उस का काम कुछ आसान हो जाता है क्योंकि वह अपने मनोभावों का विश्लेषण कर के अपने समाज की वकालत कर सकता है। लेकिन अधिकतर वह अपने मुवक्किल की आंतरिक प्रेरणाओं से, उस के मनोगत भावों से अपरिचित होता है। ऐसी दशा में उस का पथ-प्रदर्शक मनोविज्ञान के सिवा और कोई नहीं हो सकता। इसलिए साहित्य के वर्तमान युग को हमने मनोविज्ञान का युग कहा है।"[22] इसी अर्थ में उन्होंने साहित्यकार के बारे में लिखा है—"जो दलित हैं, मर्दित हैं, जख्मी हैं, चाहे वे व्यक्ति हों या समाज उन की हिमायत और वकालत उस का धर्म है।"[23] ऐसी स्थिति में मुझे यह पूछने से कौन रोक सकता है कि कहीं ऐसा न हो रहा हो कि दलित समाज को बाकी व्यवस्था के साथ-साथ उस का कोई वकील भी लूट रहा हो? यदि वकील ही दलित की बहू-बेटी की इज्जत उतारने में लगा हुआ हो तो वह अदालत में उस का केस क्या लड़ेगा?

हिन्दू समाज में मध्य वर्ग का जन्म नहीं होता, बल्कि यहाँ उदारवाद सामने आता है। कारण यह है कि मध्यवर्ग वर्णों और जातियों में दूर तक बँटा हुआ पड़ा है। कभी उस की अलग पहचान नहीं बनती। उधर, उदारवाद में ब्राह्मण से ले कर कायस्थ तक कोई भी बड़ी जल्दी शामिल हो जाता है। यही धोखे का सबब बनता है। इसलिए, विदेशों में मध्य वर्ग का चरित्र अलग होता है, और भारत में हिन्दू उदारवाद का चरित्र अलग है। यही वजह है कि हिन्दू समाज में यूरोप के देशों के तरीकों का और समानता का मध्य वर्ग नहीं बन सकता। क्या किया जाए?—यहाँ का उदारवाद मध्य वर्ग बन कर लड़ने के बजाय घर छोड़ कर संन्यासी बनने लगता है। ज्यादातर यहाँ का उदारवाद दलित जातियों के पास अपना काम निकाल उन्हें धोखा दे कर चला जाता है। पर, क्या यह बहुत जरूरी है कि दलित जातियाँ हर बार धोखा खाएँ?

प्रेमचन्द ने हामी भरी है—"किसी ने बहुत ठीक कहा है कि कहानी में नाम और सन के सिवा सब कुछ सत्य है; और इतिहास में नाम और सन के सिवा कुछ भी सत्य नहीं।"[24] उन्होंने इतिहास और कथा-साहित्य के बारे में एक और हामी भरी है—"एक आलोचक ने लिखा है कि इतिहास में सब कुछ यथार्थ होते हुए भी वह असत्य है, और कथा-साहित्य में सब कुछ काल्पनिक होते हुए भी वह सत्य है।"[25] इस का मतलब यही है कि प्रेमचन्द का चिन्तन प्रक्षिप्त, किंवदन्ती, आख्यान और पुराण की रचना की ओर जा रहा है।

III

प्रेमचन्द पर आलोचना की मेरी पुस्तक आने से हिन्दी के लोग उखड़ क्यों गए हैं? उन्हें इतनी ज्यादा परेशानी क्यों हुई? कम से कम, वे प्रेमचन्द के शब्दों पर ही कान दे लेते। प्रेमचन्द ने लिखा है—''साहित्य में समालोचना का जो महत्व है उस को बयान करने की जरूरत नहीं, सद्-साहित्य का निर्माण बहुत गम्भीर समालोचना पर ही मुनहसर है। योरोप में इस युग को समालोचना का युग कहते हैं। वहाँ प्रतिवर्ष सैकड़ों पुस्तकें केवल समालोचना के विषय की निकलती रहती हैं...।''[26] लेकिन, आज के लेखक मुझे क्या सलाह दे रहे हैं? राजेन्द्र यादव ने अपने सम्पादकीय लेख 'रखैल और जार का दलित-पाठ' में लिखा है—''यह भी आश्चर्य ही है कि बिना रचनात्मक लेखन के ही दलित लेखक विचार और समीक्षाएँ लिख रहे हैं...।''[27] मैनेजर पाण्डेय ने भी एक साक्षात्कार के द्वारा इस में अपनी भैरवी जोड़ी है।[28]

क्या किया जाए?—ये प्रेमचन्दवादी प्रेमचन्द की सलाह भी नहीं मान रहे हैं। ये दलित लेखकों के लिए दलित-एजेण्डा तैयार कर रहे हैं कि दलित किस विधा का साहित्य लिखेंगे। उल्टे, प्रेमचन्द की दिक्कत यह थी कि उन के समय में हिन्दी में आलोचना का अकाल पड़ा हुआ था। उन्होंने आलोचना के महत्व को इन शब्दों में रेखांकित किया है—''...रचना के लिए चाहे विशेष शिक्षा की जरूरत न हो, आलोचना के लिए संसार-साहित्य से परिचित होने की जरूरत है।''[29] फिर, छोड़ो 'कफन' की बात, छोड़ो 'गोदान' और 'रंगभूमि' की बात—प्रेमचंद के जीवन पर कोई पुस्तक लिखी जाएगी तो क्या वह साहित्यिक मानी जाएगी या नहीं? मैं प्रेमचंद के साहित्य के बिना जिक्र के प्रेमचंद के बाकी जीवन पर पुस्तक लिख सकता हूँ या नहीं? यदि प्रेमचंद अपने जीवन में एक रखैलबाज व्यक्ति थे तो क्या यह साहित्य का विषय नहीं है? प्रेमचंद के रखैलबाज चरित्र को छोड़ कर ही प्रेमचंद पर लिखने की अनुमति देनी तानाशाही नहीं तो क्या है?

प्रेमचन्द ने बार-बार कहा है कि वे साहित्यिक क्षेत्र के व्यक्ति हैं, कर्मक्षेत्र के नहीं। क्या उन के ऐसा कहने का यह अर्थ निकाला जा सकता है कि जो वे औरों से करने को कह रहे हैं, वे खुद नहीं कर सकते? क्या वे अपने हिस्से का उतना काम कर देंगे जितना उन्होंने अपने साहित्य में पात्रों को करते दिखाया है? फिर, उस में वे कौन-से पात्र का काम करेंगे, क्योंकि हर उपन्यास और कहानी में पात्र एक नहीं, कई-कई हैं? कोई भी कहानी या उपन्यास एकालाप नहीं है। तब बहु-आलाप में वे किस ढब बैठेंगे? यदि 'रंगभूमि' में उन के आदर्श पात्र सूरदास, विनय और सोफिया हैं, तो ये तीनों मर गए हैं। सूरदास के गोली लगी तो बाद के दोनों पात्रों ने आत्महत्या की। इन के अन्तों से पता चलता है कि प्रेमचन्द का अपने जीवन में ऐसा आदर्श बिल्कुल नहीं था। न उन्होंने सूरदास की तरह संग्राम में गोली खाई और न उन्होंने

विनय और सोफिया की तरह आत्महत्या की। तब उपन्यास की कहानी में जो पात्र जीवित बच गए हैं, उन में से वे कौन-से हैं? क्या वे उन में से हैं जो पुस्तक के आखरी पृष्ठ पर इन्दु, जाह्नवी और डाक्टर गांगुली बचे हैं, या कुँवर भरत सिंह, जो उपन्यास के आखिरी पैरे में अपने विचारों सहित विद्यमान हैं? बचे हुए पात्रों के इन दो गुटों में से उन का रुझान किस तरफ है? कोई पाठक क्या शिक्षा ले या इसे मनोरंजन की चीज मान कर भूल जाए? कोई भी उत्तर देते हुए ध्यान यह भी रखा जाना है कि प्रेमचन्द इसी सामाजिक वर्ग के व्यक्ति हैं, जो ये चार व्यक्ति पुस्तक के अन्तिम पृष्ठ पर जीवित दिखाए गए हैं। वे ताहिर अली के वर्ग से या जान सेवक के वर्ग से बिलकुल नहीं हैं, क्योंकि वे क्रमशः मुसलमान और ईसाई हैं, जबकि प्रेमचन्द हिन्दू हैं। न ही वे चमारों के चौधरी बनने जा रहे हैं और न ही नायकराम पंडा।

एक बात और है। प्रेमचन्द न चमारों के चौधरी बन रहे हैं और न ही नायकराम पंडा। वे कायस्थ हैं। उधर, 'रंगभूमि' को उन्होंने एक खेल की कहानी के रूप में प्रस्तुत किया है। सूरदास को खिलाड़ी ही माना है जो हार कर भी जीता हुआ दिखाया गया है। लेकिन एक सामाजिक वर्ग के रूप में प्रेमचन्द इस खेल से बाहर कैसे रह सकते हैं? साथ ही, वे खेल के बीच में भी कहीं खड़े नहीं हो सकते, क्योंकि वहाँ बजी घमासान लड़ाई में जगह नहीं है। फिर, वे अपना कोई भी खेल स्वीकार करें, वे इस बात को सिरे से नहीं समझ सके कि हिन्दुस्तान में इस खेल का फाइनल मैच चमारों और ब्राह्मणों के बीच में ही चल रहा है। रैफरी हमेशा से विदेशी होते आए हैं, चाहे वे पुराने समय में क्षत्रिय बना लिए गए हों या बाद के समय में कायस्थ या कुछ और। सब से आखरी समय के आए हुए रैफरी अंग्रेज थे, जो सन 1947 में अपना बोरिया-बिस्तर बांध कर यहाँ से वापिस चले गए। उन से पहले के रैफरियों की पहचान बस इतिहास में नाम भर को है–जैसे, मुगल और तुर्क। इतिहास गवाह है कि ब्राह्मणों ने अपने शास्त्रों के अनुसार अकबर को 'महाबली' का नाम दिया था तथा क़ुतबदीन को अपने पतरे-पोथरे खोल कर 'नवल'[30] नाम दिया था।

पहली तिकड़ी रानी जाह्नवी, उन की बेटी इन्दु और डाक्टर गांगुली की है। अब इन तीनों को आज की गाड़ी से बनारस से पंजाब जाना है। प्रेमचन्द लिखते हैं–"डॉक्टर गांगुली ने कुछ भोजन किया, और संध्या-समय तीनों आदमी यहाँ से रवाना हो गए। तीनों के हृदय में एक ही ज्वाला थी, एक ही लगन। तीनों का ईश्वर पर पूर्ण विश्वास है।"[31] यूँ, प्रेमचन्द ने ये तीनों लोग ईश्वरवादी बना दिए हैं। जो दूसरे गुट का पात्र है, वह अकेला कुँअर भरत सिंह है। उस के बारे में प्रेमचन्द ने इस उपन्यास का अन्तिम पैरा इस प्रकार लिखा है–"कुँअर अब फिर विलासमय जीवन व्यतीत कर रहे हैं, फिर वही सैर और शिकार है, वही अमीरों के चोंचले, वही रईसों के आडंबर, वही ठाट-बाट। उन के धार्मिक विश्वास की जड़ें उखड़ गई हैं। इस जीवन से परे अब उन के लिए अनन्त शून्य और अनंत आकाश के अतिरिक्त और कुछ नहीं

है। लोक असार है, परलोक भी असार है, जब तक जिन्दगी है, हँस-खेल कर काट दो। मरने के पीछे क्या होगा, कौन जानता है। संसार सदा इसी भाँति रहा है, और इसी भाँति रहेगा। उस की सुव्यवस्था न किसी से हुई है, और न होगी। बड़े-बड़े ज्ञानी, बड़े-बड़े तत्ववेत्ता, ऋषि, मुनि मर गए, और कोई इस रहस्य का पार न पा सका। हम जीव-मात्र हैं, और हमारा काम केवल जीना है। देश-भक्ति, विश्व-भक्ति, सेवा, परोपकार यह सब ढकोसला है। अब उन के नैराश्य-कथित हृदय को इन्हीं विचारों से शान्ति मिलती है।"[32]

उपन्यास इन्हीं शब्दों के साथ समाप्त या पूरा हो जाता है। यूँ, कहानी केवल एक राज घराने की रह जाती है। कुँअर भरत सिंह राजा हैं, जाह्नवी उन की रानी हैं, इन्दु उन की बेटी हैं और डा. गांगुली ने कौंसिल से इस्तीफा दे दिया है। हर तरह से प्रजा बहुत पीछे छूट गई है।

जिस लेखक की कथनी और करनी में अन्तर हो, उस से क्या बहस की जाए, और कैसे बहस की जाए? यदि केवल कथनी पर बहस की जानी है तो यह 'कला के लिए कला' के सिद्धान्त को मान्य करना हो जाएगा, जिस की मेरा आजीवक समाज कभी मान्यता नहीं दे सकता। आजीवक समाज हर हालत में किसी व्यक्ति की कथनी को उस की करनी से जोड़ कर देखेगा ही। इसलिए, प्रेमचन्द की एक कथनी की उन की दूसरी कथनी से तुलना नहीं की जानी है, बल्कि उन की दोनों कथनियों को उन की करनियों के स्तर पर जाँचा-परखा जाएगा। इन की कथनी भी क्या है?—गिरगिट की तरह रंग बदलती है। इन्हें कैसे जिम्मेदार बनाया जाए?

संदर्भ

1. साहित्य का उद्देश्य, मुंशी प्रेमचंद, साहित्यागार, एस. एम. एस. हाइवे, जयपुर-3, संस्करण, 1992, पृ.-2
2. वही, पृ.-6
3. वही, पृ.-6
4. वही, पृ.-6
5. वही, पृ.-8
6. वही, पृ.-8
7. वही, पृ.-11
8. कफ़न और शेष रचनाएँ, प्रेमचन्द, सरस्वती प्रेस, बनारस, षष्ठ संस्करण, नवम्बर, 1952, पृ.-9
9. वही, पृ.-5
10. भारत का संविधान (7 फरवरी, 2003 को यथा विद्यमान), प्रकाशक-नियंत्रक, भारत सरकार, सिविल लाईन्स, दिल्ली-110 054, पृ.-228
11. कफन और शेष रचनाएँ, प्रेमचन्द, सरस्वती प्रेस, बनारस, षष्ठ संस्करण, नवम्बर, 1952, पृ.-9
12. वही, पृ.-9
13. वही, पृ.-9
14. यह किस का कफन है?, बच्चन सिंह, नया ज्ञानोदय, भारतीय ज्ञानपीठ, 18, इन्स्टीट्यूशनल एरिया, लोदी रोड़, पोस्ट बाक्स नं. 3113, नई दिल्ली-110 003, नवम्बर, 2006, पृ.-30

15. साहित्य का उद्देश्य, मुंशी प्रेमचंद, साहित्यागार, एस. एम. एस. हाइवे, जयपुर-3, संस्करण, 1992, पृ.-5
16. प्रेमचन्द : व्यक्तित्व एवं कृतित्व, एम. एच. डी.-14, हिन्दी उपन्यास-1, (प्रेमचन्द का विशेष अध्ययन), इन्दिरा गांधी राष्ट्रीय मुक्त विश्वविद्यालय, पुनः मुद्रित, फरवरी, 2004, पृ.-8
17. वही, पृ.-7
18. वही, पृ.-7
19. साहित्य का उद्देश्य, मुंशी प्रेमचन्द, साहित्यागार, एस. एम. एस. हाइवे, जयपुर-3, संस्करण, 1992, पृ.-5
20. वही, पृ.-5
21. वही, पृ.-79
22. वही, पृ.-79
23. वही, पृ.-78
24. वही, पृ.-44
25. वही, पृ.-33
26. वही, पृ.-73
27. रखैल और जार का दलित-पाठ, राजेन्द्र यादव, हंस, 2/36, अन्सारी रोड़, दरियागंज, नई दिल्ली-110 002, नवम्बर, 2005, पृ.-9
28. सामंत का मुंशी या कलम का सिपाही, संवाद, अरुण आदित्य, पल प्रतिपल, एच. सी. एफ. 267, सेक्टर-16, पंचकूला-134 113, हरियाणा, जून-सितम्बर, 2005, पृ.-74
29. साहित्य का उद्देश्य, मुंशी प्रेमचंद, साहित्यागार, एस. एम. एस. हाइवे, जयपुर-3, संस्करण, 1992, पृ.-75
30. कुतब शतक और उस की हिन्दुई, डा. माता प्रसाद गुप्त, भारतीय ज्ञानपीठ प्रकाशन, 3620/21, नेताजी सुभाष मार्ग, दिल्ली-110 006, प्रथम संस्करण, 1967, पृ.-204
31. रंगभूमि, मुंशी प्रेमचंद, गंगा-ग्रंथागार, 36, गौतम बुद्ध मार्ग, लखनऊ, 13वीं बार, 1958, पृ.-775
32. वही, पृ.-775

अध्याय-33

घेरे में जार

I2

विद्वानों में और जनता में 'पूंजीवाद' की समझ इसलिए बढ़ी है क्योंकि कार्ल मार्क्स ने इस का विज्ञान खड़ा कर दिया था। अब लगभग हर कोई लिखा-पढ़ा व्यक्ति समझता है कि 'पूंजी' और 'पूंजीवाद' क्या चीजें हैं। संसार के सभी राष्ट्र राज्य के समाजवादी और लोकतान्त्रिक माध्यम से पूंजी का सम्यक बँटवारा करना चाह रहे हैं। लेकिन सैक्स को ले कर विद्वानों ने अभी ऐसी उधेड़बुन नहीं की, जबकि इस की भी उतनी ही जरूरत है।

'पूंजी' के साथ तीन तरह से व्यवहार किया जा सकता है :

1. इसे सब में सम्यक रूप से बाँट दिया जाए।
2. शोषण की व्यवस्था द्वारा कमाने वालों की धन-सम्पत्ति छीनी जाए।
3. चोरों ओर डकैतों द्वारा कमाने वाले लोगों की जमा-पूँजी लूट ली जाए।

इसी तर्ज पर 'सैक्स' के साथ भी व्यवहार किया जा सकता है :

1. इसे समाज में सद्गृहस्थों द्वारा एक स्त्री और एक पुरुष की विवाह व्यवस्था द्वारा स्वीकार कर के नियमित कर लिया जाए।
2. एक ऐसी व्यवस्था खड़ी की जाए जिस में एक पुरुष कई स्त्रियों से या एक स्त्री कई पुरुषों से विवाह करे।
3. जारकर्म या बलात्कार द्वारा स्त्री और पुरुष की गरिमा को खूब रौंदा जाए।

प्रेमचंद ने सैक्स को ले कर इन तीन प्रकार के तरीकों में से कौन-सा जीवन जिया? उन्होंने दूसरी और तीसरी तरह के जीवन जिए। उन्होंने दो स्त्रियों से विवाह किए। इस के साथ-साथ उन्होंने एक अन्य स्त्री को अपनी रखैल रख कर जारकर्म भी किया। इसलिए, यदि प्रेमचन्द साहित्यकार, रचनाकार और कलाकार हैं, तो वे प्लेटो के घेरे में अपने आप आ जाते हैं। आखिर, प्लेटो ने कवियों के प्रति अपना क्या एतराज जताया था? इस की जानकारी प्लेटो की पुस्तक 'रिपब्लिक' से मिलती है।

प्लेटो की पुस्तक 'रिपब्लिक' को उद्धृत करते हुए स्टीफन वाट प्रस्तावना में लिखते हैं—''जब प्लेटो कवियों की बौद्धिकता के पैमानों पर जाँच करते हैं तो वे पाते हैं कि वे अनैतिक लोग हैं और समाज में उपद्रव पैदा करते हैं।''[1]

प्लेटो की यह कसौटी प्रेमचंद के साहित्यकार पर बिल्कुल खरी उतरती है कि वे अपने जीवन में अनैतिक थे और ऐसी अनैतिकता सच में समाज में उपद्रव मचाती है। यूँ, प्लेटो ने कवि को घेरे में लिया था, लेकिन, असल में, उन्होंने जार को ही घेरे में लिया था। यह जार ही है जो नए-नए नामों में बचता फिरता है। वह कवि बने या भूदेव कहलाए, वह बेचारा बने या राजा घोषित हो, यह जार ही है जो दार्शनिक की पकड़ से भागा-भागा फिर रहा है।

'जनसत्ता' में एक लेखक ने 'घेरे में रचनाकार' शीर्षक से मेरे विरोध में एक लेख लिखा है। इस में उन्होंने प्रेमचन्द का बचाव करते हुए लिखा है—''चाणक्य ने अर्थशास्त्र में लिखा है कि रंगकर्मियों को राज्य की सीमाओं से बाहर फेंक दिया जाना चाहिए।''[2] उन्होंने इस उद्धरण का सन्दर्भ नहीं दिया। प्रसंग में उन्होंने और भी जोड़ा है—''प्लेटो ने तो कवि को नकलची कह कर उस की सारी प्रतिभा को मटियामेट कर दिया था।''[3] लेकिन, इस की कसौटी खुद प्रेमचन्द ने भी तय की है। उन्होंने अपने 1936 के ऐतिहासिक भाषण में कहा था—''हमें अक्सर यह शिकायत होती है कि साहित्यकारों के लिए समाज में कोई स्थान नहीं—अर्थात भारत के साहित्यकारों के लिए। सभ्य देशों में तो साहित्यकार समाज का सम्मानित सदस्य है और बड़े-बड़े अमीर और मन्त्रि मंडल के सदस्य उन से मिलने में अपना गौरव समझते हैं, परन्तु हिन्दुस्तान तो अभी मध्य युग की अवस्था में पड़ा हुआ है। यदि साहित्य ने अमीरों का याचक बनने को जीवन का सहारा बना लिया हो और उन आन्दोलनों, हलचलों और क्रान्तियों से बेखबर हो जो समाज में हो रही हैं—अपनी ही दुनिया बना कर उस में रोता और हंसता हो तो इस दुनिया में उस के लिए जगह न होने में कोई अन्याय नहीं है।''[4]

प्रेमचन्द ने ही माना है कि साहित्यकारों पर कुछ नियम लागू होने चाहिए। यह उन्होंने ही कहा है—''अरस्तू ने और दूसरे विद्वानों ने भी साहित्यकार बनने वालों के लिए कड़ी शर्तें लगायी हैं और उन की मानसिक, नैतिक, आध्यात्मिक और भागवत सभ्यता तथा शिक्षा के लिए सिद्धान्त और विधियाँ निश्चित कर दी हैं...।''[5] तब

शिकायत किस से है? यदि मैंने प्रेमचन्द को व्यक्तिगत जीवन में रखैल रखने के कारण विलासी प्रवृत्ति का और 'कफन' कहानी में 'सामन्त का मुंशी' सिद्ध कर दिया है तो 'घेरे में रचनाकार' नहीं बल्कि 'घेरे में जार' हो जाते हैं। यूँ, घेरे में रचनाकार नहीं है, बल्कि 'घेरे में रखैलबाज' है। जार व्यक्ति घेरे में घिरा पड़ा है—और रचनाकार जार से अलग होता है।

यदि पैगम्बरों और दार्शनिकों ने कवि को नकलची कह कर लताड़ा है तो इस की गवाही खुद प्रेमचन्द भी देते हैं कि वे सचमुच ऐसे रहे हैं। प्रेमचन्द के शब्द हैं—"हम साहित्यकारों में कर्म शक्ति का अभाव है। यह एक कड़वी सच्चाई है पर हम उस की ओर से आँखें नहीं बन्द कर सकते। अभी तक हमने साहित्य का जो आदर्श अपने सामने रखा था, उस के लिए कर्म की आवश्यकता न थी, कर्माभाव ही उस का गुण था...।"[6] वे इस क्रम में आगे लिखते हैं—"जो हो, जब तक साहित्य का काम केवल मनबहलाव का सामान जुटाना, केवल लोरियाँ गा-गा कर सुलाना, केवल आँसू बहा कर जी हल्का करना था, तब तक उस के लिए कर्म की आवश्यकता न थी। वह एक दीवाना था जिस का गम दूसरे खाते थे।"[7] यह अच्छा हुआ कि प्रेमचन्द ने सन् 1936 के अपने भाषण के अन्तिम पैरे में यह भी कहा था—"मगर हम साहित्य को केवल मनोरंजन और विलासिता की वस्तु नहीं समझते।"[8] यह ठीक है, लेकिन रखैल रख कर जीवन तो विलासिता का ही जिया था, और 'कफन' कहानी लिख कर उन्होंने जमीदारों के लिए मनोरंजन ही तो किया है। पूछना यही है कि उन की 'कफन' कहानी को जमीदारों ने किस रूप में पढ़ा है। इस प्रश्न का उत्तर देने के लिए इस बात को बिलकुल भूला जा सकता है कि उन की इस कहानी को चमार जाति में पैदा होने के कारण मैंने किस रूप में पढ़ा है।

'घेरे में रचनाकार' के लेख में लेखक ने लिखा है कि 'प्लेटो ने तो कवि को नकलची कह कर उस की सारी प्रतिभा को मटियामेट कर दिया था।'[9] लेकिन इस में प्लेटो की गलती कैसे मानी जा सकती है, जब खुद प्रेमचन्द ने लिखा है?—"कला केवल यथार्थ की नकल का नाम ही है।"[10] इस के बाद उन्होंने लिखा है—"कला का रहस्य भ्रान्ति है, जिस पर यथार्थ का आवरण पड़ा हो।"[11] अब बैठ कर सोचा जाए कि मनुष्य को नकल और भ्रान्ति से क्या फायदा हो सकता है।

यह जान लिया गया है कि प्लेटो ने अपनी पुस्तक 'रिपब्लिक' में कला को नकल कह कर इस की निंदा की है। उन्होंने माना है कि नकल असल से अलग और दूर होती है।[12] वे मानते हैं कि नकलची आदमी असल आदमी की कीमत को नहीं समझता। इसलिए, नकल करना केवल मनोरंजन करना है, जीवन का कोई गम्भीर मसला हल करना नहीं। वे लिखते हैं कि वे महाकवि जिन्होंने लघु-गुरु के छन्दों के हिसाब से कविता या महाकाव्य रचे हैं, इस मूल्यांकन में कुल मिला कर नकलची ही ठहरते हैं।[13]

ऐसा नहीं है कि प्लेटो की बात हर मामले में सही मानी जाए। लेकिन नकल वाली कला के बारे में जो सवाल उन्होंने उठाए हैं, उन के जवाब अभी तक दिए नहीं गए हैं। उर्दू-हिन्दी में फिल्म 'मुगले आजम' की बात ली जा सकती है। उस में स्वर्गीय पृथ्वीराज कपूर ने अकबर का रोल किया था। उन्होंने कितना भी अच्छा रोल किया हो, लेकिन क्या वे अपने उस रोल से अकबर या अकबर के बराबर हो गए थे? शाहरुख खान ने फिल्म 'अशोक' में सम्राट अशोक का अभिनय किया है, तो क्या शाहरुख खान अपने उस काम से अशोक के इर्द-गिर्द भी पहुँच सके हैं?

हम प्रेमचन्द पर आएँ, उस में भी खासमखास उन के उपन्यास 'रंगभूमि' पर आएँ। उस में उन्होंने सूरदास पात्र के साथ क्या किया है? मेरी मान्यता है कि उस की वे उस में नकल भी नहीं कर पाए। 'रंगभूमि' का सूरदास उन्होंने अपना ही सिरजा है। तब सूरदास न चमार ही है, न भिखारी ही है, और न अन्धा ही है। तब ऐसा पात्र समाज और जाति का नेतृत्व भी नहीं कर सकता। मेरे जैसे पाठक के लिए सूरदास का पात्र-सृजन वास्तविकता से तो दूर है ही, पर वह मेरे लिए मनोरंजन की चीज भी नहीं बन सका। सूरदास एक पात्र के रूप में चमार कौम पर प्रेमचन्द का आरोपण है। फिर, आरोपण भी ढंग का होता तो मान लिया जाता, शेर के मुँह पर हाथी की सूंड लगा देने से कोई बात बनती थोड़े ही है। लेकिन, फिर भी, चुपचाप भी, खोज असल की ही की जाती है। कोई भी नकल पर नहीं टिकना चाहता,—खुद कलाकार भी। जब सच सामने हो तो आभास के सामने कौन घास डालेगा? प्रेमचन्द की कहानी 'रामलीला' में भी आया है—"नकल में भी असल की कुछ न कुछ बू आ ही जाती है।"[14]

यह कहा जा सकता है कि कलाकार हमेशा नकल ही नहीं करता। तब पूछा जा सकता है, सौ में से वह कितने नम्बर की नकल करता है? जो कला को सृजन कहते हैं, उन्हें भी उस में भूरी भाग नकल का मानना पड़ेगा। तब भी, सृजन दो-चार या पाँच प्रतिशत का ही हो सकता है, बाकी सब नकल ही है। यूँ, कलाकार का नकलची होने से पीछा नहीं छूट सकता। सवाल है, क्या वह सौ में से एक प्रतिशत भी नकल नहीं करता? क्या वह केवल सृजन ही सृजन करता है? 'नकल बनाम सृजन' का सवाल उठाया ही जा सकता है। यदि वह नकल नहीं करता है तो उस का सृजन ऊल-जलूल और बेसिरपैर का हो सकता है। नकल के द्वारा ही सृजन समझ में आ सकता है, नकल के बिना नहीं। नकल के बिना लेखक और पाठक के बीच तादात्म्य न होने से संवादहीनता की स्थिति पैदा हो जाएगी। सूचनाओं और विचारों का आदान-प्रदान होने देने के लिए यथार्थ की आवश्यकता होती है। पाठक के इस यथार्थ और कलाकार के उस आदर्श का आधार भी नकल ही है। क्या कोई कला ऐसी हो सकती है कि जीवन से कोई ताल्लुक न रखे? खैर, क्रान्ति और बदलावों के समय में ऐसी कला को फूँका भले ही न जाए, तत्काल के लिए एक ओर तो किया ही जा सकता है। दलित को पूरा

अधिकार है कि वह ऐसी कला को खारिज कर दे। उस की आवश्यकता राग धमाल गाने की है, इस समय दूसरे राग अलाप कर उस की निष्ठा और उस के कर्त्तव्य को भ्रमित न किया जाए। अपने साहित्य में प्रेमचन्द ने दलितों का चहेता राग नहीं गाया, बल्कि वे जाने अपनी नपीरी में कौन-सी ध्वनि निकाल रहे हैं? 'रंगभूमि' में चमार को सूरदास बना कर उन्होंने दलित चिन्तन की खाल नोंच डाली है। सूरदास को गोली भी लगी है तो अंग्रेज की। इस प्रकार, उन्होंने भारतीय समाज में कोई खलबली पैदा नहीं की—और न ही तीन हजार साल की छुआछूत के उत्पात को रोकने को अपना मुद्दा बनाया। बड़े आराम से लिख रहे हैं—"पाँडेपुर में बड़ा समारोह था।...रानी जाह्नवी ने करुण कंठ और सजल नेत्रों से (सूरदास की) मूर्ति को प्रतिष्ठित किया।...संध्या समय प्रीति-भोज हुआ, छूत और अछूत साथ बैठ कर एक ही पंक्ति में खा रहे थे।"[15] क्या ब्राह्मण नहीं जानता कि छूत और अछूत के भेद का यह सारा ढकोसला उस ने इसी दिन के लिए जान बूझ कर खड़ा किया है? कायस्थ के रूप में प्रेमचंद रह जाएँ तो रह जाएँ, ब्राह्मण भूल में कभी नहीं रहा है। जो ब्राह्मण ने समाज में भूत खड़ा कर दिया है, बस उसी से लड़े जाओ। इसी वजह से खाने-कमाने और राष्ट्र-निर्माण के दूसरे सारे काम गौण रह जाते हैं। प्रेमचन्द समेत सब ब्राह्मण के बनाए हुए गोरखधंधे में पड़े रहो कि छुआछूत मिटेगी या छुआछूत नहीं मिटेगी, छुआछूत आज मिटेगी या छुआछूत कल मिटेगी, या छुआछूत अपने आप मिटेगी या छुआछूत मिटाने से मिटेगी। कोई इस चिन्तन पर नहीं आया कि यह मिटे या न मिटे, दलित को इस से क्या लेना-देना? भारत के मुसलमान और ईसाई लोग ब्राह्मण से कब शिकायत करते हैं कि वह उन से छुआछूत क्यों बरतता है या रोटी-बेटी का सम्बन्ध क्यों नहीं बनाता? दलितों को यह शिकायत करने की क्यों पड़ी हुई है कि ब्राह्मण के दरबार में इसे मिटाने के लिए जी-हजूरी करता खड़ा है? छुआछूत दलित चिन्तन के जिक्र और फिक्र में क्यों है? सच बात यह है कि उसे उलझाया गया है, और वह बुरी तरह जाल में उलझा खड़ा है—प्रेमचन्द के उपन्यासों और कहानियों में भी।

समाज को उस से ज्यादा वास्ता पड़ता है जो कलाकार के भीतर एक आदमी होता है। कलाकारी उस का पेशा हो सकता है जिस में वह नायक से खलनायक तक के अभिनय करता है। वह मनोरंजन की या सीख की बात हो गई। मनोरंजन मनुष्य और समाज के जीवन का एक हिस्सा है, लेकिन वह उन के सम्पूर्ण अस्तित्व पर नहीं छा सकता। कलाकार को अपने पेशे या शौक के अलावा, समाज का मनुष्य के रूप में सदस्य भी रहना पड़ता है। वह हमारे मामाओं-फूफाओं में से ही कोई होता है। यदि वह सदस्य के रूप में दूसरे लोगों का नुकसान करता है तो उसे अपराधी की श्रेणी में रखा जाएगा। उदाहरण के रूप में, ब्याह-बारातों में और तीज-त्यौहारों में पूरे समाज को मनोरंजन की जरूरत पड़ती है। फसल कटने पर मन में उमंग की एक लहर दौड़ती है कि गाँव-मौहल्ले में कुछ नाच-गाने या सांग-तमाशे का प्रबन्ध किया जाए। चलो,

एक सांग की मंडली बुला लो। 'राजा चत्रमुकुट और चन्द्र किरण' का सांग होने लगा। सांगी और उस की मंडली का यही काम है कि वे तख्त पर चमोले, मुखताल, दौड़ आदि को मेरठ के मिठवासे राग में जनता को सुनाएँ। तख्त पर उन्हें राजा-रानी के बाने भर-भर कर ठुमके लगाने की पूरी छूट है। लेकिन यदि सांगी और उस की मंडली के लोग सैन चला-चला कर गाँव की बहू-बेटियों को भी भगाने लगें तो उन के साथ गाँव वाले कैसा सलूक करेंगे? तब वे कलाकार न हो कर लम्पट-बदमाश माने जाएँगे, और वैसा ही उन के साथ सलूक किया जाएगा। कलाकार होने के नाते उन्हें कोई माफी या रियायत नहीं मिल सकती। प्रेमचन्द एक कलाकार थे, वहाँ तक सब कुछ ठीक है, लेकिन जब उन्होंने एक स्त्री को रखैल के रूप में बर्बाद किया है तो उन्होंने समाज के साथ अपराध ही किया है।

'नवभारत टाइम्स' ने 'क्या खिलाड़ियों की महानता उन के निजी जीवन से आंकी जाए' के शीर्षक के तहत एक बहस आयोजित की थी। उस में पूर्व टेस्ट क्रिकेटर विवेक राजदान और मीडिया विशेषज्ञ वर्तिका नन्दा के विचार दिए गए हैं। विवेक राजदान का मानना है कि 'किसी के भी निजी जीवन से दूसरों को क्या सरोकार', तो वर्तिका नंदा ने माना है कि 'रोल मॉडलों से अपेक्षाएँ ज्यादा होती ही हैं।' मेरे मत से, वर्तिका नन्दा ने सही लिखा है—"कोई आदमी अपने क्षेत्र में कितना ही दक्ष हो, महान तो वह तभी होगा जब मूल्यों और संस्कारों का प्रदर्शन करेगा। इस से कोई फर्क नहीं पड़ता कि कोई खिलाड़ी है या फिल्मी कलाकार, शिक्षाशास्त्री है या डॉक्टर या कुछ और, अगर नैतिक मूल्यों को लेकर हम उसे समझौता करते पाते हैं, तो हमारे मन में उस के लिए बहुत ज्यादा सम्मान नहीं पैदा हो सकता।"[16] नंदा ने आगे लिखा है—"कई लोकप्रिय लोगों को हम सम्मान के लायक नहीं समझते और उन की खुलेआम आलोचना भी करते हैं। ऐसा सिर्फ इसलिए क्योंकि हम उन में अपनी पसन्द के नैतिक मूल्य नहीं पाते।"[17] उन्होंने जोर दे कर कहा है—"आदमी कितना ही बड़ा स्टार बन जाए, मगर अगर वह नैतिक मूल्य नहीं दिखाता, तो लोकप्रिय भले ही हो जाए हमारे असली सम्मान का हकदार नहीं बन पाता।"[18] यह बड़ी कसौटी है जो डा. अम्बेडकर ने अपनी पुस्तक 'भगवान बुद्ध और उन का धर्म' में खड़ी की है कि 'समाज को श्रेष्ठतम' आदमी चाहिए, 'योग्यतम नहीं'।[19] ठीक भी है, कोई व्यक्ति कितना भी बड़ा खिलाड़ी हो, लड़कियों के साथ गलत हरकतें करने की वजह से उस की पत्नी उस से तलाक लेने की सोच सकती है।

II

यह बात पुनः कही जाए कि प्लेटो ने कलाकार को नकलची कह कर उस का तिरस्कार किया है। यह यूनान और बाकी यूरोप के साहित्य में बहस के लायक बात

है। लेकिन भारत के हिन्दू साहित्य के सन्दर्भ में साहित्यकार को मात्र नकलची बन्दर कह कर काम नहीं चलाया जा सकता। यहाँ साहित्यकार द्वारा अपनी कथनी और करनी में अन्तर रखने की वजह से सारी परेशानियाँ पैदा होती हैं। यदि साहित्यकार सत्य की नकल करे और उस नकल में कमी रह जाए तो वह एक बात है। आखिर, कोई कलाकार बन्दर की कितनी भी खों-खों कर के नकल करे, लेकिन वह सच में बन्दर नहीं बन सकता। जैविक विकास के क्रम में अब वह बन्दरों से बहुत दूर आ गया है, या बहुत दूर खड़ा है। कुत्ते की तरह भोंक ले, पर हिलाने को कुत्ते की तरह की पूँछ कहाँ से लाएगा? बनावटी पूँछ लगाएगा तो वह बनावटी ही होगी, असली नहीं।

प्लेटो के चिन्तन को भारतीय सन्दर्भ में सुधार कर कहा जाए तो हिन्दू साहित्यकार नकल नहीं करता बल्कि धोखा देता है। वह अपने जीवन में साधु नहीं होता, लेकिन साहित्य में साधु बना रहता है। नकलची होने की तुलना में यह ज्यादा खतरनाक मसला है। नकलची से उतना खतरा नहीं होता, लेकिन कथनी और करनी में अन्तर रखने वाले कलाकार से हमेशा खतरा ही बना रहता है। यह मुँह में राम और बगल में छुरी रखने वाली घातकता है। इस से मनोरंजन नहीं होता, बल्कि कपट को साकार होने का मौका मिलता है। यदि प्लेटो की भाषा में ही बोला जाए तो हिन्दू साहित्यकार का कौतुक दोहरा है। प्लेटो का साहित्यकार सत्य की नकल करता है, लेकिन हिन्दू साहित्यकार झूठ की नकल करता है। यह मेरी बड़ी भारी खोज है कि वह अपने साहित्य को खुद प्रक्षिप्त करता है। यहाँ वेदान्त की माया का दर्शन आवरण से भी आगे बढ़ कर विक्षेप की सीमा तक गया हुआ है। हाँ, बड़ा दावा किया जाता है कि गैर-दलित लेखक भी दलित साहित्य लिख सकता है, पर इसी का तो दलित चिन्तक को डर है कि गैर-दलित भी दलित होने का स्वांग भर सकता है। यही पहचाना जाना है कि कौन भेड़िया है, जो मेमने की खाल ओढ़े फिर रहा है। प्रेमचंद झूठ बोलने को एक फन कह ही रहे हैं।

मैं प्लेटो से अलग हट कर कलाकार के सौ गुण गा लूँ बशर्ते उस की कला केवल नकल हो और समाज के मनोरंजन में सहायता करती हो। मुझे जो डर है, वह कला के भारतीय सन्दर्भ से है, जिस में यह नकल कपट के रूप में काम करती है। कथनी और करनी का अन्तर रखना यही बताता है कि कला को धोखा देने के लिए इस्तेमाल किया जाता है। कोई आदमी अच्छा नहीं है, और हमारे सामने अच्छा होने का अभिनय करने लगे तो उस से बचने की जरूरत पड़ जाती है। कला का ऐसा इस्तेमाल हर कोई ठग करता है। झूठ बोल कर बहका लेना, सुनपित्तल की चीजों के बदले में किसी के खरे सोने के आभूषण हथिया लेना, यह सब कला का ही इस्तेमाल तो है। रेलवे स्टेशन के ऊपर जो बाहरी पुल बना है, उस के नीचे बैठ कर ठगों ने अनगिनत चढ़ते-उतरते राहियों को मीठी-मीठी बातों से जो पिछले चालीस सालों में

लूटा है, वह धोखा देने वाली इस महानतम कला के द्वारा ही सम्भव हुआ है। 'बनारसी ठग' नाम से मशहूर लोगों को सर्वोत्तम कलाकार की उपाधि नहीं दी जाएगी तो और किन्हें दी जाएगी? आखिर, प्रेमचन्द ने जो स्त्री रखैल के रूप में बर्बाद की थी, उस के सामने भरोसे की कोई कलाकारी ही तो दिखाई होगी। वह स्त्री प्रेमचन्द के बहकावे—अर्थात चंगुल में कैसे आई? जाने कौन-कौन से बेसिर-पैर के झूठ बोले होंगे? उस के साथ घर क्यों नहीं बसाया? वह इतनी अच्छी लग रही थी तो उस में अचानक बुराई क्या हो गई कि उस से शादी नहीं की और शिवरानी से की? क्या उस से शादी करने में प्रेमचन्द की कोई हेठी हो जाती? क्या वह जात की चमारी थी?

कलाकारों के इस झूठ से बचाव सिखाने के लिए ही विष्णु शर्मा ने राजकुमारों के लिए 'पंचतंत्र' नाम की किताब लिखी थी। दुर्भाग्य से, प्रेमचन्द की रखैल ने वह किताब नहीं पढ़ी थी, तभी प्रेमचन्द के मायावी जाल में फँस कर रह गई। आश्चर्य है, अपनी कायस्थ जात की बाल विधवा शिवरानी से विवाह करने की क्रान्तिकारिता दिखाने वाले प्रेमचन्द अपनी रखैल से शादी करने की क्रान्तिकारिता नहीं दिखा पाए! क्रान्ति करने चले थे तो रखैल से शादी कर के दिखाते। लेकिन हिन्दी वालों के मन में इन महान क्रान्तिकारी लेखक ने उस रखैल को हमेशा चोरी की चीज बना कर रखा। हाँ, यदि मनुष्य अच्छा न हो तो उस की कला समाज के लिए दुखदायी ही सिद्ध होती है। कलाकार बनाने से पहले जरूरी है कि मनुष्य को भला माना जाए। कला में खुद में ताकत नहीं है कि वह मनुष्य को शुभ की ओर ले जाए। बन्दर के हाथ में माचिस—जाने क्या कर दे!

सीधी सी बात है, मनुष्य को भूख लगती है। तब वह मनुष्य दो तरह का हो सकता है। एक वह जो साहू है और दूसरा वह जो चोर है। दोनों को रोटी खानी है। साहू आदमी अपनी कमाई की वैध रोटी खाता है और चोर आदमी चोरी की अवैध रोटी खाता है। दोनों कविता या उपन्यास में अपनी-अपनी रोटी खाने का वर्णन करते हैं। समाज का यह काम है कि साहू के द्वारा रोटी खाने की प्रशंसा की जाए और चोर के द्वारा रोटी खाने की निन्दा की जाए। समाज के लिए इस तर्क में कुछ भी दम नहीं है कि चोर ने अपनी रोटी खाने की व्याख्यात्मक अभिव्यक्ति ज्यादा असरदार की है। समाज ऐसी अभिव्यक्ति की भर्त्सना जरूर करेगा। यही स्थिति सैक्स के मामले में है। पति अपनी पत्नी के साथ के प्रेम का वर्णन कर सकता है, और एक जार किसी परपत्नी के साथ के सहवास का वर्णन कर सकता है। इस में दो राय नहीं हो सकतीं कि समाज ऐसी कविता को साहित्य से देश निकाला देगा ही जो परपत्नी, परकीया, रखैल, वेश्या या देवदासी से बनाए गए अवैध सम्बन्धों पर आधारित हो कर रची गई है। कला को सब से पहले शुभ होना है। वहशी नाचों को नाच की श्रेणी से बाहर किया ही जाना है। कला को समाज के भीतर सजाया जाना है। पति और पत्नी के बीच भी नाचने की जरूरत पड़ती है। उसी नाच को प्रोत्साहन दिया जाए। इस में मोक्ष,

निर्वाण और कैवल्य की साधना में लगे हुए संन्यासियों का जीवन भी कला और सौन्दर्य से बाहर की चीज है। तो, जारकर्म के द्वारा नाच को गन्दा बना देना, यह गलत है, और संन्यास के द्वारा नाच को ही रोक देना, यह भी गलत है। कला सामाजिक वैधता में सजती और निखरती है। और, सौन्दर्य केवल स्त्री और पुरुष के चेहरों को निहारने तक में सीमित नहीं है, वह उन के हर हाव-भाव में प्रकट होना चाहिए। ऐसे ही, कला केवल रीतिकाल के कवियों के पास नहीं है, वे तो उसे परकीया सम्बन्धों में ढूँढ़ कर गन्दी कर देते हैं, इसलिए यह लोगों के उठने-बैठने में भी ढूँढ़ी जानी चाहिए। कला का मतलब कला का उत्कर्ष रूपं है। कला के द्वारा रचनाकार को अपने चारों ओर सौन्दर्य की सुनहरी बूर बिखेरनी होती है।

जब कला की बात चल रही है तो यहाँ थोड़ी बात तम्बाखू की भी कर ली जाए। शायद तब मेरी बात को समझने में आसानी हो जाएगी।

'दैनिक जागरण' में एक खबर 'आमिर से सीखें शाहरुख : रामदास' के शीर्षक से छपी है। इस में लिखा गया है—"केंद्रीय स्वास्थ्य मंत्री अंबुमणि रामदास इन दिनों बालीवुड सुपर स्टार शाहरुख खान से खफा चल रहे हैं। फिल्मों में सिगरेट पीने वाले सीन के बारे में किंग खान की पैरोकारी पर वह भड़के हुए हैं। उनका कहना है कि सिगरेट पीने वाले फिल्मी दृश्य को रचनात्मक अभिव्यक्ति की आजादी की संज्ञा देने वाले शाहरुख को अभिनेता आमिर खान से सीख लेनी चाहिए।"[20] इस में आगे लिखा गया है—"रामदास ने कहा कि कलात्मक अभिव्यक्ति का इस्तेमाल समाज की भलाई के लिए होना चाहिए, धूम्रपान की पैरवी करके लोगों के जीवन के साथ खिलवाड़ करने की इजाजत किसी को भी नहीं दी जा सकती...। वह शाहरुख खान के हालिया बयान के बारे में पूछे गए सवाल का जवाब दे रहे थे, जिसमें बालीवुड सुपरस्टार ने सिगरेट पीने वाले दृश्य का समर्थन किया था।"[21] अखबार ने आगे छापा है—"स्वास्थ्य मंत्री के अनुसार छात्रों के बीच बढ़ती धूम्रपान की समस्या बेहद चिंताजनक मुकाम पर पहुंच गई है। एक सर्वे का हवाला देते हुए उन्होंने बताया कि हाई स्कूल में पढ़ने वाले तकरीबन दस फीसदी छात्र किसी न किसी रूप से तंबाकू का सेवन कर रहे हैं।"[22]

मूल प्रश्न यही है कि छात्रों में धूम्रपान की इस लत को छुड़वाने में साहित्यकार और कलाकार अपनी क्या जिम्मेदारी निभाते हैं। धूम्रपान की वकालत करके क्या वे बच्चों को और गर्त में डालेंगे? कहना यह है कि स्वास्थ्य के खिलाफ पाई गई वैज्ञानिक तथ्यों की जानकारी को साहित्यकार और कलाकार ज्यादा प्रभावी ढंग से पाठकों के सामने प्रस्तुत कर सकते हैं। उदाहरण के रूप में, भारतीय, ब्रिटिश और कनाडाई वैज्ञानिकों द्वारा एक शोध किया गया है। कविता बजेली दत्त ने इस शोध की सूचना इन शब्दों में दी है—"भारत में धूम्रपान करने वाली 62 प्रतिशत महिलाओं की मौत 30 से 49 वर्ष की आयु में होने की आशंका व्यक्त की गई है, जबकि धूम्रपान नहीं करने वाली महिलाओं में यह प्रतिशत 38 है।"[23] इस में साहित्यकार और कलाकार की

क्या सामाजिक भूमिका होनी चाहिए? आखिर, साहित्यकार और कलाकार भी अपनी रोटी-पानी इसी समाज से पाते हैं। क्या वे हर बार रोम का पतन करवा कर ही मानेंगे?

रमेश ठाकुर का एक लेख 'घातक रूप से बढ़ती तंबाकू की लत' के शीर्षक से 'राष्ट्रीय सहारा' में 30 मई, 2008 को अपडेट हुआ है। इस में वे लिखते हैं—"मौजूदा केन्द्रीय स्वास्थ्य मंत्री ने धूम्रपान की रोकथाम के लिए कोई सार्थक प्रयास करने के बजाए शाहरुख खान व अमिताभ बच्चन के बीच बयानबाजी में ज्यादा वक्त गुजारा। स्वास्थ्य मंत्री का कहना है कि इन कलाकारों की देखा-देखी बच्चे सिगरेट पीने की नकल करने लगते हैं और पीनी भी सीख जाते हैं।"[24] यहाँ कहा जाए कि रमेश ठाकुर का यह लेख साहित्य की पत्रकारिता की विधा का हिस्सा है। इस में उन्होंने अपने एक जागरूक साहित्यकार होने की जिम्मेदारी निभाई है। मेरा मतलब है, ऐसा अपना कोई लेख राजेन्द्र यादव अपनी पत्रिका 'हंस' में क्यों नहीं छापते? वे इसलिए नहीं लिख और छाप सकते क्योंकि वे खुद अपने होंठों पर, शायद विलसन के तम्बाखू का, पाइप लगाए रहते हैं। चूँकि, स्वयं को प्रेमचंद की परम्परा में घोषित करते हैं, प्रेमचंद की पत्रिका 'हंस' अपने हाथ में ले रखी है, इसलिए इस मामले में उन्हें अपने आदर्श साहित्यकार से भी कोई मदद नहीं मिलती। तब ऐसे साहित्यकार और उन के ऐसे साहित्य—दोनों को धता बताने की जरूरत महसूस हो जाती है। आश्चर्य है, राजेन्द्र यादव दूरदर्शन के चैनल पर डा. पुरुषोत्तम अग्रवाल के साथ अनावश्यक बातों पर तो बढ़-चढ़ कर बहस करते हैं, लेकिन धूम्रपान और शराब पर बहस नहीं करते कि ये चीजें हमारे और हमारे बच्चों के स्वास्थ्य के लिए कितनी हानिकारक हैं। भला, जो व्यक्ति यह नहीं लिख सकता कि सिगरेट और शराब का सेवन नहीं करना चाहिए, और जारकर्म से दूर रहना चाहिए, उसे साहित्यकार कैसे कहा जा सकता है?—वह समाज के अहित में लगा हुआ आदमी है।

III

कला समाज की मर्यादा से बेखबर हो कर या उस के विरुद्ध नहीं चल सकती। ऐसा महसूस हो सकता है कि मर्यादा में और कानून में सुधार और बदलाव होने चाहिए। तब उस के लिए काम किया जाए। लेकिन वह काम कलाकार का नहीं है, बल्कि कलाकार के भीतर बैठे एक क्रान्तिकारी का होता है। कलाकार उन की नहीं सुनता और चोरी का अपराध करने बैठ जाता है। यह उस का रास्ता ठीक नहीं है। कारण, वह शहादत तक के कष्ट नहीं उठा सकता, इसलिए कानून से चोरी करने का रास्ता अपनाता है।

सच में अभिनय की सीमा होती है। ऐसा नहीं हो सकता कि कोई भी व्यक्ति बिना समाज की मर्यादाओं का ध्यान रखे अभिनय करने बैठ जाए। इस मामले में

फिल्म अभिनेत्री ऐश्वर्या राय की बात सुनी जा सकती है। 'दैनिक भास्कर' में एक खबर इस प्रकार आई है—"ऐश्वर्य राय...ने करन जौहर के प्रोडक्शन की फिल्म 'दोस्ताना' में काम करने से इंकार कर दिया। आश्चर्य की बात तो यह है कि इस फिल्म में उनके पति अभिषेक बच्चन भी काम कर रहे हैं इसके बावजूद भी उन्होंने काम करने से मना कर दिया।"[25] अखबार ने आगे लिखा है—"इस बारे में बात करते हुए ऐश कहती हैं कि फिल्म में मेरे, अभिषेक और जॉन अब्राहम के बीच जिस तरह के रिश्तों को दिखाया जाने वाला था उसे मैं नहीं कर पाती इसलिए मैंने फिल्म में काम करने से इंकार कर दिया। मेरी अभिषेक के साथ शादी हो गई है इसलिए मैं उस तरह का रोल नहीं कर सकती। ऐश की जगह अब यह रोल प्रियंका चोपड़ा कर रही हैं।"[26]

ऐसा करके ऐश्वर्य राय ने क्या गलती कर दी है? वैवाहिक मर्यादा को कलाकार जीवन में निभाना कोई गलती नहीं है।

कला को अभ्यास कहा जा सकता है। यह प्रशिक्षण है। यह मिलट्री की वह ट्रेनिंग है, जिस में एक ही पक्ष के लोग आपस में दो खेमों में बँट कर दुश्मन से लड़ने का युद्‌ध-अभ्यास करते हैं। इस अर्थ में कला बहुत महत्वपूर्ण हो जाती है। यह कक्षा में शिक्षा के द्वारा इतिहास का पढ़ाना है। तब यह यथार्थ से जुड़ जाती है। वह बनावटी युद्ध होता है, पर सच्चे युद्‌ध की तैयारी है। कला बुरी चीज नहीं है। फर्क केवल इस बात में किया जाना है कि शैतान और देवता दोनों के पास कला हो सकती है। शैतान कला का दुरुपयोग करता है और देवता इस का सदुपयोग करता है। इस दृष्टि से, कलाकार क्या ठहरता है? उत्तर यही है—शैतान भी और देवता भी। तब पाठक और समीक्षक कलाकार में शैतान और देवता की खोज और पहचान कर सकते हैं। और, सच तो यह भी है कि जीवन के यथार्थ को छुपाने के लिए भी साहित्य रचा जाया करता है। दुख की बात है कि प्रेमचंद चमारों को ले कर इसी कोटि के साहित्यकार बने ठहरते हैं।

जी, कई बार प्रेमचंद अपने साहित्य में चमारों और चमारियों के विषय को ले कर तफरीबाज सिद्‌ध होते हैं। लगता है, मारने से पहले इन का दुश्मन इन से खिलन्दरी करवा रहा है। यही प्लाट है और यही कथा का कुल लब्बो-लुबाब है। एक खेल है जो साहित्यिक मंच से खेला गया है। 'रंगभूमि' में सूरे चमार को खेल-खेल में मारा गया है, तो 'गोदान' में चमारों की जवान बेटी सिलिया का फजीता करके रख दिया है। घीसू-माधव के चमार पात्रों में रंगकर्मी के रूप में खुद प्रेमचंद विद्यमान हैं। मेरी समझ है कि ऐसे पात्र उन्हें बिना चमार जात का नाम लिए खड़े करने चाहिए थे।

पता यह चलता है कि औरंगजेब संगीत के दुश्मन थे। इस नीति में उन का हिन्दू और मुसलमान में कोई भेद नहीं था। ऐसा नहीं था कि वे हिन्दुओं के संगीत की बुराई

करते थे और मुसलमानों के संगीत को प्रोत्साहन देते थे। यह उन का अपना विचार था। इस मामले में वे अपने दादाओं-परदादाओं से एकदम उलट गए थे। अकबर, जहाँगीर और शाहजहाँ—ये कलाओं के पक्षधर बादशाह थे। लेकिन संगीतकारों को सीधे औरंगजेब का विरोध करने के बजाय यह सोचना चाहिए कि औरंगजेब संगीत के दुश्मन क्यों थे। यदि संगीत की कला में या संगीतकार में कोई सामाजिक बुराई है तो उसे दूर करके ही उन्हें अपनी बात आगे बढ़ानी चाहिए। बुद्ध ने भी अपने भिक्षुओं को नाचने-गाने की मनाही कर रखी है। मेरे ख्याल से, इन कलाओं के साथ परिवार और समाज को बिगाड़ने वाली जो बुराइयाँ लगी हुई हैं, उन्हें मिटा कर बुद्ध और औरंगजेब को समझाया जा सकता है कि अब वे उन का विरोध न करें। इस के विपरीत, यदि कोई कलाओं के नाम पर सारे ऐब करने के अधिकार मांगने लगे तो उसे ही कला का असली दुश्मन कहा जाना चाहिए, बुद्ध और औरंगजेब को नहीं। सीधी बात है, पत्नी के साथ कला सजती है और वेश्या के साथ कला का नाश होता है। यह तर्क गलत है कि मन्दिरों में देवदासी प्रथा की वजह से कला बची रही थी। हाँ, ऐसी कला में आग लग जाए जिस में स्त्री परकीया के रूप में रखैल बनी हुई है। कोई नृत्यांगना टी वी पर सामने आती है, और देवदासी प्रथा का समर्थन कर जाती है कि उस में नृत्य कला को संरक्षण प्राप्त था। सामाजिक दृष्टि से उन का यह जजमेन्ट एकदम गलत है। उन के दिल से पूछो, जिन की बेटियों को देवदासी, वेश्या और रखैल बनाया जाता है। समाज की सम्मानजनक स्त्रियों को कलाओं के ऐसे संरक्षण की कोई जरूरत नहीं है। मानववाद यही कहता है कि पहले स्त्री और पुरुष को सम्मान मिले, उस के बाद ही कलाओं के संरक्षण की बात आती है। वे 'ता ता थैया' किस काम के जिन में जीवन के घुंघरू टूट गए हैं? अभ्यास के नाम पर यह रात भर 'सा रे गा मा' की क्या रट लगती है जिस में जीवन के सुर नहीं मिले हैं? कला में ताल और मानव की गरिमा बेताल—यह क्या हो रहा है? कमाने की लय छोड़ कर नाचने-गाने में लय बैठाने की सराहना कौन करे? इसलिए, कलाओं की जरूरत और कलाओं पर अधिकार केवल खाने-कमाने वाले और गृहस्थ लोगों का है। किसान को फसल उगाने पर खुशी मिला करती है। तब उस का जी नाचने-गाने को करता है और उस के पाँव सामूहिक रूप में सहसा और सहज थिरक बैठते हैं। विवाह में कितने गाने-बजाने होते हैं—कलाओं की सारी जरूरत वहाँ है। लेकिन कुछ लोग किसान की फसल को लूटने में जश्न मनाते हैं—वे भी नाचते हैं, पर वह नाच वहशी नाच है। कुछ लोग किसी की बेटी को उठा लेने में खुशी मनाते हैं—वे भी गाते हैं, पर वह गाना फासिस्टों का गाना है। संसार की हर सभ्यता में एक परजीवी किस्म के ऐसे लोग पैदा हो गए हैं जो खुद 'आर्ट आफ अर्निंग' सीखे बिना दूसरों को 'आर्ट आफ लिविंग' सिखाने बैठ जाते हैं।

लेकिन आजीवक समाज की मूल धारा यही है कि 'आर्ट आफ अर्निंग' के बाद ही 'आर्ट आफ लिविंग' का नम्बर आता है—और खूब आता है—धमाधम।

सच्चाई यह है कि मनुष्य के अवचेतन मन में बहुत कुछ भरा हुआ है। लेकिन ऐसा नहीं है कि अवचेतन मन में सारा अच्छा ही अच्छा भरा है। उस में अच्छी चीजें भी हैं और उस में बुरी चीजें भी हैं। अवचेतन मन की उन चीजों को अभिव्यक्ति देने में कलाओं की बहुत महत्वपूर्ण भूमिका होती है। लेकिन वहाँ भी उन्हें परखने की और उन पर सीमाएँ लगाई जाने की आवश्यकता होती है। बात साफ है, एक चोर का भी अवचेतन मन होता है, और एक साहू का भी अवचेतन मन होता है। ऐसे ही, एक जार का भी अवचेतन मन होता है, और एक सदाचारी का भी अवचेतन मन होता है। कलाओं का काम यह है कि वे चोर और जार के अवचेतन मन की चाहतों पर अंकुश लगा कर साहू और सदाचारी के अवचेतन मन की इच्छाओं को आगे बढ़ाएँ। एक जार का दमित अवचेतन यह है कि वह किसी की पत्नी को पटा ले। क्या उस के दमित अवचेतन मन को साकार करने के लिए उस की मदद की जाए? निश्चित रूप से, वात्स्यायन अपनी पुस्तक 'कामसूत्र' के द्वारा ऐसे मनुष्य की भरपूर मदद करते हैं। वे ऐसे मनुष्य को हथकण्डे थमाते हैं कि अपनी मनोकामना की पूर्ति के लिए उसे क्या-क्या करना चाहिए। दूसरी तरफ, एक सदाचारी मनुष्य का अवचेतन मन है, जिस की पत्नी उसे धोखा दे कर अपने जार के साथ रंगरेलियाँ मना रही है। इस के लिए, मुसलमानों का 'पर्सनल ला' उस मनुष्य की मदद में आता है कि ऐसी स्त्री से तलाक ले लिया जाए। यही दो तरह के अवचेतन मनों की भीतरी लड़ाई है, जिसे अनावश्यक रूप से इस रू. में ज्यादा तूल नहीं दी जानी चाहिए कि हर किसी के अवचेतन मन की हर चाहत की कद्र की ही जानी है।

IV

मैं अपनी साहित्यिक आलोचना में उसी रास्ते जा रहा हूँ जो खुद प्रेमचन्द ने निश्चित किया है, लेकिन उसे निभा नहीं पाए। प्रेमचन्द ने लिखा है—"बहुत कुछ लेखक के व्यक्तित्व पर मुनहसर है। हम जो कुछ लिखते हैं, यदि उस में रहते भी हैं, तो हमारा शुष्क विचार भी अपने अन्दर आत्म प्रकाश का सन्देश रखता है और पाठक को उस में आनन्द की प्राप्ति होती है।"[27] हो सकता है, अभी पाठकों को पूरी बात स्पष्ट न हुई हो, इसलिए प्रेमचन्द के अगले शब्द भी उद्धृत किए जा सकते हैं। वे इस प्रकार हैं—"एक ऐसा लेखक जो विश्वबन्धुत्व की दुहाई देता हो, पर तुच्छ स्वार्थ के लिए लड़ने पर कमर कस लेता हो, कभी अपने ऊँचे आदर्श की सत्यता से हमें प्रभावित नहीं कर सकता। उस की रचना में तो विश्वबन्धुत्व की गन्ध आते ही हम

ऊब जाते हैं, हमें उस में कृत्रिमता की गंध आती है और पाठक सब कुछ क्षमा कर सकता है, लेखक में बनावट या दिखावा या प्रशंसा की लालसा को क्षमा नहीं कर सकता।"[28] तब मैं क्या कर रहा हूँ? प्रेमचन्द के साहित्य का पाठक होने के नाते अपना यही अधिकार लेना चाहता हूँ। आखिर, व्यक्ति के रूप में रखैलबाज प्रेमचन्द की प्रशंसा मैं क्यों करूँ? जब वे स्त्री-विरोधी जीवन जी रहे हैं तो मैं उन के साहित्य को स्त्री का पक्षधर होने वाला कैसे मान लूँ? सवाल यही है कि प्रेमचन्द अपने साहित्य से खुद क्या लाभ उठा रहे हैं? क्या वे अपना सारा साहित्य औरों के लिए ही लिख रहे थे? आखिर, साहित्य का उद्देश्य और यह पूरी प्रक्रिया क्या है? साहित्य का एक बड़ा उद्देश्य यह है कि यदि मौजूदा वैवाहिक व्यवस्था में किसी पति, पत्नी या बच्चे को नुकसान हो रहा है तो उन बातों को उभारा जाए ताकि तद्नुकूल व्यवस्था में आवश्यक सुधार या परिवर्तन किया जा सके। इस के विपरीत, साहित्य को जारों और बलात्कारियों को खुल कर खेलने के लिए मंच नहीं बनाया जा सकता। अपने उद्देश्य में साहित्य जारों और बलात्कारियों के हक में नहीं है, बल्कि पतियों और पत्नियों के हक में है। यह बच्चों को बिगाड़ने और बर्बाद करने के लिए नहीं है, बल्कि उन्हें मेहनती और शीलवान बनाने के लिए है। प्रेमचन्द ने, या रखैल रखने वाले ऐसे किसी साहित्यकार ने, रखैल के बच्चों के लिए कौन से सोपान खड़े किए हैं? यह बच्चों को बर्बाद करना नहीं तो और क्या है? इसलिए, पुनः दोहराया जाए कि कला की जरूरत गृहस्थ लोगों को होती है। उन का सारे मनोरंजनों पर नैसर्गिक अधिकार है। उधर, जारों के कलाकार होने के सारे अधिकार छीन लिए जाने चाहिए। जार व्यक्ति परिवार और समाज का अपराधी है। उसे दण्ड मिलना चाहिए।

हमें जीवन में खेलकूद और मनोरंजन दोनों की आवश्यकताएं हैं। खेल और मनोरंजन के प्रकार और स्तर बदल सकते हैं, लेकिन ये हमें ताउम्र चाहिए। इन में शरीक होने से हमारे तन और मन स्वस्थ रहते हैं। खास बात यह है कि इन दोनों में कला की जरूरत पड़ती है। कला को सफल और नियन्त्रित करने के लिए उस के नियम बनाने पड़ते हैं। बुरी बात यह हुई है कि खेलकूद को रोटबानी करने वालों ने और मनोरंजन को जारों ने गन्दा करने की ठान रखी है।

तनिक भ्रम न रह जाए, इसलिए, यह एक बार भी नहीं कहा जा रहा है कि जो लोग जेलों में सजायाफ्ता हैं, उन में कलाकार नहीं हो सकते। इस के विपरीत, माना यह जा रहा है कि डर इसी बात का है कि उन में भी चित्रकार, गायक, नर्तक और लेखक हो सकते हैं। इसलिए, कलाकार और साहित्यकार होना वहीं तक अच्छा लगता है, जहाँ तक वह व्यक्ति पारिवारिक दृष्टि से सदाचारी और सामाजिक दृष्टि से निरपराधी है। हत्यारा नट की कलाबादी कर सकता है—और यही धोखा है।

कला सृजन है, पर निश्चित रूप से, अपने ज्यादा बड़े कलेवर में कला सत्य की नकल है। मंच पर मनोरंजन इस रूप में होता है कि एक व्यक्ति प्रधानमन्त्री मन मोहन

सिंह की नकल उतारता है। वह वैसा ही शरीर पर वेश धारण करता है। हमें यह कहना है कि शैतान को किसी की नकल उतारने की मनाही नहीं है। हो न हो, वह इस काम में बहुत माहिर हो गया हो। हमें यह चौकसी रखनी है कि शैतान किसी की नकल उतारने में माहिर हो कर समाज का ज्यादा नुकसान कर सकता है। इसलिए, उसे ढूँढ़ने की जरूरत है कि वह कलाकारों की मंडलियों में तो नहीं छुपा है। यहाँ हमारा कला से बैर नहीं है, बल्कि शैतान से बैर है। मनोरंजन की हमें और हमारे बच्चों को समयानुसार तीज-त्यौहारों पर जरूरत होती है, पर कलाकारों में से जारों को अलग करके पहचानना है—यही सफलता है। अब इस में क्या किया जाए?—प्रेमचंद की वजह से हम अपना खोजी अभियान बन्द तो नहीं कर सकते। सीधी बात है, हम कला प्रेमी हैं, जार प्रेमी नहीं। हमें अपने परिवार, समाज और राष्ट्र की भलाई के लिए कला में और जारी में अन्तर करने का मूल अधिकार प्राप्त है—क्यों छोड़ दें?

यह कहना पूरी बात नहीं हुई कि अमुक व्यक्ति कलाकार है। कलाकार होना समाज के लिए पर्याप्त नहीं है। जार लोगों का साहित्यकार जार हो सकता है। यह बिलकुल वही बात है कि जार लोगों का भगवान जार हो सकता है। सदाचारी समाज में ऐसे साहित्यकार और ऐसे भगवान—दोनों को देश निकाला दिया जाता है। इसलिए, भक्त और भगवान होना कोई बड़ी बात नहीं है। कबीर ने हमें इस मामले में सावधान रहने को कहा है। उन्होंने हिन्दुओं के ऐसे भगवान कृष्ण के बारे में कहा है—"वह भयौ काम कौ कीरा।"[29] ऐसे भक्तों के बारे में उन्होंने कहा है—"भक्ति बिगारी कामिया।"[30] इसलिए, 'चेतावनी कौ अंग' यह है कि जब जार लोगों ने भगवान और भक्ति को बिगाड़ने से नहीं छोड़ा तो साहित्य का वे क्या हाल कर देंगे--यह विचारणीय और चिन्तनीय है।

पुनः पूछा जाए कि कला नकल है या सृजन है? दिनकर ने 'उर्वशी' के लिखने में नकल की है या सृजन किया है? यदि कोई पुरूरवा और उर्वशी न होते तो दिनकर क्या करते? फिर, इतिहास का टीचर कक्षा में क्या करता है? जब वह सिकन्दर के बारे में पढ़ाता है तो सिकन्दर के रोल में चला जाता है। यदि उसे वह कक्षा में फिल्मा दे तो और अच्छी बात हो जाए।

यूँ, इन ऊपर बताए गए सारे मामलों में कला नकल है। यह नकल निरुद्देश्य नहीं है। मनोरंजन और शिक्षा—दोनों काम इस से सधते हैं। इस नकल में एक व्यवस्था है।

'रंगभूमि' में प्रेमचंद ने नकल की है या सृजन किया है? अन्धे सूरे चमार नाम का ऐसा कोई व्यक्ति उस समय नहीं था—यह हमें इतिहास की तरफ से ज्ञात है। प्रेमचंद के सामने चमारों के यदि कोई व्यक्ति थे तो वे स्वामी अछूतानंद थे, पर उन का चिन्तन यह नहीं था जो 'रंगभूमि' में सूरे चमार का बताया गया है। जो सूरे चमार का चिन्तन दिखाया गया है, वह गांधी का चिन्तन बताया गया है, जो प्रेमचंद के

सामने थे, पर वे चमार नहीं थे। ईमानदारी यह होती कि प्रेमचंद या तो स्वामी अछूतानंद की जीवनी और विचार पर एक किताब लिख देते या गाँधी की जीवनी और विचार पर एक किताब लिख देते। पर उन्होंने इन में से कोई काम नहीं किया। जब इन दो मूल कामों में से कोई काम नहीं किया, तो जो किया, वह गुड़-गोबर एक कर दिया। यही कुल 'रंगभूमि' है। भ्रम में लोग इसे उपन्यास की कला के रूप में सृजन कह रहे हैं, जबकि सच में यह नकल भी नहीं है। उन्होंने साँप के फण की जगह कुत्ते की पूंछ काट कर लगा दी। इस दृश्य को देख कर समीक्षक लोग ताली पीट-पीट कर हँस रहे हैं कि क्या गजब की कला बनी है। ठीक है, उन के लिए यह मनोरंजन की चीज हो सकती है, पर चमारों के लिए यह जानलेवा फरेब है। उन्हें दूसरों के ऐसे मनोरंजन से सावधान रहना है।

प्रेमचंद ने ऐसा क्यों नहीं किया कि विचार स्वामी अछूतानंद के होते और पात्र उन की जाति कायस्थ का होता? उन की कलम से ऐसा क्यों नहीं हुआ? यह कलम की कौन सी सीमा है? यह होती है कि नहीं? क्या कलाकार इस खिंची सीमा को कभी लांघ सकता है? प्रेमचंद ने क्यों नहीं लांघी? 'रंगभूमि' में ही क्यों नहीं लांघी?

संदर्भ

1. "When Plato tests the poets by the standard of rationatity he finds that they are immoral and cause social unrest... ."
Republic, Plato, Translated by John Llewelyn Davies and David James Vaughan, with an Introdction by Stephen Watt, Wordsworth Editions Limited, Cumberland House, Crib Street, Ware, Hertfordshire SG12 9ET, Edition, 1007, Introduotion, p. XVIII
2. घेरे में रचनाकार, जनसत्ता, दिल्ली, 30 अक्तूबर, 2005
3. वही, 30 अक्तूबर, 2005
4. साहित्य का उद्देश्य, मुंशी प्रेमचंद, साहित्यागार, एस. एम. एस. हाइवे, जयपुर-3, संस्करण, 1992, पृ.-13
5. वही, पृ.-13
6. वही, पृ.-16
7. वही, पृ.-16
8. वही, पृ.-16
9. घेरे में रचनाकार, जनसत्ता, दिल्ली, 30 अक्तूबर, 2005
10. साहित्य का उद्देश्य, मुंशी प्रेमचन्द, साहित्यागार, एस. एम. एस. हाइवे, जयपुर-3, संस्करण, 1992, पृ.-34
11. वही, पृ.-35
12. "The imitative art then, is, I conceive, completely divorced from truth... ."
Republic, Plato, Translated by John Llewelyn Davies and David James Vaughan, with an Introduction by Stephen Watt, Wordsworth Editons Limited, Cumberland House, Crib Street, Ware, Hertfordshire SG12 9ET, Edition,1997, p.-327

13. "Then to all appearance, we are pretty well agreed so far as this, that the imitative person knows nothing of importance about the things which he imitates, and that therefore imitation is an amusement and not a serious business, and that those who cultivate tragic poetry in iambic or in epic verse are without exception in the highest possible degree imitators."
ibid., p.-332
14. प्रेमचंद : कलम का सिपाही, अमृत राय, हंस प्रकाशन, इलाहाबाद, संस्करण, अप्रैल, 1992, पृ.-31
15. रंगभूमि, प्रेमचन्द, शिवानी बुक्स, 4855/24, हरबंस स्ट्रीट, दरिया गंज, नई दिल्ली-110 002, संस्करण, 2004, पृ.-622
16. क्या खिलाड़ियों की महानता उन के निजी जीवन से भी आंकी जाए, बहस : शेन वॉर्न : एक स्कैंडल, वर्तिका नंदा, नवभारत टाइम्स, मुम्बई संस्करण, 11 मई, 2006, पृ.-6
17. वही, 11 मई, 2006, पृ.-6
18. वही, 11 मई, 2006, पृ.-6
19. भगवान बुद्ध और उन का धर्म, लेखक, डॉ. भीमराव रामजी आम्बेडकर, अनुवादक, भदन्त आनन्द कौसल्यायन, भारतीय बौद्ध शिक्षा परिषद, जेतवन महाविहार, श्रावस्ती, बलरामपुर, उत्तर प्रदेश, द्वितीय संस्करण, 1970, पृ.-244
20. http://in.jagran.yahoo.com/news/national/general/51 420 1564/ 2/23/2008
21. ibid.
22. ibid.
23. http://sify.com/hindi/woman/fullstory.php?id=14605339 2/25/2008
24. घातक रूप से बढ़ती तंबाकू की लत, रमेश ठाकुर, राष्ट्रीय सहारा, Last Updated 5/30/2008
25. http://www.bhaskar.com/2008/04/11/0804111119 aishwarya rai_html
26. ibid.
27. साहित्य का उद्देश्य, मुंशी प्रेमचंद, साहित्यागार, एस. एम. एस. हाइवे, जयपुर-3, संस्करण, 1992, पृ.-28
28. वही, पृ.-28
29. कबीर : आधुनिक सन्दर्भ में, डा. राजदेव सिंह, लोक भारती प्रकाशन, 15ए, महात्मा गांधी मार्ग, इलाहाबाद-1, संस्करण, 1999, पृ.-137
30. कबीर वचनावली–अर्थात कबीर साहब के उत्तमोत्तम भजनों और साखियों का संग्रह, संग्रहकर्ता, अयोध्या सिंह उपाध्याय हरिऔध, काशी नागरी प्रचारिणी सभा, बनारस, 8वाँ संस्करण, वि. सं. 1996, पृ.-48

अध्याय-34

जारकर्म साहित्य के लिए हानिकारक है

I

एक लड़के की माँ को कोई आदमी भगा कर ले जा रहा था। किसी ने उस युवक से पूछा—"तुम्हें बुरा नहीं लगा कि कोई गैर आदमी तुम्हारी माँ को भगा कर ले जा रहा है?" युवक ने कहा—"तुम ने ध्यान नहीं दिया कि वह आदमी मेरी माँ को मर्सीडीज कार में ले जा रहा था। मुझे बुरा तब लगता जब वह मेरी माँ को साइकिल पर भगा कर ले जाता। तब उस अपहरण में कलात्मकता नहीं होती। अब उस अपहरण में ऊँचे दर्जे की कलात्मकता भरी हुई है, इसलिए मुझे बुरा क्यों लगता? मैं कला का पुजारी हूँ। मुझे दूसरी बातों से कुछ नहीं लेना।"

आदमी ने युवक से पूछा—"लेकिन वह आदमी तुम्हारे बाप को भी बुरा-भला कह रहा था?" युवक ने कहा—"तुम ने उस के डायलोग नहीं सुने? कितने गजब के डायलोग थे। उन में कितनी कलात्मकता भरी हुई थी।" आदमी ने कहा—"हाँ, उस ने तुम्हारे बारे में भी कहा था कि तुम अपने बाप के बेटे नहीं हो।" युवक ने फिर कहा—"यही तो संवाद की उत्कृष्टता है। इसी कलात्मकता की श्रेष्ठता में मनुष्य जीवन का अध्यात्म और सौन्दर्य समाया हुआ है। कला के द्वारा यही आनन्द के क्षणों की पराकाष्ठा है।"

ऐसे कुछ कलावादियों की समाधि लगती है। साहित्य में कई लोग कलात्मकता की इसी ऊँचाई पर जी सकते हैं। कानून और समाज को बीच में निकाल कर वे साहित्य में कला पक्ष के हामी हैं। सच बात है, किसी को मार-मार कर गैरत वाला नहीं बनाया जा सकता। शायद, गैरत भी जन्मजात होती हो। शिक्षण और प्रशिक्षण के द्वारा मनुष्य को कितना सुधारा या बदला जा सकता है? कोई न सुधरने की कसम खा ले तो क्या किया जा सकता है?—चारा क्या है?

यदि एक भ्रष्ट राज कर्मचारी और एक ईमानदार राज कर्मचारी में अन्तर न किया जाए तो इस से ईमानदार राज कर्मचारी का मनोबल टूटता है। ऐसे ही, यदि गृहस्थी के भीतर एक जार आदमी और एक सदाचारी आदमी में अन्तर न किया जाए तो सदाचारी आदमी का मनोबल टूटता है। सदाचारी आदमियों का मनोबल टिकाए और बढ़ाए रखने के लिए जरूरी है कि जार आदमियों की भर्त्सना की जाए और उन्हें दण्डित किया जाए। यदि भ्रष्ट राज कर्मचारियों के धन की कुर्की नहीं की जाएगी और उन्हें कानून बना कर जेल नहीं भेजा जाएगा तो ईमानदार राज कर्मचारियों को पुरस्कार कैसे मिलेंगे? भ्रष्टों को दण्डित करना ईमानदारों को पुरस्कार दिए जाने के बराबर है। ऐसे ही, जारों को दण्डित कर के सदाचारियों की जमात को बढ़ावा दिया जा सकता है। सदाचारी और ईमानदार लोग अपने आप आकाश से नहीं टपकेंगे, जारों और भ्रष्टों को दण्ड दे कर उन्हें समाज में लहलहाया जाता है। यह जो धर्म के क्षेत्र में पाप और पुण्य के बीच भेद न करने की सोच खड़ी की गई है, यह भी गलत है। नैतिकता के क्षेत्र में अच्छे और बुरे की पहचान को मिटाने से समाज का कोई भला होने वाला नहीं है। साहित्य और कला के क्षेत्र में यह जो नायक और खलनायक के बीच का भेद मिटाने की परम्परा चलाई जा रही है, समाज के गरीब तबकों को उस से भारी नुकसान है। गनीमत है कि कानून के क्षेत्र में धर्म, नैतिकता, साहित्य और कला के ऐसे द्वन्द्वों से पार होने की निर्द्वन्दता और स्थितप्रज्ञता को खेलने का कोई अवसर नहीं रहता। कानून में अपराधी को निरपराधी से अलग छाँट कर रखा जाता है। कानून में पाप और पुण्य से, अच्छे और बुरे से, जार और सदाचारी से, ऊपर उठने की संन्यास वाली रला-धौकड़ी नहीं चलती। कानून वह चश्मा है जिस में धर्म, नैतिकता, साहित्य और कला को अपना मुखड़ा धो कर देखना चाहिए। यहाँ एक गवाहों के झूठपन, और दूसरे उन के दब्बूपन के अलावा किसी अध्यात्म का कोई रहस्यवाद नहीं चलता। धर्म, नैतिकता, साहित्य, कला और अध्यात्म ने कानून को भी कमजोर बना रखा है। अपराधी चाहते हैं कि कानून में खामियाँ छोड़ी जाएँ ताकि वे उन की परतों में खटमल की तरह छिप कर दण्ड से बच सकें।

जरूरत इस बात की है कि अपराधियों की सोच का तार-तार जाना जाए। जब ब्राह्मण ने अपने शास्त्रों में लिखा था कि ब्राह्मण अदण्डनीय है तो वह अपने अपराधी जीवन को ही बचा रहा था। उस में यह नहीं माना गया था कि ब्राह्मण अपराध नहीं करेगा, बल्कि माना यह गया था कि ब्राह्मण द्वारा अपराध किए जाने पर उसे दण्डित नहीं किया जा सकता। फिर, एक बार ऐसा कानून रच कर उस ने जी भर अपराध किए। वह अपराध का प्रतीक बन गया।

मामला यहीं तक सीमित नहीं है। कुछ लोगों ने अपराध से बचने के दूसरे तरीके निकाले हैं। मसलन, ऐसा एक तरीका मोहन दास नैमिशराय ने राजेन्द्र यादव का बताया है। मोहनदास नैमिशराय अपने लेख 'दलित कथाकारों में बंटवारे की रणनीति'

में लिखते हैं–"...राजेन्द्र यादव जी ने यहाँ तक लिख दिया, कि "दुनिया की हर खूबसूरत लड़की चाहती है कि उस के साथ रेप हो...रेप का आधा मजा तो वह लोगों की भूखी निगाहों और तारीफों के फिकरों में लेती ही है।"'[1]

यह रेपिस्ट को बचाने का नया तरीका है–लड़की खुद रेप करवाना चाह रही थी, पुरुष ने रेप कर दिया तो इस में पुरुष की क्या गलती है? उसे सजा क्यों मिले? इस सोच में के लोग ब्राह्मण की सोच से भी एक अंगुल ऊपर बढ़ गए। ब्राह्मण ने माना था कि रेप करना अपराध है, लेकिन ब्राह्मण को दण्ड नहीं दिया जा सकता, क्योंकि वह ब्राह्मण है। राजेन्द्र यादव ने जड़ ही खोद डाली कि लड़की खुद ऐसा चाह रही थी। कितनी गलत सोच है!–यह अपराध पर अपराध है। इन्हीं लोगों ने बंगाल के एक ब्राह्मण रेपिस्ट को प्रिन्ट और दृश्य माध्यमों के द्वारा फाँसी की सजा माफ करवाने का दुष्प्रचार किया था। पुराना ब्राह्मण व्यक्ति कानून से ऊपर होना चाह रहा था, लेकिन राजेन्द्र यादव का चिन्तन बलात्कार के विरुद्ध कानून को ही स्वीकार नहीं कर रहा है।

राजेन्द्र यादव के तर्क का यदि विस्तार किया जाए तो वह इस प्रकार हो सकता है :

1. दुनिया का हर धनवान आदमी यह चाहता है कि उस के घर डाका पड़े।
2. दुनिया का हर इज्जतदार आदमी यह चाहता है कि उस की इज्जत पर हमला हो।
3. दुनिया का हर बाप यह चाहता है कि उस की बेटी भागे।
4. दुनिया का हर राजा यह चाहता है कि उस के राज्य पर आक्रमण हो। आदि-आदि।

इस प्रकार, इस चिन्तन में अपराधों की जड़-मूल ही खत्म हो जाती है। जब परिभाषा में कुछ अपराध ही नहीं है तो उस के लिए दण्ड का प्रावधान कैसा? कैसी चालाकी है? जी हाँ, अब तक इस बात पर ध्यान नहीं दिया गया है कि एक जार और एक स्काउन्ड्रल व्यक्ति भी कलाकार हो सकता है। स्काउन्ड्रल व्यक्ति की एक ही शरण राष्ट्र नहीं हुआ करती, जार के रूप में उस की वह शरणस्थली कला की भी हो सकती है। अंग्रेजी के इस वाक्य ने कि देशभक्ति एक स्काउन्ड्रल की अन्तिम शरण होती है, फायदे के बजाय नुकसान ज्यादा किए हैं। नुकसान यह हुआ कि अन्य अच्छे क्षेत्रों पर विचारकों का ध्यान नहीं गया। इस से ध्यान परिवर्तित ज्यादा हुआ है कि अन्य क्षेत्रों में स्काउन्ड्रल की पैठ की जाँच करनी छोड़ दी गई। सच बात यह है कि देशभक्ति में शरण लेने वालों के बजाय कलाकारी में शरण लेने वालों की संख्या ज्यादा हो सकती है।

कैसी अजीब सोच है कि चोरी और जारी को अपराध नहीं माना जाता, जबकि दुनिया में ये कुल मूल दो अपराध हैं, बाकी सब अपराध इन्हीं दो के विस्तार या संकुचन हैं? अवैध सन्तान पैदा करने में तो स्त्री और पुरुष दोनों के लिए ये दोनों अपराध एक ही हो जाते हैं। तो, अब पता चला है कि जारों को सब से ज्यादा वकील साहित्यकारों की बिरादरी में मिले हुए हैं।

यही हाल कला के सिद्धान्त का है। जार साहित्य कला को बदसूरती देता है। इसे सौंदर्यशास्त्र में शामिल करने के बजाय बदसूरतीशास्त्र कहा जाना चाहिए। यह जीवन और उस के बहाव का विरोधी है। यह गन्दगी शास्त्र है। कला का कोई भी सौन्दर्यशास्त्र सदाचार से दूर नहीं जा सकता। सुन्दरता और गन्दगी एक साथ नहीं रह सकतीं। इन का घालमेल गलत है। शान्तिपूर्ण विकास के लिए इन्हें अलग-अलग किया जाना चाहिए। न इन दोनों से ऊपर उठ कर संन्यासी बनना है और न इन दोनों को एक कर के गन्दगी को छुपाया जाना है।

और, उन संन्यासियों के चिन्तन को भी स्कूल-कालिजों के पाठ्यक्रम से बाहर किया जाना चाहिए जो धर्म के क्षेत्र में पाप-पुण्य के द्वन्द्व से ऊपर उठने की सलाह देते हैं। चूँकि, उन्हें कमा कर खाना नहीं होता, और न ही उन्हें बाल-बच्चों का पालन-पोषण करना होता है, इसलिए वे ऐसा कहते हैं। मोक्ष, निर्वाण और कैवल्य उन की भक्ष्य वस्तुएँ हैं। वे मोक्ष को ही खाते हैं, निर्वाण को ही पीते हैं और कैवल्य को ही सूंघते हैं। सिविल नागरिकों के लिए ऐसे चिन्तन का कोई अर्थ नहीं है। यहाँ सिकन्दर और बाबर की तलवारें और तोपें चलती हैं। हमें उन का समाधान सामना करते हुए निकालना है। हम लौकिक लोग हैं। हम आजीवक लोग हैं।

यह तर्क दिया जाता है कि एक ही व्यक्ति में अच्छाई भी होती है और बुराई भी होती है। वे कहते हैं कि भलाई और बुराई अलग-अलग नहीं होतीं। ये जुड़वाँ और सापेक्ष होती हैं। एक जगह यदि वह पाप कर जाता है तो वही व्यक्ति दूसरी जगह पुण्य कर जाता है। एक समय पर एक व्यक्ति अपराधी है तो दूसरे समय पर वह व्यक्ति निरपराधी है। मनोविज्ञान के सहारे ले कर ऐसी-ऐसी पेचीदी स्थितियाँ दर्शाई जाती हैं कि नायक और खलनायक का भेद मिटा दिया जाता है। लेकिन यहाँ यह कहा जाना जरूरी है कि जो आदमी भला, पुण्यात्मा और निरपराधी है, वह उतना दण्ड स्वीकार भी करना चाहेगा जितने अर्थों में वह बुरा, पापी और अपराधी है। यदि वह ईमानदार है, तो वह बुराई, पाप और अपराध को छुपाता नहीं फिरेगा। लेकिन जो सच में बुरा है, पापात्मा है, और अपराधी है, वह व्यक्ति दण्ड से डरा-डरा भागेगा। भले व्यक्ति यह कहते देखे गए हैं कि मुझ से यह गलती हो गई है, समाज को अधिकार है कि मुझे जो चाहे दण्ड दे, मुझे स्वीकार्य है। लेकिन झूठे लोग अपील पर अपील करते फिरते हैं—और अन्त में राष्ट्रपति तक गुहार लगाते हैं। क्या हो गया?—अपराध किया था, दण्ड भुगत लो। लेकिन नहीं, ऐसे लोग भलाइयों का सहारा ले कर दण्ड से

बचे-बचे फिरते हैं। मैंने अपने गाँव में एक ऐसा आदमी देखा था जो शायद बीस साल की लम्बी जेल काट कर आया था और मान रहा था कि हाँ, उस से अपराध हुआ था, उस की गलती थी, अब वह ऐसा काम नहीं करेगा। जेल से आ कर वह गाँव में कमाता, ताश खेलता और हँसता हुआ जिया। इसलिए, यदि एक ही व्यक्ति में नायकत्व और खलनायकत्व के दोनों रोल मिलते हैं, तो इस में क्या बुराई है कि वह उतने अर्थों में इज्जत पाए जितने अर्थों में उस ने अच्छे काम किए, और उतने अर्थों में भर्त्सना पाए जितने अर्थों में उस ने बुरे काम किए। यदि मनुष्य के भीतर भलाई और बुराई की जुड़वा बहनें बैठी हुई हैं तो उन का निपटारा भी उसी तरह किया जा सकता है। कानून मनुष्य के ऐसे एकत्व को खण्डित कहाँ करता है? इतने अर्थों में पुरस्कार और उतने अर्थों में दण्ड—अभिनेताओं—सलमान खान और संजय दत्त—के साथ यही हो रहा है। इस में क्या अचरज है?

II

साहित्य मनोरंजन है, पर किस का?—इस प्रश्न का कोई उत्तर नहीं दिया गया है। सच तो यह है कि साहित्यिक आलोचना के क्षेत्र में अभी तक यह सवाल पूछा भी नहीं गया है। यह नहीं सोचा गया कि पर्सनल कानून के हिसाब से दो तरह के समाज होते हैं—एक जार समाज और दूसरा सदाचारी समाज। दोनों समाजों के लोगों को मनोरंजनों की जरूरत पड़ती है। जार समाज के लोग अपने साहित्य में सदाचारी आदमी की मजाक उडाते हैं, जबकि सदाचारी समाज के लोग अपने साहित्य में जार आदमी की भर्त्सना करते हैं। यही मूल फर्क है। इसी वजह से साहित्य दो तरह का हो जाता है। यही हो रहा है—योगेन्द्र शर्मा ने अपने पत्र में यही किया है, जो 'हंस' में 'कोई मन्त्र दो गुरु!'[2] के शीर्षक से छपा है। पत्र की शुरूआत '**श्रद्धेय**' धर्मवीर जी, दंडवत प्रणाम'[3] के सम्बोधन से होती है। इस पत्र के कुछ अन्य व्यंग्य वाक्य इस प्रकार हैं :

1. "...मेरा आप के प्रति श्रद्धाभाव 'कुतुब मीनार' होता जा रहा है।"[4]
2. "...गुरुदेव, आप के पाँव कहाँ हैं?"[5]
3. "बाकी आप की यह बात पत्थर की लकीर है; कि जारकर्म के ही चलते समाज रसातल को जा रहा है। 'यदा यदा हि धर्मस्य ग्लानिर्भवति भारतः... ।" आप जैसों का अवतार ही इसे थामने को हुआ है।"[6]
4. "गुरुदेव, अन्दर की बात बताऊँ, अभी आप की किताब मैंने पढ़ी नहीं है, लेकिन ससुरी पढ़ने की जरूरत ही क्या है?"[7]

5. "कसम उस्ताद लाल बुझक्कड़ की, गुरुदेव, आप छा गए, भा गए। कृपा कर के मुझे भी ऐसा कोई मंत्र दे दयो कि मेरी भी 'लाइफ' बन जाए।"[8]
6. "आप की पगधूलि माथे पर लगाने को आतुर, व..आप की राहों में लंबायमान–आप का कृपाकांक्षी शिष्य

योगेन्द्र शर्मा।"[9]

यह बात समझ में आती है कि ये वाक्य योगेन्द्र शर्मा के हैं। चूँकि, योगेन्द्र शर्मा ब्राह्मण हैं, इसलिए ये वाक्य उन की ब्राह्मण संस्कृति से निकल कर आए हैं। वहाँ ये बिलकुल फिट बैठते हैं। फिट इसलिए बैठते हैं, क्योंकि उन के विवाह के नियम में तलाक की व्यवस्था नहीं है। तलाक न होने की वजह से वे जारकर्म को गम्भीरता से ले ही नहीं सकते। उन के विवाह में जारकर्म निर्गुण ब्रह्म की तरह नित्य और शाश्वत है। लेकिन सवाल दूसरा पूछा जाना है कि 'हंस' पत्रिका के सम्पादक राजेन्द्र यादव तो पिछड़े समाज से हैं, वे अपनी पत्रिका में ऐसे पत्रों को क्यों छाप रहे हैं? वे अपनी पत्रिका में मेरे खिलाफ ऐसी मजाकफोड़ भाषा का सम्पादकीय क्यों लिख रहे हैं? उत्तर यही है कि किसी भी समाज में जार दार्शनिकों और जार दार्शनिकाओं की कमी नहीं होती। यह ऐसी ही बीमारी है जैसे हर समाज में चोर होते हैं। तो, जार दार्शनिक ब्राह्मण समाज में भी होते हैं तथा पिछड़े और दलित समाज में भी होते हैं। फर्क यह है कि ब्राह्मण समाज में जार दार्शनिक खुल कर बोलता है, लेकिन पिछड़े और दलित समाज में जार दार्शनिक को बोलने नहीं दिया जाता। पर, अब वे नए हिन्दू कानून की वजह से इतना साहस कर पा रहे हैं, यही फर्क फालतू पड़ा है। सदाचारी समाजों के लोगों का काम है कि वे अपने समाज के जार दार्शनिकों को उन की जिम्मेदारियों पर लाएँ।

कमाल और जीत ब्राह्मण के करिश्मे की है कि उस ने सब के चिन्तन का खुद को 'रेफरेन्स पाइन्ट' बना रखा है। हार और बेकद्री भी ब्राह्मण के चिन्तन की है कि उसे भारत में मिनान्डर को 'मिलिन्द' और अकबर को 'महाबली' कहना पड़ता है। ब्राह्मण ने खुद को 'भूदेव' जरूर घोषित किया हो, लेकिन इस से यह सिद्ध जरूर होता है क़ि उस से बड़ी चीज दुनिया में जरूर है, जिसे ईश्वर भले ही कहा जाए, पर जो भारत का इतिहास है।

व्रज कुमार पाण्डेय ने 'आलोचना' में प्रकाशित अपने लेख 'दलित विमर्श का इतिहास चक्र' में लिखा है–"डॉ. धर्मवीर ने मातृसत्ता, पितृसत्ता और जारसत्ता नाम से एक पुस्तक शृंखला प्रकाशित कराई है जिस में उन्होंने भारत के सामाजिक विकास के इतिहास में एक नई सत्ता 'जार सत्ता' की खोज की है। वे भारत के इतिहास को यौन अपराधों का इतिहास बतलाते हैं। समाज को वे दो वर्गों में बाँटते हैं–जार कर्म

करने वाले और जार कर्म नहीं करने वाले।"[10] वे आगे लिखते हैं–"भारत के प्राचीन इतिहास के बारे में धर्मवीर की मान्यता है कि उस में जारकर्म के अलावा कुछ नहीं था और भारतीय समाज की यही वह कमजोरी थी जिस के कारण भारत विदेशी ताकतों के हाथों गुलाम बना रहा।"[11] लेकिन, सब कुछ जानने के बाद भी, या बताए जाने के बाद भी, वे वही गलती करते हैं कि इतनी गम्भीर बात को हँसी में उड़ाते हैं। वे अपने लेख का अन्तिम वाक्य इस प्रकार लिखते हैं–"मेरी समझ में उन (धर्मवीर) की स्थापनाओं, उन के कुतर्कों और उन की फतवेबाजी को देश ने हँसी में उड़ा दिया है।"[12] पर, उड़ाओ, और हँसी उड़ाओ, और भुगतोगे, अब तक भुगतते ही रहे हो। गुलामी में इतने मगन हुए पड़े हैं कि आज तक किसी की सुनी नहीं। इतिहास के आखरी दौर में इन्हें सुधारने में मुगल गुम हो गए और अंग्रेज फेल हो कर चले गए। वे सती प्रथा को रोकने और विधवा के पुनर्विवाह की शुरूआत करने तक ही हाथ डाल सके, इस से आगे नहीं। इन के जारकर्म को कोई नहीं रोक सका, डा. अम्बेडकर का 'हिन्दू कोड बिल' भी नहीं। वे इन्हें एक पति और एक पत्नी के कानून तक ही ला सके, पर यारों और रखैलों की भरमार को नहीं रोक सके। धर्मक्षेत्र और कुरुक्षेत्र का पता ही नहीं है, हिन्दू लोग कृष्ण की भक्ति के पीछे इसलिए पड़े हुए हैं, क्योंकि वहाँ राधा लुभाव में मिलती है। राधा के लुभाव के चक्कर में इन्होंने अपने राम की भक्ति छोड़ रखी है। राम की भक्ति करते हैं तो 'रामकृष्ण' बन जाते हैं, ताकि राधा मिली रही। उम्र का लिहाज छोड़ कर साधु बने इन के बूढ़े बापू तक 'राधे राधे' गाते हैं। इन की राधा कभी बुढ़िया नहीं हुई। बुढ़िया न होने की बात एक तरफ, लेकिन इन की सोच कुछ ज्यादा ही गलत है। इन की सोच अमानुषिक है, जब राधा के बारे में लिखा मिलता है कि '...राधा अपने जन्म के समय ही वयस्क हो गई थी।'[13] इन की मानसिकता की गिरावट की सीमा नहीं है।

घर को सब से बड़ी पाठशाला बताया गया है। बात भी सच है, जीवन का हर पाठ यहीं से शुरू होता है। आगे उस में दक्षता प्राप्त करनी होती है या उस का विकास होता है। साहित्य के माध्यम से स्कूल-कालेजों में घर में रखी गई इसी आधारशिला का विस्तार होता है। राधा साहित्य का हिन्दुओं के पर्सनल कानून से इसी वजह से खूब तालमेल बैठता है। माँ कहीं भाग रही है, बाप कहीं रमण कर रहा है–यह युमना के तट पर अच्छी रासलीला है। बच्चों पर जोर ही नहीं पड़ता क्योंकि उन्होंने भी यही आजादी ले रखी है। इस में नई और पुरानी पीढ़ी के बीच के अन्तर होने का कोई संकट खड़ा नहीं होता। बड़े आराम से 'कामसूत्र' की परम्परा एक पीढ़ी से दूसरी पीढ़ी में उतर जाती है। नुकसान यह होता है कि ऐसे समाज के लोग राष्ट्र की रक्षा करने के योग्य नहीं रह जाते। रोमन साम्राज्य का पतन हुआ था, लेकिन हिन्दू परिवार के पतन का इतिहास किसी ने लेखबद्ध नहीं किया–यह आज तक हो रहा है। प्रेमचन्द ने भी इस पर ध्यान नहीं दिया, जबकि उन्हें इस का पूरा-पूरा मौका था। वे खुद इस

पतन को बढ़ाने में शामिल हो गए। उन्होंने अपने हिस्से के परिवार को छिन्न-भिन्न ही किया। दो औरतें तो बर्बाद ही कर दीं—एक ब्याहता और दूसरी रखैल। तीसरी औरत शिवरानी उन के गुण गा रही हैं—मेरे पति सन्त थे, महात्मा थे, देवता थे, महान थे, पतिदेव थे। उदाहरण देखे जा सकते हैं :

1. "मेरे दिल में बार-बार आता है कि वे किसी सन्त से भी कम नहीं थे।"[14]
2. "मेरे दिल में बार-बार यही उठता है कि वे कोई सन्त थे।"[15]
3. "क्या यह महान आत्मा नहीं थे....क्या यह एक महान आत्मा के लक्षण नहीं हैं?"[16]
4. "मैं उस महान आदमी को जरा भी न पहचान सकी।"[17]
5. "हार कर यही मुँह से निकल जाता है कि मैं उस देवता को पहचान न सकी।"[18]

शिवरानी की सारी बातें ठीक हैं। वे सन्त थे, महात्मा थे, देवता थे, महान आदमी थे। जानना केवल यह है कि ऐसा एक हिन्दू स्त्री कह रही हैं। प्रेमचन्द की पहली परित्यक्ता पत्नी को सौत बनाने को तैयार, और प्रेमचन्द की रखैल को जान कर भी कभी घर में जिक्र न करने वाली शिवरानी को, अपने पति सन्त, महात्मा, देवता और महान दीख रहे हैं, तो इस में अचरज क्या है? हिन्दुओं के देवता हिन्दुओं की तरह के ही होते हैं। पर शिवरानी ने बताया नहीं कि प्रेमचंद की पहली पत्नी के लिए प्रेमचन्द क्या थे। उन के लिए वे सन्त, महात्मा, देवता और महान आदमी में से कुछ भी नहीं थे। कहने का मतलब है कि हिन्दुओं के महापुरुषों में घर को ले कर चरित्र और शील का होना जरूरी नहीं है। इसीलिए, दो धर्मो की और दो कानूनों की तुलना करनी पड़ती है। इतिहास इस तुलना का काम बखूबी करता रहता है। वह जारों को उन के देश में गुलाम बनाता है। खुद समाज द्वारा कानून बना कर जारकर्म पर रोक न लगाने पर यदि इतिहास उन की औरतों को वेश्यावृत्ति में धकेल दे, तो शिकायत कैसे की जा सकती है? गुलामी के खिलाफ रोने का नैतिक बल क्या है? उलटे, वे आज भी हँस रहे हैं। मेरे खिलाफ राजेन्द्र यादव के सम्पादकीय लेख 'रखैल और जार का दलित पाठ' के बारे में स्वामी नित्यानंद लिख रहे हैं—" 'रखैल और जार का दलित-पाठ' करते इतनी हँसी आई, कि पूछो मत। ऐसा लग रहा था कि जैसे किसी तथाकथित 'विद्वान' की विचारों की शव-परीक्षा रिपोर्ट पढ़ रहा हूँ। "कहां हो तुम दुनिया के श्रेष्ठतम जासूस शरलॉक होम्स', तक आते-आते हँसी अपने चरम पर थी। धर्मवीर जैसे विद्वानों के विचारों पर हँसा ही तो जा सकता है और कुछ नहीं।"[19] तो, हँसते ही रहे हैं, पर सच बात यह है कि इतिहास में ये रोते भर रहे हैं। इन्हें इन के घर में कभी किसी ने गुलाम बनाया है तो कभी किसी ने। मुझे श्रेष्ठतम जासूस

शरलॉक होम्स होने का तमगा दे रहे हैं, और हजार दो हजार रुपये के डी एन ए के टैस्ट से डरे हुए हैं। मुझे जासूस होने की क्या जरूरत है?–वैज्ञानिक टैस्ट दूध का दूध और पानी का पानी कर देगा। मैं जासूस नहीं हूँ, वैज्ञानिक हूँ। शरलॉक होम्स याद आ गए, अल्बर्ट आइन्स्टीन याद नहीं आए–क्यों?

इन नित्यानंद स्वामी का एक लेख 'हंस' के जून, 2008 के अंक में भी 'रचनाएँ, जिन्होंने मुझे बिगाड़ा' के शीर्षक से छपा है। यह शीर्षक एकदम भ्रामक है। इस से ऐसा लगता है, मानो वे पहले सुधरे हुए थे, जबकि दलित की आजीवक दृष्टि के तहत वे पहले से ही पूरे बिगड़े हुए थे। यदि उन्हें शीर्षक रखना था तो रखना चाहिए था–'बिगड़ने से बिगड़ने तक।' क्या वे बिगड़े हुए नहीं थे जब वे लिखते हैं?–"...मेरी धारणा थी कि देश-समाज में सब ठीक-ठाक चल रहा है। भक्त लोग खूब धन कमा रहे हैं। खूब दान-पुण्य चल रहा है। सब ओर अमन चैन है। कहीं कोई समस्या नहीं है। स्त्रियां भोगने के लिए होती हैं, सो भोगी जा रही हैं। दलितों के साथ जो व्यवहार होता है वह उनके 'कर्मों का फल है'। वे भोग रहे हैं। ब्राह्मण पृथ्वी पर श्रेष्ठ है। मूढ़ से मूढ़ ब्राह्मण भी पूजनीय हैं।"[20] वे अपने बारे में आगे लिखते हैं–"जितना और जैसा अहंकार संन्यासी को होना चाहिए, वो सब मुझ में था।"[21] उन्होंने कुछ भी कमी नहीं छोड़ी है, जब लिखा है–"सोचने-विचारने का काम मैं करता ही नहीं था। सोचता था तो मात्र इतना कि मैं सब तरह से ठीक हूँ बाकी जाए भाड़ में।"[22] तभी कह रहा हूँ कि उन्हें उन के इस रूप में सुधरा हुआ कौन कह देगा? अपने बारे में वे खुद ही कह रहे हैं–"अब वर्तमान में मेरे साथियों के अनुसार हंस ने मेरा दिमाग खराब कर दिया है और मैं पूरी तरह बिगड़ चुका हूँ। अब मेरा कुछ नहीं हो सकता क्योंकि मैं सुधरना भी नहीं चाहता। मेरा पड़ोसी कृष्णानंद हमेशा मुझे टोकता है कि अभी भी समय है सुधर जाओ वरना नरक में पड़ोगे। मगर मैं हूँ कि सुधरने की सारी गुंजाइशें समाप्त किए बैठा हूँ।"[23] पर, जब बताने ही चले थे कि खुद बिगड़े हैं तो इतना और बता देते कि गैल में कितनियों को बिगाड़ा है। हाँ, इन मामलों में व्यक्ति कभी अकेला नहीं बिगड़ता। ऐसियों में से एक स्त्रीलिंग रमणिका गुप्ता को तो बिगाड़े हुए या बिगाड़ने वालों की संख्या ही याद नहीं है।[24] असल में, कहानी क्या है? कहानी यह है कि जिस समाज में तलाक का प्रावधान नहीं है, उस समाज के साहित्यकार जारकर्म को अपना हक मान बैठते हैं। वे छिछोरे बन जाते हैं, और उन का सारा जन्म इसी गन्दगी को ढोने में बीत जाता है। और तो और, वे तलाक मांगना भूल ही गए हैं। वे जारकर्म की कीचड़ में इतने मशगूल हो गए हैं कि तलाक के प्रावधान को ठीक करवाने के बजाय पक्के सिरे के ब्राह्म-विवाही बन कर जारकर्म की नाली के कीड़े बने हुए हैं। याद दिलाने पर भी उन्हें याद नहीं आता कि जारकर्म की नाली से बाहर तलाक की जिन्दगी कितनी सदाचारी और सुन्दर है।

'हंस' के इसी अंक में एक अन्य ब्राह्मण का लेख भी मेरे खिलाफ छपा है। मैं कभी ऐसा नहीं करता कि लेखक का नाम छिपाऊँ। मेरी लेखनी की विशेषता यह है

कि मैं नाम सहित प्रमाण को उद्धृत करता हूँ। मैं हिन्दी में इस परम्परा को खड़ी कर रहा हूँ। मैं बता रहा हूँ कि विद्वानों को किस प्रकार लिखना चाहिए। लेकिन एकाध जगह इन की वजह से मुझे भी जवाब में वैसा ही करना पड़ रहा है। इसलिए, लेखक का नाम दिए बिना बता रहा हूँ कि इन ब्राह्मण लेखक ने एक उपन्यास की समीक्षा करते हुए लिखा है—"शायद इसी से सतर्क हो कर एक अन्यथा कुशाग्र दलित बुद्धिजीवी आजकल अपनी समस्त प्रतिभा 'जारसत्ता' की स्त्री विरोधी अवधारणा विकसित करने में खर्च किए दे रहे हैं।"[25]

स्पष्ट है, ये सीधे मेरे बारे में टिप्पणी कर रहे हैं। 'जारसत्ता' की बात ठीक, पर ये मेरे विचार को स्त्री विरोधी क्यों बता रहे हैं? यदि इन्हें 'स्त्री' शब्द का इस्तेमाल करना इतना जरूरी था तो मुझे 'जारिणी स्त्री विरोधी' कह देते। लेकिन इन का काम यह नहीं है, और, ये मेरे विचारों को स्त्री विरोधी तब कह रहे हैं, जब अपने उक्त लेख में पहले ही टिप्पणी कर बैठे हैं कि समीक्ष्य उपन्यास का नायक 'दलित शुद्धतावाद ...से छुटकारा पा चुका है। एक से अधिक स्त्री-प्रसंग या शराब पीना उस की निगाह में किसी चरित्रहीनता का द्योतक नहीं है।'[26] सच बात है, मैं ऐसे नायक को चरित्रहीन कहता ही हूँ जो स्त्रियों से अवैध सम्बन्ध रखता है। तब मुझे इन ब्राह्मण समीक्षक द्वारा 'पुरुष विरोधी' क्यों नहीं कहा गया? इस मामले में 'स्त्री विरोधी' कहलाया जाने के बजाय 'पुरुष विरोधी' कहलवाया जाना मेरा हक था। लेकिन सच बात यह है कि जैसे मैं 'स्त्री विरोधी' नहीं हूँ, वैसे ही मैं 'पुरुष विरोधी' भी नहीं हूँ। मैं जार पुरुष का विरोधी हूँ—और खूब विरोधी हूँ। लेकिन, मेरे विचारों का वैसा मूल्यांकन दलित समीक्षक ही कर सकते हैं, ब्राह्मण समीक्षक नहीं। संयोग से, 'हंस' के इसी अंक में उसी समीक्ष्य उपन्यास पर हमारे दलित समीक्षक कँवल भारती की समीक्षा भी छपी है। उन्होंने बाकायदा मेरा नाम खोलते हुए लिखा है—"यदि डा. धर्मवीर के शब्दों में कहूँ, तो इस उपन्यास में भरपूर जारकर्म है—कोई भी पुरुष पात्र ऐसा नहीं है, जो जारकर्म में लिप्त नहीं है।"[27] अब मेरा पूछना यह है कि ब्राह्मण समीक्षक को इस बात से क्या परेशानी है कि मैं अपनी समस्त प्रतिभा 'जारसत्ता' को मिटाने में खर्च कर रहा हूँ। मुझे यह काम करने दो—यह कोई गलत काम नहीं है। यदि कोई दूसरा चिन्तक चोरी को मिटाने में अपनी सारी ऊर्जा लगा रहा है तो उसे वह काम करने दो, उस में बुराई क्या है? इन ब्राह्मण समीक्षक का नाम खोल दूँ—मैं क्यों छिपाऊँ? इन का नाम अभय कुमार दुबे है और ये 'विकासशील समाज अध्ययन पीठ' के 'भारतीय भाषा कार्यक्रम' के सम्पादक हैं। जैसे कोई 'इण्डियन पीनल कोड' के बारे में कहे कि यह कानून बेचारे चोरों और डकैतों के पीछे पड़ गया है, वैसे ही अभय कुमार दुबे मेरे बारे में कह रहे हैं कि यह आदमी बेचारे जारों और बलात्कारियों के पीछे पड़ गया है—इस की बुद्धि नहीं फिरती!

मेरे विरोध में जाने के लिए द्रोणवीर कोहली ने खुद राजेन्द्र यादव को ही लताड़ा है—"अचरज की बात है कि जिन किताबों को आप 'बेमतलब' बता रहे हैं, उन पर

लिखने के लिए आपने कई दिनों तक सोचा होगा, उन्हीं पर '*हंस*' के पूरे छह पन्ने व्यर्थ छाप रहे हैं। आपने अपनी पत्रिका के पन्नों से इन किताबों को हवा दी है। जिस प्रकार आप अनेक लेखकों की उपेक्षा करते हैं, क्या धर्मवीर की नहीं कर सकते थे?"[28] मेरी उपेक्षा कर लो, पर इतिहास की उपेक्षा कैसे कर पाओगे? वह सिकन्दर बन कर आप के पुरखों को यहीं हरा कर जाता है। करो, और जारकर्म करो, और सत्यकाम और कर्ण पैदा करो।

III

प्रेमचन्द को ले कर मैंने जो पारिवारिक और सामाजिक मुद्दे उठाए थे, प्रेमचन्द के पक्षधर उन मुद्दों से कतरा रहे हैं। यदि ऐसा है तो मुझे उन की इस बात से कोई दिक्कत नहीं है। तब, बिना बहस किए प्रेमचन्द पर वोटिंग हो रही है। वे स्वतन्त्र हैं कि प्रेमचन्द के पक्ष में अपने मत दें। मैं और मेरे पक्ष के लोग प्रेमचन्द के खिलाफ अपने मत देंगे। इस से उन्हें क्या आपत्ति है?

यह जनमतसंग्रह का मामला भी नहीं है। इस बहस में व्यक्ति की स्वतन्त्रता और गरिमा जुड़ी हुई है। उन लोगों को अधिकार मिल जाए जो वैवाहिक मामलों में अपनी स्वतन्त्रता और गरिमा की रक्षा करना चाहते हैं। कोई पत्नी अपने जार पति की गुलाम नहीं रहना चाहती तो उसे विवाह की पवित्रता और अटूटता के नाम पर तलाक लेने का अधिकार क्यों नहीं है? उसे कानून के नाम पर कृष्णभक्ति और राधावाद सीखने के लिए मजबूर क्यों किया जा रहा है? उस पर जार पति से सुलह और समझौता करने की दाब क्यों पड़ रही है? हिन्दू समाज में चरित्रवान लोग कम हैं, तो उन्हें ऐसा रहने दो, लेकिन हिन्दू कानून में शामिल किए गए जो लोग चरित्रवान रहना चाहते हैं, बन्दिश लगा कर उन की संख्या कम क्यों की जा रही है? कानून ऐसा क्यों नहीं बनाया जाता कि जो लोग अपने दूसरे पक्षकार के जारकर्म को सहन नहीं कर सकते, उन्हें ऐसा सहन न करने की, तलाक का प्रावधान कर के, स्वतन्त्रता दी जाती है? उन पर 'ना-तलाक' का तानाशाही बन्धन क्यों? जो जारकर्म को सहन करने का बेहयाईपन रखते हैं, उन्हें यह स्वतन्त्रता दी जा सकती है कि वे उसे सहन करते रहें। वेश्याओं और भाडुओं की पूरी जमात ही ऐसा कर रही है। कौन भाडू अपनी वेश्या पत्नी से तलाक लेने की कोर्ट में अर्जी डाल सकता है, जबकि पता यह चला है कि हर वेश्या कानूनी रूप में किसी भाडू से शादी किए हुए रहती है? गुजारिश यह है कि वेश्याओं और भाडुओं की इस परम्परा को डोम्बीवाद या राधावाद की सिद्धि और भक्ति के नाम से बाकी समाज में न फैलाया जाए। तब, प्रेमचन्द पर बहस न कर के वोट डाली जा सकती है। जो जार दार्शनिक हैं वे प्रेमचन्द के पक्ष में वोट दें, पर जो सदाचार-दार्शनिक हैं उन्हें प्रेमचन्द के विरोध में मत डालने का अधिकार दिया जाए।

आखिर, जार दार्शनिक कुल क्या चाहते हैं? वे स्त्री और पुरुष के रूप में यही चाहते हैं कि उन्हें विवाह से बाहर सैक्स की स्वतन्त्रता मिल जाए। सो, हमने दे दी। वे विवाह से बाहर रोज-रोज सैक्स की स्वतन्त्रता रखें। पर, तब वे उस विवाह को झूठमूठ में बचाए क्यों रखना चाहते हैं? विवाह में वे एक ही पार्टी हैं, जबकि उस में दूसरी पार्टी भी मौजूद है। किसी कानून या फैसले में उस की भी सुनी जानी है। दूसरी पार्टी इस पहली पार्टी से तलाक लेना चाहती है। उसे इतनी भर स्वतन्त्रता मिल जाए कि वह ऐसे विवाह को तोड़ दे, जिस में दूसरा कोन्ट्रैक्टर विवाह से बाहर की स्वतन्त्रता ले रहा है। अजीब बात है, जो जार दार्शनिक विवाह की शर्तों का पालन नहीं करते, वे ही विवाह को न तोड़ने देने की सब से ज्यादा वकालत करते हैं। विवाह का एक कानून नहीं मानेंगे और न ही विवाह को तोड़ने देंगे—इन की कैसी बढ़िया रिडल है! स्त्री को बेचारी कहने लगते हैं, पर आप तो खुर्राट हो। किसी का मानने को जी न चाहे तो मैं प्रमाण दे रहा हूँ। अमृत राय ने अपनी पुस्तक 'प्रेमचन्द : कलम का सिपाही' में लिखा है—"जरा मुलाहिजा हो लड़के के बाप का—ठेठ कायस्थ आदमी, खुर्राट, खबीस, जैसे कि मुंशीजी ने अपनी बिरादरी में न जाने कितने देखे होंगे... ।"[29]

कोई कह सकता है कि ऊपर दिए गए उद्धरण से यह सिद्ध नहीं होता कि प्रेमचन्द भी खुर्राट थे। वे अपनी कम समझी में दलील दे सकते हैं कि यह ऊपर अमृत राय ने कायस्थ कौम के लोगों के बारे में कहा है, प्रेमचन्द के बारे में नहीं। पर, उन के लिए मैं खासमखास प्रेमचन्द के शब्द खुद प्रेमचन्द के बारे में उद्धृत कर सकता हूँ कि उन्होंने खुद ही खुद को खुर्राट कहा है। आगे के शब्द अमृत राय के नहीं, बल्कि खुद प्रेमचन्द के अपने बारे में हैं, जो इस प्रकार हैं--"यहाँ मुझे एक भ्रम का निवारण करना जरूरी मालूम होता है। जब हम अपने किसी सहवर्गी को अपने से आगे बढ़ता देखते हैं तो संभवतः मन में एक कुरेदन-सी होती है। उसे किसी तरह नीचा दिखाने की इच्छा होती है। शायद कुछ लोग समझते हों कि यह कल का लौंडा हम से बाजी मारे लिए जाता है और हम पीछे रह जाते हैं, इसे किसी तरह रोकना चाहिए। उन महाशयों से मेरा निवेदन है कि यह अभागा, कल का लौंड़ा नहीं, पुराना खुर्राट है। तीन साल और हों तो पूरे पचास का हो जाय। उसे कलम घिसते हुए तीस वर्ष हो गए।"[30]

खुद कह रहे हैं कि उस समय वे 47 वर्ष के है और पूरे (पुराने) खुर्राट हैं।

हिन्दू कानून में जार अभी तक कब्जे में नहीं आया है। मुसलमानों के कानून में जार पुरुष के कोड़े लगाए जाते हैं। ईसाई कानून में कोड़े नहीं लगाए जाते, लेकिन जार की औलाद को अलग से पालने का प्रबन्ध किया गया है। भारत में कोई भी ऐसे बच्चे को मदर टेरेसा के चैरिटी केन्द्रों को सौंप सकता है। दुनिया में एक केवल हिन्दू बचा है, जो पराए बच्चों को ईमानदार आदमियों से जबरन पलवाता है। वह जार को कोई दण्ड नहीं देता। इसी सन्दर्भ में प्रेमचन्द के जीवन और साहित्य को देख कर लगता है कि जारकर्म हिन्दू संस्कृति का स्थायी भाव है। पर, अब मेरे एक हमले से

विवाहेतर दार्शनिकों के बीच भगदड़ मच गई है। उन्हें डर लग रहा है कि अब विवाह के चोर पकड़े जाएँगे। बात भी सही है, मैं उन्हें ही नहीं, बल्कि उन की पीढ़ियों के वात्स्यायनों को भी पकड़ने चला हूँ। और इधर, प्रेमचन्द विवाह के आखिरी चोर नहीं हैं, उन के बाद ऐसे चोरों की कतार खड़ी हो गई है।

अपने जारकर्म को कोई व्यक्ति अपने तक सीमित रख सकता है, कानून बनवा कर वह उसे दूसरों पर लागू कैसे करवा सकता है? जब पैतृकता की जाँच की मनाही है तो इस का मतलब यही है कि यह कानून जार के पक्ष में बनाया गया है। ऐसा कैसे होने दिया जाएगा? जार व्यक्ति कानून के द्वारा दूसरों पर अपना जार दर्शन नहीं थोप सकता। जाने क्यों इस का अब तक हिन्दुस्तान के साहित्यकारों ने विरोध नहीं किया? यदि वे ऐसे गलत कानून के खिलाफ आवाज नहीं उठाते हैं तो वे साहित्य में 'सहित' की परिभाषा के लोग कहाँ रह जाते हैं? तब तो वे 'अहित' की परिभाषा करने चले हैं। और, इस में हमें यह भी मालूम है कि हिन्दी साहित्य में प्रेमचन्द और उन के अनुयायी या दूसरे ब्राह्मण साहित्यकार इस जारकर्म के खिलाफ कभी आवाज नहीं उठा सकते, न ही उन्होंने भूतकाल में कभी ऐसी आवाज उठाई है। उल्टे, वे नए-नए और झूठे मनोविज्ञान गढ़ कर जारकर्म को जायज और कानूनी रूप से वैध ठहराने में लगे हुए हैं। इसी जगह दलित साहित्य की हिन्दू साहित्य से प्राचीर अलग हो जाती है।

साहित्यकार एक घाघरी से दूसरी घाघरी में दुर्मुन्द होते चले गए हैं। इस प्रकार के संसार के साहित्यकारों ने कभी कोई सामाजिक क्रान्ति नहीं की। वे हमेशा क्रान्ति के पिछलग्गू रहे हैं। वे क्रान्ति के भाट बन जाते हैं, लेकिन अगुवा नहीं। प्रेमचन्द तो वैसे ही दोयम दर्जे के साहित्यकार थे, यदि अव्वल दर्जे के भी होते तो इस बात में कोई फर्क नहीं पड़ता कि साहित्यकार समाज के मसीहाओं, दार्शनिकों, पैगम्बरों और विचारकों के पीछे पैदा होते हैं। खुद उन के गाँधी उन से पहले पैदा हुए थे। 'रंगभूमि' में उन्होंने सूरदास का जो चरित्र गढ़ा है, गाँधी के रूप में वह उन से पहले मौजूद था। इस के सिवा, प्रेमचन्द ने जो उपन्यास और कहानी के क्षेत्र में सीखा, वह भी विदेशियों से ही सीखा। उन्हें नया और क्रान्तिकारी वहीं तक कहा जा सकता है जहाँ तक हिन्दी साहित्य का दायरा था, जो दुर्भाग्य से सीमित भी था। प्रेमचन्द अंग्रेजी पढ़े-लिखे व्यक्ति थे, और उन्होंने उस से भरपूर सीखा। यहाँ हमें उस बहस में भी नहीं जाना है कि प्रेमचन्द ने अपने उपन्यासों की कथा बनाने में और पात्रों के चित्रण में विदेशी उपन्यासकारों के उपन्यासों से चोरी की। चोरी करने का इलजाम न लगा कर मैं केवल यह कहना चाहता हूँ कि हिन्दी के मामले में कुछ भी कहा जाए, पर विश्व साहित्य के क्षेत्र में प्रेमचन्द कोई मौलिक पुरुष नहीं थे। प्रमाण इस पहलू के भी मौजूद हैं कि वे एक अनुवादक भी थे। इस के बावजूद वे कई अच्छी बातें नहीं सीख पाए। उदाहरण के रूप में बताया जा सकता है कि 'रंगभूमि' की कथा में उन्होंने जबर्दस्त और अनावश्यक ठूसमठास की है। मुद्दे पर आए बिना इसे वे बेमतलब खींचते चले गए

हैं, वही जो हिन्दुओं के घरों में चिरन्तन काल से होता आया है। जब घरों में वैवाहिक अपराधों के बावजूद तलाक लेने की स्वतन्त्रता नहीं है तो लोग मरते रहेंगे और चौहानों में जाते रहेंगे—अर्थात जारकर्म की निरन्तरता में निर्णायक दिन कभी नहीं आ सकेगा। इन्होंने 15 अगस्त, 1947 के दिन राजनैतिक आजादी भी हासिल कर ली, पर पति और पत्नी को जारकर्म से मुक्ति कभी नहीं मिलेगी, चाहे 'हिन्दू विवाह अधिनियम, 1955' पास कर लें, चाहे 'कुटुम्ब न्यायालय अधिनियम, 1984' खड़ा कर लें। इन के सारे पर्सनल कानूनों की दिशा जारकर्म की है। तब इन के महापुरुष और साहित्यकार भी इसी किस्म के निकलते हैं। डा. अम्बेडकर ने 'हिन्दू कोड बिल' के द्वारा दूसरी किस्म के महापुरुष और साहित्यकार पैदा करवाने की कोशिश की थी, पर वे बुरी तरह फेल हो गए। सच तो यह है कि उन की वह कोशिश ही बेकार थी—गधे को दिया नून, गधा कहे, मेरी आँख फोड़े है। फिर, तब क्या किया जाए जब कसम खाली हो कि हिन्दी के सारे मुहावरे और लोकोक्तियाँ इसी एक उपन्यास में भरनी हैं? ऐसी किताब अजायब घर हो जाती है, साहित्य नहीं। शब्दों का अजायबघर साहित्य को काटता चला जाता है।

साहित्य क्यों लिखा जाता है और साहित्यकार कौन होता है? वह मनुष्य होता है कि नहीं? यदि कोई मनुष्य है तो क्या वह किसी समाज का हिस्सा है कि नहीं? यदि हिस्सा है तो क्या वह बाकी समाज से कानूनी सम्बन्ध रखेगा कि नहीं?

साहित्य किस के लिए लिखा जाता है? आखिर, यह मनुष्यों के लिए ही लिखा जाता है। क्या मनुष्यों में परिवार की संस्था कोई फालतू चीज है? जब परिवार है तो विवाह को मान्यता दी जाएगी कि नहीं? बिना विवाह और परिवार के मनुष्य कैसा लगेगा? ज्यादा दूर जाने की जरूरत नहीं, बन्दर और वन मानुष हमारे सामने हैं। उन्हें चिड़िया घरों में देखा जा सकता है।

मनुष्यों में भी कुछ लोग अपराधी और पागल पैदा हो जाते हैं। उन्हें समाज से अलग रखा जाता है। अपराधियों को जेलों में और पागलों को पागलखानों में जगह दी जाती है। बाकी के धार्मिक उपदेशों के द्वारा और मनोचिकित्सकों के द्वारा इलाज किए जाते हैं। तब जा कर समाज की सुरक्षा और उस का विकास होता है।

अमृत राय ने प्रेमचन्द के बारे में लिखा है—"बहुत से दूसरे सुविधा-सम्पन्न लिखने वालों की तरह उस ने कभी जीवन और कला को दो अलग-अलग खानों में बाँट कर नहीं रक्खा। शायद यही उस की कमजोरी थी और यही उस की सब से बड़ी ताकत।"[31] दूसरी तरफ, मेरा कहना है कि प्रेमचंद संन्यास और मोक्ष के विरोधी थे, इसलिए उन के पास जीवन और कला का सारा स्पेस पड़ा था, बशर्ते वे उसे अनैतिक न बनाते। इसी तुलना में कहा जा रहा है कि दलितों के कानूनों में सदाचार वाली कला हमेशा गौरवपूर्ण स्थान पाती है।

यदि कला कपट से जुड़ जाती है, जो पूरी तरह से सम्भव है, तो 'आर्ट इन एक्शन' को ठगी ही कहा जा सकता है। यह झूठी गवाही का मामला है। प्यार में सब कुछ जायज कैसे मान लिया जाएगा? तब उन्हें सजा देनी भी उतनी ही वैध चीज हो जाती है। ठगी, झूठी गवाही, और 'सब कुछ जायज'—ये कला के तीन दुश्मन और तीन दुरुपयोग हैं। इन दुश्मनों और दुरुपयोगों से समाज की नींव चरमरा जाती है। बताइए, पूरी न्याय-व्यवस्था गवाही पर टिकी हुई है, और गवाह झूठ बोलने की कला जानता है! झूठ बोलना गवाह का पेशा हो जाए तो न्याय क्या आसमान से टपकेगा? प्यार में सब कुछ को जायज कैसे मान लिया जाएगा? नाजायज की बुनियाद पर परिवार और राज्य कब तक टिकेंगे? ऐसे परिवार और ऐसे राष्ट्र बालू की भीत की तरह हवा के एक झोंके से ढह पड़ते हैं। प्रेम को बुरा कौन कहता है, पर उसे नाजायज होने की अनुमति कौन समाज देगा? बाप का बेटी से नाजायज सम्बन्ध कैसे बनने दिया जाएगा?

साहित्य को सभ्यता और कानून के दायरे में खुल कर खेलने की मनाही नहीं है। सुहागरात मनाने की रस्म समाज ने ही खड़ी की है और हनीमून के रूप में उस का विकास किया है। इसलिए, साहित्य में व्यभिचार पर रोक लगनी ही चाहिए। देह स्वतन्त्रता की बात करने वाले लोग अब लेखकीय स्वतन्त्रता की बात कहने लगे हैं। लेकिन, यदि उन के साहित्य से समाज में व्यभिचार फैलता है तो उन्हें घेरे में जरूर लाया जाएगा। अपराध के मामले में लेखक को विशेष माफी नहीं मिल सकती। तब वह अन्य पेशे वालों की तरह सामान्य मनुष्य और आम नागरिक हो जाता है।

जी, लेखकों को कानून के हिसाब से अंगूठा टेक नहीं रहना चाहिए। साक्षरता का इतना लाभ उठाया जाए कि वे कानून का वाचन कर सकें। इतनी अपेक्षा प्रौढ़ साक्षर से भी की जाती है, तब साहित्यकार अनपढ़ या बेपढ़ा घोषित क्यों होना चाहिए? वह कानून को क्यों नहीं पढ़ेगा? जब सजा देने में अनपढ़ से भी यह अपेक्षा रखी जाती है कि उसे समाज के कानून का पूरा ज्ञान है, तब लेखकगण कानून से अज्ञानी और बेखबर कैसे माने जा सकते हैं?

अंग्रेजों ने इस देश में कई अच्छे काम किए थे। ऐसा एक काम ठगी प्रथा को समाप्त करने का था। पर, क्या इस देश में इसी तरह जारी को खत्म नहीं किया जाना चाहिए? क्या इस के लिए विशेष अभियान नहीं चलाया जाना चाहिए? हमें 'अंग्रेज-मुक्त भारत' मिल गया है, पर आगे हमें 'जार-मुक्त भारत' भी चाहिए।

भारत के संविधान के मूल अधिकारों में एक बहुत अच्छा अधिकार 'राइट टू फ्रीडम'[32] का है। लेकिन, इस पर 'चैक एण्ड बैलेन्स' इस प्रकार रखना है कि किसी भी हालत में इसे 'राइट टू एडल्ट्री' में तब्दील नहीं होने देना है। ऐसी किसी भी कोशिश को नाकामयाब करना है।

जार से विवाह में मिलने वाले सारे अधिकार छीन लिए जाने चाहिए। वह विवाह का अपराधी है, उसे माफी कैसी?

जारकर्म साहित्य के लिए ही नहीं, बल्कि स्वास्थ्य, परिवार, समाज और राष्ट्र के लिए भी नुकसानदाय और घातक है।

तब क्या यहाँ साहित्य की आदर्श और यथार्थ के भेद की पुरानी बहस में पड़ा जाए? क्या 'यथार्थोन्मुख आदर्श' और 'आदर्शोन्मुख यथार्थ' के शब्दों के हिज्जे किए जाएँ? कोई जरूरत नहीं है, क्योंकि हमें आदर्श को शंकर के परमार्थ की तरह भी नहीं खोजना है, जिस का व्यवहार से सम्बन्ध अनिर्वचनीयता का होता है। हमें यथार्थ के धरातल पर ही टिके रहना है, जिस में सदाचारी और जार दोनों तरह के लोग होते हैं। साहित्यिक आलोचना की यह नई कसौटी खड़ी करने पर समाज का बड़ा लाभ हो सकता है। हमें बुद्ध, महावीर और शंकर के निर्वाण, कैवल्य और मोक्ष के आदर्श से अलग हट कर गोसाल और कबीर के जारमुक्त गृहस्थ जीवन के यथार्थ को गौरवान्वित और महिमामण्डित करना है।

संदर्भ

1. दलित कथाकारों में बंटवारे की रणनीति, मोहन दास नैमिशराय, दलित साहित्य (वार्षिकी) : 2005, बी-634, डी. डी. ए. फ्लैट्स, ईस्ट आफ लोनी रोड़, दिल्ली-110 093, पृ.-45
2. कोई मन्त्र दो गुरु!, योगेन्द्र शर्मा, हंस, 2/36, अन्सारी रोड़, दरियागंज, नई दिल्ली-110 002, जनवरी, 2006, पृ.-11
3. वही, पृ.-11
4. वही, पृ.-11
5. वही, पृ.-11
6. वही, पृ.-11
7. वही, पृ.-11
8. वही, पृ.-11
9. वही, पृ.-11
10. दलित विमर्श का इतिहास चक्र, व्रज कुमार पाण्डेय, आलोचना, राज कमल प्रकाशन प्रा. लि., 1-बी, नेताजी सुभाष मार्ग, नई दिल्ली-110 002, अप्रैल-जून, 2005, पृ.-71
11. वही, पृ.-71
12. वही, पृ.-71
13. भारतीय संस्कृति कोश, लीलाधर शर्मा 'पर्वतीय', राजपाल एण्ड सन्ज, कश्मीरी गेट, दिल्ली-110 006, संस्करण, 2007, पृ.-773
14. प्रेमचन्द : घर में, शिवरानी देवी प्रेमचंद, आत्माराम एण्ड संस, 1376, कश्मीरी गेट, दिल्ली-110 006, संस्करण, 2005, पृ.-114
15. वही, पृ.-181
16. वही, पृ.-182
17. वही, पृ.-297
18. वही, पृ.-297
19. विचार का विषय, स्वामी नित्यानंद, हंस, 2/36, अंसारी रोड़, दरियागंज, नई दिल्ली-110 002, फरवरी, 2006, पृ.-7
20. रचनाएँ, जिन्होंने मुझे बिगाड़ा, नित्यानंद स्वामी, हंस, 2/36, अन्सारी रोड, दरियागंज, नई दिल्ली-110 002, जून, 2008, पृ.-56
21. वही, पृ.-56
22. वही, पृ.-56

23. वही, पृ.-56
24. तुम्हारी और मेरी मुक्ति : एक महिला राजनेता का जेल से लिखा पत्र, रमणिका गुप्ता, हंस, 2/36, अन्सारी रोड, दरियागंज, नई दिल्ली-110 002, जनवरी, 2002, पृ.-35
25. हंस, 2/36, अन्सारी रोड, दरियागंज, नई दिल्ली-110 002, जून, 2008, पृ.-77
26. वही, पृ.-75
27. हंस, 2/36, अन्सारी रोड, दरियागंज, नई दिल्ली-110 002, जून, 2008, पृ.-86
28. बेमतलब!..., द्रोणवीर कोहली, हंस, 2/36, अन्सारी रोड़, दरियागंज, नई दिल्ली-110 002, जनवरी, 2006, पृ.-10
29. प्रेमचन्द : कलम का सिपाही, अमृत राय, हंस प्रकाशन, इलाहाबाद, संस्करण, अप्रैल, 1992, पृ.-391
30. वही, पृ.-386
31. वही, पृ.-56
32. भारत का संविधान (26 जनवरी, 2005 को यथा विद्यमान), विधि साहित्य प्रकाशन, भारत सरकार, भारतीय विधि संस्थान भवन, भगवान दास मार्ग, नई दिल्ली-110 001, संस्करण, 2005, पृ.-8

अध्याय-35

साहित्यिक चकलापन?

I

प्रेमचन्द ने अगस्त, 1933 में 'साहित्यिक गुंडापन' के शीर्षक से 'सरस्वती' के सम्पादक ठाकुर श्रीनाथ सिंह के खिलाफ लिखा था—"ग़रीब सम्पादक अपनी आत्मा की हत्या करके सनसनी पैदा करने के लिए या तो नास्तिकता के समर्थक लेखों की माला निकालने लगता है, या किसी भले आदमी की पगड़ी उछालता है। जान पड़ता है, प्रयाग की मासिक पत्रिका 'सरस्वती' आज-कल इन्हीं गंदी चालों से अपना कोष भरने के लिए मजबूर है। उसके जुलाई के अंक में पं. बनारसीदास चतुर्वेदी पर जो आक्षेपपूर्ण लेख संस्मरण के रूप में निकला है, उसके लिए दूसरा कोई उज्र नहीं हो सकता। आदमी कोई गर्हित काम उसी वक्त करता है, जब उसका जीवन संकट में पड़ जाता है और इस दृष्टि से वह दया का पात्र है; लेकिन यदि वह केवल अपनी कुटिल मनोवृत्ति को सन्तुष्ट करने के लिए किसी को लांछित करता है, तो वह दया का नहीं, धिक्कार का पात्र है! हम नहीं समझते इस संस्मरण के लेखक, सरस्वती-सम्पादक ठाकुर श्रीनाथसिंह जी, दया के पात्र हैं, या धिक्कार के।"[1] प्रेमचन्द यही नहीं रुक गए, बल्कि उन्होंने 'साहित्यिक गुण्डापन' से आगे इसे 'लफंगापन' भी कहा है। वे लिखते हैं—"अगर श्रीनाथसिंह जी जरा और जोर लगाते, तो चतुर्वेदी जी अपने अंतरंग का गुप्त भाग भी खोल देते। ऐसा कौन है, जिसने कभी ताक झांक न की हो, कभी मनचलेपन के स्टेज पर दो चार अभिनय न किये हों। फिर चतुर्वेदी जी तो खुदा के फ़ज़ल से अभी बुढ़ापे से बहुत दूर हैं और खुदा के क़हर से रंडुए भी हैं। श्रीनाथसिंह जी अगर थोड़ी-सी और चालबाज़ी से काम लेते, तो चतुर्वेदी जी के रसिक जीवन का भंडाफोड़ भी कर सकते थे; पर क्या यह सारी बेहूदगी एक प्रतिष्ठित पत्रिका के प्रतिष्ठित सम्पादक के योग्य है, और क्या सरस्वती के पाठक इसीलिए सरस्वती

खरीदते हैं कि उन्हें इस तरह के लेख पढ़ाएं जायँ? किसी की प्राइवेट बातचीत को, जो उसने हमें अपना मित्र समझकर हमारे ऊपर विश्वास करके, की हो, पब्लिक में लाने का हमें कोई अधिकार नहीं है। अगर हम ऐसा करते हैं, तो विश्वासघात करते हैं। आखिर इस इंटरव्यू से किस समस्या, किस प्रश्न, किस वाद पर प्रकाश पड़ा? ज्यादा से ज्यादा पढ़नेवाला यही समझेगा कि बनारसीदास बड़ा नीच आदमी है, बिलकुल बना हुआ, बड़ा दंभी, बड़ा शेखीबाज। अगर किसी आदमी के प्रति जनता में यही भाव फैलाने में हम सफल हुए, तो यह क्या कोई बड़े ऊँचे दरजे का काम है? किसी की इज्जत बिगाड़ देना क्या कोई बड़ा पवित्र उद्देश्य है? आपस में वैमनस्य पैदा करा देना, क्या बड़ी सराहना का काम है?... इस तरह के प्रोपेगेंडे से श्रीनाथसिंह जी न साहित्य का उपकार कर रहे हैं, न 'सरस्वती' का, न अपना; वरन संसार के सामने हिन्दी के सम्पादकों की भद्द करा रहे हैं, उन्हें कलंकित कर रहे हैं। आपकी यह कृति देखकर इसके सिवा और क्या होगा कि दुनिया कहेगी—जब 'सरस्वती' जैसी प्रतिष्ठित पत्रिका का सम्पादक ऐसा लफंगापन कर सकता है, तो फिर शायद यह आंवां ही बिगड़ा हुआ है।"[2]

अमृत राय ने भी अपनी पुस्तक 'प्रेमचंद : कलम का सिपाही' में इस विषय को पूरा महत्व दिया है। अच्छा होगा, प्रेमचंद के शब्दों को उद्धृत करते हुए अमृत राय ने बीच-बीच में जो अपने काफिए जोड़े या भरे हैं, उन के समेत उन्हें यहाँ कुछ दूर तक रख दिया जाए। वे इस प्रकार हैं :

> "ठाकुर श्रीनाथ सिंह ने जाने कैसा एक इण्टरव्यू बनारसीदासजी का लिया और उसमें अपनी तरफ़ से नमक-मिर्च लगाकर सरस्वती में छपाया तो बात ही कुछ की कुछ हो गयी। चतुर्वेदीजी ने बहुत दुखी होकर इसका रोना मुंशीजी से रोया तो उन्होंने लिखा—
>
> 'विश्वास कीजिए, मैंने एक क्षण के लिए उन तमाम बेहूदा बातों पर यक़ीन नहीं किया जो सरस्वती में लिखी है। मैं फ़ौरन समझ गया कि यह शुरू से आखीर तक एक शरारत है। उस आदमी ने आप में और सारी दुनिया में रंजिश पैदा करने की कोशिश की है।...' और 'साहित्यिक गुंडापन' शीर्षक से 'हंस' में इस मामले की चर्चा करते हुए बनारसीदास जी की तरफ से मैदान में कूद पड़े—
>
> 'इस होड़ युग में अन्य व्यवसायों की भाँति पत्र-पत्रिकाओं को अपने स्वामियों या संचालकों को नफ़ा देने या अपना अस्तित्व बनाये रखने के लिए तरह-तरह की चालें चलनी पड़ती हैं। यूरोपवाले तो शब्दजाल या पहेलियों या लाटरियों का लटका निकालते हैं...हिन्दी में धन के अभाव से और ढंग की चालें चली जाती हैं। पत्र में किसी तरह का विवाद छेड़ दिया जाता है, या कला के नाम पर अर्द्ध-नग्न चित्र दिये जाते हैं। अदालती

नोटिसों के लिए अहलकारों की खुशामदें की जाती हैं, उनके सामने नाक रगड़ी जाती है, भंडाफोड़ की धमकी देकर रक़में सीधी की जाती हैं, और इसे सत्योद्घाटन का महान नाम दिया जाता है। या कोई चौंकानेवाली चीज़ छापी जाती है...स्वामी नफ़ा चाहता है और नफ़ा न हुआ तो बेचारे सम्पादक की जान की कुशल नहीं, डेरा-डण्डा सँभालकर अपने घर की राह लेनी पड़ेगी। रोटी का सवाल तो बड़ा टेढ़ा है।...

वकालत में कहीं कसर नहीं है–

'माना चतुर्वेदीजी ने कहा कि अमुक व्यक्ति को लिखने की तमीज़ नहीं या उन्होंने अमुक व्यक्ति को साहित्य-क्षेत्र में आगे न बढ़ाया होता तो वह अब तक गुमनाम पड़ा होता या यह कि मि. ऐंड्रयूज़ और महात्मा गांधी उनसे मित्र भाव रखते हैं, तो क्या यह बातें लिखने की हैं?...आदमी मिलनेवाले की रुचि और झुकाव देखकर उसी ढंग की बातें करता है। अगर मुझसे कोई शोहदा मिलने आये तो मैं उससे वेदान्त की बातें न करूँगा।....'

चतुर्वेदीजी शायद खुद भी अपनी वकालत इतने ज़ोरदार शब्दों में न कर पाते। मैदान में उतरने पर मुंशीजी फिर सुध-बुध खोकर लड़ते हैं, न आगे देखते हैं न पीछे।

श्रीनाथ सिंह तो पहलवान थे इसी अखाड़े के, पीठ में मिट्टी कैसे लगने देते! बात तो कहाँ की कहाँ गयी, सीधे-सीधे गाली-गुफ्ते पर उतरते हुए उन्होंने लिखा–

'...मुंशी प्रेमचंद जी ने चतुर्वेदी जी का पक्ष लेकर हम पर अपने हंस में आक्रमण करने की जो अनधिकार चेष्टा की है और उसके द्वारा अपनी सठियाई बुद्धि का जो प्रदर्शन किया है...' यही बात उनको सबसे ज़्यादा खल रही थी–कि ऐसा भी कोई ढीठ आदमी है जो उनके मुँह लग सकता है! तो भोगें अब–

'उपन्यास-सम्राट कहलवाने के रोगी और अपने बुजुर्ग होने की धाक जमाने वाले मुंशी प्रेमचंद आज लेखक से प्रकाशक भले ही बन गये हों, परन्तु सम्पादन-कार्य किस चिड़िया का नाम है...इसका उन्हें रत्ती भर ज्ञान नहीं है...मुंशी प्रेमचंद जी का हम आदर करते हैं क्योंकि हिन्दी के वे किसी समय एक ढंगदार लेखक थे। इसके सिवा सबसे अधिक ख़याल हमें सम्पादकीय सदाचार का है, नहीं तो नामधारी सम्पादक तथा नये पुस्तकविक्रेता मुंशी प्रेमचंद जी की भठियारियों की-सी गालियों का हम भी तुर्की-ब-तुर्की जवाब देते।' "[3]

इस प्रकरण को रखने में कमी कुछ मदन गोपाल ने भी नहीं छोड़ी। उन्होंने अपनी पुस्तक 'कलम का मजदूर : प्रेमचन्द' में बताया है कि प्रेमचंद ने बनारसी दास चतुर्वेदी को अंग्रेजी में सलाह देते हुए लिखा था—"मगर क्षमा कीजिए, आप भी ऐसे बे-पैंदी के लोटे के-से व्यक्तियों से बातचीत करने में सावधानी से काम नहीं लेते। आप को ऐसी-वैसी बात यूँ ही नहीं कहनी चाहिए।"[4] तो, सलाह यह नहीं दी जा रही है कि रिश्वत मत लो, बल्कि यह दी जा रही है कि रिश्वत लेते समय सावधानी बरतो। यूँ, जो सुधार होगा, वह ऊपर-ऊपर का टीपटाप में होगा। मन के अन्दर का मामला ज्यों का त्यों रहेगा। लेकिन क्रान्ति इसी मन के भीतर की गन्दगी की सफाई करने के लिए हुआ करती है। नाली को साफ करना होता है तो पूरी को और गहरे तक साफ करना होता है, उसे ढकने से समाज का कोई काम नहीं चलता।

समाज में मूल सुधार पर बहस का मौका न दे कर, उलटे, प्रेमचंद इस विषय पर तकनीक के स्तर पर ठाकुर श्रीनाथ सिंह पर आक्रामक हो गए थे। वे बनारसी दास चतुर्वेदी को सलाह दे रहे हैं—"आप अदालत में जा कर न्याय करवाइए। इस परिस्थिति में यही उचित होगा। जब उन्होंने स्पष्ट तौर पर यह नहीं कहा कि वे प्रकाशनार्थ इन्टरव्यू ले रहे हैं और जब उन्होंने आप को अपनी 'कापी' दिखलाई ही नहीं, तो कैसे ऐसी भयानक बातें आप से कहलवा सकते हैं और आप के नाम पर कलंक लगा सकते हैं।"[5] यूँ, सारी बात कानूनी और प्रक्रिया सम्बन्धी हो कर रह गई है। पिछले तीन हजार सालों से चला आ रहा जारकर्म का असली मुद्दा फिर दबा दिया गया। सारी बहस कर लेंगे, मोटे-मोटे ग्रन्थ लिख देंगे, स्वराज की लड़ाई लड़ लेंगे, पर इस पुटलिया की गाँठ नहीं खुलने देंगे कि इस में जारकर्म और बलात्कार के कितने भुनके भरे पड़े हैं।

खैर, जाना यह जाए कि आगे क्या हुआ? कारण यही है कि पण्डित बनारसीदास चतुर्वेदी को प्रेमचंद ने ठाकुर श्रीनाथ सिंह के हमले से बचाया था। अगस्त, 1933 में प्रेमचंद श्रीनाथ सिंह पर पूरे बरसे थे। उन्होंने उन्हें 'साहित्यिक गुण्डेपन' और 'लफंगेपन' आदि के भद्दे विशेषणों से विभूषित किया था। उन्होंने बनारसीदास को पाठकों की नजरों में गिरने से बचाने की कोशिश की थी। जरूरत पड़ने पर बनारसी दास इस उपकार का बदला कैसे न उतारते? उन्होंने प्रेमचंद को अपने इन शब्दों के द्वारा बचाना चाहा है—"प्रेमचंद जी की एक उपपत्नी या रखैल का जिक्र ऐसे प्रसंग में किया गया है कि कोई भी सहृदय पाठक प्रेमचंद जी को अपराधी नहीं कह सकता और न उन पर जज बन कर बैठ सकता है। अपनी अन्तिम बीमारी के दिनों में वे मानो अपनी सती-साधी पत्नी से क्षमा-याचना कर रहे थे।"[6]

कैसी प्रेमचंद और बनारसी दास चतुर्वेदी की एक-दूसरे के साथ तालमेल बैठी हुई है! दोनों गलत हैं, और दोनों एक-दूसरे को बारी-बारी से बचा रहे हैं। प्रेमचंद ठाकुर श्रीनाथ सिंह की लानत-मनानत कर रहे हैं, तो बनारसीदास चतुर्वेदी मुझ जैसे

पाठक को ही हृदयहीन कहना चाह रहे हैं। प्रेमचंद बनारसीदास चतुर्वेदी को उम्र में अभी बुढ़ापे से बहुत दूर के होने की वजह से हकदार बता रहे हैं, तो बनारसी दास चतुर्वेदी प्रेमचंद को बिलकुल निरपराधी और भोला सिद्ध करने पर तुले हैं। यह अच्छी मिलीभगत है। प्रेमचंद का रखैल रखना स्त्री और अन्य जातियों के खिलाफ अपराध नहीं है, और बनारसी दास चतुर्वेदी का ताक-झाँक का और मनचलेपन का व्यवहार गलत नहीं है—कानों फूटी ढेकसी, दोनों पड़ोसन एक सी—पर इसी के खिलाफ कबीर कहते हैं :

चौका चन्दन लाय के पहरे बसन बनाय।
गलियारे झांकत फिरैं परत्रिया देख मुसकाय।।[7]

इसीलिए कबीर की क्रान्ति गहरी थी, जबकि प्रेमचंद का और प्रेमचंद जैसे हिन्दू लेखकों का सारा सुधारवाद फर्जी है। लंगोट की कच्ची संस्कृति क्या सुधार करेगी और किस का करेगी?

व्यक्ति के प्राइवेट जीवन और प्राइवेसी की जरूर रक्षा की जानी चाहिए, पर यह भी तो बताया जाए कि इन शब्दों का दायरा कितना और क्या है। प्राइवेट जीवन और प्राइवेसी के नाम से चोरी और जारी करने का लाइसेन्स नहीं दिया जा सकता। प्राइवेसी और जारी की परिभाषाएँ अलग-अलग और एक-दूसरी की विरोधी होनी चाहिए। पति और पत्नी के सम्बन्ध को प्राइवेसी की सुरक्षा मिलती है, जारी को नहीं। जारकर्म एक दण्डनीय अपराध है, इसे प्राइवेसी का दर्जा कैसे दिया जा सकता है? जारकर्म से जारज सन्तान पैदा होती है, जो उत्तराधिकार के कानून को जड़ से काटना है। जारकर्म तलाक लेने का आधार है, जो मोरलिटी की चूलें हिला देता है। प्रेमचन्द द्वारा रखैल रखना उन का प्राइवेट मामला कैसे हो जाएगा? रखैल रखना सारे पारिवारिक अपराधों की जड़ है। यह अर्थशास्त्र में काला धन है। यह वैध तनख्वाह से अलग रिश्वत में ऊपर की कमाई है। इस अपरध को हलका कर के कैसे लिया जाएगा?

कहा जाता है कि हिन्दुओं में आत्मकथा लिखने की परम्परा नहीं है। माना गया है कि हिन्दू संस्कृति के लोग आत्मश्लाघा से बचते थे, इसलिए वे आत्मकथा के लेखन पर नहीं आए। पर यह सच नहीं है। मेरा मानना है कि पर्सनल कानून में, उस कौम पर लागू होने वाले हर शख्स की आत्मकथा लिखी हुई होती है। जैसा जिस कौम पर लागू होने वाला पर्सनल कानून होता है, वे लिखें या न लिखें, उस कौम के लेखकों की वैसी ही आत्मकथाएँ होती हैं। हिन्दुओं के घर-घर में अलिखित आत्मकथाएँ मौजूद हैं। जब द्विजों ने अपने लिए पर्सनल कानून बना रखा है कि उन का ब्राह्म-विवाह किसी भी स्थिति में टूट नहीं सकता तो अलग से उन के लेखकों से आत्मकथा के लेखन की अपेक्षा रखने की क्या आवश्यकता रह जाती है? ब्राह्म-विवाह की वजह से उन के

परिवारों में बाहर और भीतर क्या होता है, उस का वर्णन करने में उन्हें चुप रहना ही पड़ेगा, क्योंकि कुछ फायदा ही नहीं है। तभी उन्होंने पैतृकता की जाँच के लिए डी एन ए के वैज्ञानिक परीक्षण पर रोक लगवा रखी है और इसी रोक में उन की आत्मकथाएँ छिपी हुई हैं।

क्या आत्मकथा के लेखन को 'साहित्यिक गुण्डापन' कहा जाएगा? क्या जीवनी लेखन को साहित्यिक गुण्डेपन की कोटि में शुमार किया जाएगा? क्या शरण कुमार लिम्बाले की आत्मकथा की पुस्तक 'अक्करमाशी' में उन का साहित्यिक गुण्डापन उजागर हुआ है? क्या सूरज पाल चौहान को उन की आत्मकथा 'संतप्त' की वजह से इस श्रेणी में रखा जाएगा? मैं समझता हूँ, प्रेमचंद का यही विचार है कि 'अक्करमाशी' और 'संतप्त' साहित्यिक गुण्डेपन की रचनाएँ हैं। लेकिन, मैं ऐसा नहीं मानता। मनुष्य के बारे में मनुष्य की खोज अधूरी क्यों रह जाए? जिन चीजों का कानूनों से सम्बन्ध है, वे स्पष्ट और समान क्यों नहीं होनी चाहिए? छुपा कर हम वहशीपन की मदद क्यों कर रहे हैं? यदि मनुष्य के भीतर कोई कुत्ता या भेड़िया छुपा हुआ है, तो उसे बाहर किया जाए।

II

अब क्या कहा जाए?—हिन्दुओं में कई लोग अपनी भाभियों की घाघरियों के पिल्ले बन कर चाँउ-चाँउ कर रहे हैं। उन के अपने कोई निर्णय नहीं होते। वे उन से बड़ी उन की भाभियों के बिगाड़े हुए देवर हैं। इसी चक्कर में उन में से कई की शादियाँ नहीं हो पातीं। जिन की शादियाँ हो भी जाती हैं, वे बाद तक भी बिगड़े हुए ही रहते हैं। रमणिका गुप्ता के पति की हालत यही थी। उन के बारे में शब्दारविन्द रमणिका गुप्ता के ही हैं—"उन की भाभी, जिस से उन का बचपन से सम्बन्ध था और जिसे मेरे पति से एक बच्ची भी पैदा हुई थी...।"[8] तो, ऐसे कमजोर पुरुषों को, जिन में कुछ महाकवि और विश्वकवि भी बने हुए हैं, उन की भाभियों के चंगुलों से छुड़ाया जाए। वे बालक ही पकड़ लिए जाते हैं। कानून बनाया जाए, ताकि हिन्दुओं के इस सनातन चलन का जड़ से नाश हो। एक सीता और एक लक्ष्मण के नाम से बाकी करोड़ों भाभियों और करोड़ों देवरों की बदचलनी पर पर्दा डाल दिया जाता है। अच्छा हुआ, एक रामायण की इस कथा के नाम पर चल रहे बाकी पूरे ढकोसले का अब पर्दाफाश हो गया है।

यदि कोई व्यक्ति जार है, तो उस के जारपन को बताने को प्रेमचन्द 'साहित्यिक गुण्डापन' कहते हैं। वे जार को 'गुण्डा' नहीं कह रहे हैं, बल्कि बताने वाले लेखक को 'साहित्यिक गुण्डा' कह रहे हैं! इस में पहली बात यही है कि यदि 'जार' के बारे में नहीं बताया जाएगा तो इस समस्या का समाधान कैसे होगा। लेकिन आश्चर्य है कि प्रेमचन्द समेत पूरी हिन्दू संस्कृति 'जारपन' को बुराई ही नहीं मानती, इसे उन में से

अपराध तो कौन कहेगा? खैर, मैं आजीवक संस्कृति की अपनी बात कहनी जारी रखूँ कि जारपन पर तभी रोक लग सकती है जब इस का खुलासा किया जाएगा। लेकिन खुलासे की बात कहाँ, प्रेमचन्द इस विषय पर चर्चा करने वाले को ही 'साहित्यिक गुण्डा' कह कर उस से ततैये की तरह चिपट बैठते हैं। दूसरी बात, यदि कोई जार व्यक्ति अपनी जार कहानी लिख कर खुद को बघारने लगे तो उसे क्या कहा जाएगा? यदि परिभाषा की कसौटी पर कसा जाए तो यही वास्तव में 'साहित्यिक गुण्डापन' है। प्रेमचंद ने जारकर्म पर रोक लगाने वालों को 'साहित्यिक गुण्डे' की पदवी से नवाजा है, लेकिन उन का शुरू किया गया 'हंस' आज राजेन्द्र यादव के हाथों में केवल जारकर्म को बघारने में लगा हुआ है। 'हंस' की दो किश्तों में छपा रमणिका गुप्ता का 'एम महिला राजनेता का जेल से लिखा पत्र' तथा राम शरण जोशी का भी दो किश्तों में छपा 'मेरे विश्वासघात' 'साहित्यिक गुण्डापन' नहीं तो और क्या हैं? 'हंस' में छपी प्रभा खेतान की धारावाहिक आत्मकथा 'अन्या से अनन्या' में साहित्यिक गुण्डेपन के सिवा और क्या भरा है?

डा. भूप सिंह 'भूपेन्द्र' ने अपने लेख 'हंस का 'मेरे विश्वासघात'—लगभग आत्महत्या जैसा दुस्साहस' में राजेन्द्र यादव से पूछा है—"क्या यह मुद्दा आप को गैर जिम्मेदार, भरोसे के अयोग्य, उचक्का और लफंगा किस्म का जीव नहीं बना र(हा) है?"[9] इसलिए, मैं 'हंस' में छपे ऐसे आत्मकथ्यों को 'साहित्यिक चकलापन' कहना चाह रहा हूँ। उधर, प्रेमचंद की एक और शिष्या रमणिका गुप्ता अपनी मैगजीन का नाम 'युद्धरत आम आदमी' रख कर 'कामरत एक औरत' के दर्शन को ही आगे बढ़ा रही हैं। महोदया को बताया जा सकता है कि हिन्दुतान का 'आम आदमी' 'आम गृहस्थ' बन कर उन के इन लच्छनों से दुखी और शर्मसार हो रहा है।

और हाँ, असली सवाल पूछना क्यों छोड़ा जाए? क्या वैवाहिक मामलों में जारकर्म को अनुमति देना, या जारकर्मी को दण्ड न देना, सब से बड़ी अश्लीलता और सब से ज्यादा अशिष्ट भाषा के प्रयोग को पीछे छोड़ना नहीं है? जब जारकर्म हो रहा है तो सभ्य समाज के किस शिष्टाचार की धज्जियाँ नहीं उड़ रही हैं? यह क्यों नहीं समझा जाता कि जार होना ही अशिष्ट होना है और जार होना ही अश्लील होना है? जब कोई व्यक्ति चोरी से रखैल रख रहा है तो उस ने घरेलू जीवन की शालीनता नष्ट-भ्रष्ट कर दी है। जो प्रेमचन्द चोरी से एक अशिष्ट जीवन जी रहे हैं, उन के साहित्य की भाषा के बारे में क्या कहा जाएगा? इसलिए, आजीवक समाज भाषा में शिष्टता के साथ-साथ जीवन में भी शिष्टता की मांग रखता है, नहीं तो यह भेद कबीर के दार्शनिक वर्गीकरण में 'कथनी और करनी कौ अंग' में शामिल हो जाएगा।

लगता है, सब कुछ प्रायोजित है। प्रेमचंद भाषा में अशिष्टता ढूँढ़ रहे हैं और जीवन में अशिष्टता के पौधे को रोंप कर पानी दे रहे हैं। परिवार, समाज और राष्ट्र का निर्माण शिष्ट जीवन जीने से होता है, जबकि भाषा की शिष्टता में हिप्पोक्रेसी घर

कर सकती है। जार को जार कहने वाले अशिष्ट भाषा का प्रयोग करने वाले हो गए, और जो जार का जीवन जी रहे हैं, वे बड़े भारी शिष्ट पुरुष हो गए—क्या बात है! प्रेमचंद के हिसाब से, शायद जार को धिक्कारने के बजाय उस की पत्रम-पुष्पम से पूजा करनी चाहिए। क्या किया जाए?—उन की परम्परा यही है कि उस में ऐसे मिथक पुरुष भगवान मान कर ध्याये जाते हैं।

यह अच्छा हुआ कि प्रेमचंद को भाषिक शिष्टता की चिन्ता सताई, लेकिन यौनिक शिष्टता की बात गायब कैसे ही जा सकती है, जो उन पर असली चर्चा का विषय है? बताया जा चुका है कि भाषिक शिष्टता किसी ने भी खोई हो, पर यौनिक शिष्टता को अपने जीवन में प्रेमचन्द ने तोड़ा है। आजीवकों का इन दोनों प्रकार की अशिष्टताओं और अभद्रताओं से क्या लेना-देना? बिलकुल लगता है, सब कुछ प्रायोजित ही है।

तब क्या होगा?

जब सन्तान का पितृत्व जानने के लिए साक्ष्य देना अनुमत नहीं है, तो उन के साहित्यकार वैसे कानून की मदद में ऐसी कहानियाँ रचेंगे जिस से पितृत्व की समस्या को पूरी तरह रलाया जा सके। वे उसे अन्य पक्ष की कहानी बना देंगे जो प्रेमचंद ने 'कफन' में किया भी है। वे मूल मुद्दे को हटाने के उद्देश्य से हमारी आँखों को धूमिल कर रहे हैं। इसे दर्शन शास्त्र में आवरण और विक्षेप कहते हैं—अर्थात सच का बिलकुल पता न चलने देना। सामाजिक स्थिति बता दी कि घीसू और माधव चमार हैं, आर्थिक स्थिति बता दी कि वे कामचोर हैं, और असली पारिवारिक सच्चाई छिपा ली कि बुधिया के साथ जमीदारों द्वारा बलात्कार हुआ था।

साहित्य में भी साक्ष्य पर रोक लगाने का मतलब है, इतिहास पर रोक लगाना—अर्थात सच्चाई पर रोक लगाना। लेकिन, साहित्य के साथ-साथ साक्ष्य अधिनियम में भी इन बदस्तूर कायम रोकों को हटाने की जरूरत है। मैं दावे के साथ यह भी कहता हूँ कि शरण कुमार लिम्बाले की माँ के पेट में जो लिम्बाले था, वह उसी जमीदार का था, जिस से वे लड़े थे। मैं दावे के साथ यह भी कहता हूँ कि कर्ण का बाप उस सयम का कोई पुराना प्रेमचंद या शरण कुमार लिम्बाले का बाप ही था। मैं दावे के साथ यह भी कहता हूँ कि जाबाला के पेट से जो सत्यकाम पैदा हुआ था, वह भी उस युग के किसी प्रेमचंद का वीर्य था। मैं दावों की झड़ी लगा कर कह रहा हूँ कि डी. एन. ए. के टैस्ट पर रोक का कानून आज के प्रेमचन्दों ने लगवा रखा है, ताकि इस का पता न लग जाए कि आज की बुधियाओं के पेटों में किन-किन प्रेमचन्दों के बच्चे हैं। लेकिन हमें दलित नारी और द्विज पुरुष के अवैध सम्बन्धों को डीलिंक करना है। यह काम कई तरह से सम्भव है, जिन में एक तरीका तलाक, और दूसरा डी एन ए के टैस्ट का है।

नुकसान क्या है? नुकसान यह है कि बच्चे के पितृत्व की जाँच न करने से जारकर्मी और बलात्कारी को बचा कर एक झूठी इज्जत का बचाव किया जा रहा है। क्या एक आदर्श दलित के लिए ऐसी संस्कृति एक क्षण के लिए भी सहन करने योग्य है? आखिर, चुप रह कर क्या कोई आदर्श पुरुष घुट-घुट कर मर नहीं जाएगा? कोई दूसरे की सन्तान क्यों पालेगा? क्या यह उस के व्यक्ति की स्वतंत्रता का हनन नहीं है, जिस असली स्वतन्त्रता के खिलाफ जार लोगों ने देह की स्वतन्त्रता का राग अलाप रखा है?

सच बात है, व्यक्ति की स्वतंतत्रता का हनन किया जा सकता है, लेकिन तब जब वह समाज का अपराधी हो, लेकिन यहाँ अपराधियों को बचाने के लिए निर्दोष और आदर्श व्यक्तियों की स्वतंत्रता का हनन किया जा रहा है। एक अच्छा मनुष्य अपना सर्वस्व त्याग सकता है, पर किस बात के लिए? यहाँ राष्ट्र नहीं है, समाज नहीं है, परोपकार नहीं है, बल्कि जारकर्मी और बलात्कारी पुरुष उस के सामने उस की हँसी उड़ाता हुआ खड़ा है। ऐसी संस्कृति और सभ्यता से दलितों का कोई ताल्लुक नहीं हो सकता। यह गृहस्थजनों को कौन-सी सीख दी जा रही है? इस उपदेश में क्या रखा है? हजारों वर्षों के कूड़े के ढेर को समाप्त करने के बजाय उस पर और कूड़ा क्यों डाला जा रहा है?

अजीब बात है, जार-दार्शनिक जारों के फजीतों से डरते हैं, जबकि जब-तब उन के ये फजीते होते ही रहते हैं। ऐसा एक किस्सा मुझे मेरे एक मित्र ने अपने जानकार का बताया। उन जानकार का नाम 'क' रखा जा सकता है। 'क' अपने 'ख' जिले की एक महासभा के प्रेजीडेन्ट भी थे।

'क' की शादी हो चुकी थी। उन की पत्नी थी। लेकिन 'क' को चस्का लगा हुआ था कि अन्य औरतों से भी सम्बन्ध बना कर रखते थे। संख्या में अन्य औरतें बहुत ज्यादा थीं। उन में की ऐसी एक लड़की के एक बच्चा पैदा हुआ। उस लड़की ने दावा किया कि उस की कोख से पैदा बच्चा 'क' का है। 'क' ने उस लड़की के उस दावे का विरोध किया। 'क' ने कहा कि इस लड़की के अनेक पुरुषों से सम्बन्ध हैं। इस के इस बच्चे का गर्भाधान किसी अन्य पुरुष ने किया है। समाज के लोगों को 'क' की बात का विश्वास नहीं हुआ। विश्वास दिलाने के लिए 'क' ने कहा कि मैंने अपनी नसबन्दी करवा रखी है, इसलिए मैं बच्चा पैदा करने के काबिल ही नहीं हूँ। लोगों ने अगली जाँच-परख बन्द की और मान लिया कि वह बच्चा 'क' का नहीं है। समाज के सामने बच्चे की 'माँ' अपने दावे में हार गई। पर, दो साल बाद 'क' की पत्नी को भी एक बच्चा पैदा हुआ। अब समाज क्या कहे? समाज ने अपने फैसले में यही कहा कि 'क' की पत्नी के जो बच्चा पैदा हुआ है, वह 'क' का नहीं है, क्योंकि 'क' ने नसबन्दी करवा रखी है। अब 'क' समाज के इस फैसले से परेशान था। 'क' मर गया। क्या छोड़ गया?

इस में न्यायालय क्या करे? फैसले वैसे ही आने हैं, जैसा कानून बना है। कबीर की वाणी है "—जो रहे करवा, सो निकसै टोंटी।"[10] कानून बदल दो, फैसले बदलने लगेंगे। कानून ने जारों को खुली छूट दे रखी है तो वे 'चंदन चौका लाय के पहरे बसन बसाय'[11]—के रूप में खुले छुटे घूम रहे हैं। कानून उन पर रोक लगा देगा तो उन का 'गलियारे झांकत फिरैं परत्रिया देख मुस्काय'[12]—का सारा छैलपन एक दिन में मिट जाएगा। खलनायक तभी तक मौजूद है जब तक उसे कानून की सुरक्षा मिली हुई है। कानून या कानून की प्रक्रिया उन का साथ न दे तो समाज से खलनायकों की संख्या गायब हो जाएगी। ज्यादा से ज्यादा वे जेलों में हो सकते हैं। तब प्रेमचंद ने इस दृष्टि से क्या किया है, या कैसा साहित्य लिखा है? किया-लिखा कुछ नहीं, उलटे प्रेमचंद और बनारसी दास चतुर्वेदी एक दूसरे की रक्षा करने में लगे पड़े हैं। वे 'गुण्डेपन' पर रोक नहीं लगा रहे हैं, बल्कि जो उस पर रोक लगाने की बात कर रहे है, उन्हें 'साहित्यिक गुण्डेपन' की उपाधि से नवाज रहे हैं।

जब कोई पत्नी जार होती है तो वह मात्र जार नहीं होती, बल्कि उस के जार पुरुष के भरण-पोषण और ठाटबाट के खर्चे भी उस के पति को उठाने पड़ते हैं। वात्स्यायन के 'कामसूत्र' से भी यही नतीजा निकलता है। समाज-वैज्ञानिकों ने इस बाबत आँकड़े इकट्ठे नहीं किए, पर यह पति का कई गुणा शोषण है। जब पत्नी के लिए भरण-पोषण बांधा जाता है, उस के जार पुरुष का भरण-पोषण उस में शामिल रहता है। आखिर, 'गोदान' की मीनाक्षी ने अपनी रक्षा के लिए जो दो पहलवान ठाकुरों को रख रखा है, उन का खर्चा कहाँ से निकलता है?—मीनाक्षी ने अपने पति दिग्विजय सिंह पर जो गुजारे की डिग्री पाई है, उसी में से न?

III

होता क्या है?

जिस बात पर प्रेमचंद ने रोक लगाई है, उस बात पर दलित समाज और अमरीका और यूरोप सहित अन्य समाजों के स्त्री-पुरुष तलाक ले लेते हैं। बहस पर रोक इसी कारण लग सकती है कि बिना बहस के तलाक लेने की सुविधा हो। लेकिन प्रेमचंद के लेख 'साहित्यिक गुण्डापन' का अर्थ दूसरा है। उस में प्रेमचन्द का साहित्य हिन्दुओं के जारकर्म की 'एक्सटेंशन सर्विस' ठहरता है। उन का जीवन जारकर्म की अद्यतन प्रयोगशाला है। ऐसा बिलकुल न समझा जाए कि दलितों को उन का साहित्य पढ़ने से कोई लाभ होगा। क्या छिपाने भर से कोई अपराध, अपराध नहीं रह जाता? किसी औरत को रखैल के रूप में रखना क्या देवदासी प्रथा की नकल और सामन्त

प्रथा की असल कोपी नहीं है? आखिर, चरित्रहीनता की परिभाषा इस से भिन्न क्या होगी?

अन्य समाजों में जारों के खिलाफ कानून बनाया जाता है, हिन्दू समाज की विशेषता देखिए कि इस में जार लोग ही कानून बनवाते रहे हैं। अपने इस जार कानून पर वे धर्म के नाम पर भगवान, भक्ति और अध्यात्म का रंग भी चढ़ा चुके हैं। कुल मिला कर, कहा जा सकता है कि हिन्दुओं के मूल समाज में से दो संस्थाएँ निकलती हैं। उन में एक का नाम वेश्यावृत्ति है और दूसरे का नाम संन्यासवृत्ति है। वेश्यावृत्ति अधिकांशतः स्त्रियों से सम्बन्धित है, जबकि उस में दलाल के रूप में कुछ दल्ले पुरुष भी जुड़े रहते हैं। संन्यासवृत्ति मुख्य रूप से पुरुषों से सम्बन्ध रखती है, जबकि उस में स्त्री के रूप में कुछ संन्यासिनियाँ, भिक्षुणियाँ और साधवियाँ भी पाई जाती हैं। वेश्यावृत्ति और संन्यासवृत्ति की ये दोनों संस्थाएँ विवाह-बाह्य संस्थाएँ हैं—या तो इन से जुड़े व्यक्ति विवाह ही नहीं करते, या विवाह को छोड़ और तोड़ देते हैं।

ऊपर गिनाई गईं इन संस्थाओं के सिवा, मूल हिन्दू समाज में दो व्यवस्थाएँ और हैं, जिन्होंने भी लगभग संस्थाओं का रूप धारण कर रखा है। ये जारकर्म और रखैल की व्यवस्थाएँ हैं। हिन्दू समाज में जारकर्म और रखैल की रोकथाम का कोई उपाय नहीं किया गया। वेश्यावृत्ति और संन्यासवृत्ति की संस्थाओं को खूब महत्व दिया गया है, उन की पूरी प्रतिष्ठा की गई है, लेकिन जारकर्म और रखैल की व्यवस्थाओं पर कोई विचार नहीं किया गया। इन्हें यूँ ही चलते रहने के लिए छोड़ दिया गया है। ये सहज चीजें मान ली गई हैं, जबकि विवाह की संस्था का नुकसान वेश्या और संन्यास के बजाय इन दो ने ज्यादा किया है। वेश्यावृत्ति और संन्यासवृत्ति की संस्थाएँ यदि विवाह पर बाहर से चोट मारती हैं, तो जारकर्म और रखैल की संस्थाओं ने विवाह को भीतर से खोखला कर रखा है। ये विवाह की भीतरी दुश्मन हैं। तलाक की व्यवस्था न होने की वजह से इन पर कोई रोक नहीं है। उलटे, जारकर्म और रखैलवाद ही हिन्दुओं की जीवन शैली बन गए हैं। हिन्दू समाज और कानून में इन्हें भगवान, भक्ति और अध्यात्म की वैधता मिली हुई है।

कहना चाहिए कि भारत को यवनों, शकों, कुषाणों, हूणों, तुर्कों, मुगलों और अंग्रेजों के बाहरी आक्रमणों से बड़े एक भीतर से होने वाले आक्रमण की जरूरत है। इन बाहरी आक्रमणों से इस की जार व्यवस्था में कोई परिवर्तन नहीं हुआ। यहाँ जार और बलात्कारी बड़ी मौज में हैं। उन की दुन्दुभी बजी हुई है। वे गलियों में अट्टहास लगाते फिर रहे हैं। वे अपने पक्ष में लेख लिख रहे हैं और आध्यात्मिक कहलवा कर पुस्तकें छपवा रहे हैं।

संदर्भ

1. प्रेमचन्द : विविध प्रसंग-3, संकलन और रूपान्तर, अमृतराय, हंस प्रकाशन, इलाहाबाद, प्रथम संस्करण, प्रेमचंद स्मृति दिवस, 1962, पृ.-102-03
2. वही, पृ.-104-05
3. प्रेमचंद : कलम का सिपाही, अमृत राय, हंस प्रकाशन, इलाहाबाद, संस्करण, अप्रैल, 1992, पृ.-524-26
4. कलम का मजदूर : प्रेमचंद, मदन गोपाल, राजकमल प्रकाशन प्राइवेट लिमिटेड, 8 नेताजी सुभाष मार्ग, नई दिल्ली-110 002, द्वितीय संस्करण, 1984, पृ.-237
5. वही, पृ.-237
6. प्रेमचंद : घर में, शिवरानी देवी प्रेमचन्द, आत्माराम एण्ड संस, 1376, कश्मीरी गेट, दिल्ली-110 006, संस्करण, 2005, श्रद्धांजलि, पृ.-108
7. कबीर पंथी शब्दावली, स्वामी श्री युगलानंद विहारी, गंगाविष्णु श्रीकृष्ण दास, लक्ष्मी वेंकटेश्वर स्टीम प्रेस, कल्याण, मुम्बई, संस्करण, 1982, पृ.-869
8. बन्द है मेरा कमरा... : एक महिला-राजनेता का जेल से लिखा पत्र, रमणिका गुप्ता, हंस, 2/36, अन्सारी रोड़, दरियागंज, नई दिल्ली-110 002, फरवरी, 2002, पृ.-35
9. हंस का 'मेरे विश्वासघात'—लगभग आत्महत्या जैसा दुस्साहस, डा. भूप सिंह यादव 'भूपेन्द्र', दैनिक आसपास, सीकर, राजस्थान, 31 अक्तूबर, 2004
10. कबीर काव्य कोश, डा. वासुदेव सिंह, विश्वविद्यालय प्रकाशन, विशालाक्षी भवन, चौक, वाराणसी-221 001, प्रथम संस्करण, 1987, पृ.-115
11. कबीरपंथी शब्दावली, स्वामी श्री युगलानंद बिहारी, गंगाविष्णु श्रीकृष्णदास, लक्ष्मी वेंकटेश्वर स्टीम प्रेस, कल्याण, मुम्बई, संस्करण, 1982, पृ.-869
12. वही, पृ.-869

संदर्भ साहित्य

I. हिन्दी पुस्तकें

1. अक्करमाशी, शरण कुमार लिंबाले, अनुवादक, सूर्य नारायण रणसुभे, ग्रंथ अकादमी, 1686, पुराना दरियागंज, नई दिल्ली-110 002, प्रथम संस्करण, 1991
2. अभिधान चिन्तामणि, लेखक, हेमचन्द्र, व्याख्याकार, हरगोविन्द शास्त्री, चौखम्बा विद्याभवन, चौक, वाराणसी-1, प्रथम संस्करण, वि. सं. 2020
3. अष्टादश स्मृति (भाषा-टीका सहित), मूल लेखक, पं. मिहरचंद, संशोधन तथा परिवर्धन, नाग शरण सिंह, नाग प्रकाशक, 11A/यू. ए., जवाहर नगर, दिल्ली-110 007, प्रथम संस्करण, 1891, संशोधन तथा परिवर्धन, 1990
4. आदिकालीन हिन्दी शब्दकोश, भोलानाथ तिवारी और रिसाल सिंह, प्रभात प्रकाशन, चावड़ी बाजार, दिल्ली-110 006, प्रथम संस्करण, 1988
5. आदिम जाति चमार : इतिहास, धर्म व संस्कृति, सम्पादक, डा. सोहन पाल सुमनाक्षर, भारतीय दलित साहित्य अकादमी, 233, टैगोर पार्क, माडल टाउन, दिल्ली-110 009, प्रथम संस्करण, 2002
6. आदि धर्म मंडल रिपोर्ट 1931, मूल लेखक, बाबू मंगू राम मुग्गोवालिया, अनुवादक और प्रकाशक, सी. एल. चुम्बर, 47ए, दादा नगर, माडल टाउन, जलन्धर शहर, दूसरा संस्करण, अप्रैल, 1999
7. आदि-वंश का डंका, रचयिता, आदि हिन्दू आन्दोलन के प्रवर्तक श्री 108 स्वामी अछूतानंद जी 'हरिहर', बहुजन कल्याण प्रकाशन, सआदत गंज, लखनऊ-3, तेरहवीं बार, 1996
8. आदिहिन्दू आन्दोलन के प्रवर्तक श्री 108 स्वामी अछूतानंद जी 'हरिहर' : जीवनी, सिद्धान्त और भाषण, लेखक, श्री चन्द्रिका प्रसाद जिज्ञासु, हिन्दू समाज सुधार कार्यालय, सआदत गंज, लखनऊ, पहली बार, 1960
9. आम्बेडकर इन्कलाब, डा. जी. पी. प्रशान्त, प्रकाशक, ह्यूमन सर्विस चेरिटेबिल ट्रस्ट आफ इण्डिया, सिद्धार्थ हाउस, एल. डी. ए. कालोनी, कानपुर रोड़, लखनऊ, प्रथम संस्करण, 1997
10. आरक्षण अपना अपना, डा. काली चरण 'स्नेही', नव भारत प्रकाशन, डी-626, गली नं. 1, अशोक नगर (निकट ललिता मन्दिर), शाहदरा, दिल्ली-110 093, संस्करण, 2007
11. उत्तर आधुनिकता और दलित साहित्य, कृष्ण दत्त पालीवाल, वाणी प्रकाशन, 21ए, दरिया गंज, नई दिल्ली-110 002, प्रथम संस्करण, 2008

12. उत्तरांचल सहित उत्तर प्रदेश की दलित जातियों का दस्तावेज, लेखक, डा. माता प्रसाद, सम्यक प्रकाशन, 32/3, पश्चिम पुरी, नई दिल्ली-110 063, द्वितीय संस्करण, 2007
13. उर्दू-हिन्दी शब्दकोश, संकलन कर्ता, मुहम्मद मुस्तफा खाँ 'मद्दाह' उत्तर प्रदेश हिन्दी संस्थान, राजर्षि पुरुषोत्तम दास टण्डन हिन्दी भवन, महात्मा गांधी मार्ग, लखनऊ, सप्तम संस्करण, 1992
14. कफन और शेष रचनाएँ, प्रेमचंद, सरस्वती प्रेस, बनारस, षष्ठ संस्करण, नवम्बर, 1952
15. कबीर : आधुनिक सन्दर्भ में, डा. राजदेव सिंह, लोक भारती प्रकाशन, 15 ए, महात्मा गांधी मार्ग, इलाहाबाद-1, संस्करण, 1999
16. कबीर काव्य कोश, डा. वासुदेव सिंह, विश्वविद्यालय प्रकाशन, विशालाक्षी भवन, चौक, वाराणसी-221 001, प्रथम संस्करण, 1987
17. कबीर ग्रन्थावली, डा. एल. बी. राम अनन्त, रीगल बुक डिपो, नई सड़क, दिल्ली-110 006, सर्वोत्तम संस्करण, 1984
18. कबीर ग्रन्थावली, सम्पादक, डा. श्याम सुन्दर दास, नागरी प्रचारिणी सभा, वाराणसी, 21वाँ संस्करण, सम्वत, 2057 वि.
19. कबीरपंथी शब्दावली, स्वामी श्री युगलानंद विहारी, गंगाविष्णु श्री कृष्ण दास, लक्ष्मी वेंकटेश्वर स्टीम प्रेस, कल्याण, मुम्बई, संस्करण, 1982
20. कबीर बीजक, प्रस्तुतकर्ता, डा. शुकदेव सिंह, नीलाभ प्रकाशन, 5, खुसरो बाग रोड़, इलाहाबाद, प्रथम संस्करण, 1992
21. कबीर वचनावली—अर्थात कबीर साहब के उत्तमोत्तम भजनों और साखियों का संग्रह, संग्रहकर्ता, अयोध्या सिंह उपाध्याय हरिऔध, काशी नागरी प्रचारिणी सभा, बनारस, 8वाँ संस्करण, वि.सं. 1996
22. कबीर वाङ्मय : खंड 2 : सबद, सम्पादक, डा. जयदेव सिंह और डा. वासुदेव सिंह, विश्वविद्यालय प्रकाशन, चौक, वाराणसी-221 001, संस्करण, 1998
23. कबीर समग्र, प्रथम खंड, सम्पादक, प्रो. युगेश्वर, हिन्दी प्रचारक संस्थान, पो. बा. 1106, पिशाच मोचन, वाराणसी-221 010, द्वितीय संस्करण, 1995
24. कबीर साहब, सम्पादक, विवेक दास, डा. बिजेन्द्र नारायण सिंह का लेख 'कबीर : ब्राह्मण-व्यवस्था के विरुद्ध विद्रोह' संकलित, कबीर वाणी प्रकाशन केन्द्र, सद्गुरु कबीर मन्दिर, कबीरचौरा मठ, वाराणसी, प्रथम संस्करण, 1978
25. कलम का मजदूर : प्रेमचंद, मदन गोपाल, राजकमल प्रकाशन प्राइवेट लिमिटेड, 8 नेताजी सुभाष मार्ग, नई दिल्ली-110 002, द्वितीय संस्करण, 1984
26. कवि बनारसीदास की आत्मकथा (1586-1643 ई. के लगभग) : हिन्दी ही नहीं भारतीय भाषा के प्रथम आत्मचरित 'अर्ध-कथानक' का एक अध्ययन, ज्ञान चंद जैन, विश्वविद्यालय प्रकाशन, चौक, वाराणसी-221 001, प्रथम संस्करण, 2006
27. कस्तूरी कुण्डल बसै, मैत्रेयी पुष्पा, राजकमल प्रकाशन प्रा. लि., 1-बी, नेताजी सुभाष मार्ग, नई दिल्ली-110 002, पहली आवृत्ति, 2003

28. कामसूत्रम्, वात्स्यायन, हिन्दी व्याख्याकार, देवदत्त शास्त्री, चौखम्भा संस्कृत संस्थान, पो. बा. नं. 1139, के. 37/116, गोपाल मन्दिर लेन, वाराणसी-221 001, सप्तम संस्करण, वि. सं. 2060
29. काशी में मोक्षकामी प्रवासी विधवाएँ : धार्मिक-सामाजिक जीवन, लेखक, सत्य प्रकाश मित्तल और राम लखन मौर्य, विश्व विद्यालय प्रकाशन, चौक, वाराणसी-221 001, प्रथम संस्करण, 2005
30. कुछ विचार, प्रेमचंद, लोक भारती प्रकाशन, 15-ए, महात्मा गांधी मार्ग, इलाहाबाद-1, पेपर बैक संस्करण, 1992
31. कुतब शतक और उस की हिन्दुई, डा. माता प्रसाद गुप्त, भारतीय ज्ञानपीठ प्रकाशन, 3620/21, नेताजी सुभाष मार्ग, दिल्ली-110 006, प्रथम संस्करण, 1967
32. कुवलय माला कहा का सांस्कृतिक अध्ययन, डा. प्रेम सुमन जैन, प्राकृत-जैन-शास्त्र एवं अहिंसा शोध-संस्थान, वैशाली, बिहार, प्रथम संस्करण, 1975
33. कौटिल्य का अर्थशास्त्र, व्याख्याकार, वाचस्पति गैरोला, चौखम्बा विद्या भवन, चौक, पो. बा. नं. 69, वाराणसी-221 001, तृतीय संस्करण, 1984
34. खुरदुरी हथेलियाँ (कविता-संग्रह), अनामिका, राधाकृष्ण प्रकाशन प्राइवेट लिमिटेड, 7/31, अन्सारी रोड़, दरियागंज, नई दिल्ली-110 002, पहला संस्करण, 2005
35. गालिब मेरी नजर से, मूलचंद सोनकर, चिन्तन विचार केन्द्र, हरिऔध नगर, बिलरिया की चुंगी, आजमगढ़, उत्तर प्रदेश-276 001, प्रथम संस्करण, 1995
36. गोदान, प्रेमचंद, लोक भारती प्रकाशन, 15-ए, महात्मा गांधी मार्ग, इलाहाबाद-1, संस्करण 1999
37. घासवाली : प्रेमचंद की दलित-जीवन से जुड़ी कहानियाँ, संकलन व सम्पादन, राजीव रंजन गिरि, बुक्स फार चेंज, सी-75, साउथ एक्सटेंशन-II, नई दिल्ली-110 049, पहला संस्करण, 2005
38. चमार, मूल लेखक, जी. डब्ल्यू. ब्रिग्गस, अनुवादक, जय प्रकाश कर्दम, समता प्रकाशन, 30/64, गली नं. 8, विश्वास नगर, शाहदरा, दिल्ली-110 032, संस्करण, 1997
39. चिन्तन की परम्परा और दलित साहित्य, सम्पादक, डा. श्यौराज सिंह बेचैन और डा. देवेन्द्र चौबे, नव लेखन प्रकाशन, मेन रोड़, हजारी बाग, बिहार, प्रथम संस्करण, 2000-2001
40. छांग्या रुक्ख, लेखक, बलबीर माधोपुरी, अनुवादक, सुभाष नीरव, वाणी प्रकाशन, 21-ए, दरियागंज, नई दिल्ली-110 002, प्रथम संस्करण, 2007
41. जैनेन्द्र सिद्धान्त कोश : भाग-2, जिनेन्द्र वर्णी, भारतीय ज्ञानपीठ, 18, इन्स्टीट्यूशनल एरिया, लोदी रोड़, नई दिल्ली-110 003, सातवाँ संस्करण, 2004
42. ताम्र पाषाण युग और आरम्भिक लौह युग-I, इन्दिरा गाँधी राष्ट्रीय मुक्त विश्वविद्यालय
43. थेरीगाथा की स्त्रियाँ और डा. अम्बेडकर, डा. धर्मवीर, वाणी प्रकाशन, 21-ए, दरियागंज, नई दिल्ली-110 002, प्रथम संस्करण, 2005
44. दलित पत्रकारिता के सामाजिक सरोकार, रूपचंद गौतम, श्री नटराज प्रकाशन, ए-507/12, साउथ एक्सटेंशन, दिल्ली-110 053, प्रथम संस्करण, 2007

45. दलित विमर्श की भूमिका, कँवल भारती, इतिहास बोध प्रकाशन, बी-239, चन्द्रशेखर आजाद नगर, इलाहाबाद-211 004, तृतीय परिवर्द्धित संस्करण, जनवरी, 2004
46. दीवान-ए-गालिब, संकलन तथा लिप्यंतरण, नूर नबी अब्बासी, गालिब इन्स्टीट्यूट, ऐवान-ए-गालिब मार्ग, नई दिल्ली-110 002, प्रथम संस्करण, 1984
47. धर्मशास्त्र का इतिहास, प्रथम भाग, मूल लेखक, डा. पाण्डुरंग वामन काणे, अनुवादक, अर्जुन चौबे काश्यप, उत्तर प्रदेश हिन्दी संस्थान, राजर्षि पुरुषोत्तम दास टण्डन हिन्दी भवन, महात्मा गांधी मार्ग, तृतीय संस्करण, 1980
48. धर्मशास्त्र का इतिहास, द्वितीय भाग, मूल लेखक, डा. पाण्डु रंग वामन काणे, अनुवादक, अर्जुन चौबे काश्यप, उत्तर प्रदेश हिन्दी संस्थान, राजर्षि पुरुषोत्तम दास टण्डन हिन्दी भवन, महात्मा गांधी मार्ग, लखनऊ, तृतीय संस्करण, 1982
49. नानक वाणी, डा. जय राम मिश्र, लोक भारती प्रकाशन, 15-ए, महात्मा गांधी मार्ग, इलाहाबाद-1, द्वितीय संस्करण, 1988
50. नाम चाहिए एक बाप का, वीरेन गोहिल, ज्ञान भारती, 4/14, रूप नगर, दिल्ली-110 007, प्रथम संस्करण, 2007
51. नारी स्वतन्त्रता और कम्युनिस्ट नैतिकता : लेनिन के विचार, क्लारा जैटकिन, रेनबो पब्लिशर्स लिमिटेड, ए-19, सैक्टर 56, नोएडा, उत्तर प्रदेश-201 301
52. पण्डित लखमीचंद ग्रन्थावली, सम्पादक, डा. पूर्ण चन्द शर्मा, हरियाणा साहित्य अकादमी, अकादमी भवन, पी-16, सेक्टर-14, पंचकूला, हरियाणा, 8वाँ संस्करण, 2008
53. पुरातत्व विमर्श, लेखक, डा. जय नारायण पाण्डेय, प्राच्य विद्या संस्थान, बी-78, गोविन्दपुर, इलाहाबाद-211 004, नवम पुनमुर्दित संस्करण, 2002
54. पौराणिक कोश, राणा प्रसाद शर्मा, ज्ञानमंडल लिमिटेड, 'आज भवन', संत कबीर मार्ग, वाराणसी-221 001, पुनः मुद्रण, फरवरी, 2008
55. प्राचीन भारतीय पुरातत्व, अभिलेख एवं मुद्राएँ, लेखिका, डा. नीहारिका, विश्वविद्यालय प्रकाशन, चौक, वाराणसी-221 001, द्वितीय संस्करण, 2007
56. प्राचीन भारतीय मुद्राएँ, डा. परमेश्वरी लाल गुप्त, विश्वविद्यालय प्रकाशन, चौक, वाराणसी-221 001, संस्करण, 2003
57. प्रेमचंद : अध्ययन की नयी दिशाएँ, डा. कमल किशोर गोयनका, साहित्य निधि, सी-38, ईस्ट कृष्ण नगर, दिल्ली-110 051, प्रथम संस्करण, 1981
58. प्रेमचंद : कलम का सिपाही, अमृत राय, हंस प्रकाशन, इलाहाबाद, संस्करण, अप्रैल, 1992
59. प्रेमचंद की उपन्यास-यात्रा : नव मूल्यांकन, डा. शैलेश जैदी, यूनिवर्सिटी पब्लिशिंग हाउस, कोठी नायाब, सर सैयद रोड, सिविल लाइन्स, अलीगढ़, उत्तर प्रदेश, प्रथम संस्करण, जुलाई, 1978
60. प्रेमचंद के जीवन-दर्शन के विधायक-तत्व, डा. कृष्ण चन्द्र पाण्डेय, रचना प्रकाशन, 45ए, खुल्दाबाद, इलाहाबाद-1, प्रथम संस्करण, 1970
61. प्रेमचंद के पात्र : प्रेमचंद के विशिष्ट कथा-पात्रों का महत्वपूर्ण विश्लेषण, सम्पादक, कोमल कोठारी और विजयदान देथा, अक्षर प्रकाशन प्रा. लि., 2/36, अन्सारी रोड़, दरियागंज, दिल्ली-110 006, प्रथम संस्करण, 1970

62. प्रेमचंद : घर में, शिवरानी देवी प्रेमचंद, आत्माराम एण्ड संस, 1376, कश्मीरी गेट, दिल्ली-110 006, संस्करण, 2005

63. प्रेमचंद : चिट्ठी-पत्री-1, संकलन-लिप्यंतर-शब्दार्थ, अमृत राय और मदन गोपाल, हंस प्रकाशन, इलाहाबाद, प्रथम संस्करण, प्रेमचंद स्मृति दिवस, 1962

64. प्रेमचंद : चिट्ठी-पत्री-2, संकलन-लिप्यंतर-शब्दार्थ, मदन गोपाल और अमृत राय, हंस प्रकाशन, इलाहाबाद, प्रथम संस्करण, प्रेमचंद स्मृति दिवस, 1962

65. प्रेमचंद : जीवन, कला और कृतित्व, हंस राज रहबर, आत्माराम एण्ड संस, कश्मीरी गेट, दिल्ली-110 006, दूसरा संस्करण, 1962

66. प्रेमचंद : विविध प्रसंग-1, संकलन और रूपान्तर, अमृत राय, हंस प्रकाशन, इलाहाबाद, प्रथम संस्करण, जुलाई, 1962

67. प्रेमचंद : विविध प्रसंग-2, संकलन और रूपान्तर, अमृत राय, हंस प्रकाशन, इलाहाबाद, प्रथम संस्करण, प्रेमचंद स्मृति दिवस, 1962

68. प्रेमचंद : विविध प्रसंग-3, संकलन और रूपान्तर, अमृत राय, हंस प्रकाशन, इलाहाबाद, प्रथम संस्करण, प्रेमचंद स्मृति दिवस, 1962

69. प्रेमचंद : व्यक्तित्व एवं कृतित्व, एम. एच. डी-14, हिन्दी उपन्यास-1, (प्रेमचन्द का विशेष अध्ययन), इन्दिरा गांधी राष्ट्रीय मुक्त विश्वविद्यालय, पुनःमुद्रित, फरवरी, 2004

70. प्रेमचंद साहित्य में दलित चेतना, डा. बलवन्त साधू जाधव, अलका प्रकाशन, 128/106, जी ब्लाक, किदवई नगर, कानपुर-11, संस्करण, 1992

71. बच्चन रचनावली-1, सम्पादक, अजित कुमार, राजकमल प्रकाशन प्रा. लि., 8 नेताजी सुभाष मार्ग, नई दिल्ली-110 002, प्रथम संस्करण, 1983

72. बाबरनामा, मूल लेखक, बाबर, अनुवादक, युगजीत नवलपुरी, साहित्य अकादेमी, रवीन्द्र भवन, 35 फिरोज शाह मार्ग, नई दिल्ली-110 001, पुनःमुद्रण, 1996

73. बाबा साहेब डा. अम्बेडकर : सम्पूर्ण वाङ्मय, खंड 9, सम्पादक, कैलाश चन्द्र सेठ और मोहन दास नैमिशराय, प्रकाशक, डा. अम्बेडकर प्रतिष्ठान, कल्याण मन्त्रालय, भारत सरकार, 25, अशोक रोड़, नई दिल्ली-110 001, संस्करण, 1995

74. बाल्मीकि जयन्ती और भंगी जाति (केवल भंगी ही क्यों बाल्मीकि जयन्ती मनाते हैं?), भगवान दास, दलित वर्ल्ड लाइब्रेरी, बी. सी./1 एच, डी. डी. ए. फ्लैट, मुनीरका, नई दिल्ली-110 067, दूसरा संशोधित व विस्तृत संस्करण, 2002

75. बिठूर के नाना साहब पेशवा के अमर सैनानी गंगू मेहतर, आभा धानुक एवं मैना दासी की शौर्यगाथा : 1857—दलित्स सेक्रिफाइस-इन-गदर—प्रथम खण्ड, लेखक, के. नाथ, प्रकाशक, बौद्ध उपासक संघ साहित्य प्रकाशन एवं डा. अम्बेडकर दलित साहित्य अकादमी, 112/123, कैलाश भवन, बेनाझाबर, आर्य नगर, कानपुर, उत्तर प्रदेश-208 002, प्रथम संस्करण, 2007

76. बृहत्तर भारत, डा. भगवत शरण उपाध्याय, राजपाल एण्ड सन्ज, कश्मीरी गेट, दिल्ली-110 006, संस्करण, 1986

77. बौद्ध तथा जैन धर्म (धम्मपद और उत्तराध्ययन सूत्र के परिप्रेक्ष्य में तुलनात्मक अध्ययन), डा. महेन्द्र नाथ सिंह, विश्वविद्यालय प्रकाशन, चौक, वाराणसी-221 001, द्वितीय आवृत्ति, 2004

78. भगवान बुद्ध, लेखक, धर्मानन्द कोसम्बी, अनुवादक, श्रीपाद जोशी, राजकमल प्रकाशन, दिल्ली, प्रथम हिन्दी संस्करण, 1956

79. भगवान बुद्ध और उन का धर्म, लेखक, डा. भीमराव रामजी आम्बेडकर, अनुवादक, भदन्त आनन्द कौसल्यायन, भारतीय बौद्ध शिक्षा परिषद, जेतवन महाविहार, श्रांवस्ती, बलरामपुर, उत्तर प्रदेश, द्वितीय संस्करण, 1970

80. भरण-पोषण का कानून, डा. राधेश्याम द्विवेदी, मल्होत्रा पब्लिशिंग हाऊस, 255, के. एल. कीट गंज, इलाहाबाद, प्रथम संस्करण, 1991

81. भारत का संविधान (7 फरवरी, 2003 को यथा विद्यमान), प्रकाशन-नियंत्रक, भारत सरकार, सिविल लाइन्स, दिल्ली-110 054

82. भारत का संविधान (26 जनवरी, 2005 को यथा विद्यमान), विधि साहित्य प्रकाशन, भारत सरकार, भारतीय विधि संस्थान भवन, भगवान दास मार्ग, नई दिल्ली-110 001, संस्करण, 2005

83. भारतीय दंड संहिता, 1860, भाग-2, डा. एच. पी. गुप्ता, ओरिएन्ट पब्लिशिंग कम्पनी, 9, लाउदर रोड, दरभंगा कालोनी, इलाहाबाद-211 002, तृतीय संस्करण, पुनर्मुद्रण, 2003

84. भारतीय ब्राह्मणों की गोत्रावली, लक्ष्मी नारायण शर्मा, 1087, वत्स कुटीर, बिशन स्वरूप कालोनी, पानीपत, तृतीय संस्करण, सितम्बर, 2007

85. भारतीय लोकोक्तियों में जातीय द्वेष, संकलन एवं सम्पादन, एस. एस. गौतम, प्रकाशक, गौतम बुक सेन्टर, सी-263 ए, 'चन्दन सदन', गली नं. 9, हरदेवपुरी, शाहदरा, दिल्ली-110 093, प्रथम संस्करण, 2007

86. भारतीय संस्कृति कोश, लीलाधर शर्मा 'पर्वतीय', राजपाल एण्ड सन्ज, कश्मीरी गेट, दिल्ली-110 006, संस्करण, 2007

87. भाषा प्रबोध : (ख), प्रधान सम्पादक, रमेश गौतम, राज कमल प्रकाशन प्रा. लि., 1 बी, नेताजी सुभाष मार्ग, नई दिल्ली-110 002, पहला संस्करण, 2005

88. मंडल रिपोर्ट : वर्ण-व्यवस्था से समाजवादी व्यवस्था की ओर, मस्तराम कपूर, सारांश प्रकाशन प्रा. लि., 13, दरियागंज, नई दिल्ली-110 002, दूसरा संशोधित-परिवर्धित संस्करण, 1996

89. मसीही दलित समाज का इतिहास, लेखक, जॉन सी. बी वेब्स्टर, सम्पादक, डा. जे. एच आनंद, अनुवादिका, श्रीमती सुभद्रा मालवी, हिन्दी थियोलाजिकल लिटरेचर कमिटी, 1801/2, नेपियर टाउन, सिलवर ओक कम्पाउण्ड, रसेल चौक, जलबपुर-482 001, मध्य प्रदेश, प्रथम संस्करण

90. महात्मा जोतिबा फुले रचनावली-1, अनुवाद एवं सम्पादन, डा. एल. जी. मेश्राम 'विमलकीर्ति', राधाकृष्ण प्रकाशन प्राइवेट लिमिटेड, जी-17, जगतपुरी, दिल्ली-110 051, संशोधित संस्करण, पहली आवृत्ति, 2002

91. महात्मा जोतिबा फुले रचनावली-2, अनुवाद एवं सम्पादन, डा. एल. जी. मेश्राम 'विमलकीर्ति', राधाकृष्ण प्रकाशन प्राइवेट लिमिटेड, जी-17, जगतपुरी, दिल्ली-110 051, पहली आवृत्ति, 2002

92. महान दलित क्रान्तिकारी योद्धा मातादीन, सूरज पाल चौहान, सम्यक प्रकाशन, 32/3, क्लब रोड, पश्चिमपुरी, नई दिल्ली-110 063, प्रथम संस्करण, 2007

93. महा बीजक [कबीर साहब की सम्पूर्ण वाणियों का संग्रह], सम्पादक, आचार्य महन्त गंगा शरण शास्त्री, कबीर वाणी प्रकाशन केन्द्र, सी-23/5, कबीर चौरा मठ, वाराणसी-221 001, प्रथम संस्करण, 10 जून, 1998

94. मातृसत्ता, पितृसत्ता और जारसत्ता : खण्ड तीन : प्रेमचंद : सामन्त का मुंशी, डा. धर्मवीर, वाणी प्रकाशन, 21-ए, दरियागंज, नई दिल्ली-110 002, प्रथम संस्करण, 2005

95. मुद्राराक्षस नाटकम् : 'शशिकला' संस्कृत-हिन्दी व्याख्योपेतम्, मूल लेखक, विशाखदत्त, हिन्दी व्याख्याकार, डा. सत्यव्रत सिंह, चौखम्बा संस्कृत सीरीज आफिस, गोपाल मन्दिर लेन, पो. बा. 8, वाराणसी-1, चतुर्थ संस्करण, वि. सम्वत, 2030

96. मृच्छकटिकम्, मूल लेखक, शूद्रक, हिन्दी व्याख्याकार, रमाकान्त द्विवेदी, चौखम्भा संस्कृत सीरीज आफिस, के. 37/99, गोपाल मन्दिर लेन, पो. बा. 8, वाराणसी-1, चतुर्थ संस्करण, वि. सं. 2034

97. मेरा बचपन मेरे कंधों पर, श्यौराज सिंह बेचैन, वाणी प्रकाशन, 21-ए, दरियागंज, नई दिल्ली-110 002, प्रथम संस्करण, 2009

98. मेरी बात (आत्म-कथा), प्रेमचंद, जीवन प्रभात प्रकाशन, 221, गुरु गोविन्द सिंह इंडस्ट्रीयल इस्टेट, गोरेगाँव-पूर्व, मुम्बई-400 063, संस्करण, 2000

99. याज्ञवल्क्य स्मृति, हिन्दी व्याख्याकार, डा. उमेश चन्द्र पाण्डेय, चौखम्भा संस्कृत संस्थान, पो. बा. नं. 1139, के. 37/116, गोपाल मन्दिर लेन, वाराणसी-221 001, भारत, षष्टम् संस्करण, सम्वत 2056

100. रंगभूमि, मुंशी प्रेमचंद, गंगा-ग्रंथागार, 36, गौतम बुद्ध-मार्ग, लखनऊ, तेरहवीं बार, 1958

101. रंगभूमि, प्रेमचंद, शिवानी बुक्स, 4855/24, हरबंस स्ट्रीट, दरियागंज, नई दिल्ली-110 002, संस्करण, 2004

102. रहीम के दोहे, कवि अब्दुर्र रहीम 'खानखाना', सम्पादक, आबिद रिजवी, रजत प्रकाशन, केदार काम्पलैक्स, देहली गेट, मेरठ-250 002

103. राजतरङ्गिणी कोश (कलहणकृत राज तरङ्गिणी में आने वाले नामों और विषयों की व्याख्यात्मक अनुक्रमणिका, सुभाषित और वंशावलियाँ, इत्यादि), राम कुमार राय, चौखम्बा विद्या भवन, गोपाल मन्दिर लेन, पो. आ. चौखम्बा, पोस्ट बोक्स 8, वाराणसी-1, प्रथम संस्करण, 1967

104. राजपाल लोकोक्ति कोश, हरिवंश राय शर्मा, राजपाल एण्ड सन्ज, कश्मीरी गेट, दिल्ली, संस्करण, 2003

105. राम राज्य न्याय नाटक : शम्बूक-मुनि बलिदान, लेखक, आदि हिन्दू-आन्दोलन के प्रवर्तक श्री 108 स्वामी अछूतानंद जी हरिहर, बहुजन कल्याण प्रकाशन, 360/193, मातादीन रोड, सआदत गंज, लखनऊ-226 003, 11वीं बार, 1995

106. विविध अपराध निर्देशिका, ममता श्रीवास्तव, लॉ काटेज, 86-A, दरभंगा कालोनी, इलाहाबाद, प्रथम संस्करण, 1992

107. वीरांगना झलकारी बाई, लेखक, मोहन दास नैमिशराय, राधाकृष्ण प्रकाशन प्राइवेट लिमिटेड, जी-17, जगतपुरी, दिल्ली-110 092, पहला संस्करण, 2007

108. वैदिक सिद्धान्त अर्थात कतिपय वैदिक सिद्धांतों पर निबन्ध संग्रह, लेख 'शुद्धि', लेखक, डा. बालकृष्ण, प्रकाशक, श्री नारायण स्वामी श्री मद्दयानंद जन्मशताब्दी सभा, मथुरा, सन 1925

109. शूद्रों का खोजपूर्ण इतिहास अर्थात भारत का सच्चा इतिहास, के. पी. संखवार, प्रकाशक, के. पी. संखवार, 418 वाई-1, किदवई नगर, कानपुर-208 011, प्रथम संस्करण, 2004

110. श्री बाल्मीकि प्रकाश, लेखक, अमीचंद शर्मा और साधु योधाराम, गौतम बुक सेन्टर, सी-263ए, चन्दन सदन, गली नं. 9, हरदेव पुरी, शाहदरा, दिल्ली-110 093, रचना काल 1928 से 1932, प्रथम (नया) संस्करण, मार्च 2006

111. संतप्त, सूरज पाल चौहान, वाणी प्रकाशन, 21-ए, दरियागंज, नई दिल्ली-110 002, प्रथम संस्करण, 2006

112. सतिगुरु रविदास जी : आदि गुरुवाणी, प्रकाशक, श्री गुरु रविदास मन्दिर प्रबन्धक कमेटी, 1&2, रामपुरी, कालका जी, नई दिल्ली-110 019, प्रथम संस्करण, 1998

113. सत्य के प्रयोग अथवा आत्मकथा, लेखक, मो. क. गांधी, अनुवादक, काशिनाथ त्रिवेदी, नवजीवन प्रकाशन मन्दिर, अहमदाबाद-14, पुनर्मुद्रण, जनवरी, 2003

114. समकालीन कविता के बदलते सरोकार, सम्पादक, डा. रणजीत और डा. सुधा रणजीत, अमन प्रकाशन, 104-ए/118, कानपुर, उत्तर प्रदेश-208 012, संस्करण, 1998

115. समता की ओर, मोहन दास नैमिशराय, प्रकाशन विभाग, सूचना और प्रसारण मंत्रालय, भारत सरकार, पटियाला हाउस, नई दिल्ली-110 001, संस्करण, सितम्बर, 1993

116. सल्तनतकालीन सरकार तथा प्रशासनिक व्यवस्था, डा. ऊषा रानी बंसल, विश्व विद्यालय प्रकाशन, चौक, वाराणसी-221 001, प्रथम संस्करण, 2003

117. सावयपन्नत्ती (श्रावक प्रज्ञप्ति), हरिभद्रसूरि-विरचित वृत्तिसमन्वित, सम्पादक और अनुवादक, बालचंद्र शास्त्री, भारतीय ज्ञानपीठ, 18, इन्स्टीट्यूशनल एरिया, लोदी रोड, नई दिल्ली-110 003, तृतीय संस्करण, 2006

118. साहित्य का उद्देश्य, मुंशी प्रेमचंद, साहित्यागार, एस. एम. एस. हाइवे, जयपुर-3, संस्करण, 1992

119. सीमन्तनी उपदेश, लेखिका, एक अज्ञात हिन्दू औरत, भूमिका, सम्पादन तथा अन्य शोध लेख, डा. धर्मवीर, वाणी प्रकाशन, 21-ए, दरियागंज, नई दिल्ली-110 002, संस्करण, 2004

120. सुभाषित रत्न भाण्डागारम, नारायण राम आचार्य 'काव्यतीर्थ', मुन्शीराम मनोहर लाल पब्लिशर्स प्रा. लि., 54, रानी झांसी रोड़, नई दिल्ली-110 055, रिप्रिन्ट, 1978

121. स्वर्गीय श्री श्री 108 स्वामी अछूतानंद जी का जीवन परिचय, लेखक, स्व. बाबू मंगल सिंह जाटव, प्रकाशक, मोहन सिंह बंसल, मंगल भवन, तिकोनिया मुरार, ग्वालियर, मध्य प्रदेश, द्वितीय बार, 6 मई, 1997

122. स्वतन्त्रता संग्राम के महाबलिदानी ऊधम सिंह (व्यक्तित्व एवं कृतित्व), डा. राजपाल सिंह 'राज', राजलक्ष्मी प्रकाशन, ए-17/18, भगवत गली नं. 1, ब्रह्मपुरी, दिल्ली-110 053, प्रथम संस्करण, 15 अगस्त, 1997

123. स्वामी अछूतानंद : सचित्र जीवनी, रचनाकार, शीलप्रिय बौद्ध, चित्रांकन, शान्ति स्वरूप बौद्ध, सम्यक प्रकाशन, 32/3, क्लब रोड़, पश्चिमपुरी चौक, नई दिल्ली-110 063, प्रथम संस्करण, 2003

124. स्वामी अछूतानंद हरिहर, लेखक, डा. राज पाल सिंह 'राज', राजलक्ष्मी प्रकाशन, ए-17/18, भगवत गली नं. 1, ब्रह्मपुरी, दिल्ली-110 053, प्रथम संस्करण

125. स्वामी श्रद्धानंद ग्रन्थावली, खण्ड पाँच, अनुवादक तथा सम्पादक, डा. भवानी लाल भारतीय, गोविन्द राय दासानंद, 4408, नई सड़क, दिल्ली-110 006, संस्करण, 1987

126. हिन्दी की दलित पत्रकारिता पर पत्रकार अम्बेडकर का प्रभाव, डा. श्यौराज सिंह 'बेचैन', समता प्रकाशन, 30/64, गली नं. 8, विश्वास नगर, शाहदरा, दिल्ली-110 032, संस्करण 1997

127. हिन्दी-मलयालम निघण्टु, अभय देव, नेशनल बुक स्टाल, कोट्टयम, केरल, रिप्रिन्ट, नवम्बर, 1999

128. हिन्दी विश्वकोश, चतुर्थ भाग, नगेन्द्र नाथ वसु, मूल संस्करण, 1919, वर्तमान प्रकाशक, बी. आर. पब्लिशिंग कोर्पोरेशन, 461, विवेकानंद नगर, दिल्ली-110 052, रिप्रिन्ट, 1986

129. हिन्दी व्युत्पत्ति कोश, खण्ड-2, आचार्य बच्चू लाल अवस्थी, बुक्स एन' बुक्स, 111, मुकर्जी नगर वैस्ट, दिल्ली-110 009, प्रथम संस्करण, 2005

130. हिन्दुत्व (हिन्दू धर्म कोश), राम दास गौड़, ज्ञान मण्डल लिमिटेड, विक्रम भवन, लंका, वाराणसी, पुनर्मुद्रित संशोधित संस्करण, 1993

131. हिन्दू जाति का उत्थान और पतन, रजनी कान्त शास्त्री, किताब महल, 22ए, सरोजनी नायडू मार्ग, इलाहाबाद, संस्करण, 1993

132. हिन्दू जाति का उत्थान और पतन, रजनी कान्त शास्त्री, किताब महल डिस्ट्रीब्यूटर्स, 28, नेताजी सुभाष मार्ग, दरियागंज, नई दिल्ली-110 002, संस्करण, 2005

133. हिन्दू विधि, चन्द्रनाथ झा, सुविधा ला हाऊस, 28, मालवीय नगर, रोशनपुरम, भोपाल, 1991

134. हिन्दू विवाह अधिनियम, इन्द्रजीत मल्होत्रा, ईस्टर्न बुक कम्पनी, लखनऊ, संस्करण, 1991

II. हिन्दी पत्र-पत्रिकाएँ

1. 1857 का मिथक और विरासत : एक पुनर्पाठ, वीरेन्द्र यादव, तद्भव, 18/201, इन्दिरा नगर, लखनऊ-16, उत्तर प्रदेश, जनवरी, 2007

2. 1857 की दलित कुर्बानी को खारिज करने की कोशिश, रूप चंद गौतम, बयान, बी. जी. 5 ए/30-बी, पश्चिम विहार, नई दिल्ली-110 063, अगस्त-सितम्बर, 2007

3. अनर्गल प्रलाप व असंगतियाँ, विजय मोहन सिंह, इण्डिया टुडे, लिविंग मीडिया इण्डिया लि., एफ-14/15, कनाट प्लेस, नई दिल्ली-110 001, 1 मार्च, 2006

4. अपनी मुक्ति के रास्ते अकेले में नहीं मिलते, सम्पादकीय, द्वारिका प्रसाद चारुमित्र, अनभै सांचा, 14, कादम्बरी, सेक्टर-9, रोहिणी, दिल्ली-110 085, प्रवेशांक, जनवरी-मार्च, 2006

5. अस्पृश्य जातियाँ और सफाई पेशे का उदय : इतिहास एवं वर्तमान दशा, पारसनाथ, युद्धरत आम आदमी, पूर्णांक-97, 2009 : विचार की कसौटी पर : मल-मूत्र ढोता भारत (खण्ड-1),

अतिथि सम्पादक, सुशीला टाकभौरे, रमणिका फाउन्डेशन, ए-2-21, डिफेंस कालोनी, ग्रा. फ्लोर, नई दिल्ली-110 024

6. आलोचना के वीर और उन का धर्म, अरुण कुमार त्रिपाठी, हिन्दुस्तान, नई दिल्ली, 11 दिसम्बर, 2005
7. आलोचना के लिए 'देवी शंकर अवस्थी स्मृति सम्मान', विज्ञप्ति से, हंस, 2/36, अन्सारी रोड़, दरियागंज, नई दिल्ली-110 002, नवम्बर, 2006
8. इक्कीसवीं सदी में 'बाल्मीकि प्रकाश', डा. सुशीला टाकभौरे, दलित साहित्य (वार्षिकी) 2005, बी-634, डी. डी. ए. फ्लैट्स, ईस्ट आफ लोनी रोड़, दिल्ली-110 093
9. इन्हें गालियाँ तो न होना था : दलित सन्दर्भ में गालियाँ, राजेन्द्र सिंह गहलौत, अक्षरा, मध्य प्रदेश राष्ट्रभाषा प्रचार समिति, हिन्दी भवन, श्यामल हिल्स, भोपाल-462 002, जनवरी-फरवरी, 2006
10. उत्तर भारत की एक बड़ी शख्सियत स्वामी अछूतानंद, डा. महेन्द्र प्रताप राना, बहुरि नहिं आवना, सम्पादक, डा. दिनेश राम, सितम्बर-नवम्बर, 2008, एफ-345, बैंक वाली गली, लाडो सराय, नई दिल्ली-110 030
11. कफन, प्रेमचंद, पल प्रतिपल, एस. सी. एफ. 267, सेक्टर-16, पंचकूला-134 113, हरियाणा, जून-सितम्बर, 2005
12. 'कफन' और 'दलित स्त्री-विमर्श', अनिता भारती, कृति संस्कृति सन्धान, बी 2/51, रोहिणी, सेक्टर-16, दिल्ली-110 085, अप्रैल-दिसम्बर, 2003
13. कफन : उर्दू और हिन्दी पाठ का फर्क, अब्दुल बिस्मिल्लाह, वर्तमान साहित्य, प्रथम तल, 1-2, मुकुन्द नगर, हापुड़ रोड, गाजियाबाद, उत्तर प्रदेश-201 001, शताब्दी-कथा विशेषांक, जनवरी-फरवरी, 2000
14. कफन का सच, रत्न कुमार सांभरिया, कथाक्रम, 4, ट्रांजिट होस्टल, वायरलैस चौराहे के पास, महा नगर, लखनऊ, उत्तर प्रदेश-226 006, जनवरी-मार्च, 2006
15. कोई मन्त्र दो गुरु!, योगेन्द्र शर्मा, हंस, 2/36, अन्सारी रोड़, दरियागंज, नई दिल्ली-110 002, जनवरी, 2006
16. क्या खिलाड़ियों की महानता उन के निजी जीवन से भी आंकी जाए, बहस : शेन वॉर्न : एक स्कैंडल, वर्तिका नन्दा, नवभारत टाइम्स, मुम्बई संस्करण, 11 मई, 2006
17. क्या प्रेमचंद जी की कोई रखैल थी ?, डा. कौशल राय, समाचार टाइम्स, संस्करण, कथा विशेषांक
18. गोरे नंद, जसोदा गोरी..., डा. धर्मवीर, जनसत्ता, दिल्ली, 16 अक्टूबर, 2005
19. घर से बाहर प्रेमचंद, साधना अग्रवाल, जनसत्ता, 9 अप्रैल, 2006
20. घातक रूप से बढ़ती तम्बाकू की लत, रमेश ठाकुर, राष्ट्रीय सहारा, लास्ट अपडेटिड, 5/30/2008
21. घेरे में रचनाकार, जनसत्ता, दिल्ली, 30 अक्तूबर, 2005
22. जमींदार का कारिंदा, सुमित गौतम, दि संडे पोस्ट, 30 अक्टूबर, 2005
23. जहाँ औरतें गढ़ी जाती हैं, मृणाल पाण्डेय, हंस, 2/36, अन्सारी रोड़, दरियागंज, नई

दिल्ली-110 002, जनवरी, 2006

24. तर्क को कुतर्क से मत कटो, सम्पादकीय, प्रो. कमला प्रसाद, एम-31, निराला नगर, दुष्यंत मार्ग, भदभदा रोड, भोपाल-462 003, जुलाई-सितम्बर, 2005
25. तीसरी राह, के. बिक्रम सिंह, जनसत्ता, दिल्ली, 19 मार्च, 2006
26. तुम्हारी और मेरी मुक्ति : एक महिला राजनेता का जेल से लिखा पत्र, रमणिका गुप्ता, हंस, 2/36, अन्सारी रोड, दरियागंज, नई दिल्ली-110 002, जनवरी, 2002
27. दलित कथाकारों में बंटवारे की रणनीति, मोहन दास नैमिशराय, दलित साहित्य (वार्षिकी) : 2005, बी-634, डी. डी. ए. फ्लैट्स, ईस्ट आफ लोनी रोड, दिल्ली-110 093
28. दलित चिन्तन शिविर—बल्लाँ का निष्कर्ष : सभी दलित महापुरुषों का सन्देश सामाजिक समता के लिए था, हिमायती, 233, टैगोर पार्क, माडल टाउन, दिल्ली-110 009, जून (द्वितीय), 2006
29. दलित विमर्श का इतिहास चक्र, व्रज कुमार पाण्डेय, आलोचना, राजकमल प्रकाशन प्रा. लि., 1-बी, नेताजी सुभाग मार्ग, नई दिल्ली-110 002, अप्रैल-जून, 2005
30. दलित साहित्य की अवधारणा, कँवल भारती, दलित जन-उभार (सभी आयामों का विश्लेषण), अतिथि सम्पादक, कंवल भारती, प्रकाशक, बी. एम. एन. प्रकाशन, लखनऊ
31. दलित साहित्य समीक्षा के नए प्रतिमान : संदर्भ 'प्रेमचंद : सामन्त का मुंशी', कृष्ण दत्त पालीवाल, अपेक्षा, 27-घौंडली, कृष्णा नगर, दिल्ली-110 051, अक्तूबर-दिसम्बर, 2005
32. दलित स्त्रियाँ किस की सम्पत्ति हैं, राज किशोर, जनसत्ता, दिल्ली, 3 अक्टूबर, 2005
33. नवभारत टाइम्स, नई दिल्ली, 11 जुलाई, 1996
34. पत्र-प्रतिक्रिया, डा. वन्दना मिश्रा, युद्धरत आम आदमी, रमणिका फाउन्डेशन, ए-2-21, डिफेंस कालोनी, ग्रा. फ्लोर, नई दिल्ली-110 024, अप्रैल-जून, 2006
35. पार्टनर आप की पालिटिक्स क्या है, सम्पादकीय, हेतु भारद्वाज, समय माजरा, राष्ट्रभाषा प्रचार समिति, हिन्दी भवन, आगरा रोड़, जयपुर-302 003, नवम्बर-दिसम्बर, 2005
36. प्रस्तावना, कुसुम चतुर्वेदी, नया मानदण्ड, आचार्य रामचन्द्र शुक्ल साहित्य शोध संस्थान, दुर्गाकुण्ड, वाराणसी, उत्तर प्रदेश, अप्रैल-जून, 2003
37. प्रेमचंद का पारिवारिक जीवन, कृष्ण कुमार राय, नया मानदंड, आचार्य रामचंद शुक्ल साहित्य शोध संस्थान, दुर्गाकुंड, वाराणसी, जनवरी-मार्च, 2006
38. प्रेमचंद की कहानी 'कफन'—दृष्टि से अन्तर्दृष्टि तक, मूलचंद सोनकर, युग तेवर, 1587/1, उदय प्रताप कालोनी, बढ़ैया वीर, सिविल लाइन्स-2, सुलतानपुर-228 001, जून-अगस्त, 2007
39. प्रेमचंद की घास वाली, रत्न कुमार सांभरिया, हंस, 2/36, अन्सारी रोड, दरियागंज, नई दिल्ली-110 002, अप्रैल, 2007
40. प्रेमचंद की ज्येष्ठ पुत्री श्रीमती कमला देवी श्रीवास्तव से लक्ष्मी नारायण दूबे की बातचीत, कहानीकार, प्रेमचंद विशेषांक (125वीं जयन्ती पर विशेष), के. 30/37, अरविंद कुटीर, निकट भैरव नाथ, वाराणसी-221 001, मई-अगस्त 2005 और सितम्बर-दिसम्बर 2005 (संयुक्तांक)

41. प्रेमचंद की विरासत, डा. शिव कुमार मिश्र, कहानीकार, प्रेमचंद विशेषांक (125वीं जयन्ती पर विशेष), के. 30/37, अरविंद कुटीर, निकट भैरवनाथ, वाराणसी-221 001, मई-अगस्त 2005 और सितम्बर-दिसम्बर 2005 (संयुक्तांक)
42. प्रेमचंद के निन्दक, वीरेन्द्र यादव, तदभव, 18/201, इन्दिरा नगर, लखनऊ-226 016, उत्तर प्रदेश, अक्टूबर, 2005
43. प्रेमचंद के पारिवारिक जीवन की अनकही अन्तर्कथा, कृष्ण कुमार राय, कहानीकार, प्रेमचंद विशेषांक (125वीं जयन्ती पर विशेष), के. 30/37, अरविंद कुटीर, निकट भैरवनाथ, वाराणसी-221 001, मई-अगस्त 2005 और सितम्बर-दिसम्बर 2005 (संयुक्तांक)
44. प्रेमचंद को मसीहा न बनाएं, सूरज बडत्या, अपेक्षा, 27-घौंडली, कृष्णा नगर, दिल्ली-110 051, जनवरी-मार्च, 2005
45. 'प्रेमचंद : घर में'—झूठ का पुलिन्दा, डा. कौशल राय, लमही, 3/343, विवेक खण्ड, गोमती नगर, लखनऊ, उत्तर प्रदेश-226 010, जनवरी-मार्च, 2009
46. प्रेमचंद : जीवन सारिणी, प्रस्तुति, कृष्ण कुमार राय, कहानीकार, प्रेमचंद विशेषांक (125वीं जयन्ती पर विशेष), के. 30/37, अरविंद कुटीर, निकट भैरवनाथ, वाराणसी-221 001, मई-अगस्त 2005 और सितम्बर-दिसम्बर 2005 (संयुक्तांक)
47. प्रेमचंद—दलित अस्मिता के आइने में—II, शिवनाथ चौधरी 'आलम', तीसरा पक्ष, 3734/23ए, त्रिमूर्ति नगर, दमोह नाका, जबलपुर, मध्य प्रदेश-482 002, जनवरी-मार्च, 2006
48. बन्द है मेरा कमरा....एक महिला-राजनेता का जेल से लिखा पत्र, रमणिका गुप्ता, हंस, 2/36, अन्सारी रोड़, दरियागंज, नई दिल्ली-110 002, फरवरी, 2002
49. बलात्कार का दर्शन, जय प्रकाश कर्दम, युद्धरत आम आदमी, रमणिका फाउन्डेशन, ए-2-21, डिफेन्स कालोनी, ग्रा. फ्लोर, नई दिल्ली-110 024, अक्टूबर-दिसम्बर, 2003, पृ.-17 पर, राष्ट्रीय सहारा, हस्तक्षेप, यौन सम्बन्ध और नैतिकता-I, दिनांक 29-8-1993 से उद्धृत
50. बहुजन समाज के पर्व एवं त्योहार 2006, प्रस्तुति, पी. एल. आदर्श, स्पन्दन : नारी अस्मिता अंक, डा. अम्बेडकर जन साहित्य संस्थान, एल-381, इन्दिरा नगर, राय बरेली, उत्तर प्रदेश, सन 2006
51. बाबा साहेब डा. भीमराव अम्बेडकर जयन्ती समारोह : अम्बेडकर बिरसा संदेश विशेषांक : स्मारिका अप्रैल, 1997, प्रकाशक, अनुसूचित जाति/अनुसूचित जनजाति कर्मचारी संघ, बिहार, पटना
52. बीसवीं सदी का कथा-नायक दलित 'रंगभूमि' का सूरदास, तेजसिंह, अपेक्षा, 27-घौंडली, कृष्णा नगर, दिल्ली-110 051, जनवरी-मार्च, 2005
53. बीसवीं सदी का दलित साहित्य, जय प्रकाश कर्दम, अभिमूकनायक (मासिक), 192 पाकेट डी, मयूर विहार फेज-2, दिल्ली-110 092, जनवरी, 2001
54. बेमतलब!..., द्रोण वीर कोहली, हंस, 2/36, अन्सारी रोड, दरियागंज, नई दिल्ली-110 002, जनवरी, 2006
55. ब्राह्मणवाद का दलित सामन्त, सम्पादकीय, तेजसिंह, अपेक्षा, 27-घौंडली, कृष्ण नगर, दिल्ली-110 051, अक्तूबर-दिसम्बर, 2005

56. मनमाने की बात, श्री भगवान सिंह, जनसत्ता, दिल्ली संस्करण, 25 दिसम्बर, 2005
57. भंगी समाज के सब से बड़े दुश्मन गांधी : भगवानदास से डा. सुधीर सागर की बातचीत, युद्धरत आम आदमी, पूर्णांक-97, 2009, विचार की कसौटी पर : मल-मूत्र ढोता भारत, खण्ड-1, अतिथि सम्पादक, सुशीला टाकभौरे, रमणिका फाउन्डेशन, ए-2-21, डिफेंस कालोनी, ग्रा. फ्लोर, नई दिल्ली-110 024
58. महाजनी सभ्यता, मुंशी प्रेमचंद, कहानीकार, प्रेमचंद विशेषांक (125वीं जयन्ती पर विशेष), के. 30/37, अरविन्द कुटीर, निकट भैरवनाथ, वाराणसी-221 001, मई-अगस्त 2005 और सितम्बर-दिसम्बर 2005 (संयुक्तांक)
59. मुंशी प्रेमचंद के सामाजिक सन्दर्भ, कृष्ण कुमार यादव, अम्बेडकर इन इण्डिया, तमकुही राज, कुशी नगर, उत्तर प्रदेश-274 407, जुलाई, 2006
60. मुंशी प्रेमचंद फिर विवाद के घेरे में, आलोक पराड़कर, हिन्दुस्तान, लखनऊ संस्करण, 28 सितम्बर, 2005
61. मुंशी प्रेमचंद सम्बन्धी कुछ भ्रान्तियाँ, परिपूर्णानंद वर्मा, कहानीकार, प्रेमचंद विशेषांक (125वीं जयन्ती पर विशेष), के. 30/37, अरविन्द कुटीर, निकट भैरवनाथ, वाराणसी-221 001, मई-अगस्त 2005 और सितम्बर-दिसम्बर 2005 (संयुक्तांक)
62. यह किस का कफन है?, बच्चन सिंह, नया ज्ञानोदय, भारतीय ज्ञानपीठ, 18, इन्स्टीट्यूशनल एरिया, लोदी रोड़, पोस्ट बाक्स नं. 3113, नई दिल्ली-110 003, नवम्बर, 2006
63. यादगार रिपोर्ताज, मूलचंद सेठिया, हंस, 2/36, अन्सारी रोड, दरिया गंज, नई दिल्ली-110 002, मार्च, 2006
64. रंगभूमि के आईने में सूरदास के नायकत्व की पड़ताल, मूलचंद सोनकर, वाङ्मय, दलित विशेषांक अंक, सम्पादक, डा. एम. फीरोज अहमद, ई-3, अब्दुल्लाह क्वाटर्स, लाल बहादुर शास्त्री मार्ग, अमर निशाँ, अलीगढ़-202 002, जनवरी-मार्च, 2006
65. 'रंगभूमि' को 'जंगभूमि' बनाने के लिए जिम्मेदार कौन?, डा. सोहन पाल सुमनाक्षर, अपेक्षा, 27-घौंडली, कृष्णा नगर, दिल्ली-110 051, जनवरी-मार्च, 2005
66. 'रंगभूमि', गांधी और अम्बेडकरवादी-विमर्श, ईश गंगानिया, अपेक्षा, 27-घौंडली, कृष्णा नगर, दिल्ली-110 051, जनवरी-मार्च, 2005
67. रंगभूमि वाया भारतीय दलित साहित्य अकादमी, मूल चंद सोनकर, तीसरा पक्ष, 3734/23 ए, त्रिमूर्ति नगर, दमोह नाका, जबलपुर, मध्य प्रदेश-482 002, अप्रैल-सितम्बर, 2004
68. रखैल और जार का दलित-पाठ, सम्पादकीय, राजेन्द्र यादव, हंस, 2/36, अन्सारी रोड़, दरियागंज, नई दिल्ली-110 002, नवम्बर, 2005
69. रचनाएँ, जिन्होंने मुझे बिगाड़ा, नित्यानंद स्वामी, हंस, 2/36, अन्सारी रोड, दरियागंज, नई दिल्ली-110 002, जून, 2008
70. राष्ट्रीय अस्मिता : एक भारतीय दृष्टिकोण, हेमलता महिश्वर, anyatha.com, जून, 2008
71. विचार का विषय, स्वामी नित्यानंद, हंस, 2/36, अंसारी रोड, दरियागंज, नई दिल्ली-110 002, फरवरी, 2006
72. विरोध सही, तरीका गलत, जनसत्ता, दिल्ली संस्करण, 25, सितम्बर, 2005

73. लोकार्पण के दौरान लेखन का विरोध!, जनसत्ता ब्यूरो, जनसत्ता, दिल्ली, 13 सितम्बर, 2005
74. सब से ज्यादा नीली आँखें, उपन्यास (The Bluest Eye), टोनी मॉरिसन, प्रस्तुति, सुखजोत, anyatha.com, अंक 9
75. सम्पादकीय, डा. कमल गुप्त, कहानीकार, प्रेमचंद विशेषांक (125वीं जयन्ती पर विशेष), के. 30/37, अरविंद कुटीर, निकट भैरव नाथ, वाराणसी-221 001, मई-अगस्त 2005 और सितम्बर-दिसम्बर 2005 (संयुक्तांक)
76. सामन्त का मुंशी या कलम का सिपाही, अरुण आदित्य, पल-प्रतिपल, एस. सी. एफ. 267, सेक्टर-16, पंचकूला-134 113, हरियाणा, जून-सितम्बर, 2005
77. सामाजिक न्याय के क्रान्तिकारी चिन्तक—स्वामी अछूतानंद, हिमायती, सम्पादक, डा. सोहन पाल सुमनाक्षर, 233, टैगोर पार्क, माडल टाउन, दिल्ली-110 009, फरवरी (द्वितीय), 2009
78. साम्यवाद के अग्रदूत, 'मतवाला' शहजादपुरी, अपेक्षा, 27 घौंडली, कृष्णा नगर, दिल्ली-110 051, अप्रैल-जून, 2008
79. सार्थक सम्बन्ध सेतु, राष्ट्रीय सहारा, नई दिल्ली, 19 फरवरी, 2006
80. सौन्दर्य की दलित कसौटी पर : डा. धर्मवीर बनाम प्रेमचंद, डा. राजेन्द्र बड़गूजर, बहुरि नहिं आवना, सम्पादक, डा. दिनेश राम, सितम्बर-नवम्बर, 2008, एफ-345, बैंक वाली गली, लाडो सराय, नई दिल्ली-110 030
81. स्वामी अछूतानंद बाबा साहब डा. अम्बेडकर के प्रेरणास्रोत थे, डा. सोहन पाल सुमनाक्षर, हिमायती, 233, टैगोर पार्क, माडल टाउन, दिल्ली-110 009, मई, 2007 (द्वितीय)
82. हंगामा खड़ा करने के लिए, हरे प्रकाश उपाध्याय, जनसत्ता, दिल्ली, 25 सितम्बर, 2005
83. हंस, आत्मकथा अंक, विश्व विद्यालय प्रकाशन, चौक, वाराणसी-221 001, प्रथम आवृत्ति, 2008, प्रथम मूल संस्करण, जनवरी-फरवरी, 1932
84. हंस का 'मेरे विश्वासघात'—लगभग आत्महत्या जैसा दुस्साहस, डा. भूप सिंह यादव 'भूपेन्द्र', दैनिक आसपास, सीकर, राजस्थान, 31 अक्तूबर, 2004
85. हिन्दी दलित साहित्य के आधार स्तम्भ स्वामी अछूतानंद, डा. श्यौराज सिंह बेचैन, हिन्दुस्तान, नई दिल्ली संस्करण, 26 जनवरी, 1999
86. हिन्दू विवाह कानून में सुधार की सिफारिश, दैनिक जागरण, 23 मार्च, 2006
87. हिन्दू शास्त्र बतर्ज दलित शास्त्र, कुमार मुकुल, सम्पादकीय, सम्प्रति पथ, 3/102A, प्रथम तल, ललिता पार्क, लक्ष्मी नगर, दिल्ली-110 092, नवम्बर दिसम्बर, 2005

III. हिन्दी वाद निर्णय

1. अखिल भारतीय शोषित कर्मचारी संघ (रेल) बनाम भारत संघ और अन्य : (1981) 4 उम. नि. प. 700, उच्चतम न्यायालय निर्णय पत्रिका, विधि साहित्य प्रकाशन, विधायी विभाग, विधि, न्याय और कम्पनी कार्य मन्त्रालय, भारत सरकार, नई दिल्ली-110 001
2. कर्नाटक राज्य ब. अप्पा बालू इंगले : (1993) 1 उम. नि. प. 500, उच्चतम न्यायालय निर्णय पत्रिका, विधि साहित्य प्रकाशन, विधायी विभाग, विधि, न्याय और कम्पनी कार्य मन्त्रालय, भारत सरकार, नई दिल्ली-110 001

3. केरल राज्य और अन्य बनाम एन. एम. थामस : (1976) 2 उम. नि. प. 936, उच्चतम न्यायालय निर्णय पत्रिका, विधि साहित्य प्रकाशन, विधायी विभाग, विधि, न्याय और कम्पनी कार्य मन्त्रालय, भारत सरकार, नई दिल्ली-110 001
4. के. सी. वसन्त कुमार और एक अन्य बनाम कर्नाटक राज्य : (1985) 4 उम. नि. प. 670, उच्चतम न्यायालय निर्णय पत्रिका, विधि साहित्य प्रकाशन, विधायी विभाग, विधि, न्याय और कम्पनी कार्य मन्त्रालय, भारत सरकार, नई दिल्ली-110 001
5. गौतम कुन्दू बनाम पश्चिमी बंगाल राज्य और एक अन्य : (1994) 3 उम. नि. प. 150, उच्चतम न्यायालय निर्णय पत्रिका, विधि साहित्य प्रकाशन, विधायी विभाग, विधि, न्याय और कम्पनी कार्य मन्त्रालय, भारत सरकार, नई दिल्ली-110 001
6. श्रीमती चन्द्रकंला त्रिवेदी बनाम डा. एस. पी. त्रिवेदी : [1993] 3 उम. नि. प. 412, उच्चतम न्यायालय निर्णय पत्रिका, विधि साहित्य प्रकाशन, विधायी विभाग, विधि, न्याय और कम्पनी कार्य मन्त्रालय, भारत सरकार, नई दिल्ली-110 001
7. विशाका और अन्य बनाम राजस्थान राज्य और अन्य : (1997) 4 उम. नि. प. 71, उच्चतम न्यायालय निर्णय पत्रिका, विधि साहित्य प्रकाशन, विधायी विभाग, विधि, न्याय और कम्पनी कार्य मन्त्रालय, भारत सरकार, नई दिल्ली-110 001

IV. हिन्दी रिपोर्ट आदि

1. अनुसूचित जातियों तथा जनजातियों पर अत्याचार : कारण और उपाय, राष्ट्रीय अनुसूचित जाति तथा अनुसूचित जनजाति आयोग की रिपोर्ट, भारत सरकार, अप्रैल, 1990
2. राष्ट्रीय अनुसूचित जाति तथा अनुसूचित जनजाति आयोग, पाँचवीं रिपोर्ट 1998-99 खण्ड-1
3. वार्षिक रिपोर्ट, 1994-95, कल्याण मन्त्रालय, भारत सरकार

V. टी. वी. चैनलों पर कार्यक्रम

1. 'एन डी. टी. वी. इण्डिया' चैनल पर 28 नवम्बर, 2006 को 13 : 41 पर खबर
2. दूरदर्शन के 'नेशनल' चैनल पर डा. हरिवंश राय बच्चन पर तेजी बच्चन द्वारा 27 नवम्बर, 2005 को सुबह प्रसारित कार्यक्रम
3. 'सैफई उत्सव', 'उत्तर प्रदेश टी. वी.' चैनल पर, 25 दिसम्बर, 2005

VI. हिन्दी पत्र

1. कुसुम चतुर्वेदी का 2 अगस्त, 2006 का वाराणसी से लिखा गया डा. धर्मवीर को पत्र

VII. ENGLISH BOOKS

1. Dr. Ambedkar : Life and Mission, Dhananjay Keer, Popular Prakashan Private Limited, 35-C, Pandit Madan Mohan Malaviya Marg, Popular Press Bldg., Tardeo, Bombay-400 034, Reprint, 1992
2. Ambedkar : Towards an Enlightened India, Gail Omvedt, Penguin Books India (P) Ltd., 11 Community Centre, Panchsheel Park, New Delhi-110 017, India, Ist Edition, 2004

3. Armenians in India : From the Earliest Times to the Present Day : A Work of Original Research, Mesrovb Jacob Seth, Ist Publication, 1937, Present Edition, Asian Educational Services, 31, Hauz Khas Village, New Delhi-110 016, Second Reprint, 2005
4. Dr. Babasaheb Ambedkar : Writings and Speeches, Volume 2, Education Department, Government of Maharashtra, Bombay-400 032, Ist Edition,1982
5. Dr. Babasaheb Ambedkar : Writings and Speeches, Volume 7 : Reprint of Who were the Shudras? How they came to be the Fourth Varna in the Indo-Aryan Society, and the Untouchables : Who were they and why they became Untouchables?, The Education Department, Government of Maharashtra, Bombay-400 032, Ist Edition, 26th January, 1990
6. Dr. Babasaheb Ambedkar : Writings and Speeches, Volume 8, Education Department, Government of Maharashtra, Bombay- 400 032, Ist Edition, 1990
7. Bakshi's-The Constitution of India, Revised under the guidance of P.N. Bakshi and C.S. Lal, Law Publishers (India) Pvt. Ltd., 18 A, Sardar Patel Marg, Post Box No. 1077, Allahabad-211 001, 7th Edition, 2005
8. Bloomsburry English Dictionary, Bloomsburry Publishing Plc, 3rd, Soho Square, London W I D 3 H B, IInd Edition, 2004
9. The Chamars of Uttar Pradesh : A Study in Social Geography, A.B. Mukerji, Inter-India Publications, 105, Anand Nagar, Delhi-110 035, Ist Edition, 1980
10. Christianity in India : Two Thousand Years of Faith, By Leonard Fernando and G. Gispert-Sauch, Penguin Books India Pvt. Ltd., 11, Community Centre, Panchsheel Park, New Delhi-110 017, Ist Edition, 2004
11. The Concise Oxford Dictionary, Edited by Judy Pearsall, Oxford University Press, YMCA Library Building, Jai Singh Road, New Delhi-110 001, Tenth Edition, IV Impression, 2000
12. Crimes Against Women And Protective Laws, Shobha Saxena, Deep & Deep Publications, F-159, Rajauri Gardens, New Delhi-110 027, Edition, 1995
13. The Cultural Heritage of India : Volume IV : The Religions, Editor, Haridas Bhattacharyya, The Ramkrishna Mission Institute of Culture, Gol Park, Calcutta, Reprint, 1983
14. A Cultrual History of India, Edited by A.L. Basham, Oxford University Press, YMCA Library Building, Jai Singh Road, New Delhi-110 001, Seventh Impression, 2003
15. Dalit Movement in South India (1857-1950), Dr. Swapna H. Samel, Serials Publications, 4, B.S.S. Hall, Khyber Pass Market, Civil Lines, Delhi-110 054, Ist Edition, 2004
16. Dalits And The Law, Girish Agarwal and Colin Gonsalves, Human Right Law Network, 65, Masjit Road, Jungpura, New Delhi-110 014, Edition, 2005
17. Davidson's Principles and Practice of Medicine : A Textbook for Students and Doctors, Edited by John Macleod, Churchill Livingstone, 23, Ravelston Terrace, Edinburg, EH4 JTL, 12th Edition, Reprint, 1979.
18. Dictionary of Buddhism, by Damien Keown, Oxford University Press, Great Clarendon Street, Oxford, OX2 6DP, Ist Published, 2003
19. A Dictionary of World History, Second Edition, Oxford University Press, Great Clarendon Street, Oxford OX2 6DP, Paperback, Second Edition, 2006
20. Ethnology of Ancient Bhārata, Ram Chandra Jain, The Chowkhambha Sanskrit Series Office, Gopal Mandir Lane, P.O. Chowkhambha, Post Box 8, Varanasi-1, Ist Edition, 1970

21. The Gift of a Cow : A Translation of the Classic Hindi Novel Godan by Premchand, Translated by Gordon C. Roadamel with a new Introduction by Vasudha Dalmia, Published by Permanent Black, D-28, Oxford Apartments, 11, I.P. Extension, Delhi-110 092, Edition, 2002
22. The History And Culture of The Indian People : Volume Three : The Classical Age, General Editor, R. C. Majumdar, Bharatiya Vidya Bhavan, Kulpati K. M. Munshi Marg, Mumbai-400 007, Vth Edition, 1997
23. The History And Culture of the Indian People : Volume IV : The Age of Imperial Kanauj, General Editor, R. C. Majumdar, Bharatiya Vidya Bhavan, Kulpati Munshi Marg, Bombay-400 007, IVth Edition, 1993
24. The History And Culture of the Indian People : Volume V : The Struggle for Empire, General Editor, R. C. Majumdar, Bharatiya Vidya Bhavan, Kulpati K. M. Munshi Marg, Mumbai-400 007, Vth Edition, 2001
25. History and Culture of the Indian People : Volume VIII : The Maratha a Supremacy, General Editor, R. C. Majumdar, Bharatiya Vidya Bhavan, Kulpati K. M. Munshi Marg, Mumbai-400 007, Third Editon, 2001
26. History and Doctrines of the Ājīvikas : A Vanished Indian Religion, A.L. Basham, Motilal Banarsidass, 41, U.A. Bungalow Road, Jawahar Nagar, Delhi-110 007, Reprint, 2002
27. A History of Architecture, by Sir Banister Fletcher, Edited by Dan Cruickshank, CBS Publishers & Distributors, 4596/1-A, 11 Daryaganj, New Delhi-110 002, Ist Indian Edition, 1999
28. The History of Doing : An Illustrated Account of Movements for Women's Rights and Feminism in India–1800-1990, by Radha Kumar, Kali for Women, K-92, Hauz Khas Enclave, New Delhi-110 016, Fifth Impression, 2002
29. The History of the Indian Tour of H.R.H. The Prince of Wales, 1921-22, by L.F. Rushbrook Williams, Superintendent Government Printing, India, Calcutta, Edition,1922
30. India's Silent Revolution : The Rise of the Low Castes in North Indian Politics, Christopher Jaffrelot, Permanent Black, D-28, Oxford Apartments, 11, I.P. Extension, Delhi-110 092, Ist Edition, 2003
31. Jesus Among The Lost Sheep, by Aziz A Chaudhary, Published by Islam International Publications Ltd., Islamabad, Sheephatch Lane, Tilford, Survey GVIO 2AQ, U.K., Ist Edition, July, 1992
32. Jesus in India : Jesu's Deliverance From The Cross & Journey To India, by Hadharat Mirza Ghulam Ahmad of Qadian, Ist Edition, 1908, Present Publishers, Nazarat Nashr-o-Ishaat, Sadr Anjuman Ahmadiyya, Qadian-143 516, Distt. Gurdaspur, Punjab, India, Edition, 2003
33. Jesus In Kashmir : A Collection of Materials from the Internet, Collected and Organized by Dr. John Pulparampil, 63, Ganga Nagar Residents Association, Vallakadavu. P.O., Trivandrum-695 008, February, 2006
34. Jesus Lived in India : His Unknown Life Before and After the Crucification, Holger Kersten, Penguin Books India Pvt. Ltd., 11, Community Centre, Panchsheel Park, New Delhi-110 017, India, Ist Indian Edition, 2001
35. A Malayalam and English Dictionary, H. Gundert, Ist Edition, 1872, Presént Publishers, Asia Educational Services, C-2/15, S.D.A., New Delhi-110 016, Second Reprint, 1989
36. May You Be The Mother Of A Hundred Sons : A Journey Among the Women of India, Elizabeth Bumiller, Penguin Books India (P) Ltd., 11, Community Centre, Panchsheel Park, New Delhi-110 017, Ist Edition, 1991

37. Memoirs on the History, Folk-lore and Distribution of the Races of the North Western Provinces of India : Being an Amplified Edition of the Original Supplemental Glossary of Indian Terms, Sir Henry M Elliot, Edited, Revised and Re-arranged by John Beams, Ist Published 1859, Reprint by Low Price Publications, A-6, Nimri Commercial Centre, Near Ashok Vihar Phase-IV, Delhi-110 052, Reprint, 2004
38. Modi's Textbook of Medical Jurisprudence And Toxicology, Section-I, Edited by C. A. Franklin, 21st Edition, IIIrd Reprint, 1992, N.M. Tripathi Private Limited, Shamaldas Gandhi Marg, Bombay-400 002
39. Mother India, Katherine Mayo, Low Price Publications, B-2, Vardhaman Palace, Nimri Commercial Complex Centre, Ashok Vihar Phase-IV, Delhi-110 052, First Published, 1927, Reprinted in Low Price Publications, 1997
40. Munshi Premchand : A Literary Biography, Madan Gopal, Asia Publishing House, New Delhi, Edition, 1964
41. The New Encyclopaedia Britannica, Volume 9, Encyclopaedia Britannica Inc, New Delhi, Edition, 2003
42. Origin and Growth of Caste in India : Vol. II : Castes in Bengal, Nripendra Kumar Dutt, Firma K. L. Mukhopadhyay, 6/1A, Banchharam Akrur Lane, Calcutta-12, Ist Edition, 1965
43. People of India : Uttar Pradesh : Volume XLII : Part Two, General Editor, K. S. Singh, Manohar Publishers & Distributors, 4753/23, Ansari Road, Daryaganj, New Delhi-110 002, Edition, 2005
44. Premchand : Our Contemporary, Edited by Shiv Kumar Misra, National Publishing House, 23, Darya Ganj, New Delhi-110 002, Ist Edition, 1986
45. Religion as Social Vision : The Movement against Untouchability in 20th-Century Punjab, Mark Juergensmeyer, University of California Press, Berkely, Edition, 1982
46. Religion in Modern India, Edited by Robert D. Baird, Manohar Publications, 2/6, Ansari Road, Daryaganj, New Delhi-110 002, Reprint, 1991
47. Republic, Plato, Translated by John Llewelyn Davies and David James Vaughan, With an Introduction by Stephen Watt, Wordsworth Editions Limited, Cumberland House, Crib Street, Ware, Hertfordshire SG12 9ET, Edition, 1997
48. A Sanskrit-English Dictionary : Etymologically and Philologically arranged with special reference to cognate Indo-European Languages, by M. Monier-Williams, New Edition, Greatly enlarged and improved, Motilal Banarsidass, 41 U.A. Bungalow Road, Jawahar Nagar, Delhi-110 007, Ist Edition Published by Oxford University, 1899, Reprint, 1997
49. The Scheduled Castes, K. S. Singh, Oxford University Press, Edition,1993
50. A Search for the Historical Jesus : From Apocryphal, Buddhist, Islamic & Sanskrit Sources, Professor Fida M. Hassnain, Gateway Books, The Holies, Wellow, Bath BA2 8QI, U.K., Ist Indian Reprint, 2003
51. The Silken Swing : The Cultural Universe of Dalit Women, Edited by Fernando Franco, Jyotsna Macwan and Suguna Ramanathan, STREE, 16 Southern Avenue, Calcutta-700 026, Ist Edition, January, 2000
52. Society in Ancient India : Evolution Since the Vedic Times Based on Sanskrit, Pali, Prakrit and other Classical Sources, Sures Chandra Banerjee, D.K. Printworld (P) Ltd., Sri Kunj, F-52, Bali Nagar, New Delhi-110 015
53. States and Minorities, B.R. Ambedkar, Anand Sahitya Sadan, Siddhartha Marg, Cantt-20, Aligarh-202 001, U.P. Edition, 1989

54. Traveller's India : An Anthology, Chosen and Edited by H. K. Kaul, Oxford University Press, YMCA Library Building, Jai Singh Road, New Delhi-110 001, IIIrd Impression, 2002
55. The True Story of Jesus, by Rashid Ahmad Chaudhary, Published by Nazarat Nashr-O-Ishaat, Sadr Anjuman Ahmadiyya, Qadian-143 516, Punjab, India, Edition, 2005
56. U. P. Zamindari Abolition and Land Reorms Act, 1950, Advocate Prakash Gupta, Alia Law Agency, I.M.G. Marg, Allahabad-211 001, 6th Edition, 1996
57. V. S. Apte's The Practical Sanskrit-English Dictionary, Vol-I, Editors - in- Chief, P. K. Gode and C.G. Karve, Prasad Prakashan, 1892, Sadashiv Peth, Pune-411 030, Repint, 1977
58. Where did Jesus die?, by J. D. Shams, Published by Nazarat Nashr-O-Ishaat, Sadr Anjuman Ahmadiyya, P.O., Qadian-143 516, Punjab, India, 9th Edition, 2002
59. Women and Reservation in India, Dr. Jyotirmay Mandal, Kalpaz Publications, C-30, Satyawati Nagar, Delhi-110 052, Edition, 2003

VIII. English Magazines

1. A World of Unanswered Questions, National Geographic : The Greatest Journey Ever Told :
2. An essay by Dr. Hameed Khan, a Scientist at the U. S. National Institutes of Health (NIH) in Betherda, Maryland, USA
3. Bribe : 12 years's R I for doctor, Indian Express, Thiruvananthapuram, 1 August, 2006, Page-5, Column 2-4
4. Calendar 2006, Government of Kerala, Printed by The Superintendent of Government Presses at the Goverment Press, Kakkanad, Ernakulam, Kerala
5. D N A Test Nails Philandering Patriarch, The Hindustan Times, New Delhi, Help Mate, 14th July, 1996
6. Help Mate, The Hindustan Times, New Delhi, 28th August, 1996
7. Master of Modern Prose : Nirmal Verma–1929-2005, by Annie Zaidi, Frontline, N Ram, Kasturi & Sons Ltd., N. Press Kasturi Building, 859 & 860, Annasalai, Chennai-600 002, Volume 22, Issue 24, Nov. 05 - 18, 2005
8. Matrimonial, The Hindu, Thiruvananthapuram, 4 Issue, 2006, p.-3
9. "Over My Dead Body!" Said The Mahar, I. A. Ezekiel, The Illustrated Weekly of India, April 2, 1972
10. Shame to Rehabilitate Unwed Mother, The Indian Express, Thiruvananthapuram, Edition, 7th February, 1997
11. The Statesman, Saturday, February 18, 1922
12. Top actors Aishwarya Rai..., The Times of India, Bangalore, February 1, 2008

IX. English Cases

1. A.I. R. Mannual, Civil & Criminal, Volume 13, V. R. Manohar and W. W. Chitaley, The All India Reporter Ltd., P.B. 209, Congress Nagar, Nagpur-440 012, 5th Edition,1989
2. A.I.R. Manual, Civil & Criminal, Volume 26, V. R. Manohar and W. W. Chitaley, The All India Reporter Ltd., P.B. 209, Congress Nagar, Nagpur-440 012, 5th Edition, 1989
3. Sarla Vs. Mahendra Kumar : 1989 Cri. L.J. : 730 (Rajasthan)

X. English Reports

1. Annual Report 1993-94, Ministry of Welfare, Government of India
2. National Commission For Scheduled Castes and Scheduled Tribes, Third Report, 1994-95 & 1995-96, Volume I, Printed by The Manager, Government of India, Press Faridabad, 1998
3. National Commission for Scheduled Castes, Regional Office, Lucknow, U.P.
4. Report of The National Commission for Scheduled Castes and Scheduled Tribes, First Report, 12 March, 1992 to 31 March, 1993, Printed by Manager, Govt. of India, Press (PLU), Minto Road, New Delhi-110 002

XI. Seminars

1. National Commission for Scheduled Castes, Atrocities on Scheduled Castes : Issues & Challenges, First National Conference, 6-7 February 2007, SCOPE Complex, New Delhi

XII. Cassets

1. Awara, Produced and Directed by Raj Kapoor, SHEMAROO HOUSE, Plot No. 18, Marol Co-op. Industrial Estate, Marol Naka, off Andheri-Kurla Road, Andheri (E), Mumbai-400 059
2. Old Super Hits, Original MP-3, An Evergreen Hits of Kishore Kumar–Mohammed Rafi–Mukesh, Geet No.4, Marketed by Music Shark, Krishna Swamy Road, Kochi, Kerala

XIII. Diaries

1. Government of Kerala : Diary 2009, General Administration (Co-ordination) Department, Printed by the Superintendent of Government Presses at the Government Central Press, Thiruvananthapuram

XIV. Websites

1. Babasaheb Dr. Ambedkar and Nationalism http://www.ambedkartimes.com/ronkiram.htm
2. http://www.answers.com/topic/christ-a-Full Etymology
3. http://www.athro.com/com/evo/gen/inherit 1.html
4. http://www.bhaskar.com/2008/04/11/080411 1119 aishwarya_rai.html
5. http://en.wikipedia.org/wiki/Eye Color
6. http://en.wikipedia.ord/wiki/eye color
7. http://www.etymonline./com/Inden.php?/=c&p=13
8. http://www/furmunch.com/events/fathers day/fathers day history.shtml
9. http://www.genetic.com/resource/eye color calculator.php
10. www.gerome.ore.Genetic Evidence on The Origin of Indian Caste Populations–Gerome Research
11. http://www.india-seminar.com/2006/558/558%.20% 20 problem.ht
12. http://in.jagran.yahoo.com/news/national/general/51 420 1564/2/23/2008
13. http://www.logos dictionary.org/pls/dictionary/new_dictionary.dic.main
14. http://www.mad sci.org/posts/archives/Jan 2002/10123480 d4/Ge.r.html
15. http://www.modssi.org/post/archives/Jul 2001/994 098545 Ge.r.html
16. http://navbharattimes.indiatimes.com/articleshow/309 7958.cms 6/4/2008
17. www.ncrb.nic.in Google Search : NCRB Crime in 2004

18. www.poetry translation.socs.ac.UK. The Poetry Translation Centre at Soas, Room 404, School of Oriental and African Studies, Tharnhaught Street, London, WC, HOXG
19. http://www.seps.org/cvoracle/faq/eyecolor.html
20. http:/www.seps.org/oracle/oraclearchive/life.science.Genetics 2000.02/00095/2555390.7.../
21. http://sify.com/hindi/woman/fullstory.php?id=14605 339 2/25/2008
22. http://www.tomb of jesus.com/2007/historical_sources/docs/baha.html

डा. धर्मवीर के स्त्री सम्बन्धी साहित्य पर बहस

1. अठारवहीं (शब्द 'उन्नीसवीं' होना चाहिए) सदी में उभरा मुक्ति का स्वर, मुकुल प्रियदर्शिनी, जनसत्ता, 16 अप्रैल, 1989, नई दिल्ली
2. अनर्गल प्रलाप व असंगतियाँ, विजय मोहन सिंह, इण्डिया टुडे, F-14/15, कनाट प्लेस, नई दिल्ली-110 001, 1 मार्च, 2006, पृ.-55-6
3. अनर्गल प्रलाप व असंगतियाँ, विजय मोहन सिंह, कायस्थों की दुनिया, 35/115, मीरशाह अली कालोनी, जयपुर रोड, अजमेर, राजस्थान-305 001, 16 मार्च, 2007, पृ.-1-3
4. अनामिका : पितृत्व के बिना पितृसत्ता मखौल है, डा. धर्मवीर, अनभै साँचा, 148, कादम्बरी, सेक्टर-9, रोहिणी, दिल्ली-110 094, अप्रैल-जून, 2007, पृ.-52-72
5. 'अनुगूँज' की गम्भीरता, डॉ. सुकीर्ति गुप्ता, कथादेश, सहयात्रा प्रकाशन प्रा. लि., सी-52/जेड-3, दिलशाद गार्डन, जनवरी, 2004, दिल्ली-110 095, पृ.-9
6. अपनी बात, सम्पादकीय, देश निर्मोही, पल प्रतिपल, एस. सी. एफ. 267, सेक्टर-16, पंचकूला-134 113, हरियाणा, जून-सितम्बर, 2005, पृ.-3-4
7. अपनी भैंस कुल्हाड़ी से नाथूँ, तुम्हें क्या?, बालेश्वर राम, कथादेश, सहयात्रा प्रकाशन प्रा. लि., सी 52/जेड-3, दिलशाद गार्डन, दिल्ली-110 095, जून, 2003, पृ.-5
8. अपनी मुक्ति के रास्ते अकेले में नहीं मिलते, सम्पादकीय लेख, द्वारिका प्रसाद चारुमित्र, अनभै साँचा, 148, सेक्टर-9, रोहिणी, दिल्ली-110 085, प्रवेशांक, जनवरी-मार्च, 2006, पृ.-3-6
9. अपनी मुक्ति के रास्ते अकेले में नहीं मिलते, डा. द्वारिका प्रसाद चारुमित्र, युद्धरत आम आदमी, रमणिका फाउन्डेशन, ए-2-21, डिफेंस कालोनी, ग्रा. फ्लोर, नई दिल्ली-110 024, विशेषांक, 2007, पृ.-102-04
10. अपनी सूरत देख इठलाने का रोग, रजनी तिलक, युद्धरत आम आदमी, रमणिका फाउन्डेशन, ए-2-21, डिफेंस कालोनी, ग्रा. फ्लोर, नई दिल्ली-110 024, जनवरी-मार्च, 2008, पृ.-18-20
11. अपने गिरेबान में तो झांकिए, अनिता भारती, हंस, अक्षर प्रकाशन प्रा. लि., 2/36, अन्सारी रोड, दरियागंज, नई दिल्ली-110 002, नवम्बर, 2003, पृ.-10-11
12. अम्बेडकरवादी आन्दोलन की विरासत, डा. दिनेश राम, बयान, विशेषांक, मार्च-अप्रैल, 2007, बी. जी. 5ए/30-बी., पश्चिम विहार, नई दिल्ली-110 063, पृ.-35-6

13. अर्धनारीश्वर, विष्णु प्रभाकर (साहित्य अकादमी से पुरस्कृत इस उपन्यास में 'सीमन्तनी उपदेश' का शीर्षक ज्यों का त्यों रखा गया है, लेकिन सम्पादक के रूप में मेरा (डा. धर्मवीर) नाम बदल दिया है। मैंने उन से अनुरोध किया है कि इतिहास का विषय होने की वजह से मेरा नाम भी ज्यों का त्यों रखा जाए। उन्होंने मेरा तर्क स्वीकार किया है।)
14. अशोक बनाम वाजपेयी का मतलब, हरे प्रकाश उपाध्याय, आजकल, प्रकाशन विभाग, कमरा नम्बर 120, सूचना भवन, सी. जी. ओ. कम्प्लेक्स, लोदी रोड, नई दिल्ली-110 003, अप्रैल, 2006, पृ.-46-7
15. अशोक बनाम वाजपेयी की समीक्षा, श्यौराज सिंह बेचैन, संवेद-14, बी-3/44, तीसरा तल, सेक्टर-16, रोहिणी, दिल्ली-110 085, अप्रैल, 2006, पृ.-293-302
16. आओ दलित-ब्राह्मण हो कर खेलें, नियत नायक, जनसत्ता, 01 जनवरी, 2006, दिल्ली संस्करण
17. आए थे हरि भजन को..., कमाल अहमद, कथादेश, सहयात्रा प्रकाशन प्रा. लि., सी-52/जेड-3, दिलशाद गार्डन, दिल्ली-110 095, नवम्बर, 2003, पृ.-7-8
18. आकर्षक मुखपृष्ठ, डा. प्रमोद कुमार सिंह, कथादेश, सहयात्रा प्रकाशन प्रा. लि., सी-52/जेड-3, दिलशाद गार्डन, दिल्ली-110 095, दिसम्बर, 2003, पृ.-6
19. आक्रोश से निकली साहित्य की नई धारा, राजेन्द्र यादव और अशोक वाजपेयी की बातचीत, सूत्रधार, नीलाभ मिश्र, आउटलुक साप्ताहिक, ए. बी.-6, सफदरजंग एन्क्लेव, नई दिल्ली-110 029, 20 अगस्त, 2007, पृ.-56-8
20. आजादी के मायने, मंजू देवी, हंस, 2/36, अन्सारी रोड, दरियागंज़, नई दिल्ली-110 002, नवम्बर, 2004, पृ.-63
21. आन्दोलन के रूप में शिवमूर्ति, उमाकान्त 'राही', कथादेश, सहयात्रा प्रकाशन प्रा. लि., सी-52/जेड-3, दिलशाद गार्डन, दिल्ली-110 095, दिसम्बर, 2003, पृ.-4
22. आप किधर हैं?, वेद प्रकाश, युद्धरत आम आदमी, रमणिका फाउन्डेशन, ए-2-21, डिफेन्स कालोनी, ग्रा. फ्लोर, नई दिल्ली-110 024, विशेषांक, 2007, पृ.-96-9
23. आलोचकों के आलोचक डा. धर्मवीर, यशवन्त वीरोदय, बहुरि नहीं आवना, एफ-345, बैंक वाली गली, लाडो सराय, नई दिल्ली-110 030, जनवरी-मार्च, 2009, पृ.-28-9
24. आलोचना की नई प्रवृत्ति, श्री भगवान सिंह, जनसत्ता, 30 अप्रैल, 2006
25. आलोचना के वीर और उन का धर्म, अरुण कुमार त्रिपाठी, हिन्दुस्तान, दिल्ली, 11 दिसम्बर, 2005
26. आलोचना, संस्कृति और दलित संघर्ष, अजय तिवारी, जनसत्ता, 27 जनवरी, 2008
27. आश्वस्तकारी वर्तमान, वीरेन्द्र यादव, तहलका समाचार, एम-76, एम-ब्लाक मार्केट, ग्रेटर कैलाश-2, नई दिल्ली-110 048, 31 जनवरी, 2009, पृ.-31
28. इतनी हायतौबा क्यों, उद्भ्रान्त, जनसत्ता, नई दिल्ली, 4 जून, 2006
29. इस में गलत क्या है, विद्या लाल, कथादेश, सहयात्रा प्रकाशन प्रा. लि., सी-52/जेड-3, दिलशाद गार्डन, दिल्ली-110 095, अगस्त, 2003, पृ.-83

30. उत्तर आधुनिकता और हिन्दी का द्वन्द्व, सुधीश पचौरी, जन विकल्प, 2, सूर्य विहार, आशियाना नगर, पटना-800 025, दिसम्बर 2007—मार्च 2008, पृ.-106-116
31. उन्नीसवीं सदी के स्त्री-स्वर, संजीव, लोकमत समाचार, नागपुर, 26 सितम्बर, 2004, पृ.-2
32. एक दलित बेटी का पत्र पिता के नाम, मोहनदास नैमिशराय, बयान, बी. जी. 5ए/30-बी, पश्चिम विहार, नई दिल्ली-110 063, मार्च, 2008, पृ.-4
33. एक दौड़ती कड़वी सच्चाई, वेद प्रकाश दुबे, चौथी दुनिया, 16 से 22 जुलाई, 1989, पृ.-14
34. एक नए मुकाम की ओर..., सम्पादक, आलोक सांवल, जागरण प्रकाशन लि., 57 ए-3, मीरा बाई मार्ग, लखनऊ, 27 अक्टूबर, 2009, पृ.-5
35. औरतों का नजरिया : सीमन्तनी उपदेश, वीर भारत तलवार, उन की पुस्तक 'रस्साकशी : 19वीं सदी का नवजागरण और पश्चिमोत्तर प्रान्त' में, सारांश प्रकाशन प्राइवेट लिमिटेड, 142-ई, पाकेट-4, मयूर विहार-1, दिल्ली-110 091, प्रथम संस्करण, 2002, पृ.-221-236, 240, 244
36. औलाद चाहने वाली एक औरत का हाल, दैनिक नवभारत टाइम्स, रविवारीय, 27 नवम्बर, 1988, पृ.-3, कालम 3-6
37. कई स्तरों पर चलना चाहिए दलित-आन्दोलन, डा. नंद किशोर नवल से शशांक शेखर की बातचीत, युद्धरत आम आदमी, रमणिका फाउन्डेशन, ए-2-21, डिफेंस कालोनी, ग्रा. फ्लोर, नई दिल्ली-110 024, अंक-81, अप्रैल-जून, 2006, पृ.-52-3
38. 'कफन' और 'दलित स्त्री विमर्श', अनिता भारती, कृति संस्कृति संधान, बी-2/51, रोहिणी सेक्टर-16, दिल्ली-110 085, अप्रैल-दिसम्बर, 2003, पृ.-209-13
39. 'कफन' के कुपाठ का सच, शशांक शुक्ल, कशाकम, 3, ट्रांजिट होस्टल, बायरलैरा चौराहे के पास, महानगर, लखनऊ, उत्तर प्रदेश-226 006, जुलाई-सितम्बर, 2006, पृ.-2-3
40. कफन : हंगामा है क्यों बरपा?, रणेन्द्र, युद्धरत आम आदमी, रमणिका फाउन्डेशन, ए-2-21, डिफेंस कालोनी, ग्रा. फ्लोर, नई दिल्ली-110 024, विशेषांक, 2007, पृ.-100-101
41. कामसूत्रों के नायकों से सवाल, मोहन दास नैमिशराय, तीसरा पक्ष, 3734/23 ए, त्रिमूर्ति नगर, दमोह नाका, जबलपुर, मध्य प्रदेश-482 002, जनवरी-मार्च, 2006, पृ.-6-9
42. कामसूत्रों के नायकों से मेरा सवाल है, वे जवाब दें, डा. धर्मवीर, बयान विशेषांक, मार्च-अप्रैल, 2007, बी. जी. 5 ए/30-बी, पश्चिम विहार, नई दिल्ली-110 063, पृ.-41-5
43. 'काश पूछो कि मुद्दा क्या है....!' परिभाषाओं का संघर्ष, पुरुषोत्तम अग्रवाल, कथादेश, सहयात्रा प्रकाशन प्रा. लि., सी-52/जेड-3, दिलशाद गार्डन, दिल्ली-110 095, नवम्बर, 2003, पृ.-38-43
44. काश! फलक विस्तृत होता, अनिता भारती, कथादेश, सहयात्रा प्रकाशन प्रा. लि., सी-52/जेड-3, दिलशाद गार्डन, दिल्ली-110 095, जून, 2003, पृ.-63
45. किधर के लोग?, कंवल भारती, हंस, 2/36, अन्सारी रोड, दरियागंज, नई दिल्ली-110 002, जून, 2008, पृ.-85-7

46. कि मिटे आपस का भेद, खुदेजा खान, युद्धरत आम आदमी, रमणिका फाउन्डेशन, ए-2-21, डिफेंस कालोनी, नई दिल्ली-110 024, विशेषांक, 2007, पृ.-124
47. किले में समंदर, रोहिणी अग्रवाल, हंस, 2/36, अन्सारी रोड, दरियागंज, दिल्ली-110 002, नवम्बर, 2009, पृ.-30-35
48. किस मुंह से, उग्रनाथ, जनसत्ता, दिल्ली संस्करण, 25 अक्तूबर, 2005
49. ...के आलोचक का फासीवाद, ओमप्रकाश वाल्मीकि, युद्धरत आम आदमी, रमणिका फाउन्डेशन, ए-2-21, डिफेंस कालोनी, ग्रा. फ्लोर, नई दिल्ली-110 024, विशेषांक, 2007, पृ.-72-3
50. केरल सरकार और जारसत्ता का दलित प्रवक्ता, मुद्रा राक्षस, अम्बेडकर इन इण्डिया, गुईन रोड, अमीनाबाद, लखनऊ, उत्तर प्रदेश-226 018, दिसम्बर, 2007, पृ.-37-8
51. केरल सरकार और जारसत्ता का दलित प्रवक्ता, मुद्रा राक्षस, धम्म दर्पण, भारतीय बौद्ध महासभा, दिल्ली प्रदेश, बोधिसत्व भूमि अम्बेडकर भवन, रानी झांसी मार्ग, नई दिल्ली-110 055, अक्टूबर-दिसम्बर, 2007, पृ.-27
52. केरल सरकार और जारसत्ता का दलित प्रवक्ता, मुद्राराक्षस, राष्ट्रीय सहारा, दिल्ली, 21 अक्टूबर, 2007
53. कोई बतलाओ कि हम बतलाएं क्या?, हरे प्रकाश उपाध्याय, सम्प्रति पथ, सम्पादक, कुमार मुकुल, 3/1028, प्रथम तल, ललिता पार्क, लक्ष्मी नगर, दिल्ली-110 092, जनवरी-मार्च, 2007, पृ.-38-42
54. कोई मन्त्र दो गुरु!, योगेन्द्र शर्मा, हंस, 2/36, अन्सारी रोड, दरियागंज, नई दिल्ली-110 002, जनवरी, 2006, पृ.-11
55. को बड़ छोट कहत अपराधू, कविता, कथादेश, सहयात्रा प्रकाशन प्रा. लि., सी-52/जेड-3, दिलशाद गार्डन, दिल्ली-110 095, अगस्त, 2003, पृ.-81-2
56. कौन है दलितों का सगा?, प्रो. रामदेव शुक्ल, वाङ्मय : दलित विशेषांक अंक, सम्पादक, डॉ. एम. फीरोज अहमद, ई-3, अब्दुल्लाह क्वाटर्स, लाल बहादुर शास्त्री मार्ग, अमीर निशाँ, अलीगढ़-202 002, जनवरी-मार्च, 2006, पृ.-31-9
57. क्या प्रेमचंद जी की कोई रखैल थी?, डा. कौशल राय, समाचार टाइम्स, संस्मरण कथा विशेषांक, पृ.-2-4
58. क्या स्त्री विरोधी हैं दलित लेखक?, सुमन प्रभा, दलित प्रक्रिया, अक्तू-नवम्बर, 1994, पृ.-5-7
59. क्या हम आपकी खेती हैं?, रजनी तिलक, कथादेश, सहयात्रा प्रकाशन प्रा. लि., सी-52/जेड-3, दिलशाद गार्डन, दिल्ली-110 095, अगस्त, 2003, पृ. -79-81
60. खड़ा करो विवाद और बेचो किताब, विवेक शुक्ला, दैनिक हिन्दुस्तान, दिल्ली, 25 सितम्बर, 2005
61. खूबसूरत दुश्मनों के बीच, देवदत्त, जनसत्ता, दिल्ली, 3 अगस्त, 2003
62. गर दलित पत्नी सताए तो डॉ. धर्मवीर को बताएँ, अनीता भारती, युद्धरत आम आदमी, रमणिका फाउन्डेशन, A-2-21, डिफेन्स कालोनी, नई दिल्ली-110 024, जनवरी-मार्च, 2005, पृ.-74-7

63. गलत लोगों के बारे में सही सवाल, संगीता कुमारी, बयान, बी. जी. 5ए/30-बी, पश्चिम विहार, नई दिल्ली-110 063, मई, 2007, पृ.-3
64. गाली-गलौज करना असभ्यता की निशानी है, चमन लाल, युद्धरत आम आदमी, रमणिका फाउन्डेशन, ए-2-21, डिफेंस कालोनी, ग्रा. फ्लोर, नई दिल्ली-110 024, विशेषांक 2007, पृ. -120-21
65. गोरे नंद, जसोदा गोरी...., डा. धर्मवीर, जनसत्ता, दिल्ली संस्करण, 16 अक्टूबर, 2005
66. घेरे में रचनाकार, जनसत्ता, दिल्ली, 30 अक्टूबर, 2005
67. चित भी मेरी, पट भी मेरी और...., ईश गंगानिया, अपेक्षा-13, 27 घौंडली, कृष्णा नगर, दिल्ली-110 051, अक्तूबर-दिसम्बर, 2005, पृ.-48-57
68. चूक गए, जोखिम देवलिया, हंस, अक्षर प्रकाशन प्रा. लि., 2/36, अन्सारी रोड, दरिया गंज, नई दिल्ली-110 002, नवम्बर, 2003, पृ.-11
69. छठम् वर्ष प्रवेशोत्सव एवं पुरस्कार वितरण समारोह 5 अप्रैल 08 पर रिपोर्ट, दलित आदिवासी संवाद, 252/138-एफ, प्रेमचंद राठी, मुनिरका गाँव, नई दिल्ली-110 067, मई-जून, 2008, पृ.-29-30
70. जमींदार और सामन्त साहित्यकार और कलाकार नहीं होते : डॉ. धर्मवीर की पुस्तक 'प्रेमचन्द : सामन्त का मुंशी' का एक अंश, अम्बेडकर इन इण्डिया, तमकुहीराज, कुशीनगर, उ. प्र. -274 407, अगस्त, 2005, पृ.-31-3
71. जमींदार का कारिंदा, सुमित गौतम, दि संडे पोस्ट, 30 अक्टूबर, 2005
72. जाति चेतना का विकास, कंवल भारती, हंस, 2/36, अन्सारी रोड, दरियागंज, नई दिल्ली-110 002, फरवरी, 2006, पृ.-9
73. 'जारसत्ता' के महान खोजी डा. धर्मवीर?, सन्तोष खरे, युद्धरत आम आदमी, रमणिका फाउन्डेशन, ए-2-21, डिफेन्स कालोनी, ग्रा. फ्लोर, नई दिल्ली-110 024, विशेषांक, 2007, पृ.-122-23
74. जारसत्ता बनाम धर्मवीर, मानवेन्द्र प्रताप सिंह, राष्ट्रीय सहारा, दिल्ली, 14 अक्तूबर, 2007
75. जार साहित्य का विलुप्त होना तय है, डा. धर्मवीर से कैलाश दहिया की बातचीत, नई धारा, सूर्यपुरा हाउस, बोरिंग रोड, पटना-800 001, अगस्त-सितम्बर, 2009, पृ.-4-8
76. जारकर्म के 'वास्कोडिगामा', श्रीधरम, युद्धरत आम आदमी, रमणिका फाउन्डेशन, ए-2-21, डिफेन्स कालोनी, ग्रा. फ्लोर, नई दिल्ली-110 024, विशेषांक, 2007, पृ.-61-4
77. जारकर्मी दार्शनिकता का दस्तावेज, हरीश मंगलम्, युद्धरत आम आदमी, रमणिका फाउन्डेशन, ए-2-21, डिफेंस कालोनी, ग्रा. फ्लोर, नई दिल्ली-110 024, विशेषांक, 2007, पृ.-77-80
78. जीवन की अनुगूँज, यशवन्त पाल, कथादेश, सहयात्रा प्रकाशन प्रा. लि., सी-52/जेड-3, दिलशाद गार्डन, दिल्ली-110 095, दिसम्बर, 2003, पृ.-4
79. जेवर-गहने से पीछा क्यों नहीं छूटता!, सम्पादक, चौथी दुनिया, 16 से 22 जुलाई, 1989, पृ.-14
80. जो बलात्कार के दृश्य पर भी खुशी से सीटी बजाए..., सूर्य नारायण रणसुभे, युद्धरत आम आदमी, रमणिका फाउन्डेशन, ए-2-21, डिफेंस कालोनी, ग्रा. फ्लोर, नई दिल्ली-110 024, विशेषांक, 2007, पृ.-56-60

81. टापू नहीं है कोई भी, ललित कार्तिकेय, कथादेश, सहयात्रा प्रकाशन प्रा. लि., सी-52/जेड-3, दिलशाद गार्डन, दिल्ली-110 095, सितम्बर, 2003, पृ.-60-61
82. ढोल गँवार सूद्र पसु नारी का जवाब, राज किशोर, जनसत्ता, दिल्ली, 9 अक्टूबर, 2005
83. तनी मुट्ठियाँ और प्रतिरोधी स्वर की अहमियत, रामचन्द्र, युद्धरत आम आदमी, रमणिका फाउन्डेशन, ए-2-21, डिफेंस कालोनी, ग्रा. फ्लोर, नई दिल्ली-110 024, विशेषांक, 2007, पृ. -85-8
84. तब लिखने का साहस नहीं हुआ, दलित लेखक सूरज पाल चौहान से अजित राय की बातचीत, राष्ट्रीय सहारा, नई दिल्ली, 24 अप्रैल, 2006
85. तर्क को कुतर्क से मत काटो, प्रो. कमला प्रसाद, प्रगतिशील वसुधा-66, एम-31, निराला नगर, दुष्यंत मार्ग, भदभदा रोड, भोपाल-462 003, जुलाई-सितम्बर, 2005, पृ.-24-9
86. तिहरा अभिशाप अर्थात् दलित अस्मिता विमर्श में स्त्री, बजरंग बिहारी तिवारी, हंस, अक्षर प्रकाशन प्रा. लि., 2/36, अन्सारी रोड, दरियागंज, नई दिल्ली-110 002, जुलाई, 2000, पृ.-91
87. तुलसी का पाठ, प्रवीण कुमार, जनसत्ता, दिल्ली, 6 दिसम्बर, 2005
88. तेरा क्या होगा कालिया!, अरुण कुमार गौतम, युद्धरत आम आदमी, रमणिका फाउन्डेशन, ए-2-21, डिफेंस कालोनी, ग्रा. फ्लोर, नई दिल्ली-110 024, विशेषांक, 2007, पृ.-115-19
89. थेरीगाथा की भिक्खुणियाँ महान हैं, डा. संघसेन सिंह, समतायुग, पश्चिम पुरी, क्लब रोड, प्रगति अपार्टमेन्टस के पास, नई दिल्ली-110 063, पृ.-38-45
90. थेरीगाथा की भिक्षुणियाँ और डा. अम्बेडकर, डा. धर्मवीर को उत्तर, किस्त-1, डा. सुरेन्द्र अज्ञात, भीम पत्रिका, ES-393A, Street 6, Abadpura, Jalandhar-144 003, फरवरी, 2007 (II), पृ.-2-3
91. थेरीगाथा की भिक्षुणियाँ और डा. अम्बेडकर, डा. धर्मवीर को उत्तर, किस्त-2, डा. सुरेन्द्र अज्ञात, भीम पत्रिका, ES-393A, Street 6, Abadpura, Jalandhar-144 003, मार्च, 2007 (II), पृ.-2-3
92. थेरीगाथा की भिक्षुणियाँ और डा. अम्बेडकर, डा. धर्मवीर को उत्तर, किस्त-3, डा. सुरेन्द्र अज्ञात, भीम पत्रिका, ES-393A, Street 6, Abadpura, Jalandhar-144 003, अप्रैल, 2007 (II), पृ.-2-3
93. थेरीगाथा की भिक्षुणियाँ और डा. अम्बेडकर, डा. धर्मवीर को उत्तर, किस्त-4, डा. सुरेन्द्र अज्ञात, भीम पत्रिका, ES-393A, Street 6, Abadpura, Jalandhar-144 003, मई, 2007 (II), पृ.-2-3
94. थेरीगाथा की भिक्षुणियाँ और डा. अम्बेडकर, डा. धर्मवीर को उत्तर, किस्त-5, डा. सुरेन्द्र अज्ञात, भीम पत्रिका, ES-393A, Street 6, Abadpura, Jalandhar-144 003, जून, 2007 (II), पृ.-4-5
95. थेरीगाथा की भिक्षुणियाँ और डा. अम्बेडकर, डा. धर्मवीर को उत्तर, किस्त-6, डा. सुरेन्द्र अज्ञात, भीम पत्रिका, ES-393A, Street 6, Abadpura, Jalandhar-144 003, अगस्त, 2007 (II), पृ.-4-5

96. थेरीगाथा की भिक्षुणियाँ और डा. अम्बेडकर, डा. धर्मवीर को उत्तर, किस्त-7, डा. सुरेन्द्र अज्ञात, भीम पत्रिका, ES-393A, Street 6, Abadpura, Jalandhar-144 003, सितम्बर, 2007 (II), पृ.-2-4
97. थेरीगाथा की भिक्षुणियाँ और डा. अम्बेडकर, डा. धर्मवीर को उत्तर, किस्त-8, डा. सुरेन्द्र अज्ञात, भीम पत्रिका, ES-393A, Street 6, Abadpura, Jalandhar-144 003, अक्तूबर, 2007 (II), पृ.-4-6
98. दलित-अस्मिता के लिए गठबन्धन जरूरी, ईश कुमार गंगानिया, 27-घौंडली, कृष्णा नगर, दिल्ली-110 051, अप्रैल-जून, 2004, पृ.-53-56, 71
99. दलित आन्दोलन : भविष्यदृष्टि का प्रश्न, सुभाष गाताडे, कथादेश, सहयात्रा प्रकाशन प्रा. लि., सी-52/जेड-3, दिलशाद गार्डन, दिल्ली-110 095, अगस्त, 2003, पृ.-84-6
100. दलित कथाकारों में बंटवारे की रणनीति, मोहनदास नैमिशराय, दलित साहित्य (वार्षिकी) 2005, बी-634, डी. डी. ए. फ्लैट्स, ईस्ट आफ लोनी रोड, दिल्ली-110 093, पृ.-39-47
101. दलित कानून, समीक्षा, बयान, विशेषांक, मार्च-अप्रैल, 2007, बी. जी. 5 ए/30-बी., पश्चिम विहार, नई दिल्ली-110 063, पृ.-128
102. दलित चिन्तन का वितंडावाद, अरुण माहेश्वरी, युद्धरत आम आदमी, रमणिका फाउन्डेशन, ए-2-21, डिफेंस कालोनी, ग्रा. फ्लोर, नई दिल्ली-110 024, विशेषांक, 2007, पृ.-92-3
103. दलित-चिन्तन में स्त्री, कंवल भारती, दोआबा, 247, MIG, लोहिया नगर, पटना, बिहार-800 020, दिसम्बर, 2007, पृ.-94-108
104. दलित चिन्तन या वितण्डावाद, अरुण माहेश्वरी, जनसत्ता, दिल्ली संस्करण, 7 अक्टूबर, 2005
105. दलित दर्शन या दलित मनुवाद!, सुमन प्रभा, समकालीन जनमत, 16-31 जुलाई, 1995, पृ.-29-31
106. दलित दर्शन : सीमित दायरे की बहस, अखिलेश, समकालीन जनमत, 1-15 सितम्बर, 1995, पृ.-26
107. दलित प्रश्न और प्रेमचंद, डा. रामचन्द्र, कथादेश, सी-52/जेड-3, दिलशाद गार्डन, दिल्ली-110 095, जून, 2006, पृ.-62-5
108. दलित महिलाएँ और मीडिया दृष्टि, रूप चंद गौतम, मीडिया विमर्श, ए-2, अनमोल फ्लैट्स, अवन्ति विहार कालोनी, रायपुर-492 006, अक्टूबर-दिसम्बर, 2009, पृ.-27-8
109. दलित लेखन ने सारे विमर्श को बदला है : कँवल भारती, कँवल भारती से बजरंग बिहारी तिवारी की बातचीत, कथादेश, सी-52/जेड-3, दिलशाद गार्डन, दिल्ली-110 095, दिसम्बर, 2006, पृ.-52-5
110. दलित वार्षिकी 2005—विखंडन का आयोजन, हंस, 2/36, अन्सारी रोड, दरियागंज, नई दिल्ली-110 002, मई, 2006, पृ.-86
111. दलित-विमर्श का इतिहास चक्र, व्रज कुमार पाण्डेय, आलोचना त्रैमासिक, मैत्री शान्ति भवन, फ्लैट नम्बर 4, डी एम दास रोड, पटना-800 004, बिहार, अप्रैल-जून, 2004, पृ.-59-71

112. दलित विमर्श के भंवर में पड़ी 'कफन' कहानी का व्यंग्य, विद्रूप और विडम्बना, डा. कृष्णचंद गुप्त, युद्धरत आम आदमी, रमणिका फाउन्डेशन, ए-2-21, डिफेंस कालोनी, ग्रा. फ्लोर, नई दिल्ली-110 024, विशेषांक, 2007, पृ.-107-10
113. दलित समाज के नए 'साईं बाबा', प्रो. तुलसी राम, रमणिका फाउन्डेशन, ए-2-21, डिफेंस कालोनी, ग्रा. फ्लोर, नई दिल्ली-110 024, विशेषांक, 2007, पृ.-45-55
114. दलित साहित्य और प्रेमचंद, पुस्तक, दलित साहित्य का समाजशास्त्र, लेखक, डा. हरिनारायण ठाकुर, भारतीय ज्ञानपीठ, 18, इन्स्टीट्यूशनल एरिया, लोदी रोड, नई दिल्ली-110 003, पहला संस्करण, 2009, पृ.-134-61
115. दलित साहित्यकार : नयी चुनौतियाँ, राम सनेही 'विनय', स्मारिका स्पन्दन : नारी अस्मिता अंक, डा. अम्बेडकर जन साहित्य संस्थान, एल-381, इन्दिरा नगर, रायबरेली-226 001, 2006, सम्पादकीय, पृ.-5-7
116. दलित साहित्य : समर्थन और विरोध के बीच, प्रस्तुति, अजित राय, हंस, 2/36, अन्सारी रोड, दरियागंज, नई दिल्ली-110 002, अक्टूबर, 2005, पृ.-82-3
117. दलित साहित्य समीक्षा के नए प्रतिमान : सन्दर्भ 'प्रेमचन्द : सामंत का मुंशी', कृष्णदत्त पालिवाल, अपेक्षा-13, 27-घौंडली, कृष्णा नगर, दिल्ली-110 051, अक्तूबर-दिसम्बर, 2005, पृ.-58-63
118. दलित साहित्य वयस्क हो रहा है, मोहन दास नैमिशराय से ईश कुमार गंगानिया की बातचीत, अपेक्षा, 27-घौंडली, कृष्णा नगर, दिल्ली-110 051, अप्रैल-जून, 2004, पृ.-37
119. दलित साहित्य-विमर्श में स्त्री, बजरंग बिहारी तिवारी, कथादेश, सहयात्रा प्रकाशन प्रा. लि., सी-52/जेड-3, दिलशाद गार्डन, दिल्ली-110 095, जनवरी, 2003, पृ.-39-49
120. दलित सिविल कानून, डॉ. धर्मवीर, वाणी प्रकाशन समाचार, 21-ए, दरियागंज, नई दिल्ली-110 002, जनवरी, 2007, पृ.-11
121. 'दलित सिविल कानून' की आवश्यकता है, सुधीर, दलित आदिवासी संवाद, 252/138-एफ, प्रेमचंद राठी, मुनिरका गाँव, नई दिल्ली-110 067, नवम्बर-दिसम्बर, 2007, पृ.-28
122. दलित स्त्रियाँ किस की सम्पत्ति हैं, राजकिशोर, जनसत्ता, दिल्ली संस्करण, 3 अक्टूबर, 2005
123. दलित स्त्रियाँ किस की सम्पत्ति हैं, राज किशोर, युद्धरत आम आदमी, रमणिका फाउन्डेशन, ए-2-21, डिफेन्स कालोनी, ग्रा. फ्लोर, नई दिल्ली-110 024, विशेषांक, 2007, पृ.-89-91
124. दलित स्त्रियाँ सबक सिखाने का हौसला रखती हैं, पुष्पा विवेक, रमणिका फाउन्डेशन, ए-2-21, डिफेंस कालोनी, ग्रा. फ्लोर, नई दिल्ली-110 024, विशेषांक, 2007, पृ.-40-41
125. दलित स्त्री का कब्जाकरण, रमणिका गुप्ता, कथादेश, सहयात्रा प्रकाशन प्रा. लि., सी-52/जेड-3, दिलशाद गार्डन, दिल्ली-110 095, जुलाई, 2003, पृ. -61-5
126. दलितों को अकेले न छोड़ें, अरुण कुमार त्रिपाठी, दैनिक हिन्दुस्तान, दिल्ली संस्करण, 17 सितम्बर, 2005
127. दलितों में दलित है स्त्री, पुष्पा विवेक, कथादेश, सहयात्रा प्रकाशन प्रा. लि., सी-52/जेड-3, दिलशाद गार्डन, दिल्ली-110 095, जून, 2003, पृ.-61-2
128. दृष्टि का दंश, विद्या रानी, हंस, 2/36, अन्सारी रोड, दरिया गंज, नई दिल्ली-110 002, अगस्त, 1999, पृ.-96

129. देवदत्त क्यों हँसे?, धर्मवीर, जनसत्ता, नई दिल्ली, 6 जुलाई, 2003
130. 'दोहरा अभिशाप'—कितना दोहरा?—एक डायनासौर औरत, डा. धर्मवीर, हंस, 2/36, अंसारी रोड, दरिया गंज, नई दिल्ली-110 002, अगस्त, 2004, पृ.-66-71
131. 'दोहरा अभिशाप' : कौसल्या बैसन्त्री, पुस्तक, दलित साहित्य का समाजशास्त्र, लेखक, डा. हरि नाराण ठाकुर, भारतीय ज्ञानपीठ, 18, इन्स्टीट्यूशनल एरिया, लोदी रोड, नई दिल्ली-110 003, पहला संस्करण, 2009, पृ.-499-506
132. डा. धर्मवीर की अनुपस्थिति में उन के द्वारा पुरस्कार ग्रहण करने हेतु पहुँचे डा. दिनेश राम का वक्तव्य, दलित आदिवासी संवाद, 252/138-एफ, प्रेमचंद राठी, मुनिरका गाँव, नई दिल्ली-110 067, मई-जून, 2008, पृ.-19-21
133. धर्मवीर की नैतिकता, अनिता भारती, कथादेश, सहयात्रा प्रकाशन प्रा. लि., सी-52/जेड-3, दिलशाद गार्डन, दिल्ली-110 095, नवम्बर, 2003, पृ.-6-7
134. धर्मवीर की पुस्तक के लोकार्पण का बहिष्कार, एजेंसी, राजस्थान पत्रिका, नई दिल्ली और कोलकाता संस्करण, 13 सितम्बर, 2005
135. धर्मवीर के किसी भी लेख की नोटिस नहीं लेनी, डा. सूर्य नारायण रणसुभे, युद्धरत आम आदमी, रमणिका फाउन्डेशन, ए-2-21, डिफेन्स कालोनी, ग्रा. फ्लोर, नई दिल्ली-110 024, अक्तूबर-दिसम्बर, 2007, पृ.-8
136. धर्मवीर के लेखन का विरोध क्यों, अनिता भारती, जनसत्ता, दिल्ली, 25 सितम्बर, 2005
137. धर्मवीर जी, मनुस्मृति के मुंशी तो नहीं बने?, उर्मिला पवार, बयान, बी. जी. 5 ए/30-बी, पश्चिम विहार, नई दिल्ली-110 063, अप्रैल, 2008, पृ.-16
138. डा. धर्मवीर से डा. दिनेश राम का साक्षात्कार, वाणी प्रकाशन समाचार, 21-ए, दरियागंज, नई दिल्ली-110 002, जनवरी, 2007, पृ.-14-5
139. 'धूपछाँही दिनकर' पढ़ने के बाद, डा. धर्मवीर, बहुरि नहिं आवना, एफ-345, बैंक वाली गली, लाडो सराय, नई दिल्ली-110 030, संयुक्तांक, जुलाई-दिसम्बर, 2009, पृ.-13-21
140. नंगा हो मत नाच!, सम्पादकीय, रमणिका गुप्ता, युद्धरत आम आदमी, रमणिका फाउन्डेशन, ए-2-21, डिफेंस कालोनी, ग्रा. फ्लोर, नई दिल्ली-110 024, विशेषांक, 2007, पृ.-3-11
141. नयी जान आ गयी है, पवन कुमार सिंह, कथादेश, सहयात्रा प्रकाशन प्रा. लि., सी-52/जेड-3, दिलशाद गार्डन, दिल्ली-110 095, सितम्बर, 2003
142. नारी की अन्तर्वेदना की सफल अभिव्यक्ति : सीमन्तनी उपदेश, नगर संवाददाता, दैनिक वीर अर्जुन, नई दिल्ली संस्करण, 24 नवम्बर, 1988, पृ.-3, कालम-7-8
143. नारी जागरण का उद्घोष, डा. हरिमोहन, आजकल, जून, 1989, पृ.-41-2
144. नारी मुक्तिकाव्य, मंजू देवी, हंस, 2/36, अन्सारी रोड, दरियागंज, नई दिल्ली-110 002, अगस्त, 1999, पृ.-96
145. नारीवाद बनाम देहवाद, सुभाष धायल, जनसत्ता, नई दिल्ली, 21 अक्टूबर, 2004
146. नारी वादिनों को शुभकामनाएँ, सत्यपाल सिंह, कथादेश, सहयात्रा प्रकाशन प्रा. लि., सी-52/जेड-3, दिलशाद गार्डन, दिल्ली-110 095, जुलाई, 2003, पृ.-65
147. नारी समस्या का जीवन्त दस्तावेज, सुरेश कुमार, समीक्षायन, पृ.-68-9

148. निर्गुण धारा की आलोचनात्मक अभिव्यक्ति, रत्न कुमार सांभरिया, जनसत्ता, नई दिल्ली, 11 जून, 2006
149. निशाने से आगे, देवदत्त, जनसत्ता, दिल्ली, 8 जून, 2003, पृ.-7
150. नैतिकताओं का द्वन्द्व, अजय चंद्रवंशी, हंस, 2/36, अन्सारी रोड, दरियागंज, नई दिल्ली-110 002, जनवरी, 2006, पृ.-11-2
151. पत्र-प्रतिक्रिया, डॉ. वन्दना मिश्रा, युद्धरत आम आदमी, रमणिका फाउन्डेशन, ए-2-21, डिफेंस कालोनी, ग्रा. फ्लोर, नई दिल्ली-110 024, अंक-81, अप्रैल-जून, 2006, पृ.-103
152. परछाईं से संघर्ष करती नारी, राज भारती, समकालीन जनमत, 1-15 सितम्बर, 1995, पृ.-25-6
153. पर प्रेमचंद सदैव रहेंगे, रवि मथानी, नई धारा, सूर्यपुरा हाउस, बोरिंग रोड, पटना, बिहार-800 001, अक्टूबर-नवम्बर, 2009, पृ.-123
154. पाठक प्रतिक्रिया, रमेश निर्मल, अपेक्षा, 27-घौंडली, कृष्णा नगर, दिल्ली-110 051, अक्टूबर-दिसम्बर, 2003, पृ .-2-3
155. पाठक प्रतिक्रिया, अंगद किशोर, अपेक्षा-14, 27, घौंडली, कृणा नगर, दिल्ली-110 051, जनवरी-मार्च, 2006, पृ.-3
156. पाठक प्रतिक्रिया, कुसुम मेघवाल, अपेक्षा-14, 27, घौंडली, कृष्णा नगर, दिल्ली-110 051, जनवरी-मार्च, 2006, पृ.-4
157. पाठक-प्रक्रिया, महेश चंद्र पुनेठा, समकालीन जनमत, पृ.-4-5
158. पाठक प्रतिक्रिया, के. के. सिंह, अपेक्षा-14, 27, घौंडली, कृष्णा नगर, दिल्ली-110 051, जनवरी-मार्च, 2006, पृ.-4
159. पाठक प्रतिक्रिया, रामसनेही विनय, अपेक्षा-14, 27, घौंडली, कृष्णा नगर, दिल्ली-110 051, पृ.-3
160. पाठकों को इतना मूर्ख क्यों समझते हैं?, डा. प्रमोद कुमार सिंह, कथादेश, सहयात्रा प्रकाशन प्रा. लि., सी-52/जेड-3, दिलशाद गार्डन, दिल्ली-110 095, जून, 2003, पृ.-6
161. पाठ या कुपाठ, जय कौशल, युद्धरत आम आदमी, रमणिका फाउन्डेशन, ए-2-21, डिफेंस कालोनी, ग्रा. फ्लोर, नई दिल्ली-110 024, विशेषांक, 2007, पृ.-105-06
162. पाती-थाती, कालू राम मीणा, बहुरि नहिं आवना, एफ-345, बैंक वाली गली, लाडो सराय, नई दिल्ली-110 030, संयुक्तांक, जुलाई-दिसम्बर, 2009, पृ.-8
163. पाती-थाती, जय सिंह, बहुरि नहिं आवना, एफ-345, बैंक वाली गली, लाडो सराय, नई दिल्ली-110 030, अप्रैल-जून, 2009, पृ.-8
164. पाती-थाती, मूल चंद गौतम, बहुरि नहिं आवना, एफ-345, बैंक वाली गली, लाडो सराय, नई दिल्ली-110 030, संयुक्तांक, जुलाई-दिसम्बर, 2009, पृ.-9
165. पाती-थाती, रत्न कुमार सांभरिया, बहुरि नहिं आवना, एफ-345, बैंक वाली गली, लाडो सराय, नई दिल्ली-110 030, जनवरी-मार्च, 2009, पृ.-9
166. पाती-थाती, सर्वेन्द्र शेखर, बहुरि नहिं आवना, एफ-345, बैंक वाली गली, लाडो सराय, नई दिल्ली-110 030, जनवरी-मार्च, 2009, पृ.-7-8

167. पार्टनर आप की पालिटिक्स क्या है, सम्पादकीय, हेतु भारद्वाज, समय माजरा, राष्ट्र भाषा प्रचार समिति, हिन्दी भवन, आगरा रोड, जयपुर-302 003, नवम्बर-दिसम्बर, 2005, पृ.-3-5
168. पुरस्कृत कृति डा. धर्मवीर की किताब 'दलित सिविल कानून' की भूमिका, सुधीर, दलित आदिवासी संवाद, 252/138-F, प्रेमचंद राठी, मुनिरका गाँव, नई दिल्ली-110 067, अप्रैल, 2008, पृ.-26-8
169. पुरुष का जामा आधुनिक है पर संस्कार सामन्ती, मन्नू भंडारी से ज्योति चावला की बातचीत, कथादेश, सहयात्रा प्रकाशन प्रा. लि., सी-52/जेड-3, दिलशाद गार्डन, दिल्ली-110 095, जनवरी, 2009, पृ.-174
170. पुरुष हर जगह पुरुष ही होता है चाहे वह सवर्ण हो या दलित, मन्नू भंडारी से ज्योति चावला की बातचीत, शब्द संगत, मार्फत, 197 सेक्टर-'बी', सर्वधर्म कालोनी, कोलार रोड, भोपाल, मध्य प्रदेश-462 042, अप्रैल, 2008, पृ.-5-21
171. पुस्तकें 2005 : एक सर्वेक्षण, श्रीधरम, हंस, 2/36, अन्सारी रोड, दरिया गंज, नई दिल्ली-110 002, जनवरी, 2006, पृ.-88
172. प्रस्तावना, कुसुम चतुर्वेदी, नया मानदण्ड, आचार्य रामचंद्र शुक्ल साहित्य शोध संस्थान, दुर्गाकुण्ड, वाराणसी, अप्रैल-जून, 2003, पृ.-9
173. प्रेमचन्द : एक पर्सनल सा सवाल, सुधीश पचौरी, दैनिक हिन्दुस्तान, दिल्ली संस्करण, 8 अक्टूबर, 2005
174. प्रेमचंद का नायक दलित नहीं है—श्यौराज सिंह बेचैन, प्रस्तुति, सिद्धार्थ, आज, गोरखपुर संस्करण, 28 फरवरी, 2006
175. प्रेमचंद की कहानियों में दलित जीवन एवं दृष्टि, डा. राम विनय शर्मा, अनभै साँचा, 148, कादम्बरी, सेक्टर-9, रोहिणी, दिल्ली-110 032, अक्तूबर-दिसम्बर, 2008, पृ.-189-94
176. प्रेमचंद की कहानी 'कफन'—दृष्टि से अन्तर्दृष्टि तक, मूलचंद सोनकर, युग तेवर, 1587/1, उदय प्रताप कालोनी, बढ़ैया बीर, सिविल लाइन्स 2, सुलतानपुर, उत्तर प्रदेश-228 001, जून-अगस्त, 2007, पृ.-13-22
177. प्रेमचंद के चरित्र पर उंगली उठाती धर्मवीर की पुस्तक पर विवाद, सहारा न्यूज ब्यूरो, राष्ट्रीय सहारा, नयी दिल्ली, 15 सितम्बर, 2005
178. प्रेमचंद के दलित विरोधी होने का शिगूफा, सूरजपाल चौहान, बयान, विशेषांक, मार्च-अप्रैल, 2007, बी. जी. 5 ए/30-बी, पश्चिम विहार, नई दिल्ली-110 063, पृ.-46-7
179. प्रेमचन्द के निन्दक, वीरेन्द्र यादव, तदभव, 18/201, इन्दिरा नगर, लखनऊ—226 016, उत्तर प्रदेश, अक्टूबर, 2005, पृ.-69-77
180. 'प्रेमचन्द कोई पत्थर की लकीर नहीं' : धर्मवीर की पुस्तक श्रृंखला का लोकार्पण, दैनिक हिन्दुस्तान, दिल्ली, 13 सितम्बर, 2005
181. प्रेमचंद को स्त्री विरोधी बताने पर बवाल, वार्ता, पंजाब केसरी, दिल्ली, 13 सितम्बर, 2005, पृ.-5
182. प्रेमचंद को 'स्त्री विरोधी' बताने का विरोध, दैनिक भास्कर, दिल्ली, 13 सितम्बर, 2005

183. 'प्रेमचंद : घर में'—झूठ का पुलिन्दा, डॉ. कौशल राय, लमही, 3/343, विवेक खण्ड, गोमती नगर, लखनऊ-226 010, जनवरी-मार्च, 2009, पृ.-110-12

184. प्रेमचन्द दलित अस्मिता के आइने में, शिवनाथ चौधरी आलम, तीसरा पक्ष, 3734/23 ए, त्रिमूर्ति नगर, जबलपुर, मध्य प्रदेश-482 002, पृ.-81-112

185. प्रेमचंद न तो अव्यावहारिक हैं न ही अविश्वसनीय, अंशुमाली रस्तोगी, कथाक्रम, 3, ट्रांजिट होस्टल, वायरलेस चौराहे के पास, महानगर, लखनऊ, उत्तर प्रदेश-226 006, अप्रैल-जून, 2006, पृ.-123-24

186. प्रेमचन्द पर फिर विवाद, वार्ता, डेली हिन्दी मिलाप, हैदराबाद, 2 अगस्त, 2005

187. प्रेमचंद फोबिया और कफन-मीनिया की व्याधि, ओमराज, युद्धरत आम आदमी, रमणिका फाउन्डेशन, ए-2-21, डिफेंस कालोनी, ग्रा. फ्लोर, नई दिल्ली-110 024, विशेषांक, 2007, पृ.-111-14

188. प्रेमचन्द : सामन्त का मुंशी (एक अंश), डा. धर्मवीर, पल प्रतिपल, एस. सी. एफ. 267, सेक्टर-16, पंचकूला-134 113, हरियाणा, जून-सितम्बर, 2005, पृ.-67-71

189. प्रेमचंद : सामन्त का मुंशी, डा. धर्मवीर, कायस्थों की दुनिया, 35/115, मीरशाह अली कालोनी, जयपुर रोड, अजमेर, राजस्थान-305 001, 16 मार्च, 2007, पृ.-4-3

190. प्रेमचंद—सामन्त का मुंशी का सच और झूठ, अशोक सक्सेना, कायस्थों की दुनिया, 35/115, मीरशाह अली कालोनी, जयपुर रोड, अजमेर, राजस्थान-305 011, 1 मई, 2007, पृ.-4

191. प्रेमचंद : सामन्त का मुंशी : धर्मवीर की तालिबानी नैतिकता की कसौटी पर!, रमणिका गुप्ता, हंस, 2/36, अन्सारी रोड, दरियागंज, नई दिल्ली-110 002, नवम्बर, 2005, पृ.-94-5

192. बंटवारा सम्भव नहीं, हरीश कुमार, हंस, अक्षर प्रकाशन प्रा. लि., 2/36, अन्सारी रोड, दरियागंज, नई दिल्ली-110 002, अक्टूबर, 2004, पृ.-9

193. बड़ी लकीर खींचना सीखिए, प्रोमिला, युद्धरत आम आदमी, रमणिका फाउन्डेशन, ए-2-21, डिफेन्स कालोनी, ग्रा. फ्लोर, नई दिल्ली-110 024, विशेषांक, 2007, पृ.-19-20

194. बदमाशों की हालत, चौथी दुनिया, 30 जुलाई से 5 अगस्त, 1989, पृ.-14

195. बहस का अन्त स्त्री से होना चाहिए, रजनी तिलक, कथादेश, सहयात्रा प्रकाशन प्रा. लि., सी-52/जेड-3, दिलशाद गार्डन, दिल्ली-110 095, नवम्बर, 2003, पृ.-6

196. बहस बिच समर्पित अम्बेडकरवादी, यशवन्त वीरोदय, बहुरि नहिं आवना, एफ-345, बैंक वाली गली, लाडो सराय, नई दिल्ली-110 030, संयुक्तांक, जुलाई-दिसम्बर, 2009, पृ.-34-5

197. 'बहस, वाह भई, वाह', मुन्नी चौधरी, कथादेश, सहयात्रा प्रकाशन प्रा. लि., सी-52/जेड-3, दिलशाद गार्डन, दिल्ली-110 095, सितम्बर, 2003, पृ.-6

198. 'बहुरि नहिं आवना' बड़े मिशन पर है, सम्पादकीय, दिनेश राम, बहुरि नहिं आवना, एफ-345, बैंक वाली गली, लाडो सराय, नई दिल्ली-110 030, संयुक्तांक, जुलाई-दिसम्बर, 2009, पृ. -4-7

199. बाबा साहब द्वारा दिखाया मार्ग ही उत्तम है, कासिद होशियारपुरी, बौद्ध धर्म प्रचारक, आनंद गढ़, (मैहलां वाली), होशियारपुर, पंजाब-146 110, सितम्बर-अक्तूबर, 2009, पृ.-18-20

200. बिजूका नहीं हैं औरतें, सत्येंद्र कुमार, हंस, 2/36, अंसारी रोड, दरियागंज, नई दिल्ली-110 002, जनवरी, 2006, पृ.-9

201. बिना प्रतीक का युद्ध, डा. धर्मवीर, बहुरि नहिं आवना, एफ-345, बैंक वाली गली, लाडो सराय, नई दिल्ली-110 030, सितम्बर-नवम्बर, 2008, पृ.-23

202. बुद्धिहीनता एवं कृतघ्नता का परिचायक, डा. कुसुम मेघवाल, युद्धरत आम आदमी, रमणिका फाउन्डेशन, ए-2-21, डिफेन्स कालोनी, ग्रा. फ्लोर, नई दिल्ली-110 024, विशेषांक, 2007, पृ.-34-36

203. बेजोड़ है, गोविन्द सेन, कथादेश, सहयात्रा प्रकाशन प्रा. लि., सी-52/जेड-3, दिलशाद गार्डन, दिल्ली-110 095, जून, 2003, पृ.-5

204. बेधर्मवीर और बेशर्मवीर बनने की दास्तान, डा. वीरेन्द्र सक्सेना, युद्धरत आम आदमी, रमणिका फाउन्डेशन, ए-2-21, डिफेंस कालोनी, ग्रा. फ्लोर, नई दिल्ली-110 024, विशेषांक, 2007, पृ.-74-6

205. बेमतलब!..., द्रोणवीर कोहली, हंस, 2/36, अन्सारी रोड, दरियागंज, नई दिल्ली-110 002, जनवरी, 2006, पृ.-10

206. बेहद मर्मस्पर्शी, गन्धर्व आनन्द, कथादेश, सहयात्रा प्रकाशन प्रा. लि., सी-52/जेड-3, दिलशाद गार्डन, दिल्ली-110 095, सितम्बर, 2003, पृ.-6

207. बौद्ध धम्म के प्रति बाबा साहेब की तर्कसम्मत दृष्टि, टिप्पणीकार, प्रो. डा. संघसेन सिंह, धम्म दर्पण, प्रकाशक, भारतीय बौद्ध महासभा, दिल्ली प्रदेश, बोधिसत्व भूमि, अम्बेडकर भवन, रानी झांसी मार्ग, दिल्ली-110 055, अप्रैल-जून, 2007, पृ.-8-17

208. बौद्धिक अपराधी : डा. धर्मवीर, डाइवर्सिटी इयर बुक 2006, संकलन-सम्पादन, एच. एल. दुसाध, दुसाध प्रकाशन, ग्राम-नरौली खेम, पो. खुखुन्दू, देवरिया, उत्तर प्रदेश-274 501, पृ. -541-51

209. ब्राह्मणवाद का दलित सामंत, सम्पादकीय, तेजसिंह, अपेक्षा-13, 27-चौंडली, कृष्णा नगर, दिल्ली-110 051, अक्तूबर-दिसम्बर, 2005, पृ.-5-15

210. भारतीय स्त्री : शोषण का यथार्थ, गौरीनाथ, इंडिया टुडे, 12 सितम्बर, 2005, लिविंग मीडिया इंडिया लि., एफ-14/15, कनाट प्लेस, नई दिल्ली-110 001, पृ.-72

211. भाषिक शिष्टता के नमूने, डा. धर्मवीर, जनसत्ता, दिल्ली, 10 दिसम्बर, 2005

212. भाषिक शिष्टता के नमूने?, डॉ. धर्मवीर, दलित साहित्य (वार्षिकी) 2005, बी-634, डी.डी.ए. फ्लैट्स, ईस्ट आफ लोनी रोड, दिल्ली-110 093, पृ.-128-131

213. भौंडा 'दलित शास्त्र', अरुण माहेश्वरी, उद्भावना, अंक-69, एच-55, सेक्टर-23, राज नगर, गाजियाबाद, उत्तर प्रदेश, पृ.-115-17

214. मंच और डा. धर्मवीर, महेश चन्द्र पुनेठा, समकालीन जनमत, 1-15 सितम्बर, 1995, पृ.-4-5

215. मनमाने की बात, श्रीभगवान सिंह, जनसत्ता, दिल्ली, 25 दिसम्बर, 2005

216. मनुपुत्र धर्मवीर की दृष्टि में प्रेमचंद सामन्त के मुंशी थे!, डा. प्रभा दीक्षित, अम्बेडकर इन इण्डिया, पूनार आफसेट, गुईन रोड, अमीनाबाद, लखनऊ, उत्तर प्रदेश-226 018, जनवरी, 2008, पृ.-40-41

217. मनुवाद का नया संस्करण, विमल थोरात, कथादेश, सहयात्रा प्रकाशन प्रा. लि., सी-52/जेड-3, दिलशाद गार्डन, दिल्ली-110 095, जुलाई, 2003, पृ.-66-9
218. मनुवादी धर्मवीरीय अभियान, सूरज बड़त्या, युद्धरत आम आदमी, रमणिका फाउन्डेशन, ए-2-21, डिफेंस कालोनी, नई दिल्ली-110 024, विशेषांक, 2007, पृ.-125-26
219. मनुवादी परम्परा की अगली कड़ी, डॉ. रजनी दिसोदिया, अपेक्षा-13, 27-घौंडली, कृष्णा नगर, दिल्ली-110 051, अक्तूबर-दिसम्बर, 2005, पृ.-74-8
220. 'मनुस्मृति' का तालिबानी विस्तार, विमल थोरात, युद्धरत आम आदमी, रमणिका फाउन्डेशन, ए-2-21, डिफेन्स कालोनी, ग्रा. फ्लोर, नई दिल्ली-110 024, विशेषांक, 2007, पृ.-12-5
221. मनोरंजन का रंज!, सम्पादकीय, सुधीर माथुर, कायस्थों की दुनिया, 35/115, मीरशाह अली कालोनी, जयपुर रोड, अजमेर, राजस्थान-305 001, 16 मार्च, 2007, पृ.-2
222. मनोरंजन सक्सेना द्वारा भेजे गए पत्र, मनोरंजन सहाय सक्सेना, कायस्थों की दुनिया, 35/115, मीरशाह अली कालोनी, जयपुर रोड, अजमेर, राजस्थान-305 001, 16 मार्च, 2007, पृ.-3
223. मर्यादा और अपमान का युद्धक्षेत्र स्त्री-देह ही क्यों?, वन्दना मिश्र, रमणिका फाउन्डेशन, ए-2-21, डिफेंस कालोनी, ग्रा. फ्लोर, नई दिल्ली-110 024, विशेषांक, 2007, पृ.-42-4
224. मर्यादा का सवाल, अंशुमाली रस्तौगी, जनसत्ता, दिल्ली संस्करण, 5 अक्टूबर, 2005
225. महत्व देना ही निरर्थक है, मैनेजर पाण्डेय, युद्धरत आम आदमी, रमणिका फाउन्डेशन, ए-2-21, डिफेंस कालोनी, ग्रा. फ्लोर, नई दिल्ली-110 024, विशेषांक, 2007, पृ.-60
226. महिला विरोधी लेखन के सामन्त की शल्य-चिकित्सा, अनिता भारती, अपेक्षा-13, 27-घौंडली, कृष्णा नगर, दिल्ली-110 051, अक्तूबर-दिसम्बर, 2005, पृ.-67-73
227. मान न मान, मैं तेरा मेहरबान, मैत्रेयी पुष्पा, कथादेश, सहयात्रा प्रकाशन प्रा.लि., सी-52/जेड-3, दिलशाद गार्डन, दिल्ली-110 095, जून, 2003, पृ.-58-61
228. माननीया संसद को जार कौम की खबर होनी चाहिए, प्रखर चिंतक डा. धर्मवीर से युवा कवि, आलोचक कैलाश दहिया की बातचीत, बयान, बी. जी. 5 ए/30-बी, पश्चिम विहार, नई दिल्ली-110 063, दिसम्बर, 2009, पृ.-33-4, 45
229. मानव विरोधी और फासिस्ट सोच, सुदीप्ति, कथादेश, सहयात्रा प्रकाशन प्रा. लि., सी-52/जेड-3, दिलशाद गार्डन, दिल्ली-110 095, जून, 2003, पृ.-62-3
230. मुंशी प्रेमचंद फिर विवाद के घेरे में, आलोक पराड़कर, दैनिक हिन्दुस्तान, लखनऊ संस्करण, 28 सितम्बर, 2005
231. मुँह में राम...., रमेश निर्मल, कथादेश, सहयात्रा प्रकाशन प्रा. लि., सी-52/जेड-3, दिलशाद गार्डन, दिल्ली-110 095, सितम्बर, 2003, पृ.-61-4
232. मुक्ति—एक सामूहिक आयोजन, रसाल सिंह, अप्रकाशित
233. मुझ को डर आतिशे गुल से है.... : अस्मिता विमर्श : एक पड़ताल, पुरुषोत्तम अग्रवाल, कथादेश, सहयात्रा प्रकाशन प्रा. लि., सी-52/जेड-3, दिलशाद गार्डन, दिल्ली-110 095, फरवरी, 2003, पृ.-31-8

234. मुद्राराक्षस : एक विदेशी शूद्र, डा. धर्मवीर, अम्बेडकर इन इण्डिया, गुईन रोड, अमीनाबाद, लखनऊ, उत्तर प्रदेश-226 018, दिसम्बर, 2007, पृ.-39-41

235. मुलाकात एक आधुनिक जुलाहे से, सूरज पाल चौहान, 'संतप्त' (आत्मकथा) में एक अध्याय, वाणी प्रकाशन, 21 ए, दरियागंज, नई दिल्ली-110 002, प्रथम संस्करण, 2006, पृ.-113-122

236. मेरा दुश्मन मेरा दोस्त, अंशुमाली रस्तोगी, हंस, अक्षर प्रकाशन प्रा. लि., 2/36, अन्सारी रोड, दरियागंज, नई दिल्ली-110 002, दिसम्बर, 2003, पृ.-14

237. मेरी चिन्ता छोड़ बावरे कर तू अपनी चिन्ता, संजीव चन्दन, पुस्तक वार्ता, नवम्बर-दिसम्बर, 2004, महात्मा गांधी अन्तरराष्ट्रीय हिन्दी विश्वविद्यालय, पोस्ट बाक्स नं.-16, पंचटीला, उमरी, वर्धा-442 001

238. मेरी पत्नी और भेड़िया (जारी), आत्मकथ्य, डा. धर्मवीर, अम्बेडकर इन इण्डिया, पूनार आफसेट, गुईन रोड, अमीनाबाद, लखनऊ-226 018, जुलाई, 2007, पृ.-41-5

239. मेरी पत्नी और भेड़िया (समाप्त), आत्मकथ्य, डा. धर्मवीर, अम्बेडकर इन इण्डिया, पूनार आफसेट, गुईन रोड, अमीनाबाद, लखनऊ-226 018, अगस्त, 2007, पृ.-43-6

240. मेरी पत्नी और भेड़िया, आत्मकथ्य, डा. धर्मवीर, जनसत्ता, दिल्ली, 4 नवम्बर, 2007

241. मेरी पत्नी का आत्महत्या के लिए भागना, डा. धर्मवीर, बहुरि नहिं आवना, एफ-345, बैंक वाली गली, लाडो सराय, नई दिल्ली-110 030, संयुक्तांक, जुलाई-दिसम्बर, 2009, पृ.-25-8

242. मैं उस भेड़िये की बात कर रहा हूँ जो उस भेड़िये को लाया था, डा. धर्मवीर, बहुरि नहिं आवना, एफ-345, बैंक वाली गली, लाडो सराय, नई दिल्ली-110 030, जनवरी-मार्च, 2009, पृ.-13-5

243. मैं तुम्हें कोई पैसा नहीं दूँगा, डा. धर्मवीर, बहुरि नहिं आवना, एफ-345, बैंक वाली गली, लाडो सराय, नई दिल्ली-110 030, अप्रैल-जून, 2009, पृ.-29-30

244. मैं मूलतः कथा लेखिका हूँ, प्रख्यात मराठी दलित लेखिका उर्मिला पवार से अनिता भारती की बातचीत, कथादेश, सी-52/जेड-3, दिलशाद गार्डन, दिल्ली-110 095, जनवरी, 2007, पृ.-76-8

245. यह किस का कफन है?, बच्चन सिंह, नया ज्ञानोदय, 18, इन्स्टीट्यूशनल एरिया, लोदी रोड, पोस्ट बाक्स नं. 3113, नई दिल्ली-110 003, नवम्बर, 2006, पृ.-30-35

246. यह 'दलित' से 'हरिजन' हो जाना है, रमेश निर्मल, युद्धरत आम आदमी, रमणिका फाउन्डेशन, ए-2-21, डिफेंस कालोनी, ग्रा. फ्लोर, नई दिल्ली-110 024, विशेषांक, 2007, पृ.-81-4

247. यह ब्राह्मणवादी षडयन्त्र है, कथादेश, सहयात्रा प्रकाशन प्रा. लि., सी-52/जेड-3, दिलशाद गार्डन, दिल्ली-110 095, अगस्त, 2003, पृ.-83

248. या इलाही ये माजरा क्या है!, हेमलता महिश्वर, युद्धरत आम आदमी, रमणिका फाउन्डेशन, ए-2-21, डिफेंस कालोनी, ग्रा. फ्लोर, नई दिल्ली-110 024, जनवरी-मार्च, 2008, पृ.-15-17, 104

249. 'युद्धरत आम आदमी विशेषांक 2007 : स्त्री नैतिकता का तालिबानीकरण' पर प्रतिक्रिया, उमराव सिंह जाटव, 9 जुलाई, 2007 को सूरज बड़त्या के ई-मेल पते पर तथा अन्य लेखकों के ई-पतों पर ई-मेल

250. रखैल और जार का दलित-पाठ, राजेन्द्र यादव, हंस, 2/36, अन्सारी रोड, दरियागंज, नई दिल्ली-110 002, नवम्बर, 2005, पृ. सं.-4-9
251. रखैल और जार का दलित पाठ, पुस्तक 'काश, मैं राष्ट्र-द्रोही होता...' में संकलित, राजेन्द्र यादव, किताब घर प्रकाशन, 4855-56/24, अन्सारी रोड, दरिया गंज, नई दिल्ली-110 002, प्रथम संस्करण, 2007, पृ.-270-79
252. रखैल और जार का दलित-पाठ, राजेन्द्र यादव, समकालीन साहित्य समाचार, किताब घर का प्रकाशन, पो. बा. 7240, नई दिल्ली-110 002, अक्तूबर, 2007, पृ.-10-12
253. रघुवीर : काठ की हांडी, निर्मल मिलिन्द, युद्धरत आम आदमी, रमणिका फाउन्डेशन, ए-2-21, डिफेंस कालोनी, नई दिल्ली-110 024, विशेषांक, 2007, पृ.-123-24
254. रस, छन्द और अलंकार का तो नाम भर है, असल में, उन की कला जारकर्म से सजती है, यशवन्त वीरोदय द्वारा लिया गया डा. धर्मवीर का साक्षात्कार, संकलित पुस्तक, दलित विमर्श और हिन्दी दलित काव्य, प्रो. कालीचरण स्नेही, न्यू रायल बुक कम्पनी, प्रथम तल, शाह ट्रेड सेन्टर, 32/16, बाल्मीकि मार्ग, लालबाग, लखनऊ-226 001, प्रथम संस्करण, 2008, पृ. -115-27
255. राजेन्द्र यादव के चिन्तन में 'बच्चे वगैरह', डा. धर्मवीर, बहुरि नहिं आवना, एफ-345, बैंक वाली गली, लाडो सराय, नई दिल्ली-110 030, अप्रैल-जून, 2009, पृ.-14-22
256. रोइये ज़ार-ज़ार क्यूँ, कीजिए हाय-हाय क्यूँ!, यशवन्त वीरोदय, अम्बेडकर इन इण्डिया, पूनार आफसेट, गुईन रोड, अमीनाबाद, लखनऊ, उत्तर प्रदेश-226 018, जनवरी, 2008, पृ.-42-3
257. रोटी कपड़ा लो, और तुम्हें कुछ अख्तियार नहीं, अरुण प्रकाश, अलाव, पृ.-30-33, साभार, चौथी दुनिया, 20-26 अगस्त, 1989, पृ.-13
258. लड़ेंगे कैसे?, चंद्रमौलेश्वर प्रसाद, हंस, 2/36, अन्सारी रोड, दरिया गंज, नई दिल्ली-110 002, मार्च, 2006, पृ.-10
259. 'ललित भाषा में दलित पीड़ा व्यक्त नहीं हो सकती', ओम प्रकाश बाल्मीकि से रोहित कौशिक की बातचीत, आजकल, प्रकाशन विभाग, कमरा नं. 120, सूचना भवन, सी. जी. ओ. काम्प्लेक्स, लोदी रोड, नई दिल्ली-110 003, मई, 2008, पृ.-36-9
260. लिखा लेने का दंभ, मीनाक्षी सखी, हंस, अक्षर प्रकाशन प्रा. लि., 2/36, अन्सारी रोड, दरियागंज, नई दिल्ली-110 002, अक्टूबर, 2004, पृ.-11-2
261. लेखन-कला से निकली थी कायस्थ जाति, प्रमोद कुमार, हंस, 2/36, अन्सारी रोड, दरियागंज, नई दिल्ली-110 002, फरवरी, 2006, पृ.-40-43
262. लोकार्पण के दौरान लेखन का विरोध, जनसत्ता ब्यूरो, जनसत्ता, दिल्ली संस्करण, 13 सितम्बर, 2005, पृ.-7, कोलकाता संस्करण, 14 सितम्बर, 2005
263. लोकार्पण समारोह में ही प्रेमचंद की प्रासंगिकता पर उठाया सवाल : प्रेमचंद का लिखा पत्थर की लकीर नहीं : नैमिशराय, दैनिक जागरण, दिल्ली, 13 सितम्बर, 2005, पृ.-5
264. वक्त की बात है, पुरुषोत्तम अग्रवाल, जनसत्ता, दिल्ली संस्करण, 26 दिसम्बर, 2005

265. वह भगवान को छोड़ कर स्त्री की ओर चल देगा, करुणा, युद्धरत आम आदमी, रमणिका फाउन्डेशन, ए-2-21, डिफेंस कालोनी, ग्रा. फ्लोर, नई दिल्ली-110 024, अक्तूबर-दिसम्बर, 2007, पृ.-7-8
266. विचार का विषय, स्वामी नित्यानंद, हंस, 2/36, अन्सारी रोड, दरियागंज, नई दिल्ली-110 002, फरवरी, 2006, पृ.-7
267. विधवा विवाह क्यों नहीं कर सकती, सम्पादक, चौथी दुनिया, 23 से 29 जुलाई, 1989, पृ. -14
268. विमर्श नहीं, दलित जीवन-कथा, बजरंग बिहारी तिवारी, कथादेश, सहयात्रा प्रकाशन प्रा. लि., सी-52/जेड-3, दिलशाद गार्डन, दिल्ली-110 095, दिसम्बर, 2009, पृ.-72-5
269. विरोध सही, तरीका गलत, जनसत्ता, दिल्ली, 25 सितम्बर, 2005
270. विवाद करो और किताब बेचो, हिन्दुस्तान
271. विवाह एक पवित्र बन्धन, प्रतिभा अग्रवाल, जनसत्ता, दिल्ली, 2 जुलाई, 2003
272. विवाह की मर्यादा एक पवित्र धोखा, मैत्रेयी पुष्पा, जनसत्ता, दिल्ली, 15 जून, 2003
273. विवाहेतर सम्बन्ध मुक्ति का स्वर्गद्वार नहीं, सुदीप्ति, जनसत्ता, दिल्ली, 29 जून, 2003
274. विवाह-संस्था अन्यायपूर्ण, यशदेव शल्य, जनसत्ता, दिल्ली, 29 जून, 2003
275. विवेकानन्द के माहौल में...., शैलेन्द्र कुमार त्रिपाठी, हंस, 2/36, अन्सारी रोड, दरिया गंज, नई दिल्ली-110 002, नवम्बर, 2002, पृ.-62-3
276. वे वहाँ कैद हैं, सम्पादकीय, देवेश चौधरी, तीसरा पक्ष, 3734/23A, त्रिमूर्ति नगर, दमोह नाका, जबलपुर, मध्य प्रदेश-482 002, संयुक्तांक, जुलाई-दिसम्बर, 2005
277. वैवाहिक बन्धन अगर धोखा हो तो नकार देना चाहिए, उमाकान्त राही, कथादेश, सहयात्रा प्रकाशन प्रा. लि., सी-52/जेड-3, दिलशाद गार्डन, दिल्ली-110 095, अगस्त, 2003, पृ.-4
278. शत्रु को नामजद किए बिना युद्ध कैसे लड़ सकते हैं?, भागीरथ, रमणिका फाउन्डेशन, ए-2-21, डिफेंस कालोनी, ग्रा. फ्लोर, नई दिल्ली-110 024, विशेषांक, 2007, पृ.-68-71
279. सच कहने का साहस, वैद्यनाथ मिश्र, कथादेश, सहयात्रा प्रकाशन प्रा. लि., सी-52/जेड-3, दिलशाद गार्डन, दिल्ली-110 095, जनवरी, 2004, पृ.-7
280. संघर्ष का बँटवारा नहीं किया जा सकता, शरण कुमार लिम्बाले से बजरंग बिहारी तिवारी की बातचीत, कथादेश, सहयात्रा प्रकाशन प्रा. लि., सी-52/जेड-3, दिलशाद गार्डन, दिल्ली-110 095, अगस्त, 2004, पृ.-55-7
281. सन्त को नमन, वोल्गा, कथादेश, सहयात्रा प्रकाशन प्रा. लि., सी-52/जेड-3, दिलशाद गार्डन, दिल्ली-110 095, दिसम्बर, 2003, पृ.-5-6
282. समय, सवाल और सरोकार, रमणिका गुप्ता, युद्धरत आम आदमी, रमणिका फाउन्डेशन, A-2-21, डिफेन्स कालोनी, नई दिल्ली-110 024, अक्तूबर-दिसम्बर, 2005, पृ.-5-6
283. सम्पादक के नाम पत्र, कँवल भारती, बयान, बी. जी. 5ए/30-बी, पश्चिम विहार, नई दिल्ली-110 063, अगस्त-सितम्बर, 2007, पृ.-6-7

284. सम्पादक के नाम पत्र, डा. धर्मवीर, बयान, बी. जी. 5ए/30-बी, पश्चिम विहार, नई दिल्ली-110 063, अप्रैल, 2008, पृ.-7
285. सम्पादक के नाम पत्र, डा. पूरण सिंह, बयान, बी. जी. 5ए/30-बी, पश्चिम विहार, नई दिल्ली-110 063, अगस्त-सितम्बर, 2007, पृ.-7
286. सम्पादक के नाम पत्र, भिक्षु बुद्ध रत्न, बयान, बी. जी. 5ए/30-बी, पश्चिम विहार, नई दिल्ली-110 063, अगस्त-सितम्बर, 2007, पृ.-7
287. सम्पादक के नाम पत्र, शेखर, बयान, बी. जी. 5ए/30-बी, पश्चिम विहार, नई दिल्ली-110 063, मई, 2008, पृ.-6
288. सम्पादीकय, डा. कमल गुप्त, कहानीकार, प्रेमचंद विशेषांक (125वीं जयन्ती पर विशेष), के. 30/37, अरविंद कुटीर, निकट भैरवनाथ, वाराणसी-221 001, संयुक्तांक, मई-अगस्त, 2005 और सितम्बर-दिसम्बर, 2005, पृ.-22-8
289. सम्पादकीय, डा. जयप्रकाश कर्दम, दलित साहित्य (वार्षिकी) 2005, बी-634, डी. डी. ए. फ्लैट्स, ईस्ट आफ लोनी रोड, दिल्ली-110 093, पृ.-5-12
290. सम्पादन की गलत मिसाल, डा. धर्मवीर, जनसत्ता, नई दिल्ली, 28 मई, 2006
291. सवर्ण पति बनाम दलित पति, प्रभा खेतान, कथादेश, सहयात्रा प्रकाशन प्रा. लि., सी-52/जेड-3, दिलशाद गार्डन, दिल्ली-110 095, जून, 2003, पृ.-53-8
292. साक्षात्कार : राजेन्द्र यादव, अम्बेडकर इन इण्डिया, तमकुहीराज, कुशीनगर, उत्तर प्रदेश-274 407, अगस्त, 2006, पृ.-23-8
293. साखी सबदी गावत भूले, बजरंग बिहारी तिवारी, रमणिका फाउन्डेशन, ए-2-21, डिफेंस कालोनी, ग्रा. फ्लोर, नई दिल्ली-110 024, विशेषांक, 2007, पृ.-65-7
294. सागर का कथा-संसार, सुशीला पुरी, हंस, 2/36, अन्सारी रोड, दरियागंज, नई दिल्ली-110 002, जनवरी, 2006, पृ.-10
295. सामंत का मुंशी या कलम का सिपाही, अरुण आदित्य, पल प्रतिपल, एस. सी. एफ. 267, सेक्टर-16, पंचकूला-134 113, हरियाणा, जून-सितम्बर, 2005, पृ.-72-5
296. सामन्तवाद से लड़ता एक मुंशी : प्रेमचंद, डा. राकेश 'रफीक', अप्रकाशित
297. सार्थक बहस, नरेन्द्र, कथादेश, सहयात्रा प्रकाशन प्रा. लि., सी-52/जेड-3, दिलशाद गार्डन, दिल्ली-110 095, सितम्बर, 2003, पृ.-6
298. सार्थक सम्बन्ध सेतु, डा. अजय तिवारी, राष्ट्रीय सहारा, नई दिल्ली, 19 फरवरी, 2006
299. साहित्य का जारवाद, अनुज प्रधान, नई धारा, सूर्यपुरा हाउस, बोरिंग रोड, पटना, बिहार-800 001, अक्टूबर-नवम्बर, 2009, पृ.-122
300. साहित्य का मातृशिशु कल्याण विभाग, अनामिका, जनसत्ता, दिल्ली संस्करण, 23 अक्टूबर, 2005
301. साहित्य का मातृ-शिशु कल्याण विभाग, अनामिका, युद्धरत आम आदमी, रमणिका फाउन्डेशन, ए-2-21, डिफेंस कालोनी, ग्रा. फ्लोर, नई दिल्ली-110 024, विशेषांक, 2007, पृ.-38-9
302. साहित्य की राजनीति, कमल नयन चौबे, जनसत्ता, दिल्ली, 26 नवम्बर, 2005
303. साहित्य में जूते-चप्पल, उग्रनाथ, जनसत्ता, दिल्ली संस्करण, 3 अक्टूबर, 2005

304. साहित्य में संवाद चले या चप्पल जूते?, श्यौराज सिंह बेचैन, जनसत्ता, दिल्ली, 18 सितम्बर, 2005, पृ.-7
305. सीमन्तनी उपदेश, समीक्षक, हरीश भादानी, नया शिक्षक, टीचर टुडे, जनवरी-मार्च, 1989, पृ.-89, 101
306. 'सीमन्तनी उपदेश' पुस्तक पर चर्चा, नवभारत टाइम्स, नई दिल्ली संस्करण, 24 नवम्बर, 1988, पृ.-1, कालम-1
307. सीमन्तनी उपदेश लेखिका : एक अज्ञात औरत, समीक्षक, डा. मो. दि. पराडकर, हिन्दी संघ समाचार, अखिल भारतीय हिन्दी संस्था संघ, नई दिल्ली, मार्च, अप्रैल, मई, 1989, पृ.-56-7
308. सुन के फिराक कहानी तेरी... : अपाहिजों के साथ क्रूरता, डा. धर्मवीर, बहुरि नहिं आवना, सम्पादक, डा. दिनेश राम, सितम्बर-नवम्बर, 2008, एफ-345, बैंक वाली गली, लाडो सराय, नई दिल्ली-110 030, पृ.-21-3
309. सौन्दर्य की दलित कसौटी पर : डा. धर्मवीर बनाम मुंशी प्रेमचंद, डा. राजेन्द्र बड़गूजर, बहुरि नहिं आवना, सम्पादक, डा. दिनेश राम, सितम्बर-नवम्बर, 2008, एफ-345, बैंक वाली गली, लाडो सराय, नई दिल्ली-110 030
310. 'स्टेंढाल' का भारतीय संस्करण, राजेश कुमार चौहान, युद्धरत आम आदमी, रमणिका फाउन्डेशन, ए-2-21, डिफेंस कालोनी, ग्रा. फ्लोर, नई दिल्ली-110 024, अप्रैल-जून, 2008, पृ.-87-9
311. स्त्रियों की तेज धमक से गुलजार है पुस्तक मेला, राष्ट्रीय सहारा, पटना संस्करण, 10 दिसम्बर, 2007, पृ.-7
312. स्त्रियों की मर्यादा निर्धारित करने वाले चौधरी धर्मवीर, कौसल्या बैसन्त्री, हंस, 2/36, अन्सारी रोड, दरियागंज, नई दिल्ली-110 002, दिसम्बर, 2004, पृ.-60-62
313. स्त्रियों की स्थिति पर अनाम औरत की टिप्पणियाँ, मृणाल पांडे, हिन्दुस्तान, नई दिल्ली, 27 जून, 2004
314. स्त्रियों में आत्मसजगता जरूरी है, उत्तिमा केशरी, कथादेश, सहयात्रा प्रकाशन प्रा. लि., सी-52/जेड-3, दिलशाद गार्डन, दिल्ली-110 095, सितम्बर, 2003, पृ.-6-7
315. स्त्री और दलित प्रश्न, सुदेश तनवीर, कथादेश, सहयात्रा प्रकाशन प्रा. लि., सी-52/जेड-3, दिलशाद गार्डन, दिल्ली-110 095, सितम्बर, 2003, पृ.-5-6
316. स्त्री की कोई जाति नहीं, कृष्ण कुमार 'आशु', युद्धरत आम आदमी, रमणिका फाउन्डेशन, ए-2-21, डिफेंस कालोनी, ग्रा. फ्लोर, नई दिल्ली-110 024, विशेषांक, 2007, पृ.-121-22
317. स्त्री-कुंठा, ध्रुव प्रकाश सिंह, कथादेश, सहयात्रा प्रकाशन प्रा. लि., सी-52/जेड-3, दिलशाद गार्डन, दिल्ली-110 095, जुलाई, 2003, पृ.-7
318. स्त्री नैतिकता का तालिबानीकरण : परिचर्चा, रमणिका गुप्ता, युद्धरत आम आदमी, रमणिका फाउन्डेशन, ए-2-21, डिफेंस कालोनी, ग्रा. फ्लोर, नई दिल्ली-110 024, विशेषांक, 2007
319. स्त्री नैतिकता का तालिबानीकरण, सम्पादक, रमणिका गुप्ता और विमल थोरात, नवचेतन प्रकाशन, जी-5, गली नं. 16, राजापुरी, उत्तमनगर, दिल्ली-110 059, संस्करण, 2009

320. स्त्री मुक्ति का अराजक दस्तावेज, प्रभात कुमार मिश्र, कथाक्रम, जुलाई-सितम्बर, 2005, 4, ट्रान्जिट हास्टल, वायरलैस चौराहे के पास, महानगर लखनऊ-226 006, पृ.-110-12
321. स्त्री लेखन और समय के सरोकार, हेमलता महिश्वर, प्रकाशक, नेहा प्रकाशन, 295, बैंक इन्क्लेव, लक्ष्मी नगर, दिल्ली-110 092, संस्करण, 2006, पृ.-21, 54-5
322. स्त्री विमर्श का शुरुआती पाठ, संजीव ठाकुर, राष्ट्रीय सहारा, 9 अगस्त, 2004, www.rashtriyasahara.com
323. स्त्री विमर्श के केन्द्र में देह, मनोज कुमार झा, कथादेश, सहयात्रा प्रकाशन प्रा. लि., सी-52/जेड-3, दिलशाद गार्डन, दिल्ली-110 095, दिसम्बर, 2003, पृ.-5
324. स्त्री विरोधी मानसिकता का परिचायक, पंकज विष्ट, युद्धरत आम आदमी, रमणिका फाउन्डेशन, ए-2-21, डिफेन्स कालोनी, ग्रा. फ्लोर, नई दिल्ली-110 024, विशेषांक, 2007, पृ.-99
325. स्पष्टीकरण का इच्छुक, शेखर, कथादेश, सहयात्रा प्रकाशन प्रा. लि., सी-52/जेड-3, दिलशाद गार्डन, दिल्ली-110 095, दिसम्बर, 2003, पृ.-5
326. हंगामा खड़ा करने के लिए, हरे प्रकाश उपाध्याय, जनसत्ता, दिल्ली, 25 सितम्बर, 2005
327. हर अवसर के लिए गांधी, देवदत्त, जनसत्ता, दिल्ली, 13 जुलाई, 2003
328. हमें आप के फतवे की परवाह नहीं, प्रोमिला, कथादेश, सहयात्रा प्रकाशन प्रा.लि., सी-52/जेड-3, दिलशाद गार्डन, दिल्ली-110 095, जुलाई, 2003, पृ.-69
329. सौन्दर्य के नए प्रतिमान, दिनेश राम, जनसत्ता, दिल्ली संस्करण, 16 जुलाई, 2006
330. 'हिन्दी' 'साहित्य' के 'इतिहास' की 'राजनीति', डा. धर्मवीर, अम्बेडकर इन इण्डिया, तमकुहीराज, कुशीनगर, उत्तर प्रदेश-274 407, अगस्त, पृ.-16-20
331. हिन्दू शास्त्र बतर्ज दलित शास्त्र, कुमार मुकल, सम्पादकीय, संप्रति पथ, 3/102A, प्रथम तल, ललिता पार्क, लक्ष्मी नगर, दिल्ली-110 092, नवम्बर-दिसम्बर, 2005, पृ.-4-5

अनुक्रमणिका

आ

इ

ई

प